Le Nouve...

Dico

Y Geiriadur Newydd

Cyhoeddwyd gan CAA (Cyhoeddwr Adnoddau Addysg), Prifysgol Aberystwyth, Plas Gogerddan, Aberystwyth, Ceredigion, SY23 4EL (www.caa.aber.ac.uk)

Ariennir gan Lywodraeth Cymru.

ISBN: 978-1-84521-540-8

Prif olygydd: Meirion Glyn Davies
Golygyddion: Philip A. Ainsworth, Mike Powney a Gareth Wyn Roberts
Rheolwr project a golygydd copi: Delyth Ifan
Dylunydd: Richard Huw Pritchard
Argraffwyr: Cambria

Diolch i Ceri Griffiths, Lowri Gruffydd a Bryn Jones am eu harweiniad gwerthfawr.

Diolch hefyd i Iwan Wyn Rees, Colette Thomas ac Elin Wallace am eu cymorth.

Rhagair

Geiriadur newydd a chyffrous yw *Le Nouveau Dico Français-Gallois – Gallois-Français* ar gyfer y rheiny sy'n dysgu Ffrangeg neu sydd am ymestyn eu gwybodaeth o'r Ffrangeg am resymau personol. Mae hefyd yn arbennig o addas ar gyfer disgyblion sy'n astudio Ffrangeg at ddibenion arholiad TGAU.

Mae'r geiriadur hwn yn hawdd i'w ddarllen a'i ddefnyddio. Mae'n cynnwys geiriau craidd Ffrangeg a Chymraeg, enghreifftiau o sut i ddefnyddio nifer ohonynt mewn gwahanol gyd-destunau, a hefyd ymadroddion hanfodol. Mae'r diwyg yn glir a chyfeillgar. Defnyddir lliwiau gwahanol i'r ddwy iaith, ac mae geiriau allweddol wedi eu goleuo.

Ceir ynddo hefyd adrannau defnyddiol ar sut i fynegi eich hun pan yn trafod perthnasau, y cartref, y dref, cynlluniau at y dyfodol, swyddi a hamdden, disgrifio pobl, cadw'n heini ac iach, ffonio, ysgrifennu llythyr, e-bostio ac anfon negeseuon testun, trafod dyddiadau a gwyliau, a sut i ddweud yr amser a thrafod rhifau.

Mae'r geiriadur yn cynnwys adran ddefnyddiol ar y berfau yn Ffrangeg, a chanllawiau ar sut i adnabod rhediadau'r gwahanol ferfau. Er mwyn esbonio patrwm rhediad y ferf, clustnodir rhif i bob berf ar yr ochr Ffrangeg-Cymraeg.

Mae'r eirfa yn fodern ac yn cynnwys termau sy'n gysylltiedig â'r byd electronig a defnyddio'r we. Ceir hefyd iaith ffurfiol ac anffurfiol i ddynodi gwahanol gyweiriau a defnydd o'r iaith.

Defnyddio *Le Nouveau Dico*

Chwiliwch am y gair – Ffrangeg ar yr ochr gyntaf, Cymraeg ar yr ail ochr. Bydd y prif air bob tro yn las, a'r cyfieithiad yn ddu.

Enwau

[le] **bébé** ENW

Mae'r gair yn wrywaidd yn Ffrangeg [le] , ac yn ENW

baban (g), babi (g)

Dyma'r cyfieithiad, a mae'r ddau yn wrywaidd yn Gymraeg - (g)

chwaer ENW BEN

Mae'r gair yn fenywaidd yn Gymraeg – ENW BEN

la sœur

Mae'r gair yn fenywaidd yn Ffrangeg – la

❑ fy chwaer fach **ma petite sœur**

enghraifft o'r gair yn cael ei ddefnyddio, a chyfieithiad

Ansoddeiriau

médical (BEN **médicale**, GWR LLUOSOG **médicaux**) ANSODDAIR
meddygol

y cyfieithiad

Rhoddir y gwahanol ffurfiau o'r ansoddair. Oni nodir yn wahanol, bydd angen ychwanegu 's' yn achos y BEN LLUOSOG (**médicales**)

❑ la recherche médicale **ymchwil feddygol**

enghraifft o'r gair yn cael ei ddefnyddio, a chyfieithiad

■ **passer une visite médicale cael prawf meddygol**

enghraifft o ymadrodd sy'n cynnwys y gair

golygus ANSODDAIR

beau (BEN **belle**, LLUOSOG **beaux**)

Rhoddir y gwahanol ffurfiau o'r ansoddair. Oni nodir yn wahanol, bydd angen ychwanegu 's' yn achos y BEN LLUOSOG (**belles**)

Berfau

fermer BERF [28]

berf sy'n dilyn patrwm y ferf enghreifftiol [28] (sef **donner**)

cau

y cyfieithiad

❏ Fermez la porte. **Caewch y drws.**

enghraifft o'r gair yn cael ei ddefnyddio, a chyfieithiad

chwythu BERF

souffler

y cyfieithiad

siffler (*chwiban*)

y cyfieithiad – categori gwahanol

■ **chwythu'ch trwyn** se moucher

enghraifft o ymadrodd sy'n cynnwys y gair

Tablau berfau Ffrangeg

Bydd yr adran hon yn eich helpu i ddod o hyd i bob ffurf ferfol y byddwch ei hangen yn Ffrangeg. O dudalen 28 i 33, mae rhestr o 93 o ferfau rheolaidd ac afreolaidd, a chrynodeb o'u prif ffurfiau. Yna, yn dilyn ar dudalennau 34 i 54, mae rhai berfau rheolaidd ac afreolaidd cyffredin iawn yn cael eu dangos yn llawn, a hefyd ymadroddion enghreifftiol.

Dod o hyd i'r ferf rydych chi'n chwilio amdani

Yn dilyn pob berf ar ochr **Ffrangeg – Cymraeg** y geiriadur, mae rhif mewn cromfachau sgwâr. Mae pob un o'r rhifau hynny yn cyfateb i ferf yn yr adran hon.

> **regarder** BERF [28]
> 1 edrych ar

Yn yr enghraifft hon, mae'r rhif [28] ar ôl y ferf **regarder** yn golygu bod **regarder** yn dilyn yr un patrwm â berf rhif 28 yn y rhestr, sef **donner**. Yn yr achos hwn, mae ffurfiau berfol **donner** yn cael eu cyflwyno'n llawn ar dudalen 41.

> **avancer** BERF [12]
> 1 symud (*ymlaen*)

O ran y berfau eraill, mae crynodeb o'r prif ffurfiau yn cael ei roi. Yn yr enghraifft uchod, mae **avancer** yn dilyn yr un patrwm â berf rhif [12] ar y rhestr, sef **commencer**. Ar dudalen 28 o'r adran hon, gallwch weld bod prif ffurfiau **commencer** yn cael eu rhestru i ddangos i chi sut mae'r ferf hon (a rhai eraill tebyg) yn gweithio.

Yn y tablau berfau llawn, fe welwch enghreifftiau o ferfau rheolaidd: berf **–er** reolaidd (**donner**), berf reolaidd **–ir** (**finir**) a berf reolaidd **–re** (**vendre**). Mae berfau rheolaidd yn dilyn un o dri phatrwm set. Ar ôl i chi ddysgu'r patrymau hyn, byddwch yn gallu ffurfio unrhyw ferf reolaidd.

Fe welwch hefyd **avoir** (cael) ac **être** (bod) yn y tablau berfau llawn. Mae'r berfau hyn yn bwysig iawn a rhaid eu dysgu. Byddwch yn eu defnyddio pan fyddwch eisiau dweud 'Mae gen i' ac ati neu 'Rydw i' ac ati. Mae ffurfiau amser presennol **avoir** ac **être** yn cael eu defnyddio hefyd i ffurfio'r **amser gorffennol**. Yn y mwyafrif o achosion, mae **avoir** yn cael ei defnyddio i lunio'r gorffennol, ond mae berfau ymatblygol fel **se taire** (rhoi'r gorau i siarad) a berfau 'symud' fel **aller** (mynd) a **venir** (dod) yn defnyddio **être** – e.e. y Ffrangeg am 'Mae ef wedi mynd' ac 'Fe aeth' yw **Il est allé**, nid **Il _a_ allé**.

Yn olaf, mae rhai berfau eraill afreolaidd cyffredin iawn yn cael eu dangos yn llawn yn y tablau berfau.

Amseroedd y ferf

Y Presennol

Mae'r amser presennol yn cael ei ddefnyddio i siarad am yr hyn sy'n wir y funud hon, yr hyn sy'n digwydd yn rheolaidd, a'r hyn sy'n digwydd nawr, er enghraifft, 'Rydw i'n fyfyriwr'; ' Mae e'n gweithio fel ymgynghorydd'; 'Rydw i'n astudio Ffrangeg'.

Mae mwy nag un ffordd o fynegi'r amser presennol yn y Gymraeg. Er enghraifft, gallwch ddweud naill ai 'rydw i'n rhoi', neu 'rhoddaf'. Yn y Ffrangeg, rydych yn defnyddio'r un ffurf **je donne** am y rhain.

Yn y Gymraeg, gallwch hefyd ddefnyddio'r presennol i siarad am rywbeth sy'n mynd i ddigwydd yn y dyfodol agos. Gallwch wneud yr un peth yn Ffrangeg.

J'emménage à la fin du mois.　　**Rydw i'n symud i fyw** yno ar ddiwedd y mis.

On sort avec Aurélie ce soir.　　**Rydyn ni'n mynd allan** gydag Aurélie heno.

Y Dyfodol

Defnyddir y dyfodol i siarad am rywbeth sy'n mynd i ddigwydd neu fydd yn wir. Mae sawl ffordd o fynegi'r dyfodol yn y Gymraeg: gallwch ddefnyddio'r dyfodol ('Gofynnaf iddo ddydd Mawrth/Byddaf yn gofyn iddo ddydd Mawrth'), yr amser presennol ('Dydw i ddim yn gweithio yfory'), neu 'mynd i' a berfenw ar ei ôl ('Mae hi'n mynd i weithio yn Ffrainc am flwyddyn'). Yn Ffrangeg gallwch ddefnyddio'r dyfodol, y presennol, neu'r ferf **aller** (mynd) a berfenw ar ei ôl.

Elle ne rentrera pas avant minuit.　　**Fydd hi ddim yn ôl** cyn hanner nos.

Il **arrive** dans dix minutes.	**Mae e'n dod** mewn deng munud.
Je vais me faire couper les cheveux.	**Rydw i'n mynd** i gael torri fy ngwallt.

Yr Amherffaith

Un o'r amseroedd sy'n cael ei ddefnyddio i sôn am y gorffennol yw'r amherffaith, yn enwedig wrth ddisgrifio ac i ddweud beth oedd yn arfer digwydd, er enghraifft, 'Roeddwn i'n arfer gweithio ym Manceinion'; 'Roedd hi'n braf ddoe'.

Je ne faisais rien de spécial.	**Doeddwn i ddim yn gwneud** dim byd arbennig.
C'était une super fête.	**Roedd** yn barti gwych.
Avant**, il était** professeur.	**Roedd e'n arfer bod** yn athro.

Y Gorffennol

Mae'r gorffennol yn cael ei ffurfio mewn dau gam, sef amser presennol **avoir** neu **être**, a'r rhangymeriad gorffennol Ffrangeg (fel 'wedi rhoi', 'wedi gorffen' ac 'wedi gwneud' yn y Gymraeg).

Yn achos y rhan fwyaf o ferfau, mae'r gorffennol yn cael ei ffurfio trwy ddefnyddio **avoir**. Beth bynnag, mae amser gorffennol dau brif ddosbarth o ferfau yn cael eu ffurfio trwy ddefnyddio **être** yn hytrach nag **avoir**; pob berf ymatblygol (gweler **s'asseoir** tudalen 36 a **se taire** tudalen 50), a dosbarth o ferfau sy'n cael eu defnyddio'n bennaf i sôn am symud neu newid o ryw fath, gan gynnwys:

aller	mynd
venir	dod
arriver	cyrraedd, digwydd
partir	ymadael/gadael, mynd
descendre	mynd i lawr, dod i lawr, mynd oddi ar
monter	mynd i fyny, dod i fyny
entrer	mynd i mewn, dod i mewn
sortir	mynd allan, dod allan
mourir	marw
naître	geni
devenir	dod yn
rester	aros
tomber	cwympo/disgyn

Richard **est parti** de bonne heure.	Gadawodd Richard yn gynnar. / Mae Richard wedi gadael yn gynnar.
Tu es sortie hier soir?	Est ti allan neithiwr?
On est resté trois jours à Toulouse.	**Arhoson ni** yn Toulouse am dri diwrnod.

Y Gorchmynnol

Caiff ffurf orchmynnol y ferf ei defnyddio wrth roi gorchymyn neu gyfarwyddiadau, er enghraifft, 'Byddwch yn dawel!', 'Peidiwch ag anghofio eich pasbort!', 'Llenwch y ffurflen, os gwelwch yn dda'.

Yn Ffrangeg, mae amryw o ffurfiau o'r gorchmynnol yn cael eu defnyddio i roi cyfarwyddiadau neu orchymyn i rywun. Maen nhw'n cyfateb i **tu**, **vous** a **nous**. Mae'r ffurf **nous** yn cyfateb i'r 'Gadewch i ni' yn y Gymraeg. Yn achos berfau rheolaidd, mae'r ffurf orchmynnol yr un fath â'r ffurfiau **tu**, **nous** a **vous** o'r amser presennol, heblaw nad ydych yn defnyddio'r rhagenwau **tu**, **nous** a **vous**. Hefyd, yn ffurf **tu** berfau –**er** fel donner, mae'r –**s** ar y diwedd yn cael ei hepgor.

Arrête de me faire rire!	**Rho'r gorau** i wneud i mi chwerthin!
Venez déjeuner chez nous.	**Dewch** draw i'n tŷ ni am ginio.
Allons voir ce qu'ils font.	**Gadewch** i ni weld beth maen nhw'n ei wneud.

Y Dibynnol

Mae'r dibynnol yn ffurf ferfol sy'n cael ei defnyddio dan rai amgylchiadau i fynegi rhyw fath o deimlad neu i ddangos bod amheuaeth a fydd rhywbeth yn digwydd ai peidio, neu a yw rhywbeth yn wir. Yn y Ffrangeg, mae'n cael ei defnyddio ar ôl rhai ymadroddion, er enghraifft, **il faut que** ac **il faudrait que**.

Il faut que je rentre.	**Mae'n rhaid i mi** fynd yn ôl.
Il faudrait qu'on loue une voiture.	**Fe ddylen ni** logi car.
Je veux que tu viennes avec moi.	**Rydw i eisiau** i ti ddod gyda fi.

Yr amodol

Mae'r amodol yn ffurf ferfol sy'n cael ei defnyddio i siarad am bethau a fyddai'n digwydd neu a fyddai'n wir dan rai amgylchiadau, er enghraifft, 'Buaswn i'n dy helpu di pe bawn i'n gallu'. Caiff y ffurf ei defnyddio hefyd i ddweud beth yr ydych ei angen neu yr hoffech ei gael, er enghraifft, 'Allwn ni gael y bil, os gwelwch yn dda?'

Je voudrais deux billets.

Hoffwn i gael dau docyn.

Si j'étais toi, **je téléphonerais**.

Buaswn i'n rhoi galwad pe bawn i'n ti.

A|a

a BERF ▷ *gweler* avoir

mae gan

■ **Il a beaucoup d'amis.** Mae ganddo lawer o ffrindiau.

bod wedi

■ **Il a mangé des frites.** Mae e wedi bwyta sglodion.

■ **il y a (1)** mae ❑ Il y a un bon film à la télé. Mae ffilm dda ar y teledu. ■ **il y a (2)** mae yna ❑ Il y a beaucoup de monde. Mae llawer o bobl.

■ **il y a (3)** yn ôl ❑ Je l'ai rencontré il y a deux ans. Fe gwrddais ag e ddwy flynedd yn ôl.

■ **Qu'est-ce qu'il y a?** Beth sy'n bod ?

à ARDDODIAD

yn

❑ à l'école yn yr ysgol ❑ être à Paris bod ym Mharis. ❑ habiter au Canada byw yng Nghanada ❑ habiter à la campagne byw yn y wlad ❑ au printemps yn y gwanwyn ❑ au mois de juin ym mis Mehefin

am

❑ à trois heures am dri o'r gloch.

i

❑ aller à Paris mynd i Baris ❑ Cette veste appartient à Marie. Mae'r siaced hon yn perthyn i Marie.

ar

❑ à bicyclette ar y beic

wrth

❑ être payé à l'heure cael eich talu wrth yr awr ■ **C'est à dix kilomètres d'ici.** Mae'n ddeg km o fan hyn.

■ **cent kilomètres à l'heure** 100km yr awr. ❑ À demain! Fe wela i chi yfory! ❑ À tout à l'heure! Fe wela i chi nes ymlaen!

abandonner BERF [28]

gadael, esgeuluso

❑ Il a abandonné son chien. Mae wedi mynd a gadael ei gi.

rhoi'r gorau i

❑ J'ai décidé d'abandonner la natation. Rwy wedi penderfynu rhoi'r gorau i nofio.

[l'] **abeille** ENW BEN

gwenynen (b)

abîmer BERF [28]

niweidio, difrodi

[l'] **abonnement** ENW GWR

tanysgrifiad (g) (*i gylchgrawn*), tocyn (g) tymor

[s'] **abonner** BERF [28]

■ **s'abonner â une revue** tanysgrifio i gylchgrawn

[l'] **abord** ENW GWR

■ **d'abord** yn gyntaf ❑ Je vais rentrer chez moi d'abord. Rwy'n mynd adref yn gyntaf.

aboyer BERF [53]

cyfarth

[l'] **abri** ENW GWR

cysgod (g)

■ **être à l'abri** bod o dan gysgod

■ **se mettre à l'abri** cysgodi

[l'] **abricot** ENW GWR

bricyllen (b)

[s'] **abriter** BERF [28]

cysgodi

[l'] **absence** ENW BEN

absenoldeb (g)

■ **Il est passé pendant mon absence.** Fe ddaeth heibio pan roeddwn yn absennol.

absent (BEN **absente**) ANSODDAIR

absennol

absolument ADFERF

yn llwyr, yn sicr

accélérer BERF [34]

cyflymu

[l'] **accent** ENW GWR

acen (b)

❑ Il a l'accent de Marseille. Mae'n siarad ag acen Marseille.

■ **un accent aigu** acen ddyrchafedig

■ **un accent grave** acen ddisgynedig

■ **un accent circonflexe** acen grom

accentuer BERF [28]

pwysleisio

Ffrangeg-Cymraeg

a

accepter BERF [28]
derbyn, cytuno
■ **accepter de faire quelque chose** cytuno i wneud rhywbeth

[l'] **accès** ENW GWR
mynediad (g)
■ **'Accès aux quais'** 'I'r trenau' ❑ avoir acccès à quelque chose cael mynediad i rywbeth

[l'] **accessoire** ENW GWR
ategolyn (g)
❑ les accessoires de mode ategolion ffasiwn
prop (g) *(sinema, theatr)*

[l'] **accident** ENW GWR
damwain (b)
❑ un accident de la route damwain ar y ffordd
■ **par accident** trwy hap a damwain

accompagner BERF [28]
mynd gyda, hebrwng

accomplir BERF [38]
cyflawni
❑ Je n'ai pas réussi à accomplir cette tâche. Methais â chyflawni'r dasg hon.

[l'] **accord** ENW GWR
cytundeb (g)
■ **être d'accord** cytuno ❑ Tu es d'accord avec moi? A wyt ti'n cytuno â mi?
■ **se mettre d'accord** dod i gytundeb
■ **D'accord!** Iawn! O'r gorau!

[l'] **accordéon** ENW GWR
acordion (g)

accoudoir ENW GWR
braich (b) cadair

[l'] **accrochage** ENW GWR
gwrthdrawiad (g)

accrocher BERF [28]
■ **accrocher quelque chose à (1)** i hongian rhywbeth ar; cysylltu rhywbeth i
■ **s'accrocher à quelque chose (2)** cael ei ddal ar rywbeth *(dilledyn)* ❑ Sa jupe s'est accrochée aux ronces. Cafodd ei sgert ei dal yn y mieri.

[s'] **accroupir** BERF [38]
mynd i'ch cwrcwd

[l'] **accueil** ENW GWR
croeso (g)
❑ Je vous remercie de votre accueil. Diolch i chi am eich croeso.
■ **Il s'occupe de l'accueil des visiteurs.** Mae e'n gyfrifol am y groesawu'r ymwelwyr.
■ **'Accueil'** 'Derbynfa'

accueillant (BEN **accueillante**) ANSODDAIR
croesawgar
❑ Ils ont été très accueillants. Buon nhw yn groesawgar iawn.

accueillir BERF [22]

croesawu

accumuler BERF [28]
casglu
■ **s'accumuler** pentyrru

[l'] **accusation** ENW BEN
cyhuddiad (g)

[l'] **accusé** ENW GWR
diffynnydd (g)

[l'] **achat** ENW GWR
rhywbeth (g) a brynwyd, pwrcas (g)
■ **faire des achats** siopa

acheter BERF [1]
prynu
❑ Elle a acheté des gâteaux à la pâtisserie. Fe fe brynodd hi gacennau yn y siop gacennau.
■ **acheter quelque chose à quelqu'un (1)** prynu rhywbeth i rywun ❑ Je lui ai acheté des chocolats pour son anniversaire. Fe brynais siocledi iddi ar ei phen-blwydd.
■ **acheter quelque chose à quelqu'un (2)** prynu rhywbeth oddi wrth/gan rywun
❑ Elle a acheté des oeufs au fermier. Fe brynodd wyau oddi wrth/gan y ffermwr.

acide (BEN **acide**) ANSODDAIR ▷ *gweler* **acide** ENW
sur

[l'] **acide** ENW GWR ▷ *gweler* **acide** ANSODDAIR
asid (g)

[l'] **acier** ENW GWR
dur (g)

[l'] **acné** ENW BEN
acne (g)

acquérir BERF [2]
prynu, cael

acquis BERF ▷ *gweler* **acquérir**

acquitter BERF [28]
cael yn ddieuog
❑ L'accusé a été acquitté. Cafwyd y diffynnydd yn ddieuog.

[l'] **acte** ENW GWR
gweithred (b)
■ **un acte de naissance** tystysgrif genedigaeth

[l'] **acteur** ENW GWR
actor (g)
❑ Il est acteur. Mae e'n actor. ❑ un acteur de cinéma actor mewn ffilm

actif (BEN **active**) ANSODDAIR
prysur, gweithgar, bywiog
■ **la population active** poblogaeth o oed gwaith

[l'] **action** ENW BEN
gweithred (b)
■ **une bonne action** gweithred dda

[s'] **activer** BERF [28]

prysuro, brysio
❑ Allez! Activez-vous! Dewch! Symudwch!
[l'] **activité** ENW BEN
prysurdeb (g), gweithgarwch (g)
[l'] **actrice** ENW BEN
actores (b)
❑ Elle est actrice. Mae hi'n actores. ❑ une
actrice de cinéma actores mewn ffilm
[l'] **actualité** ENW BEN
materion (ll) cyfoes
■ **un problème d'actualité** cwestiwn cyfoes
■ **les actualités** y newyddion
actuel (BEN **actuelle**) ANSODDAIR
presennol, cyfredol
❑ le système actuel y dull cyfredol
■ **à l'heure actuelle** ar hyn o bryd
actuellement ADFERF
ar hyn o bryd
[l'] **adapteur** ENW GWR
addasydd (g)
[l'] **addition** ENW BEN
ychwanegiad (g)
❑ l'addition et la soustraction adio a thynnu
y bil (g)
❑ L'addition, s'il vous plaît! Y bil, os gwelwch yn
dda!
additionner BERF [28]
adio
[l'] **adhérent** ENW GWR
aelod (g) (*dyn*)
[l'] **adhérente** ENW BEN
aelod (b) (*dynes*)
adhésif (BEN **adhésive**) ANSODDAIR
■ **le ruban adhésif** tâp gludiog, seloteip
adieu EBYCHIAD
ffarwel!
[l'] **adjectif** ENW GWR
ansoddair (g)
admettre BERF [47]
cyfaddef
❑ Elle refuse d'admettre qu'elle s'est trompée.
Mae hi'n gwrthod cyfaddef ei chamgymeriad.
caniatáu
❑ Les chiens ne sont pas admis dans le
restaurant. Ni chaniateir cŵn yn y bwyty.
[l'] **administration** ENW BEN
gweinyddiaeth (b)
■ **l'Administration** y Gwasanaeth Sifil
admirable (BEN **admirable**) ANSODDAIR
rhagorol, cymeradwy, godidog
[l'] **admirateur** ENW GWR
edmygwr (g)
[l'] **admiratrice** ENW BEN
edmygwraig (b)

admirer BERF [28]
edmygu
admis BERF ▷ *gweler* **admettre**
[l'] **adolescence** ENW BEN
cyfnod (g) yr arddegau
[l'] **adolescent** ENW GWR
bachgen (g) yn ei arddegau
[l'] **adolescente** ENW BEN
merch (b) yn ei harddegau
adopter BERF [28]
mabwysiadu
adorable (BEN **adorable**) ANSODDAIR
annwyl, hoffus, hyfryd
adorer BERF [28]
hoffi'n fawr
❑ J'adore le chocolat. Rwy'n hoffi siocled
yn fawr iawn. ❑ Il adore jouer au tennis. Mae
e'n hoffi chwarae tennis yn fawr iawn.
[l'] **adresse** ENW BEN
cyfeiriad (g)
❑ une adresse web cyfeiriad ar y We
■ **mon adresse électronique** fy nghyfeiriad
e-bost
adresser BERF [28]
■ **adresser la parole à quelqu'un** siarad â
rhywun ❑ s'adresser à quelqu'un mynd i weld/
siarad â rhywun ❑ Adressez-vous au patron.
Ewch i holi y pennaeth. ❑ Adressez-vous aux
renseignements. Gofynnwch wrth y ddesg
ymholiadau. ❑ ce film s'adresse aux enfants
mae'r ffilm yma ar gyfer plant
[l'] **ADSL** ENW GWR (=*gwasanaeth band eang*)
ADSL
■ **On a l'ADSL à la maison.** Mae gennym
wasanaeth band eang gartref.
[l'] **adulte** ENW GWR/BEN
oedolyn (g)
[l'] **adverbe** ENW GWR
adferf (b)
[l'] **adversaire** ENW GWR/ BEN
gelyn (g)
aérien (BEN **aérienne**) ANSODDAIR
■ **une compagnie aérienne** cwmni
awyrennau
[l'] **aérobic** ENW GWR
aerobeg (b)
❑ Ma sœur fait de l'aérobic. Mae fy chwaer yn
gwneud aerobeg.
[l'] **aérogare** ENW BEN
gorsaf (b) derfynol, terfynfa (b) (*mewn maes
awyr*)
[l'] **aéroglisseur** ENW GWR
hofrenfad (b)
[l'] **aéroport** ENW GWR

maes (g) awyr

[l'] **affaire** ENW BEN ▷ *gweler* **les affaires**
achos (g)
❑ une affaire de drogue achos cyffuriau
busnes (g)
❑ Son affaire marche bien. Mae ei fusnes yn mynd yn iawn.
■ **une bonne affaire** bargen
■ **Ça fera l'affaire.** Fe wnaiff hynny'r tro i'r dim.
■ **avoir affaire à quelqu'un** delio â rhywun

[les] **affaires** ENW BEN LLUOSOG ▷ *gweler* **l'affaire**
pethau (ll)
❑ Va chercher tes affaires! Cer i nôl dy bethau!
busnes (g)
❑ Les affaires marchent bien en ce moment. Mae busnes yn dda ar y foment. ❑ Mêle-toi de tes affaires. *(anffurfiol)* Meindia dy fusnes.
■ **un homme d'affaires** dyn busnes
■ **le ministre des Affaires étrangères** yr Ysgrifennydd Tramor

[l'] **affection** ENW BEN
hoffter (g)

affectueusement ADFERF
yn gariadus; "llawer o gariad" *(ar ddiwedd llythyr)*

affectueux (BEN **affectueuse**) ANSODDAIR
cariadus, annwyl

[l'] **affiche** ENW BEN
poster (g)

afficher BERF [28]
arddangos
❑ Ils ont affiché le menu dehors. Maent wedi arddangos y fwydlen y tu allan.
■ **'Défense d'afficher'** 'Dim posteri'

affilée
■ **d'affilée** ADFERF yn ddi-dor
❑ Il a travaillé dix heures d'affilée. Mae wedi gweithio am ddeg awr yn ddi-dor.

[l'] **affirmation** ENW BEN
honiad (g)

affirmer BERF [28]
honni, mynnu
❑ Elle a affirmé que c'était la vérité. Mynnodd mai dyna oedd y gwirionedd.
■ **s'affirmer** mynegi eich hun yn fwy pendant
❑ Elle est trop timide, il faut qu'elle s'affirme. Mae'n rhy swil, fe ddylai fynegi ei hun yn fwy pendant.

[l'] **affluence** ENW BEN
■ **les heures d'affluence** oriau (ll) brys

[s'] **affoler** BERF [28]
dychryn, cynhyrfu
❑ Ne t'affole pas! Paid â chynhyrfu!

affranchir BERF [38]
stampio

affreux (BEN **affreuse**) ANSODDAIR
ofnadwy, dychrynllyd

affronter BERF [28]
wynebu, herio
❑ La France affronte l'Espagne en finale. Mae Ffrainc yn wynebu Sbaen yn y gêm derfynol.

afin de CYSYLLTAIR
■ **afin de faire quelque chose** er mwyn
❑ Il s'est levé très tôt afin d'être prêt à temps. Fe gododd yn gynnar iawn er mwyn bod yn barod mewn pryd.

afin que CYSYLLTAIR
er mwyn, i, fel y
❑ Elle m'a téléphoné afin que je sois prêt à temps. Fe ffoniodd hi fi er mwyn i fi fod yn barod mewn pryd.

africain (BEN **africaine**) ENW, ANSODDAIR
Affricanaidd
■ **un Africain** Affricanwr
■ **une Africaine** Affricanes

[l'] **Afrique** ENW BEN
Affrica (b)
■ **en Afrique (1)** yn Affrica
■ **en Afrique (2)** i Affrica
■ **l'Afrique du Sud** De Affrica

agacer BERF [12]
■ **agacer quelqu'un** pryfocio rhywun, gwylltio rhywun ❑ Il m'agace avec ses questions! Mae'n mynd ar fy nerfau gyda'i gwestiynau!

[l'] **âge** ENW GWR
oed (g), oes (b)
■ **Quel âge as-tu?** Beth yw dy oed?

âgé (BEN **âgée**) ANSODDAIR
oedrannus, hen
❑ Sa mère est âgée. Mae ei fam yn hen.
❑ Il est âgé de neuf ans. Mae e'n naw mlwydd oed. ■ **les personnes âgées** yr henoed

[l'] **agence** ENW BEN
cangen (b), asiantaeth (b)
❑ l'agence pour l'emploi asiantaeth swyddi
■ **une agence de voyages** asiantaeth teithio swyddfa (b)
❑ l'agence de Cardiff y swyddfa yng Nghaerdydd
■ **une agence immobilière** swyddfa gwerthu tai

[l'] **agenda** ENW GWR
dyddiadur (g)
❑ J'ai perdu mon agenda. Rwyf wedi colli fy nyddiadur.

[s'] **agenouiller** BERF [28]

Ffrangeg-Cymraeg

penlinio
[l'] **agent** ENW GWR
  ■ **un agent de police** plismon, heddwas
  ■ **un agent d'entretien** glanhäwr
[l'] **agglomération** ENW BEN
  tref (b), maestref (b)
  ■ **l'agglomération parisienne** maestrefi Paris
aggraver BERF [28]
  gwaethygu, gwneud yn waeth
  ■ **s'aggraver** gwaethygu
agir BERF [38]
  gweithredu, ymddwyn
  ❏ Elle a agi par vengeance. Fe wnaeth hi ymddwyn yn ddialgar. ■ **Il s'agit de …** Mae'n ymwneud â … , mae'n fater o… ❏ Il s'agit de notre amitié. Mae'n ymwneud â'n cyfeillgarwch ni. ❏ De quoi s'agit-il? Beth sydd dan sylw?
  ■ **Il s'agit de faire attention.** Mae'n rhaid bod yn ofalus.
agité (BEN **agitée**) ANSODDAIR
  aflonydd, cynhyrfus
  ❏ Les élèves sont agités. Mae'r disgyblion yn aflonydd.
  garw
  ❏ La mer est agitée. Mae'r môr yn arw.
  ■ **un sommeil agité** troi a throsi yn eich cwsg
agiter BERF [28]
  ysgwyd
  ❏ Agitez la bouteille. Ysgwydwch y botel.
[l'] **agneau** (LLUOSOG [les] **agneaux**) ENW GWR
  oen (g)
[l'] **agrafe** ENW BEN
  stwffwl (g) (ar gyfer papurau)
[l'] **agrafeuse** ENW BEN
  styffylwr (g)
agrandir BERF [38]
  chwyddo
  ❏ J'ai fait agrandir mes photos. Rwy wedi chwyddo fy lluniau.
  ymestyn, ehangu
  ❏ Ils ont agrandi leur jardin. Maent wedi ymestyn eu gardd.
  ■ **s'agrandir** ehangu, ymestyn, mynd yn fwy
  ❏ Leur magasin s'est agrandi. Mae eu siop wedi cael ei hehangu.
agréable (BEN **agréable**) ANSODDAIR
  braf, dymunol
agréer BERF [18]
  derbyn, cytuno ar, plesio
  ■ **Veuillez agréer, Monsieur, l'expression de mes sentiments les meilleurs. Bernard Méars.** Yr eiddoch yn gywir, Bernard Méars.
agressif (BEN **agressive**) ANSODDAIR
  ymosodol
[l'] **agressivité** ENW BEN

natur (b) ymosodol
  ■ **faire preuve d'agressivité envers quelqu'un** bod yn ymosodol at rywun
  ■ **l'agressivité au volant** colli tymer wrth yrru
agricole (BEN **agricole**) ANSODDAIR
  amaethyddol
  ❏ le matériel agricole peiriannau amaethyddol
  ■ **une exploitation agricole** fferm
[l'] **agriculteur** ENW GWR
  ffermwr (g)
  ❏ Il est agriculteur. Ffermwr ydy e.
[l'] **agriculture** ENW BEN
  amaethyddiaeth (b)
ai BERF ▷ gweler **avoir**
  ■ **J'ai trois chiens.** Mae gennyf dri chi.
  ■ **J'ai bien dormi.** Fe gysgais yn dda.
[l'] **aide** ENW BEN
  help (g)
  ❏ J'ai besoin de votre aide. Mae angen eich help arna i. ❏ appeler quelqu'un à l'aide galw am help rhywun
  ■ **À l'aide!** Help!
  cymorth (g)
  ❏ une aide financière cymorth ariannol
  ■ **à l'aide de** trwy ddefnyddio, â chymorth …
  ❏ J'ai réussi à ouvrir la boîte à l'aide d'un couteau. Rwyf wedi llwyddo i agor y tun â chyllell.
aider BERF [28]
  helpu
[l'] **aide-soignant** (LLUOSOG [les] **aides-soignants**) ENW GWR
  nyrs (g) cynorthwyol (dyn)
[l'] **aide-soignante** (LLUOSOG [les] **aides-soignantes**) ENW BEN
  nyrs (b) gynorthwyol (dynes)
aie BERF ▷ gweler **avoir**
aïe EBYCHIAD
  aw!
aigre (BEN **aigre**) ANSODDAIR
  sur
aigu (BEN **aiguë**) ANSODDAIR
  difrifol, llym
  ❏ une douleur aiguë poen difrifol
  ■ **e accent aigu** acen ddyrchafedig ar yr 'e'
[l'] **aiguille** ENW BEN
  nodwydd (b)
  ❏ une aiguille à tricoter gweyllyn (i wau)
  ■ **les aiguilles d'une montre** bysedd y cloc/ yr oriawr
[l'] **ail** ENW GWR
  garlleg (g)
[l'] **aile** ENW BEN
  adain (b)

a

aille BERF ▷ *gweler* **aller**

ailleurs ADFERF
yn rhywle arall
- **partout ailleurs** pobman arall
- **nulle part ailleurs** unman arall
- **d'ailleurs** yn ogystal, hefyd

aimable (BEN **aimable**) ANSODDAIR
caredig, dymunol

[l'] **aimant** ENW GWR
magnet (g)

aimer BERF [28]
caru
❏ Il aime ses enfants. Mae e'n caru ei blant.
hoffi
❏ Tu aimes les glaces? Wyt ti'n hoffi hufen iâ?
❏ J'aime bien ce garçon. 'Rwy'n hoffi'r bachgen hwn. ❏ J'aime bien jouer au golf. 'Rwy'n hoffi chwarae golff. ❏ J'aimerais aller en Egypte. Fe hoffwn fynd i'r Aifft.
- **J'aimerais mieux ne pas y aller.** Fe fyddai'n well gen i beidio â mynd yno.

aîné (BEN **aînée**) ANSODDAIR
▷ *gweler* **aîné** ENW, **aînée** ENW
hŷn, hynaf
❏ ma sœur aînée fy chwaer hynaf, fy chwaer fawr

[l'] **aîné** ENW GWR ▷ *gweler* **aîné** ANSODDAIR
y plentyn (g) hynaf *(bachgen)*
❏ C'est l'aîné. Fe yw'r plentyn hynaf.

[l'] **aînée** ENW BEN ▷ *gweler* **aînée** ANSODDAIR
Y plentyn (g) hynaf *(merch)*
❏ C'est l'aînée. Hi yw'r plentyn hynaf.

ainsi ADFERF
fel hyn
❏ Il faut faire ainsi. Rhaid gwneud fel hyn.
- **C'est ainsi qu'elle a réussi.** Fel hyn y llwyddodd hi.
- **ainsi que** yn ogystal â ■ **et ainsi de suite** ac yn y blaen

[l'] **air** ENW GWR
aer (g)
❏ l'air chaud aer cynnes
awyr (b)
- **prendre l'air** cael awyr iach
tôn (b)
❏ Il a joué un air au piano. Canodd e dôn ar y piano.
- **Elle a l'air fatigué.** Mae hi'n edrych yn flinedig. ■ **Il a l'air d'un clown.** Mae e'n edrych fel clown.

[l'] **aire de jeux** ENW BEN
maes (g) chwarae

[l'] **aire de repos** ENW BEN
cilfan (g) gorffwys *(ar y briffordd)*

[l'] **aise** ENW BEN
- **être à l'aise** bod yn gysurus/gyfforddus
❏ Il est à l'aise avec tout le monde. Mae e'n gysurus gyda phawb. ■ **être mal à l'aise** teimlo'n anghysurus
- **se mettre à l'aise** gwneud eich hun yn gyfforddus

ait BERF ▷ *gweler* **avoir**

ajouter BERF [28]
ychwanegu

[l'] **alarme** ENW BEN
larwm (g)
❏ donner l'alarme seinio rhybudd

[l'] **Albanie** ENW BEN
Albania (b)
- **en Albanie (1)** yn Albania
- **en Albanie (2)** i Albania

[l'] **album** ENW GWR
albwm (g)

[l'] **alcool** ENW GWR
alcohol (g)
❏ Je ne bois pas d'alcool. Dwi ddim yn yfed alcohol. ■ **les alcools forts** gwirodydd

alcoolisé (BEN **alcoolisée**) ANSODDAIR
meddwol
- **une boisson non alcoolisée** diod meddal heb alcohol

[les] **alentours** ENW GWR LLUOSOG
- **dans les alentours** o gwmpas, yn y cyffiniau, yn yr ardal ■ **aux alentours de Paris** yn ardal Paris ■ **aux alentours de dix heures** tua deg o'r gloch

[l'] **algèbre** ENW BEN
algebra (g)/(b)

Alger ENW GWR
Algiers (b)
- **à Algérie (1)** yn Algiers

[l'] **Algérie** ENW BEN
Algeria (b)
- **en Algérie (1)** yn Algeria
- **en Algérie (2)** i Algeria

algérien (BEN **algérienne**) ANSODDAIR, ENW
Algeraidd, o Algeria
- **un Algérien** ENW GWR Algeriad *(dyn)*
- **une Algérienne** ENW BEN Algeriad *(dynes)*
- **les Algériens** ENW GWR yr Algeriaid

[l'] **algue** ENW BEN
gwymon (g)

[l'] **aliment** ENW GWR
bwyd (g)

[l'] **alimentation** ENW BEN
bwydydd (ll)
❏ le rayon alimentation du supermarché yr adran fwydydd mewn archfarchnad

deiet (g)
❏ J'ai une alimentation saine. Rydw i'n bwyta'n iach.

[l'] **allée** ENW BEN
llwybr (g)
rhodfa (b) *(mewn enwau ffyrdd)*
■ **les allées et venues** mynd a dod

allégé (BEN **allégée**) ANSODDAIR
braster isel
❏ un yaourt allégé iogwrt braster isel

[l'] **Allemagne** ENW BEN
yr Almaen (b)
■ **en Allemagne (1)** yn yr Almaen
■ **en Allemagne (2)** i'r Almaen

allemand (BEN **allemande**) ANSODDAIR, ENW
Almaeneg (b)
Almaenig
❏ Je parle allemand. Rydw i'n siarad Almaeneg.
■ **un Allemand** Almaenwr
■ **une Allemande** Almaenes
■ **les Allemands** yr Almaenwyr

aller BERF [3]

▷ *gweler hefyd* **aller** ENW

AMSER PRESENNOL	
je vais	nous allons
tu vas	vous allez
il/elle va	ils/elles vont

RHANGYMERIAD GORFFENNOL
allé

mynd
❏ Elle est allée à Londres. Fe aeth hi i Lundain.
❏ Je dois y aller. Mae'n rhaid i fi fynd yno.
❏ Il ira la voir. Fe aiff i'w gweld hi. ❏ Je vais me fâcher. Rwy'n mynd i golli fy nhymer.
■ **s'en aller** mynd i ffwrdd ❏ Je m'en vais demain. Rwy'n mynd i ffwrdd yfory.
■ **aller bien à quelqu'un** gweddu i rywun
❏ Cette veste te va bien. Mae'r siaced hon yn gweddu i ti.
■ **Allez! Dépêche-toi!** Dere 'mlaen ! Brysia!
■ **Comment allez-vous? – Je vais bien.** Sut hwyl? – Yn dda iawn diolch.
■ **Comment ça va? – Ça va bien.** Sut wyt ti? – Yn iawn diolch.
■ **aller mieux** mynd yn well, gwella

[l'] **aller** ENW GWR ▷ *gweler* **aller** BERF
taith (b)
❏ L'aller nous a pris cinq heures. Fe gymerodd y daith yno bum awr.
tocyn (g) unffordd
❏ Je voudrais un aller pour Paris. Tocyn unffordd i Baris, os gwelwch yn dda.
■ **un aller retour (1)** tocyn dwyffordd
❏ Je voudrais un aller retour pour Angers.

Tocyn dwyffordd i Angers, os gwelwch yn dda.
■ **un aller retour (2)** taith ddwyffordd
❏ J'ai fait l'aller retour en cinq heures.
Fe wnes i'r siwrnai nôl a blaen mewn pum awr.

allergique (BEN **allergique**) ANSODDAIR
■ **être allergique à** bod ag alergedd i rywbeth
❏ Il est allergique aux poils de chat. Mae ganddo alergedd i flew cath.

allô EBYCHIAD
Helô !
❏ Allô! Je voudrais parler à Monsieur Leblanc.
Helô! Hoffwn siarad â Mr Leblanc.

[l'] **allocation** ENW BEN
lwfans (g), budd-dal (g)
■ **les allocations chômage** budd-dal diweithdra

[s'] **allonger** BERF [45]
gorwedd
❏ Il s'est allongé sur le canapé. Fe orweddod ar y soffa.

allumer BERF [28]
cynnau *(golau)*
❏ Tu peux allumer la lumière? A wnei di gynnau'r golau?
rhoi/troi ymlaen
❏ Allume la radio. Tro'r radio ymlaen.
cynnau
❏ Il a allumé une cigarette. Fe gyneuodd sigarét.
■ **s'allumer** *(golau)* dod ymlaen
❏ La lumière s'est allumée. Daeth y golau ymlaen.

[l'] **allumette** ENW BEN
matsien (b)
❏ une boîte d'allumettes bocs o fatsis

[l'] **allure** ENW BEN
cyflymdra (g)
❏ à toute allure ar gyflymdra mawr
ymddangosiad (g), golwg (b)
❏ avoir une drôle d'allure edrych yn rhyfedd

[l'] **allusion** ENW BEN
cyfeiriad (g) *(at rywbeth)*

alors ADFERF
felly
❏ Tu as fini? Alors je m'en vais. Wyt ti wedi gorffen? Felly mi af i. ❏ Alors je lui ai dit de partir. Felly fe ddywedais wrtho am fynd.
■ **Et alors?** Felly?
ar y pryd
❏ J'habitais alors à Paris. 'Roeddwn yn byw ym Mharis ar y pryd.
■ **alors que (1)** pan
❏ Il est arrivé alors que je partais. Fe gyrhaeddodd fel yr oeddwn i'n gadael.
■ **alors que (2)** tra

Ffrangeg-Cymraeg

a

❑ Alors que je travaillais dur, lui se reposait.
Tra oeddwn i'n gweithio'n galed, roedd e'n
gorffwys.

[les] **Alpes** ENW BEN LLUOSOG
Yr Alpau (ll)
❑ dans les Alpes yn yr Alpau

[l'] **alphabet** ENW GWR
yr wyddor (b)

alphabétique (BEN **alphabétique**) ANSODDAIR
❑ par ordre alphabétique yn nhrefn yr wyddor

[l'] **alpinisme** ENW GWR
dringo

[l'] **alpiniste**
dringwr (g), dringwraig (b)

[l'] **Alsace** ENW BEN
Alsás (b)

[l'] **amande** ENW BEN
almon (b)
■ **la pâte d'amandes** marsipan

[l'] **amant** ENW GWR/BEN
cariad (g)

amateur (BEN **amateur**) ANSODDAIR
▷ *gweler* **amateur** ENW
amatur
❑ Il est pianiste amateur. Mae'n bianydd
amatur.

[l'] **amateur** ENW GWR ▷ *gweler* **amateur**
ANSODDAIR
amatur (g)
■ **en amateur** fel hobi, o ran diddordeb, o ran
difyrrwch ❑ Je fais de la photo en amateur.
Rydw i'n tynnu lluniau fel hobi.
■ **C'est un amateur de musique.** Mae'n dwlu
ar gerddoriaeth.

[l'] **ambassade** ENW BEN
llysgenhadaeth (b)

[l'] **ambassadeur** ENW GWR
llysgennad (g)

[l'] **ambiance** ENW BEN
awyrgylch (g)/(b)
❑ J'adore l'ambiance ici. Rydw i wrth fy modd
gyda'r awyrgylch yma. ❑ Il y a de l'ambiance
dans ce café. Mae yna awyrgylch hyfryd yn y
caffi yma.
■ **la musique d'ambiance** cerddoriaeth
gefndir

ambitieux (BEN **ambitieuse**) ANSODDAIR
uchelgeisiol

[l'] **ambition** ENW BEN
uchelgais (g)
❑ Il a l'ambition de devenir médecin. Ei
uchelgais yw dod yn feddyg
■ **Elle a beaucoup d'ambition.** Mae hi'n
uchelgeisiol iawn.

[l'] **ambulance** ENW BEN
ambiwlans (g)

[l'] **âme** ENW BEN
enaid (g)

[l'] **amélioration** ENW BEN
gwelliant (g)

améliorer BERF [28]
gwella
■ **s'améliorer** gwella
❑ Le temps s'améliore. Mae'r tywydd yn gwella.

[l'] **amende** ENW BEN
dirwy (b)
❑ une amende de cent euros dirwy o 100
ewro

amener BERF [43]
dod â, mynd â
❑ Qu'est-ce qui vous amène? Beth sy'n dod â
chi yma? ❑ Est-ce que je peux amener un ami?
Alla i ddod â ffrind?

amer (BEN **amère**) ANSODDAIR
chwerw

américain (BEN **américaine**) ANSODDAIR, ENW
Americanaidd
■ **un Américain** Americanwr
■ **une Américaine** Americanes

[l'] **Amérique** ENW BEN
America (b)
■ **en Amérique (1)** yn America
■ **en Amérique (2)** i America
■ **l'Amérique du Nord** Gogledd America
■ **l'Amérique du Sud** De America

[l'] **ami** ENW GWR
ffrind (g)
■ **C'est son petit ami.** Fe yw ei chariad.

amical (BEN **amicale**, GWR LLUOSOG **amicaux**)
ANSODDAIR
cyfeillgar

amicalement ADFERF
yn gyfeillgar
■ **Amicalement, Bernard** Cofion cynnes,
Bernard (*mewn llythyr*)

[l'] **amie** ENW BEN
ffrind (b)
■ **C'est sa petite amie.** Hi ydy ei gariad.

[l'] **amitié** ENW BEN
cyfeillgarwch (g)
■ **Fais mes amitiés à Pierre.** Cyfarchion at
Pierre
■ **Amitiés, Jeanine.** Cofion Cynnes, Jeanine.
(*mewn llythyr*)

[l'] **amour** ENW GWR
cariad (g)
■ **faire l'amour à quelqu'un** caru â rhywun

amoureux (BEN **amoureuse**) ANSODDAIR

mewn cariad
❏ être amoureux de quelqu'un bod mewn cariad â rhywun

[l'] **amour-propre** ENW GWR
hunan-barch (g)

[l'] **amphithéâtre** ENW GWR
darlithfa (b)

amplement ADFERF
mwy na digon
■ **Nous avons amplement le temps.** Mae gennym fwy na digon o amser.

[l'] **ampoule** ENW BEN
bwlb (g) (*golau*)
pothell (b)
❏ J'ai une ampoule au pied. Mae gennyf bothell ar fy nhroed.

amusant (BEN **amusante**) ANSODDAIR
difyr, doniol, digrif

[les] **amuse-gueule** ENW BEN LLUOSOG
blasynau (ll) (*i godi blys bwyta*)

amuser BERF [28]
diddanu
■ **s'amuser (1)** chwarae
❏ Les enfants s'amusent dehors. Mae'r plant yn chwarae y tu allan.
■ **s'amuser (2)** mwynhau eich hun
❏ On s'est bien amusés. Fe wnaethom fwynhau'n fawr.

[l'] **an** ENW GWR
blwyddyn (b)
■ **le premier de l'an** Dydd Calan
■ **le nouvel an** Y Flwyddyn Newydd

[l'] **analyse** ENW BEN
dadansoddiad (g)
prawf (g) (*meddygol*)
■ **une analyse de sang** prawf gwaed

[l'] **ananas** ENW GWR
afal (g) pîn

[l'] **ancêtre** ENW GWR/BEN
hynafiad (g), cyndad (g)

[l'] **anchois** ENW GWR
ansiofi (g)

ancien (BEN **ancienne**) ANSODDAIR
cyn
❏ C'est une ancienne élève. Mae hi'n gyn-ddisgybl.
hen
❏ mon ancienne voiture fy hen gar
hynafol
❏ un vase ancien fâs/llestr hynafol

[l'] **ancre** ENW BEN
angor (g)

Andorre ENW BEN
Andorra (b)

■ **en Andorra (1)** yn Andorra
■ **en Andorra (2)** i Andorra

[l'] **âne** ENW GWR
mul (g), asyn (g)

[l'] **ange** ENW GWR
angel (g)
■ **être aux anges** bod wrth eich bodd

[l'] **angine** ENW BEN
dolur (g) gwddf, tonsilitis (g)

anglais (BEN **anglaise**) ENW
Saesneg (b)
❏ Est-ce que vous parlez anglais? Ydych chi'n (gallu) siarad Saesneg?
■ **un Anglais** Sais
■ **une Anglaise** Saesnes
■ **les Anglais** y Saeson

anglais (BEN **anglaise**) ANSODDAIR
Seisnig, o Loegr
■ **la cuisine anglaise** coginio/bwyd Seisnig

[l'] **angle** ENW GWR
ongl (b)
❏ un angle droit ongl sgwâr
cornel (g)/(b)
❏ à l'angle de la rue ar gornel y stryd

[l'] **Angleterre** ENW BEN
Lloegr (b)
■ **en Angleterre (1)** yn Lloegr
❏ J'habite en Angleterre. Rwy'n byw yn Lloegr.
■ **en Angleterre (2)** i Loegr
❏ Je suis allée en Angleterre l'année dernière. Es i i Loegr y llynedd.

anglo- RHAGDDODIAD
Eingl-
■ **les îles Anglo-Normandes** Ynysoedd y Sianel

anglophone (BEN **anglophone**) ANSODDAIR
yn siarad Saesneg

angoissé (BEN **angoissée**) ANSODDAIR
gofidus, dan straen
❏ Elle a l'air angoissé. Mae hi'n edrych yn ofidus.

[l'] **animal** (LLUOSOG [les] **animaux**) ENW GWR
anifail (g)

[l'] **animateur** ENW GWR
cyflwynydd, (g)
❏ Il est animateur à la télé. Mae'n gyflwynydd ar y teledu.
arweinydd (g) ieuenctid
❏ Paul est animateur au centre sportif. Mae Paul yn arweinydd ieuenctid mewn canolfan chwaraeon.

[l'] **animatrice** ENW BEN
cyflwynwraig (b)
❏ Elle est animatrice à la télé. Mae hi'n

a

gyflwynwraig ar y teledu.
trefnydd (b) gweithgreddau
❏ Marie est animatrice au centre sportif. Mae
Marie yn drefnydd gweithgareddau mewn
canolfan chwaraeon.
animé (BEN **animée**) ANSODDAIR
bywiog
❏ Cette rue est très animée. Mae'r stryd hon yn
fywiog iawn. ■ **un dessin animé** ffilm gartŵn
[l'] **anis** ENW GWR
hedyn (g) anis
[l'] **anneau** (LLUOSOG [les] **anneaux**) ENW GWR
modrwy (b)
[l'] **année** ENW BEN
blwyddyn (b)
❏ l'année dernière y llynedd
❏ l'année prochaine y flwyddyn nesaf
[l'] **anniversaire** ENW GWR
pen-blwydd (g)
❏ C'est l'anniversaire de Pierre. Mae'n ben-
blwydd Pierre. ❏ un anniversaire de mariage
pen-blwydd priodas
[l'] **annonce** ENW BEN
cyhoeddiad (g), hysbyseb (b)
❏ J'ai lu votre annonce dans le journal. Fe
welais eich hysbyseb yn y papur newydd.
❏ passer une annonce rhoi hysbyseb
■ **les petites annonces** mân hysbysebion
annoncer BERF [12]
cyhoeddi, hysbysebu
❏ Ils ont annoncé leurs fiançailles. Maent wedi
cyhoeddi eu dyweddïad.
[l'] **annuaire** ENW GWR
blwyddlyfr (g), llyfr (g) ffôn
annuel (BEN **annuelle**) ANSODDAIR
blynyddol
annuler BERF [28]
dileu, canslo
anonyme (BEN **anonyme**) ANSODDAIR
anhysbys
[l'] **anorak** ENW GWR
anorac (g)
[l'] **ANPE** ENW BEN (= *Agence nationale pour
l'emploi*)
Asiantaeth (b) Cyflogi Wladol, Canolfan Waith
❏ Je suis allé à l'ANPE. Es i i'r Ganolfan Waith
[l'] **Antarctique** ENW GWR
yr Antarctig (b)
[l'] **antenne** ENW BEN
erial (g)/(b)
■ **antenne parabolique** dysgl loeren
■ **être à l'antenne** bod ar y teledu/ radio/yr
awyr, bod wrthi'n darlledu
[l'] **antibiotique** ENW GWR

antibiotig (g), gwrthfiotig (g)
[l'] **antidépresseur** ENW GWR
cyffur (g) gwrthiselder
❏ Elle est sous antidépresseurs depuis un mois.
Mae'n cymryd cyffur gwrthiselder ers mis.
[l'] **antigel** ENW GWR
gwrthrewydd (g)
[les] **Antilles** ENW BEN LLUOSOG
Ynysoedd (ll) y Caribî
■ **aux Antilles (1)** yn y Caribî
■ **aux Antilles (2)** i'r Caribî
antipathique (BEN **antipathique**) ANSODDAIR
annymunol
❏ Je la trouve plutôt antipathique. Rydw i'n ei
chael hi yn eithaf annymunol.
antipelliculaire (BEN **antipelliculaire**)
ANSODDAIR
■ **shampooing antipelliculaire** shampŵ
gwrthgen
[l'] **antiquaire** ENW GWR/BEN
gwerthwr (g), gwerthwraig (b) hen bethau
❏ Il est antiquaire. Mae e'n werthwr hen
bethau.
[l'] **antiquité** ENW BEN
hen beth (g)
❏ un magasin d'antiquités siop hen bethau
■ **pendant l'antiquité** yn yr oes glasurol
antiseptique (BEN **antiseptique**) ANSODDAIR
antiseptig
▷ *gweler hefyd* **antiseptique** ENW
[l'] **antiseptique** ENW GWR
antiseptig (g)
[l'] **antivol** ENW GWR
clo (g) (*ar feic, ar gar*)
anxieux (BEN **anxieuse**) ANSODDAIR
pryderus, ar bigau'r drain
❏ Elle est anxieuse de nature. Mae hi'n
bryderus o ran natur.
août ENW GWR
Awst (g)
■ **en août**
ym mis Awst
apercevoir BERF [67]
gweld; sylwi; rhagweld; canfod
❏ J'aperçois la côte au loin. Gallaf weld yr
arfordir yn y pellter.
■ **s'apercevoir de quelque chose** sylweddoli
rhywbeth ; sylwi ar rywbeth
■ **s'apercevoir que …** sylweddoli (bod)
[l'] **apéritif** ENW GWR
aperitiff (g)
❏ Passez chez nous pour l'apéritif! Dewch draw
am ddiod bach heno!
apparaître BERF [56]

ymddangos

[l'] appareil ENW GWR
offer (ll), cyfarpar (g), teclyn (g)
■ **un appareil dentaire** weiren (b) dannedd
■ **les appareils ménagers** offer y cartref
■ **un appareil photo** camera
■ **Qui est à l'appareil?** Pwy sy'n siarad? *(ar y ffôn)*

apparemment ADFERF
yn ôl pob golwg

[l'] apparence ENW BEN
ymddangosiad (g); golwg (b)

[l'] apparition ENW BEN
ymddangosiad (g)
❏ Son apparition a été brève. Dim ond am amser byr yr ymddangosodd e.

[l'] appartement ENW GWR
fflat (b)

appartenir BERF [83]
■ **appartenir à quelqu'un** perthyn i rywun

apparu BERF ▷ *gweler* **apparaître**

[l'] appel ENW GWR
cri (g), gwaedd (b)
❏ un appel au secours gwaedd am help galwad (b) ffôn
■ **faire appel à quelqu'un** erfyn ar rywun
■ **faire l'appel** cofrestru *(yn yr ysgol)*
■ **faire un appel de phares** fflachio'ch lampau blaen *(car)*

appeler BERF [4]
galw
❏ Il a appelé la police. Galwodd am yr heddlu.
❏ J'ai appelé mes parents hier soir. Fe ffoniais fy rhieni neithiwr.
■ **s'appeler** cael eich galw (eich enw)
❏ Comment ça s'appelle? Beth ydy enw hwnna? ❏ Il s'appelle Paul. Ei enw yw Paul.
❏ Comment tu t'appelles? Beth yw dy enw di?

[l'] appendicite ENW BEN
llid (g) y pendics

appétissant (BEN **appétissante**) ANSODDAIR
blasus, sawrus

[l'] appétit ENW GWR
chwant (g) bwyd
■ **Bon appétit!** Mwynhewch eich bwyd!

applaudir BERF [38]
clapio, curo dwylo *(cymeradwyo)*

[les] applaudissements ENW GWR LLUOSOG
cymeradwyaeth (b)

appliquer BERF [28]
gweithredu
gorfodi
❏ appliquer les règles gweithredu'r rheolau

■ **s'appliquer** ymroi i wneud rhywbeth

apporter BERF [28]
dod â

apprécier BERF [19]
gwerthfawrogi

appréhender BERF [28]
pryderu am
❏ J'appréhende les résultats. Rwy'n pryderu am y canlyniadau.

apprendre BERF [65]
dysgu
❏ apprendre quelque chose par cœur dysgu rhywbeth ar eich cof
■ **apprendre à faire quelque chose** dysgu sut i wneud rhywbeth ❏ J'apprends à conduire. Rwy'n dysgu sut i yrru.
clywed am, cael gwybod am
❏ J'ai appris ses nouvelles. Fe glywais i am ei newyddion.
■ **apprendre quelque chose à quelqu'un (1)** dysgu rhywbeth i rywun ❏ Ma mère m'a appris à jouer du violon. Fe ddysgodd fy mam i mi sut i ganu'r fiolin. ❏ Je lui ai appris à faire la cuisine. Fe ddysgais iddi sut i goginio.
■ **apprendre quelque chose à quelqu'un (2)** dweud rhywbeth wrth rywun , clywed rhywbeth oddi wrth rywun ❏ Pierre m'a appris les résultats du match. Dywedodd Pierre ganlyniadau'r gêm wrtha i/clywais i ganlyniadau'r gêm oddi wrth Pierre.

[l'] apprentissage ENW GWR
dysgu (g) ; prentisiaeth (b)
❏ On dit que l'apprentissage du métier est très difficile. Maen nhw'n dweud bod dysgu'r swydd/gwaith yn anodd iawn.

appris BERF ▷ *gweler* **apprendre**

[l'] approbation ENW BEN
cytundeb (g), cydsyniad (g)
❏ donner son approbation cymeradwyo rhywbeth, rhoi eich sêl bendith ar rywbeth

approcher BERF [28]
■ **approcher de** nesáu at, agosáu at ❏ On approche de notre destination. Rydym yn agosáu at ben ein taith.
■ **s'approcher de** dod/mynd yn nes at
❏ Ne t'approche pas, je suis enrhumé! Paid â dod yn agos ata i, mae annwyd arna i!

approprié (BEN **appropriée**) ANSODDAIR
addas, priodol
❏ un language approprié iaith addas/briodol

approuver BERF [28]
cytuno â, cydsynio â
❏ Je n'approuve pas son comportement Dydw i ddim yn cytuno â'i ymddygiad.

approximatif (BEN **approximative**) ANSODDAIR
bras, wedi'i amcangyfrif
❑ un prix approximatif bras amcan o'r pris
❑ un calcul approximatif amcangyfrif bras

[l'] **appui** ENW GWR
cefnogaeth (b)
❑ Merci de votre appui. Diolch am eich
cefnogaeth.

appuyer BERF [53]
gwasgu
❑ appuyer sur un bouton gwasgu botwm
rhoi rhywbeth i bwyso ar/yn erbyn (*rhywbeth*)
❑ Il avait appuyé l'échelle contre le mur. Roedd
e wedi rhoi yr ysgol i bwyso yn erbyn y wal.
■ **s'appuyer** pwyso ar/yn erbyn (*rhywbeth*)
❑ Il s'est appuyé contre le mur. Fe bwysodd
e yn erbyn y wal. ❑ Elle s'est appuyée sur le
rebord de la fenêtre. Fe bwysodd hi yn erbyn y
silff ffenest.

après ARDDODIAD, ADFERF
ar ôl
❑ après le petit-déjeuner ar ôl brecwast
❑ après son départ ar ôl iddo/iddi adael
❑ après qu'on est arrivé ar ôl i ni gyrraedd
❑ Je viendrai après avoir mangé. Fe ddo i ar ôl
bwyta.
wedyn
❑ aussitôt après yn syth wedyn
■ **après coup** yn nes ymlaen, yn hwyrach
❑ J'y ai réfléchi après coup. Ailfeddyliais am y
peth yn nes ymlaen.
■ **d'après** yn ôl ❑ D'après elle, c'est possible.
Yn ei hôl hi, mae hynna'n bosibl.
■ **après tout** wedi'r cyfan

après-demain ADFERF
trennydd

[l'] **après-midi** ENW GWR/BEN
prynhawn (g)

[l'] **après-rasage** ENW GWR
sent (g) siafio/eillio

[l'] **aquarium** ENW GWR
acwariwm (g), tanc (g) pysgod

arabe (BEN **arabe**) ANSODDAIR, ENW
Arabaidd
❑ les pays arabes y gwledydd Arabaidd
❑ la culture arabe diwylliant Arabaidd
Arabeg (*yr iaith*)
❑ Je comprend l'arabe. Rwy'n deall Arabeg.
■ **un Arabe** Arab
■ **une Arabe** Arabes

[l'] **Arabie Saoudite** ENW BEN
Saudi-Arabia (b)

[l'] **araignée** ENW BEN

pryfyn (g) cop, corryn (g)

[l'] **arbitre** ENW GWR
dyfarnwr (g), dyfarnwraig (b)

[l'] **arbre** ENW GWR
coeden (b)
■ **un arbre généalogique** coeden teulu

[l'] **arbuste**
ENW GWR
llwyn (g) bach, prysgwydden (b) fach

[l'] **arc** ENW GWR
bwa (g)
❑ son arc et ses flèches ei fwa a saeth

[l'] **arc-en-ciel** (LLUOSOG [les] **arcs-en-ciel**)
ENW GWR
enfys (b)

[l'] **archéologie** ENW BEN
archaeoleg (b)

[l'] **archéologue** ENW GWR/BEN
archaeolegydd (g)/(b) archaeologwr (g)
❑ Il est archéologue. Archaeolegydd yw e.

[l'] **archipel** ENW GWR
archipelago (g), ynysfor (g)

[l'] **architecte** ENW GWR
pensaer (g)
❑ Il est architecte. Pensaer ydy e.

[l'] **architecture** ENW BEN
pensaernïaeth (b)

[l'] **Arctique** ENW GWR
yr Arctig (g)

[l'] **ardoise** ENW BEN
llechen (b)

[l'] **arène** ENW BEN
arena (b) ymladd teirw
■ **des arènes romaines** amffitheatrau
Rhufeinig.
■ **l'arène politique** y byd gwleidyddol

[l'] **arête** ENW BEN
asgwrn (g) pysgod

[l'] **argent** ENW GWR
arian (g) (*metel*)
❑ un bracelet en argent breichled (b) arian
arian, pres (g)
❑ Je n'ai pas d'argent. Does gen i ddim arian.
■ **l'argent de poche** arian poced
■ **l'argent liquide** arian parod

argentin (BEN **argentine**) ANSODDAIR, ENW
o'r Ariannin
■ **un Argentin** Archentwr
■ **une Argentine** Archentwraig

[l'] **Argentine** ENW BEN
yr Ariannin (b)
■ **en Argentine (1)** yn yr Ariannin

■ **en Argentine (2)** i'r Ariannin
[l'] **argile** ENW BEN
clai (g)
[l'] **argot** ENW GWR
slang (g)/(b), bratiaith (b)
[l'] **arme** ENW BEN
arf (g)/(b)
■ **une arme à feu** gwn (g), arf (g)/(b) tanio
[l'] **armée** ENW BEN
byddin (b)
■ **l'armée de l'air** y llu awyr
[l'] **armistice** ENW GWR
y cadoediad (g)
[l'] **armoire** ENW BEN
cwpwrdd (g) dillad
[l'] **armure** ENW BEN
arfwisg (b)
❑ un chevalier en armure marchog mewn arfwisg
arnaquer BERF [28] *(anffurfiol)*
twyllo
[l'] **arobase** ENW BEN
y symbol @ (e-bost)
■ **Mon adresse e-mail, c'est 'jean28 arobase europost point fr'.** Fy nghyfeiriad e-bost ydy 'jean28@europost.fr'.
aromatisé (BEN **aromatisée**) ANSODDAIR
wedi'i flasuso/sesno
[l'] **arôme** ENW GWR
arogl (g)
cyflasyn (g) *(a ychwanegir at fwyd)*
arpenter BERF [28]
cerdded yn ôl ac ymlaen, ar hyd a lled
❑ Elle arpentait la salle. Roedd hi'n cerdded ar hyd a lled yr ystafell.
arrache-pied
■ **d'arrache-pied** ADFERF
yn ddyfal
❑ travailler d'arrache-pied gweithio'n ddyfal
arracher BERF [28]
tynnu
❑ On m'a arraché la dent qui me faisait mal. Tynnwyd y dant a oedd yn fy mrifo.
rhwygo allan
❑ J'arrache cette page pleine d'erreurs? A ddylwn i rwygo allan y dudalen hon sy'n llawn o wallau?
codi/tynnu
❑ Il a arraché les fleurs au lieu des mauvaise herbes par erreur!. Fe dynnodd e'r blodau yn lle'r chwyn mewn camgymeriad!
■ **arracher quelque chose à quelqu'un** cipio rhywbeth oddi ar rywun

arranger BERF [45]
trefnu
❑ arranger des fleurs dans un vase trefnu blodau mewn fâs
bod yn gyfleus i rywun
❑ Ça m'arrange de ne pas y aller. Mae'n gyfleus i mi beidio â mynd yno.
■ **s'arranger** dod i gytundeb/i ddealltwriaeth
❑ Arrange-toi avec elle! Dere i ryw gytundeb gyda hi!
■ **Je vais m'arranger pour finir plus tôt.** Fe drefna i bethau fel fy mod i'n gorffen yn gynt.
■ **Ça va s'arranger.** Fe fydd popeth yn iawn.
[l'] **arrestation** ENW BEN
arestiad (g)
❑ en état d'arrestation wedi eich arestio
[l'] **arrêt** ENW GWR
arhosfan (g)/(b)
❑ un arrêt de bus arhosfan bysiau
■ **sans arrêt (1)** yn ddi-baid ❑ On travaille sans arrêt dans ce métier. Rydan ni'n gweithio'n ddi-baid yn y swydd hon.
■ **sans arrêt (2)** yn barhaus ❑ On se dispute sans arrêt. Rydyn ni'n ffraeo/cweryla yn ddi-baid.
arrêter BERF [28]
stopio, peidio â
■ **Arrête!** Paid!
■ **arrêter de faire quelque chose** peidio â gwneud rhywbeth
diffodd
❑ Il a arrêté le moteur. Diffoddodd e'r peiriant.
arestio
❑ Le voleur a été arrêté. Cafodd y lleidr ei arestio.
■ **s'arrêter** stopio ❑ Elle s'est arrêtée devant une vitrine. Fe stopiodd hi o flaen ffenestr siop.
■ **s'arrêter de faire quelque chose** peidio â gwneud rhywbeth, rhoi'r gorau i wneud rhywbeth ❑ s'arrêter de boire rhoi'r gorau i yfed
[les] **arrhes** ENW BEN LLUOSOG
blaendal (g)
❑ verser des arrhes talu blaendal
[l'] **arrière** ENW GWR ▷ *gweler* **arrière** ANSODDAIR
cefn (g)
❑ l'arrière de la maison cefn y tŷ
■ **à l'arrière** yn y cefn
■ **en arrière** ar ôl ❑ Pourquoi tu es resté en arrière? Pam arhosaist ti ar ôl?
arrière (BEN LLUOSOG **arrière**) ANSODDAIR
▷ *gweler* **arrière** ENW

ôl, cefn
□ le siège arrière y sedd gefn □ les roues arrière yr olwynion ôl

[l'] **arrière-grand-mère** (LLUOSOG [les] **arrière-grands-mères**) ENW BEN
hen nain (b), hen fam-gu (b)

[l'] **arrière-grand-père** (LLUOSOG [les] **arrière-grands-pères**) ENW GWR
hen daid (g), hen dad-cu (g)

[l'] **arrivée** ENW BEN
cyrraedd (g), cyrhaeddiad (g)

arriver BERF [5]
cyrraedd
□ J'arrive au travail vers neuf heures. Rwy'n cyrraedd y gwaith tua 9 o'r gloch.
digwydd
□ Qu'est-ce qui est arrivé à ton frère? Beth ddigwyddodd i dy frawd?
■ arriver à faire quelque chose llwyddo i wneud rhywbeth □ J'espère que je vais y arriver. Gobeithio y llwyddaf i'w wneud.
■ Il m'arrive parfois de me coucher tard. Weithiau rydw i'n digwydd mynd i'r gwely'n hwyr.

arrogant (BEN **arrogante**) ANSODDAIR
haerllug

[l'] **arrondissement** ENW GWR
ardal (b), rhan (b)

arroser BERF [28]
dyfrio
□ J'arrose mes plantes deux fois par semaine. Rwy'n dyfrio fy mhlanhigion ddwywaith yr wythnos.
■ Il a arrosé son succès. Fe yfodd e i ddathlu ei lwyddiant.

[l'] **arrosoir** ENW GWR
can (g) dyfrio

[l'] **art** ENW GWR
celf (g)

[l'] **artère** ENW BEN
rhydweli (b)
priffordd (b)
■ les grandes artères de Paris priffyrdd Paris

[l'] **artichaut** ENW GWR
artisiog (g)

[l'] **article** ENW GWR
erthygl (b)
□ un article de journal erthygl mewn papur newydd
eitem (b)
□ les articles à prix réduit eitemau am brisiau gostyngol

[l'] **articulation** ENW BEN

cymal (g)
□ l'articulation du bras cymal y fraich

articuler BERF [28]
ynganu'n glir

artificiel (BEN **artificielle**) ANSODDAIR
artiffisial

[l'] **artisan** ENW GWR
crefftwr (g) (*hunan-gyflogedig*)

[l'] **artiste** ENW GWR/BEN
artist (g)/(b)
perfformiwr (g), perfformwraig (b)

artistique (BEN **artistique**) ANSODDAIR
artistig

as BERF ▷ *gweler* **avoir**
▷ *gweler hefyd* **as** ENW
■ Tu as de beaux cheveux. Mae gen ti wallt hyfryd.

[l'] **as** ENW GWR ▷*gweler* **as** BERF
âs (g)/(b)
□ l'as de cœur yr âs o galonnau (*mewn pecyn o gardiau chwarae*)

[l'] **ascenseur** ENW GWR
lifft (b)

[l'] **Ascension** ENW BEN
y Dyrchafael (g)

asiatique (BEN **asiatique**) ANSODDAIR
Asiataidd
□ la cuisine asiatique bwyd y Dwyrain
□ le Sud-Est asiatique De-Ddwyrain Asia

[l'] **Asie** ENW BEN
Asia (b)
■ en Asie (1) yn Asia
■ en Asie (2) i Asia

[l'] **aspect** ENW GWR
golwg (b), ymddangosiad (g)

[l'] **asperge** ENW BEN
asparagws (g)

[l'] **aspirateur** ENW GWR
sugnwr (g) llwch, hwfer (g)
■ passer l'aspirateur hwfro

[l'] **aspirine** ENW BEN
asbrin (g)

assaisonner BERF [28]
blasuso

[l'] **assassin** ENW GWR
llofrudd (g)

assassiner BERF [28]
llofruddio

assembler BERF [28]
rhoi rhywbeth at ei gilydd
■ s'assembler ymgasglu, ymgynnull, cwrdd
□ On va s'assembler où? Ble ydyn ni'n mynd i

ymgynnull?

[s'] asseoir BERF [6]
eistedd
❑ Asseyez-vous! Eisteddwch!
❑ Assieds-toi! Eistedda!

assez ADFERF
digon
❑ Je n'ai pas assez de temps. Does gen i ddim digon o amser. ❑ Est-ce que tu as assez d'argent? Oes gen ti ddigon o arian?
■ **J'en ai assez!** Rydw i wedi cael hen ddigon!
eithaf
❑ Il faisait assez froid. Roedd hi'n dywydd eithaf oer.

[l'] assiette ENW BEN
plât (g)
❑ une assiette creuse plât cawl, powlen gawl
❑ une assiette à dessert plât pwdin
■ **une assiette anglaise** plataid o gigoedd oer

assis BERF ▷ *gweler* **asseoir**

assis (BEN **assise**) ANSODDAIR
yn eistedd
❑ Elle est assise à l'avant. Mae hi'n eistedd yn y blaen.

[l'] assistance ENW BEN
cynulleidfa (b)
❑ Y a-t-il un médecin dans l'assistance? Oes meddyg yn y gynulleidfa?
cymorth (g)
❑ l'assistance humanitaire cymorth dyngarol
❑ avec l'assistance de quelqu'un â chymorth rhywun

[l'] assistant ENW GWR
cynorthwy-ydd (g)
❑ J'étais assistant d'anglais à Brest. Roeddwn i'n gynorthwy-ydd Saesneg yn Brest.
■ **un assistant social** gweithiwr cymdeithasol

[l'] assistante ENW BEN
cynorthwy-ydd (g)
❑ Ma fille est assistante de français à Cardiff. Mae fy merch yn gynorthwy-ydd Ffrangeg yng Nghaerdydd.
■ **une assistante sociale** gweithwraig gymdeithasol

assister BERF [28]
■ **assister à un accident** tystio i ddamwain
■ **assister à un cours** mynychu dosbarth
■ **assister à un concert** bod yn bresennol mewn cyngerdd

[l'] association ENW BEN
cymdeithas (b); cysylltiad (g)

[l'] associé ENW GWR
partner (g) *(mewn busnes)*

[l'] associée ENW BEN
partneres (b) *(mewn busnes)*

[s'] associer BERF [19]
dod yn bartner mewn busnes

assommer BERF [28]
taro rhywun yn anymwybodol
❑ Le cambrioleur l'a assommé avec un bâton. Trawodd y lleidr e'n anymwybodol â phastwn.

[l'] Assomption ENW BEN
Gŵyl (b) Dyrchafael Mair *(y pymthegfed o Awst)*

assorti (BEN **assortie**) ANSODDAIR
cydnaws
❑ des couleurs assorties lliwiau cydnaws
cymysg
❑ des chocolats assortis siocledi cymysg
■ **être assorti à quelque chose** cydweddu â rhywbeth ❑ Mes chaussettes sont assorties à mon jeans. Mae fy sanau yn cydweddu â fy jîns.

[l'] assortiment ENW GWR
amrywiaeth (g)/(b)

[l'] assurance ENW BEN
yswiriant (g)
❑ une assurance maladie yswiriant iechyd
hyder (g)
❑ parler avec assurance siarad yn hyderus

assurer BERF [28]
yswirio
❑ La voiture est assurée. Mae'r car wedi ei yswirio ❑ être assuré contre quelque chose bod wedi eich yswirio yn erbyn rhywbeth
sicrhau
❑ Je vous assure que c'est vrai! Fe alla i eich sicrhau ei fod yn wir!
■ **s'assurer de quelque chose** sicrhau rhywbeth, gwneud yn siŵr o rywbeth ❑ Elle s'est assurée que toutes les fenêtres étaient fermées. Gwnaeth hi'n siŵr bod pob ffenest wedi ei chau.

[l'] asthme ENW GWR
asthma (g)
❑ une crise d'asthme pwl o asthma

[l'] astronaute ENW GWR/BEN
gofodwr (g), gofodwraig (b)

[l'] astronomie ENW BEN
seryddiaeth (b), astronomeg (b)

astucieux (BEN **astucieuse**) ANSODDAIR
craff, clyfar

[l'] atelier ENW GWR
gweithdy (g);
stiwdio (b) *(arlunydd)*

Athènes ENW
Athen (b)

[l'] athlète ENW GWR/BEN

athletwr (g), athletwraig (b)

[l'] athlétisme ENW GWR
athletau (ll)
❏ un tournoi d'athlétisme pencampwriaeth athletau

[l'] Atlantique ENW GWR
Yr Iwerydd (g), yr Atlantig (g)

[l'] atlas ENW GWR
atlas (g)

[l'] atmosphère ENW BEN
atmosffer (g), (ffigyrol), awyrgylch (g)

atomique (BEN **atomique**) ANSODDAIR
atomig, niwclear
❏ la bombe atomique y bom atomig

[l'] atout ENW GWR
mantais (b)
❏ Il a tous les atouts. Mae ganddo fe bob mantais.
cerdyn (g) trwmp
❏ J'avais l'atout trêfle dans mon jeu. Roedd gen i gerdyn trwmp clybiau yn fy llaw.

atroce (BEN **atroce**) ANSODDAIR
erchyll

attachant (BEN **attachante**) ANSODDAIR
hoffus, cariadus

attacher BERF [28]
clymu
❏ J'ai attaché mon chien à la barrière. Clymais fy nghi i'r giât.
■ **s'attacher à quelqu'un** dod yn hoff o rywun
■ **une casserole qui n'attache pas** sosban wrthlud

attaquer BERF [28]
ymosod ar

atteindre BERF [60]
cyrraedd

attendant ADFERF
■ **en attendant** yn y cyfamser

attendre BERF [7]
aros
❏ attendre quelqu'un aros am rywun
❏ J'attends de recevoir une réponse. Rwy'n aros am ateb. ❏ Attends qu'ils arrivent. Aros iddynt gyrraedd.
■ **attendre un enfant** disgwyl babi
■ **s'attendre à** disgwyl ❏ Je m'attendais à des meilleurs résultats. Roeddwn i'n disgwyl gwell canlyniadau.

[l'] attentat ENW GWR
■ **un attentat à la bombe**
ymgais i fomio gan derfysgwyr

[l'] attente ENW BEN
cyfnod (g) aros

❏ une demi-heure d'attente hanner awr o aros
■ **la salle d'attente** yr ystafell aros

attentif (BEN **attentive**) ANSODDAIR
astud

[l'] attention ENW BEN
sylw (g)
❏ à l'attention de er sylw (rhywun)
■ **faire attention** bod yn ofalus
■ **Attention!** Gwyliwch! ❏ Attention, ça va casser! Gwyliwch, neu fe fydd e'n torri!

attentionné (BEN **attentionnée**) ANSODDAIR
meddylgar; gofalus

atterrir BERF [38]
glanio

[l'] atterrissage ENW GWR
y glanio (g), glaniad (g) (awyren)

attirant (BEN **attirante**) ANSODDAIR
deniadol

attirer BERF [28]
denu
❏ attirer l'attention de quelqu'un tynnu sylw rhywun
■ **s'attirer des problèmes** creu problemau i chi'ch hun ❏ Si vous continuez comme ça, vous allez vous attirer des ennuis. Os parhewch chi fel yna, fe ewch chi i drafferthion.

[l'] attitude ENW BEN
agwedd (g)/(b)

[l'] attraction ENW BEN
■ **un parc d'attractions**
parc (g) hamdden

attraper BERF [28]
dal, cael

attrayant (BEN **attrayante**) ANSODDAIR
deniadol

attrister BERF [28]
tristáu

au ARDDODIAD ▷ gweler **à**
❏ au centre-ville yng nghanol y dref

[l'] aube ENW BEN
gwawr (b)
❏ à l'aube ar doriad y wawr

[l'] auberge ENW BEN
tafarn (g)/(b)
■ **une auberge de jeunesse** hostel (g)/(b) ieuenctid

[l'] aubergine ENW BEN
planhigyn (g) ŵy

aucun (BEN **aucune**) ANSODDAIR, RHAGENW
dim, unrhyw
❏ Il n'a aucun problème. Nid oes ganddo unrhyw broblem. ❏ Aucun élève ne pourrait faire l'exercice. Ni allai unrhyw ddisgybl wneud

yr ymarfer.

yr un
❑ Aucun d'entre eux n'est venu. Ni ddaeth yr un ohonyn nhw. ❑ Aucune de mes amies n'est venue à la soirée. Ni ddaeth yr un o'm ffrindiau (merched) i'r parti.
❑ Tu aimes ces chemises? – Je n'en aime aucune! Wyt ti'n hoffi'r crysau hyn? – Dydw i ddim yn hoffi'r un ohonyn nhw!
■ **sans aucun doute** heb unrhyw amheuaeth

au-delà ADFERF
■ **au-delà de** y tu hwnt i ❑ Ce billet n'est pas valable au-delà de cette date. Nid yw'r tocyn hwn yn ddilys ar ôl y dyddiad hwn.

au-dessous ADFERF
islaw
❑ Mes parents habitent l'appartement au-dessous. Mae fy rheini'n byw yn y fflat islaw.
o dan
■ **au-dessous de** o dan ❑ au-dessous du pont o dan y bont ❑ vingt degrés au-dessous de zéro ugain gradd yn is na sero

au-dessus ADFERF
uwchben
❑ J'habite l'appartement au-dessus. Rydw i'n byw yn y fflat uwchben.
uwchben
■ **au-dessus de** uwchben ❑ au-dessus de la porte uwchben y drws

audiovisuel (BEN **audiovisuelle**) ANSODDAIR
clyweledol

[l'] **auditeur** ENW GWR
gwrandäwr (g) *(radio)*

[l'] **auditrice** ENW BEN
gwrandaw-wraig (b) *(radio)*

[l'] **augmentation** ENW BEN
codiad (g), cynnydd (g)

augmenter BERF [28]
codi, cynyddu

aujourd'hui ADFERF
heddiw

auparavant ADFERF
yn gyntaf, cyn hynny
❑ On va aller en ville, mais auparavant, je dois me laver les cheveux. Rydyn ni'n mynd i'r dref, ond yn gyntaf, mae'n rhaid i mi olchi fy ngwallt.

auquel (GWR LLUOSOG **auxquels**, BEN LLUOSOG **auxquelles**) RHAGENW
❑ les enfants auxquels j'ai parlé y plant y siaradais â nhw

aura, aurai, auras, aurez, aurons, auront BERF ▷*gweler* avoir

[l'] **aurore** ENW BEN

gwawr (b)

ausculter BERF [28]
■ **Je me suis fait ausculter par le médecin.** Archwiliodd y meddyg fy mrest â stethosgop.

aussi ADFERF
hefyd
❑ Dormez bien. – Vous aussi. Cysgwch yn dda. – Chithau hefyd. ❑ Moi aussi je parle italien. Rydw innau hefyd yn siarad Eidaleg.
❑ J'aimerais aussi que vouz arriviez de bonne heure. Hoffwn i chithau hefyd gyrraedd yn gynnar. ❑ Je comprends l'espagnol et aussi le portugais. Rwy'n deall Sbaeneg a hefyd Portiwgaleg.
■ **aussi ... que** mor ... â, cyn ... â ❑ aussi grand que moi mor fawr â mi

aussitôt ADFERF
ar unwaith, yn union, cyn gynted
❑ aussitôt après son arrivée cyn gynted iddo gyrraedd
■ **aussitôt que** cyn gynted â ❑ aussitôt que j'aurai fini de manger cyn gynted ag y bydda i wedi gorffen bwyta

[l'] **Australie** ENW BEN
Awstralia (b)
■ **en Australie (1)** yn Awstralia
■ **en Australie (2)** i Awstralia

australien (BEN **australienne**) ANSODDAIR, ENW
Awstralaidd
■ **un Australien** Awstraliad (g) *(dyn)*
■ **une Australienne** Awstraliad (b) *(dynes)*

autant ADFERF
■ **autant de (1)** cymaint o ❑ Je ne veux pas autant de frites. Dydw i ddim eisiau cymaint o sglodion.
■ **autant de (2)** cymaint o ❑ Je n'ai jamais vu autant de monde. Dydw i erioed wedi gweld cymaint o bobl.
■ **autant ... que (1)** cymaint o ... â ❑ Je n'ai pas autant de patience que lui. Does gen i ddim cymaint o amynedd ag e.
■ **autant ... que (2)** cymaint â ❑ Tu manges deux fois autant que moi! Rwyt ti'n bwyta ddwywaith gymaint â fi!
■ **d'autant plus que** yn gymaint yn fwy gan ❑ Je suis d'autant plus déçue qu'il me l'avait promis. Rydw i wedi fy siomi gymaint yn fwy gan ei fod wedi ei addo i mi.
■ **d'autant moins que** yn gymaint yn llai gan ❑ C'est d'autant moins pratique pour nous que nous devons y aller en bus. Mae hi gymaint yn llai cyfleus i ni gan fod angen i ni ddal y bws i fynd yno.

[l'] **auteur** ENW GWR

a

awdur (g), awdures (b)
[l'] **auto** ENW BEN
car (g)
[l'] **autobus** ENW GWR
bws (g)
❏ en autobus mewn bws, ar y bws
[l'] **autocar** ENW GWR
bws (g) (*i deithio'n bell ac yn gyfforddus*)
❏ en autocar mewn bws, ar y bws
autocollant (BEN **autocollante**) ANSODDAIR
▷*gweler* **autocollant** ENW
hunanadlynol
❏ une étiquette autocollante label
hunanadlynol, sticer
■ **une enveloppe autocollante** amlen
hunanadlynol
[l'] **autocollant** ENW GWR
▷*gweler* **autocollant** ANSODDAIR
sticer (g)
[l'] **auto-école** ENW BEN
ysgol (b) yrru
automatique (BEN **automatique**) ANSODDAIR
awtomatig
[l'] **automne** ENW GWR
yr hydref (g)
■ **en automne** yn yr hydref
automobile (BEN **automobile**) ANSODDAIR
▷*gweler* **automobile** ENW
■ **une course automobile** ras ceir
[l'] **automobile** ENW BEN
▷*gweler* **automobile** ANSODDAIR
car (g)
[l'] **automobiliste** ENW GWR/BEN
gyrrwr (g), gyrwraig (b)
[l'] **autoradio** ENW GWR
radio (g) car
[l'] **autorisation** ENW BEN
caniatâd (g), hawl
❏ J'ai eu l'autorisation d'y aller. Rwyf wedi
cael caniatâd i fynd yno. ❏ Vous n'avez pas
l'autorisation d'utiliser l'appareil photo ici.
Does ganddoch chi ddim caniatâd/hawl i
ddefnyddio camera yma.
autoriser BERF [28]
rhoi caniatâd, caniatáu
❏ On m'a autorisé à y aller. Cefais ganiatâd i
fynd yno.
autoritaire (BEN **autoritaire**) ANSODDAIR
awdurdodol
[l'] **autorité** ENW BEN
awdurdod (g)
[l'] **autoroute** ENW BEN
traffordd (b)

[l'] **auto-stop** ENW GWR
■ **faire de l'auto-stop** bodio
[l'] **auto-stoppeur** ENW GWR
bodiwr (g)
[l'] **auto-stoppeuse** ENW BEN
bodwraig (b)
autour ADFERF
o gwmpas, o amgylch
❏ autour du jardin o gwmpas/amgylch yr ardd
autre (BEN **autre**) ANSODDAIR, RHAGENW
arall
❏ Je viendrai une autre fois. Fe ddo i ryw dro
arall.
■ **autre chose** rhywbeth arall
■ **autre part** rhywle arall
■ **un/une autre** un arall ❏ Tu veux un autre
verre? Hoffet ti wydriad arall?
■ **l'autre** y llall ❏ Non, pas celui-ci, l'autre. Na,
nid hwn, ond y llall.
■ **d'autres** eraill ❏ Je t'en enverrai d'autres.
Fe anfona i rai eraill atat ti. ❏ J'ai d'autres idées.
Mae gen i syniadau eraill.
■ **les autres** y lleill ❏ Où sont les autres? Ble
mae'r lleill/gweddill?
■ **ni l'un ni l'autre** nid y naill na'r llall
■ **entre autres** ymysg pethau eraill ❏ Nous
avons discuté, entre autres, des problèmes du
chômage. Ymysg pethau eraill, fe siaradon ni
am broblemau diweithdra.
autrefois ADFERF
ers talwm
autrement ADFERF
yn wahanol
❏ Je ne peux pas le faire autrement. Fedra i
ddim ei wneud mewn ffordd wahanol.
fel arall
❏ Il faut attendre, on ne peut pas faire
autrement. Rhaid i ni aros, allwn ni ddim
gwneud fel arall.
■ **autrement dit** mewn geiriau eraill
[l'] **Autriche** ENW BEN
Awstria (b)
■ **en Autriche (1)** yn Awstria
■ **en Autriche (2)** i Awstria
autrichien (BEN **autrichienne**) ANSODDAIR,
ENW
Awstriaidd
■ **un Autrichien** Awstriad (g) (*dyn*)
■ **une Autrichienne** Awstriad (b) (*dynes*)
[l'] **autruche** ENW BEN
estrys (g)
aux ARDDODIAD ▷*gweler* à
❏ Le professeur a dit aux élèves de rester après
l'école. Dywedodd yr athro wrth y disgyblion

am aros ar ôl ysgol.

auxquelles RHAGENW LLUOSOG
❑ les deux copines auxquelles j'écris vivent en Bretagne. Mae'r ddwy ffrind rydw i'n ysgrifennu atynt yn byw yn Llydaw.

 auxquels RHAGENW LLUOSOG
❑ les garçons auxquels on a parlé y bechgyn y siaradon ni â nhw

avaient, avais, avait BERF ▷*gweler* avoir
■ Il y avait beaucoup de choix. Roedd yna lawer o ddewis.

[l'] **avalanche** ENW BEN
eirlithriad (g)

avaler BERF [28]
llyncu

[l'] **avance** ENW BEN
■ être en avance bod yn gynnar
■ à l'avance ymlaen llaw
❑ arriver longtemps à l'avance cyrraedd ymhell ymlaen llaw
■ d'avance ymlaen llaw ❑ reserver d'avance bwcio ymlaen llaw

avancé (BEN avancée) ANSODDAIR
uwch
❑ à un niveau avancé ar safon uwch
ar y blaen
■ bien avancé ymhell ar y blaen ❑ La construction de la maison est déjà bien avancée. Mae'r gwaith ar adeiladu'r tŷ eisoes ymhell ar y blaen.

avancer BERF [12]
symud ymlaen
❑ Avancez prudemment! Symudwch ymlaen yn ofalus!
dod â rhywbeth ymlaen
❑ La date de la réunion a été avancée. Maen nhw wedi dod â dyddiad y cyfarfod ymlaen.
rhoi rhywbeth ymlaen (watch, cloc)
❑ J'ai avancé ma montre d'une heure. Rhoddais fy oriawr awr ymlaen.
bod yn fuan (oriawr)
❑ Ma montre avance de dix minutes. Mae fy oriawr ddeg munud yn fuan.
benthyg
❑ Pouriez-vous m'avancer cinq euros? Allwch chi fenthyg pump ewro i fi?

avant (BEN LLUOSOG avant) ARDDODIAD, ANSODDAIR ▷*gweler* avant ENW
cyn
❑ avant qu'il ne pleuve cyn iddi lawio
❑ avant de partir cyn gadael
blaen
❑ la roue avant yr olwyn flaen ❑ le siège avant y sedd flaen

■ avant tout yn fwy na dim

[l'] **avant** ENW GWR
▷*gweler* avant ARDDODIAD
tu blaen
❑ l'avant de la voiture tu blaen y car
■ à l'avant yn y tu blaen
■ en avant ymlaen ❑ J'ai fait un pas en avant. Cymerais gam ymlaen.

[l'] **avantage** ENW GWR
mantais (b)

[l'] **avant-bras** (LLUOSOG [les] avant-bras) ENW GWR
blaen (g) y fraich

avant-dernier (BEN avant-dernière) (GWR LLUOSOG avant-derniers) ANSODDAIR
olaf ond un
❑ l'avant-dernière page y dudalen olaf ond un
❑ Mon fils est arrivé avant-dernier dans la course. Cyrhaeddodd fy mab yr olaf ond un yn y ras.

avant-hier ADFERF
echdoe
❑ Elle est arrivée avant-hier. Fe gyrhaeddodd hi echdoe.

avare (BEN avare) ANSODDAIR ▷*gweler* avare ENW
cybyddlyd

[l'] **avare** ENW GWR/BEN ▷*gweler* avare ANSODDAIR
cybydd (g) cybyddes (b)

avec ARDDODIAD
gyda
❑ avec mes parents gyda fy rhieni
■ Et avec ça? Unrhyw beth arall? (mewn siop)

[l'] **avenir** ENW GWR
dyfodol (g)
■ à l'avenir yn y dyfodol ❑ À l'avenir, tâchez d'arriver plus tôt! Yn y dyfodol, ceisiwch gyrraedd yn gynt!
■ dans un proche avenir yn y dyfodol agos

[l'] **aventure** ENW BEN
antur (b)

[l'] **avenue** ENW BEN
rhodfa (b)

[l'] **averse** ENW BEN
cawod (b) (o law)

avertir BERF [38]
rhybuddio
■ avertir quelqu'un de quelque chose rhybuddio rhywun am rywbeth

[l'] **avertissement** ENW GWR
rhybudd (g)

aveugle (BEN aveugle) ANSODDAIR

dall

[l'] **avion** ENW GWR
awyren (b)
■ **aller en avion** hedfan (*mewn awyren*)
❏ Nous étions partis en Grèce en avion.
Aethom i Wlad Groeg mewn awyren.
■ **par avion** trwy bost awyr

[l'] **aviron** ENW GWR
rhwyf (g), rhwyfo

[l'] **avis** ENW GWR
barn (b)
❏ Quel est ton avis? Beth yw dy farn di?
■ **à mon avis** yn fy marn i
rhybudd (g)
❏ jusqu'à nouvel avis nes y clywch/i chi gael
rhybudd yn wahanol
■ **changer d'avis** newid eich meddwl
❏ Il a encore changé d'avis. Mae e wedi newid
ei feddwl eto.

[l'] **avocat** ENW GWR
cyfreithiwr (g)
❏ Mon père est avocat. Cyfreithiwr ydy fy nhad.
afocado (g) (*ffrwyth*)

[l'] **avocate** ENW BEN
cyfreithwraig (b)
❏ Ma soeur est avocate. Cyfreithwraig ydy fy
chwaer.

[l'] **avoine** ENW BEN
ceirchen (b)
❏ les flocons d'avoine odau (ll) ceirch

avoir BERF [8]

AMSER PRESENNOL	
j'ai	nous avons
tu as	vous avez
il/elle a	ils/elles ont
RHNGYERIAD GORFFENNOL	
eu	

bod â/yn

❏ On a deux enfants. Mae gennym ni ddau
o blant. ❏ Elle a les yeux bleus. Mae ganddi
lygaid gleision. ❏ Je lui ai parlé ce matin. Bues
i'n siarad gydag e bore 'ma.
■ **On t'a bien eu!** (*anffurfiol*) Rydan ni wedi dy
ddal di!
bod yn (*oedran*)
❏ J'ai quinze ans. Rydw i'n bymtheg oed.
❏ J'avais vingt ans quand j'ai rencontré ta mère.
Roeddwn i'n ugain oed pan gwrddais i â dy
fam.
■ **il y a (1)** mae yna ❏ Il y a quelqu'un à la
porte? Oes yna rywun wrth y drws?
■ **il y a (2)** mae yna ❏ Il y a des verres dans le
placard. Mae yna wydrau yn y cwpwrdd.
■ **il y a (3)** yn ôl ❏ Je les ai vus il y a deux ans.
Fe'u gwelais ddwy flynedd yn ôl .
■ **Qu'est-ce qu'il y a?** Beth sy'n bod?
■ **Il n'y a qu'à attendre un peu plus** 'Run man
i ni aros ychydig yn hwy.

[l'] **avortement** ENW GWR
erthyliad (g)

avouer BERF [28]
cyfaddef

avril ENW GWR
Ebrill (g)
■ **en avril**
ym mis Ebrill

ayez, ayons BERF ▷*gweler* **avoir**

B|b

[le] baby-foot ENW
pêl-droed (g) pen bwrdd
❏ jouer au baby-foot chwarae pêl-droed pen bwrdd

[le] baby-sitting ENW
■ faire du baby-sitting gwarchod plant

[le] bac ENW GWR = **baccalauréat**

[le] baccalauréat ENW
lefel A, y bac (g), y fagloriaeth (b)
❏ Il a passé son baccalauréat l'année dernière. Fe safodd e ei fagloriaeth y llynedd.

bâcler BERF [28]
cawlio, gwneud cawlach, gwneud smonach
❏ Je déteste le travail bâclé! Rwy'n casáu gwaith wedi'i gawlio!

[le] bagage ENW
bag (g), cês (g)
■ faire ses bagages hel eich pac
■ les bagages à main bagiau llaw ❏ un bagage à main bag llaw

[la] bagarre ENW
sgarmes (b), ffrwgwd (b)
❏ Une bagarre a éclaté à la fermeture du pub. Bu ffrwgwd ar ôl i'r dafarn gau.

[se] bagarrer BERF [28]
ymladd
❏ Elle s'est encore bagarrée avec son frère. Mae hi wedi bod yn ymladd gyda'i brawd eto.

[la] bagnole ENW *(anffurfiol)*
car (g), rhacsyn (g) o gar

[la] bague ENW
modrwy (b)

[la] baguette ENW
torth (b) Ffrengig, torth (b) hir
gweillen (b) fwyta *(bwyd Tsieineaidd)*
❏ manger avec des baguettes bwyta â gweill
■ une baguette magique ffon hud

[la] baie ENW
bae (g)

[la] baignade ENW
■ 'baignade interdite' 'dim nofio'

[se] baigner BERF [28]
mynd i nofio, ymdrochi
❏ Si on allait se baigner? Beth am fynd i nofio?

[la] baignoire ENW
bath (g), baddon (g)

bâiller BERF [28]
agor ceg, dylyfu gên

[le] bain ENW
bath (g)
❏ prendre un bain cael bath ❏ prendre un bain de soleil torheulo

[le] baiser ENW
cusan (g)/(b)

[la] baisse ENW
cwymp (g), gostyngiad (g)
❏ la baisse du taux de chômage gostyngiad yn nifer y bobl ddi-waith
■ être en baisse gostwng, disgyn
■ revoir les chiffres à la baisse adolygu'r ffigurau ar i lawr

baisser BERF [28]
gostwng
❏ Il fait moins froid, tu peux baisser le chauffage. Dydy hi ddim mor oer, fedri di ostwng y gwres.
cwympo
❏ Le prix des CD a baissé. Mae pris crynoddisgiau wedi gostwng.
■ se baisser plygu ❏ Il s'est baissé pour ramasser son chapeau. Plygodd i godi ei het.

[le] bal ENW
dawns (b)
❏ un bal populaire dawns leol, dawns boblogaidd

[la] balade ENW
tro (g)
❏ faire une balade mynd am dro

[se] balader BERF [28]
mynd am dro, cerdded
❏ J'adore me balader dans les montagnes. Rwyf wrth fy modd yn cerdded yn y mynyddoedd.

b

[le] baladeur ENW
stereo (b) bersonol, Walkman (g)
■ **un baladeur numérique** chwaraewr MP3

[le] balai ENW
ysgub (b), brwsh (g) llawr
■ **Je vais donner un coup de balai dans la cuisine.** Rwy'n mynd i frwsio llawr y gegin.

[la] balance ENW
clorian (b)
■ **la Balance** *(arwydd)* y Fantrol/Libra
❑ Anne est Balance. Arwydd y Fantol yw Anne.

[se] balancer BERF [12]
siglo, ysgwyd

[la] balançoire ENW
siglen (b)

balayer BERF [59]
ysgubo, brwsio
❑ Marie a balayé la cuisine. Mae Marie wedi ysgubo'r gegin.
glanhau
❑ Je vais balayer la terrasse. Dwi'n mynd i lanhau'r teras.

[le] balayeur ENW
ysgubwr (g) ffyrdd

balbutier BERF [19]
bod ag atal ddweud arnoch

[le] balcon ENW
balconi (g)

[la] baleine ENW
morfil (g)

[la] balle ENW
pêl (b)
❑ une balle de tennis pêl tennis
bwled (b)

[la] ballerine ENW
dawnswraig (b) fale, balerina (b)
esgid (b) fale
❑ une paire de ballerines bleues pâr o esgidiau bale glas

[le] ballet ENW GWR
bale (g)

[le] ballon ENW
pêl (b)
❑ lancer le ballon taflu'r bêl
■ **un ballon de football** pêl-droed
balŵn (g)/(b)

balnéaire (BEN balnéaire) ANSODDAIR
■ **une station balnéaire** tref glan y môr

banal (BEN banale, GWR LLUOSOG banaux) ANSODDAIR
cyffredin

❑ La violence est devenue banale à la télévision. Mae trais wedi dod yn gyffredin ar y teledu.
ystrydebol
❑ L'intrigue du film est très banale. Mae stori'r ffilm yn ystrydebol.

[la] banane ENW
banana (g)/(b)
❑ La banane est un fruit. Ffrwyth yw banana.

[le] banc ENW
mainc (b), sedd (b)

bancaire (ENW BEN bancaire) ANSODDAIR
■ **une carte bancaire** cerdyn bancio

[le] bandage ENW
rhwymyn (g), bandais (g)

[la] bande ENW
criw (g)
❑ une bande de voyous criw o hwliganiaid
❑ C'est une bande d'idiots! Maent yn griw o ffyliaid!
rhwymyn (g)
❑ une bande Velpeau rhwymyn crêp
■ **une bande dessinée** stribed comic, cartŵn
■ **une bande magnétique** tâp
■ **la bande sonore** trac sain
■ **Il fait toujours bande à part.** Mae e bob amser yn cadw'i hun i'w hun.

[le] bandeau (LLUOSOG [les] bandeaux) ENW
rhwymyn (g) am y pen, sgarff (b) pen

bander BERF [28]
rhwymo
❑ L'infirmière lui a bandé le bras. Rhwymodd y nyrs ei fraich.

[le] bandit ENW
bandit (g)

[la] banlieue ENW
maestrefi (ll)
❑ J'habite en banlieue. Rydw i'n byw yn y maestrefi.
■ **les lignes de banlieue** gwasanaeth teithio'r maestrefi
■ **les trains de banlieue** trenau'r maestrefi

[la] banque ENW
banc (g)

[le] banquet ENW
gwledd (b), cinio (g)
❑ le banquet annuel de l'association cinio blynyddol y gymdeithas

[la] banquette ENW
mainc (b), sedd (b)
❑ la banquette arrière de la voiture sedd gefn y car

[le] **banquier** ENW
bancer (g)

[le] **baptême** ENW
bedydd (b)
❑ le baptême de notre fils bedydd ein mab
■ **C'était mon baptême de l'air.** Hwn oedd y tro cyntaf i fi hedfan.

[le] **baquet** ENW
twba (g)

[le] **bar** ENW
bar (g)

[la] **baraque** ENW (anffurfiol)
tŷ (g)
❑ Ils habitent dans une belle baraque. Mae nhw'n byw mewn tŷ hardd.

barbant (BEN **barbante**) ANSODDAIR (anffurfiol)
diflas
❑ Elle est vraiment barbante! Mae hi'n hollol ddiflas!

barbare (BEN **barbare**) ANSODDAIR
barbaraidd

[la] **barbe** ENW
barf (b), locsyn (g)
❑ Il porte la barbe. Mae ganddo farf.
■ **Quelle barbe!** (anffurfiol) Dyna ddiflas!
■ **la barbe à papa** candi-fflos

[le] **barbecue** ENW
barbeciw (g)

barbouiller BERF [28]
baeddu, difwyno
❑ Les murs étaient barbouillés de graffitis. Roedd y waliau wedi eu difwyno â graffiti.
■ **J'ai l'estomac barbouillé.** (anffurfiol) Mae gen i stumog wael.

barbu (BEN **barbue**) ANSODDAIR
❑ un grand barbu dyn barfog

barder BERF [28] (anffurfiol)
■ **Ça va barder!** Fe fydd 'na helynt!

[le] **baromètre** ENW
baromedr (g)

[la] **barque** ENW
cwch (g)
■ **Ils sont allés faire une promenade en barque.** Maent wedi mynd am dro mewn cwch.

[le] **barrage** ENW
argae (b)
■ **un barrage de police** rhwystr (g) ffordd (wedi'i osod gan yr heddlu)

[la] **barre** ENW
rhoden (b), bar (g) (metel)

❑ une barre de fer rhoden haearn

[le] **barreau** (LLUOSOG [les] **barreaux**) ENW
bar (g) (ar ffenestr)
❑ Il s'est retrouvé derrière les barreaux. Cafodd ei hun yn y carchar yn y diwedd.

barrer BERF [28]
cau, blocio
❑ Il y a un tronc d'arbre qui barre la route. Mae boncyff coeden wedi blocio'r ffordd.
■ **se barrer** (anffurfiol) ei baglu hi, ei gwadnu hi
❑ Barre-toi! Bagla bant!

[la] **barrette** ENW
sleid (g)/(b) gwallt

[la] **barrière** ENW
ffens (b)

[le] **bar-tabac** (LLUOSOG [les] **bars-tabacs**) ENW GWR
caffi (g), bar (g)

bas (BEN **basse**) ANSODDAIR, ADFERF ▷ gweler **bas** ENW
isel, byr
❑ parler à voix basse siarad mewn llais isel
■ **en bas (1)** i lawr ❑ Ça me donne le vertige de regarder en bas. Rwyn cael pendro wrth edrych i lawr.
■ **en bas (2)** ar y gwaelod, ar waelod ❑ Son nom est tout en bas. Mae ei enw ar waelod y rhestr ❑ Il y a une poste en bas de la rue. Mae swyddfa bost ar waelod y stryd.
■ **en bas (3)** lawr llawr, lawr grisiau, islaw
❑ Il habite en bas. Mae'n byw lawr grisiau.

[le] **bas** ENW ▷ gweler **bas** ANSODDAIR
gwaelod (g)
❑ en bas de la page ar waelod y dudalen
❑ en bas de l'escalier ar waelod y grisiau
hosan (b)
❑ une paire de bas pâr o sanau

[le] **bas-côté** ENW
ymyl (g)/(b), ochr (b), llain (b)
❑ Il s'est garé sur le bas-côté de la route. Parciodd ar lain y ffordd.

[la] **bascule** ENW BEN
■ **un fauteuil à bascule** cadair siglo

[la] **base** ENW
gwaelod (g), bôn (g)
❑ la base de la pyramide gwaelod y pyramid
■ **de base** sylfaenol ❑ Le pain et le lait sont des aliments de base. Mae bara a llaeth yn fwydydd sylfaenol.
■ **à base de** yn cynnwys ❑ des produits de beauté à base de plantes coluron yn cynnwys planhigion
bas (g) data

■ **une base de données** cronfa ddata

[le] **basilic** ENW
basil (g)

[le] **basket** ENW
pêl-fasged (b)
❏ jouer au basket chwarae pêl-fasged

[les] **baskets** ENW BEN LLUOSOG
esgidiau (ll) ymarfer
❏ une paire de basket pâr o esgidiau ymarfer

[le/la] **Basque**
Basgiad (g)/(b) *(person)*

[le] **basque**
Basgeg (g) *(iaith)*

basque (BEN **basque**) ANSODDAIR
Basg, Basgaidd

[le] **Pays de Basque**
Gwlad y Basg
■ **au Pays de Basque (1)** yng Ngwlad y Basg
■ **au Pays de Basque (2)** i Wlad y Basg

basse BEN ANSODDAIR ▷ *gweler* **bas**

[la] **basse-cour** (LLUOSOG [les] **basses-cours**)
buarth (g) fferm

[le] **bassin** ENW
pwll (g)
❏ Il y a un bassin à poissons rouges dans le parc. Mae pwll pysgod aur yn y parc.
pelfis (g) ❏ une fracture du bassin torri asgwrn y pelfis

[la] **bassine** ENW
basn (g), dysgl (b) *(i ymolchi)*

[le] **bas-ventre** ENW
gwaelod (g) y bol
❏ Il se plaint de douleurs dans le bas-ventre. Mae'n cwyno am boenau yng ngwaelod ei fol.

[la] **bataille** ENW
brwydr (b)

[le] **bateau** (LLUOSOG [les] **bateaux**)
ENW GWR
cwch (g)

[le] **bateau-mouche** (LLUOSOG [les] **bateaux-mouches**)
cwch (g) pleser

bâti (BEN **bâtie**) ANSODDAIR
■ **bien bâti** cydnerth, cyhyrog

[le] **bâtiment** ENW
adeilad (g)

bâtir BERF [38]
adeiladu

[le] **bâton** ENW
ffon (b)
❏ un coup de bâton ergyd â ffon

[le] **battement** ENW
curiad (g)
❏ J'ai des battements de cœur. Mae fy nghalon yn curo'n gyflym.
ysbaid, seibiant
■ **J'ai dix minutes de battement.** Mae gennyf ddeg munud o seibiant.

[la] **batterie** ENW
batri (g)
❏ La batterie est à plat. Mae'r batri wedi darfod.
drymiau (ll)
❏ jouer de la batterie canu'r drymiau
■ **la batterie de cuisine** offer cegin

[le] **batteur** ENW
drymiwr (g) *(cerdd)*
batiwr (g) *(chwaraeon)*
chwisg (g) *(coginio)*

battre BERF [9]
curo
❏ Quand je la vois, mon cœur bat plus vite. Pan rwy'n ei gweld, mae fy nghalon yn curo yn gynt.
■ **se battre** ymladd ❏ Je me bats souvent avec ma sœur. Rwyf yn ymladd yn aml gyda'm chwaer.
■ **battre les cartes** cymysgu'r cardiau
■ **battre les blancs en neige** curo'r gwynwy nes ei fod wedi tewychu
■ **battre son plein** bod yn ei anterth
❏ A minuit, la fête battait son plein. Am hanner nos, roedd y parti yn ei anterth.

bavard (BEN **bavarde**) ANSODDAIR
siaradus

bavarder BERF [28]
siarad, clebran

baver BERF [28]
glafoerio, dreflu

baveux (BEN **baveuse**) ANSODDAIR
glafoerllyd, dreflog, meddal
❏ une omelette baveuse omled meddal

[la] **bavure** ENW
camsyniad (g), camgymeriad (g)
❏ une bavure policière camgymeriad yr heddlu

[le] **bazar** ENW
siop (b) bob peth
■ **Quel bazar!** *(anffurfiol)* Dyna gawdel!

BCBG (BEN LLUOSOG **BCBG**) ANSODDAIR (= *bon chic bon genre*)
crand

[la] **BD** (= *bande dessinée*) (LLUOSOG [les] **BD**) ENW
stribed (g)/(b) comig
❏ J'adore les BD. Rydw i'n dwlu ar stribedi comig.

béant (BEN **béante**) ANSODDAIR
llydan, agored
❑ un trou béant twll agored

beau (GWR UNIGOL **bel**, BEN **belle**, GWR LLUOSOG **beaux**)
 ANSODDAIR, ADFERF
hardd, prydferth
❑ un bel été haf hyfryd ❑ une belle journée diwrnod braf
hardd
❑ C'est une belle fille. Mae hi'n ferch hardd.
hardd
golygus
❑ un bel homme dyn golygus ❑ C'est un beau garçon. Mae e'n fachgen golygus.
■ **Il fait beau aujourd'hui.** Mae hi'n braf heddiw.
■ **J'ai beau essayer, je n'y arrive pas.** Er gwaetha pob ymdrech, fedra i ddim llwyddo i'w wneud.

beaucoup ADFERF
llawer
❑ Il boit beaucoup. Mae e'n yfed llawer.
❑ Elle n'a pas beaucoup d'argent. Does ganddi ddim llawer o arian ❑ Marie est beaucoup plus grande que moi. Mae Marie yn llawer talach na fi.
■ **beaucoup de** llawer o ❑ Il y avait beaucoup de monde au concert. Roedd llawer o bobl yn y gyngerdd ❑ Il fait beaucoup de fautes. Mae e'n gwneud llawer o gamgymeriadau.
■ **J'ai eu beaucoup de chance.** Cefais lawer o lwc.

[le] **beau-fils** (LLUOSOG [les] **beaux-fils**) ENW
mab yng nghyfraith (g)
llysfab (g)

[le] **beau-frère** (LLUOSOG [les] **beaux-frères**) ENW
brawd yng nghyfraith (g)

[le] **beau-père** (LLUOSOG [les] **beaux-pères**) ENW
tad yng nghyfraith (g)
llysdad (g)

[la] **beauté** ENW
harddwch (g)

[les] **beaux-arts** ENW GWR LLUOSOG
celfyddydau (ll) cain

[les] **beaux-parents** ENW GWR LLUOSOG
rhieni yng nghyfraith (ll)

[le] **bébé** ENW
baban (g), babi (g)

[le] **bec** ENW
pig (g)

[la] **bécane** ENW (*anffurfiol*)
beic (g)

[la] **bêche** ENW
rhaw (b)

bêcher BERF [28]
palu
❑ Il bêchait son jardin. Roedd e'n palu'r ardd.

bégayer BERF [59]
siarad ag atal ddweud

beige (BEN **beige**) ANSODDAIR
llwydfelyn

[le] **beignet** ENW
toesen (b), ffriter (g)/(b)
❑ les beignets aux pommes ffriterau afal

bel GWR ANSODDAIR ▷ *gweler* beau

[le/la] **Belge** ENW
Belgiad (g)/(b)

belge (BEN **belge**) ANSODDAIR
Belgaidd, o Wlad Belg

[la] **Belgique** ENW BEN
Gwlad Belg (b)
■ **en Belgique (1)** yng Ngwlad Belg
■ **en Belgique (2)** i Wlad Belg

[le] **bélier** ENW
hwrdd (g)
■ **le Bélier** arwydd (g) yr Hwrdd ❑ Pierre est Bélier. Arwydd yr Hwrdd yw Pierre.

belle BEN ANSODDAIR ▷ *gweler* beau

[la] **belle-famille** (LLUOSOG [les] **belles-familles**) ENW BEN LLUOSOG
teulu (g) yng nghyfraith

[la] **belle-fille** (LLUOSOG [les] **belles-filles**) ENW
merch (b) yng nghyfraith
llysferch (b)

[la] **belle-mère** (LLUOSOG [les] **belles-mères**) ENW
mam (b) yng nghyfraith
llysfam (b)

[la] **belle-sœur** (LLUOSOG [les] **belles-sœurs**) ENW
chwaer (b) yng nghyfraith

[la] **bénédiction** ENW
bendith (b)

[le] **bénéfice** ENW
elw (g)
❑ La société réalise de gros bénéfices. Mae'r cwmni'n gwneud elw mawr.

bénévole (BEN **bénévole**) ANSODDAIR
gwirfoddol
❑ du travail bénévole gwaith gwirfoddol

bénir BERF [38]

Ffrangeg-Cymraeg

b

bendithio

bénit (BEN **bénite**) ANSODDAIR
cysegredig
■ **l'eau bénite** dŵr sanctaidd

[la] **béquille** ENW
ffon (b) fagl
❑ Elle marche avec des béquilles. Mae'n cerdded â ffon fagl.

[le] **berceau** (LLUOSOG [les] **berceaux**) ENW
crud (g)

bercer BERF [12]
siglo

[la] **berceuse** ENW
hwiangerdd (b)

[le] **béret** ENW
beret (g)

[la] **berge** ENW
glan (b) *(afon)*

[le] **berger** ENW
bugail (g)

[la] **bergère** ENW
bugeiles (b)

[le] **besoin** ENW
angen (g)
■ **avoir besoin de quelque chose** bod ag angen rhywbeth ❑ J'ai besoin d'argent. Mae angen arian arna i. ❑ J'ai besoin d'y réfléchir. Mae'n rhaid i fi feddwl am y peth.
■ **une famille dans le besoin** teulu mewn angen

[le] **bétail** ENW
da (ll) byw, anifeiliaid (ll)

bête (BEN **bête**) ANSODDAIR ▷ *gweler* **bête** ENW
gwirion, hurt, dwl

[la] **bête** ENW BEN ▷ *gweler* **bête** ANSODDAIR
anifail (g)

[la] **bêtise** ENW
■ **faire une bêtise** gwneud pethau gwirion ❑ J'ai fait une bêtise. Rwyf wedi gwneud rhywbeth dwl.
■ **dire des bêtises** dweud rhywbeth gwirion ❑ Tu dis des bêtises! Rwyt ti'n dweud pethau gwirion!

[le] **béton** ENW
concrit (g)
■ **un alibi en béton** alibi cadarn

[la] **betterave** ENW
betysen (b)
❑ la salade de betterave salad betys

[le/la] **Beur** ENW *(anffurfiol)*
Arab o'r ail genhedlaeth/brodor (g) o dras

Arabaidd (Gogledd Affrica) a anwyd yn Ffrainc

[le] **beurre** ENW
menyn (g)
❑ une sauce au beurre saws menyn

beurrer BERF [28]
rhoi menyn ar

Beyrouth ENW
Beirwt (b)

[le] **bibelot** ENW
addurn (g), cywreinbeth (g)

[le] **biberon** ENW
potel (b) fwydo babi

[la] **Bible** ENW
Y Beibl (g)

[le/la] **bibliothécaire** ENW
llyfrgellydd (g)

[la] **bibliothèque** ENW
llyfrgell (b)
❑ emprunter un livre à la bibliothèque benthyg llyfr o'r llyfrgell
cwpwrdd llyfrau
❑ une bibliothèque en chêne massif cwpwrdd llyfrau o dderw pur

[le] **bic** ® ENW
beiro (b)

[la] **biche** ENW
ewig (b)

[la] **bicyclette** ENW
beic (g)

[le] **bidet** ENW
bide (g)

[le] **bidon** ENW ▷ *gweler* **bidon** ANSODDAIR
can (g)
❑ un bidon d'essence can petrol

bidon (BEN+ LLUOSOG **bidon**) ANSODDAIR
▷ *gweler* **bidon** ENW
ffug
■ **Son histoire est complètement bidon.** Mae ei stori yn hollog ffug.

[le] **bidonville** ENW
tref (b) sianti

[la] **Biélorussie** ENW
Belorwsia (b)
■ **en Biéloussie** (1) yn Belorwsia
■ **en Biéloussie** (2) i Belorwsia

bien (BEN+LLUOSOG **bien**) ANSODDAIR, ADFERF
▷ *gweler* **bien** ENW
yn dda
❑ Bernard travaille bien. Mae Bernard yn gweithio'n dda. ❑ Je me sens bien. Rwy'n teimlo'n dda. ❑ Je ne me sens pas bien. Dydw

i ddim yn teimlo'n dda. ❏ Ce restaurant est vraiment bien. Mae'r bwyty hwn yn dda iawn.

eithaf, digon
❏ bien assez eitha digon
■ **Je veux bien le faire.** Rwy'n eithaf/digon parod i'w wneud.

iawn
❏ Ce n'est pas bien de dire du mal des gens. Dydy hi ddim yn iawn dweud pethau cas am bobl. ❏ Elle croyait bien faire. Roedd hi'n meddwl ei bod hi'n gwneud y peth iawn.
■ **C'est bien fait pour toi!** Eitha peth i ti hefyd!
■ **bien mieux** llawer yn well
■ **J'espère bien y aller.** Rwy'n gobeithio'n fawr cael mynd yno.

[le] **bien** ENW
▷ *gweler hefyd* **bien** ANSODDAIR
da (g), daioni (g)
❏ le bien et le mal y da a'r drwg ❏ Pierre m'a dit beaucoup de bien de toi. Mae Pierre wedi siarad yn dda iawn amdanat. ❏ C'est pour son bien. Er ei les ei hun.

lles
■ **faire du bien à quelqu'un** gwneud lles i rywun ❏ Ses vacances lui ont fait beaucoup de bien. Mae'r gwyliau wedi gwneud lles mawr iddo

eiddo
❏ son bien le plus précieux ei eiddo mwyaf gwerthfawr

[le] **bien-être** ENW
lles (g), daioni (g), da (g)
❏ une sensation de bien-être teimlad da

[la] **bienfaisance** ENW
elusen (b), cymwynas (b)
■ **une œuvre de bienfaisance** gwaith elusennol

bien que CYSYLLTAIR
er
❏ Il fait assez chaud bien qu'il n'y ait pas de soleil. Mae'n eithaf cynnes er nad oes haul.

bien sûr ADFERF
wrth gwrs, yn sicr

bientôt ADFERF
cyn bo hir, maes o law
❏ À bientôt! Hwyl fawr am y tro!

[le] **bienvenu** ENW
■ **Vous êtes le bienvenu!** Croeso i chi! *(dyn)*
❏ Vous êtes tous les bienvenus! Croeso i chi i gyd! *(llawer o ddynion)*

[la] **bienvenue** ENW BEN
croeso (g) *(cyfarchiad cyffredinol)*
❏ Bienvenue à Paris! Croeso i Baris!

❏ Vous êtes la bienvenue! Croeso i chi! *(menyw)*
❏ Vous êtes toutes les bienvenues! Croeso i chi gyd! *(fenywod)*

[la] **bière** ENW
cwrw (g)
■ **la bière blonde** lager
■ **la bière brune** cwrw coch , stowt
■ **la bière pression** cwrw casgen

[le] **bifteck** ENW
stêc (b), stecen (b)

[le] **bigoudi** ENW
cyrler (g) *(gwallt)*

[le] **bijou** (LLUOSOG [les] **bijoux**) ENW
gem (g)/(b), tlws (g), trysor (g)

[la] **bijouterie** ENW
siop (b) gemau

[le] **bijoutier** ENW
gemydd (g)

[la] **bijoutière** ENW
gemyddes (g)
❏ Elle est bijoutière. Gemyddes ydy hi.

[le] **bilan** ENW
■ **faire le bilan de quelque chose** pwyso a mesur rhywbeth ❏ Il faut faire le bilan de la situation. Rhaid pwyso a mesur y sefyllfa.

bilingue (BEN **bilingue**) ANSODDAIR
dwyieithog

[le] **billard** ENW
billiards (ll)
■ **le billard américain** pŵl

[la] **bille** ENW
marblen (b)
❏ jouer aux billes chwarae marblis
beiro (b)
❏ le stylo à bille beiro

[le] **billet** ENW GWR
tocyn (g)
❏ un billet d'avion tocyn awyren ❏ un billet électronique e-docyn, tocyn electronig
arian papur
❏ un billet de dix euros papur deg ewro

[le] **billion** ENW
biliwn (b)

bio (BEN LLUOSOG **bio**) ANSODDAIR
organig
❏ Je préfère les produits bio. Mae'n well gen i fwydydd organig.

[la] **biographie** ENW
bywgraffiad (g), cofiant (g)

[la] **biologie** ENW
bioleg (b)

biologique (BEN **biologique**) ANSODDAIR
organig
❑ des légumes biologiques llysiau organig
biolegol ❑ des armes biologiques arfau
biolegol

[la] **Birmanie** ENW
Bwrma (b)
■ en Birmanie (1) ym Mwrma
■ en Birmanie (2) i Fwrma

bis ADFERF ▷ *gweler* **bis** ENW
eto, dwywaith
❑ J'habite au douze bis rue des Fleurs. Rydw i'n
byw yn 12b Heol y Blodau.

[le] **bis** ENW ▷ *gweler* **bis** ADFERF
unwaith eto, rhagor, *(encore mewn cyngerdd)*

[la] **biscotte** ENW
bisgeden (g) galed

[le] **biscuit** ENW
bisgeden (g)
■ un biscuit de Savoie teisen, sbwnj

[la] **bise** ENW
cusan (g)/(b), sws (b)
❑ Grosses bises de Bretagne. Swsys o Lydaw.
■ faire la bise à quelqu'un *(anffurfiol)* rhoi sws
i rywun ❑ Elle m'a fait la bise. Rhoddodd gusan
ysgafn i fi.

[le] **bisou** ENW *(anffurfiol)*
cusan (g)/(b)
❑ Viens faire un bisou à maman! Tyrd i roi
cusan i Mam!

bissextile (BEN **bissextile**) ANSODDAIR
■ une année bissextile blwyddyn naid

[le] **bistrot** ENW
bar (g), caffi (g)

bizarre (BEN **bizarre**) ANSODDAIR
rhyfedd, od

[la] **blague** ENW
jôc (b), stori (b) ddigrif
❑ raconter une blague dweud jôc
■ Sans blague! Heb air o gelwydd!
tric (g)
❑ Alain nous a encore fait une blague! Mae
Alain wedi chwarae tric arnon ni eto!

blaguer BERF [28]
jocian, tynnu coes

[le] **blaireau** (LLUOSOG [les] **blaireaux**) ENW
brwsh (g) siafio/eillio

blâmer BERF [28]
beio

blanc (BEN **blanche**) ANSODDAIR ▷ *gweler* **blanc**
ENW

gwyn
❑ un chemisier blanche crys gwyn
gwag
❑ une page blanche tudalen wag

[le] **blanc** ENW GWR ▷ *gweler* **blanc** ANSODDAIR
gwyn
❑ habillé tout en blanc yn gwisgo gwyn
gwin (g) gwyn
❑ un verre de blanc gwydriad o win gwyn
■ un blanc d'œuf gwynwy
■ un blanc de poulet brest cyw iâr

[le] **Blanc** ENW
dyn gwyn/croenwyn

[la] **Blanche** ENW
menyw/dynes wen/croenwyn

blanche BEN ANSODDAIR ▷ *gweler* **blanc**

[la] **blanchisserie** ENW
golchdy (g)

[le] **blé** ENW
gwenith (g)

blessé (BEN **blessée**) ANSODDAIR
▷ *gweler* **blessé** ENW, **blessée** ENW
wedi eich anafu

[le] **blessé** ENW GWR ▷ *gweler* **blessé** ENW
dyn (g) wedi'i anafu, dyn clwyfedig
❑ L'accident a fait trois blessés. Anafwyd tri
pherson yn y ddamwain.

[la] **blessée** ENW BEN ▷ *gweler* **blessée** ANS
merch (b) wedi ei hanafu, merch glwyfedig

blesser BERF [28]
anafu
❑ Il a été blessé dans un accident de voiture.
Cafodd ei anafu mewn damwain car.
brifo
❑ Elle a fait exprès de le blesser. Fe wnaeth hi ei
frifo ar fwriad/yn fwriadol.
■ se blesser anafu/brifo eich hun ❑ Elle s'est
blessé au pied. Fe frifodd hi ei throed .

[la] **blessure** ENW
anaf (g) , clwyf (g)

bleu (BEN **bleue**) ANSODDAIR ▷ *gweler* **bleu** ENW
glas
❑ une chemise bleue crys glas
■ bleu marine glas tywyll
prin wedi'i goginio *(stêc)*

[le] **bleu** ENW ▷ *gweler* **bleu** ANSODDAIR
glas (g)
❑ J'aime le bleu. Rwy'n hoffi glas.
clais (g)
❑ J'ai a un bleu au front. Mae gen i glais ar fy
nhalcen.

[le] **bleuet** ENW

penlas (b) yr ŷd *(blodyn)*

[le] **bloc** ENW
pad (g)
❏ un bloc de papier à lettres pad o bapur
ysgrifennu
■ **le bloc opératoire** ystafell llawdriniaethau

[le] **bloc-notes** (LLUOSOG [les] **blocs-notes**)
ENW GWR
pad (g) ysgrifennu

[le] **blog** ENW GWR
blog (g) *(ar y rhyngrwyd)*

bloguer BERF [28]
ysgrifennu blog *(ar y rhyngrwyd)*

blond (BEN **blonde**) ANSODDAIR
gwallt golau, penfelyn, penfelen (b)
■ **blond cendré** melynwyn ❏ Alain a les
cheveux blond cendré. Mae gan Alain wallt
melynwyn.

bloquer BERF [28]
rhwystro, atal
❏ bloquer le passage rhwystro'r ffordd
■ **être bloqué dans un embouteillage** bod
mewn tagfa draffig

[se] **blottir** BERF [38]
cwtsio lan at, closio at
❏ Ils étaient blottis l'un contre l'autre.
Roeddynt wedi cwtsio lan at ei gilydd.

[la] **blouse** ENW
oferôl (g)/(b)

[le] **blouson** ENW
siaced (b) ysgafn
❏ un blouson en cuir siaced ledr

[le] **bob** ENW
het (b) haul

[la] **bobine** ENW
rîl (g) *(cotwm)*
❏ une bobine de fil rîl edau

[le] **bocal** (LLUOSOG [les] **bocaux**) ENW GWR
jar (g)

[le] **bœuf** ENW
ych (g), bustach (g), eidion (g)
cig eidion (g)
❏ un rôti de bœuf cig eidion wedi'i rostio

bof EBYCHIAD *(anffurfiol)*
■ **L'émission t'a plu? – Bof! C'était pas ter-**
rible! Fwynheuaist ti'r rhaglen? Ddim felly!
Doedd hi ddim mor wych â hynny!
■ **Ça va bien? – Bof! Pas terrible.** Ti'n iawn?–
Wel, ddim yn rhy wych.

[le] **bohémien** ENW
sipsi (g) *(dyn)*

[la] **bohémienne** ENW
sipsi (b) *(dynes)*

boire BERF [10]
yfed
■ **boire un coup** *(anffurfiol)* cael/cymryd diod

[le] **bois** ENW
pren (g), coed (g)
■ **en bois** pren, o bren ❏ une table en bois
bwrdd pren
■ **avoir la gueule de bois** *(anffurfiol)* bod â
phen mawr *(ar ôl yfed gormod)*

[la] **boisson** ENW
diod (b)
❏ une boisson chaude diod poeth
❏ une boisson non alcoolisée diod feddal

[la] **boîte** ENW
blwch (g), bocs (g), tun (g)
❏ une boîte d'allumettes bocs matsis
■ **une boîte aux lettres** blwch llythyrau
■ **une boîte postale** blwch postio
■ **une boîte vocale** lleisbost
tun (g)
❏ une boîte de sardines tun sardîns
■ **une boîte de conserve** tun bwyd
■ **en boîte** tun ❏ des petits pois en boîte tun
o bys
■ **une boîte de nuit** clwb nos
■ **sortir en boîte** mynd allan i glwb/clybio

boiter BERF [28]
hercio, cerdded yn gloff

[le] **bol** ENW
powlen (b)
■ **en avoir ras le bol** *(anffurfiol)* bod wedi cael
llond bol ar rywbeth ❏ J'en ai ras le bol de
mon travail. Rydw i wedi cael llond bol ar fy
ngwaith.

bombarder BERF [28]
bomio, bombardio

[la] **bombe** ENW
bom (g)/(b)
chwistrell erosol
❏ du déodorant en bombe aérosol diaroglydd
erosol

bon (BEN **bonne**) ANSODDAIR, ADFERF ▷ *gweler*
bon ENW
da
❏ un bon restaurant tŷ bwyta da ❏ Trop
d'alcool n'est pas bon pour la santé. Dydy
gormod o alcohol ddim yn dda i'r iechyd.
❏ être bon en français bod yn dda yn Ffrangeg
■ **sentir bon** arogleuo/gwynto'n dda
■ **Bon courage!** Dal ati!
■ **Bon voyage!** Siwrnai dda!
■ **Bon week-end!** Mwynhewch y penwythnos!

■ **Bonne chance!** Pob lwc!
■ **Bonne journée!** Mwynhewch eich diwrnod!
■ **Bonne nuit!** Nos da!
■ **Bon anniversaire!** Pen-blwydd hapus!
■ **Bonne année!** Blwyddyn newydd dda!
iawn
❑ Tu es arrivé au bon moment. Rwyt ti wedi cyrraedd ar yr adeg iawn. ❑ C'set bon? Ydy hyn yn iawn?
cywir
❑ Ce n'est pas la bonne réponse. Nid dyna'r ateb cywir. ❑ Cochez la bonne case. Ticiwch y blwch cywir/iawn.
■ **Il fait bon aujourd'hui.** Mae'r tywydd yn braf heddiw.
■ **de bonne heure** yn gynnar
■ **bon marché** rhad ❑ L'essence n'est pas bon marché en ce moment. Dydy petrol ddim yn rhad ar hyn o bryd.
■ **Ah bon?** Felly'n wir? O ddifrif? ❑ Je vais passer un weekend à Paris. – Ah bon? Rydw i'n mynd i dreulio penwythnos ym Mharis. Felly'n wir?
■ **J'aimerais bien que tu viennes!**– Bon, d'accord. Fe hoffwn yn fawr i ti ddod! - Os felly, fe ddo i.
■ **Est-ce que le lait est encore bon?** Ydy'r llaeth yn dal yn iawn?

[le] **bon** ENW ▷ *gweler* **bon** ANSODDAIR
tocyn (g), taleb (b)
❑ un bon d'achat tocyn prynu
■ **pour de bon (1)** o ddifrif ❑ Ils sont partis pour de bon. Maen nhw wedi gadael am byth.
■ **pour de bon (2)** go iawn ❑ Cette fois, je vais le faire pour de bon. Y tro hwn, rydw i'n mynd i'w wneud e go iawn.
■ **Elle est déçue pour de bon.** Mae hi wir wedi ei siomi.

[le] **bonbon** ENW
da-da (ll), losinen (b), fferins (ll)

bondé (BEN **bondée**) ANSODDAIR
yn llawn dop, yn orlawn

bondir BERF [38]
neidio, llamu

[le] **bonheur** ENW
hapusrwydd (g)
lwc dda (g)
■ **porter bonheur** dod â lwc

[le] **bonhomme** (LLUOSOG [les] **bonshommes**) ENW
■ **un bonhomme de neige** dyn eira

bonjour EBYCHIAD
helô!
❑ Donne le bonjour à tes parents de ma part.

Cofiaf fi at dy rieni.
bore da!
prynhawn da!
■ **C'est simple comme bonjour!** Mae'n hawdd fel baw! (*ymadrodd*)

bonne BEN ANSODDAIR ▷ *gweler* **bon**

[le] **bonnet** ENW
het (b); cap (g)
❑ un bonnet de laine het wlân, cap gwlân
■ **un bonnet de bain** cap nofio

bonsoir EBYCHIAD
noswaith dda!

[la] **bonté** ENW
caredigrwydd (g)

[le] **bord** ENW
ymyl (g)
❑ le bord de la table ymyl y bwrdd
❑ J'ai garé ma voiture au bord de la route. Rydw i wedi parcio fy nghar wrth ochr y ffordd.
■ **au bord de la mer** ar lan y môr
■ **au bord de l'eau** ar lan y dŵr
■ **monter à bord** mynd ar long
■ **être au bord des larmes** bod bron mewn dagrau

[le] **bordeaux** ENW ▷ *gweler* **bordeaux** ANSODDAIR
gwin (g) Bordeaux
■ **du bordeaux rouge** clared

bordeaux (BEN LLUOSOG **bordeaux**) ANSODDAIR ▷ *gweler* **bordeaux** ENW
marŵn (*lliw gwin*)
❑ une veste bordeaux siaced farŵn

border BERF [28]
ymylu, bod ar hyd rhywbeth
❑ une route bordée d'arbres stryd â choed ar ei hyd
trimio, addurno
❑ un col bordé de dentelle coler wedi'i thrimio â lês
swatio
❑ Sa mère vient le border tous les soirs. Mae ei fam yn dod i'w swatio yn ei wely bob nos.

[la] **bordure** ENW
ymyl (g)
■ **une villa en bordure de mer** villa wrth ymyl lan y môr

[la] **borne** ENW
terfynell (b) (*cyfrifiadur*)

[la] **Bosnie** ENW
Bosnia
■ **la Bosnie-Herzégovine** Bosnia-Hertsegofina
■ **en Bosnie-Herzégovine (1)** yn Bosnia
■ **en Bosnie-Herzégovine (2)** i Bosnia

[la] **bosse** ENW
  bwmp (g); chwydd (g)
  ❑ Jeanne a une grosse bosse au front. Mae gan
  Jeanne bwmp mawr ar ei thalcen.
  cnwc (g) *(yn y ffordd)*
  ❑ La route est pleine de bosses. Mae'r ffordd y
  llawn o gnyciau.
bosser BERF [28]
  gweithio, slafio *(anffurfiol)*
  ■ **bosser un examen** gweithio/slafio ar gyfer
  arholiad
[le] **bossu** ENW
  dyn (g) crwbi
[la] **bossue** ENW
  gwraig (b) grwbi
botanique (BEN **botanique**) ANSODDAIR
  ▷ *gweler* **botanique** ENW
  botanegol, llysieuol
  ❑ les jardins botaniques y gerddi botanegol
[la] **botanique** ENW ▷ *gweler* **botanique**
ANSODDAIR
  botaneg (b), llysieueg (b)
[la] **botte** ENW
  esgid (b) uchel
  ❑ une paire de bottes pâr o esgidiau uchel
  ■ **les bottes de caoutchouc** esgidiau glaw,
  welingtons ❑ une botte de fleurs bwndel o
  flodau
[le] **bottin** ® ENW
  llyfr (g) ffôn
[le] **bouc** ENW
  locsyn (g) bwch gafr *(barf)*
  bwch (g) gafr
  ■ **un bouc émissaire** bwch dihangol
[la] **bouche** ENW
  ceg (b)
  ■ **le bouche à bouche** cusan bywyd
  ■ **une bouche d'égout** caead manol *(dros dwll
  carthffos)*
  ■ **une bouche de métro** mynedfa metro
[la] **bouchée** ENW
  cegaid (g)
  ■ **une bouchée à la reine** vol-au-vent cyw iâr
boucher BERF [28] ▷ *gweler* **boucher** ENW
  cau, llenwi, blocio
  ❑ boucher un trou llenwi twll, blocio ❑ L'évier
  est bouché. Mae'r sinc wedi blocio. ❑ J'ai le nez
  bouché. Mae fy nhrwyn wedi cau.
[le] **boucher** ENW ▷ *gweler* **boucher** BERF
  cigydd (g)
  ❑ Il est boucher. Cigydd yw e.
[la] **bouchère** ENW
  cigyddes (b)

❑ Elle est bouchère. Cigyddes yw hi.
[la] **boucherie** ENW
  siop (b) gig, siop y cigydd (g)
[le] **bouchon** ENW
  topyn (g) *(potel blastig)*
  corcyn (g) *(potel win)*
  tagfa (b) traffig
  ❑ Il y a toujours des bouchons sur l'autoroute
  M6. Mae yna wastad dagfa draffig ar yr M6.
[la] **boucle** ENW
  cyrlen (b) *(gwallt)*
  ■ **une boucle d'oreille** clustdlws ❑ une paire
  de boucles d'oreille pâr o glustdlysau
bouclé (BEN **bouclée**) ANSODDAIR
  cyrliog *(gwallt)*
[le] **bouclier** ENW
  tarian (b)
[le/la] **bouddhiste** ENW
  Bwdydd (g)
bouder BERF [28]
  pwdu, sorri
[le] **boudin** ENW
  ■ **le boudin noir** pwdin gwaed
  ■ **le boudin blanc** pwdin gwyn
[la] **boue** ENW
  mwd (g), llaid (g)
[la] **bouée** ENW
  bwi *(achub)*
  ■ **une bouée de sauvetage** bwi achub
boueux (BEN **boueuse**) ANSODDAIR
  mwdlyd, lleidiog
[la] **bouffe** ENW *(anffurfiol)*
  bwyd (g), sgram (g)
  ❑ Ici la bouffe est bonne! Mae'r bwyd yn dda
  fan yma!
[la] **bouffée** ENW
  ■ **une bouffée d'air frais** chwa o awyr iach
bouffer BERF [28] *(anffurfiol)*
  bwyta, sgramio
[le] **bougeoir** ENW
  canhwyllbren (g)/(b)
bouger BERF [45]
  symud
[la] **bougie** ENW
  cannwyll (g)
[la] **bouillabaisse** ENW
  cawl (g) pysgod
bouillant (BEN **bouillante**) ANSODDAIR
  berwedig
  ❑ Faites cuire les légumes à l'eau bouillante.
  Coginiwch y llysiau mewn dŵr berwedig.
  ❑ L'eau est bouillante. Mae'r dŵr yn ferwedig.

bouillir BERF [11]
berwi
❑ L'eau bout. Mae'r dŵr yn berwi.
■ **Je bous de colère.** Rydw i'n berwi gan ddicter.

[la] **bouilloire** ENW
tegell (g)

[le] **bouillon** ENW
stoc (g)
❑ du bouillon de légumes stoc llysiau

[la] **bouillotte** ENW
potel (b) ddŵr poeth

[le] **boulanger** ENW
pobydd (g)
❑ Il est boulanger. Pobydd yw e.

[la] **boulangère** ENW
pobyddes (b)
❑ Elle est boulangère. Pobyddes yw hi.

[la] **boulangerie** ENW
siop (b) fara, siop (b) y pobydd

[la] **boule** ENW
pelen (b), pêl (b)
❑ une boule de cristal pelen risial (ffortiwn)
■ **une boule de neige** pelen eira
■ **jouer aux boules** chwarae bowls

[le] **boulevard** ENW
rhodfa (b)

bouleverser BERF [28]
cynhyrfu, ysgwyd, siglo
❑ Cette nouvelle déchirante m'a bouleversé. Mae'r newydd torcalonnus hwn wedi fy nghynyrfu i'n lân. ❑ La mort de ma mère m'a bouleversé. Mae marwolaeth fy mam wedi bod yn ysgytwad mawr i mi.
chwildroi

[le] **boulot** ENW (anffurfiol)
job (g), jobyn (g) fach
❑ J'ai trouvé un petit boulot. Rydw i wedi cael/ dod o hyd i jobyn bach.
gwaith (g)
❑ Elle a beaucoup de boulot en ce moment. Mae ganddi lwyth o waith ar y funud.

[la] **boum** ENW (anffurfiol)
parti (g)

[le] **bouquet** ENW
tusw (g)
❑ un bouquet de fleurs tusw o flodau

[le] **bouquin** ENW (anffurfiol)
llyfr (g), llyfryn (g)

bouquiner BERF [28] (anffurfiol)
darllen

bourdonner BERF [28]
grwnan (pryfyn/injan car)

[le] **bourg** ENW
tref (b) farchnad

bourgeois (BEN **bourgeoise**) ANSODDAIR
dosbarth canol
❑ un quartier bourgeois ardal dosbarth canol

[le] **bourgeon** ENW
blaguryn (g)

[la] **Bourgogne** ENW
Bwrgwyn (g)

bourré (BEN **bourrée**) ANSODDAIR
■ **bourré de** yn llawn o rywbeth
❑ un portefeuille bourré de billets waled yn llawn o bapurau arian
■ **être bourré** (anffurfiol) bod wedi meddwi'n rhacs, yn chwil gaib ❑ J'étais complètement bourré. Roeddwn i wedi meddwi'n rhacs.

[le] **bourreau** (LLUOSOG [les] **bourreaux**) ENW
dienyddiwr (g)
■ **Mon père est un véritable bourreau de travail.** Mae fy nhad yn weithiwr di-baid.

bourrer BERF [28]
llenwi, stwffio
❑ bourrer un sac de papiers stwffio papurau i mewn i fag

[la] **bourse** ENW
grant (g), ysgoloriaeth (b)
■ **la Bourse** Y Gyfnewidfa Stoc

bous BERF ▷ gweler **bouillir**

[la] **bousculade** ENW
gwthio , rhuthr (g)
❑ la bousculade avant le match de rugby y gwthio/rhuthr cyn y gêm rygbi

bousculer BERF [28]
gwthio
❑ être bousculé par la foule cael eich gwthio gan y dyrfa
rhuthro
❑ Il n'aime pas qu'on le bouscule. Dydy e ddim yn hoffi cael ei ruthro.

[la] **boussole** ENW
cwmpawd (g)

bout BERF ▷ gweler **bouillir**

[le] **bout** ENW
pen (g), diwedd (g), gwaelod (g)
❑ J'habite au bout de la rue. Rydw i'n byw yng ngwaelod y stryd. ❑ J'étais assis en bout de table. Roeddwn i'n eistedd ym mhen y bwrdd.
blaen (g)
❑ J'ai un bouton au bout du nez. Mae gen i bloryn ar flaen fy nhrwyn.
darn bach
❑ un petit bout de gâteau darn bach o gacen
■ **un bout de papier** darn o bapur

■ **au bout de** ar ôl ❑ Au bout de quelques minutes, elle est revenue. Ar ôl ychydig funudau, fe ddaeth hi'n ôl.
■ **Je suis à bout de ma patience!** Does gen i ddim amynedd ar ôl!

[la] **bouteille** ENW
potel (b), potelaid (g)
❑ une bouteille de vin blanc potel o win gwyn
■ **une bouteille de gaz** potel/silindr o nwy

[la] **boutique** ENW
siop (b)

[le] **bouton** ENW
botwm (g)
ploryn (g) (ar groen)
❑ J'ai un bouton sur le front. Mae gen i bloryn ar fy nhalcen.
switsh (g)
❑ Appuyez sur le bouton. Gwasgwch y switsh.
blaguryn (g)
❑ un bouton de rose blaguryn rhosyn
■ **un bouton d'or** blodyn menyn

[le] **bowling** ENW
bowlio (g) deg (gêm)
ale (b) fowlio

[la] **boxe** ENW
bocsio (y gamp)

[le] **boxeur** ENW
bocsiwr (g)

[le] **bracelet** ENW
breichled (b)

[le] **bracelet-montre** (LLUOSOG [les] **bracelets-montres**) ENW
watsh (b) arddwrn

[le] **brancard** ENW
stretsier (g), gwely (g) cludo

[le] **brancardier** ENW
cludwr (g) stretsier

[la] **branche** ENW
cangen (b)

branché (BEN **branchée**) ANSODDAIR (anffurfiol)
bod yn y ffasiwn/gyda'r oes
❑ avoir un look branché edrych yn ffasiynol

brancher BERF [28]
cysylltu
❑ L'ordinateur est branché? Ydy'r cyfrifiadur wedi ei gysylltu?
wedi ei blygio i mewn
❑ La télé n'est pas branchée. Dydy'r teledu ddim wedi ei blygio i mewn.

[le] **bras** ENW
braich (b)

[la] **brasse** ENW
strôc (b) broga, nofio ar y frest

❑ nager la brasse nofio strôc broga/ar y frest

[la] **brasserie** ENW
tafarn (b), bar (g) sy'n gwerthu bwyd

brave (BEN **brave**) ANSODDAIR
iawn, neis, clên
❑ Mon ami est un brave type. Mae fy ffrind yn foi clên.

bravo EBYCHIAD
gwych, campus, ardderchog

[le] **break** ENW
car (g) stad

[la] **brebis** ENW
dafad (b)
■ **le fromage de brebis** caws (g) llaeth dafad

bref (BEN **brève**) ANSODDAIR, ADFERF
byr
❑ Sa visite était brève. Byr oedd ei ymweliad.
■ **en bref** yn fyr, mewn gair ❑ Voici les actualités en bref. Dyma'r newyddion yn fyr.
■ **... bref, on s'est revus après quelques jours.** ... i ddweud y stori'n fyr, fe welon ni'n gilydd ar ôl ychydig ddyddiau.

[le] **Brésil** ENW
Brasil (b)
■ **au Brésil (1)** yn Brasil
■ **au Brésil (2)** i Brasil

[la] **Bretagne** ENW
Llydaw (b)

[la] **bretelle** ENW
strap (g)/(b), strapen (b)
❑ La bretelle de mon soutien-gorge est cassée. Mae strapen fy mra wedi torri.
■ **les bretelles** bresys (ll) ❑ Où sont les bretelles de mon pantalon? Ble mae bresys fy nhrowsus i?

breton (BEN **bretonne**) ANSODDAIR, ENW
Llydaweg
❑ Je parle breton. Rydw i'n siarad Llydaweg.
■ **un Breton** Llydawr
■ **une Bretonne** Llydawes
■ **les Bretons** y Llydawyr

brève BEN ANSODDAIR ▷ gweler **bref**

[le] **brevet** ENW
tystysgrif (b), diploma (g)

[le] **brevet des collèges** ENW
arholiad (ar ddiwedd blwyddyn 10)

[le] **bricolage** ENW
mân waith (g) o gwmpas y tŷ
❑ Il aime le bricolage. Mae e wrth ei fodd yn gwneud mân waith o gwmpas y tŷ.
❑ un magasin de bricolage siop mân weithiau.

[la] **bricole** ENW (anffurfiol)
■ **Je vais acheter une bricole pour le bébé**

de ma sœur. Rydw i'n mynd i brynu rhywbeth bach i fabi fy chwaer.
■ **J'ai encore quelques bricoles à faire à la maison.** Mae'n dal gen i bethau bach i'w gwneud yn y tŷ.

bricoler BERF [28]
gwneud mân dasgau/weithiau
❏ Je déteste bricoler. Rydw i'n casáu gwneud mân dasgau.

[le] **bricoleur** ENW
mânweithiwr (g)

[la] **bricoleuse** ENW
mânweithwraig (b)

[le] **bridge** ENW
bridge (g) *(gêm gardiau)*
❏ Sa mère adore jouer au bridge. Mae ei mam wrth ei bodd yn chwarae bridge.

brièvement ADFERF
yn fyr, yn gryno
❏ Je vais te raconter brièvement ce qui s'est passé. Fe ddyweda i wrthot ti'n fyr beth ddigwyddodd.

[la] **brigade** ENW
brigâd (b), sgwad (g) *(o blismyn)*
❏ la brigade des stups *(anffurfiol)* sgwad cyffuriau

brillamment ADFERF
yn wych, yn ardderchog
❏ Ils ont tous réussi brillamment à l'examen. Fe lwyddon nhw i gyd yn wych yn yr arholiad.

brillant (BEN **brillante**) ANSODDAIR
gwych, ardderchog, disglair
❏ un brillant avenir dyfodol gwych, disglair
❏ Mes résultats n'étaient pas brillants. Doedd fy nghanlyniadau ddim yn wych.
sgleiniog
❏ des cheveux brillants gwallt sgleiniog

briller BERF [28]
sgleinio, tywynnu

[le] **brin** ENW
■ un brin d'herbe glaswelltyn
■ un brin de muguet sbrigyn o lili'r dyffynnoedd

[la] **brindille** ENW
brigyn (g)

[la] **brioche** ENW
brioche (b) *(math o fynsen)*

[la] **brique** ENW
bricsen (b)

[le] **briquet** ENW
taniwr (g) sigaréts

[la] **brise** ENW
awel (b)

[se] **briser** BERF [28]
torri
❏ Le verre s'est brisé en mille morceaux. Torrodd y gwydr yn deilchion/yn ddarnau mân.

[le/la] **Britannique** ENW
Prydeiniwr (g), Prydeinwraig (b)
■ les Britanniques y Prydeinwyr

britannique (BEN **britannique**) ANSODDAIR
Prydeinig

[la] **brocante** ENW
hen bethau (ll), trugareddau (ll)
❏ un magasin de brocante siop hen bethau

[le] **brocanteur** ENW
gwerthwr (g) hen bethau

[la] **brocanteuse** ENW
gwerthwraig hen bethau

[la] **broche** ENW
broetsh (b)
❏ une broche en argent broetsh arian
■ à la broche rhostio ar gigwain/sgiwer
❏ un poulet à la broche cyw iâr rhost ar gigwain/sgiwer

[la] **brochette** ENW
sgiwer (g)/(b)
■ les brochettes d'agneau cig oen ar sgiwer, cebab cig oen

[la] **brochure** ENW
pamffled (g)

broder BERF [28]
brodio

[la] **broderie** ENW
brodwaith (g)

[la] **bronchite** ENW
broncitis (g)
❏ avoir une bronchite bod â broncitis arnoch

[le] **bronze** ENW
efydd (g)

bronzer BERF [28]
cael lliw haul
❏ Elle est bien bronzée. Mae lliw haul da arni.
■ se bronzer torheulo

[la] **brosse** ENW
brwsh (g)
■ une brosse à cheveux brwsh gwallt
■ une brosse à dents brwsh dannedd
■ Quand j'étais plus jeune, j'étais coiffé en brosse. Pan oeddwn i'n iau, roedd fy ngwallt wedi ei dorri'n gwta iawn. *(toriad crop)*

brosser BERF [28]
brwsio
■ se brosser les dents brwsio'ch dannedd
❏ Je me brosse les dents matin et soir. Rydw i'n brwsio fy nannedd fore a nos.

[la] **brouette** ENW
berfa (b), whilber (b)

[le] **brouillard** ENW
niwl (g)
■ **Il y a du brouillard.** Mae hi'n niwlog.

[le] **brouillon** ENW
drafft (g), bras gopi (g)
❑ Voici le brouillon. Dyma'r drafft cyntaf.

[les] **broussailles** ENW BEN LLUOSOG
isdyfiant (g), prysgwydd (ll)

brouter BERF [28]
pori (anifeiliaid)

broyer BERF [53]
malu, briwio
■ **broyer du noir** bod yn isel eich ysbryd, bod dan y felan

[le] **brugnon** ENW
nectarîn (b)

[le] **bruit** ENW
sŵn (g)
❑ Tu as entendu le bruit? Glywaist ti'r sŵn?
❑ faire du bruit gwneud sŵn
■ **sans bruit** yn ddistaw bach
sôn (g), si (g)
❑ J'ai entendu le bruit qui circule. Rydw i wedi clywed y si sydd ar led.

brûlant (BEN brûlante) ANSODDAIR
chwilboeth
❑ un soleil brûlant haul tanbaid/chwilboeth
berwedig ❑ Attention! La soupe est brûlante! Gwyliwch! Mae'r cawl yn ferwedig!

[le] **brûlé** ENW
arogl (g) llosgi
❑ Ça sent le brûlé. Mae 'na arogl llosgi.

brûler BERF [28]
llosgi
■ **se brûler** eich llosgi eich hun

[la] **brûlure** ENW
llosg (g)
■ **des brûlures d'estomac** dŵr poeth (ar y stumog)

[la] **brume** ENW
tarth (g), niwl (g)

brumeux (BEN brumeuse) ANSODDAIR
tarthog, niwlog

brun (BEN brune) ANSODDAIR
brown
■ **C'est un brun.** Mae ganddo wallt tywyll.

[le] **brushing** ENW
brwsiad (g) sych
❑ une coupe et un brushing, s'il vout plaît. torri fy ngwallt a brwsiad sych, os gwelwch yn dda.

brusque(BEN brusque) ANSODDAIR
annisgwyl, dirybudd
■ **d'un ton brusque** mewn tôn swta/cwta

brusquer BERF [28]
rhuthro
❑ Il ne faut pas me brusquer! Peidiwch â'm rhuthro!

brut (BEN brute) ANS
■ **le champagne brut** siampên sych
■ **le pétrole brut** olew crai
■ **mon salaire brut** fy nghyflog gros/crynswth

brutal (BEN brutale, GWR LLUOSOG brutaux) ANSODDAIR
creulon, brwnt

brutaliser BERF [28]
cam-drin
❑ La police l'a brutalisé. Fe wnaeth yr heddlu ei gam-drin.

Bruxelles ENW
Brwsel (b)

bruyamment ADFERF
yn swnllyd

bruyant (BEN bruyante) ANSODDAIR
swnllyd

[la] **bruyère** ENW
grug (g)

bu BERF ▷ gweler boire

[la] **bûche** ENW
boncyff (g)
■ **la bûche de Noël** boncyff Nadolig

[le] **bûcheron** ENW
torrwr (g) coed

[le] **budget** ENW
cyllideb (b)

[le] **buffet** ENW
seidbord (g)/(b)
❑ un buffet en chêne seidbord derw
bwyd bwffe, bwyd bys a bawd
❑ un buffet froid bwffe oer ❑ un buffet de gare bwffe'r orsaf

[le] **buisson** ENW
llwyn (g)

[la] **Bulgarie** ENW
Bwlgaria (g)
■ **en Bulgarie (1)** yn Bwlgaria
■ **en Bulgarie (2)** i Fwlgaria

[la] **bulle** ENW
swigen (b)
❑ une bulle de savon swigen sebon

[le] **bulletin** ENW
bwletin (g)
■ **le bulletin d'informations** y bwletin newyddion

adroddiad ysgol
❑ Son bulletin n'est pas fameux. Dyw ei adroddiad ysgol ddim yn wych.
■ **le bulletin météorologique** rhagolygon y tywydd
■ **le bulletin de salaire** slip cyflog
■ **le bulletin de vote** papur pleidleisio

[le] **bureau** (LLUOSOG [les] **bureaux**) ENW
desg (b)
❑ Les papiers sont sur mon bureau. Mae'r papurau ar fy nesg.
swyddfa (b)
❑ Je te verrai dans mon bureau. Fe wela i di yn fy swyddfa.
■ **un bureau de change** cyfnewidfa arian tramor
■ **le bureau de poste** swyddfa'r post
■ **le bureau de tabac** iop tybaco
■ **le bureau de vote** gorsaf bleidleisio

bus BERF ▷ *gweler* **boire**

[le] **bus** ENW
bws (g)

[le] **buste** ENW
brest (b) *(corff)*, penddelw (b) *(cerflun)*

but BERF ▷ *gweler* **boire**

[le] **but** ENW
nod (g), amcan (g)
❑ Il n'a plus de but dans la vie. Does ganddo bellach 'run nod mewn bywyd.
■ **Je vous expliquerai le but de ma visite.** Fe esbonia i i chi bwrpas fy ymweliad.
■ **dans le but de** â'r bwriad o, er mwyn
❑ Je viens dans le but de t'aider. Rydw i'n dod yma er mwyn dy helpu.
gôl (b)
❑ marquer un but sgorio gôl

[le] **butane**® ENW
bwtan (g), nwy (g) Calor

[le] **butin** ENW
ysbail (b)
❑ Les soldats se sont partagé le butin. Rhannodd y milwyr yr ysbail rhyngddynt.

buvais, buvait BERF ▷ *gweler* **boire**

[le] **buvard** ENW
blotiwr (g), papur (g) blotio/sugno

C c

c' RHAGENW ▷ *gweler* **ce**

ça RHAGENW
hwn, hon, hyn
❑ Vous voulez plus de ça? Ydych chi eisiau mwy o hwn?
hwnna, honna, hynny
❑ C'est ça, là-bas. Hwnna ydy o, fancw.
e/o
❑ Ça ne fait rien. Dydy e ddim yn bwysig
■ **Comment ça va?** Sut mae?
■ **Ça alors!** O ddifrif! Wir!
■ **C'est ça.** Digon gwir! Dyna fe!
■ **Ça y est!** Dyna ni!

çà ADFERF
■ **çà et là** hwnt ac yma

[la] cabane ENW
caban (g), cwt (g)

[le] cabillaud ENW
penfras (g)

[la] cabine ENW
caban (g) *(ar long)*
■ **une cabine d'essayage** ystafell newid
■ **une cabine téléphonique** ciosg ffôn

[le] cabinet ENW
meddygfa (b)
■ **une chambre avec cabinet de toilette** ystafell wely gydag ystafell ymolchi iddi

[les] cabinets ENW GWR LLUOSOG
toiled (g), tŷ (g) bach

[le] câble ENW
cebl (g)
■ **la télévision par câble** teledu cebl

cabosser BERF [28]
tolcio

[la] cacahuète ENW
cneuen (b) fwnci/ddaear
■ **le beurre de cacahuète** menyn cnau mwnci

[le] cacao ENW
coco (g)
■ **le beurre de cacao** menyn coco

cache-cache ENW GWR
■ **jouer à cache-cache** chwarae cuddio/mig/

cwato

[le] cachemire ENW
cashmir (g)

[le] cache-nez (LLUOSOG [les] **cache-nez**) ENW
sgraff (b) wlân hir (g)

cacher BERF [28]
cuddio, cwato
❑ Où est-ce que tu as caché les chocolats? Ble wyt ti wedi cuddio'r siocledi? ❑ Qu'est-ce que tu me caches? Beth wyt ti'n ei guddio oddi wrtho i?
■ **se cacher** cuddio, ymguddio ❑ Les filles se sont cachées derrière l'arbre. Cuddiodd y merched y tu ôl i'r goeden.

[le] cachet ENW
tabled (g)
■ **un cachet d'aspirine** asbrin
ffi (b) *(ar gyfer perfformiwr)*
❑ Ils ont touché un gros cachet pour le concert.
Fe gawson nhw ffi anferth am y cyngerdd.
■ **le cachet de la poste** marc post

[la] cachette ENW
cuddfan (b)
■ **en cachette** ar y slei, yn ddistaw bach
❑ Elle est sortie en cachette sans réveiller ses parents. Fe aeth hi allan yn ddistaw bach, heb ddeffro ei rhieni.

[le] cachot ENW
daeargell (b), dwnsiwn (g)

[le] cactus ENW
cactws (g)

[le] cadavre ENW
corff (g) marw

[le] Caddie ® ENW
troli (g) archfarchnad

[le] cadeau (LLUOSOG [les] **cadeaux**) ENW
anrheg (b)
❑ un cadeau d'anniversaire anrheg pen-blwydd ❑ un cadeau de Noël anrheg Nadolig
■ **faire un cadeau à quelqu'un** rhoi anrheg i rywun

[le] **cadenas** ENW
clo (g) clap, clo (g) clec

cadet (BEN **cadette**) ANSODDAIR
▷ *gweler hefyd* **cadet** ENW **cadette** ENW
iau, ieuengach, ieuengaf
❑ mon frère cadet fy mrawd iau ❑ leur fille
cadette eu merch ieuengaf

[le] **cadet** ENW
▷ *gweler hefyd* **cadet** ANSODDAIR
yr ieuengaf (bachgen), cyw (g) y nyth
❑ Je suis le cadet de la famille. Fi ydy'r plentyn
ieuengaf o'r teulu.

[la] **cadette** ENW
▷ *gweler hefyd* **cadette** ANSODDAIR
yr ieuengaf (merch)
❑ Marie est la cadette de la famille. Mari ydy'r
ieuengaf o'r teulu.

[le] **cadre** ENW
ffrâm (b)
❑ un cadre en bois ffrâm bren
safle (g), man (g)/(b)
❑ Leur maison se trouve dans un très beau
cadre. Mae eu tŷ nhw mewn man godidog.
swyddog (g) gweithredol
❑ un cadre supérieur cyfarwyddwr

[le] **cafard** ENW
chwilen (b) ddu, cocrotsien (b)
■ avoir le cafard *(anffurfiol)* teimlo'n isel ❑ Il a
le cafard. Mae e'n isel ei ysbryd.

[le] **café** ENW
coffi (g)
❑ un café au lait coffi â llaeth ❑ un café crème
coffi cryf (trwy laeth)
caffi (g), bar (g)

[le] **café-tabac** (LLUOSOG [les] **cafés-
tabacs**) ENW
siop (b) papur newydd a thybaco *(sydd hefyd yn
gwerthu coffi a gwirodydd)*

[la] **cafétéria** ENW
caffetaria (g), ffreutur (g)

[la] **cafetière** ENW
peiriant (g) gwneud coffi
pot (g) coffi

[la] **cage** ENW
cawell (b), caetsh (g)
■ la cage d'escalier grisiau

[la] **cagoule** ENW
balaclafa (g)

[le] **cahier** ENW
llyfr (g) nodiadau
❑ un cahier de brouillon llyfr bras

[la] **caille** ENW
sofliar (b), cwâl (b)

[le] **caillou** (LLUOSOG [les] **cailloux**) ENW
carreg (b) fechan

[la] **caisse** ENW
bocs (g), cist (b), blwch (g)
❑ une caisse à outils bocs offer
til (g)
❑ le ticket de caisse derbynneb til
desg (b) dalu
❑ Il faut payer à la caisse. Rhaid talu wrth y
ddesg.

[le] **caissier** ENW
derbynnydd (g) arian

[la] **caissière** ENW
derbynnydd (g) arian

[le] **cake** ENW
teisen (b) ffrwythau, cacen (b) ffrwythau

[le] **calcul** ENW
cyfrif (g), symiau (ll)
❑ Elle s'est trompée dans ses calculs. Mae hi
wedi cyfrif yn anghywir.
rhifyddeg (b)
❑ Il n'est pan bon en calcul. Mae e'n wael
mewn rhifyddeg.

[la] **calculatrice** ENW
cyfrifiannell (b)

calculer BERF [28]
cyfrifo, gweithio'r ateb *(yn eich pen, neu ar
bapur)*
❑ Tu as calculé combien ça va nous coûter?
Wyt ti wedi cyfrifo faint mae'n mynd i'w gostio
i ni?

[la] **calculette** ENW
cyfrifiannell (b) poced

[la] **cale** ENW
plocyn (g), darn (g) o bren

calé (BEN **calée**) ANSODDAIR *(anffurfiol)*
■ Je suis bien calé en mathématiques. Rydw
i'n dda iawn mewn mathemateg.

[le] **caleçon** ENW
siorts (ll) bocsiwr, trôns (g)
legins (ll)

[le] **calendrier** ENW
calendr (g)

[le] **calepin** ENW
llyfr (g) nodiadau

caler BERF [28]
diffodd, stopio *(injan car)*
❑ Ma voiture a calé aux feux. Stopiodd injan fy
nghar wrth y goleuadau.

câlin (BEN **câline**) ANSODDAIR
▷ *gweler hefyd* **câlin** ENW
cariadus, maldodus

[le] **câlin** ENW

▷ *gweler hefyd* **câlin** ANSODDAIR
mwythau (ll), maldod (g)
❏ faire un câlin à quelqu'un rhoi mwythau i rywun

[le] **calmant** ENW
tawelydd (g)

calme (BEN **calme**) ANSODDAIR
▷ *gweler hefyd* **calme** ENW
tawel, llonydd, distaw
❏ un endroit calme lle tawel
yn ddigyffro, heb gynhyrfu
❏ Restez calme! Peidiwch â chynhyrfu!

[le] **calme** ENW
▷ *gweler hefyd* **calme** ANSODDAIR
tawelwch (g), llonyddwch (g), distawrwydd (g)
❏ J'adore le calme de cet endroit. Dwi'n hoffi tawelwch y lle yma.

calmer BERF [28]
lleddfu
❏ Où est la pommade pour calmer les coups de soleil? Ble mae'r eli lleddfu llosg haul?
■ **se calmer** ymdawelu, ymlonyddu ❏ Calme-toi! Paid â chynhyrfu!

[la] **calorie** ENW
calori (g)

[le/la] **camarade** ENW
cyfaill (g), cyfeilles (b), ffrind (g)/(b)
■ **un/une camarade de classe** ffrind ysgol

[le] **cambriolage** ENW
lladrad (g), bwrgleriaeth (b)

cambrioler BERF [28]
torri i mewn i dŷ, lladrata o, dwyn o

[le] **cambrioleur** ENW
lleidr (g)

[la] **cambrioleuse** ENW
lladrones (b)

[la] **camelote** ENW *(anffurfiol)*
sothach (g)
❏ La montre qu'il m'a offerte, c'est vraiment de la camelote! Mae'r watsh a gefais yn anrheg ganddo yn sothach llwyr!

[la] **caméra** ENW
camera (g) *(teledu, sinema)*
■ **une caméra numérique** camera digidol

[le] **caméscope** ® ENW
camera (g) fideo

[le] **camion** ENW
lori (b)

[la] **camionnette** ENW
fan (b)

[le] **camionneur** ENW
gyrrwr (g) lori

[la] **camomille** ENW
te (g) camomil

[le] **camp** ENW
gwersyll (g)
❏ un camp de militaires gwersyll milwrol
❏ un camp de vacances gwersyll gwyliau

[la] **campagne** ENW
y wlad (b), cefn (g) gwlad
■ **à la campagne** yn y wlad ❏ Nous avons une maison de vacances à la campagne. Mae gynnon ni dŷ haf yn y wlad.
ymgyrch (b)
❏ une campagne électorale ymgyrch etholiadol

camper BERF [28]
gwersylla

[le] **campeur** ENW
gwersyllwr (g)

[la] **campeuse** ENW
gwersyllwraig (b)

[le] **camping** ENW
gwersyll (g)
❏ faire du camping gwersylla
■ **un terrain de camping** maes pebyll (a charafannau)

[le] **Canada** ENW
Canada (b)
■ **au Canada (1)** yng Nghanada
■ **au Canada (2)** i Ganada

canadien (BEN **canadienne**) ANSODDAIR, ENW
o Ganada
■ **un Canadien** Canadiad *(dyn)*
■ **une Canadienne** Canadiad *(dynes)*

[le] **canal** (LLUOSOG [les] **canaux**) ENW
camlas (b)

[le] **canapé** ENW
soffa (b)
canapé (g), brechdan (b) agored

[le] **canard** ENW
hwyaden (b)

[le] **canari** ENW
caneri (g)

[le] **cancer** ENW
canser (g)
❏ le cancer du poumon canser yr ysgyfaint
■ **le Cancer** arwydd y Cranc ❏ Nadine est Cancer. Arwydd y Cranc yw Nadine.

[le] **candidat** ENW
ymgeisydd (g) *(mewn etholiad)*
ymgeisydd (g) *(am swydd)*

[la] **candidate** ENW
ymgeisydd (g) *(mewn etholiad)*
ymgeisydd *(am swydd)*

[la] **candidature** ENW
■ **poser sa candidature à un poste** gwneud cais am swydd ❑ J'ai posé ma candidature pour le poste. Rydw i wedi gwneud cais am y swydd.

[le] **caneton** ENW
hwyaden (b) fach, cyw (g) hwyaden

[la] **canette** ENW
■ **une canette de bière**
potel (b) fach o gwrw

[le] **caniche** ENW
pwdl (g)

[la] **canicule** ENW
gwres (g) tanbaid, tywydd (g) poeth iawn

[le] **canif** ENW
cyllell (b) boced

[le] **caniveau** (LLUOSOG [les] **caniveaux**) ENW
cwter (b)

[la] **canne** ENW
ffon (b) gerdded
■ **une canne à pêche** gwialen (b) bysgota

[la] **cannelle** ENW
sinamon (g)

[le] **canoë** ENW
canŵ (g)
canŵio
❑ faire du canoë canŵio

[le] **canon** ENW
gwn (g)
canon (g)

[le] **canot** ENW
cwch (g) bach
❑ un canot pneumatique dingi ❑ un canot de sauvetage bad achub

[la] **cantatrice** ENW
cantores (b) opera

[la] **cantine** ENW
ffreutur (g), lle (g) bwyta

[le] **caoutchouc** ENW
rwber (g)
■ **des bottes en caoutchouc** esgidiau glaw, welingtons

[le] **cap** ENW
penrhyn (g)

capable (BEN **capable**) ANSODDAIR
■ **Je suis capable de faire ce travail.** Rydw i'n gallu gwneud y gwaith hwn.
■ **Ils sont capables de rentrer à tout moment!** Mae perygl iddynt/gallant ddychwelyd unrhyw funud!

[la] **cape** ENW
mantell (b), clogyn (g)

[le] **capitaine** ENW
capten (g)

[la] **capitale** ENW
prifddinas (b)
❑ la capitale du pays de Galles priffddinas Cymru

[le] **capot** ENW
bonet (g) (car)

[la] **capote** ENW (anffurfiol)
condom (g)

[la] **câpre** ENW
caprysen (b) (bwyd)

[le] **caprice** ENW
■ **faire des caprices** gwneud ffŷs/ffwdan
❑ C'est un enfant qui fait des caprices tout le temps. Mae e'n blentyn sy'n creu ffwdan drwy'r amser.

capricieux (BEN **capricieuse**) ANSODDAIR
■ **un enfant capricieux** plentyn mympwyol/di-ddal

[le] **Capricorne** ENW
arwydd (g) yr Afr
❑ Je suis Capricorne. Arwydd yr Afr ydw i.

captivant (BEN **captivante**) ANSODDAIR
hudolus, hynod o ddiddorol

[la] **captivité** ENW
caethiwed (g)
❑ en captivité mewn caethiwed

capturer BERF [28]
dal

[la] **capuche** ENW
cwfl (g)
❑ un manteau à capuche côt â chwfl

[le] **capuchon** ENW
cap (g) (pen ysgrifennu)

[la] **capucine** ENW
capan (g) cornicyll (math o flodyn)

[le] **car** ENW
▷ gweler hefyd **car** CYSYLLTAIR
bws (g) (mawr, cyfforddus)
❑ un car scolaire bws ysgol

car CYSYLLTAIR
▷ gweler hefyd **car** ENW
oherwydd, achos
❑ Travaillez dur au collège, car c'est important pour votre avenir! Gweithiwch yn galed yn yr ysgol, achos mae'n bwysig at eich dyfodol!

[la] **carabine** ENW
reiffl (b)

[le] **caractère** ENW
cymeriad (g), natur (b)
❑ Elle a le même caractère que sa mère. Mae ganddi'r un cymeriad â'i mam.
■ **Elle a bon caractère.** Mae natur dda ganddi.
■ **Il a mauvais caractère.** Mae natur ddrwg

ganddo.
■ **Elle n'a pas un caractère facile.** Dydy hi ddim yn gymeriad hawdd.

caractéristique (BEN **caractéristique**) ANSODDAIR
▷ *gweler hefyd* **caractéristique** ENW
nodweddiadol

[la] **caractéristique** ENW
▷ *gweler hefyd* **caractéristique** ANSODDAIR
nodwedd (b), hynodrwydd (b)

[la] **carafe** ENW
caráff (g), jwg (g)/(b)
❏ une carafe d'eau jwg o ddŵr

[les] **Caraïbes** ENW BEN LLUOSOG
Ynysoedd (ll) y Caribî
■ **aux Caraïbes (1)** yn ynysoedd y Caribî
■ **aux Caraïbes (2)** i ynysoedd y Caribî

[le] **caramel** ENW
caramel (g)
❏ la crème caramel hufen caramel
taffi (g)

[la] **caravane** ENW
carafán (b)

carbonique (BEN **carbonique**) ANSODDAIR
■ **le gaz carbonique** carbon deuocsid

[le] **carburant** ENW
tanwydd (g)

cardiaque (BEN **cardiaque**) ANSODDAIR
■ **une crise cardiaque** trawiad ar y galon
■ **Mon oncle est cardiaque.** Mae clefyd y galon ar fy ewythr.

[le] **cardigan** ENW
cardigan (b)

[le/la] **cardiologue** ENW
cardiolegydd (g)

[le] **carême** ENW
y Grawys (g)

[la] **caresse** ENW
anwesiad (g), mwythau (ll), maldod (g)
❏ faire des caresses à un chien rhoi mwythau i gi

caresser BERF [28]
mwytho, maldodi, anwesu

[la] **carie** ENW
pydredd (g) dannedd
■ **J'ai une carie.** Mae gen i dwll yn fy nant.

caritatif (BEN **caritative**) ANSODDAIR
■ **une organisation caritative** elusen

[le] **carnaval** ENW
carnifal (g)

[le] **carnet** ENW
llyfr (g) nodiadau
llyfr (g), llyfryn (g)

❏ un carnet d'adresses llyfr cyfeiriadau
❏ un carnet de chèques llyfr sieciau
❏ un carnet de timbres llyfr stampiau
❏ un carnet de tickets llyfryn tocynnau
■ **mon carnet de notes** fy adroddiad ysgol

[la] **carotte** ENW
moronen (b)
❏ les carottes râpées moron wedi'u gratio

carré (BEN **carrée**) ANSODDAIR
▷ *gweler hefyd* **carré** ENW
sgwâr
■ **un mètre carré** metr sgwâr

[le] **carré** ENW
▷ *gweler hefyd* **carré** ANSODDAIR
sgwâr (g)

[le] **carreau** (LLUOSOG [les] **carreaux**) ENW
patrwm (g) sgwarog, siec (g)
❏ une chemise à carreaux crys siec
teilsen (b) *(ar lawr, ar wal)*
❏ des carreaux de terre cuite teils terracotta
paen (g), cwarel (g) *(ffenest)*
❏ J'ai cassé un carreau en jouant au foot. Rydw i wedi torri ffenest tra'n chwarae pêl-droed.
diemyntau (ll) *(cardiau chwarae)*
❏ l'as de carreau yr âs o ddiemyntau

[le] **carrefour** ENW
croesffordd (b)

[le] **carrelage** ENW
llawr (g) teils

carrément ADFERF
yn hollol, yn llwyr
❏ C'est carrément impossible. Mae hynna'n hollol amhosibl.
yn blwmp ac yn blaen
❏ Dis-moi carrément ce que tu penses. Dwed wrtho i yn blwmp ac yn blaen beth wyt ti'n feddwl.

[la] **carrière** ENW
gyrfa (b)
■ **un militaire de carrière** milwr proffesiynol

[la] **carrure** ENW
maint (g), corffolaeth (b)
❏ Elle a une carrure d'athlète. Mae ganddi gorff athletaidd.

[le] **cartable** ENW
bag (g) ysgol

[la] **carte** ENW
cerdyn (g), carden (b)
■ **une carte d'anniversaire** cerdyn pen-blwydd
■ **une carte postale** cerdyn post
■ **une carte de vœux** cerdyn cyfarch
■ **une carte bancaire** cerdyn banc

- **une carte de crédit** cerdyn credyd
- **une carte de fidélité** cerdyn ffyddlondeb
- **une carte d'embarquement** cerdyn byrddio (*bws, trên, cwch*)
- **une carte d'identité** cerdyn adnabod
- **une carte de séjour** trwydded breswyl
- **une carte téléphonique** cerdyn ffonio
- **un jeu de cartes (1)** pac o gardiau
- **un jeu de cartes (2)** gêm gardiau

map (g)
- ❏ une carte de France map o Ffrainc
- ❏ une carte routière map ffyrdd

bwydlen (b), rhestr (b)
- ❏ la carte des vins rhestr gwinoedd
- **manger à la carte** bwyta yn ôl eich dewis
- ❏ Ici, on peut manger à la carte. Yma, gallwch fwyta yn ôl eich dewis.

[le] **carton** ENW
cardbord (g)
- ❏ un morceau de carton darn o gardbord

bocs (g), blwch (g)
- **un carton à chaussures** bocs esgidiau

[la] **cartouche** ENW
cetrisen(b) (*gwn*)
- **une cartouche de cigarettes** carton o sigaréts

[le] **cas** (LLUOSOG [les] **cas**) ENW
achos (g)
- ❏ plusieurs cas nifer o achosion
- **ne faire aucun cas de** peidio â chymryd unrhyw sylw o
- **en aucun cas** nid ar unrhyw gyfrif
- **en tout cas** beth bynnag, sut bynnag
- **au cas où** rhag ofn ❏ Prends ta veste au cas où il ferait froid. Cymer dy siaced rhag ofn y bydd hi'n oer.
- **en cas de** pe digwydd bod, pe bai ❏ En cas de problème, téléphone-moi! Pe bai problem, ffonia fi!

[la] **cascade** ENW
rhaeadr (b)

[le] **cascadeur** ENW
styntiwr (g)

[la] **case** ENW
sgwâr (g)/(b) (*ar gêm fwrdd*)
blwch (g) (*ar ffurflen*)

[la] **caserne** ENW
barics (ll) (*milwrol*)

cash ADFERF
- **payer cash** talu arian parod

[le] **casier** ENW
cloer (g)

[le] **casque** ENW
helmed (b)

clustffon (g)/(b)

[la] **casquette** ENW
cap (g)

cassant (BEN **cassante**) ANSODDAIR
- **Elle m'a répondu d'un ton cassant.** Fe atebodd hi fi yn swta.

[le] **casse-croûte** (LLUOSOG [les] **casse-croûte**) ENW
byrbryd (g), tamaid (g) i aros pryd

[le] **casse-noix** (LLUOSOG [les] **casse-noix**) ENW
gefel (b) gnau

casse-pieds (BEN LLUOSOG **casse-pieds**) ANSODDAIR (*anffurfiol*)
- **Tu es vraiment casse-pieds!** Rwyt ti'n ddigon o boen!

casser BERF [28]
torri
- ❏ Il a cassé ma fenêtre. Mae e wedi torri fy ffenest.
- **se casser** torri ❏ Elle s'est cassé la jambe. Mae hi wedi torri ei choes.
- **se casser la tête** mynd i lawer o drafferth ❏ Ne vous cassez pas la tête pour le repas. Peidiwch â mynd i ormod o drafferth â'r pryd bwyd.

[la] **casserole** ENW
sosban (b)

[le] **casse-tête** (LLUOSOG [les] **casse-tête**) ENW
- **C'est un vrai casse-tête!** Mae hynna wir yn broblem ddyrys!

[la] **cassette** ENW
casét (g)

[le] **cassis** ENW
cwrwnsen (b) ddu

[le] **castor** ENW
afanc (g)

[le] **catalogue** ENW
catalog (g)

[la] **catastrophe** ENW
trychineb (g)/(b)

[le] **catch** ENW
reslo

[le] **catéchisme** ENW
catecism (g)

[la] **catégorie** ENW
categori (g), dosbarth (g)

catégorique (BEN **catégorique**) ANSODDAIR
pendant
- ❏ une résponse catégorique ateb pendant

[la] **cathédrale** ENW
eglwys (b) gadeiriol

catholique (BEN **catholique**) ANSODDAIR
▷ *gweler hefyd*

catholique ENW
Pabyddol, Catholig

[le/la] **catholique** ENW
▷ *gweler hefyd* **catholique** ANSODDAIR
Pabydd (g), Pabyddes (b)

[le] **cauchemar** ENW
hunllef (g)
❑ faire un cauchemar cael hunllef

[la] **cause** ENW
achos (g), rheswm (g)
■ **à cause de** oherwydd, o achos ❑ Nous sommes en retard à cause de toi. Rydyn ni'n hwyr o dy achos di.

causer BERF [28]
achosi, peri
❑ La neige a causé beaucoup de problèmes sur les routes. Mae'r eira wedi achosi llawer o broblemau ar y ffyrdd.
sgwrsio, siarad
❑ Elle a causé longtemps au téléphone. Fe siaradodd hi'n hir ar y ffôn.

[la] **caution** ENW
blaendal (g)
mechnïaeth (b) *(cyfreithiol)*

[le] **cavalier** ENW
marchog (g)
partner (g), cymar (g) *(mewn dawns)*

[la] **cavalière** ENW
marchoges (b), partneres (b), cymar (b) *(mewn dawns)*

[la] **cave** ENW
seler (b)

[la] **caverne** ENW
ogof (b), ceudwll (g)

[le] **CD** (LLUOSOG [les] **CD**) ENW
cryno-ddisg (g)

[le] **CD-ROM** (LLUOSOG [les] **CD-ROM**) ENW
CD-ROM (g)

ce (ENW GWR **cet**, BEN **cette**, LLUOSOG **ces**)
ANSODDAIR
▷ *gweler hefyd* **ce** RHAGENW
hwn, hon, hyn, yma
❑ J'aime bien ce livre. Rydw i'n hoffi'r llyfr hwn.
❑ cet après-midi y prynhawn 'ma ❑ cet hiver y gaeaf hwn
■ **ce garçon-ci** y bachgen hwn/yma
■ **cette photo-ci** y llun yma
yna, acw
❑ Je n'aime pas ce premier plat. Dydw i ddim yn hoffi'r cwrs cyntaf 'ma/'na.
■ **ce garçon-là** y bachgen 'na
■ **cette fille-là** y ferch 'na

ce RHAGENW

▷ *gweler hefyd* **ce** ANSODDAIR
ef, fo, e, o,
❑ Ce n'est pas facile à faire. Dydy e ddim yn hawdd i'w wneud.
■ **c'est (1)** mae'n ❑ C'est vraiment difficile. Mae'n anodd iawn. ❑ Âllo, c'est moi! Helô, fi sydd 'ma!/ydy o!
■ **c'est (2)**
yw/ydy ef/hi
❑ C'est un compositeur français. Cyfansoddwr Ffrangeg ydy e. ❑ C'est une chanteuse très célèbre. Cantores enwog ydy hi.
■ **ce sont** ydyn nhw, maen nhw ❑ Ce sont des amis à ma sœur. Ffrindiau fy chwaer ydyn nhw.
■ **Qui est-ce?** Pwy ydy e/sy 'na?
■ **Qu'est-ce que c'est?** Beth yw e?
■ **ce qui** sydd ❑ C'est ce qui compte. Dyna sy'n cyfrif.
■ **tout ce qui** popeth sydd ❑ tout ce qui bouge popeth sy'n symud
■ **ce que** yr hyn, beth ❑ Dis-moi ce que tu en penses. Dwed wrtha i beth wyt ti'n feddwl ohono.
■ **tout ce que** popeth, y cyfan ❑ Vous pouvez manger tout ce que vous voulez. Gallwch fwyta'r cyfan y mynnwch.

ceci RHAGENW
hwn, hon
❑ Prenez ceci, ça vous fera du bien. Cymrwch hwn, fe wnaiff les i chi.

céder BERF[34]
ildio
❑ J'ai fini par céder. Ildiais o'r diwedd.
■ **céder à** ildio i ❑ Elle a cédé à son fils. Ildiodd i'w mab.

[le] **cédérom** ENW
CD-ROM (g)

[la] **cédille** ENW
sedila (b)

[la] **ceinture** ENW
gwregys (g), belt (g)
❑ une ceinture en cuir belt lledr
■ **une ceinture de sauvetage** gwregys achub
■ **votre ceinture de sécurité** eich gwregys diogelwch

cela RHAGENW
hwnna, honno, hynna, hynny
❑ Cela dépend. Mae hynna'n dibynnu. ❑ Vous n'aimez pas cela? Dydy chi ddim yn hoffi hynna?
■ **C'est cela.** Dyna fe, rydych chi'n iawn.
■ **à part cela** ar wahân i hynny

célèbre (BEN **célèbre**) ANSODDAIR
enwog

célébrer BERF [34]
dathlu

[le] **céleri** ENW
- le **céleri-rave** seleriac
- le **céleri en branche** seleri

célibataire (BEN **célibataire**) ANSODDAIR, ENW
dibriod, sengl
- un **célibataire** dyn dibriod, hen lanc
- une **célibataire** merch ddibriod, hen ferch

celle RHAGENW ▷ *gweler* **celui**

celles RHAGENW ▷ *gweler* **ceux**

[la] **cellule** ENW
cell (b)

celui (BEN **celle**, LLUOSOG **ceux**, BEN LLUOSOG **celles**) RHAGENW
yr un, y rhai
❑ Prenez celui que vous préférez. Cymrwch yr un yr hoffech chi fwyaf. ❑ J'ai oublié mon parapluie , alors j'ai emprunté celui de mon frère. Anghofiais fy ymbarél, felly benthycais un fy mrawd. ❑ Je n'ai pas de voiture, alors j'ai emprunté celle de ma sœur. Does gen i ddim car, felly benthycais un fy chwaer.
- **celui-ci** hwn
- **celle-ci** hon
- **celui-là** hwnna
- **celle-là** honna

[la] **cendre** ENW
llwch (g)

[le] **cendrier** ENW
blwch (g) llwch

censé (BEN **censée**) ANSODDAIR
- **être censé faire quelque chose** bod i fod gwneud rhywbeth ❑ Tu es censé arriver à l'heure. Rwyt ti fod i gyrraedd ar amser.

cent RHIF
cant
❑ cent euros cant ewro ❑ deux cents ans dau gan mlynedd ❑ cent trois milles cant a thair o filltiroedd ❑ deux cent cinquante kilomètres dau gant a hanner cilometr ❑ trois cent mille kilomètres tri chan mil cilometr

[le] **cent** ENW
sent (b) *(arian)*

[la] **centaine** ENW
rhyw gant, tua chant
❑ Il y avait une centaine de personnes. Roedd yna tua chant o bobl.
- **des centaines de** cannoedd o ❑ Ils sont venus manifester par centaines. Fe ddaethon nhw yno yn eu cannoedd i brotestio.

[le] **centenaire** ENW
canmlwyddiant (g)

centième (BEN **centième**) ANSODDAIR

canfed

[le] **centilitre** ENW
centilitr (g)

[le] **centime** ENW
sent (b)
❑ un centime d'euro un sent o ewro ❑ sentim (b) *(un canfed o ffranc)* ❑ une pièce de cinquante centimes Darn 50 sentim

[le] **centimètre** ENW
centimetr (g)

central (BEN **centrale**, GWR LLUOSOG **centraux**) ANSODDAIR
canolog

[la] **centrale** ENW
gorsaf (b) drydan
❑ une centrale nucléaire gorsaf niwclear

[le] **centre** ENW
canol (g)
canolfan
- **un centre commercial** canolfan siopa
- **un centre d'appels** canolfan galwadau ffôn

[le] **centre-ville** (LLUOSOG [les] **centres-villes**) ENW
canol (g) y dref
- **au centre-ville** yng nghanol y dref

cependant ADFERF
er hynny

[le] **cercle** ENW
cylch (g)
❑ Entourez d'un cercle la bonne réponse. Rhowch gylch o gwmpas yr ateb cywir.
- **un cercle vicieux** cylch cythreulig

[le] **cercueil** ENW
arch (b), coffin (g)

[la] **céréale** ENW
grawnfwyd (g)
❑ un bol de céréales powlen o rawnfwyd
- **un pain aux cinq céréales** torth amlrawn

[la] **cérémonie** ENW
seremoni (b)

[le] **cerf** ENW
carw (g)

[le] **cerf-volant** (LLUOSOG [les] **cerfs-volants**) ENW
barcud (g) *(tegan i'w hedfan)*

[la] **cerise** ENW
ceiriosen (b)

[le] **cerisier** ENW
coeden (b) geirios

cerné (BEN **cernée**) ANSODDAIR
- **avoir les yeux cernés** bod â chysgodion tywyll o dan eich llygaid ❑ Il avait les yeux

cernés. Roedd cysgodion tywyll o dan ei lygaid.

cerner BERF [28]
- **J'ai du mal à le cerner.** Rwy'n methu ei ddeall e.

certain (BEN **certaine**) ANSODDAIR
sicr, siŵr
❑ Je suis certain que j'ai raison. Rydw i'n sicr mai fi sydd yn iawn. ❑ Ce n'est pas certain. Dydy hynna ddim yn sicr.
rhyw, rhai, peth
❑ Certaines personnes ne sont pas d'accord. Mae rhai pobl yn anghytuno.
- **un certain temps** tipyn o amser ❑ J'ai mis un certain temps à comprendre. Cymerais beth amser i ddeall.

certainement ADFERF
yn bendant, yn sicr
❑ C'est certainement sa meilleure chanson. Hon yn bendant yw ei gân orau.
wrth gwrs
❑ Est-ce que je peux te demander une faveur? – Mais certainement! Alla i ofyn ffafr i ti? Cei, wrth gwrs!

certains (BEN **certaines**) RHAGENW LLUOSOG
rhai
❑ certains d'entre nous rhai ohonon ni
❑ certaines de mes amies rhai o fy ffrindiau
rhai pobl
❑ Certains pensent que le film est nul. Mae rhai pobl yn meddwl bod y ffilm yn sothach.

certes ADFERF
wrth gwrs
❑ Ils se connaissent, certes, mais ils ne se voient pas souvent. Maen nhw'n adnabod ei gilydd, wrth gwrs, ond dydyn nhw ddim yn gweld ei gilydd yn aml.

[le] **certificat** ENW
tystysgrif (b)

[le] **cerveau** (LLUOSOG [les] **cerveaux**) ENW
ymennydd (g)

[la] **cervelle** ENW
ymennydd (b)
- **se creuser la cervelle** crafu'ch pen (i ddatrys problem)

[le] **CES** ENW (= Collège d'enseignement secondaire)
ysgol (b) uwchradd (i blant 11-15 oed)

ces ANSODDAIR LLUOSOG
hyn, yma
❑ J'adore ces photos Rwy'n dwlu ar y lluniau hyn.
- **ces photos-ci** y lluniau yma
hyn, hynny

❑ Ces routes sont dangereuses en hiver. Mae'r ffyrdd hyn yn beryglus yn y gaeaf.
- **ces gens-là** y bobl hynny

cesse
- **sans cesse** ADFERF yn ddiddiwedd, trwy'r amser ❑ Il me pose des questions sans cesse. Mae'n gofyn cwestiynau i mi drwy'r amser.

cesser BERF [28]
stopio, peidio â
❑ cesser de faire quelque chose rhoi'r gorau i wneud rhywbeth

[le] **cessez-le-feu** (LLUOSOG [les] **cessez-le-feu**)
ENW
cadoediad (g)

c'est-à-dire ADFERF
hynny yw, sef
❑ Il arrive mardi prochain, c'est-à-dire le huit. Mae'n cyrraedd ddydd Mawrth nesaf, sef yr wythfed.

cet ANSODDAIR ▷ gweler ce

cette ANSODDAIR ▷ gweler ce

ceux (BEN LLUOSOG **celles**) RHAGENW LLUOSOG
y rhai
❑ Prends ceux que tu veux. Cymer y rhai rwyt ti eu heisiau. ❑ Il n'a pas de skis mais il va emprunter ceux de son frère. Does dim sgis ganddo, ond mae'n mynd i fenthyca rhai ei frawd. ❑ J'ai oublié mes jumelles, alors je vais emprunter celles de mon frère. Rydw i wedi anghofio fy minocwlars, felly fe fenthyca i rai fy mrawd.
- **ceux-ci** y rhain
- **celles-ci** y rhain
- **ceux-là** y rhai yna/acw
- **celles-là** y rhai yna/acw

chacun (BEN **chacune**) RHAGENW
pob un, pawb
❑ Il nous a envoyé une carte postale à chacun. Anfonodd gerdyn post at bob un ohonon ni. ❑ Les filles ont chacune donné dix euros. Fe roddodd bob un o'r merched ddeg ewro yr un. ❑ Chacun à son tour. Pawb yn ei dro.

[le] **chagrin** ENW
- **avoir du chagrin**
tristwch (g), torcalon (g)
❑ Il a eu beaucoup de chagrin à la mort de sa mère. Roedd e wedi torri ei galon ar ôl marwolaeth ei fam.

[le] **chahut** ENW
bedlam (g)/(b), stŵr (g)
❑ Il y a toujours du chahut dans ses classes. Mae hi wastad yn bledlam llwyr yn ei ddosbarthiadau.

[la] **chaîne** ENW
cadwyn (b)
❑ une chaîne en or cadwyn aur
sianel (b) *(ar y teledu)*
❑ L'émission passe sur quelle chaîne? Ar ba
sianel mae'r rhaglen?
■ **une chaîne hi-fi** system hi-fi
■ **une chaîne laser** chwaraewr CD
■ **une chaîne stéréo** system stereo
■ **travailler à la chaîne** gweithio mewn rhes
gynhyrchu *(mewn ffatri)*

[la] **chair** ENW
cnawd (g)
■ **en chair et en os** yn y cnawd ❑ J'ai vu le
Prince de Galles en chair et en os. Gwelais
Dywysog Cymru yn y cnawd.
■ **avoir la chair de poule** bod yn groen gŵydd
i gyd

[la] **chaise** ENW
cadair (b)
■ **une chaise longue** cadair gynfas/blygu *(ar
lan y môr)*

[le] **châle** ENW
siôl (b)

[la] **chaleur** ENW
gwres (g)
cynhesrwydd (g)

chaleureux (BEN **chaleureuse**) ANSODDAIR
cynnes, gwresog
❑ un accueil chaleureux croeso cynnes

[se] **chamailler** BERF [28]
cweryla, ffraeo, cecru
❑ Les deux se chamaillent sans cesse. Mae'r
ddau yn ffraeo bob munud.

[la] **chambre** ENW
ystafell (b) wely
❑ C'est ma chambre. Dyma fy ystafell wely.
■ **une chambre à coucher** ystafell wely
■ **une chambre d'amis** ystafell wely sbâr
■ **une chambre à un lit** ystafell wely sengl
■ **une chambre pour une personne** ystafell
wely sengl
■ **une chambre pour deux personnes** ystafell
wely dwbl
■ **'Chambres d'hôte'** 'Gwely a Brecwast'

[le] **chameau** (LLUOSOG [les] **chameaux**) ENW
camel (g)

[le] **champ** ENW
cae (g), maes (g)

[le] **champagne** ENW
siampên (g)

[le] **champignon** ENW
madarchen (b)

❑ une omelette aux champignons omled
madarch
■ **un champignon de Paris** madarchen fotwm

[le] **champion** ENW
pencampwr (g)

[le] **championnat** ENW
pencampwriaeth (b)
❑ le championnat du monde pencampwriaeth
y byd

[la] **championne** ENW
pencampwraig (b)

[la] **chance** ENW
lwc (b)
■ **Bonne chance!** Pob lwc!
■ **par chance** trwy lwc
■ **avoir de la chance** bod yn lwcus ❑ Il a de la
chance de partir en vacances au Caraïbes! Mae
e'n lwcus i fynd ar ei wyliau i'r Caribî!
gobaith (g)
❑ Je n'ai aucune chance de réussir. Does gen
i ddim gobaith o lwyddo. ❑ Elle a toutes les
chances de réussir. Mae ganddi bob gobaith
o lwyddo.

[le] **change** ENW
cyfnewid (g) arian
❑ le taux de change cyfradd gyfnewid

[le] **changement** ENW
newid (g)
❑ Il y a eu beaucoup de changement. Mae
llawer o newid wedi digwydd.

changer BERF [45]
newid
❑ Tu n'a pas beaucoup changé du tout. Dwyt ti
ddim wedi newid o gwbl. ❑ Maman a changé
les draps ce matin. Mae Mam wedi newid y
dillad gwely y bore 'ma. ❑ Où est-ce je peux
changer de l'argent? Ble alla i newid arian?
■ **se changer** newid ❑ Tu vas te changer avant
de sortir? Wyt ti'n mynd i newid cyn mynd
allan?
■ **changer de** newid ❑ J'ai changé de voiture.
Rydw i wedi newid fy nghar.
■ **changer d'avis** newid eich meddwl ❑ Dis-
moi si tu changes d'avis. Dwed wrtha i os wyt
ti'n newid dy feddwl.
■ **changer de chaîne** newid sianel *(ar y teledu)*

[la] **chanson** ENW
cân (b)

[le] **chant**
cân (b), y canu
❑ des cours de chant gwersi canu
■ **un chant de Noël** carol Nadolig

[le] **chantage** ENW
blacmel (g)

c

❏ faire du chantage à quelqu'un blacmelio rhywun

chanter BERF [28]
canu

[le] **chanteur** ENW
canwr (g)

[la] **chanteuse** ENW
cantores (b)

[le] **chantier** ENW
safle (g) adeiladu

[la] **Chantilly** ENW
hufen (g) chwip

chantonner BERF [28]
mwmian, canu

[le] **chapeau** (LLUOSOG [les] **chapeaux**) ENW
het (b)

[la] **chapelle** ENW
capel (g)

[le] **chapitre** ENW
pennod (b)

chaque (BEN **chaque**)ANSODDAIR
pob
❏ chaque année pob blwyddyn
yr un
❏ Ces stylos coûtent deux euros chaque. Mae'r pennau ysgrifennu hyn yn costio 2 ewro yr un.

[le] **char** ENW
tanc (g) (milwrol)

[le] **charabia** ENW (anffurfiol)
rwtsh-ratsh (g)/(b), iaith (b) annealladwy
❏ Je n'y comprends rien: c'est du charabia. Dydw i ddim yn deall gair; rwtsh-ratsh ydy o i gyd.

[la] **charade** ENW
pos (g)
mud-chwarae (g)
❏ jouer aux charades mud-chwarae

[le] **charbon** ENW
glo (g)
■ **le charbon de bois** siarcol

[la] **charcuterie** ENW
siop (b) cigoedd oer
cig (g) oer, cigoedd (ll) oer

[le] **charcutier** ENW
cigydd (g) (siop cigoedd oer)

[la] **charcutière** ENW
cigyddes (b) (siop cigoedd oer)

[le] **chardon** ENW
ysgallen (b)

charger BERF [45]
llwytho
■ **charger quelqu'un de faire quelque chose** rhoi'r cyfrifoldeb i rywun i wneud rhywbeth,

siarsio rhywun i wneud rhywbeth ❏ On m'a chargé de vous dire qu'on vous attend pour six heures. Maen nhw wedi fy siarsio i ddweud eu bod yn eich disgwyl erbyn chwech o'r gloch.

[le] **chariot** ENW
troli (g) (archfarchnad)

charmant (BEN **charmante**) ANSODDAIR
hyfryd, swynol

[le] **charme** ENW
swyn (g)

charmer BERF [28]
swyno

[la] **charrue** ENW
aradr (g)/(b)

[la] **chasse** ENW
helfa (b), hela
❏ un chien de chasse ci hela
hela, saethu
❏ la chasse au faisan saethu ffesantod
■ **tirer la chasse d'eau** tynnu'r dŵr (mewn tŷ bach)

[le] **chasse-neige** (LLUOSOG [les] **chasse-neige**) ENW
aradr (g)/(b) eira, swch (b) eira

chasser BERF [28]
hela
❏ Mon oncle chasse le canard. Mae fy ewythr yn hela hwyaid.
hel ymaith
❏ La police a chassé les cambrioleurs. Mae'r heddlu wedi hel ymaith y lladron.
cael gwared â/o
❏ Ouvrez la fenêtre pour chasser les mauvaises odeurs! Agorwch y ffenest i gael gwared o'r arogl drwg!

[le] **chasseur** ENW
heliwr (g)

[le] **chat** ENW
cath (b)
■ **appeler un chat un chat** siarad yn blwmp ac yn blaen
sgwrs (b) (ar y rhyngrwyd - i'w yngganu fel 'chat' yn Saesneg)

[la] **châtaigne** ENW
cneuen (b) gastan

[le] **châtaignier** ENW
castanwydden (b)

châtain (BEN+LLUOSOG **châtain**) ANSODDAIR
lliw castan, brown
❏ Elle a les cheveux châtain. Mae ganddi wallt brown.

[le] **château** (LLUOSOG [les] **châteaux**) ENW
castell (g)

■ **un château fort** castell caerog palas (g)
❑ le château de Versailles palas Versailles

[le] **chaton** ENW
cath (b) fach

chatouiller BERF [28]
goglais, cosi

chatouilleux (BEN **chatouilleuse**) ANSODDAIR
gogleisiog

[la] **chatte** ENW
cath (b) *(benyw)*

chatter BERF [28]
sgwrsio *(ar y rhyngrwyd) (i'w ynganu fel 'chat' yn Saesneg)*

chaud (BEN **chaude**) ANSODDAIR
cynnes
❑ des vêtements chauds dillad cynnes
■ **avoir chaud** bod yn gynnes ❑ J'ai assez chaud. Rydw i'n eitha cynnes.
poeth
❑ Il fait chaud aujourd'hui. Mae hi'n boeth heddiw. ❑ un plat chaud pryd poeth
❑ Attention, c'est chaud! Gwyliwch, mae'n boeth! ❑ J'ai trop chaud! Dwi'n rhy boeth!

[le] **chauffage** ENW
gwres (g), gwresogi
❑ Le chauffage ne marche pas. Dydy'r gwres ddim yn gweithio.
■ **le chauffage central** gwres canolog

[le] **chauffe-eau** (LLUOSOG [les] **chauffe-eau**) ENW
gwresogydd (g) dŵr

chauffer BERF [28]
cynhesu, twymo
❑ Mets de l'eau à chauffer pour faire du thé. Berwa'r dŵr i wneud paned o de.

[le] **chauffeur** ENW
gyrrwr (g)
❑ un chauffeur de taxi gyrrwr tacsi

[le] **chaume** ENW
■ **un toit de chaume**
to (g) gwellt

[la] **chaussée** ENW
wyneb (g) ffordd
❑ 'Attention! Chaussée déformée' 'Gwyliwch. Wyneb ffordd anwastad'

chausser BERF [28]
■ **Tu chausses du combien?** Beth ydy maint dy esgidiau di?

[la] **chaussette** ENW
hosan (b)

[le] **chausson** ENW
sliper (b)
■ **un chausson aux pommes** teisen afalau

[la] **chaussure** ENW
esgid (b)
■ **les chaussures de ski** esgidiau sgïo

chauve (BEN **chauve**) ANSODDAIR
moel

[la] **chauve-souris** (LLUOSOG [les] **chauves-souris**) ENW
ystlum (g)

[le] **chef** ENW
pennaeth (g)
❑ le chef de famille pen teulu
■ **le chef de l'État** pennaeth y Wladwriaeth pennaeth
❑ Il faut demander la permission à ton chef. Rhaid i ti ofyn am ganiatâd dy bennaeth.
■ **un chef d'entreprise** rheolwr cwmni cogydd (g)
❑ la spécialité du chef saig arbennig y cogydd
■ **un chef d'orchestre** arweinydd cerddorfa

[le] **chef-d'œuvre** (LLUOSOG [les] **chefs-d'œuvre**) ENW
campwaith (g)

[le] **chemin** ENW
llwybr (g)
❑ un chemin de montagne llwybr y mynydd ffordd (b)
❑ Quel est le chemin le plus court pour aller au centre-ville? Pa un yw'r ffordd fyrraf i ganol y dref?
■ **en chemin** ar y ffordd/daith ❑ On va s'arrêter en chemin. Fe arhoswn ni ar y ffordd.
■ **le chemin de fer** rheilffordd

[la] **cheminée** ENW
simdde (b)
lle (g) tân, pentan (g)

[la] **chemise** ENW
crys (g)
❑ une chemise à carreaux crys patrwm sgwarog
■ **une chemise de nuit** coban, gŵn nos ffolder (g)
❑ une chemise en plastique ffolder plastig

[le] **chemisier** ENW
blows (g)/(b)

[le] **chêne** ENW
derwen (b)
❑ une armoire en chêne cwpwrdd dillad derw

[le] **chenil** ENW
cwt (g) ci, cenel (g)

[la] **chenille** ENW
lindys (g), siani (b) flewog

[le] **chèque** ENW
siec (b)

■ **les chèques de voyage** sieciau teithio

[le] chéquier ENW
llyfr (g) siec

cher (BEN **chère**) ANSODDAIR, ADFERF
annwyl
❑ Chère Marie … Annwyl Mari
drud
❑ C'est trop cher. Mae'n rhy ddrud. ❑ coûter cher costio'n ddrud

chercher BERF [28]
chwilio am
❑ Je cherche mes lunettes. Dwi'n chwilio am fy sbectol. ❑ chercher un mot dans le dictionnaire chwilio am air yn y geiriadur ■ **aller chercher (1)** mynd i nôl ❑ Elle est allée chercher du lait. Aeth i nôl llaeth. ■ **passer chercher (2)** galw i nôl rhywun ❑ Je passerai te chercher à sept heures. Alwa i dy nôl di am saith o'r gloch.

[le] chercheur ENW
gwyddonydd (g), ymchwilydd (g)

[la] chercheuse ENW
gwyddonydd (g), ymchwilydd (g)

chère BEN ANSODDAIR ▷ gweler cher

chéri (BEN **chérie**) ANSODDAIR
▷ gweler hefyd **chéri** ENW, **chérie** ENW
cariad (g)
❑ ma petite fille chérie fy nghariad annwyl (merch)

[le] chéri ENW
▷ gweler hefyd **chéri** ANSODDAIR
cariad (b)
■ **mon chéri** fy nghariad i (bachgen)

[la] chérie ENW
▷ gweler hefyd **chérie** ANSODDAIR
cariad (g)/(b)
■ **ma chérie** fy nghariad i (merch)

[le] cheval (LLUOSOG [les] **chevaux**)ENW
ceffyl (g)
■ **un cheval de course** ceffyl rasio
■ **à cheval** ar gefn ceffyl
■ **faire du cheval** marchogaeth

[le] chevalier ENW
marchog (g)

[la] chevalière ENW
sêl-fodrwy (b), modrwy (b) sêl

chevalin (BEN **chevaline**) ANSODDAIR
■ **une boucherie chevaline** siop cig ceffyl

[les] chevaux ENW GWR LLUOSOG ▷ gweler cheval

[le] chevet ENW
■ **une table de chevet** bwrdd ymyl gwely
■ **une lampe de chevet** lamp ymyl gwely

[les] cheveux ENW GWR LLUOSOG
gwallt (g)
❑ Il a les cheveux châtain. Mae ganddo wallt brown.

[la] cheville ENW
ffêr (b), migwrn (g)
❑ Je me suis foulé la cheville. Rydw i wedi troi fy ffêr.

[la] chèvre ENW
gafr (b)
■ **le fromage de chèvre** caws gafr

[le] chevreau (LLUOSOG [les] **chevreaux**) ENW
myn (g) gafr (anifail, lledr)

[le] chèvrefeuille ENW
gwyddfid (g), llaeth (g) y gaseg (planhigyn)

[le] chevreuil ENW
iwrch (g) (carw)
cig (g) carw
❑ un rôti de chevreuil cig carw wed'i rostio

[le] chewing-gum ENW
gwm (g) cnoi

chez ARDDODIAD
■ **chez Bernard (1)** yn nhŷ Bernard
■ **chez Bernard (2)** i dŷ Bernard
■ **chez moi (1)** gartref ❑ Mon copain est resté chez moi. Arhosodd fy ffrind yn fy nghartref.
■ **chez moi (2)** gartref, adref ❑ Viens chez moi. Dere adref i'm tŷ fi.
■ **Je rentre chez moi.** Dwi'n mynd adref.
■ **chez le médecin (1)** at y meddyg, gyda'r meddyg ❑ J'ai rendez-vous chez le médecin demain matin. Rydw i'n gweld y meddyg bore fory.
■ **chez le dentiste (2)** at y deintydd ❑ Je vais chez le dentiste. Rydw i'n mynd at y deintydd.

chic (BEN+LLUOSOG **chic**)ANSODDAIR
ffasiynol, smart
❑ une tenue chic dillad smart
caredig, clên, dymunol
❑ C'etait chic de votre part de m'avoir invité. Roeddech chi'n garedig iawn i'm gwahodd.

[la] chicorée ENW
endif (g)/(b), sicori (g)

[le] chien ENW
ci (g)
■ **'Attention, chien méchant'** 'Gwyliwch. Ci peryglus'

[la] chienne ENW
gast (b)

[le] chiffon ENW
clwt (g), cadach (b)

chiffonner BERF [28]
crychu, rhychu

❏ Ma chemise est toute chiffonnée. **Mae fy nghrys yn llawn crychau.**

[le] **chiffre** ENW
rhif (g), ffigwr (g)
❏ en chiffres ronds i'r rhif agosaf
■ **les chiffres romains** rhifau Rhufeinig

[le] **chignon** ENW
torch (b), pelen (b) *(o wallt)*
❏ Elle s'est fait un chignon. **Mae hi wedi clymu ei gwallt yn belen ar ei phen.**

[le] **Chili** ENW
Chile (b)
■ **au Chile (1)** yn Chile
■ **au Chile (2)** i Chile

[la] **chimie** ENW
cemeg (b)
❏ un cours de chimie gwers cemeg

chimique (BEN chimique) ANSODDAIR
cemegol
❏ une réaction chimique adwaith cemegol
■ **les produits chimiques** cemegion

[la] **Chine** ENW
Tsieina (b)
■ **en Chine (1)** yn Tseina
■ **en Chine (2)** i Tseina

chinois (BEN chinoise) ANSODDAIR, ENW
Tsieineaidd
Tsieinëeg *(yr iaith)*
❏ J'apprends le chinois. **Rydw i'n dysgu Tsieinëeg.**
■ **un Chinois** Tsieinead *(dyn)*
■ **une Chinoise** Tsieinead *(dynes)*
■ **les Chinois** y Tsieineaid

[le] **chiot** ENW
ci (g) bach

[les] **chips** ENW BEN LLUOSOG
creision (ll)
❏ un paquet de chips paced o greision

chirurgical (BEN chirurgicale, GWR LLUOSOG chirurgicaux) ANSODDAIR
■ **une intervention chirurgicale** triniaeth lawfeddygol

[la] **chirurgie** ENW
llawdriniaeth (b), llawfeddygaeth (b)
■ **la chirurgie esthétique** llawdriniaeth gosmetig

[le] **chirurgien** ENW
llawfeddyg (g)

[le] **choc** ENW
braw (g), sioc (b), ergyd (b)
❏ Ça m'a fait un sacré choc qu'il était mort. **Cefais sioc o glywed ei fod e wedi marw.**
■ **Il est encore sous le choc.** Mae e'n dal

mewn sioc.

[le] **chocolat** ENW
siocled (g)
■ **un chocolat chaud** siocled poeth
■ **le chocolat à croquer** siocled tywyll

[le] **chœur** ENW
côr (g), corws (g) *(opera)*

choisir BERF [38]
dewis

[le] **choix** ENW
dewis (g)
■ **avoir le choix** cael y dewis
dewis (g) , amrywiaeth (b)
❏ Il n'y a pas beaucoup de choix dans ce magasin. **Does dim llawer o ddewis yn y siop 'ma.**

[le] **chômage** ENW
diweithdra (g)
■ **être au chômage** bod yn ddi-waith

[le] **chômeur** ENW
dyn (g) di-waith
❏ Il est chômeur. **Mae e'n ddi-waith.**

[la] **chômeuse** ENW
merch (b) ddi-waith
❏ Elle est chômeuse. **Mae hi'n ddi-waith.**

choquer BERF [28]
codi cywilydd ar, synnu
❏ Ce qu'il a dit m'a choqué. **Cefais fy synnu gan beth ddywedodd e.**

[la] **chorale** ENW
côr (g)

[la] **chose** ENW
peth (g)
❏ J'ai tellement de choses à te raconter. **Mae gen i gymaint o bethau i'w dweud wrthot ti.**
■ **C'est peu de chose.** Nid yw'n llawer o bwys.

[le] **chou** (LLUOSOG [les] **choux**) ENW
bresychen (b)
■ **les choux de Bruxelles** ysgewyll, sbrowts
■ **un chou à la crème** bynsen hufen

[le] **chouchou** ENW
ffefryn (g) yr athro/athrawes

[la] **chouchoute** ENW
ffefryn (g) yr athro/athrawes

[la] **choucroute** ENW
sauerkraut (g), bresych (ll) picl

[la] **chouette** ENW
▷ gweler hefyd **chouette** ANSODDAIR
tylluan (b), gwdihŵ (b)

chouette (BEN chouette) ANSODDAIR
▷ gweler hefyd **chouette** ENW
gwych
❏ Chouette alors! **Campus!**

[le] **chou-fleur** (LLUOSOG [les] **choux-fleurs**)
ENW
blodfresychen (b)
chrétien (BEN chrétienne) ANSODDAIR
Cristnogol
❏ Je suis chrétien. Cristion ydw i.
[le] **Christ** ENW
Crist (g)
chronologique (BEN chronologique)
ANSODDAIR
cronolegol
[le] **chronomètre** ENW
watsh (b) amseru
chronométrer BERF [34]
amseru
[le] **chrysanthème** ENW
blodyn (g) Mihangel
chuchoter BERF [28]
sibrwd, sisial
chut EBYCHIAD
hisht!, ust!
[la] **chute** ENW
cwymp (g)
■ **faire une chute** cwympo, disgyn
■ **une chute d'eau** rhaeadr
■ **la chute des cheveux** colli gwallt, moelni
■ **les chutes de neige** cawodydd eira
Chypre ENW
Cyprus (b)
■ **à Chypre (1)** yn Cyprys
■ **à Chypre (2)** i Gyprys
-ci ADFERF
■ **ce garçon-ci** y bachgen hwn/yma
■ **ces filles-ci** y merched hyn/yma
[la] **cible** ENW
targed (g), nod (g)/(b)
[la] **ciboulette** ENW
cenhinen (b) syfi
[la] **cicatrice** ENW
craith (b)
[se] **cicatriser** BERF [28]
creithio, gwella, iacháu
❏ Ma plaie s'est vite cicatrisée. Mae fy mriw
wedi gwella'n gyflym.
ci-contre ADFERF
gyferbyn
❏ la page ci-contre y dudalen gyferbyn
ci-dessous ADFERF
isod
❏ la photo ci-dessous y llun isod
ci-dessus ADFERF
uchod
[le] **cidre** ENW
seidr (g)

[le] **ciel** ENW
awyr (b)
❏ un ciel pluvieux awyr lawog
nef (b), nefoedd (b)
❏ être au ciel bod yn y nefoedd
[le] **cierge** ENW
cannwyll (b) *(mewn eglwys)*
[la] **cigale** ENW
sicada (g), sioncyn (g) Ffrengig
[le] **cigare** ENW
sigâr (b)
❏ Mon père fume les cigares. Mae fy nhad yn
ysmygu sigârs.
[la] **cigarette** ENW
sigarét (b)
[la] **cigogne** ENW
storc (g), ciconia (g)
ci-joint ADFERF
amgaeëdig
❏ Veuillez trouver ci-joint mon curriculum vitae.
Gweler fy c.v. yn amgaeëdig.
[le] **cil** ENW
blewyn (g) amrant
[le] **ciment** ENW
sment (g)
[le] **cimetière** ENW
mynwent (b)
[le/la] **cinéaste** ENW
gwneuthurwr (g) ffilmiau, gwneuthurwraig (b)
ffilmiau
[le] **cinéma** ENW
sinema (b)
cinq RHIF
pump
❏ Il est cinq heures du soir. Mae hi'n bump o'r
gloch y prynhawn. ❏ J'avais cinq ans dans la
photo. Roeddwn i'n bump oed yn y llun.
■ **le cinq mars** y pumed o Fawrth
[la] **cinquantaine** ENW
tua hanner cant
❏ Il y aura une cinquantaine de personnes à
la réunion. Bydd tua hanner cant o bobl yn yr
aduniad.
■ **Il doit avoir la cinquantaine.** Mae'n rhaid ei
fod e tua hanner can mlwydd oed.
cinquante RHIF
pum deg, hanner cant
❏ J'ai cinquante ans. Dwi'n bum deg oed.
■ **cinquante et un** pum deg un
■ **cinquante-deux** pum deg dau/dwy
cinquième (BEN cinquième) ANSODDAIR
▷ *gweler hefyd* **cinquième** ENW
pumed

c

❏ au cinquième étage ar y pumed llawr

[la] **cinquième** ENW
> gweler hefyd **cinquième** ANSODDAIR
pumed (g)/(b)
❏ Ma sœur est en cinquième. Mae fy chwaer ym mlwyddyn wyth.

[le] **cintre** ENW
cambren (g) cotiau, pren (g) hongian cotiau

[le] **cirage** ENW
cŵyr (g) esgidiau

circonflexe (BEN **circonflexe**) ANSODDAIR
■ un accent circonflexe
to (b) bach, acen (b) grom

[la] **circonstance** ENW
amgylchiad (g), achlysur (g)
❏ dans les circonstances actuelles dan yr amgylchiadau presennol

[la] **circulation** ENW
traffig (g), trafnidiaeth (b)
❏ Il y a beaucoup de circulation. Mae llawer o draffig.
cylchrediad (g) gwaed
❏ Il a des problèmes de circulation. Mae ganddo broblemau cylchrediad gwaed.

circuler BERF [28]
mynd, rhedeg
❏ Il n'y a qu'un train sur trois qui circule à cause de la grève. Dim ond un trên o bob tri sy'n rhedeg oherwydd y streic.

[la] **cire** ENW
cwyr (g), gwêr (g)

[le] **ciré** ENW
côt (b) oel

cirer BERF [28]
cwyro, polisio (esgidiau, llawr)

[le] **cirque** ENW
syrcas (b)

[les] **ciseaux** ENW GWR LLUOSOG
■ une paire de ciseaux siswrn

[le] **citadin** ENW
dinaswr (g)

[la] **citation** ENW
dyfyniad (g)

[la] **cité** ENW
stad (b) o dai
❏ J'habite dans une cité. Dwi'n byw mewn stad o dai.
■ une cité universitaire neuadd breswyl (i fyfyrwyr)
■ une cité-dortoir tref noswylio, maestref noswylio

citer BERF [28]
dyfynnu

[le] **citoyen** ENW
dinesydd (g)

[la] **citoyenne** ENW
dinesydd

[la] **citoyenneté** ENW
dinasyddiaeth (b)

[le] **citron** ENW
lemon (g)
■ un citron vert leim
■ un citron pressé sudd lemon ffres (gyda dŵr a siwgr)

[la] **citronnade** ENW
lemonêd (g) diod (g) lemon

[la] **citrouille** ENW
pwmpen (b)

[le] **civet** ENW
stiw (g), lobsgows (g)
❏ du civet de lapin stiw cwningen

civil (BEN **civile**) ANSODDAIR
dinesig, dinasyddol, sifil
■ en civil yn gwisgo dillad bob dydd

[la] **civilisation** ENW
gwareiddiad (g)

civique (BEN **civique**) ANSODDAIR
■ l'instruction civique astudiaethau dinasyddiaeth

clair (BEN **claire**) ANSODDAIR, ADFERF
golau
❏ bleu clair glas golau ❏ C'est une chambre très claire. Mae hi'n ystafell wely olau iawn.
clir (dŵr)
■ voir clair gweld yn glir
■ le clair de lune golau'r lleuad

clairement ADFERF
yn glir, yn eglur

[la] **clairière** ENW
llannerch (b), llecyn (g) agored

clandestin (BEN **clandestine**) ANSODDAIR
■ un passager clandestin teithiwr cudd

[la] **claque** ENW
clusten (b), bonclust (b), clatsien (b)
❏ Il m'a donné une claque. Rhoddodd fonclust i fi.

claquer BERF [28]
clepian
❏ J'entends des volets qui claquent. Dwi'n clywed caeadau'r ffenestri yn clepian.
cau yn glep
❏ Elle est partie en claquant la porte. Caeodd y drws yn glep wrth iddi adael.

[les] **claquettes** ENW BEN LLUOSOG
■ faire des claquettes tapddawnsio

[la] **clarinette** ENW

clarinét (g)
■ **jouer de la clarinette** canu'r clarinet
[la] **classe** ENW
dosbarth (g)
❏ J'étais le meilleur élève de la classe. Fi oedd
y disgybl gorau yn y dosbarth. ❏ voyager en
première classe teithio dosbarth cyntaf
ystafell (b) ddosbarth
classer BERF [28]
trefnu, gosod, dosbarthu
❏ Ces livres sont classés par ordre alphabétique.
Mae'r llyfrau hyn wedi cael eu gosod yn nhrefn
yr wyddor.
[le] **classeur** ENW
ffolder (g) fodrwyog, ffeil (b) fodrwyog
classique (BEN **classique**) ANSODDAIR
clasurol
❏ de la musique classique cerddoriaeth
glasurol
clasurol
❏ un style classique arddull glasurol
[le] **clavier** ENW
allweddell (b) (piano, cyfrifiadur)
[la] **clé** ENW
allwedd (b), agoriad (g)
❏ une clé de voiture allwedd car
cleff (g), cywair (g) (cerddoriaeth)
❏ la clé de sol cleff y trebl ❏ la clé de fa cleff
y bas
[la] **clef** ENW
= clé
[le] **client** ENW
cwsmer (g), cleient (g)
[la] **cliente** ENW
cwsmer (g), cleient (g)
[la] **clientèle** ENW
cwsmeriaid (ll), cleientiaid (ll)
cligner BERF [28]
■ **cligner des yeux** clipio llygad, amrantu
llygad
[le] **clignotant** ENW
cyfeirydd (g) (car)
❏ Elle a mis son clignotant à droite. Rhoddodd
arwydd ei bod yn troi i'r dde.
[le] **climat** ENW
hinsawdd (b)
[la] **climatisation** ENW
tymherydd (g) aer, system (b) dymheru
climatisé (BEN **climatisée**) ANSODDAIR
â system dymheru
❏ L'hôtel est climatisé. Ma system dymheru yn
y gwesty.
[le] **clin d'œil** (LLUOSOG [les] **clins d'œil**)

ENW
amrantiad (g)
■ **en un clin d'oeil** ar amrantiad, mewn
chwinciad
[la] **clinique** ENW
clinig (g), cartref (g) nyrsio (preifat)
cliquer BERF [28]
clicio
❏ Cliquez sur une icône! Cliciwch ar eicon!
[le] **clochard** ENW
crwydryn (g), tramp (g)
[la] **cloche** ENW
cloch (b)
[le] **clocher** ENW
twr (g) eglwys
clochdy (g)
[le] **clone** ENW
clôn (g)
cloner BERF [28]
clonio
[le] **clou** ENW
hoelen (b)
■ **un clou de girofle** clof (botaneg, coginio)
[le] **clown** ENW
clown (g)
[le] **club** ENW
clwb (g)
[le] **cobaye** ENW
mochyn (g) cwta
[le] **coca** ENW
Coca-Cola ®
[la] **cocaïne** ENW
cocên (g)
[la] **coccinelle** ENW
buwch (b) goch gota
cocher BERF [28]
ticio
❏ Cochez la bonne réponse. Ticiwch yr ateb
cywir.
[le] **cochon** ENW
▷ gweler hefyd **cochon** ANSODDAIR
mochyn (g)
■ **un cochon d'Inde** mochyn cwta
cochon (BEN **cochonne**) ANSODDAIR
▷ gweler hefyd **cochon** ENW
rhywun mochynnaidd/budr
❏ une histoire cochonne stori fudr/frwnt
[le] **cocktail** ENW
coctel (g)
parti (g) coctel
[le] **coco** ENW
■ **une noix de coco** cneuen goco

cocorico EBYCHIAD
coc-a-dwdl-dw!
teirbloedd i Ffrainc!
Dewch mlaen Ffrainc! *(mewn gêm)*

[la] **cocotte** ENW
caserol (g)
■ une cocotte-minute ® sosban frys

[le] **code** ENW
cod (g)
■ le code de la route Rheolau'r Ffordd Fawr
■ le code postal cod post

[le] **cœur** ENW
calon (b)
■ avoir bon cœur bod yn garedig, bod yn
dwymgalon
■ le roi de cœur brenin y calonnau
(cardiau chwarae)
■ avoir mal au cœur teimlo'n sâl
■ par cœur ar eich cof ❑ apprendre quelque
chose par cœur dysgu rhywbeth ar eich cof

[le] **coffre** ENW
cist (b) *(car)*
coffr (g), cist (g) *(dodrefnyn)*

[le] **coffre-fort** (LLUOSOG [les] **coffres-forts**)
ENW
coffr (g) arian

[le] **coffret** ENW
■ un coffret à bijoux blwch gemau/tlysau

[le] **cognac** ENW
coniac (g), brandi (g)

[se] **cogner** BERF [28]
■ se cogner à quelque chose taro yn erbyn
rhywbeth ❑ Elle s'est cognée à la table. Fe
darodd hi ei hun yn erbyn y bwrdd. ❑ Il s'est
cogné la tête contre la porte du placard.
Cnociodd ei ben yn erbyn drws y cwpwrdd.

coiffé (BEN **coiffée**) ANSODDAIR
■ Elle est toujours bien coiffée. Mae ei gwallt
hi wastad yn daclus.

coiffer BERF [28]
■ se coiffer cribo'ch gwallt, brwsio'ch gwallt

[le] **coiffeur** ENW
triniwr (g) gwallt, barbwr (g)

[la] **coiffeuse** ENW
merch (b) trin gwallt

[la] **coiffure** ENW
steil (g) gwallt
❑ Cette coiffure lui va bien. Mae'r steil gwallt
yna'n ei siwtio hi i'r dim.
■ un salon de coiffure siop trin gwallt

[le] **coin** ENW
cornel (g)/(b)
❑ au coin de la rue ar gornel y stryd

■ **Vous habitez dans le coin?** Ydych chi'n byw
yn y cyffiniau hyn?
■ **Je ne suis pas du coin.** Dydw i ddim o'r ardal
hon.
■ **le bistrot du coin** y dafarn leol

coincé (BEN **coincée**) ANSODDAIR
sownd
❑ La clé est coincée dans la serrure. Mae'r
allwedd yn sownd yn y clo.
sychlyd, dihiwmor
❑ Elle est un peu coincée. *(anffurfiol)* Mae hi
braidd yn ddihiwmor.

coincer BERF [12]
cloi, dal
❑ La porte est coincée. Mae'r drws wedi jamio.

[la] **coïncidence** ENW
cyd-ddigwyddiad (g)

[le] **col** ENW
coler (b) *(gwddf)*
bwlch (g) *(mynydd)*

[la] **colère** ENW
dicter (g)
■ Je suis en colère. Rwy'n ddig.
■ se mettre en colère colli'ch tymer, gwylltio

[le] **colin** ENW
cegddu (g)/(b) *(math o bysgodyn)*

[la] **colique** ENW
dolur (g) rhydd

[le] **colis** ENW
pecyn (g), parsel (g)

collaborer BERF [28]
cydweithredu â

[le] **collant** ENW
▷ *gweler hefyd* **collant** ANSODDAIR
teits (ll), sanau (ll)
❑ un collant en laine teits gwlân

collant (BEN **collante**) ANSODDAIR
▷ *gweler hefyd* **collant** ENW
gludiog
tuedd i lynu wrth rywun
❑ Je le trouve un peu collant avec ses amis.
(anffurfiol) Mae e'n dueddol i lynu wrth ei
ffrindiau braidd.

[la] **colle** ENW
glud (g)
❑ un tube de colle tiwb o lud
cael eich cadw i mewn ar ôl ysgol
❑ J'ai une heure de colle mardi prochain.
(anffurfiol) Rwy'n gorfod aros i mewn ddydd
Mawrth am awr ar ôl ysgol.
■ Je n'en sais rien: tu me poses une colle.
(anffurfiol) Dydw i ddim yn gwybod. Rwyt ti
wedi cael y gorau arna i fanna.

C

[la] **collecte** ENW
  casgliad (g) *(ariannol)*
  ❑ On a fait une collecte au profit des victimes.
  Cafwyd casgliad ar gyfer dioddefwyr.

[la] **collection** ENW
  casgliad (g)
  ❑ une collection de timbres casgliad o
  stampiau

collectionner BERF [28]
  casglu

[le] **collège** ENW
  ysgol (b) uwchradd *(rhwng 11-15 oed)*

[le] **collégien** ENW
  bachgen (g) ysgol

[la] **collégienne** ENW
  merch (b) ysgol

[le/la] **collègue** ENW
  cydweithiwr (g), cydweithwraig (b)

coller BERF [28]
  glynu
  ❑ Il y a un chewing-gum collé sous la chaise.
  Mae gwm cnoi wedi glynu o dan y gadair.
  ❑ Cette enveloppe ne colle plus. Nid yw'r
  amlen yma'n glynu bellach.
  rhoi wrth/yn erbyn
  ❑ J'ai collé mon oreille au mur. Fe roddias fy
  nglust wrth y wal.

[le] **collier** ENW
  cadwyn (b), mwclis (ll)
  ❑ un collier de perles mwclis o berlau
  coler (b) *(ci neu gath)*

[la] **colline** ENW
  bryn (g)

[la] **collision** ENW
  gwrthdrawiad (g)

[la] **colombe** ENW
  colomen (b)

[la] **colonie** ENW
  ■ aller en colonie de vacances mynd i wersyll
  haf

[la] **colonne** ENW
  colofn (b)
  ■ la colonne vertébrale asgwrn cefn

[le] **colorant** ENW
  lliwydd (g)

[le] **coloris** ENW
  lliw (g)

[le] **coma** ENW
  coma (g)
  ❑ être dans le coma bod mewn coma

[le] **combat** ENW
  brwydr (b), y brwydro
  ❑ Les combats ont repris ce matin. Fe

ailgychwynnodd y brwydro bore 'ma.
  ■ un combat de boxe gornest focsio

[le] **combattant** ENW
  ■ un ancien combattant cyn-filwr

combattre BERF [9]
  ymladd

combien ADFERF
  faint, sawl
  ❑ Vous en voulez combien? Cinq cents
  grammes? Faint ydych chi eisiau? Pum can
  gram?
  ■ C'est combien? Faint ydy e? ❑ Combien est-
  ce que ça coûte? Faint mae hwn yn gostio?
  ❑ Combien ça fait? Faint mae'n gostio?
  sawl un, faint?
  ❑ Vous en voulez combien? Deux? Sawl un
  ydych chi eisiau? Dau?
  ■ combien de (1) faint o (1) ❑ Combien de
  frites est-ce que je vous sers? faint o sglodion
  ydych chi eisiau i fi eu rhoi i chi?
  ■ combien de (2) faint o, sawl (2) ❑ Combien
  de personnes avez-vous invitées? faint o bobl
  ydych chi wedi eu gwahodd?
  ■ combien de temps faint o amser ❑ Combien
  de temps est-ce que tu seras absente? Am
  faint o amser fyddi di'n absennol?
  ■ Il y a combien de temps? Faint o amser yn
  ôl? ❑ Elle est partie il y a combien de temps?
  Faint o amser sydd ers iddi fynd?
  ■ On est le combien aujourd'hui? – On est
  le dix. Beth yw'r dyddiad heddiw? Y degfed
  yw hi.

[la] **combinaison** ENW
  cyfuniad (g)
  ❑ J'ai changé la combinaison de mon antivol.
  Rwyf wedi newid cyfuniad fy nglo beic.
  pais (b)
  ■ une combinaison de plongée siwt ddŵr,
  siwt blymio
  ■ une combinaison de ski gwisg sgïo, siwt
  sgïo

[le] **comble** ENW
  ■ Alors ça, c'est le comble! Dyna'i diwedd hi!

[la] **comédie** ENW
  comedi (b)
  ■ une comédie musicale comedi gerdd, sioe
  gerdd

[le] **comédien** ENW
  digrifwr (g)

[la] **comédienne** ENW
  digrifwraig (b)

comestible (BEN comestible) ANSODDAIR
  bwytadwy

comique (BEN comique) ANSODDAIR

▷ *gweler hefyd* **comique** ENW
digrif, doniol

[le] **comique** ENW

▷ *gweler hefyd* **comique** ANSODDAIR
digrifwr (g)

[le] **comité** ENW
pwyllgor (g)

[le] **commandant** ENW
capten (g)

[la] **commande** ENW
gorchymyn (g), archeb (b)
❏ un bon de commande ffurflen archeb
■ être aux commandes bod wrth y llyw

commander BERF [28]
gorchymyn, archebu
❏ J'ai commandé une chemise par la poste.
Rwyf wedi archebu crys trwy'r post.
rheoli
❏ C'est moi qui commande ici, pas toi! Fi sydd
yn rheoli yma, nid ti!

comme CYSYLLTAIR, ADFERF
fel, cyn
❏ Elle est comme sa mère. Mae hi fel ei mam.
❏ Je voudrais une veste comme celle de la
photo. Fe hoffwn siaced fel yr un yn y llun.
fel, i
❏ Qu'est-ce que vous voulez comme dessert?
Beth ydych chi am gael i bwdin?
fel, yn
❏ J'ai travaillé comme barman cet été. Fe
weithiais fel barman yr haf yma. ❏ Fais comme
tu veux. Gwna fel y mynni.
■ comme ça fel hyn ❏ Ça se plie comme ça.
Mae'n plygu fel hyn. ❏ C'était un poisson grand
comme ça. Roedd yn bysgodyn mor fawr â
hyn.
■ comme il faut gweddus, cywir, parchus
❏ Mets le couvert comme il faut! Gosod y
bwrdd yn gywir!
■ Comme il a grandi! Ond ydy e wedi tyfu!
■ Regardez comme c'est beau! Edrychwch
mor hardd ydyw!
■ comme ci comme ça gweddol, go lew
❏ Comment est-ce que vous avez trouvé le
film? – Comme ci comme ça. Beth ydych chi'n
feddwl am y ffilm? Gweddol.

[le] **commencement** ENW
dechreuad (g)

commencer BERF [12]
dechrau
❏ Les cours commencent à neuf heures.
Mae'r gwersi yn dechrau am naw o'r gloch.
❏ Il a commencé à pleuvoir. Mae wedi dechrau
bwrw glaw. ❏ Il a commencé de réviser pour

les examens. Mae e wedi dechrau adolygu at
yr arholiadau.

comment ADFERF
sut
❏ Comment arrivez-vous à travailler dans ce
bruit? Sut fedrwch chi weithio yn y sŵn yma?
■ Comment allez-vous? Sut mae?
■ Comment dit-on 'pain' en anglais?
Sut ydych chi'n dweud 'bara' yn Saesneg?
■ Comment t'appelles-tu? Beth yw dy enw?
■ Comment? Beth?

[le] **commentaire** ENW
sylwebaeth (b)

[les] **commérages** ENW GWR LLUOSOG
clecs (ll), straeon (ll)

[le] **commerçant** ENW
siopwr (g)

[le] **commerce** ENW
masnach (b), busnes (g)
❏ le commerce extérieur y fasnach dramor
■ le commerce électronique y fasnach
electroneg, e-fasnach
busnes
❏ Elle fait des études de commerce. Mae'n
astudio busnes.
siop (b)
❏ tenir un commerce cadw busnes
❏ On trouve ça dans le commerce. Mae hwnna
ar werth mewn siopau (da).

commercial (BEN **commerciale**, GWR LLUOSOG
commerciaux) ANSODDAIR
■ un centre commercial canolfan siopa

commettre BERF [47]
gwneud, cyflawni
❏ Il a commis un crime grave. Mae e wedi
cyflawni trosedd ddifrifol.

[le] **commissaire** ENW
uwcharolygydd (g) yr heddlu

[le] **commissariat** ENW
gorsaf (b) heddlu

[les] **commissions** ENW BEN LLUOSOG
negesau (ll), siopa (g)
❏ J'ai quelques commissions à faire. Mae gen i
beth siopa i'w wneud.

[la] **commode** ENW

▷ *gweler hefyd* **commode** ANSODDAIR
cist (b)

commode (BEN **commode**) ANSODDAIR

▷ *gweler hefyd* **commode** ENW
cyfleus, hwylus, hawdd
❏ Ce sac est très commode pour les voyages.
Mae'r bag yma'n gyfleus iawn wrth deithio.
■ Sa mère n'est pas commode. 'Dyw ei fam

ddim yn berson hawdd gwneud â hi.

commun (BEN **commune**) ANSODDAIR
cyffredin, ar y cyd
❑ une salle de bain commune ystafell ymolchi gyffredin/ar y cyd ❑ Nous avons des intérêts communs. Mae gennym ddiddordebau yn gyffredin.
■ **en commun** yn gyffredin ❑ Ils n'ont rien en commun. Does ganddynt ddim yn gyffredin i'w gilydd.
■ **les transports en commun** trafnidiaeth gyhoeddus
■ **mettre quelque chose en commun** rhannu rhywbeth â'ch gilydd ❑ Nous mettons tous nos livres en commun. Rydyn ni'n rhannu'r llyfrau ymysg ein gilydd.

[la] **communauté** ENW
cymuned (b)

[la] **communication** ENW
galwad (b), cysylltiad (g)
■ **une communication téléphonique** galwad ffôn

[la] **communion** ENW
cymun (g)
❑ faire sa première communion cymryd eich cymun cyntaf

communiquer BERF [28]
cyfathrebu

communiste (BEN **communiste**) ANSODDAIR
comiwnyddol
❑ le Parti communiste y Blaid Gomiwnyddol

compact (BEN **compacte**) ANSODDAIR
cryno
■ **un disque compact** crynoddisg

[la] **compagne** ENW
cymar (g), cydymaith (g)
partner (yn byw gyda'i gilydd)

[la] **compagnie** ENW
cwmnïaeth (b), cwmni (g)
❑ J'aime avoir de la compagnie. Rydw i'n hoffi cael cwmni. ❑ Je viendrai vous tenir compagnie. Fe ddo i i gadw cwmni i chi.
■ **une compagnie d'assurances** cwmni yswiriant
■ **une compagnie aérienne** cwmni hedfan awyrennau

[le] **compagnon** ENW
cydymaith (g), cymar (g)
partner (g) (yn byw gyda'i gilydd)

[la] **comparaison** ENW
cymhariaeth (b)
❑ en comparaison de o'i gymharu â

comparer BERF [28]
cymharu

[le] **compartiment** ENW
adran, (b) rhan (b)

[le] **compas** ENW
cwmpawd (g)

compatible (BEN **compatible**) ANSODDAIR
cydnaws (yn gydnaws â …)

[la] **compétence** ENW
cymhwyster (g), gallu (g)

compétent (BEN **compétente**) ANSODDAIR
cymwys, medrus

compétitif (BEN **compétitive**) ANSODDAIR
cystadleuol

[la] **compétition** ENW
cystadleuaeth (b)
■ **avoir l'esprit de compétition** bod o natur gystadleuol

complet (BEN **complète**) ANSODDAIR
▷ gweler hefyd **complet** ENW
llawn, cyflawn
❑ les œuvres complètes de Shakespeare gweithiau cyflawn Shakespeare llawn
❑ L'hôtel est complet. Mae'r gwesty yn llawn.
■ **'complet'** 'llawn', 'dim lle'
■ **le pain complet** bara cyflawn

[le] **complet** ENW
▷ gweler hefyd **complet** ANSODDAIR
siwt (b) (ar gyfer dyn)

complètement ADFERF
yn gyfan gwbl, yn llwyr
❑ J'avais complètement oublié que vous veniez. Roeddwn wedi angofio'n llwyr eich bod yn dod.

compléter BERF [34]
cwblhau, gorffen
❑ Complétez les phrases suivantes. Gorffennwch y brawddegau canlynol.

complexe (BEN **complexe**) ANSODDAIR
cymhleth

complexé (BEN **complexée**) ANSODDAIR
dryslyd

[la] **complication** ENW
cymhlethdod (g)

[le/la] **complice** ENW
cyd-droseddwr (g), cyd-droseddwraig (b)

[les] **compliments** ENW BEN/GWR LLUOSOG
canmoliaeth (b)
■ **faire des compliments** canmol ❑ Il m'a fait des compliments sur ma coiffure. Fe wnaeth ganmol fy steil gwallt.

compliqué (BEN **compliquée**) ANSODDAIR
cymhleth
❑ C'est une histoire compliquée. Mae'n stori

gymhleth.

[le] **complot** ENW
cynllwyn (g)

[le] **comportement** ENW
ymddygiad (g)

comporter BERF [28]
cynnwys
❏ Le château comporte trois parties. Mae'r castell yn cynnwys tair rhan. ❏ Ce modèle comporte un écran couleur. Mae'r model yma'n cynnwys sgrin liw.
■ **se comporter** ymddwyn ❏ Elle s'est comportée de façon odieuse. Fe wnaeth hi ymddwyn yn erchyll.

composer BERF [28]
cyfansoddi, llunio
■ **composer un numéro** deialu rhif ffôn
■ **se composer de** cynnwys ❏ Mon uniforme d'école se compose d'une veste, d'un pantalon et d'une cravate. Mae fy ngwisg ysgol yn cynnwys siaced, trowsus a thei.

[le] **compositeur** ENW
cyfansoddwr (g)

[la] **composition** ENW
prawf (g)
❏ Nous avons une composition de mathématiques cet après-midi. Mae gennym brawf mathemateg prynhawn 'ma.

[la] **compositrice** ENW
cyfansoddwraig (b)

[le] **compostage** ENW
stampio (dyddiad)

composter BERF [28]
tyllu tocyn, stampio
❏ N'oubliez pas de composter votre billet avant de monter dans le train. Peidiwch ag anghofio cael tyllu eich tocyn cyn mynd ar y trên.

[la] **compote** ENW
ffrwythau (ll) wedi'u stiwio
■ **la compote de pommes** afalau wedi'u stiwio

compréhensible (BEN **compréhensible**) ANSODDAIR
dealladwy

compréhensif (BEN **compréhensive**) ANSODDAIR
goddefgar, hynaws

[la] **compréhension** ENW
dealltwriaeth (b)
❏ la compréhension orale prawf gwrando a deall
cydymdeimlad (g)
❏ Il a fait preuve de beaucoup de compréhension à mon égard. Mae e wedi dangos llawer o gydymdeimlad tuag ata i.

comprendre BERF [65]
deall
❏ Je ne comprends pas ce que tu dis. Nid wyf yn deall yr hyn rwyt ti'n ei ddweud.
cynnwys
❏ Le forfait ne comprend pas la location des skis. Nid yw'r pris yn cynnwys llogi'r sgïau.

[le] **comprimé** ENW
tabled (b)
❏ un comprimé d'aspirine tabled aspirin

compris (BEN **comprise**) ANSODDAIR
cynwysiedig
❏ Le service n'est pas compris. Nid yw'r tâl gwasanaeth yn gynwysiedig.
■ **y compris** gan gynnwys ❏ Il a tout vendu, y compris sa voiture. Mae e wedi gwerthu'r cyfan, gan gynnwys ei gar.
■ **non compris** heb gynnwys ❏ un menu à quinze euros, vin non compris bwydlen pymtheg ewro, heb gynnwys y gwin
■ **cent euros tout compris** cant ewro, gan gynnwys popeth

compromettre BERF [47]
cyfaddawdu

[le] **compromis** ENW
cyfaddawd (g)
❏ Nous sommes parvenus à un compromis. Rydym wedi dod i gyfaddawd.

[la] **comptabilité** ENW
cyfrifeg (b)
❏ un cours de comptabilité cwrs mewn cyfrifeg

[le/la] **comptable** ENW
cyfrifydd (g)
❏ Elle est comptable. Cyfrifydd yw hi.

comptant ADFERF
■ **payer comptant** talu ag arian parod

[le] **compte** ENW
cyfrif (g)
❏ J'ai déposé le chèque sur mon compte. Rwyf wedi talu'r siec i'm cyfrif.
■ **Le compte est bon.** Dyna'r swm cywir.
■ **tenir compte de (1)** cymryd i ystyriaeth (1)
❏ Ils ont tenu compte de mon expérience. Maent wedi cymryd fy mhrofiad i ystyriaeth.
■ **tenir compte de (2)** ystyried (2)
❏ Elle n'a pas tenu compte de mes conseils. Nid yw wedi ystyried fy nghyngor.
■ **travailler à son compte** gweithio ar eich liwt eich hun
■ **en fin de compte** o ystyried y cwbl, yn y pen draw ❏ Le voyage ne s'est pas mal passé, en fin de compte. Fe aeth y daith yn iawn yn y pen draw.

compter BERF [28]

cyfrif

[le] **compte rendu** (LLUOSOG [les] **comptes rendus**) ENW
adroddiad (g)

[le] **compteur** ENW
mesurydd (g) (*nwy, trydan, dŵr*)

[le] **comptoir** ENW
cownter (g) bar (g)
❑ au comptoir wrth y bar

[se] **concentrer** BERF [28]
canolbwyntio
❑ J'ai du mal à me concentrer. Rwy'n ei chael hi'n anodd canolbwyntio.

[la] **conception** ENW
cynllun (g), dyluniad (g)

concernant ARDDODIAD
ynglŷn â
❑ Concernant notre nouveau projet, nous voudrions ajouter que … Ynglŷn â'n project newydd, fe hoffen ddweud bod …

concerner BERF [28]
ymwneud â
❑ en ce qui me concerne o'm rhan i
■ **Je ne me sens pas concerné.** Nid yw'n ddim i wneud â fi.

[le] **concert** ENW
cyngerdd (g)/(b)

[le/la] **concierge** ENW
gofalwr (g), gofalwraig (b) (*adeilad, bloc o fflatiau*)

conclure BERF][13
cloi, dod i gasgliad

[la] **conclusion** ENW
casgliad (g) (*penderfyniad*)

[le] **concombre** ENW
ciwcymbr (g)

concorder BERF [28]
cyd-fynd
❑ Les dates concordent. Mae'r dyddiadau'n cyd-fynd.

[le] **concours** ENW
cystadleuaeth (b)
❑ un concours de chant cystadleuaeth ganu arholiad (g)

concret (BEN **concrète**) ANSODDAIR
pendant

conçu BERF
wedi'i gynllunio/ddylunio
❑ Ces appartements sont très mal conçus. Mae'r fflatiau hyn wedi eu cynllunio'n wael.

[la] **concurrence** ENW
cystadleuaeth (b)
❑ La concurrence est vive sur ce marché.

Mae llawer o gystadleuaeth yn y farchnad hon.

[le] **concurrent** ENW
cystadleuydd (g)

[la] **concurrente** ENW
cystadleuydd (b)

condamner BERF [28]
dedfrydu, condemnio
❑ Il a été condamné à trois ans de prison. Mae e wedi cael ei ddedfrydu i dair mlynedd o garchar. ❑ condamner à mort dedfrydu rhywun i farwolaeth
condemnio
❑ Le gouvernement a condamné cette décision. Mae'r llywodraeth wedi condemnio'r penderfyniad hwn.

[la] **condition** ENW
cyflwr (g), amod (g)/(b)
❑ Je le ferai à une condition … Fe wnaf i fe ar un amod …
■ **à condition que** ar yr amod bod ❑ Je viendrai à condition qu'il m'invite. Fe wnaf ddod ar yr amod ei fod yn fy ngwahodd i.
■ **les conditions de travail** amodau/telerau gwaith

[le] **conditionnel** ENW
yr amser (g) amodol, (*mewn gramadeg*)

[le] **conducteur** ENW
gyrrwr (g)

[la] **conductrice** ENW
gyrwraig (b)

conduire BERF [23]
gyrru, mynd â, hebrwng
❑ Est-ce que vous savez conduire? Ydych chi'n medru gyrru? ❑ Je vous conduirai chez le docteur. Fe yrra i chi at y meddyg.
■ **se conduire** ymddwyn ❑ Il s'est mal conduit. Fe wnaeth e ymddwyn yn wael.

[la] **conduite** ENW
ymddygiad (g)

[la] **conférence** ENW
darlith (b)
❑ donner une conférence traddodi darlith
cynhadledd (b)
❑ une conférence internationale cynhadledd ryngwladol

[se] **confesser** BERF [28]
cyffesu

[les] **confettis** ENW GWR LLUOSOG
confetti (ll)

[la] **confiance** ENW
ffydd (b)
■ **avoir confiance en quelqu'un** cael ffydd yn rhywun ❑ Je n'ai pas confiance en elle. Nid oes

gennyf ffydd ynddi.
bod yn ffyddiog
■ **Tu peux avoir confiance. Elle sera à l'heure.**
Gelli di fod yn ffyddiog. Fe fydd hi'n brydlon.
■ **confiance en soi** hunanhyder ❑ Elle
manque de confiance en elle. Nid oes ganddi
hunanhyder.
confiant (BEN **confiante**) ANSODDAIR
hyderus
[les] **confidences** ENW BEN LLUOSOG
■ **faire des confidences à quelqu'un** datgelu
cyfrinachau wrth rywun, ymddiried yn rhywun
❑ Il me fait quelquefois des confidences. Mae e
weithiau'n ymddiried ynof i.
confidentiel (BEN **confidentielle**) ANSODDAIR
cyfrinachol
confier BERF [19]
■ **se confier à quelqu'un** ymddiried yn
rhywun ❑ Elle s'est confiée à sa meilleure amie.
Mae hi wedi ymddiried yn ei ffrind gorau.
confirmer BERF [28]
cadarnhau
[la] **confiserie** ENW
siop (b) losin
confisquer BERF [28]
mynd â rhywbeth oddi wrth rywun
confit (BEN **confite**) ANSODDAIR
■ **des fruits confits** ffrwythau candi
[la] **confiture** ENW
jam (g)
❑ la confiture de fraises jam mefus
■ **la confiture d'oranges** marmalêd
[le] **conflit** ENW
gwrthdaro (g)
confondre BERF [69]
drysu
❑ On la confond souvent avec sa sœur. Mae
pobl yn drysu rhyngddi hi a'i chwaer.
[le] **confort** ENW
cysuron (ll), cyfleusterau (ll)
■ **tout confort** gyda phob cysur modern ❑ un
appartement tout confort fflat yn cynnwys yr
holl gyfleusterau modern
confortable (BEN **confortable**) ANSODDAIR
cyfforddus
❑ des chaussures confortables esgidiau
cyfforddus
confus (BEN **confuse**) ANSODDAIR
dryslyd, aneglur
❑ J'ai trouvé ses explications confuses. I mi,
roedd ei esboniad yn ddryslyd.
anghyfforddus
❑ Elle avait l'air confus. Roedd hi'n edrych
ychydig yn chwithig.

[la] **confusion** ENW
cywilydd (g)
dryswch (g), embaras (g), cywilydd(g)
❑ rougir de confusion cochi o gywilydd
[le] **congé** ENW
gwyliau (ll)
❑ une semaine de congé wythnos o wyliau
■ **en congé** ar wyliau ❑ Je serai en congé la
semaine prochaine. Fe fydda i ar wyliau yr
wythnos nesaf.
■ **un congé de maladie** cyfnod salwch
❑ Elle est en congé de maladie. Mae hi ar
gyfnod salwch.
[le] **congélateur** ENW
rhewgell (b)
congeler BERF [1]
rhewi
[la] **conjonction** ENW
cysylltair (g)
[la] **conjonctivite** ENW
llid (g) yr amrannau
[la] **conjugaison** ENW
rhediad (g) *(berf mewn gramadeg)*
[la] **connaissance** ENW
gwybodaeth (b), adnabyddiaeth (b)
❑ … pour approfondir vos connaissances
… er mwyn ehangu eich gwybodaeth
cydnabod (g)
❑ Ce n'est pas vraiment un ami, juste une
connaissance. Dydy e ddim wir yn ffrind, dim
ond un o'm cydnabod.
■ **perdre connaissance** mynd yn
anymwybodol
■ **faire la connaissance de quelqu'un**
cyfarfod â rhywun ❑ J'ai fait la connaissance de
sa sœur. Fe wnes i gyfarfod ei chwaer.
connaître BERF [14]
adnabod
❑ Je ne connais pas du tout cette ville. Nid wyf
yn adnabod y dref hon o gwbl. ❑ Je la connais
de vue. Rwy'n ei hadnabod o'i gweld.
■ **Ils se sont connus en Bretagne.** Daethant i
adnabod ei gilydd yn Llydaw.
■ **s'y connaître en quelque chose** bod â
gwybodaeth am rywbeth ❑ Je ne m'y connais
pas beaucoup en musique classique. Nid wyf
yn gwybod llawer am gerddoriaeth glasurol.
[se] **connecter** BERF [28]
cysylltu, mewngofnodi
❑ Je me suis connecté sur Internet il y a cinq
minutes. Fe wnes i fewngofnodi i'r rhyngrwyd
bum munud yn ôl.
connu (BEN **connue**) ANSODDAIR
hysbys, enwog

❑ C'est une actrice connue. Mae hi'n actores enwog.

conquérir BERF [2]
concro, gorchfygu

consacrer BERF [28]
cysegru, neilltuo, rhoi
❑ Elle consacre beaucoup de temps à ses enfants. Mae hi'n rhoi llawer o amser i'w phlant. ❑ Je suis désolé, je n'ai pas beaucoup de temps à vous consacrer. Mae'n ddrwg gen i, ond does gen i ddim amser i'w roi i chi.

[la] **conscience** ENW
cydwybod (g)
❑ avoir mauvaise conscience bod â chydwybod sy'n pigo
■ **prendre conscience de** sylweddoli rhywbeth, dod yn ymwybodol o rywbeth
❑ J'ai fini par prendre conscience de la gravité de la situation. Yn y diwedd, des i'n ymwybodol o ddifrifoldeb y sefyllfa.

consciencieux (BEN **consciencieuse**)ANSODDAIR
cydwybodol

conscient (BEN **consciente**) ANSODDAIR
ymwybodol

consécutif (BEN **consécutive**) ANSODDAIR
olynol, dilynol

[le] **conseil** ENW
cyngor (g)
❑ Est-ce que je peux vous demander conseil? A alla i ofyn eich cyngor chi?
■ **un conseil** gair o gyngor

conseiller BERF [28]
▷ *gweler hefyd* **conseiller** ENW
cynghori
❑ J'ai été mal conseillé. Fe ges i gyngor gwael.
cymeradwyo
❑ Je te conseille ce livre. Rydw i'n cymeradwyo'r llyfr hwn i ti.

[le] **conseiller** ENW
▷ *gweler hefyd* **conseiller** BERF
cynghorydd (g)
❑ un conseiller municipal cynghorydd tref
cynghorydd (g) ysgol
❑ le conseiller d'orientation cynghorydd gyrfaoedd

[le] **consentement** ENW
caniatâd (g)
❑ le consentement des parents caniatâd y rhieni

consentir BERF [77]
cytuno
❑ consentir à quelque chose cytuno i rywbeth

[la] **conséquence** ENW
canlyniad (g)

■ **en conséquence** o ganlyniad

conséquent (BEN **conséquente**) ANSODDAIR
■ **par conséquent** o ganlyniad

[le] **conservatoire** ENW
ysgol (b), academi (b)
❑ Elle fait du piano au conservatoire. Mae'n astudio'r piano yn yr academi.

[la] **conserve** ENW
bwyd (g) tun
❑ Je vais ouvrir une conserve. Rwyn mynd i agor tun.
■ **une boîte de conserve** tun o fwyd
■ **les conserves** bwydydd tun ❑ Il n'est pas bon de manger tous les jours des conserves. Nid yw'n dda i fwyta bwydydd tun bob dydd.
■ **en conserve** mewn tun ❑ des petits pois en conserve pys mewn tun

conserver BERF [28]
cadw, gofalu am
❑ J'ai conservé toutes ses lettres. Rwyf wedi cadw ei llythyrau i gyd.
■ **se conserver** cadw, aros yn ffres ❑ Ce pain se conserve plus d'une semaine. Bydd y bara hwn yn cadw am dros wythnos.

considérable (BEN **considérable**) ANSODDAIR
sylweddol
❑ Elle a fait des progrès considérables. Mae hi wedi datblygu'n sylweddol.

[la] **considération** ENW
■ **prendre quelque chose en considération** cymryd rhywbeth i ystyriaeth

considérer BERF [34]
■ **considérer que** ystyried bod, credu bod
❑ Je considère que le gouvernement devrait investir davantage dans l'éducation. Rwy'n credu y dylai'r llywodraeth fuddsodi fwy mewn addysg.

[la] **consigne** ENW
storfa (b) bagiau wedi'u gadael
■ **une consigne automatique** cloer cadw bagiau

consistant (BEN **consistante**) ANSODDAIR
sylweddol
❑ un petit déjeuner consistant brecwast sylweddol

consister BERF [28]
■ **consister à** yn cynnwys ❑ Mon travail consiste à répondre au téléphone et à recevoir les clients. Mae fy ngwaith yn cynnwys ateb y ffôn a derbyn cwsmeriaid.
■ **En quoi consiste votre travail?** Beth mae eich gwaith chi yn ei olygu?

[la] **console de jeu** ENW
consol (g) *(gemau)*

consoler BERF [28]
cysuro

[le] consommateur ENW
defnyddiwr (g)
cwsmer (g)

[la] consommation ENW
defnydd (g)
❏ la consommation d'électricité defnydd o drydan
diod (b)
❏ Le billet d'entrée donne droit à une consommation gratuite. Gellir defnyddio'r tocyn mynediad i hawlio un ddiod am ddim.

[la] consommatrice ENW
defnyddwraig (b), prynwraig (b)
cwsmer (g)

consommer BERF [28]
defnyddio
❏ Ces gros avions consomment beaucoup de carburant. Mae'r awyrennau mawr hyn yn defnyddio llawer o danwydd.
cael diod, yfed
❏ Est-ce qu'on peut consommer à la terrasse? A fedrwn ni gael diod ar y teras tu allan?

[la] consonne ENW
cytsain (b)

constamment ADFERF
yn ddi-baid
❏ Il se plaint constamment. Mae e'n cwyno'n ddi-baid.

constant (BEN **constante**) ANSODDAIR
cyson

constater BERF [28]
sylwi ar, nodi

constipé (BEN **constipée**) ANSODDAIR
yn rhwym *(cyflwr corfforol, meddygol)*

constitué (BEN **constituée**) ANSODDAIR
■ **être constitué de** bod yn cynnwys

constituer BERF [28]
cynnwys, ffurfio
❏ les États qui constituent la Fédération russe y taleithiau sy'n ffurfio Ffederasiwn Rwsia

[la] construction ENW
adeiladu, adeilad (g)
❏ des matériaux de construction defnyddiau adeiladu
■ **une maison en construction** tŷ wrthi'n cael ei adeiladu

construire BERF [23]
adeiladu
❏ Nous faisons construire une maison neuve. Rydyn ni'n adeiladu tŷ newydd.

[le] consulat ENW
swyddfa'r (b) is-gennad
❏ le consulat de France swyddfa is-gennad Ffrainc

[la] consultation ENW
■ **les heures de consultation** oriau agor y feddygfa

consulter BERF [28]
gofyn cyngor, ymgynghori â
❏ Il vaut toujours mieux consulter un médecin. Mae'n well bob amser i ofyn cyngor meddyg.
gweld cleifion
❏ Le docteur ne consulte pas le samedi. Nid yw'r meddyg yn gweld cleifion ar ddydd Sadwrn.

[le] contact ENW
cysylltiad (g)
❏ les contacts humains cysylltiad â phobl
■ **Elle a le contact facile.** Mae'n hawdd mynd ati i siarad.
■ **garder le contact avec quelqu'un** cadw mewn cysylltiad â rhywun

contacter BERF [28]
cysylltu â
❏ Je vous contacterai dès que j'aurai des nouvelles. Fe gysylltaf â chi cyn gynted ag y bydd gen i unrhyw newyddion.

contagieux (BEN **contagieuse**) ANSODDAIR
heintus
❏ une maladie contagieuse salwch heintus
❏ Je suis peut-être contagieux. Efallai fy mod yn heintus.

contaminer BERF [28]
heintio

[le] conte de fées (LLUOSOG [les] **contes de fées**) ENW
stori (b) tylwyth teg

contempler BERF [28]
syllu ar rywun
ystyried rhywbeth

contemporain (BEN **contemporaine**) ANSODDAIR
cyfoes
■ **un auteur contemporain** awdur cyfoes

contenir BERF [83]
cynnwys
❏ un portefeuille contenant de l'argent waled yn cynnwys arian

content (BEN **contente**) ANSODDAIR
balch, bodlon
❏ Je suis content qu'elle soit venue. Rwy'n falch ei bod hi wedi dod.
■ **content de** bodlon â ❏ Il est content de mon travail. Mae e'n fodlon â'm gwaith.

contenter BERF [28]
plesio, bodloni

❏ Elle est difficile à contenter. Mae hi'n anodd ei phlesio.
■ **Je me contente de tout.** Rwy'n bodloni ar bopeth.
contesté (BEN **contestée**) ANSODDAIR
dadleuol
❏ Cette décision est très contestée. Mae'r penderfyniad hwn yn ddadleuol iawn.
[le] **continent** ENW
cyfandir (g)
continu (BEN **continue**) ANSODDAIR
parhaol, di-dor
■ **faire la journée continue** gweithio'r diwrnod cyfan yn ddi-dor
continuellement ADFERF
yn barhaus, byth a beunydd
continuer BERF [28]
parhau
❏ Continuez sans moi! Parhewch hebddo i!
❏ Elle ne veut pas continuer ses études. Nid yw am barhau â'i hastudiaethau.
■ **continuer à faire quelque chose** parhau i wneud rhywbeth ❏ Elle a continué à regarder la télé sans me dire bonjour. Fe aeth ymlaen i wylio'r teledu heb ddweud helo wrtha i.
■ **continuer de faire quelque chose** parhau i wneud rhywbeth ❏ Elle continue de fumer malgré son asthme. Mae'n parhau i ysmygu er gwaetha'i hasthma.
contourner BERF [28]
mynd o amgylch
❏ La route contourne la ville. Mae'r ffordd yn mynd o amgylch y dref.
[le] **contraceptif** ENW
condom (g)
[la] **contraception** ENW
dull (g) atal cenhedlu
[le] **contractuel** ENW
warden (g)/(b) traffig
[la] **contractuelle** ENW
warden (g)/(b) traffig
[la] **contradiction** ENW
gwrthddywediad (g)
■ **par esprit de contradiction** o natur tynnu'n groes ❏ Elle a refusé de venir par esprit de contradiction. Fe wrthodd ddod am ei bod am dynnu'n groes.
[le] **contraire** ENW
gwrthwyneb (g)
❏ Il a fait le contraire de ce qu'on lui avait demandé. Gwnaeth y gwrthwyneb i'r hyn a ofynnwyd iddo.
■ **au contraire** i'r gwrthwyneb
contrarier BERF [19]

cythruddo, gwylltio
❏ Elle avait l'air contrarié. Roedd yn edrych yn ddig.
siomi, cynhyrfu
❏ Est-ce qu'ils seront contrariés si je ne venais pas? A fydden nhw'n cynhyrfu pe na bawn i'n dod?
[le] **contraste** ENW
gwrthgyferbyniad (g)
[le] **contrat** ENW
cytundeb (g)
❏ un contrat de travail cytundeb gwaith
[la] **contravention** ENW
tocyn (g)/ dirwy (b) am barcio
contre ARDDODIAD
yn erbyn
❏ Ne mettez pas vos vélos contre le mur. Peidiwch â rhoi eich beiciau yn erbyn y wal.
❏ Vous êtes pour ou contre ce projet? A ydych chi o blaid neu yn erbyn y project hwn?
am
❏ échanger quelque chose contre quelque chose cyfnewid rhywbeth am rywbeth arall
■ **par contre** ar y llaw arall
[la] **contrebande** ENW
smyglo
■ **des produits de contrebande** nwyddau wedi'u smyglo
[la] **contrebasse** ENW
bas (g) dwbl
■ **jouer de la contrebasse** canu'r bas dwbl
contrecœur
■ **à contrecœur** yn adfodlon, yn groes i ewyllys
❏ Je suis venu à contrecœur. Rydw i wedi dod yn erbyn fy ewyllys.
contredire BERF [27]
gwrth-ddweud
❏ Je ne supporte pas d'être contredit. Nid ydw i'n hoffi pan fydd rhywun yn fy ngwrth-ddweud.
[la] **contre-indication** ENW
■ '**Contre-indication en cas d'asthme**' 'Ni ddylid ei ddefnyddio os yn dioddef o asthma.'
[le] **contresens** ENW
camddehongliad (g) camgyfieithiad (g)
[le] **contretemps** ENW
■ **Désolé d'être en retard: j'ai eu un contretemps.** Mae'n ddrwg gen i fy mod yn hwyr: cefais rwystr.
contribuer BERF [28]
■ **contribuer à** cyfrannu i/at ❏ Est-ce que vous voulez contribuer au cadeau pour Marie? Ydych chi am gyfrannu at anrheg i Marie?
[le] **contrôle** ENW

C

archwiliad (g)
❏ le contrôle des passeports archwiliad
pasportiau
archwilio, gwirio
■ un contrôle d'identité cadarnhau
hunaniaeth
■ le contrôle des billets archwilio tocynnau
prawf (g)
❏ un contrôle antidopage prawf yn erbyn
cyffuriau
■ le contrôle continu asesu parhaus
contrôler BERF [28]
gwirio, archwilio
❏ Personne n'a contrôlé mon billet. Does neb
wedi gwirio fy nhocyn.
[le] **contrôleur** ENW
archwiliwr (g) tocynnau
[la] **contrôleuse** ENW
archwilwraig (b) tocynnau
controversé (BEN **controversée**) ANSODDAIR
dadleuol
convaincre BERF [86]
perswadio
❏ Ils ont essayé de me convaincre de rester.
Maen nhw wedi ceisio fy mherswadio i aros.
argyhoeddi
❏ Tu n'as pas l'air convaincu. Dwyt ti ddim yn
edrych fel petaet wedi cael dy argyhoeddi.
[la] **convalescence** ENW
cyfnod (g) gwella
convenable (BEN **convenable**) ANSODDAIR
derbyniol
❏ un hôtel convenable gwesty derbyniol
■ Ce n'est pas convenable. Nid yw hynna'n
ymddygiad derbyniol.
convenir BERF [89]
■ convenir à bod yn gyfleus/yn addas ❏ Est-ce
que demain te convient? A ydy fory yn gyfleus
i ti? ❏ J'espère que cela vous conviendra.
Gobeithio y bydd hyn yn addas i chi.
■ convenir de cytuno ar ❏ Nous avons
convenu d'une date. Rydym wedi cytuno ar
ddyddiad.
conventionné (BEN **conventionnée**)
ANSODDAIR
■ un médecin conventionné meddyg y
Gwasanaeth Iechyd
convenu (BEN **convenue**) ANSODDAIR
cytunedig, a gytunwyd
❏ au moment convenu ar yr amser a gytunwyd
[la] **conversation** ENW
sgwrs (b)
[la] **convocation** ENW
hysbysiad/rhybudd (b) i fod yn bresennol/i

fynychu
convoquer BERF [28]
■ convoquer quelqu'un à une réunion galw
rhywun i gyfarfod
■ Le directeur m'a convoqué dans son
bureau. Cefais fy ngalw gan y pennaeth i'w
swyddfa.
cool (BEN+LLUOSOG **cool**) ANSODDAIR
cŵl
[la] **coopération** ENW
cydweithrediad (g)
coopérer BERF [34]
cydweithio, cydweithredu
[les] **coordonnées** ENW BEN LLUOSOG
manylion (ll) cyswllt
❏ Avez-vous mes coordonnées? A ydy fy
manylion cyswllt gennych?
[le] **copain** ENW (anffurfiol)
ffrind (g)
❏ C'est un bon copain. Mae'n ffrind da.
cariad (g)
❏ Elle a un copain. Mae ganddi gariad.
[la] **copie** ENW
copi (g)
❏ Ce tableau n'est qu'une copie. Dim ond copi
yw'r llun hwn.
papur (g)
❏ J'ai des copies à corriger ce week-end. Mae
gen i bapurau i'w marcio dros y penwythnos.
copier BERF [19]
copïo
■ copier-coller copïo a gludo
copieux (BEN **copieuse**) ANSODDAIR
mawr, helaeth
❏ un repas copieux pryd mawr (o fwyd)
[la] **copine** ENW (anffurfiol)
ffrind (g)
❏ Je sors avec une copine ce soir. Rwy'n mynd
allan gyda ffrind heno.
cariad (g)
❏ Il a une copine. Mae ganddo gariad.
[le] **coq** ENW
ceiliog (g)
[la] **coque** ENW
corff (g) (cwch)
plisgyn (g) (ŵy)
■ un œuf à la coque wy wedi ei ferwi
[le] **coquelicot** ENW
pabi (g)
[la] **coqueluche** ENW
y pâs (g)
[le] **coquillage** ENW
pysgod (ll) cragen

cragen (b)
❏ Nous avons ramassé des coquillages sur la plage. Fe godon ni rai cregyn ar y traeth.
[la] **coquille** ENW
cragen (b)
■ **une coquille d'œuf** plisgyn wy
■ **une coquille Saint-Jacques** sgolop
coquin (BEN **coquine**) ANSODDAIR
direidus
❏ Elle m'a regardé d'un air coquin. Edrychodd arna i'n ddireidus.
[le] **cor** ENW
corn (g) *(offeryn cerdd)*
■ **jouer du cor** canu'r corn ❏ Je joue du cor. Rwy'n canu'r corn.
[le] **corbeau** (LLUOSOG [les] **corbeaux**) ENW
brân (b)
[la] **corbeille** ENW
basged (b)
❏ une corbeille de fruits basged o ffrwythau
bin (g) sbwriel *(ar gyfrifiadur)*
■ **une corbeille à papier** basged sbwriel
[la] **corde** ENW
rhaff (b)
llinyn (g) *(ffidil)*, edau (b) *(ffidl, raced tennis)*
■ **une corde à linge** lein ddillad
■ **pleuvoir des cordes** arllwys y glaw, pistyllio bwrw
[la] **cordonnerie** ENW
siop (b) y crydd, siop trwsio esgidiau
[le] **cordonnier** ENW
crydd (g)
coriace (BEN **coriace**) ANSODDAIR
gwydn, caled
[la] **corne** ENW
corn (g) *(anifail)*
[la] **cornemuse** ENW
pibgod (g), bacbib (b)
❏ jouer de la cornemuse canu'r pibgod
[le] **cornet** ENW
■ **un cornet de frites** bag o sglodion
■ **un cornet de glace** corned hufen iâ
[le] **cornichon** ENW
gercin (g)
[la] **Cornouailles** ENW
Cernyw (b)
[le] **corps** ENW
corff (g)
correct (BEN **correcte**) ANSODDAIR
cywir
❏ Ce n'est pas tout à fait correct. Dyw hynny ddim yn hollol gywir.
derbyniol, iawn (g)

❏ un salaire correct tâl derbyniol ❏ Le repas était tout à fait correct. Roedd y pryd yn hollol resymol.
[la] **correction** ENW
cywiriad (g)
[la] **correspondance** ENW
gohebiaeth (b)
■ **un cours par correspondance** cwrs trwy'r post
cyswllt (g)
❏ Il y a une correspondance pour Brest à dix heures. Mae cyswllt i Brest am ddeg o'r gloch.
[le] **correspondant** ENW
ffrind (g) llythyru
[la] **correspondante** ENW
ffrind (b) llythyru
correspondre BERF [69]
ysgrifennu at
gohebu â
cysylltu â
■ **Faites correspondre les phrases.** Cysylltwch y brawddegau.
[le] **corridor** ENW
coridor (g)
corriger BERF [45]
cywiro
❏ Vous pouvez corriger la phrase? Fedrwch chi gywiro'r frawddeg?
[le] **corsage** ENW
blows (g)/(b)
corse (BEN **corse**) ANSODDAIR, ENW
Corsicaidd, o Gorsica
■ **un Corse** Corsiad *(dyn)*
■ **une Corse** Corsiad *(dynes)*
[la] **Corse** ENW
Corsica (b)
■ **en Corse (1)** yn Corsica
■ **en Corse (2)** i Gorsica
[la] **corvée** ENW
gorchwyl (b), tasg (b)
❏ Quelle corvée! Dyna orchwyl ddiflas!
costaud (BEN **costaude**) ANSODDAIR
cyhyrog, cadarn
[le] **costume** ENW
siwt (b) *(ar gyfer dyn)*
❏ Je porte toujours un costume. Rydw i wastad mewn siwt.
gwisg (b) *(ar gyfer actorion)*
❏ de superbes costumes gwisgoedd ardderchog
[la] **côte** ENW
arfordir (g)
❏ La route longe la côte. Mae'r ffordd yn dilyn

yr arffordir.
■ **la Côte d'Azur** Y Rifiera Ffrengig
llethr (g)/(b), rhiw (b)
❏ J'ai grimpé la côte. Fe es i fyny'r rhiw.
asen (b)
❏ Je me suis cassé une côte en tombant. Torrais
asen wrth gwympo. ❏ une côte de porc
golwyth o borc
■ **une côte de bœuf** asen o gig eidion
■ **côte à côte** ochr yn ochr

[le] **côté** ENW
ochr (b)
■ **à côté de (1)** ger, nesaf at ❏ Le sel est à côté
du poivre. Mae'r pupur nesaf at yr halen.
■ **à côté de (2)** drws nesaf ❏ Elle habite à côté
de chez moi. Mae'n byw drws nesaf i fi.
■ **de l'autre côté** yr ochr arall ❏ La librarie est
de l'autre côté de la rue. Mae'r llyfrgell yr ochr
arall i'r ffordd.
■ **De quel côté est-elle partie?** I ba gyfeiriad
aeth hi?
■ **mettre quelque chose de côté** rhoi
rhywbeth naill ochr ❏ J'ai mis de l'argent de
côté. Rwyf wedi cynilo peth arian.

[la] **côtelette** ENW
cytled (g), golwyth (g)
❏ une côtelette d'agneau cytled o gig oen

[la] **cotisation** ENW
tanysgrifiad (g)
cyfraniad (g) (i bensiwn, yswiriant cenedlaethol)
■ **cotisations sociales** cyfraniadau budd-dal

[le] **coton** ENW
cotwm (g)
❏ une chemise en coton crys cotwm
■ **le coton hydrophile** gwlân cotwm, wadin

[le] **Coton-tige** ® (LLUOSOG [les] **Cotons-tiges**)
ENW
coesen (g) gotwm (i lanhau clustiau)

[le] **cou** ENW
gwddf (g)

couchant ANSODDAIR
■ **le soleil couchant** machlud haul

[la] **couche** ENW
haen (b)
❏ la couche d'ozone haenen oson
côt (g) (o baent, o farnais)
cewyn (g), clwt (g) (babi)

couché (BEN **couchée**) ANSODDAIR
yn gorwedd
❏ Il était couché au lit. Roedd yn gorwedd ar
y gwely.
bod yn y gwely
❏ Elle est déjà couchée. Mae hi wedi mynd i'r
gwely'n barod.

[se] **coucher** BERF [28]
▷ gweler hefyd **coucher**
ENW
mynd i'r gwely
❏ Je me suis couché tôt hier soir. Fe es i i'r
gwely'n gynnar neithiwr.
machludo (haul)

[le] **coucher** ENW
▷ gweler hefyd **se coucher** BERF
■ **un coucher de soleil** machlud haul

[la] **couchette** ENW
gwely (g) (ar drên)
bync (g) (ar gwch)

[le] **coude** ENW
penelin (g)/(b)

coudre BERF [15]
gwnïo
❏ J'aime coudre. Rwy'n hoffi gwnïo.
gwnïo
❏ Il ne sait même pas coudre un bouton. Nid
yw'n gallu gwnïo botwm hyd yn oed.

[la] **couette** ENW
cwilt (g)

[les] **couettes** ENW BEN LLUOSOG
clymau (ll) (gwallt)
❏ la petite fille avec les couettes y ferch fach â'i
gwallt wedi'i glymu

couler BERF [28]
llifo, diferu
❏ Ne laissez pas couler les robinets. Peidiwch
â gadael i'r tapiau lifo. ❏ J'ai le nez qui coule.
Mae fy nhrwyn i'n rhedeg. ❏ La rivière coulait
lentement. Roedd yr afon yn llifo'n araf.
gollwng
❏ Mon stylo coule. Mae fy meiro yn gollwng.
suddo
❏ Le bateau a coulé. Suddodd y cwch.

[la] **couleur** ENW
lliw (g)
❏ De quelle couleur est leur maison? Pa liw yw
eu tŷ nhw? ❏ une pellicule couleur ffilm mewn
lliw
■ **Elle a pris des couleurs.** Mae hi wedi cael
lliw haul.

[la] **couleuvre** ENW
neidr (b) y glaswellt

[les] **coulisses** ENW BEN LLUOSOG
yr esgyll (ll) (theatr)
■ **dans les coulisses** yn y cefndir, oddi ar y
llwyfan

[le] **couloir** ENW
coridor (g)

[le] **coup** ENW

ergyd (b)

❏ donner un coup à quelque chose rhoi ergyd i rywbeth

pelten (b)

■ **Il m'a donné un coup!** Rhoddodd belten i mi.

■ **un coup de pied** cic

■ **un coup de poing** dyrnod

sioc (b)

❏ Ça m'a fait un coup de la voir comme ça! *(anffurfiol)* Cefais sioc o'i gweld hi fel'na!

■ **un coup de feu** ergyd (*o wn*)

■ **un coup de fil** galwad ffôn ❏ Je vous donnerai un coup de fil demain. Fe ffonia i chi yfory.

■ **donner un coup de main à quelqu'un** rhoi help llaw i rywun ❏ Je viendrai vous donner un coup de main. Fe ddof i i roi help llaw i chi.

■ **un coup d'œil** cipolwg ❏ jeter un coup d'œil rhoi cipolwg

■ **attraper un coup de soleil** cael llosg haul

■ **un coup de téléphone** galwad ffôn

■ **un coup de tonnerre** taran

■ **boire un coup** yfed diod

■ **après coup** wedyn ❏ Après coup j'ai regretté de m'être énervé. Wedyn roeddwn i'n edifar fy mod wedi colli fy nhymer.

■ **à tous les coups** *(anffurfiol)* bob amser ❏ Il se trompe de rue à tous les coups. Mae e wastad yn cymryd y stryd anghywir.

■ **du premier coup** y tro cyntaf ❏ Elle a été reçue au permis du premier coup. Pasiodd ei phrawf gyrru y tro cyntaf.

■ **sur le coup** ar y dechrau ❏ Sur le coup il ne m'a pas reconnu. Ar y dechrau, wnaeth e ddim fy adnabod.

coupable (BEN **coupable**) ANSODDAIR

▷ *gweler hefyd* **coupable** ENW

euog

[le/la] **coupable** ENW

▷ *gweler hefyd* **coupable** ANSODDAIR

troseddwr (g), troseddwraig (b)

[la] **coupe** ENW

cwpan (g)/(b) *(chwaraeon)*

❏ la coupe du monde cwpan y byd

■ **une coupe de cheveux** toriad gwallt

■ **une coupe de champagne** gwydriad o siampên

[le] **coupe-ongle** ENW

siswrn (g) torri ewinedd

couper BERF [28]

torri, diffodd

❏ couper le courant diffodd y trydan

cymryd llwybr byrrach

❏ On va couper par la forêt. Fe wnawn ni fynd ar y llwbr byrrach drwy'r goedwig.

■ **couper l'appétit** difetha chwant rhywun am fwyd

■ **se couper** torri eich hun ❏ Elle s'est coupé le doigt avec une boîte de conserve. Torrodd ei bys wrth agor tun bwyd.

■ **couper la parole à quelqu'un** torri ar draws rhywun

[le] **couple** ENW

pâr (g), cwpwl (g)

[le] **couplet** ENW

pennill (g)

❏ le premier couplet y pennill cyntaf

[la] **coupure** ENW

toriad (g)

■ **une coupure de courant** toriad trydan

[la] **cour** ENW

buarth (g), iard

❏ la cour de l'école iard yr ysgol

llys (g)

❏ la cour de Louis XIV llys Louis X1V

❏ la cour d'assises Llys y Goron

[le] **courage** ENW

dewrder (g)

courageux (BEN **courageuse**) ANSODDAIR

dewr, gwrol

couramment ADFERF

yn rhugl

❏ Je parle couramment l'espagnol. Rydw i'n siarad Sbaeneg yn rhugl.

yn gyffredin

❏ C'est une expression que l'on emploie couramment. Mae'n ddywediad sy'n cael ei ddefnyddio'n gyffredin.

courant (BEN **courante**) ANSODDAIR

▷ *gweler hefyd* **courant** ENW

aml, cyffredin

❏ C'est une erreur courante. Mae'n gamgymeriad cyffredin.

safonol, cyfredol

❏ C'est un modèle courant. Mae'n fodel cyfredol.

[le] **courant** ENW

▷ *gweler hefyd* **courant** ANSODDAIR

cerrynt (g), llif (b)

awel (b)

❏ une panne de courant toriad cerrynt

■ **un courant d'air** drafft (g)

■ **Je le ferai dans le courant de la semaine.** Fe wnaf i e rywbryd yn ystod yr wythnos.

■ **être au courant de quelque chose**

gwybod am rywbeth ❏ Je n'étais pas au courant de l'accident. Doeddwn i ddim yn gwybod am y ddamwain.
■ **mettre quelqu'un au courant de quelque chose** rhoi gwybod i rywun am rywbeth
■ **Vous êtes au courant?** Ydych chi'n gwybod?
■ **se tenir au courant de quelque chose** gwybod y diweddaraf am rywbeth ❏ J'essaie de me tenir au courant de l'actualité. Rwy'n ceisio cadw golwg ar y newyddion diweddaraf.

[le] **coureur** ENW
rhedwr (g)
■ **un coureur à pied** rhedwr (ar droed)
■ **un coureur cycliste** rasiwr beicio
■ **un coureur automobile** rasiwr ceir

[la] **coureuse** ENW
rhedwraig (b)

[la] **courgette** ENW
corbwmpen (b), courgette (b)

courir BERF [16]
rhedeg
❏ Il a traversé la rue en courant. Rhedodd e ar draws y stryd.
■ **courir un risque** mentro, cymryd risg

[la] **couronne** ENW
coron (b)

courons, courez BERF ▷ gweler **courir**

[le] **courriel** ENW
e-bost (g)

[le] **courrier** ENW
post (g)
❏ Est-ce qu'il y avait du courrier ce matin? Oedd yna bost bore 'ma?
■ **N'oubliez pas de poster le courrier.** Peidiwch ag anghofio postio'r llythyrau.
■ **le courrier électronique** e-bost

[la] **courroie** ENW
■ **la courroie du ventilateur** ffanbelt

[le] **cours** ENW
gwers (b)
❏ un cours d'italien gwers Eidaleg ❏ des cours particuliers gwersi preifat
cwrs (g)
❏ un cours intensif cwrs carlam
cyfradd (b)
❏ le cours du change y gyfradd gyfnewid
■ **au cours de** yn ystod ❏ J'ai été réveillé trois fois au cours de la nuit. Cefais fy neffro deirgwaith yn ystod y nos.

[la] **course** ENW
rhedeg
❏ la course de fond rhedeg pellter hir
ras (b)

❏ une course hippique ras geffylau
siopa
❏ J'ai juste une course à faire. Dim ond siopa am un peth sydd rhaid i mi ei wneud.
■ **faire les courses** mynd i siopa ❏ Elle est partie faire les courses de la semaine. Mae hi wedi mynd i wneud y siopa wythnosol.

court (BEN **courte**) ANSODDAIR
▷ gweler hefyd **court** ENW
byr, cwta

[le] **court** ENW
▷ gweler hefyd **court** ANSODDAIR
■ **un court de tennis** cwrt tennis

couru BERF ▷ gweler **courir**

[le] **couscous** ENW
cwscws (math o fwyd o Ogledd Affrica)

[le] **cousin** ENW
cefnder (g)

[la] **cousine** ENW
cyfnither (b)

[le] **coussin** ENW
clustog (g)/(b)

[le] **coût** ENW
cost (b), pris (g)
❏ le coût de la vie costau byw

[le] **couteau** (LLUOSOG) [les] **couteaux**) ENW
cyllell (b)

coûter BERF [28]
costio
❏ Est-ce que ça coûte cher? A ydy hwn yn costio'n ddrud?
■ **Combien ça coûte?** Faint mae e'n gostio?

coûteux (BEN **coûteuse**) ANSODDAIR
costus, drud

[la] **coutume** ENW
arferiad (g)

[la] **couture** ENW
gwniadwaith (g), gwnïo
❏ Je n'aime pas la couture. Nid wyf yn hoffi gwnïo.
■ **faire de la couture** gwnïo dillad
sêm (b)
❏ La couture de mon pantalon s'est défaite. Mae sêm fy nhrowsus wedi datod.

[le] **couturier** ENW
cynllunydd (g) dillad
❏ un grand couturier cynllunydd dillad enwog

[la] **couturière** ENW
gwniadwraig (b)

[le] **couvercle** ENW
caead (g)

couvert BERF ▷ gweler **couvrir**

couvert (BEN **couverte**) ANSODDAIR
  ▷ *gweler hefyd* **couvert** ENW
  ■ **couvert de** wedi'i orchuddio â ❏ Cet arbre est couvert de fleurs au printemps. Mae'r goeden hon wedi ei gorchuddio â blodau yn y gwanwyn.
[le] **couvert** ENW
  ▷ *gweler hefyd* **couvert** ANSODDAIR
  ■ **mettre le couvert** gosod y bwrdd
[les] **couverts** ENW LLUOSOG GWR
  cyllyll a ffyrc (ll)
  ❏ Les couverts sont dans le tiroir de droite. Mae'r cyllyll a'r ffyrc yn y drôr ar y dde.
[la] **couverture** ENW
  blanced (b), gorchudd (g)
[le] **couvre-lit** ENW
  cwilt (g)
couvrir BERF [55]
  gorchuddio
  ❏ Mon chien est revenu couvert de boue. Daeth fy nghi yn ôl wedi ei orchuddio â mwd.
  ■ **se couvrir (1)** lapio'n gynnes, gwisgo'n gynnes (1) ❏ Couvrez-vous bien: il fait très froid dehors. Gwisgwch yn gynnes: mae'n oer ofnadwy y tu allan.
  ■ **se couvrir (2)** cymylu ❏ Le ciel se couvre. Mae'n cymylu.
[le] **crabe** ENW
  cranc (g)
  le Cancer (*seryddiaeth*)
  ■ **Je suis Cancer** Arwydd y cranc ydw i
cracher BERF [28]
  poeri
[le] **crachin** ENW
  glaw (g) mân
[la] **craie** ENW
  sialc (g)
craindre BERF [17]
  ofni
  ❏ Vous n'avez rien à craindre. Does gynnoch ddim i'w ofni.
[la] **crainte** ENW
  ofn (g)
  ■ **de crainte de** rhag ofn ❏ Je n'ose rien dire de crainte de la vexer. Does fiw i mi ddweud unrhyw beth rhag ofn i mi frifo ei theimladau.
craintif (BEN **craintive**) ANSODDAIR
  ofnus
[la] **crampe** ENW
  cwlwm (g) gwythi, cramp (g)
  ❏ J'ai une crampe à la jambe. Mae gennyf gramp yn fy nghoes.
[le] **cran** ENW

twll (g) *(mewn belt, gwregys)*
  ■ **avoir du cran** bod yn ddewr
[le] **crâne** ENW
  penglog (g)
crâner BERF [28]
  dangos eich hun
[le] **crapaud** ENW
  llyffant (g) du
craquer BERF [28]
  gwichian
  ❏ Le plancher craque. Mae'r llawr yn gwichian.
  hollti, rhwygo
  ❏ Ma fermeture éclair a craqué. Mae fy sip wedi rhwygo.
  torri i lawr, mynd yn ddarnau
  ❏ Je vais finir par craquer! Os bydd hyn yn parhau, fe fyddaf yn mynd yn ddarnau!
  ■ **Quand j'ai vu cette robe, j'ai craqué!** Pan welais y ffrog honno, fe wnes i fopio arni!
[la] **crasse** ENW
  baw (g), baw (g) seimllyd
[la] **cravate** ENW
  tei (g)
[le] **crawl** ENW
  dull nofio yn eich blaen
  ❏ nager le crawl nofio yn eich blaen
[le] **crayon** ENW
  pensil (g)/(b)
  ❏ un crayon de couleur pensil lliw, creon
  ■ **un crayon feutre** pen ffelt
[la] **création** ENW
  creadigaeth (b)
[la] **crèche** ENW
  meithrinfa (b)
  ❏ Elle dépose son fils à la crèche à huit heures. Mae hi'n gadael ei mab yn y feithrinfa am wyth o'r gloch.
  golygfa (b) o ddrama'r geni
[le] **crédit** ENW
  credyd (g)
créer BERF [18]
  creu
[la] **crémaillère** ENW
  ■ **pendre la crémaillère** cael parti cynhesu'r aelwyd
[la] **crème** ENW
  ▷ *gweler hefyd* **le crème**
  hufen (g)
  ■ **la crème anglaise** cwstard
  ■ **la crème Chantilly** hufen chwip
  ■ **la crème fouettée** hufen chwip
  ■ **une crème caramel** hufen caramel
  ■ **une crème au chocolat** hufen siocled

[le] crème ENW
▷ *gweler hefyd* **la crème**
coffi (g) gwyn
❑ un grand crème coffi gwyn mawr (trwy laeth)
[la] crémerie ENW
llaethdy (g)
crémeux (BEN **crémeuse**) ANSODDAIR
hufennog
[la] crêpe ENW
crempog (b)
[la] crêperie ENW
siop (b) grempogau, bwyty (g) crempogau
[le] crépuscule ENW
cyfnos (g), gwyll (g)
[le] cresson
berwr (g) y dŵr
[la] Crète ENW
Creta (b)
■ **en Crète (1)** yn Creta
■ **en Crète (2)** i Creta
creuser BERF [28]
cloddio, tyrchu
■ **Ça creuse!** Mae hynna'n codi awydd bwyd!
■ **se creuser la cervelle** *(anffurfiol)* crafu'ch pen, meddwl yn galed
creux (BEN **creuse**) ANSODDAIR
gwag
[la] crevaison ENW
byrstio *(balŵn)*
pyncjar (g) *(mewn teiar)*
crevé (BEN **crevée**) ANSODDAIR
â thwll ynddo
❑ un pneu crevé teiar â thwll ynddo
blino'n lân
❑ Je suis complètement crevé! *(anffurfiol)* Rwyf wedi blino'n lân!
crever BERF [43]
byrstio *(balŵn)*
cael twll mewn teiar, cael pyncjar
❑ J'ai crevé sur l'autoroute. Cefais byncjar ar y draffordd.
■ **Je crève de faim!** Rwy'n marw o newyn!
■ **Je crève de froid!** Rwy bron â rhewi!
[la] crevette ENW
corgimwch (g)
■ **une crevette rose** corgimwch coch
■ **une crevette grise** berdysen lwyd
[le] cri ENW
cri (g)/(b), gwaedd (b), sgrech (b)
❑ J'ai entendu un cri. Clywais waedd.
❑ pousser des cris de douleur sgrechian mewn poen
galwad (b)

❑ Je sais reconnaître les cris des oiseaux. Rydw i'n gallu adnabod galwad adar.
■ **C'est le dernier cri.** Dyna'r ffasiwn ddiweddaraf.
❑ Ce haut est du dernier cri. Mae'r top yma o'r ffasiwn ddiweraddaf.
criard (BEN **criarde**) ANSODDAIR
llachar *(lliw)*
[le] cric ENW
jac (g) *(i godi car)*
crier BERF [19]
galw, gweiddi, sgrechian
■ **crier de douleur** sgrechian mewn poen
[le] crime ENW
trosedd (b)
❑ un crime de guerre trosedd rhyfel llofruddiaeth
❑ Un crime a été commis ici. Bu llofruddiaeth yma.
[le] criminel ENW
troseddwr (g)
❑ un criminel de guerre troseddwr rhyfel llofrudd (g)
[la] criminelle ENW
troseddwraig (b)
llofrudd (g)
[le] crin ENW
rhawn (g), blew (ll) ceffyl
[la] crinière ENW
mwng (g)
[le] criquet ENW
ceiliog (g) y rhedyn, sioncyn (g) y gwair
[la] crise ENW
argyfwng (g)
■ **la crise économique** y dirwasgiad *(economaidd)*
trawiad (g), pwl (g)
❑ une crise d'asthme pwl o asthma ❑ une crise cardiaque trawiad ar y galon
■ **une crise de foie** helynt gyda'r iau/afu
■ **piquer une crise de nerfs** cael pwl o nerfusrwydd
■ **avoir une crise de fou rire** cael pwl o chwerthin gwyllt
[le] cristal (LLUOSOG [les] **cristaux**) ENW
grisial (g)
❑ un verre en cristal gwydr crisial
[le] critère ENW
maen (g) prawf, llinyn (g) mesur
critique (BEN **critique**) ANSODDAIR
▷ *gweler hefyd* **critique** ENW
beirniadol, difrifol *(cyflwr iechyd)*
[le] critique ENW

▷ *gweler hefyd* **la critique** ENW, **critique**
ANSODDAIR
beirniad (g)
❑ un critique de cinéma beirniad ffilmiau
[la] **critique** ENW
▷ *gweler hefyd* **le critique** ENW, **critique**
ANSODDAIR
beirniadaeth (b), adolygiad (g)
❑ Elle ne supporte pas les critiques. Mae'n
methu â goddef beirniadaeth.
adolygiad (g)
❑ Le film a reçu de bonnes critiques. Cafodd y
ffilm adolygiadau da.
critiquer BERF [28]
beirniadu
[la] **Croatie** ENW
Croatia (b)
■ **en Croatie (1)** yn Croatia
■ **en Croatie (2)** i Croatia
[le] **crochet** ENW
bachyn (g)
dargyfeiriad (g)
❑ faire un crochet dargyfeirio
bachyn (g) crosio
❑ un pull au crochet siwmper wedi ei chrosio
[le] **crocodile** ENW
crocodeil (g)
croire BERF [20]
credu
❑ Elle croit tout ce qu'on lui raconte. Mae'n
credu popeth mae pobl yn ei ddweud wrthi.
■ **croire que** credu bod ❑ Tu crois qu'il fera
beau demain? Wyt ti'n credu y bydd y tywydd
yn braf yfory?
■ **croire à quelque chose** credu yn rhywbeth
■ **croire en Dieu** credu yn Nuw
crois BERF ▷ *gweler* **croire**
croîs BERF ▷ *gweler* **croître**
[le] **croisement** ENW
croesffordd (b)
❑ Tournez à droite au croisement. Trowch i'r
dde ar y groesffordd.
croiser BERF [28]
■ **J'ai croisé Marie dans la rue.** Fe wnes i daro
i mewn i Marie yn y stryd.
■ **croiser les bras** croesi'ch breichiau
■ **croiser les jambes** croesi'ch coesau
■ **se croiser** pasio eich gilydd ❑ Nous nous
croisons dans l'escalier tous les matins. Rydym
yn pasio'n gilydd ar y grisiau bob bore.
[la] **croisière** ENW
mordaith (b)
[la] **croissance** ENW

tyfiant (g), twf (g)
[le] **croissant** ENW
croissant (g)
❑ un croissant au beurre croissant menyn
croit BERF ▷ *gweler* **croire**
croître BERF [21]
tyfu
[la] **croix** ENW
croes (b)
■ **la Croix-Rouge** Y Groes Goch
[le] **croque-madame** (LLUOSOG [les] **croque-
madame**) ENW
tost (g) gyda ham a chaws yn y canol ac wy
wedi'i ffrio ar ei ben
[le] **croque-monsieur** (LLUOSOG [les] **croque-
monsieur**) ENW
brechdan (b) caws a ham wedi'i thostio.
croquer BERF [28]
cnoi
❑ croquer une pomme crensian afal
■ **le chocolat à croquer** siocled plaen
[le] **croquis** ENW
braslun (g)
[la] **crotte** ENW
■ **une crotte de chien** baw ci
[le] **crottin** ENW
tail (g), tom (g)
❑ du crottin de cheval tail ceffyl
caws (g) gafr (*bach crwn*)
croustillant (BEN **croustillante**) ANSODDAIR
crystiog
[la] **croûte** ENW
crwst (g), crystyn (g) (*bara*)
■ **en croûte** mewn crwst
crawen (b) (*caws*)
crachen (b) (*ar groen*)
[le] **croûton** ENW
briwsionyn (g) saim (*bara*)
❑ des croûtons frottés d'ail briwsion saim
garlleg
croyons, croyez BERF ▷ *gweler* **croire**
[les] **CRS** ENW GWR LLUOSOG
heddlu gwrthderfysgaeth Ffrainc
cru BERF ▷ *gweler* **croire**
cru (BEN **crue**) ANS
amrwd
❑ la viande crue cig amrwd
■ **le jambon cru** ham Parma
crû BERF ▷ *gweler* **croître**
[la] **cruauté** ENW
creulondeb (g)
[la] **cruche** ENW
jwg (b)

[les] **crudités** ENW LLUOSOG
amrywiaeth (b) o lysiau amrwd
cruel (BEN **cruelle**) ANSODDAIR
creulon
[les] **crustacés** ENW GWR LLUOSOG
pysgod (ll) cregyn
[le] **cube** ENW
ciwb (g)
■ **un mètre cube** metr ciwbig
[la] **cueillette** ENW
cynaeafu, casglu
❏ **la cueillette des champignons** casglu madarch
cueillir BERF [22]
casglu *(blodau, ffrwythau)*
[la] **cuiller** ENW
llwy (b)
■ **une cuiller à café** llwy de
■ **une cuiller à soupe** llwy gawl
[la] **cuillère** ENW
llwy (b)
■ **une cuillère à café** llwy de
■ **une cuillère à soupe** llwy gawl
[la] **cuillerée** ENW
llwyaid (b)
[le] **cuir** ENW
lledr (g)
❏ **un sac en cuir** bag lledr
■ **le cuir chevelu** croen y pen
cuire BERF [23]
coginio
❏ **cuire quelque chose à feu vif** coginio rhywbeth ar wres uchel
■ **cuire quelque chose au four** coginio rhywbeth yn y ffwrn/popty
■ **cuire quelque chose à la vapeur** coginio rhywbeth â stêm, stemio
■ **faire cuire** r hoi i'w goginio ❏ 'Faire cuire pendant deux heures' 'Rhowch i'w goginio am ddwy awr.'
■ **bien cuit** wedi'i goginio'n dda
■ **trop cuit** wedi'i or-wneud
[la] **cuisine** ENW
cegin (b)
bwyd (g)
❏ **la cuisine française** bwyd Ffrengig
■ **faire la cuisine** coginio
cuisiné (BEN **cuisinée**) ANSODDAIR
■ **un plat cuisiné** pryd parod
cuisiner BERF [28]
coginio
❏ **J'aime beaucoup cuisiner.** Rwy'n hoff iawn o goginio.

[le] **cuisinier** ENW
cogydd (g)
[la] **cuisinière** ENW
cogyddes (b)
popty (g), ffwrn (b)
❏ **une cuisinière à gaz** popty nwy
[la] **cuisse** ENW
coes (b)
■ **une cuisse de poulet** coes cyw iâr
[la] **cuisson** ENW
coginio, crasu
❏ 'une heure de cuisson' 'amser coginio: un awr'
cuit BERF ▷ *gweler* **cuire**
[le] **cuivre** ENW
copr (g)
[le] **culot** ENW *(anffurfiol)*
haerllugrwydd (g), digywilydd-dra (g)
❏ **Quel culot!** Am ddigywilydd!
❏ **Il a un sacré culot!** Mae ganddo wyneb!
[la] **culotte** ENW
nicers (ll)
[la] **culpabilité** ENW
euogrwydd (g)
[le] **cultivateur** ENW
ffermwr (g), amaethwr (g)
[la] **cultivatrice** ENW
ffermwraig (b)
cultivé (BEN **cultivée**) ANSODDAIR
wedi'i drin *(tir)*
diwylliedig *(person)*
❏ **Elle est très cultivée.** Mae hi'n ddiwylliedig iawn.
cultiver BERF [28]
tyfu
❏ **Il cultive la vigne.** Mae'n tyfu grawnwin.
■ **cultiver la terre** trin y tir
[la] **culture** ENW
amaethyddiaeth (b), amaethu, tyfu
❏ **les cultures intensives** amaethu'n ddwys
diwylliant (g), addysg (b)
❏ **une bonne culture générale** addysg gyffredinol dda
■ **la culture physique** addysg gorfforol
[le] **culturisme** ENW
magu cyhyrau
[le] **curé** ENW
offeiriad (g), ficer (g)
[le] **cure-dent** ENW
deintbig (g) *(i gael gwared â bwyd rhwng y dannedd)*
curieux (BEN **curieuse**) ANSODDAIR
chwilfrydig

[la] **curiosité** ENW
   chwilfrydedd (g)

[le] **curriculum vitae** ENW
   curriculum vitae (g), C.V. (g)

[le] **curseur** ENW
   cyrchwr (g)

[la] **cuvette** ENW
   powlen (b)
   ❑ une cuvette en plastique powlen blastig

[le] **CV** ENW
   curriculum (g) vitae

[le] **cybercafé** ENW
   caffi'r we

cyclable (BEN **cyclable**) ANSODDAIR
   ■ une piste cyclable llwybr beicio

[le] **cycle** ENW
   cylch (g)

[le] **cyclisme** ENW
   beicio

[le/la] **cycliste** ENW
   beiciwr (g)
   beicwraig (b)

[le] **cyclomoteur** ENW
   moped (g)

[le] **cyclone** ENW
   corwynt (g)

[le] **cygne** ENW
   alarch (g)

c

D d

d' ARDDODIAD, BANNOD ▷ *gweler* **de**

[la] **dactylo** ENW
teipydd (g), teipyddes (b)
❑ Elle est dactylo. Mae hi'n deipyddes.

[la] **dactylo** ENW
teipio
❑ Elle prend des cours de dactylo. Mae hi'n dilyn cwrs teipio.

[le] **daim** ENW
swêd (g)
❑ une veste en daim siaced swêd

[la] **dame** ENW
boneddiges (b), benyw (b), gwraig (b), dynes (b)
brenhines (b) *(cardiau chwarae)*

[les] **dames** ENW BEN LLUOSOG
drafftiau (ll), draffts (ll) *(gêm)*

[le] **Danemark** ENW
Denmarc (b)
■ **au Denmark** yn Denmarc
■ **au Denmark** i Denmarc

[le] **danger** ENW
perygl (g)
■ **être en danger** bod mewn perygl
■ **'Danger de mort'** 'Perygl bywyd'

dangereux (BEN **dangereuse**)ANSODDAIR
peryglus

danois (BEN **danoise**) ANSODDAIR, ENW
Danaidd, o Ddenmarc
Daneg (g)/(b) *(yr iaith)*
❑ Il parle danois. Mae e'n siarad Daneg.
■ **un Danois** Daniad *(dyn)*
■ **une Danoise** Daniad *(dynes)*
■ **les Danois** y Daniaid

dans ARDDODIAD
mewn, yn, ymhen
❑ Elle est dans sa chambre. Mae hi yn ei hystafell wely. ❑ dans deux jours ymhen dau ddiwrnod ❑ Il est entré dans mon salon. Fe aeth i mewn i'm lolfa.
o

❑ On a bu dans des verres en plastique. Fe yfon ni o wydrau plastig.

[la] **danse** ENW
dawns (b)
❑ la danse moderne y ddawns fodern
❑ les danses folkloriques dawnsio gwerin
■ **la danse classique** dawns glasurol, bale dawnsio
❑ des cours de danse gwersi dawnsio

danser BERF [28]
dawnsio

[le] **danseur** ENW
dawnsiwr (g)

[la] **danseuse** ENW
dawnswraig (b)

[la] **date** ENW
dyddiad (g)
❑ ma date de naissance fy nyddiad geni
❑ la date limite de vente dyddiad gwerthu olaf *(ar gynnyrch)*
■ **un ami de longue date** hen ffrind *(ers amser maith)*

dater BERF [28]
■ **dater de** dyddio o ❑ Cette coutume date du siècle dernier. Mae'r arfer yma yn dyddio o'r ganrif ddiwethaf.

[la] **datte** ENW
deten (b), datysen (b) *(ffrwyth)*

[le] **dauphin** ENW
dolffin (g)

davantage ADFERF
■ **davantage de** mwy, rhagor, ychwaneg
❑ Il faudrait davantage de stages de formation. Mae angen fwy o gyrsiau hyfforddiant.

de ARDDODIAD, BANNOD
yn perthyn i, o, gan
❑ le toit de la maison to'r tŷ ❑ le vélo de Paul beic Paul ❑ la voiture de mes parents car fy rhieni ❑ la maison d'Hélène tŷ Hélène ❑ trois bouteilles de vin blanc tair potel o win gwyn
❑ dix litres d'essence deg litr o betrol

■ **un enfant de deux ans** plentyn dwy flwydd oed
■ **un billet de cent euros** darn papur 100 ewro o
❑ **de Cardiff à Paris** o Gaerdydd i Baris. ❑ **Il vient de Cardiff.** Mae e'n dod o Gaerdydd.
❑ **une lettre de Jean** llythr oddi wrth Jean
❑ **augmenter de cinq euros** cynyddu o bump ewro
■ **Je voudrais du vin rouge.** Fe hoffwn win coch.
■ **du pain et de la confiture** (peth) bara a (peth) jam
■ **Il n'a pas de frères.** Nid oes ganddo frodyr.
■ **Il n'y a plus de vin.** Nid oes ragor o win.

[le] **dé** ENW
dis (g),
gwniadur (g)

[le] **dealer** ENW
gwerthwr (g) cyffuriau *(anffurfiol)*

déballer BERF [28]
dadbacio

[le] **débardeur** ENW
crys T (g)

débarquer BERF [28]
glanio
❑ **Nous avons dû débarquer à Paris.** Bu'n rhaid i ni lanio ym Mharis.
■ **débarquer chez Paul** *(anffurfiol)* glanio/ymddangos yn nhŷ Paul ❑ **Ils ont débarqué chez nous à huit heures du matin.** Fe wnaethon nhw lanio yn ein tŷ ni am wyth y bore.

[le] **débarras** ENW
cwtsh (g) dan staer, ystafell drugareddau
■ **Bon débarras!** Gwynt teg ar ei (h)ôl!

débarrasser BERF [28]
clirio, gwaredu
❑ **Tu peux débarrasser la table, s'il te plaît?** A fedri di glirio'r bwrdd, plîs?
■ **se débarrasser de quelque chose** cael gwared â rhywbeth ❑ **Je me suis débarrassé de ma vieille voiture.** Cefais wared â fy hen gar.

[le] **débat** ENW
dadl (b), trafodaeth (b)

[se] **débattre** BERF [9]
brwydro, ymdrechu

débile (BEN **débile**) ANSODDAIR
hurt, twp, gwirion
❑ **C'est trop débile!** *(anffurfiol)* Mae'n rhy dwp!

débordé (BEN **débordée**) ANSODDAIR
■ **être débordé** bod at eich clustiau *(mewn gwaith)*

déborder BERF [28]
gorlifo *(afon)*
■ **déborder d'énergie** byrlymu ag egni

[le] **débouché** ENW
cyfle (g) *(i gael gwaith/swydd)*
❑ **Quels débouchés y a-t-il après ces études?** Pa gyfleoedd gwaith fydd ar ddiwedd y cwrs hwn?

déboucher BERF [28]
dadflocio *(sinc, pibell)*
agor *(potel)*, tynnu corcyn
■ **déboucher sur** arwain at ❑ **La rue débouche sur une place.** Mae'r stryd yn arwain at sgwâr.

debout ADFERF
yn sefyll, bod ar eich traed
❑ **Il a mangé son repas debout.** Bwytaodd ei bryd yn sefyll ar ei draed.
gosod i sefyll
❑ **Mets les livres debout sur l'étagère.** Gosod y llyfrau i sefyll ar y silff.
bod ar eich traed, wedi codi
❑ **Tu es déjà debout?** Wyt ti ar dy draed/wedi codi yn barod?
■ **Debout!** Ar dy draed!

déboutonner BERF [28]
dadfotymu

débraillé (BEN **débraillée**) ANSODDAIR
blêr, anniben

débrancher BERF [28]
dadgysylltu *(plwg)*

[le] **débris** ENW
■ **des débris de verre** darnau o wydr

débrouillard (BEN **débrouillarde**) ANSODDAIR
dyfeisgar, clyfar

[se] **débrouiller** BERF [28]
ymdopi, datrys
❑ **C'était difficile, mais je ne me suis pas trop mal débrouillé.** Roedd hi'n anodd, ond fe wnes i ymdopi yn eitha da.
■ **Débrouille-toi tout seul.** Datrys e dy hun.

[le] **début** ENW
y cychwyn (g), y dechreuad (g)
❑ **au début** yn y dechrau, ar y cychwyn
■ **début août** dechrau mis Awst

[le] **débutant** ENW
dechreuwr (g)

[la] **débutante** ENW
dechreuwraig (b)

débuter BERF [28]
cychwyn, dechrau

décaféiné (BEN **décaféinée**) ANSODDAIR
heb gaffein, digaffein

[le] **décalage horaire** ENW
gwahaniaeth (g) amser *(rhwng cylchfaoedd amser)*
❏ Il y a une heure de décalage horaire entre la France et la Grande-Bretagne. Mae awr o wahaniaeth amser rhwng Ffrainc a Phrydain.

décalquer BERF [28]
dargopïo

décapiter BERF [28]
dienyddio, torri pen

décapotable (BEN **décapotable**) ANSODDAIR
car (g) codi to

décapsuler BERF [28]
■ **décapsuler une bouteille** agor (caead) potel

[le] **décapsuleur** ENW
agorwr (g) poteli

décéder BERF [34]
marw
❏ Son frère est décédé il y a trois ans. Bu farw ei frawd dair blynedd yn ôl.

décembre ENW GWR
Rhagfyr (g)
■ **en décembre** ym mis Rhagfyr

décemment ADFERF
yn weddus

décent (BEN **décente**) ANSODDAIR
gweddus, parchus

[la] **déception** ENW
siom (b), siomedigaeth (b)

décerner BERF [28]
dyfarnu, gwobrwyo

[le] **décès** ENW
marwolaeth (b)

décevant (BEN **décevante**) ANSODDAIR
siomedig
❏ Ses notes sont plutôt décevantes. Mae ei farciau braidd yn siomedig.

décevoir BERF [67]
siomi

décharger BERF [45]
dadlwytho, gwagio

[se] **déchausser** BERF [28]
tynnu eich esgidiau

[les] **déchets** ENW GWR LLUOSOG
gwastraff (g), sbwriel (g)
❏ les déchets nucléaires gwastraff niwclear
❏ les déchets toxiques gwastraff gwenwynol

déchiffrer BERF [28]
dehongli, datrys

déchirant (BEN **déchirante**) ANSODDAIR
torcalonnus

déchirer BERF [28]
rhwygo *(dillad)*
rhwygo'n ddarnau
❏ déchirer une lettre rhwygo llythyr yn ddarnau
tynnu
❏ déchirer une page d'un livre tynnu tudalen o lyfr
■ **se déchirer** rhwygo ❏ se déchirer un muscle rhwygo cyhyr

[la] **déchirure** ENW
rhwyg (g) *(mewn dilledyn)*
■ **une déchirure musculaire** cyhyr wedi'i rwygo

décidé (BEN **décidée**) ANSODDAIR
penderfynol, pendant
■ **C'est décidé.** Mae'r penderfyniad wedi'i wneud .

décidément ADFERF
yn ddiamau, heb os, yn bendant
❏ Décidément, je n'ai pas de chance aujourd'hui. Yn bendant, dydw i ddim yn lwcus heddiw.

décider BERF [28]
penderfynu
■ **décider de faire quelque chose** penderfynu gwneud rhywbeth ❏ Ils ont décidé de partir. Maen nhw wedi penderfynu mynd.
■ **se décider** penderfynu, dod i benderfyniad ❏ Je n'arrive pas à me décider. Rydw i'n methu â phenderfynu.

décisif (BEN **décisive**) ANSODDAIR
penderfynol, terfynol

[la] **décision** ENW
penderfyniad (g)

[la] **déclaration** ENW
datganiad (g), cyhoeddiad (g)
❏ Je n'ai aucune déclaration à faire. Does gen i ddim datganiad i'w wneud.
■ **faire une déclaration de vol** hysbysu bod rhywbeth wedi'i ddwyn

déclarer BERF [28]
cyhoeddi, datgan
❏ déclarer la guerre à un pays cyhoeddi rhyfel yn erbyn gwlad
■ **se déclarer** cychwyn, dechrau ❏ Le feu s'est déclaré dans le salon. Dechreuodd y tân yn y lolfa.

déclencher BERF [28]
cychwyn *(i larwm ganu, ffrwydriad)*
■ **se déclencher** cychwyn

[le] **déclic** ENW (G)
clicied (b) *(mecanwaith)*

clic (g) *(sŵn)*

décoiffé (BEN **décoiffée**) ANSODDAIR
- ■ **Elle était toute décoiffée.** Roedd ei gwallt hi'n flêr iawn.

[le] **décollage** ENW
codiad (g), esgyniad (g) *(awyren)*

décollé (BEN **décollée**) ANSODDAIR
- ■ **avoir les oreilles décollées** bod â chlustiau sy'n sticio allan

décoller BERF [28]
dadlynu
- ❑ décoller une étiquette dadlynu label
- ■ **se décoller** dod yn rhydd
esgyn, codi
- ❑ L'avion a décollé avec vingt minutes de retard. Fe esgynnodd yr awyren ugain munud yn hwyr.

décolleté (BEN **décolletée**) ANSODDAIR
- ▷ *gweler hefyd* **décolleté** ENW
gwddf isel

[le] **décolleté** ENW
- ▷ *gweler hefyd* **décolleté** ANSODDAIR
- ■ **un décolleté plongeant** gwddf noeth

[se] **décolorer** BERF [28]
pylu, colli ei liw
- ❑ Ce T-shirt s'est décoloré au lavage. Mae'r crys T hwn wedi colli ei liw wrth ei olchi.
- ■ **se faire décolorer les cheveux** lliwio eich gwallt (yn olau)

[les] **décombres** ENW GWR LLUOSOG
rwbel (g)

[se] **décommander** BERF [28]
canslo, tynnu'n ôl
- ❑ Elle devait venir mais elle s'est décommandée hier. Roedd hi i fod i ddod ond fe dynnodd yn ôl ddoe.

déconcerté (BEN **déconcertée**) ANSODDAIR
dryslyd, syfrdan

décongeler BERF [1]
dadrewi

[se] **déconnecter** BERF [28]
allgofnodi

déconseiller BERF [28]
- ■ **déconseiller à quelqu'un de faire quelque chose** cynghori rhywun i beidio â gwneud rhywbeth ❑ Je lui ai déconseillé d'y aller. Fe'i cynghorais hi i beidio â mynd yno.
- ■ **C'est déconseillé.** Fe fyddai'n annoeth.

décontenancé (BEN **décontenancée**) ANSODDAIR
syn, dryslyd

décontracté (BEN **décontractée**) ANSODDAIR

wedi ymlacio
- ■ **s'habiller décontracté** gwisgo'n hamddenol

[se] **décontracter** BERF [28]
ymlacio
- ❑ Il est allé faire du tennis pour se décontracter. Fe aeth i chwarae tennis er mwyn ymlacio.

[le] **décor** ENW
decor, addurnwaith (g)

[le] **décorateur** ENW
addurnwr (g) tai

[la] **décoration** ENW
addurniad (g), addurn (g)

[la] **décoratrice** ENW
addurnwraig (b) tai

décorer BERF [28]
addurno, harddu

[les] **décors** ENW GWR LLUOSOG
set (b), golygfeydd (ll) *(mewn drama)*
set (b) *(mewn ffilm)*

décortiquer BERF [28]
plisgo
- ■ **des crevettes décortiquées** berdys wedi eu pilio

découdre BERF [15]
datod
- ■ **se découdre** datod, dod i ffwrdd

découper BERF [28]
torri, torri allan i
- ❑ J'ai découpé cet article dans le journal. Fe dorrais yr erthygl hon o'r papur.
torri, sleisio *(cig)*

décourageant (BEN **décourageante**) ANSODDAIR
digalon, siomedig

décourager BERF [45]
digalonni, siomi
- ■ **se décourager** digalonni
- ■ **Ne te décourage pas!** Paid â digalonni!

décousu (BEN **décousue**) ANSODDAIR
wedi datod
- ❑ Le bouton est décousu. Mae'r botwm wedi datod.

[le] **découvert** ENW
gorddrafft (g)

[la] **découverte** ENW
darganfyddiad (g)

découvrir BERF [55]
darganfod, gweld

décrire BERF [30]
disgrifio

[le] **décrochage** ENW
- ■ **le décrochage scolaire** triwantiaeth

d

décrocher BERF [28]
tynnu i lawr, dadfachu
❑ Tu peux m'aider à décrocher les rideaux?
A fedri di fy helpu i i dynnu'r llenni i lawr?
codi'r ffôn
❑ Il a décroché et a composé le numéro.
Cododd y derbynnydd a deialu'r rhif.
■ **décrocher le téléphone** codi'r ffôn o'i grud

déçu BERF
siomedig

dédaigneux (BEN **dédaigneuse**) ANSODDAIR
dirmygus
❑ d'un air dédaigneux â golwg ddirmygus

[le] **dédain** ENW
dirmyg (g)
❑ avec dédain â dirmyg

dedans ADFERF
y tu mewn
❑ C'est une jolie boîte: qu'est-ce qu'il y a dedans? Mae'n focs hardd: beth sydd y tu mewn?
■ **là-dedans (1)** y tu mewn iddo ❑ J'ai trouvé la letter là-dedans. Fe wnes i ddarganfod y llythyr y tu mewn.
■ **là-dedans (2)** i mewn, yn ❑ Il y a du vrai là-dedans. Mae yna wirionedd yn hynny.

dédicacé (BEN **dédicacée**) ANSODDAIR
■ **un exemplaire dédicacé** copi wedi'i lofnodi

dédier BERF [19]
cysegru, cyflwyno

déduire BERF [23]
tynnu, didynnu o, casglu
❑ Tu as déduit les dix euros que je te devais? Wyt ti wedi didynnu'r deg ewro oedd arna i i ti?
■ **J'en déduis qu'il a disparu.** Rwy'n casglu ei fod e wedi diflannu.

défaire BERF [36]
dadwneud, dadbacio, datod, agor
■ **défaire sa valise** dadbacio eich bag
■ **se défaire** datod, ymddatod

[la] **défaite** ENW
gorchfygiad (g), trechiad (g)

[le] **défaut** ENW
diffyg (g), prinder (g)

défavorable (BEN **défavorable**) ANSODDAIR
anffafriol

défavorisé (BEN **défavorisée**)ANSODDAIR
difreintiedig

défectueux (BEN **défectueuse**) ANSODDAIR
diffygiol, gwallus

défendre BERF [88]
gwahardd

■ **défendre à quelqu'un de faire quelque chose** gwahardd rhywun rhag gwneud rhywbeth ❑ Sa mère lui a défendu de sortir. Mae ei fam wedi'i wahardd rhag mynd allan.
amddiffyn
❑ défendre ses idées amddiffyn eich syniadau
❑ défendre quelqu'un amddiffyn rhywun

défendu (BEN **défendue**) ANSODDAIR
gwaharddiedig
❑ C'est défendu. Mae'n waharddedig.

[la] **défense** ENW
amddiffyniad (g)
■ **prendre la défense de quelqu'un** cefnogi rhywun
■ **'défense de fumer'** 'dim ysmygu'
ysgithr (g) (eliffant)

[le] **défi** ENW
her (b)
■ **d'un air de défi** yn heriol
■ **d'une voix de défi** mewn llais heriol

défier BERF [19]
herio (rhoi sialens, meiddio)
❑ Je te défie de trouver un pire exemple. Rwy'n dy herio di i ddod o hyd i enghraifft waeth.
herio (rhywun i fentro gwneud rhywbeth)
❑ Il m'a défié de le fâire. Fe'm heriodd i'w wneud.

défigurer BERF [28]
anharddu, aflunio

[le] **défilé** ENW
gorymdaith (b)
■ **un défilé de mode** sioe ffasiwn

défiler BERF [28]
gorymdeithio

définir BERF [38]
diffinio

définitif (BEN **définitive**) ANSODDAIR
diffiniol, terfynol
■ **en définitive** yn y diwedd, yn y pen draw
❑ En définitive, ils ont décidé de partir. Yn y diwedd, fe benderfynon nhw adael.

définitivement ADFERF
am byth
❑ Elle s'est définitivement installée en Irlande en 2012. Symudodd hi i Iwerddon am byth yn 2012.

déformer BERF [28]
anffurfio, colli siâp
❑ Ne tire pas sur ton pull, tu vas le déformer. Paid â thynnu ar dy bwlofer, fe fydd yn colli siâp.
■ **se déformer** colli siâp ❑ Ce pantalon s'est déformé au lavage. Mae'r trwser yma wedi colli

ei siâp wrth ei olchi.

[se] défouler BERF [28]

ymlacio

❏ Je fais du jogging pour me défouler. **Rydw i'n jogio er mwyn ymlacio.**

dégagé (BEN **dégagée**) ANSOSSAIR

■ **d'un air dégagé** yn hamddenol, yn ddidaro

■ **sur un ton dégagé** mewn llais didaro

dégager BERF [45]

rhyddhau, gwagio, clirio

❏ Ils ont mis deux heures à dégager les blessés. **Cymerodd ddwy awr iddyn nhw ryddhau'r rhai a anafwyd.**

clirio

■ **des gouttes qui dégagent le nez** diferion i glirio'r trwyn ❏ Ça se dégage. **Mae'n codi'n braf.** (*tywydd*)

[se] dégarnir BERF [38]

moeli, mynd yn foel

[les] dégâts ENW GWR LLUOSOG

difrod (g)

[le] dégel ENW

y meirioli (g), y dadmer (g)

dégeler BERF [1]

dadmer, dadlaith, dadrewi

❏ faire dégeler un poulet congelé **dadmer cyw iâr wed'i rewi**

dégivrer BERF [28]

dadrewi

clirio rhew (*oddi ar rywbeth*)

dégonfler BERF [28]

mynd i lawr, tynnu aer (*o rywbeth*)

❏ Quelqu'un a dégonflé mes pneus. **Mae rhywun wedi tynnu'r aer o'm teiars.**

■ **se dégonfler** (*anffurfiol*) cael traed oer, troi yn llwfr

dégouliner BERF [28]

diferu

dégourdi (BEN **dégourdie**) ANSODDAIR

effro, craff

❏ Elle n'est pas très dégourdie. **Nid yw'n graff iawn.**

dégourdir BERF [38]

■ **se dégourdir les jambes** ymestyn eich coesau

[le] dégoût ENW

ffieidd-dod (g)

❏ une expression de dégoût **wyneb yn llawn ffieidd-dod**

■ **avec dégoût** mewn ffieidd-dod

dégoûtant (BEN **dégoûtante**) ANSODDAIR

ffiaidd, atgas

dégoûté (BEN **dégoûtée**) ANSODDAIR

yn ffieiddio, o ffieidd-dod

■ **être dégoûté de tout** bod wedi cael llond bol â phopeth

dégoûter BERF [28]

codi cyfog ar, peri i rywun ffieiddio

❏ Ce genre de comportement me dégoûte. **Mae ymddygiad fel hyn yn codi cyfog arna i.**

■ **dégoûter quelqu'un de quelque chose** troi rhywun yn erbyn rhywbeth ❏ Ça m'a dégoûté des politiciens. **Trodd hyn fi yn erbyn gwleidyddion.**

[se] dégrader BERF [28]

dirywio

[le] degré ENW

gradd (b)

■ **de l'alcool à 90 degrés** ethyl-alcohol (*meddygol*)

dégringoler BERF [28]

rhuthro i lawr

❏ Il a dégringolé l'escalier. **Rhuthrodd i lawr y grisiau.**

bwrw i lawr, taro

❏ Il a fait dégringoler la pile de livres. **Gwnaeth i'r pentwr llyfrau ddisgyn/ddymchwel.**

[le] déguisement ENW

cuddwisg (b), gwisg (b) ffansi

déguiser BERF [28]

■ **se déguiser en quelque chose** cuddwisgo fel rhywbeth ❏ Elle s'était déguisée en clown. **Roedd hi wedi gwisgo fel clown.**

[la] dégustation ENW

blasu, profi

déguster BERF [28]

blasu (*bwyd, gwin*)

mwynhau, cael blas ar

dehors ADFERF

y tu allan

❏ Il t'attend dehors. **Mae e'n aros amdanat ti y tu allan.**

■ **jeter quelqu'un dehors** taflu rhywun allan

■ **en dehors de** ar wahân i ❏ En dehors d'elle, tout le monde était content. **Ar wahân iddi hi, roedd pawb yn hapus.**

déjà ADFERF

yn barod, eisoes

❏ J'ai déjà fini. **Rwyf eisoes wedi gorffen.**

o'r blaen

❏ Tu es déjà allé en Ecosse? **A wyt ti wedi bod yn yr Alban o'r blaen?**

déjeuner BERF [28]

▷ *gweler hefyd* déjeuner ENW

cael cinio, ciniawa

[le] déjeuner ENW

▷ *gweler hefyd* **déjeuner** BERF
cinio (g)

[le] délai ENW
estyniad (g)
❑ J'ai demandé un délai d'un jour. Gofynnais
am ddiwrnod o estyniad.
cyfnod penodedig
❑ être dans les délais bod o fewn cyfnod
penodedig

délasser BERF [28]
dadflino, ymlacio
❑ La lecture délasse. Mae darllen yn ymlacio
rhywun.
■ **se délasser** ymlacio ❑ Elle a pris un bain
pour se délasser. Cafodd fath er mwyn ymlacio.

délavé (BEN **délavée**) ANSODDAIR
di-liw, wedi colli lliw
❑ un jean délavé jeans wedi colli eu lliw

[le] délégué ENW
cynrychiolydd (g)
❑ les délégués de classe cynrychiolwyr o'r
dosbarth

[la] déléguée ENW
cynrychiolydd (g)

déléguer BERF [34]
dirprwyo

délibéré (BEN **délibérée**) ANSODDAIR
bwriadol

délicat (BEN **délicate**) ANSODDAIR
sensitif, tyner
❑ avoir la peau délicate bod â chroen sensitif
anodd
❑ une situation délicate sefyllfa anodd
gofalus
❑ Elle est toujours très délicate. Mae hi bob
amser yn ofalus.
ystyriol
❑ C'est une attention délicate de sa part.
Roedd hynna'n ystyriol iawn ohoni.

délicatement ADFERF
yn dyner
yn ystyriol *(o rywun neu rywbeth)*

[le] délice ENW
pleser (g)
❑ Nager ici est un vrai délice. Mae nofio yma yn
bleser gwirioneddol.
■ **Ce biscuit est un vrai délice.** Mae'r fisged
hon yn wir yn hyfryd.

délicieux (BEN **délicieuse**) ANSODDAIR
blasus

[la] délinquance ENW
troseddau (ll)
❑ de nouvelles mesures pour combattre la

petite délinquance mesurau newydd i ddelio â
throseddau bychain
tramgwyddaeth (b)
■ **la délinquance juvénile** tramgwyddaeth
pobl ifanc

[le] délinquant ENW
troseddwr (g)
tramgwyddwr (g)

[la] délinquante ENW
troseddwraig (b)
tramgwyddwraig (b)

délirer BERF [28]
■ **Mais tu délires!** *(anffurfiol)* Rwyt ti'n wallgo!

[le] délit ENW
trosedd (b)

délivrer BERF [28]
rhyddhau *(carcharor)*

[le] deltaplane ENW
barcud (g) *(gleider)*
■ **faire du deltaplane** barcuta

demain ADFERF
yfory
■ **À demain!** Tan yfory! Fe wela i di yfory!

[la] demande ENW
cais (g)
■ **une demande en mariage** cynnig i briodi
■ **'demandes d'emploi'** 'ceisiadau am swydd'

demandé (BEN **demandée**) ANSODDAIR
■ **très demandé**
poblogaidd, â galw mawr amdano

demander BERF [28]
gofyn
❑ Il a demandé la permission. Mae e wedi
gofyn am ganiatâd. ❑ On a demandé notre
route au gendarme. Fe ofynnon ni'r ffordd i'r
plismon. ❑ Je lui ai demandé de m'aider.
Gofynnais iddo i'm helpu.
galw am
❑ un travail qui demande beaucoup de temps
gwaith sy'n galw am lawer o amser
■ **se demander** meddwl, pendroni, tybio
❑ Je me demande quel jour il va venir. Tybed
pa ddiwrnod y daw e.

[le] demandeur d'asile ENW
dyn (g) sy'n chwilio am loches *(yn wleidyddol)*

[le] demandeur d'emploi ENW
dyn (g) sy'n chwilio am waith

[la] demandeuse d'asile ENW
dynes (b) sy'n chwilio am loches *(yn wleidyddol)*

[la] demandeuse d'emploi ENW
dynes (b) sy'n chwilio am waith

[la] démangeaison ENW
cosi (g)

démanger BERF [45]
cosi
❑ Ça me démange. Mae hwnna'n cosi.

[le] **démaquillant** ENW
hylif (g) cael gwared o golur

démaquiller BERF [28]
■ **se démaquiller** cael gwared o golur

[la] **démarche** ENW
cerddediad (g)
❑ Elle a une drôle de démarche. Mae ganddi ffordd ryfedd o gerdded.
cam (g)
❑ faire les démarches nécessaires pour obtenir quelque chose cymryd y camau angenrheidiol i gael rhywbeth

démarrer BERF [28]
cychwyn, tanio *(car)*

démêler BERF [28]
datod, datrys

[le] **déménagement** ENW
symud tŷ, ymfudo
❑ C'était le jour de notre déménagement. Dyna'r diwrnod y symudon ni dŷ.
■ **un fourgon de déménagement** fan ddodrefn, fan fudo

déménager BERF [45]
symud tŷ, ymfudo

[le] **déménageur** ENW
dyn (g) symud dodrefn/celfi

dément (BEN **démente**) ANSODDAIR
gwallgof, hurt

démentiel (BEN **démentielle**) ANSODDAIR
ynfyd, hurt, gwallgof

demeurer BERF [28]
byw, trigo

demi (BEN **demie**) ANSODDAIR, ADFERF
▷ *gweler hefyd* demi ENW
hanner (g)
❑ Il a deux ans et demi. Mae e'n ddwy a hanner blwydd oed.
■ **Il est quatre heures et demie.** Mae hi'n hanner awr wedi pedwar.
■ **Il est minuit et demi.** Mae hi'n hanner awr wedi deuddeg/hanner nos.
■ **à demi endormi** yn hanner cysgu

[le] **demi** ENW
▷ *gweler hefyd* demi ANSODDAIR
hanner peint (g) o gwrw
■ **Un demi, s'il vous plaît!** Glasiad o gwrw os gwelwch yn dda!

[la] **demi-baguette** ENW
hanner baguette (g)

[le] **demi-cercle** ENW
hanner cylch (g)

[la] **demi-douzaine** ENW
hanner dwsin (g)
❑ une demi-douzaine d'œufs hanner dwsin o wyau

[la] **demie** ENW
yr hanner awr (b)
❑ Le train passe à la demie. Mae'r trên yn mynd heibio ar yr hanner awr.

demi-écrémé (BEN **demi-écrémée**) ANSODDAIR
hanner sgim

[la] **demi-finale** ENW
rownd (b) gyn-derfynol *(gêm)*

[le] **demi-frère** ENW
hanner brawd (g)

[la] **demi-heure** ENW
hanner awr (b)
❑ après une demi-heure ar ôl hanner awr
❑ toutes les demi-heures bob hanner awr

[la] **demi-journée** ENW
hanner diwrnod (g)
❑ On peut louer un vélo à la demi-journée. Gellir llogi beic am hanner diwrnod.

[le] **demi-litre** ENW
hanner litr (g)
❑ un demi-litre de lait hanner litr o laeth

[la] **demi-livre** ENW
hanner pwys (g)
❑ une demi-livre de pommes hanner pwys o afalau

[la] **demi-pension** ENW
gwely a brecwast a chinio nos
❑ Cet hôtel propose des tarifs raisonnables en demi-pension. Mae pris y gwely a brecwast a chinio yn rhesymol yn y gwesty hwn.

[le/la] **demi-pensionnaire** ENW
■ **être demi-pensionnaire** bod yn ddisgybl dyddiol *(sy'n cael cinio yn yr ysgol)*

demi-sel (BEN+LLUOSOG **demi-sel**) ANSODDAIR
■ **du beurre demi-sel** menyn gydag ychydig o halen ynddo

[la] **demi-sœur** ENW
hanner chwaer (b)

[la] **démission** ENW
ymddiswyddiad (g)
■ **donner sa démission** cyflwyno'ch ymddiswyddiad

démissionner BERF [28]
ymddiswyddo

[le] **demi-tarif** ENW
hanner pris (g)

❑ un billet à demi-tarif tocyn hanner pris
❑ voyager à demi-tarif teithio am hanner pris

[le] **demi-tour** ENW
■ faire demi-tour troi ar eich sawdl
❑ Il commence à pleuvoir; il est temps de faire demi-tour. Mae hi'n dechrau glawio; mae'n amser troi'n ôl.

[la] **démocratie** ENW
democratiaeth (b)

démocratique (BEN démocratique) ANSODDAIR
democrataidd

démodé (BEN démodée) ANSODDAIR
hen ffasiwn

[la] **demoiselle** ENW
merch (b) ifanc
■ une demoiselle d'honneur morwyn briodas

démolir BERF [38]
dymchwel, chwalu

[le] **démon** ENW
diafol (g)

démonter BERF [28]
tynnu i lawr (pabell)
datgymalu (peiriant)

démontrer BERF [28]
dangos, profi

dénoncer BERF [12]
cyhuddo, bradychu
■ se dénoncer ildio'ch hun ❑ Il s'est dénoncé à la police. Ildiodd ei hun i'r heddlu.

[le] **dénouement** ENW
canlyniad (g)

[la] **densité** ENW
trwch (g), dwysedd (g)

[la] **dent** ENW
dant (g)
❑ une dent de lait dant cyntaf, dant babi
❑ une dent de sagesse dant gofid

dentaire (BEN dentaire) ANSODDAIR
deintyddol

[la] **dentelle** ENW
lês (g)/(b)
❑ un chemisier en dentelle blowsen lês

[le] **dentier** ENW
dannedd (ll) gosod/dodi

[le] **dentifrice** ENW
past (g) dannedd

[le/la] **dentiste** ENW
deintydd (g)

[le] **déodorant** ENW
diaroglydd (g)

[le] **dépannage** ENW
■ un service de dépannage gwasanaeth

ceir wedi torri i lawr

dépanner BERF [28]
trwsio, atgyweirio
❑ Il a dépanné le camion en cinq minutes. Trwsiodd y lori mewn pum munud.
helpu rhywun mewn anhawster
❑ Il m'a prêté cinq euros pour me dépanner. (anffurfiol) Benthycodd bump ewro i fi er mwyn fy helpu.

[la] **dépanneuse** ENW
lori (b) achub/damweiniau (ceir)

[le] **départ** ENW
ymadawiad (g)
❑ Le départ est à dix heures. Rydyn ni'n gadael am ddeg o'r gloch.
■ Je te téléphonerai la veille de ton départ. Byddaf yn dy ffonio y noson cyn i ti adael.

[le] **département** ENW
adran (b)
❑ le département d'anglais à l'école yr adran Saesneg yn yr ysgol
rhanbarth (b) (weinyddol)
❑ le département du Rhône rhanbarth/sir y Rhône

dépasser BERF [58]
pasio, mynd heibio
❑ Il y a un camion qui essaie de nous dépasser. Mae yna lori yn ceisio ein pasio.
mynd heibio
❑ Nous avons dépassé Lyon. Rydyn ni wedi mynd heibio/y tu hwnt i Lyon.
mynd dros ben (swm ariannol)

dépaysé (BEN dépaysée) ANSODDAIR
■ se sentir un peu dépaysé teimlo ychydig ar goll/allan o'ch cynefin

[se] **dépêcher** BERF [28]
brysio
❑ Dépêche-toi! Brysia!

dépendre BERF [88]
■ dépendre de dibynnu ar ❑ Ça dépend de l'heure. Mae'n dibynnu ar yr amser.
■ dépendre de quelqu'un dibynnu ar rywun
■ Ça dépend. Mae'n dibynnu.

dépenser BERF [28]
gwario

dépensier (BEN dépensière) ANSODDAIR
■ Il est dépensier. Mae'n afradlon/wastraffus (ag arian).
■ Elle n'est pas dépensière. Dydi hi ddim yn gwario'n ormodol.

dépilatoire (BEN dépilatoire) ANSODDAIR
■ une crème dépilatoire eli cael gwared o flew

[le] **dépit** ENW
- **en dépit de** er gwaethaf
  - Il y est allé en dépit du temps. Fe aeth e yna er gwaetha'r tywydd.

déplacé (BEN **déplacée**) ANSODDAIR
di-alw-amdano, diangen
- C'était une remarque déplacée. Roedd hynna'n sylw diangen.

[le] **déplacement** ENW
taith (b)
- Ça vaut le déplacement. Mae'n werth y daith.

déplacer BERF [12]
symud, adleoli
- Tu peux m'aider à déplacer le lit? A fedri di fy helpu i symud y gwely?
gohirio, symud
- déplacer un rendez-vous symud y cyfarfod (o ran dyddiad, amser)
- **se déplacer (1)** teithio □ Elle se déplace beaucoup pour son travail. Mae'n teithio llawer yn ei gwaith.
- **se déplacer (2)** mynd o gwmpas □ Il a du mal à se déplacer. Mae e'n ei chael hi'n anodd i fynd o gwmpas.
- **se déplacer un os** symud asgwrn o'i le.

déplaire BERF [62]
- **Cela me déplaît.** Mae'n gas gen i hynna.

déplaisant (BEN **déplaisante**) ANSODDAIR
annifyr, annymunol

[le] **dépliant** ENW
taflen (b)

déplier BERF [19]
agor

déposer BERF [28]
rhoi i lawr, gosod i lawr, gadael
- J'ai déposé ma valise à la consigne. Gadewais fy nghês yn y swyddfa cadw bagiau.
gosod, dodi, rhoi
- Déposez le paquet sur la table. Gosodwch y parsel ar y bwrdd.
- **déposer quelqu'un** gollwng rhywun (o gerbyd)

dépourvu (BEN **dépourvue**) ANSODDAIR
- **prendre quelqu'un au dépourvu** dal rhywun yn ddiarwybod □ Sa question m'a pris au dépourvu. Roedd ei gwestiwn yn annisgwyl i mi.

[la] **dépression** ENW
iselder (g) ysbryd
- **faire de la dépression** dioddef o iselder ysbryd
- **faire une dépression** cael chwalfa nerfol

déprimant (BEN **déprimante**) ANSODDAIR
digalon

déprimer BERF [28]
digalonni, mynd yn isel eich ysbryd
- Il déprime souvent. Mae e'n aml yn isel ei ysbryd. □ Ce genre de temps me déprime. Mae tywydd fel hyn yn fy ngwneud i'n ddigalon.

depuis ARDDODIAD, ADFERF
ers
- Il habite Paris depuis 1980. Mae'n byw ym Mharis ers 1980. □ Je ne lui ai pas parlé depuis. Nid wyf wedi siarad ag e ers hynny.
- **depuis que** ers □ Il a plu tous les jours depuis que je suis arrivé. Mae hi wedi bwrw glaw bob dydd ers i mi gyrraedd.
ers
- J'habite Paris depuis cinq ans. Rydw i'n byw ym Mharis ers pum mlynedd.
- **Depuis combien de temps?** Ers faint?
- Depuis combien de temps est-ce que vous la connaissez? Ers faint ydych chi'n ei hadnabod?
- **Depuis quand?** Ers pryd? □ Depuis quand est-ce que vous le connaissez? Ers pryd ydych chi'n ei adnabod?

[le] **député** ENW
Aelod (g) Seneddol (dyn)

[la] **députée** ENW
Aelod (g) Seneddol (dynes)

déraciner BERF [28]
diwreiddio, dadwreiddio

[le] **dérangement** ENW
- **en dérangement** heb fod yn gweithio, wedi torri □ Le téléphone est en dérangement quelquefois. Dyw'r ffôn ddim yn gweithio ar brydiau.

déranger BERF [45]
poeni, tarfu
- Excusez-moi de vous déranger. Mae'n flin gen i'ch poeni.
- **Ne te dérange pas, je vais répondre au téléphone.** Paid â symud, fe ateba i'r ffôn.
drysu, gwneud llanast o
- Ne dérange pas mes papiers, s'il te plaît. Paid â gwneud llanast o fy mhapurau, plîs.

déraper BERF [28]
sglefrio, llithro

[le/la] **dermatologue** ENW
dermatolegydd (g)/ (b)
- Il est dermatologue. Dermatolegydd yw e.

dernier (BEN **dernière**) ANSODDAIR
olaf
- Elle est arrivée dernière. Hi oedd yr olaf i gyrraedd. □ la dernière fois y tro olaf

diweddaraf
❑ le dernier film de Spielberg ffilm ddiweddaraf Spielberg
■ **en dernier** yn olaf, ar y diwedd ❑ Ajoutez le sucre en dernier. Rhowch y siwgr i mewn yn olaf.

dernièrement ADFERF
yn ddiweddar

dérouler BERF [28]
dadrolio
datod
■ **se dérouler** digwydd ❑ L'action du film se déroule dans les années trente. Mae'r ffilm yn digwydd yn y tridegau.
■ **Tout s'est déroulé comme prévu.** Fe ddigwyddodd popeth yn ôl y disgwyl.

derrière ADFERF, ARDDODIAD
▷ *gweler hefyd* **derrière** ENW
y tu ôl, y tu cefn i

[le] **derrière** ENW
▷ *gweler hefyd* **derrière** ADFERF
cefn (g) (*tŷ*)
❑ la porte de derrière y drws cefn
pen ôl (g)
❑ un coup de pied dans le derrière cic yn y pen ôl

des BANNOD
rhai
❑ Tu veux des frites? Wyt ti eisiau rhai sglodion? ❑ J'ai des cousins en Bretagne. Mae gennyf rai cefndryd yn Llydaw. ❑ pendant des mois am rai misoedd
unrhyw
❑ Tu as des sœurs? Oes gennyt unrhyw chwiorydd?

dès ARDDODIAD
o,
❑ dès le mois de décembre o fis Rhagfyr
ymlaen
■ **dès le début** o'r cychwyn cyntaf
■ **Elle vous appellera dès son retour.** Fe fydd yn eich galw cyn gynted ag y daw adref.
■ **dès que** cyn gynted â ❑ Il a souri dès qu'il m'a vu. Gwenodd cyn gynted ag y gwelodd fi.

désabusé (BEN **désabusée**) ANSODDAIR
siomedig

[le] **désaccord** ENW
anghytundeb (g), anghydfod (g)

désagréable (BEN **désagréable**) ANSODDAIR
annymunol, annifyr

désaltérer BERF [34]
■ **L'eau naturelle désaltère bien.** Mae dŵr naturiol yn torri syched yn dda.

■ **se désaltérer** torri'ch syched ❑ Nous sommes allés dans un pub pour nous désaltérer. Fe aethon ni i dafarn er mwyn torri ein syched.

désapprobateur (BEN **désapprobatrice**) ANSODDAIR
beirniadol
❑ une attitude désapprobatrice agwedd feirniadol

[le] **désastre** ENW
trychineb (g)/ (b)

[le] **désavantage** ENW
anfantais (b)

désavantager BERF [45]
■ **désavantager quelqu'un** rhoi rhywun dan anfantais ❑ Cette nouvelle loi va désavantager les femmes. Bydd y ddeddf newydd hon yn rhoi menywod dan anfantais.

descendre BERF [24]
mynd i lawr
❑ Elle est tombée en descendant l'escalier. Cwympodd wrth fynd i lawr y grisiau.
dod i lawr
❑ Attendez en bas; je descends! Arhoswch lawr y grisiau; rwy'n dod i lawr!
estyn
❑ Tu peux descendre ma valise, s'il te plaît? A fedri di estyn fy nghês, os gweli di'n dda?
disgyn
❑ Nous descendons à la prochaine gare . Rydym yn disgyn yn yr orsaf nesaf.

[la] **descente** ENW
ffordd (b) i lawr, rhiw (g)
❑ Je vous attendrai au bas de la descente. Fe arhosa i amdanoch chi ar waelod y rhiw.
■ **une descente de police** cyrch gan yr heddlu

[la] **description** ENW
disgrifiad (g)

déséquilibré (BEN **déséquilibrée**) ANSODDAIR
anghytbwys, dryslyd (*person*)

déséquilibrer BERF [28]
■ **déséquilibrer quelqu'un** bwrw/taflu rhywun oddi ar ei echel ❑ Le coup à la tête l'a déséquilibré. Mae'r ergyd ar ei ben wedi peri ei wneud yn simsan.

désert (BEN **déserte**) ANSODDAIR
▷ *gweler hefyd* **désert** ENW
gwag, anghyfannedd
❑ Le dimanche, le centre commercial est désert. Ar ddydd Sul, mae'r ganolfan siopa yn wag.
■ **une île déserte** ynys anghyfannedd

[le] **désert** ENW
▷ *gweler hefyd* **désert** ANSODDAIR

diffeithwch (g), anialwch (g)

déserter BERF [28]
encilio, gadael, ffoi *(o'r fyddin)*

désertique (BEN **désertique**) ANSODDAIR
anial, yn perthyn i'r diffeithwch
❑ une région désertique ardal anial

désespéré (BEN **désespérée**) ANSODDAIR
diobaith

désespérer BERF [34]
anobeithio
❑ Il ne faut pas désespérer. Peidiwch ag
anobeithio.

[le] **désespoir** ENW
anobaith (g)

déshabiller BERF [28]
dadwisgo
■ se déshabiller tynnu'ch dillad, dadwisgo

déshériter BERF [28]
dietifeddu
■ les déshérités y difreintiedig

déshydraté (BEN **déshydratée**) ANSODDAIR
wedi dadhydradu, wedi sychu

désigner BERF [28]
dewis
❑ On m'a désigné pour remettre le prix. Cefais
fy newis i gyflwyno'r wobr.
■ désigner quelque chose du doigt pwyntio
at rywbeth

[le] **désinfectant** ENW
diheintydd (g)

désinfecter BERF [28]
diheintio

désintéressé (BEN **désintéressée**) ANSODDAIR
anhunanol
❑ un acte désintéressé gweithred anhunanol
di-duedd
❑ un conseil désintéressé cyngor di-duedd

désintéresser BERF [28]
■ se désintéresser de quelque chose colli
diddordeb mewn rhywbeth

[le] **désir** ENW
dymuniad (g), awydd (g)
❑ Vos désirs sont des ordres. Fe gewch eich
dymuniad.
ewyllys (b)
❑ le désir de réussir yr ewyllys i lwyddo
chwant (g), trychwant (g)
❑ Ses yeux brillaient de désir. Roedd ei lygaid
yn disgleirio â chwant.

désirer BERF [28]
dymuno
❑ Vous désirez? Beth hoffech chi? *(mewn siop)*

désobéir BERF [38]

■ désobéir à quelqu'un anufuddhau i rywun

désobéissant (BEN **désobéissante**) ANSODDAIR
anufudd

désobligeant (BEN **désobligeante**) ANSODDAIR
annymunol, annifyr
❑ faire une remarque désobligeante gwneud
sylw annymunol

[le] **désodorisant** ENW
diaroglydd (g)

désolé (BEN **désolée**) ANSODDAIR
edifar
❑ Je suis vraiment désolé. Mae'n wir ddrwg
gen i.
■ Désolé! Sori! Mae'n ddrwg gen i!

désopilant (BEN **désopilante**) ANSODDAIR
doniol tu hwnt

désordonné (BEN **désordonnée**) ANSODDAIR
blêr, anniben

[le] **désordre** ENW
llanast (g), annibendod (g)
■ Quel désordre! Dyna lanast!
■ en désordre yn anniben ❑ Sa chambre
est toujours en désordre. Mae ei ystafell bob
amser yn anniben.

désormais ADFERF
o hyn ymlaen
❑ Désormais, je ne boirai plus de vin. O hyn
ymlaen, wnai byth eto yfed gwin.

desquelles RHAGENW LLUOSOG
❑ des négociations au cours desquelles le
syndicat a fait des concessions y trafodaethau
pryd yr ildiodd yr undeb rhywfaint

desquels RHAGENW LLUOSOG
❑ les rivières au bord desquelles nous avons
campé yr afonydd y buom yn gwersylla ar hyd
eu glannau

dessécher BERF [34]
sychu
❑ Le soleil dessèche la peau. Mae'r haul yn
sychu eich croen.

desserrer BERF [28]
llacio

[le] **dessert** ENW
pwdin (g)
❑ Qu'est-ce que tu veux comme dessert?
Beth hoffet ti i bwdin?

[le] **dessin** ENW
llun (g)
❑ C'est un dessin de mon petit frère. Llun o'm
brawd bach yw e.
■ un dessin animé ffilm wedi'i hanimeiddio
■ un dessin humoristique cartŵn

[le] **dessinateur** ENW

- **un dessinateur industriel** dylunydd

dessiner BERF [28]
dylunio, tynnu llun

dessous ADFERF
▷ *gweler hefyd* **dessous** ENW
o dan, oddi tanodd
- **en dessous** oddi tanodd ▫ Soulevez le pot de fleurs, la clé est en dessous. Codwch y pot blodau, mae'r allwedd oddi tanodd.
- **par-dessous** islaw, oddi tanodd ▫ Le grillage ne sert à rien, les lapins passent par-dessous. Dyw'r ffens yn dda i ddim, mae'r cwningod yn mynd oddi tanodd.
- **là-dessous** islaw, oddi tanodd ▫ Le prisonnier s'est caché là-dessous. Cuddiodd y carcharor oddi tanodd.
- **ci-dessous** isod ▫ Complétez les phrases ci-dessous. Gorffennwch y brawddegau isod.
- **au-dessous de** dan, islaw ▫ quinze degrés au-dessous de zéro pymtheg gradd dan sero

[le] **dessous** ENW
▷ *gweler hefyd* **dessous** ADFERF
oddi tano, lawr llawr, lawr y grisiau
- **les voisins du dessous** y cymdogion lawr llawr
- **les dessous** dillad isaf ▫ des dessous en soie dillad isaf sidan

[le] **dessous-de-plat** (LLUOSOG [les] **dessous-de-plat**) ENW
mat (g) bwrdd

dessus ADFERF
▷ *gweler hefyd* **dessus** ENW
arno, arni
▫ un gâteau avec des bougies dessus teisen a chanhwyllau arni
- **par-dessus** dros ▫ Il a sauté par-dessus la barrière. Fe neidiodd dros y giât.
- **au-dessus** uwchben, yn fwy ▫ la taille au-dessus un maint yn fwy ▫ au-dessus du lit uwchben y gwely
- **là-dessus (1)** yn y fan yna ▫ Tu peux écrire là-dessus. Gelli di ysgrifennu yn y fan yna.
- **là-dessus (2)** ar hynny ▫ 'Je démissionne!' Là-dessus, elle est partie. 'Rwy'n ymddiswyddo!' Ar hynny, fe adawodd hi.
- **ci-dessus** uchod ▫ l'exemple ci-dessus yr enghraifft uchod

[le] **dessus** ENW
▷ *gweler hefyd* **dessus** ADFERF
rhan (b) uchaf, ochr (b) uchaf, uwchben
- **les voisins du dessus** y cymdogion uwchben
bod yn drech na rhywun
- **avoir le dessus** cael y llaw uchaf

[le/la] **destinataire** ENW
derbynnydd (g)

[la] **destination** ENW
pen (g) y daith
- **les passagers à destination de Paris** y teithwyr sy'n teithio i Baris.

destiné (BEN **destinée**) ANSODDAIR
ar gyfer
▫ Ce livre est destiné aux enfants. Mae'r llyfr hwn ar gyfer plant.
- **Il était destiné à être professeur.** Ei dynged oedd bod yn athro.

[la] **destruction** ENW
dinistr (g), distryw (g)

[le] **détachant** ENW
codwr (g) staen

détacher BERF [28]
datod, dadfachio, tynnu yn rhydd
- **se détacher de quelque chose (1)** dod yn rhydd o rywbeth ▫ La poignée de la porte s'est détachée. Mae dolen y drws wedi dod yn rhydd.
- **se détacher de quelque chose (2)** dod yn rhydd ▫ Un wagon s'est détaché du reste du train. Daeth wagen yn rhydd o weddill y trên.

[le] **détail** ENW
manylyn (g)
- **en détail** yn fanwl

[le] **détective** ENW
ditectif (g)
▫ un détective privé ditectif preifat

déteindre BERF [60]
pylu, colli lliw *(yn y golch)*

détendre BERF [88]
ymlacio
▫ La musique, ça me détend. Mae cerddoriaeth yn gwneud i mi ymlacio.
- **se détendre** ymlacio ▫ Elle est allée prendre un bain pour se détendre. Mae wedi mynd i gael bath er mwyn ymlacio.

[la] **détente** ENW
gorffwys (g)

[le] **détenu** ENW
carcharor (g)

[la] **détenue** ENW
carcharor (g)

[se] **détériorer** BERF [28]
dirywio, gwaethygu

déterminé (BEN **déterminée**) ANSODDAIR
penderfynol, pendant
▫ C'est un garçon déterminé. Mae'n fachgen penderfynol.
penodol

❏ un but déterminé nod penodol

détestable (BEN **détestable**) ANSODDAIR
ffiaidd, atgas

détester BERF [28]
ffieiddio, casáu

[la] **détonation** ENW
taniad (g), ffrwydriad (g)
❏ J'ai entendu une détonation. Fe glywais
daniad.

[le] **détour** ENW
gwyriad (g), dargyfeiriad (g)
■ Ça vaut le détour. Mae'n werth y daith.

[le] **détournement** ENW
■ un détournement d'avion herwgipio
awyren

détrempé (BEN **détrempée**) ANSODDAIR
dan ddŵr, llawn dŵr

[les] **détritus** ENW GWR LLUOSOG
sbwriel (g)

détruire BERF [23]
dinistrio, distrywio

[la] **dette** ENW
dyled (b)

[le] **deuil** ENW
■ être en deuil bod mewn galar

deux RHIF
dau, dwy
❏ Il était deux heures. Roedd hi'n ddau o'r
gloch. ❏ Il a deux ans. Mae e'n ddwy flwydd
oed.
dwy waith
■ deux points colon (atalnodi)
■ tous les deux y ddau/y ddwy ❏ Nous y
sommes allées toutes les deux. Fe aethon ni
yno, y ddwy ohonom.
■ le deux mars yr ail o Fawrth

deuxième (BEN **deuxième**) ANSODDAIR
ail
❏ au deuxième étage ar yr ail lawr

deuxièmement ADFERF
yn ail

devais, devait, devaient BERF
▷ gweler **devoir**

dévaliser BERF [28]
dwyn popeth oddi ar rywun, ysbeilio rhywun

devant ADFERF, ARDDODIAD
▷ gweler hefyd **devant** ENW
ar y blaen
❏ Elle marchait devant. Roedd yn cerdded ar
y blaen.
o flaen
❏ Elle était assise devant moi. Roedd yn
eistedd o'm blaen i.

■ **passer devant** mynd heibio ❏ Nous
sommes passés devant l'église. Fe aethon ni
heibio'r eglwys.

[le] **devant** ENW
▷ gweler hefyd **devant** ADFERF
blaen (g), tu (g) blaen
❏ le devant de la maison blaen y tŷ
■ les pattes de devant traed/coesau/
pawennau blaen

[le] **développement** ENW
datblygiad (g)
■ les pays en voie de développement y
gwledydd sy'n datblygu

développer BERF [28]
datblygu
❏ donner une pellicule à développer rhoi ffilm i
gael ei datblygu
■ se développer datblygu

devenir BERF [25]
mynd yn/dod yn

devez BERF ▷ gweler **devoir**

[la] **déviation** ENW
gwyriad (g), dargyfeiriad (g)

deviez BERF ▷ gweler **devoir**

deviner BERF [28]
dyfalu

[la] **devinette** ENW
pos (g)
❏ poser une devinette à quelqu'un rhoi pos i
rywun

devions BERF ▷ gweler **devoir**

dévisager BERF [45]
■ dévisager quelqu'un syllu ar rywun

[la] **devise** ENW
arian (g) (cyfredol)
❏ les devises étrangères arian tramor

dévisser BERF [28]
dadsgriwio

dévoiler BERF [28]
dadorchuddio

devoir BERF [26]
▷ gweler hefyd **devoir** ENW

AMSER PRESENNOL	
je dois	nous devons
tu dois	vous devez
il/elle doit	ils/elles doivent
RHANGYMERAD GORFFENNOL	
dû	

mae'n rhaid
❏ Je dois partir. Mae'n rhaid i fi fynd.
bod yn siŵr
❏ Tu dois être fatigué. Mae'n siŵr dy fod ti wedi

blino.

bod i fod i

❑ Le nouveau centre commercial doit ouvrir demain. Mae'r ganolfan siopa newydd i fod i agor yfory.

■ **devoir quelque chose à quelqu'un** bod arnoch arian i rywun ❑ Combien est-ce que je vous dois? Faint sydd arna i i chi?

[le] **devoir** ENW

▷ *gweler hefyd* **devoir** BERF

gwaith (g) cartref, tasg (b)

■ **les devoirs** gwaith cartref

■ **un devoir sur table** prawf ysgrifenedig dyletswydd (b)

❑ Aller voter fait partie des devoirs du citoyen. Mae pleidleisio yn un o ddyletswyddau dinesydd.

devons BERF ▷ *gweler* **devoir**

dévorer BERF [28]

llowcio

dévoué (BEN **dévouée**) ANSODDAIR

ffyddlon, ymroddedig

devra, devrai, devras, devrez, devrons, devront BERF ▷ *gweler* **devoir**

[le] **diabète** ENW

clefyd (g) siwgr

diabétique (BEN **diabétique**) ANSODDAIR

diabetig

❑ Je suis diabétique. Rwyf yn ddiabetig.

[le] **diable** ENW

diafol (g), cythraul (g)

[le] **diabolo** ENW

cordial (g) *(diod ffrwyth a lemonêd)*

■ **un diabolo menthe** diod mintys a lemonêd

diagonal (BEN **diagonale**, GWR LLUOSOG **diagonaux**) ANSODDAIR

croeslinol

[la] **diagonale** ENW

croeslin (b)

■ **en diagonale** yn groeslinol

[le] **diagramme** ENW

diagram (g)

[le] **dialecte** ENW

tafodiaith (b)

[le] **dialogue** ENW

sgwrs (b), deialog (g)/(b)

[le] **diamant** ENW

diemwnt (g)

[le] **diamètre** ENW

diamedr (g)

[la] **diapo** ENW *(anffurfiol)*

sleid (b)

■ **une pellicule diapo** ffilm sleidiau

[la] **diapositive** ENW

sleidiau (ll)

❑ projeter des diapositives dangos sleidiau

[la] **diarrhée** ENW

dolur (g) rhydd

❑ avoir la diarrhée bod â dolur rhydd

[le] **dictateur** ENW

unben (g)

[la] **dictature** ENW

unbennaeth (b)

[la] **dictée** ENW

arddywediad (g)

dicter BERF [28]

arddweud *(llythyr)*

[le] **dictionnaire** ENW

geiriadur (g)

diététique (BEN **diététique**) ANSODDAIR

■ **un magasin diététique** siop bwydydd iach

[le] **dieu** (LLUOSOG [les] **dieux**) ENW

duw (g)

■ **Dieu** Duw ❑ Mon Dieu! Dduw Mawr!

[le] **différé** ENW

■ **une émission en différé** recordiad *(rhaglen)*

[la] **différence** ENW

gwahaniaeth (g)

■ **la différence d'âge** gwahaniaeth oed

■ **à la différence de** yn wahanol i

différent (BEN **différente**) ANSODDAIR

gwahanol

❑ pour des raisons différentes am resymau gwahanol

amryw

❑ pour différentes raisons am amryw o resymau

■ **différent de** yn wahanol i ❑ Ton point de vue est différent du mien. Mae dy safbwynt di'n wahanol i fy un i.

difficile (BEN **difficile**) ANSODDAIR

anodd

❑ C'est difficile à comprendre. Mae'n anodd ei ddeall.

difficilement ADFERF

■ **faire quelque chose difficilement** gwneud rhywbeth ag anhawster ❑ Mon grand-père se déplace difficilement. Mae fy nhaid/nhad-cu yn cael anhawster i symud o gwmpas.

■ **Il pouvait difficilement refuser.** Roedd hi'n anodd iddo wrthod.

[la] **difficulté** ENW

anhawster (g)

❑ avec difficulté gydag anhawster

■ **être en difficulté** bod mewn anhawste

digérer BERF [34]
  treulio *(bwyd)*
[le] **digestif** ENW
  diod (b) i dreulio bwyd
digne (BEN **digne**) ANSODDAIR
  ■ **digne de** teilwng o ❑ digne de confiance
  teilwng o ymddiriedaeth, dibynadwy
[la] **dignité** ENW
  urddas (g)
[le] **dilemme** ENW
  penbleth (b)
  ❑ être devant un dilemme bod mewn penbleth
diluer BERF [28]
  gwanhau, teneuo
[le] **dimanche** ENW
  dydd (g) Sul
  ❑ Aujourd'hui, on est dimanche. Mae'n ddydd
  Sul heddiw. ❑ Dimanche, je vais déjeuner chez
  mes parents. Ddydd Sul, rydw i yn cael cinio
  gyda'm rhieni.
  ■ **le dimanche** ar ddydd Sul ❑ Le dimanche,
  je fais la grasse matinée. Ar ddydd Sul, rydw i'n
  aros yn hwyr yn y gwely.
  ■ **tous les dimanches** bob dydd Sul
  ■ **dimanche dernier** dydd Sul diwethaf
  ■ **dimanche prochain** dydd Sul nesaf
diminuer BERF [28]
  lleihau, gostwng, cyfyngu
  ❑ Est-ce que vous pouvez diminuer le son?
  Allech chi ostwng y sŵn?
[le] **diminutif** ENW
  talfyriad (g) o hoff enw (g), enw (g) anwes
[la] **diminution** ENW
  lleihad (g)
  gostyngiad (g)
[la] **dinde** ENW
  twrci (g) *(cig)*
  ❑ la dinde de Noël twrci Nadolig
[le] **dindon** ENW
  twrci (g) *(aderyn byw)*
[le] **dîner** ENW
  ▷ *gweler hefyd* **dîner** BERF
  cinio (g) *(gyda'r nos)*
dîner BERF [28]
  ▷ *gweler hefyd* **dîner** ENW
  ciniawa, cael cinio *(gyda'r nos)*
dingue (BEN **dingue**) ANSODDAIR *(anffurfiol)*
  hurt, gwirion
diplomate (BEN **diplomate**) ANSODDAIR
  ▷ *gweler hefyd* **diplomate** ENW
  diplomatig
[le] **diplomate** ENW
  ▷ *gweler hefyd* **diplomate** ANSODDAIR

diplomat (g)
[la] **diplomatie** ENW
  diplomyddiaeth (b)
[le] **diplôme** ENW
  diploma (g)/(b)
diplômé (BEN **diplômée**) ANSODDAIR
  cymwys
dire BERF [27]
  dweud
  ❑ Elle a dit qu'elle ne viendrait pas. Dywedodd
  na fyddai'n dod.
  ■ **on dit que ...** dywedir bod ❑ On dit que le
  vin est excellent là-bas. Maen nhw'n dweud
  bod y gwin yn ardderchog yno.
  dweud wrth
  ■ **dire quelque chose à quelqu'un** dweud
  rhywbeth wrth rywun ❑ Il m'a dit la vérité.
  Dywedodd y gwir wrthyf. ❑ Il m'a dit de
  regarder cette émission. Dywedodd wrthyf am
  wylio'r rhaglen hon.
  ■ **On dirait qu'il va pleuvoir.** Mae'n edrych fel
  pe bai'n mynd i fwrw glaw.
  ■ **se dire quelque chose** meddwl rhywbeth
  ❑ Quand je l'ai vue, je me suis dit qu'elle avait
  vieilli. Pan welais i hi, meddyliaias ei bod hi
  wedi heneiddio.
  ■ **Est-ce que ça se dit?** Ydych chi'n dweud
  hynna?
  ■ **Ça ne me dit rien.** Does dim diddordeb gen
  i mewn hynna.
direct (BEN **directe**) ANSODDAIR
  uniongyrchol
  ■ **en direct** yn fyw ❑ une émission en direct
  rhaglen fyw
directement ADFERF
  yn uniongyrchol, yn syth, ar unwaith
  ❑ Je suis rentré directement chez moi. Es i
  adref yn syth.
[le] **directeur** ENW
  prifathro (g), pennaeth (g)
  ❑ Il est directeur. Prifathro yw e.
  cyfarwyddwr (g), rheolwr (g)
  ❑ Il est directeur du personnel. Rheolwr
  adnoddau dynol yw e.
[la] **direction** ENW
  rheolaeth (b), cyfarwyddyd (g)
  ❑ la direction et les ouvriers y rheolwyr a'r
  gweithwyr
  cyfeiriad (b)
  ❑ 'toutes directions' 'i bob cyfeiriad'
[la] **directrice** ENW
  prifathrawes (b), pennaeth (g)
  ❑ Elle est directrice. Mae hi'n brifathrawes.
  rheolwraig (b)

d

❏ Elle est directrice commerciale. Mae hi'n reolwraig busnes.

dirent BERF ▷ *gweler* **dire**

[le] **dirigeant** ENW
arweinydd (g)

[la] **dirigeante** ENW
arweinyddes (b)

diriger BERF [45]
rheoli, rhedeg, arwain
❏ Elle dirige une petite entreprise. Mae'n rheoli cwmni bychan.
■ **se diriger vers** anelu/mynd am ❏ Elle se dirigeait vers la gare. Roedd hi'n anelu am yr orsaf.

dis BERF▷ *gweler* **dire**
■ **Dis-moi la vérité!** Dwed y gwir wrthyf.
■ **dis donc** dwed di! Wel! Wel! ❏ Elle a drôlement changé, dis donc! Mae hi wedi newid llawer, wel, wel! ❏ Dis donc, tu te souviens de ton ancien professeur? Nawr te, wyt ti'n cofio dy hen/gyn athro?

disaient, disais, disait BERF ▷ *gweler* **dire**

[la] **discothèque** ENW
disgo (g)

[le] **discours** ENW
araith (b), anerchiad (g)

discret (BEN **discrète**) ANSODDAIR
cynnil, gochelgar

[la] **discrimination** ENW
anffafriaeth (b)
❏ la discrimination raciale gwahaniaethu ar sail hil ❏ la discrimination sexuelle gwahaniaethu ar sail rhyw

[la] **discussion** ENW
trafodaeth (b)

discutable (BEN **discutable**) ANSODDAIR
dadleuol, amheus

discuter BERF [28]
siarad, trafod
❏ Ils ont discuté pendant des heures. Buont yn trafod am oriau.
dadlau
❏ C'est ce que j'ai décidé, alors ne discutez pas! Dyna beth rydw i wedi ei benderfynu, felly dim dadlau!

disent, disiez, disions BERF ▷ *gweler* **dire**

disons BERF ▷ *gweler* **dire**
efallai, dyweder
❏ C'est à, disons, une vingtaine de minutes à pied. Mae, efallai, rhyw ugain munud o gerdded.

disparaître BERF [56]
diflannu

■ **faire disparaître quelque chose (1)** gwneud i rywbeth ddiflannu ❏ Il a fait disparaître le lapin dans son chapeau. Fe wnaeth i'r gwningen ddiflannu yn ei het.
■ **faire disparaître quelque chose (2)** cael gwared â rywbeth ❏ Ils ont fait disparaître tous les documents compromettants. Cawsant wared â'r holl ddogfennau damniol.

[la] **disparition** ENW
diflaniad (g)
■ **une espèce en voie de disparition** rhywogaeth sydd mewn perygl o ddiflannu

disparu (BEN **disparue**) ANSODDAIR
■ **être porté disparu** bod ar goll

[le] **dispensaire** ENW
clinig (g) cymunedol

dispensé (BEN **dispensée**) ANSODDAIR
■ **être dispensé de quelque chose** cael eich esgusodi o rywbeth ❏ Elle est dispensée des cours de français. Mae'n cael ei hesgusodi o wersi Ffrangeg.

disperser BERF [28]
gwasgaru, chwalu
❏ La police a dispersé les manifestants. Gwasgarodd yr heddlu y protestwyr.
■ **se disperser** ymwasgaru ❏ Une fois l'ambulance partie, la foule s'est dispersée. Unwaith yr aeth yr ambiwlans, fe wnaeth y dorf wasgaru.

disponible (BEN **disponible**) ANSODDAIR
ar gael, yn rhydd

disposé (BEN **disposée**) ANSODDAIR
■ **être disposé à faire quelque chose** bod yn barod i wneud rhywbeth ❏ Elle était disposée à m'aider. Roedd yn barod i'm helpu.

disposer BERF [28]
■ **disposer de quelque chose** bod â rhywbeth at eich defnydd ❏ Je dispose d'un ordinateur. Mae cyfrifiadur gen i at fy nefnydd.

[la] **disposition** ENW
■ **prendre ses dispositions** gwneud trefniadau ❏ Est-ce que vous avez pris vos dispositions pour partir en Bretagne? Ydych chi wedi gwneud trefniadau i fynd i Lydaw?
■ **avoir quelque chose à sa disposition** bod â rhywbeth at eich defnydd ❏ J'ai une voiture à ma disposition pour toute la semaine. Mae gennyf gar i'w ddefnyddio am yr wythnos gyfan.
■ **Je suis à votre disposition.** Rwyf at eich galwad.
■ **Ces livres sont à votre disposition.** Mae'r llyfrau hyn at eich defnydd.

[la] **dispute** ENW

dadl (b), ffrae (b), cweryl (g)
[se] disputer BERF [28]
ffraeo, cweryla
[le] disquaire ENW
gwerthwr (g) recordiau
[le] disque ENW
record (b)
disg (g)/(b)
■ **un disque compact** cryno ddisg
■ **le disque dur** disg caled
[la] disquette ENW
disg (g) hyblyg
disséminé (BEN **disséminée**) ANSODDAIR
gwasgaredig
disséquer BERF [34]
dyrannu
[la] dissertation ENW
traethawd (g)
dissimuler BERF [28]
cuddio, celu
[se] dissiper BERF [28]
diflannu, gwasgaru
❏ Le brouillard va se dissiper dans l'après-midi.
Fe fydd y niwl yn diflannu yn ystod y prynhawn.
[le] dissolvant ENW
toddwr (g) farnais ewinedd
dissoudre BERF [70]
hydoddi
■ **se dissoudre** toddi, ymdoddi
dissuader BERF [28]
■ **dissuader quelqu'un de faire quelque chose** darbwyllo rhywun i beidio â gwneud rhywbeth ❏ Il m'a dissuadé d'aller voir ce film. Fe wnaeth fy narbwyllo i beidio â mynd i weld y ffilm hon.
[la] distance ENW
pellter (g)
[la] distillerie ENW
distyllfa (b)
distingué (BEN **distinguée**) ANSODDAIR
arbennig, o fri
distinguer BERF [28]
canfod, gweld
[la] distraction ENW
adloniant (g), difyrrwch (g)
❏ Elle lit beaucoup: c'est sa seule distraction.
Mae'n darllen llawer: dyna'i hunig ddifyrrwch.
distraire BERF [85]
■ **Va voir un film, ça te distraira.** Dos i weld ffilm, bydd hynny'n cadw dy feddwl oddi ar bethau.
distrait (BEN **distraite**) ANSODDAIR

pell eich meddwl, anghofus
distribuer BERF [28]
dosbarthu, rhannu
❏ Distribue les livres, s'il te plaît. Dosbartha'r llyfrau, os gweli di'n dda.
delio (cardiau)
[le] distributeur ENW
■ **un distributeur automatique** peiriant gwerthu
■ **un distributeur de billets** peiriant arian, twll yn y wal
dit BERF ▷ gweler **dire**
dit (BEN **dite**) ANSODDAIR
a adwaenir fel
❏ Pierre, dit Pierrot Pierre, a adwaenir fel Pierrot
dites BERF ▷ gweler **dire**
■ **Dites-moi ce que vous pensez.** Dwedwch wrtha i beth ydych chi'n feddwl.
■ **dites donc** Hai, nawr te ❏ Dites donc, vous, là-bas! Hei, chi draw fanna!
divers (BEN **diverse**) ANSODDAIR
amrywiol, gwahanol
■ **pour diverses raisons** am resymau gwahanol
[se] divertir BERF [38]
difyrru, diddanu, mwynhau eich hun
divin (BEN **divine**) ANSODDAIR
dwyfol
diviser BERF [28]
rhannu
❏ Six divisé par deux égalent trois. Mae chwech, rhannu â dau yn gwneud tri.
[le] divorcé ENW
gŵr (g) wedi ysgaru
[la] divorcée ENW
gwraig (b) wedi ysgaru
divorcer BERF [12]
ysgaru, cael ysgariad
dix RHIF
deg, deng
❏ Il a dix ans. Mae e'n ddeg oed. ❏ à dix heures am ddeg o'r gloch
■ **le dix mai** y degfed o Fai
dix-huit RHIF
❏ Il a dix-huit ans. Mae e'n ddeunaw oed.
❏ à dix-huit heures am chwech o'r gloch (y nos)
dixième (BEN **dixième**) ANSODDAIR
degfed
❏ au dixième étage ar y degfed llawr
dix-neuf RHIF
❏ Il a dix-neuf ans. Mae e'n un deg naw/pedair ar bymtheg. ❏ à dix-neuf heures am saith o'r gloch (y nos)

dix-sept RHIF
❏ Il a dix-sept ans. Mae e'n ddwy ar bymtheg oed.
❏ à dix-sept heures am bump o'r gloch *(yn y prynhawn)*

[la] **dizaine** ENW
tua deg (g)
❏ une dizaine de jours tua deng niwrnod

[le] **do** ENW
do (g)/(b); C *(nodyn cerddorol)*
❏ en do majeur yn C fwyaf
❏ do, ré, mi . . . do, re, mi . . .

[le] **docteur** ENW
meddyg (g), doctor (g)
❏ Elle est docteur. Mae hi'n feddyg.

[le] **document** ENW
dogfen (b)

[le] **documentaire** ENW
ffilm (b) ddogfen

[le/la] **documentaliste** ENW
llyfrgellydd (g)

[la] **documentation** ENW
dogfennaeth (b)

documenter BERF [28]
■ se documenter sur quelque chose casglu gwybodaeth am rywbeth

dodu (BEN **dodue**) ANSODDAIR
tew, llond ei groen/chroen

[le] **doigt** ENW
bys (g)
■ les doigts de pied bysedd traed

dois, doit, doivent BERF ▷ *gweler* **devoir**

[le] **domaine** ENW
ystad (b), tiriogaeth (b)
❏ Il possède un immense domaine en Bretagne. Mae ganddo ystad fawr yn Llydaw.
maes (g)
❏ La chimie n'est pas mon domaine. Nid cemeg yw fy maes i.

domestique (BEN **domestique**) ANSODDAIR
▷ *gweler hefyd* **domestique** ENW
yn ymwneud â'r tŷ/teulu/cartref
■ les animaux domestiques anifeiliaid anwes

[le/la] **domestique** ENW
▷ *gweler hefyd* **domestique** ANSODDAIR
gwas (g), morwyn (b)

[le] **domicile** ENW
cartref (g), annedd (g)/(b)
■ à domicile gartref ❏ Il travaille à domicile. Mae'n gweithio gartref.

domicilié (BEN **domiciliée**) ANSODDAIR
■ 'domicilié à: ...' 'yn byw yn …

dominer BERF [28]
rheoli, dominyddu
■ se dominer eich rheoli eich hun

[les] **dominos** ENW GWR LLUOSOG
dominos (ll)
❏ jouer aux dominos chwarae dominos

[le] **dommage** ENW
niwed (g), drwg (g), difrod (g)
❏ Les inondations ont causé d'importants dommages. Mae'r llifogydd wedi achosi difrod mawr.
■ C'est dommage. Mae'n drueni. ❏ C'est dommage qu'elle ne puisse pas venir. Mae'n bechod na alla hi ddod.

dompter BERF [28]
dofi, gorchfygu

[le] **dompteur** ENW
dofwr (g)

[la] **dompteuse** ENW
dofwraig (b)

[le] **don** ENW
rhodd (b)
dawn (b)
❏ avoir un don pour quelque chose bod â dawn i wneud rhywbeth
■ Il a le don de m'énerver. Mae ganddo ddawn i fynd o dan fy nghroen i.

donc CYSYLLTAIR
felly

[le] **donjon** ENW
twr (g) *(castell)*
dwnsiwn (g)

[les] **données** ENW BEN LLUOSOG
data (ll)

donner BERF [28]
rhoi
■ donner quelque chose à quelqu'un rhoi rhywbeth i rywun ❏ Il m'a donné son adresse. Fe roddodd ei gyfeiriad i mi.
■ Ça m'a donné faim. Cododd hynny chwant bwyd arna i.
rhoi
❏ Tu as toujours ta veste en daim? – Non, je l'ai donnée. A ydy'r siaced swêd gen ti o hyd? – Na, rwy wedi'i rhoi i rywun.
■ donner sur quelque chose edrych dros rywbeth ❏ une fenêtre qui donne sur la mer ffenest sy'n edrych dros y môr

dont RHAGENW
ohono, ohoni, ohonynt
❏ deux livres, dont l'un est en français dau lyfr, un ohonynt yn Ffrangeg ❏ le prix dont il est si fier y wobr y mae mor falch ohoni ❏ dix

blessés, dont deux grièvement deg wedi eu
hanafu, dau ohonynt yn ddifrifol ❏ la fille dont
je t'ai parlé y ferch y soniais i wrthot ti amdani

doré (BEN **dorée**) ANSODDAIR
euraidd, aur
❏ une étoile dorée seren aur

dorénavant ADFERF
o hyn ymlaen
❏ Dorénavant, vous ferez attention. O hyn
ymlaen, fe fyddwch yn ofalus.

dorloter BERF [28]
maldodi, mwytho

dormir BERF [29]
cysgu
❏ Tu as bien dormi? A gysgaist ti'n dda?
yn cysgu
❏ Tu dors? Wyt ti'n cysgu?

[le] **dortoir** ENW
ystafell (b) gysgu

[le] **dos** ENW
cefn
❏ dos à dos cefn wrth gefn
■ **faire quelque chose dans le dos de
quelqu'un** gwneud rhywbeth y tu ôl i gefn
rhywun ❏ Il me critique dans mon dos.
Mae e'n fy meirniadu y tu ôl i'm cefn.
■ **de dos** o'r cefn, o'r tu ôl
■ **nager le dos crawlé** nofio ar y cefn
■ **'voir au dos'** 'gweler drosodd'

[la] **dose** ENW
dos (g)
❏ Ne pas dépasser la dose prescrite. Peidiwch â
chymryd mwy na'r dos penodedig.

[le] **dossier** ENW
ffeil (b)
❏ une pile de dossiers tomen o ffeiliau
adroddiad (g)
❏ un bon dossier scolaire adroddiad ysgol da
erthygl (b) (mewn cylchgrawn)
cefn (g) (cadair)

[la] **douane** ENW
tollau (ll)

[le] **douanier** ENW
swyddog (g) tollau

[le] **double** ENW
■ **le double** dwbl, dwywaith yn fwy
❏ Il gagne le double. Mae'n ennill dwywaith yn
fwy. ❏ le double du prix normal dwywaith y
pris arferol
■ **en double** copi ❏ Gardez cette photo, je l'ai
en double. Cadwch y llun, mae gen i gopi.
■ **le double messieurs** parau dynion (tennis)

double-cliquer BERF [28]

clicio dwy waith
❏ double-cliquer sur une icône clicio ddwy
waith ar eicon

doubler BERF [28]
dyblu
❏ Le prix a doublé en deux ans. Mae'r pris wedi
dyblu mewn dwy flynedd.
pasio, mynd heibio
❏ Il est dangereux de doubler sur cette route.
Mae'n beryglus pasio ar y ffordd hon.
■ **un film doublé** ffilm wedi ei throsleisio

douce ANSODDAIR BEN ▷ gweler **doux**

doucement ADFERF
yn dyner, yn ysgafn, yn dawel
❏ Elle a frappé doucement à la porte. Curodd
yn ysgafn ar y drws.
yn ofalus, gan bwyll
❏ Roulez doucement! Gyrrwch yn ofalus!
❏ Je ne comprends pas, parlez plus doucement.
Nid wyf yn deall, siaradwch yn fwy araf.

[la] **douceur** ENW
meddalwch (g), tynerwch (g)
❏ Cette crème maintient la douceur de votre
peau. Mae'r eli hwn yn cadw'ch croen yn
feddal.
tawelwch (g), addfwynder (g), esmwythder (g)
❏ parler avec douceur siarad yn araf a thawel
■ **L'avion a atterri en douceur.** Glaniodd yr
awyren yn esmwyth.

[la] **douche** ENW
cawod (b)
■ **les douches** ystafell gawod
■ **prendre une douche** cael cawod

[se] **doucher** BERF [28]
cael cawod

doué (BEN **douée**) ANSODDAIR
dawnus, talentog
■ **être doué en quelque chose** bod yn
ddawnus mewn rhywbeth ❏ Il est doué en
chimie. Mae e'n dda mewn Cemeg.

douillet (BEN **douillette**) ANSODDAIR
meddal, cyfforddus
❏ un anorak douillet anorac gyfforddus
llywaeth, sensitif
❏ Je ne supporte pas la douleur: je suis très
douillette. Fedra i ddim dioddef poen: rwy'n
sensitif ofnadwy.

[la] **douleur** ENW
poen (g)/(b), dolur (g)

douloureux (BEN **douloureuse**) ANSODDAIR
poenus

[le] **doute** ENW
amheuaeth (b)

■ **sans doute** yn ddiamau, heb amheuaeth
douter BERF [28]
amau
■ **douter de quelque chose** amau rhywbeth
❑ Je doute de sa sincérité. Rwy'n amau ei ddiffuantrwydd.
■ **se douter de quelque chose** amau rhywbeth ❑ Je ne me doutais de rien. Doeddwn i'n amau dim.
■ **Je m'en doutais.** Roeddwn i'n amau.
douteux (BEN **douteuse**) ANSODDAIR
amheus yr olwg
❑ une plaisanterie d'un goût douteux jôc amheus
amheus, brith
❑ un individu douteux unigolyn amheus yr olwg
Douvres ENW
Dofr (g)/(b)
doux (BEN **douce**, GWR LLUOSOG **doux**) ANSODDAIR
meddal, ysgafn
❑ un tissu doux defnydd meddal ❑ les drogues douces cyffuriau ysgafn
melys
❑ du cidre doux seidr melys
mwyn
❑ Il fait doux aujourd'hui. Mae hi'n fwyn heddiw.
addfwyn
❑ C'est quelqu'un de très doux. Mae e'n berson addfwyn iawn.
■ **en douce** yn ddistaw bach ❑ Il m'a donné dix euros en douce. Rhoddodd ddeg ewro i mi yn ddistaw bach.
[la] **douzaine** ENW
dwsin (g)
❑ une douzaine d'œufs dwsin o wyau
■ **une douzaine de personnes** tua deuddeg o bobl
douze RHIF
deuddeg
❑ Elle a douze ans. Mae hi'n ddeuddeg oed.
■ **le douze mars** y deuddegfed o Fawrth
douzième (BEN **douzième**) ANSODDAIR
deuddegfed
❑ au douzième étage ar y deuddegfed llawr
[la] **dragée** ENW
siwgr-almon (g)
draguer BERF [28] (anffurfiol)
■ **draguer quelqu'un** ceisio bachu rhywun (merch) ❑ Il est en train de la draguer. Mae'n ceisio ei bachu.
■ **se faire draguer** cael eich bachu ❑ Elle aime

se faire draguer. Mae'n hoffi cael ei bachu.
[le] **dragueur** ENW (anffurfiol)
fflyrt (b), bachwr (g) merched
[la] **dragueuse** ENW (anffurfiol)
fflyrt (b), bachwr (g) dynion
dramatique (BEN **dramatique**) ANSODDAIR
dramatig, trychinebus
❑ une situation dramatique sefyllfa drychinebus
■ **l'art dramatique** celfyddyd y theatr, drama
[le] **drame** ENW
drama (b) (digwyddiad)
■ **Ça n'est pas un drame si vous ne venez pas.** Os na ddowch chi, fydd hi ddim yn ddiwedd y byd.
[le] **drap** ENW
cynfas (b) (gwely)
[le] **drapeau** (LLUOSOG [les] **drapeaux**) ENW
baner (b)
❑ le drapeau français baner Ffrainc
❑ le drapeau tricolore y faner drilliw
dressé (BEN **dressée**) ANSODDAIR
wedi'i hyfforddi
❑ un chien bien dressé ci wedi ei hyfforddi'n dda
dresser BERF [28]
llunio
❑ dresser une liste llunio rhestr
hyfforddi, dysgu
❑ dresser un chien dysgu ci
■ **dresser l'oreille** moeli clustiau/gwrando'n astud ❑ Quand elle a dit ça, j'ai dressé l'oreille. Pan ddywedodd hi hynna, fe wrandewais yn astud.
[la] **drogue** ENW
cyffur (g)
❑ le problème de la drogue problem cyffuriau
❑ la lutte contre la drogue y frwydr yn erbyn cyffuriau
■ **les drogues douces** cyffuriau ysgafn
■ **les drogues dures** cyffuriau caled
[le] **drogué** ENW
dyn (g) sy'n gaeth i gyffuriau
[la] **droguée** ENW
dynes (b) sy'n gaeth i gyffuriau
droguer BERF [28]
■ **droguer quelqu'un** rhoi cyffuriau i rywun
■ **se droguer** cymryd cyffuriau
[la] **droguerie** ENW
siop (b) nwyddau i'r cartref
droit (BEN **droite**) ANSODDAIR, ADFERF
▷ gweler hefyd **droit** ENW, **droite** ENW

de
❑ le bras droit y fraich dde ❑ le côté droit
yr ochr dde
syth
❑ une ligne droite llinell syth ❑ Tiens-toi droit!
Sefyll yn syth!
■ **tout droit** yn syth ymlaen
[le] **droit** ENW
▷ *gweler hefyd* **droit** ANSODDAIR
hawl (b)
❑ les droits de l'homme hawliau dynol
■ **avoir le droit de faire quelque chose** bod
â'r hawl i wneud rhywbeth ❑ On n'a pas le
droit de fumer dans les lieux publics. Nid
oes gennym hawl i ysmygu mewn mannau
cyhoeddus.
y gyfraith (b)
❑ faire son droit astudio'r gyfraith ❑ un
étudiant en droit myfyriwr y gyfraith
[la] **droite** ENW
▷ *gweler hefyd* **droite** ANSODDAIR, **droite** ENW
y dde (b)
❑ sur votre droite ar eich ochr dde
■ **à droite (1)** ar y dde ❑ la quatrième rue à
droite y pedwaredd stryd ar y dde
■ **à droite (2)** i'r dde ❑ à droite de la fenêtre
i'r dde o'r ffenestr
■ **Tournez à droite.** Trowch i'r dde.
■ **la voie de droite** y lôn ar y dde
■ **la droite** yr asgell dde *(mewn
gwleidyddiaeth)*
■ **Il est très à droite.** Mae e wir ar yr asgell
dde.
droitier (BEN **droitière**) ANSODDAIR
llaw dde
❑ Elle est droitière. Mae hi'n llaw dde.
drôle (BEN **drôle**) ANS
doniol, digrif, rhyfedd
❑ Ça n'est pas drôle. Nid yw hynna'n ddoniol.
■ **un drôle de temps** tywydd rhyfedd
drôlement ADFERF
yn wirioneddol
❑ C'est drôlement bon. Mae e'n wirioneddol
dda.
du BANNOD
peth
❑ Tu veux du fromage? Wyt ti am beth caws?
ychydig
❑ Tu as du chocolat? Oes gen ti ychydig o
siocled?
y/yr
❑ la porte du salon drws y lolfa ❑ la femme du
professeur gwraig yr athro

dû BERF ▷ *gweler* **devoir**
▷ *gweler hefyd* **dû** ANSODDAIR
■ **Nous avons dû nous arrêter.** Roedd yn
rhaid i ni stopio.
dû (BEN **due**, GWR LLUOSOG **dus**) ANSODDAIR
▷ *gweler hefyd* **dû** BERF
■ **dû à** oherwydd, achos, o ganlyniad
❑ un retard dû au mauvais temps oedi
oherwydd y tywydd gwael
[le] **duc** ENW
dug (g)
[la] **duchesse** ENW
duges (b)
dupe (BEN **dupe**) ANSODDAIR
■ **Il me ment, mais je ne suis pas dupe.**
Mae e'n dweud celwydd wrthyf, ond dwi ddim
yn dwp.
duquel (GWR LLUOSOG **desquels**, BEN LLUOSOG
desquelles) RHAGENW
❑ l'homme duquel il parle y dyn y mae'n
siarad amdano
dur (BEN **dure**) ANSODDAIR, ADFERF
caled, creulon
❑ travailler dur gweithio'n galed ❑ être dur
avec quelqu'un bod yn galed ar rywun
durant ARDDODIAD
yn ystod
❑ durant la nuit yn ystod y nos
am
❑ durant des années am flynyddoedd ❑ des
mois durant am fisoedd
[la] **durée** ENW
hyd (g), parhad (g), cyfnod (g)
❑ Quelle est la durée des études d'ingénieur?
Faint yw hyd cwrs i astudio i fod yn
beiriannydd?
■ **pour une durée de douze jours** am gyfnod
o ddeuddeng niwrnod
■ **de courte durée** cyfnod byr ❑ un séjour de
courte durée arhosiad byr
■ **de longue durée** cyfnod hir ❑ une
absence de longue durée absenoldeb hir
durement ADFERF
yn arw, yn llym, yn greulon
durer BERF [28]
para
[la] **dureté** ENW
llymder (g)
❑ traiter quelqu'un avec dureté trin rhywun
yn llym
[le] **DVD** ENW
DVD (g)

d

Ffrangeg-Cymraeg

dynamique (BEN dynamique) ANSODDAIR
dynamig, egnïol

dyslexique (BEN dyslexique) ANSODDAIR
dyslecsig

d

E|e

[l'] eau (LLUOSOG [les] **eaux**)
ENW BEN
dŵr (g)
- **l'eau minérale** dŵr mwynol
- **l'eau plate** dŵr plaen/cyffredin
- **tomber à l'eau** mynd i'r gwellt ❑ Les projets sont tous tombés à l'eau. Mae'r projectau i gyd wedi mynd i'r gwellt.

ébahi (BEN **ébahie**) ANSODDAIR
wedi synnu'n fawr

éblouir BERF [38]
dallu

[l'] éboueur ENW GWR
dyn (g) sbwriel

ébouillanter BERF [28]
sgaldio, llosgi â dŵr

[l'] écaille ENW BEN
cen (g) (pysgodyn)

[s'] écailler BERF [28]
pilio

[l'] écart ENW GWR
bwlch (g)
- **à l'écart de** beth pellter o, ar wahân i, o'r neilltu i ❑ Les garçons se sont assis à l'écart des filles. Fe eisteddodd y bechgyn ar wahân i'r merched.

écarté (BEN **écartée**) ANSODDAIR
anghysbell, pell o bobman
- **les bras écartés** â'ch breichiau yn agored
- **les jambes écartées** â'ch coesau ar led

écarter BERF [28]
agor (breichiau), lledu (coesau)
- **s'écarter** symud, symud draw ❑ Écartez-vous pour me laisser passer. Symudwch draw i mi gael mynd heibio.

[l'] échafaudage ENW GWR
sgaffaldiau (ll)

[l'] échalote ENW BEN
sialotsyn (g), sibwnsyn (g) (math o nionyn)

[l'] échange ENW GWR
cyfnewid (g)
❑ en échange de yn gyfnewid am (rywbeth)

échanger BERF [45]
cyfnewid, newid
❑ Je t'échange ce billet de cinq livres contre ces pièces. Fe newidiaf i'r papur pum punt am y darnau arian yma.

[l'] échantillon ENW GWR
sampl (b)

échapper BERF [28]
- **échapper à** osgoi, dianc rhag ❑ Le prisonnier a réussi à échapper à la police. Llwyddodd y carcharor i ddianc rhag yr heddlu.
- **s'échapper** dianc o ❑ Il s'est échappé de prison. Fe ddihangodd o'r carchar.
- **l'échapper belle** bod yn ffodus, dianc o drwch blewyn ❑ Je l'ai échappé belle. Bûm i'n ffodus (i osgoi rhywbeth).

[l'] écharde ENW BEN
fflawen (b), fflewyn (g) (darn o bren o dan y croen)

[l'] écharpe ENW BEN
sgarff (b)

[s'] échauffer BERF [28]
twymo, ymgynhesu (cyn ymarfer)

[l'] échec ENW GWR
methiant (g)

[les] échecs ENW GWR LLUOSOG
gwyddbwyll (b)
❑ jouer aux échecs chwarae gwyddbwyll

[l'] échelle ENW BEN
ysgol (b) (i ddringo)
graddfa (b) (map)

échevelé (BEN **échevelée**) ANSODDAIR
â gwallt blêr/anniben

[l'] écho ENW GWR
atsain (b)

échouer BERF [28]
- **échouer à un examen** methu arholiad

éclabousser BERF [28]
sblasio, tasgu

[l'] éclair ENW GWR
mellten (b) (storm)
- **un éclair au chocolat** éclair siocled

[l'] **éclairage** ENW GWR
goleuo

[l'] **éclaircie** ENW BEN
cyfnod (g) heulog

éclairer BERF [28]
■ **Cette lampe éclaire bien.** Mae'r lamp yma yn goleuo'n dda.

[l'] **éclat** ENW GWR
darn (g) *(o wydr)*
❏ L'assiette a volé en éclats. Torrodd y plât yn ddarnau.
disgleirdeb (g), llewyrch (g) *(haul, lliw)*
■ **des éclats de rire** pyliau o chwerthin

éclatant (BEN **éclatante**) ANSODDAIR
llachar
❏ des dents d'une blancheur éclatante dannedd gwynion llachar

éclater BERF [28]
byrstio *(teiar, balŵn)*
■ **éclater de rire** rholio chwerthin
■ **éclater en sanglots** dechrau beichio crio
❏ La Première Guerre mondiale a éclaté en 1914. Cychwynnodd y Rhyfel Byd Cyntaf yn 1914.

écœurant (BEN **écœurante**) ANSODDAIR
gorfelys *(cacen)*, yn codi cyfog

écœurer BERF [28]
■ **Tous ces détails m'écœurent.** Mae'r manylion hyn i gyd yn fy nigalonni.

[l'] **école** ENW BEN
ysgol (b)
❏ aller à l'école mynd i'r ysgol ❏ une école privée ysgol breifat/fonedd ❏ une école publique ysgol wladol ❏ une école maternelle ysgol babanod

[l'] **écolier** ENW GWR
bachgen (g) ysgol

[l'] **écolière** ENW BEN
merch (b) ysgol

[l'] **écologie** ENW BEN
ecoleg (b), astudiaethau'r (ll) amgylchedd

écologique (BEN **écologique**) ANSODDAIR
ecolegol
❏ une lessive écologique powdr golchi ecolegol

[l'] **économie** ENW BEN
economi (g)/(b)
❏ l'économie de la France economi Ffrainc economeg (g)
❏ un cours d'économie gwers economeg

[les] **économies** ENW BEN LLUOSOG
cynilo
■ **faire des économies** cynilo *(arian)*, arbed

(ynni, trydan)
❏ Il fait des économies pour partir en vacances. Mae'n cynilo arian i fynd ar ei wyliau.

économique (BEN **économique**) ANSODDAIR
economaidd *(cyflwr yr economi)*
❏ une crise économique argyfwng economaidd economaidd *(proffidiol)*
❏ Il est plus économique d'acheter une grande boîte de céréales. Mae'n fwy economaidd i brynu bocs mawr o rawnfwyd. ❏ Ma petite voiture est économique. Mae fy nghar bach i'n rhad i'w gadw.

économiser BERF [28]
cynilo *(arian)*
arbed *(egni)*

[l'] **économiseur d'écran** ENW GWR
arbedwr (g) sgrin

[l'] **écorce** ENW BEN
rhisgl (g) *(coeden)*
croen (g), pil (g) *(ffrwyth)*

[s'] **écorcher** BERF [28]
■ **Je me suis écorché le genou.** Rydw i wedi crafu fy mhen-glin.

écossais (BEN **écossaise**) ANSODDAIR, ENW
o'r Alban, Albanaidd
❏ Elle est écossaise. Albanes yw hi.
■ **un Écossais** Albanwr
■ **une Écossaise** Albanes
■ **les Écossais** yr Albanwyr
tartan
❏ une jupe écossaise sgert dartan

[l'] **Écosse** ENW BEN
yr Alban (b)
■ **en Écosse (1)** yn yr Alban ❏ J'ai passé une semaine en Écosse. Fe dreuliais i wythnos yn yr Alban.
■ **en Écosse (2)** i'r Alban ❏ Je vais en Écosse cet été. Dwi'n mynd i'r Alban yr haf yma.

[s'] **écouler** BERF [28]
llifo allan, gorlifo *(dŵr)*
mynd heibio, diflannu
❏ Le temps s'écoule trop vite. Mae'r amser yn mynd heibio yn rhy gyflym.

écouter BERF [28]
gwrando ar
❏ J'aime écouter la radio. Rydw i'n mwynhau gwrando ar y radio.
■ **Écoute-moi!** Gwranda arna' i!

[l'] **écouteur** ENW GWR
ffôn (g) clust

[l'] **écran** ENW GWR
sgrin (b)
■ **le petit écran** y teledu

■ **un écran tactile** sgrin gyffwrdd
■ **l'écran total** eli atal haul
écraser BERF [28]
gwasgu, mathru
❏ Écrasez une gousse d'ail. Gwasgwch ewin garlleg.
taro, bwrw i lawr
❏ Mon chat s'est fait écraser par une voiture. Cafodd fy nghath ei bwrw i lawr gan gar.
■ **s'écraser** cwympo, syrthio ❏ L'avion s'est écrasé dans la mer. Cwympodd yr awyren i'r môr.
écrémé (BEN écrémée) ANSODDAIR
sgim
❏ le lait écrémé llaeth sgim
[l'] **écrevisse** ENW BEN
cimwch (g) yr afon
écrire BERF [30]
ysgrifennu
❏ Je lui écris régulièrement. Rydw i'n ysgrifennu ato'n gyson.
■ **Ça s'écrit comment?** Sut mae hynna'n cael ei sillafu?
[l'] **écrit** ENW GWR
arholiad (g) ysgrifenedig
❏ L'écrit de français a lieu demain. Mae'r arholiad ysgrifenedig Ffrangeg yfory.
■ **par écrit** mewn llawysgrifen
[l'] **écriteau** (LLUOSOG [les] écriteaux) ENW GWR
arwydd (g) (i werthu tŷ)
[l'] **écriture** ENW BEN
ysgrifen (b), llawysgrifen (b)
❏ Je n'arrive pas à lire son écriture. Alla i ddim darllen ei ysgrifen.
[l'] **écrivain** ENW GWR
awdur (g)
❏ Elle est écrivain. Awdures yw hi.
[l'] **écrou** ENW GWR
nyten (b) (technegol)
[s'] **écrouler** BERF [28]
cwympo, llewygu, diffygio
écru (BEN écrue) ANSODDAIR
llwydwyn, lliw crai
[l'] **écureuil** ENW GWR
gwiwer (b)
[l'] **écurie** ENW BEN
stabl (b)
EDF (= Électricité de France) ENW BEN
cwmni (g) trydan Ffrainc
Édimbourg ENW
Caeredin (b)
éditer BERF [28]
cyhoeddi

❏ On va éditer un nouveau dictionnaire gallois-français. Rydym am gynhyrchu geiriadur Cymraeg-Ffrangeg newydd.
[l'] **éditeur** ENW GWR
cyhoeddwr (g)
[l'] **édition** ENW BEN
cyhoeddiad (g)
❏ une édition de poche cyhoeddiad clawr meddal
maes (g) cyhoeddi
❏ Je travaille dans l'édition. Dwi'n gweithio yn y maes cyhoeddi.
[l'] **édredon** ENW GWR
cwrlid (g) plu (gwely)
[l'] **éducateur** ENW GWR
athro (g) (plant ag anghenion arbennig)
éducatif (BEN éducative) ANSODDAIR
addysgol
❏ un jeu éducatif gêm addysgol
[l'] **éducation** ENW BEN
addysg (b)
❏ l'éducation physique addysg gorfforol
■ **Elle n'a pas beaucoup d'éducation.** 'Does dim addysg dda ganddi.
magwraeth (b)
❏ J'ai reçu une éducation très stricte. Fe ges i fagwraeth lem iawn.
[l'] **éducatrice** ENW BEN
athrawes (b) (plant ag anghenion arbennig)
éduquer BERF [28]
addysgu
effacer BERF [12]
dileu
effarant (BEN effarante) ANSODDAIR
anhygoel
❏ Elle a mangé une quantité effarante de gâteau. Fe fwytaodd hi faint anhygoel o gacen.
effectivement ADFERF
yn wir, mewn gwirionedd
❏ C'est effectivement plus rapide de passer par là. Mewn gwirionedd, mae'n gynt i fynd y ffordd yna. ❏ Oui, effectivement. Ie'n wir!
effectuer BERF [28]
gwneud, gweithredu
❏ Nous avons effectué de nombreux changements à la maison. Rydym wedi gwneud nifer o newidiadau i'r tŷ.
gwneud, cyflawni
❏ On vient d'effectuer des travaux dans le bâtiment. Rydym newydd gyflawni gwahanol ddatblygiadau yn yr adeilad.
effervescent (BEN effervescente) ANSODDAIR
byrlymol

❑ un comprimé effervescent tabled fyrlymol

[l'] **effet** ENW GWR

effaith (b)

■ **faire de l'effet** cael effaith ❑ Ce comprimé fait rapidement de l'effet. Mae'r dabled hon yn cael effaith yn syth.

■ **Ça m'a fait un drôle d'effet de les revoir.** Fe ges i argraff ryfedd o'u gweld unwaith eto.

■ **en effet** mewn gwirionedd, a dweud y gwir ❑ Tu ne te sens pas très bien. En effet, tu as l'air pâle. 'Dwyt ti ddim yn teimlo'n dda? A dweud y gwir, rwyt ti'n edrych yn welw.

efficace (BEN **efficace**) ANSODDAIR

effeithiol

❑ C'est un professeur efficace. Mae'n athro effeithiol. ❑ un médicament efficace meddyginiaeth effeithiol

[s'] **effondrer** BERF [28]

cwympo, chwalu, sigo

[s'] **efforcer** BERF [12]

■ **s'efforcer de faire quelque chose** gwneud eich gorau i wneud rhywbeth, ymdrechu'n galed i wneud rhywbeth ❑ Elle s'efforce d'être aimable avec sa belle-mère. Mae hi'n gwneud ei gorau i gyd-dynnu â'i mam yng nghyfraith.

[l'] **effort** ENW GWR

ymdrech (g)/(b)

❑ faire un effort gwneud ymdrech, ymdrechu

effrayant (BEN **effrayante**) ANSODDAIR

dychrynllyd, arswydus, brawychus

effrayer BERF [59]

codi ofn ar, dychryn, arswydo

effronté (BEN **effrontée**) ANSODDAIR

digywilydd, hyf, haerllug

❑ Cette fille est vraiment effrontée. Mae'r ferch hon yn hynod ddigywilydd.

effroyable (BEN **effroyable**) ANSODDAIR

dychrynllyd, arswydus, brawychus

égal (BEN **égale**, GWR LLUOSOG **égaux**) ANSODDAIR

cyfartal

❑ une quantité égale de farine et de sucre mesur cyfartal o flawd a siwgr

■ **Ça m'est égal. (1)** 'Does dim ots gen i. ❑ Vous préférez des frites ou des pâtes? Ça m'est égal. Beth sydd orau gennych, ai sglodion neu basta? 'Does dim ots gen i.

■ **Ça m'est égal. (2)** 'Does dim gwahaniaeth gen i. ❑ Faites ce que vous voulez, ça m'est égal. Gwnewch fel y mynnoch chi, 'does dim gwahaniaeth gen i.

également ADFERF

hefyd, yn ogystal

égaler BERF [28]

bod yn gydradd â, bod yn gyfartal i, bod yn hafal i *(Mathemateg)*

[l'] **égalité** ENW BEN

cydraddoldeb (g)

■ **être à égalité** bod yn gyfartal ❑ Maintenant les deux joueurs sont à égalité. Nawr mae'r ddau chwaraewr yn gyfartal.

[l'] **égard** ENW GWR

■ **à cet égard** yn hyn o beth, yn y cyswllt hwn, lle mae hyn yn y cwestiwn

égarer BERF [28]

colli

❑ Il a égaré ses clés. Mae e wedi colli ei allweddi.

■ **s'égarer** mynd ar goll ❑ Nous nous sommes égarés dans la forêt. Aethom ni ar goll yn y goedwig.

[l'] **église** ENW BEN

eglwys (b)

❑ aller à l'église mynd i'r eglwys

[l'] **égoïsme** ENW GWR

egoistiaeth (b), hunanoldeb (g), myfïaeth (b)

égoïste (BEN **égoïste**) ANSODDAIR

hunanol, egoistaidd, myfïol

[l'] **égout** ENW GWR

carthffos (b)

[l'] **égratignure** ENW BEN

crafiad (b)

[l'] **Égypte** ENW BEN

yr Aifft

égyptien (BEN **égyptienne**) ANSODDAIR, ENW

Eifftaidd, o'r Aifft

■ **un Egyptien** Eifftiwr

■ **une Egyptiennne** Eifftes

eh EBYCHIAD

hei!

■ **eh bien** ie, wel; reit te!

[l'] **élan** ENW GWR

■ **prendre de l'élan** cyflymu

[s'] **élancer** BERF [12]

rhuthro

élargir BERF [38]

ymestyn

[l'] **élastique** ENW GWR

elastig (g)

[l'] **électeur** ENW GWR

etholwr (g)

[l'] **élection** ENW BEN

etholiad (g)

❑ Les élections présidentielles Etholiad yr Arlywydd

[l'] **électrice** ENW BEN

etholwraig (b)

[l'] **électricien** ENW GWR
trydanwr (g)

[l'] **électricité** ENW BEN
trydan (g)
❑ une facture d'électricité bil trydan
■ **allumer l'électricité** cynnau'r trydan
■ **éteindre l'électricité** diffodd y trydan

électrique (BEN **électrique**) ANSODDAIR
trydan, trydanol
❑ le courant électrique y llif trydan

[l'] **électronique** ENW BEN
electroneg (b)

élégant (BEN **élégante**) ANSODDAIR
cain, smart, trwsiadus

élémentaire (BEN **élémentaire**) ANSODDAIR
elfennol

[l'] **éléphant** ENW GWR
eliffant (g)

[l'] **élevage** ENW GWR
magu
❑ faire de l'élevage magu, bridio
■ **un élevage de moutons** magu/bridio defaid
■ **un élevage de poulets** magu/bridio ieir
■ **les saumons d'élevage** eog wedi eu magu/
bridio

élevé (BEN **élevée**) ANSODDAIR
uchel
❑ Les prix sont trop élevés. Mae'r prisiau yn rhy
uchel.
■ **être bien élevé** cael eich magu yn dda
■ **être mal élevé** cael eich magu yn wael

[l'] **élève** ENW GWR/BEN
disgybl (g)

élever BERF [43]
magu
❑ Elle a été élevée par sa grand-mère. Cafodd
ei magu gan ei mam-gu.
magu (plant)
bridio (anifeiliaid)
❑ Mon oncle élève des chevaux de course.
Mae fy ewythr yn bridio ceffylau rasio.
■ **élever la voix** codi eich llais
■ **s'élever à** dod i (gyfanswm o) ❑ À combien
s'élèvent les dégâts? Faint yw costau'r difrod?

[l'] **éleveur** ENW GWR
magwr (g), bridiwr (g)

éliminatoire (BEN **éliminatoire**) ANSODDAIR
■ **une note éliminatoire** marc methiant
■ **une épreuve éliminatoire** r ownd arbrofol

éliminer BERF [28]
dileu

élire BERF [44]
ethol

elle RHAGENW
hi
❑ Elle est institutrice. Mae hi'n athrawes
gynradd. ❑ Tu peux avoir confiance en elle.
Gelli di ymddiried ynddi hi. ❑ Assieds-toi sur
cette chaise: elle est plus confortable. Eistedda
yn y gadair hon: mae hi'n fwy cyffforddus.
❑ Elle, elle est toujours en retard! Mae hi
wastad yn hwyr!
■ **elle-même** hi ei hun ❑ Elle l'a fait elle-
même. Hi ei hun a'i gwnaeth.

elles RHAGENW LLUOSOG
nhw, hwy
❑ Où sont Marie et Michelle? Elles sont allées
en ville. Ble mae Marie a Michelle? Maen nhw
wedi mynd i'r dref.
■ **elles-mêmes** nhw eu hunain, hwy eu hunain

élogieux (BEN **élogieuse**) ANSODDAIR
canmoliaethus (o)
❑ Ton directeur a été très élogieux à propos
de ton travail. Mae dy reolwr wedi bod yn
ganmoliaethus iawn o dy waith.

éloigné (BEN **éloignée**) ANSODDAIR
pell

[s'] **éloigner** BERF [28]
ymbellhau
❑ Ne t'éloigne pas: le dîner est bientôt prêt!
Paid â mynd yn rhy bell: mae'r swper bron yn
barod!
■ **Tu t'éloignes du sujet.** Rwyt ti'n crwydro
oddi ar y pwnc.

[l'] **Élysée** ENW GWR
Palas (g) yr Elysée

[l'] **e-mail** ENW GWR
e-bost (g)

[l'] **emballage** ENW GWR
■ **le papier d'emballage** papur lapio

emballer BERF [28]
lapio
■ **s'emballer** (anffurfiol) bod yn frwd (am),
dwlu (ar), cynhyrfu (am) ❑ Je me suis bien
emballé pour ce projet. Dwi wedi cynhyrfu'n
lân am y project hwn.

[l'] **embarquement** ENW GWR
byrddio
❑ 'embarquement immédiat' byrddio ar
unwaith ❑ L'embarquement des passagers sera
annoncé bientôt. Byddant yn cyhoeddi'n fuan
pryd y dylai'r teithwyr fyrddio.

[l'] **embarras** ENW GWR
trafferth (g)/(b)
❑ Votre question me met dans l'embarras.
Rwy'n teimlo'n chwithig am eich cwestiwn.

e

■ **Tu n'as que l'embarras du choix.**
Mae'r dewis llwyr gennyt ti.

embarrassant (BEN **embarrassante**)
ANSODDAIR
annifyr, trafferthus

embarrasser BERF [28]
teimlo'n annifyr
❑ Cela m'embarrasse de te devoir demander
encore un service. Dwi'n teimlo'n annifyr i
orfod gofyn ffafr arall ohonot ti.

embaucher BERF [28]
cyflogi
❑ L'entreprise vient d'embaucher encore plus
d'ouvriers. Mae'r cwmni newydd gyflogi mwy
o weithwyr.

embêtant (BEN **embêtante**) ANSODDAIR
annifyr, diflas

[les] **embêtements** ENW GWR LLUOSOG
trafferthion (ll), problemau (ll)

embêter BERF [28]
poeni, peri trafferth i
■ **s'embêter** diflasu ar, colli diddordeb mewn
❑ Qu'est-ce que je m'embête ici! Dwi'n hollol
ddiflas fy myd yma!/Dwi'n diflasu'n llwyr yma.

[l'] **embouteillage** ENW GWR
tagfa (b) draffig

embrasser BERF [28]
cusanu, cofleidio
❑ Elles se sont embrassés. Fe gofleidion nhw
ei gilydd.

[s'] **embrouiller** BERF [28]
cymysgu, drysu
❑ Elle s'embrouille dans ses explications.
Mae hi'n drysu wrth esbonio pethau.

émerveiller BERF [28]
synnu, rhyfeddu

[l'] **émeute** ENW BEN
terfysg (g), reiat (b)

émigrer BERF [28]
ymfudo

[l'] **émission** ENW BEN
rhaglen (b), darllediad (g)
❑ une émission de télévision rhaglen deledu

[s'] **emmêler** BERF [28]
mynd yn glymau
❑ Ma laine s'est emmêlée. Mae fy ngwlân wedi
mynd yn glymau i gyd.

emménager BERF [45]
symud tŷ, ymgartrefu
❑ Nous venons d'emménager dans une
nouvelle maison. Rydyn ni newydd symud tŷ i
gartref newydd.

emmener BERF [43]

mynd â
❑ On m'a emmené au restaurant pour mon
anniversaire. Aethant â fi i dŷ bwyta ar fy
mhen-blwydd.

[l'] **émoticon** ENW GWR
wyneb gwenu (cyfrifiadur)

émotif (BEN **émotive**) ANSODDAIR
teimladwy
❑ Elle est très émotive. Mae hi'n deimladwy
iawn.

[l'] **émotion** ENW BEN
teimlad (g), emosiwn (g)

émouvoir BERF [31]
cynhyrfu
❑ Ta lettre m'a beaucoup émue. Gwnaeth dy
lythyr fy nghynhyrfu'n lân.

emparer BERF [28]
■ **s'emparer de** meddiannu, cipio ❑ On s'est
emparé de ma valise. Cipiodd rhywun fy
nghês.

[l'] **empêchement** ENW GWR
■ **J'ai un empêchement de dernière minute.**
Mae rhwystr wedi codi ar y funud olaf.

empêcher BERF [28]
rhwystro
❑ Le café que j'ai bu hier soir m'a empêché de
dormir. Gwnaeth y coffi yr yfais i neithiwr fy
rhwystro rhag cysgu.
■ **Je n'ai pas pu m'empêcher de rire.** 'Allwn i
ddim peidio â chwerthin.

[l'] **empereur** ENW GWR
ymerawdwr (g)

[s'] **empiffrer** BERF [28] (anffurfiol)
eich stwffio eich hun â bwyd
❑ Il s'empiffre sans cesse! Mae'n stwffio ei hun
drwy'r amser.

empiler BERF [28]
pentyrru

empirer BERF [28]
gwaethygu, dirywio
❑ Sa santé a encore empiré. Mae ei iechyd wedi
dirywio eto.

[l'] **emplacement** ENW GWR
safle (g)
❑ On a trouvé un bon emplacement pour
camper. Daethom o hyd i safle da i wersylla.

[l'] **emploi** ENW GWR
defnydd (g)
❑ prêt à l'emploi parod i'w ddefnyddio
■ **le mode d'emploi** cyfarwyddiadau (sut i
ddefnyddio rhywbeth)
gwaith (g), swydd (b)
❑ la création d'emplois creu swyddi

■ **un emploi du temps** amserlen gwaith ysgol

[l'] **employé** ENW GWR
gweithiwr (g)
■ **un employé de bureau** gweithiwr mewn swyddfa, clerc

[l'] **employée** ENW BEN
gweithwraig (b)
■ **une employée de banque** clerc banc

employer BERF [53]
defnyddio
❏ Quelle méthode employez-vous? Pa ddull yr ydych chi'n ei ddefnyddio?
cyflogi
❏ L'entreprise emploie une vingtaine de personnes. Mae'r cwmni yn cyflogi rhyw ugain o bobl.

[l'] **employeur** ENW GWR
cyflogwr (g)

empoisonner BERF [28]
gwenwyno

emporter BERF [28]
mynd â, cymryd, dod â
❏ N'emporte que ce qu'il faut. Cer â'r hyn sydd ei angen yn unig.
■ **plats à emporter** prydau poeth i'w cludo allan
■ **s'emporter** gwylltio, colli'ch tymer ❏ Elle s'emporte facilement. Mae hi'n gwylltio'n hawdd.

[l'] **empreinte** ENW BEN
ôl (g) traed
■ **une empreinte digitale** ôl bysedd *(wrth ymchwilio i drosedd)*
■ **l'empreinte carbone** ôl troed carbon

[s'] **empresser** BERF [28]
■ **s'empresser de faire quelque chose** brysio i wneud rhywbeth ❏ Ils se sont empressés d'annoncer les résultats des élections. Brysion nhw i gyhoeddi canlyniadau'r etholiad.

emprisonner BERF [28]
carcharu

[l'] **emprunt** ENW GWR
benthyciad (g)

emprunter BERF [28]
benthyca
■ **emprunter quelque chose à quelqu'un** benthyca rhywbeth oddi wrth rywun ❏ Je peux t'emprunter la voiture? Alla i fenthyca dy gar di?

[l'] **EMT** (= *éducation manuelle et technique*) ENW BEN
Dylunio a Thechnoleg

ému (BEN **émue**) ANSODDAIR

wedi cael eich cynhyrfu *(yn emosiynol)*, yn teimlo llawer *(am rywbeth)*
❏ Je suis très ému par votre gentillesse. Mae eich caredigrwydd tuag ataf wedi cael effaith fawr arnaf i.

en ARDDODIAD, RHAGENW
yn
❏ Ils habitent en France. Maen nhw'n byw yn Ffrainc. ❏ Elle est habillée en rouge. Mae hi'n gwisgo dillad coch. ❏ Je te verrai en janvier. Fe wela i di ym mis Ionawr.
i
❏ Nous allons en Italie cet été. Rydyn ni'n mynd i'r Eidal yr haf yma.
mewn
❏ C'est plus rapide en avion. Mae'n gynt mewn awyren.
o
❏ C'est en bois. Mae wedi ei wneud o bren. ❏ un collier en or cadwyn aur
wrth/tra
❏ Elle s'est coupé le doigt en épluchant les pommes de terre. Fe agorodd hi ei bys wrth bilio tatws.
■ **Il est sorti en courant.** Rhedodd allan.
❏ Est-ce que tu as une voiture? Oui, j'en ai une. Oes gennyt ti gar? Oes, mae gen i un.
❏ Combien d'enfants y a-t-il dans la famille? Il y en a cinq. Faint o blant sydd yn y teulu? Mae 'na bump ohonyn nhw. ❏ Si vous avez des soucis, vous pouvez m'en parler. Os oes pryderon gennych, fe allwch chi siarad â fi amdanynt. ❏ Est-ce que tu peux me rendre l'argent que je t'ai prêté? J'en ai besoin. Alli di ddychwelyd yr arian a fenthycais i ti? Mae arnaf ei angen. ❏ Il a un nouveau portable et il en est très fier. Mae ganddo ffôn symudol newydd, ac mae'n hynod falch ohono.
■ **J'en ai assez.** Rwyf wedi cael digon.

encaisser BERF [28]
newid arian, tynnu arian allan o'r banc

enceinte ANSODDAIR BEN
beichiog
❏ Elle est enceinte de trois mois. Mae hi'n feichiog ers tri mis.

enchanté (BEN **enchantée**) ANSODDAIR
wrth eich bodd, balch, hapus
❏ Mon père est enchanté de sa nouvelle voiture. Mae fy nhad wrth ei fodd â'i gar newydd.
■ **Enchanté!** Mae'n bleser gen i'ch cyfarfod!

encombrant (BEN **encombrante**) ANSODDAIR
swmpus, lletchwith

encombrer BERF [28]

creu llanast *(mewn lle)*, creu annibendod trwy orlenwi

encore ADFERF
eto, dal i fod
❏ Je suis encore au travail. Rydw i'n dal yn y gwaith. ❏ Il reste encore un peu de dessert. Mae ychydig o bwdin yn dal ar ôl.
hyd yn oed
❏ C'est encore mieux. Mae hyn hyd yn oed yn well fyth.
eto, yn rhagor
❏ Elle m'a encore demandé de l'argent. Fe ofynnodd hi unwaith eto am arian.
■ **encore une fois** unwaith eto
■ **pas encore** dim eto ❏ Je n'ai pas encore fini de manger. 'Dydw i ddim wedi gorffen bwyta eto.

encourager BERF [45]
annog

[l'] encre ENW BEN
inc (g)

[l'] encyclopédie ENW BEN
gwyddoniadur (g)

[l'] endive ENW BEN
sicori (g) *(llysieuyn)*

endommager BERF [45]
difrodi

endormi (BEN **endormie**) ANSODDAIR
yn cysgu

endormir BERF [29]
merwino, anaestheteiddio
❏ Cette piqûre sert à endormir la dent. Mae'r pigiad yma yn mynd i anaestheteiddio'r dant.
■ **s'endormir** mynd i gysgu

[l'] endroit ENW GWR
lle (g)
❏ C'est un endroit idéal. Mae'n lle delfrydol.
■ **à l'endroit (1)** y ffordd iawn *(dilledyn)*
■ **à l'endroit (2)** y ffordd iawn i fyny

endurant (BEN **endurante**) ANSODDAIR
caled, garw

endurcir BERF [38]
caledu
❏ Ces exercices vont servir à endurcir les militaires. Bydd yr ymarferion hyn yn caledu'r milwyr.
■ **s'endurcir** ymgaledu

endurer BERF [28]
dioddef, goddef

[l'] énergie ENW BEN
egni (g)
❏ Je n'ai pas beaucoup d'énergie après avoir travaillé toute la journée. 'Does gen i ddim

llawer o egni ar ôl gweithio trwy'r dydd.
❏ l'énergie solaire/éolienne egni'r haul/gwynt
❏ l'énergie nucléaire egni niwclear
■ **avec énergie** yn egnïol ❏ Les étudiants ont protesté avec énergie. Protestiodd y myfyrwyr yn egnïol.

énergique (BEN **énergique**) ANSODDAIR
egnïol
■ **des mesures énergiques** camau llym

énerver BERF [28]
■ **Ça m'énerve!** Mae hynny'n mynd ar fy nerfau!
■ **Sa voix m'énerve.** Mae ei lais yn mynd o dan fy nghroen.
■ **s'énerver** cynhyrfu, gwylltio
■ **Ne vous énervez pas!** Peidiwch â chynhyrfu!

[l'] enfance ENW BEN
plentyndod (g)
❏ On se connaît depuis l'enfance. Rydyn ni'n nabod ein gilydd ers ein plentyndod.

[l'] enfant ENW GWR/BEN
plentyn (g)

[l'] enfer ENW GWR
uffern (b)

[s'] enfermer BERF [28]
■ **Elle s'est enfermée dans sa chambre.** Mae hi wedi cau ei hun i mewn yn ei hystafell.

enfiler BERF [28]
gwisgo, rhoi amdanoch
❏ J'ai enfilé ma veste car il faisait froid. Rhoddais fy siaced amdanaf gan ei bod hi'n oer. ❏ Je n'arrive pas à enfiler cette aiguille. Alla'i ddim yn fy myw â rhoi'r edau 'ma yn y nodwydd.

enfin ADFERF
o'r diwedd
❏ J'ai enfin réussi à la contacter. Llwyddais i igysylltu â hi o'r diwedd.

enflé (BEN **enflée**) ANSODDAIR
wedi chwyddo

enfler BERF [28]
chwyddo

enfoncer BERF [12]
■ **Je marchais, les mains enfoncées dans les poches à cause du froid.** Roeddwn i'n cerdded â'm dwylo wedi eu gwthio i'm pocedi o achos yr oerfel.
■ **s'enfoncer** suddo ❏ Les roues de ma voiture s'enfonçaient dans la neige. Roedd olwynion fy nghar yn suddo yn yr eira.

[s'] enfuir BERF [39]
ffoi, rhedeg ymaith, dianc

[l'] engagement ENW GWR

ymrwymiad (g), addewid (b)
engager BERF [45]
cyflogi
☐ engager quelqu'un cyflogi rhywun, rhoi gwaith i rywun
[s'] **engager** BERF [45]
ymrwymo'ch hun, addo
☐ Le Président s'est engagé à combattre le chômage. Mae'r Arlywydd wedi addo brwydro yn erbyn diweithdra.
[les] **engelures** ENW BEN LLUOSOG
llosg (g) eira
[l'] **engin** ENW GWR
dyfais (g)/(b)
[s'] **engourdir** BERF [38]
merwino, mynd yn ddiffrwyth, mynd i gysgu
☐ Mes pieds se sont engourdis à cause du froid. Mae fy nhraed wedi mynd yn ddiffrwyth o achos yr oerfel.
engueuler BERF [28] *(anffurfiol)*
dweud y drefn
■ engueuler quelqu'un dweud y drefn wrth rywun ☐ On va se faire engueuler! Maen nhw'n mynd i ddweud y drefn wrthon ni!
[l'] **énigme** ENW BEN
pos (g)
[s'] **enivrer** BERF [28]
meddwi
enjamber BERF [28]
camu dros
☐ enjamber un mur camu dros wal
[l'] **enlèvement** ENW GWR
herwgipiad (g)
enlever BERF [43]
tynnu, diosg
☐ Enlève donc ton manteau! Tynna dy gôt!
herwgipio
☐ Un groupe terroriste a enlevé la fille de l'ambassadeur. Mae grŵp o derfysgwyr wedi herwgipio merch y llysgennad.
enneigé (BEN **enneigée**) ANSODDAIR
dan eira
☐ Les routes sont toutes enneigées. Mae'r ffyrdd i gyd dan eira.
[l'] **ennemi** ENW GWR
gelyn (g)
[l'] **ennemie** ENW BEN
gelyn (g)
[l'] **ennui** ENW GWR
diflastod (g)
☐ C'est à mourir d'ennui. Byddai'r diflastod yn eich lladd.
trafferthion (ll), problemau (ll)

☐ avoir des ennuis bod â thrafferthion
ennuyer BERF [53]
poeni, blino
☐ J'espère que je ne vous ennuie pas trop en vous téléphonant. Dwi'n gobeithio nad ydw i'n eich poeni'n ormodol drwy eich ffonio.
■ s'ennuyer diflasu, syrffedu
ennuyeux (BEN **ennuyeuse**) ANSODDAIR
diflas, blinderus
lletchwith
☐ Vous ne pouvez pas venir à la réunion? C'est bien ennuyeux. Allwch chi ddim dod i'r cyfarfod? Mae hynny'n lletchwith iawn.
énorme (BEN **énorme**) ANSODDAIR
anferth, enfawr
énormément ADFERF
■ Elle a énormément grossi. Mae hi wedi mynd yn hynod o dew.
■ Il y avait énormément de gens. Roedd yna lawer iawn o bobl.
[l'] **enquête** ENW BEN
ymchwiliad (g)
☐ Ils ont ouvert une enquête après sa mort. Maen nhw wedi agor ymchwiliad yn dilyn ei farwolaeth.
arolwg (g)
☐ une enquête parmi les électeurs a révélé que … Mae arolwg ymhlith y pleidleiswyr wedi datgelu bod…
enquêter BERF [28]
ymchwilio
☐ La police enquête actuellement sur le crime. Mae'r heddlu wrthi'n ymchwilio i'r drosedd ar hyn o bryd.
enrageant (BEN **enrageante**) ANSODDAIR
yn ddigon i'ch gwylltio/cynddeiriogi
enrager BERF [45]
gwylltio, cynddeiriogi
☐ J'enrage de n'avoir pas été invité aux noces. Dwi wedi gwylltio gan nad wyf wedi cael gwahoddiad i'r briodas.
[l'] **enregistrement** ENW GWR
recordiad (g)
■ l'enregistrement des bagages cofnodi bagiau *(mewn maes awyr)*
enregistrer BERF [28]
recordio
☐ Le groupe vient d'enregistrer un nouvel album. Mae'r grŵp newydd recordio albwm newydd.
cofrestru *(bagiau dillad)*
☐ Où faut-il enregistrer nos valises? Ble ddylen ni gofrestru ein bagiau teithio?

e

[s'] **enrhumer** BERF [28]
dal annwyd
❏ Elle est bien enrhumée. Mae hi wedi cael dos ofnadwy o annwyd.

[s'] **enrichir** BERF [38]
mynd/dod yn gyfoethog

enrouler BERF [28]
lapio
❏ Il faut enrouler le fil autour de la bobine. Mae'n rhaid lapio'r edau am y rîl.

[l'] **enseignant** ENW GWR
athro (g)

[l'] **enseignante** ENW BEN
athrawes (b)

[l'] **enseignement** ENW GWR
addysg (b)
❏ les réformes de l'enseignement y diwygiadau addysgol
addysg (b), addysgu
❏ l'enseignement des langues étrangères addysgu ieithoedd tramor

enseigner BERF [28]
addysgu, dysgu
❏ Ma mère enseigne les sciences dans un lycée. Mae fy mam yn addysgu gwyddoniaeth mewn ysgol uwchradd.

ensemble ADFERF
▷ *gweler hefyd* **ensemble** ENW
gyda'ch gilydd
❏ tous ensemble pawb gyda'i gilydd

[l'] **ensemble** ENW GWR
▷ *gweler hefyd* **ensemble** ADFERF
dillad (ll), siwt (b)
❏ Elle portait un ensemble bleu-clair. Roedd hi'n gwisgo siwt las golau.
■ **l'ensemble de** i gyd ❏ L'ensemble des professeurs est en grève. Mae'r athrawon i gyd ar streic.
■ **dans l'ensemble** ar y cyfan

ensoleillé (BEN **ensoleillée**) ANSODDAIR
heulog

ensuite ADFERF
wedyn, yna
❏ Je suis allé en ville, et ensuite aux magasins. Fe es i i'r dref, ac wedyn i'r siopau.

entamer BERF [28]
cychwyn, dechrau
❏ Qui a entamé la tarte? Pwy gychwynnodd y darten?

[s'] **entasser** BERF [28]
pentyrru, ymwthio
❏ O'n s'est tous entassés dans la salle où il y avait la vente. Fe ymwthion ni i gyd i'r ystafell lle roedd yr arwerthiant.

entendre BERF [88]
clywed
❏ Je ne vous entends pas. Alla'i ddim mo'ch clywed.
■ **J'ai entendu dire qu'ils déménageaient.** Clywais sôn eu bod nhw'n symud tŷ.
golygu, meddwl
❏ Qu'est-ce que vous entendez par là? Beth ydych chi'n ei olygu wrth hynny?
■ **s'entendre** cytuno, cyd-dynnu, dod ymlaen â'ch gilydd ❏ On s'entend bien, mon frère et moi. Mae fy mrawd a minnau yn cyd-dynnu'n dda gyda'n gilydd.

entendu (BEN **entendue**) ANSODDAIR
■ **C'est entendu! Cytuno! Iawn!** ❏ Je passerai te voir à huit heures, c'est entendu. Mi alwaf heibio i dy weld am wyth o'r gloch, iawn.
■ **bien entendu** wrth gwrs ❏ Il est bien entendu que je ne dirai rien à propos de tes problèmes. Wrth gwrs na ddyweda'i ddim byd am dy broblemau.

[l'] **enterrement** ENW GWR
angladd (g)/(b), claddu

enterrer BERF [28]
claddu

entêté (BEN **entêtée**) ANSODDAIR
ystyfnig

[s'] **entêter** BERF [28]
styfnigo
mynnu gwneud rhywbeth
❏ Ma mère s'entête à refuser de voir le médecin. Mae fy mam yn mynnu peidio â gweld y meddyg.

[l'] **enthousiasme** ENW GWR
brwdfrydedd (g)

[s'] **enthousiasmer** BERF [28]
mynd yn frwdfrydig *(am rywbeth)*
❏ Elle s'enthousiasme facilement. Mae hi'n mynd yn frwd iawn am bethau.

entier (BEN **entière**) ANSODDAIR
cyfan, i gyd
❏ J'ai mangé une tablette de chocolat entière. Bwyteais i far cyfan o siocled. ❏ Je n'ai pas vu le film en entier. 'Welais i ddim mo'r ffilm i gyd.
■ **le lait entier** llaeth cyflawn

entièrement ADFERF
yn gyfan gwbl, yn llwyr, yn hollol

[l'] **entorse** ENW BEN
ysigiad (g) *(meddygol)*, troi
❏ Je me suis fait une entorse à la cheville. Rydw i wedi troi fy migwrn.

entourer BERF [28]

amgylchynu
❏ La maison est entourée d'une haie. Mae gwrych yn amgylchynu'r tŷ.

[l'] **entracte** ENW GWR
egwyl (b) *(mewn cyngerdd, ffilm)*

[l'] **entraînement** ENW GWR
hyfforddiant (g)

entraîner BERF [28]
tynnu, arwain, dylanwadu
❏ Elle se laisse facilement entraîner par les autres filles. Mae'n cael ei harwain yn hawdd gan y merched eraill.
hyfforddi
❏ Il entraîne l'équipe de foot depuis des années. Mae'n hyfforddi'r tîm pêl-droed ers blynyddoedd maith.
cynnwys, golygu
❏ Les études universitaires entraînent beaucoup de dépenses. Mae astudiaethau yn y brifysgol yn golygu talu llawer o arian.
■ **s'entraîner** ymarfer ❏ Je m'entraîne au foot deux fois par semaine. Rwy'n ymarfer pêl-droed ddwywaith yr wythnos.

[l'] **entraîneur** ENW GWR
hyfforddwr (g)

entre ARDDODIAD
rhwng
❏ L'enfant est assis entre son père et sa mère. Mae'r bachgen yn eistedd rhwng ei dad a'i fam.
■ **entre eux** rhyngddynt hwy, rhyngddyn nhw, ymhlith ei gilydd
■ **l'un d'entre eux** un ohonyn nhw

[l'] **entrecôte** ENW BEN
stecen (b) asen

[l'] **entrée** ENW BEN
mynedfa (b)
cwrs (g) cyntaf
❏ Qu'est ce qu'on va prendre comme entrée? Beth gymerwn ni fel cwrs cyntaf?

entreprendre BERF [65]
cychwyn, dechrau ar
❏ J'ai entrepris des démarches pour acheter la maison. Rydw i wedi cychwyn ar gamau i brynu'r tŷ.

[l'] **entrepreneur** ENW GWR
ymgymerwr (g), contractwr (g)

[l'] **entreprise** ENW GWR
cwmni (g), busnes (g)

entrer BERF [32]
dod i mewn
❏ Entrez donc! Dewch i mewn!
mynd i mewn
❏ Nous sommes tous entrés dans la maison.

Aethon ni i gyd i mewn i'r tŷ.
■ **entrer à l'hôpital** mynd i'r ysbyty
■ **entrer des données** rhoi data i mewn, nodi
❏ Il a entré toutes les adresses de ses amis sur son ordinateur. Mae ef wedi rhoi holl gyfeiriadau ei ffrindiau ar ei gyfrifiadur.

entre-temps ADFERF
yn y cyfamser

[l'] **entretien** ENW GWR
cynnal a chadw (tŷ), cynhaliaeth (b)
❏ un contrat d'entretien cytundeb cynnal a chadw
cyfweliad (g)
❏ On m'a convoqué à un entretien demain. Maen nhw wedi fy ngalw am gyfweliad yfory.

[l'] **entrevue** ENW BEN
cyfweliad (g)
❏ une entrevue avec le directeur cyfweliad gyda'r prifathro

entrouvert (BEN **entrouverte**) ANSODDAIR
cilagored
❏ La porte était entrouverte. Roedd y drws yn gilagored.

envahir BERF [38]
goresgyn *(gwlad)*

[l'] **enveloppe** ENW BEN
amlen (b)

envelopper BERF [28]
lapio

envers ARDDODIAD
▷ *gweler hefyd* **envers** ENW
tuag at
❏ Il est bien gentil envers moi. Mae'n garedig iawn tuag ataf. ❏ ton attitude envers moi dy agwedd tuag ataf

[l'] **envers** ENW GWR
▷ *gweler hefyd* **envers** ARDDODIAD
■ **à l'envers** tu chwith allan
❏ Il faut repasser ce jean à l'envers. Rhaid smwddio'r jeans hyn tu chwith allan.

[l'] **envie** ENW BEN
■ **avoir envie de faire quelque chose** bod ag awydd gwneud rhywbeth ❏ J'avais envie de rire. Roeddwn i eisiau chwerthin. ❏ J'ai envie d'aller au lit. Mae arna'i awydd mynd i'r gwely.
■ **Ce gâteau me fait envie.** Dwi'n ffansïo ychydig o'r gacen hon.

envier BERF [19]
bod yn genfigennus (o)/cenfigennu (wrth)

environ ADFERF
tua, rhyw
❏ C'est à dix kilomètres environ. Mae e tua deg cilometr oddi yma.

[l'] **environnement** ENW GWR
amgylchedd (g)

[les] **environs** ENW GWR LLUOSOG
cyffiniau (ll)
❑ les environs de Paris cyffiniau Paris
❑ Qu'est-ce qu'il y a d'intéressant à voir dans les
environs. Beth sydd o ddiddordeb i'w weld yn
y cyffiniau?
■ **aux environs de neuf heures** tua naw o'r
gloch

envisager BERF [45]
meddwl, ystyried
❑ Est-ce que tu envisages de travailler en
France? Wyt ti'n meddwl gweithio yn Ffrainc?

[s'] **envoler** BERF [28]
hedfan ymaith/i ffwrdd
❑ L'oiseau s'est envolé. Hedfanodd yr aderyn i
ffwrdd.
mynd gyda'r gwynt
❑ Tous mes papiers se sont envolés. Aeth fy
mhapurau i gyd gyda'r gwynt.

envoyer BERF [33]
anfon
❑ Mes amis m'ont envoyé une carte de Noël.
Mae fy ffrindiau wedi anfon cerdyn Nadolig
ataf i.
■ **envoyer quelqu'un chercher quelque
chose** anfon rhywun i nôl rhywbeth ❑ Sa mère
l'a envoyé chercher du lait. Fe anfonodd ei fam
ef i nôl llaeth.
■ **envoyer un e-mail à quelqu'un** anfon
e-bost at rywun

épais (BEN **épaisse**) ANSODDAIR
trwchus

[l'] **épaisseur** ENW BEN
trwch (g)

épatant (BEN **épatante**) ANSODDAIR
gwych, ardderchog, campus
❑ C'est un type épatant. Mae'n foi gwych.

[l'] **épaule** ENW
ysgwydd (b)

[l'] **épée** ENW BEN
cleddyf (b)

épeler BERF [4]
sillafu
❑ Est-ce que tu peux m'épeler ton nom, s'il te
plaît? Alli di sillafu dy enw i mi, os gweli di'n
dda?

[l'] **épice** ENW BEN
sbeis (g)

épicé (BEN **épicée**) ANSODDAIR
sbeislyd
❑ un plat épicé pryd sbeislyd

[l'] **épicerie** ENW BEN
siop (b) fwyd, groser

[l'] **épicier** ENW GWR
groser (g)

[l'] **épicière** ENW BEN
merch (b) sy'n cadw siop fwyd; gwraig (b) y
groser

[l'] **épidémie** ENW BEN
epidemig (g), haint (g)/(b)

épiler BERF [28]
■ **s'épiler les jambes** tynnu blew eich coesau
■ **s'épiler les sourcils** plicio'ch aeliau

[les] **épinards** ENW GWR LLUOSOG
ysbigoglys (g)

[l'] **épine** ENW BEN
draenen (b)
❑ l'épine dorsale asgwrn y cefn

[l'] **épingle** ENW BEN
pin (g)
■ **une épingle de sûreté** pin dwbl, pin cau

[l'] **épisode** ENW GWR
pennod (b)

éplucher BERF [28]
crafu *(tatws)*, pilio *(ffrwyth)*

[l'] **éponge** ENW BEN
sbwng (g)

[l'] **époque** ENW BEN
adeg (b), cyfnod (g)
❑ à cette époque de l'année yr adeg hon o'r
flwyddyn
■ **à l'époque** yr adeg hynny, bryd hynny
❑ À l'époque, beaucoup de gens n'avaient pas
d'électricité. Bryd hynny, roedd llawer o bobl
heb drydan.

[l'] **épouse** ENW BEN
gwraig (b), priod (b)

épouser BERF [28]
priodi

épouvantable (BEN **épouvantable**)
ANSODDAIR
ofnadwy, erchyll, dychrynllyd

[l'] **épouvante** ENW BEN
arswyd (g), ofn (g)
■ **un film d'épouvante** ffilm arswyd

épouvanter BERF [28]
dychryn, codi ofn (ar)

[l'] **époux** ENW GWR
gŵr (g), priod (g)
■ **les nouveaux époux** y pâr newydd briodi

[l'] **épreuve** ENW BEN
prawf (g)
❑ une épreuve orale prawf llafar ❑ une
épreuve écrite prawf ysgrifenedig

éprouver BERF [28]
teimlo
❑ J'ai éprouvé beaucoup de pitié pour eux.
Teimlais lawer o drueni drostynt.

[l'] **EPS** (= *éducation physique et sportive*) ENW
BEN
Addysg (b) Gorfforol

épuisé (BEN **épuisée**) ANSODDAIR
yn llwyr flinedig, wedi blino'n lân

épuiser BERF [28]
blino'n lân
❑ Cet effort m'a complètement épuisé.
Mae'r ymdrech yma wedi fy mlino'n lân.
■ **s'épuiser** ymlâdd ❑ Je m'épuise à garder
mon jardin sans mauvaises herbes. Dwi wedi
ymlâdd yn ceisio cadw fy ngardd heb chwyn.

[l'] **Équateur** ENW GWR
Ecwador (b)

[l'] **équateur** ENW GWR
cyhydedd (b)

[l'] **équation** ENW BEN
hafaliad (g) *(mathemategol)*

[l'] **équerre** ENW BEN
sgwaryn (g) *(geometreg)*

[l'] **équilibre** ENW GWR
cydbwysedd (g), balans (g)
❑ J'ai failli perdre l'équilibre. Bron imi golli fy
malans.

équilibré (BEN **équilibrée**) ANSODDAIR
cytbwys *(person)*

[l'] **équipage** ENW GWR
criw (g)

[l'] **équipe** ENW BEN
tîm (g)

équipé (BEN **équipée**) ANSODDAIR
■ **bien équipé** â phob cymhwyster, cymwys
iawn

[l'] **équipement** ENW GWR
cyfarpar (g), adnodd (g), offer (g)

[les] **équipements** ENW GWR LLUOSOG
cyfleusterau (ll), adnoddau (ll)
❑ les équipements sportifs/collectifs
cyfleusterau chwaraeon/cymuned

[l'] **équitation** ENW BEN
marchogaeth
❑ faire de l'équitation marchogaeth

[l'] **équivalent** ENW GWR
peth (g) cyfwerth

[l'] **erreur** ENW BEN
gwall (g), camgymeriad (g)
■ **faire erreur** bod yn anghywir, gwneud
camgymeriad

es BERF ▷ *gweler* **être**
■ **Tu es très sympa.** Rwyt ti'n garedig iawn.

[l'] **ESB** (= *encéphalite spongiforme bovine*) ENW
BEN
afiechyd (g) gwartheg gwallgof *(B.S.E.)*

[l'] **escabeau** (LLUOSOG [les] **escabeaux**) ENW
GWR
ysgol (b) risiau

[l'] **escalade** ENW BEN
dringo
❑ faire de l'escalade dringo

escalader BERF [28]
dringo

[l'] **escale** ENW BEN
■ **faire escale**
aros yn, galw heibio *(ar daith hir mewn awyren)*

[l'] **escalier** ENW GWR
grisiau (ll), staer (b)
❑ un escalier roulant grisiau symudol

[l'] **escargot** ENW GWR
malwoden (b), malwen (b)

[l'] **esclavage** ENW GWR
caethwasiaeth (b), caethiwed (b)

[l'] **esclave** ENW GWR/BEN
caethwas (g), caethferch (b)

[l'] **escrime** ENW BEN
cleddyfaeth (b)

[l'] **escroc** ENW GWR
twyllwr (g)

[l'] **espace** ENW GWR
lle (g)
■ **espace de travail** man gweithio

[s'] **espacer** BERF [12]
mynd yn llai aml
❑ Leurs visites à l'hôpital se sont peu à peu
espacées. Gwnaethon nhw ymweld â'r ysbyty
yn llai ac yn llai aml.

[l'] **espadrille** ENW BEN
sandalau (ll) â gwadnau rhaff

[l'] **Espagne** ENW BEN
Sbaen (b)
■ **en Espagne (1)** yn Sbaen
■ **en Espagne (2)** i Sbaen

espagnol (BEN **espagnole**) ANSODDAIR, ENW
Sbaenaidd
■ **le vin espagnol** gwin Sbaenaidd
Sbaeneg *(yr iaith)*
❑ J'apprends l'espagnol. Rydw i'n dysgu
Sbaeneg.
■ **un Espagnol** Sbaenwr
■ **une Espagnole** Sbaenes

[l'] **espèce** ENW BEN
math (g)

e

❏ Elle portait une espèce de manteau en velours. Roedd hi'n gwisgo rhyw fath o got felfed.
rhywogaeth (b)
❏ une espèce en voie de disparition rhywogaeth mewn perygl o ddiflannu
■ **Espèce d'idiot!** Yr hen dwpsyn!

[les] **espèces** ENW BEN LLUOSOG
arian (g) parod
❏ payer en espèces talu mewn arian parod

espérer BERF [34]
gobeithio
■ **J'espère bien.** Gobeithio'n wir! ❏ Tu penses avoir réussi à l'examen – Oui, j'espère bien. Wyt ti'n meddwl dy fod wedi llwyddo yn yr arholiad – Ydw, gobeithio'n wir.

espiègle (BEN espiègle) ANSODDAIR
direidus

[l'] **espion** ENW GWR
ysbïwr (g)

[l'] **espionnage** ENW GWR
ysbïo, ysbïaeth (b)
■ **un roman d'espionnage** nofel ysbïo

[l'] **espionne** ENW BEN
ysbïwraig (b)

[l'] **espoir** ENW GWR
gobaith (g)

[l'] **esprit** ENW GWR
meddwl (g)
❏ Il m'est venu à l'esprit que… Daeth i'm meddwl fod…
■ **avoir de l'esprit** bod yn ddoniol ❏ Elle a beaucoup d'esprit. Mae hi'n ddoniol iawn.

[l'] **esquimau** ® (LLUOSOG [les] esquimaux) ENW
lollipop

[l'] **Esquimau** (LLUOSOG [les] Esquimaux) ENW GWR
Esgimo (g)

[l'] **Esquimaude** ENW BEN
Esgimöes (b)

[l'] **essai** ENW GWR
ymgais (b), ymdrech (b)
❏ Ce n'est pas mal pour un coup d'essai. Ymdrech dda am y tro cyntaf.
■ **prendre quelqu'un à l'essai** cyflogi rhywun am gyfnod prawf

essayer BERF [59]
ceisio, trio
❏ Essayez de rentrer pour dix heures. Ceisiwch ddod adref erbyn deg o'r gloch.
profi, trio (dilledyn)
❏ Je vais essayer ce pantalon: il me va bien. Dwi'n mynd i drio'r trowsus yma; mae'n fy

siwtio.

[l'] **essence** ENW BEN
petrol (g)

essentiel (BEN essentielle) ANSODDAIR
hanfodol
■ **Vous êtes là: c'est l'essentiel.** Rydych chi yma: dyna'r peth pwysicaf.

[s'] **essouffler** BERF [28]
colli eich gwynt

[l'] **essuie-glace** ENW GWR
weipar (g), sychwr (g) ffenestr (car)

essuyer BERF [53]
sychu
■ **essuyer la vaisselle** sychu'r llestri
■ **s'essuyer** sychu eich hun ❏ Tu peux t'essuyer les mains avec cette serviette. Fe alli di sychu dy ddwylo gyda'r tywel yma.

est BERF ▷ gweler être
▷ gweler hefyd est ANSODDAIR, ENW
■ **Il est merveilleux.** Mae ef yn wych.

est (BEN+LLUOSOG est) ANSODDAIR
▷ gweler hefyd est BERF, ENW
dwyreiniol
❏ la côte est de la Grande Bretagne arfordir dwyreiniol Prydain Fawr
dwyreiniol
❏ dans la partie est du pays ar ochr ddwyreiniol y wlad

[l'] **est** ENW GWR
▷ gweler hefyd est BERF, ANSODDAIR
dwyrain (g)
❏ Je vis dans l'est du pays de Galles. Rwy'n byw yn Nwyrain Cymru.
■ **vers l'est** tua'r dwyrain
■ **à l'est de Brest** i ddwyrain Brest
■ **l'Europe de l'Est** Dwyrain Ewrop
■ **le vent d'est** gwynt y dwyrain

est-ce que ADFERF
■ **Est-ce que c'est cher?** Ydy ef yn ddrud?
■ **Quand est-ce que tu pars?** Pryd wyt ti'n gadael?

[l'] **esthéticienne** ENW BEN
esthetegydd (g)

[l'] **estime** ENW BEN
■ **J'ai beaucoup d'estime pour lui.** Mae gen i lawer o barch tuag ato.

estimer BERF [28]
■ **estimer quelqu'un** bod â pharch mawr tuag at rywun, edmygu rhywun ❏ J'estime beaucoup mon père. Mae gen i lawer o barch tuag at fy nhad.
■ **estimer que** meddwl bod ❏ J'estime que ça, c'est faux. Dwi'n meddwl bod hynny'n

anghywir.

[l'] **estivant** ENW GWR
ymwelydd (g) haf

[l'] **estivante** ENW BEN
ymwelydd (g) haf

[l'] **estomac** ENW GWR
ystumog (b)

[l'] **Estonie** ENW BEN
Estonia (b)
■ **en Estonie** i Estonia
■ **en Estonie** yn Estonia

[l'] **estrade** ENW BEN
llwyfan (g)

et CYSYLLTAIR
a, ac

établir BERF [38]
sefydlu
■ **s'établir à son compte** sefydlu/cychwyn
eich busnes

[l'] **établissement** ENW GWR
sefydliad (g)
■ **un établissement scolaire** ysgol, sefydliad
addysgol

[l'] **étage** ENW GWR
llawr (g)
❏ **au premier étage** ar y llawr cyntaf
■ **à l'étage** i fyny'r grisiau

[l'] **étagère** ENW BEN
silff (b)

étaient BERF ▷ gweler **être**

[l'] **étain** ENW GWR
tun (g) (metel)

étais, était BERF ▷ gweler **être**
■ **J'étais très jeune.** Roeddwn yn ifanc iawn.

[l'] **étalage** ENW GWR
arddangosfa (b) (mewn ffenestri); stondin (g)/(b)
(mewn marchnad)

étaler BERF [28]
dangos, arddangos
❏ Elle a étalé la carte sur la table.
Arddangosodd y map ar y bwrdd.

étanche (BEN **étanche**) ANSODDAIR
dwrglos
❏ Le toit n'est pas étanche. 'Dydy'r to ddim yn
ddwrglos.
dal dŵr (oriawr)

[l'] **étang** ENW GWR
pwll (g)

étant BERF ▷ gweler **être**
■ **Ma patience étant limitée...** Gan fod terfyn
ar fy amynedd...

[l'] **étape** ENW BEN

cyfnod (g)
❏ **une étape importante de la vie** cyfnod
pwysig mewn bywyd
■ **faire étape** aros yn (ar daith llong neu
awyren)

[l'] **État** ENW GWR
gwladwriaeth (b)
❏ **un chef d'État** Pennaeth y Wladwriaeth

[l'] **état** ENW GWR
gwladwriaeth (b)
cyflwr (g)
❏ **en bon état** mewn cyflwr da ❏ **en mauvais
état** mewn cyflwr gwael
■ **remettre quelque chose en état** atgyweirio
rhywbeth
■ **le bureau d'état civil** swyddfa gofrestru

[les] **États-Unis** ENW GWR LLUOSOG
Yr Unol Daleithiau (ll)
■ **aux États-Unis (1)** yn yr Unol Daleithiau
■ **aux États-Unis (2)** i'r Unol Daleithiau

été BERF ▷ gweler **être**
▷ gweler hefyd **été** ENW
■ **Il a été malade.** Mae wedi bod yn sâl.

[l'] **été** ENW GWR
▷ gweler hefyd **été** BERF
haf (g)
■ **en été** yn yr haf

éteindre BERF [60]
diffodd (golau, sigarét)
❏ Éteins la lumière! Diffodd y golau!

étendre BERF [88]
taenu
❏ Maman a étendu une nappe propre sur
la table. Fe daenodd Mam liain glân dros y
bwrdd.
■ **étendre le linge** hongian y dillad (ar y lein)
■ **s'étendre** gorwedd ❏ Je vais m'étendre une
demi-heure. Dwi'n mynd i orwedd am hanner
awr.

[l'] **éternité** ENW BEN
■ **J'ai dû attendre une éternité chez le
médecin.** Bu'n rhaid imi aros am oesoedd yn
lle'r doctor.

éternuer BERF [28]
tisian

êtes BERF ▷ gweler **être**
■ **Vous êtes d'où?** Un o le ydych chi?

étiez BERF ▷ gweler **être**

étinceler BERF [4]
disgleirio

étions BERF ▷ gweler **être**

[l'] **étiquette** ENW BEN
label (g)

❏ Quelle est la date sur l'étiquette du pot de confiture? Beth yw'r dyddiad sydd ar label y potyn jam?

[s'] **étirer** BERF [28]
ymestyn
❏ Il s'est étiré les bras. Ymestynnodd ei freichiau.

[l'] **étoile** ENW BEN
seren (b)
■ **une étoile de mer** seren fôr
■ **une étoile filante** seren wib
■ **dormir à la belle étoile** cysgu dan y sêr

étonnant (BEN **étonnante**) ANSODDAIR
rhyfeddol, syfrdanol

étonner BERF [28]
synnu, syfrdanu
❏ Cela m'étonnerait qu'il arrive à l'heure. Byddwn i'n synnu pe bai ef yn cyrraedd ar amser.

étouffer BERF [28]
■ **On étouffe ici: ouvrez donc les fenêtres!** Rydyn ni'n pobi yma: agorwch y ffenestri da chi!
■ **s'étouffer** tagu ❏ Ne parle pas la bouche pleine, ou tu vas t'étouffer! Paid â siarad wrth fwyta, neu mi fyddi di'n tagu.

[l'] **étourderie** ENW BEN
diffyg (g) meddwl, esgeulustod (g)
■ **une erreur d'étourderie** camgymeriad esgeulus

étourdi (BEN **étourdie**) ANSODDAIR
esgeulus, difeddwl, diofal

[l'] **étourdissement** ENW GWR
■ **avoir des étourdissements** cael pendro

étrange (BEN **étrange**) ANSODDAIR
rhyfedd

étranger (BEN **étrangère**) ANSODDAIR
▷ *gweler hefyd* **étranger** ENW
tramor, estron
❏ un pays étranger gwlad dramor
■ **une personne étrangère** tramorwr

[l'] **étranger** ENW GWR
▷ *gweler hefyd* **étranger** ANSODDAIR
tramorwr (g), estron (g)
dieithryn (g)
■ **à l'étranger** dramor

[l'] **étrangère** ENW BEN
tramorwraig (b)
estrones (b)

étrangler BERF [28]
tagu
■ **s'étrangler** tagu ❏ s'étrangler avec quelque chose tagu ar rywbeth

[l'] **être** ENW GWR
▷ *gweler hefyd* **être** BERF
■ **un être humain** bod dynol

être BERF [35]
▷ *gweler hefyd* **être** ENW

AMSER PRESENNOL	
je suis	nous sommes
tu es	vous êtes
il/elle est	ils/elles sont
RHANGYMERIAD GORFFENNOL	
été	

bod
❏ Je suis content. Rydw i'n hapus. ❏ Ma mère est institutrice. Athrawes gynradd yw fy mam. ❏ Il est huit heures. Mae hi'n wyth o'r gloch. ❏ Elle n'est pas encore arrivée. 'Dydy hi ddim wedi cyrraedd eto.

[les] **étrennes** ENW BEN LLUOSOG
■ **Nous avons donné des étrennes au facteur.** Rhoeson ni galennig i'r postmon.

étroit (BEN **étroite**) ANSODDAIR
cul
■ **être à l'étroit** bod yn gyfyng ❏ Nous sommes un peu à l'étroit dans cette pièce. Rydyn ni ychydig yn gyfyng yn yr ystafell yma.

[l'] **étude** ENW BEN
swyddfa (b), stydi (b)
❏ une étude de cas astudiaeth achos
■ **faire des études** astudio, gwneud astudiaethau ❏ Je fais des études de médecine. Rwy'n astudio meddygaeth.

[l'] **étudiant** ENW GWR
myfyriwr (g)

[l'] **étudiante** ENW BEN
myfyrwraig (b)

étudier BERF [19]
astudio

[l'] **étui** ENW GWR
cês (g), blwch (g)
❏ un étui à lunettes cês sbectol

eu BERF ▷ *gweler* **avoir**
■ **Il a eu une bonne note.** Cafodd farc da.

euh EBYCHIAD
ym, y
❏ Euh … je ne sais pas. Y… 'wn i ddim.

[l'] **euro** ENW GWR
ewro (g)

[l'] **Europe** FNW RFN
Ewrop (b)
■ **en Europe (1)** yn Ewrop
■ **en Europe (2)** i Ewrop

[l'] **Européen** ENW GWR

Ewropead (g)

[l'] **Européen** ENW BEN
Ewropead (b)

européen (BEN **européenne**) ANSODDAIR
Ewropeaidd

eux RHAGENW LLUOSOG
nhw, hwy
❑ Nous pensons souvent à eux. Rydyn ni'n meddwl amdanyn nhw yn aml. ❑ Nous avons accepté l'invitation, mais eux ont refusé. Rydyn ni wedi derbyn y gwahoddiad, ond maen nhw wedi ei wrthod.

évacuer BERF [28]
gwagio, symud

[s'] **évader** BERF [28]
dianc, ffoi

[l'] **évangile** ENW GWR
efengyl (b)

[s'] **évanouir** BERF [38]
llewygu

[s'] **évaporer** BERF [28]
anweddu

évasif (BEN **évasive**) ANSODDAIR
gochelgar

[l'] **évasion** ENW BEN
dihangfa (b)
❑ Ils avaient préparé leur évasion pendant des semaines. Roedden nhw wedi bod yn paratoi ar gyfer eu dihangfa ers wythnosau.

éveillé (BEN **éveillée**) ANSODDAIR
effro, ar ddi-hun
❑ Je suis resté éveillé toute la nuit. Arhosais i'n effro drwy'r nos.
craff, deallus
❑ Il est très éveillé pour son âge. Mae'n ddeallus iawn o ystyried ei oedran.

[s'] **éveiller** BERF [28]
deffro, dihuno

[l'] **événement** ENW GWR
digwyddiad (g)

[l'] **éventail** ENW GWR
ffan (b), gwyntyll (b)
■ **un large éventail de choix** ystod eang o ddewis

[l'] **éventualité** ENW BEN
■ **dans l'éventualité qu'il soit en retard** pe digwydd iddo fod yn hwyr

éventuel (BEN **éventuelle**) ANSODDAIR
posibl
❑ une solution éventuelle un ateb posibl
❑ les conséquences éventuelles y canlyniadau posibl

éventuellement ADFERF
o bosib, efallai
❑ Je pourrais éventuellement avoir besoin de toi. Mae'n bosibl y bydd arnaf dy angen di.
❑ les problèmes que tu pourrais éventuellement rencontrer y problemau y gallet ti efallai ddod ar eu traws

[l'] **évêque** ENW GWR
esgob (g)

évidemment ADFERF
yn amlwg
❑ Les fraises sont évidemment chères en cette saison. Mae mefus yn amlwg yn ddrud yn ystod y tymor yma.
wrth gwrs
❑ Est-ce que je peux utiliser ton stylo? Évidemment, vas-y. Alla'i ddefnyddio dy ben ysgrifennu? Wel, wrth gwrs, helpa dy hun.

[l'] **évidence** ENW BEN
■ **C'est une évidence.** Mae'n eithaf amlwg.
■ **de toute évidence** yn hollol amlwg ❑ De toute évidence, il ne veut pas venir. Mae'n hollol amlwg nad yw ef eisiau dod.
■ **être en évidence** bod yn hollol weladwy
❑ La lettre était en évidence sur la table. Roedd y llythyr yn hollol weladwy ar y bwrdd.
■ **mettre en évidence** datgelu

évident (BEN **évidente**) ANSODDAIR
amlwg

[l'] **évier** ENW GWR
sinc (b)

éviter BERF [28]
osgoi

évolué (BEN **évoluée**) ANSODDAIR
datblygiedig

évoluer BERF [28]
datblygu
❑ La chirurgie esthétique évolue constamment. Mae llawdriniaeth esthetig yn datblygu byth a beunydd.
■ **Elle a beaucoup évolué.** Mae hi wedi dod yn ei blaen yn dda.

[l'] **évolution** ENW BEN
datblygiad (g)
❑ une évolution rapide datblygiad cyflym
esblygiad (g)
❑ la théorie de l'évolution damcaniaeth esblygiad

évoquer BERF [28]
sôn am, crybwyll
❑ Le Président a évoqué divers problèmes dans son discours. Soniodd yr Arlywydd am amryw o broblemau yn ei araith.

e

exact (BEN **exacte**) ANSODDAIR
iawn, cywir, union
❏ Tu as l'heure exacte? Ydy'r amser iawn gen ti?
❏ Votre voiture, c'est la bleue garée dehors, n'est-ce pas? C'est exact. Eich car chi yw'r un glas sydd wedi ei barcio y tu allan, onid e? Ie, mae hynna'n gywir. ❏ Quel est le prix exact du billet? Beth yw union bris y tocyn?

exactement ADFERF
yn union
❏ C'est exactement ce que je veux. Dyna'n union yr hyn sydd ei eisiau arnaf.

ex aequo (BEN+LLUOSOG **ex aequo**) ANSODDAIR
■ Nous sommes arrivés ex aequo dans la course. Fe gyrhaeddon ni ochr yn ochr yn y ras.

exagérer BERF [34]
gor-ddweud, gor-liwio
❏ Tu exagères! Rwyt ti'n gor-ddweud pethau!
mynd yn rhy bell
❏ Ça fait trois fois que tu n'es pas venu à l'heure: tu exagères! Dyna deirgwaith nad wyt ti wedi cyrraedd ar amser: rwyt ti'n mynd yn rhy bell!

[l'] examen ENW GWR
arholiad (g)
❏ Je dois passer l'examen de français demain. Rydw i i fod i sefyll yr arholiad Ffrangeg yfory.
❏ un examen d'histoire arholiad hanes
■ un examen médical archwiliad meddygol

examiner BERF [28]
arholi, archwilio (meddygol)

exaspérant (BEN **exaspérante**) ANSODDAIR
yn ddigon i'ch gwylltio

exaspérer BERF [34]
gwylltio, cynddeiriogi

[l'] excédent ENW GWR
■ l' excédent de bagages bagiau dros ben (mewn maes awyr)

excéder BERF [34]
dros, yn fwy na
❏ un contrat dont la durée n'excède pas deux ans cytundeb am gyfnod nad yw'n mynd dros ddwy flynedd
■ excéder quelqu'un gwylltio rhywun, gyrru rhywun yn wallgof ❏ Les cris du bébé m'excédaient. Roedd sgrechiadau'r babi yn fy ngyrru yn wallgof.

excellent (BEN **excellente**) ANSODDAIR
ardderchog, gwych, campus

excentrique (BEN **excentrique**) ANSODDAIR
egsentrig

excepté ARDDODIAD
ac eithrio, ar wahân i
❏ Je veux ammener tous mes vêtements excepté ma veste en cuir. Rydw i eisiau dod â'm dillad i gyd, ar wahân i'm siaced ledr.

[l'] exception ENW BEN
eithriad (g)
■ à l'exception de ac eithrio, ar wahân i

exceptionnel (BEN **exceptionnelle**) ANSODDAIR
eithriadol, arbennig

[l'] excès ENW GWR
■ faire des excès gor-wneud pethau (gorfwyta, goryfed) ❏ On fait souvent des excès à Noël. Rydym yn aml yn gorfwyta ac yn goryfed adeg y Nadolig.
■ les excès de vitesse goryrru

excessif (BEN **excessive**) ANSODDAIR
gormodol

excitant (BEN **excitante**) ANSODDAIR
▷ gweler hefyd **excitant** ENW
cyffrous

[l'] excitant ENW GWR
▷ gweler hefyd **excitant** ANSODDAIR
rhywbeth adfywiol
❏ La caféine est un excitant. Mae caffein yn adfywiol.

[l'] excitation ENW BEN
cyffro (g), cynnwrf (g)

exciter BERF [28]
cynhyrfu
❏ J'étais tout excité pour mon anniversaire. Roeddwn wedi cynhyrfu'n lân adeg fy mhen-blwydd.
■ s'exciter cynhyrfu ❏ Ne t'excite pas trop! Paid â chynhyrfu gormod!

[l'] exclamation ENW BEN
ebychiad (g)

exclu (BEN **exclue**) ANSODDAIR
■ Il n'est pas exclu que … Mae'n ddigon posibl bod… /Nid yw'n amhosib bod …

exclusif (BEN **exclusive**) ANSODDAIR
unigryw, unig

[l'] excursion ENW BEN
gwibdaith (b)
❏ faire une excursion mynd ar wibdaith taith (b) gerdded
❏ une excursion dans la montagne taith gerdded yn y mynyddoedd

[l'] excuse ENW BEN
esgus (g)
❏ une bonne excuse esgus da
ymddiheuriad (b)
❏ présenter ses excuses ymddiheuro, ymesgusodi
■ un mot d'excuse nodyn absenoldeb

❏ Tu dois apporter un mot d'excuse signé par tes parents. **Rhaid iti ddod â nodyn absenoldeb wedi ei arwyddo gan dy rieni.**

excuser BERF [28]
esgusodi
■ **Excusez-moi. (1)** Mae'n ddrwg gen i. ❏ Excusez-moi, je suis en retard. **Mae'n ddrwg gen i, rydw i'n hwyr.**
■ **Excusez-moi. (2)** Esgusodwch fi. ❏ Excusez-moi, mais où sont les toilettes? **Esgusodwch fi, ond ble mae'r tai bach?**
■ **s'excuser** ymddiheuro ❏ Je me suis excusé de mon retard. **Ymddiheurais am fod yn hwyr.**

exécuter BERF [28]
dienyddio
❏ Le prisonnier a été exécuté hier. **Cafodd y carcharor ei ddienyddio ddoe.**
perfformio
❏ Le pianiste va maintenant exécuter un air de Bizet. **Mae'r pianydd yn awr yn mynd i berfformio tôn gan Bizet.**

[l'] **exemplaire** ENW GWR
copi (g)

[l'] **exemple** ENW GWR
enghraifft (b), esiampl (g)
❏ donner l'exemple **gosod esiampl**
■ **par exemple** er enghraifft

[s'] **exercer** BERF [12]
ymarfer

[l'] **exercice** ENW GWR
ymarfer (g)/(b)

exhiber BERF [28]
arddangos
❏ Elle aime bien exhiber ses prix. **Mae hi'n hoff o ddangos ei gwobrwyon.**
■ **s'exhiber** eich dangos eich hun, ymddangos

[l'] **exhibitionniste** ENW GWR
ymddangosydd (g)

exigeant (BEN **exigeante**) ANSODDAIR
anodd eich plesio
❏ Il est vraiment exigeant. **Mae ef wir yn anodd ei blesio.**

exiger BERF [45]
mynnu
❏ Le propriétaire exige le paiement tout de suite. **Mae'r perchennog yn mynnu taliad yn syth.**
mynnu
❏ Ce travail exige beaucoup de temps. **Mae'r gwaith yma yn mynnu llawer o amser.**

[l'] **exil** ENW GWR
alltudiaeth (b)

exister BERF [28]

bodoli
❏ Ça n'existe pas. **Nid yw'n bodoli.** ❏ Cette chemise existe également en bleu. **Mae'r crys yma ar gael hefyd mewn glas.**

exotique (BEN **exotique**) ANSODDAIR
ecsotig
❏ une plante exotique **planhigyn ecsotig**
■ **un gâteau aux fruits exotiques** cacen â ffrwythau ecsotig

expédier BERF [19]
anfon
❏ expédier un colis **anfon parsel**

[l'] **expéditeur** ENW GWR
anfonwr (g)

[l'] **expédition** ENW BEN
anfon
■ **l'expédition du courrier** anfon y post

[l'] **expéditrice** ENW BEN
anfonwraig (b)

[l'] **expérience** ENW BEN
profiad (g)
❏ J'ai plusieurs années d'expérience. **Mae gen i nifer o flynyddoedd o brofiad.**
arbrawf (g)
❏ une expérience scientifique **arbrawf gwyddonol**

expérimenter BERF [28]
arbrofi
❏ Ce produit n'a pas été expérimenté sur des animaux. **Nid yw'r cynnyrch hwn wedi cael ei arbrofi ar anifeiliaid.**

[l'] **expert** ENW GWR
arbenigwr (g)

expirer BERF [28]
darfod *(dogfen, pasport)*
dod i ben *(amser)*
anadlu allan *(person)*

[l'] **explication** ENW BEN
eglurhad (g), esboniad (g)
■ **une explication de texte** dehongliad o destun

expliquer BERF [28
esbonio, egluro
❏ Je t'ai déjà expliqué comment faire. **Rwyf eisoes wedi esbonio wrthyt ti sut i'w wneud.**
■ **ça s'explique** mae'n ddealladwy

[l'] **exploit** ENW GWR
camp (b), gorchest (b)

[l'] **exploitation** ENW BEN
ecsbloetiaeth (b)
❏ C'est de l'exploitation. **Ecsbloetio ydy hynny!**
■ **une exploitation agricole** fferm

exploiter BERF [28]

ecsbloetio
❏ Elle se fait exploiter par son patron. **Mae hi'n** cael ei hecsbloetio gan ei phennaeth.
explorer BERF [28]
archwilio
exploser BERF [28]
ffrwydro
❏ La bombe a explosé dans la rue. Fe ffrwydrodd y bom ar y stryd.
[l'] **explosif** ENW GWR
ffrwydryn (g)
[l'] **explosion** ENW BEN
ffrwydriad (g)
[l'] **exportateur** ENW GWR
allforiwr (g)
[l'] **exportation** ENW BEN
allforio
[l'] **exportatrice** ENW BEN
allforwraig (b)
exporter BERF [28]
allforio
[l'] **exposé** ENW GWR
esboniad (g)
❏ un exposé sur l'environnement esboniad ar yr amgylchedd
exposer BERF [28]
dangos, arddangos
❏ Elle expose ses peintures dans une galerie d'art. Mae hi'n arddangos ei lluniau mewn oriel gelf.
datguddio
❏ N'expose pas la pellicule à la lumière. Paid â datguddio'r ffilm i'r golau.
esbonio
❏ J'ai exposé les raisons de mon départ. Dwi wedi esbonio'r rhesymau pam rydw i'n mynd.
■ **s'exposer au soleil** mentro eich hun i'r haul
❏ Ne t'expose pas trop longtemps au soleil. Paid â mentro gormod i'r haul.
[l'] **exposition** ENW BEN
arddangosfa (b)
❏ une exposition de peinture arddangosfa luniau
exprès ADFERF
yn fwriadol
❏ Je n'ai pas fait exprès. 'Wnes i mohono'n fwriadol.
yn arbennig
❏ Maman a fait ce gâteau exprès pour moi. Mae mam wedi gwneud y gacen yn arbennig i mi.
[l'] **express** ENW GWR
coffi (g) espresso

trên (g) cyflym
❏ J'ai décidé de prendre l'express de huit heures. Rydw i wedi penderfynu dal y trên cyflym am wyth or gloch.
[l'] **expression** ENW BEN
mynegiant (g)
ymadrodd (g)
exprimer BERF [28]
mynegi
■ **s'exprimer** mynegi eich hun ❏ Il s'exprime très bien pour un enfant de son âge. Mae'n mynegi ei hun yn dda am blentyn o'i oedran.
exquis (BEN **exquise**) ANSODDAIR
cain, cywrain
extérieur (BEN **extérieure**) ANSODDAIR
▷ *gweler hefyd* **extérieur** ENW
tu allan
[l'] **extérieur** ENW GWR
▷ *gweler hefyd* **extérieur** ANSODDAIR
y tu allan
■ **à l'extérieur** y tu allan ❏ Les toilettes sont à l'extérieur. Mae'r tai bach y tu allan.
[l'] **externat** ENW GWR
ysgol (b) ddyddiol
[l'] **externe** ENW GWR/BEN
disgybl (g) dyddiol
[l'] **extincteur** ENW GWR
diffoddwr (g) tân
extra (BEN+LLUOSOG **extra**) ANSODDAIR
ardderchog, gwych, rhagorol
❏ Ce vin est extra! Mae'r gwin yma yn ardderchog!
extraire BERF [85]
cloddio *(am lo)*
tynnu *(dant)*
[l'] **extrait** ENW GWR
darn (g)
extraordinaire (BEN **extraordinaire**) ANSODDAIR
anarferol, eithriadol
extravagant (BEN **extravagante**) ANSODDAIR
eithafol
extrême (BEN **extrême**) ANSODDAIR
▷ *gweler hefyd* **extrême** ENW
pellaf, eithaf
❏ l'extrême droite ou l'extrême gauche y dde eithaf neu'r chwith eithaf
[l'] **extrême** ENW GWR
▷ *gweler hefyd* **extrême** ANSODDAIR
eithaf
extrêmement ADFERF
yn eithriadol

[l'] **Extrême-Orient** ENW GWR
   y Dwyrain Pell
[l'] **extrémité** ENW BEN
   pen (g) draw
   ❑ Le supermarché est à l'autre extrémité de la
   ville. Mae'r archfarchnad ym mhen arall y dref.

e

F f

F TALFYRIAD
ffranc (g) *(arian)*
[le] **fa** ENW
ffa (b) *(nodyn mewn cerddoriaeth)*
[la] **fabrication** ENW
gwneuthuriad (g)
fabriquer BERF [28]
gwneud, cynhyrchu
❏ fabriqué en France gwnaethpwyd yn Ffrainc,
wedi ei wneud yn Ffrainc
■ **Qu'est-ce qu'il fabrique?** *(anffurfiol)* Beth
mae e'n ei wneud?
[la] **fac** ENW *(anffurfiol)*
prifysgol (b), coleg (g)
■ **à la fac** yn y brifysgol
[la] **face** ENW
wyneb (g)
■ **face à face** wyneb yn wyneb
■ **en face de** gyferbyn â ❏ Le bus s'arrête en
face de la gare. Mae'r bws yn stopio gyferbyn
â'r orsaf.
■ **faire face à quelque chose** wynebu
rhywbeth
■ **Pile ou face? – Face** Pen neu gynffon? Pen.
fâché (BEN fâchée) ANSODDAIR
blin, dig, milain
■ **être fâché contre quelqu'un** bod yn ddig
â rhywun ❏ Il est fâché contre moi. Mae e'n
ddig â fi.
■ **être fâché avec quelqu'un** bod ar delerau
gwael â rhywun ❏ Il est fâché avec sa sœur.
Mae ef a'i chwaer ar delerau gwael.
[se] **fâcher** BERF [28]
■ **se fâcher contre quelqu'un** gwylltio â
rhywun
■ **se fâcher avec quelqu'un** cweryla â rhywun
❏ Elle s'est fâchée avec son frère. Mae hi wedi
cweryla â'i brawd.
facile (BEN facile) ANSODDAIR
hawdd, rhwydd
■ **facile à faire** hawdd ei wneud
facilement ADFERF

yn hawdd, yn rhwydd
[la] **facilité** ENW
■ **un logiciel d'une grande facilité
d'utilisation** meddalwedd sy'n hawdd i'w
ddefnyddio
■ **Elle a des facilités en langues.** Mae ganddi
ddawn i ddysgu ieithoedd.
[la] **façon** ENW
ffordd (b), dull (g), modd (g)
❏ De quelle façon? Ym mha ffordd?
■ **de toute façon** beth bynnag
[le] **facteur** ENW
postmon (g)
❏ Il est facteur. Postmon ydy e.
[la] **facture** ENW
bil (g)
❏ une facture de gaz bil nwy
facultatif (BEN facultative) ANSODDAIR
dewisol
[la] **faculté** ENW
gallu (g) meddyliol
■ **avoir une grande faculté de concentration**
bod â gallu mawr i ganolbwyntio
fade (BEN fade) ANSODDAIR
di-flas
❏ La sauce est un peu fade. Mae'r saws braidd
yn ddi-flas.
faible (BEN faible) ANSODDAIR
gwan, gwanllyd
❏ Je me sens encore faible. Rwy'n teimlo'n wan
o hyd.
■ **Il est faible en anglais.** Mae e'n wan mewn
Saesneg.
[la] **faiblesse** ENW
gwendid (g)
[la] **faïence** ENW
llestri (ll) pridd
faillir BERF [12
■ **J'ai failli tomber.** Bu bron i mi ddisgyn.
[la] **faillite** ENW
methdaliad (g)
■ **une entreprise en faillite** cwmni sy'n

fethdalwyr
■ **faire faillite** mynd yn fethdalwyr
[la] **faim** ENW
chwant (g) bwyd
■ **avoir faim** bod eisiau bwyd
fainéant (BEN **fainéante**) ANSODDAIR
diog
faire BERF [36]

AMSER PRESENNOL

je fais	nous faisons
tu fais	vous faites
il/elle fait	ils/elles font

RHANGYMERIAD GORFFENNOL

fait

gwneud
❑ Elle va faire un gâteau pour ce soir. **Mae hi'n mynd i wneud cacen heno.** ❑ Il fait trop de bruit. **Mae e'n gwneud gormod o sŵn.** ❑ Je voudrais me faire de nouveaux amis. **Fe hoffwn wneud ffrindiau newydd.**
gwneud
❑ Qu'est-ce que vous faites? **Beth ydych chi'n ei wneud?** ❑ Tu vas faire la vaisselle? **Wyt ti'n mynd i olchi'r llestri?**
astudio
❑ Il fait de l'anglais. **Mae e'n astudio Saesneg.** ❑ Elle fait du piano. **Mae hi'n astudio'r piano.** ❑ Qu'est-ce qu'il fait chaud! **Mae hi mor boeth!** ❑ Espérons qu'il fera beau demain. **Gobeithio y bydd hi'n braf yfory.**
■ **Ça ne fait rien.** Dydy o ddim o bwys.
■ **Ça fait vingt euros en tout.** Mae hynna'n gyfanswm o ugain ewro.
■ **Ça fait trois ans qu'il habite à Londres.** Mae e'n byw yn Llundain ers tair mlynedd.
■ **faire tomber** gollwng, peri i rywbeth gwympo ❑ Le chat a fait tomber le vase. **Mae'r gath wedi peri i'r fas gwympo.**
■ **faire faire quelque chose** cael rhywbeth wedi ei wneud ❑ Je dois faire réparer mon vélo. **Mae'n rhaid i mi gael fy meic wedi ei drwsio.**
■ **Je vais me faire couper les cheveux.** Rwy'n mynd i gael torri fy ngwallt.
■ **Ne t'en fais pas!** Paid â phoeni!
fais, faisaient, faisais, faisait BERF
▷ *gweler* **faire**
[le] **faisan** ENW
ceiliog (g) ffesant
faisiez, faisions, faisons, fait BERF
▷ *gweler* **faire**
[le] **fait** ENW
ffaith (b), digwyddiad (g)

❑ Le fait que … y ffaith bod …
■ **un fait divers** eitem o newyddion
■ **au fait** gyda llaw ❑ Au fait, tu as aimé le livre? **Gyda llaw, a wnest ti fwynhau'r llyfr?**
■ **en fait** mewn gwirionedd ❑ En fait je n'ai pas beaucoup de temps. **Mewn gwirionedd nid oes gennyf lawer o amser.**
faites BERF ▷ *gweler* **faire**
[la] **falaise** ENW
clogwyn (g)
falloir BERF [37] ▷ *gweler* **faut, faudra, faudrait**
famé (BEN **famée**) ANSODDAIR
■ **un quartier mal famé** ardal amheus
fameux (BEN **fameuse**) ANSODDAIR
■ **Ce n'est pas fameux.** 'Dyw e ddim yn wych!
familial (BEN **familiale**, GWR LLUOSOG **familiaux**) ANSODDAIR
teuluol
❑ une atmosphère familiale awyrgylch deuluol
■ **les allocations familiales** lwfans teulu/budd-dal plant
familier (BEN **familière**) ANSODDAIR
cyfarwydd
[la] **famille** ENW
teulu (g)
❑ une famille nombreuse teulu niferus
❑ Nous passons Pâques en famille. **Byddwn yn treulio'r Pasg gyda'r teulu.**
tylwyth (g), perthnasau (ll)
❑ Il a de la famille à Londres. **Mae ganddo dylwyth yn Llundain.**
[la] **famine** ENW
newyn (g)
fanatique (BEN **fanatique**) ANSODDAIR
▷ *gweler hefyd* **fanatique** ENW
eithafol
[le/la] **fanatique** ENW
▷ *gweler hefyd* **fanatique** ANSODDAIR
eithafwr (g)
eithafwraig (b)
[la] **fanfare** ENW
band (g) pres
fantaisie (BEN+LLUOSOG **fantaisie**) ANSODDAIR
■ **des bijoux fantaisie** gemau gwisg
fantastique (BEN **fantastique**) ANSODDAIR
ffantastig, gwych, bendigedig
[le] **fantôme** ENW
ysbryd (g), bwgan (g)
[la] **farce** ENW
stwffin (g) *(mewn cyw iâr, twrci)*
tric (g), cast (g)
❑ Elle aime faire des farces. **Mae hi'n hoffi chwarae triciau.**

farci (BEN **farcie**) ANSODDAIR
wedi'i stwffio
❑ des tomates farcies tomatos wedi'u stwffio

[la] **farine** ENW
blawd (g), can (g), fflwr (g)

fascinant (BEN **fascinante**) ANSODDAIR
hudolus, swynol, diddorol dros ben

fasciner BERF [28]
hudo, swyno

[le] **fascisme** ENW
Ffasgaeth (b)

fasse, fassent, fasses, fassiez, fassions
BERF ▷ *gweler* faire
■ **Pourvu qu'il fasse beau demain!**
Cyn belled â'i bod hi'n braf yfory!

fatal (BEN **fatale**) ANSODDAIR
marwol, angeuol, anochel
■ **C'était fatal.** Roedd e'n anochel.

[la] **fatalité** ENW
tynged (b)

fatigant (BEN **fatigante**) ANSODDAIR
blinedig, blinderus

[la] **fatigue** ENW
blinder (g)

fatigué (BEN **fatiguée**) ANSODDAIR
blinedig, wedi blino

[se] **fatiguer** BERF [28]
blino

fauché (BEN **fauchée**) ANSODDAIR *(anffurfiol)*
heb yr un geiniog

faudra BERF
■ **Il faudra qu'on parte tout de suite.** Bydd yn
rhaid i ni adael ar unwaith.

faudrait BERF ▷ *gweler* falloir
■ **Il faudrait qu'on fasse attention.** Byddai'n
rhaid i ni fod yn ofalus.

[se] **faufiler** BERF [28]
■ **Il s'est faufilé à travers la foule.** Fe sleifiodd
drwy'r dorf.

[la] **faune** ENW
ffawna (ll)

fausse ANSODDAIR ▷ *gweler* faux

faut BERF
■ **Il faut faire attention.** Mae'n rhaid bod yn
ofalus.
■ **Nous n'avons pas le choix, il faut finir.**
Does gennym ddim dewis, mae'n rhaid i ni
orffen.
■ **Il faut que je sorte.** Mae'n rhaid i fi fynd
allan.
■ **Il faut du courage pour faire ce métier.**
Mae'n rhaid bod yn ddewr i wneud y swydd

hon.
■ **Il me faut de l'argent.** Mae angen arian
arna i.

[la] **faute** ENW
camgymeriad (g)
❑ faire une faute gwneud camgymeriad
bai (g)
❑ Ce n'est pas de ma faute. Nid fy mai i ydy o.
■ **sans faute** yn ddi-ffael ❑ Je t'appellerai sans
faute. Fe alwa i di yn ddi-ffael.

[le] **fauteuil** ENW
cadair (b) freichiau
■ **un fauteuil roulant** cadair olwyn

faux (BEN **fausse**) ANSODDAIR, ADFERF
▷ *gweler hefyd* **faux** ENW
anghywir, ffug, camarweiniol
❑ C'est entièrement faux. Mae'n hollol
anghywir.
■ **faire un faux pas** gwneud cam gwag
■ **Elle chante faux.** Mae'n canu allan o diwn.

[le] **faux** ENW
▷ *gweler hefyd* **faux** ANSODDAIR
ffug (g), anwiredd (g)
❑ Ce tableau est un faux. Mae'r llun hwn yn un
ffug.

[la] **faveur** ENW
cymwynas (b), ffafr (b)

favori (BEN **favorite**) ANSODDAIR
hoff

favoriser BERF [28]
ffafrio
❑ Ce système d'examen favorise ceux qui ont
de la mémoire. Mae'r dull hwn o arholi yn
ffafrio'r rheiny sydd â chof da.

[le] **fax** ENW
peiriant (g) ffacs

faxer BERF [28]
ffacsio, anfon ffacs
■ **faxer un document à quelqu'un** ffacsio
dogfen at rywun

[la] **fée** ENW
tylwythen (b) deg

feignant (BEN **feignante**) ANSODDAIR *(anffurfiol)*
diog

[les] **félicitations** ENW BEN LLUOSOG
llongyfarchiadau (ll)

féliciter BERF [28]
llongyfarch

[la] **femelle** ENW
benyw (b) *(anifail)*

féminin (BEN **féminine**) ANSODDAIR
benywaidd
❑ les personnages féminins du roman y

cymeriadau benywaidd yn y nofel
❑ Elle est très féminine. Mae hi'n fenywaidd dros ben.
merched
❑ Elle joue dans l'équipe féminine du pays de Galles. Mae hi'n chwarae yn nhîm merched Cymru.

féministe (BEN **féministe**) ANSODDAIR
ffeministaidd

[la] **femme** ENW
dynes (b), menyw (b)
gwraig (b)
❑ la femme du professeur gwraig yr athro
■ **une femme au foyer** gwraig tŷ
■ **une femme de ménage** glanheuwraig
■ **une femme de chambre** morwyn

[se] **fendre** BERF [88]
hollti, cracio, torri

[la] **fenêtre** ENW
ffenestr (b)

[le] **fenouil** ENW
ffenigl (g)

[la] **fente** ENW
hollt (b), agen (b)

[le] **fer** ENW
haearn (g)
■ **un fer à cheval** pedol
■ **un fer à repasser** haearn smwddio

fera, ferai, feras, ferez BERF ▷ gweler **faire**

férié (BEN **fériée**) ANSODDAIR
■ **un jour férié** gŵyl gyhoeddus

feriez, ferions BERF ▷ gweler **faire**

ferme (BEN **ferme**) ANSODDAIR
▷ gweler hefyd **ferme** ENW
cadarn, caled
❑ Il s'est montré très ferme à mon égard. Buodd e'n gadarn iawn â mi/yn fy achos i.

[la] **ferme** ENW
▷ gweler hefyd **ferme** ANSODDAIR
fferm (b)

fermé (BEN **fermée**) ANSODDAIR
caeëdig, ar gau
❑ La libraire est fermée. Mae'r siop lyfrau ar gau.
wedi'i ddiffodd, wedi'i gau
❑ Est-ce que le gaz est fermé? Ydy'r nwy wedi'i ddiffodd?

fermer BERF [28]
cau
❑ Fermez la porte. Caewch y drws. ❑ As-tu bien fermé le robinet? Wyt ti wedi cau'r tap?
■ **fermer à clef** cloi rhywbeth ag allwedd
❑ N'oubliez pas de fermer la porte à clef!

Peidiwch ag anghofio cloi'r drws.

[la] **fermeture** ENW
■ **les heures de fermeture** oriau cau
■ **une fermeture éclair** ® sip (ar ddilledyn ar gyfer ei gau)

[le] **fermier** ENW
ffermwr (g)

[la] **fermière** ENW
ffermwraig (b)
gwraig (b) fferm

féroce (BEN **féroce**) ANSODDAIR
ffyrnig

ferons, feront BERF ▷ gweler **faire**

[les] **fesses** ENW BEN LLUOSOG
pen-ôl (g)

[le] **festival** ENW
gŵyl (b)

[les] **festivités** ENW BEN LLUOSOG
dathliadau (ll)

[la] **fête** ENW
dathliad (g), parti (g)
❑ On organise une petite fête pour son anniversaire. Mae parti pen-blwydd bach wedi'i drefnu iddo.
■ **faire la fête** cael hwyl
dydd gŵyl (mabsant)
❑ C'est sa fête aujourd'hui. Heddiw yw ei ŵyl mabsant.
■ **Bonne fête!** Dydd gŵyl hapus i ti!
■ **une fête foraine** ffair bleser
■ **la Fête Nationale** yr Ŵyl Genedlaethol (Diwrnod y Bastille yn Ffrainc - Gorffennaf 14)
■ **les fêtes de fin d'année** gwyliau'r Nadolig

fêter BERF [28]
dathlu, cael parti

[le] **feu** (LLUOSOG [les] **feux**) ENW
tân (g)
❑ prendre feu mynd ar dân ❑ faire du feu cynnau tân
■ **Au feu!** Tân! Tân!
■ **un feu de joie** coelcerth
goleuadau (ll) traffig
❑ un feu rouge golau coch ❑ le feu vert golau gwyrdd ❑ Tournez à droite aux feux. Trowch i'r dde wrth y goleuadau.
■ **Avez-vous du feu?** Ga i dân? (i gynnau sigarét)
gwres (g)
❑ … mijoter à feu doux … mudferwi ar wres isel
■ **un feu d'artifice** arddangosfa tân gwyllt

[le] **feuillage** ENW
dail (ll)

[la] **feuille** ENW
deilen (b)
❑ des feuilles mortes dail wedi gwywo/
cwympo
dalen (b), tudalen (g)/(b)
❑ une feuille de papier dalen o bapur
■ une feuille de maladie ffurflen hawlio
costau meddygol

feuilleté (BEN feuilletée) ANSODDAIR
■ de la pâte feuilletée crwst haenog/pwff

feuilleter BERF [41]
troi tudalennau llyfr

[le] **feuilleton** ENW
cyfres (b), stori (b) gyfres

[le] **feutre** ENW
ffelt (g)
■ un stylo-feutre pen blaen ffelt

[la] **fève** ENW
ffeuen (b) lydan

février ENW GWR
Chwefror (g)
■ en février ym mis Chwefror

fiable (BEN fiable) ANSODDAIR
dibynadwy, diogel

[les] **fiançailles** ENW BEN LLUOSOG
dyweddïad (g)

fiancé (BEN fiancée) ANSODDAIR
■ être fiancé à quelqu'un bod wedi dyweddïo
â rhywun, bod yn ddyweddi i rywun

[se] **fiancer** BERF [12]
dyweddïo

[la] **ficelle** ENW
llinyn (g), cortyn (g)
❑ Passez-moi un bout de ficelle. Estynnwch
ddarn o gortyn i fi.
torth (b) hir a thenau (bara)

[la] **fiche** ENW
ffurflen (b)
❑ Remplissez cette fiche s'il vous plaît.
Cwblhewch y ffurflen hon os gwelwch yn dda.

[se] **ficher** BERF [28] (anffurfiol)
■ Je m'en fiche! Does dim ots gen i!
■ Fiche-moi la paix! Gad lonydd i mi!
■ Quoi, tu n'as fait que ça? Tu te fiches de
moi! Beth, dyna'r cyfan wyt ti wedi'i wneud?
Dwyt ti ddim o ddifri!

[le] **fichier** ENW
mynegai (g), catalog (g), ffeil (b)

fichu (BEN fichue) ANSODDAIR (anffurfiol)
wedi torri
■ Ce parapluie est fichu. Mae'r ymbarél yma
wedi torri.

fidèle (BEN fidèle) ANSODDAIR

ffyddlon

fier (BEN fière) ANSODDAIR
balch

[la] **fierté** ENW
balchder (g)

[la] **fièvre** ENW
twymyn (b), gwres (g) (tymheredd y corff)
■ avoir de la fièvre dioddef o dwymyn, bod
â gwres ❑ J'ai de la fièvre. Mae gennyf wres
uchel. ❑ Il a trente-neuf de fièvre. Mae ei
dymheredd yn 39°C.

fiévreux (BEN fiévreuse) ANSODDAIR
twymynol, â thwymyn/gwres

[la] **figue** ENW
ffigysen (b)

[la] **figure** ENW
wyneb (g)
❑ J'ai reçu le ballon en pleine figure. Fe darodd
y bêl fi yn fy wyneb.
llun (g)
❑ Voir figure 3.1, page 32. Gweler llun 3.1,
tudalen 32.

[le] **fil** ENW
edau (b)
❑ le fil à coudre edau nodwydd
■ le fil de fer gwifren
■ un coup de fil galwad ffôn

[la] **file** ENW
ciw (g) (o bobl)
■ une file d'attente ciw ❑ se mettre à la file
ymuno â'r ciw
■ à la file y naill ar ôl y llall
■ en file indienne un ar y tro, fesul un

filer BERF [28]
mynd yn gyflym
❑ Les voitures filent sur l'autoroute. Mae'r ceir
yn mynd yn gyflym ar hyd y draffordd.
■ File dans ta chambre! Dos i dy ystafell!

[le] **filet** ENW
rhwyd (b)

[la] **fille** ENW
merch (b), hogan (b)
❑ C'est une école de filles. Ysgol i ferched yw hi.
merch
❑ C'est leur fille aînée. Hi yw eu merch hynaf.

[la] **fillette** ENW
merch (b) fach

[le] **filleul** ENW
mab (g) bedydd

[la] **filleule** ENW
merch (b) fedydd

[le] **film** ENW
ffilm (b)

■ **un film policier** ffilm dditectif
■ **un film d'aventures** ffilm antur
■ **un film d'épouvante** ffilm arswyd
■ **le film alimentaire** Clingfilm ®

[le] **fils** ENW
mab (g)

[la] **fin** ENW
▷ *gweler hefyd* **fin** ANSODDAIR
diwedd (g), terfyn (g), pen (g)
❏ **à la fin du film** ar ddiwedd y ffilm ❏ **À la fin, elle a réussi à se décider.** Yn y diwedd, fe lwyddodd i benderfynu.
■ **'Fin'** 'Diwedd'
■ **Je serai en vacances fin juillet.** Byddaf ar fy ngwyliau ddiwedd Gorffennaf.
■ **en fin de journée** ar ddiwedd y dydd
■ **en fin de compte** yn y pen draw
■ **sans fin** heb ddiwedd, yn ddiderfyn

fin (BEN **fine**) ANSODDAIR
▷ *gweler hefyd* **fin** ENW
tenau, main
■ **des fines herbes** perlysiau cymysg *(wedi eu torri yn fân)*

[la] **finale** ENW
gêm (b) derfynol
❏ **les quarts de finale** gemau gogynderfynol

finalement ADFERF
o'r diwedd, bellach
❏ **Ils sont finalement arrivés.** O'r diwedd, fe gyrhaeddon nhw.
wedi'r cyfan
❏ **Finalement, elle avait raison.** Wedi'r cyfan, hi oedd yn iawn.

fini (BEN **finie**) ANSODDAIR
gorffenedig

finir BERF [38]
dod i ben, darfod, diweddu, gorffen
❏ **Le cours finit à trois heures.** Mae'r wers yn gorffen am dri o'r gloch. ❏ **Je viens de finir ce livre.** Rydw i newydd orffen y llyfr hwn.
■ **Elle a fini par se décider.** Fe ddaeth i benderfyniad yn y diwedd.

finlandais (BEN **finlandaise**) ANSODDAIR, ENW
Ffinnaidd, o'r Ffindir (g)
Ffinneg (g)/(b) *(yr iaith)*
❏ **Ils parlent finlandais.** Maent yn siarad Ffinneg.
■ **un Finlandais** Ffiniad *(dyn)*
■ **une Finlandaise** Ffiniad *(dynes)*
■ **les Finlandais** y Ffiniaid

[la] **Finlande** ENW
y Ffindir (g)
■ **en Finlande** yn y Ffindir
■ **en Finlande** i'r Ffindir

[la] **firme** ENW
cwmni (g)

fis BERF ▷ *gweler* **faire**

[la] **fissure** ENW
hollt (b), crac (g), rhwyg (b)

fit BERF ▷ *gweler* **faire**

fixe (BEN **fixe**) ANSODDAIR
sefydlog, cadarn, parhaol
❏ **Il n'a pas d'adresse fixe.** Nid oes ganddo gyfeiriad parhaol.
penodol
❏ **Elle mange toujours à heures fixes.** Mae hi bob amser yn bwyta ar adegau.
■ **un menu à prix fixe** bwydlen pris gosod

fixer BERF [28]
gosod rhywbeth yn sownd
❏ **Les volets sont fixés avec des crochets.** Mae'r caeadau ffenestr wedi eu gosod â bachau.
pennu/penderfynu
❏ **Nous avons fixé un jour pour nous retrouver.** Rydym wedi pennu diwrnod i ail-gyfarfod.
rhythu ar, syllu ar
❏ **Ne fixez pas les gens comme ça!** Peidiwch â rhythu ar bobl fel'na!

[le] **flacon** ENW
potel (b), fflasg (b)
❏ **un flacon de parfum** potel o bersawr

[le] **flageolet** ENW
ffeuen (b) Ffrengig

flamand (BEN **flamande**) ANSODDAIR, ENW
Ffleminaidd
Fflemineg (g)/(b) *(yr iaith)*
❏ **Il parle flamand chez lui.** Mae'n siarad Fflemineg gartref.
■ **les Flamands** y Ffleminiaid

flambé (BEN **flambée**) ANSODDAIR
■ **des bananes flambées** bananas fflamboeth

[la] **flamme** ENW
fflam (b)
■ **en flammes** ar dân

[le] **flan** ENW
teisen (b) gwstard, teisen (b) wy

flâner BERF [28]
cerdded yn hamddenol, loetran

[la] **flaque** ENW
pwll (g) *(o ddŵr)*

[le] **flash** (LLUOSOG [les] **flashes**) ENW
fflach (b) *(camera)*
■ **un flash d'information** bwletin newyddion

flatter BERF [28]
seboni, plesio

[la] **flèche** ENW
saeth (b)

Ffrangeg-Cymraeg

f

[les] **fléchettes** ENW BEN LLUOSOG
dartiau (ll)
❏ jouer aux fléchettes chwarae dartiau

[la] **fleur** ENW
blodyn (g)

fleuri (BEN **fleurie**) ANSODDAIR
yn llawn blodau
❏ Son jardin était très fleuri. Roedd ei ardd yn llawn blodau.
blodeuog, â phatrwm blodau
❏ un papier peint fleuri papur wal blodeuog

fleurir BERF [38]
blodeuo
❏ Cette fleur fleurit en été. Mae'r blodyn hwn yn blodeuo yn yr haf.

[le/la] **fleuriste** ENW
gwerthwr (g)/gwerthwraig (b) blodau

[le] **fleuve** ENW
afon (b) (*fawr o ran maint e.e., y Seine*)

[le] **flic** ENW (*anffurfiol*)
y Glas (*heddlu*), plismon (g)

[le] **flipper** ENW
peiriant (g) pinbêl
■ jouer au flipper chwarae pinbêl

flirter BERF [28]
fflyrtio

[le] **flocon** ENW
pluen (b) (*eira*)

flotter BERF [28]
arnofio

flou (BEN **floue**) ANSODDAIR
aneglur, niwlog

[le] **fluor** ENW
■ le dentifrice au fluor past dannedd â fflworid

[la] **flûte** ENW
ffliwt (b)
❏ Je joue de la flûte. Rwy'n canu'r ffliwt.
■ une flûte à bec recorder
■ Flûte! (*anffurfiol*) Dratia! Daria!

[la] **foi** ENW
ffydd (b)

[le] **foie** ENW
afu (g), iau (g)
■ une crise de foie poen yn y bol, camdreuliad

[le] **foin** ENW
gwair (g)
■ un rhume des foins clefyd y gwair

[la] **foire** ENW
ffair (b)

[la] **fois** ENW
gwaith (b), tro (g)

❏ la première fois y tro cyntaf
❏ à chaque fois bob tro
❏ À chaque fois que je vais à l'ecole , j'oublie mon stylo. Bob tro rwy'n mynd i'r ysgol, rwy'n anghofio fy mhen sgrifennu.
■ une fois unwaith, un tro
■ deux fois dwywaith ❏ trois fois plus de gens teirgwaith mwy o bobl
■ une fois que unwaith bydd ❏ Tu te sentiras mieux une fois que tu auras bu. Byddi di'n teimlo'n well unwaith y byddi di wedi yfed.
■ à la fois ar yr un pryd ❏ Je ne peux pas faire deux choses à la fois. Ni fedraf wneud dau beth ar yr un pryd.

fol ANSODDAIR GWR ▷ *gweler* **fou**

[la] **folie** ENW
ffolineb (g), hurtrwydd (g)
❏ C'est de la folie pure! Mae'n ffolineb llwyr!
■ faire une folie gwario'n ffôl

folklorique (BEN **folklorique**) ANSODDAIR
traddodiadol, gwerinol
❏ la danse folklorique dawnsio gwerin

folle ANSODDAIR BEN ▷ *gweler* **fou**
merch wallgof

foncé (BEN **foncée**) ANSODDAIR
tywyll
❏ bleu foncé glas tywyll

foncer BERF [12] (*anffurfiol*)
■ Je vais foncer à la boucherie. Rwy'n mynd i ruthro i siop y cigydd.

[la] **fonction** ENW
swyddogaeth (b)
■ une voiture de fonction car cwmni

[le/la] **fonctionnaire** ENW
gwas (g) sifil

fonctionner BERF [28]
gweithio, gweithredu

[le] **fond** ENW
gwaelod (g)
❏ Mes lunettes sont au fond de mon sac. Mae fy sbectol yng ngwaelod fy mag.
pen draw
❏ La porte est au fond du couloir. Mae'r drws ar ben draw'r coridor.
■ dans le fond yn y bôn, yn y pen draw
❏ Dans le fond, ce n'est pas si sérieux. Yn y pen draw, nid yw mor ddifrifol â hynny.

fonder BERF [28]
sefydlu

fondre BERF [69]
toddi
❏ La tablette de chocolat avait fondu au soleil. Roedd y bar o siocled wedi toddi yn yr haul.

■ **fondre en larmes** dechrau beichio crio
fondu (BEN **fondue**) ANSODDAIR
■ **du fromage fondu** caws wedi toddi
font BERF ▷ *gweler* **faire**
[la] **fontaine** ENW
ffynnon (b)
[le] **foot** ENW *(anffurfiol)*
pêl-droed (b)
[le] **football** ENW
pêl-droed (b)
❏ jouer au football chwarae pêl-droed
[le] **footballeur** ENW
pêl-droediwr (g)
[le] **footing** ENW
loncian, jogio
❏ faire du footing loncian
forain (BEN **foraine**) ANSODDAIR
▷ *gweler hefyd* **forain** ENW
■ **une fête foraine** ffair bleser
[le] **forain** ENW
▷ *gweler hefyd* **forain** ANSODDAIR
dyn (g) ffair
[la] **force** ENW
cryfder (g), grym (g), ynni (g), nerth (g)
❏ Je n'ai pas beaucoup de force dans les
jambes. Does gen i ddim llawer o nerth yn fy
nghoesau.
■ **à force de** trwy, wrth ❏ Elle a grossi à force
de manger autant. Aeth yn dew trwy fwyta
cymaint.
■ **de force** trwy rym ❏ Ils lui ont enlevé son
argent de force. Aethant â'i arian oddi arno
trwy rym.
forcé (BEN **forcée**) ANSODDAIR
wedi'i orfodi
❏ un sourire forcé gwên fenthyg
■ **C'est forcé** *(anffurfiol)* Mae'n anochel.
forcément ADFERF
■ **Ça devait forcément arriver.** Roedd hynna'n
siŵr o ddigwydd.
■ **pas forcément** nid o reidrwydd
[la] **forêt** ENW
coedwig (b), fforest (b)
[le] **forfait** ENW
pris (g) gosod
■ **C'est compris dans le forfait.** Mae wedi'i
gynnwys yn y pris.
[le] **forgeron** ENW
gof (g)
[la] **formalité** ENW
ffurfioldeb (g)
❏ Ce n'est qu'une simple formalité. Ffurfioldeb
syml ydy e.

[le] **format** ENW
maint (g), fformat (g)
[la] **formation** ENW
hyfforddiant (g)
❏ la formation professionnelle hyfforddiant
galwedigaethol
■ **la formation continue** hyfforddiant mewn
swydd
■ **Il a une formation d'ingénieur.** Mae e wedi'i
hyfforddi fel peiriannydd.
[la] **forme** ENW
ffurf (b), siâp (g)
■ **être en forme** bod yn iach a heini
■ **Je ne suis pas en forme aujourd'hui.** Does
dim llawer o hwyl arna i heddiw.
■ **Tu as l'air en forme.** Rwyt ti'n edrych yn dda.
formellement ADFERF
yn ffurfiol, yn llwyr
❏ Il est formellement interdit de fumer dans
les toilettes. Gwaherddir ysmygu yn llwyr yn y
tai bach.
former BERF [28]
ffurfio, llunio
formidable (BEN **formidable**) ANSODDAIR
aruthrol, sylweddol, gwych
[le] **formulaire** ENW
ffurflen (b)
fort (BEN **forte**) ANSODDAIR, ADFERF
cryf
❏ Le café est trop fort. Mae'r coffi'n rhy gryf.
da
❏ Il est très fort en français. Mae e'n dda iawn
mewn Ffrangeg.
uchel
❏ Est-ce vous pouvez parler plus fort?
A fedrwch chi siarad yn uwch?
■ **frapper fort** taro'n galed
[le] **fortifiant** ENW
tonig (g) *(meddygol)*
[la] **fortune** ENW
ffortiwn (g), lwc (b)
■ **de fortune** dros dro ❏ un abri de fortune
lloches dros dro
[le] **forum de discussion** ENW
man (g) trafod
[le] **fossé** ENW
ffos (b)
fou (GWR UNIGOL HEFYD **fol**, BEN **folle**)
ANSODDAIR
gwallgof, lloerig, ffôl
■ **Il y a un monde fou en ville!** *(anffurfiol)*
Mae llwythi o bobl yn y dre!
■ **attraper le fou rire** methu stopio chwerthin

[la] **foudre** ENW
mellt (ll), tyrfau (ll)
❏ Elle a été frappée par la foudre. Cafodd ei
tharo gan felltennau.

foudroyant (BEN **foudroyante**) ANSODDAIR
sydyn, dirybudd
❏ un succès foudroyant llwyddiant sydyn

[le] **fouet** ENW
chwip (b) (coginio)

[la] **fougère** ENW
rhedynen (b)

fouiller BERF [28]
chwilota, cloddio, turio

[le] **fouillis** ENW
llanast (g), cawdel (g)
❏ Il y a du fouillis dans sa chambre. Mae yna
lanast yn ei ystafell.

[le] **foulard** ENW
sgarff (b)
❏ un foulard en laine sgarff wlân

[la] **foule** ENW
tyrfa (b), torf (b)
■ **une foule de** pentwr o, llwyth o ❏ J'ai une
foule de choses à faire aujourd'hui. Mae gen i
bentwr o bethau i'w gwneud heddiw.

[se] **fouler** BERF [28]
■ **se fouler la cheville** Troi eich pigwrn/ffêr/
troed

[le] **four** ENW
ffwrn (b), popty (g)
❏ un four à micro-ondes popty microdon

[la] **fourchette** ENW
fforc (b), fforch (b)

[la] **fourmi** ENW
morgrugyn (g)
■ **avoir des fourmis dans les jambes** bod â
phinnau bach yn eich coes

[le] **fourneau** (LLUOSOG [les] **fourneaux**) ENW
stof (b), ffwrnais (b)

fourni (BEN **fournie**) ANSODDAIR
trwchus (barf, gwallt)

fournir BERF [38]
darparu, cyflenwi

[le] **fournisseur** ENW
cyflenwr, (g) cyflenwydd (g)
■ **un fournisseur d'accès à Internet** cyflenwr
mynediad i'r rhyngrwyd

[les] **fournitures** ENW BEN LLUOSOG
■ **les fournitures scolaires** defnyddiau
ysgrifennu at waith ysgol

fourré (BEN **fourrée**) ANSODDAIR
wedi'i lenwi â
❏ un gâteau fourré à la confiture de fraises

cacen wedi'i llenwi â jam mefus

fourrer BERF [28] (anffurfiol)
rhoi, dodi
❏ Où as-tu fourré mon sac? Ble wyt ti wedi rhoi
fy mag i?

[le] **fourre-tout** (LLUOSOG [les] **fourre-tout**)
ENW
bag (g) dal popeth

[la] **fourrure** ENW
ffwr (g)
❏ un manteau de fourrure côt ffwr

[le] **foyer** ENW
aelwyd (b), cartref (g)
❏ dans la plupart des foyers gallois yn y rhan
fwyaf o gartrefi Cymraeg
■ **un foyer de jeunes** clwb ieuenctid

[la] **fracture** ENW
toriad (g)

fragile (BEN **fragile**) ANSODDAIR
bregus, brau
❏ Attention, c'est fragile! Byddwch yn ofalus,
mae e'n fregus!

[la] **fragilité** ENW
breuder (g)

fraîche ANSODDAIR BEN ▷ gweler frais
ffres

[la] **fraîcheur** ENW
ffresni (g)
❏ la fraîcheur du matin ffresni'r bore
ffresni (g)
❏ Je ne suis pas sûre de la fraîcheur du lait.
Dwi ddim yn sicr o ffresni'r llaeth.

frais (BEN **fraîche**) ANSODDAIR
▷ gweler hefyd frais ENW
ffres
❏ des œufs frais wyau ffres ❏ Cette salade n'est
pas très fraîche. Nid yw'r salad hwn yn ffres
iawn.
oer
❏ Il fait un peu frais ce soir. Mae'n weddol oer
heno.
oer
❏ des boissons fraîches diodydd oer
■ 'servir frais' 'i'w weini'n oer'
■ mettre au frais rhoi mewn lle oer

[les] **frais** ENW GWR LLUOSOG
▷ gweler hefyd frais ANSODDAIR
costau (ll), treuliau (ll)

[la] **fraise** ENW
mefusen (b)
❏ une fraise des bois mefusen wyllt

[la] **framboise** ENW
mafonen (b)

franc (BEN **franche**) ANSODDAIR
> ▷ *gweler hefyd* **franc** ENW
gonest, plaen, agored

[le] **franc** ENW
> ▷ *gweler hefyd* **franc** ANSODDAIR
ffranc (g) *(arian)*

français (BEN **française**) ANSODDAIR, ENW
Ffrengig
Ffrangeg (g)/(b)
❏ Elle parle français couramment. Mae hi'n
siarad Ffrangeg yn rhugl.
■ **un Français** Ffrancwr
■ **une Française** Ffrances
■ **les Français** Ffrancod, Ffrancwyr

[la] **France** ENW
Ffrainc (b)
■ **en France (1)** yn Ffrainc ❏ Il est né en France.
Cafodd ei eni yn Ffrainc.
■ **en France (2)** i Ffrainc ❏ Je pars en France
pour Pâques. Rwy'n mynd i Ffrainc dros y Pasg.

franche ANSODDAIR BEN ▷ *gweler* **franc**

franchement ADFERF
yn blwmp ac yn blaen, yn ddiflewyn ar dafod
❏ Elle m'a parlé franchement. Fe siaradodd â fi
yn blwmp ac yn blaen.
a bod yn onest
❏ C'est franchement mauvais. A bod yn onest,
mae'n wael.

franchir BERF [38]
mynd dros, neidio dros, croesi

[la] **franchise** ENW
didwylledd (g), plaendra (g)

francophone (BEN **francophone**)ANSODDAIR
Ffrangeg ei iaith, yn siarad Ffrangeg

[la] **frange** ENW
rhimyn (g) o wallt

[la] **frangipane** ENW
marzipan (g)

frapper BERF [28]
dyrnu, bwrw, taro
❏ Il l'a frappé au visage. Fe'i tarodd e yn ei
wyneb. ❏ Son air fatigué m'a frappé. Fe'm
tarodd pa mor flinedig yr edrychai.

fredonner BERF [28]
hymian

[le] **freezer** ENW
rhewgist (b), rhewgell (b)

[le] **frein** ENW
brêc (g)
■ **le frein à main** brêc llaw

freiner BERF [28]
brecio

frêle (BEN **frêle**) ANSODDAIR
eiddil, gwan

[le] **frelon** ENW
cacynen (b) feirch

frémir BERF [38]
crynu, rhynu
❏ Cette idée me fait frémir. Mae'r syniad hwn
yn gwneud i fi grynu.

fréquemment ADFERF
yn aml, yn fynych

fréquent (BEN **fréquente**) ANSODDAIR
aml, mynych

fréquenté (BEN **fréquentée**) ANSODDAIR
prysur, bywiog
❏ un café très fréquenté caffi bywiog
■ **un bar mal fréquenté** bar yn llawn o bobl
amheus/garw

fréquenter BERF [28]
gweld *(person)*, mynychu cwmni
❏ Je ne la fréquente pas beaucoup. Nid wyf yn
ei gweld hi yn aml.

[le] **frère** ENW
brawd (g)

[le] **friand** ENW
■ **un friand au fromage** pastai fach o gaws

[la] **friandise** ENW
tamaid (g) blasus, rhywbeth (g) melys

[le] **fric** ENW *(anffurfiol)*
arian (g) parod, pres (g)

[le] **frigidaire** ® ENW
oergell (b)

[le] **frigo** ENW *(anffurfiol)*
oergell (b)

frileux (BEN **frileuse**) ANSODDAIR
■ **être frileux** teimlo'r oerfel ❏ Je suis très
frileux. Rwy'n teimlo'r oerfel.

frimer BERF [28] *(anffurfiol)*
dangos eich hun

[les] **fringues** ENW BEN LLUOSOG *(anffurfiol)*
dillad (ll)

fripé (BEN **fripée**) ANSODDAIR
crychlyd

frire BERF [80]
■ **faire frire** ffrio ❏ Faites frire les frites dans de
l'huile très chaude. Ffriwch y sglodion mewn
olew poeth iawn.

frisé (BEN **frisée**) ANSODDAIR
cyrliog
❏ Il est très frisé. Mae ei wallt yn gyrliog iawn.

[le] **frisson** ENW
cryndod (g)

frissonner BERF [28]
crynu, rhynu

frit (BEN **frite**) ANSODDAIR
wedi ei ffrio
❏ du poisson frit pysgod wedi ei ffrio

[les] **frites** ENW BEN LLUOSOG
sglodion (ll)

[la] **friture** ENW
bwyd (g) wedi'i ffrio
❏ On m'a conseillé d'éviter les fritures. Maen nhw wedi fy nghynghori i osgoi bwydydd wedi'u ffrio.
pysgod wedi eu ffrio
❏ Nous allons faire une friture ce soir. Rydyn ni'n mynd i gael pysgod wedi'u ffrio heno.

froid (BEN **froide**) ANSODDAIR
▷ *gweler hefyd* **froid** ENW
oer
❏ Ça me laisse froid. Mae hynna'n fy ngadael yn oer. ❏ de la viande froide cig oer

[le] **froid** ENW
▷ *gweler hefyd* **froid** ANSODDAIR
oerfel (g)
■ **Il fait froid.** Mae hi'n oer.
■ **avoir froid** bod yn oer ❏ Est-ce que vous avez froid? A ydych chi'n oer?

[se] **froisser** BERF [28]
crychu
❏ Ce tissu se froisse très facilement. Mae'r defnydd hwn yn crychu yn hawdd iawn.
digio
❏ Marie se froisse très facilement. Mae Marie yn digio yn hawdd iawn.
■ **se froisser un muscle** tynnu cyhyr

frôler BERF [28]
lledgyffwrdd â
❏ Le chat m'a frôlé au passage. Fe wnaeth y gath lledgyffwrdd â fi wrth fynd heibio.
trwch blewyn
❏ Nous avons frôlé la catastrophe. Fe wnaethon ni osgoi trychineb o drwch blewyn.

[le] **fromage** ENW
caws (g)
■ **du fromage blanc** caws gwyn meddal

[le] **froment** ENW
gwenith (g)
■ **une crêpe de froment** crempog wenith

froncer BERF [12]
■ **froncer les sourcils** gwgu, crychu talcen

[le] **front** ENW
talcen (g)

[la] **frontière** ENW
ffin (b), terfyn (g)

frotter BERF [28]
rhwbio, rhygnu

❏ se frotter les yeux rhwbio eich llygaid
■ **frotter une allumette** tanio matsien

[le] **fruit** ENW
ffrwyth (g), cynnyrch (g)
■ **un fruit** darn o ffrwyth, ffrwythyn
❏ Est-ce que tu veux manger un fruit? A hoffet ti ffrwythyn?
■ **les fruits de mer** bwyd môr

fruité (BEN **fruitée**) ANSODDAIR
ffrwythol, llawn ffrwyth

frustrer BERF [28]
rhwystro

[la] **fugue** ENW
■ **faire une fugue** rhedeg i ffwrdd, dianc

fuir BERF [39]
dianc
❏ fuir devant un danger ffoi rhag perygl
diferu
❏ Le robinet fuit. Mae'r tap yn diferu.

[la] **fuite** ENW
gollyngiad (g)
❏ Il y a une fuite de gaz. Mae nwy yn gollwng.
dihangfa (b)
■ **être en fuite** bod ar ffo

fumé (BEN **fumée**) ANSODDAIR
▷ *gweler hefyd* **fumée** ENW
trwy fwg, wedi'i gochi
❏ du saumon fumé eog trwy fwg, eog wedi ei gochi

[la] **fumée** ENW
▷ *gweler hefyd* **fumée** ANSODDAIR
mwg (g)

fumer BERF [28]
ysmygu, mygu

[le] **fumeur** ENW
ysmygwr (g)

[la] **fumeuse** ENW
ysmygwraig (b)

[le] **fur** ENW
■ **au fur et à mesure** fesul tipyn, yn raddol, o gam i gam ❏ Elle vérifie son travail au fur et à mesure. Mae hi'n gwirio ei gwaith wrth fynd yn ei blaen.
■ **au fur et à mesure que** wrth ❏ Je réponds à mon e-mail au fur et à mesure que je le reçois. Rwy'n ateb fy e-bost wrth i mi ei dderbyn.

[le] **furet** ENW
ffured (g)

[la] **fureur** ENW
ffyrnigrwydd (g), cynddaredd (b)
■ **faire fureur** bod yn ffasiynol, bod yn y ffasiwn ❏ Ce genre de portable fait fureur actuellement. Mae'r math yma o ffôn symudol

yn ffasiynol iawn ar y funud.

furieux (BEN **furieuse**) ANSODDAIR
cynddeiriog, gwalltgof

[le] **furoncle** ENW
cornwyd (b) *(ar groen)*, penddüyn (g)

fus BERF ▷ *gweler* être

[le] **fuseau** (LLUOSOG [les] **fuseaux**) ENW
trowsus (g) sgïo

[la] **fusée** ENW
roced (b)

[le] **fusil** ENW
gwn (g)

fut BERF ▷ *gweler* être

futé (BEN **futée**) ANSODDAIR
cyfrwys

[le] **futur** ENW
dyfodol (g)

G|g

gâcher BERF [28]
gwastraffu
❑ Je n'aime pas gâcher la nourriture. Nid wyf yn hoffi gwastraffu bwyd.

[le] **gâchis** ENW
gwastraff (g)

[la] **gaffe** ENW
■ **faire une gaffe** gwneud camgymeriad
■ **Fais gaffe!** (*anffurfiol*) Bydd yn ofalus!
❑ Fais gaffe: la peinture est encore fraîche! Bydd yn ofalus: mae'r paent yn dal yn wlyb.

[le] **gage** ENW
fforffed (g)/(b) (*mewn gêm*)
❑ recevoir un gage talu fforffed

[le] **gagnant** ENW
enillydd (g)

[la] **gagnante** ENW
enillydd (g)

gagner BERF [28]
ennill
❑ Qui a gagné? Pwy enillodd?
■ **gagner du temps** ennill amser ■ **Elle gagne bien sa vie.** Mae hi'n ennill bywoliaeth dda.

gai (BEN **gaie**) ANSODDAIR
hapus, siriol
❑ Il est très gai. Mae e'n siriol iawn.

[la] **gaieté** ENW
hapusrwydd (g), sirioldeb (g)

[la] **galerie** ENW
oriel (b)
❑ une galerie de peinture oriel gelf
■ **une galerie marchande** arcêd siopa
■ **une galerie de jeux d'arcade** arcêd difyrion

[le] **galet** ENW
carreg (b) gron (*ar draeth*)

[la] **galette** ENW
teisen (b) gron wastad
■ **une galette de blé noir** crempog gwenith yr hydd
bisged (b)
❑ des galettes pur beurre bisgedi menyn pur
■ **la galette des Rois** teisen a fwyteir ar Nos

Ystwyll

Galles ENW BEN
■ **le pays de Galles** Cymru
■ **le prince de Galles** Tywysog Cymru

gallois (BEN **galloise**) ANSODDAIR, ENW
Cymreig, o Gymru
❑ un acteur gallois célèbre actor enwog o Gymru
■ **la nourriture galloise** bwyd Cymreig

[le] **gallois** ENW
Cymraeg (b) (*yr iaith*)
■ **un Gallois** Cymro
■ **une Galloise** Cymraes
■ **les Gallois** y Cymry

[le] **galop** ENW
carlam (g)

galoper BERF [28]
carlamu

[le] **gamin** ENW
plentyn (g), crwtyn (g)

[la] **gamine** ENW
plentyn (g), croten (b)

[la] **gamme** ENW
graddfa (b) (*mewn cerddoriaeth*)
❑ faire des gammes chwarae/canu graddfeydd
■ **une gamme de produits** amrywiaeth o gynnyrch

gammée (BEN **gammée**) ANSODDAIR
■ **la croix gammée** swastika

[le] **gant** ENW
maneg (b)
❑ des gants en laine menig gwlân
■ **un gant de toilette** gwlanen (*ymolchi*)

[le] **garage** ENW
garej (g)

[le/la] **garagiste** ENW
perchennog (g) garej
mecanlg (g)

[la] **garantie** ENW
gwarant (g), sicrwydd (g)

garantir BERF [38]
gwarantu, sicrhau

[le] garçon ENW
bachgen (g)
■ **un vieux garçon** hen lanc
[le] garde ENW
▷ *gweler hefyd* la garde
gwarchodwr (g)
warden (g) *(mewn carchar)*
■ **un garde du corps** gwarchodwr personol
[la] garde ENW
▷ *gweler hefyd* le garde
gwyliadwriaeth (b), gwarchod
❑ Il est chargé de la garde des prisonniers.
Ef sy'n gyfrifol am warchod y carcharorion.
gwarchodlu (g)
❑ la relève de la garde newid y gwarchodlu
■ **un chien de garde** ci gwarchod
■ **être de garde** bod ar eich gwyliadwriaeth
❑ Je suis de garde ce soir. Fi sydd yn gwarchod
heno. ❑ La pharmacie de garde ce week-end
est … Y fferyllfa ar agor y penwythnos hwn
yw …
■ **mettre en garde** rhybuddio rhywun
[le] garde-côte (LLUOSOG [les] **garde-côtes**)
ENW
gwylwyr (ll) y glannau
garder BERF [28]
cadw
❑ J'ai gardé toutes ses lettres. Rydw i wedi
cadw ei llythyrau i gyd.
gwarchod, gofalu am
❑ Je garde mon neveu dimanche après-midi.
Rwy'n gofalu am fy nai brynhawn dydd Sul.
amddiffyn, gwarchod
❑ J'ai pris un gros chien pour garder la maison.
Rydw i wedi cael ci mawr i warchod y tŷ.
■ **garder le lit** aros yn y gwely
■ **se garder** cadw ❑ Ces fruits se gardent bien.
Mae'r ffrwythau hyn yn cadw'n dda.
[la] garderie ENW
meithrinfa (b)
[la] garde-robe ENW
cwpwrdd (g) dillad
❑ Marie a une garde-robe bien fournie. Mae
gan Marie gwpwrdd dillad eitha llawn.
[le] gardien ENW
gofalwr (g)
warden (g) *(mewn amgueddfa)*
■ **un gardien de but** gôl-geidwad
■ **un gardien de la paix** heddwas
[la] gardienne ENW
gofalwraig (b)
warden (b) *(mewn amgueddfa)*
[la] gare ENW
▷ *gweler hefyd* gare EBYCHIAD

gorsaf (b)
❑ la gare routière gorsaf bysiau
gare EBYCHIAD
▷ *gweler hefyd* gare ENW
■ **Gare aux serpents!** Byddwch yn ofalus o'r
nadroedd!
garer BERF [28]
parcio
■ **se garer** parcio ❑ Où vous êtes-vous garé?
Ble ydych chi wedi parcio?
garni (BEN **garnie**) ANSODDAIR
■ **un plat garni** pryd gyda garnais
[le] gars ENW *(anffurfiol)*
boi (g)
gaspiller BERF [28]
gwastraffu
[le] gâteau (LLUOSOG [les] **gâteaux**) ENW
teisen (b), cacen (b)
■ **les gâteaux secs** bisgedi
gâter BERF [28]
difetha
❑ Elle aime gâter ses petits enfants. Mae'n hoffi
difetha ei hwyrion.
■ **se gâter** pydru ❑ Les poires vont se gâter si
on ne les mange pas ce soir. Mae'r gellyg yn
mynd i bydru os na chânt eu bwyta heno.
■ **Le temps va se gâter.** Mae'r tywydd yn
mynd i waethygu.
gauche (BEN **gauche**) ANSODDAIR
▷ *gweler hefyd* gauche ENW
chwith
❑ la main gauche y llaw chwith
❑ le côté gauche yr ochr chwith
[la] gauche ENW
▷ *gweler hefyd* gauche ANSODDAIR
chwith (g)
❑ sur votre gauche ar eich ochr chwith
■ **à gauche (1)** i'r chwith ❑ la troisième rue à
gauche y drydedd stryd ar y chwith
■ **à gauche (2)** yr ochr chwith ❑ à gauche du
placard ar yr ochr chwith i'r cwpwrdd
■ **Tournez à gauche.** Trowch i'r chwith.
■ **la voie de gauche** y lôn chwith
■ **la gauche** y chwith
■ **Il est de gauche.** Mae e ar yr adain chwith.
gaucher (BEN **gauchère**) ANSODDAIR
llawchwith
[la] gaufre ENW
waffl (g)/(b)
[la] gaufrette ENW
waffer (b)
[le] Gaulois ENW
Galiad (g)

❏ Astérix le Gaulois Astérix y Galiad

gaulois (BEN **gauloise**) ANSODDAIR
Galaidd

[le] **gaz** ENW
nwy (g)

gazeux (BEN **gazeuse**) ANSODDAIR
■ **une boisson gazeuse** diod fyrlymog
■ **de l'eau gazeuse** dŵr pefriol

[le] **gazole** ENW
diesel (g) (tanwydd)

[le] **gazon** ENW
glaswellt (g), lawnt (b)

[le] **GDF** (= Gaz de France) ENW
Nwy Ffrainc

[le] **géant** ENW
cawr (g)

[le] **gel** ENW
barrug (g), llwydrew (g)

[la] **gelée** ENW
jeli (g)

geler BERF [43]
rhewi
■ **Il a gelé hier.** Fe rewodd hi ddoe.

[la] **gélule** ENW
pilsen (b) (meddyginiaeth)

[les] **Gémeaux** ENW GWR LLUOSOG
yr Efeilliaid (ll)
❏ Pierre est Gémeaux. Arwydd yr Efeilliaid yw Pierre.

gémir BERF [38]
griddfan

gênant (BEN **gênante**) ANSODDAIR
trafferthus, lletchwith, annifyr
❏ un silence gênant tawelwch annifyr

[la] **gencive** ENW
deintgig (g) (yn y geg)

[le] **gendarme** ENW
plismon (g), heddwas (g)

[la] **gendarmerie** ENW
heddlu (g)
swyddfa'r (b) heddlu
❏ Tu devrais porter plainte à la gendarmerie.
Fe ddylet ti gwyno i swyddfa'r heddlu.

[le] **gendre** ENW
mab (g) yng nghyfraith

gêné (BEN **gênée**) ANSODDAIR
yn teimlo'n annifyr, a chywilydd arnoch

gêner BERF [28]
aflonyddu ar, tarfu ar
❏ Je ne voulais pas te gêner. Doeddwn i ddim eisiau tarfu arnat ti.
poeni

❏ Son regard me gênait. Roedd y ffordd yr edrychai hi arnaf yn fy mhoeni.

général (BEN **générale**, GWR LLUOSOG **généraux**) ANSODDAIR
▷ gweler hefyd **général** ENW
cyffredinol
■ **en général** yn gyffredinol

[le] **général** (LLUOSOG [les] **généraux**) ENW
▷ gweler hefyd **général** ANSODDAIR
cadfridog (g)

généralement ADFERF
yn gyffredinol

[le/la] **généraliste** ENW
meddyg (g) teulu

[la] **génération** ENW
cenhedlaeth (b)

généreux (BEN **généreuse**) ANSODDAIR
hael

[la] **générosité** ENW
haelioni (g)

[le] **genêt** ENW
banhadlen (b) (planhigyn)

[la] **génétique** ENW
geneteg (b)

génétiquement ADFERF
yn enetig
❏ génétiquement modifié wedi'i addasu'n enetig ❏ les aliments génétiquement modifiés bwydydd wedi'u haddasu'n enetig ❏ un organisme génétiquement modifié organeb wedi'i haddasu'n enetig

Genève ENW
Genefa (b)

génial (BEN **géniale**, GWR LLUOSOG **géniaux**) ANSODDAIR (anffurfiol)
gwych, anhygoel, grêt
❏ Le repas était génial. Roedd y pryd bwyd yn wych.

[le] **genou** (LLUOSOG [les] **genoux**) ENW
pen-glin (g)/(b)
❏ Elle était à genoux. Roedd hi ar ei phen-gliniau. ❏ se mettre à genoux penlinio

[le] **genre** ENW
math (g)
❏ C'est un genre de fruit exotique. Rhyw fath o ffrwyth egsotig yw e.

[les] **gens** ENW GWR LLUOSOG
pobl (b)

gentil (BEN **gentille**) ANSODDAIR
dymunol
❏ Mes voisins sont très gentils. Mae fy nghymdogion yn ddymunol iawn.
caredig

❑ C'était très gentil de ta part. Roedd hynna'n garedig iawn ohonot ti.

[la] gentillesse ENW
caredigrwydd (g)
❑ Je vous remercie de votre gentillesse. Diolch am eich caredigrwydd.
■ **C'est une dame d'une grande gentillesse.** Mae hi'n ddynes garedig iawn.

gentiment ADFERF
yn ddymunol, yn neis
❑ Demande-le lui gentiment. Gofyn iddo yn neis.
yn garedig
❑ Il nous a gentiment invité à dîner. Mae e wedi bod yn garedig iawn i'n gwahodd i swper.

[la] géographie ENW
daearyddiaeth (b)

[la] géométrie ENW
geometreg (b)

[le] gérant ENW
rheolwr (g)

[la] gérante ENW
rheolwraig (b)

gérer BERF [34]
rheoli

germain (BEN **germaine**) ANSODDAIR
■ **un cousin germain** cefnder cyfan

[le] geste ENW
arwydd (g), ystum (g)/(b), symudiad (g)
❑ Ils ont voulu faire un geste de générosité. Roeddynt am ddangos arwydd o haelioni.
■ **Ne fais pas un geste!** Paid â symud!

[la] gestion ENW
rheolaeth (b)

[le/la] gestionnaire de site ENW
gweinyddwr (g)/ gweinyddwraig (b) y safle

[la] gifle ENW
pelten (b), slap (b), clusten (b)

gifler BERF [28]
rhoi pelten/slap/clusten (i rywun)

gigantesque (BEN **gigantesque**) ANSODDAIR
anferth

[le] gigot ENW
coes (b) o gig oen

[le] gilet ENW
gwasgod (b)
❑ un gilet en cuir gwasgod ledr
cardigan (b)
❑ un gilet tricoté main cardigan wlân wedi'i gwau â llaw
■ **un gilet de sauvetage** siaced achub

[le] gingembre ENW
sinsir (g)

[la] girafe ENW
jiráff (g)

[le] gitan ENW
sipsi (g)

[la] gitane ENW
sipsi (b)

[le] gîte ENW
■ **un gîte rural** bwthyn gwledig

[la] glace ENW
iâ (g), rhew (g)
❑ La glace a rendu la route dangereuse. Mae'r rhew wedi gwneud y ffordd yn beryglus.
hufen iâ
❑ une glace au chocolat hufen iâ siocled
drych
❑ Elle n'aime pas se regarder dans la glace. Nid yw hi'n hoffi edrych ar ei hun yn y drych.

glacé (BEN **glacée**) ANSODDAIR
rhewllyd, wedi rhewi
❑ un vent glacé gwynt rhewllyd iawn
iâ
❑ un thé glacé te iâ

glacial (BEN **glaciale**, GWR LLUOSOG **glaciaux**) ANSODDAIR
rhewllyd, iasoer

[le] glaçon ENW
rhew (g), ciwb (g) iâ

glissant (BEN **glissante**) ANSODDAIR
llithrig

glisser BERF [28]
llithro, sglefrio
❑ J'ai glissé sur la glace. Fe lithrais i ar y rhew.
llithrig
❑ Attention, ça glisse! Cymerwch ofal, mae'n llithrig!

global (BEN **globale**, GWR LLUOSOG **globaux**) ANSODDAIR
byd-eang
❑ la somme globale y cyfanswm

[la] gloire ENW
gogoniant (g), bri (g)

[la] godasse ENW
esgid (b) (anffurfiol)

[le] goéland ENW
gwylan (b)

[le] golf ENW
golff (g)
❑ Je joue au golf. Rydw i'n chwarae golff.
cwrs (g) golff
❑ un golf dix-huit trous cwrs golff deunaw twll

[le] golfe ENW
gwlff (g)
■ **le golfe de Gascogne** Bae y Gwasgwyn

g

[la] **gomme** ENW
rhwbiwr (g)

gommer BERF [28]
dileu, rhwbio allan

gonflé (BEN **gonflée**) ANSODDAIR
chwyddedig *(braich, bys, stumog)*
❑ J'ai les genoux gonflés. Mae fy mhen-gliniau
wedi chwyddo.
wedi'i ei chwythu *(pêl, teiar)*
❑ Le pneu était mal gonflé. Doedd y teiar ddim
wedi chwythu digon.
■ **Tu es gonflé!** Does dim cywilidd arnat ti?
(anffurfiol)

gonfler BERF [28]
chwyddo, rhoi aer mewn rhywbeth
❑ gonfler un ballon rhoi aer mewn balŵn
pwmpio / chwythu
❑ gonfler un pneu pwmpio teiar

[la] **gorge** ENW
gwddf (g)
❑ J'ai mal à la gorge. Mae gen i ddolur gwddf.
ceunant (g)
❑ les gorges du Tarn ceunentydd y Tarn

[la] **gorgée** ENW
cegaid (b), llond (g) ceg
❑ une gorgée d'eau cegaid o ddŵr

[le] **gorille** ENW
gorila (g)

[le/la] **gosse** ENW *(anffurfiol)*
plentyn (g), crwtyn (g) croten (b)

[le] **goudron** ENW
tar (g)

[le] **gouffre** ENW
ceunant (g)
■ **Cette voiture est un vrai gouffre!** Mae'r car
yma'n llyncu arian!

[la] **gourde** ENW
potel (b) ddŵr, fflasg (g)

gourmand (BEN **gourmande**) ANSODDAIR
person (g) trachwantus/barus

[la] **gourmandise** ENW
trachwant (g)

[la] **gousse** ENW
■ **une gousse d'ail** ewin garlleg

[le] **goût** ENW
chwaeth (b), blas (g)
❑ Ça n'a pas de goût. Does dim blas iddo.
❑ Il a très bon goût. Mae blas da arno.

goûter BERF [28]
▷ *gweler hefyd* **goûter** ENW
blasu
❑ Goûtez ce vin. Blaswch y gwin yma.

[le] **goûter** ENW

▷ *gweler hefyd* **goûter** BERF
te (g) prynhawn

[la] **goutte** ENW
diferyn (g)

[le] **gouvernement** ENW
llywodraeth (b)

gouverner BERF [28]
llywodraethu, rheoli

[la] **grâce** ENW
■ **grâce à** diolch i ❑ Je suis arrivé tôt grâce à
vous. Fe gyrhaeddais yn gynnar, diolch i chi.

gracieux (BEN **gracieuse**) ANSODDAIR
caredig, gosgeiddig

[les] **gradins** ENW GWR LLUOSOG
terasau (ll) *(mewn stadiwm)*

graduel (BEN **graduelle**) ANSODDAIR
graddol

[les] **graffiti** ENW GWR LLUOSOG
graffiti (g)

[le] **grain** ENW
gronyn (g)
■ **un grain de beauté** smotyn harddwch
■ **un grain de café** ffeuen goffi
■ **un grain de raisin** grawnwinen

[la] **graine** ENW
hedyn (g)

[la] **graisse** ENW
braster (g)

[la] **grammaire** ENW
gramadeg (g)/(b)

[le] **gramme** ENW
gram (g)

grand (BEN **grande**) ANSODDAIR, ADFERF
tal
❑ Il est grand pour son âge. Mae e'n dal am ei
oed.
mawr
❑ une grande maison tŷ mawr ❑ C'est son
grand frère. Fe yw ei frawd mawr.
■ **une grande personne** oedolyn
hir
■ **un grand voyage** taith hir
■ **les grandes vacances** gwyliau'r haf
da
❑ C'est un grand ami à moi. Mae e'n ffrind da
i mi.
■ **un grand magasin** siop fawr
■ **une grande surface** archfarchnad
■ **les grandes écoles** prifysgolion *(ag iddynt
arholiadau mynediad cystadleuol iawn)*
■ **au grand air** yn yr awyr agored ❑ Ça nous
fera beaucoup de bien d'être au grand air.
Fe wnaiff ddaioni mawr i ni i fod yn yr awyr

agored.
■ **grand ouvert** yn agored led y pen

grand-chose ENW
■ **pas grand-chose** fawr ddim ❑ Je n'ai pas acheté grand-chose en ville. Ni phrynais i fawr ddim yn y dref. ❑ Voici un petit cadeau: ce n'est pas grand-chose. Dyma anrheg bach: 'dyw e'n ddim byd mawr.

[la] **Grande-Bretagne** ENW
Prydain (b) Fawr
■ **en Grand-Bretagne** ym Mhrydain Fawr
■ **en Grand-Bretagne** i Brydain Fawr

[la] **grandeur** ENW
maint (g), mawredd (g) (*pwysigrwydd*)

grandir BERF [38]
tyfu
❑ Elle a beaucoup grandi. Mae hi wedi tyfu llawer.

[la] **grand-mère** (LLUOSOG [les] **grands-mères**) ENW
nain (b), mam-gu (b)

grand-peine
■ **à grand-peine** ADFERF â chryn drafferth

[le] **grand-père** (LLUOSOG [les] **grands-pères**) ENW
taid (g), tad-cu (g)

[les] **grands-parents** ENW GWR LLUOSOG
teidiau (ll), neiniau (ll), tadau-cu (ll), mamau-cu

[la] **grange** ENW
ysgubor (b)

[la] **grappe** ENW
■ **une grappe de raisin** swp o rawnwin

gras (BEN **grasse**) ANSODDAIR
brasterog *(bwyd)*
❑ Évitez les aliments gras. Ceisiwch osgoi bwydydd brasterog.
seimllyd
❑ des cheveux gras gwallt seimllyd
■ **faire la grasse matinée** codi'n hwyr

gratis (BEN+LLUOSOG **gratis**) ANSODDAIR, ADFERF
am ddim
❑ J'ai eu ce livre gratis. Cefais y llyfr yma am ddim.

[le] **gratte-ciel** (LLUOSOG [les] **gratte-ciel**) ENW
adeilad (g) uchel iawn, nendwr (g)

gratter BERF [28]
crafu
❑ Ne gratte pas tes piqûres d'abeilles! Paid â chrafu dy frathiadau gwenynen!
cosi
❑ C'est épouvantable comme la piqure gratte! Mae'n ofnadwy faint mae'r brathiad yn cosi!

gratuit (BEN **gratuite**) ANSODDAIR

am ddim
❑ entrée gratuite mynediad am ddim ❑ J'ai deux places gratuites pour le cinéma. Mae gen i ddau docyn am ddim i'r sinema.

grave (BEN **grave**) ANSODDAIR
difrifol
❑ une maladie grave salwch difrifol
dwys
❑ Elle avait l'air grave. Roedd hi'n edrych yn ddwys.
dwfn
❑ Il a une voix grave. Mae ganddo lais dwfn.
■ **Ce n'est pas grave.** Nid yw fawr o bwys.
❑ Tu as oublié ta clé? – Ce n'est pas grave, j'ai la mienne. Rwyt ti wedi anghofio dy allwedd? Does dim ots, mae gen i fy un i.

gravement ADFERF
yn ddifrifol
❑ Elle a été gravement blessée. Cafodd ei hanafu'n ddifrifol.

[le] **graveur** ENW
■ **un graveur de CD** copïwr cryno ddisgiau

grec (BEN **grecque**) ANSODDAIR, ENW
Groegaidd, o Roeg (b)
Groeg (*yr iaith*)
■ **J'apprends le grec.** Rwyn dysgu Groeg.
■ **un Grec** Groegwr
■ **une Grecque** Groeges
■ **les Grecs** y Groegwyr

[la] **Grèce** ENW
Gwlad Groeg (b)
■ **en Grèce (1)** Yng Ngwlad Groeg
■ **en Grèce (2)** i Wlad Groeg

[la] **grêle** ENW
cenllysg (ll), cesair (ll)

grêler BERF [28]
■ **Il grêle.** Mae'n bwrw cenllysg.

grelotter BERF [28]
crynu

[la] **grenade** ENW
grenâd (g)/(b), bom (g)/(b) llaw pomgranad (g)

[la] **grenadine** ENW
grenadin (g)

[le] **grenier** ENW
atig (b)

[la] **grenouille** ENW
broga (g)

[la] **grève** ENW
streic (b)
■ **en grève** ar streic ❑ Ils sont en grève depuis le nouvel an. Maent wedi bod ar steic ers dechrau'r flwyddyn.

■ **faire grève** bod ar streic
traeth (g), glan (g)
❑ Nous nous sommes promenés le long de la
grève. Fe gerddon ni ar hyd y traeth.

[le/la] **gréviste** ENW
streiciwr (g)/streicwraig (b)

grièvement ADFERF
■ **grièvement blessé** wedi eich anafu'n
ddifrifol

[la] **griffe** ENW
crafanc (b), ewin (g)/(b)
■ **donner un coup de griffe** crafu
❑ Le chat m'a donné un coup de griffe. Fe
grafodd y gath fi.
label (g), enw (g)
❑ la griffe d'un grand couturier label
cynllunydd enwog

griffer BERF [28]
crafu, cripio
❑ Le chat m'a griffé. Mae'r gath wedi fy
nghrafu.

grignoter BERF [28]
cnoi, pigo bwyd

[la] **grillade** ENW
bwyd (g) o'r gridyll
❑ une grillade d'agneau cig oen o'r gridyll

[la] **grille** ENW
ffens (b) weiren
❑ Le terrain de jeu est entourée d'une haute
grille. Mae ffens weiren uchel o amgylch y cae
chwarae.
clwyd (b) haearn
❑ La grille du jardin est ouverte. Mae clwyd yr
ardd ar agor.

[le] **grille-pain** (LLUOSOG [les] **grille-pain**) ENW
tostiwr (g)

griller BERF [28]
tostio
■ **du pain grillé** tost
grilio
❑ des saucisses grillées selsig wedi eu grilio

[la] **grimace** ENW
■ **faire des grimaces** gwneud ystumiau

grimper BERF [28]
dringo

grincer BERF [12]
gwichian

grincheux (BEN **grincheuse**) ANSODDAIR
blin

[la] **grippe** ENW
ffliw (g)
■ **avoir la grippe** cael y ffliw ❑ J'ai eu une
mauvaise grippe l'hiver dernier. Cefais y ffliw

yn wael y gaeaf diwethaf.

grippé (BEN **grippée**) ANSODDAIR
■ **être grippé** bod â'r ffliw

gris (BEN **grise**) ANSODDAIR
llwyd

[le] **Groenland** ENW
Yr Ynys (b) Las

grogner BERF [28]
chwyrnu
❑ Le chien a grogné quand le facteur a frappé
à la porte Fe chwyrnodd y ci pan gurodd y
postmon ar y drws.
cwyno
❑ Arrête donc de grogner! Paid â chwyno!

gronder BERF [28]
■ **se faire gronder** cael pryd o dafod
❑ Tu vas te faire gronder par ton père! Fe gei di
gerydd gan dy dad.

gros (BEN **grosse**) ANSODDAIR
mawr
❑ une grosse pomme de terre taten fawr
tew
❑ Elle est trop grosse pour porter ça! Mae hi'n
rhy dew i wisgo hwnna!

[la] **groseille** ENW
■ **la groseille rouge** cwrensen goch
■ **la groseille à maquereau** gwsberen

[la] **grossesse** ENW
beichiogrwydd (g)

grossier (BEN **grossière**) ANSODDAIR
anweddus
❑ Ne sois pas si grossier! Paid â bod mor
gomon!
■ **une erreur grossière** camgymeriad
ofnadwy

grossir BERF [38]
mynd yn dew, magu pwysau
❑ Elle a beaucoup grossi. Mae hi wedi magu
llawer o bwysau.

grosso modo ADFERF
yn fras
❑ Dis-moi grosso modo ce que tu en penses.
Dwed wrtha i yn fras beth yw dy farn di
amdano.

[la] **grotte** ENW
ogof (b)

[le] **groupe** ENW
grŵp (g)
❑ votre groupe sanguin eich grŵp gwaed

grouper BERF [28]
rhoi mewn grwpiau, grwpio
❑ On nous a groupés dans différentes classes
selon notre niveau. Cawsom ein grwpio mewn

dosbarthiadau gwahanol yn ôl ein safon.
■ **se grouper** ymgynnull, dod ynghyd
❏ Nous nous sommes groupés pour fêter son anniversaire. Fe ddaethon ni ynghyd i ddathlu ei ben-blwydd.

[le] **guépard** ENW
llewpart (g)

[la] **guêpe** ENW
gwenynen (b) feirch

guérir BERF [38]
gwella
❏ Elle est maintenant complètement guérie. Mae hi wedi gwella'n llwyr erbyn hyn.

[la] **guérison** ENW
gwellhad (g), adferiad (g)

[la] **guerre** ENW
rhyfel (g)
❏ en guerre mewn rhyfel ❏ une guerre civile rhyfel cartref ❏ la Deuxième Guerre mondiale yr Ail Ryfel Byd

guetter BERF [28]
gwylio, cadw golwg am
❏ Le chien guette leur arrivé à la maison chaque soir. Mae'r ci yn cadw golwg amdanynt yn dod adref bob nos.

[la] **gueule** ENW
ceg (b) (anifail)
❏ Le chat a ramené une souris dans sa gueule. Daeth y gath â llygoden yn ei cheg.
■ **Ta gueule!** (anghwrtais) Cau dy geg!
■ **avoir la gueule de bois** (anffurfiol) bod â phen mawr ar ôl yfed

gueuler BERF [28]
gweiddi, bloeddio

[le] **guichet** ENW
cownter (g) (mewn banc, swyddfa docynnau)

[le] **guide** ENW
tywysydd (g)

guider BERF [28]
tywys

[le] **guidon** ENW
cyrn (ll) beic

[les] **guillemets** ENW GWR LLUOSOG
dyfynodau (ll)
❏ entre guillemets mewn dyfynodau

[la] **guirlande** ENW
tinsel (g) Nadolig
❏ Ils ont décoré la salle à manger avec des guirlandes de Nöel. Maent wedi addurno'r stafell fwyta â thinsel Nadolig.
■ **des guirlandes en papier** cadwynau papur

[la] **guitare** ENW
gitâr (g)/(b)
❏ Sais-tu jouer de la guitare? Fedri di ganu'r gitâr?

[la] **gym** ENW (anffurfiol)
ymarfer (g)/(b) corff

[le] **gymnase** ENW
campfa (b)
❏ Le lycée a un nouveau gymnase. Mae gan yr ysgol gampfa newydd.

[la] **gymnastique** ENW
gymnasteg (b)
■ **faire de la gymnastique** gwneud gymnasteg

g

H|h

habile (BEN **habile**) ANSODDAIR
medrus, crefftus
❏ Elle est très habile de ses mains. Mae hi'n fedrus iawn â'i dwylo.

habillé (BEN **habillée**) ANSODDAIR
wedi eich gwisgo
❏ Elle n'est pas encore habillée. Nid yw wedi gwisgo eto.
trwsiadus, smart, taclus
❏ Cette jupe fait très habillé. Mae'r sgert hon yn smart iawn.

[s'] **habiller** BERF [28]
gwisgo
❏ Il s'est lentement habillé. Gwisgodd yn araf.
gwisgo'n smart
❏ Est-ce qu'il faut s'habiller élégamment pour la réception? Os rhaid gwisgo'n smart i'r parti?

[l'] **habitant** ENW GWR
preswylydd (g)
■ **les habitants du village** trigolion y pentref

[l'] **habitante** ENW BEN
preswylydd (g)

habiter BERF [28]
byw
❏ Il habite à Swansea. Mae'n byw yn Abertawe.

[les] **habits** ENW GWR LLUOSOG
dillad (ll)

[l'] **habitude** ENW BEN
arfer (g)/(b)
❏ une mauvaise habitude arfer gwael/drwg
■ **avoir l'habitude de quelque chose** bod wedi arfer gwneud rhywbeth ❏ Elle a l'habitude des animaux. Mae hi wedi arfer ag anifeiliaid. ❏ Je n'ai pas l'habitude de parler en public. Nid wyf yn gyfarwydd â siarad yn gyhoeddus.
■ **d'habitude** fel arfer
■ **comme d'habitude** fel arfer

habituel (BEN **habituelle**) ANSODDAIR
arferol

[s'] **habituer** BERF [28]
■ **s'habituer à quelque chose** ymgynefino â rhywbeth, dod yn gyfarwydd â rhywbeth
❏ Il faudra que tu t'habitues à travailler. Bydd yn rhaid i ti ddod yn gyfarwydd â gweithio.

[le] **hachis** ENW
briwgig (g), cig (g) wedi'i dorri'n fân (g)
■ **le hachis Parmentier** pastai'r bugail

[la] **haie** ENW
gwrych (g), perth (b)

[la] **haine** ENW
casineb (g), atgasedd (g)

haïr BERF [40]
casáu

[l'] **haleine** ENW BEN
anadl (g), gwynt (g)
❏ avoir mauvaise haleine bod ag arogl ddrwg ar eich anadl ❏ être hors d'haleine bod heb anadl/allan o wynt

[les] **halles** ENW BEN LLUOSOG
neuadd (b) farchnad

[la] **halte** ENW
arhosiad (g), stop (g)
❏ faire halte stopio
■ **Halte!** Stop!

[l'] **haltérophilie** ENW BEN
codi pwysau (ll)

[le] **hamburger** ENW
byrgyr (g)/(b)

[l'] **hameçon** ENW GWR
bachyn (g) pysgota

[le] **hamster** ENW
bochdew (g)

[la] **hanche** ENW
clun (b)

[le] **handball** ENW
pêl-law (g)
❏ jouer au handball chwarae pêl-law

[le] **handicapé** ENW
dyn (g) ag anabledd

[la] **handicapée** ENW
dynes (b) ag anabledd

[le] **harcèlement** ENW
aflonyddu

❑ le harcèlement sexuel aflonyddu'n rhywiol

[le] **hareng** ENW
pennog (g)
■ **un hareng saur** pennog coch

[le] **haricot** ENW
ffeuen (b)
■ **les haricots verts** ffa gwyrdd/Ffrengig
■ **les haricots blancs** ffa gwyn
■ **C'est la fin des haricots!** (anffurfiol) Dyna'i diwedd hi!

[l'] **harmonica** ENW GWR
organ (b) geg
■ **jouer de l'harmonica** canu'r organ geg

[la] **harpe** ENW
telyn (b)
■ **jouer de la harpe** canu'r delyn

[le] **hasard** ENW
cyd-ddigwyddiad (g), hap (b), siawns (b)
❑ C'était un pur hasard. Cyd-ddigwyddiad llwyr oedd e.
■ **au hasard** ar hap ❑ Choisissez un numéro au hasard. Dewiswch rif ar hap.
■ **par hasard** trwy ddamwain ❑ rencontrer quelqu'un par hasard cwrdd â rhywun trwy ddamwain
■ **à tout hasard (1)** rhag ofn ❑ Prends un chapeau à tout hasard. Cymer het rhag ofn.
■ **à tout hasard (2)** mewn gobaith ❑ Je ne sais pas si elle est chez elle, mais je vais l'appeler à tout hasard. Dw i ddim yn gwybod a yw hi gartref, ond fe ffonia i mewn gobaith.

[la] **hâte** ENW
■ **à la hâte** ar frys ❑ Il a quitté la maison à la hâte. Gadawodd y tŷ ar frys.
■ **J'ai hâte de te voir.** Fedra i ddim aros i dy weld di.

[la] **hausse** ENW
cynnydd (g)
❑ la hausse des prix cynnydd mewn prisiau
❑ On annonce une légère hausse de température. Bydd y tymheredd yn codi ychydig yn ôl y rhagolygon.

hausser BERF [28]
■ **hausser les épaules** codi'r ysgwyddau

haut (BEN **haute**) ANSODDAIR, ADFERF
▷ gweler hefyd **haut** ENW
uchel
❑ une haute montagne mynydd uchel
❑ penser tout haut meddwl yn uchel

[le] **haut** ENW
▷ gweler hefyd **haut** ANSODDAIR
top (g), rhan (b) uchaf
■ **un mur de trois mètres de haut** wal tri metr o uchder

■ **en haut (1)** uwchben, fyny'r grisiau ❑ La salle de bain est en haut. Mae'r ystafell ymolchi i fyny'r grisiau.
■ **en haut (2)** ar ben ❑ Le chat est tout en haut de l'arbre. Mae'r gath reit ar ben y goeden.

[la] **hauteur** ENW
uchder (g)

[le] **haut-parleur** ENW
uchelseinydd (g)

[l'] **hebdomadaire** GWR ENW
cylchgrawn (g) wythnosol, wythnosolyn (g)

[l'] **hébergement** ENW GWR
llety (g)

héberger BERF [45]
lletya, rhoi llety i
❑ Mon oncle a dit qu'il nous hébergerait. Dywedodd fy ewythr y byddai'n rhoi llety i ni.

hein? EBYCHIAD
Be?
❑ Hein? Qu'est-ce que tu dis? Be? Beth ddywedaist ti?

hélas ADFERF
yn anffodus
❑ Hélas, il n'y a plus de places dans avion. Yn anffodus, nid oes rhagor o seddau ar yr awyren.

[l'] **hélicoptère** ENW GWR
hofrennydd (g)

[l'] **hémorragie** ENW BEN
gwaedlif (g)

[l'] **herbe** ENW BEN
glaswellt (g)
■ **les herbes de Provence** perlysiau cymysg

[le] **hérisson** ENW
draenog (g)

hériter BERF [28]
etifeddu

[l'] **héritier** ENW GWR
etifedd (g)

[l'] **héritière** ENW BEN
etifeddes (b)

hermétique (BEN **hermétique**) ANSODDAIR
aerglos,

[l'] **héroïne** ENW BEN
arwres (b)
❑ l'héroïne du roman arwres y nofel
heroin (g) (cyffur)

[le] **héros** ENW
arwr (g)

[l'] **hésitation** ENW BEN
petruster (g)

hésiter BERF [28]
petruso

□ Elle n'a pas hésité à nous aider. Wnaeth hi ddim petruso cyn dod i'n helpu ni.
■ **J'ai hésité entre la veste verte ou jaune.** Roeddwn i'n methu â phenderfynu rhwng y siaced werdd a'r un felen.
■ **Est-ce que tu viens demain? – J'hésite …** A wyt ti'n dod yfory? Dwi'n methu â phenderfynu …
■ **sans hésiter** heb betruso

[l'] **heure** ENW BEN
awr (b)
□ Le trajet dure trois heures. Mae'r daith yn para tair awr.
amser (g), faint yw hi o'r gloch?
□ Vous avez l'heure? Ydych chi'n gwybod faint o'r gloch yw hi?
■ **Quelle heure est-il?** Faint o'r gloch yw hi?
■ **À quelle heure?** Am faint o'r gloch?
□ À quelle heure est-ce que nous arrivons? Am faint o'r gloch fyddwn ni'n cyrraedd?
■ **trois heures du matin** tri o'r gloch y bore
■ **être à l'heure** bod yn brydlon
■ **une heure de français** awr o (wers) Ffrangeg

heureusement ADFERF
yn ffodus
□ Heureusement qu'elle n'a pas été blessée. Yn ffodus ni chafodd ei brifo.

heureux (BEN **heureuse**) ANSODDAIR
hapus

heurter BERF [28]
taro (yn erbyn)

[l'] **hexagone** ENW GWR
hecsagon (g)
■ **l'Hexagone** Ffrainc (oherwydd ei siâp chwe ochr)

[le] **hibou** (LLUOSOG [les] **hiboux**) ENW
tylluan (b)

hier ADFERF
ddoe (g)
■ **avant-hier** echdoe

[la] **hi-fi** ENW
stereo (g)
■ **une chaîne hi-fi** system stereo

hippique (BEN **hippique**) ANSODDAIR
■ **un club hippique** clwb marchogaeth
■ **un concours hippique** sioe neidio ceffylau

[l'] **hippopotame** ENW GWR
hipopotamws (g)

[l'] **hirondelle** ENW BEN
gwennol (b) (aderyn)

[l'] **histoire** ENW BEN
hanes (g)
□ un cours d'histoire gwers hanes

stori (b)
□ C'est l'histoire d'une petite fille. Stori am ferch fach yw hi.
■ **Ne fais pas d'histoires!** Paid â gwneud ffỳs!

historique (BEN **historique**) ANSODDAIR
hanesyddol
□ un monument historique cofeb hanesyddol

[l'] **hiver** ENW GWR
gaeaf (g)
■ **en hiver** yn y gaeaf

[la] **HLM** (= habitation à loyer modéré) ENW
tŷ (g)/ fflat (b) yn eiddo i'r cyngor
■ **des HLM** tai/fflatiau cyngor

[le] **hockey** ENW
hoci (g)
■ **le hockey sur glace** hoci iâ

hollandais (BEN **hollandaise**) ANSODDAIR, ENW
Holandaidd, Iseldiraidd
Iseldireg (b) (yr iaith)
■ **J'apprends le hollandais.** Rwy'n dysgu Iseldireg.
■ **un Hollandais** Holandwr, Iseldirwr
■ **une Hollandaise** Holandwraig , Iseldirwraig
■ **les Hollandais** yr Iseldirwyr

[la] **Hollande** ENW
yr Iseldiroedd (ll)
■ **en Hollande (1)** yn yr Iseldiroedd
■ **en Hollande (2)** i'r Iseldiroedd

[le] **homard** ENW
cimwch (g)

homéopathique (BEN **homéopathique**) ANSODDAIR
homeopathig

[l'] **hommage** ENW GWR
teyrnged (b)

[l'] **homme** ENW GWR
dyn (g)
■ **un homme d'affaires** dyn busnes

homosexuel (BEN **homosexuelle**) ANSODDAIR
cyfunrywiol

[la] **Hongrie** ENW
Hwngari (b)
■ **en Hongrie (1)** yn Hwngari
■ **en Hongrie (2)** i Hwngari

hongrois (BEN **hongroise**) ANSODDAIR, ENW
Hwngaraidd, o Hwngari
Hwngareg (g) (yr iaith)
■ **Il parle le hongrois.** Mae'n siarad Hwngareg.
■ **un Hongrois** Hwngariad
■ **une Hongroise** Hwngariad
■ **les Hongrois** yr Hwngariaid

honnête (BEN **honnête**) ANSODDAIR
gonest

[l'] **honnêteté** ENW BEN
gonestrwydd (g)

[l'] **honneur** ENW GWR
anrhydedd (g)

[la] **honte** ENW
cywilydd (g)
■ **avoir honte de quelque chose** bod â chywilydd o rywbeth

[l'] **hôpital** (LLUOSOG [les] **hôpitaux**) ENW GWR
ysbyty (g)

[le] **hoquet** ENW
■ **avoir le hoquet** bod â'r igian arnoch

[l'] **horaire** ENW GWR
amserlen (b)
■ **les horaires de train** amserlen trenau

[l'] **horizon** ENW GWR
gorwel (g)

horizontal (BEN **horizontale**, GWR LLUOSOG
horizontaux) ANSODDAIR
llorweddol

[l'] **horloge** ENW BEN
cloc (g)

[l'] **horreur** ENW BEN
arswyd (g)
❑ un film d'horreur ffilm arswyd
■ **avoir horreur de** casáu rhywbeth ❑ J'ai horreur des champignons. Rwy'n casáu madarch.

horrible (BEN **horrible**) ANSODDAIR
ofnadwy, erchyll

hors ARDDODIAD
■ **hors de** y tu hwnt i, allan o ❑ Il est hors de danger maintenant. Mae e allan o berygl nawr.
■ **hors taxes** di-dreth

[le] **hors-d'œuvre** (LLUOSOG [les] **hors-d'œuvre**) ENW
cwrs (g) cyntaf (bwyd)

hospitalier (BEN **hospitalière**) ANSODDAIR
croesawgar
❑ Ils sont très hospitaliers. Maent yn groesawgar iawn.
■ **les services hospitaliers** gwasanaethau ysbyty

[l'] **hospitalité** ENW BEN
lletygarwch (g)

hostile (BEN **hostile**) ANSODDAIR
gelyniaethus

[l'] **hôte** ENW GWR/BEN
gwesteiwr (g)
❑ N'oublie pas de remercier tes hôtes. Paid ag anghofio diolch i dy westeiwyr.
gwestai (g)/(b)
❑ Cette ferme accueille des hôtes payants.

Mae'r fferm hon yn croesawu gwesteion sy'n talu.

[l'] **hôtel** ENW GWR
gwesty (g)
■ **l'hôtel de ville** neuadd y dref

[l'] **hôtesse** ENW BEN
gwesteiwraig (b)
■ **une hôtesse de l'air** stiwardes

[la] **housse** ENW
gorchudd (g)
❑ une housse de couette gorchudd cwilt
❑ une housse de téléphone gorchudd ffôn

[le] **houx** ENW
celynnen (b)

[l'] **huile** ENW BEN
olew (g)
■ **l'huile solaire** olew haul

huit RHIF
wyth
❑ Il est huit heures du soir. Mae'n wyth o'r gloch y nos. ❑ Elle a huit ans. Mae hi'n wyth mlwydd oed.
■ **le huit juin** yr wythfed o Fehefin
■ **dans huit jours** ymhen wythnos

[la] **huitaine** ENW
■ **une huitaine de jours** rhyw wythnos ❑ Je serai de retour dans une huitaine de jours. Byddaf yn ôl ymhen rhyw wythnos.

huitième (BEN **huitième**) ANSODDAIR
wythfed
❑ au huitième étage ar yr wythfed llawr

[l'] **huître** ENW BEN
wystrysen (b)

humain (BEN **humaine**) ANSODDAIR
▷ *gweler hefyd* **humain** ENW
dynol

[l'] **humain** ENW GWR
▷ *gweler hefyd* **humain** ANSODDAIR
bod (g) dynol

[l'] **humeur** ENW BEN
hwyl (b)
❑ Elle est de bonne humeur. Mae hi mewn hwyliau da. ❑ Il était de mauvaise humeur. Roedd e mewn hwyliau drwg.

humide (BEN **humide**) ANSODDAIR
llaith
❑ Les vêtements sont humides. Mae'r dillad yn llaith. ❑ un climat humide hinsawdd llaith

humilier BERF [19]
codi cywilydd ar

humoristique (BEN **humoristique**) ANSODDAIR
digrif, doniol
■ **des dessins humoristiques** cartwnau

h

[l'] **humour** ENW GWR
hiwmor (g), digrifwch (g), doniolwch (g)
❑ Elle n'a pas beaucoup d'humour. Nid oes ganddi lawer o synnwyr digrifwch.

hurler BERF [28]
udo

[la] **hutte** ENW
caban (g), cwt (g)

hydratant (BEN hydratante) ANSODDAIR
■ une crème hydratante eli lleithio

[l'] **hygiène** ENW BEN
glendid (g), glanweithdra (g)

hygiénique (BEN hygiénique) ANSODDAIR
glân
■ une serviette hygiénique tywel mislif
■ le papier hygiénique papur tŷ bach

[l'] **hymne** ENW GWR
■ l'hymne national yr anthem genedlaethol

[l'] **hyperlien** ENW GWR
hypergyswllt (g)

[l'] **hypermarché** ENW GWR
archfarchnad (b)

hypermétrope (BEN hypermétrope) ANSODDAIR
hirolwg, pell eich golwg

hypocrite (BEN hypocrite) ANSODDAIR
rhagrithiol
❑ Elle est hypocrite. Mae hi'n rhagrithwraig.

[l'] **hypothèse** ENW BEN
damcaniaeth (b)

h

I i

[l'] **iceberg** ENW GWR
mynydd (g) iâ/rhew
ici ADFERF
yma
❑ Les livres sont ici. Mae'r llyfrau yma.
■ **La mer monte parfois jusqu'ici.** Mae'r môr
yn dod i mewn hyd at fan hyn weithiau.
■ **Jusqu'ici nous n'avons eu aucun problème
avec les ouvriers.** Hyd yn hyn, nid ydym wedi
cael unrhyw broblem â'r gweithwyr.
[l'] **icône** ENW BEN
delw (b), eicon (g)
idéal (BEN idéale, GWR LLUOSOG idéaux)
ANSODDAIR
delfrydol
❑ C'est l'endroit idéal pour se détendre.
Mae'n lle delfrydol i ymlacio.
[l'] **idée** ENW BEN
syniad (g)
❑ C'est une mauvaise idée. Mae'n syniad gwael.
[l'] **identifiant** ENW GWR
mewngofnod (g) *(ar gyfrifiadur)*
identifier BERF [19]
adnabod
❑ La police a identifié le meurtrier. Mae'r
heddlu wedi adnabod y llofrudd.
identique (BEN identique) ANSODDAIR
unfath, yn union yr un fath
❑ Nous avons obtenu des résultats identiques.
Cawsom yn union yr un canlyniadau.
[l'] **identité** ENW BEN
hunaniaeth (b)
■ **une pièce d'identité** dogfen adnabod
(prawf o bwy ydych chi) ❑ Avez-vous une pièce
d'identité? A oes gennych brawf o bwy ydych
chi?
idiot (BEN idiote) ANSODDAIR
▷ *gweler hefyd* idiot ENW idiote ENW
gwirion, hurt
❑ une plaisanterie idiote jôc wirion
twp
❑ Ne sois pas idiot! Paid â bod yn dwp!

[l'] **idiot** ENW GWR
▷ *gweler hefyd* idiot ANSODDAIR
twpsyn (g)
[l'] **idiote** ENW BEN
▷ *gweler hefyd* idiote ANSODDAIR
twpsen (b)
ignoble (BEN ignoble) ANSODDAIR
cywilyddus, gwarthus
❑ Il a été ignoble avec moi. Roedd ei agwedd
tuag ataf yn warthus.
ignorant (BEN ignorante) ANSODDAIR
anwybodus
ignorer BERF [28]
bod ddim yn gwybod
❑ J'ignore son nom. Nid wyf yn gwybod ei enw.
anwybyddu
❑ Elle m'a complètement ignoré. Fe wnaeth hi
fy anwybyddu'n llwyr.
il RHAGENW
ef, e, o
❑ Il est parti aujourd'hui de bonne heure.
Gadawodd e'n gynnar heddiw.
e
❑ Méfie-toi de ce chien: il mord. Gwylia'r ci
yma: mae e'n cnoi/brathu. ❑ Il est effrayant.
Mae e'n frawychus. ❑ Il pleut. Mae hi'n glawio.
[l'] **île** ENW BEN
ynys (b)
■ **les îles Anglo-Normandes** Ynysoedd y
Sianel
■ **les îles Britanniques** Ynysoedd Prydain
■ **les îles Féroé** Ynysoedd Ffaröe
illégal (BEN illégale, GWR LLUOSOG illégaux)
ANSODDAIR
anghyfreithlon
illimité (BEN illimitée) ANSODDAIR
diderfyn, diddiwedd
illisible (BEN illisible) ANSODDAIR
annarllenadwy
❑ une écriture illisible llawysgrifen
annarllenadwy
illuminer BERF [28]

i

goleuo
❏ Le château est illuminé tous les soirs pendant l'été. Mae'r castell wedi ei oleuo bob nos yn ystod yr haf.

[l'] **illusion** ENW BEN
twyll (g), rhith (g)
■ **Tu te fais des illusions!** Rwyt ti'n twyllo dy hun!

[l'] **illustration** ENW BEN
darlun (g), llun (g)

illustré (BEN **illustrée**) ANSODDAIR
▷ *gweler hefyd* **illustré** ENW
darluniadol

[l'] **illustré** ENW GWR
▷ *gweler hefyd* **illustré** ANSODDAIR
comic (g) *(cylchgrawn)*

illustrer BERF [28]
darlunio, egluro
❏ Vous pouvez illustrer votre rédaction avec des exemples. Gallwch egluro eich traethawd ag enghreifftiau.

ils RHAGENW LLUOSOG
nhw, hwy
❏ Ils nous ont appelés hier soir. Fe wnaethon nhw ein ffonio ni neithiwr.

[l'] **image** ENW BEN
llun (b), darlun (g)
❏ Les films donnent une fausse image de la France. Mae'r ffilmiau'n rhoi darlun anghywir o Ffrainc.

[l'] **imagination** ENW BEN
dychymyg (g)
❏ Il a beaucoup d'imagination. Mae ganddo ddychymyg byw.

imaginer BERF [28]
dychmygu

[l'] **imbécile** ENW GWR/BEN
twpsyn (g), twpsen (b)

[l'] **imitation** ENW BEN
dynwarediad (g), copi (g), ffug *(lledr)*

imiter BERF [28]
dynwared, efelychu

[l'] **immatriculation** ENW BEN
■ **une plaque d'immatriculation** plât cofrestru *(car)*

[l'] **immédiat** ENW GWR
■ **dans l'immédiat** ar y funud
❏ Je n'ai pas besoin de la voiture dans l'immédiat. Does dim angen y car arna i ar y funud.

immédiatement ADFERF
ar unwaith, yn syth

immense (BEN **immense**) ANSODDAIR

anferth, enfawr
❏ une immense fortune ffortiwn enfawr
❏ un immense soulagement rhyddhad aruthrol

[l'] **immeuble** ENW GWR
bloc (g) o fflatiau

[l'] **immigration** ENW BEN
mewnfudiad (g), mewnfudo

[l'] **immigré** ENW GWR
mewnfudwr (g)

[l'] **immigrée** ENW BEN
mewnfudwraig (b)

immobile (BEN **immobile**) ANSODDAIR
llonydd, disymud

immobilier (BEN **immobilière**) ANSODDAIR
■ **une agence immobilière** swyddfa gwerthu tai

immobiliser BERF [28]
llonyddu, atal *(traffig)*

immunisé (BEN **immunisée**) ANSODDAIR
wedi'i imiwneiddio

[l'] **impact** ENW GWR
effaith (b), trawiad (g)

impair (BEN **impaire**) ANSODDAIR
anghyfartal
❏ un nombre impair odrif

impardonnable (BEN **impardonnable**) ANSODDAIR
anfaddeuol

[l'] **impasse** ENW BEN
ffordd (b) bengaead

[l'] **impatience** ENW BEN
diffyg (g) amynedd

impatient (BEN **impatiente**) ANSODDAIR
diamynedd

impeccable (BEN **impeccable**) ANSODDAIR
di-fai, fel pin mewn papur
❏ Elle est toujours impeccable. Mae hi bob amser fel pin mewn papur.
perffaith
❏ Elle a fait un travail impeccable. Mae hi wedi gwneud gwaith perffaith ❏ C'est impeccable! Gwych! Mae'n berffaith!

[l'] **imper** ENW GWR *(anffurfiol)*
côt (g) law

[l'] **impératif** ENW GWR
y gorchmynnol (g) *(gramadeg)*

[l'] **impératrice** ENW BEN
ymerodres (b)

[l'] **imperméable** ENW BEN
côt (g) law

impertinent (BEN **impertinente**) ANSODDAIR
digywilydd

❑ Ne sois pas si impertinent! Paid â bod mor ddigywilydd!

impitoyable (BEN **impitoyable**) ANSODDAIR
didrugaredd

impliquer BERF [28]
golygu, cyfleu
❑ Son sourire implique qu'il est d'accord. Mae ei wên yn golygu ei fod yn cytuno.
■ **être impliqué dans** bod â chysylltiad â, bod wedi'ch cysylltu â ❑ Il est impliqué dans un scandale financier. Mae ef wedi'i gysylltu â sgandal ariannol.

impoli (BEN **impolie**) ANSODDAIR
anghwrtais

[l'] **importance** ENW BEN
pwysigrwydd (g)
■ **C'est sans importance.** Nid yw hwnna o bwys.

important (BEN **importante**) ANSODDAIR
pwysig
❑ un rôle important rhan bwysig
sylweddol
❑ une somme importante swm sylweddol

[l'] **importation** ENW BEN
mewnforion (ll), mewnforio
❑ Les importations de pétrole ont baissé. Mae mewnforion olew wedi gostwng.

importer BERF [28] ▷ gweler **n'importe**
mewnforio (nwyddau)
bod o bwys
❑ Peu importe. Does dim ots.

imposant (BEN **imposante**) ANSODDAIR
sylweddol, mawreddog

imposer BERF [28]
gorfodi, gosod
■ **imposer quelque chose à quelqu'un** gorfodi rhywbeth ar rywun

impossible (BEN **impossible**) ANSODDAIR
▷ gweler hefyd **impossible** ENW
amhosibl

[l'] **impossible** ENW GWR
▷ gweler hefyd **impossible** ANSODDAIR
■ **Nous ferons l'impossible pour finir tôt.** Fe wnawn y cwbl er mwyn gorffen yn gynnar.

[l'] **impôt** ENW GWR
treth (b)

imprécis (BEN **imprécise**) ANSODDAIR
amwys, ddim yn gwbl fanwl

[l'] **impression** ENW BEN
argraff (b)
❑ Elle a fait bonne impression dans l'interview. Gwnaeth hi argraff dda yn y cyfweliad.

impressionnant (BEN **impressionnante**)

ANSODDAIR
trawiadol

impressionner BERF [28]
creu argraff ar

imprévisible (BEN **imprévisible**) ANSODDAIR
annisgwyl

imprévu (BEN **imprévue**) ANSODDAIR
annisgwyl

[l'] **imprimante** ENW BEN
argraffydd (g) (wed'i gysylltu i gyfrifiadur)

imprimé (BEN **imprimée**) ANSODDAIR
printiedig, argraffedig
❑ un tissu imprimé ffabrig printiedig
❑ C'est imprimé en grandes lettres. Mae wedi'i argraffu mewn llythrennau bras.

imprimer BERF [28]
argraffu

impropre (BEN **impropre**) ANSODDAIR
anaddas, amhriodol
■ **impropre à la consommation** yn anaddas i'w fwyta

improviser BERF [28]
dyfeisio ar y pryd

improviste ADFERF
■ **arriver à l'improviste** cyrraedd yn ddirybudd

[l'] **imprudence** ENW BEN
annoethineb (g), diofalwch (g)
■ **Ne fais pas d'imprudences!** Paid â gwneud dim byd annoeth!

imprudent (BEN **imprudente**) ANSODDAIR
annoeth
❑ Il serait imprudent de sortir dans la pluie aujourd'hui. Byddai'n annoeth mynd allan yn y glaw heddiw.
diofal
❑ un conducteur imprudent gyrrwr diofal

impuissant (BEN **impuissante**) ANSODDAIR
analluog, diymadferth
❑ Elle se sentait complètement impuissante. Roedd hi'n teimlo'n hollol ddiymadferth.

impulsif (BEN **impulsive**) ANSODDAIR
byrbwyll

inabordable (BEN **inabordable**) ANSODDAIR
afresymol
❑ des prix inabordables prisiau afresymol

inaccessible (BEN **inaccessible**) ANSODDAIR
anhygyrch, na ellir ei gyrraedd
❑ Cette plage est inaccessible par la voiture. Ni ellir cyrraedd y traeth hwn mewn car.

inachevé (BEN **inachevée**) ANSODDAIR
anorffenedig

inadmissible (BEN **inadmissible**) ANSODDAIR

annerbyniol
❑ Ce type de travail est inadmissible! Mae'r math hwn o waith yn annerbynniol!

inanimé (BEN **inanimée**) ANSODDAIR
anymwybodol
❑ On l'a retrouvé inanimé sur la route. Cafodd ei ddarganfod yn anymwybodol ar y ffordd.

inaperçu (BEN **inaperçue**) ANSODDAIR
■ **passer inaperçu** osgoi sylw

inattendu (BEN **inattendue**) ANSODDAIR
annisgwyl

[l'] **inattention** ENW BEN
■ **une faute d'inattention** camgymeriad diofal

inaugurer BERF [28]
agor *(arddangosfa)*

incapable (BEN **incapable**) ANSODDAIR
analluog
❑ être incapable de faire quelque chose bod yn analluog i wneud rhywbeth

incassable (BEN **incassable**) ANSODDAIR
na ellir ei dorri

[l'] **incendie** ENW GWR
tân (g)
❑ un incendie de forêt tân mewn coedwig

incertain (BEN **incertaine**) ANSODDAIR
ansicr
❑ Mon avenir est encore incertain. Mae fy nyfodol yn ansicr o hyd.
ansefydlog
❑ Le temps est incertain. Mae'r tywydd yn ansefydlog.

[l'] **incident** ENW GWR
digwyddiad (g)

inciter BERF [28]
■ **inciter quelqu'un à faire quelque chose** annog rhywun i wneud rhywbeth ❑ J'ai incité mes parents à partir en vacances. Anogais fy rhieni i fynd ar wyliau.

inclure BERF [13]
amgáu, yn cynnwys
❑ Veuillez inclure une enveloppe timbrée libellée à votre adresse. Amgaewch amlen ag arni stamp a'ch cyfeiriad.
■ **jusqu'au dix mai inclus** hyd at, a chan gynnwys y degfed o fis Mai

incohérent (BEN **incohérente**) ANSODDAIR
anghyson, ar chwâl

incollable (BEN **incollable**) ANSODDAIR
■ **être incollable sur quelque chose** *(anffurfiol)* gwybod yr ateb i bopeth
■ **le riz incollable** reis nad yw'n glynu

incolore (BEN **incolore**) ANSODDAIR

di-liw

incompétent (BEN **incompétente**) ANSODDAIR
anghymwys, analluog

incompris (BEN **incomprise**) ANSODDAIR
a gamddeallwyd

[l'] **inconnu** ENW GWR
dieithryn (g)
❑ Ne parle pas à des inconnus. Paid â siarad â phobl ddieithr.
■ **l'inconnu** yr anhysbys ❑ la peur de l'inconnu ofn yr anhysbys

[l'] **inconnue** ENW BEN
dynes (b) ddieithr

inconsciemment ADFERF
yn ddiarwybod

inconscient (BEN **inconsciente**) ANSODDAIR
anymwybodol
❑ Elle est restée inconsciente quelques jours. Roedd yn anymwybodol am rai dyddiau.

incontestable (BEN **incontestable**) ANSODDAIR
di-ddadl, diamau

incontournable (BEN **incontournable**) ANSODDAIR
anochel, anorfod, diosgoi
❑ l'incontournable petite robe rouge y ffrog fach goch anochel/ddiosgoi

[l'] **inconvénient** ENW GWR
anfantais (b), rhwystr (g)
■ **si vous n'y voyez pas d'inconvénient** os nad oes gennych wrthwynebiad

incorrect (BEN **incorrecte**) ANSODDAIR
anghywir
❑ une réponse incorrecte ateb anghywir
anghwrtais
❑ Il a été incorrect avec moi. Mae e wedi bod yn anghwrtais iawn tuag ataf.

incroyable (BEN **incroyable**) ANSODDAIR
anghredadwy

inculper BERF [28]
■ **inculper de** cyhuddo (rhywun) o
❑ Il a été inculpé de meurtre. Cafodd ei gyhuddo o lofruddiaeth.

[l'] **Inde** ENW BEN
India (b)
■ **en Inde** yn India
■ **en Inde** i India

indécis (BEN **indécise**) ANSODDAIR
amhendant
❑ Elle est constamment indécise. Mae hi wastad yn amhendant.
heb benderfynu
❑ Je suis encore indécis. Rwy'n dal heb benderfynu.

indéfiniment ADFERF
yn ddiderfyn, am byth

indélicat (BEN **indélicate**) ANSODDAIR
di-dact, anystyriol

indemne (BEN **indemne**) ANSODDAIR
di-anaf
❑ Elle s'en est sortie indemne. Dihangodd hi yn
ddi-anaf.

indemniser BERF [28]
cael iawndal
❑ Les victimes demandent maintenant à être
indemnisées. Mae'r rhai a gafodd eu hanafu yn
awr yn hawlio iawndal.

indépendamment ADFERF
yn annibynnol
■ **indépendamment de** heb ystyried
❑ Les allocations familiales sont versées
indépendamment des revenus. Mae budd-dal
plant yn cael ei roi heb ystyried incwm.

[l'] **indépendance** ENW BEN
annibyniaeth (b)

indépendant (BEN **indépendante**) ANSODDAIR
annibynnol

[l'] **index** ENW GWR
mynegfys (g) *(ar law)*
mynegai (g) *(mewn llyfr)*

[l'] **indicatif** ENW GWR
▷ *gweler hefyd* **indicatif** ANSODDAIR
côd (g) deialu *(tref, gwlad)*
modd (g) mynegol *(y ferf)*
cerddoriaeth (b) thema *(mewn ffilmiau,
rhaglenni)*

indicatif (BEN **indicative**)
ANSODDAIR
▷ *gweler hefyd* **indicatif** ENW
■ **à titre indicatif** er gwybodaeth

[les] **indications** ENW BEN LLUOSOG
cyfarwyddiadau (ll)
❑ Il suffit de suivre les indications. Y cyfan sydd
rhaid ei wneud yw dilyn y cyfarwyddiadau.

[l'] **indice** ENW GWR
arwydd (g), cliw (g)
❑ La police cherche des indices. Mae'r heddlu
yn chwilio am arwyddion.

indien (BEN **indienne**) ANSODDAIR, ENW
Indiaidd (g)
■ **un Indien** Indiad
■ **une Indienne** Indiad

[l'] **indifférence** ENW BEN
dihidrwydd (g), difaterwch (g)

indifférent (BEN **indifférente**) ANSODDAIR
dihidio, difater

[l'] **indigène** ENW GWR/BEN

brodor (g), brodores (b)

indigeste (BEN **indigeste**) ANSODDAIR
anrheuladwy

[l'] **indigestion** ENW BEN
camdreuliad (g)

indigne (BEN **indigne**) ANSODDAIR
annheilwng

indigner BERF [28]
■ **s'indigner de quelque chose** digio o achos
rhywbeth

indiqué (BEN **indiquée**) ANSODDAIR
addas, a gynghorir
❑ Ce n'est pas indiqué. Mae hynna'n groes i'r
hyn a gynghorir.

indiquer BERF [28]
dangos, dynodi
❑ Il m'a indiqué la gare. Dangosodd yr orsaf i fi.

indirect (BEN **indirecte**) ANSODDAIR
anuniongyrchol

indiscipliné (BEN **indisciplinée**) ANSODDAIR
afreolus

indiscret (BEN **indiscrète**) ANSODDAIR
di-dact, difeddwl

indispensable (BEN **indispensable**)
ANSODDAIR
hanfodol, angenrheidiol

indisposé (BEN **indisposée**) ANSODDAIR
bod yn wael, anhwylus
■ **être indisposée** cael mislif

[l'] **individu** ENW GWR
unigolyn (g)

individuel (BEN **individuelle**) ANSODDAIR
unigol
❑ une portion individuelle siâr unigol
■ **Vous aurez une chambre individuelle.**
Fe gewch ystafell unigol.

indolore (BEN **indolore**) ANSODDAIR
di-boen

[l'] **Indonésie** ENW BEN
Indonesia (b)
■ **en Indonésie** yn Indonesia
■ **en Indienne** i Indonesia

indulgent (BEN **indulgente**) ANSODDAIR
maldodus
■ **Elle est trop indulgente avec son fils.** Mae
hi'n rhy faldodus o'i mab.

[l'] **industrie** ENW BEN
diwydiant (g)

industriel (BEN **industrielle**) ANSODDAIR
▷ *gweler hefyd* **industriel** ENW
diwydiannol

[l'] **industriel** ENW GWR
▷ *gweler hefyd* **industriel** ANSODDAIR

diwydiannwr (g)

inédit (BEN **inédite**) ANSODDAIR
heb ei gyhoeddi

inefficace (BEN **inefficace**) ANSODDAIR
aneffeithiol *(triniaeth)*
aneffeithlon *(peiriant, gwasanaeth)*
◻ un service de transports publics inefficace
system drafnidiaeth gyhoeddus aneffeithlon

inégal (BEN **inégale**, GWR LLUOSOG **inégaux**)
ANSODDAIR
anghyfartal
◻ un combat inégal brwydr anghyfartal
anghyson
■ **La qualité est inégale.** Mae'r safon yn
anghyson.

inévitable (BEN **inévitable**) ANSODDAIR
anochel, anorfod
■ **C'était inévitable!** Roedd hynny'n anochel!

inexact (BEN **inexacte**) ANSODDAIR
anghywir, gwallus

in extremis ADFERF
■ **Elle a réussi à attraper son train in
extremis.** Cael a chael oedd hi iddi ddal y trên.
■ **Il a évité un accident in extremis.** Fe
wnaeth e osgoi damwain o drwch blewyn.

[l'] **infarctus** ENW GWR
thrombosis (g) coronaidd

infatigable (BEN **infatigable**) ANSODDAIR
diflino
◻ L'athlète est infatigable. Mae'r athletwr yn
ddiflino.

infect (BEN **infecte**) ANSODDAIR
ffiaidd, afiach *(bwyd)*

[s'] **infecter** BERF [28]
heintio, mynd yn septig/heintus
◻ La plaie s'est infectée. Mae'r clwyf wedi troi'n
septig.

[l'] **infection** ENW BEN
haint (g)/(b)

inférieur (BEN **inférieure**) ANSODDAIR
isaf
◻ les membres inférieurs y cymalau isaf
israddol
◻ C'est moins cher, mais de qualité inférieure.
Mae'n rhatach ond mae'r safon yn israddol.

infernal (BEN **infernale**, GWR LLUOSOG
infernaux) ANSODDAIR
uffernol, cythreulig
◻ Ils faisaient un bruit infernal. Roeddynt yn
gwneud sŵn cythreulig.

[l'] **infini** ENW GWR
■ à l'infini am gyfnod amhenodol, yn
ddiderfyn ◻ On pourrait en parler à l'infini.

Gellid trafod hyn yn ddiderfyn.

[l'] **infinitif** ENW GWR
berfenw (g) *(gramadeg)*

[l'] **infirme** ENW GWR/BEN
person (g) ag anabledd, claf (g)

[l'] **infirmerie** ENW BEN
ystafell (b) feddygol
◻ Elle est à l'infirmerie. Mae hi yn yr ystafell
feddygol.

[l'] **infirmier** ENW GWR
nyrs (g)

[l'] **infirmière** ENW BEN
nyrs (b)

inflammable (BEN **inflammable**) ANSODDAIR
fflamadwy

[l'] **influence** ENW BEN
dylanwad (g)

influencer BERF [12]
dylanwadu ar

[l'] **informaticien** ENW GWR
cyfrifiadurwr (g)

[l'] **informaticienne** ENW BEN
cyfrifiadurwraig (b)

[les] **informations** ENW BEN LLUOSOG
newyddion (ll) *(ar y teledu)*
◻ les informations de vingt-deux heures
newyddion deg o'r gloch y nos
gwybodaeth (b)
◻ Je voudrais quelques informations,
auparavant. Hoffwn gael gwybodaeth o flaen
llaw.
■ **une information** eitem o newyddion

[l'] **informatique** BEN ENW
cyfrifiadureg (b)

informer BERF [28]
hysbysu rhywun, rhoi gwybodaeth i rywun
■ **s'informer** holi ◻ Je vais m'informer des
heures d'ouverture. Rwy'n mynd i holi am yr
oriau agor.

infuser BERF [28]
mwydo *(te)*

[l'] **infusion** ENW BEN
te (g) dail

[l'] **ingénieur** ENW GWR
peiriannydd (g)

ingrat (BEN **ingrate**) ANSODDAIR
anniolchgar

[l'] **ingrédient** ENW GWR
cynhwysyn (g)

inhabituel (BEN **inhabituelle**) ANSODDAIR
anarferol

[l'] **inhalateur** ENW GWR

pwmp (g) anadlu

inhumain (BEN **inhumaine**) ANSODDAIR
annynol

initial (BEN **initiale**, GWR LLUOSOG **initiaux**)
ANSODDAIR
▷ gweler hefyd **initiale** ENW
cyntaf, cychwynnol

[l'] **initiale** ENW BEN
▷ gweler hefyd **initiale** ANSODDAIR
llythyren (b) gyntaf (enw)

[l'] **initiation** ENW BEN
cyflwyniad (g), hyfforddiant (g)
❑ un stage d'initiation à la voile cwrs hwylio
cyflwyniadol/cychwynnol/rhagarweiniol

[l'] **initiative** BEN ENW
mentergarwch (g)
❑ avoir de l'initiative dangos menter, bod yn
flaengar

injecter BERF [28]
chwistrellu

[l'] **injection** ENW BEN
pigiad (g), chwistrelliad (g)

[l'] **injure** ENW BEN
sarhad (g), enllib (g)
❑ Elle a pris ça comme une injure. Roedd hi'n
ystyried hynny'n sarhad.
sarhau, pardduo
❑ lancer des injures à quelqu'un sarhau
rhywun

injurier BERF [19]
sarhau, enllibio

injurieux (BEN **injurieuse**) ANSODDAIR
sarhaus, enllibus (iaith)

injuste (BEN **injuste**) ANSODDAIR
annheg

innocent (BEN **innocente**) ANSODDAIR
diniwed

innombrable (BEN **innombrable**) ANSODDAIR
di-rif, dirifedi

innover BERF [28]
dyfeisio, arloesi

inoccupé (BEN **inoccupée**) ANSODDAIR
gwag, rhydd
❑ un appartement inoccupé fflat wag

inoffensif (BEN **inoffensive**) ANSODDAIR
diniwed, diddrwg

[l'] **inondation** ENW BEN
llif (g) (llifogydd)

inoubliable (BEN **inoubliable**) ANSODDAIR
bythgofiadwy

inoxydable (BEN **inoxydable**) ANSODDAIR
■ l'acier inoxydable dur gwrthstaen

inquiet (BEN **inquiète**) ANSODDAIR
pryderus, gofidus

inquiétant (BEN **inquiétante**) ANSODDAIR
gofidus, sy'n peri pryder

[s'] **inquiéter** BERF [34]
pryderu, poeni
❑ Ne t'inquiète pas! Paid â phoeni!

[l'] **inquiétude** ENW BEN
pryder (g), gofid(g)

insatisfait (BEN **insatisfaite**) ANSODDAIR
anfodlon

[l'] **inscription** ENW BEN
cofrestriad (g), cofrestru (i fynychu ysgol, cwrs)

[s'] **inscrire** BERF [30]
■ s'inscrire à (1) ymaelodi â ❑ Je me suis
inscrit au club de golf. Rwyf wedi ymaelodi â'r
clwb golff.
■ s'inscrire à (2) cofrestru ❑ N'attends pas
trop longtemps pour t'inscrire à la fac. Paid
â'i gadael hi'n rhy hwyr cyn cofrestru yn y
brifysgol.

[l'] **insecte** ENW GWR
pryf (g)

insensible (BEN **insensible**) ANSODDAIR
dideimlad, ansensitif
❑ Il est insensible. Mae e'n ddideimlad.

[l'] **insigne** ENW GWR
bathodyn (g)

insignifiant (BEN **insignifiante**) ANSODDAIR
di-nod, dibwys

insister BERF [28]
mynnu
■ N'insistez pas! Peidiwch rhygnu mlaen am
yr un peth!

[l'] **insolation** ENW BEN
trawiad (g) haul

insolent (BEN **insolente**) ANSODDAIR
haerllyg, digywilydd

insouciant (BEN **insouciante**) ANSODDAIR
didaro, heb falio dim

insoutenable (BEN **insoutenable**) ANSODDAIR
annioddefol, llethol
❑ une douleur insoutenable poen annioddefol

inspecter BERF [28]
archwilio, arolygu

[l'] **inspecteur** ENW GWR
arolygwr (g)

[l'] **inspection** ENW BEN
archwiliad (g), arolwg (g)

[l'] **inspectrice** ENW BEN
arolygwraig (b)

inspirer BERF [28]

ysbrydoli, ysgogi
■ **s'inspirer de** cael eich ysbrydoli gan (rywun neu rywbeth) ❏ Le pianiste s'est inspiré de la musique de Mozart. Cafodd y pianydd ei ysbrydoli gan gerddoriaeth Mozart.
anadlu i mewn
❏ Inspirez! Expirez! Anadlwch i mewn! Anadlwch allan!

instable (BEN **instable**) ANSODDAIR
ansad, siglog *(dodrefn)*
ansicr, anwadal *(person)*

[les] **installations** ENW BEN LLUOSOG
cyfleusterau (ll)
❏ Cet appartement est pourvu de toutes les installations modernes. Mae'r holl gyfleusterau modern i'w cael yn y fflat yma.

installer BERF [28]
gosod, codi *(silffoedd)*
gosod, rhoi *(nwy, ffôn)*
■ **s'installer** ymsefydlu, setlo ❏ Nous nous sommes installés à la ferme. Rydyn ni wedi setlo yn y ffermdy.
■ **Installez-vous, je vous en prie.** Eisteddwch, os gwelwch yn dda.

[l'] **instant** ENW GWR
munud (g)/(b)
❏ pour l'instant ar y funud
■ **dans un instant** ymhen munud, mewn munud ❏ Le repas sera prêt dans un instant. Bydd y pryd bwyd yn barod mewn munud.

instantané (BEN **instantanée**) ANSODDAIR
di-ymdroi, disymwth
❏ du café instantané coffi parod

[l'] **instinct** ENW GWR
greddf (b)

[l'] **institut** ENW GWR
sefydliad (g)

[l'] **instituteur** ENW GWR
athro (g) ysgol gynradd

[l'] **institution** ENW BEN
sefydliad (g)

[l'] **institutrice** ENW BEN
athrawes (b) ysgol gynradd

[l'] **instruction** ENW BEN
cyfarwyddyd (g)
❏ J'ai suivi ses instructions. Dilynais ei gyfarwyddiadau.
addysg (b)
❏ Elle n'a pas beaucoup d'instruction. Nid oes ganddi lawer o addysg.

[s'] **instruire** BERF [23]
eich addysgu'ch hun

instruit (BEN **instruite**) ANSODDAIR

addysgedig

[l'] **instrument** ENW GWR
offeryn (g)
❏ un instrument de musique offeryn cerdd

insuffisant (BEN **insuffisante**) ANSODDAIR
annigonol
■ **'travail insuffisant'** angen gweithio'n galetach *(mewn adroddiad ysgol)*

[l'] **insuline** ENW BEN
inswlin (g)

insultant (BEN **insultante**) ANSODDAIR
sarhaus (g)
❏ Il s'est montré insultant quand il a parlé aux ouvriers. Roedd e'n sarhaus wrth siarad â'r gweithiwr.

[l'] **insulte** ENW BEN
sarhad (g)

insulter BERF [28]
sarhau

insupportable (BEN **insupportable**) ANSODDAIR
annioddefol

intact (BEN **intacte**) ANSODDAIR
cyfan

intégral (BEN **intégrale**, GWR LLUOSOG **intégraux**) ANSODDAIR
■ **le texte intégral** y testun cyflawn
■ **un remboursement intégral** ad-daliad llawn

[l'] **intégrisme** ENW GWR
ffwndamentaliaeth (b)

[l'] **intelligence** ENW BEN
deallusrwydd (g)

intelligent (BEN **intelligente**) ANSODDAIR
deallus

intense (BEN **intense**) ANSODDAIR
dwys

intensif (BEN **intensive**) ANSODDAIR
dwys, trylwyr
■ **un cours intensif** cwrs carlam

[l'] **intention** ENW BEN
bwriad (g)
■ **avoir l'intention de faire quelque chose** bwriadu gwneud rhywbeth ❏ J'ai l'intention de lui en parler. Rwy'n bwriadu siarad ag ef am y peth.

[l'] **interdiction** ENW BEN
■ **'interdiction de stationner'** 'dim parcio'
■ **'interdiction de fumer'** 'dim ysmygu'

interdire BERF [27]
gwahardd
❏ Ses parents lui ont interdit de sortir. Mae ei rieni wedi ei wahardd rhag mynd allan.

interdit (BEN **interdite**) ANSODDAIR
gwaharddedig, wedi'i wahardd
❑ Il est interdit de fumer dans les endroits
publics. Mae ysmygu mewn mannau
cyhoeddus wedi'i wahardd.

intéressant (BEN **intéressante**) ANSODDAIR
diddorol
❑ un livre intéressant llyfr diddorol
■ On m'a fait une offre intéressante.
Maen nhw wedi gwneud cynnig diddorol i mi.
■ On trouve des ordinateurs à des prix très
intéressants dans ce magasin. Gellir dod o
hyd i gyfrifiaduron eithaf rhad yn y siop hon.

intéresser BERF [28]
diddori
■ s'intéresser à ymddiddori mewn
❑ Est-ce que vous vous intéressez à la musique
classique? A ydych chi'n ymddiddori mewn
cerddoriaeth glasurol?

[l'] **intérêt** ENW GWR
budd (g)
■ avoir intérêt à faire quelque chose bod o
fudd i chi wneud rhywbeth ❑ Vous avez intérêt
à accepter. Byddai o fudd i chi dderbyn.

[l'] **intérieur** ENW GWR
y tu mewn
❑ à l'intérieur de la maison tu mewn y tŷ

[l'] **interlocuteur** ENW GWR
■ son interlocuteur y dyn y mae'n siarad ag e

[l'] **interlocutrice** ENW BEN
■ son interlocutrice y ddynes y mae e'n siarad
â hi

[l'] **intermédiaire** ENW GWR
canolwr (g), canolwraig (g)
■ par l'intermédiaire de drwy (gyfrwng)
❑ Je l'ai rencontré par l'intermédiaire de son
frère Fe gwrddais ag ef trwy ei frawd.

[l'] **internat** ENW GWR
ysgol (b) breswyl

international (BEN **internationale**, GWR
LLUOSOG **internationaux**) ANSODDAIR
rhyngwladol

[l'] **internaute** ENW GWR/BEN
defnyddiwr (g) y rhyngrwyd

[l'] **interne** ENW GWR/BEN
disgybl (g) preswyl

[l'] **Internet** ENW GWR
y rhyngrwyd (b)
❑ sur Internet ar y rhyngrwyd

[l'] **interphone** ENW GWR
intercom (g)

[l'] **interprète** ENW GWR/BEN
cyfieithydd (g)

interpréter BERF [34]
dehongli, cyfieithu

interrogatif (BEN **interrogative**) ANSODDAIR
gofynnol (gramadeg)

[l'] **interrogation** ENW BEN
cwestiwn (g)
prawf (g)
❑ une interrogation écrite prawf ysgrifenedig
❑ une interrogation orale prawf llafar

[l'] **interrogatoire** ENW GWR
holi, croesholi
■ C'est un interrogatoire ou quoi? Ydw i'n
cael fy nghroesholi, neu beth?

interroger BERF [45]
holi

interrompre BERF [75]
torri ar draws

[l'] **interrupteur** ENW GWR
switsh (g)

[l'] **interruption** ENW BEN
ymyriad (g)
■ sans interruption yn ddi-dor, heb ymyriad
❑ Elle a parlé pendant deux heures sans
interruption. Siaradodd am ddwy awr yn
ddi-dor.

[l'] **intervalle** ENW GWR
ysbaid (g)/(b), egwyl (b)
■ dans l'intervalle yn y cyfamser

intervenir BERF [89]
ymyrryd
gweithredu
❑ La police a dû intervenir entre les grévistes et
la direction. Bu'n rhaid i'r heddlu ddod rhwng y
streicwyr a'r rheolwyr.

[l'] **intervention** ENW BEN
ymyrraeth (b)
❑ une intervention militaire ymyrraeth filwrol
■ une intervention chirurgicale llawdriniaeth

[l'] **interview** ENW BEN
cyfweliad (g) (ar y radio, teledu)

[l'] **intestin** ENW GWR
coluddyn (g)

intime (BEN **intime**) ANSODDAIR
clòs, agos
■ un journal intime dyddiadur personol

intimider BERF [28]
codi ofn ar, brawychu

[l'] **intimité** ENW BEN
■ dans l'intimité yn breifat ❑ Ce que tu fais
dans l'intimité ne m'intéresse pas. Nid yw'r
hyn rwyt ti'n ei wneud yn dy fywyd preifat o
ddiddordeb i mi.
■ Le mariage a eu lieu dans l'intimité.

Roedd y gwasanaeth priodas yn breifat.

intitulé (BEN **intitulée**) ANSODDAIR
yn dwyn y teitl

intolérable (BEN **intolérable**) ANSODDAIR
annioddefol

[l'] **intoxication** ENW BEN
■ **une intoxication alimentaire** gwenwyn
bwyd

[l'] **Intranet** ENW GWR
mewnrwyd (b)

intransigeant (BEN **intransigeante**) ANSODDAIR
digyfaddawd

[l'] **intrigue** ENW BEN
cynllwyn (g), plot (g) *(mewn llyfr, ffilm)*

[l'] **introduction** ENW BEN
cyflwyniad (g), rhagarweiniad (g)

introduire BERF [23]
cyflwyno

[l'] **intuition** ENW BEN
greddf (b), sythwelediad (g)

inusable (BEN **inusable**) ANSODDAIR
anrheuliadwy, sy'n para'n dda

inutile (BEN **inutile**) ANSODDAIR
diwerth

[l'] **invalide** ENW GWR/BEN
person (ag) ag anabledd

[l'] **invasion** ENW BEN
ymosodiad (g)

inventer BERF [28]
dyfeisio
gwneud
❑ **inventer une excuse** gwneud esgus

[l'] **inventeur** ENW GWR
dyfeisiwr (g)

[l'] **invention** ENW BEN
dyfais (b)

inverse (BEN **inverse**) ANSODDAIR
▷ *gweler hefyd* **inverse** ENW
■ **dans l'ordre inverse** i'r gwrthwyneb
■ **en sens inverse** i'r cyfeiriad arall

[l'] **inverse** ENW GWR
▷ *gweler hefyd* **inverse** ANSODDAIR
gwrthwyneb (g)
■ **Tu t'es trompé, c'est l'inverse.** Rwyt ti wedi
camddeall, y gwrthwyneb yw e.

[l'] **investissement** ENW GWR
buddsoddiad (g)

invisible (BEN **invisible**) ANSODDAIR
anweledig, anweladwy

[l'] **invitation** ENW BEN
gwahoddiad (g)

[l'] **invité** ENW GWR

gwestai, (g) gŵr (g) gwadd

[l'] **invitée** ENW BEN
gwestai, (g) gwraig (b) wadd

inviter BERF [28]
gwahodd

involontaire (BEN **involontaire**) ANSODDAIR
anfwriadol
❑ **C'était tout à fait involontaire.** Roedd yn
hollol anfwriadol.

invraisemblable (BEN **invraisemblable**)
ANSODDAIR
annhebygol
❑ **une histoire invraisemblable** stori
annhebygol

[l'] **iPod** ® ENW GWR
iPod ® (g)

ira, irai, iraient, irais, BERF ▷ *gweler* **aller**
■ **J'irai demain en ville.** Fe af i'r dref yfory.

[l'] **Irak** ENW GWR
Irac (b)
■ **en Irak** yn Irac
■ **en Irak** i Irac

[l'] **Iran** ENW GWR
Iran (b)
■ **en Iran** yn Iran
■ **en Iran** i Iran

iras, irez BERF ▷ *gweler* **aller**

irlandais (BEN **irlandaise**) ANSODDAIR, ENW
Gwyddelig
Gwyddeleg *(iaith)*
■ **un Irlandais** Gwyddel
■ **une Irlandaise** Gwyddeles
■ **les Irlandais** y Gwyddelod

[l'] **Irlande** ENW BEN
Iwerddon (b)
■ **en Irlande (1)** yn Iwerddon
■ **en Irlande (2)** i Iwerddon
■ **la République d'Irlande** Gweriniaeth
Iwerddon
■ **l'Irlande du Nord** Gogledd Iwerddon

[l'] **ironie** ENW BEN
eironi (g)

ironique (BEN **ironique**) ANSODDAIR
eironig

irons, iront BERF ▷ *gweler* **aller**
■ **J'irai à la plage cet après-midi.** Fe af i'r
traeth y prynhawn 'ma.

irrationnel (BEN **irrationnelle**) ANSODDAIR
afresymol

irréel (BEN **irréelle**) ANSODDAIR
afreal

irrégulier (BEN **irrégulière**) ANSODDAIR
afreolaidd, anghyson

irrésistible (BEN irrésistible) ANSODDAIR
anorchfygol, llethol
irritable (BEN irritable) ANSODDAIR
pigog, blin
irriter BERF [28]
gwylltio, gwneud yn flin, mynd o dan groen
rhywun
islamique (BEN islamique) ANSODDAIR
Islamaidd, Mwslimaidd
[l'] **Islande** ENW BEN
Gwlad (b) yr Iâ
■ en Islande yng Ngwlad yr Iâ
■ en Islande i Wlad yr Iâ
isolé (BEN isolée) ANSODDAIR
unig, anghysbell
❑ une ferme isolée fferm anghysbell
Israël ENW GWR
Israel (b)
■ en Israël yn Israel
■ en Israël i Israel
israélien (BEN israélienne) ANSODDAIR, ENW
Israelaidd
■ un Israélien Israeliad (g)
■ une Israélienne Israeliad (b)
■ les Israéliens yr Israeliaid (ll)
israélite (BEN israélite) ANSODDAIR
Iddewig, Israelaidd

[l'] **issue** ENW BEN
■ une voie sans issue ffordd bengaead
■ l'issue de secours allanfa dân
[l'] **Italie** ENW BEN
yr Eidal (b)
■ en Italie (1) yn yr Eidal
■ en Italie (2) i'r Eidal
italien (BEN italienne) ANSODDAIR, ENW
Eidalaidd
Eidaleg *(iaith)*
❑ J'apprends l'italien. Rwy'n dysgu Eidaleg.
■ un Italien Eidalwr
■ une Italienne Eidales
■ les Italiens yr Eidalwyr
[l'] **itinéraire** ENW GWR
taith (b)
[l'] **IUT** (= *Institut universitaire de technologie*)
ENW GWR
Athrofa (b) Dechnoleg *(ar lefel prifysgol)*
ivre (BEN ivre) ANSODDAIR
meddw, wedi meddwi
[l'] **ivrogne** ENW GWR/BEN
meddwyn (g), diotwr (g), diotwraig (b)

i

J j

j' RHAGENW ▷ *gweler* **je**

[la] jalousie ENW
cenfigen (b)

jaloux (BEN **jalouse**) ANSODDAIR
cenfigennus

jamais ADFERF
byth
❑ Tu vas souvent au théâtre? – Non, jamais.
**Wyt ti'n mynd yn aml i'r theatr? – Nac ydw i,
byth.** ❑ Je ne bois jamais de café. **Dwi byth yn
yfed coffi.**
erioed
❑ Je n'ai jamais été là. **Dydw i erioed wedi bod
yna.**

[la] jambe ENW
coes (b)

[le] jambon ENW
ham (g)
■ **le jambon cru** ham amrwd

[le] jambonneau (LLUOSOG [les] **jambonneaux**)
ENW
coesgyn (g) o ham

janvier ENW GWR
Ionawr (g)
■ **en janvier** ym mis Ionawr

[le] Japon ENW
Japan (g)
■ **au Japon (1)** yn Japan
■ **au Japon (2)** i Japan

japonais (BEN **japonaise**) ANSODDAIR, ENW
Japaneaidd
Japanaeg (g)/(b)
❑ Je parle japonais. **Rwy'n siarad Japanaeg.**
■ **un Japonais** Japanead
■ **une Japonaise** Japanead
■ **les Japonais** y Japaneaid

[le] jardin ENW
gardd (b)
❑ un jardin potager **gardd lysiau**

[le] jardinage ENW
garddio
■ **faire du jardinage** garddio

[le] jardinier ENW
garddwr (g)

[la] jardinière ENW
garddwraig (b)

jaune (BEN **jaune**) ANSODDAIR
▷ *gweler hefyd* **jaune** ENW
melyn/melen

[le] jaune ENW
▷ *gweler hefyd* **jaune** ANSODDAIR
melyn (g)
■ **un jaune d'œuf** melynwy

jaunir BERF [38]
melynu

[la] jaunisse ENW
clefyd (g) melyn

Javel ENW BEN
■ **l'eau de Javel**
cannydd *(i ladd bacteria ayb)*

[le] jazz ENW
jazz (g)

J.-C. BYRFODD (= *Jésus-Christ*)
■ **25 avant J.-C.** 25 Cyn Crist
■ **75 après J.-C.** 75 Oed Crist

je RHAGENW
fi
❑ Je te verrai demain. **Fe wela' i di yfory.**
❑ J'écoute! **Rydw i'n gwrando!** ❑ J'habite à
Paris. **Rydw i'n byw ym Mharis.**

[le] jean ENW
jîns (ll)

[la] jeannette ENW
Browni (b)
❑ Elle est jeannette. **Mae hi'n un o'r Brownis.**

Jésus-Christ ENW GWR
Iesu Grist (g)

[le] jet ENW
ffrydiad (g), chwistrelliad (g)
■ **un jet d'eau** ffynnon
jet (b) *(awyren)*

jetable (BEN **jetable**) ANSODDAIR
tafladwy

[la] **jetée** ENW
pier (g), glanfa (b)
jeter BERF [41]
taflu, lluchio
❑ Elle a jeté ses livres sur la table. Taflodd ei llyfrau ar y bwrdd.
taflu, cael gwared â
❑ Je ne jette jamais rien. 'Dydw i byth yn cael gwared ag unrhyw beth.
■ **jeter un coup d'œil** cael cip olwg (ar)
[le] **jeton** ENW
disg (g), tocyn (g) *(mewn gêm fwrdd)*
[le] **jeu** (LLUOSOG [les] **jeux**) ENW
gêm (b)
❑ Les enfants jouaient à un jeu. Roedd y plant yn chwarae gêm.
■ **un jeu d'arcade** gêm fideo/cyfrifiadur mewn arcêd
■ **un jeu de cartes (1)** pac o gardiau
■ **un jeu de cartes (2)** gêm gardiau
■ **un jeu de mots** geiriau mwys
■ **un jeu de société** gêm fwrdd
■ **un jeu électronique** gêm electronig
■ **les jeux vidéo** gêm fideo/gyfrifiadurol
■ **en jeu** yn y fantol ❑ Sa vie est en jeu. Mae ei fywyd yn y fantol.
[le] **jeudi** ENW
dydd (g) Iau
❑ Aujourd'hui, nous sommes jeudi. Mae'n ddydd Iau heddiw. ❑ Ils arrivent jeudi matin. Maent yn cyrraedd fore dydd Iau.
■ **le jeudi** ar ddydd Iau ❑ Le bureau est fermé le jeudi. Mae'r swyddfa ar gau ar ddydd Iau.
■ **tous les jeudis** pob dydd Iau
■ **jeudi dernier** dydd Iau diwethaf
■ **jeudi prochain** dydd Iau nesaf
jeun ADFERF
■ **à jeun** ar stumog wag ❑ à prendre à jeun i'w gymryd ar stumog wag ❑ Il faut être à jeun pour la prise de sang. Rhaid bod ar stumog wag ar gyfer y prawf gwaed.
jeune (BEN **jeune**) ANSODDAIR
▷ *gweler hefyd* **jeune** ENW
ifanc
❑ un jeune homme dyn ifanc, llanc ❑ une jeune femme merch ifanc, llances
■ **une jeune fille** merch
[le/la] **jeune** ENW
▷ *gweler hefyd* **jeune** ANSODDAIR
person (g) ifanc
❑ les jeunes y bobl ifainc
[la] **jeunesse** ENW
ieuenctid (g)
[le] **job** ENW *(anffurfiol)*

swydd (b), gwaith (g), joben (b), jobyn (b)
[le] **jogging** ENW
jogio, loncian
❑ Je fais du jogging. Rwy'n mynd i jogio.
siwt (b) loncian
❑ un jogging bleu siwt loncian las
[la] **joie** ENW
llawenydd (g)
joindre BERF [42]
rhoi wrth ei gilydd
❑ On va joindre les deux tables. Rydyn ni'n mynd i roi'r ddau fwrdd yma wrth ei gilydd.
cysylltu *(â rhywun)*
❑ Tu peux me joindre chez moi. Gelli gysylltu â mi gartref.
joint (BEN **jointe**) ANSODDAIR
■ **une pièce jointe** atodiad *(mewn e-bost)*
joli (BEN **jolie**) ANSODDAIR
hardd
[le] **jonc** ENW
brwynen (b)
[la] **jonquille** ENW
cenhinen (b) Pedr
[la] **joue** ENW
boch (b)
jouer BERF [28]
chwarae
❑ Tu veux jouer avec moi? Wyt ti eisiau chwarae gyda fi?
■ **jouer de** canu *(offeryn)* ❑ Je joue de la harpe et du piano. Rydw i'n canu'r delyn a'r piano.
■ **jouer à** chwarae ❑ Il joue au tennis. Mae'n chwarae tennis. ❑ jouer aux cartes chwarae cardiau
actio, chwarae *(rhan)*, perfformio
❑ Je trouve qu'elle joue très bien dans ce film. Dwi'n ei gweld hi'n actio'n dda yn y ffilm yma.
■ **Ils jouent Les Misérables au théâtre.** Maen nhw'n perfformio 'Les Misérables' yn y theatr.
[le] **jouet** ENW
tegan (g)
[le] **joueur** ENW
chwaraewr (g)
■ **être mauvais joueur** bod yn gollwr gwael
[la] **joueuse** ENW
chwaraewraig (b)
[le] **jour** ENW
diwrnod (g), dydd (g),
❑ Nous avons passé quelques jours chez nos amis. Fe dreulion ni ychydig ddyddiau yn nhŷ ein ffrindiau.
■ **Il fait jour.** Mae'n olau dydd.

■ **mettre quelque chose à jour** diweddaru rhywbeth
■ **le jour de l'An** dydd Calan
■ **un jour de congé** diwrnod rhydd
■ **un jour férié** gŵyl gyhoeddus
■ **dans huit jours** ymhen wythnos
■ **dans quinze jours** ymhen pythefnos

[le] **journal** (LLUOSOG [les] **journaux**) ENW
papur (g) newydd
■ **le journal télévisé** bwletin newyddion *(ar y teledu)*
dyddiadur (g)
❑ Je tiens un journal tous les ans. Rwy'n cadw dyddiadur bob blwyddyn.

journalier (BEN **journalière**) ANSODDAIR
dyddiol

[le] **journalisme** ENW
newyddiaduraeth (b)

[le/la] **journaliste** ENW
newyddiadurwr (g), newyddiadurwraig (b)
❑ Elle est journaliste. Newyddiadurwraig yw hi.

[la] **journée** ENW
diwrnod (g)

joyeux (BEN **joyeuse**) ANSODDAIR
llawen, hapus
■ **Joyeux anniversaire!** Pen-blwydd hapus!
■ **Joyeux Noël!** Nadolig Llawen!

[le] **judo** ENW
jiwdo (g)

[le] **juge** ENW
barnwr (g)

juger BERF [45]
barnu, beirniadu

juif (BEN **juive**) ANSODDAIR
Iddewig
❑ la cuisine juive coginio/bwyd Iddewig
■ **un Juif** Iddew
■ **une Juive** Iddewes

juillet ENW GWR
Gorffennaf (g)
■ **en juillet** ym mis Gorffennaf

juin ENW GWR
Mehefin (g)
■ **en juin** ym mis Mehefin

[le] **jumeau** (LLUOSOG [les] **jumeaux**) ENW
gefaill

jumeler BERF [4]
gefeillio
❑ Saint-Brieuc est jumelée avec Aberystwyth. Mae Saint-Brieuc wedi ei gefeillio ag Aberystwyth.

[la] **jumelle** ENW
gefeilles (b)

[les] **jumelles** ENW BEN LLUOSOG
binociwlars (ll)

[la] **jument** ENW
caseg (b)

[la] **jungle** ENW
jyngl (b)

[la] **jupe** ENW
sgert (b)

jurer BERF [28]
tyngu, taeru
❑ Je vous jure que c'est vrai! Mae'n wir i chi, dwi'n taeru!

juridique (BEN **juridique**) ANSODDAIR
cyfreithiol

[le] **jury** ENW
rheithgor *(cyfreithiol)*, panel (g) beirniaid *(cystadleuaeth)*

[le] **jus** ENW
sudd (g)
■ **un jus de fruit** sudd ffrwythau

jusqu'à ARDDODIAD
hyd at, cyn belled â
❑ Continuez jusqu'au bout de la rue. Ewch ymlaen hyd at ddiwedd y stryd.
tan
❑ Il fait généralement chaud jusqu'à la mi-août. Mae hi fel arfer yn eithaf twym tan tua chanol mis Awst.
■ **jusqu'à ce que** nes
❑ Restez ici jusqu'à ce qu'il cesse de pleuvoir. Arhoswch yma nes iddi orffen glawio.
■ **jusqu'à présent** hyd yn hyn, hyd yma

jusque ARDDODIAD
tan, hyd at, cyn belled â
❑ Je l'ai raccompagnée jusque chez elle. Ês â hi cyn belled â'i chartref. ❑ Jusqu'ici je n'ai pas eu de problèmes. Hyd yma, 'chefais i ddim trafferth. ❑ Vous allez jusqu'où? Pa mor bell ydych chi'n mynd?

juste (BEN **juste**) ANSODDAIR, ADFERF
teg
❑ Ce n'est pas juste! 'Dydy hyn ddim yn deg!
tynn, byr
❑ Ce pantalon est un peu juste. Mae'r trowsus yma'n rhy dynn.
■ **juste assez** prin ddigon, digon o'r braidd
■ **chanter juste** canu mewn tiwn

justement ADFERF
yn union
❑ C'est justement pour cela que je suis parti! Dyna pam yn union y gadewais i!

[la] **justesse** ENW
■ **de justesse** o fewn dim, o drwch blewyn

❑ J'ai failli avoir un accident de justesse.
Bu bron imi gael damwain o drwch blewyn.

[la] **justice** ENW
cyfiawnder (g)

justifier BERF [19]
cyfiawnhau

juteux (BEN **juteuse**) ANSODDAIR
yn llawn sudd

juvénile (BEN **juvénile**)
ifanc

j

K|k

kaki (BEN + LLUOSOG **kaki**) ANSODDAIR
  caci
[le] **kangourou** ENW
  cangarŵ (g)
[le] **karaté** ENW
  carate (g)
[la] **kermesse** ENW
  ffair (b)
kidnapper BERF [28]
  herwgipio
[le] **kilo** ENW
  cilo (g)
[le] **kilogramme** ENW
  cilogram (g)
[le] **kilomètre** ENW
  cilometr (g)
[le/la] **kinésithérapeute** ENW
  ffisiotherapydd (g)
[le] **kiosque** ENW
  ■ un kiosque à journaux
  stondin (b) papurau newydd

[le] **kit** ENW
  cit (g)
  ■ en kit mewn cit
  ■ un kit mains libres cit dwylo rhydd
  ■ un kit piéton cit dwylo rhydd
[le] **klaxon** ENW
  corn (g) (car)
klaxonner BERF [28]
  canu corn (car)
km TALFYRIAD (= kilomètre)
  km (cilometr)
km/h TALFYRIAD (= kilomètres/heure)
  km yr awr
KO (BEN + LLUOSOG **KO**) ANSODDAIR
  wedi'ch llorio
  ■ mettre quelqu'un KO llorio rhywun
  ❑ Il l'a mis KO au cinqième round. Fe'i lloriodd
  ef yn y bumed rownd.
  ■ Je suis complètement KO. Rydw i wedi
  blino'n lân.
[le] **K-way** ® ENW
  côt (b) gwynt a glaw

L l

l' BANNOD, RHAGENW ▷ *gweler* **la, le**

la BANNOD, RHAGENW
  ▷ *gweler hefyd* **la** ENW
y, yr
  ❑ la maison y tŷ ❑ l'avion yr awyren ❑ l'eau
y dŵr
hi
  ❑ Je la connais bien. Rwy'n ei hadnabod hi'n
dda. ❑ C'est une fille très gentille: je l'aime
bien. Mae hi'n ferch ddymunol iawn: rwy'n hoff
iawn ohoni hi.
eich
  ■ **se mordre la langue** brathu eich tafod
  ■ **dix euros la douzaine** deg ewro y dwsin

[le] la ENW
  ▷ *gweler hefyd* **la** BANNOD
A (*cerddoriaeth*)
  ❑ en la yng nghyweirnod A
la (*sol-ffa*)
  ❑ sol, la, si, do so, la, ti, do

là ADFERF
yna, yno, yn y fan yna
  ❑ Ton livre est là, sur la table. Mae dy lyfr yn y
fan yna, ar y bwrdd.
yna, yno, (y) fan yna
  ❑ Il n'est pas là. 'Dydy e ddim yno.
  ■ **C'est là que … (1)** Dyna lle … ❑ C'est là que
je suis né. Dyna'r lle y cefais fy ngeni.
  ■ **C'est là que … (2)** Dyna pryd … ❑ C'est
là que j'ai réalisé que j'étais perdu. Dyna pryd
sylweddolais i fy mod i ar goll.

là-bas ADFERF
yn y fan draw, yn y fan acw

[le] labo ENW (*anffurfiol*)
lab (g)/(b)

[le] laboratoire ENW
labordy (g)

labourer BERF [28]
aredig

[le] labyrinthe ENW
labyrinth (g)

[le] lac ENW

llyn (g)

lacer BERF [12]
clymu careiau esgidiau

[le] lacet ENW
carrai (g)
  ■ **des chaussures à lacets** esgidiau â chareiau

lâche (BEN **lâche**) ANSODDAIR
  ▷ *gweler hefyd* **lâche** ENW
llac
  ❑ Le nœud est trop lâche. Mae'r cwlwm yn rhy
llac.
llwfr
  ■ **Tu es lâche.** Rwyt ti'n llwfr.

[le] lâche ENW
  ▷ *gweler hefyd* **lâche** ANSODDAIR
llwfrgi (g)

lâcher BERF [28]
gollwng (*gafael ar*)
  ❑ Elle n'a pas lâché ma main de tout le film.
Ollyngodd hi ddim fy llaw drwy gydol y ffilm.
gollwng (*i ddisgyn*)
  ❑ Elle a été tellement surprise qu'elle a lâché
son verre. Cafodd hi gymaint o fraw nes iddi
ollwng ei gwydr.
methu (*â gweithio*), **diffygio**
  ❑ Les freins ont lâché. Methodd y brêcs.

[la] lâcheté ENW
llwfrdra (g)

lacrymogène (BEN **lacrymogène**) ANSODDAIR
  ■ **le gaz lacrymogène** nwy dagrau

[le] lacune ENW
bwlch (g)

là-dedans ADFERF
i mewn yn y fan honno, y tu mewn i fan yna
  ❑ Qu'est-ce qu'il y a là-dedans? Beth sydd y tu
mewn i fan yna?

là-dessous ADFERF
o dan hwnna, o dan fan yna
  ❑ Mon agenda est quelque part là-dessous.
Mae fy nyddiadur rywle o dan fan yna.
y tu ôl i hynna, y tu ôl i fan yna
  ❑ Il y a quelque chose de louche là-dessous.
Mae fy nyddiadur rywle o dan fan yna.

Mae rhywbeth amheus y tu ôl i hynna i gyd.

là-dessus ADFERF
ar ei ben, ar hwnna

là-haut ADFERF
i fyny yn fan'na

laid (BEN **laide**) ANSODDAIR
hyll, salw

[la] **laideur** ENW
hylltra (g)

[le] **lainage** ENW
dilledyn (g) gwlân

[la] **laine** ENW
gwlân (g)
■ **un pull en laine** siwmper wlân
■ **une laine polaire** siaced fflîs

laïque (BEN **laïque**) ANSODDAIR
■ **une école laïque** ysgol wladol

[la] **laisse** ENW
tennyn (g)
❑ Tenez votre chien en laisse. Cadwch eich ci ar dennyn.

laisser BERF [28]
gadael *(ar ôl)*
❑ J'ai laissé mes lunettes à la maison.
Rydw i wedi gadael fy sbectol gartref.
gadael *(caniatáu)*
❑ Laissez-moi parler. Gadewch i mi siarad.

[le] **laisser-aller** ENW
agwedd (b) ddidaro, diofalwch (g)

[le] **lait** ENW
llaeth (g), llefrith (g)
■ **un café au lait** coffi â llaeth

[la] **laitue** ENW
letysen (b)

[les] **lambeaux** ENW GWR LLUOSOG
■ **en lambeaux** yn gareiau, yn rhacs, yn garpiau

[la] **lame** ENW
llafn (g)
❑ une lame de rasoir llafn rasel

[la] **lamelle** ENW
stribedyn (g) tenau

lamentable (BEN **lamentable**) ANSODDAIR
truenus

[se] **lamenter** BERF [28]
cwyno

[le] **lampadaire** ENW
lamp (b) sefyll

[la] **lampe** ENW
lamp (b)
■ **une lampe de poche** fflachlamp

[la] **lance** ENW

gwaywffon (b)

[le] **lancement** ENW
lansiad (g)

lancer BERF [12]
▷ *gweler hefyd* **lancer** ENW
taflu, lluchio
❑ Lancez-moi le ballon! Taflwch y bêl ata i!
lansio
❑ Ils viennent de lancer un nouveau modèle.
Maen nhw newydd lansio model newydd.
■ **se lancer dans** cychwyn ar rywbeth ❑ Je me suis lancé là-dedans sans bien réfléchir.
Cychwynnais ar hynny heb wir ystyried y peth.

[le] **lancer** ENW
▷ *gweler hefyd* **lancer** BERF
■ **le lancer de poids** taflu pwysau *(chwaraeon)*

lancinant (BEN **lancinante**) ANSODDAIR
■ **une douleur lancinante** poen ofnadwy

[le] **landau** ENW
pram (g)/(b)

[la] **lande** ENW
rhostir (g), rhos (b)

[le] **langage** ENW
iaith (b)

[la] **langouste** ENW
cimwch (g) yr afon

[la] **langue** ENW
tafod (g)
❑ Elle m'a tiré la langue. Fe dynnodd ei thafod arna i.
■ **ma langue maternelle** fy mamiaith iaith (b)
❑ une langue étrangère iaith estron/dramor
■ **les langues vivantes** ieithoedd modern

[la] **lanière** ENW
strap (g)/(b), carrai (b)

[le] **lapin** ENW
cwningen (b)

[le] **laps** ENW
■ **un laps de temps** cyfnod o amser

[la] **laque** ENW
lacr (g) gwallt

laquelle (LLUOSOG **lesquelles**) RHAGENW BEN
pa un, pa rai
❑ Laquelle de ces photos préférez-vous?
Pa un o'r lluniau hyn sydd orau gennych chi?
❑ À laquelle de tes sœurs ressembles-tu?
I ba un o dy chwiorydd wyt ti'n edrych debycaf?
ato, ati, amdano, amdani
❑ la dame à laquelle tu fais référence y fenyw yr wyt ti'n cyfeirio ati ❑ la personne à laquelle je pense y person rwy'n meddwl amdano

[le] **lard** ENW
  bacwn (g) brith
[les] **lardons** ENW GWR LLUOSOG
  darnau (ll) bach o gig moch
large (BEN **large**) ANSODDAIR, ADFERF
  ▷ *gweler hefyd* **large** ENW
  llydan
  ■ **voir large** gadael digon, sicrhau digon
  ❏ Achète un peu plus de viande: il vaut mieux
  voir large. Pryna ychydig yn fwy o gig; gwell
  sicrhau bod digon yno.
[le] **large** ENW
  ▷ *gweler hefyd* **large** ANSODDAIR
  ■ **trois mètres de large** tri metr o led
  ■ **le large** y môr mawr, y cefnfor
  ■ **au large de** gerllaw arfordir ❏ Le bateau est
  actuellement au large de l'Irlande. Mae'r llong
  ar hyn o bryd gerllaw arfordir Iwerddon.
largement ADFERF
  ■ **Tu as largement le temps.** Mae gen ti
  ddigon o amser.
  ■ **C'est largement suffisant.** Mae hynna'n fwy
  na digon.
[la] **largeur** ENW
  lled (g)
[la] **larme** ENW
  deigryn (g)
  ■ **être en larmes** bod yn eich dagrau
[la] **laryngite** ENW
  dolur (g) gwddf, gwddf (g) tost
[le] **laser** ENW
  laser (g)
  ■ **une chaîne laser** peiriant chwarae cryno-
  ddisgiau
  ■ **un disque laser** cryno-ddisg
lasser BERF [28]
  ■ **se lasser de** blino ar, syrffedu ar, diflasu ar
  ❏ Je vais me lasser de cette couleur. Mi fydda
  i'n blino ar y lliw yma.
[le] **latin** ENW
  Lladin (g)/(b)
[le] **laurier** ENW
  lorel (g)/(b), llawryfen (b)
  ❏ une feuille de laurier deilen llawryf
lavable (BEN **lavable**) ANSODDAIR
  golchadwy
[le] **lavabo** ENW
  basn (g) ymolchi
[le] **lavage** ENW
  golchiad (g)
  ❏ Ce T-shirt a rétréci au lavage. Mae'r crys T
  yma wedi mynd yn llai yn y golch.
[la] **lavande** ENW

lafant (g)
[le] **lave-linge** (LLUOSOG [les] **lave-linge**) ENW
  peiriant (g) golchi dillad
laver BERF [28]
  golchi
  se laver ymolchi ❏ se laver les cheveux
  golchi'ch gwallt
[la] **laverie** ENW
  ■ **une laverie automatique** golchdy
[le] **lave-vaisselle** (LLUOSOG [les] **lave-
  vaisselle**) ENW
  peiriant (g) golchi llestri
le BANNOD, RHAGENW
  y, yr
  ❏ le livre y llyfr ❏ l'avion yr awyren ❏ l'homme
  y dyn
  fe, fo, e, o, ef
  ❏ Jean est un vieil ami: je le connais depuis
  bien des années. Mae Jean yn hen ffrind: rwy'n
  ei adnabod ef ers blynyddoedd maith.
  fe, fo, e, o, ef
  ❏ Où est mon livre? Je ne le trouve plus. Ble
  mae fy llyfr? Alla i ddim mo'i ffeindio fe. ❏ Où
  est le dessert? Je l'ai mis au frigo. Ble mae'r
  pwdin? Fe'i rhoddais ef yn yr oergell.
  eich
  ■ **se laver le visage** golchi eich wyneb
  ❏ Évitez de vous laver le visage avec du savon.
  Peidiwch â golchi eich wyneb â sebon.
  ■ **cinq euros le kilo** pum ewro y cilo
  ■ **Elle est arrivée le vingt mai.** Daeth hi ar yr
  ugeinfed o Fai.
lécher BERF [34]
  llyfu
[le] **lèche-vitrine** ENW
  ■ **faire du lèche-vitrine** edrych yn ffenestri
  siopau
[la] **leçon** ENW
  gwers (b)
[le] **lecteur** ENW
  darllenydd (g), darllenwr (g)
  cynorthwy-ydd ieithoedd tramor *(mewn
  prifysgol)*
  ■ **un lecteur de CD** chwaraewr cryno-ddisgiau
  ■ **un lecteur de DVD** chwaraewr DVD
  ■ **un lecteur MP3** chwaraewr MP3
[la] **lectrice** ENW
  darllenydd (g), darllenwraig (b)
  cynorthwy-ydd ieithoedd tramor *(mewn
  prifysgol)*
[la] **lecture** ENW
  darllen, darlleniad (g)
légal (BEN **légale**, ENW GWR LLUOSOG **légaux**)

ANSODDAIR
cyfreithlon, cyfreithiol

[la] **légende** ENW
chwedl (b)
allwedd (b) *(map)*
capsiwn (g) *(llun)*

léger (BEN **légère**) ANSODDAIR
ysgafn
ychydig o, peth
◻ un léger retard peth oedi
■ **à la légère** yn ddifeddwl ◻ Il a réagi à la
légère. Ymatebodd yn ddifeddwl.

légèrement ADFERF
yn ysgafn
◻ Je vais m'habiller légèrement car il va faire
chaud. Rydw i'n mynd i wisgo dillad ysgafn
gan ei bod hi'n mynd i fod yn boeth.
ychydig, mymryn
◻ Je suis légèrement plus grand que mon frère.
Rwyf i ychydig yn dalach na fy mrawd.

[les] **législatives** ENW BEN LLUOSOG
etholiad (g) cyffredinol

[le] **légume** ENW
llysieuyn (g)

[le] **lendemain** ENW
trannoeth (g), y diwrnod (g) wedyn
◻ le lendemain de mon arrivée y diwrnod ar ôl
imi gyrraedd
■ **le lendemain matin** bore trannoeth, y bore
wedyn

lent (BEN **lente**) ANSODDAIR
araf

lentement ADFERF
yn araf

[la] **lenteur** ENW
arafwch (g)

[la] **lentille** ENW
lens (b) cyffwrdd *(llygaid)*
◻ Est-ce que vous portez des lentilles? Ydych
chi'n gwisgo lensys cyffwrdd?
ffacbysen (b)
◻ une soupe aux lentilles cawl ffacbys

[le] **léopard** ENW
llewpart (g)

lequel (BEN **laquelle**, LLUOSOG GWR **lesquels**,
LLUOSOG BEN **lesquelles**) RHAGENW
pa un, pa rai
◻ Lequel de ces films as-tu préféré? Pa un o'r
ffilmiau hyn wyt ti wedi ei hoffi fwyaf?
gyda phwy, gydag ef, gyda hi, gyda nhw
◻ l'homme avec lequel elle a été vue pour la
dernière fois y dyn y gwelwyd hi gydag ef am
y tro olaf ◻ la fille avec laquelle il est sorti y

ferch yr aeth ef allan gyda hi

les BANNOD, RHAGENW
y, yr
◻ les enfants y plant
nhw
◻ Je les ai invités à dîner. Fe'u gwahoddais nhw
am swper.
ei, eich
◻ Elle s'est brossé les cheveux. Brwsiodd hi ei
gwallt.
■ **se laver les cheveux** golchi eich gwallt
■ **dix euros les cinq** deg ewro am bump

[la] **lesbienne** ENW
lesbiad (b)

lesquels (BEN **lesquelles**) RHAGENW LLUOSOG
pa rai
◻ Lesquelles de ces photos préférez-vous?
Pa rai o'r lluniau hyn sydd orau gennych chi?
â phwy, â nhw
◻ les personnes avec lesquelles elle est associée
y bobl y mae hi'n gysylltiedig â nhw ◻ les
gens chez lesquels nous avons dîné y bobl y
bwytasom ni yn eu tŷ

[la] **lessive** ENW
powdr (g) golchi
◻ une marque de lessive gwneuthuriad powdr
golchi
golch (g), golchi
◻ Il y a beaucoup de lessive à faire/repasser.
Mae llawer o ddillad i'w golchi/smwddio.
■ **faire la lessive** golchi'r dillad, gwneud y
golch

leste (BEN **leste**) ANSODDAIR
sionc

[la] **Lettonie** ENW
Latfia (b)

[la] **lettre** ENW
llythyr (g)
llythyren (b)
◻ écrire une lettre ysgrifennu llythyr

[les] **lettres** ENW BEN LLUOSOG
y celfyddydau (ll)
◻ la faculté de lettres cyfadran y celfyddydau

leur (BEN **leur**) ANSODDAIR, RHAGENW
eu
◻ leur père eu tad
wrthyn nhw, wrthynt hwy
◻ Je leur ai dit la vérité. Fe ddywedais i'r gwir
wrthyn nhw.
■ **le leur** eu hun nhw/hwythau ◻ mon enfant
et le leur fy mhlentyn i a'u hun hwythau ◻
Ma voiture est bleue; la leur est rouge. Mae fy
nghar i'n las; mae eu hun nhw yn goch.

leurs (BEN **leurs**) ANSODDAIR LLUOSOG, RHAGENW

LLUOSOG
eu… (nhw)
❑ leurs enfants eu plant
■ **les leurs** eu rhai nhw/hwythau ❑ tes
parents et les leurs dy rieni a'u rhai hwythau

levé (BEN **levée**) ANSODDAIR
  ▷ *gweler hefyd* **levée** ENW
  ■ **être levé** bod wedi codi ❑ Est-ce qu'elle est
  levée? Ydy hi wedi codi?

[la] **levée** ENW
  ▷ *gweler hefyd* **levée** ANSODDAIR
  casgliad (g) *(llythyrau, post)*
  ❑ Prochaine levée: 18 heures Casgliad nesaf:
  6 y.h.

lever BERF [43]
  ▷ *gweler hefyd* **lever** ENW
  codi
  ❑ Levez vos verres! Codwch eich gwydrau!
  ■ **Levez la main!** Codwch eich llaw!
  ■ **lever les yeux** edrych i fyny
  ■ **se lever (1)** codi ❑ Je me lève tous les jours à
  sept heures. Rwy'n codi bob dydd am saith o'r
  gloch. ❑ Lève-toi! Coda!
  ■ **se lever (2)** codi *(gwawrio)* ❑ Le soleil se
  lève actuellement à six heures. Mae'r haul yn
  codi ar hyn o bryd am chwech o'r gloch.
  ■ **se lever (3)** sefyll ❑ Levez-vous! Sefwch!

[le] **lever** ENW
  ▷ *gweler hefyd* **lever** BERF
  ■ **le lever du soleil** y wawr, toriad y dydd

[le] **levier** ENW
  lifer (g)/(b)

[la] **lèvre** ENW
  gwefus (b)

[le] **lévrier** ENW
  milgi (g)

[la] **levure** ENW
  burum (g)
  ■ **la levure chimique** powdr codi

[le] **lexique** ENW
  geirfa (b), rhestr (b) eirfa

[le] **lézard** ENW
  madfall (b), genau-goeg (b)

[la] **liaison** ENW
  perthynas (b), carwriaeth (b)
  ❑ Ils ont eu une liaison dans leur jeunesse.
  Buont mewn perthynas pan oeddent yn ifanc.

[la] **libellule** ENW
  gwas (g) y neidr

libérer BERF [34]
  rhyddhau
  ❑ Les otages ont été libérés ce matin. Cafodd y
  gwystlon eu rhyddhau y bore 'ma.

■ **se libérer** bod yn rhydd, eich rhyddhau eich
hun
  ❑ J'essaierai de me libérer ce soir. Mi geisia i fod
  yn rhydd heno 'ma.

[la] **liberté** ENW
  rhyddid (g)
  ■ **mettre en liberté** rhyddhau, gollwng yn
  rhydd ❑ Il a été mis en liberté au bout de six
  mois de prison. Cafodd ei ryddhau wedi chwe
  mis o garchar.

[le/la] **libraire** ENW
  gwerthwr (g) llyfrau, gwerthwraig (b) llyfrau

[la] **librairie** ENW
  siop (b) lyfrau

libre (BEN **libre**) ANSODDAIR
  rhydd, gwag
  ❑ Tu es libre de partir si tu veux. Rwyt ti'n
  rhydd i fynd os wyt ti eisiau. ❑ Est-ce que cette
  place est libre? Ydy'r sedd yma'n wag?
  ■ **Avez-vous des chambres de libre?** Oes
  gennych chi ystafelloedd gwag?
  clir
  ❑ La route est libre: vous pouvez continuer.
  Mae'r ffordd yn glir ichi; gallwch fynd yn eich
  blaen.
  ■ **une école libre** ysgol breifat

[le] **libre-service** (LLUOSOG [les] **libres-
  services**) ENW
  siop (b) hunanwasanaeth

[la] **Libye** ENW
  Libia (b)

[la] **licence** ENW
  gradd (b)
  ❑ une licence de français gradd mewn
  Ffrangeg
  trwydded (b)
  ❑ une licence d'exportation trwydded allforio

[le] **licencié** ENW
  baglor (g), dyn (g) â gradd
  gweithiwr (g) wedi ei ddiswyddo

[la] **licenciée** ENW
  baglores (b), dynes (b) â gradd
  gweithwraig (b), wedi ei diswyddo

[le] **licenciement** ENW
  diswyddiad (g), diswyddo

licencier BERF [19]
  diswyddo
  ❑ Ils ont licencié cinq employés. Maen nhw
  wedi diswyddo pump gweithiwr.

[le] **liège** ENW
  corc (g) *(defnydd)*
  ❑ des sets en liège set o fatiau bwrdd mewn
  corc

■ **un bouchon en liège** corcyn potel

[le] **lien** ENW
cysylltiad (g), cyswllt (g)
❑ Il n'y aucun lien entre les deux événements.
Does dim cysylltiad rhwng y ddau
ddigwyddiad.
■ **un lien de parenté** cyswllt teuluol
cyswllt *(mewn cyfrifiadureg)*

lier BERF [19]
■ **lier conversation avec quelqu'un** dechrau
sgwrsio â rhywun
■ **se lier avec quelqu'un** gwneud ffrindiau â
rhywun ❑ Il ne se lie pas facilement. Nid yw'n
gwneud ffrindiau yn hawdd.

[le] **lierre** ENW
eiddew (g), iorwg (g)

[le] **lieu** (LLUOSOG [les] **lieux**) ENW
lle (g), man (g)/(b)
❑ votre lieu de naissance y lle y'ch ganed
■ **avoir lieu** digwydd ❑ La cérémonie a eu lieu
à l'église. Cafwyd y seremoni yn yr eglwys.
■ **au lieu de** yn lle, yn hytrach na ❑ Tu veux
une pomme au lieu d'une banane? Hoffet ti
afal yn lle banana?

[le] **lièvre** ENW
ysgyfarnog (b)

[la] **ligne** ENW
llinell (b), lein (b) *(ffôn, trên)*
❑ La ligne est mauvaise. Mae'r llinell yn wael.
❑ la ligne de bus numéro cinq gwasanaeth bws
rhif pump
■ **en ligne** ar-lein
ffigwr (g), siâp (g)
❑ garder sa ligne cadw'ch siâp

ligoter BERF [28]
clymu rhywun wrth ei draed a'i ddwylo

[la] **ligue** ENW
cynghrair (g)/(b)

[le] **lilas** ENW
coeden (b) leilac

[la] **limace** ENW
malwen (b) ddu

[la] **lime** ENW
■ **une lime à ongles** ffeil ewinedd

[la] **limitation** ENW
■ **la limitation de vitesse** cyfyngiad
cyflymdra, cyflymdra uchaf

[la] **limite** ENW
terfyn (g), ffin (g) *(eiddo, cae pêl-droed)*
cyfyngiad (g) oedran
❑ Est-ce qu'il y a une limite d'âge? Oes yna
gyfyngiad oedran?
■ **À la limite, on pourrait y aller à pied.**

Os daw hi i'r pen, gallen ni gerdded yno.
■ **la date limite** dyddiad olaf
■ **la date limite de vente** dyddiad gwerthu
olaf

limiter BERF [28]
cyfyngu
❑ Le nombre de billets est limité à deux par
famille. Cyfyngir nifer y tocynnau i ddau i bob
teulu.

[la] **limonade** ENW
lemonêd (g)

[le] **lin** ENW
lliain (g) *(defnydd)*
❑ une veste en lin siaced liain

[le] **linge** ENW
dillad (ll)
❑ le linge sale y dillad budr/brwnt
golchi, golch (g)
❑ laver le linge gwneud y golch, golchi'r dillad
■ **du linge de corps** dillad isaf

[la] **lingerie** ENW
dillad (ll) isaf *(merched)*

[le] **lion** ENW
llew (g)
■ **le Lion** arwydd y Llew ❑ Marie est Lion.
Mae Marie wedi cael ei geni dan arwydd y Llew.

[la] **lionne** ENW
llewes (b)

[la] **liqueur** ENW
liqueur (g), gwirod (g)/(b)

liquide (BEN liquide) ANSODDAIR
▷ *gweler hefyd* **liquide** ENW
hylifol

[le] **liquide** ENW
▷ *gweler hefyd* **liquide** ANSODDAIR
hylif (g)
■ **payer quelque chose en liquide** talu am
rywbeth mewn arian parod

lire BERF [44]
darllen
❑ Tu as lu 'Harry Potter'? Wyt ti wedi darllen
'Harry Potter'?

lis, lisent, lisez BERF ▷ *gweler* **lire**
■ **Je lis beaucoup.** Rwy'n darllen llawer.

lisible (BEN lisible) ANSODDAIR
darllenadwy

lisse (BEN lisse) ANSODDAIR
llyfn

[la] **liste** ENW
rhestr (b)
■ **faire la liste de** rhestru, gwneud rhestr o
❑ Tu as fait la liste de tout ce dont tu as besoin?
Wyt ti wedi gwneud rhestr o'r cyfan rwyt ti ei

angen?

[le] lit ENW

gwely (g)

❑ un grand lit gwely dwbl ❑ aller au lit mynd i'r gwely

■ **faire son lit** gwneud eich gwely ❑ Elle ne fait jamais son lit. 'Dydy hi byth yn gwneud ei gwely.

■ **un lit de camp** gwely plygu

lit BERF ▷ *gweler* lire

[la] literie ENW

dillad (ll) gwely

[la] litière ENW

gwely (g) *(cath)*

gwellt (ll) *(ar gyfer anifail mewn cawell)*

[le] litre ENW

litr (g)

littéraire (BEN **littéraire**) ANSODDAIR

■ **une œuvre littéraire** gwaith llenyddol

[la] littérature ENW

llenyddiaeth (b)

[le] littoral (LLUOSOG [les] **littoraux**) ENW

arfordir (g), glan (b) y môr, glannau (ll)

[la] Lituanie ENW

Lithwania (b)

[la] livraison ENW

cludiad (g), danfon

■ **la livraison à domicile** cludiad at ddrws y tŷ

[le] livre ENW

▷ *gweler hefyd* la livre

llyfr (g)

■ **un livre de poche** llyfr clawr meddal

■ **un livre numérique** e-lyfr *(llyfr electronig)*

[la] livre ENW

▷ *gweler hefyd* le livre

pwys (g)

❑ une livre de beurre pwys o fenyn

■ **la livre sterling** punt ❑ Ce pantalon coûte vingt livres. Mae'r trowsus hwn yn costio ugain punt.

livrer BERF [28]

danfon, dosbarthu

[le] livret ENW

llyfryn (g)

■ **le livret scolaire** llyfr adroddiadau ysgol

[le] livreur ENW

danfonwr (g), dosbarthwr (g)

local (BEN **locale**, GWR LLUOSOG **locaux**) ANSODDAIR

▷ *gweler hefyd* local ENW

lleol

[le] local (LLUOSOG [les] **locaux**) ENW

▷ *gweler hefyd* local ANSODDAIR

adeilad (g)

❑ La réunion aura lieu dans les locaux de l'école. Cynhelir y cyfarfod yn adeiladau'r ysgol.

[le/la] locataire ENW

tenant (g)

lletywr (g), lletywraig (b)

❑ J'ai décidé de prendre un locataire. Rwyf wedi penderfynu cymryd lletywr.

[la] location ENW

■ **location de voitures** rhentu ceir, ceir i'w llogi

■ **location de skis** rhentu sgis, sgis i'w rhentu

locaux ANSODDAIR, ENW

▷ *gweler hefyd* local

[la] locomotive ENW

locomotif (g)/(b)

[la] loge ENW

ystafell (b) wisgo *(mewn theatr)*

[le] logement ENW

tŷ (g), tai (ll), cartref (g), cartrefi (ll)

llety (g)

loger BERF [45]

aros, lletya

❑ Je loge chez des amis quand je vais en Bretagne. Rwy'n aros gyda ffrindiau pan af i Lydaw.

■ **trouver à se loger** dod o hyd i lety

❑ Nous avons eu du mal à trouver à nous loger pendant la période touristique. Cawsom anhawster i ddod o hyd i le i aros yn ystod cyfnod gwyliau.

[le] logiciel ENW

meddalwedd (g)/(b)

logique (BEN **logique**) ANSODDAIR

▷ *gweler hefyd* logique ENW

rhesymegol

[la] logique ENW

▷ *gweler hefyd* logique ANSODDAIR

rhesymeg (b)

[la] loi ENW

deddf (b)

loin ADFERF

yn bell

❑ Le centre-ville n'est pas très loin d'ici. 'Dydy canol y dref ddim yn bell o'r fan yma.

ymhell i ffwrdd

❑ Noël n'est plus tellement loin. Nid yw'r Nadolig yn rhy bell i ffwrdd.

ymhell yn ôl

❑ Les vacances paraissent déjà tellement loin! Mae'r gwyliau yn teimlo mor bell yn ôl!

■ **au loin** yn y pellter ❑ On aperçoit la côte au loin. Gallwn ni weld yr arfordir yn y pellter.

l

lointan – lotion

■ **de loin (1)** o bell ❑ On voit les montagnes de loin. Gallwch chi weld y mynyddoedd o bell.
■ **de loin (2)** o bell ffordd, o lawer
❑ C'est lui de loin l'élève le plus brillant. Ef yw'r disgybl disgleiriaf o bell ffordd.
■ **C'est plus loin que l'église.** Mae'n bellach i ffwrdd na'r eglwys.

lointain (BEN **lointaine**) ANSODDAIR
▷ *gweler hefyd* **lointain** ENW
pell
❑ un pays lointain gwlad bell ❑ C'est un parent lointain de mon père. Mae'n perthyn o bell i'm tad.

[le] **lointain** ENW
▷ *gweler hefyd* **lointain** ANSODDAIR
■ **dans le lointain** yn y pellter

[le] **loir** ENW
pathew (g), llygoden (b) ddaear
■ **dormir comme un loir** cysgu fel twrch

[les] **loisirs** ENW GWR LLUOSOG
amser (g) hamdden
❑ Qu'est-ce que tu fais pendant tes loisirs? Beth wyt ti'n ei wneud yn ystod dy amser hamdden?
hobi (b)
❑ La lecture et la télé sont mes loisirs préférés. Darllen a gwylio'r teledu yw fy hoff hobïau.

[le] **Londonien** ENW
Llundeiniwr (g), dyn (g) o Lundain

[la] **Londonienne** ENW
Llundeinwraig (b), dynes (b) o Lundain

Londres ENW
Llundain (b)
❑ le métro de Londres rheilffordd danddaearol Llundain
■ **à Londres (1)** yn Llundain
■ **à Londres (2)** i Lundain

long (BEN **longue**) ANSODDAIR
▷ *gweler hefyd* **long** ENW, **longue** ENW
hir

[le] **long** ENW
▷ *gweler hefyd* **long** ANSODDAIR
■ **un bateau de cinq mètres de long** llong pum metr o hyd
■ **tout le long de** reit ar hyd ❑ Il y a un sentier tout le long de la côte. Mae yna lwybr reit ar hyd yr arfordir.
■ **marcher de long en large** cerdded yn ôl ac ymlaen

longer BERF [45]
■ **La route longe la côte.** Mae'r ffordd yn rhedeg ar hyd yr arfordir.
■ **Nous avons longé la rivière à pied.** Fe gerddon ni ar hyd yr afon.

longtemps ADFERF
am hir
❑ Nous avons attendu longtemps chez le médecin. Fe arhoson ni am hir yn y feddygfa.
■ **pendant longtemps** am amser hir
❑ On a cru pendant longtemps que la Terre était plate. Roeddent yn credu am amser maith fod y Ddaear yn wastad.
■ **mettre longtemps à faire quelque chose** cymryd amser maith i wneud rhywbeth
❑ Ils ont mis longtemps à répondre à ma lettre. Fe gymeron nhw amser maith cyn ateb fy llythyr.

[la] **longue** ENW
▷ *gweler hefyd* **longue** ANSODDAIR
■ **à la longue** yn y diwedd, yn y pen draw
❑ Ils ont décidé de payer à la longue. Penderfynon nhw dalu yn y pen draw.

longuement ADFERF
am hir, yn hir
❑ Il m'a longuement parlé de ses problèmes. Siaradodd ef am hir wrthyf am ei broblemau.

[la] **longueur** ENW
hyd (g)
■ **à longueur de journée** drwy'r dydd, drwy gydol y dydd ❑ Elle regarde la télé à longueur de journée. Mae hi'n gwylio'r teledu drwy gydol y dydd.

[le] **look** ENW
golwg (b)
❑ Il a un look d'enfer. Mae'n edrych mor cŵl.

[les] **loques** ENW BEN LLUOSOG
■ **être en loques** bod yn garpiau ❑ Sa chemise était en loques. Roedd ei grys yn garpiau.

lors de ARDDODIAD
yn ystod, ar adeg
❑ Je l'ai rencontrée lors de ma visite en France. Cwrddais i â hi yn ystod fy ymweliad â Ffrainc.

lorsque CYSYLLTAIR
pan, erbyn
❑ Lorsque je suis arrivé, elle était partie. Erbyn imi gyrraedd, roedd hi wedi gadael.

[le] **lot** ENW
gwobr (b)
■ **le gros lot** y jacpot

[la] **loterie** ENW
loteri (b)
❑ la loterie nationale y loteri genedlaethol
raffl (b)
❑ J'ai gagné cette boîte de chocolats dans une loterie. Enillais i'r bocs hwn o siocledi mewn raffl.

[la] **lotion** ENW

hylif (g), eli (g)
❏ une bouteille de lotion solaire potel o eli haul
■ une lotion après-rasage hylif eillio/siafio
■ une lotion démaquillante hylif tynnu colur

[le] **lotissement** ENW
ystad (b) tai

[le] **loto** ENW
loteri (b)
■ le loto sportif y pŵls

[le] **loubard** ENW (anffurfiol)
llabwst (g)

louche (BEN louche) ANSODDAIR
▷ gweler hefyd louche ENW
amheus
❏ une histoire louche stori amheus

[la] **louche** ENW
▷ gweler hefyd louche ANSODDAIR
llwy (b) fawr

loucher BERF [28]
bod â llygaid croes

louer BERF [28]
rhentu, gosod (i rywun)
❏ Il loue des chambres à des étudiants. Mae e'n
rhentu ystafelloedd i fyfyrwyr.
■ 'à louer' 'ar osod', 'i'w rentu/rhentu'
rhentu (wrth rywun)
❏ Ma sœur loue un petit appartement au
centre-ville. Mae fy chwaer yn rhentu fflat fach
yng nghanol y dref.
llogi
❏ Nous avons loué une voiture. Gwnaethon ni
logi car.
canmol
❏ Ils ont loué le courage des soldats. Fe
wnaethon nhw ganmol dewrder y milwyr.

[le] **loup** ENW
blaidd (g)
■ J'ai une faim de loup! Rwyf ar lwgu!

[la] **loupe** ENW
chwyddwydr (g)

louper BERF [28] (anffurfiol)
colli
❏ J'ai loupé mon train. Fe gollais fy nhrên.

lourd (BEN lourde) ANSODDAIR
▷ gweler hefyd lourd ADFERF
trwm, trom, trymion
❏ Ce sac est très lourd. Mae'r bag hwn yn drwm
iawn.

lourd ADFERF
▷ gweler hefyd lourd ANSODDAIR
yn drymaidd, yn fwll
❏ Il fait très lourd aujourd'hui. Mae hi'n
drymaidd iawn heddiw.

[la] **loutre** ENW
dyfrgi (g)

[la] **loyauté** ENW
ffyddlondeb (g)

[le] **loyer** ENW
rhent (g)

lu BERF ▷ gweler lire

[la] **lucarne** ENW
ffenestr (b) yn y to

[la] **luge** ENW
sled (b)

lugubre (BEN lugubre) ANSODDAIR
tywyll, du
digalon

lui RHAGENW
ef, fe, fo,
iddo ef/fe/fo, amdano ef/fe/fo
❏ Il a été très content du cadeau que nous lui
avons offert. Roedd e'n fodlon iawn â'r anrheg
a roeson ni iddo fe. ❏ C'est bien lui! Fe yw e'n
union! ❏ J'ai pensé à lui toute la soirée. Bûm yn
meddwl amdano ef drwy gydol y nos.
gydag ef, ag ef
❏ Je lui ai parlé ce matin. Siaradais i ag ef y
bore 'ma.
hi, iddi hi
❏ Elle a été très contente du cadeau que nous
lui avons offert. Roedd hi'n fodlon iawn â'r
anrheg a roeson ni iddi hi.
gyda hi, â hi
❏ Je lui ai parlé ce matin. Siaradais i â hi y bore
'ma.
iddo ef, iddi hi
❏ Qu'est-ce que tu donnes à ton chien? Je lui
donne de la viande crue. Beth wyt ti'n ei roi i
dy gi? Rwy'n rhoi cig amrwd iddo. ❏ Lui, il est
toujours en retard! Mae ef wastad yn hwyr!
■ lui-même ef ei hun ❏ Il a construit sa
maison lui-même. Ef ei hun a adeiladodd ei dŷ.

[la] **lumière** ENW
golau (g)
■ la lumière du jour golau dydd

lumineux (BEN lumineuse) ANSODDAIR
■ une enseigne lumineuse
golau (g) neon, arwydd (g) neon

lunatique (BEN lunatique) ANSODDAIR
mympwyol, oriog, anwadal
❏ Elle est plutôt lunatique. Mae hi braidd yn
fympwyol.

[le] **lundi** ENW
dydd (g) Llun
❏ Aujourd'hui, nous sommes lundi. Mae'n
ddydd Llun heddiw.

❑ Ils sont arrivés lundi. Fe gyrhaeddon nhw (ar y) dydd Llun.

■ **le lundi** ar ddydd Llun ❑ Le lundi, je joue au tennis. Ar ddydd Llun, rwy'n chwarae tennis.

■ **tous les lundis** bob dydd Llun

■ **lundi dernier** dydd Llun diwethaf

■ **lundi prochain** dydd Llun nesaf

■ **le lundi de Pâques** dydd Llun y Pasg

[la] **lune** ENW

lleuad (b)

■ **la lune de miel** mis mêl

[les] **lunettes** ENW BEN LLUOSOG

sbectol (b)

■ **des lunettes de soleil** sbectol haul

■ **des lunettes de plongée** sbectol ddŵr/ nofio

[la] **lutte** ENW

brwydr (b)

❑ la lutte contre le racisme y frwydr yn erbyn hiliaeth

reslo

❑ une épreuve de lutte gornest reslo

lutter BERF [28]

brwydro, ymladd

[le] **luxe** ENW

moethusrwydd (g)

■ **de luxe** moethus ❑ un hôtel de luxe gwesty moethus

luxueux (BEN **luxueuse**) ANSODDAIR

moethus

[le] **lycée** ENW

ysgol (b) uwchradd *(blwyddyn 11, 12 a 13)*

■ **lycée technique** coleg technegol

[le] **lycéen** ENW

disgybl (g) mewn ysgol uwchradd *(blwyddyn 11, 12 a 13)*

[la] **lycéenne** ENW

disgybl (g) mewn ysgol uwchradd *(blwyddyn 11, 12 a 13)*

I

M|m

M. TALFYRIAD (= *Monsieur*)
Mr (g)
❏ M. Féroc Mr Féroc
m' RHAGENW ▷ *gweler* **me**
fi
ma ANSODDAIR BEN
fy
❏ ma mère fy mam ❏ ma tête fy mhen
[les] **macaronis** ENW GWR LLUOSOG
macaroni (g)
[la] **Macédoine** ENW
Macedonia (b)
[la] **macédoine** ENW
■ **la macédoine de fruits** salad ffrwythau
■ **la macédoine de légumes** llysiau cymysg
mâcher BERF [28]
cnoi
[le] **machin** ENW *(anffurfiol)*
peth (g), betingalw (g)
❏ Passe-moi le machin pour râper les carottes.
Estyn y betingalw i fi er mwyn gratio'r moron.
❏ Qu'est-ce que c'est que ce vieux machin?
Beth yw'r hen beth 'ma?
machinalement ADFERF
■ **Elle a regardé sa montre machinalement.**
Fe edrychodd ar ei watsh heb feddwl.
[la] **machine** ENW
peiriant (g)
■ **une machine à laver** peiriant golchi dillad
■ **une machine à écrire** teipiadur
■ **une machine à coudre** peiriant gwnïo
■ **une machine à sous** peiriant hapchwarae
[le] **machiste** ENW
siofinydd (g)
[le] **macho** ENW *(anffurfiol)*
mochyn (g) siofinaidd
[la] **mâchoire** ENW
gên (b)
mâchonner BERF [28]
cnoi
[le] **maçon** ENW
briciwr (g)

[la] **Madame** (LLUOSOG **Mesdames**) ENW BEN
Mrs (b), Ms (b)
❏ Madame Bernard Mrs Bernard
boneddiges (b)
❏ Occupez-vous de Madame. Allech chi edrych
ar ôl y foneddiges.
Madam, Boneddiges
❏ Madame …, Annwyl Fadam , Foneddiges
(mewn llythyr)
❏ Madame! Vous avez oublié votre chapeau!
Madam, rydych wedi anghofio eich het!
Mademoiselle (LLUOSOG **Mesdemoiselles**)
ENW BEN
Miss (b), Ms (b)
❏ Mademoiselle Martin Ms Martin
Madam (b), Boneddiges (b)
❏ Mademoiselle …, Annwyl Foneddiges, *(mewn llythyr)*
[le] **magasin** ENW
siop (b)
❏ Les magasins ouvrent à neuf heures. Mae'r
siopau'n agor am naw o'r gloch.
■ **faire les magasins** mynd i siopa
[le] **magazine** ENW
cylchgrawn (g)
[le] **magicien** ENW
dewin (g)
[la] **magicienne** ENW
dewines (b)
[la] **magie** ENW
hud (g), dewiniaeth (b)
❏ un tour de magie tric hud
magique (BEN **magique**) ANSODDAIR
hudol
❏ une baguette magique ffon ddewinio
magistral (BEN **magistrale**, GWR LLUOSOG
magistraux) ANSODDAIR
■ **un cours magistral** darlith *(mewn prifysgol)*
magnétique (BEN **magnétique**) ANSODDAIR
magnetig
[le] **magnétophone** ENW
recordydd (g) tâp

m

■ **un magnétophone à cassettes** recordydd casét

[le] **magnétoscope** ENW
recordydd (g) fideo

magnifique (BEN **magnifique**) ANSODDAIR
gwych, ardderchog

mai ENW GWR
Mai (g)
■ **en mai** ym mis Mai

maigre (BEN **maigre**) ANSODDAIR
tenau, main
❑ Ma mère me trouve trop maigre. Mae fy mam yn credu fy mod yn rhy denau.
coch *(cig)*
braster isel *(caws, iogwrt)*

maigrir BERF [38]
colli pwysau, teneuo
❑ Elle fait un régime pour essayer de maigrir. Mae wedi mynd ar ddiet er mwyn ceisio colli pwysau. ❑ J'ai maigri de quatre kilos en un mois. Collais i bedwar cilogram mewn mis.

[le] **mail** ENW
e-bost (g)

[le] **maillot de bain** ENW
gwisg (b) nofio
trowsus (g) nofio

[la] **main** ENW
llaw (b)
❑ Donne-moi la main! Rho dy law i fi!
■ **serrer la main à quelqu'un** ysgwyd llaw â rhywun
■ **se serrer la main** ysgwyd llaw ❑ Les deux présidents se sont serré la main. Fe wnaeth y ddau arlywydd ysgwyd llaw.
■ **sous la main** wrth law ❑ Est-ce que tu as son adresse sous la main? A oes gen ti ei gyfeiriad wrth law?

[la] **main-d'œuvre** ENW
gweithlu (g)
❑ la main-d'œuvre de l'usine gweithlu'r ffatri
■ **la main-d'œuvre immigrée** y gweithlu o fewnfudwyr

maintenant ADFERF
nawr, rŵan
❑ Qu'est-ce que tu veux faire maintenant? Beth wyt ti am wneud nawr? ❑ C'est maintenant ou jamais. Nawr neu ddim o gwbl.
y dyddiau hyn
❑ Maintenant beaucoup de gens font leurs courses au supermarché. Y dyddiau hyn mae llawer o bobl yn siopa mewn archfarchnad.

maintenir BERF [83]
cynnal, dal

❑ Il maintient qu'il est innocent. Mae e'n dal i ddweud ei fod yn ddi-euog.
■ **se maintenir** parhau
❑ Espérons que le beau temps va se maintenir pour les vacances! Gobeithio y bydd y tywydd braf yn parhau dros y gwyliau!

[le] **maire** ENW
maer (g)

[la] **mairie** ENW
neuadd (b) y dref

mais CYSYLLTAIR
ond
❑ C'est cher mais de très bonne qualité. Mae'n ddrud, ond o ansawdd da iawn.

[le] **maïs** ENW
India corn (g)

[la] **maison** ENW
▷ *gweler hefyd* **maison** ANSODDAIR
tŷ (g), cartref (g)
❑ C'est la maison de Proust. Tŷ Proust ydy hwn.
■ **une maison des jeunes** clwb ieuenctid
■ **des maisons mitoyennes** (1) tai pâr
■ **des maisons mitoyennes** (2) tai teras
■ **à la maison** (1) gartref ❑ Je serai à la maison cet après-midi. Byddaf gartref y prynhawn 'ma.
■ **à la maison** (2) adref ❑ Elle est rentrée à la maison. Mae hi wedi mynd adref.

maison (BEN+LLUOSOG **maison**) ANSODDAIR
▷ *gweler hefyd* **maison** ENW
cartref
❑ Je préfère les tartes maison à celles que vous achetez. Mae'n well gen i dartenni cartref na'r rhai rydych chi'n eu prynu.

[le] **maître** ENW
athro (g) *(mewn ysgol gynradd)*
meistr (g) *(ar gi)*
■ **un maître d'hôtel** bwtler, prif weinydd *(mewn bwyty)*
■ **un maître nageur** achubwr bywydau *(nofio)*

[la] **maîtresse** ENW
athrawes (b) *(mewn ysgol gynradd)*
meistres (b)
❑ Il paraît qu'il a une maîtresse. Mae sôn bod ganddo feistres.

[la] **maîtrise** ENW
gradd (b) meistr
❑ Il a une maîtrise d'anglais. Mae ganddo radd meistr mewn Saesneg.
■ **la maîtrise de soi** hunanreolaeth

maîtriser BERF [28]
■ **se maîtriser** rheoli'ch hun
❑ Elle se met facilement en colère et a du mal à se maîtriser. Mae'n colli ei thymer yn hawdd ac yn ei chael hi'n anodd i reoli ei hun.

m

majestueux (BEN **majestueuse**) ANSODDAIR
urddasol

majeur (BEN **majeure**) ANSODDAIR
■ **être majeur** wedi dod i oed, yn 18 oed
❑ Tu feras ce que tu voudras quand tu seras majeure. Fedri di wneud beth a fynnot pan fyddi di'n ddeunaw. ❑ Elle sera majeure en mai. Fe fydd yn dod i oed ym mis Mai.
■ **la majeure partie** y rhan fwyaf ❑ la majeure partie de mon salaire y rhan fwyaf o fy nghyflog

[la] **majorité** ENW
mwyafrif (g)
❑ dans la majorité des cas yn y mwyafrif o achosion
■ **la majorité et l'opposition** y llywodraeth a'r wrthblaid

Majorque ENW BEN
Maiorca (b)

[la] **majuscule** ENW
priflythyren (b)
❑ un C majuscule C fawr

mal (BEN+LLUOSOG **mal**) ADFERF, ANSODDAIR
▷ gweler hefyd **mal** ENW
yn wael
❑ Ce devoir a été mal fait. Cafodd y gwaith cartref hwn ei wneud yn wael.
■ **Il a mal compris.** Mae e wedi camddeall.
drwg
❑ C'est mal de mentir. Mae'n ddrwg i ddweud celwydd.
■ **aller mal** mynd yn sâl, bod yn sâl ❑ Son grand-père va très mal. Mae ei daid/tad-cu yn sâl iawn.
■ **pas mal** eitha da, dim yn ddrwg ❑ Je la trouve pas mal sur cette photo. Rwy'n meddwl ei bod hi'n edrych yn eitha da yn y llun hwn.

[le] **mal** (LLUOSOG [les] **maux**) ENW
▷ gweler hefyd **mal** ADFERF
poen (g), dolur (g), cur (g)
❑ J'ai mal à la tête. Mae gen i gur pen/pen tost.
❑ J'ai mal aux dents. Mae'r ddannoedd arna i.
❑ J'ai mal au bras. Mae gen i boen yn fy mraich.
❑ Est-ce que tu as mal à la gorge? A oes gen ti ddolur gwddf?
■ **Ça fait mal.** Mae'n brifo.
■ **Où est-ce que tu as mal?** Ble mae'r boen?
■ **faire mal à quelqu'un** brifo rhywun
❑ Attention, tu me fais mal! Cymer ofal, rwyt ti'n gwneud dolur i fi!
■ **se faire mal** brifo eich hun ❑ Je me suis fait mal au bras. Rwyf wedi brifo fy mraich.
■ **se donner du mal pour faire quelque chose** mynd i drafferth mawr i wneud rhywbeth

❑ Elle s'est donné beaucoup de mal pour que cette soirée soit réussie. Fe aeth hi i lawer o drafferth er mwyn sicrhau llwyddiant y noson.
■ **avoir le mal de mer** bod â salwch môr
■ **avoir le mal du pays** bod â hiraeth am gartref
drwg
❑ le bien et le mal y da a'r drwg
■ **dire du mal de quelqu'un** lladd ar rywun, dweud rhywbeth drwg am rywun

malade (BEN **malade**) ANSODDAIR
▷ gweler hefyd **malade** ENW
sâl, gwael, tost, claf
■ **tomber malade** mynd yn sâl

[le/la] **malade** ENW
▷ gweler hefyd **malade** ANSODDAIR
claf (g)

[la] **maladie** ENW
salwch (g), clefyd (g)

maladif (BEN **maladive**) ANSODDAIR
gwanllyd, gwantan
❑ C'est un enfant maladif. Mae'n blentyn gwanllyd.

[la] **maladresse** ENW
lletchwithdod (g), tuedd i fod yn drwsgl

maladroit (BEN **maladroite**) ANSODDAIR
lletchwith, trwsgl

[le] **malaise** ENW
■ **avoir un malaise** teimlo'n benysgafn/yn anhwylus ❑ J'ai eu un malaise après le déjeuner. Roeddwn i'n teimlo'n benysgafn ar ôl y cinio.
■ **Son arrivée a créé un malaise au village.** Achosodd ei ymddangosiad anniddigrwydd yn y pentref.

[la] **malchance** ENW
anlwc (g)/(b)

mâle (BEN **mâle**) ANSODDAIR
gwryw (g)

[la] **malédiction** ENW
melltith (b)

mal en point (BEN+LLUOSOG **mal en point**) ANSODDAIR
■ **Elle avait l'air mal en point quand je l'ai vue hier soir.** Roedd hi'n edrych yn wael iawn pan welais hi neithiwr.

[le] **malentendu** ENW
camddealltwriaeth (b)

[le] **malfaiteur** ENW
troseddwr (g), drwgweithredwr (g)

malfamé (BEN **malfamée**, GWR LLUOSOG **malfamés**) ANSODDAIR
■ **un quartier malfamé** ardal ag iddi enw

m

drwg

malgache (BEN **malgache**) ANSODDAIR
Madagasgaidd (g)/(b), o Fadagasgar
❏ Sa mère est malgache. Mae ei fam o Fadagasgar.

malgré ARDDODIAD
er gwaethaf
❏ Il est toujours heureux malgré ses problèmes d'argent. Mae e'n hapus bob amser er gwaethaf ei broblemau ariannol.
■ **malgré tout** er gwaethaf popeth ❏ Il faisait mauvais mais nous sommes sortis malgré tout. Roedd y tywydd yn wael ond fe aethom allan er gwaethaf popeth.

[le] **malheur** ENW
anffawd (b), trychineb (g)/(b)
❏ Il a eu beaucoup de malheurs dans sa vie. Mae e wedi cael sawl anffawd yn ei fywyd.
■ **faire un malheur** *(anffurfiol)* cael llwyddiant ysgubol ❏ Son dernier livre a fait un malheur. Roedd ei lyfr diwethaf yn llwyddiant ysgubol.

malheureusement ADFERF
yn anffodus, gwaetha'r modd

malheureux (BEN **malheureuse**) ANSODDAIR
anhapus, diflas
❏ Elle a l'air malheureux. Mae golwg ddiflas arni.

malhonnête (BEN **malhonnête**) ANSODDAIR
anonest

[la] **malice** ENW
direidi (g), bod yn gas (g)
❏ Son regard était plein de malice. Roedd ei lygaid yn llawn direidi.

malicieux (BEN **malicieuse**) ANSODDAIR
direidus, cas

malin (BEN **maligne**) ANSODDAIR
cyfrwys, craff
■ **C'est malin!** *(anffurfiol)* Dyna glyfar!
❏ Ah c'est malin! Nous voilà punis à cause de toi! Dyna glyfar! Rydyn ni wedi cael ein cosbi o dy achos di!

[la] **malle** ENW
cist (b)

malodorant (BEN **malodorante**) ANSODDAIR
drewllyd

malpropre (BEN **malpropre**) ANSODDAIR
brwnt, budr

malsain (BEN **malsaine**) ANSODDAIR
afiach

Malte ENW GWR
Malta (b)

maltraiter BERF [28]
cam-drin

❏ Il maltraite ses chiens. Mae'n cam-drin ei gŵn.
■ **des enfants maltraités** plant wedi eu cam-drin

malveillant (BEN **malveillante**) ANSODDAIR
maleisus, milain
❏ des rumeurs malveillantes sibrydion maleisus

[la] **maman** ENW
Mam (b), Mami (b)

[la] **mamie** ENW
nain (b), mam-gu (b)

[le] **mammifère** ENW
mamolyn (g)

[la] **manche** ENW
▷ *gweler hefyd* **le manche**
llawes (b) *(dilledyn)*
cymal (g) *(gêm)*
❏ Ils ont gagné la première manche du match. Maen nhw wedi ennill cymal cyntaf y gêm.
■ **la Manche** Y Sianel

[le] **manche** ENW
▷ *gweler hefyd* **la manche**
coes (b) *(sosban)*

[la] **mandarine** ENW
mandarin (g), tanjerîn (g)

[le] **manège** ENW
ceffylau (ll) bach *(ffair)*

[la] **manette** ENW
lifer (g)/(b)

mangeable (BEN **mangeable**) ANSODDAIR
bwytadwy
❏ Ce pain est à peine mangeable! Prin bod y bara yma'n fwytadwy!

manger BERF [45]
bwyta

[la] **mangue** ENW
mango (g)

maniaque (BEN **maniaque**) ANSODDAIR
cysetlyd, ffyslyd

[la] **manie** ENW
obsesiwn (g)
■ **avoir la manie de** cael obsesiwn am
❏ Elle a la manie du rangement. Mae ganddi obsesiwn am dacluso.
arfer (g)/(b)
❏ J'essaie de respecter ses petites manies. Rwy'n ceisio byw gyda'i arferion bychain.

manier BERF [19]
trafod, trin

[la] **manière** ENW
▷ *gweler hefyd* **les manières** ENW LLUOSOG

ffordd (b), modd (g)
- **de manière à** er mwyn
  - ❏ Nous sommes partis tard de manière à éviter la circulation. Fe adawon ni yn hwyr er mwyn osgoi'r traffig.
- **de toute manière** sut bynnag, beth bynnag
  - ❏ Je n'aurais pas pu aller de toute manière. Ni allwn fod wedi mynd beth bynnag.

maniéré (BEN **maniérée**) ANSODDAIR
ymhongar, mursennaidd

[les] **manières** ENW BEN
▷ *gweler hefyd* **la manière** ENW UNIGOL
moesau (ll)
❏ apprendre les bonnes manières dysgu i fod yn gwrtais
ffŷs (g)
❏ Ne fais pas de manières: mange ta soupe! Paid â gwneud ffŷs: bwyta dy gawl!

[le] **manifestant** ENW
gwrthdystiwr (g), protestiwr (g)

[la] **manifestante** ENW
gwrthdystwraig (b), protestwraig (b)

[la] **manifestation** ENW
gwrthdystiad (g), protest (b)
❏ une manifestation pour les pauvres protest dros y tlodion

manifester BERF [28]
gwrthdystio, protestio

manipuler BERF [28]
trin, trafod
❏ Cette situation doit être manipulée avec soin. Mae'n rhaid trin y sefyllfa yn ofalus.
dylanwadu
❏ Tous les journaux essaient de manipuler l'opinion publique. Mae pob papur newydd yn ceisio dylanwadu ar farn y cyhoedd.

[le] **mannequin** ENW
model (g)/(b)
❏ Elle est mannequin. Model yw hi.

manœuvrer BERF [28]
symud

[le] **manque** ENW
- **le manque de** diffyg, prinder ❏ Le manque de sommeil peut provoquer toutes sortes de troubles. Mae diffyg cwsg yn gallu achosi pob math o broblemau.
dioddef
❏ un drogué en état de manque rhywun sy'n gaeth ac yn dioddef o ddiffyg cyffuriau

manqué (BEN **manquée**) ANSODDAIR
- **un garçon manqué** tomboi, merch fachgennaidd

manquer BERF [28]

methu, colli, hiraethu am
❏ Tu n'as rien manqué: c'était terrible. 'Chollaist ti ddim: roedd e'n ofnadwy. ❏ Il manque des pages à ce livre. Mae tudalennau ar goll o'r llyfr hwn.
- **Mes parents me manquent.** Rwy'n hiraethu am fy rhieni.
- **Mon frère me manque.** Rwy'n hiraethu am fy mrawd.
- **Il manque encore dix euros.** Rydyn ni'n dal yn brin o ddeg ewro.
- **manquer de** bod yn brin o … ❏ La nourriture manque de sel. Mae'r bwyd yn brin o halen. ❏ Je trouve qu'il a manqué de tact. Rwy'n meddwl nad oedd digon o dact ganddo.
- **Il a manqué se tuer.** Bu bron iddo gael ei ladd.

[le] **manteau** (LLUOSOG [les] **manteaux**) ENW
côt (b)

manuel (BEN **manuelle**) ANSODDAIR
▷ *gweler hefyd* **manuel** ENW
(â) llaw, (â) dwylo

[le] **manuel** ENW
▷ *gweler hefyd* **manuel** ANSODDAIR
gwerslyfr (g)
llawlyfr (g)

[le] **maquereau** (LLUOSOG [les] **maquereaux**) ENW
macrell (g)/(b)

[la] **maquette** ENW
model (g)
❏ une maquette de bateau model o long

[le] **maquillage** ENW
colur (g)

[se] **maquiller** BERF[28]
coluro
❏ Je vais me maquiller en vitesse. Rwy'n mynd i goluro fy hun yn sydyn/gyflym.

[le] **marais** ENW
cors (b)

[le] **marbre** ENW
marmor (g)
❏ une statue en marbre cerflun marmor

[le] **marchand** ENW
masnachwr (g), siopwr (g), gwerthwr (g)
- **un marchand de journaux** gwerthwr papurau newydd
stondinwr (g) *(mewn marchnad)*

[la] **marchande** ENW
masnachwraig (b), siopwraig (b), gwerthwraig (b)
- **une marchande de fruits et de légumes** gwerthwraig ffrwythau a llysiau
stondinwraig (b)

marchander BERF [28]
bargeinio

[la] **marchandise** ENW
nwyddau (ll)

[la] **marche** ENW
gris (g)
❑ Faites attention à la marche! Gwyliwch y gris!
cerdded
❑ La marche me fait du bien. Mae cerdded yn llesol i mi.
■ **être en état de marche** yn gweithio'n iawn
❑ Cette voiture est en parfait état de marche. Mae'r car hwn yn gweithio'n berffaith.
■ **Ne montez jamais dans un train en marche.** Peidiwch byth â neidio ar drên sy'n symud.
■ **mettre en marche** cychwyn rhywbeth *(peiriant)* ❑ Comment est-ce qu'on met la machine à laver en marche? Sut mae cychwyn y peiriant golchi dillad?
■ **la marche arrière** gêr am yn ôl
■ **faire marche arrière** bacio, mynd am yn ôl
gorymdaith (b)
❑ une marche militaire gorymdaith filwrol

[le] **marché** ENW
marchnad (b)
■ **un marché aux puces** marchnad nwyddau rhad
■ **le marché noir** marchnad ddu

marcher BERF [28]
cerdded
❑ Elle marche dix kilomètres par jour. Mae hi'n cerdded deg cilometr bob dydd.
rhedeg, mynd
❑ Le métro marche normalement aujourd'hui. Mae'r Metro yn rhedeg yn ôl yr arfer heddiw.
gweithio
❑ Est-ce que l'ascenseur marche? Ydy'r lifft yn gweithio?
mynd yn dda
❑ Est-ce que les affaires marchent actuellement? Ydy'r busnes yn mynd yn dda ar y funud?
■ **Alors les examens, ça marche?** *(anffurfiol)* Nawr te! Sut mae'r arholiadau'n mynd?
■ **faire marcher quelqu'un** tynnu coes
❑ Elle essaie de te faire marcher. Mae hi'n ceisio tynnu dy goes.

[le] **marcheur** ENW
cerddwr (g)

[la] **marcheuse** ENW
cerddwraig (b)

[le] **mardi** ENW
dydd (g) Mawrth

❑ Aujourd'hui, nous sommes mardi. Mae'n ddydd Mawrth heddiw. ❑ Ils reviennent mardi. Maen nhw'n dod yn ôl ddydd Mawrth.
■ **le mardi** ar ddydd Mawrth ❑ Le mardi, je vais à la gym. Rwy'n mynd i'r gampfa ar ddydd Mawrth.
■ **tous les mardis** bob dydd Mawrth
■ **mardi dernier** dydd Mawrth diwethaf
■ **mardi prochain** dydd Mawrth nesaf
■ **Mardi gras** Dydd Mawrth Ynyd/crempog

[la] **mare** ENW
pwll (g)

[le] **marécage** ENW
cors (b)

[la] **marée** ENW
llanw (g)
❑ la marée haute penllanw ❑ la marée basse trai ❑ la marée montante llanw sy'n codi ❑ la marée descendante llanw sydd ar drai
■ **une marée noire** slic olew

[la] **margarine** ENW
marjarîn (g)

[la] **marge** ENW
ymyl (g)/(b)

[le] **mari** ENW
gŵr (g)
❑ son mari ei gŵr

[le] **mariage** ENW
priodas (b) *(y berthynas)*
priodas (b) *(y seremoni)*
❑ un mariage civil priodas sifil ❑ un mariage religieux proidas mewn egwlys/capel

marié (BEN **mariée**) ANSODDAIR
▷ *gweler hefyd* **marié** ENW, **mariée** ENW
priod

[le] **marié** ENW
▷ *gweler hefyd* **marié** ANSODDAIR
priodfab (g)
■ **les mariés** y briodferch a'r priodfab

[la] **mariée** ENW
▷ *gweler hefyd* **marié** ANSODDAIR
priodferch (b)

[se] **marier** BERF [19]
priodi
❑ Elle s'est mariée avec un ami d'enfance. Fe briododd hi ffrind o'i phlentyndod.

marin (BEN **marine**) ANSODDAIR
▷ *gweler hefyd* **marin** ENW, **marine** ENW, ANSODDAIR
môr (g)
❑ l'air marin aer y môr
■ **un pull marin** siwmper llongwr

[le] **marin** ENW

▷ *gweler hefyd* **marin** ANSODDAIR
morwr (g)

marine (BEN+LLUOSOG **marine**) ANSODDAIR
▷ *gweler hefyd* **marine** ENW, **marin** ANSODDAIR
■ **bleu marine** glas tywyll ❏ un pull bleu
marine siwmper las tywyll

[la] **marine** ENW
▷ *gweler hefyd* **marine** ANSODDAIR
llynges (b)
■ **la marine nationale** Y Llynges Genedlaethol

[la] **marionnette** ENW
marionét (g), pyped (g)

[le] **marketing** ENW
marchnata (b)

[la] **marmelade** ENW
stiw (g) ffrwythau
■ **la marmelade de pommes** stiw afalau
■ **la marmelade d'oranges** marmalêd

[la] **marmite** ENW
crochan (g)

marmonner BERF [28]
siarad yn aneglur, mwmian

[le] **Maroc** ENW
Moroco (b)

marocain (BEN **marocaine**) ANSODDAIR
Morocaidd, o Moroco

[la] **maroquinerie** ENW
siop (b) nwyddau lledr

marquant (BEN **marquante**) ANSODDAIR
arwyddocaol, nodedig, pwysig
❏ un événement marquant digwyddiad
arwyddocaol

[la] **marque** ENW
marc (g), ôl (g)
❏ des marques de doigts olion bysedd
brand (g), math (g), gwneuthuriad (g)
❏ De quelle marque est ton jean? Pa frand yw
dy jîns?
brand (g) o'r ansawdd gorau
❏ une grande marque de cognac brand cognac
o'r ansawdd gorau
■ **l'image de marque** y ddelwedd gyhoeddus
❏ Le ministre tient à son image de marque.
Mae'r gweinidog yn talu sylw i'w ddelwedd
gyhoeddus.
■ **une marque déposée** nod masnach
cofrestredig
■ **A vos marques! Prêts! Partez!** Ar eich
marciau! Barod! Ewch!

marquer BERF [28]
marcio, nodi
❏ Pouvez-vous marquer sur la carte où se
trouve la ville? Allwch chi nodi ar y map ble

mae'r dref?
sgorio
❏ L'équipe galloise a marqué sept points.
Sgoriodd tîm Cymru saith pwynt.
dathlu
❏ On va sortir au restaurant pour marquer son
anniversaire. Rydyn ni'n mynd i'r bwyty er
mwyn dathlu ei ben-blwydd.

[la] **marraine** ENW
mam (b) fedydd

marrant (BEN **marrante**) ANSODDAIR *(anffurfiol)*
doniol, digri

marre ADFERF *(anffurfiol)*
■ **en avoir marre de quelque chose** bod wedi
diflasu ar rywbeth ❏ J'en ai marre de faire la
vaisselle. Rwyf wedi diflasu ar olchi llestri.

[se] **marrer** BERF [28] *(anffurfiol)*
cael hwyl
❏ On s'est bien marrés. Fe gafon ni hwyl fawr.

[le] **marron** ENW
▷ *gweler hefyd* **marron** ANSODDAIR
castan (b), cneuen (b) gastan
❏ la crème de marrons hufen castan

marron (BEN+LLUOSOG **marron**) ANSODDAIR
▷ *gweler hefyd* **marron** ENW
brown
❏ des chaussures marron esgidiau brown

[le] **marronnier** ENW
castanwydden (b)

mars ENW GWR
Mawrth (g)
■ **en mars** ym mis Mawrth

[le] **marteau** (LLUOSOG [les] **marteaux**) ENW
morthwyl (g)

martyriser BERF [28]
merthyru, cam-drin
❏ des enfants martyrisés plant wedi eu cam-
drin

masculin (BEN **masculine**) ANSODDAIR
i ddynion
❏ la mode masculine dillad i ddynion
gwrywaidd
❏ 'chat' est un nom masculin. Mae 'chat' yn enw
gwrywaidd. ❏ Elle a une allure assez masculine.
Mae hi'n edrych yn wrywaidd.

[le] **masque** ENW
mwgwd (g)

[le] **massacre** ENW
lladdfa (b)

massacrer BERF [28]
lladd

[le] **massage** ENW
massage (g), tyliniad (g)

[la] **masse** ENW
■ **une masse de** *(anffurfiol)*
llwyth (g) o
❑ J'ai une masse de choses à faire. Mae gen i lwyth o bethau i'w gwneud.
■ **produire en masse** masgynyrchu
❑ des meubles produits en masse dodrefn wedi eu masgynyrchu
■ **venir en masse** dod yn llu ❑ Les gens sont venus en masse pour accueillir l'équipe gagnante. Daeth y bobl yn llu i groesawu y tîm buddugol.

masser BERF [28]
tylinio'r corff
■ **se masser** ymgynnull ❑ Les manifestants se sont massés devant l'ambassade. Gwnaeth y protestwyr ymgynnull o flaen y Llysgenhadaeth.

massif (BEN **massive**) ANSODDAIR
solet *(aur, arian, pren)*
❑ un bracelet en or massif breichled o aur solet anferth
❑ une dose massive d'antibiotiques dos anferth o wrthfiotigau
torfol, yn heidiau
❑ des départs massifs pobl yn gadael yn eu heidiau

mat (BEN **mate**) ANSODDAIR
di-sglein, pwl
❑ blanc mat gwyn di-sglein ❑ Je voudrais mes photos en mat. Hoffwn gael y lluniau yn ddi-sglein.
■ **être mat** bod mewn gwarchae *(gwyddbwyll)*

[le] **match** ENW
gêm (b), gornest (b)
❑ un match de football gêm bêl-droed
■ **le match aller** y cymal cyntaf
■ **le match retour** yr ail gymal
■ **faire match nul** cael gêm gyfartal

[le] **matelas** ENW
matras (g)/(b)
■ **un matelas pneumatique** gwely aer

matelassé (BEN **matelassée**) ANSODDAIR
wedi'i gwiltio
❑ une veste matelassée siaced wedi'i chwiltio

[le] **matelot** ENW
morwr (g), llongwr (g)

[les] **matériaux** ENW GWR LLUOSOG
defnyddiau (ll)

[le] **matériel** ENW
cyfarpar (g)
❑ du matériel de laboratoire cyfarpar labordy
offer (ll)
❑ Il a pris tout son matériel de pêche avec lui.

Fe aeth â'i holl offer pysgota gydag e.

maternel (BEN **maternelle**) ANSODDAIR
▷ *gweler hefyd* **maternelle** ENW
mamol
❑ Elle est très maternelle. Mae hi'n famol dros ben.
■ **ma grand-mère maternelle** fy nain/mam-gu ar ochr fy mam
■ **mon oncle maternel** fy ewyrth ar ochr fy mam

[la] **maternelle** ENW
▷ *gweler hefyd* **maternelle** ANSODDAIR
ysgol (b) feithrin

[la] **maternité** ENW
■ **le congé de maternité** cyfnod mamolaeth
❑ Notre professeur de français est en congé de maternité. Mae ein hathrawes Ffrangeg ar gyfnod mamolaeth.

[les] **mathématiques** ENW BEN LLUOSOG
mathemateg (b)

[les] **maths** ENW BEN LLUOSOG *(anffurfiol)*
mathemateg (b)

[la] **matière** ENW
pwnc (g)
❑ L'allemand est une matière facultative. Mae Almaeneg yn bwnc dewisol.
■ **sans matières grasses** heb fraster
■ **les matières premières** defnyddiau crai

[le] **matin** ENW
bore (g)
❑ à deux heures du matin am ddau o'r gloch y bore ❑ du matin au soir o fore tan nos
■ **Je suis du matin.** Aderyn bore ydw i.
■ **de bon matin** yn y bore bach, yn gynnar yn y bore

matinal (BEN **matinale**, GWR LLUOSOG **matinaux**) ANSODDAIR
boreol
❑ Je fais ma gymnastique matinale avant le petit déjeuner. Rwy'n gwneud fy ymarfer corff boreol cyn brecwast.
■ **être matinal** codi'n fore ❑ Tu es bien matinal aujourd'hui! Rwyt ti wedi codi'n fore iawn heddiw!

[la] **matinée** ENW
bore (g)
❑ Je vous appellerai demain dans la matinée. Fe alwa i chi bore yfory. ❑ en début de matinée ben bore

[le] **matou** ENW
cwrcath (g) *(cath wryw)*

matrimonial (BEN **matrimoniale**, GWR LLUOSOG **matrimoniaux**) ANSODDAIR
■ **une agence matrimoniale** asiantaeth

priodasau

maudire BERF [46]

melltithio

maudit (BEN **maudite**) ANSODDAIR *(anffurfiol)*

melltith

❑ Où est passé ce maudit parapluie? Ble mae'r ymbarél felltith 'na wedi mynd?

maussade (BEN **maussade**) ANSODDAIR

sarrug

mauvais (BEN **mauvaise**) ANSODDAIR, ADFERF

gwael

❑ une mauvaise note marc gwael ❑ Vous arrivez au mauvais moment. Rydych chi'n cyrraedd ar foment wael.

▪ **Il fait mauvais.** Mae'r tywydd yn wael.

▪ **être mauvais en** bod yn wael mewn *(rhywbeth)* ❑ Je suis mauvais en espagnol. Rwy'n wael mewn Sbaeneg. ❑ J'ai trouvé que le film était mauvais. Roeddwn i'n meddwl bod y ffilm yn wael. ❑ Il est en mauvaise santé. Mae ei iechyd yn wael.

▪ **Tu as mauvaise mine.** Mae golwg wael arnat ti.

anghywir

❑ Vous avez fait le mauvais numéro. Rydych wedi ffonio'r rhif anghywir.

▪ **des mauvaises herbes** chwyn

▪ **sentir mauvais** drewi

[les] **maux** ENW GWR LLUOSOG ▷ *gweler* **mal**

▪ **des maux de ventre** stumog gwael

▪ **des maux de tête** pen tost, cur pen

maximal (BEN **maximale**, GWR LLUOSOG **maximaux**) ANSODDAIR

mwyaf

[le] **maximum** ENW

uchafswm (g)

▪ **au maximum (1)** i'r eithaf ❑ Remplis le seau au maximum. Llenwa'r bwced i'r ymylon.

▪ **au maximum (2)** ar y mwyaf ❑ Ça va vous coûter quatre cents euros au maximum. Mae hynna'n mynd i gostio pedwar cant ewro i chi ar y mwyaf.

[la] **mayonnaise** ENW

mayonnaise (g)

[le] **mazout** ENW

olew (g) tanwydd

me RHAGENW

fi, i, mi, amdana i

❑ Il me téléphone tous les matins. Mae e'n fy ffonio i bob bore. ❑ Il m'attend depuis plus d'une heure. Mae e wedi bod yn aros amdana i ers dros awr.

â fi, i fi, amdana i, wrtha i

❑ Il me parle en gallois. Mae e'n siarad

Cymraeg â fi. ❑ Elle m'a expliqué la situation. Mae hi wedi egluro'r sefyllfa wrtha i.

fy hun

❑ Je vais me préparer quelque chose à manger. Rwy'n mynd i baratoi rhywbeth i'w fwyta i mi fy hun.

[le] **mec** ENW *(anffurfiol)*

boi (g)

[le] **mécanicien** ENW

mecanig (g)

[la] **mécanique** ENW

mecaneg (b)

peirianwaith (g) *(oriawr, cloc)*

[le] **mécanisme** ENW

peirianwaith (g)

méchamment ADFERF

yn gas, yn faleisus

❑ Il lui a répondu méchamment. Fe atebodd ef hi yn gas.

[la] **méchanceté** ENW

malais (g)

méchant (BEN **méchante**) ANSODDAIR

cas, maleisus

❑ C'est un homme méchant. Mae e'n ddyn cas. ❑ Ne sois pas méchant avec ton petit frère. Paid â bod yn faleisus tuag at dy frawd bach.

▪ **'Attention, chien méchant'** 'Cymerwch ofal, ci peryglus'

[la] **mèche** ENW

cudyn (g) *(gwallt)*

mécontent (BEN **mécontente**) ANSODDAIR

▪ **mécontent de** yn anfodlon â, yn anhapus â ❑ Elle est mécontente de sa coupe de cheveux. Mae hi'n anhapus â'r ffordd y mae ei gwallt hi wedi cael ei dorri.

[le] **mécontentement** ENW

anfodlonrwydd (g)

❑ Elle a exprimé son mécontentement. Dangosodd ei hanfodlonrwydd.

[la] **médaille** ENW

medal (b)

[le] **médecin** ENW

meddyg (g)

❑ aller chez le médecin mynd at y meddyg

[la] **médecine** ENW

meddygaeth (b) *(pwnc)*

❑ Il fait médecine. Mae e'n astudio meddygaeth.

[les] **médias** ENW GWR LLUOSOG

cyfryngau (ll)

médical (BEN **médicale**, GWR LLUOSOG **médicaux**) ANSODDAIR

meddygol

m

❏ la recherche médicale ymchwil feddygol
■ **passer une visite médicale** cael prawf meddygol

[le] **médicament** ENW
meddyginiaeth (b) *(cyffur)*

médiéval (BEN **médiévale**, GWR LLUOSOG **médiévaux**) ANSODDAIR
canoloesol

médiocre (BEN **médiocre**) ANSODDAIR
tila, gwael
❏ des notes médiocres marciau gwael

[la] **Méditerranée** ENW
Môr (g) y Canoldir

méditerranéen (BEN **méditerranéenne**) ANSODDAIR
Canoldirol

[la] **méduse** ENW
slefren (b) fôr

[la] **méfiance** ENW
drwgdybiaeth (b), amheuaeth (b)

méfiant (BEN **méfiante**) ANSODDAIR
drwgdybus

[se] **méfier** BERF [19]
■ **se méfier de quelqu'un** drwgdybio rhywun
❏ Si j'étais toi, je me méfierais de lui. Pe bawn i'n dy le di, buaswn i'n ei ddrwgdybio.

[le] **méga-octet** ENW
megabeit (g)

[la] **mégarde** ENW
■ **par mégarde** drwy ddamwain, yn anfwriadol ❏ J'ai emporté ses clés par mégarde. Fe gymerais ei allweddi yn anfwriadol.

[le] **mégot** ENW
stwmp (g) sigarét

meilleur (BEN **meilleure**) ANSODDAIR, ADFERF, ENW
gwell
❏ Ce serait meilleur avec de la crème. Buasai'n well â hufen. ❏ Il paraît que le film est meilleur que le livre. Mae'n debyg bod y ffilm yn well na'r llyfr.
■ **le meilleur** y gorau ❏ Je préfère garder le meilleur pour la fin. Mae'n well gen i gadw'r gorau hyd y diwedd. ❏ C'est elle qui est la meilleure en sport. Hi ydy'r orau mewn chwaraeon.
■ **le meilleur des deux** y gorau o'r ddau
■ **meilleur marché** rhatach ❏ Le vin est meilleur marché en France. Mae gwin yn rhatach yn Ffrainc.

[le] **mél** ENW
e-bost (g)

mélancolique (BEN **mélancolique**) ANSODDAIR
trist, digalon

[le] **mélange** ENW
cymysgedd (g), cyfuniad (g)

mélanger BERF [45]
cymysgu, cyfuno
❏ Mélangez le tout. Cymysgwch y cyfan. drysu
❏ Tu mélanges tout! Rwyt ti'n drysu'r cyfan!

[la] **mêlée** ENW
sgrym (b)

mêler BERF [28]
■ **se mêler** cymysgu â ❏ Elle ne cherche pas à se mêler aux autres. Nid yw'n ceisio cymysgu â'r lleill.
■ **Mêle-toi de ce qui te regarde!** *(anffurfiol)* Paid â busnesu!

[la] **mélodie** ENW
alaw (b)

[le] **melon** ENW
melon (g)

[le] **membre** ENW
aelod (g) *(o'r corff)*
aelod (g) *(teulu)*
❏ un membre de la famille aelod o'r teulu
❏ les pays membres de l'Union européenne y gwledydd sy'n aelodau o'r Undeb Ewropeaidd

[la] **mémé** ENW *(anffurfiol)*
nain (b), mam-gu (b)

même (BEN **même**) ANSODDAIR, ADFERF, RHAGENW
yr un
❏ J'ai la même veste. Mae gen i'r un siaced.
❏ Tiens, c'est curieux, j'ai le même! Wel, dyna ryfedd, mae gen i'r un un!
■ **en même temps** ar yr un pryd
■ **moi-même** fi fy hun ❏ Je l'ai fait moi-même. Fe wnes i fe fy hun. ■ **toi-même** ti dy hun
❏ Est-ce que tu vas faire les travaux toi-même? Wyt ti'n mynd i wneud y gwaith dy hun?
■ **eux-mêmes** nhw eu hunain hyd yn oed
❏ Je n'ai même pas pleuré. Wnes i ddim crio hyd yn oed.

[la] **mémoire** ENW
cof (g)

[la] **menace** ENW
bygythiad (g)

menacer BERF [12]
bygwth

[le] **ménage** ENW
gwaith (g) tŷ
❏ faire le ménage gwneud gwaith tŷ

■ **une femme de ménage** dynes lanhau
ménager (BEN **ménagère**) ANSODDAIR
■ **les travaux ménagers** gwaith tŷ
[la] **ménagère** ENW
gwraig (b) tŷ
[le] **mendiant** ENW
cardotyn (g)
[la] **mendiante** ENW
cardotes (b)
mendier BERF [19]
cardota, begian
mener BERF [43]
arwain
□ Cette rue mène directement à la maison.
Mae'r stryd hon yn arwain yn syth at y tŷ.
■ **Cela ne nous mènera à rien!** Fydd hynna
ddim yn ein harwain ni i unlle!
[la] **méningite** ENW
llid (g) yr ymennydd
[les] **menottes** ENW BEN
cyffion (ll)
[le] **mensonge** ENW
celwydd (g), anwiredd (g)
[la] **mensualité** ENW
taliad (g) misol
□ **en dix mensualités** mewn deg taliad misol
mensuel (BEN **mensuelle**) ANSODDAIR
misol
[les] **mensurations** ENW BEN LLUOSOG
mesuriadau (ll)
[la] **mentalité** ENW
meddylfryd (g)
[le] **menteur** ENW
celwyddgi (g), dyn (g) celwyddog
[la] **menteuse** ENW
merch (b) gelwyddog
[la] **menthe** ENW
mintys (g)
[la] **mention** ENW
gradd (b)
□ **Elle a été reçue avec mention bien.** Cafodd
hi radd dda iawn.
mentionner BERF [28]
crybwyll, sôn
mentir BERF [77]
dweud celwydd
□ **Tu mens!** Rwyt ti'n dweud celwydd!
[le] **menton** ENW
gên (b)
[le] **menu** ENW
▷ *gweler hefyd* **menu** ANSODDAIR
bwydlen (b)

□ **le menu du jour** bwydlen y dydd
□ **le menu touristique** bwydlen ar gyfer
twristiaid □ **le menu d'aide** *(ar gyfrifiadur)*
dewislen cymorth
menu (BEN **menue**) ANSODDAIR, ADFERF
▷ *gweler hefyd* **menu** ENW
main, tenau
□ **Elle est menue.** Mae hi'n denau. □ **Elle est
petite et menue.** Mae hi'n fach ac yn fain.
mân
□ **Les oignons doivent être coupés menu.**
Rhaid torri'r nionod yn fân iawn.
[la] **menuiserie** ENW
gwaith (g) saer, gwaith (g) coed
[le] **menuisier** ENW
saer (g) coed
[le] **mépris** ENW
dirmyg (g)
□ **Elle nous a traités avec mépris.** Fe wnaeth ein
trin ni â dirmyg.
méprisant (BEN **méprisante**) ANSODDAIR
dirmygus
mépriser BERF [28]
dirmygu
[la] **mer** ENW
môr (g)
□ **en mer** ar y môr
■ **au bord de la mer** ar lan y môr
■ **la mer du Nord** Môr y Gogledd
llanw (g)
□ **La mer est basse.** Mae'r llanw yn isel. □ **La
mer sera haute à six heures.** Bydd y penllanw
heno am chwech o'r gloch.
[la] **mercerie** ENW
nwyddau (ll) gwnïo
siop (b) nwyddau gwnïo
merci EBYCHIAD
diolch
□ **Merci de m'avoir raccompagné.** Diolch am
fynd â fi adref.
■ **merci beaucoup** diolch yn fawr iawn
[le] **mercredi** ENW
dydd (g) Mercher
□ **Aujourd'hui, nous sommes mercredi.**
Dydd Mercher yw hi heddiw. □ **Nous comptons
partir mercredi.** Rydym yn bwriadu gadael
ddydd Mercher.
■ **le mercredi** ar ddydd Mercher □ **Le musée
est fermé le mercredi.** Mae'r amgueddfa ar gau
ar ddydd Mercher.
■ **tous les mercredis** bob dydd Mercher
■ **mercredi dernier** dydd Mercher diwethaf
■ **mercredi prochain** dydd Mercher nesaf

[la] mère ENW
mam (b)

[la] merguez ENW
merguez (b), selsigen (b) sbeislyd

méridional (BEN **méridionale**, GWR LLUOSOG
méridionaux) ANSODDAIR
deheuol, y de
❑ Elle a un accent méridional. Mae ganddi acen
y de.

[la] meringue ENW
meringue (g)

mériter BERF [28]
haeddu

[le] merlan ENW
gwyniad (g) y môr *(pysgodyn)*

[le] merle ENW
aderyn (g) du, mwyalchen (b)

[la] merveille ENW
■ Cet ordinateur est une vraie merveille!
Mae'r cyfrifiadur hwn wir yn rhyfeddol.
■ **à merveille** yn rhyfeddol o dda ❑ Il se porte
à merveille depuis son opération. Mae e wedi
bod yn rhyfeddol o dda ers ei lawdriniaeth.

merveilleux (BEN **merveilleuse**) ANSODDAIR
gwych, ardderchog

mes ANSODDAIR LLUOSOG
fy
❑ mes parents fy rhieni

Mesdames ENW BEN LLUOSOG
boneddigesau (ll), Mrs
❑ Bonjour, Mesdames. Bore da, foneddigesau.

Mesdemoiselles ENW BEN LLUOSOG
foneddigesau (ll), Miss
❑ Bonjour, Mesdemoiselles. Bore da,
foneddigesau.

mesquin (BEN **mesquine**) ANSODDAIR
crintachlyd

[le] message ENW
neges (b)
■ **un message SMS** neges testun

[la] messagerie ENW
■ **une messagerie vocale** neges ar beiriant
ateb
■ **la messagerie électronique** neges e-bost

[la] messe ENW
yr offeren (b)
❑ aller à la messe mynd i'r offeren ❑ la messe
de minuit offeren hanner nos

messieurs ENW GWR LLUOSOG
boneddigion (ll), Mr
❑ Que puis-je faire pour vous, Messieurs?
Beth fedra i wneud i chi, foneddigion?
■ **Messieurs, . . .** *(mewn llythyr)* Annwyl

foneddigion...

[la] mesure ENW
mesur (g), mesuriad (g)
❑ J'ai pris les mesures de la porte. Rwyf wedi
mesur y drws.
■ **sur mesure** a wnaed i fesur ❑ un costume
sur mesure siwt wedi ei wneud i fesur
cam (g)
❑ L'établissement a pris des mesures pour lutter
contre le vandalisme. Mae'r ysgol wedi cymryd
camau i frwydro yn erbyn fandaliaeth.
■ **au fur et à mesure** fesul tipyn, o gam i gam
❑ Quand je cuisine, je préfère faire la vaisselle
au fur et à mesure. Pan rwy'n coginio, mae'n
well gen i olchi llestri fesul tipyn.
■ **être en mesure de faire quelque chose**
bod mewn sefyllfa i wneud rhywbeth ❑ Je ne
suis pas en mesure de vous renseigner. Nid wyf
mewn sefyllfa i roi gwybodaeth i chi.

mesurer BERF [28]
mesur
❑ Mesure la longueur et la largeur. Mesur yr
hyd a'r lled.
■ **Il mesure un mètre quatre-vingts.** Mae e'n
un metr wyth deg o daldra.

met BERF ▷ *gweler* **mettre**

[le] métal (LLUOSOG [les] **métaux**) ENW
metel (g)

métallique (BEN **métallique**) ANSODDAIR
metelig

[la] météo ENW
rhagolygion (ll) y tywydd
❑ Qu'est-ce que dit la météo pour demain?
Beth yw rhagolygion y tywydd am yfory?

[la] méthode ENW
dull (g)
❑ des méthodes d'enseignement modernes
dulliau dysgu cyfoes
llawlyfr (g)
❑ une méthode de guitare llawlyfr gitâr

[le] métier ENW
gwaith (g), swydd (g)
❑ Tu aimerais faire quel métier plus tard? Pa
waith hoffet ti ei wneud pan fyddi di'n hŷn?

[le] mètre ENW
metr (g)
■ **un mètre ruban** tâp mesur

[le] métro ENW
rheilffordd (b) danddaearol
❑ prendre le métro teithio ar y metro

mets BERF ▷ *gweler* **mettre**

[le] metteur en scène (LLUOSOG [les] **metteurs
en scène**) ENW

cyfarwyddwr (g) *(drama)*
cynhyrchydd (g) *(ffilm)*

mettre BERF [47]

AMSER PRESENNOL

je mets	nous mettons
tu mets	vous mettez
il/elle met	ils/elles mettent

RHANGYMERIAD GORFFENNOL
mis

rhoi
❏ Où est-ce que tu as mis les clés? Ble'r wyt ti wedi rhoi'r allweddi?
cynnau
❏ Il fait froid, je vais mettre le chauffage. Mae'n oer, rwy'n mynd i gynnau'r gwres.
gwisgo
❏ Elle ne met pas souvent de jupe. Dydy hi ddim yn gwisgo sgert yn aml. ❏ Je mets mon manteau et j'arrive. Rwy'n mynd i wisgo fy nghot ac wedyn bydda i'n barod. ❏ Je n'ai rien à me mettre! Does gen i ddim byd i'w wisgo.
cymryd amser
❏ Combien de temps as-tu mis pour aller à Paris? Faint o amser gymerodd e i ti fynd i Baris? ❏ Elle met des heures à se préparer. Mae hi'n cymryd oriau i gael ei hun yn barod.
■ **mettre en marche** cychwyn, tanio
❏ Comment met-on la machine à laver en marche? Sut mae cychwyn y peiriant golchi dillad?
■ **Vous pouvez vous mettre là.** Gallwch chi eistedd yn y fan yna.
■ **se mettre au lit** mynd i'r gwely
■ **se mettre en maillot de bain** gwisgo gwisg nofio
■ **se mettre à** dechrau, cychwyn ❏ Il s'est mis à la peinture à cinquante ans. Dechreuodd arlunio pan oedd yn hanner cant oed. ❏ Il est temps de se mettre au travail. Mae hi'n bryd i ni ddechrau gweithio. ❏ Elle s'est mise à pleurer. Dechreuodd hi grio.

[le] **meuble** ENW
dodrefnyn (g)
❏ J'adore les vieux meubles. Rydw i'n dwlu ar hen ddodrefn. ❏ de beaux meubles dodrefn hardd

[le] **meublé** ENW
fflat (b) wedi ei dodrefnu
ystafell (b) wedi ei dodrefnu

meubler BERF [28]
dodrefnu

[le] **meurtre** ENW
llofruddiaeth (b)

[le] **meurtrier** ENW

llofrudd (g)

[la] **meurtrière** ENW
llofruddes (b)

Mexico ENW
Dinas (b) México

[le] **Mexique** ENW
México (b)

[le] **mi** ENW
E (b) *(cerddoriaeth)*
❏ mi bémol E feddalnod
mi
❏ do, ré, mi … do, re, mi …

mi- RHAGDDODIAD
hanner
❏ mi-clos hanner agored, hanner ar gau
canol
❏ à la mi-janvier canol mis Ionawr

miauler BERF [28]
mewian

[la] **miche** ENW
torth (b) gron

mi-chemin
■ **à mi-chemin** ADFERF hanner ffordd

[le] **micro** ENW
microffon (g), meic (g)

[le] **microbe** ENW
microb (g)

[le] **micro-ondes** ENW
popty (g) microdon

[le] **micro-ordinateur** ENW
microgyfrifiadur (g)

[le] **microscope** ENW
microsgop (g)

[le] **midi** ENW
canol dydd (g), hanner dydd (g)
❏ à midi am hanner dydd
■ **midi et demi** hanner awr wedi deuddeg
amser cinio
❏ On a bien mangé à midi. Fe wnaethom fwyta yn dda amser cinio.
■ **le Midi** De Ffrainc

[la] **mie** ENW
briwsion (ll) bara

[le] **miel** ENW
mêl (g)

mien RHAGENW GWR
■ **le mien** fy un i ❏ Ce vélo-là, c'est le mien. Y beic yna yw fy un i.

mienne RHAGENW BEN
■ **la mienne** fy un i ❏ Cette valise-là, c'est la mienne. Y cês yna yw fy un i.

miennes RHAGENW BEN LLUOSOG

■ **les miennes** fy rhai i
❑ Tu as tes clés? J'ai oublié les miennes. Ydy dy allweddi di gen ti? Rwyf wedi anghofio fy rhai i.

miens RHAGENW GWR LLUOSOG
■ **les miens** fy rhai i ❑ Ces CD-là, ce sont les miens. Y CDs yma, fy rhai i ydyn nhw.

[la] **miette** ENW
briwsionyn (g) *(bara, teisen)*

mieux (BEN+LLUOSOG **mieux**) ADFERF, ANSODDAIR, ENW
yn well
❑ Je la connais mieux que son frère. Rwy'n ei hadnabod hi'n well na'i brawd. ❑ Elle va mieux. Mae hi'n well. ❑ Les cheveux courts lui vont mieux. Mae e'n edrych yn well â gwallt byr.
■ **Il vaut mieux que tu appelles ta mère.** Byddai'n well i ti alw dy fam.
■ **le mieux** y gorau ❑ C'est la région que je connais le mieux. Dyna'r rhanbarth rwy'n ei hadnabod orau.
■ **faire de son mieux** gwneud eich gorau glas ❑ Essaie de faire de ton mieux. Ceisia wneud dy orau.
■ **de mieux en mieux** yn well ac yn well
■ **au mieux** ar y gorau

mignon (BEN **mignonne**) ANSODDAIR
annwyl, del
❑ Qu'est-ce qu'il est mignon! On'd ydy e'n annwyl!

[la] **migraine** ENW
meigryn (m), cur (g) pen
❑ J'ai la migraine. Mae gen i feigryn.

mijoter BERF [28]
mudferwi

[le] **milieu** (LLUOSOG [les] **milieux**) ENW
canol (g)
■ **au milieu de** yng nghanol ❑ Place le vase au milieu de la table. Rho'r fâs yng nghanol y bwrdd.
■ **au beau milieu de** yn union, yng nghanol ❑ Il est arrivé au beau milieu de la nuit. Fe gyrhaeddodd yng nghanol y nos.
cefndir (g)
❑ le milieu familial cefndir teuluol ❑ Il vient d'un milieu modeste. Mae e'n dod o gefndir cyffredin.
amgylchfyd (g), byd (g)
❑ le milieu marin y byd morwrol

militaire (BEN **militaire**) ANSODDAIR
▷ *gweler hefyd* **militaire** ENW
milwrol
❑ faire son service militaire gwneud eich gwasanaeth milwrol

[le] **militaire** ENW

▷ *gweler hefyd* **militaire** ANSODDAIR
milwr (g)
❑ Mon père est militaire. Milwr yw fy nhad.
■ **un militaire de carrière** milwr o ran gyrfa

mille RHIF
mil
❑ mille euros mil o ewros ❑ deux mille personnes dwy fil o bobl

[le] **millefeuille** ENW
tafell (b) hufen

[le] **millénaire** ENW
mileniwm (g)
❑ le troisième millénaire y trydydd mileniwm

[le] **millénium** ENW
mileniwm (g)

[le] **milliard** ENW
mil o filiynau
❑ cinq milliards d'euros pum mil o filiynau o ewros

[le/la] **milliardaire** ENW
amlfiliwnydd (g)

[le] **millier** ENW
mil (b)
❑ des milliers de personnes miloedd o bobl
■ **par milliers** yn eu miloedd

[le] **milligramme** ENW
miligram (g)

[le] **millimètre** ENW
milimetr (g)

[le] **million** ENW
miliwn (b)
❑ deux millions de personnes dwy filiwn o bobl

[le/la] **millionnaire** ENW
miliwnydd (g), miliwnyddes (b)

[le/la] **mime** ENW
meimiwr (g), meimwraig (b)

mimer BERF [28]
meimio

minable (BEN **minable**) ANSODDAIR
diraen, gwael
❑ un imperméable minable cot law ddiraen truenus

mince (BEN **mince**) ANSODDAIR
tenau, main
❑ Cette tranche de pain est mince. Mae'r dafell hon o fara yn denau.
tenau
❑ Il est grand et mince. Mae e'n dal ac yn denau.
■ **Mince alors!** *(anffurfiol)* Daro!

[la] **minceur** ENW
teneuwch (g)

□ la minceur des murs teneuwch y muriau
meinder (g)
□ Elle enviait la minceur de sa sœur. Roedd hi'n genfigennus o feinder ei chwaer.

[la] **mine** ENW
golwg (b)
□ Tu as bonne mine. Mae golwg iach arnat ti.
□ Il a mauvaise mine. Mae golwg wael arno.
□ Elle avait une mine fatiguée. Roedd golwg flinedig arni.
gwedd (b) allanol
□ Il ne faut pas juger les gens d'après leur mine. Ni ddylid beirniadu pobl yn ôl eu gwedd allanol.
led (b) *(mewn pensil)*
pwll glo
□ une mine de charbon pwll glo
■ **faire mine de faire quelque chose** esgus gwneud rhywbeth □ Elle a fait mine de le croire. Fe wnaeth hi esgus ei gredu.
■ **mine de rien** rhywsut neu'i gilydd
□ Mine de rien elle est arrivée à l'heure.
Rhywsut neu'i gilydd, cyrhaeddodd yn brydlon.

minéral (BEN **minérale**, GWR LLUOSOG **minéraux**) ANSODDAIR
mwyn
□ l'eau minérale dŵr mwynol

minéralogique (BEN **minéralogique**) ANSODDAIR
■ **une plaque minéralogique** plât rhif cofrestru *(car)*

[le] **minet** ENW
cath (b) fach, pwsi (g)

[la] **minette** ENW
cath (b) fach, pwsi (g), cariad (b) fach *(merch)*

mineur (BEN **mineure**) ANSODDAIR
▷ *gweler hefyd* **mineur** ENW, **mineure** ENW
dibwys, bychan *(ddim yn bwysig)*

[le] **mineur** ENW
▷ *gweler hefyd* **mineur** ANSODDAIR
bachgen (b) dan 18 oed
■ **les mineurs** pobl ifanc dan 18 oed
glöwr (g)
□ Mon grand-père était mineur. Glöwr oedd fy nhad-cu.

[la] **mineure** ENW
▷ *gweler hefyd* **mineure** ANSODDAIR
merch (b) dan 18 oed

[le] **mini-disque** ENW
minidisg (g)

[la] **mini-jupe** ENW
sgert (b) mini

minimal (BEN **minimale**, GWR LLUOSOG **minimaux**) ANSODDAIR

lleiaf, isaf

[le] **minimessage** ENW
neges (b) testun *(ffôn symudol)*

[le] **minimum** ENW
isafbwynt (g), isafswm (g), lleiafswm (g)
□ Il en fait le minimum. Mae e'n gwneud cyn lleied ag sy'n bosib.
■ **au minimum** o leiaf

[le] **ministère** ENW
gweinidogaeth (b), swyddfa (b) *(adran o'r llywodraeth)*
□ le ministère des Affaires étrangères
Y Swyddfa Materion Tramor

[le] **ministre** ENW
gweinidog (g)
□ le ministre des Affaires étrangères
Y Gweinidog dros Faterion Tramor

[le] **Minitel** ® ENW
(ffurf gynnar o'r rhwydwaith, a ddefnyddid i ddod o hyd i rifau ffôn ac amserau trenau.)

[la] **minorité** ENW
lleiafrif (g)

Minorque ENW BEN
Minorca (b)

[le] **minuit** ENW
hanner (g) nos, canol (g) nos
□ à minuit et demi am hanner awr wedi hanner nos

minuscule (BEN **minuscule**) ANSODDAIR
▷ *gweler hefyd* **minuscule** ENW
bach iawn

[la] **minuscule** ENW
▷ *gweler hefyd* **minuscule** ANSODDAIR
llythyren (b) fach

[la] **minute** ENW
munud (g)/ (b)
■ **à la minute** y funud hon, y munud hwn
□ Je viens de l'appeler à la minute. Rwy newydd ei ffonio y funud hon.

minutieux (BEN **minutieuse**) ANSODDAIR
trylwyr, manwl
■ **C'est un travail minutieux.** Mae'n waith manwl.

[la] **mirabelle** ENW
eirinen (b) felen

[le] **miracle** ENW
gwyrth (b)

[le] **miroir** ENW
drych (g)

mis BERF ▷ *gweler* **mettre**

mis (BEN **mise**) ANSODDAIR
■ **bien mis** yn drwsiadus
□ Elle est toujours bien mise. Mae hi bob amser

m

yn drwsiadus iawn.

miser BERF [28]
dibynnu ar
❑ On ne peut pas miser là-dessus. Fedrwn ni ddim dibynnu ar hynny.

misérable (BEN **misérable**) ANSODDAIR
truenus, gwael, trist
❑ Elle a l'aire misérable. Mae hi'n edrych yn drist iawn ❑ Le temps est misérable. Mae'r tywydd yn wael iawn.

[la] **misère** ENW
tlodi (g) enbyd
■ un salaire de misère cyflog llwgu

[le/la] **missionnaire** ENW
cenhadwr (g), cenhades (b)

mit BERF ▷ gweler **mettre**

[la] **mi-temps** ENW
hanner (g) (mewn gêm)
❑ la première mi-temps yr hanner cyntaf
❑ la deuxième mi-temps yr ail hanner amser
❑ Je lui parlerai à la mi-temps. Fe gaf air gyda fe yn ystod yr hanner amser.
■ travailler à mi-temps gweithio rhan amser

[la] **mitraillette** ENW
peirianddryll (g) bychan

mixte (BEN **mixte**) ANSODDAIR
■ une école mixte ysgol gymysg

Mlle (LLUOSOG **Mlles**) TALFYRIAD (= Mademoiselle)
Miss (b), Ms (b)
❑ Mlle Renoir Miss Renoir

Mme (LLUOSOG **Mmes**) TALFYRIAD (= Madame)
Mrs (b), Mme (b)
❑ Mme Leroy Mrs Leroy

[le] **mobile** ENW
cymhelliad (g), rheswm (g)
❑ Quel était le mobile du crime? Beth oedd y cymhelliad i'r drosedd?
ffôn (b) symudol
❑ Tu me donnes ton numéro de mobile? Wnei di roi rhif dy ffôn symudol i mi?

[le] **mobilier** ENW
dodrefn (ll), celfi (ll)

[la] **mobylette** ® ENW
moped (g)

moche (BEN **moche**) ANSODDAIR (anffurfiol)
hyll, salw
❑ Cette couleur est vraiment moche. Mae'r lliw yma'n hyll dros ben. ❑ Je me trouve moche! Rwy'n meddwl fy mod i'n edrych yn salw!
diflas iawn
❑ Il a la grippe, c'est moche pour lui. Mae'r ffliw arno, mae hynna'n ddiflas iddo.

[la] **mode** ENW
▷ gweler hefyd le mode
ffasiwn (g)/(b)
❑ être à la mode bod yn y ffasiwn

[le] **mode** ENW
▷ gweler hefyd la mode
■ le mode d'emploi cyfarwyddiadau (sut i ddefnyddio rhywbeth)
■ le mode de vie ffordd o fyw

[le] **modèle** ENW
model (g)
❑ Le nouveau modèle sort en octobre. Bydd y model newydd ar gael ym mis Hydref.
steil (g) (dillad)
❑ Est-ce que vous avez le même modèle en plus grand? A oes gyda chi'r un steil ond mewn maint mwy?

modéré (BEN **modérée**) ANSODDAIR
cymedrol

moderne (BEN **moderne**) ANSODDAIR
modern, cyfoes

moderniser BERF [28]
moderneiddio

modeste (BEN **modeste**) ANSODDAIR
gwylaidd, diymhongar, syml
❑ Ne sois pas si modeste! Paid â bod mor wylaidd!

[la] **modestie** ENW
gwyleidd-dra (g)

moelleux (BEN **moelleuse**) ANSODDAIR
meddal
❑ un coussin moelleux clustog feddal

[les] **mœurs** ENW BEN LLUOSOG
agweddau (ll) cymdeithasol
■ l'évolution des mœurs newid mewn agweddau

moi RHAGENW
fi
❑ Coucou, c'est moi! Helô, fi sy 'ma!
■ Moi, je pense que tu as tort. Yn bersonol, rwy'n credu dy fod ti'n anghywir.
■ à moi fy un i, i fi, i mi ❑ Ce livre n'est pas à moi. Nid fy un i yw'r llyfr yma. ❑ un ami à moi ffrind i mi

moi-même RHAGENW
fi fy hun
❑ J'ai cousu cette jupe moi-même. Gwnïais y sgert hon fy hun.

moindre (BEN **moindre**) ANSODDAIR
■ le moindre unrhyw ❑ Il ne fait pas le moindre effort. Nid yw'n gwneud unrhyw ymdrech. ❑ Je n'en ai pas la moindre idée. Nid oes gen i unrhyw syniad.

[le] **moine** ENW
mynach (g)

[le] **moineau** (LLUOSOG [les] **moineaux**) ENW
aderyn (g) y to

moins ADFERF, ARDDODIAD
llai na
❏ Ça coûte moins de trois cents euros. Mae'n costio llai na thri chan ewro.
llai (o nifer)
❏ Il y a moins d'enfants aujourd'hui. Mae yna llai o blant heddiw.
■ **Il est six heures moins dix.** Mae hi'n ddeg munud i chwech.
minws, a thynnu
❏ quatre moins deux pedwar a thynnu dau o dan
❏ Il a fait moins dix la nuit dernière. Roedd hi'n ddeg gradd o dan y rhewbwynt neithiwr.
■ **le moins** y lleiaf ❏ C'est le modèle le moins cher. Dyma'r model sy'n costio leiaf. ❏ Ce sont les plages qui sont les moins polluées. Dyma'r traethau sydd â'r lleiaf o lygredd. ❏ C'est l'album que j'aime le moins. Hwn ydy'r albwm rwy'n ei hoffi leiaf.
■ **de moins en moins** llai a llai ❏ Elle vient nous voir de moins en moins. Mae hi'n dod i'n gweld ni lai a llai.
■ **Il a deux ans de moins que moi.** Ma e ddwy flynedd yn iau na fi.
■ **au moins** o leiaf ❏ Ne te plains pas: au moins il ne pleut pas! Paid â chwyno: o leiaf nid yw'n bwrw glaw!
■ **à moins que** oni bai ❏ Je te retrouverai à deux heures, à moins que le train n'ait du retard. Fe welai di am ddau o'r gloch oni bai y bydd y trên yn hwyr.

[le] **mois** ENW
mis (g)

[le] **moisi** ENW
■ **Ça sent le moisi.** Mae arogl llwydni yma.

moisir BERF [38]
llwydo
❏ Le pain a moisi. Mae'r bara wedi llwydo.

[la] **moisson** ENW
cynhaeaf (g)

moite (BEN **moite**) ANSODDAIR
chwyslyd
❏ J'ai toujours les mains moites. Mae fy nwylo bob amser yn chwyslyd.

[la] **moitié** ENW
hanner (g)
❏ Il a mangé la moitié de la pomme. Bwytaodd hanner yr afal.
■ **la moitié du temps** hanner yr amser

■ **à la moitié de** hanner ffordd drwy ❏ Elle est partie à la moitié de la piece. Fe adawodd hi hanner ffordd drwy'r ddrama.
■ **à moitié** hanner (llawn, pris) ❏ Ton verre est encore à moitié pleine. Mae dy wydr yn dal yn hanner llawn. ❏ Ce sac était à moitié prix. Roedd y bag hwn yn hanner pris.
■ **partager moitié moitié** mynd hanner a hanner ❏ On partage moitié moitié, d'accord? Fe rannwn ni hanner a hanner, iawn?

[la] **molaire** ENW
cilddant (g)

[la] **Moldavie** ENW
Moldafia (b)

molle ANSODDAIR BEN ▷ gweler **mou**

[le] **mollet** ENW
▷ gweler hefyd **mollet** ANSODDAIR
croth (b) (y goes)

mollet ANSODDAIR
▷ gweler hefyd **mollet** ENW
■ **un œuf mollet** wy wedi ei led ferwi

[le/la] **môme** ENW (anffurfiol)
plentyn (g)/(b)
hogyn (g), hogan (b)
crwt (g), croten (b)

[le] **moment** ENW
eiliad (g)/(b), munud (g)/(b)
■ **en ce moment** ar hyn o bryd ❏ Nous avons beaucoup de travail en ce moment. Mae gennym lawer o waith ar hyn o bryd.
■ **pour le moment** ar hyn o bryd, am y tro ❏ Nous ne pensons pas déménager pour le moment. Nid ydym yn bwriadu symud tŷ am y tro.
■ **au moment où** ar yr union funud ❏ Il est arrivé au moment où j'allais partir. Cyrhaeddodd ar yr union funud yr oeddwn i'n mynd i adael.
■ **à ce moment-là (1)** y funud honno, y munud hwnnw ❏ À ce moment-là, on a vu arriver la police. Y munud hwnnw, gwelsom yr heddlu yn cyrraedd.
■ **à ce moment-là (2)** os felly ❏ À ce moment-là, je devrai partir plus tôt. Os felly, bydd yn rhaid i fi adael yn gynharach.
■ **à tout moment (1)** unrhyw funud ❏ Elle peut arriver à tout moment. Fe allai hi gyrraedd ar unrhyw funud.
■ **à tout moment (2)** yn gyson, o hyd ac o hyd ❏ Il nous dérange à tout moment pour des riens. Mae e'n ein poeni ni yn gyson am ryw fân bethau
■ **sur le moment** ar y pryd, pryd hynny ❏ Sur le moment je n'ai rien dit. Bryd hynny,

m

ddywedais i ddim byd.
- **par moments** ar brydiau, ar adegau ❑ Elle se sent seule par moments. Mae hi'n teimlo'n unig ar brydiau.

momentané (BEN **momentanée**) ANSODDAIR
dros dro, ar y funud

[la] **momie** ENW
mymi (g) *(o'r Aifft)*

mon (BEN **ma**, LLUOSOG **mes**) ANSODDAIR
fy
❑ mon frère fy mrawd ❑ mon ami fy ffrind

[la] **monarchie** ENW
brenhiniaeth (b)

[le] **monastère** ENW
mynachlog (b)

[le] **monde** ENW
byd (g)
❑ faire le tour du monde gwneud taith o amgylch y byd
- **Il y a du monde.** Mae llawer o bobl yma.
- **beaucoup de monde** llawer o bobl
❑ Il y avait beaucoup de monde sur la plage. Roedd llawer o bobl ar y traeth.
- **peu de monde** ychydig iawn o bobl

mondial (BEN **mondiale**, GWR LLUOSOG **mondiaux**) ANSODDAIR
y byd
❑ la population mondiale poblogaeth y byd
byd-eang
❑ une crise mondiale argyfwng byd-eang

[le] **moniteur** ENW
hyfforddwr (g)
❑ un moniteur de voile hyfforddwr hwylio
monitor (g)
❑ le moniteur de mon ordinateur monitor fy nghyfrifiadur

[la] **monitrice** ENW
hyfforddwraig (b)
❑ une monitrice de ski hyfforddwraig sgïo

[la] **monnaie** ENW
- **une pièce de monnaie** darn arian
- **avoir de la monnaie** bod â newid mân
❑ Est-ce que tu as de la monnaie? Oes gen ti arian mân? ❑ Est-ce que tu as la monnaie de dix euros? Oes gen ti newid am ddeg ewro?
- **rendre la monnaie à quelqu'un** rhoi'r newid i rywun

monotone (BEN **monotone**) ANSODDAIR
undonog

Monsieur (LLUOSOG **Messieurs**) ENW GWR
Mr, Bnr, Meistr
❑ Monsieur Dupont Mr Dupont
dyn (g)

❑ Il y a un monsieur qui veut te voir. Mae dyn i dy weld di.
Syr
❑ Monsieur, … Annwyl Syr *(mewn llythyr)*
❑ Monsieur! Vous avez oublié votre parapluie! Syr! Rydych wedi anghofio eich ymbarél!

[le] **monstre** ENW
▷ gweler hefyd **monstre** ANSODDAIR
anghenfil (g)

monstre (BEN **monstre**) ANSODDAIR
▷ gweler hefyd **monstre** ENW
- **Nous avons un travail monstre.** Mae gennym waith aruthrol.

[le] **mont** ENW
mynydd (g)
- **le mont Everest** Mynydd Everest
- **le mont Blanc** y Mont Blanc

[la] **montagne** ENW
mynydd (g)
❑ de hautes montagnes mynyddoedd uchel
❑ des vacances à la montagne gwyliau yn y mynyddoedd

montagneux (BEN **montagneuse**) ANSODDAIR
mynyddig
❑ une région montagneuse ardal fynyddig

montant (BEN **montante**) ANSODDAIR
sy'n codi
❑ la marée montante llanw sy'n codi
uchel
❑ un pull à col montant siwmper gwddf uchel

monter BERF [48]
esgyn, codi, mynd i fyny
❑ Elle a du mal à monter les escaliers. Mae hi'n cael anhawster i fynd i fyny'r grisiau. ❑ Les prix ont encore monté. Mae'r prisiau wedi codi eto.
gosod
❑ Est-ce que ces étagères sont difficiles à monter? Ydy'r silffoedd hyn yn anodd i'w gosod?
- **monter dans** mynd ar/mewn ❑ Ils sont montés dans la voiture. Fe wnaethon nhw fynd mewn i'r car.
- **monter sur** dringo ar ben ❑ Monte sur la chaise: tu verras mieux. Dringa ar ben y gadair: fe weli di'n well.
- **monter à cheval** marchogaeth

[la] **montre** ENW
watsh (b), oriawr (b)

montrer BERF [28]
dangos
❑ Montre-moi ton nouveau manteau. Dangos dy gôt newydd i fi.

[la] **monture** ENW
ffrâm (b) *(sbectol)*

Ffrangeg-Cymraeg

[le] monument ENW
cofeb (b), cofgolofn (b)
[se] moquer BERF [28]
■ **se moquer de (1)** dychanu, gwneud hwyl ar ben rhywun ❑ Ils se sont moqués de mes chaussures jaunes. Gwnaethant hwyl am ben fy esgidiau melyn.
■ **se moquer de (2)** *(anffurfiol)* hidio dim, becso dim ❑ Il se moque complètement de la mode. Nid yw'n hidio dim am ffasiwn.
[la] moquette ENW
carped (g)
moqueur (BEN moqueuse) ANSODDAIR
gwawdlyd, gwatwarus
[le] moral ENW
■ **Elle a le moral.** Mae hi mewn hwyliau da.
■ **J'ai le moral à zéro.** Mae'r felan arna i.
[la] morale ENW
moeswers (b)
❑ La morale de cette histoire est … Moeswers y stori hon yw …
■ **faire la morale à quelqu'un** rhoi pregeth i rywun
[le] morceau (LLUOSOG [les] **morceaux**) ENW
darn (g)
❑ un morceau de pain darn o fara
mordre BERF [49]
brathu, cnoi
mordu (BEN mordue) ANSODDAIR
■ **Il est mordu de jazz.** *(anffurfiol)* Mae e wedi gwirioni ar jazz.
[la] morgue ENW
corffdy (g)
[le] morse ENW
walrws (g)
[la] morsure ENW
brathiad (g), cnoad (g)
[la] mort ENW
▷ *gweler hefyd* **mort** ANSODDAIR
marwolaeth (b)
mort (BEN morte) ANSODDAIR
▷ *gweler hefyd* **mort** ENW
marw, wedi marw
❑ Nous avons trouvé un oiseau mort. Fe ddaethom o hyd i aderyn marw. ❑ Napoléon est mort en 1821. Bu farw Napoleon yn 1821.
■ **Il était mort de peur.** Roedd wedi dychryn am ei fywyd.
■ **Je suis mort de fatigue.** Rwyf wedi blino'n llwyr.
mortel (BEN mortelle) ANSODDAIR
marwol
❑ un poison mortel gwenwyn marwol

❑ Ces réunions de famille sont mortelles!
(anffurfiol) Mae'r achlysuron teuluol hyn yn lladdfa!
angheuol
❑ une chute mortelle cwymp angheuol
[la] morue ENW
penfras (g) *(pysgodyn)*
Moscou ENW
Moscow (b)
[la] mosquée ENW
mosg (g)
[le] mot ENW
gair (g)
❑ mot à mot gair am air
■ **des mots croisés** croesair
■ **le mot de passe** cyfrinair
nodyn (g)
❑ Je vais lui écrire un mot pour lui dire qu'on arrive. Fe ysgrifennaf nodyn iddi i ddweud ein bod ni'n dod.
[le] motard ENW
beiciwr (g), gyrrwr (g) beic modur
plismon (g) ar gefn beic modur *(anffurfiol)*
❑ Il s'est fait arrêter par un motard. Fe gafodd ei stopio gan blismon ar feic modur.
[le] moteur ENW
peiriant (g)
■ **un bateau à moteur** cwch modur
■ **un moteur de recherche** peiriant chwilio *(cyfrifiadur)*
[le] motif ENW
patrwm (g)
❑ des rideaux avec un motif d'oiseaux llenni â phatrwm adar arnynt
■ **sans motif** am ddim rheswm ❑ Il s'est fâché sans motif. Fe gollodd ei dymer am ddim rheswm.
motivé (BEN motivée) ANSODDAIR
brwdfrydig
[la] moto ENW
beic (g) modur
[le/la] motocycliste ENW
beiciwr (g), gyrrwr (g) beic modur
mou (BEN molle) ANSODDAIR
meddal
❑ Mon matelas est trop mou. Mae fy matras yn rhy feddal.
di-egni, di-fynd
❑ Je le trouve un peu mou. Rwy'n meddwl ei fod e braidd yn ddi-egni.
[la] mouche ENW
pryf (g), pryfyn (g)
■ **prendre la mouche** pwdu

m

[se] moucher BERF [28]
chwythu'ch trwyn

[le] moucheron ENW
gwybedyn (g) mân

[le] mouchoir ENW
hances (b) boced
■ **un mouchoir en papier** hances bapur

moudre BERF [50]
malu, melino

[la] moue ENW
ceg (b) bwdlyd
■ **faire la moue** tynnu wyneb pwdlyd

[la] mouette ENW
gwylan (b)

[la] moufle ENW
maneg (b) eira (â'r pedwar bys yn un)

mouillé (BEN **mouillée**) ANSODDAIR
gwlyb

mouiller BERF [28]
gwlychu
❑ J'ai mouillé les manches de mon pull.
Gwlychais lewys fy siwmper.
■ **se mouiller** gwlychu ❑ Attention, tu vas te mouiller! Cymer ofal, rwyt ti'n mynd i wlychu!

moulant (BEN **moulante**) ANSODDAIR
tynn, sy'n glynnu
❑ une robe moulante ffrog dynn

[la] moule ENW
▷ gweler hefyd **le moule**
cragen (b) las

[le] moule ENW
▷ gweler hefyd **la moule**
■ **un moule à gâteaux** tun cacennau

[le] moulin ENW
melin (b)

moulu BERF ▷ gweler **moudre**

mourir BERF [51]
marw
■ **mourir de faim** marw o newyn ❑ Des centaines de personnes sont mortes de faim. Bu farw cannoedd o bobl o newyn.
■ **Je meurs de faim!** Rwyf bron â llwgu!
■ **mourir de froid** marw o oerfel
■ **Je meurs de froid!** Rwyf bron â rhewi!
■ **mourir d'envie de faire quelque chose** bod bron â marw eisiau gwneud rhywbeth ❑ Je meurs d'envie d'aller me baigner. Rwy bron â marw eisiau mynd i nofio.

[la] mousse ENW
mwsogl (g)
❑ un rocher recouvert de mousse carreg wedi ei gorchuddio â mwsogl
ewyn (g) (ar gwrw)

trochion (ll) (sebon, siampŵ)
mousse (g)
❑ une mousse au chocolat mousse siocled
❑ une mousse de poisson mousse pysgod
■ **la mousse à raser** ewyn eillio

mousseux (BEN **mousseuse**) ANSODDAIR
■ **un vin mousseux** gwin pefriol

[la] moustache ENW
mwstash (g)
■ **les moustaches** wisgers (cath/anifail)

[le] moustique ENW
mosgito (g)

[la] moutarde ENW
mwstard (g)

[le] mouton ENW
dafad (b)
hwrdd (g)
❑ une peau de mouton croen dafad
cig (g) dafad
❑ un gigot de mouton coes o gig dafad

[le] mouvement ENW
symudiad (g)

mouvementé (BEN **mouvementée**) ANSODDAIR
prysur, cyffrous, llawn digwyddiadau
❑ des vacances mouvementées gwyliau cyffrous

moyen (BEN **moyenne**) ANSODDAIR
▷ gweler hefyd **moyen** ENW, **moyenne** ENW
canolig
❑ Je suis plutôt moyen en anglais. Canolig yn unig ydw i mewn Saesneg. ❑ Elle est de taille moyenne. Mae hi o faint canolig.
■ **le moyen âge** y canol oesoedd

[le] moyen ENW
▷ gweler hefyd **moyen** ANSODDAIR
modd (g), dull (g), ffordd (b)
❑ Quel est le meilleur moyen de le convaincre? Beth yw'r ffordd orau o'i argyhoeddi?
■ **Je n'en ai pas les moyens.** Nid oes gen i'r modd.
■ **Ils n'ont pas les moyens de s'acheter une maison.** Nid oes ganddynt y modd i brynu tŷ.
■ **un moyen de transport** dull o deithio
■ **par tous les moyens** ym mhob ffordd bosibl

[la] moyenne ENW
▷ gweler hefyd **moyenne** ANSODDAIR
■ **avoir la moyenne** marc llwyddo/pasio
❑ J'espère avoir la moyenne en maths. Rwy'n gobeithio cael y marc pasio mewn mathemateg.
■ **en moyenne** ar gyfartaledd
■ **la moyenne d'âge** cyfartaledd oedran

[le] Moyen-Orient ENW
Y Dwyrain (g) Canol

muet (BEN **muette**) ANSODDAIR
mud
■ **un film muet** ffilm fud
[le] **muguet** ENW
lili'r (b) dyffrynnoedd
multiple (BEN **multiple**) ANSODDAIR
niferus, sawl
❑ **en de multiples occasions** ar sawl achlysur
multiplier BERF [19]
lluosi *(mathemateg)*
municipal (BEN **municipale**, GWR LLUOSOG
municipaux) ANSODDAIR
■ **la bibliothèque municipale** llyfrgell y dref
[la] **municipalité** ENW
cyngor (g) tref
munir BERF [38]
■ **munir quelqu'un de** darparu offer ar gyfer
rhywun, arfogi rhywun â
■ **se munir de** arfogi eich hunan â *(offer,
adnoddau)*
[les] **munitions** ENW BEN
ffrwydron (ll) rhyfel
[le] **mur** ENW
wal (b), mur (g)
mûr (BEN **mûre**) ANSODDAIR
▷ *gweler hefyd* **mûre** ENW
aeddfed *(ffrwythau, person)*
[la] **mûre** ENW
▷ *gweler hefyd* **mûre** ANSODDAIR
mwyaren (b) ddu
mûrir BERF [38]
aeddfedu
❑ **Les fraises ont mis du temps à mûrir.** Mae'r
mefus wedi cymryd amser cyn aeddfedu.
❑ **Cette expérience l'a beaucoup mûrie.** Mae'r
profiad hwn wedi ei haeddfedu cryn dipyn.
murmurer BERF [28]
murmur, sibrwd
❑ **Il m'a murmuré à l'oreille qu'il allait partir.**
Sibrydodd yn fy nglust ei fod yn mynd i adael.
[la] **muscade** ENW
nytmeg (g)
[le] **muscat** ENW

grawnwin (ll) mysgad
mysgatél *(gwin)*
❑ **un verre de muscat** gwydraid o fysgatél
[le] **muscle** ENW
cyhyr (g)
musclé (BEN **musclée**) ANSODDAIR
cyhyrog
[le] **museau** (LLUOSOG [les] **museaux**) ENW
gorchudd (g) *(dros geg ci)*
[le] **musée** ENW
amgueddfa (b)
musical (BEN **musicale**, GWR LLUOSOG
musicaux) ANSODDAIR
cerddorol
■ **avoir l'oreille musicale** bod â chlust am
gerddoriaeth
[le] **music-hall** ENW
theatr (b) gerdd
❑ **une chanteuse de music-hall** cantores theatr
gerdd
[le] **musicien** ENW
cerddor (g)
[la] **musicienne** ENW
cerddores (b)
[la] **musique** ENW
cerddoriaeth (b)
musulman (BEN **musulmane**) ANSODDAIR, ENW
Mwslimaidd
■ **un musulman** Mwslim
■ **une musulmane** Mwslim
[la] **mutation** ENW
adleoliad (g)
❑ **Il a demandé sa mutation à Londres.**
Gofynnodd am gael adleoliad i Lundain.
myope (BEN **myope**) ANSODDAIR
byr eich golwg
[le] **mystère** ENW
dirgelwch (g)
mystérieux (BEN **mystérieuse**) ANSODDAIR
dirgel
[le] **mythe** ENW
chwedl (b)

N|n

n' ADFERF ▷ *gweler* **ne**

[la] nage ENW
- traverser une rivière à la nage nofio ar draws afon
- être en nage bod yn chwys i gyd

[la] nageoire ENW
asgell (b) *(pysgodyn)*

nager BERF [45]
nofio

[le] nageur ENW
nofiwr (g)

[la] nageuse ENW
nofwraig (b)

naïf (BEN **naïve**) ANSODDAIR
diniwed, naïf

[le] nain ENW
corrach (g)

[la] naissance ENW
genedigaeth (b)
- votre date de naissance eich dyddiad geni

naître BERF [52]
cael eich geni
- Elle est née en 1990. Cafodd ei geni yn 1990.

naïve ANSODDAIR BEN ▷ *gweler* **naïf**

[la] nana ENW *(anffurfiol)*
hogan (b), merch (b), croten (b)

[la] nappe ENW
lliain (g) bwrdd

[la] narine ENW
ffroen (b)

natal (BEN **natale**) ANSODDAIR
genedigol
- mon pays natal fy ngwlad enedigol

[la] natation ENW
nofio
- J'adore regarder la natation à la télé. Rwyf wrth fy modd yn gwylio nofio ar y teledu.
- faire de la natation nofio

[la] nation ENW
cenedl (b)
- les Nations Unies Y Cenhedloedd Unedig

national (BEN **nationale**, GWR LLUOSOG **nationaux**) ANSODDAIR
▷ *gweler hefyd* **nationale** ENW
cenedlaethol
- la fête nationale française gŵyl genedlaethol Ffrainc

[la] nationale ENW
▷ *gweler hefyd* **nationale** ANSODDAIR
priffordd (b)
- Les nationales sont bouchées en août. Mae tagfeydd ar y priffyrdd ym mis Awst.

[la] nationalité ENW
cenedligrwydd (g)

[la] natte ENW
plethen (b) *(gwallt)*
- Quand j'étais jeune, j'avais des nattes. Pan oeddwn i'n ifanc, roedd gen i blethi yn fy ngwallt.

[la] nature ENW
▷ *gweler hefyd* **nature** ANSODDAIR
natur (b)

nature (BEN **nature**) ANSODDAIR
▷ *gweler hefyd* **nature** ENW
plaen, naturiol
- un yaourt nature iogwrt plaen

naturel (BEN **naturelle**) ANSODDAIR
naturiol

naturellement ADFERF
wrth gwrs
- Tu viens dîner ce soir? Naturellement! Wyt ti'n dod i swper heno? Wrth gwrs!
- Naturellement, il a toujours raison. Wrth gwrs, mae e wastad yn iawn.

[le] naufrage ENW
llongddrylliad (g)

nautique (BEN **nautique**) ANSODDAIR
dŵr
- les sports nautiques chwaraeon dŵr
- le ski nautique sgïo ar ddŵr

[le] navet ENW
meipen (b), erfinen (b)

[la] navette ENW

190

gwasanaeth (g) gwennol
❑ la navette entre la gare et l'aéroport y gwasanaeth gwennol rhwng yr orsaf a'r maes awyr
■ **faire la navette** cymudo ❑ Je fais la navette entre Paris et Versailles. Rwy'n cymudo rhwng Paris a Versailles.

[le] **navigateur** ENW
porwr (g) *(ar gyfrifiadur)*

[la] **navigation** ENW
■ **La navigation est interdite ici.** Ni chaniateir llongau yma.

naviguer BERF [28]
hwylio

[le] **navire** ENW
llong (b)

ne ADFERF
❑ Je ne peux pas venir demain. Alla i ddim dod yfory. ❑ Elle ne va jamais au cinéma. Dydy hi byth yn mynd i'r sinema. ❑ Je ne connais personne ici. Dwi'n nabod neb yma. ❑ Je n'ai pas d'argent. Does gen i ddim arian. ❑ Elle n'habite plus à Marseille. Nid yw hi'n byw mwyach ym Marseille. ❑ C'est plus loin que je ne le croyais. Mae'n bellach nag yr oeddwn i'n ei feddwl.

né BERF ▷ *gweler* **naître**

néanmoins ADFERF
er hynny, serch hynny

nécessaire (BEN **nécessaire**) ANSODDAIR
angenrheidiol
❑ Il est nécessaire de réserver d'avance. Mae'n rhaid archebu o flaen llaw.

[le] **nectar** ENW
■ **le nectar de mangue** diod mango

néerlandais (BEN **néerlandaise**) ANSODDAIR, ENW
o'r Iseldiroedd
Iseldireg (b) *(yr iaith)*
❑ Je parle néerlandais. Rwy'n siarad Iseldireg.
■ **un Néerlandais** Iseldirwr
■ **une Néerlandaise** Iseldirwraig
■ **les Néerlandais** yr Iseldirwyr

négatif (BEN **négative**) ANSODDAIR
▷ *gweler hefyd* **négatif** ENW
negyddol

[le] **négatif** ENW
▷ *gweler hefyd* **négatif** ANSODDAIR
negatif (g) *(llun)*

négligé (BEN **négligée**) ANSODDAIR
blêr, anniben
❑ une tenue négligée dillad blêr

négliger BERF [45]

esgeuluso
❑ Ces derniers temps j'ai négligé mon travail. Yn ddiweddar, rydw i wedi esgeuluso fy ngwaith.

négocier BERF [19]
trafod

[la] **neige** ENW
eira (g)
■ **un bonhomme de neige** dyn eira

neiger BERF [45]
bwrw eira

[le] **nénuphar** ENW
lili'r (b) dŵr

[le] **néon** ENW
neon (g)
❑ une lampe au néon golau neon ❑ La cuisine est éclairée au néon. Mae golau neon yn y gegin.

néo-zélandais (BEN **néo-zélandaise**) ANSODDAIR, ENW
o Seland Newydd
❑ Le champion néo-zélandais a gagné la course. Mae'r pencampwr o Seland Newydd wedi ennill y ras.
■ **un Néo-Zélandais** Selandiad Newydd *(dyn)*
■ **une Néo-Zélandaise** Selandiad Newydd *(dynes)*

[le] **nerf** ENW
nerf (g)/(b)
■ **taper sur les nerfs de quelqu'un** mynd ar nerfau rhywun ❑ Elle me tape sur les nerfs. Mae hi'n mynd ar fy nerfau.

nerveux (BEN **nerveuse**) ANSODDAIR
nerfus

[la] **nervosité** ENW
nerfusrwydd (g)

n'est-ce pas ADFERF
❑ Nous sommes le cinq aujourd'hui, n'est-ce pas? Y pumed ydy hi heddiw, on'd e? ❑ Tu es allé à Paris l'an dernier, n'est-ce pas? Mi est ti i Baris y llynedd, on'd o? ❑ Tu auras dix-huit ans en mai, n'est-ce pas? Byddi di'n ddeunaw oed ym mis Mai, oni fyddi di?

[le] **Net** ENW
y Rhyngrwyd (b)

net (BEN **nette**) ANSODDAIR, ADFERF
clir
❑ La photo n'est pas nette. Nid yw'r llun yn glir.
gwir
❑ Poids net: 250 g. Gwir bwysau: 250g.
yn blwmp ac yn blaen, yn bendant
❑ Elle a refusé net de nous aider. Mae hi wedi gwrthod yn blwmp ac yn blaen â'n helpu.

n

■ **s'arrêter net** sefyll yn stond

nettement ADFERF
yn bendant, yn amlwg
❏ C'est nettement moins cher d'acheter sur Internet. Mae prynu ar y we yn bendant yn rhatach.

[le] **nettoyage** ENW
glanhau
■ **le nettoyage à sec** sychlanhau

nettoyer BERF [53]
glanhau

neuf RHIF
▷ *gweler hefyd* **neuf** ANSODDAIR
naw
❏ Mon fils a neuf ans. Mae fy mab yn naw oed.
❏ Il est neuf heures du soir. Mae hi'n naw o'r gloch y nos.
■ **le neuf mars** y nawfed o Fawrth

neuf (BEN **neuve**) ANSODDAIR
▷ *gweler hefyd* **neuf** RHIF
newydd
❏ une chemise neuve crys newydd

neutre (BEN **neutre**) ANSODDAIR
niwtral

neuve ANSODDAIR BEN ▷ *gweler* **neuf**

neuvième (BEN **neuvième**) ANSODDAIR
nawfed
❏ au neuvième étage ar y nawfed llawr

[le] **neveu** (LLUOSOG [les] **neveux**) ENW
nai (g)

[le] **nez** ENW
trwyn (g)
■ **se trouver nez à nez avec quelqu'un** dod wyneb yn wyneb â rhywun

ni CYSYLLTAIR
■ **ni ... ni ...**
❏ Je n'aime ni le chou ni les petits-pois. Dydw i ddim yn hoffi na bresych na phys. ❏ Je n'ai rien vu ni entendu. Ni welais i na chlywais ddim.

[la] **niche** ENW
cenel (g), cwt (g) ci

[le] **nid** ENW
nyth (b)

[la] **nièce** ENW
nith (b)

nier BERF [19]
gwadu

n'importe ADFERF
■ **n'importe quel** unrhyw ❏ N'importe quel bic fera l'affaire. Fe wnaiff unrhyw feiro y tro.
■ **n'importe qui** unrhyw un, rhywun rhywun
❏ N'ouvrez pas la porte à n'importe qui. Peidiwch ag agor y drws i unrhyw un.

■ **n'importe quoi** unrhyw beth, rhywbeth rhywbeth ❏ Il fera n'importe quoi pour moi. Mi wnaiff unrhyw beth i mi.
■ **Elle dit n'importe quoi.** Mae hi'n siarad dwli.
■ **n'importe où** unrhyw le, rhywle rhywle
❏ On peut les acheter n'importe où. Gellwch eu prynu unrhyw le.
■ **Ne laisse pas tes clés n'importe où.** Paid â gadael dy allweddi yn rhywle rhywle
■ **n'importe quand** unrhyw adeg ❏ Vous pouvez venir n'importe quand. Fe allwch chi ddod unrhyw adeg.
■ **n'importe comment** rhywsut rhywsut ❏ Tu as rangé tes vêtements n'importe comment. Rwyt ti wedi rhoi dy ddillad i gadw rywsut rhywsut.

[le] **niveau** (LLUOSOG [les] **niveaux**) ENW
lefel (b)
❏ le niveau de l'eau lefel y dŵr
safon (b)
❏ Ces deux enfants ont le même niveau en français. Mae'r ddau blentyn hyn â'r un safon mewn Ffrangeg.
■ **le niveau de vie** safon byw

noble (BEN **noble**) ANSODDAIR
bonheddig

[la] **noblesse** ENW
bonedd (g)

[la] **noce** ENW
priodas (b)
■ **un repas de noce** gwledd briodas
■ **leurs noces d'argent** eu priodas arian

nocif (BEN **nocive**) ANSODDAIR
niweidiol
❏ une substance nocive sylwedd niweidiol

nocturne (BEN **nocturne**) ANSODDAIR
▷ *gweler hefyd* **nocturne** ENW
nosol, yn ystod y nos
❏ un oiseau nocturne aderyn y nos gyda'r nos, yn ystod y nos
❏ Découvrez le Paris nocturne! Darganfyddwch Paris gyda'r nos!

[la] **nocturne** ENW
▷ *gweler hefyd* **nocturne** ANSODDAIR
agored gyda'r nos, agored yn hwyr (*siopau*)
❏ Nocturne le jeudi jusqu'à vingt-deux heures. Ar agor yn hwyr nos Iau tan ddeg o'r gloch y nos.

[le] **Noël** ENW
y Nadolig (g)
❏ Qu'est-ce que tu as eu pour Noël? Beth gest ti i'r Nadolig?
■ **Joyeux Noël!** Nadolig Llawen!

[le] **nœud** ENW

cwlwm (g)
❏ J'ai fait un nœud à la corde. Gwnes i gwlwm yn y rhaff.
clip (g) (gwallt)
❏ Marie avait un nœud dans les cheveux. Roedd gan Marie glip yn ei gwallt.
■ un nœud papillon tei bô, dici-bô

noir (BEN **noire**) ANSODDAIR
▷ gweler hefyd **noir** ENW
du
❏ Il porte une veste noire. Mae'n gwisgo siaced ddu. ❏ Elle est noire. Merch ddu yw hi.
tywyll
❏ Il fait noir dehors. Mae hi'n dywyll y tu allan.

[le] **noir** ENW
▷ gweler hefyd **noir** ANSODDAIR
tywyllwch (g)
❏ J'ai peur du noir. Mae arna i ofn y tywyllwch.
■ le travail au noir gweithio yn answyddogol, nosweithio

[le] **Noir** ENW
dyn (g) du
■ les Noirs pobl dduon

[la] **Noire** ENW
merch (b) ddu

[la] **noisette** ENW
cneuen (b) gollen

[la] **noix** (LLUOSOG [les] **noix**) ENW
cneuen (b) Ffrengig
■ une noix de coco cneuen goco
■ les noix de cajou cnau cashiw
■ une noix de beurre talp o fenyn

[le] **nom** ENW
enw (g)
❏ votre nom eich enw
■ mon nom de famille fy nghyfenw
■ son nom de jeune fille ei henw cyn priodi
enw (gramadegol)
❏ un nom commun enw cyffredin ❏ un nom propre enw priod

[le] **nombre** ENW
rhif (g)
❏ Trois est un nombre impair. Mae tri yn odrif.
nifer (g)
❏ un grand nombre d'amis nifer fawr o ffrindiau

nombreux (BEN **nombreuse**) ANSODDAIR
niferus, llawer o, nifer o
❏ Le film a gagné de nombreux prix. Enillodd y ffilm nifer o wobrau.
mawr
❏ une famille nombreuse teulu mawr
■ peu nombreux ychydig, dim llawer ❏ Ils étaient peu nombreux à la réunion. Nid oedd

llawer ohonynt yn y cyfarfod.

[le] **nombril** ENW
botwm (g) bol

nommer BERF [28]
enwi
❏ Elle n'a voulu nommer personne. Doedd hi ddim eisiau enwi neb.
penodi
❏ Il a été nommé directeur. Cafodd ei benodi yn gyfarwyddwr.

non ADFERF
na, naddo
❏ Tu as vu Jean? Non. Welaist ti Jean? Naddo.
■ non seulement nid yn unig ❏ Elle est non seulement intelligente, mais aussi très gentille. Nid yn unig ei bod hi'n ddeallus, ond y mae hi hefyd yn ddymunol iawn.
■ moi non plus na minnau chwaith ❏ Je n'aime pas les champignons. Moi non plus. Dydw i ddim yn hoffi madarch. Na minnau chwaith. ❏ Il n'y est pas allé et moi non plus. Aeth e ddim yno, na minnau chwaith.

non alcoolisé (BEN **non alcoolisée**) ANSODDAIR
heb alcohol
❏ les boissons non alcoolisées diodydd heb alcohol

[le] **non-fumeur** ENW
ddim yn ysmygu, ddim yn ysmygwr
❏ Je suis un non-fumeur. Dydw i ddim yn ysmygu.
■ une voiture non-fumeurs cerbyd dim ysmygu (ar drên)

[le] **nord** ENW
▷ gweler hefyd **nord** ANSODDAIR
gogledd (g)
❏ Nous vivons dans le nord du pays de Galles. Rydyn ni'n byw yng ngogledd Cymru.
■ vers le nord tua'r gogledd
■ au nord de Paris i ogledd Paris
■ l'Afrique du Nord Gogledd Affrica
■ le vent du nord gwynt o'r gogledd

nord (BEN+LLUOSOG **nord**) ANSODDAIR
▷ gweler hefyd **nord** ENW
gogleddol
❏ la face nord du Mont-Blanc wyneb gogleddol Mont-Blanc
■ le pôle Nord Pegwn y Gogledd
gogleddol
❏ J'ai visité la partie nord de l'île. Ymwelais i â rhan ogleddol yr ynys.

[le] **nord-est** ENW
gogledd–ddwyrain (g)
❏ les régions du nord-est y rhanbarthau gogledd-ddwyreiniol

[le] **nord-ouest** ENW
gogledd-orllewin (g)
■ **l'Europe du nord-ouest** gogledd-orllewin Ewrop

normal (BEN **normale**, GWR LLUOSOG **normaux**) ANSODDAIR
normal
❏ un bébé normal baban normal
naturiol
❏ Ça, c'est tout à fait normal. Mae hynny'n hollol naturiol.
■ **Tu trouves que c'est normal?** Wyt ti'n meddwl bod hynny'n iawn?

normalement ADFERF
fel arfer
❏ Les aéropports fonctionnent tous normalement. Mae'r meysydd awyr i gyd yn gweithredu fel arfer.
■ **Normalement, ils doivent arriver à six heures.** Fel arfer, fe ddylen nhw gyrraedd am chwech o'r gloch.
■ **Tu es libre ce samedi? Oui, normalement.** Wyt ti'n rhydd y dydd Sadwrn hwn? Ydw, fel arfer.

normand (BEN **normande**) ANSODDAIR
■ **un village normand** pentref yn Normandi
■ **la côte normande** arfordir Normandi

[la] **Normandie** ENW
Normandi (b)

[la] **Norvège** ENW
Norwy (b)

norvégien (BEN **norvégienne**) ANSODDAIR, ENW
Norwyaidd
Norwyeg (b) (*yr iaith*)
■ **Je parle norvégien.** Rwy'n siarad Norwyeg.
■ **un Norvégien** Norwyad *(dyn)*
■ **une Norvégienne** Norwyad *(dynes)*

nos ANSODDAIR LLUOSOG
ein (*...ni*)
❏ Où sont nos manteaux? Ble mae ein cotiau ni?

[le] **notaire** ENW
cyfreithiwr (g)
❏ Mon père est notaire. Cyfreithiwr yw fy nhad.

[la] **note** ENW
nodyn (g)
❏ J'ai pris des notes pendant la leçon. Fe wnes i nodiadau yn ystod y wers. ❏ J'ai joué quelques notes au piano. Mi ganais i ambell nodyn ar y piano.
marc (g)
❏ J'ai eu de bonnes notes en biologie. Cefais farciau da mewn bioleg.
bil (g)

❏ La note, s'il vous plaît. Alla'i gael y bil, os gwelwch yn dda?

noter BERF [28]
nodi
❏ Tu as noté son adresse? Wnest ti nodi ei gyfeiriad?

[les] **notions** ENW BEN LLUOSOG
elfennau (ll) sylfaenol, hanfodion (ll)
❏ Il faut avoir des notions de français. Mae'n rhaid cael rhywfaint o Ffrangeg elfennol.
❏ Il a des notions de l'informatique. Mae'n gwybod am hanfodion cyfrifiadureg.

notre (BEN **notre**, LLUOSOG **nos**) ANSODDAIR
ein
❏ Voici notre école. Dyma ein hysgol ni.

nôtre RHAGENW
■ **le nôtre** ein hun ni ❏ À qui est ce chat? C'est le nôtre. Pwy biau'r gath hon? Ein hun ni yw hi. ❏ Leur voiture est grise; la nôtre est blanche. Mae eu car nhw yn llwyd; mae ein hun ni yn wyn.

nôtres RHAGENW LLUOSOG
■ **les nôtres** ein rhai ni ❏ Ces places-là sont les nôtres. Ein rhai ni yw'r seddi yna.

nouer BERF [28]
clymu

[les] **nouilles** ENW BEN LLUOSOG
nwdls (ll)

[le] **nounours** ENW
tedi (g), tedi bêr (g)

nourrir BERF [38]
bwydo

[la] **nourriture** ENW
bwyd (g)

nous RHAGENW LLUOSOG
ni
❏ Nous avons trois enfants. Mae gennym ni dri o blant. ❏ Venez avec nous. Dewch gyda ni.
■ **nous-mêmes** ni ein hunain

nouveau (GWR UNIGOL **nouvel**, BEN **nouvelle**, GWR LLUOSOG **nouveaux**) ANSODDAIR
▷ *gweler hefyd* **nouveau** ENW
newydd
❏ Il me faut un nouveau jean. Mae arna i angen jîns newydd. ❏ J'ai acheté une nouvelle voiture. Rydw i wedi prynu car newydd.
❏ Comment s'appelle le nouvel élève? Beth ydy enw'r disgybl newydd?
■ **le nouvel an** Dydd Calan

[le] **nouveau** (LLUOSOG [les] **nouveaux**) ENW
▷ *gweler hefyd* **nouveau** ANSODDAIR
disgybl (g) newydd
❏ Il y a plusieurs nouveaux dans la classe. Mae

nifer o ddisgyblion newydd yn y dosbarth.
- **de nouveau** unwaith eto, o'r newydd
  - Il pleut de nouveau. Mae hi'n glawio unwaith eto.

[le] **nouveau-né** ENW
merch/bachgen (g) newydd-anedig
plentyn/baban (g)

[la] **nouveauté** ENW
newydd-deb (g)

nouvel, nouvelle ANSODDAIR
- ▷ *gweler* **nouveau**

[la] **nouvelle** ENW
(y) newydd (g), hanes (g), newyddion (ll)
(teledu, radio)
- Tu connais la nouvelle? Glywaist ti'r newydd?
- C'est une bonne nouvelle. Mae hynny'n newydd da.
nofel (b) fer, stori (b) fer
- une nouvelle de Maupassant stori fer gan Maupassant
- **les nouvelles** y newyddion J'ai écouté les nouvelles à la radio. Gwrandewais ar y newyddion ar y radio.
- **avoir des nouvelles de quelqu'un** clywed oddi wrth rywun Ça fait des semaines que je n'ai pas eu de nouvelles de lui. Dydw i ddim wedi clywed oddi wrtho ers wythnosau.

[la] **Nouvelle-Zélande** ENW
Seland (b) Newydd

novembre ENW GWR
Tachwedd (g)
- **en novembre** ym mis Tachwedd

[le] **noyau** (LLUOSOG [les] **noyaux**) ENW
carreg (b) *(ffrwyth)*
- un noyau de prune carreg eirinen

[le] **noyer** ENW
- ▷ *gweler hefyd* **noyer** BERF
collen (b) Ffrengig *(coeden)*

[se] **noyer** BERF [53]
- ▷ *gweler hefyd* **noyer** ENW
boddi
- Elle s'est noyée dans le lac. Boddodd hi yn y llyn.

nu (BEN **nue**) ANSODDAIR
noeth
- Elle avait les bras nus. Roedd ei breichiau yn noeth.
noeth, porcyn
- Nous nous sommes baignés nus. Aethom ni i nofio yn noeth. tout nus yn hollol noeth
moel
- Les murs étaient nus. Roedd y muriau'n foel.

[le] **nuage** ENW
cwmwl (g)
- **un nuage de lait** mymryn/diferyn o laeth *(mewn diod, te, coffi)*

nuageux (BEN **nuageuse**) ANSODDAIR
cymylog

nucléaire (BEN **nucléaire**) ANSODDAIR
niwclear
- l'énergie nucléaire egni niwclear

[le/la] **nudiste** ENW
noethlymunwr (g), noethlymunwraig (b)

[la] **nuit** ENW
nos (b)
- J'ai travaillé toute la nuit. Bûm yn gweithio drwy'r nos.
- **Il fait nuit.** Mae hi'n nosi.
- **cette nuit** heno Ils vont rentrer cette nuit. Maen nhw'n dychwelyd adref heno.
- **Bonne nuit!** Nos da!
- **de nuit** (yn) y nos

nul (BEN **nulle**) ANSODDAIR
sothach
- Ce film est nul. *(anffurfiol)* Mae'r ffilm yma'n sothach.
- **être nul** bod yn anobeithiol Je suis nul en sciences. Rwy'n anobeithiol mewn gwyddoniaeth.
- **un match nul** gêm gyfartal Ils ont fait match nul. Gêm gyfartal oedd hi.
- **nulle part** yn unman/unlle Je ne la vois nulle part. Wela i mohoni yn unman.

numérique (BEN **numérique**) ANSODDAIR
digidol
- un appareil photo numérique camera digidol

[le] **numéro** ENW
rhif (g)
- J'habite au numéro dix. Rwy'n byw yn rhif deg.
- **mon numéro de téléphone** fy rhif ffôn
- **le numéro de compte** rhif cyfrif *(banc)*

nu-pieds (BEN+ LLUOSOG **nu-pieds**) ANSODDAIR, ADFERF
troednoeth
- Elle se promenait nu-pieds. Roedd hi'n cerdded yn droednoeth.

[la] **nuque** ENW
gwar (g)/(b), gwegil (g)/(b)

[le] **nylon** ENW
neilon (g)

O o

obéir BERF [38]
ufuddhau
- **obéir à quelqu'un** ufuddhau i rywun
- ☐ Il refuse d'obéir à son père. Mae'n gwrthod ufuddhau i'w dad.

obéissant (BEN **obéissante**) ANSODDAIR
ufudd

[l'] **objet** ENW GWR
gwrthrych (g)
- **les objets de valeur** pethau o werth
- **les objets trouvés** swyddfa eiddo coll

obligatoire (BEN **obligatoire**) ANSODDAIR
gorfodol

obliger BERF[45]
- **obliger quelqu'un à faire quelque chose** gorfodi rhywun i wneud rhywbeth
- **Je suis bien obligé d'accepter.** Alla'i ddim â gwrthod/Mae'n rhaid imi dderbyn.

obscur (BEN **obscure**) ANSODDAIR
tywyll

[l'] **obscurité** ENW BEN
tywyllwch (g)
- ☐ dans l'obscurité yn y tywyllwch

[l'] **obsédé** ENW GWR
ffanatig (g)
- **un obsédé sexuel** dyn chwantus

obséder BERF [34]
bod ag obsesiwn
- ☐ Elle est obsédée par le travail. Mae obsesiwn ganddi am ei gwaith.

[l'] **observation** ENW BEN
sylw (g)
- ☐ J'ai une ou deux observations à faire. Mae gen i un neu ddau o sylwadau i'w gwneud.

observer BERF [28]
gwylio
- ☐ Il observait le milan royal au dessus du lac. Gwyliai ef y barcud uwch ben y llyn.
ufuddhau i reol
- ☐ Ils observent le règlement. Maen nhw'n ufuddhau i'r rheolau.

[l'] **obstacle** ENW GWR

rhwystr (g)
- ☐ surmonter un obstacle gorchfygu rhwystr
ffens (b) *(mewn marchogaeth)*
- **une course d'obstacles** ras rwystrau

obstiné (BEN **obstinée**) ANSODDAIR
ystyfnig

obtenir BERF [83]
cael
- ☐ Le parti a obtenu soixante pour cent des voix. Cafodd y blaid drigain y cant o'r pleidleisiau.
llwyddo i gael, sicrhau
- ☐ J'ai obtenu de bons résultats. Fe lwyddais i gael canlyniadau da.

[l'] **occasion** ENW BEN
cyfle (g)
- ☐ C'est une occasion à ne pas manquer. Mae'n gyfle i'w ystyried ar bob cyfrif.
achlysur (g), digwyddiad (g)
- ☐ à l'occasion de ton anniversaire ar achlysur dy ben-blwydd ☐ à plusieurs occasions ar nifer o adegau, nifer o weithiau
bargen (b)
- ☐ Cette montre est une bonne occasion. Mae'r watsh yma'n fargen.
- **d'occasion** (yn) ail-law ☐ une voiture d'occasion car ail-law

[l'] **Occident** ENW GWR
y Gorllewin (g)
- ☐ en Occident yn y Gorllewin

occidental (BEN **occidentale**, GWR LLUOSOG **occidentaux**) ANSODDAIR
gorllewinol
- **les pays occidentaux** gwledydd y Gorllewin

[l'] **occupation** ENW BEN
goresgyniad (g)
- ☐ la France sous l'Occupation Ffrainc yn ystod y Goresgyniad

occupé (BEN **occupée**) ANSODDAIR
prysur
- ☐ La secrétaire est très occupée. Mae'r ysgrifenyddes yn brysur iawn.
wedi ei gymryd/feddiannu, yn rhydd
- ☐ Est-ce que cette place est occupée? A yw'r

sedd yma'n rhydd?
yn rhydd
❏ Est-ce que les toilettes sont occupées?
A yw'r tŷ bach yn rhydd? ❏ La ligne est
toujours occupée. Mae'r llinell yn dal yn brysur.

occuper BERF [28]
difyrru
❏ Mes enfants sont très faciles à occuper à la
plage. Mae'n hawdd iawn difyrru fy mhlant ar
y traeth.
■ **s'occuper de quelque chose (1)** gofalu am
rywbeth ❏ Il s'occupe bien de sa voiture. Mae'n
gofalu am ei gar yn dda.
■ **s'occuper de quelque chose (2)** delio â,
gofalu am ❏ Je vais m'occuper de ce problème.
Mi ddelia' i â'r broblem hon.
■ **On s'occupe de vous?** (mewn siop) Oes
rhywun yn gofalu amdanoch chi?

[l'] **océan** ENW GWR
cefnfor (g)
❏ l'océan Atlantique yr Iwerydd, yr Atlantig

octobre ENW GWR
Hydref (g)
■ **en octobre** ym mis Hydref

[l'] **odeur** ENW BEN
arogl (g), aroglau (ll), gwynt (g)
❏ Il y a une mauvaise odeur ici! Mae aroglau/
gwynt drwg yma!

odieux (BEN **odieuse**) ANSODDAIR
cas
❏ Ma sœur a été odieuse avec moi. Mae fy
chwaer wedi bod yn gas tuag ata' i.

[l'] **œil** (LLUOSOG [les] **yeux**) ENW GWR
llygad (g)/(b)
❏ J'ai quelque chose dans l'œil. Mae gen i
rywbeth yn fy llygad.
■ **à l'œil** (anffurfiol) am ddim ❏ Je suis entré à
l'œil. Mi es i i mewn am ddim.

[l'] **œillet** ENW GWR
carnasiwn (g)

[l'] **œuf** ENW GWR
wy (g)
■ **un œuf à la coque** wy wedi ei ferwi
■ **un œuf dur** wy wedi ei ferwi'n galed
■ **un œuf au plat** wy wedi ei ffrio
■ **les œufs brouillés** wyau wedi eu sgramblo
■ **un œuf de Pâques** ŵy Pasg

[l'] **œuvre** ENW BEN
gwaith (g)
❏ Nous étudions une œuvre de Camus.
Rydym yn astudio gwaith gan Camus.
■ **une œuvre d'art** gwaith celfyddydol

offert BERF ▷ gweler **offrir**

[l'] **office** ENW GWR
■ **un office du tourisme** canolfan groeso,
swyddfa dwristiaeth

officiel (BEN **officielle**) ANSODDAIR
swyddogol

[l'] **officier** ENW GWR
swyddog (g)
❏ Il est officier de marine. Swyddog yn y
llynges yw ef.

[l'] **offre** ENW BEN
cynnig (g)
❏ une offre spéciale cynnig arbennig
■ **'offres d'emploi'** 'swyddi gwag ar gael'

offrir BERF [54]
■ **offrir quelque chose (1)** cynnig rhywbeth
❏ On lui a offert le poste. Fe wnaethon nhw
gynnig y swydd iddo. ❏ Il m'a offert à boire.
Cynigiodd ef ddiod imi.
■ **offrir quelque chose (2)** rhoi rhywbeth
❏ Il lui a offert des roses pour son anniversaire.
Fe roddodd ef rosod iddi ar ei phen-blwydd.
■ **s'offrir quelque chose** eich tretio eich hun
i rywbeth ❏ Je me suis offert un nouveau tee-
shirt. Fe dretiais i fy hun i grys T newydd.

[l'] **oie** ENW BEN
gŵydd (b)

[l'] **oignon** ENW GWR
nionyn (g), winwnsyn (g)
■ **Ce ne sont pas tes oignons!** (anffurfiol)
Meindia dy fusnes!

[l'] **oiseau** (LLUOSOG [les] **oiseaux**) ENW GWR
aderyn (g)

[l'] **olive** ENW BEN
olif (g)
❏ l'huile d'olive olew yr olewydd

olympique (BEN **olympique**) ANSODDAIR
■ **les Jeux olympiques** y Gemau Olympaidd

[l'] **ombre** ENW BEN
cysgod (g)
❏ Elle va se mettre à l'ombre. Mae hi'n mynd i
eistedd yn y cysgod.
colur (g)
■ **l'ombre à paupières** colur amrannau

[l'] **omelette** ENW BEN
omled (g)/(b)

[l'] **omnibus** ENW GWR
trên (g) lleol

on RHAGENW
ni
❏ On va faire les courses demain. Rydyn
ni'n mynd i siopa yfory. ❏ On a pensé aller
en Bretagne cette année. Roedden ni wedi
meddwl mynd i Lydaw eleni.

rhywun
❑ On m'a volé mon porte-feuille. Mae rhywun wedi dwyn fy waled.
■ **On m'a dit d'attendre ici.** Fe ddywedon nhw wrthyf i i aros yma.
■ **On te demande au téléphone.** Mae galwad ffôn iti.
chi
❑ On peut maintenant visiter le musée sans payer. Gallwch chi ymweld â'r amgueddfa bellach yn rhad ac am ddim. ❑ D'ici on peut voir la côte bretonne. O'r fan hon, gallwch chi weld arfordir Llydaw.

[l'] **oncle** ENW GWR
ewythr (g)

[l'] **onde** ENW BEN
tonfedd (b) *(radio)*
❑ sur les grandes ondes ar y donfedd hir

[l'] **ongle** ENW GWR
ewin (g)
■ **se couper les ongles** torri eich ewinedd
❑ Elle s'est coupé les ongles. Bu hi'n trin ei hewinedd.

ont BERF ▷ *gweler* avoir
■ **Ils ont beaucoup d'amis.** Mae llawer o ffrindiau ganddynt.
■ **Elles ont passé un weekend à Paris.** Fe dreulion nhw benwythnos ym Mharis.

[l'] **ONU** ENW BEN (= *Organisation des Nations unies*)
Cymdeithas (b) y Cenhedloedd Unedig

onze RHIF
un ar ddeg, un deg un
❑ Il a onze ans. Mae ef yn un ar ddeg oed. ❑ à onze heures am un ar ddeg o'r gloch
■ **le onze mars** yr unfed ar ddeg o Fawrth

onzième (BEN **onzième**) ANSODDAIR
unfed ar ddeg
❑ au onzième étage ar yr unfed llawr ar ddeg

[l'] **opéra** ENW GWR
opera (b)

[l'] **opération** ENW BEN
llawdriniaeth (b)

opérer BERF [34]
rhoi llawdriniaeth, cael llawdriniaeth
❑ Il a été opéré de l'appendicite. Cafodd ef lawdriniaeth ar y pendics.
■ **se faire opérer** cael llawdriniaeth ❑ Il s'est fait opérer du cœur. Cafodd lawdriniaeth ar ei galon.

[l'] **opinion** ENW BEN
barn (b)

opposé (BEN **opposée**) ANSODDAIR

▷ *gweler hefyd* opposé ENW
❑ Il est parti dans la direction opposée. Aeth i'r cyfeiriad arall.
■ **être opposé à quelque chose** bod yn erbyn rhywbeth, gwrthwynebu rhywbeth

[l'] **opposé** ENW GWR
▷ *gweler hefyd* opposé ANSODDAIR
(y) gwrthwyneb

opposer BERF [28]
■ **opposer quelqu'un à quelqu'un** gosod rhywun yn erbyn rhywun ❑ Ce match oppose les Français aux Gallois. Mae'r gêm hon yn gosod y Ffrancwyr yn erbyn y Cymry.
■ **s'opposer** gwrthgyferbynnu ❑ Ces deux points de vue s'opposent. Mae'r ddau safbwynt hwn yn groes i'w gilydd/yn gwrthgyferbynnu.
■ **s'opposer à quelque chose** gwrthwynebu rhywbeth ❑ Ses parents s'opposent à notre mariage. Mae ei rhieni yn gwrthwynebu inni briodi.

[l'] **opposition** ENW BEN
gwrthwynebiad (g)
gwrthgyferbyniad (g)
■ **par opposition à** mewn gwrthgyferbyniad â
❑ la musique contemporaine par opposition à la musique classique cerddoriaeth fodern mewn gwrthgyferbyniad â cherddoriaeth glasurol
■ **faire opposition à un chèque** rhwystro siec *(banc)*

[l'] **opticien** ENW GWR
optegydd (g)
❑ Il est opticien. Optegydd yw ef.

[l'] **opticienne** ENW BEN
optegydd (g)
❑ Elle est opticienne. Optegydd yw hi.

optimiste (BEN **optimiste**) ANSODDAIR
optimistaidd, hyderus, gobeithiol

[l'] **option** ENW BEN
opsiwn (g), dewis (g)
■ **une matière à option** pwnc dewisol

[l'] **or** ENW GWR
▷ *gweler hefyd* or CYSYLLTAIR
aur (g)
❑ une bague en or modrwy aur

or CYSYLLTAIR
▷ *gweler hefyd* or ENW
er hynny, fodd bynnag, ond eto
❑ J'étais sûr de gagner, or j'ai perdu. Roeddwn yn sicr o ennill, ond eto colli a wnes i.

[l'] **orage** ENW GWR
storm (b) *(a tharannau)*

orageux (BEN **orageuse**) ANSODDAIR

stormus

oral (BEN **orale**, GWR LLUOSOG **oraux**) ANSODDAIR
▷ *gweler hefyd* **oral** ENW
■ une épreuve orale prawf llafar
■ à prendre par voie orale i'w gymryd drwy'r
geg, i'w lyncu

[l'] **oral** (LLUOSOG [les] **oraux**) ENW GWR
▷ *gweler hefyd* **oral** ANSODDAIR
arholiad (g) llafar
❑ un oral de français arholiad llafar Ffrangeg

[l'] **orange** BEN ENW
▷ *gweler hefyd* **orange** ANSODDAIR
oren (b) *(ffrwyth)*

orange (BEN + LLUOSOG **orange**) ANSODDAIR
▷ *gweler hefyd* **orange** ENW
oren *(lliw)*
❑ des fleurs orange blodau (lliw) oren

[l'] **orchestre** ENW GWR
cerddorfa (b)
❑ un orchestre symphonique cerddorfa
symffoni
band (g)
❑ un orchestre de jazz band jazz

[l'] **ordi** ENW GWR *(anffurfiol)*
cyfrifiadur (g)

ordinaire (BEN **ordinaire**) ANSODDAIR
▷ *gweler hefyd* **ordinaire** ENW
cyffredin
❑ des gens ordinaires pobl gyffredin
arferol
❑ un format ordinaire maint arferol

[l'] **ordinaire** ENW GWR
▷ *gweler* **ordinaire** ANSODDAIR
petrol (g) 2 seren
■ sortir de l'ordinaire bod yn wahanol

[l'] **ordinateur** ENW GWR
cyfrifiadur (g)
■ un ordinateur portable gliniadur

[l'] **ordonnance** ENW BEN
presgripsiwn (g)

ordonné (BEN **ordonnée**) ANSODDAIR
trefnus

ordonner BERF [28]
■ ordonner à quelqu'un de faire quelque
chose gorchymyn i rywun wneud rhywbeth

[l'] **ordre** ENW GWR
trefn (b)
❑ par ordre alphabétique yn nhrefn yr wyddor
■ dans l'ordre mewn trefn ❑ dans le bon
ordre yn y drefn gywir
■ mettre en ordre trefnu yn daclus
■ jusqu'à nouvel ordre nes y clywir yn
wahanol

[les] **ordures** ENW BEN
sbwriel (g)
■ jeter quelque chose aux ordures rhoi
rhywbeth yn y bin, taflu rhywbeth i'r bin

[l'] **oreille** ENW BEN
clust (b)

[l'] **oreiller** ENW GWR
clustog (b), gobennydd (g)

[les] **oreillons** ENW GWR
clwy'r (g) pennau

[l'] **organe** ENW GWR
organ (g) *(yn y corff)*

[l'] **organisateur** ENW GWR
trefnydd (g)

[l'] **organisation** ENW BEN
cymdeithas (b), trefn (b)

[l'] **organisatrice** ENW BEN
trefnydd (g)

organiser BERF [28]
trefnu
■ s'organiser eich trefnu'ch hun ❑ Elle ne sait
pas s'organiser. Dydy hi ddim yn gallu trefnu
ei hun.

[l'] **organisme** ENW GWR
corff (g) *(cyfundrefn)*

[l'] **orgue** GWR ENW
organ (b) *(offeryn)*
❑ Je joue de l'orgue à l'église. Rwy'n canu'r
organ yn yr eglwys.

orgueilleux (BEN **orgueilleuse**) ANSODDAIR
balch

[l'] **Orient** ENW GWR
(y) Dwyrain (g)
❑ en Orient yn y Dwyrain

oriental (BEN **orientale**, GWR LLUOSOG
orientaux) ANSODDAIR
dwyreiniol
❑ un pays oriental gwlad ddwyreiniol
dwyreiniol
❑ la frontière orientale de la France ffin
ddwyreiniol Ffrainc

[l'] **orientation** ENW BEN
cyfeiriad (g)
■ avoir le sens de l'orientation gallu gwybod
eich ffordd yn dda
■ l'orientation professionnelle cynghori
gyrfaoedd

originaire (BEN **originaire**) ANSODDAIR
■ Il est originaire de Paris. Mae'n dod o Baris.

original (BEN **originale**, GWR LLUOSOG
originaux) ANSODDAIR
▷ *gweler hefyd* **original** ENW
gwreiddiol

❑ un film en version originale ffilm yn yr iaith wreiddiol

[l'] **original** (LLUOSOG [les] **originaux**) ENW GWR
▷ *gweler hefyd* **original** ANSODDAIR
gwreiddiol (g)
❑ L'original est au Louvre. Mae'r gwreiddiol yn y Louvre.
■ **un vieil original** hen gymeriad, hen gymeriad doniol

[l'] **origine** ENW BEN
cychwyn (g), dechreuad (g)
■ **à l'origine** ar y cychwyn

[l'] **orphelin** ENW GWR
bachgen (g) amddifad

[l'] **orpheline** ENW BEN
merch (b) amddifad

[l'] **orteil** ENW GWR
bys (g) troed

[l'] **orthographe** ENW BEN
sillafu

[l'] **os** ENW GWR
asgwrn (g)
■ **tomber sur un os** *(anffurfiol)* taro yn erbyn rhwystr

oser BERF [28]
meiddio, mentro
■ **oser faire quelque chose** meiddio gwneud rhywbeth

[l'] **otage** ENW GWR
gwystl (g)

ôter BERF [28]
tynnu i ffwrdd
❑ Il a ôté son manteau. Fe dynnodd ei got i ffwrdd.
tynnu
❑ 6 ôté de 10 égale 4. Mae 10 tynnu 6 yn gwneud 4.

ou CYSYLLTAIR
neu
■ **ou ... ou ...** naill ai ... neu ...
■ **ou bien** neu fel arall ❑ On pourrait aller au restaurant ou bien dîner à la maison. Fe allen ni fynd i'r tŷ bwyta neu gael swper gartref.

où RHAGENW, ADFERF
ble
❑ Où est Siân? Ble mae Siân? ❑ Où vas-tu? Ble wyt ti'n mynd? ❑ Je ne sais pas où il est. Wn i ddim ble mae ef. ❑ la ville où je suis né y dref lle y cefais fy ngeni ❑ la région d'où je viens y rhanbarth yr wyf yn dod ohoni
pan
❑ Je me souviens le jour où elle est partie. Rwy'n cofio'r diwrnod pan adawodd hi.

■ **Par où vas-tu passer?** Pa ffordd wyt ti'n bwriadu mynd arni?

[l'] **ouate** ENW BEN
wadin (g)

oublier BERF [19]
anghofio
❑ N'oubliez pas de fermer la porte à clé. Peidiwch ag anghofio cloi'r drws.
gadael
❑ J'ai oublié mes clés sur la table. Rydw i wedi gadael fy ngoriadau/allweddi ar y bwrdd.

[l'] **ouest** ENW GWR
▷ *gweler hefyd* **ouest** ANSODDAIR
gorllewin (g)
❑ Je vis dans l'ouest du pays de Galles. Rwy'n byw yng ngorllewin Cymru.
■ **à l'ouest de Rouen** i'r gorllewin o Rouen
■ **vers l'ouest** tua'r gorllewin
■ **l'Europe de l'Ouest** Gorllewin Ewrop
■ **le vent d'ouest** gwynt y gorllewin

ouest (BEN+LLUOSOG **ouest**) ANSODDAIR
▷ *gweler hefyd* **ouest** ENW
gorllewin, gorllewinol
❑ la côte ouest de la France arfordir gorllewinol Ffrainc ❑ la partie ouest du pays rhan orllewinol y wlad

ouf EBYCHIAD
whiw!

oui ADFERF
ie (*'oes', 'do', 'ydy' ac ati*)

[l'] **ouragan** ENW GWR
corwynt (g)

[l'] **ourlet** ENW GWR
hem (b/g)

[l'] **ours** ENW GWR
arth (b)
■ **un ours en peluche** tedi, tedi-bêr

[l'] **outil** ENW GWR
offeryn (g), teclyn (g)

outré (BEN **outrée**) ANSODDAIR
wedi eich gwylltio'n gandryll/wedi eich digio
❑ J'ai été outré de son insolence. Fe'm gwylltiwyd gan ei haerllugrwydd.

ouvert BERF ▷ *gweler* **ouvrir**

ouvert (BEN **ouverte**) ANSODDAIR
yn agored, ar agor
❑ Le magasin est ouvert. Mae'r siop ar agor.
i redeg
❑ Elle a laissé le robinet ouvert. Mae hi wedi gadael y tap i redeg.
■ **avoir l'esprit ouvert** bod â meddwl agored

[l'] **ouverture** ENW BEN
agor

❏ les heures d'ouverture oriau agor

[l'] **ouvre-boîte** ENW GWR
   agorwr (g) tuniau

[l'] **ouvre-bouteille** ENW GWR
   agorwr (g) poteli

[l'] **ouvreuse** ENW BEN
   tywyswraig (b)

[l'] **ouvrier** ENW GWR
   gweithiwr (g)
   ❏ Mon père est ouvrier dans une usine. Mae fy
   nhad yn weithiwr mewn ffatri.

[l'] **ouvrière** ENW BEN
   gweithwraig (b)

ouvrir BERF [55]
   agor
   ❏ Ouvrez! Agorwch! ❏ J'ai ouvert la porte.
   Agorais i'r drws.
   ■ **s'ouvrir** agor ❏ La porte s'est ouverte.
   Agorodd y drws.

ovale (BEN **ovale**) ANSODDAIR
   hirgrwn

[l'] **ovni** ENW GWR (= *objet volant non identifié*)
   UFO (g) (*gwrthrych hedegog anhysbys*)

[l'] **oxygène** ENW GWR
   ocsigen (g)

[l'] **ozone** ENW GWR
   oson (g)

Pp

[le] **Pacifique** ENW
❑ l'océan Pacifique y Môr Tawel

[le] **pacifiste** ENW
heddychwr (g), heddychwraig (b)

[la] **pagaille** ENW
llanast (g), anhrefn (g)/(b)
❑ Quelle pagaille! Dyna lanast!

[la] **page** ENW
tudalen (g)/(b)
❑ Tournez la page. Trowch y dudalen.
■ **la page d'accueil** tudalen gartref (ar y we)

[la] **paie** ENW
tâl (g), cyflog (g)

[le] **paiement** ENW
taliad (g)

[le] **paillasson** ENW
mat (g) drws

[la] **paille** ENW
gwelltyn (g) (i yfed trwyddo)

[le] **pain** ENW
bara (g)
❑ un morceau de pain darn o fara ❑ une tranche de pain tafell o fara
torth
❑ J'ai acheté un pain. Fe brynais i dorth o fara.
■ **le pain complet** bara cyflawn
■ **le pain d'épice** torth sinsir
■ **le pain de mie** torth dun/frechdanau
■ **le pain grillé** tost

pair (BEN **paire**) ANSODDAIR
▷ gweler hefyd **paire** ENW
cydradd (g)/(b)
❑ un nombre pair eilrif
■ **une jeune fille au pair** merch au pair

[la] **paire** ENW
▷ gweler hefyd **paire** ANSODDAIR
pâr (g)
❑ une paire de chaussures pâr o esgidiau

paisible (BEN **paisible**) ANSODDAIR
tawel, distaw, heddychlon
❑ un village paisible pentref tawel

[la] **paix** ENW

heddwch (g)
llonyddwch (g)
■ **faire la paix** cymodi â rhywun
❑ Les deux pays en guerre ont fait la paix. Mae'r ddwy wlad a oedd yn rhyfela wedi cymodi â'i gilydd. ❑ Michel a fait la paix avec sa sœur. Mae Michel wedi cymodi â'i chwaer.
■ **avoir la paix** cael ychydig o lonyddwch/ dawelwch. ❑ J'aimerais bien avoir la paix. Hoffwn i gael ychydig o lonyddwch. (anffurfiol)
■ **Fiche-moi la paix!** Gad lonydd imi!

[le] **palais** ENW
palas (g)
❑ le palais de l'Élysée Palas yr Élysée
taflod (g) (y genau, y geg)

pâle (BEN **pâle**) ANSODDAIR
gwelw, llwyd
❑ bleu pâle glas golau

[la] **Palestine** ENW
Palesteina (b)

[la] **pâleur** ENW
gwelwder (g), llwydni (g)

[le] **palier** ENW
pen (g) y grisiau
❑ Elle m'attendait sur le palier. Roedd hi'n aros amdanaf ar ben y grisiau.

pâlir BERF [38]
gwelwi

[la] **palme** ENW
ffliper (b) (i nofio)

palmé (BEN **palmée**) ANSODDAIR
gweog
❑ Les cygnes ont les pieds palmés. Mae gan elyrch draed gweog.

[le] **palmier** ENW
palmwydden (b)

palpitant (BEN **palpitante**) ANSODDAIR
cyffrous, cynhyrfus
❑ un roman palpitant nofel gyffrous

[le] **pamplemousse** ENW
grawnffrwyth (g)

[le] **panaché** ENW

P

siandi (g)

[la] **pancarte** ENW
arwydd (g), hysbysiad (g)
❏ Il y a une pancarte dans la vitrine. Mae yna hysbysiad ar y ffenest.

pané (BEN **panée**) ANSODDAIR
wedi ei ffrio mewn briwsion
❏ du poisson pané pysgodyn wedi ei ffrio mewn briwsion

[le] **panier** ENW
basged (b)

[la] **panique** ENW
panig (g), dychryn (g)

paniquer BERF [28]
panicio, cynhyrfu

[la] **panne** ENW
torri i lawr
■ **être en panne** bod wedi torri i lawr
❏ L'ascenseur est en panne. 'Dyw'r lifft ddim yn gweithio.
■ **tomber en panne** torri i lawr ❏ Ma voiture est tombée en panne sur l'autoroute. Fe dorrodd fy nghar i lawr ar y draffordd.
■ **Nous sommes tombés en panne d'essence.** Mi redon ni allan o betrol.
■ **une panne de courant** toriad trydan

[le] **panneau** (LLUOSOG [les] **panneaux**) ENW
arwydd (g), arwyddbost (g)
❏ Ce panneau dit que la maison est à vendre. Mae'r arwydd hwn yn dweud bod y tŷ ar werth.
■ **panneau d'affichage (1)** hysbysfwrdd
■ **panneau d'affichage (2)** hysbysfwrdd cyrraedd a gadael (mewn gorsaf)
■ **un panneau d'affichage (3)** hysbysfwrdd (ar y rhyngrwyd)

[le] **panorama** ENW
panorama (g)

[le] **pansement** ENW
rhwymyn (g), bandais (g)
plastr (g)

[le] **pantalon** ENW
trowsus (g)
❏ Mon pantalon est trop court. Mae fy nhrowsus yn rhy fyr.
■ **un pantalon de ski** trowsus sgïo

[la] **panthère** ENW
panther (g)

[la] **pantoufle** ENW
sliper (b)

[la] **PAO** TALFYRIAD (= publication assistée par ordinateur)
cyhoeddi bwrdd gwaith, cyhoeddi trwy gymorth cyfrifiadur

[le] **paon** ENW
paun (g)

[le] **papa** ENW
dad (g), dadi (g)

[le] **pape** ENW
Pab (g)

[la] **papeterie** ENW
siop (b) bapur, deunyddiau ysgrifennu

[le] **papi** ENW
taid (g), tad-cu (g) (anffurfiol)

[le] **papier** ENW
papur (g)
❏ une feuille de papier dalen o bapur
■ **Vos papiers, s'il vous plaît.** Eich dogfennau, os gwelwch yn dda.
■ **les papiers d'identité** dogfennau adnabod, papurau adnabod
■ **le papier à lettres** papur ysgrifennu
■ **le papier hygiénique** papur tŷ bach
■ **le papier peint** papur wal

[le] **papillon** ENW
glöyn (g) byw, iâr (b) fach yr haf, pili-pala (g)

[le] **paquebot** ENW
llong (b) deithio, llong fawr, leiner (b)

[la] **pâquerette** ENW
llygad (g) y dydd

Pâques ENW GWR
y Pasg (g)
❏ Je passerai te voir à Pâques. Galwa i i dy weld adeg y Pasg.
■ **les œufs de Pâques** wyau Pasg

[le] **paquet** ENW
paced (g), pecyn (g)
❏ Je vais prendre ce paquet de chewing-gums. Fe gymerai y paced hwn o wm cnoi.
parsel (g)
❏ Ses parents lui ont envoyé un paquet. Anfonodd ei rieni barsel ato.

[le] **paquet-cadeau** (LLUOSOG [les] **paquets-cadeaux**) ENW
anrheg (b) wedi ei lapio
❏ La vendeuse m'a fait un paquet-cadeau. Lapiodd y werthwraig yr anrheg i mi.

par ARDDODIAD
gan
❏ L'Amérique a été découverte par Christophe Colomb. Darganfuwyd America gan Christopher Columbus.
■ **deux par deux** bob yn ddau, fesul dau
❏ Les élèves sont entrés deux par deux. Aeth y disgyblion i mewn fesul dau.
gyda
❏ Mon prénom commence par un M. Mae fy

P

enw yn dechrau ag 'M'.

allan o, trwy

❏ Il regardait par la fenêtre. Edrychai ef drwy'r ffenest. ❏ par habitude o arfer, drwy arferiad

heibio

❏ Nous sommes passés par Brest pour aller à Quimper. Aethon ni heibio Brest er mwyn mynd i Quimper.

trwy

❏ Il faut passer par la douane avant de prendre l'avion. Rhaid mynd drwy'r dollfa cyn dal yr awyren.

y

❏ Prenez deux cachets par jour. Cymerwch ddau dabled y dydd. ❏ Le voyage coûte trois mille euros par personne. Mae'r daith yn costio tair mil ewro yr un.

■ **par ici (1)** y ffordd yma ❏ Il faut passer par ici, c'est plus direct. Rhaid i chi fynd y ffordd yma, mae'n sythach.

■ **par ici (2)** y fan yma, yn y cyffiniau ❏ Il y a beaucoup de touristes par ici. Mae llawer o dwristiaid yn y fan yma.

■ **par-ci, par-là** yma ac acw

[le] **parachute** ENW

parasiwt (g)

[le/la] **parachutiste** ENW

parasiwtydd (g)

[le] **paradis** ENW

paradwys (b)

[les] **parages** ENW GWR

■ **dans les parages** yn yr ardal/y cyffiniau ❏ Il n'y a pas de garage dans les parages. 'Does dim garej yn y cyffiniau.

[le] **paragraphe** ENW

paragraff (g)

paraître BERF [56]

ymddangos, edrych yn

❏ Ça paraît incroyable. Mae'n edrych yn anhygoel.

edrych, ymddangos

❏ Il paraît plus jeune que son frère. Mae'n edrych yn iau na'i frawd.

■ **il paraît que** mae'n ymddangos fod/mai ❏ Il paraît que c'est la faute du directeur. Mae'n ymddangos mai'r rheolwr sydd ar fai.

[le] **parallèle** ENW

▷ *gweler hefyd* **la parallèle**

tebygrwydd (g)

❏ J'ai fait un parallèle entre ces deux événements. Mi ddes i o hyd i debygrwydd rhwng y ddau ddigwyddiad hwn.

[la] **parallèle** ENW

▷ *gweler hefyd* **le parallèle**

cyflin (b), cyflinell (b)

paralysé (BEN **paralysée**) ANSODDAIR

wedi ei barlysu/ei pharlysu

[le] **parapluie** ENW

ymbarél (g)/(b)

[le] **parasol** ENW

parasol (g)

[le] **parc** ENW

parc (g)

❏ Le dimanche, on va se promener au parc. Ar ddydd Sul, rydym yn mynd am dro yn y parc.

■ **un parc d'attractions** parc difyrion/pleserau

■ **un parc éolien** fferm melinau gwynt ❏ Le manoir est situé au milieu d'un très grand parc. Mae'r maenordy wedi ei leoli mewn parc enfawr.

parce que CYSYLLTAIR

achos, oherwydd, gan mai

❏ Je ne suis pas venu parce que je n'avais pas de voiture. 'Ddes i ddim gan nad oedd gen i gar.

[le] **parcmètre** ENW

mesurydd (g) parcio

parcourir BERF [16]

teithio

❏ Pierre a parcouru cent kilomètres à vélo. Teithiodd Pierre gan cilometr ar y beic.

edrych dros/drwy

❏ J'ai parcouru le journal d'aujourd'hui. Edrychais i drwy bapur newydd heddiw.

[le] **parcours** ENW

taith (b)

par-dessous ADFERF

o dan, danodd

❏ Elle portait un pull et un chemisier par-dessous. Roedd hi'n gwisgo siwmper a blows o dan y cyfan.

par-dessus ADFERF, ARDDODIAD

dros, dros ben

❏ J'ai porté un chemisier et un pull blanc par-dessus. Gwisgais i flows a siwmper wen dros ben popeth. ❏ Il a sauté par-dessus le mur. Fe neidiodd ef dros y wal.

■ **en avoir par-dessus la tête** cael hen ddigon ar ❏ Il en a par-dessus la tête de tous ces problèmes. Mae ef wedi cael hen ddigon ar yr holl broblemau hyn.

[le] **pardessus** ENW

côt (b) fawr

[le] **pardon** ENW

▷ *gweler hefyd* **pardon** EBYCHIAD

maddeuant (g), pardwn (g)

pardon EBYCHIAD

▷ *gweler hefyd* **pardon** ENW
sori, esgusodwch fi, mae'n ddrwg gen i.
❏ Oh, pardon! J'espère que je ne t'ai pas fait
mal. Esgusoda fi! Dwi'n gobeithio na wnes i dy
frifo fi.
■ **demander pardon à quelqu'un**
ymddiheuro i rywun ❏ Je leur ai demandé
pardon. Ymddiheurais i iddyn nhw
■ **Je vous demande pardon.** Rwy'n
ymddiheuro, mae'n ddrwg gen i.
esgusodwch fi
❏ Pardon, madame! Pouvez-vous me dire où se
trouve la gare? Esgusodwch fi, madam, allwch
chi ddweud wrtha'i ble mae'r orsaf?
Beth?, Pardwn?
❏ Pardon? Je n'ai pas compris ce que tu as dit.
Beth? Ddeallais i ddim beth ddywedaist ti.

pardonner BERF [28]
maddau, esgusodi
❏ Je te pardonne de m'avoir menti. Rwy'n
maddau iti am ddweud celwydd wrtha' i.

[le] **pare-brise** (LLUOSOG [les] **pare-brise**) ENW
ffenestr (b) flaen *(car)*

[le] **pare-chocs** ENW
bymper (g) *(car)*

pareil (BEN **pareille**) ANSODDAIR
tebyg, cyffelyb, yr un peth
❏ Ces deux chemises ne sont pas pareilles.
'Dydy'r ddau grys yma ddim yn debyg.
un tebyg
❏ J'aime bien sa voiture. J'en voudrais une
pareille. Dwi'n hoff iawn o'i gar. Hoffwn i gael
un tebyg.
o'r fath
❏ Je ne vais pas écouter des bêtises pareilles.
'Wna i ddim gwrando ar ddwli/lol o'r fath.
■ **sans pareil** heb ei debyg, heb ei gyfartal,
heb ei gyffelyb ❏ un talent sans pareil dawn
heb ei thebyg

[la] **parenthèse** ENW
cromfach (b)
❏ entre parenthèses mewn cromfachau

[les] **parents** ENW GWR
rhieni (ll) *(mam a dad)*
perthynas
❏ parents et amis ffrindiau a pherthnasau

[la] **paresse** ENW
diogi (g)

paresseux (BEN **paresseuse**) ANSODDAIR
diog

parfait (BEN **parfaite**) ANSODDAIR
perffaith

parfaitement ADFERF
yn berffaith

❏ Elle parle parfaitement le français. Mae hi'n
siarad Ffrangeg yn berffaith.

parfois ADFERF
weithiau, ar adegau

[le] **parfum** ENW
persawr (g), arogl (g)
blas (g)
❏ Je voudrais une glace. Quel parfum voulez-
vous? Hoffwn i gael hufen iâ. Pa flas hoffech
chi?

parfumé (BEN **parfumée**) ANSODDAIR
persawrus
❏ une fleur très parfumée blodyn persawrus
â blas
❏ une glace parfumée à la fraise hufen iâ â blas
mefus

[la] **parfumerie** ENW
siop (b) bersawr

[le] **pari** ENW
bet (b)

parier BERF [19]
betio

Paris ENW
Paris (b)
■ **à Paris (1)** ym Mharis
■ **à Paris (2)** i Baris

parisien (BEN **parisienne**) ANSODDAIR, ENW
o Baris
❏ un célèbre acteur parisien actor enwog o
Baris
Paris
❏ le métro parisien Metro Paris
■ **un Parisien** Parisiad *(dyn)*
■ **une Parisienne** Parisiad *(dynes)*

[le] **parking** ENW
maes (g) parcio

[le] **parlement** ENW
senedd (b)

parler BERF [28]
siarad
❏ Vous parlez français? Ydych chi'n siarad
Ffrangeg? ❏ J'étais en train de parler quand le
téléphone a sonné. Roeddwn i wrthi'n siarad
pan ganodd y ffôn.
■ **parler de quelque chose à quelqu'un**
siarad/dweud wrth rywun am rywbeth
❏ Il m'a parlé de sa nouvelle copine. Fe
siaradodd ef â mi am ei gariad newydd.

parmi ARDDODIAD
ymysg, ymhlith
❏ Nous étions parmi les meilleurs de la classe.
Roedden ni ymysg y goreuon yn y dosbarth.

[la] **paroi** ENW

P

wal (b), pared (g)

[la] **paroisse** ENW
plwyf (g)

[la] **parole** ENW
lleferydd (g)
dawn (b) siarad
❑ l'usage de la parole pŵer dawn siarad
gair (g)
❑ Elle m'a donné sa parole. Fe roddodd hi ei gair imi. ❑ Il a tenu parole. Cadwodd ef at ei air.
■ **les paroles** geiriau (cân) ❑ J'adore les paroles de cette chanson. Rydw i wrth fy modd â geiriau'r gân hon.

[le] **parquet** ENW
llawr (g) *(pren)*

[le] **parrain** ENW
tad (g) bedydd

parrainer BERF [28]
noddi
❑ Une entreprise locale parraine notre équipe de foot. Mae cwmni lleol yn noddi ein tîm pêl-droed.

pars BERF ▷ *gweler* **partir**

[la] **part** ENW
rhan (b)
❑ Tu n'as pas eu ta part. Dwyt ti ddim wedi cael dy ran di.
darn (g), tamaid (g)
❑ une part de gâteau darn o gacen
■ **prendre part à quelque chose** cymryd rhan mewn rhywbeth ❑ Elle va prendre part à la réunion. Mae hi'n mynd i gymryd rhan yn y cyfarfod.
■ **de la part de (1)** ar ran ❑ Je dois te remercier de la part de mes parents. Rhaid imi ddiolch i ti ar ran fy rhieni.
■ **de la part de (2)** oddi wrth, gan ❑ C'est un cadeau de la part de Françoise. Anrheg yw hwn oddi wrth Françoise.
■ **à part** ar wahân i ❑ Les copains sont tous venus, à part Bernard. Daeth y ffrindiau i gyd, ar wahân i Bernard.

partager BERF [45]
rhannu
❑ Nous partagions un appartement. Roedden ni'n rhannu fflat.
rhannu, torri
❑ Elle a partagé le gâteau en six. Fe dorrodd hi'r gacen yn chwe darn.

[le/la] **partenaire** ENW
cymar (g), cymhares (b)
partner (g), partneres (b)

[le] **parti** ENW
plaid (b)

❑ le Parti travailliste y Blaid Lafur

[le] **participant** ENW
cystadleuydd (g), cyfranogwr (g), un (g) sy'n cymryd rhan

[la] **participante** ENW
cystadleuydd (g), cyfranogwraig (b), un (b) sy'n cymryd rhan

[la] **participation** ENW
cyfranogaeth (g)

[le] **participe** ENW
rhangymeriad (g) *(gramadeg)*
■ **le participe passé** y rhangymeriad gorffennol
■ **le participe présent** y rhangymeriad presennol

participer BERF [28]
■ **participer à quelque chose (1)** cymryd rhan mewn/yn rhywbeth ❑ Elle va participer à la course. Mae hi'n mynd i gymryd rhan yn y ras.
■ **participer à quelque chose (2)** cyfranogi o rywbeth ❑ Moi, je vais participer aux frais de voyage. Rydw i'n mynd i gyfranogi o'r costau teithio.

[la] **particularité** ENW
nodwedd (b)

particulier (BEN **particulière**) ANSODDAIR
preifat
❑ une maison particulière tŷ preifat
arbennig, neilltuol
❑ Ce fromage a un goût particulier. Mae blas arbennig i'r caws hwn.
penodol, arbennig
❑ Dans ce cas particulier, nous ne pouvons rien faire. Yn yr achos arbennig hwn, allwn ni wneud dim.
■ **en particulier (1)** yn arbennig, yn enwedig ❑ J'adore regarder les films, en particulier les films de science-fiction. Rwyf wrth fy modd yn gwylio ffilmiau, yn enwedig ffilmiau ffuglen wyddonol.
■ **en particulier (2)** yn breifat ❑ Est-ce que je peux te parler en particulier? Alla' i siarad â ti yn breifat?

particulièrement ADFERF
yn enwedig, yn arbennig

[la] **partie** ENW
rhan (b)
❑ Une partie du groupe partira demain. Bydd un rhan o'r grŵp yn gadael yfory.
gêm (b)
❑ Tu as envie de faire une partie de golf? Oes arnat ti awydd gêm o golff? ❑ une partie de cartes gêm o gardiau
■ **en partie** yn rhannol ❑ Cela explique en

partie le problème. **Mae hynny'n esbonio rhan o'r broblem.**

■ **en grande partie** i raddau helaeth ❑ Cette histoire est en grande partie vraie. **Mae'r stori hon yn wir i raddau helaeth.**

■ **faire partie de** bod yn rhan o ❑ Je fais partie d'une équipe de foot. **Rydw i'n rhan o dîm pêl-droed.**

partiel (BEN **partielle**) ANSODDAIR
rhannol

partir BERF [57]
mynd
gadael, ymadael
❑ Ils étaient déjà partis. **Roedden nhw eisoes wedi gadael.**

■ **partir en week-end** mynd i fwrw'r penwythnos, mynd i ffwrdd dros y penwythnos
■ **partir de** gadael o, ymadael o ❑ Je suis parti de chez-moi à six heures. **Gadewais i o'm cartref am chwech o'r gloch.**

■ **à partir de** o… ymlaen ❑ Je serai chez moi à partir de quatre heures. **Byddaf gartref o 4 o'r gloch ymlaen.**

[la] **partition** ENW
sgôr (b) *(cerddorol)*
❑ une partition de piano **sgôr i'r piano**

partout ADFERF
ym mhobman

paru BERF ▷ *gweler* **paraître**

[la] **parution** ENW
cyhoeddiad (b), cyhoeddi
❑ Ce livre a eu un succès dès sa parution. **Pan gyhoeddwyd y llyfr hwn, cafodd lwyddiant ysgubol.**

parvenir BERF [89]
■ **parvenir à faire quelque chose** llwyddo i wneud rhywbeth ❑ Ils sont finalement parvenus à traverser la rivière. **Fe lwyddon nhw o'r diwedd i groesi'r afon.**

■ **faire parvenir quelque chose à quelqu'un** anfon rhywbeth at rywun ❑ Je te ferai parvenir le colis pour demain. **Fe anfona' i'r parsel yma atat ti erbyn yfory.**

pas ADFERF
▷ *gweler hefyd* **pas** ENW
■ **ne … pas** ni(d)… ddim ❑ Je ne veux pas! **Dydw i ddim eisiau!** ❑ Il n'est pas venu. **'Ddaeth ef ddim.** ❑ Je n'ai pas d'argent. **'Does gen i ddim arian**

■ **Tu viendras au cinéma, n'est-ce pas?** Fe ddoi di i'r sinema, oni ddoi di?
■ **On s'est bien amusé, n'est-ce pas?** Fe gawson ni hwyl, on'd do?

■ **pas moi** nid fi ❑ Il veut voir cette émission,

pas moi. **Mae o eisiau gwylio'r rhaglen yma, ond dydw i ddim.**

■ **pas du tout** dim o gwbl ❑ Je n'aime pas du tout le vin. **Dydw i ddim yn hoffi gwin o gwbl.**

■ **pas mal** gweddol dda, eithaf da ❑ Ce n'est pas mal comme effort. **Mae'n ymdrech weddol dda.** ❑ Comment vas-tu? Pas mal, merci. **Sut wyt ti? Eitha' da, diolch.**

■ **pas mal de** eithaf tipyn (o), cryn dipyn (o) ❑ Ils ont pas mal d'argent. **Mae ganddyn nhw gryn dipyn o arian.**

[le] **pas** ENW
▷ *gweler hefyd* **pas** ADFERF
cyflymder (g), cyflymdra (g)
❑ Elle marchait d'un pas rapide. **Roedd hi'n cerdded yn gyflym.**

cam (g)
❑ Il a fait un pas en avant. **Cymerodd gam ymlaen.** ❑ un pas en arrière **cam yn ôl**
cerddediad (g), cerdded
❑ On a entendu des pas dans l'escalier. **Clywson ni rywun yn cerdded ar y grisiau.**

■ **au pas** ar gyflymder cerdded ❑ Le cheval est parti au pas. **Cychwynnodd y ceffyl ar gyflymder cerdded.**

■ **faire les cent pas** cerdded yn ôl ac ymlaen ❑ Elle faisait les cent pas dans le couloir. **Cerddai yn ôl ac ymlaen ar hyd y coridor.**

[le] **passage** ENW
darn (g), rhan (b)
❑ J'ai dû traduire un passage de ce livre pour mon examen. **Gorfu imi gyfieithu darn o'r llyfr hwn ar gyfer fy arholiad.**

■ **J'ai été éclaboussé au passage de la voiture. Cefais fy sblasio gan gar yn mynd heibio.**

■ **de passage** achlysurol, dros dro ❑ Nous étions de passage à Nîmes. **Roedden ni ar ein fforrdd drwy Nîmes.**

■ **un passage à niveau** croesfan
■ **un passage clouté** croesfan cerddwyr
■ **un passage protégé** hawl tramwy
■ **un passage souterrain** isffordd

passager (BEN **passagère**) ANSODDAIR
▷ *gweler hefyd* **passager** ENW, **passagère** ENW
dros dro
byr

[le] **passager** ENW
▷ *gweler hefyd* **passager** ANSODDAIR
teithiwr (g)
■ **un passager clandestin** teithiwr cudd

[la] **passagère** ENW
▷ *gweler hefyd* **passagère** ANSODDAIR
teithwraig (b)

P

[le] **passant** ENW
cerddwr (g), un sy'n mynd heibio

[la] **passante** ENW
cerddwraig (b), un sy'n mynd heibio

passé (BEN **passée**) ANSODDAIR
▷ *gweler hefyd* **passé** ENW
diwethaf
❏ Je lui ai parlé la semaine passée. Siaradais i ag ef yr wythnos ddiwethaf.
ar ôl, wedi
❏ Il est minuit passé. Mae hi wedi hanner nos.

[le] **passé** ENW
▷ *gweler hefyd* **passé** ANSODDAIR
gorffennol (g)
❏ dans le passé yn y gorffennol
yr amser gorffennol
❏ Mettez ce verbe au passé. Rhowch y ferf hon yn yr amser gorffennol.
■ **le passé composé** y gorffennol perffaith, yr amser perffaith
■ **le passé simple** y gorffennol syml/ hanesyddol

[le] **passeport** ENW
pasbort (g)

passer BERF [58]
mynd drwy, croesi
❏ Nous avons passé la frontière allemande. Fe groeson ni ffin yr Almaen.
mynd heibio
❏ Il faut passer la douane en sortant du pays. Rhaid mynd heibio'r dollfa wrth adael y wlad.
treulio
❏ J'ai passé la journée au lit à cause de la grippe. Mi dreuliais i'r diwrnod yn y gwely oherwydd y ffliw. ❏ Nous passons toujours nos vacances en France. Rydyn ni wastad yn treulio ein gwyliau yn Ffrainc.
sefyll
❏ Je vais passer mon examen de français demain après-midi. Byddaf yn sefyll fy arholiad Ffrangeg brynhawn yfory.
pasio
❏ Passez-moi le sel, s'il vous plaît. Wnewch chi basio'r halen imi, os gwelwch yn dda?
bod ymlaen
❏ On passe 'Amélie' au cinéma cette semaine. Mae 'Amélie' ymlaen yn y sinema yr wythnos hon.
galw heibio, mynd i dŷ rhywun
❏ Passez chez moi ce soir. Galwch heibio fy nhŷ i heno.
■ **passer à la radio** bod/mynd ar y radio
❏ Mon ami passe à la radio ce soir. Mae fy ffrind ar y radio heno.

■ **passer à la télévision** bod/mynd ar y teledu
❏ 'Chocolat' passe à la télé demain soir. Mae 'Chocolat' ar y teledu nos yfory.
■ **Ne quittez pas, je vous passe Monsieur Féroc.** Daliwch ar y lein, dyma Monsieur Féroc ichi.
■ **passer par** mynd drwy ❏ Nous sommes passés par Roscoff pour aller à Brest. Aethon ni drwy Roscoff er mwyn mynd i Brest.
■ **en passant** wrth fynd heibio ❏ Il m'a dit en passant qu'il allait se marier. Dywedodd wrth fynd heibio ei fod yn mynd i briodi.
■ **laisser passer** gadael rhywun (i fynd) heibio /drwodd ❏ Il m'a laissé passer. Gadawodd imi fynd drwodd.
■ **se passer (1)** digwydd ❏ Cette histoire se passe en France. Mae'r stori hon yn digwydd yn Ffrainc.
■ **se passer (2)** mynd ❏ Comment s'est passée la réunion? Sut aeth y cyfarfod?
■ **se passer (3)** digwydd ❏ Qu'est-ce qui s'est passé? Un accident? Beth ddigwyddodd? Ai damwain?
bod
■ **Qu'est-ce qui se passe? Pourquoi est-ce que tu pleures?** Beth sy'n bod? Pam wyt ti'n crio/llefain?
■ **se passer de** mynd/gwneud heb rywbeth
❏ Je me passerai de mon petit déjeuner ce matin. Fe wna'i heb fy mrecwast y bore' ma.

[la] **passerelle** ENW
pompren (b), pont (b) droed *(dros afon)*
gangwe (b) *(ar awyren, cwch)*

[le] **passe-temps** ENW
hobi (b), diddordeb (b)

passif (BEN **passive**) ANSODDAIR
▷ *gweler hefyd* **passif** ENW
goddefol

[le] **passif** ENW
▷ *gweler hefyd* **passif** ANSODDAIR
goddefol (g)
❏ Mettez ce verbe au passif. Rhowch y ferf hon yn y goddefol.

[la] **passion** ENW
angerdd (g)

passionnant (BEN **passionnante**) ANSODDAIR
diddorol iawn, hudol, swynol

passionné (BEN **passionnée**) ANSODDAIR
brwd
❏ Je suis un lecteur passionné. Rwy'n ddarllenwr brwd.
■ **Il est passionné de voitures.** Mae ef wrth ei fodd â cheir.

passionner BERF [28]

■ **Mon travail me passionne.** Rydw i wrth fy modd â fy ngwaith.

■ **se passionner pour quelque chose** bod yn frwd dros/am rywbeth, bod wrth eich bodd â rhywbeth ❏ Marie se passionne pour les chiens. Mae Marie wrth ei bodd â chŵn.

[la] **passoire** ENW
rhidyll (g)

[la] **pastèque** ENW
melon (g) dŵr

[le] **pasteur** ENW
gweinidog (g) *(Protestant)*
offeiriad (g) *(Pabyddol)*

[la] **pastille** ENW
pastil (g)

[la] **patate** ENW
taten (b)
■ **une patate douce** taten felys

[la] **pâte** ENW
crwst (g)
toes (g)
cytew (g)
■ **la pâte à crêpes** cytew crempog
■ **la pâte à modeler** clai
■ **la pâte d'amandes** marsipan

[le] **pâté** ENW
pate (g)
❏ J'adore le pâté. Rwyf wrth fy modd â phate.
■ **un pâté de maisons** bloc o dai

paternel (BEN **paternelle**) ANSODDAIR
■ **mon grand-père paternel** fy nhaid ar ochr fy nhad
■ **ma tante paternelle** fy modryb sy'n chwaer i'm tad

[les] **pâtes** ENW BEN
pasta (g)

[la] **patience** ENW
amynedd (g)

patient (BEN **patiente**) ANSODDAIR
▷ *gweler hefyd* **patient** ENW, **patiente** ENW
amyneddgar

[le] **patient** ENW
▷ *gweler hefyd* **patient** ANSODDAIR
claf (g)

[la] **patiente** ENW
▷ *gweler hefyd* **patiente** ANSODDAIR
claf (g), merch (b) glaf

patienter BERF [28]
aros
❏ Veuillez patienter un instant, s'il vous plaît. Arhoswch am funud, os gwelwch yn dda.

[le] **patin** ENW
esgid (g) sglefrio

❏ Elle a enfilé ses patins. Gwisgodd ei hesgidiau sglefrio.
sglefrio
❏ Nous faisons du patin tous les samedis. Rydyn ni'n mynd i sglefrio bob dydd Sadwrn.
■ **les patins à glace** esgidiau sglefrio *(ar rew)*
■ **les patins en ligne** Rollerblades ® llafnrolwyr
■ **les patins à roulettes** esgidiau sglefrolio

[le] **patinage** ENW
sglefrio
■ **le patinage artistique** sglefrio ffigurau

patiner BERF [28]
sglefrio

[le] **patineur** ENW
sglefriwr (g)

[la] **patineuse** ENW
sglefrwraig (b)

[la] **patinoire** ENW
llawr (g) sglefrio

[la] **pâtisserie** ENW
siop (b) deisennau/gacennau
■ **faire de la pâtisserie** gwneud teisennau/cacennau ❏ Maman adore faire de la pâtisserie. Mae Mam wrth ei bodd yn gwneud teisennau/cacennau.
■ **les pâtisseries** teisennau, cacennau

[le] **pâtissier** ENW
teisennwr (g), cacennwr (g)

[la] **pâtissière** ENW
teisenwraig (b), cacenwraig (b)

[la] **patrie** ENW
mamwlad (b)

[le] **patron** ENW
pennaeth (g), bòs (g)
patrwm (g) *(i ddylunio dillad)*

[la] **patronne** ENW
pennaeth (g), bòs (g)
■ **Elle est patronne de café.** Mae hi'n berchen ar gaffi.

patronner BERF [28]
noddi
❏ Le concert est patronné par des entreprises locales. Caiff y cyngerdd ei noddi gan fusnesau lleol.

[la] **patrouille** ENW
patrol (g)

[la] **patte** ENW
pawen (b) coes *(ci, cath)*
coes (b), troed (g)/(b) *(aderyn, anifail)*

paumer BERF [28]
colli *(anffurfiol)*
❏ J'ai paumé mes lunettes. Rydw i wedi colli fy

P

sbectol.
- **se paumer** mynd ar goll ☐ J'e suis complèment paumé! Rwyf i hollol ar goll!

[la] **paupière** ENW
amrant (g)

[la] **pause** ENW
egwyl (b), seibiant (g)
☐ On a fait une pause. Cawson ni seibiant.
☐ une pause de café egwyl goffi
saib (b)
☐ Il y a eu une longue pause dans la conversation. Cafwyd saib hir yn ystod y sgwrs.

pauvre (BEN **pauvre**) ANSODDAIR
tlawd
☐ Ma famille est assez pauvre. Mae fy nheulu yn eithaf tlawd. ☐ Pauvre Françoise! Elle n'a pas eu de chance! Françoise druan! Roedd hi'n anlwcus iawn!

[la] **pauvreté** ENW
tlodi (g)

pavé (BEN **pavée**) ANSODDAIR
gyda fflags/gyda cherrig drosto/i
☐ La rue était pavée. Roedd hi'n stryd gerrig.

[le] **pavillon** ENW
tŷ (g), fila (b)
☐ Nous habitons un pavillon de banlieue. Rydyn ni'n byw mewn tŷ/fila ar gyrion y dref.

payant (BEN **payante**) ANSODDAIR
sy'n talu
☐ Ce sont des hôtes payants. Gwesteion sy'n talu ydyn nhw.
- **C'est payant.** Rhaid talu. ☐ L'entrée est-elle payante? Oes rhaid talu i fynd i mewn?

[la] **paye** ENW
tâl (g), cyflog (g)

payer BERF [59]
talu
☐ Combien avez-vous payé pour votre voyage? Faint daloch chi am eich taith?
- **J'ai payé dix euros pour ce livre.** Fe dalais i ddeg ewro am y llyfr hwn. ☐ J'ai été payé aujourd'hui. Cefais fy nhalu heddiw. ☐ Mon métier paye bien. Mae fy ngwaith yn talu'n dda. ☐ Il est mal payé. Dydy o ddim yn cael ei dalu'n dda.
- **faire payer quelque chose à quelqu'un** codi rhywbeth ar rywun ☐ Ils nous l'ont fait payer vingt euros. Fe godon nhw ugain ewro arnon ni amdano.
- **payer quelque chose à quelqu'un** prynu rhywbeth i rywun, talu am rywbeth i rywun ☐ Allez, je te paye un verre. Tyrd yn dy flaen, fe bryna'i ddiod iti.

[le] **pays** ENW

gwlad (b)
- **du pays** lleol
☐ le vin du pays gwin lleol

[le] **paysage** ENW
tirwedd (b), tirlun (g)

[le] **paysan** ENW
ffarmwr (g)
gwerinwr (g)

[la] **paysanne** ENW
ffermwraig (b)
gwerinwraig (b)

[les] **Pays-Bas** ENW GWR
yr Iseldiroedd (ll)
- **aux Pays-Bas (1)** yn yr Iseldiroedd
- **aux Pays-Bas (2)** i'r Iseldiroedd

[le] **pays de Galles** ENW
Cymru (b)
- **au pays de Galles (1)** yng Nghymru
☐ J'habite au pays de Galles. Rwy'n byw yng Nghymru.
- **au pays de Galles (2)** i Gymru
☐ Ils partent en vacances au pays de Galles. Maen nhw'n mynd i Gymru ar eu gwyliau.

[le] **PC** ENW
▷ gweler hefyd **PC** TALFYRIAD
cyfrifiadur (g) personol
☐ J'ai tapé le rapport sur mon PC. Teipiais i'r adroddiad ar fy nghyfrifiadur personol.

PC TALFYRIAD (= Parti communiste)
▷ gweler hefyd **PC** ENW
y Blaid (b) Gomiwnyddol

[le] **PDG** ENW (= président-directeur général)
cadeirydd (g) a chyfarwyddwr, cyfarwyddwr-reolwr (g)

[le] **péage** ENW
toll (b)
☐ Nous avons dû payer quinze euros de péage. Bu'n rhaid inni dalu pymtheg ewro o doll.
tollfa (b)
☐ On s'est arrêté au péage de l'autoroute. Stopion ni wrth dollfa'r drafffordd.

[la] **peau** (LLUOSOG [les] **peaux**) ENW
croen (g)
☐ Le bébé a la peau douce. Mae gan y babi groen meddal.

[le/la] **Peau-Rouge** (LLUOSOG [les] **Peaux-Rouges**) ENW
Indiad (g)/(b) Coch

[la] **pêche** ENW
eirinen (b) wlanog
pysgota
- **aller à la pêche** mynd i bysgota
- **la pêche à la ligne** genweirio

[le] péché ENW
pechod (g)
pêcher BERF [28]
pysgota am
❏ Ils sont partis pêcher le saumon. Aethon nhw
i bysgota am eog.
dal
❏ J'ai pêché deux truites. Fe ddaliais i ddau
frithyll.
[le] pêcheur ENW
pysgotwr (g)
❏ Mon père est pêcheur. Mae fy nhad yn
bysgotwr.
■ **un pêcheur à la ligne** genweiriwr, pysgotwr
â genwair
pédagogique (BEN **pédagogique**) ANSODDAIR
addysgol
[la] pédale ENW
pedal (g)
[le] pédalo ENW
pedalo (g)
pédestre (BEN **pédestre**) ANSODDAIR
■ **une randonnée pédestre**
taith (b) gerdded
[le] peigne ENW
crib (g)/(b)
peigner BERF [28]
cribo gwallt
❏ Elle a peigné sa fille. Cribodd hi wallt ei
merch.
■ **se peigner** cribo'ch gwallt ❏ Elle s'est
peignée devant la glace. Cribodd hi ei gwallt o
flaen y drych.
[le] peignoir ENW
gŵn (g) tŷ
■ **un peignoir de bain** gŵn ymolchi
peindre BERF [60]
paentio (drws)
darlunio (golygfa)
[la] peine ENW
trafferth (b/g)
■ **avoir de la peine à faire quelque chose**
cael trafferth gwneud rhywbeth ❏ J'ai eu
beaucoup de peine à le faire. Cefais drafferth
mawr ei wneud.
■ **se donner de la peine** gwneud ymdrech
❏ Il s'est donné beaucoup de peine pour arriver
à l'heure. Gwnaeth ymdrech fawr i gyrraedd
yn brydlon.
■ **prendre la peine de faire quelque chose**
mynd i drafferth i wneud rhywbeth ❏ Il a pris la
peine de m'aider. Aeth i'r drafferth i'm helpu i.
■ **faire de la peine à quelqu'un** cynhyrfu/

gofidio rhywun ❏ Ça me fait de la peine de voir
pleurer maman. Mae'n fy ngofidio i weld Mam
yn crio.
■ **ce n'est pas la peine** nid yw'n werth y
drafferth ❏ Ce n'est pas la peine d'y aller.
'Does dim pwrpas/diben mynd yno.
■ **à peine (1)** prin, braidd ❏ J'ai à peine eu le
temps de manger. Prin na chefais i'r amser i
fwyta.
■ **à peine (2)** prin newydd wneud rhywbeth
❏ Je viens à peine de me lever. Prin nad ydw i
wedi codi.
[le] peintre ENW
arlunydd (g)
paentiwr (g)
[la] peinture ENW
darlun (g), llun (g)
❏ On expose des peintures de Monet au musée.
Maen nhw'n arddangos lluniau gan Monet yn
yr amgueddfa.
paent (g)
❏ Il a acheté de la peinture bleue. Prynodd ef
baent glas.
■ **'peinture fraîche'** 'paent gwlyb'
pêle-mêle ADFERF
blith draphlith, yn bendramwnwgl
peler BERF [43]
pilio
[la] pelle ENW
rhaw (b)
siefl (b)
[la] pellicule ENW
ffilm (b) (ffotograffiaeth)
❏ une pellicule couleur ffilm liw
[les] pellicules ENW BEN
cen (ll) (croen pen)
[la] pelote ENW
pellen (b)
❏ une pelote de laine pellen o wlân
[la] pelouse ENW
lawnt (b)
[la] peluche ENW
■ **un animal en peluche** anifail meddal (tegan)
[le] penchant ENW
■ **avoir un penchant pour quelque chose**
bod yn hoff o rywbeth
pencher BERF [28]
gwyro, gogwyddo,
❏ Ce tableau penche vers la gauche. Mae'r llun
hwn yn gwyro i'r chwith.
■ **se pencher (1)** plygu ❏ Bernard s'est penché
sur son cahier. Plygodd Bernard dros ei lyfr
nodiadau.

P

■ **se pencher (2)** plygu ❑ Elle s'est penchée pour ramasser sa chaussure. Plygodd i godi ei hesgid.

■ **se pencher (3)** pwyso allan o ❑ Elle s'est penchée par la fenêtre pour voir qui était là. Pwysodd allan o'r ffenestr i weld pwy a oedd yno.

pendant ARDDODIAD
yn ystod
❑ Cela s'est passé pendant les vacances. Digwyddodd hynny yn ystod y gwyliau.

■ **pendant que** tra ❑ Le téléphone a sonné pendant que je travaillais Canodd y ffôn tra oeddwn yn gweithio.

[le] **pendentif** ENW
tlws (g) crog

[la] **penderie** ENW
cwpwrdd (g) dillad, wardrôb (b)

pendre BERF [88]
hongian
❑ J'ai pendu ma veste dans l'armoire. Hongiais i fy siaced yn y cwpwrdd dillad.

■ **pendre quelqu'un** crogi rhywun ❑ L'assassin a été pendu. Cafodd y llofrudd ei grogi.

[la] **pendule** ENW
cloc (g)

pénétrer BERF [34]
mynd i mewn i
❑ Les cambrioleurs ont pénétré dans la maison après avoir cassé une fenêtre. Aeth y lladron i mewn i'r tŷ ar ôl torri ffenestr.
treiddio
❑ Les soldats ont pénétré sur le territoire ennemi. Treiddiodd y milwyr i mewn i dir y gelyn.

pénible (BEN **pénible**) ANSODDAIR
anodd, caled
trafferthus, poenus
❑ Travailler pour les examens est pénible. Mae gweithio at arholiadau yn boendod.

■ **Elle est vraiment pénible.** Mae hi wirioneddol yn boen.

péniblement ADFERF
yn boenus
â thrafferth

[la] **péniche** ENW
cwch (g) camlas, bad (g), camlas

[le] **pénis** ENW
pidyn (g)

[la] **pénombre** ENW
hanner golau (g)

[la] **pensée** ENW

meddwl (g)
❑ Vous êtes dans mes pensées. Rwy'n meddwl amdanoch.

penser BERF [28]
meddwl
❑ Je pense que tu as eu raison d'attendre. Rydw i'n meddwl roeddet ti'n iawn i aros.

■ **penser à quelque chose** meddwl am rywbeth ❑ Il pense à ses vacances. Mae'n meddwl am ei wyliau. ❑ Pensez-y. Meddyliwch am y peth.

■ **faire penser quelqu'un à quelque chose** atgoffa rhywun o rywbeth ❑ Cette photo me fait penser à mes vacances. Mae'r llun hwn yn fy atgoffa o'm gwyliau.

■ **faire penser quelqu'un à faire quelque chose** atgoffa rhywun i wneud rhywbeth ❑ Faites-moi penser à acheter un cadeau pour Vivianne. Atgoffwch fi i brynu anrheg i Vivianne.

■ **penser faire quelque chose** meddwl gwneud rhywbeth ❑ Nous pensons partir en Grèce en juin. Rydyn ni'n meddwl mynd i Wlad Groeg ym Mehefin.

[la] **pension** ENW
ysgol (b) breswyl
❑ Leur fils est en pension. Mae eu mab mewn ysgol breswyl.
pensiwn (g)
❑ Mon grand-père reçoit sa pension tous les mois. Mae fy nhaid/fy nhad-cu yn cael ei bensiwn bob mis.
gwesty (g) teuluol

■ **la pension complète** â phob pryd bwyd yn gynwysedig *(mewn gwesty)*

[le/la] **pensionnaire** ENW
disgybl (g) preswyl

[le] **pensionnat** ENW
ysgol (b) breswyl

[la] **pente** ENW
gallt (b), gogwydd (b)
llethr (g)
❑ une pente raide gogwydd/gallt serth

■ **en pente** ar rediad serth ❑ Le jardin de cette maison est en pente. Mae gardd y tŷ hwn ar lethr serth.

[la] **Pentecôte** ENW
y Sulgwyn (g), y Pentecost (g)

[le] **pépin** ENW
hedyn (g), carreg (b)
❑ Cette orange est pleine de pépins. Mae'r oren yma yn llawn hadau.
trafferth (b)/(g)
problem (b), anhawster (g)

❑ avoir un pépin *(anffurfiol)* bod â phroblem

perçant (BEN **perçante**) ANSODDAIR
   treiddgar
   ❑ Elle a une vue perçante. Mae llygaid treiddgar ganddi.
   main, treiddgar
   ❑ une voix perçante llais main/treiddgar

percer BERF [12]
   tyllu, gwneud twll yn
   ❑ Il s'est fait percer les oreilles. Mae wedi cael tyllau yn ei glustiau.

percuter BERF [28]
   taro, mynd yn erbyn

[le] **perdant** ENW
   un sy'n colli, colledwr (g)

[la] **perdante** ENW
   un sy'n colli, colledwraig (b)

perdre BERF [61]
   colli
   ❑ Il a perdu ses lunettes. Mae ef wedi colli ei sbectol.
   ■ J'ai perdu mes clés. Rydw i wedi colli fy ngoriadau/allweddi.
   ■ perdre un match colli gêm
   ■ perdre du temps gwastraffu amser ❑ J'ai perdu beaucoup de temps à cause de la circulation. Gwastraffais i lawer o amser oherwydd y traffig. ❑ Tu perds ton temps à ne rien faire. Rwyt ti'n gwastraffu dy amser yn gwneud dim byd.
   ■ se perdre mynd ar goll ❑ Nous nous sommes perdus en route. Aethon ni ar goll ar y ffordd.

perdu BERF ▷ *gweler* **perdre**

[le] **père** ENW
   tad (g)
   ■ le père Noël Siôn Corn, Santa Clôs

perfectionné (BEN **perfectionnée**) ANSODDAIR
   soffistigedig, perffeithiedig

perfectionner BERF [28]
   gwella, perffeithio
   ❑ J'ai besoin de perfectionner mon français. Mae arna' i angen gwella fy Ffrangeg.

périmé (BEN **périmée**) ANSODDAIR
   hen, wedi dod i ben, di-rym
   ❑ Mon passeport est périmé. Mae fy mhasbort yn hen.
   ■ Ce yaourt est périmé. Mae dyddiad bwyta'r iogwrt yma wedi mynd heibio.

[la] **période** ENW
   cyfnod (g)

périodique (BEN **périodique**) ANSODDAIR
   cyfnodol

périphérique (BEN **périphérique**) ANSODDAIR
   ▷ *gweler hefyd* **périphérique** ENW
   amgylchynol
   ❑ un quartier périphérique ardal ar y cyrion

[le] **périphérique** ENW
   ▷ *gweler hefyd* **périphérique** ANSODDAIR
   cylchffordd (b)

[la] **perle** ENW
   perl (g)

[la] **permanence** ENW
   ■ assurer une permanence gweithredu/ darparu /gwarantu gwasanaeth parhaol
   ❑ La banque assure une permanence le samedi matin. Mae'r banc yn darparu gwasanaeth ar fore Sadwrn.
   ■ être de permanence bod ar wasanaeth/ dyletswydd ❑ Je ne peux pas venir, je suis de permanence ce soir. Alla'i ddim dod gan fy mod ar dyletswydd heno.
   ■ en permanence yn barhaol, drwy'r amser, byth a beunydd ❑ Il se plaint en permanence. Mae ef fyth a beunydd yn cwyno.

permanent (BEN **permanente**) ANSODDAIR
   ▷ *gweler hefyd* **permanente** ENW
   parhaol, parhaus, sefydlog
   ❑ Elle a un poste permanent. Mae ganddi swydd barhaol.
   diddiwedd, di-baid
   ❑ J'en ai assez de vos critiques permanentes. Rwyf wedi cael digon ar eich beirniadaeth ddiddiwedd.

[la] **permanente** ENW
   ▷ *gweler hefyd* **permanente** ANSODDAIR
   pyrm (g) *(gwallt)*

permettre BERF [47]
   caniatáu
   gadael i
   ■ permettre à quelqu'un de faire quelque chose caniatáu/gadael i rywun wneud rhywbeth ❑ Ma mère me permet de sortir jusqu'à dix heures du soir. Mae fy mam yn gadael imi aros allan tan ddeg o'r gloch y nos.

[le] **permis** ENW
   trwydded (b)
   ❑ Il faut un permis pour pêcher ici. Rhaid cael trwydded i bysgota yn y fan yma.
   ■ le permis de conduire trwydded yrru
   ■ un permis de séjour trwydded breswylio
   ■ un permis de travail trwydded waith

[la] **permission** ENW
   caniatâd (g)
   ❑ Qui vous a donné la permission d'entrer? Pwy a roddodd ganiatâd ichi i ddod i mewn?
   ■ avoir la permission de faire quelque chose

cael caniatâd i wneud rhywbeth ❑ J'ai eu la
permission d'utiliser sa voiture. Rydw i wedi
cael caniatâd i ddefnyddio ei gar.
■ **être en permission** cael eich rhyddhau *(o'r
fyddin)*

[le] **Pérou** ENW
Periw (b)
■ **au Pérou** yn Periw
■ **au Pérou** i Periw

perpétuel (BEN **perpétuelle**) ANSODDAIR
parhaol, parhaus

perplexe (BEN **perplexe**) ANSODDAIR
dryslyd, mewn penbleth
❑ Ta question me laisse perplexe. Mae dy
gwestiwn yn fy nrysu.

[le] **perroquet** ENW
parot (g)

[la] **perruche** ENW
byji (g), bwji (g)

[la] **perruque** ENW
wig (b)

[le] **persil** ENW
persli (g)
❑ un bouquet de persil tusw o bersli

[le] **personnage** ENW
ffigwr (g) cyhoeddus, rhywun enwog
❑ les grands personnages de l'histoire de
France enwogion yn hanes Ffrainc
cymeriad (g)
❑ Qui est le personnage principal du roman?
Pwy yw prif gymeriad y nofel?

[la] **personnalité** ENW
personoliaeth (b), cymeriad (g)
❑ Il a une personnalité forte. Mae ganddo
gymeriad cryf.
rhywun enwog
❑ Il y avait beaucoup de personnalités au
festival du film. Roedd llawer o enwogion yn yr
ŵyl ffilmiau.

[la] **personne** ENW
▷ *gweler hefyd* **personne** RHAGENW
person (g)
❑ Il y avait une centaine de personnes
au concert. Roedd tua chant o bobl yn y
cyngerdd. ❑ une personne âgée person
oedrannus
■ **en personne** yn bersonol

personne RHAGENW
▷ *gweler hefyd* **personne** ENW
neb
❑ Il n'y avait personne à la maison. Nid oedd
neb gartref. ❑ Personne ne passe me voir.
Nid oes neb yn galw heibio i'm gweld.

unrhyw un
❑ Je ne veux voir personne. Dydw i ddim eisiau
gweld unrhyw un.

personnel (BEN **personnelle**) ANSODDAIR
▷ *gweler hefyd* **personnel** ENW
personol

[le] **personnel** ENW
▷ *gweler hefyd* **personnel** ANSODDAIR
staff (g)
❑ On n'a pas assez de personnel. Does gennym
ni ddim digon o staff.
■ **le service du personnel** adran bersonél

personnellement ADFERF
yn bersonol, o'm rhan fy hun
❑ Personnellement, je ne le crois pas. Dydw i,
yn bersonol, ddim yn ei gredu.

[la] **perspective** ENW
rhagolwg (ll)
❑ Les perspectives sont bonnes. Mae'r
rhagolygon yn dda.
■ **perspectives d'avenir** dyfodol, gobeithion
❑ Il y a des perspectives d'avenir dans ce
métier. Mae dyfodol addawol yn y swydd hon.
■ **en perspective (1)** mewn golwg ❑ Il y a
beaucoup de changements en perspective.
Mae llawer o newidiadau mewn golwg.
■ **en perspective (2)** mewn persbectif
❑ Elle a dessiné la maison en perspective.
Tynnodd lun o'r tŷ mewn persbectif.

persuader BERF [28]
perswadio
■ **persuader quelqu'un de faire quelque
chose** perswadio rhywun i wneud rhywbeth
❑ Ils m'ont persuadé d'aller à la soirée. Fe
berswadion nhw fi i fynd i'r parti.

[la] **perte** ENW
colled (b)
❑ des pertes d'emploi colli gwaith
gwastraff (g)
❑ Mes efforts ont été une perte de temps. Mae
fy ymdrechion wedi bod yn wastraff amser.

perturber BERF [28]
tarfu ar, drysu, aflonyddu
❑ Les manifestants ont perturbé la circulation.
Gwnaeth y protestwyr darfu ar y traffig.

[le] **pèse-personne** ENW
clorian (b)

peser BERF [43]
pwyso
❑ Je pèse quatre-vingts kilos. Rwy'n pwyso
wyth deg cilo.

pessimiste (BEN **pessimiste**) ANSODDAIR
pesimistaidd, diobaith

[le] **pétale** ENW
petal (g)

[la] **pétanque** ENW
bowls (ll) *(a chwaraeir yn ne Ffrainc)*

[le] **pétard** ENW
clecar (g)/(b) *(tân gwyllt)*

péter BERF [34]
rhechu, rhechen *(anweddus)*

pétillant (BEN **pétillante**) ANSODDAIR
pefriol

petit (BEN **petite**) ANSODDAIR
bach, bychan
◻ Nous habitons une petite ville. Rydyn ni'n byw mewn tref fechan. ◻ Nous avons une jolie petite maison. Mae gennym dŷ bychan hardd.
■ **petit à petit** yn araf deg, yn raddol
■ **un petit ami** cariad *(sy'n fachgen)*
■ **une petite amie** cariad *(sy'n ferch)*
■ **le petit déjeuner** brecwast ◻ prendre le petit déjeuner cael eich brecwast
■ **un petit pain** rhôl fara
■ **les petites annonces** y mân hysbysebion
■ **des petits pois** pys
■ **les petits** yr ifainc, y rhai bychain ◻ la lionne et ses petits y llewes a'i rhai bychain

[la] **petite-fille** (LLUOSOG [les] **petites-filles**) ENW
wyres (b)

[le] **petit-fils** (LLUOSOG [les] **petits-fils**) ENW
ŵyr (g)

[les] **petits-enfants** ENW GWR
wyrion (ll), *(bechgyn)* wyresau (ll) *(merched)*

[le] **pétrole** ENW
olew (g)
◻ une lampe à pétrole lamp baraffin

peu ADFERF, ENW
ychydig, dim llawer
◻ J'ai peu dormi cette nuit. Chysgais i ddim llawer neithiwr. ◻ Je bois peu. Dydw i ddim yn yfed llawer.
■ **un peu** ychydig ◻ Il est un peu timide. Mae ef ychydig yn swil. ◻ un peu de glace ychydig o hufen iâ
■ **un petit peu** ychydig bach, mymryn
◻ un petit peu de sucre ychydig bach o siwgr
■ **peu de** dim llawer o ◻ Il y a peu de bonnes émissions à la télé ce soir. Does dim llawer o raglenni da ar y teledu heno. ◻ Il a peu d'amis. Does ganddo ddim llawer o ffrindiau. ◻ Elle a peu d'espoir de réussir. Does ganddi ddim llawer o obaith i lwyddo. ◻ Il me reste peu d'argent. Does gennyf i ddim llawer o arian.
■ **à peu près (1)** tua, mwy neu lai

◻ On a à peu près fini. Rydyn ni fwy neu lai wedi gorffen.
■ **à peu près (2)** tua ◻ Le voyage prend à peu près trois heures. Mae'r daith yn cymryd tua teirawr.
■ **peu à peu** bob yn dipyn
■ **peu avant** ychydig cyn
■ **peu après** ychydig wedyn
■ **de peu** o fymryn, o ychydig ◻ J'ai manqué mon train de peu. Dim ond o drwch blewyn y methais i'm trên.

[le] **peuple** ENW
pobl (b), cenedl (b)
◻ le peuple français pobl Ffrainc, y Ffrancwyr, y Ffrancod

[la] **peur** ENW
ofn (g)
■ **avoir peur de** bod ag ofn, ofni ◻ Elle a peur du noir. Mae ganddi ofn y tywyllwch.
■ **avoir peur de faire quelque chose** ofni gwneud rhywbeth ◻ J'ai peur de ne pas réussir. Mae gen i ofn methu.
■ **faire peur à quelqu'un** codi ofn ar rywun ◻ Arrête! Tu me fais peur! Paid! Rwyt ti'n codi ofn arna' i!

peureux (BEN **peureuse**) ANSODDAIR
ofnus

peut BERF ▷ *gweler* **pouvoir**
■ **Elle ne peut pas venir.** Alli hi ddim dod.

peut-être ADFERF
efallai
◻ Peut-être demain il fera beau? Tybed efallai a fydd hi'n braf yfory?
■ **peut-être que** efallai ◻ Peut-être qu'il n'a pas eu le temps de me contacter. Efallai na chafodd ef amser i gysylltu â mi.

peuvent, peux BERF ▷ *gweler* **pouvoir**
■ **Je ne peux pas venir.** Alla'i ddim dod.

p. ex. TALFYRIAD (= *par exemple*)
e.e. (= *er enghraifft*)

[le] **phare** ENW
goleudy (g)
◻ On peut voir le phare de loin. Gellir gweld y goleudy o bell.
prif oleuadau *(car)*
◻ Il avait laissé ses phares allumés. Roedd ef wedi gadael ei brif oleuadau ymlaen.

[la] **pharmacie** ENW
fferyllfa (b)

[le] **pharmacien** ENW
fferyllydd (g)

[la] **pharmacienne** ENW
fferyllydd (g)

[le] **phasme** ENW
pryf (g) brigyn pigog

[le] **phénomène** ENW
ffenomen (b)

[la] **philosophie** ENW
athroniaeth (b)

[le] **phoque** ENW
morlo (g)

[la] **photo** ENW
llun (g), ffotograff (g)
❑ J'adore ces photos de mes parents. Rydw i'n dwlu ar y lluniau hyn o fy rhieni.
■ **en photo** mewn llun(iau) ❑ Je n'ai vu l'Egypte qu'en photo. Nid wyf wedi gweld yr Aifft ond mewn lluniau.
■ **prendre quelqu'un en photo** tynnu llun o rywun ❑ Mon père nous a pris en photo. Fe dynnodd fy nhad lun ohonom ni.
■ **une photo d'identité** llun pasbort

[la] **photocopie** ENW
llungopi (g)

photocopier BERF [19]
llungopïo

[la] **photocopieuse** ENW
llungopïwr (g)

[le/la] **photographe** ENW
ffotograffydd (g)

[la] **photographie** ENW
llun (g), ffotograff (g)
ffotograffiaeth (g)

photographier BERF [19]
tynnu llun o

[le] **photophone** ENW
ffôn (g) camera

[la] **phrase** ENW
brawddeg (b)

physique (BEN **physique**) ANSODDAIR
▷ *gweler hefyd* **physique** ENW
corfforol

[le] **physique** ENW
▷ *gweler hefyd* **la physique** ENW, **physique** ANSODDAIR
■ **Elle a un physique agréable.** Mae ganddi gorff hardd.

[la] **physique** ENW
▷ *gweler hefyd* **le physique** ENW, **physique** ANSODDAIR
ffiseg (b)
❑ Mon père est professeur de physique. Athro Ffiseg yw fy nhad.

[le/la] **pianiste** ENW
pianydd (g)
pianyddes (b)

❑ Elle est bonne pianiste. Mae hi'n bianyddes dda.

[le] **piano** ENW
piano (g)
■ **jouer du piano** canu'r piano

[le] **pic** ENW
copa (g)/(b), pen (g), crib (b)
❑ les pics enneigés des Pyrénées copaon y Pyreneu dan eira
■ **à pic (1)** yn serth ❑ La falaise tombe à pic dans la mer. Mae'r clogwyn yn disgyn yn serth i'r môr.
■ **à pic (2)** yn union mewn pryd
❑ Ils sont arrivés à pic. Maen nhw wedi cyrraedd yn union mewn pryd.

[la] **pièce** ENW
ystafell (b)
❑ La pièce est très éclairée. Mae'r ystafell yn olau iawn.
■ **un trois-pièces** fflat â thair ystafell perfformio
❑ On joue une pièce de Molière au théâtre. Maen nhw'n perfformio drama gan Molière yn y theatr.
darn (g), rhan (b)
❑ Il faut remplacer une pièce du moteur. Mae'n rhaid newid darn o'r injan.
darn (g), darn (g) arian
❑ une pièce de deux euros darn dau ewro
■ **dix euros pièce** deg ewro yr un ❑ J'ai acheté ces T-shirts cinq euros pièce. Mi brynais i'r crysau T hyn am bum ewro yr un.
■ **un maillot une pièce** gwisg nofio undarn
■ **un maillot deux-pièces** gwisg nofio *(bicini)*
■ **Avez-vous une pièce d'identité?** Oes gennych chi ddogfen adnabod?
■ **une pièce jointe** e-bost atodedig

[le] **pied** ENW
troed (g)/(b)
❑ Elle a mal aux pieds. Mae ei thraed yn brifo.
■ **à pied** ar droed, cerdded
■ **avoir pied** gallu cyffwrdd y gwaelod (*yn y môr*) ❑ Je n'aime pas nager là où je n'ai pas pied. Dydw i ddim yn hoff o nofio lle na alla'i gyffwrdd y gwaelod.

[le] **pied-noir** (LLUOSOG [les] **pieds-noirs**) ENW
❑ Son grand-père est pied-noir. Cafodd ei daid ei eni yn Algeria.

[le] **piège** ENW
trap (g), magl (g)
■ **prendre quelqu'un au piège** trapio rhywun, maglu rhywun

piéger BERF [66]
trapio, maglu

■ **un colis piégé** pecyn/parsel ffrwydrol
■ **une voiture piégée** car ffrwydrol
[la] **pierre** ENW
  carreg (b)
  ■ **une pierre précieuse** carreg werthfawr
[le] **piéton** ENW
  cerddwr (g)
  ■ **zone piétonne** parth cerddwyr
[la] **piétonne** ENW
  cerddwraig (b)
piétonnier (BEN **piétonnière**) ANSODDAIR
  ■ **une rue piétonnière** ffordd i gerddwyr
  ■ **un quartier piétonnier** ardal i gerddwyr
[la] **pieuvre** ENW
  octopws (g)
[le] **pigeon** ENW
  colomen (b)
piger BERF [45] *(anffurfiol)*
  deall
[la] **pile** ENW
  ▷ *gweler hefyd* **pile** ADFERF
  pentwr (g)
  ❑ Il y a une pile de CDs sur la table. Mae pentwr
  o gryno-ddisgiau ar y bwrdd.
  batri (g)
  ❑ La pile de ma lampe de poche est usée. Mae
  batri fy fflachlamp wedi darfod.
pile ADFERF
  ▷ *gweler hefyd* **pile** ENW
  ■ **à trois heures pile** am dri o'r gloch ar ei ben,
  am dri o'r gloch yn union
  ■ **jouer à pile ou face** taflu ceiniog
  ■ **Pile ou face?** Pen neu gynffon?
[le] **pilote** ENW
  peilot (g)
  ■ **un pilote de course** gyrrwr rasio
  ■ **un pilote de ligne** peilot cwmni awyrennau
piloter BERF [28]
  hedfan *(llywio awyren)*
[la] **pilule** ENW
  pilsen (b)
  ■ **prendre la pilule** bod ar y bilsen
[le] **piment** ENW
  chilli (g)
[le] **pin** ENW
  pinwydden (b)
[le] **pinard** ENW *(anffurfiol)*
  gwin rhad (g)
[la] **pince** ENW
  gefail (b)
  crafanc (b) *(cranc)*
  ■ **une pince à épiler** plyciwr aeliau
  ■ **une pince à linge** peg

[le] **pinceau** (LLUOSOG [les] **pinceaux**) ENW
  brwsh (g) paent
[la] **pincée** ENW
  ■ **une pincée de sel** pinsiad o halen
pincer BERF [12]
  pinsio
  ❑ Il m'a pincé le bras. Fe binsiodd fy mraich.
[le] **pingouin** ENW
  pengwin (g)
[le] **ping-pong** ENW
  ping pong (g), tennis (g) bwrdd
  ❑ jouer au ping-pong chwarae ping pong
[la] **pintade** ENW
  iâr (b) gini
[le] **pion** ENW
  gwerinwr (g) *(mewn gwyddbwyll)*
  drafft (g) *(mewn drafftiau)*
  goruchwyliwr (g) myfyrwyr/disgyblion *(mewn
  ysgol)*
[la] **pionne** ENW
  goruchwylraig (b) myfyrwyr/disgyblion
  (mewn ysgol)
[la] **pipe** ENW
  pibell (b), cetyn (g)
  ❑ Mon père fume la pipe. Mae fy nhad yn
  ysmygu pibell/cetyn.
piquant (BEN **piquante**) ANSODDAIR
  pigog *(planhigion)*
  poeth, sbeislyd *(blas)*
[le] **pique** ENW
  ▷ *gweler hefyd* **la pique**
  rhaw (b) *(cardiau)*
  ❑ l'as de pique as rhawiau *(cardiau)*
[la] **pique** ENW
  ▷ *gweler hefyd* **le pique**
  sylw (g) brathog, weipen (b)
  ❑ envoyer des piques à quelqu'un taflu weips
  at rywun
[le] **pique-nique** ENW
  picnic (g)
piquer BERF [28]
  pigo
  ❑ J'ai été piqué par les moustiques. Cefais i fy
  mhigo gan fosgitos.
  llosgi
  ❑ Cette sauce épicée me pique la langue. Mae'r
  saws sbeislyd yma yn llosgi fy nhafod.
  dwyn
  ❑ Il m'a piqué mon portefeuille. Fe ddygodd ef
  fy waled. *(anffurfiol)*
  ■ **se piquer** eich pigo eich hun ❑ Elle s'est
  piquée avec une aiguille. Pigodd hi ei hun â
  nodwydd.

P

[le] piquet ENW
postyn (g), polyn (g)
❏ La chèvre est attachée à un piquet. Mae'r afr yn sownd wrth bolyn.
peg (g)
❏ Il me manque un des piquets de la tente. Rydw i'n fyr o un o begiau'r babell.

[la] piqûre ENW
pigiad (g)
❏ Le médecin m'a fait une piqûre. Rhoddodd y meddyg bigiad imi.
brathiad (g), pigiad
❏ une piqûre de moustique brathiad mosgito
❏ une piqûre d'abeille pigiad gwenynen

[le] pirate ENW
môr-leidr (g)
■ un pirate informatique haciwr

pire (BEN **pire**) ANSODDAIR, ENW
gwaeth
❏ C'est encore pire qu'avant. Mae'n waeth byth na chynt.
■ le pire y gwaethaf ❏ C'est la pire journée que j'ai jamais passée. Dyna'r diwrnod gwaethaf gefais i erioed. ❏ Ce gamin est le pire de la classe. Hwn yw'r bachgen gwaethaf yn y dosbarth.
■ le pire de y gwaethaf ❏ Le pire de tout, c'est qu'on n'a plus d'argent. Y gwaethaf oll yw nad oes gennym fwy o arian.

[la] piscine ENW
pwll (g) nofio

pisser BERF [28] *(anffurfiol)*
piso

[la] pistache ENW
cneuen (b) bistasio
❏ une glace à la pistache hufen iâ (â blas) pistasio

[la] piste ENW
trywydd (g)
❏ La police est sur sa piste. Mae'r heddlu ar ei drywydd.
rhedfa (b)
❏ L'avion s'est posé sur la piste. Glaniodd yr awyren ar y rhedfa.
llethr (b)
❏ Le skieur a descendu la piste. Aeth y sgïwr i lawr y llethr.
■ une piste artificielle llethr ffug
■ la piste de danse y llawr dawnsio
■ une piste cyclable llwybr beiciau

[le] pistolet ENW
pistol (g), gwn (g)

pistonner BERF [28]
■ On l'a pistonné pour avoir ce poste. Fe ofalon nhw drwy bob modd posibl mai ef a fyddai'n cael y swydd.

[la] pitié ENW
trueni (g), piti (g)
■ Elle me fait pitié. Rwy'n teimlo trueni drosti.
■ avoir pitié de quelqu'un teimlo trueni dros rywun

pittoresque (BEN **pittoresque**) ANSODDAIR
tlws

[la] pizza ENW
pizza (g), pitsa (b)

[le] placard ENW
cwpwrdd (g)

[la] place ENW
sgwâr (g)
❏ la place du village sgwâr y pentref
lle (g)
❏ Il n'y a plus de place pour se garer. Does dim mwy o le i barcio. ❏ Ça prend de la place. Mae'n mynd â lle.
sedd (b), lle (g)
❏ Toutes les places ont été vendues. Mae pob sedd wedi cael ei gwerthu. ❏ Il y a trente places debout. Mae lle i ddeg ar hugain sefyll.
■ remettre quelque chose en place rhoi rhywbeth yn ôl yn ei le
■ sur place yn y fan a'r lle
■ à la place yn lle rhywbeth ❏ Il ne reste plus de gâteau; aimeriez-vous quelque chose d'autre à la place? Does dim teisen/cacen ar ôl; hoffech chi rywbeth arall yn lle hynny?
■ à la place de yn lle

placer BERF [12]
lleoli *(cael sedd)*
❏ Nous étions placés au premier rang. Cawsom ein lleoli yn y rhes flaen.
buddsoddi
❏ Ils ont placé leurs économies en Bourse. Maen nhw wedi buddsoddi eu harian yn y Gyfnewidfa Stoc.

[le] plafond ENW
nenfwd (g)

[la] plage ENW
traeth (g)

[la] plaie ENW
clwyf (g), briw (g)

plaindre BERF [17]
■ plaindre quelqu'un teimlo trueni dros rywun ❏ Je le plains. Rwy'n teimlo trueni drosto.
■ se plaindre cwyno, achwyn ❏ Elle n'arrête pas de se plaindre. Mae hi'n cwyno fyth a beunydd.
■ se plaindre à quelqu'un cwyno/achwyn

wrth rywun ❏ Elle s'est plainte au directeur.
Cwynodd hi wrth y rheolwr.
■ **se plaindre de quelque chose** cwyno/
achwyn am rywbeth ❏ Ils se sont plaints du
bruit. Fe gwynon nhw am y sŵn.

[la] **plaine** ENW
gwastatir (g)

[la] **plainte** ENW
cwyn (b), achwyniad (g)
■ **porter plainte** dwyn cwyn *(yn erbyn rhywun/
rhywbeth)*

plaire BERF [62]
■ **Ce cadeau me plaît beaucoup.** Rwy'n hoff
iawn o'r anrheg hwn.
■ **C'est un film qui plaît beaucoup aux
jeunes.** Mae'n ffilm sy'n plesio'r ifainc yn fawr.
■ **Ça vous a plu d'aller en Espagne?** A
fwynheuoch chi fynd i Sbaen?
■ **Elle lui plaît.** Mae e'n ei ffansïo hi.
■ **s'il te plaît** os gweli di'n dda
■ **s'il vous plaît** os gwelwch yn dda

plaisanter BERF [28]
lolian, jocio, tynnu coes

[la] **plaisanterie** ENW
jôc (b)

[le] **plaisir** ENW
pleser (g), mwynhad (g)
■ **faire plaisir à quelqu'un** plesio rhywun
❏ Nous y sommes allés pour lui faire plaisir.
Aethom yno i'w blesio. ❏ Ton cadeau me fait
très plaisir. Rwyf wrth fy modd gyda dy anrheg.

plaît BERF
▷ *gweler* **plaire**

[le] **plan** ENW
cynllun (g)
■ **un plan de la ville** cynllun o'r dref
■ **au premier plan** ar y tu blaen *(llun)*

[la] **planche** ENW
styllen (b), bwrdd (g), bord (b)
■ **une planche à repasser** bwrdd smwddio
■ **une planche à roulettes** sglefrfwrdd
■ **une planche à voile** hwylfwrdd

[le] **plancher** ENW
llawr (g)

planer BERF [28]
gleidio
❏ L'avion planait dans le ciel. Roedd yr awyren
yn gleidio yn yr awyr.
bod yn eich byd bach eich hun
❏ Cette fille plane complètement. Mae'r ferch
'ma yn ei byd bach ei hun.

[la] **planète** ENW
planed (b)

[la] **plante** ENW
planhigyn (g)

planter BERF [28] plannu
❏ J'ai planté des pommes de terre. Fe blannais
i datws.
gyrru rhywbeth i mewn i rywbeth, morthwylio
❏ Il a planté un clou dans le mur. Morthwyliodd
ef hoelen i mewn i'r wal.
codi pabell
❏ Nous avons planté notre tente au bord du lac.
Fe godon ni ein pabell wrth ymyl y llyn.
■ **Ne restez pas plantés là!** Peidiwch ag aros
yna *(heb ymateb)*!
■ **se planter** *(anffurfiol)* methu, bod yn
anghywir ❏ Il s'est planté en maths. Fe fethodd
ef ei arholiadau mathemateg.

[la] **plaque** ENW
plac (g)
■ **une plaque de verglas** haen o lasrew/rew
du.
■ **une plaque de chocolat** bar o siocled

plaqué (BEN **plaquée**) ANSODDAIR
■ **plaqué or** o blât aur
■ **plaqué argent** o blât arian

plaquer BERF [28]
cael gwared â, gollwng
❏ Il a plaqué sa copine. Cafodd wared â'i
gariad.
rhoi'r gorau i
❏ J'ai plaqué mon boulot. Rydw i wedi rhoi'r
gorau i'm gwaith.

[la] **plaquette** ENW
■ **une plaquette de chocolat** bar o siocled
■ **une plaquette de beurre** pecyn o fenyn,
talp o fenyn

[le] **plastique** ENW
plastig (g)

plat (BEN **plate**) ANSODDAIR
▷ *gweler hefyd* **plat** ENW
gwastad, fflat
■ **être à plat ventre** bod ar eich wyneb, bod ar
wastad eich bol
■ **l'eau plate** dŵr llonydd

[le] **plat** ENW
▷ *gweler hefyd* **plat** ANSODDAIR
dysgl (b), llestr (g)
cwrs (g), saig (b)
❏ le plat principal y prif gwrs
■ **un plat cuisiné** pryd parod
■ **le plat de résistance** y prif gwrs/saig
■ **le plat du jour** saig y dydd

[le] **platane** ENW
planwydden (b) *(coeden)*

P

[le] plateau (LLUOSOG [les] **plateaux**) ENW
hambwrdd (g)
■ **un plateau de fruits de mer** plataid o fwyd môr
llwyfandir (g)

[le] platine ENW
▷ *gweler hefyd* **la platine**
platinwm (g)

[la] platine ENW
▷ *gweler hefyd* **le platine**
trofwrdd (g), bwrdd (g) troi *(chwaraewr recordiau)*
■ **une platine laser** chwaraewr cryno-ddisgiau

[le] plâtre ENW
plastr (g)
❑ une statue en plâtre cerflun plastr ❑ avoir un bras dans le plâtre bod â'ch braich mewn plastr

plein (BEN **pleine**) ANSODDAIR
▷ *gweler hefyd* **plein** ENW
llawn
■ **à plein temps** llawn amser ❑ Je travaille à plein temps. Rwy'n gweithio'n llawn amser.
■ **plein de** llawer o, llwyth o ❑ un dessert avec plein de fruits frais pwdin gyda llawer o ffrwythau ffres
■ **Il y a plein de gens en ville.** Mae llwyth o bobl yn y dref.
■ **en plein air** yn yr awyr agored
■ **en pleine nuit** gefn nos, yng nghanol y nos
■ **en plein jour** yng ngolau dydd

[le] plein ENW
▷ *gweler hefyd* **plein** ANSODDAIR
■ **faire le plein** llenwi'r car â phetrol ❑ Faites le plein, s'il vous plaît. Llenwch y tanc, os gwelwch yn dda.

pleurer BERF [28]
crio, wylo, llefain

pleut BERF ▷ *gweler* **pleuvoir**

pleuvoir BERF [63]
bwrw glaw, glawio
❑ Il pleut. Mae hi'n bwrw glaw.

[le] pli ENW
plyg (g)
platen (b), plêt (b)
❑ Elle a repassé les plis de sa jupe. Smwddiodd hi bletiau ei ffrog.
crych (g)
❑ Il y a des plis sur ton pantalon. Mae yna grychau ar dy drowsus.

pliant (BEN **pliante**) ANSODDAIR
gwely sy'n plygu
❑ un lit pliant gwely plygu

plier BERF [19]
plygu
❑ Aide-moi à plier cette nappe. Helpa fi i blygu'r lliain yma. ❑ Il faut plier ses jambes pour ramasser les objets lourds. Mae'n rhaid plygu eich coesau er mwyn codi pethau trwm.

[le] plomb ENW
plwm (g)
❑ Ce sont des jouets en plomb. Teganau plwm ydyn nhw.
ffiws (b)
❑ Les plombs ont sauté. Mae'r ffiws wedi llosgi/chwythu.
■ **l'essence sans plomb** petrol di-blwm

[le] plombier ENW
plymer (g)
■ **Mon père est plombier.** Plymer yw fy nhad.

[la] plongée ENW
plymio
❑ faire de la plongée sous-marine plymio tanddwr

[le] plongeoir ENW
bwrdd (g) plymio

[le] plongeon ENW
plymiad (g)

plonger BERF [45]
plymio
❑ J'ai plongé dans la piscine. Plymiais i i mewn i'r pwll nofio.
trochi
■ **Elle a plongé sa main dans l'eau.** Tochodd ei dwylo yn y dŵr.
■ **être plongé dans son travail** bod â'ch holl sylw ar eich gwaith, bod wedi ymgolli yn eich gwaith
■ **se plonger dans un roman** ymgolli'n llwyr mewn nofel

plu BERF ▷ *gweler* **plaire, pleuvoir**

[la] pluie ENW
glaw (g)
❑ sous la pluie yn y glaw

[la] plume ENW
pluen (b)
❑ une plume d'oiseau pluen aderyn
■ **un stylo à plume** pen ysgrifennu

plupart
■ **la plupart** RHAGENW y rhan fwyaf ❑ La plupart ont moins de dix-huit ans. Mae'r rhan fwyaf ohonynt yn iau na deunaw oed.
■ **la plupart des** y rhan fwyaf o, y mwyafrif
❑ La plupart des gens ont vu ce film. Mae'r rhan fwyaf o bobl wedi gweld y ffilm hon.
■ **la plupart du temps** y rhan fwyaf o'r amser

[le] **pluriel** ENW
lluosog (g)
■ **au pluriel** yn y lluosog

plus ADFERF, ARDDODIAD
■ **ne … plus (1)** nid… mwy, nid… mwyach
❑ Je ne veux plus te voir. Dydw i ddim eisiau dy weld ti mwyach.
■ **ne … plus (2)** nid… mwy, nid… bellach
❑ Elle ne travaille plus. Dydy hi ddim yn gweithio bellach.
■ **Je n'ai plus d'argent.** Nid oes gennyf fwy/ragor o arian.
■ **plus … que** mwy… na ❑ Elle est plus intelligente que son frère. Mae hi'n fwy deallus na'i brawd. ❑ Il regarde la télé plus que moi. Mae'n gwylio'r teledu yn amlach na fi. ❑ Il est plus grand que moi. Mae ef yn fwy na fi.
■ **Je suis le plus grand de la famille.** Fi yw'r talaf o'r teulu.
■ **plus … plus …** po fwyaf… y mwyaf ❑ Plus elle gagne d'argent, plus elle en veut. Po fwyaf o arian y mae hi'n ei ennill, y mwyaf ohono y mae hi eisiau.
■ **plus de (1)** mwy, rhagor, ychwaneg ❑ Tu veux plus de pain? Hoffet ti ragor/fwy o fara?
■ **plus de (2)** mwy na ❑ Il y avait plus de vingt personnes à la réunion. Roedd yna fwy nag ugain o bobl yn y cyfarfod.
■ **de plus** arall, yn ychwanegol ❑ Il me faut quelques jours de plus pour finir le travail. Rhaid imi gael ychydig o ddiwrnodau yn ychwanegol er mwyn gorffen y gwaith. ❑ Le voyage a pris deux heures de plus que prévu. Cymerodd y daith ddwy awr yn fwy na'r disgwyl.
■ **en plus** mwy ❑ Elle a apporté quelques gâteaux en plus. Fe ddaeth hi ag ychydig mwy o deisennau.
■ **de plus en plus** mwy a mwy, yn fwy fwy ❑ Il y a de plus en plus de touristes dans le coin. Mae mwy a mwy o dwristiaid yn yr ardal. ❑ Il fait de plus en plus chaud. Mae hi'n twymo/poethi yn fwyfwy.
■ **un peu plus difficile** ychydig yn anoddach/anos ❑ Il fait un peu plus chaud qu'hier. Mae hi ychydig yn dwymach/gynhesach na beth oedd hi ddoe.
■ **plus ou moins** mwy neu lai
■ **Deux plus deux égalent quatre.** Mae dau a dau yn hafal i bedwar.

plusieurs RHAGENW LLUOSOG
sawl, nifer o
❑ J'ai acheté plusieurs chemises. Prynais i nifer o grysau. ❑ Il y en a plusieurs. Mae yna nifer

ohonyn nhw.

[le] **plus-que-parfait** ENW
yr amser (g) gorberffaith (g) *(gramadeg)*

plutôt ADFERF
eithaf, braidd
❑ Elle est plutôt jolie. Mae hi'n eithaf pert/del/hardd. ❑ L'eau est plutôt froide. Mae'r dŵr yn eithaf oer.
yn hytrach
❑ Demande-leur plutôt de venir demain soir. Gofyn iddyn nhw ddod nos yfory yn hytrach.
■ **plutôt que** yn hytrach na ❑ Je préfère t'appeler plutôt que de t'écrire. Mae'n well gen i dy ffonio yn hytrach nag ysgrifennu atat ti.

pluvieux (BEN **pluvieuse**) ANSODDAIR
glawog, gwlyb

[le] **pneu** ENW
teiar (g)

[la] **pneumonie** ENW
niwmonia (g), llid (g) yr ysgyfaint

[la] **poche** ENW
poced (b)
■ **l'argent de poche** arian poced
■ **un livre de poche** llyfr clawr papur
❑ C'est dans la poche! Rydym wedi llwyddo! *(anffurfiol)*

[le] **podcast** ENW
podlediad (g)

podcaster BERF [28]
podcastio, podledu

[la] **poêle** ENW
padell (b)
■ **une poêle à frire** padell ffrio

[le] **poème** ENW
cerdd (b), darn (g) o farddoniaeth

[la] **poésie** ENW
barddoniaeth (b)
cerdd (b), darn (g) o farddoniaeth

[le] **poète** ENW
bardd (g)

[le] **poids** ENW
pwysau (ll)
❑ vendre quelque chose au poids gwerthu rhywbeth yn ôl ei bwysau
■ **prendre du poids** magu pwysau ❑ Elle a pris du poids. Mae hi wedi magu pwysau.
■ **perdre du poids** colli pwysau ❑ J'ai perdu du poids. Rwyf wedi colli pwysau.
■ **un poids lourd** cerbyd nwyddau trymion, lori drom

[la] **poignée** ENW
dyrnaid (g), llond (g) llaw
❑ une poignée de farine dyrnaid o flawd

P

handlen (b)

❏ la poignée de la porte handlen y drws

■ **échanger une poignée de main** ysgwyd llaw

[le] **poignet** ENW

arddwrn (g)

❏ Il s'est fait mal au poignet. Mae wedi brifo ei arddwrn.

cỳff (g) crys

[le] **poil** ENW

blewyn (g)

❏ Il y a des poils de chien partout sur la moquette. Mae blew ci dros y carped i gyd.

côt (b)

❏ Ton chat a un beau poil. Mae gan dy gath di gôt hyfryd.

■ **à poil** (anffurfiol) yn noeth

poilu (BEN **poilue**) ANSODDAIR

blewog

poinçonner BERF [28]

tyllu

❏ Le contrôleur a poinçonné les billets. Fe dyllodd yr arolygwr y tocynnau.

[le] **poing** ENW

dwrn (g)

■ **un coup de poing** dyrnod

[le] **point** ENW

pwynt (g)

❏ Je ne suis pas d'accord sur ce point. Dydw i ddim yn cytuno â'r pwynt yma. ❏ Mon point faible, c'est que j'adore le chocolat. Fy man gwan i ydy fy mod i'n hoff o siocled.

■ **point de vue** safbwynt

atalnod (g) llawn

■ **deux points** colon

■ **point-virgule** hanner colon

■ **être sur le point de faire quelque chose** bod ar fin gwneud rhywbeth ❏ J'étais sur le point de partir. Roeddwn ar fin gadael.

■ **mettre au point** terfynu rhywbeth, setlo rhywbeth

■ **Ce n'est pas encore au point.** Dyw'r peth ddim wedi cael ei setlo eto/ddim yn berffaith eto (technegol)

■ **à point** wedi ei goginio'n weddol

❏ Comment veux-tu ton steak? À point? Sut hoffet ti dy stecen? Wedi ei choginio'n weddol?

■ **un point d'exclamation** ebychnod

■ **un point d'interrogation** marc cwestiwn

■ **un point noir** penddüyn (ar groen)

[la] **pointe** ENW

blaen (g), pwynt (g)

❏ la pointe d'un couteau blaen cyllell

■ **être à la pointe du progrès** bod ar flaen cynnydd

■ **sur la pointe des pieds** ar flaenau eich traed

■ **les heures de pointe** oriau brig

[le] **pointillé** ENW

llinell (b) ddotiau

pointu (BEN **pointue**) ANSODDAIR

pigfain

❏ un chapeau pointu het bigfain

[la] **pointure** ENW

maint (g) (esgidiau)

❏ Quelle est votre pointure? Beth yw maint/ eich esgidiau?

[le] **point-virgule** (LLUOSOG **points-virgules**) ENW

hanner (g) colon

[la] **poire** ENW

peren (b), gellygen (b)

[le] **poireau** (LLUOSOG [les] **poireaux**) ENW

cenhinen (b)

❏ la soupe aux poireaux cawl cennin

[le] **pois** ENW

pysen (b)

■ **les petits pois** pys

■ **les pois chiches** ffacbys

■ **à pois** smotiog ❏ une robe à pois ffrog smotiog

[le] **poison** ENW

gwenwyn (g)

[le] **poisson** ENW

pysgodyn (g)

❏ Je n'aime pas le poisson. Dydw i ddim yn hoffi bwyta pysgod. ❏ J'ai pêché cinq poissons. Daliais i bum pysgodyn.

■ **les Poissons** arwydd y Pysgod ❏ Je suis Poissons. Rydw i o dan arwydd y Pysgod.

■ **Poisson d'avril!** Ffŵl Ebrill!

■ **un poisson rouge** pysgodyn aur

[la] **poissonnerie** ENW

siop (b) bysgod

[le] **poissonnier** ENW

gwerthwr (g) pysgod

[la] **poitrine** ENW

brest

❏ Il a mal à la poitrine. Mae ganddo boen yn ei frest.

mesur (g) y frest

❏ Quel est votre tour de poitrine? Faint ydych chi'n ei fesur o amgylch y frest?

[le] **poivre** ENW

pupur (g)

[le] **poivron** ENW

pupur (g) melys (llysieuyn)

[le] **pôle** ENW
pegwn (g)
- **le pôle Nord** Pegwn y Gogledd
- **le pôle Sud** Pegwn y De

poli (BEN **polie**) ANSODDAIR
cwrtais, boneddigaidd

[la] **police** ENW
heddlu (g)
❏ La police recherche le voleur. Mae'r heddlu yn chwilio am y lleidr.
- **police secours** gwasanaethau argyfwng
❏ J'ai appelé police secours. Galwais i'r gwasanaethau argyfwng.
- **une police d'assurance** polisi yswiriant

policier (BEN **policière**) ANSODDAIR
▷ *gweler hefyd* **policier** ENW
- **un roman policier** nofel dditectif

[le] **policier** ENW
▷ *gweler hefyd* **policier** ANSODDAIR
plismon (g), heddwas (g)
❏ Il est policier. Plismon yw ef.

[la] **politesse** ENW
cwrteisi (g)

[la] **politique** ENW
gwleidyddiaeth (b)
❏ La politique ne m'intéresse pas du tout. Does gen i ddim diddordeb o gwbl mewn gwleidyddiaeth.
- **un homme politique** gwleidydd

pollué (BEN **polluée**) ANSODDAIR
wedi ei lygru/ei llygru

polluer BERF [28]
llygru

[la] **pollution** ENW
llygredd (b)

[le] **polo** ENW
crys (g) polo

[la] **Pologne** ENW
Gwlad (b) Pŵyl

polonais (BEN **polonaise**) ANSODDAIR, ENW
Pwylaidd
Pwyleg (b) (*yr iaith*)
❏ Il parle polonais. Mae ef yn siarad Pwyleg.
- **un Polonais** Pwyliad (*dyn*)
- **une Polonaise** Pwyliad (*dynes*)
- **les Polonais** y Pwyliaid

[la] **Polynésie** ENW
Polynesia (b)

[la] **pommade** ENW
eli (g)

[la] **pomme** ENW
afal (g)
- **les pommes de terre** tatws
- **les pommes frites** sglodion
- **les pommes vapeur** tatws wedi eu stemio
- **tomber dans les pommes** llewygu (*anffurfiol*)

[la] **pompe** ENW
pwmp (g)
- **une pompe à essence** pwmp petrol
- **les pompes funèbres** trefnwyr angladdau

[le] **pompier** ENW
diffoddwr (g) tân

[le] **pompiste** ENW
gofalwr (g) pwmp petrol

ponctuel (BEN **ponctuelle**) ANSODDAIR
prydlon
❏ Elles sont toujours très ponctuelles. Maen nhw wastad yn brydlon.
achlysurol
- **J'ai rencontré quelques problèmes ponctuels.** Cefais i rai problemau achlysurol.

pondre BERF [69]
dodwy

[le] **poney** ENW
merlyn (g)

[le] **pont** ENW
pont (b)
bwrdd (g) (*llong*)
- **faire le pont** cael penwythnos hir ❏ Nous faisons le pont pour la Pentecôte. Rydyn ni'n mynd i gael penwythnos hir dros y Sulgwyn.

populaire (BEN **populaire**) ANSODDAIR
poblogaidd
❏ Cette chanteuse est très populaire en France. Mae'r gantores hon yn boblogaidd iawn yn Ffrainc.
dosbarth gweithiol
❏ un quartier populaire de la ville ardal ddosbarth gweithiol o'r dref

[la] **population** ENW
poblogaeth (b)

[le] **porc** ENW
mochyn (g)
❏ Ils élèvent des porcs. Maen nhw'n magu moch.
porc (g)
❏ du rôti de porc porc rhost

[la] **porcelaine** ENW
porslen (g)
❏ une tasse en porcelaine cwpan porslen

[le] **port** ENW
harbwr (g)
porthladd (g)

portable (BEN **portable**) ANSODDAIR
▷ *gweler hefyd* **portable** ENW

P

cludadwy
- **un ordinateur portable** gliniadur

[le] **portable** ENW
> *gweler hefyd* **portable** ANSODDAIR
ffôn (g) symudol
- Je vais t'appeler sur mon portable. Mi alwa'i di ar fy ffôn symudol.
gliniadur (g)
- Les photos sont sur mon portable. Mae'r lluniau ar fy ngliniadur.

[le] **portail** ENW
g(i)ât (b)
porth (g) (*eglwys*)

portatif (BEN **portative**) ANSODDAIR
cludadwy

[la] **porte** ENW
drws
- Fermez la porte, s'il vous plaît. Caewch y drws, os gwelwch chi'n dda.
- **la porte d'entrée** drws ffrynt
gât
- **porte (d'embarquement)** gât ymadawiadau (*mewn maes awyr*) □ Vol 232 à destination de Bordeaux: porte numéro cinq. Ehediad 232 i Bordeaux: gât rhif pump.
- **mettre quelqu'un à la porte** rhoi'r sac i rywun

[le] **porte-bagages** ENW
rac (b) bagiau (*ar ben car*)

[le] **porte-clés** ENW
cylch (g) allweddi

[la] **portée** ENW
- **à portée de main** o fewn cyrraedd
- **hors de portée** allan o gyrraedd

[le] **portefeuille** ENW
waled (b)

[le] **portemanteau** (LLUOSOG [les] **portemanteaux**) ENW
cambren (g) cotiau
rhesel (b) gotiau

[le] **porte-monnaie** (LLUOSOG [les] **porte-monnaie**) ENW
pwrs (g)

porter BERF [28]
cario, cludo
- Elle portait une valise. Roedd hi'n cario ces.
gwisgo
- Il porte une chemise bleue. Mae'n gwisgo crys glas.
- **se porter bien** bod yn iawn/dda (*iechyd*)
- **se porter mal** bod yn wael (*iechyd*)

[le] **porteur** ENW
cludwr (g)

porthor (g)

[la] **portière** ENW
drws (g) (*car*)

[la] **portion** ENW
rhan (b)

[le] **porto** ENW
port (g) (*gwin*)

[le] **portrait** ENW
portread (g), llun (g), darlun (g)

portugais (BEN **portugaise**) ANSODDAIR, ENW
Portiwgalaidd
Portiwgaleg (b) (*yr iaith*)
- Il parle portugais. Rwy'n siarad Portiwgaleg.
- **un Portugais** Portiwgead (*dyn*)
- **une Portugaise** Portiwgead (*dynes*)
- **les Portugais** y Portiwgeaid

[le] **Portugal** ENW
Portiwgal
- **au Portugal (1)** ym Mhortiwgal
- **au Portugal (2)** i Bortiwgal

poser BERF [28]
dodi, gosod, rhoi
- Elle a posé la théière sur la table. Rhoddodd hi'r tebot ar y bwrdd.
creu
- Cela pose un problème. Mae hynny'n creu problem.
- **poser une question à quelqu'un** gofyn cwestiwn i rywun
- **se poser** glanio □ L'avion s'est posé à dix heures. Glaniodd yr awyren am ddeg o'r gloch.

positif (BEN **positive**) ANSODDAIR
positif, cadarnhaol, pendant

[la] **position** ENW
safle (g)

posséder BERF [34]
meddu ar, bod yn berchen ar
- Ils possèdent une très grande maison. Maen nhw'n berchen ar dŷ anferth.

[la] **possibilité** ENW
posibilrwydd (g)

possible (BEN **possible**) ANSODDAIR
posibl
- Il a dit que ce n'était pas possible. Dywedodd ef nad oedd hynny'n bosibl.
- **le plus de gens possible** cymaint o bobl â phosibl
- **le plus tôt possible** cyn gynted ag y bo modd, cyn gynted â phosibl
- **le plus d'argent possible** cymaint o arian â phosibl
- **Elle travaille le moins possible.** Mae hi'n gweithio cyn lleied â phosibl.

p

■ **dès que possible** cyn gynted ag y bo'r modd

■ **faire son possible** gwneud eich gorau glas

❑ Je ferai tout mon possible. Gwna'i fy ngorau glas.

[la] **poste** ENW

▷ *gweler hefyd* **le poste**

post (g)

❑ On l'a envoyé par la poste. Maen nhw wedi ei anfon drwy'r post.

Swyddfa'r (b)) Post (g)

❑ Elle est allée à la poste pour acheter des timbres. Aeth hi i'r Post i brynu stampiau.

■ **mettre une lettre à la poste** postio llythyr

[le] **poste** ENW

▷ *gweler hefyd* **la poste**

swydd (b)

❑ Pierre a trouvé un poste de professeur. Mae Pierre wedi cael swydd fel athro.

estyniad (g) *(ffôn)*

❑ Pouvez-vous me passer le poste de Mme. Bernard? Allech chi fy nhrosglwyddo i estyniad Mme. Bernard?

set (b)

❑ un poste de radio set radio

■ **un poste de police** swyddfa'r heddlu

poster BERF [28]

▷ *gweler hefyd* **poster** ENW

postio

❑ Je vais poster cette lettre. Rwy'n mynd i bostio'r llythyr yma.

[le] **poster** ENW

▷ *gweler hefyd* **poster** BERF

poster (g)

❑ un poster de la Bretagne poster o Lydaw

postérieur (BEN **postérieure**) ANSODDAIR

diweddarach

❑ Ce document est postérieur à 1750. Mae'r ddogfen hon yn ddiweddarach na 1750.

cefn

❑ la partie postérieure de ma jambe cefn fy nghoes

[le] **pot** ENW

potyn (g), jar (g)

❑ Elle a fait trois pots de confiture. Gwnaeth hi dri photyn o jam.

■ **prendre un pot** *(anffurfiol)* cael diod

❑ On va prendre un pot ce soir. Rydyn ni'n mynd i gael diod heno.

■ **un pot de fleurs** potyn blodau

potable (BEN **potable**) ANSODDAIR

■ **eau potable** dŵr yfadwy

■ **'eau non potable'** 'dŵr anyfadwy'

[le] **potage** ENW

cawl (g)

[le] **potager** ENW

gardd (b) lysiau

[le] **pot-au-feu** (LLUOSOG [les] **pot-au-feu**) ENW

stiw (g) cig eidion a llysiau

[le] **pot-de-vin** (LLUOSOG [les] **pots-de-vin**) ENW

llwgrwobr (b)

[le] **pote** ENW *(anffurfiol)*

ffrind (g), mêt (g)

❑ Il sort avec ses potes ce soir. Mae'n mynd allan gyda'i ffrindiau heno 'ma.

[le] **poteau** (LLUOSOG [les] **poteaux**) ENW

postyn (g)

❑ Elle s'est appuyée contre un poteau Pwysodd hi yn erbyn postyn.

■ **un poteau indicateur** arwyddbost

potentiel (BEN **potentielle**) ANSODDAIR

posibl

[la] **poterie** ENW

crochenwaith (g)

❑ Il fait de la poterie à l'école. Mae o'n gwneud crochenwaith yn yr ysgol.

darn (g) o grochenwaith

❑ Elle a acheté deux poteries. Prynodd hi ddau ddarn o grochenwaith.

[le] **potier** ENW

crochenydd (g)

[le] **pou** (LLUOSOG [les] **poux**) ENW

lleuen (b)

[la] **poubelle** ENW

bin (g)

[le] **pouce** ENW

bawd (g)/(b)

❑ Il s'est coincé le pouce dans la porte. Daliodd ef ei fawd yn y drws.

modfedd (b)

❑ Un pouce fait à peu près deux virgule cinq centimètres. Mae modfedd yn mesur tua 2.5 centimedr.

■ **manger sur le pouce** cael tamaid sydyn i'w fwyta ❑ avoir le pouce vert bod yn dda yn garddio

[la] **poudre** ENW

powdwr (g)

powdwr wyneb

■ **la poudre à laver** powdwr golchi

■ **le lait en poudre** llaeth powdwr

■ **le café en poudre** coffi powdwr

[le] **poulain** ENW

ebol (g)

[la] **poule** ENW

iâr (b)

[le] **poulet** ENW

cyw (g) iâr

□ Elle adore le poulet. Mae hi wrth ei bodd â chyw iâr. □ un poulet rôti cyw iâr rhost plismon (g)
□ Il s'est fait attraper par les poulets. *(anffurfiol)* Cafodd ei ddal gan y plismyn.

[le] **pouls** ENW
curiad (g) y galon
□ Le médecin m'a pris le pouls. Mesurodd y meddyg guriad fy nghalon.

[le] **poumon** ENW
ysgyfaint (g)

[la] **poupée** ENW
dol (b)

pour PREPOSITION
i, ar gyfer
□ Voici un cadeau pour toi. Dyma anrheg i ti.
□ Qu'est-ce que vous voulez pour votre petit déjeuner? Beth hoffech chi i frecwast?
■ **pour faire quelque chose** i wneud rhywbeth □ Je lui ai téléphoné pour l'inviter au cinéma. Fe'i ffoniais i hi i'w gwahodd i'r sinema.
■ **Pour aller à Rennes, s'il vous plaît?** Pa ffordd yw hi i Rennes, os gwelwch yn dda?
■ **pour que** er mwyn □ Je lui ai prêté mon manteau pour qu'elle n'ait pas froid. Fe fenthycais i fy nghot iddi er mwyn iddi beidio â theimlo'n oer.
■ **pour cent** y cant

[le] **pourboire** ENW
cildwrn (g)
□ J'ai donné un pourboire à la serveuse. Rhoddais i gildwrn i'r weinyddes.

[le] **pourcentage** ENW
canran (b)

pourquoi ADFERF, CYSYLLTAIR
pam
□ Pourquoi est-ce qu'elle ne vient pas avec nous? Pam nad yw hi'n dod gyda ni? □ Il ne m'a pas dit pourquoi. Ddywedodd ef ddim pam wrthyf i.

pourra, pourras, pourrai, pourrez BERF
▷ *gweler* **pouvoir**

pourri (BEN **pourrie**) ANSODDAIR
wedi pydru, pwdr

[le] **pourriel** ENW
sbam (g) *(e-bost)*

pourrir BERF [38]
pydru
□ Ces pommes ont pourri. Mae'r afalau yma wedi pydru.

pourrons, pourront BERF ▷ *gweler* **pouvoir**

[la] **poursuite** ENW
ymlid (g)

■ **se lancer à la poursuite de quelqu'un** rhedeg ar ôl rhywun

poursuivre BERF [81]
dilyn, mynd ar ôl (rhywun)
□ Ils ont poursuivi le voleur. Fe redon nhw ar ôl y lleidr.
■ **se poursuivre** parhau, mynd ymlaen
□ Le concert s'est poursuivi très tard. Aeth y cyngerdd ymlaen yn hwyr iawn.

pourtant ADFERF
er hynny, fodd bynnag
□ Elle a raté son examen. Pourtant, elle n'est pas bête. Fe fethodd hi ei harholiad. Er hynny, dydy hi ddim yn dwp.
■ **C'est pourtant facile!** Ond mae'n wirioneddol hawdd!

pourvu (BEN **pourvue**) ANSODDAIR
■ **pourvu que ...** cyn belled â □ Pourvu qu'il ne pleuve pas! Cyn belled ag y bydd y glaw yn cadw draw!

pousser BERF [28]
gwthio
□ Nous avons dû pousser la voiture. Gorfu inni wthio'r car.
tyfu
□ Ses cheveux poussent vite. Mae ei gwallt yn tyfu'n gyflym.
■ **pousser un cri** gweiddi
■ **se pousser** symud *(anghwrtais)* □ Pousse-toi, je ne vois rien. Symud di, alla'i ddim gweld dim.

[la] **poussette** ENW
cadair (b) wthio, coetsh *(babi)*

[la] **poussière** ENW
llwch (g)
□ Les meubles sont couverts de poussière. Mae llwch dros y dodrefn/celfi i gyd.
llychyn (g)
□ J'ai une poussière dans l'œil. Mae gen i lychyn yn fy llygad.

poussiéreux (BEN **poussiéreuse**) ANSODDAIR
llychlyd

[le] **poussin** ENW
cyw (g)

pouvoir BERF [64]
▷ *gweler hefyd* **pouvoir** ENW

AMSER PRESENNOL	
je peux	nous pouvons
tu peux	vous pouvez
il/elle peut	ils/elles peuvent

RHANGYMERIAD GORFFENNOL
pu

gallu, medru

◻ Tu peux lui téléphoner si tu veux. **Gelli di ei ffonio os mynni di.** ◻ Puis-je te voir samedi? *(ffurfiol)* **Alla'i dy weld di ddydd Sadwrn?** ◻ Elle ne pourra pas venir demain. **All hi ddim dod yfory.** ◻ J'ai fait tout ce que j'ai pu. **Fe wnes i fy ngorau glas.**

■ **Je n'en peux plus. Rydw i wedi blino'n lân; rydw i wedi cael hen ddigon.**

■ **Il se peut que … Mae'n bosibl fod, gall fod** ◻ Il se peut qu'elle ait déménagé. **Gall fod/ Efallai ei bod hi wedi symud tŷ.** ◻ Il se peut que j'y aille. **Mae'n bosibl yr af i yno.**

[le] **pouvoir** ENW
▷ *gweler hefyd* **pouvoir** BERF
p̱ŵer (g), awdurdod (g)
◻ Le Président a beaucoup de pouvoir. **Mae gan yr Arlywydd lawer o bŵer.**

[la] **prairie** ENW
dôl (g), gwaun (b)

[la] **pratique** ENW
▷ *gweler hefyd* **pratique** ANSODDAIR
ymarfer (g)
◻ Je manque de pratique. **Mae diffyg ymarfer arna'i.**

pratique (BEN **pratique**) ANSODDAIR
▷ *gweler hefyd* **pratique** ENW
ymarferol, cyfleus
◻ Cette veste est très pratique. **Mae'r siaced hon yn ymarferol iawn.**

pratiquement ADFERF
bron
◻ J'ai pratiquement terminé. **Rwyf bron wedi gorffen.**

pratiquer BERF [28]
ymarfer
◻ Elle doit pratiquer son français. **Mae angen iddi ymarfer ei Ffrangeg.**
■ **Pratiquez-vous le ski? Ydych chi'n sgïo?**

[le] **pré** ENW
dôl (b), gwaun (b)

[la] **précaution** ENW
gofal (g)
◻ prendre ses précautions **bod yn ofalus, gofalu o flaen llaw**
■ **par précaution er mwyn bod yn ofalus/ ddiogel** ◻ J'ai pris une assurance par précaution. **Rwyf wedi cael yswiriant i fod yn ddiogel.**
■ **avec précaution yn ofalus, â gofal**
■ **'à manipuler avec précaution' 'i'w drin â gofal'**

précédemment ADFERF
ynghynt, yn flaenorol

précédent (BEN **précédente**) ANSODDAIR

cynt, blaenorol

précieux (BEN **précieuse**) ANSODDAIR
gwerthfawr
■ **une pierre précieuse carreg werthfawr**
■ **de précieux conseils cynghorion** gwerthfawr

[le] **précipice** ENW
dibyn (g), clogwyn (g)
◻ La voiture est tombée dans un précipice. **Syrthiodd y car i mewn i geunant.**

précipitamment ADFERF
ar frys, yn frysiog
◻ Ils sont partis précipitamment. **Gadawon nhw ar frys.**

[la] **précipitation** ENW
brys (g)
◻ Elle a agi avec précipitation. **Gweithredodd hi yn frysiog.**

[se] **précipiter** BERF [28]
rhuthro

précis (BEN **précise**) ANSODDAIR
union
■ **à cinq heures précises am bump o'r gloch yn union**

précisément ADFERF
yn union, yn hollol

préciser BERF [28]
egluro, manylu
◻ Pouvez-vous préciser ce que vous voulez faire? **Allwch chi egluro beth yn union ydych chi eisiau ei wneud?**
manylu
◻ Pouvez-vous préciser les raisons de ce changement? **Allwch chi fanylu ar y rhesymau dros y newid hwn?**

[la] **précision** ENW
manylder (g)
manylion (ll)
◻ Pouvez-vous me donner quelques précisions. **Allwch chi roi ychydig o fanylion imi?**

[la] **préfecture** ENW
■ **la préfecture de police pencadlys yr Heddlu**

préférable (BEN **préférable**) ANSODDAIR
yn well

préféré (BEN **préférée**) ANSODDAIR
hoff

[la] **préférence** ENW
blaenoriaeth (b)
◻ Je n'ai pas de préférence. **Does dim ots. Does dim ots gen i.**
■ **de préférence o ran dewis**

préférer BERF [34]

P

ffafrio, bod yn well gennych chi
❑ Je préfère la cuisine chinoise. Mae'n well gen i fwyd Tsieineaidd. ❑ Elle préfère manger à la cantine. Mae'n well ganddi fwyta yn y ffreutur.
■ **Je préférerais de l'eau.** Byddai'n well gen i ddŵr.
■ **préférer quelqu'un à quelqu'un** hoffi rhywun yn fwy na'r llall ❑ Je la préfère à sa sœur. Mae'n well gen i hi na'i chwaer.

préhistorique (BEN **préhistorique**) ANSODDAIR
cyn-hanes

[le] **préjugé** ENW
rhagfarn (b)
❑ avoir des préjugés contre quelqu'un bod â rhagfarn yn erbyn rhywun, bod yn rhagfarnllyd yn erbyn rhywun

premier (BEN **première**) ANSODDAIR
▷ gweler hefyd **première** ENW
cyntaf
❑ au premier étage ar y llawr cyntaf
❑ C'est mon premier jour de vacances. Dyma ddiwrnod cyntaf fy ngwyliau. ❑ C'est la première fois que vous venez ici? Ai dyma'r tro cyntaf ichi ddod yma? ❑ le premier mars y cyntaf o Fawrth ❑ Je suis arrivé premier. Fe ddes i'n gyntaf
■ **le Premier ministre** y Prif Weinidog

[la] **première** ENW
▷ gweler hefyd **premier** ANSODDAIR
dosbarth cyntaf
❑ On a voyagé en première. Fe deithion ni yn y dosbarth cyntaf.
y gêr gyntaf (ceir)
❑ Il faut passer en première pour monter la côte. Rhaid newid i'r gêr gyntaf er mwyn dringo'r rhiw.
blwyddyn 12
❑ Mon frère est en première. Mae fy mrawd ym mlwyddyn 12.

premièrement ADFERF
yn gyntaf (oll)

prendre BERF [65]
cymryd
❑ Prenez vos affaires et venez avec moi. Cymerwch eich pethau a dewch gyda fi.
■ **prendre quelque chose à quelqu'un** mynd â rhywbeth oddi wrth rhywun ❑ Il m'a pris mon portable! Cymerodd ef fy ffôn symudol!
■ **On a pris le train de cinq heures.** Fe ddalion ni'r trên pump o'r gloch.
■ **Elle prend toujours le train pour aller à Paris.** Mae wastad yn dal y trên i fynd i Baris.
■ **passer prendre** galw i nôl, codi ❑ Je dois passer prendre Marie. Rhaid imi alw i nôl Mari.

■ **prendre à gauche** troi i'r chwith ❑ Prenez à gauche en arrivant au carrefour. Trowch i'r chwith wrth gyrraedd y groesffordd.
■ **Il se prend pour qui?** Pwy mae o'n feddwl ydy o?
■ **s'en prendre à quelqu'un** ymosod ar rywun (yn llafar) ❑ Elle s'en est prise à moi. Mi ymosododd hi arna'i. (yn llafar)
■ **s'y prendre** mynd ati ❑ Il s'y prend mal! Mae'n mynd ati'r ffordd anghywir!

[le] **prénom** ENW
enw (g) cyntaf
❑ Quel est ton prénom? Beth yw dy enw cyntaf?

préoccupé (BEN **préoccupée**) ANSODDAIR
pryderus, gofidus

[la] **préparation** ENW
paratoad (g), paratoi

préparer BERF [28]
paratoi
❑ Je prépare le dîner. Rwy'n paratoi'r cinio.
gwneud
❑ Je vous prépare un petit café? Alla'i wneud coffi bach ichi?
paratoi ar gyfer
❑ Paul prépare son examen de français. Mae Paul yn paratoi ar gyfer ei arholiad Ffrangeg.
■ **se préparer** ymbaratoi ❑ Je me préparais à sortir quand le téléphone a sonné. Roeddwn i'n paratoi i fynd allan pan ganodd y ffôn.

[la] **préposition** ENW
arddodiad (g) (gramadeg)

près ADFERF
■ **tout près** yn agos ❑ Elle habite tout près. Mae hi'n byw yn agos.
■ **près de (1)** yn agos, wrth ymyl, ar bwys
❑ Est-ce que c'est près d'ici? Ydy o'n agos i'r fan yma?
■ **près de (2)** nesaf at, wrth ochr, drws nesaf i ❑ Assieds-toi près de moi. Eistedda wrth fy ochr i/ar bwys fi.
■ **près de (3)** tua, oddeutu, bron i, o gwmpas
❑ Il y avait près de mille spectateurs. Roedd yna bron i fil o wylwyr.
■ **de près** yn agos, yn fanwl ❑ Il a examiné la photo de près. Archwiliodd ef y llun yn fanwl.
■ **à peu de chose près** mwy neu lai

[la] **présence** ENW
presenoldeb (g)
❑ Sa présence est rassurante. Mae ei bresenoldeb yn galonogol.
bod yn bresennol
❑ La présence à tous les cours est obligatoire. Mae'n rhaid bod yn bresennol yn y gwersi i gyd.

présent (BEN **présente**) ANSODDAIR
▷ *gweler hefyd* **présent** ENW
presennol

[le] **présent** ENW
▷ *gweler hefyd* **présent** ANSODDAIR
yr amser (g) presennol (g) *(gramadeg)*
■ **à présent** nawr, rŵan, ar hyn o bryd

[la] **présentation** ENW
cyflwyniad (g)
■ **faire les présentations** cyflwyno *(rhywun i rywun)*

présenter BERF [28]
cyflwyno
❑ Elle présentait le spectacle. Roedd hi'n cyflwyno'r sioe.
■ **présenter quelqu'un à quelqu'un** cyflwyno rhywun i rywun ❑ Elle m'a présenté à son frère. Mi gyflwynodd hi fi i'w brawd.
■ **Alan, je te présente Marie.** Alan, ga'i gyflwyno Mari iti.
■ **se présenter (1)** cyflwyno eich hunan
❑ Elle s'est présentée à ses collègues. Cyflwynodd hi ei hunan i'w chydweithwyr.
■ **se présenter (2)** digwydd, codi
❑ Si l'occasion se présentait, j'irais bien en Italie. Pe byddai'r cyfle yn codi buaswn i'n sicr yn mynd i'r Eidal.
■ **se présenter (3)** sefyll (fel)
❑ Le Président se présente encore une fois aux élections. Mae'r Arlywydd yn sefyll yn yr etholiad unwaith eto.

[le] **préservatif** ENW
condom (g)

préserver BERF [28]
cadw
❑ préserver du froid cadw rhag yr oerfel

[le] **président** ENW
Arlywydd (g)
❑ le président des États-Unis Arlywydd yr Unol Daleithiau America
llywydd (g)
❑ le président du conseil d'administration llywydd Bwrdd y Cyfarwyddwyr
■ **le président directeur général** cadeirydd a chyfarwyddwr

présider BERF [28]
llywyddu, cadeirio
❑ Jean a présidé la réunion. Cadeiriodd Jean y cyfarfod.
bod yn ŵr gwadd/yn wraig wadd
❑ Il présidait à table. Fe oedd y gŵr gwadd wrth y bwrdd.

presque ADFERF
bron

❑ Il est presque huit heures. Mae hi bron yn wyth o'r gloch. ❑ Nous sommes presque arrivés. Rydyn ni bron â chyrraedd.
■ **presque rien** y nesaf peth i ddim ❑ Je n'ai presque rien mangé aujourd'hui. Dydw i ond wedi bwyta'r nesaf peth i ddim heddiw.
■ **presque pas** prin ❑ Elle ne dort presque pas. Dyw hi prin yn cysgu.
■ **presque pas de** bron dim ❑ Il n'y a presque pas de place pour se garer. Does bron dim lle i barcio.

[la] **presqu'île** ENW
gorynys (b)

[la] **presse** ENW
gwasg (b)
❑ les représentants de la presse cynrychiolwyr o'r wasg

pressé (BEN **pressée**) ANSODDAIR
ar frys
❑ Elle ne peut pas rester, elle est pressée. All hi ddim aros, mae hi ar frys.
o frys
❑ Ce n'est pas très pressé. Dydy ef ddim yn fater o frys.
■ **une orange pressée** sudd oren ffres

presser BERF [28]
gwasgu
❑ Tu peux me presser une orange? Alli di wasgu oren imi?
bod o frys
❑ Est-ce que ça presse? Ydy hyn yn fater o frys?
■ **se presser** brysio ❑ Allez, presse-toi, on va être en retard! Brysia, neu byddwn ni'n hwyr!
■ **Rien ne presse.** Does dim brys.

[le] **pressing** ENW
siop (b) glanhau dillad

[la] **pression** ENW
pwysau (g)
■ **faire pression sur quelqu'un** rhoi pwysau ar rywun
cwrw (g) drafft

prêt (BEN **prête**) ANSODDAIR
▷ *gweler hefyd* **prêt** ENW
parod
❑ Le déjeuner est prêt. Mae'r cinio'n barod.
❑ Vous êtes prêts? Ydych chi'n barod?

[le] **prêt** ENW
▷ *gweler hefyd* **prêt** ANSODDAIR
benthyciad (g)

[le] **prêt-à-porter** ENW
dillad (ll) parod

prétendre BERF [88]
■ **prétendre que** honni (bod/nad)
❑ Elle prétend qu'elle ne me connaît pas. Mae

hi'n honni nad yw hi'n fy adnabod.

prétendu (BEN **prétendue**) ANSODDAIR
honedig
❏ un prétendu expert arbenigwr honedig

prétentieux (BEN **prétentieuse**) ANSODDAIR
ymhongar

prêter BERF [28]
■ **prêter quelque chose à quelqu'un**
benthyca rhywbeth i rywun, rhoi benthyg
rhywbeth i rywun ❏ Elle m'a prêté sa voiture.
Fe roddodd hi fenthyg ei char imi. ■ **prêter
attention à quelque chose** talu/rhoi sylw i
rywbeth

[le] **prétexte** ENW
esgus (g)
❏ Elle avait un prétexte pour ne pas venir.
Roedd ganddi esgus dros beidio â dod.
■ **sous aucun prétexte** ar unrhyw gyfrif
❏ Ne le dérange pas sous aucun prétexte. Paid
â'i phoeni hi ar unrhyw gyfrif.

prétexter BERF [28]
defnyddio rhywbeth fel esgus
❏ Il a prétexté une réunion. Fe ddefnyddiodd
ef gyfarfod fel esgus. ❏ Elle a prétexté qu'elle
avait un rendez-vous. Dywedodd ei bod yn
gorfod cwrdd â rhywun fel esgus.

[le] **prêtre** ENW
offeiriad (g)

[la] **preuve** ENW
tystiolaeth (b)
❏ Il y a des preuves contre elle. Mae
tystiolaethau yn ei herbyn hi.
prawf (g), tystiolaeth (b)
❏ Tu n'as aucune preuve. Does gennyt ti'r un
prawf/dystiolaeth.
■ **faire preuve de courage** dangos dewrder
■ **faire ses preuves** eich profi eich hunan
❏ Pour être embauché ici, il faut faire ses
preuves. I gael eich cyflogi yma, rhaid ichi eich
profi eich hunan.

prévenir BERF [89]
■ **prévenir quelqu'un** rhybuddio rhywun
❏ Je te préviens, elle est de mauvaise humeur.
Rhaid imi dy rybuddio, mae tymer wael arni.

[la] **prévention** ENW
atal, rhwystro, diogelu
■ **des mesures de prévention** camau diogelu
■ **la prévention routière** diogelwch ar y
ffordd/ffyrdd

[la] **prévision** ENW
■ **les prévisions météorologiques**
rhagolygon y tywydd
■ **en prévision de quelque chose** gan
ddisgwyl rhywbeth

prévoir BERF [92]
cynllunio, trefnu
❏ On a prévu un pique-nique pour dimanche.
Rydyn ni wedi trefnu picnic at ddydd Sul.
■ **Le départ est prévu pour six heures.**
Mae'r ymadawiad wedi ei drefnu ar gyfer
chwech o'r gloch.
rhagweld, cynllunio
❏ J'ai prévu assez à manger pour tous. Rwyf
wedi rhagweld digon i'w fwyta i bawb.
amau, rhagdybio, rhagweld, cynllunio ar gyfer
❏ J'avais prévu qu'elle serait en retard.
Roeddwn wedi rhagweld y byddai'n hwyr.
■ **Je prévois qu'il me faudra une heure de
plus pour arriver.** Rwy'n rhagweld y bydd
angen awr arall arnaf i gyrraedd.

prier BERF [19]
gweddïo ar
❏ Les Grecs priaient Dionysos. Roedd y
Groegwyr yn gweddïo ar Dionysos.
■ **prier quelqu'un de faire quelque chose**
gofyn i rywun wneud rhywbeth ❏ Il l'a priée de
sortir. Gofynnodd ef iddi adael.
■ **je vous en prie (1)** â chroeso, wrth gwrs
❏ Je peux m'asseoir? Je t'en prie. Alla'i eistedd?
Cei, wrth gwrs.
■ **je vous en prie (2)** Plis, rwy'n erfyn arnoch.
❏ Je vous en prie, ne me laissez pas seul. Plis,
peidiwch â'm gadael ar fy mhen fy hun.
■ **je vous en prie (3)** peidiwch â sôn/tewch â
sôn ❏ Merci pour votre aide. Je vous en prie!
Diolch am eich help. Peidiwch â sôn!

[la] **prière** ENW
gweddi (b)
❏ faire ses prières adrodd eich gweddïau
■ **'prière de ne pas fumer'** 'dim ysmygu, os
gwelwch yn dda

[le] **primaire** ENW
addysg (b) gynradd
❏ Mes enfants sont encore en primaire. Mae fy
mhlant yn dal yn yr ysgol gynradd.
■ **l'école primaire** ysgol gynradd

[la] **prime** ENW
bonws (g)
❏ J'ai eu une prime en récompense de mon
travail. Cefais fonws yn werthfawrogiad am fy
ngwaith.
anrheg (g) am ddim
❏ Il a eu ce stylo en prime avec l'offre. Cafodd y
pen ysgrifennu yma yn anrheg am ddim gyda'r
cynnig.
premiwm (g)
❏ une prime d'assurance premiwn yswiriant

[la] **primevère** ENW

briallen (b) *(blodyn)*

[le] **prince** ENW
tywysog (g)
❑ le prince Charles y Tywysog Siarl

[la] **princesse** ENW
tywysoges (b)
❑ la princesse Anne y Dywysoges Anne

principal (BEN **principale**, GWR LLUOSOG
principaux) ANSODDAIR
▷ *gweler hefyd* **principal** ENW
prif, pennaf
❑ le rôle principal y brif rôl

[le] **principal** (LLUOSOG [les] **principaux**) ENW
▷ *gweler hefyd* **principal** ANSODDAIR
prif, pennaf
❑ le principal du collège prifathro'r ysgol
y peth pwysicaf
❑ Personne n'a été blessé, c'est le principal.
Does neb wedi ei anafu; dyna'r peth pwysicaf.

[le] **principe** ENW
egwyddor (b)
■ **pour le principe** fel egwyddor
■ **en principe (1)** fel arfer, fel rheol
❑ Je déjeune en principe vers midi. Rwy'n cael
cinio fer arfer tua chanol dydd.
■ **en principe (2)** mewn egwyddor ❑ En
principe Marie doit arriver samedi. Mewn
egwyddor, dylai Mari gyrraedd ddydd Sadwrn.

[le] **printemps** ENW
gwanwyn (g)
■ **au printemps** yn y gwanwyn

[la] **priorité** ENW
yn gyntaf
❑ C'est à faire en priorité. Rhaid gwneud hyn
yn gyntaf.
blaenoriaeth (b), hawl (g)
❑ Je n'ai pas la priorité. Nid fi sydd â'r
flaenoriaeth/yr hawl

pris BERF ▷ *gweler* **prendre**

pris (BEN **prise**) ANSODDAIR
▷ *gweler hefyd* **prise** ENW
wedi ei gadw/neilltuo
❑ Est-ce que cette place est prise? A yw'r sedd
hon wedi ei chadw?
prysur
❑ Je serai très pris demain. Mi fydda' i'n brysur
iawn yfory.
■ **avoir le nez pris** bod â'ch trwyn yn llawn (o
annwyd)
■ **être pris de panique** wedi mynd i banig,
wedi panicio

[la] **prise** ENW
▷ *gweler hefyd* **prise** ANSODDAIR
plwg (g)

soced (g)/(b)
■ **une prise de courant** soced
■ **une prise multiple** addaswr *(trydan)*
■ **une prise de sang** prawf gwaed

[la] **prison** ENW
carchar (g)
❑ aller en prison mynd i'r carchar
❑ être en prison bod yn y carchar

prisonnier (BEN **prisonnière**) ANSODDAIR
▷ *gweler hefyd* **prisonnier** ENW, **prisonnière**
ENW
bod yn y carchar, bod yng ngharchar

[le] **prisonnier** ENW
▷ *gweler hefyd* **prisonnier** ANSODDAIR
carcharor (g)

[la] **prisonnière** ENW
▷ *gweler hefyd* **prisonnière** ANSODDAIR
carchares (b)

prit BERF *gweler* **prendre**

privé (BEN **privée**) ANSODDAIR
preifat
❑ la propriété privée annedd breifat
❑ ma vie privée fy mywyd preifat
■ **en privé** yn breifat

priver BERF [28]
■ **priver quelqu'un de quelque chose**
gwadu rhywbeth i rywun, amddifadu rhywun
o rywbeth ❑ Le prisonnier a été privé de
nourriture. Amddifadwyd y carcharor o fwyd.
■ **Tu seras privé de dessert!** Chei di ddim mo
dy bwdin!

[le] **prix** ENW
pris (g)
❑ Je n'arrive pas à lire le prix de ce vêtement.
Alla'i ddim yn fy myw â darllen pris y dilledyn
hwn.
gwobr (b)
❑ Marc a eu le prix du meilleur acteur. Cafodd
Marc y wobr am yr actor gorau.
■ **hors de prix** afresymol o ddrud ❑ Les
vêtements sont hors de prix ici! Mae'r dillad yn
afresymol o ddrud yma!
■ **à aucun prix** nid ar unrhyw gyfrif ❑ Il n'ira
jamais là-bas à aucun prix. Aiff o byth yno ar
unrhyw gyfrif.
■ **à tout prix** ar bob cyfrif ❑ Il veut à tout prix
voir ce film. Mae ef eisiau gweld y ffilm hon ar
bob cyfrif.

probable (BEN **probable**) ANSODDAIR
tebyg, tebygol
❑ Il est probable qu'il viendra. Mae'n debygol
y daw ef.
■ **C'est peu probable.** Mae'n annhebygol.

probablement ADFERF

P

yn ôl pob tebyg

[le] **problème** ENW
problem (b)

[le] **procédé** ENW
proses (b)

[le] **procès** ENW
achos (g)
◻ Le procès du meurtrier commence lundi.
Mae'r achos llys ynghylch y llofruddiaeth yn
cychwyn ddydd Llun.
■ **Elle est en procès avec son employeur.**
Mae hi mewn achos llys gyda'i chyflogwr.

prochain (BEN **prochaine**) ANSODDAIR
nesaf
◻ Nous descendons au prochain arrêt. Rhaid
inni adael/ddisgyn ar ôl cyrraedd yr orsaf nesaf.
■ **la prochaine fois** y tro nesaf
■ **la semaine prochaine** yr wythnos nesaf
■ **À la prochaine!** Tan y tro nesaf!

prochainement ADFERF
yn fuan, cyn bo hir

proche (BEN **proche**) ANSODDAIR
agos
◻ Les magasins les plus proches sont à cinq
kilomètres. Mae'r siopau agosaf bum cilometr
i ffwrdd. ◻ dans un proche avenir yn y dyfodol
agos ◻ un ami proche ffrind agos
■ **proche de** yn agos i ◻ La cathédrale est
proche de la place. Mae'r eglwys gadeiriol yn
agos i'r sgwâr.
■ **le Proche-Orient** y Dwyrain Agos

[les] **proches** ENW GWR
teulu (g) (agos)

proclamer BERF [28]
datgan

procurer BERF [28]
■ **procurer quelque chose à quelqu'un**
cael gafael ar rywbeth i rywun ◻ C'est elle qui
m'a procuré ce travail. Hi a gafodd y gwaith
yma i mi.
■ **se procurer quelque chose** cael ◻ Je me
suis procuré leur dernier catalogue. Cefais i eu
catalog diweddaraf.

[le] **producteur** ENW
cynhyrchydd (g)

[la] **production** ENW
cynnyrch (g), cynhyrchu

[la] **productrice** ENW
cynhyrchydd (g)

produire BERF [23]
cynhyrchu
■ **se produire** digwydd ◻ Ces changements se
sont produits récemment. Fe ddigwyddodd y

newidiadau hyn yn ddiweddar.

[le] **produit** ENW
cynnyrch (g)
◻ les produits de beauté cosmetigau

[le/la] **prof** ENW (anffurfiol)
athro (g), athrawes (b)
◻ Elle est prof de sciences. Athrawes
wyddoniaeth yw hi.

[le] **professeur** ENW
athro (g)
◻ Marc est professeur de géographie. Mae
Marc yn athro daearyddiaeth. ◻ le professeur
Féroc yr Athro Féroc
■ **un professeur de faculté** darlithydd yn y
brifysgol

[la] **profession** ENW
proffesiwn (g)
◻ Quelle est votre profession? Beth yw eich
swydd chi?
■ **'sans profession'** 'di-waith'

professionnel (BEN **professionnelle**)
ANSODDAIR
proffesiynol

[le] **profil** ENW
proffil (g), amlinelliad (g) (person)
◻ peindre quelqu'un de profil tynnu llun
proffil o rywun
amlinell (b), amlin (b) (gwrthrych)

[le] **profit** ENW
elw (g)
◻ La société a fait des profits énormes. Mae'r
cwmni wedi gwneud elw anferth.
■ **tirer profit de quelque chose** elwa o
rywbeth, cael budd o rywbeth
■ **au profit de** er budd ◻ un spectacle au
profit de l'UNICEF sioe er budd UNICEF

profiter BERF [28]
■ **profiter de quelque chose** elwa ar,
manteisio ar ◻ Profitez du soleil pour aller à
la plage. Manteisiwch ar yr heulwen i fynd i'r
traeth.
■ **Profitez-en bien!** Gwnewch y gorau ohono!

profond (BEN **profonde**) ANSODDAIR
dwfn
■ **peu profond** bas/ddim yn ddwfn iawn

[la] **profondeur** ENW
dyfnder (g)

[le] **programme** ENW
rhaglen (b)
◻ le programme du festival rhaglen yr ŵyl
◻ le programme de sciences maes llafur
gwyddoniaeth
rhaglen
◻ un programme informatique rhaglen

gyfrifiadur

programmer BERF [28]

darlledu

❑ Le film est programmé samedi soir. Darlledir y ffilm nos Sadwrn.

rhaglennu

❑ Mon ordinateur n'est pas programmé pour ça. Dyw fy nghyfrifiadur i ddim wedi cael ei raglennu ar gyfer hynny.

[le] **programmeur** ENW

rhaglennydd

❑ Paul est programmeur. Rhaglennydd yw Paul.

[la] **programmeuse** ENW

rhaglennydd

❑ Elle est programmeuse. Rhaglennydd yw hi.

[le] **progrès** ENW

cynnydd (g), gwelliant (g)

❑ faire des progrès gwneud cynnydd, gwella

progresser BERF [28]

cynyddu, datblygu

progressif (BEN **progressive**) ANSODDAIR

cynyddol

[le] **projecteur** ENW

taflunydd (g)

❑ Le projecteur est en panne. Mae'r taflunydd wedi torri.

sbotolau (g)

❑ sous les projecteurs o dan y sbotolau

[le] **projet** ENW

cynllun (g)

❑ des projets de vacances cynlluniau gwyliau

drafft (g), braslun (g)

❑ le projet de construction d'un bureau cynllun drafft adeiladu swyddfa

■ **un projet de loi** mesur seneddol

projeter BERF [41]

cynllunio

❑ Ils projettent d'acheter une maison en Espagne. Maen nhw'n cynllunio i brynu tŷ yn Sbaen.

taflu

❑ une ombre projetée sur le mur cysgod wedi ei daflu ar y wal

■ **Il a été projeté hors de la voiture.** Cafodd ei daflu allan o'r car.

prolonger BERF [45]

estyn, ymestyn

❑ Nous allons prolonger nos vacances en Espagne. Rydym am ymestyn ein gwyliau yn Sbaen.

parhau

❑ Je vais prolonger mon abonnement au magazine. Rwy'n mynd i barhau fy

nhanysgrifiad i'r cylchgrawn.

■ **se prolonger** ymestyn, parhau ❑ La réunion s'est prolongée jusqu'à dix heures. Parhaodd y cyfarfod tan ddeg o'r gloch.

[la] **promenade** ENW

tro (g)

❑ Il y a de belles promenades par ici. Mae sawl lle braf i fynd am dro yn y fan yma.

■ **faire une promenade** mynd am dro

■ **faire une promenade en voiture** mynd am dro/daith yn y car

■ **faire une promenade à vélo** mynd am dro/daith ar gefn beic

promener BERF [43]

mynd â rhywun/rhywbeth am dro

❑ Je promène mon chien tous les jours. Rwy'n mynd â'm ci am dro bob dydd.

■ **se promener** mynd am dro ❑ Marie est partie se promener. Mae Mari wedi mynd am dro.

[la] **promesse** ENW

addewid (b)

❑ faire une promesse à quelqu'un addo i rywun ❑ tenir sa promesse cadw at eich addewid/gair

promettre BERF [47]

addo

❑ On lui a promis une augmentation. Maen nhw wedi addo codiad cyflog iddo. ❑ Il m'a promis de me téléphoner ce soir. Mae ef wedi addo fy ffonio heno.

[la] **promotion** ENW

dyrchafiad (g)

❑ J'espère avoir bientôt une promotion. Rwy'n disgwyl cael dyrchafiad yn fuan.

■ **être en promotion** bod ar gynnig arbennig

❑ Les bonbons sont en promotion aujourd'hui. Mae cynnig arbennig ar y melysion/fferins/losin heddiw.

[le] **pronom** ENW

rhagenw (g)

prononcer BERF [12]

ynganu

❑ Est-ce que le gallois est difficile à prononcer? A yw Cymraeg yn anodd i'w ynganu?

cyflwyno

❑ prononcer un discours cyflwyno araith

■ **se prononcer** cael ei ynganu ❑ Le 'e' final ne se prononce pas. Dydy'r 'e' olaf ddim yn cael ei hynganu.

[la] **prononciation** ENW

ynganiad (g)

[la] **propagande** ENW

propaganda (g)

P

[se] **propager** BERF [45]
ymledu
❏ La grippe s'est propagée rapidement. Mae'r
ffliw wedi ymledu'n gyflym.

[la] **proportion** ENW
cyfran (b)

[le] **propos** ENW
■ **à propos** gyda llaw ❏ À propos, quand est-
ce que tu pars en vacances? Gyda llaw, pryd
wyt ti'n gadael i fynd ar dy wyliau?
■ **à propos de quelque chose** ynglŷn â
rhywbeth, am rywbeth, ynghylch rhywbeth
❏ C'est à propos de la soirée de samedi. Mae
ynglŷn â'r parti nos Sadwrn.

proposer BERF [28]
■ **proposer quelque chose à quelqu'un (1)**
awgrymu rhywbeth i rywun ❏ Ils nous ont
proposé une promenade en bateau. Maen
nhw wedi awgrymu taith mewn cwch inni.
■ **proposer quelque chose à quelqu'un (2)**
cynnig rhywbeth i rywun ❏ Elle m'a proposé
des chocolats. Cynigiodd hi siocledi imi.

[la] **proposition** ENW
cynnig (g)
❏ J'accepte votre proposition avec plaisir.
Mi dderbyniaf eich cynnig â phleser.

propre (BEN **propre**) ANSODDAIR
▷ *gweler hefyd* **propre** ENW
glân
❏ Cette serviette n'est pas propre. Dyw'r tywel
'ma ddim yn lân.
eich hun
❏ Pierre l'a fabriqué de ses propres mains.
Pierre a'i gwnaeth â'i ddwylo ei hun.
■ **propre à** neilltuol i, arbennig i,
nodweddiadol o ❏ C'est un plat propre à la
Normandie. Saig neilltuol i Normandi ydyw.

[le] **propre** ENW
▷ *gweler hefyd* **propre** ANSODDAIR
■ **recopier quelque chose au propre** gwneud
copi glân o rywbeth

proprement ADFERF
yn daclus, yn weddus
❏ Mange proprement! Bwyta'n daclus!
■ **le village proprement dit** y pentref ei hun
■ **à proprement parler** a siarad yn fanwl gywir

[la] **propreté** ENW
glendid (g), glanweithdra (g)

[le] **propriétaire** ENW
▷ *gweler hefyd* **la propriétaire**
perchennog (g)
landlord (g)

[la] **propriétaire** ENW

▷ *gweler hefyd* **le propriétaire**
perchenoges (b)
landlordes (b)

[la] **propriété** ENW
eiddo (g), perchenogaeth (b)
❏ la propriété privée eiddo preifat

[le] **prospectus** ENW
prosbectws (g)

prospère (BEN **prospère**) ANSODDAIR
llewyrchus

[la] **prostituée** ENW
putain (b)

protecteur (BEN **protectrice**) ANSODDAIR
amddiffynnol
❏ un vernis protecteur farnais amddiffynnol
nawddoglyd
❏ un ton protecteur tôn nawddoglyd

[la] **protection** ENW
amddiffyniad (g), diogelwch (g)

protéger BERF [66]
amddiffyn, diogelu

[la] **protéine** ENW
protein (g)

protestant (BEN **protestante**) ANSODDAIR
Protestant
❏ une église protestante eglwys
Brotestannaidd
■ **Il est protestant.** Protestant ydy o.

[la] **protestation** ENW
protest (b)

protester BERF [28]
protestio
❏ Ils protestent contre les impôts. Maent yn
protestio yn erbyn y trethi.

prouver BERF [28]
profi

[la] **provenance** ENW
cychwyniad (g), tarddiad (g)
■ **un avion en provenance de Nantes** awyren
(yn dod) o Nantes

provenir BERF [89]
■ **provenir de (1)** dod o ❏ Ces melons
proviennent d'Espagne. Mae'r melonau hyn yn
dod o Sbaen.
■ **provenir de (2)** bod yn ganlyniad o ❏ Cela
provient d'un manque d'organisation de votre
part. Mae hynny'n ganlyniad o ddiffyg trefn
o'ch rhan chi.

[le] **proverbe** ENW
dihareb (b)

[la] **province** ENW
talaith (b)
■ **en province** yn y taleithiau

❏ Ils habitent en province. **Maen nhw'n byw yn y taleithiau.**

[le] **proviseur** ENW
prifathro (g) *(ysgol uwchradd)*
prifathrawes (b)
❏ Elle est proviseur. **Prifathrawes yw hi.**

[la] **provision** ENW
darpariaeth (b), cyflenwad (g)
❏ une provision de pommes de terre
cyflenwad o datws

[les] **provisions** ENW BEN
bwydydd (ll)
❏ On n'a plus beaucoup de provisions. **Does dim llawer o fwydydd ar ôl gennym.**

provisoire (BEN **provisoire**) ANSODDAIR
dros dro
❏ un emploi provisoire **swydd dros dro**

provoquer BERF [28]
pryfocio
❏ Elle l'a provoqué en le traitant d'imbécile.
Gwnaeth hi ei bryfocio trwy ei drin fel twpsyn.
achosi
❏ L'accident a provoqué la mort de beaucoup de personnes. **Achosodd y ddamwain farwolaeth i lawer o bobl.**

[la] **proximité** ENW
agosrwydd (g)
■ **à proximité** yn agos i, wrth ymyl, ger, ar bwys ❏ J'habite à proximité. **Rwy'n byw yn eithaf agos.**

prudemment ADFERF
yn ofalus
❏ Conduis prudemment! **Gyrra'n ofalus!**
yn ddoeth
❏ Prudemment, il a fait des économies. **Yn ddoeth, fe arbedodd arian.**
yn wyliadwrus, yn ofalus
❏ Le gouvernement a réagi prudemment.
Ymatebodd y llywodraeth yn ofalus.

[la] **prudence** ENW
gofal (g), pwyll (g)
■ **avec prudence** yn bwyllog ❏ Elle conduit avec prudence. **Mae hi'n gyrru'n ofalus.**

prudent (BEN **prudente**) ANSODDAIR
gofalus
❏ Soyez prudents! **Byddwch yn ofalus!**
doeth
❏ Laissez votre passeport à la maison, c'est plus prudent. **Byddai'n ddoethach ichi adael eich pasbort gartref.**

[la] **prune** ENW
eirinen (b)

[le] **pruneau** (LLUOSOG [les] **pruneaux**) ENW

eirinen (b) sych

[le/la] **psychiatre** ENW
seiciatrydd (g)

[la] **psychologie** ENW
seicoleg (b)

psychologique (BEN **psychologique**)
ANSODDAIR
seicolegol

[le/la] **psychologue** ENW
seicolegydd (g)

pu BERF *gweler* **pouvoir**
■ **Elle n'a pas pu venir. Ni allodd hi ddod.**

[la] **pub** ENW *(anffurfiol)*
hysbysebu
❏ Il y a trop de pub à la télé. **Mae gormod o hysbysebu ar y teledu.**
hysbyseb (g)/(b)
❏ Le film a été coupé par la pub. **Torrwyd ar draws y ffilm gan hysbysebion.**

public (BEN **publique**) ANSODDAIR
▷ *gweler hefyd* **public** ENW
cyhoeddus
❏ un jardin public **gardd gyhoeddus**
■ **une école publique ysgol wladol**

[le] **public** ENW
▷ *gweler hefyd* **public** ANSODDAIR
y cyhoedd (g)
❏ Ces jardins sont ouverts au public. **Mae'r gerddi hyn ar agor i'r cyhoedd.**
cynulleidfa
❏ Le public a applaudi la chanteuse. **Rhoes y gynulleidfa gymeradwyaeth i'r gantores.**
■ **en public** yn gyhoeddus ❏ Il déteste parler en public. **Mae ef yn casáu siarad yn gyhoeddus.**

publicitaire (BEN **publicitaire**) ANSODDAIR
■ **une agence publicitaire** asiant hysbysebu
■ **un film publicitaire** ffilm gyhoeddusrwydd

[la] **publicité** ENW
hysbysebu
❏ Elle travaille dans la publicité. **Mae hi'n gweithio ym maes hysbysebu.**
hysbyseb (g)
❏ Il y a trop de publicités dans ce magazine.
Mae gormod o hysbysebion yn y cylchgrawn yma.
■ **faire de la publicité pour quelque chose**
hysbysebu rhywbeth

publier BERF [19]
cyhoeddi
❏ Elle vient de publier son nouveau roman.
Mae hi newydd gyhoeddi ei nofel newydd.

publique ANSODDAIR BEN ▷ *gweler* **public**

[la] **puce** ENW
chwannen (b)
❑ Mon chien a des puces. Mae chwain ar fy nghi.
sglodyn (g) silicon
❑ une puce électronique meicrosglodyn
■ **une carte à puce** cerdyn clyfar

[les] **puces** ENW BEN LLUOSOG
marchnad (b) rad

puer BERF [28]
drewi
❑ Ça pue le tabac ici! Mae'n drewi o dybaco yma! *(anffurfiol)*

puéril (BEN **puérile**) ANSODDAIR
plentynnaidd

puis BERF
▷ *gweler hefyd* **puis** ADFERF
▷ *gweler* **pouvoir**
■ **Puis-je venir te voir dimanche?** *(ffurfiol)*
Alla'i/Ga'i ddod i dy weld ddydd Sul?

puis ADFERF
▷ *gweler hefyd* **puis** BERF
yna, wedyn
❑ Faites rôtir le poulet, puis ajoutez le vin blanc. Rhostiwch y cyw, yna ychwanegwch win gwyn.

puisque CYSYLLTAIR
gan, oherwydd
❑ Puisque c'est si cher, je ne vais pas l'acheter. Gan ei fod mor ddrud, phryna'i ddim mohono.

[la] **puissance** ENW
pŵer (g), nerth (g), grym (g)

puissant (BEN **puissante**) ANSODDAIR
pwerus, cryf, nerthol

[le] **puits** ENW
ffynnon (b)
❑ Nous avons un puits dans notre jardin. Mae gennym ffynnon yn yr ardd.

[le] **pull** ENW
siwmper (g)/(b)

[le] **pull-over** ENW
siwmper (g)/(b)

[le] **pulvérisateur** ENW
chwistrell (b)
❑ un pulvérisateur de parfum chwistrell bersawr

pulvériser BERF [28]
chwalu yn gyrbibion, chwalu yn rhacs
❑ L'explosion a pulvérisé le bâtiment. Chwalodd y ffrwydriad yr adeilad yn gyrbibion.
chwistrellu
❑ Elle a pulvérisé de l'insecticide sur ses plantes. Chwistrellodd hi wenwyn pryfed ar ei phlanhigion.

[la] **punaise** ENW
▷ *gweler hefyd* **Punaise!** EBYCHIAD
pin (g) bawd

Punaise! EBYCHIAD *(anffurfiol)*
Daro!

punir BERF [38]
cosbi
❑ Il a été puni pour avoir menti. Cosbwyd ef am iddo ddweud celwydd.

[la] **punition** ENW
cosb (b)

[le] **pupitre** ENW
desg (g) *(ar gyfer disgybl)*

pur (BEN **pure**) ANSODDAIR
pur
❑ L'eau de ce puits est très pure. Mae dŵr y ffynnon hon yn bur iawn.
ar ei ben ei hun *(heb ychwanegu dim)*
❑ du whisky pur chwisgi pur ❑ de l'eau de Javel pure cannydd cryf
■ **C'est de la folie pure!** Gwallgofrwydd llwyr yw hynny!

[la] **purée** ENW
stwnsh (g) tatws
■ **la purée de marrons** stwnsh cnau castan

[le] **puzzle** ENW
jig-so (g)

[le] **PV** ENW (= *procès-verbal*)
dirwy (g) *(parcio)*

[le] **pyjama** ENW
pyjama (g)

[la] **pyramide** ENW
pyramid (g)

[les] **Pyrénées** BEN ENW
y Pyreneau (ll)
■ **dans les Pyrénées** yn y Pyreneau

Q q

[le] QI ENW (= *quotient intellectuel*)
cyniferydd (g) deallusrwydd (IQ)

[le] quai ENW
cei (g), glanfa (b)
❑ être à quai bod wedi docio wrth y cei
platfform (g)
❑ Le train partira du quai numéro trois. Bydd y
trên yn gadael o blatfform tri.

qualifié (BEN **qualifiée**) ANSODDAIR
cymwys

qualifier BERF [19]
■ se qualifier cymhwyso, ennill eich lle ❑ Tom
s'est qualifié pour la demi-finale. Mae Tom
wedi ennill ei le yn y gêm gyn-derfynol.

[la] qualité ENW
ansawdd (g)/ (b), safon (b)
❑ Ces outils sont d'exellente qualité. Mae'r offer
hyn o safon uchel.

quand CYSYLLTAIR, ADFERF
pan, pryd
❑ Quand est-ce que vous partez en vacances?
Pryd fyddwch chi'n mynd ar wyliau? ❑ Quand
je serai riche, j'achèterai une belle maison. Pan
fyddaf yn gyfoethog, fe bryna i dŷ braf.
■ quand même er hynny ❑ Je ne voulais pas
de dessert, mais j'en ai mangé quand même.
Doeddwn i ddim eisiau pwdin, ond er hynny fe
fwytais i ychydig ohono.

quant à ARDDODIAD
o ran, ynghylch
❑ Quant au problème de chauffage …
Ynghylch y broblem gwresogi … ❑ Quant à
moi, je n'arriverai qu'à huit heures. O'm rhan i,
ni fyddaf yn cyrraedd tan wyth o'r gloch.

[la] quantité ENW
nifer (g)/ (b), swm (g)
■ des quantités de nifer fawr o, llawer o

[la] quarantaine ENW
rhyw ddeugain o, tua deugain o
❑ une quarantaine de personnes rhyw
ddeugain o bobl
■ Il a la quarantaine. Mae e yn ei bedwar

degau.

quarante RHIF
deugain, pedwar deg
❑ Il a quarante ans. Mae e'n ddeugain mlwydd
oed.
■ quarante et un deugain ac un, pedwar deg
un
■ quarante-deux deugain a dau/dwy, pedwar
deg a dau

[le] quart ENW
chwarter (g)
■ le quart de chwarter o ❑ Il a mangé le quart
du gâteau. Bwytaodd chwarter y deisen.
■ trois quarts tri chwarter
■ un quart d'heure chwarter awr
■ deux heures et quart chwarter wedi dau
■ dix heures moins le quart c hwarter i ddeg
■ Un quart d'eau minérale, s'il vous plaît.
Potel fach o ddŵr mwynol, os gwelwch yn dda.

[le] quartier ENW
ardal (b), rhan (b) *(o dref)*
❑ un quartier tranquille ardal dawel
■ un cinéma de quartier sinema leol
darn, chwarter ❑ un quartier d'orange darn o
oren

[le] quartz ENW
■ une montre à quartz oriawr cwarts

quasi ADFERF
bron
❑ La quasi-totalité des récoltes a été détruite.
Dinistrwyd bron y cyfan o'r cnwd.

quasiment ADFERF
bron, mwy neu lai
❑ Le film est quasiment fini. Mae'r ffilm bron â
dod i ben.
■ quasiment jamais bron byth ❑ Elles ne vont
quasiment jamais en boîte. Dydyn nhw bron
byth yn mynd i glybiau nos.

quatorze RHIF
pedwar/pedair ar ddeg
❑ Mon frère a quatorze ans. Mae fy mrawd
yn bedair ar ddeg mlwydd oed. ❑ à quatorze
heures am ddau o'r gloch yn y prynhawn

■ **le quatorze mai** y pedwerydd ar ddeg o Fai

quatre RHIF

pedwar, pedair

❏ Il est quatre heures du matin. Mae'n bedwar o'r gloch y bore. ❏ Il a quatre ans. Mae e'n bedair oed.

■ **le quatre mars** y pedwerydd o Fawrth

■ **faire les quatre cents coups** bod braidd yn wyllt ❏ Siân a fait les quatre cents coups dans sa jeunesse. Roedd Siân braidd yn wyllt pan yn ifanc.

quatre-vingts RHIF

pedwar ugain, wyth deg

❏ quatre-vingts euros pedwar ugain ewro, wyth deg ewro ❏ Il a quatre-vingt-deux ans. Mae e'n wyth deg a dwy oed.

■ **quatre-vingt-dix** naw deg

■ **quatre-vingt-onze** naw deg un

■ **quatre-vingt-quinze** naw deg pump

■ **quatre-vingt-dix-huit** naw deg wyth

quatrième (BEN **quatrième**) ANSODDAIR

▷ *gweler hefyd* **quatrième** ENW

pedwerydd, pedwaredd

❏ au quatrième étage ar y pedwerydd llawr

[la] **quatrième** ENW

▷ *gweler hefyd* **quatrième** ANSODDAIR

blwyddyn 9

❏ Paul est en quatrième. Mae Paul ym mlwyddyn 9.

que CYSYLLTAIR, RHAGENW, ADFERF

bod

❏ Elle sait que tu es là. Mae hi'n gwybod dy fod ti yma. ❏ la dame que j'ai rencontrée hier y wraig a gwrddais ddoe ❏ Le gâteau qu'elle a fait est délicieux. Mae'r gacen mae hi wedi ei gwneud yn flasus iawn.

■ **Je veux que tu viennes.** Hoffwn i ti ddod.

Beth?

❏ Que fais-tu? Beth wyt ti'n ei wneud? ❏ Que vas-tu lui dire? Beth wyt ti'n mynd i'w ddweud wrtho?

■ **Qu'est-ce que …?** Beth? ❏ Qu'est-ce que tu fais? Beth wyt ti'n ei wneud? ❏ Qu'est-ce que c'est? Beth yw hwnna?

■ **plus … que** mwy … na ❏ C'est plus difficile que je ne le pensais. Mae e'n fwy anodd nag oeddwn wedi tybio. ❏ Il est plus grand que moi. Mae ef yn fwy na fi.

■ **aussi … que** cyn … â/ag, mor … â/ag ❏ Elle est aussi jolie que sa sœur. Mae hi mor brydferth â'i chwaer. ❏ Le train est aussi cher que l'avion. Mae'r trên mor ddrud â'r awyren.

■ **ne … que** ond, dim ond ❏ Il ne boit que de l'eau. Dim ond dŵr mae e'n ei yfed.

❏ Je ne l'ai vu qu'une fois. Dim ond unwaith y gwelais ef.

■ **Qu'elle est bête!** Mae hi mor wirion!

quel (BEN **quelle**) ANSODDAIR

pa, pwy

❏ Quel est ton chanteur préféré? Pwy yw dy hoff ganwr?

Beth?

❏ Quelle est ta couleur préférée? Beth yw dy hoff liw? ❏ Quelle heure est-il? Faint o'r gloch yw hi? ❏ Quelle bonne surprise! Dyna syrpreis neis!

pa

❏ Quel groupe préfères-tu? Pa grwp sydd well gennyt?

■ **quel que soit (1)** pwy bynnag ❏ quel que soit le coupable pwy bynnag sy'n euog

■ **quel que soit (2)** pa … bynnag ❏ quel que soit votre avis pa beth bynnag fo'ch barn

quelle ANSODDAIR BEN ▷ *gweler* **quel**

quelque (BEN **quelque**) ANSODDAIR, ADFERF

rhai

❏ J'ai quelques amis à Paris. Mae gen i rai ffrindiau ym Mharis. ❏ J'ai acheté quelques disques. Fe brynais rai disgiau.

rhywfaint o, rhai

❏ Il reste quelques bouteilles. Mae rhywfaint o boteli ar ôl.

ychydig

❏ Ils ont fini les quelques bouteilles qui restaient. Maent wedi gorffen yr ychydig boteli oedd ar ôl.

■ **quelque chose (1)** rhywbeth ❏ J'ai quelque chose pour toi. Mae gen i rywbeth i ti. ❏ Je voudrais quelque chose de moins cher . Hoffwn rywbeth sy'n llai costus.

■ **quelque chose (2)** unrhyw beth ❏ Avez-vous quelque chose à déclarer? Oes gennych unrhyw beth i'w ddatgelu? ❏ Tu as pensé à quelque chose d'autre? A feddyliaist ti am unrhyw beth arall?

■ **quelque part (1)** (yn) rhywle ❏ J'ai oublié mon sac quelque part. Rwyf wedi anghofio fy mag yn rhywle.

■ **quelque part (2)** unrhyw le ❏ Vous allez quelque part ce week-end? Ydych chi'n mynd i unrhyw le y penwythnos hwn?

quelquefois ADFERF

weithiau, o bryd i'w gilydd

quelques-uns (BEN **quelques-unes**) RHAGENW LLUOSOG

rhai

❏ As-tu vu ses films? J'en ai vu quelques-uns. Wyt ti wedi gweld ei ffilmiau? Rwyf wedi gweld

q

rhai ohonynt.

quelqu'un RHAGENW

rhywun
❏ Quelqu'un t'a appelé. Ffoniodd rhywun amdanat ti. ❏ Il y a quelqu'un à la porte. Mae rhywun wrth y drws.

unrhyw un
❏ Est-ce que quelqu'un a vu mon portable? Oes unrhyw un wedi gweld fy ffôn symudol? ❏ Il y a quelqu'un? Oes unrhyw un yna?

[la] **querelle** ENW
ffrae (b), cweryl (g)

qu'est-ce que ▷ *gweler* **que**

qu'est-ce qui ▷ *gweler* **qui**

[la] **question** ENW

cwestiwn (g)
❏ Je t'ai posé une question. Rwyf wedi gofyn cwestiwn i ti.

mater (g)
❏ Ils se sont disputés pour des questions d'argent. Bu ffrae rhyngddynt dros fater ariannol.

■ **Il n'en est pas question.** Does dim cwestiwn o hynny. ❏ Il n'est pas question que je paye. Does dim cwestiwn fy mod yn mynd i dalu.

■ **De quoi est-il question?** Beth sydd dan sylw? ❏ Il est question de l'organisation du concert. Mae'n fater sy'n ymwneud â threfn y gyngerdd.

■ **hors de question** amhosibl, anymarferol ❏ Il est hors de question que nous restions ici. Mae'n amhosibl i ni aros fan hyn.

[le] **questionnaire** ENW
holiadur (g)

questionner BERF [28]
holi

[la] **queue** ENW

cynffon (b), cwt (g)/(b)
❏ Le chien a agité la queue. Fe siglodd y ci ei gwt.

■ **faire la queue** ciwio, sefyll mewn ciw
■ **une queue de cheval** cynffon ceffyl

tu ôl, cefn
❏ en queue du train yn nhu ôl y trên

gwaelod
❏ en queue de liste ar waelod y rhestr

coesyn (g) *(ffrwythyn, deilen)*
❏ la queue d'une cerise coesyn ceiriosen

qui RHAGENW

pwy, a
❏ Qui a téléphoné? Pwy ffoniodd? ❏ Einstein, qui était un génie … Einstein, a oedd yn athrylith.

y

❏ C'est la personne à qui j'ai parlé hier. Fe yw'r person y siaradais ag ef ddoe?

sydd
❏ Donne-moi la veste qui est sur la chaise. Tyrd â'r siaced sydd ar y gadair i mi.

■ **Qui est-ce qui …?** Pwy? ❏ Qui est-ce qui t'emmène au spectacle? Pwy sy'n mynd â thi i'r sioe?

■ **Qui est-ce que …?** pwy a? ❏ Qui est-ce que tu as vu à cette soirée? Pwy a welaist ti yn y parti?

■ **Qu'est-ce qui …?** Beth? ❏ Qu'est-ce qui est sur la table? Beth sydd ar y bwrdd? ❏ Qu'est-ce qui te prend? Beth sy'n bod arnat ti?

■ **À qui est ce sac?** Pwy sy'n berchen y bag hwn?

■ **À qui parlais-tu?** Â phwy oeddet ti'n siarad?

[la] **quille** ENW
■ **un jeu de quilles** gêm o sgitls

[la] **quincaillerie** ENW
siop (b) nwyddau haearn

[le] **quinquennat** ENW
tymor (g) pum mlynedd *(i Arlywydd Ffrainc)*

[la] **quinzaine** ENW
tua phymtheg, rhyw bymtheg
❏ Il y avait une quinzaine de personnes. Roedd tua pymtheg o bobl yno.

■ **une quinzaine de jours** pythefnos

quinze RHIF
pymtheg
❏ Jeanne a quinze ans. Mae Jeanne yn bymtheg mlwydd oed. ❏ à quinze heures am dri o'r gloch y prynhawn

■ **le quinze février** y pymthegfed o Chwefror
■ **dans quinze jours** ymhen pythefnos

[la] **quittance** ENW
derbynneb (b)
bil (g)

quitter BERF [28]
gadael
❏ J'ai quitté la maison à six heures. Gadewais y tŷ am chwech o'r gloch.

■ **se quitter** gwahanu ❏ Les deux amis se sont quittés devant le café. Gwahanodd y ddau ffrind o flaen y caffi.

■ **Ne quittez pas.** *(ar y ffôn)* Daliwch y lein ❏ Ne quittez pas, je vous passe Monsieur Dupont. Daliwch y lein, fe rodda i chi Monsieur Dupont.

quoi RHAGENW
beth, pa
❏ À quoi penses-tu? Am beth wyt ti'n meddwl? ❏ C'est quoi, ce truc? Beth yw y peth yma?

■ **Quoi de neuf?** Pa newydd sydd?

■ **As-tu de quoi écrire?** Oes gen ti rhywbeth i ysgrifennu ag ef?

■ **Je n'ai pas de quoi acheter une voiture.** Does gen I ddim modd i brynu car.

■ **Quoi qu'il arrive.** Beth bynnag a ddaw.

■ **Il n'y a pas de quoi.** Paid/peidiwch â sôn.

■ **Il n'y a pas de quoi s'énerver.** Does dim reswm dros wylltio.

■ **En quoi puis-je vous aider?** Sut fedra i eich helpu?

quoique CYSYLLTAIR

er

❏ Il va l'acheter quoique ce soit cher. Mae e'n mynd i'w brynu er ei fod yn ddrud.

quotidien (BEN **quotidienne**) ANSODDAIR

▷ *gweler hefyd* **quotidien** ENW

dyddiol, beunyddiol

❏ Il est parti faire sa promenade quotidienne. Mae e wedi mynd am ei dro beunyddiol.

■ **la vie quotidienne** bywyd bob dydd

[le] **quotidien** ENW

▷ *gweler hefyd* **quotidien** ANSODDAIR

papur (g) dyddiol

❏ Le Monde est un quotidien. Mae 'Le Monde' yn bapur dyddiol.

R r

[le] **rab** ENW *(anffurfiol)*
ychwaneg (g), rhagor (g) *(o fwyd)*
❏ Il y a du rab? A oes rhagor?

[le] **rabais** ENW
gostyngiad (g) *(mewn pris)*
■ **au rabais** am bris gostyngol

[la] **racaille** ENW
poblach (b), gwehilion (ll), taclau (ll)

raccompagner BERF [28]
hebrwng (adref)
❏ Tu peux me raccompagner? Fedri di fy
hebrwng?

[le] **raccourci** ENW
llwybr (g) llygad, ffordd (b) gynt

raccrocher BERF [28]
rhoi'r ffôn i lawr

[la] **race** ENW
hil (b)
❏ la race humaine yr hil ddynol
brid (g)
❏ De quelle race est ton chat? Pa frid yw dy
gath?
■ **de race** pedigri ❏ un chien de race ci pedigri

racheter BERF [1]
adbrynu, prynu un newydd
❏ J'ai racheté un livre. Rwy wedi prynu llyfr
arall. ❏ racheter du lait prynu rhagor o laeth
prynu oddi wrth
❏ il m'a racheté ma moto. Fe brynodd fy meic
modur oddi wrtho i.

[la] **racine** ENW
gwreiddyn (g)

[le] **racisme** ENW
hiliaeth (b)

raciste (BEN **raciste**) ANSODDAIR
hiliol

raconter BERF [28]
■ **raconter quelque chose à quelqu'un**
dweud wrth rywun am rywbeth
❏ Raconte-moi ce qui s'est passé. Dwed wrtha
i beth ddigwyddodd. ❏ Raconte-moi une
histoire. Adrodd stori i fi.

■ Qu'est-ce que tu racontes? Am beth wyt ti
yn sôn?

[le] **radar** ENW
system (b) radar

[le] **radiateur** ENW
gwresogydd (g)
■ **un radiateur électrique** gwresogydd
trydan

radin (BEN **radine**) ANSODDAIR *(anffurfiol)*
crintachlyd, cybyddlyd

[la] **radio** ENW
radio (g)/(b)
❏ à la radio ar y radio
■ **une radio numérique** radio digidol
pelydr-X (g)
■ **passer une radio** cael pelydr-X ❏ Il a passé
une radio des poumons. Mae e wedi cael
archwiliad pelydr-X ar y frest.

[le] **radio-réveil** (LLUOSOG [les] **radios-réveils**)
ENW
radio (g)/(b) â chloc larwm

[le] **radis** ENW
rhyddyglen (b), radis (g)/(b)

raffoler BERF [28]
■ **raffoler de** dotio ar, dwlu ar ❏ Elle raffole de
la tarte aux pommes. Mae hi'n dotio ar darten
afalau.

rafraîchir BERF [38]
oeri
■ **se rafraîchir (1)** oeri ❏ Le temps se rafraîchit.
Mae'r tywydd yn oeri.
■ **se rafraîchir (2)** cael teimlo'n ffres,
atgyfnerthu ❏ Elle a pris une douche pour
se rafraîchir. Cymerodd gawod er mwyn cael
teimlo'n ffres.

rafraîchissant (BEN **rafraîchissante**)
ANSODDAIR
ffres, iachusol

[la] **rage** ENW
y gynddaredd (b)
■ **une rage de dents** dannoedd gwael iawn

[le] **ragoût** ENW

r

stiw (g)

raide (BEN **raide**) ANSODDAIR

serth

❏ Cette pente est raide. Mae'r llethr yma'n serth.

syth

❏ Marie a les cheveux raides. Mae gan Marie wallt syth.

stiff, anystwyth

❏ Son bras est encore raide. Mae ei fraich yn stiff o hyd.

heb geiniog, heb ddimau goch

❏ Je suis raide ce mois-ci. *(anffurfiol)* Does gen i'r un ddimau goch y mis hwn.

[la] **raie** ENW

cath (b) fôr *(pysgodyn)*

rhaniad (g), rhesen (b) wen *(gwallt)*

[le] **rail** ENW

rheilen (b), cledren (b) rheilffordd

❏ par rail ar y trên

[le] **raisin** ENW

grawnwin (ll)

❏ le raisin blanc grawnwin gwyrdd

■ des raisins secs resins

[la] **raison** ENW

achos (g), rheswm (g)

❏ sans raison heb rheswm, heb achos

❏ Raison de plus pour y aller. Rheswm arall dros fynd.

■ Ce n'est pas une raison. Nid yw hynna'n rheswm digonol.

■ avoir raison bod yn iawn ❏ Tu as raison. Rwyt ti'n iawn.

■ en raison de oherwydd, achos ❏ en raison d'une grève oherwydd streic

raisonnable (BEN **raisonnable**) ANSODDAIR

rhesymol, call

❏ Elle est très raisonnable pour son âge. Mae hi'n gall iawn am ei hoed.

[le] **raisonnement** ENW

ymresymiad (g), dadl (b)

❏ J'ai du mal à suivre son raisonnement. Rwy'n cael trafferth i ddilyn ei ddadl.

rajouter BERF [28]

ychwanegu

ralentir BERF [38]

arafu

râler BERF [28] *(anffurfiol)*

cwyno, achwyn

[le] **ramassage** ENW

■ le ramassage scolaire gwasanaeth bysiau ysgol

ramasser BERF [28]

codi

❏ il a ramassé son crayon. Cododd ei bensil.

casglu ❏ il a ramassé les copies. Casglodd y copïau.

[la] **rame** ENW

rhwyf (b) *(i rwyfo cwch)*

trên *(tanddaearol)*

[le] **rameau** (LLUOSOG [les] **rameaux**) ENW

cangen (b) fechan

■ le dimanche des Rameaux Sul y Blodau

ramener BERF [43]

dod â rhywbeth yn ôl

❏ Je t'ai ramené un souvenir de Grèce. Rwy wedi dod ag anrheg yn ôl i ti o Wlad Groeg.

hebrwng adre

❏ Tu me ramènes? A wnei di fy hebrwng i adre?

ramer BERF [28]

rhwyfo

❏ C'est Alain qui ramait. Alain oedd yn rhwyfo.

[la] **rampe** ENW

canllaw (g) *(grisiau)*

[la] **rancune** ENW

■ garder rancune à quelqu'un dal dig yn erbyn rhywun

■ Sans rancune! Wna i ddim dal dig!

rancunier (BEN **rancunière**) ANSODDAIR

dialgar, sbeitlyd

[la] **randonnée** ENW

■ une randonnée à vélo reid ar feic

■ une randonnée pédestre taith (tro) gerdded

■ faire de la randonnée mynd am dro

[le] **randonneur** ENW

heiciwr (g), cerddwr (g)

[la] **randonneuse** ENW

heicwraig (b), cerddwraig (b)

[le] **rang** ENW

rhes (b) *(mewn llinell)*

❏ au premier rang yn y rhes gyntaf ❏ se mettre en rangs sefyll mewn rhes

[la] **rangée** ENW

rhes (b) *(mewn llinell)*

❏ une rangée de chaises rhes o gadeiriau

ranger BERF [45]

cadw, rhoi heibio

❏ J'ai rangé tes affaires. Rwy wedi rhoi dy bethau heibio.

tacluso

❏ Va ranger ta chambre! Dos i dacluso dy ystafell!

[le] **rap** ENW

rap (g)

❑ C'est un chanteur de rap très connu. Mae e'n rapiwr adnabyddus iawn.

râper BERF [28]
gratio, malu yn fân
❑ le fromage râpé caws wedi gratio

rapide (BEN **rapide**) ANSODDAIR
cyflym
❑ Cette voiture est très rapide. Mae'r car hwn yn gyflym dros ben.
sydyn
❑ J'ai jeté un coup d'\ œil rapide sur ton travail. Cymerais gipolwg sydyn ar dy waith.

rapidement ADFERF
yn gyflym

[le] **rappel** ENW
brechiad (g) atgyfnerthol
galwad (b) yn ôl (i'r llwyfan) (g)/(b)

rappeler BERF [4]
galw/ffonio yn ôl
❑ Je te rappelle dans deux minutes. Fe ffonia i di'n ôl ymhen dau funud.
■ **rappeler quelque chose à quelqu'un** atgoffa rhywun o rywbeth ❑ Cette odeur me rappelle mon enfance. Mae'r arogl yma'n fy atgoffa o'm plentyndod.
■ **rappeler à quelqu'un de faire quelque chose** atgoffa rhywun i wneud rhywbeth
❑ Rappelle-moi d'acheter des billets. Atgoffa fi i brynu tocynnau.
■ **se rappeler** cofio ❑ il s'est rappelé qu'il avait une course à faire. Cofiodd ei fod angen mynd i siopa am rywbeth.

[le] **rapport** ENW
▷ gweler hefyd **les rapports**
adroddiad (g)
❑ il a écrit un rapport. Ysgrifennodd adroddiad.
perthynas (b), cysylltiad (g)
❑ Je ne vois pas le rapport. Dwi ddim yn gweld y cysylltiad.
■ **par rapport à** mewn perthynas â, o'i gymharu â

rapporter BERF [28]
dychwelyd, dod â rhywbeth yn ôl
❑ Je leur ai rapporté un cadeau. Des i ag anrheg yn ôl iddynt.

[le] **rapporteur** ENW
adroddwr (g)

[la] **rapporteuse** ENW
adroddwraig (b)

[les] **rapports** ENW GWR LLUOSOG
▷ gweler hefyd **le rapport**
perthynas (g)
❑ Leurs rapports avec leurs voisins se sont améliorés. Mae eu perthynas â'u cymdogion

wedi gwella.
■ **les rapports sexuels** perthynas rywiol

rapprocher BERF [28]
closio, cryfhau perthynas
❑ Cet accident a rapproché les deux frères. Mae'r ddamwain hon wedi peri i'r ddau frawd glosio.
tynnu yn nes
❑ il a rapproché le fauteuil de la télé. Tynnodd y gadair freichiau yn nes at y teledu.
■ **se rapprocher** agosáu, dod yn nes
❑ Rapproche-toi, tu verras mieux. Dere yn nes, fe weli di'n well.

[la] **raquette** ENW
raced (b) (tennis)
bat (g)/(b) (tennis bwrdd)

rare (BEN **rare**) ANSODDAIR
prin, anghyffredin
❑ une plante rare planhigyn prin

rarement ADFERF
yn anaml

ras (BEN **rase**) ANSODDAIR, ADFERF
byr
❑ un chien à poil ras ci â blew byr
■ **à ras bords** hyd at yr ymyl ❑ il a rempli son verre à ras bords. Llenwodd ei wydr hyd at yr ymyl.
■ **en avoir ras le bol de quelque chose** (anffurfiol) cael llond bol ar rywbeth
■ **un pull ras du cou** siwmper â gwddf crwn

raser BERF [28]
eillio, siafio
❑ Pierre a rasé sa barbe. Mae Pierre wedi siafio ei farf.
■ **se raser** eillio, siafio

[le] **rasoir** ENW
▷ gweler hefyd **rasoir** ANSODDAIR
rasel (b), raser (b)

rasoir (BEN+LLUOSOG **rasoir**) ANSODDAIR
(anffurfiol)
▷ gweler hefyd **rasoir** ENW
diflas iawn

rassembler BERF [28]
cynnull, casglu ynghyd
❑ Il a rassemblé les enfants dans la cour. Fe gasglodd e'r plant ynghyd yn yr iard chwarae.
■ **se rassembler** ymgasglu, ymgynnull
❑ Les passagers se sont rassemblés près du car. Gwnaeth y teithwyr ymgynnull ger y bws.

rassurer BERF [28]
tawelu meddwl, cysuro
■ **Je suis rassuré.** Rwy'n dawel fy meddwl.
■ **se rassurer** cysuro eich hun, tawelu eich meddwl

■ **Rassure-toi!** Paid â phoeni!

[le] **rat** ENW
llygoden (b) fawr

raté (BEN **ratée**) ANSODDAIR
aflwyddiannus
❑ une tentative ratée ymdrech aflwyddiannus
❑ Il a raté sa pizza. Roedd y pizza a goginiodd yn fethiant llwyr.

[le] **râteau** (ENW [les] **râteaux**)
cribyn (b) gwair, rhaca (g)/ (b)

rater BERF [28]
methu, colli
❑ Anne a raté son train. Collodd Anne ei thrên.
methu
❑ J'ai raté mon examen de chimie. Rwyf wedi methu fy arholiad Cemeg. ❑ Il a raté sa pizza. Roedd y pizza a goginiodd yn fethiant llwyr.

[la] **RATP** ENW
Awdurdod (g) Cludiant Paris

rattacher BERF [28]
clymu eto
❑ rattacher ses lacets clymu eich carrai esgidiau

rattraper BERF [28]
dal, ail-ddal
❑ La police a rattrapé le voleur. Daliodd yr heddlu'r lleidr eto.
dal i fyny â
❑ Je vais rattraper Bernard. Rwy'n mynd i ddal i fyny â Bernard.
adennill
❑ il faut rattraper le temps perdu. Mae'n rhaid adennill yr amser a gollwyd.
■ **se rattraper** gwneud iawn am rywbeth
❑ Quand il ne mange pas à midi il se rattrape au dîner. Pryd nad yw'n bwyta amser cinio, mae'n gwneud iawn am hynny amser swper.

[la] **rature** ENW
cywiriad (g)
❑ un texte sans ratures testun heb gywiriadau

ravi (BEN **ravie**) ANSODDAIR
■ **être ravi** bod wrth eich bodd ❑ ils étaient ravis de nous voir. Roeddynt wrth eu boddau i'n gweld ni. ❑ Je suis ravi que vous puissiez venir. Rwyf wrth fy modd eich bod yn medru dod.

[se] **raviser** BERF [28]
newid eich meddwl
❑ il allait accepter, mais il s'est ravisé. Roedd yn mynd i dderbyn, ond newidiodd ei feddwl.

ravissant (BEN **ravissante**) ANSODDAIR
hardd iawn, hudolus

rayé (BEN **rayée**) ANSODDAIR
streipiog
❑ une chemise rayée crys streipiog

rayer BERF [59]
crafu
❑ il a rayé la peinture de sa voiture. Crafodd y paent ar ei gar.
dileu
❑ Son nom a été rayé de la liste. Mae ei enw wedi cael ei ddileu o'r rhestr.

[le] **rayon** ENW
pelydryn (g)
❑ un rayon de soleil pelydryn haul
radiws (g)
❑ le rayon d'un cercle radiws cylch
silff (b)
❑ les rayons d'une bibliothèque silffoedd llyfrgell
adran (b) (archfarchnad)
❑ le rayon vêtements yr adran ddillad
■ **les rayons X** pelydrau-X

[la] **rayure** ENW
streipen (b)

[le] **ré** ENW
D (cerddoriaeth)
❑ en ré majeur yn D fwyaf
re
❑ do, ré, mi … do,re,mi …

[la] **réaction** ENW
ymateb (g), adwaith (g)

réagir BERF [38]
ymateb, adweithio

[le] **réalisateur** ENW
cyfarwyddwr (g) (ffilm)
❑ Spielberg est réalisateur. Mae Spielberg yn gyfarwyddwr ffilm.

[la] **réalisatrice** ENW
cyfarwyddwraig (b) (ffilm)
❑ Elle est réalisatrice. Mae hi'n gyfarwyddwraig.

réaliser BERF [28]
cyflawni
❑ Ils ont réalisé leur projet. Maent wedi cyflawni eu prosiect.
gwireddu
❑ il a réalisé son rêve. Mae ef wedi gwireddu ei freuddwyd.
sylweddoli
❑ Tu réalises ce que tu dis? Wyt ti'n sylweddoli beth wyt ti'n ei ddweud?
cynhyrchu
❑ réaliser un film cynhyrchu ffilm
■ **se réaliser** dod yn wir ❑ Mon rêve s'est réalisé. Mae fy mreuddwyd wedi dod yn wir.

réaliste (BEN **réaliste**) ANSODDAIR
realistig

[la] **réalité** ENW
gwirionedd (g), realiti (g)
■ **en réalité** mewn gwirionedd
- [le] **rebelle** ENW
gwrthryfelwr (g), gwrthryfelwraig (b), rebel
rebondir BERF [38]
adlamu, bownsio
[le] **rebord** ENW
ymyl (g)/(b)
❑ le rebord du lavabo ymyl y basn ymolchi
■ **le rebord de la fenêtre** sil ffenestr
recaler BERF [28] *(anffurfiol)*
■ **J'ai été recalé en maths.** Methais yr arholiad
mathemateg.
récemment ADFERF
yn ddiweddar
récent (BEN **récente**) ANSODDAIR
diweddar
[le] **récepteur** ENW
derbynnydd (g) *(ffôn)*
[la] **réception** ENW
derbynfa (b)
[le/la] **réceptionniste** ENW
derbynnydd (g) *(mewn derbynfa)*
❑ Elle est réceptionniste. Mae hi'n
dderbynnydd.
[la] **recette** ENW
rysáit (b)
recevoir BERF [67]
derbyn
❑ J'ai reçu une lettre. Derbyniais lythr.
gweld
❑ il a déjà reçu deux clients. Mae e wedi gweld
dau gleient yn barod.
croesawu
❑ Je reçois des amis à dîner. Rwy'n croesawu
ffrindiau i swper.
■ **être reçu à un examen** llwyddo mewn
arholiad
[le] **rechange** ENW
■ **de rechange** sbâr *(batri, bwlb)*
■ **des vêtements de rechange** dillad sbâr
[la] **recharge** ENW
ail-lenwad (g), adlenwad (g)
[le] **réchaud** ENW
stof fach symudol
réchauffer BERF [28]
ailgynhesu, aildwymo, ailboethi
❑ Je vais réchauffer les légumes. Rwy'n mynd i
aildwymo'r llysiau.
cynhesu, twymo, poethi
❑ Un bon café va te réchauffer. Bydd paned
dda o goffi yn dy gynhesu.

■ **se réchauffer** cynhesu, twymo, poethi ❑ Je
vais me réchauffer près du feu. Rwy'n mynd i
gynhesu wrth y tân.
[la] **recherche** ENW
ymchwil (b)
❑ Je voudrais faire de la recherche. Fe hoffwn i
wneud ymchwil.
■ **être à la recherche de quelque chose**
chwilio am rywbeth ❑ Je suis à la recherche
d'un emploi. Rwy'n chwilio am waith.
■ **les recherches** ymholiadau ❑ La police a
interrompu les recherches. Mae'r heddlu wedi
rhoi'r gorau i'r ymholiadau.
recherché (BEN **recherchée**) ANSODDAIR
poblogaidd, sydd â mynd mawr iddo
rechercher BERF [28]
chwilio
❑ La police recherche l'assassin. Mae'r heddlu
yn chwilio am y llofrudd.
[la] **rechute** ENW
atgwymp
[le] **récipient** ENW
cynhwysydd (g)
[le] **récit** ENW
hanes (g), stori (b)
réciter BERF [28]
adrodd
[la] **réclamation** ENW
cwyn (b)
❑ J'ai une réclamation à faire. Rwyf am wneud
cwyn.
■ **les réclamations** yr adran cwynion
[la] **réclame** ENW
hysbyseb (g,b)
❑ une réclame de lessive hysbyseb am
bowdwr/hylif golchi
■ **en réclame** eitem am bris arbennig ❑ Le
saumon était en réclame au supermarché.
Roedd yr eog am bris arbennig yn yr
archfarchnad.
réclamer BERF [28]
galw am
❑ Nous réclamons la semaine de trente heures.
Rydym yn gofyn am wythnos deg awr ar
hugain.
cwyno
❑ Elles sont toujours en train de réclamer.
Maent bob amser yn cwyno am rywbeth.
reçois BERF ▷ *gweler* **recevoir**
[la] **récolte** ENW
cynhaeaf (g)
récolter BERF [28]
cynaeafu

❑ ils ont récolté le blé. Maent wedi cynaeafu'r gwenith.

casglu

❑ Ils ont récolté trois cents euros. Maent wedi casglu tri chan ewro.

cael

❑ Il a récolté une amende. *(anffurfiol)* Mae ef wedi cael copsen/ dirwy.

[le] **recommandé** ENW

■ **en recommandé** trwy'r post cofrestredig

❑ Je voudrais envoyer ce paquet en recommandé. Hoffwn anfon y pecyn hwn drwy'r post cofrestredig.

recommander BERF [28]

argymell, cymeradwyo

❑ Je vous recommande ce restaurant. Rwy'n argymell y bwyty hwn i chi.

recommencer BERF [12]

ailgychwyn, aiddechrau

❑ Il a recommencé à neiger Mae hi wedi ailddechrau bwrw eira.

gwneud eto

❑ S'il n'est pas puni, il va recommencer. Os na gaiff gosb, bydd yn gwneud yr un peth eto.

[la] **récompense** ENW

gwobr (b)

récompenser BERF [28]

gwobrwyo

❑ Ils m'ont récompensé de mes efforts. Fe'm gwobrwyon nhw fi am fy ymdrechion.

réconcilier BERF [19]

■ **se réconcilier avec quelqu'un** cymodi â rhywun ❑ il s'est réconcilié avec sa sœur. Mae ef wedi cymodi â'i chwaer.

reconnaissant (BEN **reconnaissante**) ANSODDAIR

diolchgar

reconnaître BERF [14]

adnabod, cydnabod

❑ Je ne l'ai pas reconnue. Wnes i ddim ei hadnabod.

cyfaddef

❑ Je reconnais que j'ai eu tort. Rwy'n cyfaddef fy mod i'n anghywir.

reconstruire BERF [23]

ailadeiladu, ailgodi

[le] **record** ENW

record (b)

❑ battre un record torri record

recouvrir BERF [55]

gorchuddio, cuddio

❑ La neige recouvre le sol. Mae'r eira yn gorchuddio'r ddaear.

[la] **récréation** ENW

amser (g) chwarae, egwyl (b)

❑ Les élèves sont en récréation. Mae'r disgyblion yn cael amser chwarae.

■ **la cour de récréation** iard chwarae *(mewn ysgol)*

[le] **rectangle** ENW

petryal (g)

rectangulaire (BEN **rectangulaire**) ANSODDAIR

petryal

rectifier BERF [19]

cywiro

[le] **reçu** ENW

▷ *gweler hefyd* **reçu** BERF

derbynneb (b)

reçu BERF ▷ *gweler* **recevoir**

▷ *gweler hefyd* **reçu** ENW

■ **J'ai reçu un colis ce matin.** Derbyniais becyn bore 'ma.

■ **être reçu à un examen** llwyddo mewn arholiad

reculer BERF [28]

camu yn ôl

❑ il a reculé pour la laisser passer. Camodd yn ôl er mwyn iddi hi fynd heibio.

mynd yn ôl, bacio (car)

❑ J'ai reculé pour laisser passer le camion. Baciais er mwyn gadael i'r lori fynd heibio.

gohirio

❑ On a reculé la date du spectacle. Gohiriwyd y sioe.

reculons

■ **à reculons** ADFERF tuag yn ôl ❑ Il est entré à reculons. Daeth i mewn yn cerdded tuag yn ôl.

récupérer BERF [34]

cael yn ôl

❑ Je vais récupérer ma voiture au garage. Rwy'n mynd i gael fy nghar yn ôl o'r garej.

adennill

❑ J'ai des heures à récupérer. Mae gen i oriau i'w hadennill.

gwella, atgyfnerthu

❑ J'ai besoin de récupérer. Mae angen i fi wella.

recycler BERF [28]

ailgylchu

■ **se recycler** ailhyfforddi ❑ il a décidé de se recycler en informatique. Penderfynodd ailhyfforddi fel rhaglenydd cyfrifiaduron.

[la] **rédaction** ENW

traethawd (g)

redemander BERF [28]

gofyn eto

❑ Je vais lui redemander son adresse. Fe

ofynna i iddo eto am ei gyfeiriad.
gofyn am ragor
❏ Je vais redemander du vin. Rwy'n mynd i
ofyn am ragor o win.

redescendre BERF [24]
mynd i lawr eto, disgyn eto
❏ Elle est redescendue au premier étage.
Disgynnodd eto i'r llawr cyntaf. ❏ Elle a
redescendu l'escalier. Aeth i lawr y grisiau eto.

rédiger BERF [45]
ysgrifennu *(traethawd)*

redoubler BERF [28]
ail-wneud
❏ il a raté son examen et doit redoubler.
Methodd ei arholiad ac mae'n rhaid iddo ail-
wneud y flwyddyn.

[la] **réduction** ENW
gostyngiad (g)
❏ une réduction du nombre des touristes
gostyngiad yn nifer y twristiaid ❏ une
réduction de vingt euros gostyngiad o ugain
ewro

réduire BERF [23]
gostwng
❏ ils ont réduit leurs prix. Maent wedi gostwng
eu prisiau. ❏ il a réduit de moitié ses dépenses.
Gostyngodd ei dreuliau hyd at hanner.

réel (BEN **réelle**) ANSODDAIR
gwirioneddol, go iawn

réellement ADFERF
mewn gwirionedd

refaire BERF [36]
ail-wneud
❏ Je dois refaire ce rapport. Mae'n rhaid i fi ail-
wneud yr adroddiad hwn.
ailgydio *(mewn rhywbeth)*,
dechrau gwneud rhywbeth eto
❏ Je voudrais refaire du sport. Hoffwn ailgydio
mewn chwaraeon.

[le] **réfectoire** ENW
ffreutur (g)

[la] **référence** ENW
cyfeiriad (g), geirda
■ **faire référence à quelque chose** cyfeirio at
rywbeth
■ **Ce n'est pas une référence** 'Dydy hynny
ddim yn gymeradwyaeth!

réfléchi (BEN **réfléchie**) ANSODDAIR
atblygol *(berf)*
■ **C'est tout réfléchi.** Rwyf wedi penderfynu
(ar ôl ystyried y cyfan).

réfléchir BERF [38]
myfyrio, meddwl

❏ Je suis en train de réfléchir à la question.
Rydw i wrthi'n meddwl am y peth.
■ **réfléchir à quelque chose** ystyried
rhywbeth ❏ Je vais réfléchir à ta proposition.
Rwyf yn mynd i ystyried dy awgrym.

[le] **reflet** ENW
adlewyrchiad (g)
❏ les reflets du soleil sur la mer adlewyrchiad yr
haul dros y môr

refléter BERF [34]
adlewyrchu

[le] **réflexe** ENW
atgyrch (g), atblygiad (g)
❏ avoir de bons réflexes bod ag atgyrchoedd
da

[la] **réflexion** ENW
meddwl (g)
❏ Il est en pleine réflexion. Mae e'n meddwl yn
ddwys.
sylwadau (ll)
❏ Faire des réflexions désagréables. Gwneud
sylwadau annifyr.
■ **réflexion faite** erbyn meddwl

[le] **refrain** ENW
cytgan (g)/ (b)

[le] **réfrigérateur** ENW
oergell (b)

refroidir BERF [38]
oeri
❏ Laissez le gâteau refroidir. Gadewch i'r deisen
oeri.
■ **se refroidir** oeri ❏ Le temps se refroidit. Mae'r
tywydd yn oeri.

[se] **réfugier** BERF [19]
cysgodi
❏ Je me suis réfugié sous un arbre. Es i i
gysgodi o dan goeden.

[le] **refus** ENW
nacâd (g), gwrthodiad (g)
■ **Ce n'est pas de refus.** Wna i ddim gwrthod.
❏ Voulez-vous une bière? – Ce n'est pas
de refus. 'Hoffech chi gwrw?' 'Wna i ddim
gwrthod.'

refuser BERF [28]
gwrthod
❏ Elle a refusé de payer sa part. Gwrthododd
dalu ei rhan. ❏ On lui a refusé une
augmentation. Gwrthodwyd codiad cyflog
iddo.
■ **Je refuse qu'on me parle ainsi!** Rwy'n
gwrthod gadael i neb siarad fel'na â fi!

[se] **régaler** BERF [28]
■ **Merci beaucoup: je me suis régalé!** Diolch

yn fawr: fe wnes i fwynhau!

[le] regard ENW

golwg (g)/ (b), cipolwg (g)

❑ Elle lui a jeté un regard méfiant. Fe edrychodd yn ddrwgdybus arno. ❑ On voyait à son regard qu'elle était contrariée. Gellid dweud wrth ei golwg nad oedd hi'n hapus.

■ **Tous les regards se sont tournés vers lui.** Trodd pob llygad tuag ato.

regarder BERF [28]

edrych ar

❑ il regardait ses photos de vacances. Roedd yn edrych ar luniau o'i wyliau. ❑ Regarde! J'ai presque fini. Edrych! Rwyf bron â gorffen.

gwylio

❑ Je regarde la télévision. Rwy'n gwylio'r teledu. ❑ Regarde où tu mets les pieds! Gwylia ble rwyt ti'n rhoi dy draed!

ymwneud â, bod yn fusnes i

❑ Ça ne nous regarde pas. Nid yw'n fusnes i ni.

■ **ne pas regarder à la dépense** bod heb ystyried y gost

[le] régime ENW

llywodraeth (b) *(gwlad)*

deiet (g)

❑ un régime sans sel deiet heb halen ❑ se mettre au régime mynd ar ddeiet ❑ suivre un régime bod ar ddeiet

■ **un régime de bananes** deiet o fananas

[la] région ENW

ardal (b), rhanbarth (g)

régional (BEN **régionale,** GWR LLUOSOG **régionaux**) ANSODDAIR

rhanbarthol

[le] registre ENW

cofrestr (b)

[la] règle ENW

pren (g) mesur

❑ il a souligné son nom avec une règle. Tanlinellodd ei enw â phren mesur.

rheol (b)

❑ C'est la règle. Dyna'r rheol. ❑ en règle générale fel rheol

■ **être en règle** bod mewn trefn ❑ Mes papiers sont en règle. Mae fy mhapurau mewn trefn.

■ **les règles** mislif

[le] règlement ENW

rheol (b), rheoliad (g)

❑ Le règlement est affiché à l'entrée. Mae'r rheolau i'w gweld wrth y fynedfa.

régler BERF [34]

addasu, cymhwyso

❑ il faut que je règle mon rétroviseur. Bydd yn rhaid i fi addasu drych y car.

tiwnio

❑ J'ai réglé ma radio sur 476 FM. Rwyf wedi tiwnio fy radio ar 476 FM.

gosod

❑ J'ai réglé le thermostat à vingt degrés. Rwyf wedi gosod y thermostat ar ugain gradd.

datrys

❑ Le problème est réglé. Mae'r broblem wedi ei datrys.

talu

❑ Elle a réglé sa facture. Mae hi wedi talu y bil. ❑ J'ai réglé Bernard pour l'essence. Rwyf wedi talu Bernard am y petrol.

[la] réglisse ENW

licris (g)

[le] règne ENW

teyrnasiad (g)

❑ sous le règne de Henri IV yn ystod teyrnasiad Henri IV

régner BERF [34]

teyrnasu

[le] regret ENW

edifeirwch (g)

■ **à regret** â gofid

regretter BERF [28]

edifar am

❑ Elle regrette ce qu'elle a dit. Mae'n edifar am yr hyn a ddywedodd.

■ **Je regrette.** Mae'n ddrwg gen i. ❑ Je regrette, je ne peux pas vous aider. Mae'n ddrwg gen i, ond fedra i ddim eich helpu.

gweld eisiau, colli

❑ Je regrette mon ancien travail. Rwy'n gweld eisiau fy hen swydd.

regrouper BERF [28]

grwpio

❑ Nous avons regroupé les enfants suivant leur âge. Rydym wedi grwpio'r plant yn ôl eu hoed.

■ **se regrouper** ymgynnull, dod at eich gilydd

❑ Les agriculteurs se sont regroupés pour constituer un syndicat. Daeth y ffermwyr at ei gilydd i greu undeb.

régulier (BEN **régulière**) ANSODDAIR

rheolaidd

❑ des paiements réguliers taliadau rheolaidd

cyson

❑ des bus réguliers gwasanaeth bysiau cyson ❑ à un rythme régulier ar gyflymdra cyson rhaglenedig ❑ des vols réguliers pour Marseille ehediadau rhaglenedig i Marseille

régulièrement ADFERF

yn rheolaidd

[le] rein ENW

aren (b)

■ **les reins** y cefn *(corff dynol)* ❑ J'ai mal aux reins. Mae gen i boen yn fy nghefn.

[la] **reine** ENW
brenhines (b)

rejoindre BERF [42]
dychwelyd, ail ymuno â
❑ J'ai rejoint mes amis. Ailymuniais â'm ffrindiau.
■ **Je te rejoins au café.** Fe wela i di yn y caffi.
■ **se rejoindre** cyfarfod ❑ Les deux se sont rejoints une heure après. Cyfarfu'r ddau awr yn ddiweddrach.

relâcher BERF [28]
rhyddhau *(carcharor, anifail)*
■ **se relâcher** llacio gafael ❑ il se relâche dans son travail. Mae e'n llacio gafael yn ei waith.

[le] **relais** ENW
ras (b) gyfnewid
❑ le relais quatre fois cent mètres y ras gyfnewid pedwar can metr
■ **prendre le relais** cymryd drosodd oddi wrth rywun

[la] **relation** ENW
perthynas (b), cysylltiad (g)
■ **les relations franco-britanniques** y berthynas Ffrengig-Brydeinig

[se] **relaxer** BERF [28]
ymlacio

[se] **relayer** BERF [59]
■ **se relayer pour faire quelque chose** cymryd eich tro i wneud rhywbeth

[le] **relevé** ENW
■ **un relevé de compte** datganiad o gyfrif banc

relever BERF [43]
casglu
❑ Je relève les copies dans cinq minutes. Dof i gasglu'r papurau ymhen pum munud.
ymateb, adweithio
❑ Je n'ai pas relevé sa réflexion. Wnes i ddim ymateb i'w sylwadau.
■ **relever la tête** codi'r pen
■ **se relever** codi i fyny ❑ Il est tombé mais s'est relevé aussitôt. Cwympodd, ond cododd i fyny ar unwaith.

[la] **religieuse** ENW
lleian (b)
éclair (g)
❑ des religieuses au chocolat éclairs siocled

religieux (BEN **religieuse**) ANSODDAIR
crefyddol

[la] **religion** ENW
crefydd (b)

relire BERF [44]
ailddarllen
❑ Il a relu sa copie avant de la rendre. Fe ailddarllenodd ei bapur arholiad cyn ei gyflwyno.
darllen eto
❑ Je voudrais relire ce roman. Hoffwn ddarllen y nofel hon eto.

remarquable (BEN **remarquable**) ANSODDAIR
nodedig, hynod

[la] **remarque** ENW
sylw (g), sylwadau (g)
❑ il a fait une remarque désagréable. Gwnaeth sylw annymunol. ❑ Avez-vous des remarques à faire? A oes gennych unrhyw sylwadau i'w gwneud?

remarquer BERF [28]
sylwi, nodi
❑ J'ai remarqué qu'elle avait l'air triste. Sylwais ei bod hi'n edrych yn drist.
■ **faire remarquer quelque chose à quelqu'un** tynnu sylw rhywun at rywbeth
❑ Je lui ai fait remarquer que c'était un peu cher. Tynnais ei sylw at y ffaith ei fod braidd yn ddrud.
■ **Remarquez, il n'est pas si bête que ça.** Cofiwch, nid yw mor dwp â hynny.
■ **se remarquer** bod yn amlwg ❑ David ne s'est pas rasé ce matin. Ça se remarque. Nid yw David wedi eillio bore ma. Mae hynny'n amlwg.
■ **se faire remarquer** tynnu sylw at eich hun

[le] **remboursement** ENW
ad-daliad (g)

rembourser BERF [28]
ad-dalu
❑ il m'a remboursé l'argent qu'il me devait. Ad-dalodd yr arian a oedd yn ddyledus i mi.
■ **'satisfait ou remboursé'** 'boddhad neu ad-daliad'

[le] **remède** ENW
meddyginiaeth (b), moddion (g)
triniaeth (b)

remercier BERF [19]
diolch
❑ Je te remercie pour ton cadeau. Diolch i ti am dy anrheg.
■ **remercier quelqu'un d'avoir fait quelque chose** diolch i rywun am wneud rhywbeth
❑ Je vous remercie de m'avoir invité. Diolch i chi am fy ngwahodd.

remettre BERF [47]
gwisgo eto, rhoi amdanoch eto
❑ Il a remis son pull. Rhoes ei siwmper amdano unwaith eto.

rhoi yn ôl
❏ il a remis sa veste dans l'armoire. Rhoes ei siaced yn ôl yn y cwpwrdd dillad.
gohirio
❏ J'ai dû remettre mon rendez-vous. Bu'n rhaid i fi ohirio fy apwyntment.
■ **se remettre** gwella *(o salwch)* ❏ Marie s'est bien remise de son opération. Mae Marie wedi gwella'n llwyr ar ôl ei llawdriniaeth.

[le] **remonte-pente** ENW
lifft (b) sgio
remonter BERF [48]
mynd i fyny eto
❏ il a remonté au premier étage. Aeth i fyny i'r llawr cyntaf eto.
esgyn
❏ Il a remonté la pente. Esgynnodd yr allt.
codi calon, sirioli
■ **remonter le moral à quelqu'un** codi calon rhywun ❏ Cette nouvelle m'a un peu remonté. Mae'r newyddion hyn wedi codi fy nghalon.

[le] **remords** ENW
■ **avoir des remords** teimlo'n edifar
[la] **remorque** ENW
ôl-gerbyd (g)
[les] **remparts** ENW GWR
muriau (ll) dinas
[le] **remplaçant** ENW
athro (g) cyflenwi
[la] **remplaçante** ENW
athrawes (b) gyflenwi
remplacer BERF [12]
rhoi/gosod rhywbeth yn lle rhywbeth; cyflenwi
❏ il faut remplacer cette ampoule. Mae'n rhaid gosod bwlb newydd. ❏ il remplace le prof de maths. Mae e'n cyflenwi yn lle'r athro mathemateg.
■ **remplacer par** rhoi rhywbeth yn lle rhywbeth
rempli (BEN **remplie**) ANSODDAIR
prysur
❏ une journée bien remplie diwrnod prysur iawn
■ **rempli de** llawn o ❏ La salle était remplie de monde. Roedd yr ystafell yn llawn pobl.
remplir BERF [38]
llenwi
❏ Il a rempli son verre de vin. Llenwodd ei wydr â gwin.
cwblhau
❏ Tu as rempli ton formulaire? Wyt ti wedi cwblhau dy ffurflen?
■ **se remplir** llenwi ❏ La salle s'est remplie de monde. Llenwodd yr ystafell â phobl.

remuer BERF [28]
symud
❏ Elle a remué le bras. Symudodd ei braich.
troi
❏ Remuez la sauce pendant deux minutes. Trowch y saws am ddwy funud.
■ **se remuer** *(anffurfiol)* gwneud ymdrech fawr
❏ ils se sont beaucoup remués pour organiser cette soirée. Maent wedi gwneud ymdrech fawr i drefnu'r parti hwn.

[le] **renard** ENW
cadno (g), llwynog (g)
[la] **rencontre** ENW
■ **faire la rencontre de quelqu'un** cyfarfod rhywun, cwrdd â rhywun ❏ J'ai fait la rencontre de personnes intéressantes ce soir. Cwrddais â phobl ddiddorol heno.
■ **aller à la rencontre de quelqu'un** mynd i gyfarfod rhywun ❏ Je viendrai à ta rencontre. Fe ddo i i gyfarfod â thi.
rencontrer BERF [28]
cyfarfod, cwrdd
■ **se rencontrer** cyfarfod eich gilydd ❏ Les deux se sont rencontrés il y a trois ans. Cyfarfu'r ddau dair blynedd yn ôl.

[le] **rendez-vous** ENW
apwyntment (g), cyfarfod (g)
❏ J'ai rendez-vous chez le coiffeur . Mae gen i apwyntment yn y siop trin gwallt. ❏ prendre rendez-vous avec quelqu'un trefnu cyfarfod â rhywun
dêt
❏ Tu sors ce soir? – Oui, j'ai un rendez-vous. Wyt ti yn mynd allan heno? Ydw, mae gen i ddêt.
■ **donner rendez-vous à quelqu'un** trefnu cyfarfod rhywun
rendre BERF [7]
dychwelyd
❏ J'ai rendu ses CD à Nicole. Rwyf wedi dychwelyd ei CDs i Nicole. ❏ J'ai rendu mes livres à la bibliothèque. Rwyf wedi mynd â'r llyfrau yn ôl i'r llyfrgell.
■ **rendre quelqu'un célèbre** gwneud rhywun yn enwog
■ **se rendre** ildio ❏ Le meurtrier s'est rendu à la police. Ildiodd y llofrudd ei hun i'r heddlu.
■ **se rendre compte de quelque chose** sylweddoli rhywbeth
[le] **renfermé** ENW
■ **sentir le renfermé** bod ag arogl mwll
renifler BERF [28]
synhwyro, sniffian
[le] **renne** ENW

r

carw (g) Llychlyn

renommé (BEN **renommée**) ANSODDAIR
enwog, nodedig
❏ La Bretagne est renommée pour ses plages.
Mae Llydaw yn enwog am ei thraethau.

renoncer BERF [12]
■ **renoncer à** rhoi'r gorau i ❏ ils ont renoncé à
leur projet. Maent wedi rhoi'r gorau i'w cynllun
■ **renoncer à faire quelque chose** rhoi'r gorau
i wneud rhywbeth

renouvelable (BEN **renouvelable**) ANSODDAIR
adnewyddadwy
❏ une énergie renouvelable egni
adnewyddadwy

renouveler BERF [4]
adnewyddu *(pasbort, cytundeb)*
■ **se renouveler** digwydd eto
❏ J'espère que ça ne se renouvellera pas. Rwy'n
gobeithio na fydd hynna'n digwydd eto.

[le] **renseignement** ENW
darn (g) o wybodaeth
❏ il me manque un renseignement. Mae angen
darn o wybodaeth arnaf.
■ **les renseignements (1)** gwybodaeth
❏ il m'a donné des renseignements. Rhoddodd
wybodaeth i mi.
■ **les renseignements (2)** desg ymholiadau
■ **les renseignements (3)** gwasanaeth
ymholiadau

renseigner BERF [28]
■ **renseigner quelqu'un sur quelque chose**
rhoi gwybodaeth i rywun am rywbeth
■ **Est-ce que je peux vous renseigner?** A fedra
i eich helpu chi?
■ **se renseigner** gwneud ymholiadau ❏ Je vais
me renseigner pour voir s'il n'y a pas un vol
direct. Rwy'n mynd I wneud ymholiadau i weld
a oes ehediad uniongyrchol.

rentable (BEN **rentable**) ANSODDAIR
proffidiol, cost effeithiol

[la] **rentrée** ENW
■ **la rentrée (des classes)** dechrau'r flwyddyn
ysgol

rentrer BERF [68]
mynd/dod i mewn
❏ Rentre, tu vas prendre froid. Dere i mewn, fe
fyddi di'n oeri.
mynd i mewn
❏ Elle est rentrée dans le magasin. Aeth i mewn
i'r siop.
cyrraedd adref
❏ Je suis rentré à sept heures hier soir.
Cyrhaeddais adref am saith o'r gloch neithiwr.
rhoi rhywbeth i mewn (dan do)

❏ Tu as rentré la voiture? Wyt ti wedi rhoi'r car i
mewn yn y garej?
■ **rentrer dans** taro ❏ Sa voiture est rentrée
dans un arbre. Tarodd ei gar yn erbyn coeden.
■ **rentrer dans l'ordre** mynd/dod yn ôl i drefn

[la] **renverse** ENW
■ **tomber à la renverse** cwympo tuag at yn ôl/
wysg eich cefn

renverser BERF [28]
troi drosodd
❏ J'ai renversé mon verre. Rwyf wedi troi fy
ngwydr drosodd.
taro / bwrw i lawr
❏ Elle a été renversée par une voiture. Cafodd
ei tharo i lawr gan gar.
colli
❏ Elle a renversé de l'eau partout. Collodd ddŵr
dros bob man.
■ **se renverser** *(gwydr, fâs)* cwympo, syrthio

renvoyer BERF [33]
anfon yn ôl
❏ Je t'ai renvoyé ton courrier. Rwyf wedi anfon
dy bost yn ôl atat ti.
diswyddo
❏ On a renvoyé trois employés. Diswyddwyd
tri gweithiwr.

répandu (BEN **répandue**) ANSODDAIR
cyffredin
❏ C'est un préjugé très répandu. Mae hi'n
rhagfarn gyffredin.
■ **du vin répandu sur la table** gwin wedi ei
golli ar hyd y bwrdd
■ **des papiers répandus sur le sol** papurau
wedi eu gwasgaru ar y llawr

[le] **réparateur** ENW
atgyweiriwr (g)

[la] **réparation** ENW
atgyweiriad (g)

réparer BERF [28]
atgyweirio

repartir BERF [57]
ailgychwyn, ailymadael
❏ il s'est arrêté pour déjeuner avant de repartir.
Fe arhosodd am ginio cyn ailgychwyn. ❏ il était
là tout à l'heure, mais il est reparti. Roedd e
yma ychydig yn ôl, ond mae e wedi mynd eto.
■ **repartir à zéro** dechrau o'r dechrau eto

[le] **repas** ENW
pryd (g) o fwyd
■ **le repas de midi** cinio hanner dydd
■ **le repas du soir** cinio nos, swper

[le] **repassage** ENW
smwddio
❏ Je déteste le repassage. Rwy'n casáu

r

smwddio.

repasser BERF [28]
dod yn ôl
❑ Je repasserai demain. Dof yn ôl yfory.
mynd yn ôl
❑ Je dois repasser au magasin. Mae'n rhaid i fi
fynd yn ôl i'r siop.
smwddio
❑ J'ai repassé ma chemise. Rwyf wedi smwddio
fy nghrys.
ailsefyll
❑ Elle doit repasser son examen. Mae'n rhaid
iddi ailsefyll ei harholiad.

repérer BERF [34]
sylwi ar
❑ J'ai repéré deux fautes. Rwyf wedi sylwi ar
ddau wall.
■ **se repérer** lleoli (gwybod ble rydych chi)
❑ J'ai du mal à me repérer de nuit. Rwy'n cael
anhawster i wybod ble rydw i yn y nos.

[le] **répertoire** ENW
rhestr (b)

répéter BERF [34]
ailadrodd
❑ Elle répète toujours la même chose. Mae hi
bob amser yn ailadrodd yr un peth.
ymarfer
❑ Les acteurs répètent une scène. Mae'r
actorion yn ymarfer golygfa.
■ **se répéter** digwydd eto ❑ J'espère que cela
ne se répétera pas! Rwy'n gobeithio na fydd
hyn yn digwydd eto!

[la] **répétition** ENW
ailadrodd
❑ Il y a beaucoup de répétitions dans ce texte.
Mae llawer o ailadrodd yn y gwaith hwn.
■ **des grèves à répétition** streiciau niferus
ymarfer (g)/(b)
❑ ils ont une répétition cet après-midi. Mae
ganddynt ymarfer y prynhawn yma.
■ **la répétition générale** ymarfer olaf mewn
gwisgoedd (mewn drama)

[le] **répondeur** ENW
peiriant (g) ateb

répondre BERF [69]
ateb
❑ répondre à quelqu'un ateb rhywun

[la] **réponse** ENW
ateb (g)
❑ C'est la bonne réponse. Dyna'r ateb iawn.

[le] **reportage** ENW
adroddiad (g)
❑ J'ai vu ce reportage aux informations.
Gwelais yr adroddiad hwn ar y newyddion.

stori (b)
❑ J'ai lu ce reportage dans 'Le Monde'.
Darllenais y stori hon yn 'Le Monde'.

[le] **reporter** ENW
newyddiadurwr (g), gohebydd (g)
❑ Paul est reporter. Newyddiadurwr yw Paul.

[le] **repos** ENW
gorffwys (g), seibiant (g)

reposer BERF [28]
rhoi/gosod yn ôl
❑ Elle a reposé son verre sur la table. Rhoes ei
gwydr yn ôl ar y bwrdd.
■ **se reposer** gorffwys ❑ Tu pourras te reposer
demain. Fedri di orffwys yfory.
■ **se reposer sur quelqu'un** dibynnu ar rywun

repousser BERF [28]
tyfu yn ôl
❑ Ses cheveux ont repoussé. Mae ei wallt wedi
tyfu yn ôl.
gohirio
❑ Le voyage est repoussé. Mae'r daith wedi
cael ei gohirio.

reprendre BERF [65]
cymryd yn ôl
❑ Il a repris son livre. Mae e wedi cymryd ei lyfr
yn ôl.
mynd yn ôl
❑ Elle a repris le travail. Mae hi wedi mynd yn
ôl i'r gwaith.
ailgychwyn
❑ La réunion reprendra à deux heures. Bydd y
cyfarfod yn ailgychwyn am ddau o'r gloch.
■ **reprendre du pain** cymryd rhagor o fara
■ **reprendre la route** ailgychwyn ar y daith
■ **reprendre son souffle** cael eich gwynt
atoch/yn ôl

[le] **représentant** ENW
cynrychiolydd (g)
❑ Il est représentant chez CAA. Mae e'n
gynrychiolydd i CAA.

[la] **représentante** ENW
cynrychiolydd (g)
❑ Elle est représentante. Mae hi'n
gynrychiolydd.

[la] **représentation** ENW
perfformiad (g)
❑ la dernière représentation d'une pièce
perfformiad olaf o'r ddrama

représenter BERF [28]
dangos
❑ Le tableau représente un enfant et un chat.
Mae'r llun yn dangos plentyn a chath.
■ **se représenter** codi eto ❑ Cette occasion
ne se représentera pas. Ni fydd y cyfle hwn yn

r

codi eto.

[le] reproche ENW
■ **faire des reproches à quelqu'un** ceryddu rhywun, beio rhywun

reprocher BERF [28]
■ **reprocher quelque chose à quelqu'un** dwrdio/ceryddu rhywun am rywbeth ❑ Il m'a reproché mon retard. Dwrdiodd fi am fod yn hwyr.
■ **Qu'est-ce que tu lui reproches?** Beth sydd gen ti yn ei erbyn?

[la] reproduction ENW
atgynhyrchiad (g)

reproduire BERF [23]
atgynhyrchu, copïo
■ **se reproduire** digwydd eto ❑ Je te promets que ça ne se reproduira pas! Rwy'n addo i ti na fydd hyn yn digwydd eto!

républicain (BEN **républicaine**) ANSODDAIR
gweriniaethol

[la] république ENW
gweriniaeth (b)
❑ la République française Gweriniaeth Ffrainc

répugnant (BEN **répugnante**) ANSODDAIR
atgas, ffiaidd

[la] réputation ENW
enw (g) (da neu ddrwg)

[le] requin ENW
siarc (g)

[le] RER ENW (= Réseau express régional)
gwasanaeth (g) trenau cyflym Paris

[le] réseau (LLUOSOG [les] **réseaux**) ENW
rhwydwaith (g)

[la] réservation ENW
bwcio, cadw

[la] réserve ENW
stoc (b), storfa (b)
❑ avoir quelque chose en réserve bod â rhywbeth wrth gefn
■ **mettre quelque chose en réserve** rhoi rhywbeth wrth gefn, neilltuo rhywbeth

réservé (BEN **réservée**) ANSODDAIR
cadw, wedi'i gadw
❑ Cette table est réservée. Mae'r bwrdd hwn wedi'i gadw.

réserver BERF [28]
cadw, bwcio
❑ Je voudrais réserver une table. Fe hoffwn fwcio bwrdd.
archebu
❑ Nous avons réservé une chambre. Rydym wedi archebu ystafell.
rhoi o'r neilltu

❑ Je t'ai réservé une part de gâteau. Rwyf wedi rhoi darn o'r deisen o'r neilltu i ti.

[le] réservoir ENW
tanc (g) petrol

[la] résidence ENW
bloc (g) o fflatiau
■ **une résidence secondaire** ail gartref

résistant (BEN **résistante**) ANSODDAIR
cryf, yn treulio'n dda
❑ Ce tissu est résistant. Mae'r defnydd hwn yn treulio'n dda.
cadarn, grymus, cryf
❑ il est très résistant. Mae e'n gadarn dros ben.

résister BERF [28]
gwrthsefyll

résolu (BEN **résolue**) ANSODDAIR
■ **Le problème est résolu.** Mae'r broblem wedi ei datrys.

résoudre BERF [70]
datrys

[le] respect ENW
parch (g)

respecter BERF [28]
parchu

[la] respiration ENW
anadl (g,b)

respirer BERF [28]
anadlu

[la] responsabilité ENW
cyfrifoldeb (g)

responsable (BEN **responsable**) ANSODDAIR
▷ gweler hefyd **responsable** ENW
cyfrifol, atebol
❑ être responsable de quelque chose bod yn gyfrifol am rywbeth

[le/la] responsable ENW
▷ gweler hefyd **responsable** ANSODDAIR
person (g) sydd â chyfrifoldeb, person (g) sydd â gofal
❑ Je voudrais parler au responsable. Rwyf am siarad â'r person sydd â chyfrifoldeb.
person sy'n gyfrifol
❑ Il faut punir les responsables. Mae'n rhaid cosbi'r rhai sy'n gyfrifol.

ressembler BERF [28]
■ **ressembler à (1)** edrych yn debyg i ❑ Elle ne ressemble pas à sa sœur. Nid yw'n edrych yn debyg i'w chwaer.
■ **ressembler à (2)** fel ❑ Ça ressemble à un conte de fées. Mae hon fel stori tylwyth teg.
■ **se ressembler (1)** edrych yn debyg i'w gilydd ❑ Les deux frères ne se ressemblent pas. Nid yw'r ddau frawd yn edrych yn debyg i'w

gilydd.
- **se ressembler (2)** bod yn debyg i'w gilydd
□ Ces deux pays ne se ressemblent pas.
Nid yw'r ddwy wlad hyn yn debyg i'w gilydd.

[le] **ressort** ENW
sbring (g)/(b) *(metel)*
□ Le ressort est cassé. Mae'r sbring wedi torri.

ressortir BERF [79]
mynd allan eto

[le] **restaurant** ENW
bwyty (g)

[le] **reste** ENW
gweddill (g)
- **un reste de poulet** gweddill y cyw iâr
- **les restes** gweddillion

rester BERF [71]
aros
□ Je reste à la maison ce week-end. Rwyf yn aros gartref y penwythnos yma.
bod dros ben, yn weddill
□ Il reste du pain. Mae bara dros ben. □ Il me reste assez de temps. Mae gen i ddigon o amser o hyd.
- **Il ne me reste plus qu'à …** Yr unig beth sydd ar ôl i mi ei wneud yw … □ Il ne me reste plus qu'à ranger mes affaires. Yr unig beth sydd ar ôl i mi ei wneud yw rhoi fy mhethau mewn trefn.
- **Restons-en là.** Gadewn ni hi ar hynna.

[le] **résultat** ENW
canlyniad (g)
□ le résultat des examens canlyniadau'r arholiadau

[le] **résumé** ENW
crynodeb (g)

résumer BERF [28]
crynhoi

[se] **rétablir** BERF [38]
adfer, gwella

[le] **retard** ENW
oediad (g)
□ un retard de livraison cludiad hwyr
- **avoir du retard** bod yn hwyr
- **être en retard de deux heures** bod dwy awr yn hwyr
- **prendre du retard** bod yn hwyr

retarder BERF [28]
bod yn araf
□ Ma montre retarde. Mae fy watsh yn araf/yn colli amser.
gohirio, troi'n ôl
□ Je dois retarder la pendule d'une heure. Mae'n rhaid i fi droi'r cloc awr yn ôl.

- **être retardé** oedi, cael eich rhwystro □ J'ai été retardé par un coup de téléphone. Cefais fy rhwystro gan alwad ffôn.

retenir BERF [83]
cofio
□ Tu as retenu leur adresse? Wyt ti'n cofio eu cyfeiriad?
bwcio
□ J'ai retenu une chambre à l'hôtel. Rwyf wedi bwcio ystafell yn y gwesty.
- **retenir son souffle** dal eich gwynt/anadl

retenu (BEN **retenue**) ANSODDAIR
▷ *gweler hefyd* **retenue** ENW
wedi ei gadw/bwcio
□ Cette place est retenue. Mae'r sedd hon wedi'i chadw.
rhwystro
□ J'ai été retenu par un coup de téléphone. Cefais fy rhwystro gan alwad ffôn.
atalfa (b) *(cael eich cadw i mewn yn yr ysgol)*

[la] **retenue** ENW
▷ *gweler hefyd* **retenue** ANSODDAIR
cael eich cadw i mewn yn yr ysgol (b)
□ Alain est en retenue. Mae Alain wedi cael ei gadw i mewn ar ôl ysgol.

retirer BERF [28]
tynnu yn ôl, tynnu allan
□ Elle a retiré de l'argent. Tynnodd arian allan.
tynnu oddi amdanoch
□ il a retiré son pull. Mae ef wedi tynnu ei siwmper oddi amdano.

[le] **retour** ENW
dychweliad (g)
- **être de retour** dychwelyd □ Je serai de retour la semaine prochaine. Byddaf yn dychwelyd wythnos nesaf.

retourner BERF [72]
dychwelyd
□ Est-ce que tu es retourné à Londres? Wyt ti wedi dychwelyd i Lundain?
troi, troi wyneb i waered
□ Elle a retourné la crêpe. Troes hi'r grempog. □ il a retourné la poubelle. Troes e'r bin wyneb i waered.
- **se retourner (1)** troi rownd □ Marie s'est retournée. Trodd Marie rownd.
- **se retourner (2)** troi drosodd, moelyd □ La voiture s'est retournée. Troes y car drosodd.

[la] **retraite** ENW
- **être à la retraite** bod wedi ymddeol
- **prendre sa retraite** ymddeol

retraité (BEN **retraitée**) ANSODDAIR
▷ *gweler hefyd* **retraité** ENW, **retraitée** ENW
bod wedi ymddeol

❑ Mon oncle est maintenant retraité. Mae fy ewythr wedi ymddeol nawr.

[le] **retraité** ENW
▷ *gweler hefyd* **retraité**
pensiynwr (g)

[la] **retraitée** ENW
▷ *gweler hefyd* **retraité** ANSODDAIR
pensiynwraig (b)

rétrécir BERF [38]
tynnu i mewn/ato, mynd yn llai
❑ Son pull a rétréci au lavage. Roedd ei siwmper wedi mynd yn llai yn y golch.
■ **se rétrécir** culhau ❑ La rue se rétrécit. Mae'r stryd yn culhau.

retrouver BERF [28]
dod o hyd i
❑ J'ai retrouvé mon portefeuille. Rwyf wedi dod o hyd i'm waled.
cyfarfod, cwrdd
❑ Je te retrouve au café à trois heures. Fe wna i gwyrdd â thi yn y caffi am dri o'r gloch.
■ **se retrouver (1)** cwrdd â'ch gilydd ❑ Ils se sont retrouvés devant le cinéma. Fe gwrddon nhw o flaen y sinema.
■ **se retrouver (2)** ffeindio'ch ffordd ❑ Je n'arrive pas à me retrouver. Alla i ddim ffeindio fy ffordd

[le] **rétroviseur** ENW
drych (g) ôl *(car)*

[la] **réunion** ENW
cyfarfod (g), aduniad (g)

[se] **réunir** BERF [38]
ymgynnull, cyfarfod
❑ Ils se sont réunis à cinq heures. Fe wnaethon nhw gyfarfod am bump o'r gloch.

réussi (BEN **réussie**) ANSODDAIR
llwyddiannus
❑ une soirée très réussie parti llwyddiannus
■ **être réussi** bod yn llwyddiant ❑ Le repas était très réussi. Roedd y pryd bwyd yn llwyddiant mawr.

réussir BERF [38]
bod yn llwyddiannus
❑ Tous ses enfants ont très bien réussi. Mae ei blant i gyd yn llwyddiannus iawn.
■ **réussir à faire quelque chose** llwyddo i wneud rhywbeth
■ **réussir à un examen** llwyddo mewn arholiad

[la] **réussite** ENW
llwyddiant (g)

[la] **revanche** ENW
gêm (b) yn ôl

■ **prendre sa revanche** dial ar rywun
❑ il a pris sa revanche en refusant de lui prêter son vélo. Fe wnaeth e ddial drwy wrthod benthyg ei feic iddo.
■ **en revanche** ar y llaw arall ❑ C'est cher mais en revanche c'est de la bonne qualité. Mae'n ddrud ond ar y llaw arall mae o safon uchel.

[le] **rêve** ENW
breuddwyd (g)/(b)
■ **de rêve** perffaith, ffantastig ❑ des vacances de rêve gwyliau eich breuddwydion

[le] **réveil** ENW
cloc (g) larwm
■ **mettre le réveil à huit heures** gosod y cloc i ganu am wyth o'r gloch

[le] **réveille-matin** (LLUOSOG [les] **réveille-matin**) ENW
cloc (g) larwm

réveiller BERF [28]
deffro, dihuno
❑ réveiller quelqu'un dihuno rhywun
■ **se réveiller** deffro, dihuno

[le] **réveillon** ENW
■ **le réveillon du premier de l'an** cinio Nos Galan
■ **le réveillon de Noël** cinio Noswyl Nadolig

réveillonner BERF [28]
dathlu Noswyl Nadolig
dathlu Nos Galan

revenir BERF [73]
dod yn ôl, dychwelyd
❑ Reviens vite! Tyrd yn ôl yn fuan! ❑ Son nom m'est revenu cinq minutes après. Fe gofiais ei enw bum munud yn ddiweddarach.
■ **Ça revient au même.** Mae'n dod i'r un peth.
■ **Ça revient cher.** Mae'n ddrud.
■ **Je n'en reviens pas!** Alla i ddim dod dros y peth!
■ **revenir sur ses pas** olrhain eich camau

[le] **revenu** ENW
incwm (g)

rêver BERF [28]
breuddwydio
■ **rêver de quelque chose** breuddwydio am rywbeth ❑ J'ai rêvé de mes vacances cette nuit. Breuddwydiais am fy ngwyliau neithiwr.

[le] **réverbère** ENW
lamp (b) stryd, golau (g) stryd

[le] **revers** ENW
trawiad (g) gwrthlaw *(tennis)*
❑ Murray a un excellent revers. Mae gan Murray drawiad gwrthlaw ardderchog.
llabed (g)/(b) *(ar siaced)*

■ **le revers de la médaille** yr ochr arall i'r geiniog

revient BERF ▷ *gweler* **revenir**

réviser BERF [28]

adolygu

❏ Je dois réviser mon anglais. Mae'n rhaid i fi adolygu fy Saesneg.

cael trin

❏ Je dois faire réviser ma voiture. Mae'n rhaid i fi gael trin fy nghar.

[la] **révision** ENW

adolygiad (g), archwiliad (g)

revoir BERF [92]

ailweld, gweld eto

❏ J'ai revu Marie hier soir. Fe welais Marie eto neithiwr.

adolygu

❏ il est en train de revoir sa géographie. Mae e'n adolygu ei Ddaearyddiaeth.

■ **Au revoir** Hwyl!

[la] **révolution** ENW

chwyldro (g)

❏ la Révolution française Y Chwyldro Ffrengig

[le] **revolver** ENW

rifolfer (g)

[la] **revue** ENW

cylchgrawn (g)

[le] **rez-de-chaussée** ENW

llawr (g) isaf, llawr gwaelod

❏ au rez-de-chaussée ar y llawr isaf/llawr gwaelod

[le] **Rhin** ENW

y Rhein (b)

[le] **rhinocéros** ENW

rhinoseros (g)

[le] **Rhône** ENW

y Rhôn

[la] **rhubarbe** ENW

rhiwbob (g)

[le] **rhum** ENW

rỳm (g)

[le] **rhume** ENW

annwyd (g)

❏ J'ai attrapé un rhume. Rwyf wedi dal annwyd.

■ **un rhume de cerveau** annwyd yn y pen

■ **le rhume des foins** clefyd y gwair

ri BERF ▷ *gweler* **rire**

■ **Nous avons bien ri.** Fe chwarddon ni lawer.

riche (BEN **riche**) ANSODDAIR

cyfoethog, cefnog

❏ Sa famille est très riche. Mae ei deulu yn gyfoethog iawn.

llawn, cyfoethog

❏ riche en vitamines llawn o fitaminau

[le] **rideau** (LUOSOG [les] **rideaux**) ENW

llen (b), caead (g)

❏ tirer les rideaux tynnu'r llenni

ridicule (BEN **ridicule**) ANSODDAIR

chwerthinllyd, hurt

❏ Je trouve ça complètement ridicule. Rwy'n meddwl bod hynna'n hollol hurt.

rien RHAGENW

▷ *gweler hefyd* **rien** ENW

dim byd

❏ Qu'est-ce que tu as acheté? – Rien. 'Beth wyt ti wedi'i brynu?' 'Dim byd'. ❏ Ça n'a rien à voir. Nid yw'n ddim byd i'w wneud â hynny.

■ **rien d'intéressant** dim byd diddorol

■ **rien d'autre** dim byd arall

■ **rien du tout** dim byd o gwbl

dim

❏ il n'a rien dit. Ni ddywedodd ddim.

■ **rien que (1)** dim ond ❏ rien que pour lui faire plaisir dim ond er mwyn ei blesio ef ❏ Rien que la voiture coûte un million. Mae'r car yn unig yn costio miliwn.

■ **rien que (2)** dim ond ❏ rien que la vérité dim ond y gwir

■ **De rien!** Mae'n iawn! Croeso!

❏ Merci beaucoup! – De rien! 'Diolch yn fawr!' 'Peidiwch a sôn!'.

[le] **rien** ENW

▷ *gweler hefyd* **rien** RHAGENW

■ **pour un rien** am ddim byd ❏ Il se met en colère pour un rien. Mae e'n colli ei dymer am ddim byd.

■ **en un rien de temps** mewn chwinciad, cyn pen dim

rigoler BERF [28] *(anffurfiol)*

chwerthin

❏ Elle a rigolé en le voyant tomber. Chwarddodd hi wrth ei weld yn cwympo.

cael hwyl

❏ On a bien rigolé hier soir. Cawsom lawer o hwyl neithiwr.

tynnu coes

❏ Ne te fâche pas, je rigolais. Paid â cholli dy dymer, tynnu coes oeddwn I.

■ **pour rigoler** am hwyl

rigolo (BEN **rigolote**) ANSODDAIR *(anffurfiol)*

digrif, doniol

rincer BERF [12]

tynnu trwy ddŵr

rire BERF [74]

▷ *gweler hefyd* **rire** ENW

chwerthin, cael hwyl/sbort, jocan

❑ Ce film m'a vraiment fait rire. Gwnaeth y ffilm yna i mi chwerthin. ❑ Nous avons bien ri. Fe chwarddon ni dipyn.
■ **pour rire** am hwyl

[le] rire ENW
▷ gweler hefyd **rire** BERF
pwl (g) o chwerthin, chwerthiniad
❑ il a un rire bruyant. Mae ganddo chwerthiniad uchel.

[le] risque ENW
risg (g)
❑ prendre des risques cymryd risg ❑ à tes risques et périls ar dy fenter dy hun perygl
❑ Il n'y a pas de risque qu'il l'apprenne. Does dim perygl iddo ddod i wybod.

risqué (BEN **risquée**) ANSODDAIR
peryglus, mentrus

risquer BERF [28]
mentro, peryglu
■ **Ça ne risque rien.** Mae'n gwbl ddiogel.
■ **il risque de se tuer.** Mae'n peryglu ei fywyd.
■ **C'est ce qui risque de se passer.** Dyna beth sy'n debygol o ddigwydd.

[le] rivage ENW
glan (b)

[la] rivière ENW
afon (b)

[le] riz ENW
reis (g)

[le] RMI ENW (= revenu minimum d'insertion).
ategiad (g) incwm
❑ il touche le RMI Mae'n derbyn taliad ategol.

[la] RN ENW (= route nationale)
priffordd (b)

[la] robe ENW
gwisg (b), ffrog (b)
■ **une robe de soirée** ffrog parti
■ **une robe de mariée** ffrog briodas
■ **une robe de chambre** côt nos

[le] robinet ENW
tap (g)

[le] robot ENW
robot (g)

[la] roche ENW
craig (b) (carreg)

[le] rocher ENW
carreg (b)

[le] rock ENW
roc (g) (cerddoriaeth)
■ **un chanteur de rock** canwr roc

rôder BERF [28]
loetran, prowla

❑ Il y a un homme louche qui rôde autour de l'école. Mae dyn amheus yn loetran o amgylch yr ysgol.

[les] rognons ENW GWR LLUOSOG
elwlod (ll) (coginio)

[le] roi ENW
brenin (g)
■ **le jour des Rois** Dydd Gŵyl Ystwyll

[le] rôle ENW
rhan (b), rôl (b)

[les] rollers ENW GWR
Rollerblades ®

romain (BEN **romaine**) ANSODDAIR
Rhufeinig
❑ des ruines romaines adfeilion Rhufeinig

[le] roman ENW
nofel (b)
■ **un roman policier** nofel dditectif
■ **un roman d'espionnage** nofel ysbïo

[le] romancier ENW
nofelydd (g)

romantique (BEN **romantique**) ANSODDAIR
rhamantus

rompre BERF [75]
gwahanu
❑ Marc et Anne ont rompu. Mae Marc ac Anne wedi gwahanu.
dod â rhywbeth i ben
❑ ils ont rompu leurs fiançailles. Maent wedi dod â'u dyweddïad i ben.

[les] ronces ENW BEN LLUOSOG
mieri (ll)

ronchonner BERF [28] (anffurfiol)
grwgnach, cwyno

rond (BEN **ronde**) ANSODDAIR
▷ gweler hefyd **rond** ENW
crwn
❑ La Terre est ronde. Mae'r Ddaear yn grwn.
■ **ouvrir des yeux ronds** syllu'n syn
tew, llawn
❑ Il a les joues rondes. Mae ganddo fochau llawn.
meddw
❑ Il est complètement rond. (anffurfiol) Mae ef wedi meddwi'n llwyr.

[le] rond ENW
▷ gweler hefyd **rond** ANSODDAIR
cylch (g)
❑ Elle a dessiné un rond sur le sable. Tynnodd lun cylch yn y tywod.
■ **en rond** mewn cylch ❑ Ils se sont assis en rond. Fe eisteddon nhw mewn cylch.
■ **tourner en rond** troi mewn cylchoedd

■ **Je n'ai plus un rond.** *(anffurfiol)* Does gen i'r un geiniog.

[la] **rondelle** ENW
tafell (b), sleisen (b)
❏ une rondelle de citron sleisen o lemwn

[le] **rond-point** (LLUOSOG [les] **ronds-points**) ENW
cylchfan (g)/(b)
❏ La voiture s'est arrêtée au rond-point. Stopiodd y car ar y gylchfan.

ronfler BERF [28]
chwyrnu

[le] **rosbif** ENW
eidion (g) rhost

[la] **rose** ENW
▷ *gweler hefyd* **rose** ANSODDAIR
rhosyn (g)

rose (BEN **rose**) ANSODDAIR
▷ *gweler hefyd* **rose** ENW
pinc

[le] **rosé** ENW
gwin (g) rhosliw/rosé
❏ Je prendrai un verre de rosé. Fe gymera i wydraid o win rosé.

[le] **rosier** ENW
llwyn (g) rhosod

[le] **rôti** ENW
cig (g) rhost
■ **un rôti de bœuf** darn rhost o gig eidon

rôtir BERF [38]
rhostio
❏ faire rôtir quelque chose rhostio rhywbeth

[la] **roue** ENW
olwyn (b)
❏ une roue de secours olwyn sbâr

rouge (BEN **rouge**) ANSODDAIR
▷ *gweler hefyd* **rouge** ENW
coch

[le] **rouge** ENW
▷ *gweler hefyd* **rouge** ANSODDAIR
coch (g)
❏ Le rouge est ma couleur préférée. Coch yw fy hoff liw.
gwin (g) coch
❏ un verre de rouge gwydraid o win coch
■ **passer au rouge (1)** troi yn goch ❏ Le feu est passé au rouge. Troes y golau yn goch.
■ **passer au rouge (2)** mynd trwy'r golau coch ❏ Jean-Pierre est passé au rouge. Mae Jean-Pierre wedi mynd trwy'r golau coch.
■ **un rouge à lèvres** minlliw

[la] **rougeole** ENW
y Frech (b) Goch

rougir BERF [38]
gwrido, cochi
❏ Il a rougi en me voyant. Gwridodd wrth fy ngweld i.
mynd yn goch
❏ il a rougi de colère. Aeth yn goch mewn tymer.

[la] **rouille** ENW
rhwd (g)

rouillé (BEN **rouillée**) ANSODDAIR
rhydlyd

rouiller BERF [28]
rhydu

roulant (BEN **roulante**) ANSODDAIR
■ **un fauteuil roulant** cadair olwyn
■ **une table roulante** bwrdd (g) ar olwynion

[le] **rouleau** (LLUOSOG [les] **rouleaux**) ENW
rholyn (g)
❏ un rouleau de papier peint rholyn o bapur wal
■ **un rouleau à pâtisserie** rholbren

rouler BERF [28]
mynd
❏ Le train roulait à 250 km/h. Roedd y trên yn mynd ar gyflymdra o 250km yr awr.
gyrru
❏ il a roulé sans s'arrêter. Gyrrodd heb stopio.
rholio
❏ Paul a roulé une cigarette. Rholiodd Paul sigarét. ❏ Il a roulé le tapis. Mae ef wedi rholio y carped.
twyllo
❏ Ils se sont fait rouler. *(anffurfiol)* Cawsant eu twyllo.
■ **Alors, ça roule?** *(anffurfiol)* Sut hwyl? Shw'mae?

[la] **Roumanie** ENW
Romania (b)

[le] **rouquin** ENW *(anffurfiol)*
cochyn (g)

[la] **rouquine** ENW
cochen (b)

rousse ANSODDAIR BEN ▷ *gweler* **roux**

[la] **rousse** ENW
▷ *gweler hefyd* **rousse** ANSODDAIR
cochen (b)

[la] **route** ENW
ffordd (b)
❏ au bord de la route ar ochr y ffordd
■ **une route nationale** priffordd
y ffordd i
❏ Je ne connais pas la route. Nid wyf yn gwybod y ffordd.

■ **il y a trois heures de route.** Ma hi'n daith o dair awr.

■ **en route** ar y ffordd ❑ Ils se sont arrêtés en route. Fe arhoson nhw ar y ffordd.

■ **mettre en route** cychwyn ❑ Il a mis le moteur en route. Cychwynnodd yr injan.

■ **se mettre en route** cychwyn, ymadael ❑ il s'est mis en route à cinq heures. Fe gychwynnodd ef am bump o'r gloch.

[le] **routier** ENW
gyrrwr (g) lori
❑ Son père est routier. Gyrrwr lori yw ei dad.
caffi (g) gyrwyr
❑ Nous avons mangé dans un routier. Fe gawsom bryd mewn caffi gyrwyr.

[la] **routine** ENW
gweithdrefn (b)

roux (BEN **rousse**) ANSODDAIR
▷ *gweler hefyd* roux ENW
coch
❑ Harry a les cheveux roux. Mae gan Harry wallt coch.
pengoch
❑ Jeanne est rousse. Mae Jeanne yn ferch bengoch.

[le] **roux** ENW
▷ *gweler hefyd* roux ANSODDAIR
cochyn (g)

royal (BEN **royale**, GWR LLUOSOG **royaux**) ANSODDAIR
brenhinol

[le] **royaume** ENW
teyrnas (b)
■ **le Royaume-Uni** Y Deyrnas Unedig

[le] **ruban** ENW
rhuban (g)
■ **le ruban adhésif** tâp adlynol

[la] **rubéole** ENW
Brech (b) Goch yr Almaen, Rwbela (g)

[la] **ruche** ENW
cwch (g) gwenyn

rudement ADFERF *(anffurfiol)*
yn ofnadwy
❑ C'était rudement bon. Roedd yn ofnadwy o dda.

[la] **rue** ENW
stryd (b)

[la] **ruelle** ENW
stryd (b) fach gefn

[le] **rugby** ENW
rygbi (g)
❑ Yann joue au rugby. Mae Yann yn chwarae rygbi.

rugueux (BEN **rugueuse**) ANSODDAIR
garw

[la] **ruine** ENW
adfail (g)
❑ les ruines de la cathédrale adfeilion yr eglwys gadeiriol

ruiner BERF [28]
dinistro

[le] **ruisseau** (LLUOSOG [les] **ruisseaux**) ENW
nant (b), ffrwd (b)

[la] **rumeur** ENW
si (g)

[la] **rupture** ENW
torri, toriad (g)

[la] **ruse** ENW
cyfrwystra *(trwy fod yn gyfrwys)* (g); twyll (g) *(i dwyllo rhywun)*
❑ une ruse tric

rusé (BEN **rusée**) ANSODDAIR
cyfrwys

russe (BEN **russe**) ANSODDAIR, ENW
Rwsiaidd, o Rwsia
Rwseg (b) *(yr iaith)*
❑ Il parle russe. Mae e'n siarad Rwseg.
■ **un Russe** Rwsiad *(dyn)*
■ **une Russe** Rwsiad *(dynes)*
■ **les Russes** Rwsiaid

[la] **Russie** ENW
Rwsia (b)

[le] **rythme** ENW
rhythm (g)
❑ J'aime le rythme de cette musique. Rwy'n hoffi rhythm y gerddoriaeth hon.
cyflymdra
❑ il marche à un bon rythme. Mae e'n cerdded ar gyflymdra da.

r

S|s

s' RHAGENW ▷ *gweler* **se**

sa ANSODDAIR BEN

ei
❏ Paul est allé voir sa grand-mère. Mae Paul wedi mynd i weld ei fam-gu. ❏ Elle a embrassé sa mère. Cusanodd ei mam.

[le] **sable** ENW
tywod (g)
■ **des sables mouvants** traeth byw/gwyllt

[le] **sablé** ENW
teisen (b) frau

[le] **sabot** ENW
clocsen (b)
carn (g) *(ceffyl)*

[le] **sac** ENW
bag (g), sach (b)
■ **un sac de voyage** bag teithio
■ **un sac de couchage** sach gysgu
■ **un sac à main** bag llaw
■ **un sac à dos** bag cefn
■ **voyager sac au dos** teithio â bag cefn, heicio

[le] **sachet** ENW
bag bach (g), pecyn (g), cwdyn (g) *(o siwgr, coffi)*
■ **du potage en sachet** cawl o becyn
■ **un sachet de thé** bag te

[la] **sacoche** ENW
bag (g), bag ysgol
■ **une sacoche de bicyclette** bag beic

sacré (BEN **sacrée**) ANSODDAIR
cysegredig

sage (BEN **sage**) ANSODDAIR
da, call *(ymddygiad)*
❏ Sois sage. Bydd yn blentyn da.
doeth
❏ Il serait plus sage d'attendre. Byddai'n ddoethach aros.

[la] **sagesse** ENW
doethineb (g,b)
❏ Il a eu la sagesse de ne pas y aller. Roedd ganddo'r doethineb i beidio â mynd yno.
■ **une dent de sagesse** dant gofid

[le] **Sagittaire** ENW

arwydd (g) y Saethydd (g)
❏ Il est Sagittaire. Mae e wedi ei eni o dan arwydd y Saethydd.

saignant (BEN **saignante**) ANSODDAIR
gwaedlyd *(cig)*

saigner BERF [28]
gwaedu
■ **saigner du nez** gwaedu o'ch trwyn

sain (BEN **saine**) ANSODDAIR
iach
■ **sain et sauf** byw ac iach

saint (BEN **sainte**) ANSODDAIR
▷ *gweler hefyd* **saint** ENW, **sainte** ENW, sanctaidd
❏ la semaine sainte Yr Wythnos Sanctaidd (Pasg) ❏ le Saint-Esprit yr Ysbryd Glân
■ **la Sainte Vierge** Y Forwyn Fair
■ **le vendredi saint** Gwener y Groglith
■ **la Saint-Sylvestre** nos Galan

[le] **saint** ENW
▷ *gweler hefyd* **saint** ANSODDAIR
sant (g)

[la] **sainte** ENW
▷ *gweler hefyd* **sainte** ANSODDAIR
santes (b)

sais BERF ▷ *gweler* **savoir**
■ Je ne sais pas. Dydw i ddim yn gwybod.

saisir BERF [38]
gafael yn, cydio yn
■ **saisir l'occasion de faire quelque chose** cymryd y cyfle i wneud rhywbeth

[la] **saison** ENW
tymor (g)
❏ Ce n'est pas la saison des fraises. Nid yw'n dymor mefus. ❏ un temps de saison tywydd tymhorol
■ **la saison des vendanges** tymor y cynhaeaf *(grawnwin)*

sait BERF ▷ *gweler* **savoir**
■ Il sait que … Mae e'n gwybod bod …
■ On ne sait jamais! Pwy a ŵyr!

[la] **salade** ENW

letysen (b)
salad (g)
❑ une salade composée salad cymysg
❑ une salade de fruits salad ffrwythau
[le] **saladier** ENW
dysgl (b) salad
[le] **salaire** ENW
cyflog (g)
[le] **salami** ENW
salami (g)
[le] **salarié** ENW
gweithiwr (g) cyflogedig
[la] **salariée** ENW
gweithwraig (b) gyflogedig
sale (BEN **sale**) ANSODDAIR
budr, brwnt
salé (BEN **salée**) ANSODDAIR
hallt
❑ La soupe est trop salée. Mae'r cawl yn rhy hallt.
wedi'i halltu
❑ du beurre salé menyn wedi ei halltu
sawrus
❑ des biscuits salés bisgedi sawrus
saler BERF [28]
halltu
❑ J'ai oublié de saler la soupe. Fe anghofiais halltu'r cawl.
[la] **saleté** ENW
budreddi (g), baw (g)
❑ J'ai horreur de la saleté. Rwy'n casáu budreddi. ❑ Il y a une saleté sur ta chemise. Mae baw ar dy grys.
■ faire des saletés gwneud llanast
salir BERF [38]
■ salir quelque chose baeddu rhywbeth
■ se salir baeddu eich hun ❑ Mets un tablier, sinon tu vas te salir. Gwisga ffedog neu fe fyddi di'n baeddu dy hun.
[la] **salle** ENW
ystafell (b)
cynulleidfa (b)
❑ Toute la salle l'a applaudi. Cafodd gymeradwyaeth y gynulleidfa i gyd.
ward (b) (mewn ysbyty)
❑ Il est à la salle douze. Mae e yn ward deuddeg.
■ la salle à manger yr ystafell fwyta
■ la salle de séjour yr ystafell fyw
■ la salle de bain yr ystafell ymolchi
■ la salle d'attente yr ystafell aros
■ une salle de classe yr ystafell ddosbarth
■ la salle des professeurs yr ystafell athrawon

■ une salle de concert neuadd gyngerdd
■ la salle d'embarquement ystafell ymadawiadau (mewn maes awyr)
[le] **salon** ENW
lolfa (b)
■ un salon de thé ystafell de
■ un salon de coiffure salon trin gwallt
■ un salon de beauté salon harddwch
■ un salon de discussion ystafell sgwrsio
[la] **salopette** ENW
oferôl (g,b), dyngaris (ll)
trowsus (g) sgio
saluer BERF [28]
■ saluer quelqu'un (1) cyfarch rhywun
❑ Je l'ai croisé dans la rue et il m'a salué. Cwrddais ag ef yn y stryd ac fe wnaeth fy nghyfarch.
■ saluer quelqu'un (2) ffarwelio â rhywun
❑ Il nous a salués et il est parti. Ffarweliodd â ni a gadael.
salut EBYCHIAD (anffurfiol)
Shw'mae! S'mae!
Hwyl, ta-ta!
[la] **salutation** ENW
cyfarch (g)
[le] **samedi** ENW
dydd (g) Sadwrn
❑ Aujourd'hui, nous sommes samedi. Dydd Sadwrn yw hi heddiw. ❑ Nous sommes allés au cinéma samedi. Aethon ni i'r sinema ddydd Sadwrn.
■ le samedi ar ddydd Sadwrn ❑ Le magasin ferme à dix-huit heures le samedi. Mae'r siop yn cau am chwech o'r gloch yn hwyr/y nos ar ddydd Sadwrn.
■ tous les samedis bob dydd Sadwrn
■ samedi dernier dydd Sadwrn diwethaf
■ samedi prochain dydd Sadwrn nesaf.
[le] **SAMU** ENW
gwasanaeth (g) ambiwlans
[la] **sandale** ENW
sandal (b)
[le] **sandwich** ENW
brechdan (b)
[le] **sang** ENW
gwaed (g)
■ en sang yn waed i gyd
[le] **sang-froid** ENW
■ garder son sang-froid cadw'ch pen, peidio â chynhyrfu
■ perdre son sang-froid cynhyrfu
■ faire quelque chose de sang-froid gwneud rhywbeth mewn gwaed oer

[le] **sanglier** ENW
 baedd (g) gwyllt

[le] **sanglot** ENW
 ■ **éclater en sanglots** beichio crio, llefain y glaw

sans ARDDODIAD
 heb
 ❑ Elle est venue sans son frère. Fe ddaeth heb ei brawd.
 ■ **un pull sans manches** siwmper heb lewys

[le/la] **sans-abri** (LLUOSOG GWR [les] **sans-abri**) ENW
 person (g) di-gartref
 ❑ les sans-abri y di-gartref

sans-gêne (BEN **sans-gêne**) ANSODDAIR
 anystyriol

[la] **santé** ENW
 iechyd (g)
 ❑ en bonne santé mewn iechyd da
 ■ **Santé!** Iechyd da!

saoudien (BEN **saoudienne**) ANSODDAIR, ENW
 Sawdïaidd
 Sawdïad (g)/(b)
 ■ **un Saoudien** dyn o Saudi Arabia
 ■ **une Saoudienne** dynes o Saudi Arabia

[le] **sapeur-pompier** (LLUOSOG [les] **sapeurs-pompiers**) ENW
 diffoddwr (g) tân
 ■ **les sapeurs-pompiers** diffoddwyr tân, y gwasanaeth tân

[le] **sapin** ENW
 ffynidwydden (b)
 ■ **un sapin de Noël** coeden Nadolig

[la] **Sardaigne** ENW
 Sardinia (b)

[la] **sardine** ENW
 sardîn (g)

[le] **satellite** ENW
 lloeren (b)
 ❑ la télévision par satellite teledu lloeren

satisfaire BERF [36]
 bodloni

satisfaisant (BEN **satisfaisante**) ANSODDAIR
 boddhaol

satisfait (BEN **satisfaite**) ANSODDAIR
 bodlon
 ❑ être satisfait de quelque chose bod yn fodlon â rhywbeth

[la] **sauce** ENW
 saws (g)
 ■ **sauce tomate** sos coch
 grefi (g)

[la] **saucisse** ENW
 sosej (b), selsigen (b) (heb ei choginio)

[le] **saucisson** ENW
 sosej (b), selsigen (b) (wedi ei choginio)

sauf ARDDODIAD
 heblaw am, ac eithrio
 ❑ Tout le monde est venu sauf lui. Daeth pawb heblaw amdano ef.
 ■ **sauf si** oni bai ❑ On ira se promener, sauf s'il fait mauvais. Fe awn i gerdded oni bai bod y tywydd yn wael.
 ■ **sauf que** heblaw ❑ Tout s'est bien passé, sauf que nous sommes arrivés en retard. Aeth popeth yn iawn, heblaw ein bod ni wedi cyrraedd yn hwyr.

[le] **saumon** ENW
 eog (g)

saur ANSODDAIR GWR
 ■ **un hareng saur** pennog, pennog coch, ciper

[le] **saut** ENW
 naid (b)
 ■ **le saut en longueur** naid hir
 ■ **le saut en hauteur** naid uchel
 ■ **le saut à la perche** naid bolyn
 ■ **le saut à l'élastique** naid bynji
 ■ **un saut périlleux** naid tin dros-ben, tin-dros-ben

sauter BERF [28]
 neidio, llamu
 ❑ Nous avons sauté par-dessus la barrière. Fe neidion ni dros y glwyd.
 ■ **sauter à la corde** sgipio (â rhaff)
 ■ **faire sauter quelque chose** ffrwydro rhywbeth ❑ Ils ont fait sauter le pont. Fe ffrwydron nhw'r bont.

[la] **sauterelle** ENW
 ceiliog (g) rhedyn, sioncyn (g) y gwair

sauvage (BEN **sauvage**) ANSODDAIR
 gwyllt
 ❑ les animaux sauvages anifeiliaid gwyllt
 ❑ faire du camping sauvage gwersylla mewn ardal wyllt
 ■ **une région sauvage** ardal wyllt
 swil
 ❑ Il est sauvage. Mae e'n swil.

sauvegarder BERF [28]
 cadw (ffeil ar gyfrifiadur)
 achub
 diogelu

sauver BERF [28]
 achub
 ■ **se sauver (1)** dianc ❑ Il s'est sauvé à toutes jambes. Dihangodd mor gyflym ag y gallai nerth ei draed.
 ■ **se sauver (2)** (anffurfiol) ei heglu hi

❑ Allez, je me sauve! Iawn, dwi'n ei heglu hi!

[le] **sauvetage** ENW
achub (b)
❑ gilet de sauvetage siaced achub

[le] **sauveur** ENW
achubwr (g), gwaredwr (g)

savais, savait BERF ▷ *gweler* **savoir**
■ Je ne savais pas qu'il devait venir.
Wyddwn i ddim a oedd e i fod i ddod.

[le] **savant** ENW
gwyddonydd (g)

savent BERF ▷ *gweler* **savoir**
■ Ils ne savent pas ce qu'ils veulent. Dydyn
nhw ddim yn gwybod beth maen nhw ei
eisiau.

[la] **saveur** ENW
blas (g)

savez BERF ▷ *gweler* **savoir**
■ Est-ce que vous savez où elle habite?
A ydych chi'n gwybod ble mae hi'n byw?

savoir BERF [76]
gwybod
❑ Je ne sais pas où il est allé. Nid wyf yn
gwybod i ble mae e wedi mynd. ❑ Nous ne
savons pas s'il est bien arrivé. Wyddon ni ddim
a ydy e wedi cyrraedd yn ddiogel. ❑ Tu savais
que Canberra est la capitale de l'Australie?
A oeddet ti'n gwybod mai Canberra yw
prifddinas Awstralia? ❑ Il ne sait pas ce qu'il
va faire ce week-end. Nid yw'n gwybod beth i
wneud y penwythnos yma.
■ Tu sais nager? Wyt ti'n gallu nofio?

[le] **savon** ENW
sebon (g)

[la] **savonnette** ENW
bar (g) o sebon

savons BERF ▷ *gweler* **savoir**

savoureux (BEN **savoureuse**) ANSODDAIR
blasus

[le] **saxo** ENW *(anffurfiol)*
▷ *gweler hefyd* **la saxo**
sacsoffon (g)
■ jouer du saxo canu'r sacsoffon
chwaraewr (g) sacsoffon *(dyn)*

[la] **saxo** ENW *(anffurfiol)*
▷ *gweler hefyd* **le saxo**
chwaraewr (g) sacsoffon *(dynes)*

[le] **scandale** ENW
sgandal (b)
■ faire scandale achosi sgandal ❑ Ce film a
fait scandale. Achosodd y ffilm hon sgandal.

scandaleux (BEN **scandaleuse**) ANSODDAIR
cywilyddus

[le/la] **Scandinave** ENW
Sgandinafiad (g)/(b)

scandinave (BEN **scandinave**) ANSODDAIR
Sgandinafaidd

[la] **Scandinavie** ENW
Sgandinafia (b)

[le] **scarabée** ENW
chwilen (b)

[la] **scène** ENW
golygfa (b), llwyfan
❑ une scène d'amour golygfa garu ❑ la scène
du crime lleoliad y drosedd ❑ Il m'a fait une
scène. Mae e wedi codi helynt/achosi ffŷs.
■ une scène de ménage ffrae deuluol

sceptique (BEN **sceptique**) ANSODDAIR
drwgdybus

[le] **schéma** ENW
diagram (g)

schématique (BEN **schématique**) ANSODDAIR
■ l'explication schématique d'une théorie
amlinelliad bras o ddamcaniaeth
■ Cette interprétation est un peu trop
schématique. Mae'r dehongliad hwn braidd
yn rhy syml.

[la] **scie** ENW
llif (b)
■ une scie à métaux llif fetel

[la] **science** ENW
gwyddoniaeth (b)
■ Elle est forte en sciences. Mae hi'n dda
mewn gwyddoniaeth.
■ les sciences physiques ffiseg
■ les sciences naturelles bioleg
■ les sciences économiques economeg
■ sciences po *(anffurfiol)* gwleidyddiaeth
❑ Mon frère fait sciences po à Paris. Mae fy
mrawd yn astudio gwleidyddiaeth ym Mharis.

[la] **science-fiction** ENW
ffuglen (b) wyddonol

scientifique (BEN **scientifique**) ANSODDAIR
▷ *gweler hefyd* **scientifique** ENW
gwyddonol

[le/la] **scientifique** ENW
▷ *gweler hefyd* **scientifique** ANSODDAIR
gwyddonydd (g)
myfyriwr (g) gwyddoniaeth
myfyrwraig (b) gwyddoniaeth

scier BERF [19]
llifio

scolaire (BEN **scolaire**) ANSODDAIR
ysgol
❑ l'année scolaire blwyddyn ysgol ❑ les
vacances scolaires gwyliau ysgol ❑ mon livret

s

scolaire fy adroddiad ysgol

[le] **Scorpion** ENW
arwydd (g) y Sgorpion
❏ Catherine est Scorpion. Mae Catherine wedi
ei geni dan arwydd y Sgorpion.

[le] **Scotch** ® ENW
tâp (g) adlynol, selotêp (g)

[le] **scrupule** ENW
poen (g)/(b) cydwybod, amheuon (ll)

sculpter BERF [28]
cerflunio

[le] **sculpteur** ENW
cerflunydd (g)

[la] **sculpture** ENW
cerflunwaith (g)

[le/la] **SDF** ENW (= *sans domicile fixe*) (*anghwrtais*)
person (g)/(b) di-gartref
■ **les SDF** y di-gartref

se RHAGENW
ei
❏ Elle se regarde dans la glace. Mae hi'n edrych
ar ei hun yn y drych.
❏ Le chien s'est fait mal. Mae'r ci wedi anafu ei
hun.
eich hun
❏ se regarder dans une glace edrych ar eich
hun yn y drych
eu hunain
❏ Ils se sont regardés dans la glace.
Edrychon nhw ar eu hunain yn y drych.
ei gilydd
❏ Ils s'aiment. Maent yn caru ei gilydd.

[la] **séance** ENW
sesiwn (g)/(b)
❏ une séance de rééducation sesiwn
ffisiotherapi
dangosiad (g) ffilm (*mewn sinema*)
❏ La prochaine séance est à dix-neuf heures.
Mae'r dangosiad nesaf am saith o'r gloch (y
nos).

[le] **seau** (LLUOSOG [les] **seaux**) ENW
bwced (g)/(b)

sec (BEN **sèche**) ANSODDAIR
sych
❏ Mon jean n'est pas encore sec. Nid yw fy jîns
i'n sych eto.
wedi'i sychu, wedi'u sychu
❏ des figues sèches ffigys wedi'u sychu

[le] **sèche-cheveux** (LLUOSOG [les] **sèche-
cheveux**) ENW
sychwr (g) gwallt

[le] **sèche-linge** (LLUOSOG [les] **sèche-linge**)
ENW

peiriant (g) sychu dillad

sécher BERF [34]
sychu
drysu, bod wedi'ch drysu
❏ J'ai complètement séché à l'interrogation de
maths. (*anffurfiol*) Ro'n i wedi drysu'n llwyr yn
y prawf mathemateg.
■ **se sécher** sychu eich hun ❏ Sèche-toi avec
cette serviette. Sycha dy hun gyda'r lliain yma.
■ **sécher les cours** colli ysgol/chwarae triwant

[la] **sécheresse** ENW
sychder (g)
❏ une terrible sécheresse sychder ofnadwy

[le] **séchoir** ENW
sychwr (g)

second (BEN **seconde**) ANSODDAIR
▷ *gweler hefyd* **second** ENW, **seconde** ENW
ail
❏ Il est arrivé second. Daeth e'n ail.

[le] **second** ENW
▷ *gweler hefyd* **second** ANSODDAIR
ail lawr (g)
❏ Elle habite au second. Mae hi'n byw ar yr ail
lawr.

secondaire (BEN **secondaire**) ANSODDAIR
uwchradd
❏ l'enseignement secondaire addysg
uwchradd
■ **des effets secondaires** sgil effeithiau

[la] **seconde** ENW
▷ *gweler hefyd* **seconde** ANSODDAIR
eiliad (g)/(b)
❏ Attends une seconde! Aros am eiliad!
blwyddyn (b) 11 (*yn yr ysgol*)
❏ Ma sœur est en seconde. Mae fy chwaer ym
mlwyddyn 11.
ail ddosbarth
❏ voyager en seconde teithio ail ddosbarth

secouer BERF [28]
ysgwyd
❏ secouer la tête ysgwyd eich pen

secourir BERF [16]
achub

[le] **secourisme** ENW
cymorth (g) cyntaf
❏ J'ai un brevet de secourisme. Mae gen i
gymhwyster cymorth cyntaf.

[le] **secours** ENW
cymorth (g), help (g)
❏ Il est allé chercher du secours. Aeth e i
chwilio am help. ❏ Au secours! Help! ❏ Cela
lui a été d'un grand secours Bu hyn o gymorth
mawr iddo.

■ **les premiers secours** cymorth cyntaf
■ **une sortie de secours** allanfa frys
■ **la roue de secours** olwyn sbâr

[le] **secret** ENW
▷ *gweler hefyd* **secret** ANSODDAIR
cyfrinach (b)

secret (BEN **secrète**) ANSODDAIR
▷ *gweler hefyd* **secret** ENW
cyfrinachol

[le] **secrétaire** ENW
▷ *gweler hefyd* **la secrétaire**
ysgrifennydd (g)
desg (b) ysgrifennu

[la] **secrétaire** ENW
▷ *gweler hefyd* **le secrétaire**
ysgrifenyddes (b)

[le] **secrétariat** ENW
swyddfa'r (b) ysgrifennydd

[le] **secteur** ENW
sector (g)/(b)
❏ le secteur public y sector cyhoeddus
❏ le secteur privé y sector preifat

[la] **section** ENW
adran (b) *(mewn ysgol)*

[la] **sécu** ENW *(anffurfiol)*
nawdd (g) cymdeithasol

[la] **sécurité** ENW
diogelwch (g)
■ **être en sécurité** bod yn ddiogel ❏ On ne se
sent pas en sécurité dans ce quartier. Nid ydym
yn teimlo'n ddiogel yn yr ardal hon o'r dref.
■ **la sécurité routière** diogelwch ar y ffyrdd
■ **une ceinture de sécurité** gwregys
diogelwch ❏ par mesure de sécurité er
diogelwch
■ **la sécurité sociale** gwasanaeth nawdd
cymdeithasol
■ **la sécurité de l'emploi** sicrwydd swydd

séduisant (BEN **séduisante**) ANSODDAIR
deniadol

[le] **seigle** ENW
rhyg (g)
❏ un pain de seigle bara rhyg, torth ryg

[le] **seigneur** ENW
arglwydd (g)
■ **le Seigneur** Yr Arglwydd

[le] **sein** ENW
bron (b)
■ **au sein de** o fewn (lle, gwlad) ❏ Chaque
pays est autonome au sein de l'Europe. Mae
bob gwlad yn annibynol o fewn Ewrop.

seize RHIF
un ar bymtheg

❏ Il a seize ans. Mae e'n un ar bymtheg oed.
❏ à seize heures am bedwar o'r gloch (y
prynhawn)
■ **le seize janvier** yr unfed ar bymtheg o
Ionawr

seizième (BEN **seizième**) ANSODDAIR
unfed ar bymtheg

[le] **séjour** ENW
arhosiad (g)
❏ J'ai fait un séjour d'une semaine en Italie.
Arhosais yn yr Eidal am wythnos.

[le] **sel** ENW
halen (g)

sélectionner BERF [28]
dewis, dethol

[le] **self** ENW *(anffurfiol)*
bwyty (g) hunanwasanaeth

[le] **self-service** ENW
bwyty (g) hunanwasanaeth

[la] **selle** ENW
cyfrwy (g) *(ceffyl)*
sêt (b) *(beic)*

selon ARDDODIAD
yn ôl, yn unol â
❏ selon Pierre yn ôl Pierre ❏ selon mon
humeur yn dibynnu ar fy hwyl ❏ Ils sont
répartis selon leur âge. Maent wedi eu rhannu
yn ôl eu hoed.

[la] **semaine** ENW
wythnos (b)
■ **en semaine** yn ystod yr wythnos

semblable (BEN **semblable**) ANSODDAIR
tebyg

[le] **semblant** ENW
■ **faire semblant de faire quelque chose**
esgus gwneud rhywbeth ❏ Il fait semblant de
dormir. Mae e'n esgus cysgu.

sembler BERF [28]
ymddangos
❏ Le temps semble s'améliorer. Mae'n
ymddangos bod y tywydd yn gwella. ❏ Il
me semble inutile de s'en inquiéter. Mae'n
ymddangos i mi mai ofer ydy poeni am y peth.

[la] **semelle** ENW
gwadn (g)/(b) *(esgid)*
mewnwadn (g) *(tu fewn i esgid)*
❏ battre la semelle cicio eich sodlau

[la] **semoule** ENW
semolina (g)

[le] **sens** ENW
synnwyr (g)
❏ avoir le sens de l'humour bod â synnwyr
digrifwch ❏ Je n'ai pas le sens de l'orientation.

S

Does gen i ddim syniad cyfeiriad o gwbl.
❏ avoir le sens du rythme bod â synnwyr
rhythm ❏ Ça n'a pas de sens. Does dim
synnwyr yn hynny.
■ **le bon sens** synnwyr cyffredin
cyfeiriad (g)
❏ Tu tournes la poignée dans le mauvais sens.
Rwyt ti'n troi'r ddolen yn y cyfeiriad anghywir.
■ **sens dessus dessous** wyneb i waered
■ **un sens interdit** stryd unffordd ❏ J'ai failli
prendre un sens interdit. Bu bron i mi â mynd y
ffordd anghywir ar hyd stryd unffordd.
■ **un sens unique** stryd unffordd

[la] **sensation** ENW
teimlad (g)

sensationnel (BEN **sensationnelle**) ANSODDAIR
syfrdanol

sensé (BEN **sensée**) ANSODDAIR
synhwyrol, call, doeth

sensible (BEN **sensible**) ANSODDAIR
teimladwy, sensitif
❏ Elle est très sensible. Mae hi'n sensitif iawn.
■ **Ce film est déconseillé aux personnes
sensibles.** Mae'r ffilm hon yn cynnwys
golygfeydd a allai beri gofid i rai gwylwyr
sensitif.
amlwg
❏ une amélioration sensible gwelliant amlwg

sensiblement ADFERF
cryn dipyn
❏ Elle a sensiblement progressé. Mae hi wedi
gwella cryn dipyn.
mwy neu lai
❏ Elles sont sensiblement de la même taille.
Maen nhw fwy neu lai yr un taldra.

[la] **sentence** ENW
dedfryd (b) (rheithgor)

[le] **sentier** ENW
llwybr (g)

[le] **sentiment** ENW
teimlad (g), ymdeimlad (g)

sentimental (BEN **sentimentale**, GWR LLUOSOG
sentimentaux) ANSODDAIR
sentimental

sentir BERF [77]
arogli
❏ Ça sent bon. Mae'n arogli'n dda. ❏ Ça sent
mauvais. Mae'n arogli'n ddrwg.
arogleuo, bod ag arogl
❏ Ça sent les frites ici. Mae arogl sglodion yma.
blasu
❏ Tu sens l'ail dans le rôti? Fedri di flasu'r
garlleg yn y cig rhost?
teimlo

❏ Ça t'a fait mal? – Non, je n'ai rien senti.
'A oedd hynna'n brifo?' 'Na, theimlais i ddim
byd.' ❏ Je ne me sens pas bien. Nid wyf yn
teimlo'n dda iawn.
■ **Il ne peut pas la sentir.** *(anffurfiol)* Nid yw'n
gallu ei goddef hi.

séparé (BEN **séparée**) ANSODDAIR
wedi gwahanu
❏ Mes parents sont séparés. Mae fy rhieni wedi
gwahanu.

séparément ADFERF
ar wahân

séparer BERF [28]
gwahanu
❏ Séparez le blanc du jaune. Gwahanwch y
gwynwy wrth y melynwy.
■ **se séparer** gwahanu ❏ Mes parents se sont
séparés l'année dernière. Gwahanodd fy rhieni
y llynedd.

sept RHIF
saith
❏ Il est arrivé à sept heures. Cyrhaeddodd am
saith o'r gloch. ❏ Elle a sept ans. Mae hi'n saith
oed.
■ **le sept février** y seithfed o Chwefror

septembre ENW GWR
Medi (g)
■ **en septembre** ym mis Medi

septième (BEN **septième**) ANSODDAIR
seithfed
❏ au septième étage ar y seithfed llawr

sera, serai, seras, serez BERF ▷ *gweler* être
■ **Je serai de retour à dix heures.** Bydda i'n ôl
am ddeg o'r gloch.

[la] **série** ENW
cyfres (b)

sérieusement ADFERF
o ddifrif

sérieux (BEN **sérieuse**) ANSODDAIR
▷ *gweler hefyd* **sérieux** ENW
difrifol, o ddifrif
❏ Il plaisantait? – Non, il était sérieux. 'Oedd e'n
tynnu coes?' 'Na, roedd e o ddifri.'
cyfrifol
❏ C'est un employé très sérieux. Mae o'n
weithiwr cyfrifol dros ben.

[le] **sérieux** ENW
▷ *gweler hefyd* **sérieux** ANSODDAIR
■ **garder son sérieux** cadw wyneb syth
❏ J'ai eu du mal à garder mon sérieux. Cefais
drafferth i gadw wyneb syth.
■ **prendre quelque chose au sérieux** cymryd
rhywbeth o ddifrif

S

■ **prendre quelqu'un au sérieux** cymryd rhywun o ddifrif

■ **Il manque un peu de sérieux.** Nid yw'n gyfrifol iawn.

[la] **seringue** ENW
chwistrell (b)

séronégatif (BEN **séronégative**) ANSODDAIR
person (g) nad yw yn cario feirws HIV, sero negatif

serons, seront BERF ▷ *gweler* être

séropositif (BEN **séropositive**) ANSODDAIR
person (g) sy'n cario feirws HIV, sero positif

[le] **serpent** ENW
neidr (b), sarff (b)

[la] **serre** ENW
tŷ (b) gwydr

■ **l'effet de serre** effaith tŷ gwydr

serré (BEN **serrée**) ANSODDAIR
tynn

❑ Mon pantalon est trop serré. Mae fy nhrowsus yn rhy dynn.

agos, clòs

❑ Ça a été un match serré. Roedd hi'n gêm agos.

serrer BERF [28]

■ **Ce pantalon me serre trop.** Mae'r trowsus yn rhy dynn i fi.

■ **serrer la main à quelqu'un** ysgwyd llaw â rhywun

■ **se serrer** ymwasgu, closio ❑ Serrez-vous un peu pour que je puisse m'asseoir. Gwasgwch yn nes at eich gilydd er mwyn i fi gael eistedd.

■ **serrer quelqu'un dans ses bras** rhoi cwtsh i rywun

■ **'Serrer à droite'** 'Cadwch i'r dde' *(ceir, trafnidiaeth)*

[la] **serrure** ENW
clo (g)

sers, sert BERF ▷ *gweler hefyd* **servir**

[le] **serveur** ENW
gweinydd (g) *(mewn caffi)*
gweinydd (g) *(cyfrifiadur)*

[la] **serveuse** ENW
gweinyddes (b)

serviable (BEN **serviable**) ANSODDAIR
cymwynasgar, gwasanaethgar

[le] **service** ENW
gwasanaeth (g) *(mewn bwyty)*
❑ Le service est compris. Mae'r tâl gwasanaeth yn gynwysiedig yn y pris.

■ **être de service** bod ar ddyletswydd

■ **hors service** wedi torri, ddim yn gweithio

■ **faire le service** gweini *(wrth fwrdd)*

❑ Tu peux faire le service s'il te plaît? A fedri di weini, os gweli di'n dda?

ffafr (b), cymwynas (b)

❑ rendre service à quelqu'un gwneud ffafr i rywun ❑ Est-ce que je peux te demander un service? A alla i ofyn ffafr i ti, plîs?

serfio *(mewn tennis)*

❑ Il a un bon service. Mae e'n serfio'n dda.

■ **le service militaire** gwasanaeth milwrol

■ **les services sociaux** gwasanaethau cymdeithasol

■ **les services secrets** Gwasanaethau Cudd

[la] **serviette** ENW
tywel (g), lliain sychu

❑ une serviette de bain tywel baddon

■ **une serviette hygiénique** tywel mislif napcyn (g) bwyd

bag (g)/cês (g) dogfennau

servir BERF [78]
gweini

❑ On vous sert? Oes rhywun yn gweini arnoch chi?

■ **À toi de servir.** *(tennis)* Dy dro di i serfio.

■ **se servir** helpu eich hun ❑ Servez-vous. Helpwch eich hunain.

■ **se servir de** defnyddio ❑ Tu te sers souvent de ton portable? Wyt ti'n defnyddio dy ffôn symudol yn aml?

■ **servir à quelqu'un** bod yn ddefnyddiol i rywun ❑ Ça m'a beaucoup servi. Roedd yn ddefnyddiol iawn i mi.

■ **À quoi ça sert?** Beth yw diben hwn?

■ **Ça ne sert à rien.** Nid yw'n dda i ddim. ❑ Ça ne sert à rien d'insister. Does dim diben mynnu.

ses ANSODDAIR LLUOSOG
ei ... ef

❑ Il est parti voir ses parents. Mae e wedi mynd i weld ei rieni.

ei ... hi

❑ Delphine a oublié ses baskets. Mae Delphine wedi anghofio ei hesgidiau ymarfer.

[le] **set** ENW
mat (g) bwrdd
set (b) *(mewn tennis)*

[le] **seuil** ENW
carreg (b) y drws, rhiniog (g)

seul (BEN **seule**) ANSODDAIR
ar eich pen eich hun

❑ vivre seul byw ar eich pen eich hun ❑ Elle est venue seule. Fe ddaeth hi ar ei phen ei hun.

■ **faire quelque chose tout seul** gwneud rhywbeth ar eich pen eich hun ❑ Elle a fait ça toute seule? A wnaeth hi hynna ar ei phen ei hun?

■ **se sentir seul** teimlo'n unig

■ **un seul livre** un llyfr yn unig ❏ Vous avez droit à un seul livre. Mae gennych hawl i gael un llyfr yn unig.

■ **Il reste une seule nectarine.** Un nectarin yn unig sydd ar ôl.

■ **le seul livre que ...** yr unig lyfr (sydd) ... ❏ C'est le seul Agatha Christie que je n'aie pas lu. Dyna'r unig lyfr gan Agatha Christie nad wyf wedi ei ddarllen.

■ **le seul** yr unig un ❏ C'est la seule que je ne connaisse pas. Hi ydy'r unig un nad wyf yn ei hadnabod.

seulement ADFERF

dim ond, yn unig

■ **non seulement ... mais** nid yn unig ... ond ❏ Non seulement il a plu, mais en plus il a fait froid. Nid yn unig buodd hi'n bwrw glaw, ond hefyd roedd hi'n oer.

sévère (BEN **sévère**) ANSODDAIR

llym

❏ Mon prof de maths est très sévère. Mae fy athro mathemateg yn llym iawn.

[le] **sexe** ENW

rhyw (b)

sexuel (BEN **sexuelle**) ANSODDAIR

rhywiol, rhyw

❏ l'éducation sexuelle addysg rhyw

[le] **shampooing** ENW

siampŵ (g)

■ **se faire un shampooing** golchi'ch gwallt

[le] **short** ENW

siorts (ll)

❏ Il était en short. Roedd e'n gwisgo siorts.

si CYSYLLTAIR, ADFERF ▷ gweler hefyd **si** ENW

os, pe, a

❏ si tu veux os hoffet ti ❏ Je me demande si elle va venir. Tybed a ddaw hi? ❏ si seulement petai

mor

❏ Elle est si gentille. Mae hi mor addfwyn/garedig. ❏ Tout s'est passé si vite. Fe ddigwyddodd popeth mor gyflym.

ie, oes, do (ac yn y blaen)

❏ Tu n'es pas allé à l'école habillé comme ça? – Si. 'Est ti ddim i'r ysgol wedi gwisgo fel hynna? – 'Do.'

[le] **si** ENW

▷ gweler hefyd **si** CYSYLLTAIR

B (cerddoriaeth)

❏ en si bémol yn B fflat

si

❏ la, si, do la, ti, do

[la] **Sicile** ENW

Sisily (b)

[le] **sida/SIDA** ENW

clefyd (g) AIDS

❏ Il a le sida. Mae e'n dioddef o glefyd AIDS.

[le] **siècle** ENW

canrif (b)

❏ le vingtième siècle yr ugeinfed ganrif

[le] **siège** ENW

sedd (b) (mewn cerbyd)

pencadlys (g)

sien RHAGENW GWR

■ **le sien (1)** ei un ef, ei un hi

❏ C'est le vélo de Paul? – Oui, c'est le sien. 'Beic Paul yw hwn?' – 'Ie, ei un e ydy e.'

■ **le sien (2)** ei un hi ❏ C'est le vélo d'Isabelle? – Oui, c'est le sien. 'Beic Isabelle yw hwn?' – 'Ie, ei un hi ydy e.'

sienne RHAGENW BEN

■ **la sienne (1)** ei un ef ❏ C'est la montre de Paul? – Oui, c'est la sienne. 'Oriawr Paul yw hon?' – 'Ie, ei un ef yw hi.'

■ **la sienne (2)** ei hun hi

❏ C'est la montre d'Isabelle? – Oui, c'est la sienne. 'Oriawr Isabelle yw hon?' – 'Ie, ei un hi yw hi.'

siennes RHAGENW BEN LLUOSOG

■ **les siennes (1)** ei rai ef

❏ Ce sont les chaussures de Christian? – Oui, ce sont les siennes. 'Ai esgidiau Christian yw'r rhain?' – 'Ie, ei rai e ydyn nhw.'

■ **les siennes (2)** ei rhai hi ❏ Ce sont les lunettes de Daphné? – Oui, ce sont les siennes. 'Ai sbectols Daphné ydy'r rhain?' – 'Ie, ei rhai hi ydyn nhw.'

siens RHAGENW GWR LLUOSOG

■ **les siens (1)** ei rai ef ❏ Ce sont les sandwichs de Pierre? – Oui, ce sont les siens. 'Brechdanau Pierre yw'r rhain?' – 'Ie, ei rai e ydyn nhw.'

■ **les siens (2)** ei rhai hi ❏ Ce sont les sandwichs de Justine? – Oui, ce sont les siens. 'Brechdanau Justine ydy'r rhain?' – 'Ie, ei rhai hi ydyn nhw.'

[la] **sieste** ENW

cyntun (g), hoe (b) (gorffwyso, cysgu)

❏ faire la sieste cael cyntun, pendwmpian

siffler BERF [28]

chwibanu

[le] **sifflet** ENW

chwiban (g)/(b)

[le] **sigle** ENW

acronym (g), blaenlythrennau (ll)

[le] **signal** (LLUOSOG [les] **signaux**) ENW
arwydd (g)

[la] **signature** ENW
llofnod (g)

[le] **signe** ENW
arwydd (g)
■ **faire un signe de la main** codi llaw (*ar rywun*)
■ **faire signe à quelqu'un d'entrer** gwneud arwydd ar rywun i ddod i mewn
■ **les signes du zodiaque** arwydd y sidydd

signer BERF [28]
arwyddo, llofnodi

[le] **signet** ENW
nod (g) tudalen (*mewn llyfr*)

[la] **signification** ENW
arwyddocâd (g), ystyr (g)/(b)

signifier BERF [19]
golygu
❑ Que signifie ce mot? Beth mae'r gair hwn yn ei olygu?

[le] **silence** ENW
tawelwch (g)
■ **Silence!** Tawelwch!

silencieux (BEN **silencieuse**) ANSODDAIR
tawedog, distaw
❑ Elle est restée silencieuse. Arhosodd yn dawedog/ddistaw.
tawel, distaw
❑ C'est très silencieux ici. Mae'n dawel/ddistaw iawn yma.

[la] **silhouette** ENW
amlinell (b), silwét (g)
❑ J'ai vu une silhouette dans le brouillard. Fe welais amlinell person yn y niwl.

similaire (BEN **similaire**) ANSODDAIR
tebyg

[le] **simple** ENW
▷ *gweler hefyd* **simple** ANSODDAIR
senglau (ll) (*tennis*)
❑ le simple messieurs senglau'r dynion ❑ le simple dames senglau'r merched

simple (BEN **simple**) ANSODDAIR
▷ *gweler hefyd* **simple** ENW
syml

simplement ADFERF
yn syml
❑ C'est tout simplement inadmissible. Mae, yn syml, yn hollol annerbyniol.

simuler BERF [28]
efelychu, dynwared

simultané (BEN **simultanée**) ANSODDAIR
cydamserol, ar yr un pryd

sincère (BEN **sincère**) ANSODDAIR
diffuant, didwyll

sincèrement ADFERF
yn ddiffuant, yn ddidwyll

[la] **sincérité** ENW
diffuantrwydd (g), didwylledd (g)

[le] **singe** ENW
mwnci (g)

[le] **singulier** ENW
unigol (g)
❑ au féminin singulier yn y benywaidd unigol (*gramadeg*)

sinistre (BEN **sinistre**) ANSODDAIR
sinistr

sinon CYSYLLTAIR
neu, fel arall
❑ Dépêche-toi, sinon je pars sans toi. Brysia, neu fe fydda i'n gadael hebddot ti.

[la] **sinusite** ENW
llid (g) y sinysau
❑ avoir de la sinusite dioddef o lid y sinysau

[la] **sirène** ENW
morforwyn (b)
■ **la sirène d'alarme** larwm tân

[le] **sirop** ENW
surop (g)
■ **le sirop contre la toux** ffisig i wella peswch

[le] **site** ENW
lleoliad (g), man (g)
❑ un site très sauvage man anghysbell
■ **un site pittoresque** man prydferth
■ **un site touristique** safle twristiaidd
■ **un site archéologique** safle archeolegol
■ **un site Web** gwefan

sitôt ADFERF
■ **sitôt dit, sitôt fait** cyn gynted gair a gweithred
■ **pas de sitôt** am amser hir ❑ On ne le reverra pas de sitôt. Ni welwn ni mohono eto am amser hir.

[la] **situation** ENW
sefyllfa (b), statws (g)
■ **la situation de famille** statws priodasol swydd (g)
❑ Il a une belle situation. Mae ganddo swydd dda.

[se] **situer** BERF [28]
wedi'i leoli, wedi'i lleoli
❑ Versailles se situe à l'ouest de Paris. Mae Versailles wedi'i leoli i'r gorllewin o Baris.
■ **bien situé** wedi'i leoli mewn lle da

six RHIF
chwech

❑ Il est rentré à six heures. Daeth adref am chwech o'r gloch. ❑ Il a six ans. Mae e'n chwe mlwydd oed.

■ **le six février** y chweched o Chwefror

sixième (BEN **sixième**) ANSODDAIR

▷ *gweler hefyd* **sixième** ENW

chweched (g)/(b)

❑ au sixième étage ar y chweched llawr

[la] **sixième** ENW

▷ *gweler hefyd* **sixième** ANSODDAIR

blwyddyn 7

❑ Mon frère est en sixième. Mae fy mrawd ym mlwyddyn 7.

[le] **ski** ENW

sgi (g)/(b)

❑ J'ai loué des skis. Rwyf wedi llogi sgis.

sgio

❑ J'adore le ski. Rwy'n hoff iawn o sgio.

❑ faire du ski mynd i sgio

■ **le ski de fond** sgio traws gwlad

■ **le ski nautique** sgio dŵr

■ **le ski de piste** sgio ar y llethr sgio

■ **le ski de randonnée** sgio traws gwlad

skier BERF [19]

sgio

[le] **skieur** ENW

sgiwr (g)

[la] **skieuse** ENW

sgiwraig (b)

[le] **slip** ENW *(anffurfiol)*

trôns (g), nicer (g)

■ **un slip de bain** trowsus nofio

[la] **Slovaquie** ENW

Slofacia (b)

[la] **Slovénie** ENW

Slofenia (b)

[le] **SMIC** ENW (=*Salaire Minimum Interprofessionnel de Croissance*)

isafswm (g) cyflog gwarantedig

❑ Il touche le SMIC. Mae e'n ennill yr isafswm cyflog yn ôl y gyfraith.

[le] **smoking** ENW

siwt (b) giniawa

[le] **SMS** ENW

neges (b) testun

[la] **SNCF** ENW (= *Société nationale des chemins de fer français*)

cwmni (g) rheilffordd Ffrainc

snob (BEN **snob**) ANSODDAIR

snobyddlyd

sobre (BEN **sobre**) ANSODDAIR

sobr

plaen, di-liw

❑ C'est une veste très sobre. Mae'n siaced blaen iawn.

social (BEN **sociale**, GWR LLUOSOG **sociaux**) ANSODDAIR

cymdeithasol

[le/la] **socialiste** ENW

sosialydd (g)

[la] **société** ENW

cymdeithas (b)

cwmni (g)

❑ une société financière cwmni ariannol

[la] **sociologie** ENW

cymdeithaseg (b)

[la] **socquette** ENW

hosan (b) fach

[la] **sœur** ENW

chwaer (b)

■ **une bonne sœur** lleian

soi RHAGENW

eich hun

❑ avoir confiance en soi bod â ffydd yn eich hun

■ **rester chez soi** aros gartref

■ **Ça va de soi.** Mae hynny'n amlwg.

soi-disant (BEN **soi-disante**) ADFERF, ANSODDAIR

Yn ôl pob sôn, honedig,

❑ Il était soi-disant parti à Paris. Yn ôl pob sôn, roedd wedi mynd i Baris.

■ **un soi-disant poète** bardd honedig

[la] **soie** ENW

sidan (g)

[la] **soif** ENW

syched (g)

■ **avoir soif** bod yn sychedig

soigner BERF [28]

gofalu am *(person sâl, anifail)*

❑ Soigne-toi bien ce week-end! Cymer ofal y penwythnos 'ma!

soigneux (BEN **soigneuse**) ANSODDAIR

gofalus

❑ Tu devrais être plus soigneux avec tes livres. Dylet fod yn fwy gofalus o dy lyfrau.

soi-même RHAGENW

eich hun/hunan

❑ Il vaut mieux le faire soi-même. Mae'n well ei wneud eich hun.

[le] **soin** ENW

gofal (g)

■ **prendre soin de quelque chose** cymryd gofal o rywbeth ❑ Prends bien soin de ce livre. Cymer ofal o'r llyfr hwn.

[les] **soins** ENW GWR LLUOSOG

triniaeth (b)

■ **les premiers soins** cymorth cyntaf
■ **'aux bons soins de Madame Martin'**
(ar lythyr/amlen) 'd/o Madame Martin *(dan ofal)*
[le] **soir** ENW
noson (b)
❏ ce soir heno
■ **à sept heures du soir** am saith o'r gloch y
nos
■ **demain soir** nos yfory
■ **hier soir** neithiwr
[la] **soirée** ENW
noson (b), parti (g)
❏ en tenue de soirée mewn gwisg hwyrol,
mewn gwisg parti nos
sois BERF ▷ *gweler hefyd* **être**
■ **Sois tranquille!** Bydd yn dawel
soit CYSYLLTAIR
■ **soit ..., soit ...**
naill ai ... neu ...
❏ soit lundi, soit mardi naill ai ddydd Llun neu
ddydd Mawrth
[la] **soixantaine** ENW
tua thrigain, tua chwech deg
❏ une soixantaine de personnes tua thrigain
o bobl
■ **Elle a la soixantaine.** Mae hi yn ei chwech
degau.
soixante RHIF
chwech deg, trigain
❏ Il a soixante ans. Mae e'n chwe deg mlwydd
oed. ❏ soixante et un chwech deg un
❏ soixante-deux chwe deg dau
■ **soixante et onze** saith deg un, un ar ddeg
a thrigain
■ **soixante quinze** saith deg pump, pymtheg
a thrigain
soixante-dix RHIF
saith deg a thrigain
❏ Il a soixante-dix ans. Mae e'n ddeg a thrigain
oed/saith deg oed
[le] **soja** ENW
soia (g)
■ **des germes de soja** egin ffa
[le] **sol** ENW
llawr (g), daear (b)
❏ un sol carrelé llawr teils
■ **à même le sol** ar lefel y ddaear
tir (g) ❏ sur le sol français ar dir Ffrengig
G *(nodyn mewn cerddoriaeth)*
❏ sol dièse llonnod G
so
❏ do, ré, mi, ffa, sol ... do, re, mi, fa, so
solaire (BEN **solaire**) ANSODDAIR
heulol, (yr) haul

❏ le système solaire Cysawd yr Haul
■ **la crème solaire** eli haul
[le] **soldat** ENW
milwr (g)
[le] **solde** ENW
■ **être en solde** bod am bris gostyngol, bod
mewn sêl ❏ Les chemises sont en solde. Mae'r
crysau mewn sêl.
■ **les soldes** y sêls ❏ faire les soldes mynd i'r
sêls ❏ les soldes de janvier sêls Ionawr
soldé (BEN **soldée**) ANSODDAIR
■ **être soldé** bod am bris gostyngol ❏ un
article soldé à dix euros eitem wedi'i gostwng
i ddeg ewro
[la] **sole** ENW
lleden (b) chwithig *(pysgodyn)*
[le] **soleil** ENW
haul (g)
❏ au soleil yn yr haul
■ **Il y a du soleil.** Mae hi'n heulog.
[le] **solfège** ENW
theori (b) cerddoriaeth, elfennau (ll)
cerddoriaeth
❏ un cours de solfège gwers mewn theori
cerddoriaeth
■ **Il joue du violon sans connaître le solfège.**
Mae e'n canu'r ffidl ond yn methu â darllen
cerddoriaeth.
solidaire (BEN **solidaire**) ANSODDAIR
■ **être solidaire de quelqu'un** bod yn
gefnogol i rywun
solide (BEN **solide**) ANSODDAIR
cryf *(person)*
soled, cadarn *(dodrefn)*
solitaire (BEN **solitaire**) ANSODDAIR
▷ *gweler hefyd* **solitaire** ENW
unig
[le/la] **solitaire** ENW
▷ *gweler hefyd* **solitaire** ANSODDAIR
person (g) sy'n hoffi bod ar ei ben ei hun
[la] **solitude** ENW
unigrwydd (g)
[la] **solution** ENW
ateb (g), datrysiad (g)
■ **une solution de facilité** ateb hawdd
sombre (BEN **sombre**) ANSODDAIR
tywyll
[le] **sommaire** ENW
crynodeb (b)
[la] **somme** ENW
▷ *gweler hefyd* [le] **somme**
swm (g), cyfanswm (g)
[le] **somme** ENW

▷ *gweler hefyd* **la somme**
cwsg (g) bach, cyntun (g), hoe (b)
❑ faire un somme cael cyntun/hoe

[le] **sommeil** ENW
cwsg (g)
■ **avoir sommeil** bod yn gysglyd

sommes BERF ▷ *gweler* **être**
■ **Nous sommes en vacances.** Rydyn ni ar ein gwyliau.

[le] **sommet** ENW
pen (g), copa (g)

[le] **somnifère** ENW
pilsen (g) gysgu

somptueux (BEN **somptueuse**) ANSODDAIR
drudfawr, moethus

son (BEN **sa**, LLUOSOG **ses**) ANSODDAIR
▷ *gweler hefyd* **son** ENW
ei (ef)
❑ son père ei dad ef ❑ Il a perdu son portefeuille. Mae wedi colli ei waled.
ei (hi)
❑ son père ei thad hi ❑ Elle a perdu son sac. Mae hi wedi colli ei bag.

[le] **son** ENW
▷ *gweler hefyd* **son** ANSODDAIR
swn (g), sain (b)
❑ Le son n'est pas très bon. Nid yw'r sain yn dda iawn. ❑ baisser le son gostwng y sain
bran (g)
■ **le pain de son** bara brown

[le] **sondage** ENW
arolwg (g)
■ **un sondage d'opinion** arolwg barn

sonner BERF [28]
canu, seinio
❑ On a sonné. Mae cloch (y drws) wedi canu.
❑ Le téléphone a sonné. Mae'r ffôn wedi canu.

[la] **sonnerie** ENW
cloch (b) *(drydan)*
❑ La sonnerie du téléphone l'a réveillé. Cafodd ei ddeffro gan gloch y ffôn.
tôn (b) ffôn *(symudol)*
❑ J'ai téléchargé une nouvelle sonnerie sur mon portable. Dwi wedi lawrlwytho tôn newydd ar fy ffôn symudol.

[la] **sonnette** ENW
cloch (b) fach
❑ la sonnette d'alarme cloch rybuddio

[la] **sono** ENW *(anffurfiol)*
system (b) sain

sont BERF ▷ *gweler* **être**
■ **Ils sont en vacances.** Maent ar eu gwyliau.

sophistiqué (BEN **sophistiquée**) ANSODDAIR

soffistigedig

[la] **sorcière** ENW
gwrach (b)

[le] **sort** ENW
swyn (g)
❑ jeter un sort à quelqu'un rhoi swyn ar rywun
■ **un mauvais sort** melltith
ffawd (b), tynged (b)
❑ abandonner quelqu'un à son triste sort gadael rhywun i'w dynged
■ **tirer au sort** tynnu tocyn (i ddewis pwy fydd yn gwneud rhywbeth)

[la] **sorte** ENW
math (g)/(b) o
❑ C'est une sorte de gâteau. Mae'n fath o gacen. ❑ toutes sortes de choses pob math o bethau

[la] **sortie** ENW
ffordd (b) allan
❑ Où est la sortie? Ble mae'r ffordd allan?
■ **la sortie de secours** allanfa frys
■ **Attends-moi à la sortie de l'école.** Arhosa amdana i ar ôl ysgol.

sortir BERF [79]
mynd
❑ Il est sorti sans rien dire. Aeth allan heb ddweud dim. ❑ Il est sorti acheter un journal. Mae e wedi mynd allan i brynu papur newydd.
❑ J'aime sortir. Rwy'n hoffi mynd allan.
dod allan
❑ Elle sort de l'hôpital demain. Mae hi'n dod allan o'r ysbyty yfory. ❑ Je l'ai rencontré en sortant de la pharmacie. Cwrddais ag e wrth ddod allan o'r fferyllydd. ❑ Ce modèle vient juste de sortir. Mae'r model yma newydd gael ei lansio.
tynnu allan, dod â rhywbeth allan
❑ Elle a sorti son porte-monnaie de son sac. Tynnodd ei phwrs allan o'i bag. ❑ Je vais sortir la voiture du garage. Rwy'n mynd i ddod â'r car allan o'r garej.
■ **sortir avec quelqu'un** mynd allan gyda rhywun ❑ Tu sors avec lui? Wyt ti'n mynd allan gydag e?
■ **s'en sortir** ymdopi, dod i ben ❑ Ne t'en fais pas, tu t'en sortiras. Paid â phoeni, fe wnei di ymdopi.

[la] **sottise** ENW
■ **Ne fais pas de sottises.** Paid â gwneud dim byd gwirion.
■ **Ne dis pas de sottises.** Paid â siarad dwli/lol.

[le] **sou** ENW
■ **une machine à sous** peiriant ffrwythau (*i chwarae am arian*)

■ **Je n'ai pas un sou sur moi.** Does gen i'r un geiniog arna i.
■ **être près de ses sous** *(anffurfiol)* bod yn gybyddlyd

[le] **souci** ENW
pryder (g), gofid (g)
■ **se faire du souci** poeni

soucieux (BEN **soucieuse**) ANSODDAIR
pryderus, gofidus
❑ Tu as l'air soucieux. Mae golwg bryderus arnat ti.

[la] **soucoupe** ENW
soser (b)
■ **une soucoupe volante** soser hedegog

soudain (BEN **soudaine**) ANSODDAIR, ADFERF
annisgwyl, sydyn
❑ une douleur soudaine poen sydyn
yn sydyn
❑ Soudain, il s'est fâché. Yn sydyn, collodd ei dymer.

[le] **souffle** ENW
anadl (g)/(b), gwynt (g)
■ **à bout de souffle** â'ch gwynt yn eich dwrn

[le] **soufflé** ENW
soufflé (g)
❑ un soufflé au fromage soufflé caws

souffler BERF [28]
chwythu
❑ Le vent soufflait fort. Roedd y gwynt yn chwythu'n gryf.
diffodd
❑ Souffle les bougies! Diffodd y canhwyllau!

[la] **souffrance** ENW
dioddefaint (g), dioddef (g)

souffrant (BEN **souffrante**) ANSODDAIR
dioddefus, sâl

souffrir BERF [54]
dioddef, bod mewn poen
❑ Il souffre beaucoup. Mae e mewn poen mawr.

[le] **souhait** ENW
dymuniad (g)
❑ faire un souhait gwneud dymuniad ❑ Tous nos souhaits de réussite. Pob dymuniad da ar eich llwyddiant. ❑ les souhaits de bonne année Dymuniadau da am y Flwyddyn Newydd
■ **Atchoum! – À tes souhaits!** 'Atishw' – 'Bendith arnot ti!'

souhaiter BERF [28]
dymuno
❑ Il souhaite aller à l'université. Mae'n dymuno mynd i'r brifysgol. ❑ Nous vous souhaitons une bonne année. Rydym yn dymuno Blwyddyn

Newydd Dda i chi.

soûl (BEN **soûle**) ANSODDAIR *(anffurfiol)*
meddw

soulager BERF [45]
lleddfu

soulever BERF [43]
codi
❑ Je n'arrive pas à soulever cette valise. Nid wyf yn medru codi'r cês yma.
codi
❑ Il faudra soulever la question lors de la réunion. Bydd yn rhaid i ni godi'r mater yn y cyfarfod.

[le] **soulier** ENW
esgid (b)

souligner BERF [28]
tanlinellu, pwysleisio

[le] **soupçon** ENW
amheuaeth (b)
■ **un soupçon de** mymryn o ❑ Ajoutez un soupçon de lait. Ychwanegwch fymryn o laeth.

soupçonner BERF [28]
amau

[la] **soupe** ENW
cawl (g)

souper BERF [28]
cael swper

[le] **soupir** ENW
ochenaid (b)

soupirer BERF [28]
ochneidio

souple (BEN **souple**) ANSODDAIR
ystwyth *(person)*
hyblyg *(system)*

[la] **source** ENW
tarddiad (g) ffynnon
❑ l'eau de source dŵr ffynnon

[le] **sourcil** ENW
ael (b)

sourd (BEN **sourde**) ANSODDAIR
byddar

souriant (BEN **souriante**) ANSODDAIR
siriol, yn wên i gyd

[le] **sourire** ENW
▷ gweler hefyd **sourire** BERF
gwên (b)

sourire BERF [74]
▷ gweler hefyd **sourire** ENW
gwenu
❑ sourire à quelqu'un gwenu ar rywun

[la] **souris** ENW
llygoden (b) fach *(anifail)*

llygoden (b) (*cyfrifiadur*)

sournois (BEN **sournoise**) ANSODDAIR
slei, cyfrwys

sous ARDDODIAD
tan, o dan
■ **sous terre** o dan ddaear
■ **sous la pluie/soleil** yn y glaw/haul

sous-entendu (BEN **sous-entendue**)ANSODDAIR
▷ *gweler hefyd* **sous-entendu** ENW
dealledig

[le] **sous-entendu** ENW
▷ *gweler hefyd* **sous-entendu** ANSODDAIR
ensyniad (g)

sous-marin (BEN **sous-marine**) ANSODDAIR
▷ *gweler hefyd* **sous-marin** ENW
tanfor

[le] **sous-marin** ENW
▷ *gweler hefyd* **sous-marin** ANSODDAIR
llong (b) danfor

[le] **sous-sol** ENW
islawr (g)

[le] **sous-titre** ENW
is-deitl (g)

sous-titré (BEN **sous-titrée**) ANSODDAIR
gydag is-deitlau (*ffilm*)

[la] **soustraction** ENW
tynnu (g) (*mewn mathemateg*)

[les] **sous-vêtements** ENW GWR LLUOSOG
dillad (ll) isaf

soutenir BERF [83]
cefnogi
❑ Il m'a toujours soutenu contre elle. Mae e wastad wedi fy nghefnogi yn ei herbyn hi.
■ **soutenir que** mynnu bod ❑ Elle soutenait que c'était impossible. Roedd hi'n mynnu ei fod yn amhosibl.
■ **soutenir l'allure** dal i fyny â rhywun ❑ Il marchait trop vite et je n'arrivais pas à soutenir l'allure. Roedd e'n cerdded yn rhy gyflym ac nid oeddwn yn gallu dal i fyny ag e.

souterrain (BEN **souterraine**) ANSODDAIR
▷ *gweler hefyd* **souterrain** ENW
tanddaearol

[le] **souterrain** ENW
▷ *gweler hefyd* **souterrain** ANSODDAIR
twnnel (g) tanddaearol

[le] **soutien** ENW
cefnogaeth (b)

[le] **soutien-gorge** (LLUOSOG [les] **soutiens-gorge** ENW
bra (g)

[le] **souvenir** ENW
▷ *gweler hefyd* **se souvenir** BERF

atgof (g), cof (g)
❑ garder un bon souvenir de quelque chose bod ag atgofion melys o rywbeth
swfenîr (g)
atgoffa (g)
■ **Garde ce livre en souvenir de moi.** Cadw'r llyfr hwn i dy atgoffa ohona i.

[se] **souvenir** BERF [83]
▷ *gweler hefyd* **souvenir** ENW
■ **se souvenir de quelque chose** cofio rhywbeth ❑ Je ne me souviens pas de son adresse. Nid wyf yn cofio ei gyfeiriad.
■ **se souvenir que** cofio bod ❑ Je me souviens qu'il neigait. Rwyf yn cofio ei bod hi'n bwrw eira.

souvent ADFERF
yn aml

soyez , soyons BERF ▷ *gweler* **être**
■ **Soyons clairs!** Gadewch i ni ddeall ein gilydd!

[la] **SPA** ENW (= *Société protectrice des animaux*)
Y Gymdeithas (Frenhinol) er Atal Creulondeb i Anifeiliaid

spacieux (BEN **spacieuse**) ANSODDAIR
helaeth, eang

[les] **spaghettis** ENW GWR LLUOSOG
spageti (g)

[le] **sparadrap** ENW
plastr (g) (*glynu*)

[le] **speaker** ENW
cyflwynydd (g) (*radio, teledu*)

[la] **speakerine** ENW
cyflwynwraig (b)

spécial (BEN **spéciale**, GWR LLUOSOG **spéciaux**) ANSODDAIR
arbennig
❑ Qu'est-ce que tu fais ce week-end? – Rien de spécial. 'Beth wyt ti'n ei wneud y penwythnos yma?' – 'Dim byd arbennig.'
■ **les effets spéciaux** effeithiau arbennig (*ffimiau, teledu*)
rhyfedd, od, gwahanol
❑ Elle a des goûts un peu spéciaux. Mae ganddi chwaeth eitha rhyfedd.

spécialement ADFERF
yn arbennig
❑ Il est venu spécialement pour te parler. Daeth yn arbennig er mwyn siarad â thi.
yn neilltuol
❑ Ce n'est pas spécialement difficile. Nid yw'n neilltuol o anodd.

[se] **spécialiser** BERF [28]
■ **se spécialiser dans quelque chose**

arbenigo mewn rhywbeth ❑ Je me suis spécialisé en histoire contemporaine. Arbenigais mewn hanes cyfoes.

[le/la] **spécialiste** ENW
arbenigwr (g), arbenigwraig (b)

[la] **spécialité** ENW
arbenigedd (g)

spécifier BERF [19]
nodi

[le] **spectacle** ENW
golygfa (b), sioe (b)

spectaculaire (BEN **spectaculaire**) ANSODDAIR
aruthrol, trawiadol

[le] **spectateur** ENW
gwyliwr (b)
dyn (g) yn y gynulleidfa

[la] **spectatrice** ENW
gwylwraig (b)
dynes (b) yn y gynulleidfa

[la] **spéléologie** ENW
ogofa (b)

spirituel (BEN **spirituelle**) ANSODDAIR
ysbrydol
ffraeth, cysegredig

splendide (BEN **splendide**) ANSODDAIR
gwych

spontané (BEN **spontanée**) ANSODDAIR
digymell, naturiol

[le] **sport** ENW
▷ gweler hefyd **sport** ANSODDAIR
chwaraeon (ll), mabolgampau (ll)
❑ faire du sport cymryd rhan mewn chwaraeon
■ les sports d'hiver chwaraeon y gaeaf

sport (BEN+LLUOSOG **sport**) ANSODDAIR
▷ gweler hefyd **sport** ENW
hamdden
❑ une veste sport siaced hamdden

sportif (BEN **sportive**) ANSODDAIR
▷ gweler hefyd **sportif** ENW
yn hoff o chwaraeon
❑ Elle est très sportive. Mae hi'n hoff iawn o chwaraeon.
chwaraeon (ll)
❑ un club sportif clwb chwaraeon

[le] **sportif** ENW
▷ gweler hefyd **sportif** ANSODDAIR
mabolgampwr (g)

[la] **sportive** ENW
mabolgampwraig (b)

[le] **spot** ENW
sbot (g), sbotolau (g)
■ un spot publicitaire egwyl hysbysebion

[le] **square** ENW

gardd (g) gyhoeddus

[le] **squelette** ENW
ysgerbwd (g)

stable (BEN **stable**) ANSODDAIR
sefydlog
■ un emploi stable swydd sefydlog

[le] **stade** ENW
stadiwm (g)

[le] **stage** ENW
cwrs (g) hyfforddi
❑ faire un stage de formation professionnelle dilyn cwrs hyfforddi proffesiynol
profiad (g) gwaith
❑ Caroline a fait un stage chez CAA. Gwnaeth Caroline ei phrofiad gwaith gyda CAA.
■ faire un stage en entreprise mynd ar brofiad gwaith

[le/la] **stagiaire** ENW
▷ gweler hefyd **stagiaire** ANSODDAIR
gweithiwr (g) dan hyfforddiant

stagiaire (BEN **stagiaire**) ANSODDAIR
▷ gweler hefyd **stagiaire** ENW
dan hyfforddiant
❑ un professeur stagiaire athro dan hyfforddiant

[le] **stand** ENW
stondin (b) (mewn arddangosfa), ffair

[le/la] **standardiste** ENW
cyfnewidydd (g) (teleffon)

[la] **station** ENW
■ une station de métro gorsaf trenau tanddaearol
■ une station de taxis safle tacsis
■ une station de ski cyrchfan sgio

[le] **stationnement** ENW
parcio
■ 'stationnement interdit' 'dim parcio'

stationner BERF [28]
parcio

[la] **station-service** (LLUOSOG [les] **stations-service**) ENW
gorsaf (b) wasanaethau

[la] **statistique** ENW
ystadegyn (g)

[le] **steak** ENW
stêc (b), stecen (b)
■ un steak frites stêc a sglodion
■ un steak haché byrger

[la] **sténo** ENW
ysgrifennydd (g) llaw-fer, ysgrifenyddes (b) llaw-fer
❑ un cours de sténo cwrs llaw-fer

[la] **sténodactylo** ENW

teipydd/teipyddes (b) llaw-fer

stérile (BEN **stérile**) ANSODDAIR
anffrwythlon

stimulant (BEN **stimulante**) ANSODDAIR
ysgogol, cyffrous

stimuler BERF [28]
ysgogi, cyffroi

[le] **stop** ENW
arwydd (g) (i) stopio
■ **faire du stop** bodio

stopper BERF [28]
stopio

[le] **store** ENW
bleind (g) *(ar ffenestr)*
adlen (b) *(carafán)*

[le] **strapontin** ENW
sedd (b) blygu *(ar fws, trên)*

[la] **stratégie** ENW
strategaeth (b)

stratégique (BEN **stratégique**) ANSODDAIR
strategol

stressant (BEN **stressante**) ANSODDAIR
sy'n achosi straen

stressé (BEN **stressée**) ANSODDAIR
dan bwysau/straen

strict (BEN **stricte**) ANSODDAIR
llym
❑ Ma prof de français est très stricte. Mae fy
athrawes Ffrangeg yn llym iawn.
plaen, di-liw *(dillad)*
❑ une tenue très stricte gwisg blaen iawn
■ **le strict minimum** y lleiafswm

[la] **strophe** ENW
pennill (g)

studieux (BEN **studieuse**) ANSODDAIR
myfyrgar, dyfal

[le] **studio** ENW
fflat (b) stiwdio
stiwdio (b)
❑ un studio de télévision stiwdio deledu

stupéfait (BEN **stupéfaite**) ANSODDAIR
syn, syfrdan

[les] **stupéfiants** ENW GWR LLUOSOG
cyffuriau narcotig

stupéfier BERF [19]
synnu, syfrdanu
❑ Sa réponse m'a stupéfié. Fe wnaeth ei ateb
fy synnu.

stupide (BEN **stupide**) ANSODDAIR
twp, hurt

[le] **style** ENW
steil (g)

[le/la] **styliste** ENW
cynllunydd (g), dylunydd (g)

[le] **stylo** ENW
pen (g) ysgrifennu (g)
■ **un stylo bille** beiro
■ **un stylo-feutre** pin ffelt

su BERF ▷ *gweler* **savoir**
■ **Si j'avais su …** Pe bawn i'n gwybod…

subir BERF [38]
dioddef
cael
■ **subir une opération** cael llawdriniaeth

subit (BEN **subite**) ANSODDAIR
sydyn

subitement ADFERF
yn sydyn

subjectif (BEN **subjective**) ANSODDAIR
goddrychol

[le] **subjonctif** ENW
modd (g) dibynnol *(mewn gramadeg)*

substituer BERF [28]
rhoi rhywbeth yn lle rhywbeth arall, cyfnewid
❑ substituerx un mot à un autre cyfnewid un
gair am un arall

subtil (BEN **subtile**) ANSODDAIR
craff, cyfrwys

[la] **subvention** ENW
cymhorthdal (g), grant (g)

subventionner BERF [28]
rhoi cymhorthdal/grant i rywun

[le] **succès** ENW
llwyddiant (g)
■ **avoir du succès** bod yn llwyddiant/yn
llwyddiannus

[le] **successeur** ENW
olynydd (g)

[la] **succursale** ENW
cangen (b) *(o gwmni)*

sucer BERF [12]
sugno

[la] **sucette** ENW
lolipop (g)

[le] **sucre** ENW
siwgr (g)
■ **un sucre** lwmp siwgr ❑ Je prends deux
sucres dans mon café. Rwy'n cymryd dau
lwmp o siwgr yn fy nghoffi.
■ **du sucre en morceaux** siwgr lwmp
■ **un sucre d'orge** siwgr barlys
■ **du sucre en poudre** siwgr mân
■ **du sucre glace** siwgr eisin

sucré (BEN **sucrée**) ANSODDAIR

melys
❑ Ce gâteau est un peu trop sucré. Mae'r deisen hon ychydig yn rhy felys.
wedi'i felysu
❑ du lait concentré sucré llaeth tew wedi'i felysu

[les] **sucreries** ENW BEN
melysion (ll), pethau (ll) melys

[le] **sucrier** ENW
dysgl (b) siwgr, powlen (b) siwgr

[le] **sud** ENW
▷ gweler hefyd **sud** ANSODDAIR
de (g)
❑ Ils vivent dans le sud de la France. Maent yn byw yn ne Ffrainc.
■ **vers le sud** tua'r de, i'r de
■ **au sud de Paris** i'r de o Baris
■ **l'Amérique du Sud** De America
■ **le vent du sud** gwynt y de

sud (BEN+LLUOSOG **sud**) ANSODDAIR
▷ gweler hefyd **sud** ENW
de
❑ la côte sud de l'Espagne arfordir de Sbaen
■ **le pôle Sud** Pegwn y De
deheuol
❑ Nous avons visité la partie sud du pays. Aethon ni i ran ddeheuol y wlad.

sud-africain (BEN **sud-africaine**) ANSODDAIR
o Dde Affrica

sud-américain (BEN **sud-américaine**) ANSODDAIR
o Dde America

[le] **sud-est** ENW
de ddwyrain (g)
❑ au sud-est yn y de ddwyrain

[le] **sud-ouest** ENW
de orllewin (g)
❑ au sud-ouest yn y de orllewin

[la] **Suède** ENW
Sweden (b)

suédois (BEN **suédoise**) ANSODDAIR, ENW
Swedaidd, o Sweden
Swedeg (g)/(b) (iaith)
❑ Ils parlent suédois. Maen nhw'n siarad Swedeg.
■ **un Suédois** Swediad (dyn)
■ **une Suédoise** Swediad (dynes)
■ **les Suédois** y Swediaid

suer BERF [28]
chwysu

[la] **sueur** ENW
chwys (g)
■ **en sueur** yn chwysu

suffire BERF [80]
bod yn ddigon
❑ Tiens, voilà dix euros. Ça te suffit? Edrych, dyma ddeg ewro. Ydy hynna'n ddigon i ti?
■ **Ça suffit!** Dyna ddigon!

suffisamment ADFERF
digon, (yn) ddigon
❑ Ça n'est pas suffisamment grand. Nid yw'n ddigon mawr. ❑ Il n'y a pas suffisamment de chaises. Nid oes digon o gadeiriau.

suffisant (BEN **suffisante**) ANSODDAIR
digonol
❑ Ça n'est pas une raison suffisante. Nid yw hynna'n rheswm digonol.
hunanbwysig
❑ Il est un peu trop suffisant. Mae e braidd yn rhy hunanbwysig.

suffoquer BERF [28]
mygu, tagu

suggérer BERF [34]
awgrymu, cynnig

[se] **suicider** BERF [28]
lladd eich hun, cyflawni hunanladdiad

suis BERF ▷ gweler **être** ▷ gweler **suivre**
■ Je suis écossais. Albanwr ydw i.
■ Suis-moi. Dilyn fi.

suisse (BEN **suisse**) ANSODDAIR, ENW
▷ gweler hefyd **la Suisse**
o'r Swistir (g)
❑ le franc suisse y ffranc Swisaidd
■ **un Suisse** Swisiad; Swistirwr (dyn)
■ **une Suisse** Swistirwraig (dynes)
■ **les Suisses** y Swistirwyr

[la] **Suisse** ENW
▷ gweler hefyd **suisse** ANSODDAIR
y Swistir (g)
❑ la Suisse allemande y Swistir Almaeneg
❑ la Suisse romande y Swistir Ffrangeg

[la] **suite** ENW
gweddill (g)
❑ Je vous raconterai la suite de l'histoire demain. Fe ddywedaf weddill y stori wrthoch chi yfory.
dilyniant (g) (i ffilm, llyfr)
■ **tout de suite** ar unwaith ❑ J'y vais tout de suite. Fe af yno ar unwaith.
■ **de suite** y naill ar ôl y llall; yn olynol ❑ Il a commis la même erreur trois fois de suite. Gwnaeth yr un camgymeriad dair gwaith yn olynol.
■ **par la suite** wedyn, yn ddiweddarach
❑ Il s'est avéré par la suite qu'il était coupable. Daeth i'r amlwg wedyn ei fod yn euog.

suivant (BEN **suivante**) ANSODDAIR
canlynol
❑ le jour suivant y diwrnod canlynol
❑ l'exercice suivant yr ymarfer canlynol
■ **Au suivant!** Nesaf!

suivre BERF [81]
dilyn
❑ Il m'a suivi jusque chez moi. Fe'm dilynodd i adref. ❑ Vous me suivez ou est-ce que je parle trop vite? Ydych chi'n fy nilyn, neu ydw i'n siarad yn rhy gyflym?
dilyn
❑ Je suis un cours d'anglais à la fac. Rwy'n dilyn cwrs Saesneg yn y brifysgol. ❑ J'aime suivre l'actualité. Rwy'n hoff o ddilyn y newyddion.
deall
❑ Je n'arrive pas à suivre en maths. Dydw i ddim yn gallu deall mathemateg.
■ **'à suivre'** 'i'w barhau'
■ **suivre un régime** bod ar ddeiet

[le] **sujet** ENW
▷ gweler hefyd **sujet** ANSODDAIR
pwnc (g), testun (g)
■ **au sujet de** am, ynghylch, ynglŷn â ❑ C'est à quel sujet? – C'est au sujet de l'annonce parue dans 'Le Monde' d'aujourd'hui. 'Am beth mae'n sôn? – 'Mae ynglŷn â'r hysbyseb a ymddangosodd yn Le Monde heddiw.'
■ **un sujet de conversation** testun sgwrs
■ **un sujet d'examen** cwestiwn arholiad
■ **un sujet de plaisanterie** testun gwneud sbort ohono

sujet (BEN **sujette**) ANSODDAIR
▷ gweler hefyd **sujet** ENW
bod yn dueddol i/yn tueddu i
■ **être sujet à** tueddu i ❑ Il est sujet à des crises de panique. Mae e'n tueddu i gael pyliau o banig.

super (BEN+LLUOSOG **super**) ANSODDAIR
▷ gweler hefyd **super** ENW
gwych

[le] **super** ENW
▷ gweler hefyd **super** ANSODDAIR
petrol (g) pedair seren

superficiel (BEN **superficielle**) ANSODDAIR
arwynebol

superflu (BEN **superflue**) ANSODDAIR
diangen, ofer

supérieur (BEN **supérieure**) ANSODDAIR
▷ gweler hefyd **supérieur** ENW
uchaf
❑ la lèvre supérieure y wefus uchaf
rhagorol, neilltuol
❑ qualité supérieure safon rhagorol ❑ Il a

toujours l'air tellement supérieur! Mae e bob amser yn rhoi'r argraff ei fod e'n well na phawb!
■ **supérieur à** uwch na ❑ Choisissez un nombre supérieur à cent. Dewiswch rif yn uwch na chant.

[le] **supérieur** ENW
▷ gweler hefyd **supérieur** ANSODDAIR
pennaeth (g)
❑ mon supérieur hiérarchique fy rheolwr uniongyrchol

[le] **supermarché** ENW
archfarchnad (b)

superposé (BEN **superposée**) ANSODDAIR
■ **des lits superposés** gwelyau bync

superstitieux (BEN **superstitieuse**) ANSODDAIR
ofergoelus

[le] **suppléant** ENW
athro (g) cyflenwi

[la] **suppléante** ENW
athrawes (b) gyflenwi

[le] **supplément** ENW
■ **payer un supplément** talu tâl ychwanegol
■ **Le vin est en supplément.** Mae'r gwin yn ychwanegol.
■ **un supplément de travail** gwaith ychwanegol

supplémentaire (BEN **supplémentaire**) ANSODDAIR
ychwanegol
❑ Voici quelques exercices supplémentaires. Dyma rai ymarferion ychwanegol.
■ **faire des heures supplémentaires** gweithio oriau ychwanegol

[le] **supplice** ENW
dirboen (b), artaith (b), ing (g)
❑ C'était un supplice. Roedd yn artaith.

supplier BERF [19]
■ **supplier quelqu'un de faire quelque chose** ymbil ar/crefu ar rywun i wneud rhywbeth ❑ Je t'en supplie! Rwy'n ymbil arnat ti!

supportable (BEN **supportable**) ANSODDAIR
goddefadwy, y gellir ei oddef

supporter BERF [28]
goddef
❑ Je ne supporte pas l'hypocrisie. Fedra i ddim goddef rhagrith. ❑ Elle ne supporte pas qu'on la critique. Mae hi'n methu â goddef cael ei beirniadu. ❑ Je ne peux pas la supporter. Alla i ddim ei goddef hi. ❑ Je supporte mal la chaleur. Fedra i ddim goddef y gwres.

supposer BERF [28]
tybio, meddwl

supprimer BERF [28]

dileu
❑ Deux mille emplois ont été supprimés.
Maent wedi dileu dwy fil o swyddi.
canslo
❑ Le train de Londres a été supprimé. Maent
wedi canslo'r trên i Lundain.
cael gwared â
❑ Ils ont supprimé les témoins gênants. Maent
wedi cael gwared â'r tystion lletchwith.

sur ARDDODIAD
ar, ar ben, dros
❑ Pose-le sur la table. Gosod e ar y bwrdd.
❑ Vous verrez l'hôpital sur votre droite. Fe
welwch chi'r ysbyty ar y dde. ❑ une conférence
sur Balzac cynhadledd ar Balzac
o (bob)
❑ une personne sur dix un person o bob deg
allan o
❑ J'ai eu onze sur vingt en maths. Cefais un ar
ddeg allan o ugain mewn mathemateg.
wrth
❑ quatre mètres sur deux pedwar metr wrth
ddau fetr

sûr (BEN **sûre**) ANSODDAIR
siwr, sicr
❑ Tu es sûr? Wyt ti'n siwr?
■ **sûr et certain** hollol siwr/sicr
dibynadwy
❑ C'est quelqu'un de très sûr. Mae e'n berson
dibynadwy iawn.
diogel
❑ Ce quartier n'est pas très sûr, la nuit. Nid yw'r
ardal hon yn ddiogel iawn gyda'r nos/yn y nos.
■ **sûr de soi** hunanhyderus ❑ Elle est très sûre
d'elle. Mae hi'n hunanhyderus iawn.

sûrement ADFERF
yn sicr, yn bendant
❑ Sûrement pas! Yn bendant ddim! ❑ Il est
sûrement déjà parti. Bydd e siwr o fod wedi
gadael eisoes.

[la] **sûreté** ENW
■ **mettre quelque chose en sûreté** rhoi
rhywbeth mewn man diogel

[le] **surf** ENW
syrffio

[la] **surface** ENW
arwyneb (g)
■ **les grandes surfaces** uwchfarchnadoedd

surfer BERF [28]
mynd i syrffio
■ **surfer sur le Net** syrffio'r rhyngrwyd

surgelé (BEN **surgelée**) ANSODDAIR
wedi'i rewi (yn ddwfn)
❑ des frites surgelées sglodion wedi'u rhewi

[les] **surgelés** ENW GWR
bwydydd (g) wedi eu rhewi (yn ddwfn)

surhumain (BEN **surhumaine**) ANSODDAIR
goruwchddynol

sur-le-champ ADFERF
ar unwaith

[le] **surlendemain** ENW
■ **le surlendemain de son arrivée** deuddydd
ar ôl iddo gyrraedd
■ **le surlendemain dans la matinée**
deuddydd wedyn, yn y bore

[se] **surmener** BERF [43]
gorweithio
❑ Ne te surmène pas trop pendant le week-end.
Paid â gorweithio dros y penwythnos.

surmonter BERF [48]
goresgyn
❑ Il nous reste de nombreux obstacles à
surmonter. Mae gennym nifer o rwystrau i'w
goresgyn.

surnaturel (BEN **surnaturelle**) ANSODDAIR
goruwchnaturiol

[le] **surnom** ENW
llysenw (g)

surnommer ENW
llysenwi
❑ On l'a surnommée 'Mimi'. Cafodd y llysenw
'Mimi'.

surpeuplé (BEN **surpeuplée**) ANSODDAIR
gorboblog

surprenant (BEN **surprenante**) ANSODDAIR
annisgwyl

surprendre BERF [65]
synnu, syfrdanu
❑ Ça me surprendrait beaucoup qu'il arrive à
l'heure. Buaswn yn synnu'n fawr pe deuai e'n
brydlon.
■ **surprendre quelqu'un en train de faire
quelque chose** dal rhywun yn annisgwyl yn
gwneud rhywbeth ❑ Je l'ai surpris en train de
fouiller dans mon placard. Des i o hyd iddo'n
chwilota yn fy nghwpwrdd, heb iddo fy nisgwyl
i.

surpris (BEN **surprise**) ANSODDAIR
▷ gweler hefyd surprise ENW
syn, wedi'ch synnu
❑ Il était surpris de me voir. Roedd wedi synnu
fy ngweld i.

[la] **surprise** ENW
▷ gweler hefyd surprise ANSODDAIR
syrpreis (g)
❑ faire une surprise à quelqu'un rhoi syrpreis
i rywun

sursauter BERF [28]
rhoi naid bach
❏ J'ai sursauté en entendant mon nom.
Rhoddais naid fach o glywed fy enw.

surtout ADFERF
yn enwedig
❏ Il est assez timide, surtout avec les filles.
Mae e'n eitha swil, yn enwedig gyda merched.
yn anad dim
❏ Ce canapé est joli et surtout, il n'est pas
salissant. Mae'r soffa yma yn hardd ac, yn anad
dim, nid yw'n dangos baw.
■ **Surtout, ne répète pas ce que je t'ai dit!**
Yn anad dim, paid ag ailadrodd yr hyn a
ddywedais wrthyt!

[le] **surveillant** ENW
goruchwyliwr (g)

[la] **surveillante** ENW
goruchwylwraig (b)

surveiller BERF [28]
gwylio, cadw llygad ar
❏ Tu peux surveiller mes bagages? Fedri di
gadw llygad ar fy magiau?
cadw dan oruchwyliaeth
❏ La police a surveillé la maison pendant
une semaine. Cadwodd yr heddlu'r tŷ dan
oruchwyliaeth am wythnos.
goruchwylio
❏ Nous sommes toujours surveillés pendant
la récréation. Rydym wastad yn cael ein
goruchwylio yn ystod pob egwyl.
■ **surveiller un examen** goruchwylio arholiad
■ **surveiller sa ligne** gofalu am eich siâp
(corff).

[le] **survêtement** ENW
tracwisg (b)
❏ un haut de survêtement top tracwisg
❏ un pantalon de survêtement trowsus
tracwisg

[la] **survie** ENW
goroesiad (g), goroesi

[le] **survivant** ENW
goroeswr (g)

[la] **survivante** ENW
goroeswraig (b)

survivre BERF [91]
goroesi
❏ survivre à un accident goroesi damwain

survoler BERF [28]
hedfan dros

sus ADFERF
■ **en sus** yn ogystal, yn ychwanegol

susceptible (BEN **susceptible**) ANSODDAIR
croendenau

suspect (BEN **suspecte**) ANSODDAIR
amheus
❏ dans des circonstances suspectes dan
amgylchiadau amheus

suspecter BERF [28]
amau, drwgdybio

[le] **suspense** ENW
dirgelwch (g), ansicrwydd (g)
■ **un film à suspense** ffilm ias a chyffro

[la] **suture** ENW
■ **un point de suture** pwyth (meddygol)

svelte (BEN **svelte**) ANSODDAIR
main

SVP TALFYRIAD (= s'il vous plaît)
os gwelwch yn dda

[le] **sweat** ENW
crys (g) chwys

[la] **syllabe** ENW
sill, (b) sillaf (b)

[le] **symbole** ENW
symbol (g)

symbolique (BEN **symbolique**) ANSODDAIR
symbolaidd

symboliser BERF [28]
symboleiddio

symétrique (BEN **symétrique**) ANSODDAIR
cymesur

sympa (BEN+LLUOSOG **sympa**) ANSODDAIR
hoffus, dymunol, hyfryd, clên (anffurfiol)
❏ Elle est très sympa. Mae hi'n hoffus dros ben.

[la] **sympathie** ENW
■ **J'ai beaucoup de sympathie pour lui.**
Rwy'n hoff iawn ohono.

sympathique (BEN **sympathique**) ANSODDAIR
cyfeillgar, dymunol, hoffus, clên
❏ Ce sont des gens très sympathiques. Mae
nhw'n bobl ddymunol iawn.

sympathiser BERF [28]
cytuno, cyd-dynnu
❏ Nous avons immédiatement sympathisé avec
nos voisins. Fe wnaethon ni gyd-dynnu gyda'n
cymdogion yn syth.

[le] **symptôme** ENW
symptom (g)

[la] **synagogue** ENW
synagog (b)

[le] **syndicat** ENW
undeb (g) llafur
■ **le syndicat d'initiative** canolfan croeso

synonyme (BEN **synonyme**) ANSODDAIR
▷ gweler hefyd **synonyme** ENW
cyfystyr â
❏ être synonyme de bod yn gyfystyr â

[le] **synonyme** ENW
 ▷ *gweler hefyd* **synonyme** ANSODDAIR
 cyfystyr (g)
synthétique (BEN **synthétique**)ANSODDAIR
 synthetig
[la] **Syrie** ENW
 Syria (b)
syrien (BEN **syrienne**) ANSODDAIR
 Syriaidd, o Syria

■ **un Syrien** Syriad *(dyn)*
■ **une Syrienne** Syriad *dynes)*
■ **les Syriens** y Syriaid
systématique (BEN **systématique**) ANSODDAIR
 systematig
[le] **système** ENW
 system (b)

s

281

T t

t' RHAGENW
> ▷ *gweler* **te**

ta ANSODDAIR BEN
dy
❏ J'ai vu ta sœur hier. Fe welais dy chwaer ddoe.

[le] **tabac** ENW
tybaco (g), baco (g)
❏ le tabac blond tybaco golau ❏ le tabac brun tybaco tywyll
ysmygu
❏ Le tabac est mauvais pour la santé. Mae ysmygu yn ddrwg i'ch iechyd.

[la] **table** ENW
bwrdd (g), bord (b)
■ mettre la table gosod y bwrdd
■ se mettre à table dod i eistedd at y bwrdd
■ À table! Dewch at y bwrdd!/Bwyd yn barod!
■ une table de nuit bwrdd wrth ochr y gwely
■ 'table des matières' rhestr cynnwys (*mewn llyfr*)

[le] **tableau** (LLUOSOG [les] **tableaux**) ENW
darlun (g)
❏ un tableau de Renoir llun gan Renoir
■ le tableau d'affichage hysbysfwrdd
■ le tableau noir bwrdd du
■ le tableau blanc interactif (TBI) bwrdd gwyn rhyngweithiol

[la] **tablette** ENW
■ une tablette de chocolat bar o siocled
■ une tablette tactile tabled (*cyfrifiadur fel iPad*)

[le] **tableur** ENW
taenlen (b) (*cyfrifiadureg*)

[le] **tablier** ENW
ffedog (g)

[le] **tabouret** ENW
stôl (b)

[la] **tache** ENW
staen (g)
■ des taches de rousseur brychni haul

[la] **tâche** ENW

tasg (b)

tacher BERF [28]
staenio

tâcher BERF [28]
■ tâcher de faire quelque chose ymdrechu i wneud rhywbeth ❏ Tâche d'être à l'heure! Gwna ymdrech i fod yn brydlon!

[le] **tact** ENW
tact (g)
■ avoir du tact bod yn bwyllog

[la] **tactique** ENW
tacteg (b)
■ changer de tactique newid tacteg

[la] **taie** ENW
■ une taie d'oreiller gorchudd gobennydd

[la] **taille** ENW
canol (g), gwasg (b)
❏ Elle a la taille fine. Mae ganddi ganol main.
taldra (g)
❏ un homme de taille moyenne dyn o daldra canolig
maint (g)
❏ Avez-vous ma taille? Oes gennych chi fy maint i? (*dilledyn*)

[le] **taille-crayon** ENW
miniwr (g) pensil

[le] **tailleur** ENW
teiliwr (g)
siwt (b) (*dynes*)
■ Il est assis en tailleur. Mae e'n eistedd a'i goesau wedi'u croesi.

[se] **taire** BERF [82]
tewi, bod yn ddistaw
■ Taisez-vous! Byddwch ddistaw!

[le] **talon** ENW
sawdl (g)/(b)
■ les talons hauts sodlau uchel

[le] **tambour** ENW
drwm (g)

[la] **Tamise** ENW
afon (b) Tafwys

[le] **tampon** ENW

pad (g)
- ❑ un tampon à récurer pad sgwrio
- ■ **un tampon hygiénique** tampon

tamponneuse ANSODDAIR BEN
- ■ **les autos tamponneuses** ceir taro (*mewn ffair*)

tandis que CYSYLLTAIR
tra
- ❑ Il a toujours de bonnes notes, tandis que les miennes sont mauvaises. Mae e'n cael marciau da o hyd, tra bod fy rhai i'n wael.

tant ADFERF
cymaint
- ❑ Je l'aime tant! Rwyf yn ei garu cymaint!
- ■ **tant de (1)** cymaint o ❑ tant de nourriture cymaint o fwyd
- ■ **tant de (2)** cynifer o ❑ tant de livres cynifer o lyfrau
- ■ **tant que (1)** hyd nes ❑ Tu ne sortiras pas tant que tu n'auras pas fini tes devoirs. Dwyt ti ddim yn mynd allan hyd nes i ti orffen dy waith cartref.
- ■ **tant que (2)** tra
- ❑ Profites-en tant que tu peux. Gwna'r gorau ohono tra medri di.
- ■ **tant mieux** gorau oll
- ■ **tant pis** gwaetha'r modd

[la] **tante** ENW
modryb (b)

tantôt ADFERF
weithiau …, weithiau …
- ❑ Nous venons tantôt à pied, tantôt en bus. Weithiau rydyn ni'n cerdded, weithiau rydyn ni'n dod ar y bws.

[le] **tapage** ENW
twrw (g), stŵr (g)
- ❑ Ils ont fait du tapage toute la nuit. Fe wnaethon nhw dwrw drwy'r nos.
helynt (g)/(b)
- ❑ On a fait beaucoup de tapage autour de cette affaire. Bu llawer o helynt am y busnes yma.

taper BERF [28]
tywynnu'n danbaid
- ❑ Le soleil tape. Mae'r haul yn tywynnu yn danbaid.
- ■ **taper quelqu'un** taro rhywun ❑ Maman, il m'a tapé! Mam, fe wnaeth e fy nharo!
- ■ **taper sur quelque chose** curo ar rywbeth
- ■ **taper des pieds** curo traed
- ■ **taper des mains** curo dwylo
- ■ **taper à la machine** teipio ❑ Tu sais taper à la machine? Fedri di deipio? ❑ Je vais taper cette lettre. Rwy'n mynd i deipio'r llythyr hwn.

[le] **tapis** ENW

carped (g)
- ■ **le tapis roulant (1)** (*ar gyfer pobl*) llwybr symudol
- ■ **le tapis roulant (2)** (*mewn ffatri*) belt symudol
- ■ **le tapis roulant (3)** (*yn y man codi bagiau o'r maes awyr*) carwsél
- ■ **un tapis de souris** mat llygoden (*cyfrifiadur*)

tapisser BERF [28]
papuro

[la] **tapisserie** ENW
papur (g) wal
- ❑ Tu aimes la tapisserie de ma chambre? Wyt ti'n hoffi'r papur wal yn fy ystafell wely?
tapestri (g)

taquiner BERF [28]
pryfocio, tynnu coes, herian

tard ADFERF
yn hwyr
- ❑ Il est tard. Mae hi'n hwyr.
- ■ **plus tard** yn hwyrach ❑ à plus tard! welai di wedyn!
- ■ **au plus tard** fan bellaf

tardif (BEN **tardive**) ANSODDAIR
hwyr
- ❑ un petit déjeuner tardif brecwast hwyr

[le] **tarif** ENW
- ■ **le tarif des consommations** (*mewn caffi*) pris y diodydd
- ■ **une communication à tarif réduit** galwad ffôn ar oriau llai prysur (*ratach*)
- ■ **un billet de train à tarif réduit** tocyn trên am bris gostyngol
- ■ **un billet de train à plein tarif** tocyn trên am bris llawn
- ■ **Est-ce que vous faites un tarif de groupe?** Oes gostyngiad i grŵp?

[la] **tarte** ENW
tarten (b)

[la] **tartine** ENW
tafell (b) o fara
- ❑ une tartine de confiture tafell o fara a jam

tartiner BERF [28]
taenu
- ■ **le fromage à tartiner** caws taenu

[le] **tas** ENW
pentwr (g), twr (g), tomen (b)
- ❑ un tas de charbon llwyth o lo
- ■ **un tas de** (*anffurfiol*) pentwr o, llwyth o
- ❑ J'ai lu un tas de livres pendant les vacances. Fe ddarllenais lwyth o lyfrau yn ystod y gwyliau.

[la] **tasse** ENW
cwpan (g)/(b)

[le] **taureau** (LLUOSOG [les] **taureaux**) ENW
tarw (g)
■ **le Taureau** arwydd y Tarw ❑ Ils sont tous les
deux Taureau. Mae'r ddau wedi eu geni dan
arwydd y Tarw.

[le] **taux** ENW
cyfradd (b), graddfa (b)
❑ le taux de change cyfradd cyfnewid arian

[la] **taxe** ENW
treth (b)
■ **la boutique hors taxes** siop nwyddau di-
dreth

[le] **taxi** ENW
tacsi (g)

tchèque (BEN **tchèque**) ANSODDAIR
Tsiecaidd, o Tsiecoslofacia
■ **la République tchèque** Y Weriniaeth Tsiec

te RHAGENW
ti, di, dy
❑ Je te vois. Rwy'n gallu dy weld di. ❑ Il t'a vu?
A welodd e ti?
â thi, gyda thi
❑ Est-ce qu'il te parle en français? A ydy e'n
siarad â thi yn Ffrangeg? ❑ Elle t'a parlé?
A siaradodd hi gyda thi?
ti dy hun
❑ Tu vas te rendre malade. Byddi di'n gwneud
dy hun yn sâl.

[le] **technicien** ENW
technegydd (g)

[la] **technicienne** ENW
technegydd (g)

technique (BEN **technique**) ANSODDAIR
▷ *gweler hefyd* **technique** ENW
technegol

[la] **technique** ENW
▷ *gweler hefyd* **technique** ANSODDAIR
techneg (b)

[la] **techno** ENW
cerddoriaeth (b) dechnegol

[la] **technologie** ENW
technoleg (b)

[le] **teint** ENW
lliw (g) croen
❑ Elle a le teint clair. Mae ganddi groen golau.

[la] **teinte** ENW
arlliw (g)

[le] **teinturier** ENW
glanhawr (g) dillad
❑ Je vais porter ce manteau chez le teinturier.
Rwy'n mynd â'r gôt yma i'r siop lanhau dillad.

tel (BEN **telle**) ANSODDAIR
■ Il a un tel enthousiasme! Y fath

frwdfrydedd!
■ **rien de tel** dim byd tebyg, dim o'r fath
❑ Il n'y a rien de tel qu'une bonne nuit de
sommeil. Does dim byd tebyg i noson dda o
gwsg.
■ **J'ai tout laissé tel quel.** Gadewais bopeth
fel ag yr oedd.
■ **tel que** fel, o'r fath

[la] **télé** ENW
teledu (g)
❑ à la télé ar y teledu

[la] **télécarte** ENW
cerdyn (b) ffôn

[le] **téléchargement** ENW
lawrlwytho (*cyfrifiadur*)

télécharger BERF [45]
lawrlwytho (*cyfrifiadur*)

[la] **télécommande** ENW
teclyn (g) newid/rheoli sianelau (*teledu*)

[la] **téléconférence** ENW
cynhadledd (b) fideo

[la] **télécopie** ENW
ffacs (g)/(b)

[le] **télégramme** ENW
telegram (g)

[le] **télépéage** ENW
system (b) talu tollau ar y draffordd yn Ffrainc
(*drwy sensor yn y car*)

[le] **téléphérique** ENW
car (g) codi/cebl

[le] **téléphone** ENW
ffôn (b)
❑ Elle est au téléphone. Mae hi ar y ffôn.
■ **un téléphone portable** ffôn symudol
■ **un téléphone appareil photo** ffôn â
chamera

téléphoner BERF [28]
ffonio
❑ Je vais téléphoner à Bernard. Rwy'n mynd
i ffonio Bernard. ❑ Je peux téléphoner? Ga i
ffonio/wneud galwad ffôn?

[la] **téléréalité** ENW
teledu (g) realaeth

[le] **télésiège** ENW
cadair (b) godi

[le] **téléski** ENW
lifft (b) sgio

[le] **téléspectateur** ENW
gwyliwr (g) (*teledu*)

[la] **téléspectatrice** ENW
gwylwraig (b) (*teledu*)

[le] **téléviseur** ENW
set (b) deledu

t

[la] télévision ENW
teledu (g)
❏ à la télévision ar y teledu
■ **la télévision en circuit fermé** teledu cylch cyfyng
■ **la télévision numérique** teledu digidol

telle ANSODDAIR BEN
■ **Je n'ai jamais eu une telle peur.** Nid wyf erioed wedi cael cymaint o ofn.
■ **telle que** fel, o'r fath

tellement ADFERF
cymaint, mor
❏ Pierre est tellement gentil. Mae Pierre mor neis. ❏ Il travaille tellement. Mae e'n gweithio mor galed. ❏ Il a tellement mangé que . . . Bwytaodd cymaint fel bod . . .
cymaint, nifer fawr
❏ Il y avait tellement de monde. Roedd yna gymaint o bobl.

telles ANSODDAIR BEN LLUOSOG
o'r fath
❏ Je n'ai jamais entendu de telles bêtises! 'Chlywais i erioed y fath ddwli!

tels ANSODDAIR GWR LLUOSOG
o'r fath
❏ Nous n'avons pas de tels orages chez nous. Nid ydym yn cael stormydd o'r fath gartref.

[le] témoignage ENW
tystiolaeth (b)

témoigner BERF [28]
tystio, tystiolaethu

[le] témoin ENW
tyst (g)

[la] température ENW
tymheredd (g), gwres (g)
❏ avoir de la température bod â gwres uchel (meddygol)

[la] tempête ENW
storm (b)

[le] temple ENW
teml (b) (Hindŵ, Bwdhaeth)
capel (g), eglwys (b) (Protestanaidd)

temporaire (BEN temporaire) ANSODDAIR
dros dro

[le] temps ENW
tywydd (g)
❏ Quel temps fait-il? Sut mae'r tywydd?
amser (g)
❏ Je n'ai pas le temps. Does gen i ddim amser. ❏ Prends ton temps. Cymer dy amser/Paid â brysio. ❏ Il est temps de partir. Mae'n amser gadael.
■ **juste à temps** prin mewn pryd

■ **de temps en temps** o bryd i'w gilydd
■ **en même temps** ar yr un pryd
■ **à temps** mewn pryd ❏ Il est arrivé à temps pour le match. Cyrhaeddodd mewn pryd i'r gêm ■ **à plein temps** yn llawn amser ❏ Elle travaille à plein temps. Mae hi'n gweithio'n llawn amser.
■ **à temps complet** llawn amser
■ **à temps partiel** rhan amser ❏ le travail à temps partiel gwaith rhan amser
■ **dans le temps** pryd hynny, ar un adeg
❏ Dans le temps, on pouvait circuler en vélo sans danger. Bryd hynny, roedd hi'n ddiogel i deithio ar gefn beic.
amser (y ferf)

tenais, tenait BERF ▷ gweler **tenir**

[la] tendance ENW
■ **avoir tendance à faire quelque chose** bod â thuedd i wneud rhywbeth ❏ Il a tendance à exagérer. Mae ganddo duedd i or-ddweud.

tendre (BEN tendre) ANSODDAIR
▷ gweler hefyd **tendre** BERF
tyner, meddal

tendre BERF [88]
▷ gweler hefyd **tendre** ANSODDAIR
ymestyn, estyn
❏ Ils ont tendu une corde entre deux arbres. Fe wnaethon nhw ymestyn rhaff rhwng dwy goeden.
■ **tendre quelque chose à quelqu'un** estyn rhywbeth i rywun ❏ Il lui a tendu les clés. Estynnodd yr allweddi iddi.
■ **tendre la main** estyn llaw
■ **tendre le bras** estyn braich
■ **tendre un piège à quelqu'un** gosod trap i rywun

tendrement ADFERF
yn dyner

[la] tendresse ENW
tynerwch (g)

tendu (BEN tendue) ANSODDAIR
dan straen, dan dyndra
❏ Il était très tendu aujourd'hui. Roedd e dan straen ofnadwy heddiw.

tenir BERF [83]
dal, cadw
❏ Tu peux tenir la lampe, s'il te plaît? Fedri di ddal y lamp, os gweli di'n dda? ❏ Il tenait un enfant par la main. Roedd e'n dal llaw plentyn.
■ **Tenez votre chien en laisse.** Cadwch eich ci ar denyn.
■ **tenir à quelqu'un** bod yn hoff iawn o rywun
❏ Il tient beaucoup à elle. Mae e'n hoff iawn

ohoni.

■ **tenir à faire quelque chose** bod yn benderfynol o wneud rhywbeth ◻ Elle tient à y aller. Mae hi'n benderfynol o fynd yno.

■ **tenir de quelqu'un** tynnu ar ôl rhywun ◻ Il tient de son père. Mae e'n tynnu ar ôl ei dad.

■ **Tiens, voilà un crayon.** Hwda, dyma i ti bensil.

■ **Tiens, c'est Alain là-bas!** Edrych, Alain yw hwnna fan draw!

■ **Tiens, tiens …** Wel, wel …

■ **se tenir (1)** sefyll ◻ Il se tenait près de la porte. Roedd yn sefyll wrth y drws.

■ **se tenir (2)** cael ei gynnal/chynnal ◻ La foire va se tenir place du marché. Bydd y ffair yn cael ei chynnal yn sgwâr y farchnad.

■ **se tenir droit (1)** sefyll yn syth ◻ Tiens-toi droit! Sefyll yn syth!

■ **se tenir droit (2)** eistedd yn syth ◻ Arrête de manger le nez dans ton assiette, tiens-toi droit. Paid â phlygu dros dy blât, eistedd yn syth.

■ **Tiens-toi bien!** Bydd yn blentyn da!/ Bihafia!

[le] tennis ENW

tennis (g)

◻ Elle joue au tennis. Mae hi'n chwarae tennis.

■ **le tennis de table** tennis bwrdd

cwrt (g) tennis

◻ Il est au tennis. Mae e ar y cwrt tennis.

■ **les tennis** esgidiau ymarfer

tentant (BEN **tentante**) ANSODDAIR

dengar, atyniadol

[la] tentation ENW

temtasiwn (g)/(b)

[la] tentative ENW

ymgais (b), cynnig (g)

[la] tente ENW

pabell (b)

tenter BERF [28]

temtio

◻ J'ai été tenté de tout abandonner. Cefais fy nhemtio i roi'r ffidil yn y to. ◻ Ça ne me tente vraiment pas d'aller à la piscine. Nid wyf yn cael fy nhemtio o gwbl i fynd i'r pwll nofio.

■ **tenter de faire quelque chose** ymdrechu/ceisio i wneud rhywbeth ◻ Il a tenté plusieurs fois de s'évader. Ceisiodd ddianc lawer o weithiau.

tenu BERF ▷ *gweler* **tenir**

[la] tenue ENW

dillad (ll), gwisg (b)

■ **en tenue de soirée** mewn gwisg hwyrol

[le] terme ENW

■ **à court terme** yn y tymor byr

■ **à long terme** yn y tymor hir

[la] terminale ENW

y flwyddyn olaf yn yr ysgol uwchradd

◻ Je suis en terminale. Rwyf yn y chweched uchaf/ym mlwyddyn 13.

terminer BERF [28]

diweddu, gorffen

■ **se terminer** gorffen, dod i ben ◻ Les vacances se terminent demain. Mae'r gwyliau'n dod i ben yfory.

[le] terminus ENW

terminws (g)

[le] terrain ENW

tir (g), cae (g), maes (g)

◻ Il veut acheter un terrain en Normandie. Mae e am brynu tir yn Normandi.

■ **un terrain de camping** maes pebyll

■ **un terrain de football** cae pêl-droed

■ **un terrain de golf** cwrs golff

■ **un terrain de jeu** maes chwarae

■ **un terrain de sport** maes chwaraeon

■ **un terrain vague** tir diffaith/anial

[la] terrasse ENW

teras (g) (*o flaen adeilad/caffi*)

■ **Si on s'asseyait en terrasse?** Beth am eistedd y tu allan?

[la] terre ENW

daear (b), tir (g), pridd (g)

■ **la Terre** Y Ddaear

■ **Elle s'est assise par terre.** Fe eisteddodd hi ar y llawr.

■ **Il est tombé par terre.** Cwympodd ar y llawr.

■ **la terre cuite** terra cotta ◻ un pot en terre cuite pot/jar terra cotta

■ **la terre glaise** clai

terrible (BEN **terrible**) ANSODDAIR

ofnadwy

◻ Quelque chose de terrible est arrivé. Mae rhywbeth ofnadwy wedi digwydd.

■ **pas terrible** *(anffurfiol)* ddim yn fawr o beth/yn wych iawn ◻ Ce film n'est pas terrible. Nid yw'r ffilm hon yn fawr o beth/ddim yn dda.

[la] terrine ENW

terîn (g)

[le] territoire ENW

tiriogaeth (b)

terrorisé (BEN **terrorisée**) ANSODDAIR

wedi dychryn/brawychu

[le] terrorisme ENW

terfysgaeth (b)

[le/la] terroriste ENW

terfysgwr (g), terfysgwraig (b)

tes ANSODDAIR LLUOSOG

dy
❏ J'aime bien tes baskets. Rwy'n hoffi dy esgidiau ymarfer yn fawr iawn.

[le] **test** ENW
prawf (g)

[le] **testament** ENW
ewyllys (g)/(b)
❏ Il est mort sans testament. Bu farw heb adael ewyllys.

tester BERF [28]
profi

[le] **tétanos** ENW
tetanws (g)

[le] **têtard** ENW
penbwl (g)

[la] **tête** ENW
pen (g)
❏ de la tête aux pieds o'ch pen i'ch traed
■ se laver la tête golchi'ch gwallt
■ la tête la première yn bendramwnwgl
■ tenir tête à quelqu'un herio/gwrthwynebu rhywun
■ faire la tête pwdu
■ en avoir par-dessus la tête diflasu ar rywbeth, cael llond bol ar rywbeth

têtu (BEN têtue) ANSODDAIR
ystyfnig

[le] **texte** ENW
testun (g) (gwaith ysgrifenedig)

[le] **Texto** ® ENW
neges (b) testun (ffôn symudol)

[le] **TGV** ENW (= train à grande vitesse)
trên (g) cyflym iawn (Ffrainc)

[le] **thé** ENW
te (g)
❏ Je vous offre un thé? Hoffech chi baned o de? ❏ un thé au lait te â llaeth

[le] **théâtre** ENW
theatr (b)
■ faire du théâtre actio ❏ Est-ce que tu as déjà fait du théâtre? Wyt ti wedi actio o'r blaen?

[la] **théière** ENW
tebot (g)

[le] **thème** ENW
testun (g), thema (b)
❏ Quel est le thème de l'émission? Beth yw thema'r rhaglen?
cyfieithiad (g) (i iaith dramor)

[la] **théorie** ENW
damcaniaeth (b), theori (b)

[le] **thermomètre** ENW
thermomedr (g)

[le] **thon** ENW
tiwna (g)

[la] **thune** ENW
arian (g) (anffurfiol)

[le] **tibia** ENW
tibia (g)
❏ une fracture du tibia torri'r tibia ❏ Il m'a donné un coup de pied dans le tibia. Fe'm ciciodd yn fy nhibia.

[les] **TIC** ENW BEN (= technologies de l'information et de la communication)
Technoleg Gwybodaeth a Chyfathrebu (TGCh)

[le] **tic** ENW
gwingiad (g), plwc (g) (symudiad nerfus)

[le] **ticket** ENW
tocyn (g)
❏ un ticket de métro tocyn Metro
■ le ticket de caisse derbynneb til

tiède (BEN tiède) ANSODDAIR
claear (dŵr, aer)
llugoer (bwyd, diod)

tien RHAGENW GWR
■ le tien dy un di, dy un dithau ❏ J'ai oublié mon stylo. Tu peux me prêter le tien? Rwyf wedi anghofio fy meiro. Ga i fenthyg dy un di?

tienne RHAGENW BEN
■ la tienne dy un di, dy un dithau ❏ Ce n'est pas ma raquette, c'est la tienne. Nid hon yw fy raced i, dy un di yw hi.
■ À la tienne! Iechyd Da!

tiennes RHAGENW BEN LLUOSOG
■ les tiennes dy rai di, dy rai dithau ❏ J'ai pris mes baskets, mais j'ai oublié les tiennes. Rwyf wedi dod â'm esgidiau ymarfer i, ond rwyf wedi anghofio dy rai di.

tiens RHAGENW GWR LLUOSOG
■ les tiens dy rai di, dy rai dithau ❏ Je ne trouve pas mes souliers. Je peux utiliser les tiens? Dwi ddim yn gallu dod o hyd i'm esgidiau. Fedra i wisgo dy rai di?

tiens, tient BERF ▷ gweler **tenir**

[le] **tiers** ENW
traean (g), un rhan (b) o dri
❏ Un tiers de la classe était pour. Roedd traean o'r dosbarth o blaid.
■ le tiers monde y trydydd byd

[la] **tige** ENW
coes (b), coesyn (g) (planhigyn)

[le] **tigre** ENW
teigr (g)

[le] **tilleul** ENW
te (g) leim, coeden (b) leim

[le] **timbre** ENW

stamp (g)

[le] **timbre-poste** ENW
stamp (g) post

timide (BEN timide) ANSODDAIR
swil

timidement ADFERF
yn swil

[la] **timidité** ENW
swildod (g)

[le] **tir** ENW
saethu
■ **le tir à l'arc** saethyddiaeth

[le] **tirage** ENW
■ **par tirage au sort** tynnu blewyn cwta
❑ Les prix seront attribués par tirage au sort.
Mae'r gwobrwyon yn cael eu dyfarnu drwy
dynnu blewyn cwta.

[le] **tire-bouchon** ENW
tynnwr (g) corcyn

[la] **tirelire** ENW
cadw-mi-gei (g)

tirer BERF [28]
tynnu
❑ Elle a tiré un mouchoir de son sac. Tynnodd
hi hances boced o'i bag. ❑ Il m'a tiré les
cheveux. Tynnodd fy ngwallt. ❑ 'Tirer!'
'Tynnwch!'
cau, tynnu
❑ tirer les rideaux cau'r llenni ❑ tirer un trait
tynnu llinell ❑ tirer des conclusions dod i
gasgliad, tynnu casgliad
■ **tirer au sort** tynnu blewyn cwta, tynnu
tocyn (i ddewis pwy fydd yn gorfod gwneud
rhywbeth)
saethu, tanio
❑ Il a tiré plusieurs coups de feu. Saethodd
sawl bwled. ❑ Il a tiré sur les policiers. Taniodd
ar yr heddlu.
■ **Tu t'en tires bien.** Rwyt ti'n ymdopi'n dda/yn
dod i ben yn dda.

[le] **tiret** ENW
cysylltnod (g) (heiffen)

[le] **tiroir** ENW
drôr (g)/(b)

[la] **tisane** ENW
te (g) perlysiau

tisser BERF [28]
gwehyddu

[le] **tissu** ENW
defnydd (g)
■ **un sac en tissu** bag wedi'i wneud o
ddefnydd

[le] **titre** ENW

teitl (g), enw (g)
■ **les gros titres** y penawdau
■ **un titre de transport** tocyn teithio

tituber BERF [28]
gwegian, cerdded yn sigledig

[la] **TNT** ENW (= télévision numérique terrestre)
teledu (g) digidol

[le] **toast** ENW
tost (g)
llwncdestun (g)
❑ porter un toast à quelqu'un cynnig
llwncdestun i rywun

[le] **toboggan** ENW
sleid (b), llithren (b)

toi RHAGENW
ti, tithau
❑ Ça va? – Oui, et toi? 'Sut wyt ti?' – 'Iawn, a
tithau?' ❑ J'ai faim, pas toi? Dwi eisiau bwyd,
a tithau?
■ **Assieds-toi.** Eistedda.
■ **C'est à toi de jouer.** Dy dro di yw hi i
chwarae.
■ **Est-ce que ce stylo est à toi?** Ai ti bia'r beiro
yma?

[la] **toile** ENW
cynfas (g) (arlunio)
■ **un pantalon de toile** trowsus cotwm
■ **un sac de toile** bag cynfas
■ **une toile cirée** oelcloth, orcloth
■ **une toile d'araignée** gwe pryf copyn

[la] **toilette** ENW
ymolchi
❑ faire sa toilette ymolchi (eich hun)
gwisg (b)
❑ une toilette élégante gwisg gyflawn
chwaethus

[les] **toilettes** ENW BEN LLUOSOG
toiled (g), tŷ (g) bach, y toiled(au)

toi-même RHAGENW
ti dy hun, tithau
❑ Tu as fait ça toi-même? A wnest ti hynna dy
hun?

[le] **toit** ENW
to (g)
■ **un toit ouvrant** to haul/agor

tolérant (BEN tolérante) ANSODDAIR
goddefgar

tolérer BERF [34]
goddef

[la] **tomate** ENW
tomato (g)

[la] **tombe** ENW
bedd (g)

t

[le] **tombeau** (LLUOSOG [les] **tombeaux**) ENW
bedd (g), beddrod (g)

[la] **tombée** ENW
■ **à la tombée de la nuit** ar derfyn dydd/wrth iddi nosi

tomber BERF [84]
syrthio, cwympo
❏ Attention, tu vas tomber! Bydd yn ofalus, byddi di'n syrthio!
■ **laisser tomber (1)** gollwng ❏ Elle a laissé tomber son stylo. Gollyngodd ei beiro.
■ **laisser tomber (2)** rhoi'r gorau i ❏ J'ai laissé tomber le piano. Rhoes y gorau i ganu'r piano.
■ **laisser tomber (3)** siomi ❏ Il ne laisse jamais tomber ses amis. Nid yw byth yn siomi ei ffrindiau.
■ **tomber sur quelqu'un** digwydd cwrdd â rhywun ❏ Je suis tombé sur lui en sortant de chez Pierre.
Digwyddais gwrdd ag e wrth ddod allan o dŷ Pierre.
■ **Ça tombe bien.** Mae hynna'n ffodus.
■ **Il tombe de sommeil.** Mae e'n cysgu ar ei draed.

ton (BEN **ta**, LLUOSOG **tes**) ANSODDAIR
▷ *gweler hefyd* **ton** ENW
dy
❏ C'est ton livre? Dy lyfr di yw hwn?

[le] **ton** ENW
▷ *gweler hefyd* **ton** ANSODDAIR
tôn (b), llais (g)
❏ Ne me parle pas sur ce ton. Paid â siarad â fi yn y llais yna.
lliw (g)
❏ J'adore les tons pastel. Rwy'n dwlu ar liwiau pastel.

[la] **tonalité** ENW
tôn (b) ddeialu

[la] **tondeuse** ENW
peiriant (g) torri glaswellt/gwair

tondre BERF [69]
torri (*gwair*)
cneifio (*defaid*)

tonique (BEN **tonique**) ANSODDAIR
atgyfnerthol

[la] **tonne** ENW
tunnell (b) fetrig

[le] **tonneau** (LLUOSOG [les] **tonneaux**) ENW
casgen (b)

[le] **tonnerre** ENW
taran (b)

[le] **tonus** ENW
■ **avoir du tonus** bod yn egnïol, bod yn llawn egni

[le] **torchon** ENW
lliain (b) sychu llestri

tordre BERF [49]
■ **se tordre la cheville** troi ffêr/pigwrn

tordu (BEN **tordue**) ANSODDAIR
cam (ddim yn syth)
❏ Ce clou est un peu tordu. Mae'r hoelen hon ychydig yn gam.
rhyfedd
❏ une histoire complètement tordue stori gwbl ryfedd

[le] **torrent** ENW
ffrwd (b), nant (b)

[le] **torse** ENW
brest (g)
❏ Il était torse nu. Roedd e'n noeth o'i ganol i fyny.

[le] **tort** ENW
■ **avoir tort** bod yn anghywir
■ **donner tort à quelqu'un** rhoi'r bai ar rywun

[le] **torticolis** ENW
cric (g) yn y gwar
❏ J'ai le torticolis. Mae gen i gric yn fy ngwar.

[la] **tortue** ENW
crwban (g)

[la] **torture** ENW
artaith (g)

torturer BERF [28]
arteithio

tôt ADFERF
yn gynnar, yn fuan
■ **au plus tôt** cyn gynted â phosibl
■ **tôt ou tard** yn hwyr neu'n hwyrach

total (BEN **totale**, GWR LLUOSOG **totaux**) ANSODDAIR
▷ *gweler hefyd* **total** ENW
cyfan, llwyr

[le] **total** (LLUOSOG [les] **totaux**) ENW
▷ *gweler hefyd* **total** ANSODDAIR
cyfanswm (g), y cyfan (g), y cwbl (g)
❏ faire le total adio'r cyfanswm
■ **au total** i gyd

totalement ADFERF
yn hollol, yn gyfan gwbl

[la] **totalité** ENW
■ **la totalité des profs** yr athrawon i gyd
■ **la totalité du personnel** yr holl staff, y gweithwyr i gyd

touchant (BEN **touchante**) ANSODDAIR
teimladwy

toucher BERF [28]
cyffwrdd

❏ Ne touche pas à mes livres! Paid â chyffwrdd â'm llyfrau.

■ **Nos deux jardins se touchent.** Mae ein gerddi ochr yn ochr i'w gilydd.

teimlo

❏ Ce pull a l'air doux. Je peux toucher? Mae'r siwmper yma'n edrych yn feddal. A ga i ei theimlo?

taro

❏ La balle l'a touché en pleine poitrine. Tarodd y fwled ef yng nghanol ei frest.

effeithio ar

❏ Ces nouvelles réformes ne nous touchent pas. Nid yw'r diwygiadau hyn yn effeithio arnon ni.

derbyn

❏ Il a touché une grosse somme d'argent. Derbyniodd ef swm mawr o arian.

toujours ADFERF

bob amser

❏ Il est toujours très gentil. Mae e bob amser yn neis iawn.

■ **pour toujours** am byth

o hyd

❏ Quand on est revenus, Alain était toujours là. Pan wnaethon ni ddychwelyd, roedd Alain yn dal yno.

[le] **toupet** ENW *(anffurfiol)*

■ **avoir du toupet** bod â digon o wyneb, bod yn hy/ddigywilydd

[la] **tour** ENW

▷ *gweler hefyd* **le tour**

twr (g)

❏ la Tour Eiffel Y Twr Eiffel

blocdwr (g)

❏ Il y a beaucoup de tours dans ce quartier. Mae nifer o flocdyrau yn yr ardal hon.

[le] **tour** ENW

▷ *gweler hefyd* **la tour**

tro

❏ C'est ton tour de jouer. Dy dro di yw hi i chwarae.

■ **faire un tour** mynd am dro ❏ Allons faire un tour dans le parc. Gadewch i ni fynd am dro yn y parc.

■ **faire un tour en voiture** mynd am dro yn y car

■ **faire un tour à vélo** mynd am reid ar y beic ❏ Tu veux aller faire un tour à vélo? Wyt ti am fynd am reid ar y beic?

■ **faire le tour du monde** teithio o amgylch y byd

■ **à tour de rôle** yn eich tro

[le] **tourbillon** ENW

trobwll (g), corwynt (g)

[le] **tourisme** ENW

twristiaeth (b)

[le/la] **touriste** ENW

twrist (b), ymwelydd (g,b)

touristique (BEN **touristique**) ANSODDAIR

twristaidd

[se] **tourmenter** BERF [28]

poeni, gofidio, pryderu

❏ Ne te tourmente pas, ça s'arrangera. Paid â phoeni, fe fydd popeth yn iawn.

[le] **tournant** ENW

tro (g), troad (g)

❏ Il y a beaucoup de tournants dangereux sur cette route. Mae llawer o droadau peryglus ar y ffordd hon.

trobwynt (g)

❏ Ça a été un tournant dans sa vie. Roedd hynny'n drobwynt yn ei fywyd.

[la] **tournée** ENW

rownd (b)

❏ Le facteur commence sa tournée à sept heures du matin. Mae'r postmon yn dechrau ei rownd am saith o'r gloch y bore. ❏ Allez, qu'est-ce que vous voulez boire? C'est ma tournée. Nawr te, beth ydych chi eisiau i'w yfed? Fy rownd i yw hi.

taith (cyngherddau)

❏ Il est en tournée aux États-Unis. Mae e ar daith yn yr Unol Daleithiau.

tourner BERF [28]

troi

❏ Tournez à droite au prochain feu. Trowch i'r dde wrth y goleuadau nesaf. ❏ Tourne-toi un peu plus vers moi, et souris! Tro ychydig fwy tuag ata i, a gwena!

suro

❏ Le lait a tourné. Mae'r llaeth wedi suro.

■ **mal tourner** mynd o chwith ❏ Ça a mal tourné. Aeth popeth o chwith.

■ **tourner le dos à quelqu'un** troi cefn ar rywun

■ **tourner un film** ffilmio, gwneud ffilm

[le] **tournesol** ENW

blodyn (g) yr haul

[le] **tournevis** ENW

sgriwdreifer (g)

[le] **tournoi** ENW

twrnamaint (g)

[la] **tourte** ENW

pastai (b)

❏ une tourte aux poireaux pastai cennin

tous ANSODDAIR LLUOSOG, RHAGENW LLUOSOG

▷ *gweler* **tout**

[la] **Toussaint** ENW
Gŵyl (b) yr Holl Saint

tousser BERF [28]
pesychu

tout (BEN **toute**, GWR LLUOSOG **tous**) ANSODDAIR, ADFERF, RHAGENW
holl, i gyd, pob
❑ tout le lait y llaeth i gyd ❑ toute la nuit trwy'r nos ❑ tous les livres pob llyfr ❑ toutes les filles y merched i gyd ❑ toute la journée drwy'r dydd ❑ tout le temps drwy'r amser ❑ C'est tout. Dyna'r cyfan. ❑ Je les connais tous. Rwy'n eu hadnabod nhw i gyd. ❑ Nous y sommes tous allées. Fe aethom ni yno i gyd. ❑ Ça fait combien en tout? Faint yw hynna i gyd?
pob
❑ tous les jours pob dydd ❑ tous les deux jours pob dau ddiwrnod, pob yn ail ddiwrnod
■ **Il est tout seul.** Mae e ar ei ben ei hun.
■ **pas du tout** dim o gwbwl
■ **tout de même** er hynny, serch hynny
■ **tout le monde** pawb
■ **tous les deux** y ddau ohonynt ❑ Nous y sommes allés tous les deux. Fe aethom yno ni'n dau.
■ **tous les trois** pob un o'r tri, y tri ❑ Je les ai invités tous les trois. Fe wahoddais y tri ohonynt.
popeth
❑ Il a tout organisé. Fe drefnodd e bopeth.
iawn
❑ Elle habite tout près. Mae hi'n byw yn agos iawn.
■ **tout en haut** ar y pen uchaf oll
■ **tout droit** yn syth ymlaen
■ **tout d'abord** yn gyntaf oll, yn y lle cyntaf
■ **tout à coup** yn sydyn
■ **tout à fait** yn gyfan gwbwl, yn llwyr
■ **tout à l'heure (1)** gynnau, yn gynharach ❑ Je l'ai vu tout à l'heure. Fe welais ef gynnau/ yn gynharach.
■ **tout à l'heure (2)** mewn munud, toc ❑ Je finirai ça tout à l'heure. Fe orffenna i hynna toc.
■ **À tout à l'heure!** Wela i chi toc/wedyn!
■ **tout de suite** ar unwaith
■ **Il a fait son travail tout en chantant.** Fe weithiodd dan ganu/tra'n canu.

toutefois ADFERF
sut bynnag, beth bynnag

toutes ANSODDAIR BEN LLUOSOG, RHAGENW BEN LLUOSOG ▷ *gweler* **tout**

[la] **toux** ENW
peswch (g), pesychiad (g)

[le/la] **toxicomane** ENW
person (g) sy'n gaeth i gyffuriau

[la] **toxicomanie** ENW
caethiwed (g) i gyffuriau

[le] **TP** ENW (= *travaux pratiques*)
gwaith (b) ymarferol *(mewn gwers)*
❑ J'ai un TP de biologie à deux heures. Mae gen i wers ymarferol mewn bioleg am ddau o'r gloch.

[le] **trac** ENW
■ **avoir le trac** bod yn nerfus

tracasser BERF [28]
peri gofid
❑ La santé de mon père me tracasse. Mae iechyd fy nhad yn peri gofid i mi.
■ **se tracasser** poeni, gofidio ❑ Arrête de te tracasser pour rien! Rho'r gorau i boeni am ddim byd!

[la] **trace** ENW
ôl (g)
❑ Le voleur n'a pas laissé de traces. Ni adawodd y lleidr unrhyw olion. ❑ des traces de doigts olion bysedd
■ **des traces de pas** olion traed

tracer BERF [12]
tynnu llun, olrhain
❑ tracer un trait tynnu llinell

[le] **tracteur** ENW
tractor (g)

[la] **tradition** ENW
traddodiad (g)

traditionnel (BEN **traditionnelle**) ANSODDAIR
traddodiadol

[le] **traducteur** ENW
cyfieithydd (g)

[la] **traduction** ENW
cyfieithiad (g)

[la] **traductrice** ENW
cyfieithydd (g)

traduire BERF [23]
cyfieithu

[le] **trafic** ENW
trafnidiaeth (b)
■ **le trafic de drogue** masnach gyffuriau

[le] **trafiquant** ENW
■ **un trafiquant de drogue** deliwr cyffuriau

tragique (BEN **tragique**) ANSODDAIR
trasig

trahir BERF [38]
bradychu

[la] **trahison** ENW
brad (g)

t

[le] train ENW
trên (g)
■ un train électrique trên trydan
■ **Il est en train de manger.** Mae ef wrthi'n bwyta.
[le] traîneau (LLUOSOG [les] **traîneaux**) ENW
sled (b), car (g) llusg
traîner BERF [28]
ymlwybro, loetran
❏ J'ai vu des jeunes qui traînaient en ville. Gwelais bobl ifanc yn loetran ar hyd y dref.
oedi
❏ Dépêche-toi, ne traîne pas! Brysia, paid ag oedi!
llusgo ymlaen
❏ La réunion a traîné jusqu'à midi. Llusgodd y cyfarfod yn ei flaen tan hanner dydd.
■ traîner des pieds llusgo traed
■ **laisser traîner quelque chose** gadael rhywbeth ar hyd y lle *(anffurfiol)* ❏ Ne laisse pas traîner tes affaires. Paid â gadael dy bethau ar hyd y lle.
[le] train-train ENW
undonedd (g), trefn (b) feunyddiol
traire BERF [85]
godro
[le] trait ENW
llinell (b)
❏ Tracez un trait. Tynnwch linell. *(arlunio)*
nodwedd (b)
pryd (g) a gwedd
❏ Elle a les traits fins. Mae pryd a gwedd hardd ganddi.
■ boire quelque chose d'un trait yfed rhywbeth ar un llwnc
■ un trait d'union cyplysnod, heiffen
[le] traitement ENW
triniaeth (b)
■ **le traitement de texte** prosesu geiriau
traiter BERF [28]
trin, trafod
❏ Elle le traite comme un chien. Mae hi'n ei drin e fel ci.
■ **Il m'a traité d'imbécile.** Fe'm galwodd i'n dwpsyn.
■ **traiter de** trafod, ymdrin â ❏ Cet article traite des sans-abri. Mae'r erthygl hon yn ymdrin â'r di-gartef.
[le] traiteur ENW
arlwywr (g) *(paratoi bwydydd)*
[le] trajet ENW
taith (b), siwrnai (b)
❏ Il n'a pas arrêté de parler pendant tout le trajet. Wnaeth e ddim stopio siarad drwy gydol

y daith. ❏ J'ai une heure de trajet pour aller au travail. Mae gen i awr o daith i fynd i'r gwaith.
llwybr (g), ffordd (b)
❏ C'est le plus court. Dyna'r ffordd fyrraf.
[le] tramway ENW
tram (g)
tranchant (BEN **tranchante**) ANSODDAIR
miniog *(cyllell)*
[la] tranche ENW
tafell (b)
tranquille (BEN **tranquille**) ANSODDAIR
tawel, distaw, llonydd,
❏ Cette rue est très tranquille. Mae'r stryd hon yn dawel iawn.
■ **Sois tranquille, il ne va rien lui arriver.** Bydd yn dawel dy feddwl, does dim byd yn mynd i ddigwydd iddo.
■ **Tiens-toi tranquille!** Bydd yn ddistaw!
■ **Laisse-moi tranquille.** Gad lonydd i mi.
■ **Laisse ça tranquille.** Gad lonydd i hwnna.
tranquillement ADFERF
yn dawel, yn llonydd
❏ Nous étions tranquillement installés dans le salon. Roedden ni'n eistedd yn dawel yn y lolfa.
■ **Je peux travailler tranquillement cinq minutes?** A ga i bum munud i weithio'n dawel?
[la] tranquillité ENW
tawelwch (g), heddwch (g)
transférer BERF [34]
trosglwyddo, adleoli, symud
transformer BERF [28]
trawsnewid, trawsffurfio
❏ Son séjour en France l'a transformé. Mae ei arhosiad yn Ffrainc wedi ei drawsnewid.
newid
❏ Ils ont transformé la grange en garage. Maent wedi newid yr ysgubor i fod yn garej.
■ **se transformer en** troi rhywbeth yn rhywbeth ❏ La chenille s'est transformeé en papillon. Mae'r lindys wedi troi'n iâr fach yr haf.
[la] transfusion ENW
■ une transfusion sanguine trallwysiad gwaed
transiger BERF [45]
cyfaddawdu
transmettre BERF [47]
■ transmettre quelque chose à quelqu'un trosglwyddo rhywbeth i rywun
■ transparent tryloyw
transpercer BERF [12]
treiddio i

❑ La pluie a transpercé mes vêtements. Mae'r glaw wedi treiddio i'm dillad.

[la] **transpiration** ENW
chwys (g)

transpirer BERF [28]
chwysu

[le] **transport** ENW
cludiant (g)
■ **les transports en commun** cludiant cyhoeddus

transporter BERF [28]
cludo
❑ Le train transportait des marchandises. Roedd y trên yn cludo nwyddau.
cario, symud
❑ Je ne sais pas comment je vais transporter mes affaires. Dwi ddim yn gwybod sut dwi'n mynd i symud fy mhethau.

traumatiser BERF [28]
trawmateiddio

[le] **travail** (LLUOSOG [les] **travaux**) ENW
gwaith (g), llafur (g)
❑ J'ai beaucoup de travail. Mae gen i lawer o waith.
swydd (b)
❑ Il a un travail intéressant. Mae ganddo swydd ddiddorol.
■ **Il est sans travail depuis un an.** Mae e wedi bod yn ddi-waith ers blwyddyn.
■ **le travail au noir** gwaith answyddogol, nosweithio

travailler BERF [28]
gweithio

travailleur (BEN **travailleuse**) ANSODDAIR
▷ gweler hefyd **travailleur** ENW, diwyd, gweithgar

[le] **travailleur** ENW
▷ gweler hefyd **travailleur** ANSODDAIR
gweithiwr (g)

[la] **travailleuse** ENW
▷ gweler hefyd **travailleuse** ANSODDAIR
gweithwraig (b)

[les] **travaillistes** ENW GWR LLUOSOG
Y Blaid (b) Lafur

[les] **travaux** ENW GWR LLUOSOG
gwaith (g)
❑ des travaux de construction gwaith adeiladu gwaith ffordd
❑ Il y a beaucoup de bruit à cause des travaux dans la rue. Mae llawer o sŵn oherwydd y gwaith ar y ffordd.
■ **être en travaux** bod yn cael newidiadau wedi eu gwneud (i adeilad)

■ **les travaux dirigés** gwaith ymarferol dan oruchwyliaeth (mewn pwnc ysgol)
■ **les travaux manuels** crefftau, gwaith llaw
■ **les travaux ménagers** gwaith tŷ
■ **les travaux pratiques** gwaith ymarferol (mewn labordy ysgol)

[le] **travers** ENW
■ **en travers de** ar draws ❑ Il y avait un arbre en travers de la route. Roedd coeden ar draws y ffordd.
■ **de travers** yn gam, o chwith ❑ Son chapeau était de travers. Yr oedd ei het yn gam.
■ **comprendre de travers** camddeall
❑ Elle comprend toujours tout de travers. Mae hi bob amser yn camddeall popeth.
■ **J'ai avalé de travers.** Rwy wedi llyncu o chwith.
■ **à travers** trwy ❑ Cette vitre est tellement sale qu'on ne voit rien à travers. Mae'r ffenestr yma mor frwnt fel na fedrwch chi weld drwyddi.

[la] **traversée** ENW
taith (b) ar draws, mordaith (b)

traverser BERF [28]
croesi
❑ Traversez la rue. Croeswch y stryd.
mynd ar draws, trwy
❑ Nous avons traversé la France pour aller en Espagne. Fe aethom drwy Ffrainc i fynd i Sbaen. ❑ La pluie a traversé mon manteau. Aeth y glaw drwy fy nghot.

[le] **traversin** ENW
gobennydd (g)

trébucher BERF [28]
baglu

[le] **trèfle** ENW
meillionen (b)
clybiau (ll) (cardiau chwarae)
❑ le roi de trèfle y brenin clybiau

treize RHIF
tri/tair ar ddeg, un deg tri
❑ Il a treize ans. Mae e'n dair ar ddeg oed.
❑ à treize heures am un o'r gloch y prynhawn
■ **le treize février** y trydydd ar ddeg o Chwefror

treizième (BEN **treizième**) ANSODDAIR
trydydd ar ddeg

[le] **tréma** ENW
didolnod (g) (uwchben llythyren, e.e. ü)

[le] **tremblement de terre** ENW
daeargryn (g,b)

trembler BERF [28]
crynu

❑ trembler de peur crynu gan ofn
■ **trembler de froid** crynu gan oerni
trempé (BEN **trempée**) ANSODDAIR
gwlyb domen, gwlyb diferol
■ **trempé jusqu'aux os** gwlyb at y croen
tremper BERF [28]
gwlychu, trochi, rhoi (mewn dŵr)
■ **tremper sa main dans l'eau** trochi/rhoi eich llaw yn y dŵr
[le] **tremplin** ENW
sbringfwrdd (g)
[la] **trentaine** ENW
tua deg ar hugain
❑ une trentaine de personnes tua deg ar hugain o bobl
■ **Il a la trentaine.** Mae e yn ei dri degau.
trente NUMBER
deg ar hugain, tri deg
❑ Elle a trente ans. Mae hi'n ddeg ar hugain.
■ **le trente janvier** y degfed ar hugain o Ionawr
■ **trente et un** un ar ddeg ar hugain, tri deg un
■ **trente-deux** deuddeg ar hugain, tri deg dau
trentième (BEN **trentième**) ANSODDAIR
degfed ar hugain
très ADFERF
iawn
[le] **trésor** ENW
trysor (g)
[la] **tresse** ENW
pleth (b)
[le] **triangle** ENW
triongl (g)
[la] **tribu** ENW
llwyth (g)
[le] **tribunal** (LLUOSOG [les] **tribunaux**) ENW
tribiwnlys (g)
tricher BERF [28]
twyllo
tricolore (BEN **tricolore**) ANSODDAIR
trilliw
■ **le drapeau tricolore** baner Ffrainc, Y Faner Drilliw
[le] **tricot** ENW
gwau
❑ On fait du tricot à l'école. Mae gwersi gwau i'w cael yn yr ysgol.
siwmper (b)
❑ Mets un tricot, il fait froid. Gwisga siwmper, mae hi'n oer.
tricoter BERF [28]
gwau
trier BERF [19]

didoli, dethol
❑ Je vais trier mes papiers avant les vacances. Rwy'n mynd i ddidoli fy mhapurau cyn y gwyliau.
[le] **trimestre** ENW
tymor (g)
trinquer BERF [28]
codi gwydryn i ddymuno iechyd da
[le] **triomphe** ENW
buddugoliaeth (b)
triompher BERF [28]
gorchfygu
[les] **tripes** ENW BEN LLUOSOG
treip (b), perfedd (g)
[le] **triple** ENW
■ **Ça m'a coûté le triple.** Costiodd hwnna dair gwaith yn fwy i fi.
■ **Il gagne le triple de mon salaire.** Mae e'n ennill dair gwaith fy nghyflog i.
tripler BERF [28]
treblu
[les] **triplés** ENW GWR LLUOSOG
tripledau (ll), tri gefaill (g)
[les] **triplées** ENW BEN LLUOSOG
tripledau (ll), tair gefeilles (g)
triste (BEN **triste**) ANSODDAIR
trist
[la] **tristesse** ENW
tristwch (g)
[le] **trognon** ENW
calon (b), craidd (g) (ffrwyth)
❑ un trognon de pomme craidd afal
trois RHIF
tri, tair
❑ à trois heures du matin am dri o'r gloch y bore ❑ Elle a trois ans. Mae hi'n dair mlwydd oed. ❑ trois fois teirgwaith
■ **le trois février** y trydydd o Chwefror
troisième (BEN **troisième**) ANSODDAIR
▷ gweler hefyd **troisième** ENW
trydydd, trydedd
❑ au troisième étage ar y trydydd llawr
[la] **troisième** ENW
▷ gweler hefyd **troisième** ANSODDAIR
blwyddyn 10
❑ Mon frère est en troisième. Mae fy mrawd ym mlwyddyn deg.
[les] **trois-quarts** ENW GWR LLUOSOG
tri chwarter
❑ les trois-quarts de la classe tri chwarter y dosbarth
[le] **trombone** ENW
trombôn (g)

t

❏ Il joue du trombone. Mae e'n canu'r trombôn.
clip (g) papur
[la] **trompe** ENW
trwnc (g)
❏ la trompe d'un éléphant trwnc eliffant
tromper BERF [28]
twyllo
■ **se tromper** gwneud camgymeriad ❏ Tout le monde peut se tromper. Gall pawb wneud camgymeriad.
■ **se tromper de jour** cael y diwrnod anghywir, drysu'r dyddiadau
■ **tromper quelqu'un** bod yn anffyddlon i rywun *(cariad, priod)*
■ **Vous vous êtes trompé de numéro.** Rydych wedi camgymryd y rhif *(ar y ffôn)*.
[la] **trompette** ENW
trwmped (g), corn (g) pres
❏ Il joue de la trompette. Mae e'n canu'r trwmped.
■ **Il a le nez en trompette.** Mae ganddo drwyn smwt.
[le] **tronc** ENW
boncyff (g)
❏ un tronc d'arbre boncyff coeden
trop ADFERF
rhy
❏ Il conduit trop vite. Mae e'n gyrru'n rhy gyflym.
gormod
❏ J'ai trop mangé. Rwy wedi bwyta gormod.
■ **trois euros de trop** tair ewro yn ormod
■ **trop de (2)** gormod o ❏ J'ai apporté trop de vêtements. Rwy wedi dod â gormod o ddillad.
■ **trois personnes de trop** tri pherson yn ormod
[le] **tropique** ENW
trofan (g) *(daearyddiaeth)*
[le] **trottoir** ENW
pafin (g), palmant (g)
[le] **trou** ENW
twll (g)
■ **J'ai eu un trou de mémoire.** Roeddwn i'n methu â meddwl.
trouble (BEN **trouble**) ANSODDAIR, ADFERF
ddim yn glir
❏ L'eau est trouble. Dydy'r dŵr ddim yn glir.
■ **Sans mes lunettes je vois trouble.** Rwy'n methu â gweld yn glir heb fy sbectol.
[les] **troubles** ENW GWR LLUOSOG
■ **une période de troubles politiques** adeg o gynnwrf gwleidyddol
trouer BERF [28]

tyllu, gwneud twll
❏ Il a troué la moquette avec sa cigarette. Gwnaeth dwll yn y carped â'i sigarét.
[la] **trouille** ENW
■ **avoir la trouille** *(anffurfiol)* bod wedi dychryn am eich bywyd
[la] **troupe** ENW
grŵp (g), llu (g)
■ **une troupe de théâtre** cwmni theatr
[le] **troupeau** (LLUOSOG [les] **troupeaux**)
■ **un troupeau de moutons** praidd o ddefaid
■ **un troupeau de vaches** gyr o wartheg
[la] **trousse** ENW
cas (g) pensiliau
■ **une trousse de secours** bag Cymorth Cyntaf
■ **une trousse de toilette** bag ymolchi
trouver BERF [28]
darganfod, dod o hyd i
❏ Je ne trouve pas mes lunettes. Fedra i ddim dod o hyd i'm sbectol.
ystyried, meddwl, credu
❏ Je trouve que c'est bête. Rwy'n ystyried hynna'n hurt.
■ **se trouver** bod ❏ Où se trouve la poste? Lle mae Swyddfa'r Post? ❏ Nice se trouve dans le sud de la France. Mae Nice yn ne Ffrainc.
■ **se trouver mal** llewygu
[le] **truc** ENW *(anffurfiol)*
bechingalw (g), pethma (g)
❏ un truc en plastique bechingalw plastig
❏ J'ai plein de trucs à faire ce week-end. Mae gen i lwyth o bethau i'w gwneud y penwythnos hwn.
tric
❏ Je vais te montrer un truc qui réussit à tous les coups. Fe ddangosa i dric i ti sy'n llwyddo bob tro.
[la] **truite** ENW
brithyll (g)
[le] **T-shirt** ENW
crys T (g)
TSVP TALFYRIAD (= *tournez s'il vous plaît*)
trowch y dudalen os gwelwch yn dda.
tu RHAGENW
ti
❏ Est-ce que tu as un animal domestique/de compagnie? A oes gen ti anifail anwes?
[le] **tuba** ENW
tiwba (g)
❏ Je joue du tuba. Rwy'n canu'r tiwba.
snorcel (g) *(nofio tanddwr)*
[le] **tube** ENW
tiwb (g), pibell (g)

❑ un tube de dentifrice tiwb o bast dannedd
■ **un tube de rouge à lèvres** minlliw
<u>cân</u> (b)
❑ Ça va être le tube de l'été. Hon fydd y gân ar
y brig yr haf hwn.
tuer BERF [28]
<u>lladd</u>
■ **se tuer** eich lladd eich hun (mewn damwain)
❑ Il s'est tué dans un accident de voiture.
Cafodd ei ladd mewn damwain car.
tue-tête
■ **à tue-tête** ADFERF nerth eich pen ❑ crier à
tue-tête gweiddi nerth eich pen ❑ Il chantait à
tue-tête. Roedd e'n canu nerth ei ben.
[la] **tuile** ENW
<u>teilsen</u> (b)
❑ un toit en tuiles to wedi ei deilio
[la] **tunique** ENW
<u>tiwnig</u> (g)/(b)
[la] **Tunisie** ENW
<u>Tiwnisia</u> (b)
tunisien (BEN **tunisienne**) ANSODDAIR
<u>Tiwnisaidd</u>, brodor o Diwnisia
[le] **tunnel** ENW
<u>twnnel</u> (g)
■ **le tunnel sous la Manche** twnel y Sianel
turbulent (BEN **turbulente**) ANSODDAIR
<u>afreolus</u>, <u>cynhyrfus</u>
turc (BEN **turque**) ANSODDAIR, ENW
<u>Twrcaidd</u>, o Dwrci
<u>Tyrceg</u> (b) *(yr iaith)*
❑ Elle parle turc. Mae hi'n siarad Tyrceg.
■ **un Turc** Twrc *(dyn o Dwrci)*
■ **une Turque** Twrc *(dynes o Dwrci)*

[la] **Turquie** ENW
<u>Twrci</u> (b)
tutoyer BERF [53]
■ **tutoyer quelqu'un** galw 'ti' ar rywun ❑ On se
tutoie? Beth am alw 'ti' ar ein gilydd?
[le] **tuyau** (LLUOSOG [les] **tuyaux**) ENW
<u>pibell</u> (b), <u>piben</u> (g)
■ **un tuyau d'arrosage** pipell ddŵr
<u>awgrym</u> (g), <u>tip</u> (g)
❑ Il m'a donné un bon tuyau. *(anffurfiol)*
Rhoddodd dip/awgrym da i fi.
[la] **TVA** ENW (= *taxe sur la valeur ajoutée*)
<u>treth</u> (b) ar werth (TAW)
[le] **tympan** ENW
<u>drwm</u> (g)/ <u>tympan</u> (b) y glust
[le] **type** ENW *(anffurfiol)*
<u>bachan</u> (g), <u>boi</u> (g), <u>dyn</u> (g)
❑ C'est un type formidable. Mae o'n fachan
gwych.
<u>math</u> (g)
❑ Un emploi de ce type est rare. Mae'r math
hwn o waith yn brin.
typique (BEN **typique**) ANSODDAIR
<u>nodweddiadol</u>
[le] **tyran** OOENW
<u>gormeswr</u> (g), <u>gorthrymwr</u> (g)
❑ C'est un vrai tyran. Mae e'n ormeswr rhonc.
[le/la] **tzigane** ENW
<u>sipsi</u> (g)/(b)

U u

[l'] **UE** ENW BEN (= *Union européenne*)
yr Undeb (g) Ewropeaidd

un (BEN **une**) BANNOD, RHAGENW GWR, ANSODDAIR GWR

Nid oes bannod amhendant yn y Gymraeg. Defnyddir yr enw yn unig.
❑ un garçon bachgen ❑ un œuf wy (g) un
❑ l'un des meilleurs un o'r goreuon ❑ un citron et deux oranges un lemwn a dau oren ❑ Combien de timbres? – Un. 'Sawl stamp?' – 'Un'. ❑ Elle a un an. Mae hi'n un mlwydd oed.
■ **l'un …, l'autre …** y naill …, y llall … ❑ L'un est grand, l'autre est petit. Mae'r naill yn dal, y llall yn fyr.
■ **les uns …, les autres …** rhai …, eraill …
❑ Les uns marchaient, les autres couraient. Roedd rhai yn cerdded, eraill yn rhedeg.
■ **l'un ou l'autre** y naill neu'r llall ohonynt ❑ Prends l'un ou l'autre, ça m'est égal. Cymer y naill neu'r llall, does dim ots gen i.
■ **un par un** fesul un ❑ Ils entraient un par un. Fe aethant i mewn fesul un.

unanime (BEN **unanime**) ANSODDAIR
unfrydol

[l'] **unanimité** ENW BEN
■ **à l'unanimité** yn unfrydol

une BANNOD, RHAGENW BEN, ANSODDAIR BEN

Nid oes bannod amhendant yn y Gymraeg. Defnyddir yr enw yn unig.
❑ une fille merch ❑ une pomme afal un
❑ une pomme et deux bananes un afal a dwy fanana ❑ Combien de cartes postales? – Une. 'Sawl cerdyn post?' – 'Un'. ❑ à une heure du matin am un o'r gloch y bore ❑ l'une des meilleures un o'r goreuon
■ **l'une …, l'autre …** y naill …, y llall
❑ L'une est grande, l'autre est petite. Mae'r naill yn dal, a'r llall yn fyr.
■ **les unes …, les autres …** rhai …, eraill …
❑ Les unes marchaient, les autres couraient. Roedd rhai yn cerdded, eraill yn rhedeg.

■ **l'une ou l'autre** y naill neu'r llall ❑ Prends l'une ou l'autre, ça m'est égal. Cymer y naill neu'r llall, does dim ots gen i.
■ **une par une** fesul un, bob yn un
❑ Elles entraient une par une. Fe aethant i mewn fesul un.

uni (BEN **unie**) ANSODDAIR
plaen, gwastad
❑ un tissu uni brethyn plaen
clòs, agos
❑ une famille unie teulu clòs

[l'] **uniforme** ENW GWR
iwnifform (g), gwisg ysgol (b)

[l'] **union** ENW BEN
undeb (g)
■ **l'Union européenne** Yr Undeb Ewropeaidd

unique (BEN **unique**) ANSODDAIR
unigryw
❑ Tout individu a des empreintes uniques. Mae gan bob unigolyn olion bysedd unigryw.
❑ C'est une occasion unique. Mae'n gyfle unigryw.
■ **Il est fils unique.** Mae e'n unig blentyn.
■ **Elle est fille unique.** Unig ferch yw hi.

uniquement ADFERF
yn unig

[l'] **unité** ENW BEN
undod (g)
❑ l'unité européenne yr undod Ewropeaidd
uned (g)
❑ une unité de mesure uned o fesur

[l'] **univers** ENW GWR
bydysawd (g)

universitaire (BEN **universitaire**) ANSODDAIR
yn ymwneud â phrifysgol, prifysgol
❑ un diplôme universitaire gradd prifysgol
■ **faire des études universitaires** astudio mewn prifysgol

[l'] **université** ENW BEN
prifysgol (b)
❑ aller à l'université mynd i brifysgol

[l'] **urgence** ENW BEN

■ **C'est une urgence.** Mae'n fater brys.
■ **Il n'y a pas urgence.** Does dim brys.
■ **le service des urgences** gwasanaethau brys
■ **Il a été transporté d'urgence à l'hôpital.**
Cafodd ei ruthro i'r ysbyty.
■ **Téléphonez d'urgence.** Ffoniwch ar frys.

urgent (BEN **urgente**) ANSODDAIR
brys

[l'] **urine** ENW BEN
troeth (g) (*wrin*)

[les] **USA** ENW GWR LLUOSOG
Unol Daleithiau (ll) America
■ **aux USA (1)** yn Unol Daleithiau America
■ **aux USA (2)** i Unol Daleithiau America

[l'] **usage** ENW GWR
defnydd (g)
❏ **à usage interne** i'w lyncu (*meddygol*) ❏ **à usage externe** ar gyfer y corff yn unig, na lyncer (*meddygol*)
■ **hors d'usage** ddim yn gweithio ❏ Cet appareil est hors d'usage. Nid yw'r offer hyn yn gweithio.

usagé (BEN **usagée**) ANSODDAIR
hen, ail-law
❏ un manteau usagé côt ail-law
wedi'i ddefnyddio
❏ une seringue usagée chwistrell wedi ei defnyddio

[l'] **usager** ENW GWR
defnyddiwr (g)
❏ les usagers de la route defnyddwyr y ffordd

usé (BEN **usée**) ANSODDAIR
treuliedig, wedi treulio
❏ Mon jean est un peu usé. Mae fy jîns wedi treulio ychydig.

[s'] **user** BERF [28]
treulio
❏ Mes baskets se sont usées en quinze jours. Mae fy esgidiau ymarfer wedi treulio mewn pythefnos.

[l'] **usine** ENW BEN
ffatri (b)
❏ une usine de sardines ffatri sardîns

[l'] **ustensile** ENW GWR
teclyn (g), offeryn (g)
■ **un ustensile de cuisine** offeryn cegin,

usuel (BEN **usuelle**) ANSODDAIR
cyffredin, arferol
❏ la langue usuelle iaith bob dydd

utile (BEN **utile**) ANSODDAIR
defnyddiol

[l'] **utilisation** ENW BEN
defnydd (g), defnyddio
❏ L'utilisation des calculatrices est interdite. Ni chaniateir defnyddio cyfrifiannell.

utiliser BERF [28]
defnyddio

[l'] **utilité** ENW BEN
defnyddioldeb (g), defnydd (g)
❏ Cet objet n'est pas d'une grande utilité. Nid yw hwn lawer o ddefnydd.

V v

va BERF ▷ *gweler* **aller**

[les] vacances ENW BEN
gwyliau (ll)
❑ aller en vacances mynd ar wyliau ❑ être en
vacances bod ar wyliau
■ **les vacances de Noël** gwyliau Nadolig
■ **les vacances de Pâques** gwyliau Pasg
■ **les grandes vacances** gwyliau'r haf

[le] vacancier ENW
bachgen (g)/dyn (g) ar wyliau, twrist (g)

[la] vacancière ENW
merch (b)/dynes (b) ar wyliau, twrist (b)

[le] vacarme ENW
twrw (g), stŵr (g)
❑ Qu'est-ce que c'est que ce vacarme? Beth
yw'r holl dwrw yma?

[le] vaccin ENW
brechlyn (g)

[la] vaccination ENW
brechiad (g)
❑ La vaccination est obligatoire. Mae'r frechiad
yn orfodol.

vacciner BERF [28]
brechu
❑ se faire vacciner contre la rubéole cael
brechiad yn erbyn rwbela, y frech goch

[la] vache ENW
▷ *gweler hefyd* **vache** ANSODDAIR
buwch (b)

vache (BEN **vache**) ANSODDAIR *(anffurfiol)*
▷ *gweler hefyd* **vache** ENW
cas
❑ C'est vraiment vache, ce qu'il a dit. Mae'r hyn
ddwedodd e'n wirioneddol gas. ❑ Il est vache.
Mae e'n gas.

vachement ADFERF *(anffurfiol)*
yn wirioneddol
❑ Viens te baigner, l'eau est vachement chaude.
Tyrd i nofio, mae'r dŵr yn wirioneddol gynnes.

[le] vagabond ENW
crwydryn (g)

[le] vagin ENW

fagina (b)

[la] vague ENW
▷ *gweler hefyd* **vague** ANSODDAIR
ton (b) *(yn y môr)*
■ **une vague de chaleur** ton o dywydd poeth

vague (BEN **vague**) ANSODDAIR
▷ *gweler hefyd* **vague** ENW
amhendant, aneglur
❑ J'ai un vague souvenir de lui. Mae gen i frith
gof ohono.

vain (BEN **vaine**) ANSODDAIR
■ **en vain** yn ofer

vaincre BERF [86]
gorchfygu
❑ L'armée a été vaincue. Gorchfygwyd y fyddin.
trechu
❑ Il a réussi à vaincre sa timidité. Llwyddodd i
drechu ei swildod.

[le] vainqueur ENW
buddugwr (g)

vais BERF ▷ *gweler* **aller**
■ **Je vais écrire à mes cousins.** Rwy'n mynd i
ysgrifennu at fy nghefndryd.

[le] vaisseau (LLUOSOG **[les] vaisseaux**) ENW
■ **un vaisseau spatial** llong ofod
■ **un vaisseau sanguin** pibell waed

[la] vaisselle ENW
llestri (ll) budr
❑ Je vais faire la vaisselle. Rwy'n mynd i olchi'r
llestri.
llestri *(ar y bwrdd)*
❑ Tu peux ranger la vaisselle s'il te plaît? A fedri
di gadw'r llestri, os gweli dy'n dda?

valable (BEN **valable**) ANSODDAIR
dilys
❑ Ce billet d'avion est valable un an. Mae'r
tocyn awyren hwn yn ddilys am flwyddyn.

[le] valet ENW
jac (g) *(cardiau chwarae)*
❑ le valet de carreau Jac o ddiemyntau

[la] valeur ENW
gwerth (g)

□ sans valeur diwerh
■ **des objets de valeur** pethau gwerthfawr
□ Ne laissez pas d'objets de valeur dans votre chambre. Peidiwch â gadael pethau gwerthfawr yn eich ystafell.

valider BERF [28]
dilysu, cadarnhau
□ Vous devez faire valider votre billet avant votre départ. Mae'n rhaid i chi ddilysu'ch tocyn cyn gadael.

[la] **valise** ENW
cês (g) dillad
■ **faire sa valise** pacio

[la] **vallée** ENW
dyffryn (g), cwm (g)

valoir BERF [87]
bod yn werth (rhywbeth)
□ Ça vaut combien? Faint yw gwerth hwn?
□ Cette voiture vaut très cher. Mae'r car hwn yn werth llawer o arian.
■ **Ça vaut mieux.** Byddai hynny'n well.
□ Il vaut mieux ne rien dire. Mae'n well dweud dim.
■ **valoir la peine** bod yn werth y drafferth
□ Ça vaudrait la peine d'essayer. Byddai'n werth rhoi cynnig arni.

[le] **vampire** ENW
fampir (g)/(b)

[le] **vandalisme** ENW
fandaliaeth (b)

[la] **vanille** ENW
fanila (g)
□ une glace à la vanille hufen iâ fanila

[la] **vanité** ENW
balchder (g)

vaniteux (BEN **vaniteuse**) ANSODDAIR
balch

[se] **vanter** BERF [28]
brolio

[la] **vapeur** ENW
ager (g), stêm (g)
□ des légumes cuits à la vapeur llysiau wedi eu stemio

[la] **varappe** ENW
dringo creigiau
□ faire de la varappe mynd i ddringo creigiau

variable (BEN **variable**) ANSODDAIR
newidiol (tywydd)

[la] **varicelle** ENW
brech (b) yr ieir
□ Elle a la varicelle. Mae ganddi frech yr ieir.

varié (BEN **variée**) ANSODDAIR
amrywiol

□ Son travail est très varié. Mae ei waith yn amrywiol iawn.

varier BERF [19]
amrywio
■ **Le menu varie tous les jours.** Mae'r fwydlen yn amrywio o ddydd i ddydd.

[la] **variété** ENW
amrywiaeth (b)
□ Il n'y a pas beaucoup de variété. Nid oes llawer o amrywiaeth.
■ **une émission de variétés** rhaglen adloniant

vas BERF ▷ gweler **aller**

[le] **vase** ENW
▷ gweler hefyd la vase
fâs (b), llestr (g) (i ddal blodau)

[la] **vase** ENW
▷ gweler hefyd le vase
llaid (g), mwd (g) (ar waelod dŵr)

vaste (BEN **vaste**) ANSODDAIR
eang

vaudrait, vaut BERF ▷ gweler **valoir**

[le] **vautour** ENW
fwltur (g)

[le] **veau** (LLUOSOG [les] **veaux**) ENW
llo (g) (anifail byw)
cig (g) llo (cig i'w fwyta)

vécu BERF ▷ gweler **vivre**
■ Il a vécu à Paris pendant dix ans. Bu'n byw ym Mharis am ddeng mlynedd.

[la] **vedette** ENW
seren (g,b) (actor, actores, personoliaeth)
□ une vedette de cinéma seren byd y ffilmiau
cwch (g) modur
■ **une vedette de police** cwch modur/patrôl yr heddlu

végétal (BEN **végétale**, GWR LLUOSOG **végétaux**) ANSODDAIR
llysiau, o lysiau
□ l'huile végétale olew llysiau

[le] **végétarien** ENW
llysieuwr (g)
□ Je suis végétarien. Rwy'n llysieuwr.

[la] **végétarien** ENW
llysieuwraig (b)

[la] **végétation** ENW
llystyfiant (g)

[le] **véhicule** ENW
cerbyd (g)

[la] **veille** ENW
y diwrnod (g) cynt
□ la veille de son départ Y diwrnod cyn iddo adael □ la veille au soir y noson gynt
■ **la veille de Noël** noswyl Nadolig

■ **la veille du jour de l'An** Nos Galan
veiller BERF [28]
gwylio, gwarchod
■ **veiller sur quelqu'un** gwarchod rhywun
veinard (BEN **veinarde**) ANSODDAIR
un (g) lwcus *(anffurfiol)*
■ **Qu'est-ce qu'il est veinard!** Mae e'n lwcus
dros ben!
[la] **veine** ENW
gwythïen (b)
■ **avoir de la veine** *(anffurfiol)* bod yn lwcus
[le/la] **véliplanchiste** ENW
hwylfyrddiwr (g)
[le] **vélo** ENW
beic (g)
❏ faire du vélo beicio, mynd ar gefn beic
■ **un vélo tout-terrain** beic mynydd
[le] **vélomoteur** ENW
moped (g)
[le] **velours** ENW
melfed (g), felôr (g)
❏ une robe en velours ffrog felfed
■ **le velours côtelé** melfaréd, cordyrói
❏ un pantalon en velours côtelé trowsus
melfaréd
[les] **vendanges** BEN ENW
cynhaeaf (g) grawnwin
❏ On fait les vendanges en septembre. Mae'r
cynhaeaf grawnwin ym mis Medi.
[le] **vendeur** ENW
gwerthwr (g), dyn (g) siop
[la] **vendeuse** ENW
gwerthwraig (b), merch (g) siop
vendre BERF [88]
gwerthu
■ **vendre quelque chose à quelqu'un**
gwerthu rhywbeth i rywun ❏ Il m'a vendu son
vélo. Gwerthodd ei feic i mi.
■ **'à vendre'** 'ar werth'
[le] **vendredi** ENW
dydd (g) Gwener
❏ Aujourd'hui, nous sommes vendredi.
Heddiw, mae'n ddydd Gwener. ❏ Il est venu
vendredi. Daeth ef ddydd Gwener.
■ **le vendredi** ar ddydd Gwener ❏ Je joue au
foot le vendredi. Rwy'n chwarae pêl-droed ar
ddydd Gwener.
■ **tous les vendredis** bob dydd Gwener
■ **vendredi dernier** dydd Gwener diwethaf
■ **vendredi prochain** dydd Gwener nesaf
■ **le Vendredi saint** Dydd Gwener y Groglith
vénéneux (BEN **vénéneuse**) ANSODDAIR
gwenwynig *(planhigyn)*

❏ un champignon vénéneux madarchen
wenwynig
[la] **vengeance** ENW
dial (g)
[se] **venger** BERF [45]
dial (ar)
venimeux (BEN **venimeuse**) ANSODDAIR
gwenwynig *(anifail)*
❏ un serpent venimeux neidr wenwynig
[le] **venin** ENW
gwenwyn (g) *(neidr)*
venir BERF [89]
dod
❏ Il viendra demain. Fe ddaw ef yfory. ❏ Il est
venu nous voir. Daeth i'n gweld ni.
■ **venir de** bod newydd … ❏ Je viens de le
voir. Rwyf newydd ei weld ef. ❏ Je viens de lui
téléphoner. Rwyf newydd ei ffonio ef.
■ **faire venir quelqu'un** galw ar rywun i ddod
❏ faire venir le médecin anfon am y meddyg
[le] **vent** ENW
gwynt (g)
❏ Il y a du vent. Mae hi'n wyntog.
[la] **vente** ENW
gwerthiant (g), gwerthu
■ **en vente** ar werth ❏ Ce modèle est en vente
dans les grands magasins. Mae'r model yma ar
werth yn y siopau mawr.
■ **la vente par téléphone** gwerthu ar y ffôn
■ **une vente aux enchères** arwerthiant
[le] **ventilateur** ENW
awyriadur (g), awyrydd (g) *(i ostwng tymheredd)*
[le] **ventre** ENW
bol (g), bola (g), stumog (b)
❏ avoir mal au ventre bod â phoen yn y bol
venu BERF ▷ gweler **venir**
[le] **ver** ENW
pryfyn (g) genwair, mwydyn (g)
■ **un ver de terre** mwydyn daear
[le] **verbe** ENW
berf (b) *(gramadeg)*
[le] **verdict** ENW
rheithfarn (b), dyfarniad (g)
[le] **verger** ENW
perllan (b)
verglacé (BEN **verglacée**) ANSODDAIR
rhewllyd, wedi glasrewi
❏ La route était verglacée. Roedd y ffordd wedi
glasrewi.
[le] **verglas** ENW
glasrew (g), rhew (g)/ iâ (g) du
véridique (BEN **véridique**) ANSODDAIR
gwir

v

Ffrangeg-Cymraeg

[la] **vérification** ENW
gwiriad (g), archwiliad (g)
❏ une vérification d'identité gwiriad enw/
adnabyddiaeth

vérifier BERF [19]
gwirio, cadarnhau

véritable (BEN **véritable**) ANSODDAIR
gwirioneddol, go iawn
❏ C'était un véritable cauchemar. Roedd yn
hunllef gwirioneddol.
■ **en cuir véritable** mewn lledr go iawn

[la] **vérité** ENW
gwir (g), gwirionedd (g)
❏ dire la vérité dweud y gwir

verni (BEN **vernie**) ANSODDAIR
wedi cael farnais, gloyw
■ **des chaussures vernies** esgidiau lledr
patent/gloyw

vernir BERF [38]
farneisio

[le] **vernis** ENW
farnais (g)
❏ le vernis à ongles paent farnais ewinedd

verra, verrai, verras BERF ▷ *gweler* **voir**
■ **on verra ...** fe welwn ...

[le] **verre** ENW
gwydr (g)
❏ une table en verre bwrdd gwydr ❏ un verre
d'eau gwydraid o ddŵr
■ **boire un verre** cael diod, yfed gwydraid
lens (b) *(sbectol)*
❏ des verres de contact lensys cyffwrdd

verrez, verrons, verront BERF ▷ *gweler* **voir**

[le] **verrou** ENW
bollt (b), bollten (b) *(ar ddrws)*

verrouiller BERF [28]
bolltio, cloi
❏ N'oublie pas de verrouiller la porte du garage.
Paid ag anghofio bolltio drws y garej.

[la] **verrue** ENW
dafaden (b) *(ar groen)*

[le] **vers** ENW
▷ *gweler hefyd* **vers** ARDDODIAD
llinell (b) *(o farddoniaeth)*
❏ au troisième vers yn y drydedd llinell

vers ARDDODIAD
▷ *gweler hefyd* **vers** ENW
tuag at, am
❏ Il allait vers la gare. Roedd e'n mynd tuag at
yr orsaf.
tua
❏ Il est rentré chez lui vers six heures. Fe
gyrhaeddodd gartref tua chwech o'r gloch.

verse
■ **à verse** ADFERF
❏ Il pleut à verse. Mae hi'n tywallt y glaw.

[le] **Verseau** ENW
Arwydd (g) y Cariwr Dŵr
❏ Georges est Verseau. Ganwyd George dan
arwydd y Dyfrwr

[le] **versement** ENW
rhandal (g), taliad (g)
❏ en cinq versements mewn pump rhandal

verser BERF [28]
arllwys, tywallt
❏ Est-ce que tu peux me verser un verre d'eau?
A wnei di arllwys gwydraid o ddŵr i fi?

[la] **version** ENW
fersiwn (g)/(b)
cyfieithiad (g) *(o'r iaith dramor)*
■ **un film en version originale** ffilm yn yr iaith
wreiddiol

[le] **verso** ENW
tu cefn, y tu ôl *(dalen o bapur)*
■ **voir au verso** gweler drosodd

vert (BEN **verte**) ANSODDAIR
gwyrdd

[la] **vertèbre** ENW
fertebra (g)

vertical (BEN **verticale**, GWR LLUOSOG **verticaux**)
ANSODDAIR
fertigol

[le] **vertige** ENW
pendro (b)
❏ avoir le vertige teimlo'r bendro, teimlo'n
chwil

[la] **verveine** ENW
te (g) ferfain *(te perlysiau)*

[la] **vessie** ENW
pledren (b)

[la] **veste** ENW
siaced (b)

[le] **vestiaire** ENW
ystafell (b) gotiau *(mewn theatr)*
ystafell (b) newid *(mewn safle chwaraeon)*

[le] **vestibule** ENW
cyntedd (g)

[le] **vêtement** ENW
dilledyn (g)
■ **les vêtements** dillad

[le/la] **vétérinaire** ENW
milfeddyg (g)
❏ Elle est vétérinaire. Mae hi'n filfeddyg.

[le] **veuf** ENW
gŵr (g) gweddw, gweddw (g)
❏ Il est veuf. Mae e'n ŵr gweddw.

veuille, veuillez, veuillons, veulent, veut
BERF ▷ *gweler* **vouloir**
■ **Veuillez fermer la porte en sortant s'il vous plaît.** A nwewch chi gau'r drws wrth fynd allan, os gwelwch yn dda.

[la] **veuve** ENW
gwraig (b) weddw, gweddw (b)
❑ **Elle est veuve.** Mae hi'n wraig weddw.

veux BERF ▷ *gweler* **vouloir**

vexer BERF [28]
■ **vexer quelqu'un** tramgwyddo, brifo teimladau rhywun
■ **se vexer** digio

[la] **viande** ENW
cig (g)
■ **la viande hachée** briwgig

vibrer BERF [28]
crynu, dirgrynu

[le] **vice** ENW
drygioni (g)

vicieux (BEN **vicieuse**) ANSODDAIR
chwantus, trachwantus
❑ **Il est un peu vicieux.** Mae e braidd yn chwantus.

[la] **victime** ENW
dioddefwr (g), dioddefwraig (b)

[la] **victoire** ENW
buddugoliaeth (b)

vide (BEN **vide**) ANSODDAIR
▷ *gweler hefyd* **vide** ENW
gwag

[le] **vide** ENW
▷ *gweler hefyd* **vide** ANSODDAIR
gwactod (g)
❑ **emballé sous vide** wedi ei bacio dan wactod
■ **avoir peur du vide** cael y bendro mewn mannau uchel

[la] **vidéo** ENW
▷ *gweler hefyd* **vidéo** ANSODDAIR
fideo (g)

vidéo (BEN+LLUOSOG **vidéo**) ANSODDAIR
▷ *gweler hefyd* **vidéo** ENW
fideo
❑ **une cassette vidéo** casét fideo ❑ **un jeu vidéo** gêm fideo ❑ **une caméra vidéo** camera fideo

[le] **vidéoclip** ENW
fideo (g) cerddoriaeth

[le] **vidéoclub** ENW
siop (b) fideo

vider BERF [28]
gwacáu

[la] **vie** ENW
bywyd (g)

■ **être en vie** bod yn fyw

vieil ANSODDAIR GWR
hen
❑ **un vieil arbre** hen goeden ❑ **un vieil homme** hen ddyn

[le] **vieillard** ENW
hen ŵr (g)

vieille BEN ANSODDAIR ▷ *gweler* **vieux**

[la] **vieille** ENW
▷ *gweler hefyd* **vieille** ANSODDAIR
hen wraig (b)
■ **Eh bien, ma vieille …** (anffurfiol) Nawr te, fy hen ffrind/hen goes …

[la] **vieillesse** ENW
henaint (g)

vieillir BERF [38]
heneiddio
❑ **Il a beaucoup vieilli.** Mae ef wedi heneiddio llawer.

viendrai, vienne, viens BERF ▷ *gweler* **venir**
■ **Je viendrai dès que possible.** Fe fydda i'n dod cyn gynted â phosib.
■ **Je voudrais que tu viennes.** Fe hoffwn i ti ddod.
■ **Viens ici!** Tyrd/Dere yma!

[la] **Vierge** ENW
▷ *gweler hefyd* **vierge** ANSODDAIR
arwydd (g) y Forwyn
❑ **Pascal est Vierge.** Mae Pascal wedi'i eni dan arwydd y Forwyn.
■ **la Vierge** y Forwyn Fair

vierge (BEN **vierge**) ANSODDAIR
▷ *gweler hefyd* **Vierge** ENW
gwyryf (b)
❑ **Elle est vierge.** Mae hi'n wyryf.
gwag
❑ **un CD vierge** CD gwag

[le] **Viêt-Nam** ENW
Fietnam (b)

vietnamien (BEN **vietnamienne**) ANSODDAIR, ENW
Fietnamaidd, o Fietnam
■ **un Vietnamien** Fietnamiad (dyn)
■ **une Vietnamienne** Fietnamiad (dynes)
■ **les Vietnamiens** Y Fietnamiaid

vieux (GWR **vieil**, BEN **vieille**) ANSODDAIR
▷ *gweler hefyd* **vieux** ENW, **vieille** ENW
hen
❑ **Il fait plus vieux que son âge.** Mae'n edrych yn hŷn na'i oed. ❑ **une vieille dame** hen wraig
■ **un vieux garçon** hen lanc, dyn dibriod
■ **une vieille fille** hen ferch, merch ddibriod

[le] **vieux** ENW

▷ *gweler hefyd* **vieux** ANSODDAIR
hen ŵr (g)
❑ Eh bien, mon vieux … *(anffurfiol)* Wel, hen ddyn/fy ffrind…
■ **les vieux** yr hen bobl

vieux jeu (BEN+LLUOSOG **vieux jeu**) ANSODDAIR
hen ffasiwn
❑ Il est un peu vieux jeu. Mae e ychydig yn hen ffasiwn.

vif (BEN **vive**) ANSODDAIR
effro, chwim *(yn feddyliol)*
❑ Il est très vif. Mae e'n effro iawn.
■ **avoir l'esprit vif** Mae ganddo feddwl chwim.
iach, ffres
❑ L'air est plus vif à la campagne qu'en ville. Mae'r awyr yn fwy ffres yn y wlad nag yn y dref.
llachar, disglair *(lliw)*
❑ un bleu vif glas llachar
■ **à vive allure** yn gyflym
■ **de vive voix** wyneb yn wyneb ❑ Je te le dirai de vive voix. Fe ddyweda i wrthot ti wyneb yn wyneb.

[la] **vigne** ENW
gwinwydden (b)
■ **des champs de vigne** gwinllannoedd

[le] **vigneron** ENW
gwinllanwr (g)

[la] **vignette** ENW
disg (g) treth *(car)*

[le] **vignoble** ENW
gwinllan (b)

vilain (BEN **vilaine**) ANSODDAIR
drwg, drygionus
❑ C'est très vilain de dire des mensonges. Mae'n ddrwg iawn i ddweud celwyddau.
hyll
❑ Il n'est pas vilain. Nid yw'n hyll.

[la] **villa** ENW
tŷ (g) ar wahân, fila (g)/(b)
❑ une villa en multipropriété fila cyfran amser *(i'w rannu)*

[le] **village** ENW
pentref (g)

[le] **villageois** ENW
pentrefwr (g)

[la] **villageoise** ENW
pentrefwraig (b)

[la] **ville** ENW
tref (b)
❑ Je vais en ville. Rwy'n mynd i'r dref.
■ **une grande ville** dinas, tref fawr

[le] **vin** ENW
gwin (g)
❑ le vin blanc gwin gwyn ❑ le vin rouge gwin coch ❑ le vin rosé gwin rosé ❑ le vin de pays gwin lleol ❑ le vin ordinaire gwin bwrdd

[le] **vinaigre** ENW
finegr (g)

[la] **vinaigrette** ENW
finegrét (g)/(b)

vingt NUMBER
ugain, dau ddeg
❑ Elle a vingt ans. Mae hi'n ugain mlwydd oed.
❑ à vingt heures am wyth o'r gloch y nos
■ **le vingt février** yr ugeinfed o Chwefror
■ **vingt et un** un ar hugain, dau ddeg un
■ **vingt-deux** dau/dwy ar hugain, dau ddeg dau

[la] **vingtaine** ENW
tua ugain, rhyw ugain
❑ une vingtaine de personnes tua ugain o bobl
■ **Il a une vingtaine d'années.** Mae ef tua ugain oed.

vingtième (BEN **vingtième**) ANSODDAIR
ugeinfed

[le] **viol** ENW
trais (g) *(rhywiol)*

violemment ADFERF
yn dreisgar, yn wyllt
❑ Le vent souffle violemment. Mae'r gwynt yn chwythu yn wyllt.

[la] **violence** ENW
trais (g)

violent (BEN **violente**) ANSODDAIR
treisgar, ffyrnig

violer BERF [28]
treisio *(rhywiol)*

violet (BEN **violette**) ANSODDAIR
porffor, piws, fioled *(goleuach)*

[la] **violette** ENW
fioled (b) *(blodyn)*

[le] **violon** ENW
ffidl (b), fiolin (b)
❑ Je joue du violon. Rwy'n canu'r ffidl/fiolin.

[le] **violoncelle** ENW
soddgrwth (g)
❑ Elle joue du violoncelle. Mae hi'n canu'r soddgrwth

[le/la] **violoniste** ENW
ffidler (g), fiolinydd (g), ffidleres (b), fiolinyddes (b)

[la] **vipère** ENW
gwiber (b), neidr (b) ddu

[le] **virage** ENW
tro (g), troad (g)

❏ une route pleine de virages dangereux
ffordd sydd â llawer o droeon peryglus

[la] **virgule** ENW
coma (g)
pwynt (g) degol
❏ trois virgule cinq tri pwynt pump

[le] **virus** ENW
firws (g)

vis BERF ▷ gweler **vivre**
▷ gweler hefyd **vis** ENW
■ Je vis en Écosse. Rwy'n byw yn yr Alban.

[la] **vis** ENW
▷ gweler hefyd **vis** BERF
sgriw (b)

[le] **visa** ENW
fisa (b), teitheb (b)

[le] **visage** ENW
wyneb (g)
❏ Elle a le visage rond. Mae ganddi wyneb
crwn.

vis-à-vis de ARDDODIAD
o ran, mewn perthynas â
❏ Ce n'est pas très juste vis-à-vis de lui. Nid
yw'n deg iawn o'i ran e/mewn perthynas ag e.

viser BERF [28]
anelu at
❏ Il faut viser la cible. Mae'n rhaid anelu at y
targed.

[la] **visibilité** ENW
gweledigrwydd (g), amlygrwydd (g)

visible (BEN **visible**) ANSODDAIR
gweladwy

[la] **visière** ENW
pig (g)/ blaen (b) (cap pig)

[la] **visite** ENW
ymweliad (g)
■ rendre visite à quelqu'un ymweld â rhywun
❏ Je vais rendre visite à mon grand-père. Rwy'n
mynd i ymweld â'm taid.
■ avoir de la visite cael ymwelwyr ❏ Nous
avons de la visite aujourd'hui. Mae gennym
ymwelwyr heddiw.
■ une visite guidée taith dywys
■ une visite médicale archwiliad meddygol

visiter BERF [28]
ymweld â

[le] **visiteur** ENW
ymwelydd (g), twrist

[la] **visiteuse** ENW
ymwelydd (b), twrist

[le] **vison** ENW
minc (g) (ffwr)

❏ un manteau en vison côt finc

vit BERF ▷ gweler **vivre**

vital (BEN **vitale**, GWR LLUOSOG **vitaux**)
ANSODDAIR
hanfodol, allweddol
❏ C'est une question vitale. Mae hynna'n
allweddol/hanfodol bwysig.

[la] **vitamine** ENW
fitamin (g)

vite ADFERF
yn gyflym, yn fuan
❏ Vite, ils arrivent! Brysia, maen nhw'n
cyrraedd! ❏ Je peux aller dire au revoir à Claire?
– Oui, mais fais vite! 'A fedrai fynd i ffarwelio
â Claire?' – 'Iawn, ond brysia!' ❏ Prenons la
voiture, ça ira plus vite. Fe awn ni'n y car, fe
fyddwn ni'n gynt.
■ Le temps passe vite. Mae'r amser yn hedfan.
❏ Il roule trop vite. Mae e'n gyrru'n rhy gyflym.
yn y man
❏ Il va vite oublier. Fe fydd wedi anghofio yn
y man.
■ Il a vite compris. Deallodd ar unwaith.

[la] **vitesse** ENW
cyflymder (g), cyflymdra (g)
❏ à toute vitesse ar frys, ar ras wyllt ❏ Nous
sommes rentrés à toute vitesse. Fe aethon ni
adre ar frys.
gêr (g) (mewn car)
❏ en première vitesse yn y gêr isaf/cyntaf

[le] **viticulteur** ENW
gwinllannwr (g)
❏ Mon oncle est viticulteur. Mae fy ewythr yn
winllannwr.

[le] **vitrail** (LLUOSOG [les] **vitraux**) ENW
ffenestr (b) liw (mewn eglwys)

[la] **vitre** ENW
gwydr (g) ffenestr, paen (g) ffenestr
❏ Il a cassé une vitre. Fe dorrodd ffenestr.

[la] **vitrine** ENW
ffenestr (b) siop

vivant (BEN **vivante**) ANSODDAIR
byw
❏ les êtres vivants creaduriaid byw ❏ les
expériences sur les animaux vivants arbrofion
ar anifeiliaid byw
bywiog
❏ Elle est très vivante. Mae hi'n fywiog iawn.

vive ANSODDAIR BEN ▷ gweler **vif**

vive EBYCHIAD
▷ gweler hefyd **vive** ANSODDAIR
■ Vive le roi! Hir oes i'r Brenin!

vivement EBYCHIAD
- ■ **Vivement les vacances!** Brysied y gwyliau!

vivre BERF [91]
> byw
> ❏ J'aimerais vivre à l'étranger. **Hoffwn fyw dramor.** ❏ Et ton grand-père? Il vit encore? **Beth am dy daid/dad-cu? A yw e'n fyw o hyd?**

vlan EBYCHIAD
> clec!, chwap!, clatsh!

[la] **VO** ENW
- ■ **un film en VO** (= *en version originale*) ffilm yn yr iaith wreiddiol

[le] **vocabulaire** ENW
> geirfa (b)

[la] **vocation** ENW
> galwedigaeth (b)

[le] **vœu** (LLUOSOG [les] **vœux**) ENW
> dymuniad (g)
> ❏ faire un vœu dymuno, gwneud dymuniad
> ❏ Meilleurs vœux de bonne année! **Gyda'n dymuniadau gorau am y Flwyddyn Newydd!**

[la] **vogue** ENW
> ffasiwn (g)/(b), bri (g)
> ❏ C'est très en vogue en ce moment. **Mae'n ffasiynol dros ben ar hyn o bryd.**

voici ARDDODIAD
> dyma
> ❏ Voici mon frère et voilà ma sœur. **Dyma fy mrawd a dyna fy chwaer.**
> dyma un
> ❏ Tu as perdu ton stylo? Tiens, en voici un autre. **Wyt wedi colli dy feiro? Dyma un arall i ti.**
- ■ **Le/la/les voici!** Dyma fe/hi/nhw! ❏ Tu veux tes clés? Tiens, les voici! **Wyt ti am dy allweddi? Dyma nhw i ti!**

[la] **voie** ENW
> lôn (b)
> ❏ une route à trois voies ffordd â thair lôn
- ■ **par voie orale** trwy'r genau i'w lyncu (*meddygol*) ❏ à prendre par voie orale i'w gymryd trwy'r genau i'w lyncu (*meddygol*)
- ■ **la voie ferrée** rheilffordd

voilà ARDDODIAD
> dyma/dyna/dacw
> ❏ Tiens! Voilà Paul. **Edrych! Dacw Paul.** ❏ Tu as perdu ta gomme? Tiens, en voilà un autre. **'Wyt ti wedi colli dy rwbiwr? Cymer, dyma un arall i ti.** ❏ Voilà ma sœur. **Dacw fy chwaer.**
- ■ **Les voilà!** Dacw nhw!

[la] **voile** ENW
> ▷ gweler hefyd **le voile** ENW GWR
> hwyl (b) (*llong*)

hwylio (*morio*)
> ❏ faire de la voile mynd i hwylio
- ■ **un bateau à voiles** cwch/llong hwylio

[le] **voile** ENW
> ▷ gweler hefyd **la voile** ENW
> fêl (b) (*dros yr wyneb*)
> ❏ un voile de mariée fêl priodferch

[le] **voilier** ENW
> llong (b) hwyliau

voir BERF [92]

AMSER PRESENNOL	
je vois	nous voyons
tu vois	vous voyez
il/elle voit	ils/elles voient

RHANGYMERIAD GORFFENNOL
vu

gweld
> ❏ Venez me voir quand vous serez à Paris. **Dewch i'm gweld i pan fyddwch chi ym Mharis.** ❏ Je ne vois pas pourquoi il a fait ça. **Nid wyf yn deall pam y gwnaeth e hynna.**
- ■ **faire voir quelque chose à quelqu'un** dangos rhywbeth i rywun ❏ Il m'a fait voir sa maison. **Dangosodd ei dŷ i fi.**
- ■ **se voir** bod yn amlwg ❏ Ça fait des années qu'elle n'a pas joué au tennis – Oui, ça se voit! **'Mae blynyddoedd ers iddi chwarae tennis.' 'Ydy, mae'n amlwg!'** ❏ Est-ce que cette tache se voit? **Ydy'r staen hwn yn amlwg?**
- ■ **avoir quelque chose à voir avec** bod a wnelo â ❏ Ça n'a rien à voir avec lui, c'est entre toi et moi. **Wnelo'r peth ddim ag e, mater i ti a fi ydyw.**
- ■ **Je ne peux vraiment pas la voir.** (*anffurfiol*) **Dwi wir ddim yn gallu ei dioddef.**

[le] **voisin** ENW
> cymydog (g)

[le] **voisinage** ENW
- ■ **dans le voisinage** yn y gymdogaeth, yn yr ardal

[la] **voisine** ENW
> cymdoges (b)

[la] **voiture** ENW
> car (g)
> ❏ une voiture de sport sbortscar

[la] **voix** (LLUOSOG [les] **voix**) ENW
> llais (g)
> ❏ à voix basse mewn llais isel
- ■ **à haute voix** mewn llais uchel
> pleidlais (b)
> ❏ Il a obtenu cinquante pour cent des voix. **Fe gafodd 50% o'r pleidleisiau.**

[le] vol ENW
  ehediad (g)
  ■ **à vol d'oiseau** fel mae'r frân yn hedfan
  ■ **le vol à voile** gleidio
  lladrad (g)
  ❏ un vol à main armée lladrad arfog
[la] volaille ENW
  dofednod (ll), ffowls (ll)
[le] volant ENW
  llyw (g) cerbyd, olwyn (b) llywio
  gwennol (g) (badminton)
[le] volcan ENW
  llosgfynydd (g)
[la] volée ENW
  foli (b) (mewn tennis)
  ■ **rattraper une balle à la volée** dal pêl yn
  yr awyr
voler BERF [28]
  hedfan
  ❏ J'aimerais savoir voler. Fe hoffwn i fedru
  hedfan.
  dwyn, lladrata
  ❏ On a volé mon appareil photo. Mae fy
  nghamera wedi cael ei ddwyn.
  ■ **voler quelque chose à quelqu'un** dwyn
  rhywbeth oddi ar rywun ❏ Ça n'est pas son
  livre, il me l'a volé. Nid ei lyfr e yw e, fe wnaeth
  ei ddwyn oddi arna i.
  ■ **voler quelqu'un** lladrata/dwyn oddi ar
  rywun
[le] volet ENW
  caead (g) (ffenestr)
[le] voleur ENW
  lleidr (g)
  ■ **Au voleur !** Stopiwch y lleidr!
[la] voleuse ENW
  lladrones (b)
[le] volley ENW
  pêl-foli (g)
  ❏ jouer au volley chwarae pêl-foli
[le/la] volontaire ENW
  gwirfoddolwr (g), gwirfoddolwraig (b)
[la] volonté ENW
  ewyllys (g)/(b)
  ❏ Il a beaucoup de volonté. Mae ganddo rym
  ewyllys.
  ■ **la bonne volonté** ewyllys da
  ■ **la mauvaise volonté** drwgewyllys
volontiers ADFERF
  o wirfodd , yn llawen, â chroeso

❏ Je l'aiderais volontiers s'il me le demandait.
Buaswn i'n ei helpu yn llawen, pe bai'n gofyn
i fi.
wrth gwrs, siwr iawn
❏ Voulez-vous boire quelque chose? –
Volontiers! 'Gymerwch chi rywbeth i'w yfed?'
– 'Â phleser!'
[le] volume ENW
  cyfrol (b)
  ❏ un dictionnaire en deux volumes geiriadur
  mewn dwy gyfrol
  uchder (g) sŵn
volumineux (BEN **volumineuse**) ANSODDAIR
  swmpus
vomir BERF [38]
  chwydu
  ❏ Il a vomi toute la nuit. Bu'n chwydu drwy'r
  nos.
vont BERF ▷ gweler **aller**
vos ANSODDAIR LLUOSOG
  eich
  ❏ Rangez vos jouets, les enfants! Tacluswch
  eich tegannau blant! ❏ Merci pour vos fleurs,
  M. Durand. Diolch am eich blodau, M. Durand.
[le] vote ENW
  pleidlais (b)
voter BERF [28]
  pleidleisio
votre (BEN **votre**, LLUOSOG **vos**) ANSODDAIR
  eich
  ❏ C'est votre manteau? Eich côt chi yw hon?
vôtre RHAGENW
  ■ **le vôtre** eich un chi, eich eiddo chi
  ❏ J'aime bien notre prof de maths, mais le
  vôtre est plus patient. Rwy'n hoff iawn o'n
  hathro mathemateg ni, ond mae eich un
  chi yn fwy amyneddgar. ❏ À qui est cette
  écharpe? C'est la vôtre? Pwy sydd berchen y
  sgarff hon? Eich un chi yw hi?
  ■ **À la vôtre!** Iechyd da!
vôtres RHAGENW LLUOSOG
  ■ **les vôtres** eich rhai chi ❏ J'ai oublié mes
  lunettes de soleil. Vous avez les vôtres? Rwyf
  wedi anghofio fy sbectol haul. Ydy eich rhai
  chi gyda chi?
**voudra, voudrai, voudrais, voudras,
voudrez, voudrons, voudront** BERF
  ▷ gweler **vouloir**
  ■ **Je voudrais …** Fe hoffwn …/Ga i … ❏ Je
  voudrais vingt litres d'essence, s'il vous plaît.
  Ga i ugain litr o betrol, os gwelwch yn dda.

vouloir BERF [93]

> **AMSER PRESENNOL**
> je veux   nous voulons
> tu veux   vous voulez
> il/elle veut   ils/elles veulent
> **RHANGYMERIAD GORFFENNOL**
> voulu

eisiau, dymuno
- ❑ Elle veut un vélo pour Noël. Mae hi eisiau beic yn anrheg Nadolig. ❑ Je ne veux pas de dessert. Dwi ddim eisiau pwdin. ❑ Il ne veut pas venir. Nid yw am ddod. ❑ On va au cinéma? – Si tu veux. 'Awn i'r sinema?' – 'Os hoffet ti.'
- ■ **Je veux bien.** Â chroeso, yn llawen
- ■ **Voulez-vous une tasse de thé? – Je veux bien.** 'Hoffech chi baned o de?' – 'Hoffwn, yn fawr.'
- ■ **sans le vouloir** yn anfwriadol, ar ddamwain ❑ Je l'ai vexé sans le vouloir. Fe wnes i ei frifo yn anfwriadol.
- ■ **en vouloir à quelqu'un** dal dig yn erbyn rhywun ❑ Il m'en veut de ne pas l'avoir invité. Mae e'n ddig â fi am beidio â'i wahodd.
- ■ **vouloir dire** golygu, meddwl ❑ Qu'est-ce que ça veut dire? Beth yw ystyr hynna?/Beth mae hynna'n ei olygu?

voulu BERF ▷ *gweler* **vouloir**

vous RHAGENW UNIGOL, LLUOSOG
chi
- ❑ Vous aimez la pizza? Ydych chi'n hoffi pizza?
atoch chi
- ❑ Je vous écrirai bientôt. Fe ysgrifennaf atoch chi yn fuan.
eich hun, eich hunan, eich hunain
- ❑ Vous vous êtes fait mal? Ydych chi wedi anafu eich hun?
- ■ **vous-même** chi eich hun ❑ Vous l'avez fait vous-même? Chi wnaeth e eich hunan?

vouvoyer BERF [53]
- ■ **vouvoyer quelqu'un** galw 'chi' ar rywun, galw rhywun yn 'chi' ❑ Est-ce que je dois vouvoyer ta sœur? A ddylwn i ddweud 'chi' wrth dy chwaer?

[le] **voyage** ENW
taith (b), siwrnai (b)
- ❑ Avez-vous fait bon voyage? Gawsoch chi siwrnai dda?
- ■ **Bon voyage!** Siwrnai dda!

voyager BERF [45]
teithio

[le] **voyageur** ENW

teithiwr (g)

[la] **voyageuse** ENW
teithwraig (b)

voyaient, voyais, voyait BERF ▷ *gweler* **voir**

[la] **voyelle** ENW
llafariad (g)

voyez, voyiez, voyions BERF ▷ *gweler* **voir**
gweld

voyons BERF ▷ *gweler* **voir**
gadewch i ni weld
- ❑ Voyons ce qu'on peut faire. Gadewch i ni weld beth allwn ni ei wneud.
Dere!, Tyrd!
- ❑ Voyons, sois raisonnable! Dere 'mlaen, bydd yn rhesymol!

[le] **voyou** ENW
gwalch (g) bach, hwligan (g)

vrac
- ■ **en vrac** ADFERF
rhydd (*nid mewn paced*)
- ❑ du thé en vrac te rhydd

vrai (BEN **vraie**) ANSODDAIR
gwir
- ❑ une histoire vraie stori wir ❑ C'est vrai? Ydy e'n wir?
- ■ **à vrai dire** a dweud y gwir

vraiment ADFERF
yn wir, mewn gwirionedd

vraisemblable (BEN **vraisemblable**) ANSODDAIR
tebygol, credadwy
- ❑ C'est peu vraisemblable. Mae'n annhebygol.
- ■ **une excuse vraisemblable** esgus credadwy

[le] **VTT** ENW (= *vélo tout-terrain*)
beic (g) mynydd

vu BERF ▷ *gweler* **voir**
- ❑ J'ai vu ce film au cinéma. Gwelais y ffilm hon yn y sinema.
- ■ **être bien vu** bod yn boblogaidd (*person*) ❑ Est-ce qu'il est bien vu à l'école? A yw e'n boblogaidd yn yr ysgol?
- ■ **C'est mal vu de fumer ici.** Mae'n annerbyniol i ysmygu yma.

[la] **vue** ENW
golwg (g)
- ❑ J'ai une mauvaise vue. Mae fy ngolwg yn wael.
golygfa (g)
- ❑ Il y a une belle vue d'ici. Mae golygfa hardd o'r fan hon.
- ■ **à vue d'œil** yn weladwy ❑ Elle grandit à vue d'œil. Mae hi i'w gweld wedi tyfu, bob tro y gwela i hi.

vulgaire (BEN **vulgaire**) ANSODDAIR
di-chwaeth, fwlgar
❏ Ne dit pas ça, c'est très vulgaire. Paid â
dweud hynna, mae'n fwlgar iawn.

W | w

[le] **wagon** ENW
cerbyd (g) trên, wagen (b)

[le] **wagon-lit** (LLUOSOG [les] **wagons-lits**) ENW
cerbyd (g) cysgu *(ar drên)*

[le] **wagon-restaurant** (LLUOSOG [les]
wagons-restaurants) ENW
cerbyd (g) bwyta *(ar drên)*

[le] **walkman** ® ENW
Walkman (g) ®, stereo (b) bersonol

wallon (BEN **wallonne**) ANSODDAIR, ENW
Walwnaidd
■ un Wallon Walwniad *(dyn)*
■ une Wallonne Walwniad *(dynes)*
■ les Wallons y Walwniaid

[la] **Wallonie** ENW
Walwnia (b) *ardal o Wlad Belg lle y siaredir
Ffrangeg*

[les] **W.-C.** ENW GWR LLUOSOG
tai (ll) bach, toiledau (ll)

[le] **Web** ENW
y We (g)

[la] **webcam** ENW
gwe-gam (g)

[le] **webmaster** ENW
gwefeistr (g)

[le] **webzine** ENW
gwegrawn (g)

[le] **week-end** ENW
y penwythnos (g)

[le] **western** ENW
ffilm (b) cowboi

[le] **whisky** (LLUOSOG [les] **whiskies**) ENW
wisgi (g), chwisgi (g)

[le] **wifi** ENW
wifi (g)

X | x

xénophobe (BEN **xénophobe**) ANSODDAIR
person (g)/(b) sydd â rhagfarn yn erbyn tramorwyr

[la] **xénophobie** ENW
senoffobia (g) (*rhagfarn yn erbyn tramorwyr*)

[le] **xylophone** ENW
seiloffon (g)
❑ Elle joue du xylophone. Mae hi'n canu'r seiloffon.

Y y

y RHAGENW

yn y fan yna/acw, yno

❑ Nous y sommes allés l'été dernier. Fe aethom yno haf diwethaf. ❑ Regarde dans le tiroir: je pense que les clés y sont. Edrych yn y drôr: rwy'n meddwl bod yr allweddi yno.

■ **Je pensais à l'examen. – Mais arrête d'y penser!** 'Roeddwn yn meddwl am yr arholiad.' – 'Paid â meddwl amdano.'

■ **Je ne m'attendais pas à ça. – Moi, je m'y attendais.** 'Doeddwn i ddim yn disgwyl hynna,' – 'Roeddwn i'n ei ddisgwyl.'

[le] **yaourt** ENW

iogwrt (g)

❑ un yaourt nature iogwrt naturiol ❑ un yaourt aux fruits iogwrt â blas ffrwythau

[les] **yeux** (UNIGOL **œil**) ENW GWR

llygaid (ll)

❑ Elle a les yeux bleus. Mae ganddi lygaid glas.

[le] **yoga** ENW

ioga (g)/(b)

[le] **yoghourt** ENW

iogwrt (g)

[la] **Yougoslavie** ENW

Iwgoslafia (b)

■ **l'ex-Yougoslavie** yr hen Iwgoslafia

youpi EBYCHIAD

Hwrê!

[le] **yoyo** ENW

io-io (g)

Z z

zapper BERF [28]
  newid sianeli (*ar y teledu*)
[le] **zèbre** ENW
  sebra (g)
[le] **zéro** ENW
  sero (g), dim (g)
  ■ **Ils ont gagné trois à zéro.** Fe enillon nhw
  dri i ddim.
zézayer BERF [59]
  siarad â thafod tew, lisbian
  ❑ Il zézaie. Mae e'n siarad â thafod tew.
[le] **zigzag** ENW
  ■ **faire des zigzags** mynd igam-ogam

[la] **zone** ENW
  ardal (b), parth (g)
  ■ **une zone industrielle** stad ddiwydiannol
  ■ **une zone piétonne** parth cerddwyr
[le] **zoo** ENW
  sw (g)
zoologique (BEN **zoologique**) ANSODDAIR
  swolegol
  ❑ un jardin zoologique gardd swolegol
zut EBYCHIAD
  Daro!/Daria!

CYNNWYS

Les pays francophones
Gwledydd Ffrangeg eu hiaith

1	France	24	Bénin
2	Canada-Nouveau-Brunswick	25	Guiné-Équatoriale
3	Canada-Québec	26	Saint-Thomas-et-Prince
4	Canada	27	Gabon
5	Haïti	28	Cameroun
6	Sainte-Lucie	29	Chad
7	Dominique	30	Centrafique
8	Belgique	31	Congo
9	Communauté Française de Belgique	32	Zaïre
10	Luxembourg	33	Bulgarie
11	Suisse	34	Roumanie
12	Monaco	35	Moldavie
13	Tunisie	36	Égypte
14	Maroc	37	Liban
15	Mauritanie	38	Djibouti
16	Mali	39	Comores
17	Burkina-Faso	40	Madagascar
18	Sénégal	41	Seychelles
19	Cap-Vert	42	Maurice
20	Guinée-Bissau	43	Laos
21	Guinée	44	Viêt-Nam
22	Côte-d'Ivoire	45	Cambodge
23	Togo	46	Vanuatu

Le français est la seule langue à part l'anglais qui soit présente sur tous les continents. Elle est une langue officielle dans beaucoup de pays et c'est la langue de l'éducation dans beaucoup d'autres pays, surtout en Afrique. Elle est aussi l'une des langues officielles de la plupart des organisations internationales, par exemple l'Organisation des Nations Unies.

La famille et les relations

Y teulu a pherthynas ag eraill

Vocabulaire	Geirfa
ma mère	fy mam
mon père	fy nhad
mon beau-père	fy llysdad/fy nhad yng nghyfraith
ma belle-mère	fy llysfam/fy mam yng nghyfraith
ma sœur	fy chwaer
ma demi-sœur	fy hanner chwaer
mon frère	fy mrawd
mon demi-frère	fy hanner brawd
mon oncle	fy ewythr
ma tante	fy modryb
ma cousine	fy nghyfnither
mon cousin	fy nghefnder
mon grand-père/papi (anffurfiol)	fy nhaid/fy nhad-cu
ma grand-mère/mamie (anffurfiol)	fy nain/fy mam-gu
mes grands-parents	nain a taid/tad-cu a mam-gu
mon copain	fy nghyfaill
ma copine	fy nghyfeilles
mon petit copain	fy nghariad (gwr)
ma petite copine	fy nghariad (ben)
mon fiancé	fy nyweddi (gwr)
ma fiancée	fy nyweddi (ben)

Voici ma famille

Dyma fy nheulu

Ma sœur est toujours au collège.	Mae fy chwaer yn dal yn yr ysgol uwchradd.
Jean est le petit ami de ma sœur.	Jean ydy cariad fy chwaer.
Natalie est la cousine de mon oncle.	Natalie ydy cyfnither fy ewythr.
J'ai une sœur jumelle.	Mae gen i chwaer sy'n efaill.
J'ai un frère jumeau.	Mae gen i frawd sy'n efaill.
J'ai une sœur ainée.	Mae chwaer fawr gen i.
J'ai un frère cadet .	Mae brawd bach gen i.
Je suis fille unique.	Dw i'n unig blentyn (merch).
Je suis fils unique.	Dw i'n unig blentyn (bachgen).
Mes parents sont divorcés/séparés.	Mae fy rhieni wedi ysgaru/gwahanu.
Mon père s'est remarié.	Mae fy nhad wedi ailbriodi.
Mon grand-père est décédé.	Mae fy nhaid/nhad-cu wedi marw.

Les relations / Perthnasau

Les relations	Perthnasau
Je m'entends très bien avec mes parents.	Dwi'n dod ymlaen yn dda iawn gyda fy rhieni.
Je ne m'entends pas bien avec mon frère cadet.	Dwi ddim yn dod ymlaen yn dda gyda fy mrawd ieuengaf.
Je m'entends bien avec ma sœur aînée.	Dw i'n dod ymlaen yn dda gyda fy chwaer hŷn.
Danielle est ma meilleure amie.	Fy ffrind (ben) gorau ydy Danielle.
Mon meilleur ami s'appelle Yves.	Enw fy ffrind (gwr) gorau ydy Yves.
Je me suis disputé(e) avec ma meilleure copine.	Dwi wedi cweryla gyda fy ffrind (ben) gorau.
Dans ma famille, on se dispute rarement.	Yn fy nheulu i, dydyn ni ddim yn cweryla yn aml.

Les sentiments / Teimladau

Les sentiments	Teimladau
Je suis déçu (déçue) de ne pas être dans l'équipe.	Dwi'n siomedig i beidio â bod yn y tîm.
J'adore parler gallois.	Dwi wrth fy modd yn siarad Cymraeg.
Je suis content (contente) de te voir.	Dwi'n bles i dy weld di.
Je suis heureux (heureuse) d'habiter au pays de Galles.	Dwi'n hapus i fyw yng Nghymru.
J'étais fâché (fâchée) de rater le train.	Roeddwn i wedi gwylltio/yn grac i golli'r trên.
J'étais triste de quitter mon pays.	Roeddwn i'n drist i adael fy ngwlad.
Il est amoureux de ma sœur.	Mae e mewn cariad â fy chwaer.
Elle est amoureuse de mon frère.	Mae hi mewn cariad â fy mrawd.
Je me sens proche de mes parents.	Dwi'n teimlo'n agos at fy rhieni.
Je ne me sens pas proche de mon oncle.	Dwi ddim yn teimlo'n agos at fy ewythr.
Ça me rend heureux(-euse) /triste/ fâché(e).	Mae hynny'n fy ngwneud yn hapus/ drist/flin.
Ça me fâche/ça me met en colère.	Mae hynny'n fy ngwneud yn flin/ yn grac.

À la maison — Yn y tŷ

J'habite… — **Dwi'n byw…**

dans le nord	yn y gogledd
dans le sud	yn y de
dans l'ouest	yn y gorllewin
dans l'est	yn y dwyrain
dans le centre du pays de Galles	yng nghanolbarth Cymru
à la campagne	yn y wlad
à la montagne	yn y mynyddoedd
au bord de la mer	ar lan y môr
dans un (petit) village	mewn pentref (bach)
dans un bourg	mewn pentref mawr
dans une petite ville	mewn tref fechan
dans une (grande) ville	mewn tref (fawr)
au centre-ville	yng nghanol y dref
dans la banlieue de Caerdydd	ym maestrefi Caerdydd
dans un lotissement	ar stâd o dai
dans une ferme	ar fferm
dans une maison individuelle	mewn tŷ ar wahân/ sengl
dans une maison mitoyenne	mewn tŷ pâr
dans une maison à deux étages	mewn tŷ deulawr
dans un immeuble	mewn bloc o fflatiau
dans une vieille maison	mewn hen dŷ
dans une maison moderne/neuve	mewn tŷ modern/ newydd
au rez-de-chaussée	ar y llawr gwaelod
à l'étage	fyny grisiau/lan staer
au premier étage	ar y llawr cyntaf
au deuxième étage	ar yr ail lawr
au dernier étage	ar y llawr uchaf

Il y a… — **Mae yna…**

une cuisine	cegin
une salle de séjour	ystafell fyw
une salle à manger	ystafell fwyta
un salon	lolfa
ma chambre	fy ystafell wely
la chambre de ma sœur	ystafell wely fy chwaer
la chambre de mes parents	ystafell wely fy rhieni
la chambre d'amis	y llofft sbâr
une salle de bains	ystafell ymolchi
un bureau	stydi/swyddfa
un jardin	gardd
un terrain de foot	cae pêl-droed
un court de tennis	cwrt tennis
un voisin	cymydog
les voisins d'en face	cymdogion gyferbyn

Les phrases utiles — Ymadroddion defnyddiol

Chez moi, c'est confortable.	Mae fy nhŷ yn gyfforddus.
Je partage ma chambre avec ma sœur.	Dwi'n rhannu fy ystafell wely gyda fy chwaer.
J'ai ma propre chambre. Je préfère ça!	Mae gen i fy ystafell wely fy hun. Mae'n well gen i hynny!
Je range ma chambre une fois par semaine.	Dwi'n tacluso fy ystafell wely unwaith yr wythnos.
Ma maison est près de l'école.	Mae fy nhŷ ger yr ysgol.
Notre ferme est loin de l'école.	Mae ein fferm yn bell o'r ysgol.
Je vais au collège/lycée …	Dwi'n mynd i'r ysgol uwchradd…
à pied/ en voiture/ en bus	ar droed/mewn car/ mewn bws
en train/ à vélo	ar y trên/ ar y beic

Des endroits importants | Mannau pwysig

Dans ma ville/mon village il y a … | **Yn fy nhref/mhentref mae yna…**

une poste	swyddfa'r post
une piscine	pwll nofio
un office de tourisme	swyddfa twristiaeth
une temple	capel
une église	eglwys
une bibliothèque	llyfrgell
une école primaire	ysgol gynradd
un camping	maes pebyll
un centre de loisirs	canolfan hamdden
un cinéma	sinema
un théâtre	theatr
un collège	ysgol uwchradd (bl.7-10)
un lycée	ysgol uwchradd (bl.11-13)
un parc	parc
un musée	amgueddfa
un distributeur de billets	peiriant twll-yn-y-wal
un centre commercial	canolfan siopa
un supermarché	archfarchnad
un parking	maes parcio

Où est/se trouve… ? | **Ble mae… ?**

la gare	yr orsaf trenau
la gare routière	yr orsaf bysiau
la mairie	neuadd y dref
la patinoire	y rinc sglefrio
le stade	y stadiwm
le centre	y canol

Où sont… ? | **Ble mae (lluosog)… ?**

les magasins	y siopau
les équipements sportifs	y cyfleusterau chwaraeon
les cafés	y caffis

Les directions | Cyfarwyddiadau

Allez jusqu'aux feux.	Ewch ymlaen hyd at y goleuadau.
Tournez à gauche.	Trowch i'r chwith.
Tournez à droite.	Trowch i'r dde.
Allez tout droit.	Ewch syth ymlaen.
Prenez la première rue à gauche.	Cymerwch y stryd gyntaf ar y chwith.
C'est sur votre droite.	Mae e ar eich ochr dde.
C'est à côté du bowling.	Mae e drws nesaf i'r ganolfan fowlio.
C'est en face de la banque.	Mae e gyferbyn â'r banc.
loin de	yn bell o
près de	yn agos at
devant	o flaen
derrière	tu ôl

L'environnement	Yr amgylchedd
Pourquoi est-il important de protéger l'environnement ?	Pam ei bod hi'n bwysig gwarchod yr amgylchedd?
Il est important de préserver nos ressources naturelles.	Mae'n bwysig er mwyn arbed ein hadnoddau naturiol.
Le recyclage est important pour la protection de notre environnement.	Mae ailgylchu'n bwysig er mwyn amddiffyn ein hamgylchedd.
Qu'est-ce que tu fais pour protéger l'environnement ?	Beth wyt ti'n ei wneud i amddiffyn yr amgylchedd?
Je recycle le papier/ le carton/ le verre/ le plastique/les canettes.	Dwi'n ailgylchu papur/cardbord/gwydr/ plastig/caniau.
Je trie les déchets chez moi dans des poubelles de couleurs différentes.	Dwi'n didoli'r gwastraff i mewn i finiau lliwiau gwahanol.
Je vais à l'école à pied/à velo.	Dwi'n cerdded/mynd ar y beic i'r ysgol.
J'utilise les transports en commun.	Dwi'n defnyddio cludiant cyhoeddus.
Je prends une douche au lieu d'un bain.	Dwi'n cael cawod yn lle báth.
J'éteins la lumière quand je quitte une pièce.	Dwi'n diffodd y golau pan fyddaf yn gadael ystafell.
Ma ville est industrielle/intéressante/laide/ ennuyeuse.	Mae fy nhref yn…ddiwydiannol/diddorol/ hyll/diflas.
Ma ville/ Mon village est…pittoresque/moche/ tranquille.	Mae fy nhref/fy mhentref yn… brydferth,hyll, tawel.
Mon village est intéressant/rural/ennuyeux.	Mae fy mhentref yn ddiddorol/gwledig/diflas.

Les problèmes environmentaux	Problemau amgylcheddol
Quels sont les problèmes environnementaux ?	Beth ydy'r problemau amgylcheddol?
Il y a beaucoup de problèmes, par exemple…/le problème qui m'inquiète le plus, c'est…	Mae yna nifer o broblemau, er enghraifft…/ y broblem sydd yn fy mhoeni fwyaf ydy…
l'effet de serre	yr effaith tŷ gwydr
le réchauffement climatique	cynhesu byd-eang
la pollution atmosphérique	llygredd atmosfferig
les pluies acides	glaw asid
la marée noire	haen o olew (ar y môr)
le naufrage des pétroliers	llongddrylliadau tanceri olew
les déchets nucléaires	gwastraff niwclear
les déchets domestiques	gwastraff cartref
parce que/car …	oherwydd …
c'est un problème …	mae'n broblem …
important/dangereux	bwysig/peryglus
ça me touche personnellement	mae'n fy effeithio i'n bersonol
ça me rend …	mae'n fy ngwneud yn …
furieux (furieuse) /triste	gandryll/trist
ça me met en colère	mae'n fy ngwneud i'n grac/yn ddig

Les descriptions des personnes/ l'apparence	Disgrifio pobl/ ymddangosiad
Je suis/Je ne suis pas … Il/Elle est … Il/Elle n'est pas …	Rydw i'n/Dydw i ddim yn … Mae e/hi'n … Nid yw e/hi'n…
petit/petite	bach
grand/grande	mawr
vieux/vieille	hen
jeune	ifanc
mince/svelte	tenau/main
maigre	tenau
gros/grosse	tew
beau/belle	golygus/hardd
Il est de taille moyenne.	Mae e o faint canolig.
Elle ressemble à ma sœur.	Mae hi'n debyg i fy chwaer.
Il a une quarantaine d'années.	Mae e tua phedwar deg oed.

La personnalité	Personoliaeth
Je suis/Je ne suis pas … Il/Elle est/n'est pas …	Rydw i'n/Dydw i ddim yn … Mae e/hi'n/Nid yw e/hi'n (berson) …
sympa	dymunol
bête	dwl
stupide	twp
drôle	doniol
timide	swil
bizarre	od
radin/radine	cybyddlyd/tynn
casse-pieds	niwsans/yn boen
introverti/introvertie	mewnblyg
extraverti/extravertie	allblyg
bavard/bavarde	siaradus
intelligent/intelligente	galluog/clyfar
généreux/généreuse	hael
travailleur/travailleuse	gweithgar
paresseux/paresseuse	diog
gentil/gentille	caredig/neis
méchant/méchante	cas

Les cheveux et les yeux	Gwallt a llygaid
J'ai/Je n'ai pas les cheveux …	Mae gen i/Nid oes gen i wallt …
Il/Elle a/n'a pas les cheveux …	Mae ganddo/ganddi/Nid oes ganddo/ganddi wallt …
gris	llwyd
blonds	melyn
châtain	brown
châtain clair	brown golau
bruns	brown tywyll
roux	coch
longs	hir
courts	byr
frisés/bouclés	cyrliog
raides	syth
J'ai/Je n'ai pas les yeux …	Mae gen i/Nid oes gen i lygaid …
Il/Elle a/n'a pas les yeux …	Mae ganddo/ganddi/Nid oes ganddo/ganddi lygaid …
verts	gwyrdd
bleus	glas
marron/bruns	brown
noisette	brown golau
gris	llwyd
Il est chauve.	Mae e'n foel.
Il est barbu.	Mae e'n farfog.
Elle est rousse.	Mae hi'n walltgoch.

Les couleurs	Lliwiau
jaune	melyn
rouge	coch
beige	beige
violet/violette	fioled
blanc/blanche	gwyn
gris/grise	llwyd
vert/verte	gwyrdd
noir/noire	du
brun/brune	brown
bleu/bleue	glas
orange (gwr/ben/lluosog- un ffurf yn unig)	lliw oren
bleu marine	glas nefi
turquoise	glaswyrdd
marron	brown
bordeaux	browngoch
crème	lliw hufen

Les vêtements	Dillad
Je porte/Je portais …	**Rydw i'n/Roeddwn i'n gwisgo …**
Il/Elle porte/portait …	**Mae e/hi'n gwisgo/Roedd e/hi'n gwisgo …**
un chapeau	cap
un T-shirt	crys T
un pull	siwmper
un pantalon	trowsus
un jean	jîns
un gilet	gwasgod/cardigan
un blouson	siaced anffurfiol
un chemisier	blows
un manteau	côt
un short	trowsus byr/siorts
un uniforme scolaire	gwisg ysgol
un maillot de bain	gwisg nofio
une écharpe	sgarff
une chemise	crys
une cravate	tei
une veste	siaced ffurfiol
une jupe	sgert
une ceinture	belt
des bottes	bŵts
des baskets/des tennis	esgidiau ymarfer
des chaussures	esgidiau
des chaussettes	sanau
des sandales	sandalau
des lunettes (de soleil)	sbectol (haul)
des bijoux	gemwaith
des boucles d'oreilles	clustdlysau
Je portais un pantalon gris clair.	Roeddwn i'n gwisgo trowsus llwyd golau.
Je portais une jupe marron clair.	Roeddwn i'n gwisgo sgert frown golau.
Il portait des baskets bleu foncé.	Roedd e'n gwisgo esgidiau ymarfer glas tywyll.
Elle porte une jupe rayée.	Mae hi'n gwisgo sgert streipiog.
à carreaux	â phatrwm sgwarog
à pois	smotiog
à rayures	streipiog
en cuir	wedi ei wneud o ledr
en coton	wedi ei wneud o gotwm
en laine	wedi ei wneud o wlân
en jean	wedi ei wneud o ddenim

La mode	Ffasiwn
Je porte des vêtements à la mode.	Dwi'n gwisgo dillad ffasiynol.
J'achète des chemisiers de marque.	Dwi'n prynu blowsus y cynllunwyr.
Je m'en fiche de la mode.	Dwi'n malio dim am ffasiwn.
Les couleurs vives sont à la mode cette année.	Mae lliwiau llachar yn ffasiynol y flwyddyn hon.
J'achète des vêtements de marque.	Rydw i'n prynu dillad cynllunydd.

Les passe-temps — Diddordebau

Qu'est-ce que tu fais pendant ton temps libre?	**Beth wyt ti'n ei wneud yn ystod dy amser rhydd?**
Normalement	Fel arfer
D'habitude	Fel arfer
Parfois	Weithiau
De temps en temps	O dro i dro
Je fais...	**Dwi'n (gwneud)..**
du jogging	loncian
du foot	pêl-droed
du ski	sgïo
du ski nautique	sgïo ar ddŵr
du surf	syrffio/hwylfyrddio
de la danse	dawnsio
de la gymnastique	gwneud gymnasteg
de la natation	nofio
de l'équitation	marchogaeth
de la voile	hwylio
Je joue...	**Dwi'n canu'r...**
du piano	piano
du violon	ffidil
du tuba	tiwba
de la guitare	gitâr
de la flute	ffliwt
de la trompette	trwmped

Je joue au...	**Dwi'n chwarae...**
golf	golff
rugby	rygbi
hockey	hoci
football	pêl-droed
netball	pêl-rwyd
tennis de table/ ping-pong	tennis bwrdd/ ping-pong
Je joue aux...	**Dwi'n chwarae...**
boules	bowls
cartes	cardiau
dames	drafftiau
échecs	gwyddbwyll
jeux de société	gemau bwrdd
Je regarde...	**Dwi'n gwylio...**
la télé	y teledu
un DVD	DVD
un film	ffilm
un match de foot	gêm bêl-droed
J'écoute...	**Dwi'n gwrando ar...**
de la musique	cerddoriaeth
des CDs	cryno ddisgiau
la radio	y radio
mon iPod	fy iPod
Je lis...	**Dwi'n darllen...**
des livres	llyfrau
des magazines	cylchgronau
des journaux	papurau newydd

Je n'ai jamais fait de ski nautique.	Dwi erioed wedi sgïo ar ddŵr.
J'aimerais apprendre à faire du parachutisme.	Hoffwn ddysgu sut i barasiwtio.
J'apprends à jouer de l'orgue depuis 10 ans.	Dwi'n dysgu canu'r organ ers deng mlynedd.
Je suis membre de l'orchestre du collège.	Dwi'n aelod o gerddorfa'r ysgol (uwchradd).
Je vais faire un stage de voile.	Dwi'n mynd i wneud cwrs hwylio.
J'aime regarder les feuilletons à la télé.	Dwi'n hoffi gwylio operâu sebon ar y teledu.
J'adore lire les livres historiques.	Dwi wrth fy modd yn darllen llyfrau hanes.
J'aime bien faire les courses.	Dwi'n hoff iawn o siopa.
Je n'aime pas faire mes devoirs.	Dwi ddim yn hoffi gwneud fy ngwaith cartref.
Je préfère écouter de la musique.	Mae'n well gen i wrando ar gerddoriaeth.
Mon passe-temps préféré c'est surfer sur le Net.	Fy hoff ddiddordeb ydy syrffio'r rhyngrwyd.
Je déteste dessiner.	Dwi'n casáu tynnu lluniau.
J'adore faire la cuisine.	Dwi wrth fy modd yn coginio.
Je ne sais pas cuisiner.	Dwi ddim yn gallu coginio.

Les petits boulots/les métiers	Swyddi/proffesiwn
As-tu un petit boulot ?	**Oes gen ti swydd?**
Je travaille…	**Dwi'n gweithio …**
dans un garage	mewn garej
dans une pharmacie	mewn fferyllfa
dans un magasin de journaux	mewn siop papurau newydd
dans un magasin de vêtements	mewn siop ddillad
Je distribue les journaux.	Dwi'n dosbarthu papurau newydd.
Je suis vendeur/vendeuse.	Dwi'n werthwr/werthwraig.
Je fais du baby-sitting.	Dwi'n gwarchod plant.
Je nettoie des gîtes	Dwi'n glanhau bythynod gwyliau.
Je cherche un emploi – j'ai mon CV et j'espère	Dwi'n chwilio am waith – mae gennyf fy CV a
avoir un entretien bientôt.	dwi'n gobeithio cael cyfweliad yn fuan.
Je travaille à la caisse dans un supermarché.	Dwi'n gweithio ar y til mewn archfarchnad.
Je suis serveur/serveuse dans un restaurant.	Dwi'n weinydd/weinyddes mewn bwyty.
Qu'est-ce que tu fais de ton argent?	**Beth wyt ti'n ei wneud â dy arian?**
Je fais des économies.	Rydw i'n cynilo.
J'achète des CDs/des livres/des vêtements.	Rydw i'n prynu cryno ddisgiau/llyfrau/dillad.
Je voudrais être …	**Hoffwn fod yn …**
acteur/actrice	actor/actores
avocat(e)	cyfreithiwr/cyfreithwraig
chanteur/chanteuse	canwr/cantores
professeur	athro/athrawes
dentiste	deintydd
médecin	meddyg
journaliste	newyddiadurwr/wraig
coiffeur/coiffeuse	steilydd gwallt
footballeur professionnel	chwaraewr pêl-droed proffesiynol
musicien/musicienne	cerddor
politicien/politicienne	gwleidydd
vétérinaire	milfeddyg
infirmier/infirmière	nyrs
Parce que c'est …	**Oherwydd ei fod yn …**
intéressant	diddorol
gratifiant	rhoi boddhad
bien payé	talu'n dda
facile	hawdd
Je détesterais être … car c'est …	**Buaswn i'n casáu bod yn … oherwydd mae'n …**
ennuyeux	diflas
fatigant	blinedig
stressant	llawn straen
mal payé	talu'n wael
Je ne sais pas ce que je voudrais faire dans l'avenir/faire plus tard.	Dydw i ddim yn gwybod beth hoffwn i ei wneud yn y dyfodol/yn nes ymlaen.

Swyddi ac astudiaethau

Les études/ les matières	Astudiaethau/ pynciau
Les maths	Mathemateg
L'anglais	Saesneg
La biologie	Bioleg
La chimie	Cemeg
La physique	Ffiseg
Le gallois	Cymraeg
Le français	Ffrangeg
L'allemand	Almaeneg
L'espagnol	Sbaeneg
La géographie	Daearyddiaeth
L'histoire	Hanes
L'éducation religieuse	Addysg Grefyddol
L'éducation physique	Addysg Gorfforol
La musique	Cerddoriaeth
Le dessin	Celf
Le design et la technologie	Dylunio a Thechnoleg
l'Informatique	Technoleg Gwybodaeth

L'équipement de la salle de classe	Offer yr ystafell ddosbarth
une trousse	cas pensiliau
un stylo	beiro
un crayon	pensil
une gomme	rhwbiwr
une règle	pren mesur
du papier	papur
des livres	llyfrau
le tableau blanc	bwrdd gwyn
un cahier	llyfr nodiadau
un classeur	ffolder

Phrases utiles	Ymadroddion defnyddiol
Je peux aller aux toilettes s'il vous plaît ?	Ga i fynd i'r toiled os gwelwch yn dda?
Est-ce qu'il y a du papier ?	Oes yna bapur?
Je peux emprunter un stylo s'il vous plaît ?	Ga i fenthyg ysgrifbin os gwelwch yn dda?

Les ambitions	Uchelgeisiau
Je voudrais étudier …	**Hoffwn astudio …**
l'architecture	pensaernïaeth
le droit	y gyfraith
les langues celtiques	ieithoedd celtaidd
l'agriculture	amaethyddiaeth
le bilinguisme	dwyieithrwydd
la sociologie	cymdeithaseg
la psychologie	seicoleg
Je passerai mes examens en juin.	Bydda i'n sefyll fy arholiadau ym mis Mehefin.
J'irai à l'université si je réussis mes examens.	Bydda i'n mynd i brifysgol os bydda i'n llwyddo yn fy arholiadau.
Je voudrais prendre une année sabbatique.	Hoffwn gymryd blwyddyn i ffwrdd/bant.
Je ferai le tour du monde.	Bydda i'n teithio'r byd.
Je travaillerai à l'étranger.	Bydda i'n gweithio dramor.
Je voudrais un métier bien payé.	Hoffwn swydd sy'n talu'n dda.
Je voudrais me marier plus tard.	Hoffwn briodi yn nes ymlaen.
Je voudrais avoir deux enfants.	Hoffwn gael dau o blant.
Je voudrais rester célibataire.	Hoffwn aros yn sengl.
Je ne sais pas ce que je ferai après avoir quitté l'université.	Dwi ddim yn gwybod beth fydda i'n ei wneud ar ôl gadael prifysgol.

À la une	Yn y penawdau
Il y a eu ...	Cafwyd ...
un vol	lladrad
un attentat	ymosodiad
une bombe	bom
de la violence	trais
un hold-up	lladrad arfog
une explosion	ffrwydriad
un SDF (Sans Domicile Fixe)	person digartref
les sans abri	pobl digartref
dormir dans la rue	cysgu ar y stryd
un quartier défavorisé	ardal difreintiedig
une personne défavorisée	person ddifreintiedig
enfreindre la loi	torri'r gyfraith
un homme/une femme politique	gwleidydd
Un député	Aelod Seneddol
Le parti nationaliste	Y blaid genedlaethol
Le parti libéral-démocrate	Y blaid ddemocrat-ryddfrydol
Le parti conservateur	Y blaid geidwadol
Le parti travailliste	Y blaid lafur
les partis de gauche	pleidiau'r chwith
les partis de droite	pleidiau'r dde
voter	pleidleisio
les élections	yr etholiadau
la religion	crefydd
le christianisme	Cristnogaeth
le judaïsme	Iddewiaeth
L'islam	Islam
Le sikhisme	Sîciaeth
Le bouddhisme	Bwdhaeth

Les terroristes préparent un attentat.	Mae'r terfysgwyr yn paratoi ymosodiad.
On ne s'occupe pas des SDF en France.	Yn Ffrainc nid ydynt yn gofalu am bobl ddigartref.
L'organisation « les restos du cœur » prépare des repas pour les sans-abri.	Mae cymdeithas "bwytai'r galon" yn paratoi prydau bwyd i'r digartref.
Les partis de gauche ont gagné les élections municipales	Enillodd pleidiau'r chwith yr etholiadau lleol.
Je suis pratiquant/pratiquante.	Dwi'n mynychu lle o addoliad.
Je suis athée.	Dwi'n anghrediniwr.
Je prie tous les jours.	Dwi'n gweddïo bob dydd.

Être en forme et en bonne santé	Cadw'n heini ac iach
le petit déjeuner	brecwast
le déjeuner	cinio
le goûter	te
le dîner	swper
J'adore ...	Dwi'n dwlu ar ...
les fruits	ffrwythau
les légumes	llysiau
le chocolat	siocled
la salade	salad
J'aime ...	Dwi'n hoffi ...
les chips	creision
le poisson	pysgod
l'ail	garlleg
Je n'aime pas ...	Dwi ddim yn hoffi ...
le porc	porc
le fromage	caws
la bière	cwrw
le beurre	menyn

Les maladies	Anhwylderau
J'ai mal au ...	Mae gen i boen yn fy ...
bras	braich
pied	troed
cou	gwddf
dos	cefn
genou	pen-glin
J'ai mal à la ...	Mae gen i ... tost
tête	pen
jambe	coes
gorge	gwddf
cheville	pigwrn
J'ai mal aux ...	Mae gen i ... tost
oreilles	clustiau
dents	dannedd
yeux	llygaid
pieds	traed
Je suis malade.	Dwi'n sâl.
Je suis fatigué(e).	Dwi wedi blino.
J'ai un rhume.	Mae gen i annwyd.
J'ai la grippe.	Mae gen i'r ffliw.
J'ai envie de vomir.	Dwi'n teimlo fel chwydu.
J'ai froid.	Dwi'n oer.
J'ai chaud.	Dwi'n boeth/dwym.
J'ai peur.	Dwi'n ofnus.
J'ai faim.	Dwi eisiau bwyd.
J'ai soif.	Dwi'n sychedig.

La vie saine	Byw'n iach
J'ai une vie assez saine.	Mae gen i fywyd eithaf iach.
Je ne bois pas beaucoup de boissons gazeuses.	Dwi ddim yn yfed llawer o ddiodydd pefriol.
Je ne fume pas.	Dwi ddim yn ysmygu.
Je fais pas mal de sport.	Dwi'n gwneud eitha tipyn o chwaraeon.
Je vais partout où je peux à pied.	Dwi'n cerdded i bobman dwi'n gallu.
Je me couche assez tôt le soir.	Dwi'n mynd i'r gwely'n eitha cynnar bob nos.
Je fais peu d'activités passives comme jouer aux jeux vidéos ou regarder la télévision.	Bach iawn o weithgareddau goddefol fel chwarae gemau fideo a gwylio'r teledu, dwi'n eu gwneud.
Je ne mange pas beaucoup de gâteaux.	Dwi ddim yn bwyta llawer o gacennau.
Je ne grignote pas entre les repas.	Dwi ddim yn bwyta sothach rhwng prydau bwyd.
Je suis allergique aux noix.	Mae gen i alergedd i gnau.
Je suis végétarien/végétarienne.	Dwi'n lysieuwr/lysieuwraig.
J'ai un faible pour le sucré.	Mae gen i wendid am bethau melys.
Je mange de la nourriture assez saine.	Dwi'n bwyta bwyd eithaf iach.

Téléphoner	Ffonio
une cabine téléphonique	ciosg ffôn
l'annuaire (ben)	llyfr ffôn
un coup de téléphone:	galwad ffôn
coupé	wedi colli'r cysylltiad
décrocher	codi'r ffôn
raccrocher	rhoi'r ffôn yn ôl yn ei le
en panne	wedi torri

Pan fydd y rhif yr ydych wedi ei alw yn eich ateb.

Allô! J'aimerais parler à Pascal, s'il vous plaît?	Helo! Ga i siarad efo Pascal os gwelwch yn dda?
Pourriez-vous lui demander de me rappeler, s'il vous plaît?	Wnewch chi ofyn iddo ef/iddi hi fy ffonio'n ôl, os gwelwch yn dda?
Je rappellerai dans une heure/une demi-heure.	Fe ffonia i'n ôl ymhen awr/hanner awr.

Ateb y ffôn

Allô! C'est Martine (à l'appareil)	Helo! Martine sy'n siarad.
C'est moi.	Fi sy'n siarad.
Qui est à l'appareil?	Pwy sy'n ffonio?

Pan fo'r switshfwrdd yn ateb

C'est de la part de qui?	Pwy sy'n siarad?
Je vous le/ la passe.	Dwi'n eich rhoi chi drwodd (iddo ef/iddi hi).
Ne quittez pas!	Arhoswch eiliad!
Voulez-vous laisser un message?	Hoffech chi adael neges?

Anawsterau

Je n'arrive pas à avoir le numéro.	Dwi ddim yn gallu mynd trwodd.
Je suis désolé(e), j'ai dû faire un faux numéro.	Mae'n ddrwg gen i, dwi wedi deialu'r rhif anghywir.
La ligne est très mauvaise.	Mae'r lein yn ddrwg iawn.
Leur téléphone est en dérangement.	Dydy eu ffôn nhw ddim yn gweithio.
Je t'/vous entends très mal.	Dwi ddim yn gallu dy glywed di/ eich clywed chi'n iawn.
Je n'ai plus de crédit sur mon portable.	Does gen i ddim arian ar ôl ar fy ffôn symudol.

17

La technologie — Technoleg

La technologie	Technoleg
l'informatique (ben)	technoleg gwybodaeth
le logiciel	meddalwedd
le matériel	caledwedd
le logiciel de navigation	porwr
la base de données	bas data
le virus	feirws
le PC	cyfrifiadur personol
le PC portable	cyfrifiadur symudol
surfer sur le Net	syrffio (y we)
l'écran	sgrin
le clavier	allweddell
la souris	llygoden
le code d'accès	cyfrinair
enregistrer	arbed
effacer	dileu
la connection Internet	cysylltiad i'r we
en ligne	ar-lein
le fax	ffacs
par courriel	drwy e-bost
numérique	digidol
le télé-achat	prynu ar-lein
la Haut Débit	band eang
le courrier électronique	e-bost
une imprimante	argraffydd

Les médias — Y cyfryngau

Les médias	Y cyfryngau
une antenne	erial neu sianel deledu
un animateur/une animatrice	cyflwynydd (rhaglen)
alerter l'opinion publique	ennyn diddordeb y cyhoedd
un article	erthygl
un auditeur/une auditrice	gwrandäwr
la chaîne	sianel
le correspondant/la correspondante	gohebydd
la caméra	camera-fideo neu ffilm
en direct	'yn fyw'
diffuser	darlledu
une émission	darllediad (rhaglen deledu)
capter une émission	gallu gwrando ar/gweld darllediad
enregistrer	recordio
le journal	papur newydd, rhaglen newyddion
le reporter	gohebydd
la télévision par satellite	teledu lloeren
le quotidien	papur newydd dyddiol
la revue/le magazine	cylchgrawn
la presse régionale	y wasg ranbarthol
les mots croisés (gwr, ll)	croesair
la publicité	hysbysebu/ hysbyseb
zapper	symud o un sianel i'r llall

Les émissions — Rhaglenni teledu

Les émissions	Rhaglenni teledu
un documentaire	dogfen
un dessin animé	cartŵn
une série	cyfres
les infos	y newyddion
un film (policier/romantique/ comique)	ffilm (dditectif/rhamant/comedi)
un feuilleton	opera sebon
la météo	rhagolygon y tywydd
une émission de variétés	rhaglen drafod

Écrire une lettre	Ysgrifennu llythyr
une lettre	llythyr
envoyer une lettre (à)	anfon llythyr (at)
poster une lettre	postio llythyr
en haut	ar y top/ar ben
en bas	ar y gwaelod
le bureau de poste/la poste	swyddfa'r post
coller un timbre	rhoi/gludo stamp
félicitations	Llongyfarchiadau
une carte postale	cerdyn post
une imprimante	argraffydd

Ysgrifennu llythyr personol

Eich enw a'ch cyfeiriad eich hun
Enw'r dref/pentref/ddinas yr ydych yn ysgrifennu ohono/ohoni
Y dyddiad

Marie le Blanc,
7 Rue des Roses,
75013 Paris,
le 25 janvier 2014

Chers papi et mamie,

Merci beaucoup pour les chansons que vous m'avez envoyées. Vous savez bien que j'aime choisir ma propre musique ou mon propre app.

Sinon, tout va bien ici. Je continue toujours à préparer mes examens. Je sors seulement le dimanche soir pour voir mes copains. Je regarde très peu la télé.

Maman me dit que nous partirons tous ensemble en vacances en Espagne cet été. Cela nous fera du bien de bronzer. J'ai hâte de vous revoir!

Grosses bises,

Marie

Neu

Je vous embrasse fort	i deulu a ffrindiau agos
Affectueusement	i deulu neu ffrindiau
Amicalement	fwy ffurfiol (nid yw'n cael ei ddefnyddio i deulu na ffrindiau)
Amitiés	fwy ffurfiol (er enghraifft, at gymdogion)

Dechrau llythyr personol

Merci pour ta lettre.
Ça m'a fait plaisir d'avoir de tes nouvelles.
Je suis désolé(e)/Excuse-moi de ne pas t'avoir écrit plus tôt.

Diolch am dy lythyr.
Roeddwn yn falch o glywed dy hanes.
Mae'n ddrwg gen i nad oeddwn wedi ysgrifennu atat yn gynt.

Gorffen llythyr personol

Écris-moi bientôt!
Embrasse Sylvie pour moi.
Jean te fait ses amitiés.
Réponds-moi vite!
J'attends ta lettre avec impatience!

Ysgrifenna ataf yn fuan!
Cofia fi at Sylvie.
Mae Jean yn cofio atat ti.
Ysgrifenna yn ôl ataf yn fuan!
Rwy'n disgwyl yn ddiamynedd am dy lythyr!

Ysgrifennu e-bost

Fichier	Edition	Affichage	Composer	Aide	Envoyer
A:		colette@ntnet.co.fr	Noveau message		
Cc:		pierre@blt.com	Répondre à tous		
Objet:		show	Faire suivre		
Copie cachèe			Fichier joint		

Salut!

Je viens d'acheter le nouvel album de Rockstar. Il est gènial!

J'ai trois billets gratuits pour les show à Orleans samedi prochain, et j'espère que vous pourrez venir avec mois tous les deux!

À bientôt!

Dweud eich cyfeiriad e-bost
I roi eich cyfeiriad e-bost i rywun yn Ffrangeg, dywedwch:
"Alice arobase (@) n t net point co point f r"

Ffrangeg	Cymraeg
nouveau message (gwr)	neges newydd
à	at
de	oddi wrth
objet (gwr)	testun
cc	copi carbon
copie cachèe	bcc
fichier joint (gwr)	atodiad
envoyer	anfon
fichier (gwr)	ffeil
édition (ben)	golygu
affichage (gwr)	gweler
outils (gwr ll)	offer
composer	cyfansoddi
aide (ben)	cymorth
répondre	ateb yr anfonwr
répondre à tous	ateb pawb
faire suivre	anfon ymlaen
date (ben)	dyddiad

Texto	Ffrangeg	Cymraeg
@+	à plus (tard)	tan nes ymlaen
@2m1	à demain	tan yfory
bi1to	bientôt	yn fuan
cpg	c'est pas grave	dim problem
dsl	désolé	yn ddrwg gen i
entouK	en tout cas	beth bynnag
G la N	J'ai la haine	yn siomedig
je t'M	je t'aime	caru chdi
mdr	mort de rire	yn marw chwerthin
mr6	merci	diolch
msg	message	neges
p2k	pas de quoi	croeso
parske	parce que	achos
qqn	quelq'un	rhywun
ri1	rien	dim
svp	s'il vous plaît	os gweli di'n dda
TOK?	t'es OK?	ti'n iawn?
TOQP	t'es occupé	ti'n brysur?
we	week-end	y penwythnos
XInt	excellent	gwych

Sylwch fod anfonwyr negeseuon testun yn Ffrangeg yn defnyddio 1 i gynrychioli'r synau "in/un/ain", 2 ar gyfer y synau "de/deu" a 6 ar gyfer y synau "si/sis".

Les chiffres   Rhifau

1	un(e)
2	deux
3	trois
4	quatre
5	cinq
6	six
7	sept
8	huit
9	neuf
10	dix
11	onze
12	douze
13	treize
14	quatorze
15	quinze
16	seize
17	dix-sept
18	dix-huit
19	dix-neuf
20	vingt
21	vingt et un(e)
22	vingt-deux
30	trente
40	quarante
50	cinquante
60	soixante
70	soixante-dix
71	soixante et onze
72	soixante-douze
80	quatre-vingts
81	quatre-vingt-un(e)
90	quatre-vingt-dix
91	quatre-vingt-onze
100	cent
101	cent un(e)
300	trois cents
301	trois cent un(e)
1,000	mille
2,000	deux mille
1,000,000	un million

Les fractions   Ffracsiynau

½	un demi
⅓	un tiers
⅔	deux tiers
¼	un quart
⅕	un cinquième
0.5	zéro virgule cinq (0,5)
3.4	trois virgule quatre (3,4)
10%	dix pour cent
100%	cent pour cent
1af	premier (1er) première (1re)
2il	deuxième (2e)
3ydd	troisième (3e)
4ydd	quatrième (4e)
5ed	cinquième (5e)
6ed	sixième (6e)
7fed	septième (7e)
8fed	huitième (8e)
9fed	neuvième (9e)
10fed	dixième (10e)
11fed	onzième (11e)
12fed	douzième (12e)
13eg	treizième (13e)
14eg	quatorzième (14e)
15fed	quinzième (15e)
16eg	seizième (16e)
17eg	dix-septième (17e)
18fed	dix-huitième (18e)
19eg	dix-neuvième (19e)
20fed	vingtième (20e)
21ain	vingt et unième (21e)
22ain	vingt deuxième (22e)
30ain	trentième (30e)
100fed	centième (100e)
101fed	cent et unième (101e)
1000fed	millième (1000e)

Enghreifftiau

Il habite au dix. Mae ef yn byw yn rhif deg.
à la page dix-neuf – ar dudalen un deg naw.
au chapitre sept – ym mhennod saith.

Enghreifftiau

Il habite au cinquième (étage). – Mae e'n byw ar y pumed llawr.
Il est arrivé troisième. Daeth e'n drydydd.
Échelle au vingt-cinq millième. Graddfa o un i ddau ddeg pum mil.

Quelle heure est-il?

Faint o'r gloch yw hi?

du matin (y bore)
+
de l'après-midi (y prynhawn)
du soir (y nos)

1:00

Il est une heure

À quelle heure?

Am faint o'r gloch?

2:10

Il est deux heures dix

3:15

Il est trois heures et quart

4:20

Il est quatre heures vingt

À huit heures dix/
À vingt heures dix (20h10)

5:25

Il est cinq heures vingt-cinq

6:30

Il est six heures et demie

7:35

Il est sept heures moins vingt-cinq

À onze heures et quart/
À vingt-trois heures quinze
(23h15)

8:40

Il est huit heures moins vingt

9:45

Il est neuf heures moins le quart

10:50

Il est dix heures moins dix

À neuf heures et demie/
À vingt et une heures
trente (21h30)

1:55

Il est onze heures moins cinq

12:00

Il est midi

0:00

Il est minuit

Dyddiadau, misoedd, a'r tymhorau

Les dates	Dyddiau'r wythnos
lundi	dydd Llun
mardi	dydd Mawrth
mercredi	dydd Mercher
jeudi	dydd Iau
vendredi	dydd Gwener
samedi	dydd Sadwrn
dimanche	dydd Sul
le lundi	ar ddydd Llun
lundi prochain	dydd Llun nesaf
lundi dernier	dydd Llun diwethaf
hier	ddoe
aujourd'hui	heddiw
demain	yfory
avant-hier	echddoe

Les mois	Misoedd y flwyddyn
janvier	Ionawr
février	Chwefror
mars	Mawrth
avril	Ebrill
mai	Mai
juin	Mehefin
juillet	Gorffennaf
août	Awst
septembre	Medi
octobre	Hydref
novembre	Tachwedd
décembre	Rhagfyr

Quelle est la date aujourd'hui?	Beth ydy'r dyddiad heddiw?
Nous sommes le 22 janvier.	Mae hi'n 22ain o Ionawr.
Quelle est la date de ton anniversaire?	Beth ydy dyddiad dy ben-blwydd?
Mon anniversaire est le 10 mars.	Mae fy mhen-blwydd ar y 10fed o fis Mawrth.

Les saisons   Y tymhorau

le printemps	y gwanwyn	au printemps	yn y gwanwyn
l'automne	yr hydref	en automne	yn yr hydref
l'été	yr haf	en été	yn yr haf
l'hiver	y gaeaf	en hiver	yn y gaeaf

24

Les vacances / Gwyliau

Les vacances	Gwyliau
Les vacances de la Toussaint	Gwyliau hanner tymor Hydref
Les vacances de Noël	Gwyliau Nadolig
Les vacances de février	Gwyliau hanner tymor y gwanwyn
Les vacances de Pâques	Gwyliau'r Pasg
Les grandes vacances/les vacances d'été	Gwyliau'r haf
Où passes-tu tes vacances normalement?	Ble wyt ti'n treulio dy wyliau fel arfer?
Moi, je reste au pays de Galles.	Dwi fel arfer yn aros yng Nghymru.
Je vais au bord de la mer.	Dwi'n mynd i lan y môr.
Où es-tu allé(e) en vacances l'année dernière?	Ble est ti ar dy wyliau y llynedd?
Je suis resté(e) chez moi.	Arhosais i gartref.
Nous sommes allés en Bretagne.	Aethom ni i Lydaw.
J'ai visité la Côte d'Azur.	Ymwelais â'r Rifiera Ffrengig.
Où vas-tu cet été?	Ble wyt ti'n mynd yr haf yma?
Je vais aller au Pays Basque.	Bydda i'n mynd i Wlad y Basg.
J'irai en France, à la montagne.	Bydda i'n mynd i Ffrainc, i'r mynyddoedd.
Je vais aux sports d'hiver	Dwi'n mynd ar wyliau sgïo.
Je vais chez mon oncle	Dwi'n mynd i dŷ fy ewythr.
Quel pays aimerais-tu visiter?	Pa wlad yr hoffet ti ymweld â hi?
J'aimerais visiter la Suisse	Hoffwn ymweld â'r Swisdir.

Les fêtes / Dathliadau

Les fêtes	Dathliadau
La Fête des Mères	Sul y Mamau
La Fête des Pères	Sul y Tadau
La veille de Noël	Noswyl Nadolig
Le jour de Noël	Dydd Nadolig
Le lendemain de Noël	Dydd San Steffan
Le Nouvel An	Y flwyddyn newydd
Le vingt-cinq janvier	Dydd Santes Dwynwen
La Saint-Valentin	Dydd Sant Ffolant
Le mardi gras	Dydd Mawrth ynyd/ crempog
Le premier mars	Dydd Gŵyl Dewi
Le premier avril	Y cyntaf o Ebrill
Pâques (ben/ll)	Y Pasg
Joyeux Noël!	Nadolig Llawen!
Bon anniversaire!	Pen-blwydd hapus!
Poisson d'avril!	Ffŵl Ebrill!
À Noël/Pâques	Dros y Nadolig/Pasg
La Saint-Sylvestre	Noswyl Calan
Le Ramadan	Y Ramadan
Hanoucca	Gŵyl y Cysegriad

Cynnwys

Ffurfiau berfau Ffrangeg

BERFENW	PRESENNOL	PERFFAITH	AMHERFFAITH	DYFODOL	PRESENNOL DIBYNNOL
1 **acheter** berf –er (a'r sillafiad yn newid)	j'ach**è**te tu ach**è**tes il ach**è**te nous achetons vous achetez ils ach**è**tent	j'ai acheté	j'achetais	j'ach**è**terai	j'ach**è**te
2 **acquérir**	gweler y tabl ar dudalen 34				
3 **aller**	gweler y tabl ar dudalen 35				
4 **appeler** berf –er (a'r sillafiad yn newid)	j'appe**ll**e tu appe**ll**es il appe**ll**e nous appelons vous appelez ils appe**ll**ent	j'ai appelé	j'appelais	j'appe**ll**erai	j'appe**ll**e
5 **arriver** yn debyg i **donner** [28], heblaw am amser perffaith y ferf	j'arrive	je suis arrivé(e)	j'arrivais	j'arriverai	j'arrive
6 **s'asseoir**	gweler y tabl ar dudalen 36				
7 **attendre** yn debyg i **vendre** [88]	j'attends	j'ai attendu	j'attendais	j'attendrai	j'attende
8 **avoir**	gweler y tabl ar dudalen 37				
9 **battre**	je bats	j'ai battu	je battais	je battrai	je batte
10 **boire**	je bois nous bu**v**ons ils boi**v**ent	j'ai bu	je bu**v**ais	je boirai	je boi**v**e
11 **bouillir**	je bous nous bouillons	j'ai bouilli	je bouillais	je bouillirai	je bouille
12 **commencer** berf –er (a'r sillafiad yn newid)	je commence nous commen**ç**ons vous commencez ils commencent	j'ai commencé	je commen**ç**ais nous commencions ils commen**ç**aient	je commencerai	je commence
13 **conclure**	je conclus nous concluons	j'ai conclu	je concluais	je concluerai	je conclue
14 **connaître**	je connais il conna**î**t nous connaissons	j'ai connu	je connaissais	je conna**î**trai tu conna**î**tras	je connaisse
15 **coudre**	je couds nous cou**s**ons ils cou**s**ent	j'ai cousu	je cou**s**ais	je coudrai	je cou**s**e
16 **courir**	je cours nous courons	j'ai couru	je courais	je cou**rr**ai	je coure
17 **craindre**	je crains nous crai**gn**ons	j'ai craint	je crai**gn**ais	je craindrai	je crai**gn**e

BERFENW	PRESENNOL	PERFFAITH	AMHERFFAITH	DYFODOL	PRESENNOL DIBYNNOL
18 **créer** yn debyg i **donner** [28]	je crée	j'ai cr**éé**	je créais	je créerai	je crée
19 **crier** yn debyg i **donner** [28]	je crie	j'ai crié	je criais nous cri**i**ons vous cri**i**ez	je crierai	je crie
20 **croire**	gweler y tabl ar dudalen 38				
21 **croître**	je croîs nous croissons	j'ai cr**û**	je croissais	je croîtrai	je croisse
22 **cueillir**	je cueille nous cueillons	j'ai cueilli	je cueillais	je cueillerai	je cueille
23 **cuire**	je cuis nous cuisons ils cuisent	j'ai cuit	je cuisais	je cuirai	je cuise
24 **descendre** yn debyg i **vendre** [88], heblaw am amser perffaith y ferf	je descends	je suis descendu(e)	je descendais	je descendrai	je descende
25 **devenir** yn debyg i **venir** [89]	je deviens	je suis devenu(e)	je devenais	je deviendrai	je devienne
26 **devoir**	gweler y tabl ar dudalen 39				
27 **dire**	gweler y tabl ar dudalen 40				
28 **donner**	gweler y tabl ar dudalen 41				
29 **dormir**	je dors nous dormons	j'ai dormi	je dormais	je dormirai	je dorme
30 **écrire**	j'écris nous écri**v**ons	j'ai écrit	j'écri**v**ais	j'écrirai	j'écri**v**e
31 **émouvoir**	j'ém**eu**s nous émouvons ils ém**eu**vent	j'ai ému	j'émouvais	j'émouvrai	j'ém**eu**ve
32 **entrer** yn debyg i **donner** [28], heblaw am amser perffaith y ferf	j'entre	je suis entré(e)	j'entrais	j'entrerai	j'entre
33 **envoyer** berf −er (a'r sillafiad yn newid)	j'envo**i**e nous envoyons ils envo**i**ent	j'ai envoyé	j'envoyais	j'enve**rr**ai	j'envo**i**e
34 **espérer** berf −er (a'r sillafiad yn newid)	j'esp**è**re tu esp**è**res il esp**è**re nous espérons vous espérez ils esp**è**rent	j'ai espéré	j'espérais	j'espérai	j'esp**è**re

29

BERFENW	PRESENNOL	PERFFAITH	AMHERFFAITH	DYFODOL	PRESENNOL DIBYNNOL
35 **être**	gweler y tabl ar dudalen 42				
36 **faire**	gweler y tabl ar dudalen 43				
37 **falloir**	il faut	il a fallu	il fallait	il faudra	il faille
38 **finir**	gweler y tabl ar dudalen 44				
39 **fuir**	je fuis nous fuyons vous fuyez ils fuient	j'ai fui	je fuyais nous fuyions vous fuyiez	je fuirai	je fuie
40 **haïr**	je hais tu hais il hait nous haïssons vous haïssez ils haïssent	j'ai haï	je haïssais	je haïrai	je haïsse
41 **jeter** berf –er (a'r sillafiad yn newid)	je jette tu jettes il jette nous jetons vous jetez ils jettent	j'ai jeté	je jetais	je jetterai	je jette
42 **joindre**	je joins nous joignons	j'ai joint	je joignais	je joindrai	je joigne
43 **lever** berf –er (a'r sillafiad yn newid)	je lève tu lèves il lève nous levons vous levez ils lèvent	j'ai levé	je levais	je lèverai	je lève
44 **lire**	je lis nous lisons	j'ai lu	je lisais	je lirai	je lise
45 **manger** berf –er (a'r sillafiad yn newid)	je mange nous mangeons vous mangez ils mangent	j'ai mangé	je mangeais nous mangions vous mangiez ils mangeaient	je mangerai	je mange
46 **maudire**	je maudis nous maudissons	j'ai maudit	je maudissais	je maudirai	je maudisse
47 **mettre**	gweler y tabl ar dudalen 45				
48 **monter** yn debyg i **donner** [28], heblaw am amser perffaith y ferf	je monte	je suis monté(e)	je montais	je monterai	je monte
49 **mordre** yn debyg i **vendre** [88]	je mords	j'ai mordu	je mordais	je mordrai	je morde
50 **moudre**	je mouds nous moulons ils moulent	j'ai moulu	je moulais	je moudrai	je moule

BERFENW	PRESENNOL	PERFFAITH	AMHERFFAITH	DYFODOL	PRESENNOL DIBYNNOL
51 **mourir**	je m**eu**rs nous mourons ils m**eu**rent	je suis mort(e)	je mourais	je mourrai	je m**eu**re
52 **naître**	je nais il na**î**t nous naissons	je suis né(e)	je naissais	je na**î**trai	je naisse
53 **nettoyer** berf –er (a'r sillafiad yn newid)	je netto**i**e nous nettoyons ils netto**i**ent	j'ai nettoyé	je nettoyais	je nettoierai	je netto**i**e nous nettoyions ils netto**i**ent
54 **offrir** yn debyg i **ouvrir** [55]	j'offre	j'ai offert	j'offrais	j'offrirai	j'offre
55 **ouvrir**	gweler y tabl ar dudalen 46				
56 **paraître**	je parais il para**î**t nous paraissons	j'ai paru	je paraissais	je para**î**trai tu parata**î**tras	je paraisse
57 **partir** yn debyg i **sentir** [77], heblaw am amser perffaith y ferf	je pars nous partons ils partent	je suis parti(e)	je partais	je partirai	je parte
58 **passer** yn debyg i **donner** [28], heblaw am amser perffaith y ferf	je passe	je suis passé(e)	je passais	je passerai	je passe
59 **payer** berf – er (a'r sillafiad yn newid)	je pa**i**e *neu* paye nous payons ils pa**i**ent *neu* ils payent	j'ai payé	je payais	je pa**i**erai *neu* je payerai	je pa**i**e *neu* paye
60 **peindre**	je peins nous pei**gn**ons ils pei**gn**ent	j'ai peint	je pei**gn**ais	je peindrai	je pei**gn**e
61 **perdre**	je perds	j'ai perdu	je perdais	je perdrai	je perde
62 **plaire**	je plais nous plaisons	j'ai plu	je plaisais	je plairai	je plaise
63 **pleuvoir**	il pleut	il a plu	il pleuvait	il pleuvra	il pleuve
64 **pouvoir**	gweler y tabl ar dudalen 47				
65 **prendre**	je prends nous prenons ils pre**nn**ent	j'ai pris	je prenais	je prendrai	je pre**nn**e
66 **protéger** berf –er (a'r sillafiad yn newid)	je prot**è**ge tu prot**è**ges il prot**è**ge nous prot**é**geons vous prot**é**gez ils prot**è**gent	j'ai protégé	je prot**é**geais nous prot**é**gions ils prot**é**geaient	je prot**é**gerai	je prot**è**ge

31

BERFENW	PRESENNOL	PERFFAITH	AMHERFFAITH	DYFODOL	PRESENNOL DIBYNNOL
67 **recevoir**	je reçois nous recevons ils reçoivent	j'ai reçu	je recevais	je recevrai	je reçoive
68 **rentrer** yn debyg i **donner** [28], heblaw am amser perffaith y ferf	je rentre	je suis rentré(e)	je rentrais	je rentrerai	je rentre
69 **répondre**	je réponds	j'ai répondu	je répondais	je répondrai	je réponde
70 **résoudre**	je résous tu résous il résout nous résolvons vous résolvez ils résolvent	j'ai résolu	je résolvais	je résoudrai	je résolve
71 **rester** yn debyg i **donner** [28], heblaw am amser perffaith y ferf	je reste	je suis resté(e)	je retais	je resterai	je reste
72 **retourner** yn debyg i **donner** [28], heblaw am amser perffaith y ferf	je retourne	je suis retourné(e)	je retournais	je retournerai	je retourne
73 **revenir** yn debyg i **venir** [89]	je reviens	je suis revenu(e)	je revenais	je reviendrai	je revienne
74 **rire**	je ris il rit nous rions ils rient	j'ai ri	je riais nous riions ils riaient	je rirai	je rie nous riions
75 **rompre**	je romps	j'ai rompu	je rompais	je rompai	je rompe
76 **savoir**	gweler y tabl ar dudalen 48				
77 **sentir**	gweler y tabl ar dudalen 49				
78 **servir**	Je sers nous servons ils servent	J'ai servi	Je servais	Je servirai	Je serve
79 **sortir** yn debyg i **sentir** [77], heblaw am amser perffaith y ferf	Je sors	Je suis sorti(e)	Je sortais	Je sortirai	Je sorte

BERFENW	PRESENNOL	PERFFAITH	AMHERFFAITH	DYFODOL	PRESENNOL DIBYNNOL
80 **suffire**	je suffis	j'ai suffi	je suffisais	je suffirai	je suffise
81 **suivre**	je suis nous suivons ils suivent	j'ai suivi	je suivais	je suivrai	je suive
82 **se taire**	gweler y tabl ar dudalen 50				
83 **tenir** yn debyg i **venir** [89], heblaw am amser perffaith y ferf	je tiens	j'ai tenu	je tenais	je tiendrai	je tienne
84 **tomber** yn debyg i **donner** [28], heblaw am amser perffaith y ferf	je tombe	je suis tombé(e)	je tombais	je tomberai	je tombe
85 **traire**	je trais nous trayons ils traient	je trait	je trayais	je trairai	je trai nous trayions ils traient
86 **vaincre**	je vaincs tu vaincs il vainc nous vainquons vous vainquez ils vainquent	j'ai vaincu	je vainquais	je vaincrai	je vainque
87 **valoir**	je vaux il vaut nous valons ils valent	j'ai valu	je valais	je vaudrai	je vaille nous valions vous valiez ils vaillent
88 **vendre**	gweler y tabl ar dudalen 51				
89 **venir**	gweler y tabl ar dudalen 52				
90 **vêtir**	je vêts	j'ai vêtu	je vêtais	je vêtirai	je vête
91 **vivre**	je vis nous vivons ils vivent	j'ai vécu	je vivais	je vivrai	je vive
92 **voir**	gweler y tabl ar dudalen 53				
93 **vouloir**	gweler y tabl ar dudalen 54				

acquérir (cael, cael meddiant ar)

	PRESENNOL		PRESENNOL DIBYNNOL
j'	acquiers	j'	acquière
tu	acquiers	tu	acquières
il/elle/on	acquiert	il/elle/on	acquière
nous	acquérons	nous	acquérions
vous	acquérez	vous	acquériez
ils/elles	acquièrent	ils/elles	acquièrent

	PERFFAITH		AMHERFFAITH
j'	ai acquis	j'	acquérais
tu	as acquis	tu	acquérais
il/elle/on	a acquis	il/elle/on	acquérait
nous	avons acquis	nous	acquérions
vous	avez acquis	vous	acquériez
ils/elles	ont acquis	ils/elles	acquéraient

	DYFODOL		AMODOL
j'	acquerrai	j'	acquerrais
tu	acquerras	tu	acquerrais
il/elle/on	acquerra	il/elle/on	acquerrait
nous	acquerrons	nous	acquerrions
vous	acquerrez	vous	acquerriez
ils/elles	acquerront	ils/elles	acquerraient

RHANGYMERIAD PRESENNOL

acquérant

RHANGYMERIAD GORFFENNOL

acquis

GORCHMYNNOL

acquiers/acquérons/acquérez

YMADRODDION ENGHREIFFTIOL

Elle **a acquis** une qualification nationale professionnelle yn 2010.

Cafodd gymhwyster galwedigaethol cenedlaethol yn 2010.

aller (mynd)

	PRESENNOL		PRESENNOL DIBYNNOL
je	vais	j'	aille
tu	vas	tu	ailles
il/elle/on	va	il/elle/on	aille
nous	allons	nous	allions
vous	allez	vous	alliez
ils/elles	vont	ils/elles	aillent

	PERFFAITH		AMHERFFAITH
je	suis allé(e)	j'	allais
tu	es allé(e)	tu	allais
il/elle/on	est allé(e)	il/elle/on	allait
nous	sommes allé(e)s	nous	allions
vous	êtes allé(e)(s)	vous	alliez
ils/elles	sont allé(e)s	ils/elles	allaient

	DYFODOL		AMODOL
j'	irai	j'	irais
tu	iras	tu	irais
il/elle/on	ira	il/elle/on	irait
nous	irons	nous	irions
vous	irez	vous	iriez
ils/elles	iront	ils/elles	iraient

RHANGYMERIAD PRESENNOL	RHANGYMERIAD GORFFENNOL
allant	allé

GORCHMYNNOL

va/allons/allez

YMADRODDION ENGHREIFFTIOL

Vous **allez** au cinéma?
Je **suis allé** à Londres.
Est-ce que tu **es** déjà **allé** en Allemagne?

Ydych chi'n mynd i'r sinema?
Es i i Lundain.
Wyt ti erioed wedi bod i'r Almaen?

s'asseoir (eistedd i lawr)

PRESENNOL

je	m'assieds/m'assois
tu	t'assieds/t'assois
il/elle/on	s'assied/s'assoit
nous	nous asseyons/
	nous assoyons
vous	vous asseyez/
	vous assoyez
ils/elles	s'asseyent/s'assoient

PRESENNOL DIBYNNOL

je	m'asseye
tu	t'asseyes
il/elle/on	s'asseye
nous	nous asseyions
vous	vous asseyiez
ils/elles	s'asseyent

PERFFAITH

je	me suis assis(e)
tu	t'es assis(e)
il/elle/on	s'est assis(e)
nous	nous sommes assis(es)
vous	vous êtes assis(e(s))
ils/elles	se sont assis(es)

AMHERFFAITH

je	m'asseyais
tu	t'asseyais
il/elle/on	s'asseyait
nous	nous asseyions
vous	vous asseyiez
ils/elles	s'asseyaient

DYFODOL

je	m'assiérai
tu	t'assiéras
il/elle/on	s'assiéra
nous	nous assiérons
vous	vous assiérez
ils/elles	s'assiéront

AMODOL

je	m'assiérais
tu	t'assiérais
il/elle/on	s'assiérait
nous	nous assiérions
vous	vous assiériez
ils/elles	s'assiéraient

RHANGYMERIAD PRESENNOL

s'asseyant

RHANGYMERIAD GORFFENNOL

assis

GORCHMYNNOL

assieds-toi/asseyons-nous/asseyez-vous

YMADRODDION ENGHREIFFTIOL

Assieds-toi, Nicole.	Eistedd i lawr, Nicole.
Asseyez-vous, les enfants.	Eisteddwch i lawr, blant.
Je peux **m'asseoir**?	Ga' i eistedd i lawr?
Je **me suis assise** sur un chewing-gum!	Rwyf wedi eistedd ar wm cnoi!

avoir (bod gennych, bod â, meddu ar)

	PRESENNOL			PRESENNOL DIBYNNOL
j'	ai		j'	aie
tu	as		tu	aies
il/elle/on	a		il/elle/on	ait
nous	avons		nous	ayons
vous	avez		vous	ayez
ils/elles	ont		ils/elles	aient

	PERFFAITH			AMHERFFAITH
j'	ai eu		j'	avais
tu	as eu		tu	avais
il/elle/on	a eu		il/elle/on	avait
nous	avons eu		nous	avions
vous	avez eu		vous	aviez
ils/elles	ont eu		ils/elles	avaient

	DYFODOL			AMODOL
j'	aurai		j'	aurais
tu	auras		tu	aurais
il/elle/on	aura		il/elle/on	aurait
nous	aurons		nous	aurions
vous	aurez		vous	auriez
ils/elles	auront		ils/elles	auraient

RHANGYMERIAD PRESENNOL

ayant

RHANGYMERIAD GORFFENNOL

eu

GORCHMYNNOL

aie/ayons/ayez

YMADRODDION ENGHREIFFTIOL

Il **a** les yeux bleus.	Mae ganddo lygaid glas.
Quel âge **as**-tu ?	Beth yw dy oed di?
Il **a eu** un accident.	Mae e wedi cael damwain.
J'avais faim.	Roeddwn i eisiau bwyd.
Il y **a** beaucoup de monde.	Mae yna lawer o bobl.

croire (credu)

	PRESENNOL		**PRESENNOL DIBYNNOL**
je	**crois**	je	**croie**
tu	**crois**	tu	**croies**
il/elle/on	**croit**	il/elle/on	**croie**
nous	**croyons**	nous	**croyions**
vous	**croyez**	vous	**croyiez**
ils/elles	**croient**	ils/elles	**croient**

	PERFFAITH		**AMHERFFAITH**
j'	**ai cru**	je	**croyais**
tu	**as cru**	tu	**croyais**
il/elle/on	**a cru**	il/elle/on	**croyait**
nous	**avons cru**	nous	**croyions**
vous	**avez cru**	vous	**croyiez**
ils/elles	**ont cru**	ils/elles	**croyaient**

	DYFODOL		**AMODOL**
je	**croirai**	je	**croirais**
tu	**croiras**	tu	**croirais**
il/elle/on	**croira**	il/elle/on	**croirait**
nous	**croirons**	nous	**croirions**
vous	**croirez**	vous	**croiriez**
ils/elles	**croiront**	ils/elles	**croiraient**

RHANGYMERIAD PRESENNOL

croyant

RHANGYMERIAD GORFFENNOL

cru

GORCHMYNNOL

crois/croyons/croyez

YMADRODDION ENGHREIFFTIOL

Je ne te **crois** pas.
J'**ai cru** que tu n'allais pas venir.
Elle **croyait** encore au père Noël.

Nid wyf yn dy gredu di.
Roeddwn i'n credu nad oeddet ti'n dod.
Roedd hi'n dal i gredu yn Siôn Corn.

devoir (bod rhaid, gorfod, bod arnoch rywbeth i rywun)

	PRESENNOL		PRESENNOL DIBYNNOL
je	dois	je	doive
tu	dois	tu	doives
il/elle/on	doit	il/elle/on	doive
nous	devons	nous	devions
vous	devez	vous	deviez
ils/elles	doivent	ils/elles	doivent

	PERFFAITH		AMHERFFAITH
j'	ai dû	je	devais
tu	as dû	tu	devais
il/elle/on	a dû	il/elle/on	devait
nous	avons dû	nous	devions
vous	avez dû	vous	deviez
ils/elles	ont dû	ils/elles	devaient

	DYFODOL		AMODOL
je	devrai	je	devrais
tu	devras	tu	devrais
il/elle/on	devra	il/elle/on	devrait
nous	devrons	nous	devrions
vous	devrez	vous	devriez
ils/elles	devront	ils/elles	devraient

RHANGYMERIAD PRESENNOL

devant

RHANGYMERIAD GORFFENNOL

dû (*DS:* due, dus, dues)

GORCHMYNNOL

dois/devons/devez

YMADRODDION ENGHREIFFTIOL

Je **dois** aller faire les courses ce matin.	Mae'n rhaid i fi wneud y siopa bore 'ma.
À quelle heure est-ce que tu **dois** partir?	Faint o'r gloch mae'n rhaid i ti adael?
Il **a dû** faire ses devoirs hier soir.	Roedd yn rhaid iddo wneud ei waith cartref neithiwr.
Il **devait** prendre le train pour aller travailler.	Roedd yn rhaid iddo ddal y trên i fynd i'w waith.

dire (dweud)

	PRESENNOL			PRESENNOL DIBYNNOL
je	**dis**		je	**dise**
tu	**dis**		tu	**dises**
il/elle/on	**dit**		il/elle/on	**dise**
nous	**disons**		nous	**disions**
vous	**dites**		vous	**disiez**
ils/elles	**disent**		ils/elles	**disent**

	PERFFAITH			AMHERFFAITH
j'	**ai dit**		je	**disais**
tu	**as dit**		tu	**disais**
il/elle/on	**a dit**		il/elle/on	**disait**
nous	**avons dit**		nous	**disions**
vous	**avez dit**		vous	**disiez**
ils/elles	**ont dit**		ils/elles	**disaient**

	DYFODOL			AMODOL
je	**dirai**		je	**dirais**
tu	**diras**		tu	**dirais**
il/elle/on	**dira**		il/elle/on	**dirait**
nous	**dirons**		nous	**dirions**
vous	**direz**		vous	**diriez**
ils/elles	**diront**		ils/elles	**diraient**

RHANGYMERIAD PRESENNOL

disant

RHANGYMERIAD GORFFENNOL

dit

GORCHMYNNOL

dis/disons/dites

YMADRODDION ENGHREIFFTIOL

Qu'est-ce qu'elle **dit**?	Beth mae hi'n ei ddweud?
"Bonjour!", a-t-il **dit**.	"Helô!", meddai e.
Ils m'**ont dit** que le film était nul.	Dywedon nhw wrtha i fod y ffilm yn ofnadwy.
Comment ça **se dit** en anglais?	Sut ydych chi'n dweud hynna yn Saesneg?

donner (rhoi)

PRESENNOL

je	donne
tu	donnes
il/elle/on	donne
nous	donnons
vous	donnez
ils/elles	donnent

PRESENNOL DIBYNNOL

je	donne
tu	donnes
il/elle/on	donne
nous	donnions
vous	donniez
ils/elles	donnent

PERFFAITH

j'	ai donné
tu	as donné
il/elle/on	a donné
nous	avons donné
vous	avez donné
ils/elles	ont donné

AMHERFFAITH

je	donnais
tu	donnais
il/elle/on	donnait
nous	donnions
vous	donniez
ils/elles	donnaient

DYFODOL

je	donnerai
tu	donneras
il/elle/on	donnera
nous	donnerons
vous	donnerez
ils/elles	donneront

AMODOL

je	donnerais
tu	donnerais
il/elle/on	donnerait
nous	donnerions
vous	donneriez
ils/elles	donneraient

RHANGYMERIAD PRESENNOL

donnant

RHANGYMERIAD GORFFENNOL

donné

GORCHMYNNOL

donne/donnons/donnez

YMADRODDION ENGHREIFFTIOL

Donne-moi la main.	Rho dy law i mi.
Est-ce que je **t'ai donné** mon adresse?	A roddais i fy nghyfeiriad i ti?
L'appartement **donne** sur la place.	Mae'r fflat yn edrych dros y sgwâr.

être (bod)

	PRESENNOL			PRESENNOL DIBYNNOL
je	**suis**		je	**sois**
tu	**es**		tu	**sois**
il/elle/on	**est**		il/elle/on	**soit**
nous	**sommes**		nous	**soyons**
vous	**êtes**		vous	**soyez**
ils/elles	**sont**		ils/elles	**soient**

	PERFFAITH			AMHERFFAITH
j'	**ai été**		j'	**étais**
tu	**as été**		tu	**étais**
il/elle/on	**a été**		il/elle/on	**était**
nous	**avons été**		nous	**étions**
vous	**avez été**		vous	**étiez**
ils/elles	**ont été**		ils/elles	**étaient**

	DYFODOL			AMODOL
je	**serai**		je	**serais**
tu	**seras**		tu	**serais**
il/elle/on	**sera**		il/elle/on	**serait**
nous	**serons**		nous	**serions**
vous	**serez**		vous	**seriez**
ils/elles	**seront**		ils/elles	**seraient**

RHANGYMERIAD PRESENNOL

étant

RHANGYMERIAD GORFFENNOL

été

GORCHMYNNOL

sois/soyons/soyez

YMADRODDION ENGHREIFFTIOL

Mon père **est** professeur.
Quelle heure **est**-il ? – Il **est** dix heures.
Ils ne **sont** pas encore arrivés.

Mae fy nhad yn athro.
Faint o'r gloch yw hi? – Mae hi'n ddeg o'r gloch.
Nid ydynt wedi cyrraedd eto.

faire (gwneud)

	PRESENNOL		PRESENNOL DIBYNNOL
je	**fais**	je	**fasse**
tu	**fais**	tu	**fasses**
il/elle/on	**fait**	il/elle/on	**fasse**
nous	**faisons**	nous	**fassions**
vous	**faites**	vous	**fassiez**
ils/elles	**font**	ils/elles	**fassent**

	PERFFAITH		AMHERFFAITH
j'	**ai fait**	je	**faisais**
tu	**as fait**	tu	**faisais**
il/elle/on	**a fait**	il/elle/on	**faisait**
nous	**avons fait**	nous	**faisions**
vous	**avez fait**	vous	**faisiez**
ils/elles	**ont fait**	ils/elles	**faisaient**

	DYFODOL		AMODOL
je	**ferai**	je	**ferais**
tu	**feras**	tu	**ferais**
il/elle/on	**fera**	il/elle/on	**ferait**
nous	**ferons**	nous	**ferions**
vous	**ferez**	vous	**feriez**
ils/elles	**feront**	ils/elles	**feraient**

RHANGYMERIAD PRESENNOL	RHANGYMERIAD GORFFENNOL
faisant	**fait**

GORCHMYNNOL

fais/faisons/faites

YMADRODDION ENGHREIFFTIOL

Qu'est-ce que tu **fais**?	Beth wyt ti'n ei wneud?
Qu'est-ce qu'il **a fait**?	Beth mae e wedi'i wneud?/ Beth wnaeth e?
J'**ai fait** un gâteau.	Rwyf wedi gwneud cacen. / Fe wnes i gacen.
Il **s'est fait** couper les cheveux.	Mae wedi cael ei wallt wedi'i dorri.

finir (gorffen)

	PRESENNOL		**PRESENNOL DIBYNNOL**
je	finis	je	finisse
tu	finis	tu	finisses
il/elle/on	finit	il/elle/on	finisse
nous	finissons	nous	finissions
vous	finissez	vous	finissiez
ils/elles	finissent	ils/elles	finissent

	PERFFAITH		**AMHERFFAITH**
j'	ai fini	je	finissais
tu	as fini	tu	finissais
il/elle/on	a fini	il/elle/on	finissait
nous	avons fini	nous	finissions
vous	avez fini	vous	finissiez
ils/elles	ont fini	ils/elles	finissaient

	DYFODOL		**AMODOL**
je	finirai	je	finirais
tu	finiras	tu	finirais
il/elle/on	finira	il/elle/on	finirait
nous	finirons	nous	finirions
vous	finirez	vous	finiriez
ils/elles	finiront	ils/elles	finiraient

RHANGYMERIAD PRESENNOL

finissant

RHANGYMERIAD GORFFENNOL

fini

GORCHMYNNOL

finis/finissons/finissez

YMADRODDION ENGHREIFFTIOL

Finis ta soupe !	Gorffen dy gawl!
J'ai **fini**!	Rydw i wedi gorffen!
Je **finirai** mes devoirs demain.	Fe orffenna'i fy ngwaith cartref yfory.

mettre (rhoi, gosod)

	PRESENNOL		**PRESENNOL DIBYNNOL**
je	**mets**	je	**mette**
tu	**mets**	tu	**mettes**
il/elle/on	**met**	il/elle/on	**mette**
nous	**mettons**	nous	**mettions**
vous	**mettez**	vous	**mettiez**
ils/elles	**mettent**	ils/elles	**mettent**

	PERFFAITH		**AMHERFFAITH**
j'	**ai mis**	je	**mettais**
tu	**as mis**	tu	**mettais**
il/elle/on	**a mis**	il/elle/on	**mettait**
nous	**avons mis**	nous	**mettions**
vous	**avez mis**	vous	**mettiez**
ils/elles	**ont mis**	ils/elles	**mettaient**

	DYFODOL		**AMODOL**
je	**mettrai**	je	**mettrais**
tu	**mettras**	tu	**mettrais**
il/elle/on	**mettra**	il/elle/on	**mettrait**
nous	**mettrons**	nous	**mettrions**
vous	**mettrez**	vous	**mettriez**
ils/elles	**metteront**	ils/elles	**mettraient**

RHANGYMERIAD PRESENNOL

mettant

RHANGYMERIAD GORFFENNOL

mis

GORCHMYNNOL

mets/mettons/mettez

YMADRODDION ENGHREIFFTIOL

Où est-ce que tu **as mis** les clés?
J'**ai mis** le livre sur la table.
Elle **s'est mise** à pleurer.

Ble wyt ti wedi rhoi'r allweddi?
Rhoddais y llyfr ar y bwrdd.
Dechreuodd hi grio.

ouvrir (agor)

	PRESENNOL			**PRESENNOL DIBYNNOL**
j'	ouvre		j'	ouvre
tu	ouvres		tu	ouvres
il/elle/on	ouvre		il/elle/on	ouvre
nous	ouvrons		nous	ouvrions
vous	ouvrez		vous	ouvriez
ils/elles	ouvrent		ils/elles	ouvrent

	PERFFAITH			**AMHERFFAITH**
j'	ai ouvert		j'	ouvrais
tu	as ouvert		tu	ouvrais
il/elle/on	a ouvert		il/elle/on	ouvrait
nous	avons ouvert		nous	ouvrions
vous	avez ouvert		vous	ouvriez
ils/elles	ont ouvert		ils/elles	ouvraient

	DYFODOL			**AMODOL**
j'	ouvrirai		j'	ouvrirais
tu	ouvriras		tu	ouvrirais
il/elle/on	ouvrira		il/elle/on	ouvrirait
nous	ouvrirons		nous	ouvririons
vous	ouvrirez		vous	ouvririez
ils/elles	ouvriront		ils/elles	ouvriraient

RHANGYMERIAD PRESENNOL	**RHANGYMERIAD GORFFENNOL**
ouvrant	ouvert

GORCHMYNNOL

ouvre/ouvrons/ouvrez

YMADRODDION ENGHREIFFTIOL

Elle **a ouvert** la porte.	Agorodd hi'r drws.
Est-ce que tu pourrais **ouvrir** la fenêtre?	Allet ti agor y ffenest?
Je me suis coupé en **ouvrant** une boîte de conserve.	Cefais gwt wrth agor tun bwyd.
La porte **s'est ouverte**.	Agorodd y drws.

pouvoir (gallu, medru)

	PRESENNOL		PRESENNOL DIBYNNOL
je	peux	je	puisse
tu	peux	tu	puisses
il/elle/on	peut	il/elle/on	puisse
nous	pouvons	nous	puissions
vous	pouvez	vous	puissiez
ils/elles	peuvent	ils/elles	puissent

	PERFFAITH		AMHERFFAITH
j'	ai pu	je	pouvais
tu	as pu	tu	pouvais
il/elle/on	a pu	il/elle/on	pouvait
nous	avons pu	nous	pouvions
vous	avez pu	vous	pouviez
ils/elles	ont pu	ils/elles	pouvaient

	DYFODOL		AMODOL
je	pourrai	je	pourrais
tu	pourras	tu	pourrais
il/elle/on	pourra	il/elle/on	pourrait
nous	pourrons	nous	pourrions
vous	pourrez	vous	pourriez
ils/elles	pourront	ils/elles	pourraient

RHANGYMERIAD PRESENNOL	RHANGYMERIAD GORFFENNOL
pouvant	pu

GORCHMYNNOL

(ddim yn cael ei ddefnyddio)

YMADRODDION ENGHREIFFTIOL

Je **peux** t'aider, si tu veux.	Galla i dy helpu os hoffet ti.
J'ai fait tout ce que j'**ai pu**.	Fe wnes i'r gorau fedrwn i.
Je ne **pourrai** pas venir samedi.	Fydda i ddim yn medru dod dydd Sadwrn.

savoir (gwybod, gallu, gwybod sut i)

	PRESENNOL			PRESENNOL DIBYNNOL
je	sais		je	sache
tu	sais		tu	saches
il/elle/on	sait		il/elle/on	sache
nous	savons		nous	sachions
vous	savez		vous	sachiez
ils/elles	savent		ils/elles	sachent

	PERFFAITH			AMHERFFAITH
j'	ai su		je	savais
tu	as su		tu	savais
il/elle/on	a su		il/elle/on	savait
nous	avons su		nous	savions
vous	avez su		vous	saviez
ils/elles	ont su		ils/elles	savaient

	DYFODOL			AMODOL
je	saurai		je	saurais
tu	sauras		tu	saurais
il/elle/on	saura		il/elle/on	saurait
nous	saurons		nous	saurions
vous	saurez		vous	sauriez
ils/elles	sauront		ils/elles	sauraient

RHANGYMERIAD PRESENNOL	RHANGYMERIAD GORFFENNOL
sachant	su

GORCHMYNNOL

sache/sachons/sachez

YMADRODDION ENGHREIFFTIOL

Tu **sais** ce que tu vas faire l'année prochaine?	Wyt ti'n gwybod beth wyt ti'n ei wneud y flwyddyn nesaf?
Je ne **sais** pas.	Dwi/Dydw i ddim yn gwybod.
Elle ne **sait** pas nager.	Nid yw'n gallu/gwybod sut i nofio.
Tu **savais** que son père était pakistanais?	Oeddet ti'n gwybod mai Pacistaniad oedd ei thad?

sentir (arogli, teimlo)

	PRESENNOL			PRESENNOL DIBYNNOL
je	sens		je	sente
tu	sens		tu	sentes
il/elle/on	sent		il/elle/on	sente
nous	sentons		nous	sentions
vous	sentez		vous	sentiez
ils/elles	sentent		ils/elles	sentent

	PERFFAITH			AMHERFFAITH
j'	ai senti		je	sentais
tu	as senti		tu	sentais
il/elle/on	a senti		il/elle/on	sentait
nous	avons senti		nous	sentions
vous	avez senti		vous	sentiez
ils/elles	ont senti		ils/elles	sentaient

	DYFODOL			AMODOL
je	sentirai		je	sentirais
tu	sentiras		tu	sentirais
il/elle/on	sentira		il/elle/on	sentirait
nous	sentirons		nous	sentirions
vous	sentirez		vous	sentiriez
ils/elles	sentiront		ils/elles	sentiraient

RHANGYMERIAD PRESENNOL

sentant

RHANGYMERIAD GORFFENNOL

senti

GORCHMYNNOL

sens/sentons/sentez

YMADRODDION ENGHREIFFTIOL

Ça **sentait** mauvais.
Je n'**ai** rien **senti**.
Elle ne **se sent** pas bien.

Roedd yna arogl drwg.
Theimlais i ddim byd.
Nid yw'n teimlo'n dda.

se taire (stopio siarad, tewi, peidio â siarad, bod yn dawel)

	PRESENNOL		**PRESENNOL DIBYNNOL**
je	**me tais**	je	**me taise**
tu	**te tais**	tu	**te taises**
il/elle/on	**se tait**	il/elle/on	**se taise**
nous	**nous taisons**	nous	**nous taisions**
vous	**vous taisez**	vous	**vous taisiez**
ils/elles	**se taisent**	ils/elles	**se taisent**

	PERFFAITH		**AMHERFFAITH**
je	**me suis tu(e)**	je	**me taisais**
tu	**t'es tu(e)**	tu	**te taisais**
il/elle/on	**s'est tu(e)**	il/elle/on	**se taisait**
nous	**nous sommes tu(e)s**	nous	**nous taisions**
vous	**vous êtes tu(e)(s)**	vous	**vous taisiez**
ils/elles	**se sont tu(e)s**	ils/elles	**se taisaient**

	DYFODOL		**AMODOL**
je	**me tairai**	je	**me tairais**
tu	**te tairas**	tu	**te tairais**
il/elle/on	**se taira**	il/elle/on	**se tairait**
nous	**nous tairons**	nous	**nous tairions**
vous	**vous tairez**	vous	**vous tairiez**
ils/elles	**se tairont**	ils/elles	**se tairaient**

RHANGYMERIAD PRESENNOL	**RHANGYMERIAD GORFFENNOL**
se taisant	**tu**

GORCHMYNNOL

tais-toi/taisons-nous/taisez-vous

YMADRODDION ENGHREIFFTIOL

Il **s'est tu**.	Fe stopiodd e siarad.
Taisez-vous!	Byddwch yn dawel!
Sophie, **tais-toi**!	Bydd yn dawel, Sophie!

vendre (gwerthu)

	PRESENNOL		PRESENNOL DIBYNNOL
je	vends	je	vende
tu	vends	tu	vendes
il/elle/on	vend	il/elle/on	vende
nous	vendons	nous	vendions
vous	vendez	vous	vendiez
ils/elles	vendent	ils/elles	vendent

	PERFFAITH		AMHERFFAITH
j'	ai vendu	je	vendais
tu	as vendu	tu	vendais
il/elle/on	a vendu	il/elle/on	vendait
nous	avons vendu	nous	vendions
vous	avez vendu	vous	vendiez
ils/elles	ont vendu	ils/elles	vendaient

	DYFODOL		AMODOL
je	vendrai	je	vendrais
tu	vendras	tu	vendrais
il/elle/on	vendra	il/elle/on	vendrait
nous	vendrons	nous	vendrions
vous	vendrez	vous	vendriez
ils/elles	vendront	ils/elles	vendraient

RHANGYMERIAD PRESENNOL

vendant

RHANGYMERIAD GORFFENNOL

vendu

GORCHMYNNOL

vends/vendons/vendez

YMADRODDION ENGHREIFFTIOL

Il m'**a vendu** son vélo pour 50 euros.	Gwerthodd ei feic i mi am 50 ewro.
Est-ce que vous **vendez** des piles?	Ydych chi'n gwerthu batris?
Elle voudrait **vendre** sa voiture.	Fe hoffai hi werthu ei char.

venir (dod)

	PRESENNOL			**PRESENNOL DIBYNNOL**
je	**viens**		je	**vienne**
tu	**viens**		tu	**viennes**
il/elle/on	**vient**		il/elle/on	**vienne**
nous	**venons**		nous	**venions**
vous	**venez**		vous	**veniez**
ils/elles	**viennent**		ils/elles	**viennet**

	PERFFAITH			**AMHERFFAITH**
je	**suis venu(e)**		je	**venais**
tu	**es venu(e)**		tu	**venais**
il/elle/on	**est venu(e)**		il/elle/on	**venait**
nous	**sommes venu(e)s**		nous	**venions**
vous	**êtes venu(e)(s)**		vous	**veniez**
ils/elles	**sont venu(e)s**		ils/elles	**venaient**

	DYFODOL			**AMODOL**
je	**viendrai**		je	**viendrais**
tu	**viendras**		tu	**viendrais**
il/elle/on	**viendra**		il/elle/on	**viendrait**
nous	**viendrons**		nous	**viendrions**
vous	**viendrez**		vous	**viendriez**
ils/elles	**viendront**		ils/elles	**viendraient**

RHANGYMERIAD PRESENNOL

venant

RHANGYMERIAD GORFFENNOL

venu

GORCHMYNNOL

viens/venons/venez

YMADRODDION ENGHREIFFTIOL

Elle ne **viendra** pas cette année.
Fatou et Malik **viennent** du Sénégal.
Je **viens** de manger.

Fydd hi ddim yn dod eleni.
Mae Fatou a Malik yn dod o Senegal.

Rwyf newydd fwyta.

voir (gweld)

	PRESENNOL		**PRESENNOL DIBYNNOL**
je	**vois**	je	**voie**
tu	**vois**	tu	**voies**
il/elle/on	**voit**	il/elle/on	**voie**
nous	**voyons**	nous	**voyions**
vous	**voyez**	vous	**voyiez**
ils/elles	**voient**	ils/elles	**voient**

	PERFFAITH		**AMHERFFAITH**
j'	**ai vu**	je	**voyais**
tu	**as vu**	tu	**voyais**
il/elle/on	**a vu**	il/elle/on	**voyait**
nous	**avons vu**	nous	**voyions**
vous	**avez vu**	vous	**voyiez**
ils/elles	**ont vu**	ils/elles	**voyaient**

	DYFODOL		**AMODOL**
je	**verrai**	je	**verrais**
tu	**verras**	tu	**verrais**
il/elle/on	**verra**	il/elle/on	**verrait**
nous	**verrons**	nous	**verrions**
vous	**verrez**	vous	**verriez**
ils/elles	**verront**	ils/elles	**verraient**

RHANGYMERIAD PRESENNOL

voyant

RHANGYMERIAD GORFFENNOL

vu

GORCHMYNNOL

vois/voyons/voyez

YMADRODDION ENGHREIFFTIOL

Venez me **voir** quand vous serez à Paris.
Je ne **vois** rien sans mes lunettes.
Est-ce que tu l'as **vu**?
Est-ce que cette tache **se voit**?

Dewch i'm gweld i pan fyddwch chi ym Mharis.
Fedra i ddim gweld dim heb fy sbectol.
A welaist di e?/ Wyt ti wedi'i weld e?
A ydy'r staen hwn i'w weld?

vouloir (bod eisiau)

	PRESENNOL		**PRESENNOL DIBYNNOL**
je	**veux**	je	**veuille**
tu	**veux**	tu	**veuilles**
il/elle/on	**veut**	il/elle/on	**veuille**
nous	**voulons**	nous	**voulions**
vous	**voulez**	vous	**vouliez**
ils/elles	**veulent**	ils/elles	**veuillent**

	PERFFAITH		**AMHERFFAITH**
j'	**ai voulu**	je	**voulais**
tu	**as voulu**	tu	**voulais**
il/elle/on	**a voulu**	il/elle/on	**voulait**
nous	**avons voulu**	nous	**voulions**
vous	**avez voulu**	vous	**vouliez**
ils/elles	**ont voulu**	ils/elles	**voulaient**

	DYFODOL		**AMODOL**
je	**voudrai**	je	**voudrais**
tu	**voudras**	tu	**voudrais**
il/elle/on	**voudra**	il/elle/on	**voudrait**
nous	**voudrons**	nous	**voudrions**
vous	**voudrez**	vous	**voudriez**
ils/elles	**voudront**	ils/elles	**voudraient**

RHANGYMERIAD PRESENNOL

voulant

RHANGYMERIAD GORFFENNOL

voulu

GORCHMYNNOL

veuille/veuillons/veuillez

YMADRODDION ENGHREIFFTIOL

Elle **veut** un vélo pour Noël.
Ils **voulaient** aller au cinéma
Tu **voudrais** une tasse de thé?

Mae hi eisiau beic i Nadolig.
Roedden nhw eisiau mynd i'r sinema.
Hoffet ti baned o de?

A|a

a, ac CYSYLLTAIR
et
- **Jules a Jim** Jules et Jim ❏ Cododd ei bapurau ac aeth allan. Il a ramassé ses papiers et il est sorti.
- **cant a deg** cent dix
- **bacwn ac wy** des œufs au bacon

â, ag ARDDODIAD
avec
- **cytuno â rhywun** être d'accord avec quelqu'un ■ **â phleser** avec plaisir
au moyen de *(gan ddefnyddio)*
❏ Torrodd y cig â chyllell. Il a coupé la viande au moyen d'un couteau.
- **dynes â gwallt golau** une femme aux cheveux blonds

aberthu BERF
sacrifier

abl ANSODDAIR
capable (BEN **capable**)

absennol ANSODDAIR
absent (BEN **absente**)

academaidd ANSODDAIR
universitaire *(prifysgol)* (BEN **universitaire**)
- **blwyddyn academaidd** l'année universitaire

academi ENW GWR
l'académie (b)
le collège
le conservatoire
❏ Mae hi'n astudio piano yn yr academi. Elle fait du piano au conservatoire.

acen ENW BEN
l'accent (g)
❏ Mae'n siarad ag acen Marseille. Il a l'accent de Marseille.

acne ENW GWR
l'acné (b)

acordion ENW GWR
l'accordéon (g)

acrobat ENW GWR/BEN
l'acrobate (g)/(b)

acronym ENW GWR
le sigle

act ENW BEN
l'acte *(mewn drama)*
- **yn yr act gyntaf** au premier acte

actor ENW GWR
l'acteur (g)
❏ Mae Steffan Rhodri yn actor adnabyddus. Steffan Rhodri est un acteur connu.

actores ENW BEN
l'actrice (b)
❏ Mae Ruth Jones yn actores adnabyddus. Ruth Jones est une actrice connue.

acw ARDDODIAD
là-bas
❏ Dewch draw acw heno! Venez chez nous ce soir!

acwariwm ENW GWR
l'acquarium (g)

achlysur ENW GWR
l'occasion (b)
- **ar achlysur** à l'occasion de
- **ar sawl achlysur** à plusieurs occasions
❏ achlysur arbennig une occasion spéciale

achos ENW GWR
le cas
▷ *gweler hefyd* **achos** CYSYLLTAIR

achos CYSYLLTAIR
car
❏ Gweithiwch yn galed yn yr ysgol, achos mae'n bwysig at eich dyfodol! Travaillez dur au collège, car c'est important pour votre avenir!
- **o achos** à cause de ❏ o achos eich gwirionedb à cause de votre stupidité
▷ *gweler hefyd* **achos** ENW

achosi BERF
causer
❏ Mae hyn yn achosi problem. Cela cause un problème.

achub BERF
sauver

❑ Yn ffodus, achubwyd y teithwyr i gyd.
Heureusement, tous les passagers ont été
sauvés.

achubwr ENW GWR
le sauveur

achwyn BERF
se plaindre
❑ Mae hi'n achwyn byth a beunydd. Elle
n'arrête pas de se plaindre.

adain ENW BEN
l'aile (b) *(aderyn, awyren)*

adar ENW GWR LLUOSOG
les oiseaux
▷ *gweler hefyd* **aderyn**

ad-daliad ENW GWR
le remboursement
❑ Mae yna gamgymeriad, rwy'n gofyn am
f'arian yn ôl. Il y a une erreur, je demande un
remboursement.

ad-dalu BERF
rembourser
❑ Ad-dalodd yr arian a oedd yn ddyledus i mi.
Il m'a remboursé l'argent qu'il me devait.

adeg CYSYLLTAIR
pendant *(yn ystod)*
■ **yn ystod y rhyfel** pendant la guerre

adeilad ENW GWR
l'édifice (b)
le bâtiment
la construction

adeiladu BERF
construire
bâtir
❑ Mae e wedi adeiladu tŷ hyfryd iawn. Il a
construit une maison magnifique.

adeiladwaith ENW GWR
l'architecture (b)

adeiladwr ENW GWR
le constructeur

adennill BERF
regagner
récupérer
❑ Mae'n rhaid adennill yr amser a gollwyd.
Il faut regagner le temps perdu.

aderyn ENW GWR
l'oiseau (g) (LLUOSOG **les oiseaux**)

aderyn du ENW GWR
le merle *(mwyalchen)*

adfail ENW GWR
la ruine
■ **wedi adfeilio** en ruines

adfer BERF
renouveler *(adnewyddu)*

réparer *(atgyweirio)*
restaurer *(adeilad, darlun)*

adferf ENW BEN
l'adverbe (g)

adfywio BERF
ranimer *(dod yn ôl i fywyd)*
❑ Adfywiodd y meddyg y person
anymwybodol. Le médecin a ranimé la
personne inconsciente.

adio BERF
additionner *(mathemateg)*
❑ Mae e'n gallu adio. Il sait comment faire les
additions.

adlamu BERF
rebondir *(pêl)*

adlenwad ENW GWR
la recharge

adleoli BERF
transférer

adleoliad ENW GWR
le transfert
❑ Maen nhw wedi cadarnhau f'adleoliad
i Lydaw. On a confirmé mon transfert en
Bretagne.

adlewyrchiad ENW GWR
le reflet

adlewyrchu BERF
refléter
adlonaint ENW GWR
le divertissement
la distraction
❑ Mae hi'n ardal heb lawer o adloniant. C'est
une région sans beaucoup de distractions.

adnabod BERF
reconnaître
connaître
❑ Roedd fy nhad-cu yn adnabod Cadfridog
de Gaulle. Mon grand-père connaissait le
Général de Gaulle.

adnabyddiaeth ENW BEN
la connaissance

adnabyddus ANSODDAIR
connu (BEN **connue**)

adnewyddadwy ANSODDAIR
renouvelable
❑ Mae fy nhrwydded teithio yn
adnewyddadwy. Mon passeport est
renouvelable.

adnewyddu BERF
renouveler

adnodd ENW GWR
la ressource

adolygiad ENW GWR

la révision
la revue
adolygu BERF
réviser
revoir
adran ENW BEN
le rayon *(mewn siop)*
le département *(mewn ysgol, prifysgol)*
❑ Dyma'r adran Saesneg. Voici le
département d'anglais.
■ **adran adnoddau dynol** le service de
personnel
le compartiment *(ar drên)*
adrannol ANSODDAIR
départemental
(BEN **départementale**, LLUOSOG GWR **dépar-
tementaux**, LLUOSOG BEN **départementales**)
■ **siop adrannol** un grand magasin
adref ADFERF
à la maison
■ **i'ch tŷ chi** chez vous
Adriatig ANSODDAIR
adriatique (BEN **adriatique**)
■ **y Môr Adriatig** la mer Adriatique
adrodd BERF
raconter
❑ Adroddodd hanes anhygoel. Il a raconté
une histoire incroyable.
adroddiad ENW GWR
le rapport
le récit
■ **adroddiad ysgol** le bulletin scolaire
adroddwr ENW GWR
le récitant *(barddoniaeth)*
le narrateur *(stori)*
adroddwraig ENW BEN
la récitante *(barddoniaeth)*
la narratrice *(stori)*
aduniad ENW GWR
la réunion
adwaith ENW GWR
la réaction
adweithio BERF
réagir
adweithydd ENW GWR
le réacteur
❑ adweithydd niwcliar le réacteur nucléaire
addas ANSODDAIR
approprié (BEN **appropriée**)
■ **iaith addas** un language approprié
addasu BERF
régler
❑ Bydd yn rhaid i fi addasu drych y car. Il faut

que je règle mon rétroviseur.
addawol ANSODDAIR
prometteur (BEN **prometteuse**)
■ **athro addawol** un professeur qui a de
l'avenir
addewid ENW GWR/BEN
la promesse
■ **addo i rywun** faire une promesse à
quelqu'un
addfwyn ANSODDAIR
doux (BEN **douce**)
■ **yn addfwyn** doucement
addfwynder ENW GWR
la douceur
❑ siarad yn addfwyn parler avec douceur
addo BERF
promettre
Maen nhw wedi addo codiad cyflog iddo.
On lui a promis une augmentation de salaire.
addoli BERF
adorer
❑ Mae'n addoli ei fam. Il adore sa mère.
adduned ENW BEN
la résolution
■ **adduned blwyddyn newydd** la résolution
de bonne année
addurn ENW GWR
la décoration
l'ornement (g)
addurno BERF
décorer
orner
addurnwaith ENW GWR
le décor
l'ornement (g) *(mewn theatr)*
addurnwr ENW GWR
le décorateur
addurnwraig ENW BEN
la décoratrice
addysg ENW BEN
l'éducation (b)
l'instruction (b) *(yr addysgu)*
■ **addysg gorfforol** l'éducation physique et
sportive
addysgedig ANSODDAIR
instruit (BEN **instruite**)
cultivé *(person)*
addysgol ANSODDAIR
éducatif (BEN **éducative**)
addysgu BERF
enseigner
addysgwr ENW GWR
l'enseignant (g)

addysgwraig ENW BEN
l'enseignante (b)

aeddfed ANSODDAIR
mûr (BEN **mûre**)

aeddfedu BERF
mûrir

ael ENW BEN
le sourcil

aelod ENW GWR
l'adhérent (g) *(o glwb neu undeb)*
l'adhérente (b)
le membre
■ **Aelod Seneddol** un député ❏ aelod o'r
teulu un membre de la famille

aelodaeth ENW BEN
adhesion (b)
❏ gwneud cais am aelodaeth faire une
demande d'adhésion
■ **cerdyn aelodaeth** une carte de membre

aelwyd ENW BEN
la maison *(cartref)*
le foyer *(man cyfarfod)*

aer ENW GWR
l'air (g)

aerobeg ENW GWR
l'aérobic (b)
❏ gwneud aerobeg faire de l'aérobic

afal ENW GWR
la pomme

afal pîn ENW GWR
l'ananas (g)

afanc ENW GWR
le castor

afaren ENW BEN
la framboise ▷ *gweler hefyd* **mafon**

afiach ANSODDAIR
malsain (BEN **malsaine**)
insalubre (BEN **insalubre**)

afiechyd ENW GWR
la maladie

aflonydd ANSODDAIR
agité (BEN **agitée**)

aflonyddu BERF
s'agiter *(teimlo'n anesmwyth)*
déranger *(tarfu ar)*

aflwyddiannus ANSODDAIR
râté (BEN **râtée**)

afon ENW BEN
la rivière
le fleuve *(afon sy'n ddigon mawr i longau
hwylio arni)*

afradlon ANSODDAIR

dépensier (BEN **dépensière**)

afreal ANSODDAIR
irréel (BEN **irréelle**)

afreolaidd ANSODDAIR
irrégulier (BEN **irrégulière**)
■ **yn afreolaidd** irrégulièrement

afreolus ANSODDAIR
indiscipliné (BEN **indisciplinée**)
■ **yn afreolus** de façon indisciplinée

afresymol ANSODDAIR
irrationnel (BEN **irrationnelle**)
inabordable *(pris)*
peu raisonnable (BEN **peu raisonnable**)
❏ Roedd ei agwedd yn hollol afresymol. Son
attitude n'était pas du tout raisonnable.

afu ENW GWR/BEN
le foie

Affrica ENW BEN
l'Afrique (b)
■ **yn Affrica** en Afrique

Affricanaidd ANSODDAIR
africain (BEN **africaine**)

Affricanes ENW BEN
l'Africaine (b)

Affricanwr ENW GWR
l'Africain (g)

agenda ENW GWR
l'ordre (g) du jour

ager ENW GWR
la vapeur
■ **peiriant ager** la locomotive à vapeur

agor BERF
ouvrir
■ **agor ceg** bâiller ❏ Mae e'n agor y drws.
Il ouvre la porte.
■ **ar agor** ouvert(e)

agored ANSODDAIR
ouvert (BEN **ouverte**)
■ **yn agored** ouvertement

agorwr ENW GWR
l'ouvre-boîte (g) *(agorwr tuniau)*
l'ouvre-bouteille (g) *(agorwr poteli)*

agos ANSODDAIR
proche(BEN **proche**)
❏ Mae'n weddol agos. C'est assez proche.
■ **yr agosaf** le plus proche ❏ Ble mae'r ysgol
agosaf? Où est l'école la plus proche?

agosáu BERF
s'approcher

agwedd ENW GWR/BEN
l'attitude (b)

angel ENW GWR
l'ange (g)

angen ENW GWR
le besoin
❏ Mae angen arian arna i. J'ai besoin d'argent.

angenrheidiol ANSODDAIR
essentiel (BEN **essentielle**)
❏ Mae gwybodaeth o'r Gymraeg yn
angenrheidiol. La connaissance du gallois est
essentielle.

angerdd ENW GWR
la passion

angeuol ANSODDAIR
fatal (BEN **fatale**)
■ **yn angeuol** fatalement ❏ Roedd y
ddamwain yn angeuol. L'accident était fatal.

anghenfil ENW GWR
le monstre

anghofio BERF
oublier
❏ Rydw i wedi anghofio'i enw. J'ai oublié son
nom.

anghofus ANSODDAIR
distrait (BEN **distraite**)

anghredadwy ANSODDAIR
incroyable (BEN **incroyable**)

anghwrtais ANSODDAIR
impoli (BEN **impolie**)
■ **yn anghwrtais** impoliment ❏ Mae e'n
fachgen anghwrtais iawn. C'est un garçon
très impoli.

anghydfod ENW GWR
la dispute

anghyfartal ANSODDAIR
inégal (BEN **inégale**)

anghyfarwydd ANSODDAIR
peu familier (BEN **peu familière**)

anghyfeillgar ANSODDAIR
inamical
(ENW BEN **inamicale**, GWR LLUOSOG **inami-
caux**, BEN LLUOSOG **inamicales**)

anghyfiawn ANSODDAIR
injuste (BEN **injuste**)

anghyfiawnder ENW GWR
l'injustice (b)

anghyfleus ANSODDAIR
incommod (BEN **incommode**)

anghyfreithlon ANSODDAIR
illégal (BEN **illégale**)

anghyfrifol ANSODDAIR
irresponsable (BEN **irresponsable**)

anghyfforddus ANSODDAIR
pas confortable (BEN **pas confortable**)
❏ Mae'r sedd hon yn anghyfforddus. Ce siège
n'est pas confortable.

anghyffredin ANSODDAIR
rare (BEN **rare**)

anghymwys ANSODDAIR
incompétent (BEN **incompétente**)

anghysbell ANSODDAIR
inaccessible (BEN **inaccessible**)

anghyson ANSODDAIR
inégal (BEN **inégale**)
❏ Mae'r ansawdd yn anghyson. La qualité est
inégale.

anghysurus ANSODDAIR
inconfortable (BEN **inconfortable**)

anghytundeb ENW GWR
le désaccord
❏ Mae'r anghytundeb rhwng y ddau deulu yn
achosi pryder. Le désaccord entre les deux
familles est inquiétant.

anghytuno BERF
ne pas être d'accord
❏ Dwi'n anghytuno gyda chi! Je ne suis pas
d'accord avec vous!

anghywir ANSODDAIR
faux (BEN **fausse**)
❏ Mae hynny'n hollol anghywir. C'est tout à
fait faux.
incorrect (BEN **incorrecte**)

angladd ENW GWR/BEN
l'enterrement (g)

angor ENW GWR
l'ancre (b)

AIDS ENW GWR
le SIDA
■ **dioddefwr AIDS** le/la sidaïque

Aifft (yr) ENW BEN
l'Égypte (b)
yn yr Aifft en Égypte

ail ANSODDAIR
deuxième (BEN **deuxième**)
■ **ar yr ail dudalen** à la deuxième page
second (BEN **seconde**)
■ **dod yn ail** arriver deuxième
❏ Yr ail o Awst. Le deux aout.
■ **bob yn ail ddydd** tous les deux jours

ailadeiladu BERF
reconstruire
❏ Ailadeiladodd dŷ ei rieni. Il a reconstruit la
maison de ses parents.

ailadrodd BERF
répéter

ailafael BERF
reprendre
❏ Ailafaelodd yn ei ddyletswyddau. Il a repris

ses fonctions.
aildwymo BERF
réchauffer
ailddarllen BERF
relire
❑ Ailddarllenodd hi 'Madame Bovary'. Elle a relu 'Madame Bovary'.
ailddechrau BERF
recommencer *(gwaith)*
ailfeddwl BERF
reconsidérer
ailgychwyn BERF
repartir *(ar daith)*
ailgylchu BERF
recycler
❑ Y dyddiau hyn rydym yn ailgylchu papur. De nos jours nous recyclons le papier.
ailhyfforddi BERF
se recycler
❑ Penderfynodd ailhyfforddi fel rhaglennydd cyfrifiaduron. Il a décidé de se reclycler dans l'informatique.
ail-lawANSODDAIR
d'occasion *(nwyddau)*
ailsefyll BERF
repasser *(arholiad)*
❑ Bu'n rhaid i mi ailsefyll f'arholiad Mathemateg. J'ai dû repasser mon examen de mathématiques.
ail-weld BERF
revoir
❑ Tan y tro nesaf y gwelwn ein gilydd! Au revoir!
ailwisgo BERF
se rhabiller
ail-wneud BERF
refaire
❑ Fe wnaeth e ail-wneud y gwely. Il a refait le lit.
ailymuno BERF
rejoindre
alarch ENW GWR
le cygne
alaw
la mélodie
Alban (yr) ENW BEN
l'Écosse (b)
■ **yn yr Alban** en Écosse ❑ Rwyf yn byw yn yr Alban. J'habite en Écosse.
Albanes ENW BEN
l'Écossaise (b)
❑ Albanes yw hi. Elle est Écossaise.
Albanwr ENW GWR

l'Écossais (g)
❑ Albanwr yw Duncan. Duncan est Écossais.
albwm ENW GWR
l'album (g)
alcam ENW GWR
l'étain (g)
alcohol ENW GWR
l'alcool (g)
❑ Mae Prydeinwyr ifainc yn yfed gormod o alcohol. Les jeunes Britanniques boivent trop d'alcool.
alcoholaidd ANSODDAIR
alcoolisé (BEN **alcoolisée**)
■ **diodydd alcoholaidd** les boissons alcoolisées
alcoholig ENW GWR/BEN
l'alcoolique (g)/(b)
alergedd ENW GWR
l'allergie (b)
❑ Mae ganddo alergedd i asbrin. Il est allergique à l'asprine.
Algeraidd ANSODDAIR
algérien (BEN **algérienne**)
Algeria ENW BEN
l'Algérie (b)
■ **yn Algeria** en Algérie
■ **i Algeria** en Algérie
Algeriad ENW GWR
l'Algérien (g)
l'Algérienne (b)
Almaen (yr) ENW BEN
l'Allemagne (b)
■ **yn yr Almaen** en Allemagne ❑ Mae Klaus yn byw yn yr Almaen. Klaus habite en Allemagne.
Almaeneg ENW GWR
l'allemand (g) *(yr iaith)*
❑ Yn yr Almaen mae pobl yn siarad Almaeneg. En Allemagne on parle allemand.
Almaenes ENW BEN
l'Allemande (b)
Almaenig ANSODDAIR
allemand (BEN **allemande**) *(o'r Almaen)*
Almaenwr ENW GWR
l'Allemand (g)
almon ENW BEN
l'amande (b)
Alpau (yr) ENW GWR LLUOSOG
les Alpes (b.ll)
■ **yr Alpau Ffrengig** les Alpes françaises
allan ARDDODIAD
dehors *(y tu allan)*
■ **yfed allan o wydr** boire d'un verre ❑ Mae

hi'n boeth y tu allan. **Il fait chaud dehors.**
❏ Mae hi allan. **Elle est sortie.**
■ **mynd allan gyda rhywun** sortir avec
quelqu'un ❏ Ti allan o'r gêm! **Tu es éliminé du
jeu!**

allanfa ENW BEN
la sortie
■ **allanfa frys** la sortie de secours

allanol ANSODDAIR
extérieur (BEN **extérieure**)
■ **y drws allanol** la porte extérieure

allforio BERF
exporter

allforion ENW GWR LLUOSOG
les exportations (b.ll)

allforiwr ENW GWR
l'exportateur (g)

allforwraig ENW BEN
l'exportatrice (b)

allforion ENW LLUOSOG
les exportations (b.ll)

allgofnodi BERF
se déconnecter *(o gyfrifiadur)*

alltudiaeth ENW BEN
l'exil (g)

allwedd ENW BEN
la clé *(tŷ, car)*
❏ Mae hi wedi colli ei hallwedd. **Elle a perdu
sa clé.**
la légende *(allwedd map)*

allweddol ANSODDAIR
clé (BEN **clé**)
■ **y gair allweddol** le mot clé

allweddell ENW BEN
le clavier *(cyfrifiadur, piano)*

am ARDDODIAD
à
■ **am un o'r gloch** à une heure
pour
■ **gwneud rhywbeth am bump ewro** faire
quelque chose pour cinq euros
■ **cychwyn am Ffrainc** partir pour la France
■ **am y tro** pour maintenant
■ **am hanner awr** pendant une demi-heure
■ **am ddim** gratuit
■ **siarad am rywbeth** parler au sujet de
quelque chose

amaethwr ENW GWR
l'agriculteur (g) *(cyffredinol)*
le cultivateur *(yn tyfu pethau)*

amaethwraig ENW BEN
l'agricultrice (b) *(cyffredinol)*
la cultivatrice *(yn tyfu pethau)*

amaethyddiaeth ENW BEN
l'agriculture (b)
❏ Mae amaethyddiaeth yn dal i fod yn
ddiwydiant pwysig yn Ffrainc. **L'agriculture
est toujours une industrie importante en
France.**

amaethyddol ANSODDAIR
agricole

amatur ENW GWR
amateur
■ **clwb amatur** un club amateur

amau BERF
douter

ambell ANSODDAIR
quelque (BEN **quelque**)
■ **ambell broblem** quelques problèmes
■ **ambell waith** quelquefois ❏ Mae ambell
un yn dweud bod… **Certains disent que…**

ambiwlans ENW GWR
l'ambulance (b)

amcan ENW GWR
le but

amcangyfrif ENW GWR
le calcul approximatif
amcangyfrif BERF
estimer

amddifad ANSODDAIR
orphelin (BEN **orpheline**)
■ **bachgen amddifad** un orphelin

amddifadu BERF
priver
❏ Fe'i amddifadwyd o'i iPod. **On lui a privé de
son iPod.**

amddiffyn BERF
protéger

amddiffyniad ENW GWR
la protection

amddiffynnol ANSODDAIR
défensif (BEN **défensive**)

America ENW BEN
l'Amérique (b)
■ **i America** en Amérique
■ **yn America** en Amérique

Americanaidd ANSODDAIR
américain (BEN **américaine**)

Americanes ENW BEN
l'Américaine (b)

Americanwr ENW GWR
l'Américain (g)

amffitheatr ENW BEN
l'amphithéâtre (g)

amgaeedig ANSODDAIR

ci-joint (BEN **ci-jointe**) *(wedi'i gynnwys gyda llythyr)*

amgáu BERF
inclure *(mewn amlen)*

amgueddfa ENW BEN
le musée

amgylch ADFERF
autour
■ **o amgylch y byd** autour du monde

amgylchedd ENW GWR
l'environnement (g)

amgylchiad ENW GWR
la circonstance
■ **dan yr amgylchiadau** dans les circonstances

amgylchynol ANSODDAIR
périphérique (BEN **périphérique**) *(ar gyrion dinas)*

amgylchynu BERF
entourer

amhendant ANSODDAIR
indécis (BEN **indécise**) *(person)*
vague *(gwrthrych)*
❏ syniad amhendant une vague idée

amherffaith ENW GWR
l'imparfait (g) *(amser gramadegol)*

amheuaeth ENW BEN
le doute
■ **heb amheuaeth** sans doute

amheus ANSODDAIR
douteux (BEN **douteuse**) *(ffaith)*
suspect (BEN **suspecte**) *(person)*

amhleserus ANSODDAIR
désagréable (BEN **désagréable**)

amhoblogaidd ANSODDAIR
impopulaire (BEN **impopulaire**)

amhosibl ANSODDAIR
impossible (BEN **impossible**)

amhriodol ANSODDAIR
déplacé (BEN **déplacée**)

aml ANSODDAIR
fréquent (BEN **fréquente**)
■ **yn aml** fréquemment

amlapio BERF
envelopper *(parsel)*

amlen ENW BEN
l'enveloppe (b)
■ **amlen sy'n glynu ohoni hi ei hun** une enveloppe autocollante

amlhau BERF
multiplier

amlinell ENW BEN

le profil

amlinelliad ENW GWR
la silhouette *(person)*

amlwg ANSODDAIR
évident (BEN **évidente**)
■ **yn amlwg** évidemment

amod ENW GWR/BEN
la condition
■ **ar yr amod bod** à condition que

amodol ENW GWR
le conditionnel *(amser gramadegol)*

amrant ENW GWR
la paupière

amrantiad ENW GWR
le clin d'œil
■ **mewn amrantiad** en un clin d'œil

amrantu BERF
cligner des yeux *(llygaid)*

amrwd ANSODDAIR
cru (BEN **crue**)

amryw ANSODDAIR
plusieurs
❏ Rwyf yn ei adnabod ers amryw o flynyddoedd. Je le connais depuis plusieurs années.

amrywiaeth ENW BEN
la variété

amrywio BERF
varier
❏ Mae'r dewis yn amrywio. Le choix varie.

amrywiol ANSODDAIR
divers (BEN **diverse**)

amser ENW GWR
le temps
■ **ag amser** avec le temps
■ **bod ar amser** être à l'heure
■ **amser chwarae/egwyl** la récréation
■ **amser hamdden** le temps libre

amserlen ENW BEN
l'horaire (g) *(amserlen trén)*
l'emploi du temps (g) *(amserlen ysgol)*

amseru BERF
calculer la durée de
■ **amseru ras** chronométrer une course

amserydd ENW GWR
le chronométreur *(chwaraeon)* (BEN **la chronométreuse**)

amwys ANSODDAIR
ambigu (BEN **ambiguë**)

amynedd ENW GWR
la patience

amyneddgar ANSODDAIR

patient (BEN **patiente**)
■ **yn amyneddgar** patiemment
anabl ANSODDAIR
handicapé (BEN **handicapée**)
anabledd ENW GWR
l'infirmité (b)
anadl ENW GWR/BEN
la respiration
anadlu BERF
respirer
anaf ENW GWR
la blessure
anafu BERF
blesser
■ **eich anafu eich hun** se blesser
anallu ENW GWR
l'impuissance (b)
analluog ANSODDAIR
impuissant (BEN **impuissante**)
anarferol ANSODDAIR
inhabituel (BEN **inhabituelle**)
■ **yn anarferol** extraordinairement
andwyo BERF
endommager *(distrywio)*
aneffeithiol ANSODDAIR
inefficace (BEN **inefficace**) *(triniaeth)*
aneffeithlon ANSODDAIR
inefficace (BEN **inefficace**)
■ **gwasanaeth trafnidiaeth gyhoeddus
aneffeithlon** un service de transports
publics inefficace
aneglur ANSODDAIR
peu clair (BEN **peu claire**) *(syniad)*
anelu BERF
braquer *(arf)*
■ **anelu'n uchel** viser haut
anerchiad ENW GWR
le discours
❏ Gwnaeth yr Arlywydd anerchiad. Le
président a prononcé un discours.
anesmwyth ANSODDAIR
agité (BEN **agitée**) *(aflonydd)*
gêné (BEN **gênée**) *(teimlo'n annifyr)*
anfaddeuol ANSODDAIR
impardonnable (BEN **impardonnable**)
❏ Mae ei ymddygiad yn anfaddeuol. Sa
conduite est impardonnable.
anfantais ENW BEN
le désavantage
anferth ANSODDAIR
énorme (BEN **énorme**)
anfodlon ANSODDAIR

mécontent (BEN **mécontente**)
❏ Roedd hi'n dymuno cwyno; roedd hi'n
anfodlon. Elle a voulu se plaindre; elle était
mécontente.
anfon BERF
envoyer
■ **anfon neges testun** envoyer un texto
anfonwr ENW GWR
l'expéditeur (g)
anfonwraig ENW BEN
l'expéditrice (b)
anfwriadol ANSODDAIR
involontaire (BEN **involontaire**)
■ **yn anfwriadol** involontairement
anffafriol ANSODDAIR
défavorable (BEN **défavorable**)
anffawd ENW BEN
le malheur
anffodus ANSODDAIR, ADFERF
malheureux (BEN **malheureuse**)
■ **bywyd anffodus** une vie malheureuse
■ **yn anffodus** malheureusement
anffrwythlon ANSODDAIR
stérile
anffurfiol ANSODDAIR
informel (BEN **informelle**)
anhapus ANSODDAIR
malheureux (BEN **malheureuse**)
anhapusrwydd ENW GWR
le malheur
anharddu BERF
défigurer
anhawster ENW GWR
la difficulté
❏ Mae'r anhawster hwn yn dal i fodoli. Cette
difficulté existe toujours.
anhepgor ANSODDAIR
indispensable (BEN **indispensable**)
anhrefn ENW BEN
le désordre
anhunanol ANSODDAIR
désintéressé (BEN **désintéressée**)
anhygoel ANSODDAIR
incroyable (BEN **incroyable**)
anhygyrch ANSODDAIR
inaccessible (BEN **inaccessible**)
anial ANSODDAIR
désert (BEN **déserte**)
anialwch ENW GWR
le désert
anifail ENW GWR
l'animal (g) (LLUOSOG **animaux**)

■ **anifail anwes** un animal domestique

anlwc ENW GWR/BEN
la malchance

annarllenadwy ANSODDAIR
illisible (BEN **illisible**)

annedd ENW GWR/BEN
le domicile

annerbyniol ANSODDAIR
inadmissible (BEN **inadmissible**)
inacceptable (BEN **inacceptable**)

annhebygol ANSODDAIR
peu probable
❑ Mae'n annhebygol y bydd e'n dod. Il est
peu probable qu'il vienne.

annheg ANSODDAIR
injuste (BEN **injuste**)

annheilwng ANSODDAIR
indigne (BEN **indigne**)
❑ Mae e'n annheilwng o'ch cariad. Il est
indigne de votre amour.

anniben ANSODDAIR
désordonné (BEN **désordonnée**) *(person)*
négligé (BEN **négligée**) *(dillad)*
échevelé (BEN **échevelée**) *(gwallt)*

annibyniaeth ENW BEN
l'indépendance (b)
❑ Enillodd Algeria ei hannibyniaeth oddi wrth
Ffrainc. L'Algérie a gagné son indépendance
de la France.

annibynnol ANSODDAIR
indépendant (BEN **indépendante**)

annifyr ANSODDAIR
désagréable (BEN **désagréable**)

annigonol ANSODDAIR
insuffisant (BEN **insuffisante**)

annioddefol ANSODDAIR
intolérable (BEN **intolérable**)

anniolchgar ANSODDAIR
ingrat (BEN **ingrate**)

annisgwyl ANSODDAIR
inattendu (BEN **inattendue**)
❑ Roedd yr ateb hwn yn annisgwyl. Cette
réponse était inattendue.

annoeth ANSODDAIR
imprudent (BEN **imprudente**)

annog BERF
encourager
❑ Buont yn ei annog i ddysgu Lladin. Ils l'ont
encouragé à apprendre le latin.

annwyd ENW GWR
le rhume
■ **Mae gen i annwyd.** Je suis enrhumé.

❑ Rydw i wedi dal annwyd. J'ai attrappé un
rhume.

annwyl ANSODDAIR
cher (BEN **chère**)
■ **annwyl gyfaill** cher ami
gentil (BEN **gentille**) *(hoffus)*

annymunol ANSODDAIR
désagréable (BEN **désagréable**)

annynol ANSODDAIR
inhumain (BEN **inhumaine**)

anobaith ENW GWR
le désespoir

anobeithio BERF
désespérer

anobeithiol ANSODDAIR
désespérant (BEN **désesperante**)

anochel ANSODDAIR
inévitable (BEN **inévitable**)
■ **yn anochel** inévitablement

anodd ANSODDAIR
difficile (BEN **difficile**)
■ **sefyllfa anodd** une situation délicate
❑ Mae'r gwaith hwn yn anodd. Ce travail est
difficile.

anonest ANSODDAIR
malhonnête (BEN **malhonnête**)

anorac ENW GWR/BEN
l'anorak (g)

anorchfygol ANSODDAIR
invincible (BEN **invincible**)

anorfod ANSODDAIR
inévitable (BEN **inévitable**)

anorffenedig ANSODDAIR
inachevé (BEN **inachevée**)

anrheg ENW BEN
le cadeau (LLUOSOG **les cadeaux**)

anrhydedd ENW GWR/BEN
l'honneur (g)

ansad ANSODDAIR
instable (BEN **instable**)

ansawdd ENW GWR/BEN
la qualité
■ **o ansawdd da iawn** de très bonne qualité

ansensitif ANSODDAIR
indifférent (BEN **indifférente**)

ansicr ANSODDAIR
incertain (BEN **incertaine**) *(ateb)*
douteux (BEN **douteuse**)

ansicrwydd ENW GWR
l'incertitude (b)

ansoddair ENW GWR
l'adjectif (g)

Antartig ENW GWR
l'antarctique (b)
antur ENW GWR
l'aventure (b)
■ **parc antur** un parc d'aventure
anthem ENW BEN
l'hymne (g)
■ **yr anthem genedlaethol** l'hymne national
antiseptig ENW GWR
l'antiseptique (g)
anufudd ANSODDAIR
désobéissant (BEN **désobéissante**)
anufuddhau BERF
désobéir
❏ Mae wedi anufuddhau i'w orchmynion. Il a désobéi à ses ordres.
anuniongyrchol ANSODDAIR
indirect (BEN **indirecte**)
■ **yn anuniongyrchol** indirectement
anwaraidd ANSODDAIR
barbare (BEN **barbare**)
anwedd ENW GWR
la vapeur
anweddu BERF
s'évaporer
anweddus ANSODDAIR
indécent (BEN **indécente**)
anweledig ANSODDAIR
invisible (BEN **invisible**)
■ **yn anweledig** invisiblement
anwesiad ENW GWR
la caresse
anwesu BERF
caresser
anwiredd ENW GWR
le mensonge (celwydd)
anwybodaeth ENW BEN
l'ignorance (b)
■ **o anwybodaeth** par ignorance
anwybodus ANSODDAIR
ignorant (BEN **ignorante**)
anymwybodol ANSODDAIR
inconscient (BEN **inconsciente**) (heb wybod)
■ **mynd yn anymwybodol** perdre connaissance
anwybyddu BERF
ignorer
anystwyth ANSODDAIR
raide (BEN **raide**)
anystyriol ANSODDAIR
étourdi (BEN **étourdie**)
aperitiff ENW GWR

l'apéritif (g)
apwyntiad ENW GWR
le rendez-vous (gyda'r meddyg)
ar ARDDODIAD
sur
■ **ar y ddesg** sur le pupitre (ysgol)
■ **ar y llawr** sur le plancher
■ **ar y chwith** à gauche
■ **ar y dde** à droite
■ **ar yr ail lawr** au deuxième étage
■ **ar y teledu** à la télé ❏ Fe'i gwelais ar y teledu. Je l'ai vu à la télé.
■ **ar y radio** à la radio
■ **ar y bws** en bus ❏ Dwi'n teithio i'r ysgol ar y bws. Je voyage à l'école en bus. ❏ Roedd llawer o bobl ar y bws. Il y avait beaucoup de personnes dans le bus.
■ **ar streic** en grève
■ **ar wyliau** en vacances ❏ Aeth ar ei wyliau i'r Swisdir. Il est parti en vacances en Suisse.
ar agor ANSODDAIR
ouvert (BEN **ouverte**)
ar ben ANSODDAIR
fini (BEN **finie**)
ar bob cyfrif
certainement
ar ôl ARDDODIAD
après
■ **ar fy ôl i** après moi
ar unwaith ADFERF
tout de suite
ar y blaen ADFERF
en avant
Arab ENW GWR
l'Arabe (g)
Arabaidd ANSODDAIR
arabe (BEN **arabe**)
Arabeg ENW GWR/BEN
l'arabe (g)
Arabes ENW BEN
l'Arabe (b)
aradr ENW GWR/BEN
la charrue
■ **aradr eira** le chasse-neige
araf ANSODDAIR
lent (BEN **lente**)
❏ yn araf lentement
arafu BERF
ralentir
■ **se ralentir** (trên, car)
arafwch ENW GWR
la lenteur
araith ENW BEN

le discours
arall ANSODDAIR
autre
encore *(diod, cân)*
❑ Coffi arall, os gwelwch chi'n dda. Encore un café, s'il vous plaît.
arbed BERF
sauver *(achub)*
■ **arbed arian** faire des économies
■ **arbed amser** gagner du temps
arbedwr sgrin ENW GWR
l'économiseur (g) d'écran
arbenigedd ENW GWR
la spécialité
■ **arbenigedd y bwyty** la spécialité de la maison
arbenigwr ENW GWR
le spécialiste
arbenigwraig ENW BEN
la spécialiste
arbennig ANSODDAIR
spécial (BEN **spéciale**)
arbenigrwydd ENW BEN
le spécialisme
arbrawf ENW GWR
l'épreuve (b)
■ **prawf gwyddoniaeth** une épreuve de sciences
arbrofi BERF
expérimenter
arch ENW BEN
l'arche (b) *(yn y Beibl)*
le cercueil *(i gludo corff)*
archaeoleg ENW BEN
l'archéologie (b)
archaeolegwr ENW GWR
l'archéologue (g)/(b)
archaeolegwraig ENW BEN
l'archéologue (g)/(b)
archeb ENW BEN
la commande
archebu BERF
commander
❑ Archebais flodau. J'ai commandé des fleurs.
Archentwr ENW GWR
l'Argentin (g)
Archentwraig ENW BEN
l'Argentine (b)
archfarchnad ENW BEN
le supermarché
❑ Mae'r archfarchnad yng nghanol y dref. Le supermarché se trouve au centre-ville.

archipelago ENW GWR
l'archipel (g)
archwiliad ENW GWR
l'inspection (b)
■ **archwiliad meddygol** une visite médicale
le contrôle *(trwyddedau teithio, tocynnau)*
archwilio BERF
examiner
ausculter *(archwilio claf)*
contrôler *(trwyddedau teithio, tocynnau)*
archwiliwr ENW GWR
le contrôleur *(tocynnau)*
archwilwraig ENW BEN
la contrôleuse *(tocynnau)*
ardal ENW BEN
la région
❑ Mae Ardal y Llynnoedd yn hardd iawn. La région des lacs est très belle.
arddangos BERF
étaler *(gosod rhywbeth allan i'w ddangos yn well)*
exposer *(lluniau, llyfrau)*
afficher *(gosod poster/rhestr ar wal)*
arddangosfa ENW BEN
l'exposition (b)
■ **arddangosfa o luniau** une exposition de peintures
l'étalage (g) *(mewn ffenest siop)*
arddegau ENW GWR
l'adolescent (g) *(rhywun yn ei arddegau)*
(BEN **l'adolescente**)
ardderchog ANSODDAIR
excellent (BEN **excellente**)
bravo! *(ebychiad)*
arddodiad ENW GWR
la préposition *(gramadeg)*
arddull ENW GWR/BEN
le style
arddwrn ENW GWR
le poignet
arddywediad ENW GWR
la dictée
aredig BERF
labourer
aren ENW BEN
le rein
arena ENW BEN
l'arène (b)
arestiad ENW GWR
l'arrestation (b)
arf ENW GWR/BEN
l'arme (b)

arfer ENW GWR/BEN
l'habitude (b)
■ **wedi arfer â rhywbeth** avoir l'habitude de quelque chose
■ **fel arfer** d'habitude

arferiad ENW GWR
la coutume
❏ Mae'n arferiad gan y Cymry i fwyta cawl ar ddydd Gŵyl Dewi C'est une coutume galloise de manger de la soupe le jour de la Saint David (= la fête de).

arferol ANSODDAIR
normal (BEN **normale**)
■ **yn arferol** normalement

arfogi BERF
armer
■ **arfogi eich hun** s'armer

arfordir ENW GWR
la côte

arfwisg ENW BEN
l'armure (b)

argae ENW GWR
le barrage

arglwydd ENW GWR
le seigneur

argoel ENW BEN
l'intuition (b)

argraff ENW BEN
l'impression (b)

argraffedig ANSODDAIR
imprimé (BEN **imprimée**)

argraffiad ENW GWR
l'édition (b)

argraffu BERF
imprimer

argraffydd ENW GWR
l'imprimante (b) (i'r cyfrifiadur)

argyfwng ENW GWR
la crise
■ **argyfwng cymdeithasol** la crise sociale

argyhoeddi BERF
persuader

argymell BERF
recommander

arholi BERF
examiner

arholiad ENW GWR
l'examen (g)
■ **arholiad ysgrifenedig** l'écrit
■ **arholiad llafar** l'oral

arholwr ENW GWR
l'examinateur (g)

arholwraig ENW BEN
l'examinatrice (b)

arhosfan ENW GWR/BEN
l'arrêt (g) (bysiau, trenau)

arhosiad ENW GWR
le séjour (ar wyliau)

arian ENW GWR
l'argent (g)
■ **arian poced** argent de poche
■ **arian parod** les espèces

Ariannin (yr) ENW BEN
l'Argentine (b)
■ **yn yr Ariannin** en Argentine

ariannydd ENW GWR
le caissier (BEN **la caissière**)

ar-lein ANSODDAIR, ADFERF
en ligne
❏ Dwi ar-lein ar y funud. Je suis actuellement en ligne.

arloesi BERF
innover
explorer (anturio drwy wlad)

arlunio BERF
peindre

arlunydd ENW GWR
le peintre

arlwywr ENW GWR
le traiteur

arlywydd ENW GWR
le président

arlliw ENW GWR
la teinte

arllwys BERF
verser

arnofio BERF
flotter

arogl ENW GWR
l'odeur (b)

arogli BERF
sentir

arolwg ENW GWR
le sondage (barn)
l'inspection (b) (ysgol)

arolygu BERF
inspecter

arolygwr ENW GWR
l'inspecteur (g)

arolygwraig ENW BEN
l'inspectrice (b)

aros BERF
attendre
■ **aros am drên, bws** attendre le train, le bus

■ **aros mewn gwesty** demeurer à l'hôtel

arswyd ENW GWR
le terreur

arswydo BERF
effrayer

arswydus ANSODDAIR
effrayant (BEN **effrayante**)

artaith ENW BEN
le supplice

arteithio BERF
torturer

artiffisial ANSODDAIR
artificiel (BEN **artificielle**)

artist ENW GWR/BEN
le peintre
la peintre (arlunydd)
l'artiste (g)/(b) (perfformiwr)

artistig ANSODDAIR
artistique (BEN **artistique**)

arth ENW BEN
l'ours (g)
le nounours (tedi)

aruthrol ANSODDAIR
énorme (BEN **énorme**) (hynod o fawr)
formidable (BEN **formidable**) (hynod o dda)

arwain BERF
mener
diriger (band, cerddorfa)

arwr ENW GWR
le héros

arwres ENW BEN
l'héroïne (b)

arwydd ENW GWR/BEN
l'enseigne (b) (uwchben siop)
■ **arwydd stop** l'arrêt
l'indice (g) (cliw)
le signe (â llaw)

arwyddbost ENW GWR
le panneau

arwyddo BERF
signer
❑ Arwyddodd y cytundeb. Il a signé le contrat.

arwyddocâd ENW GWR
la signification

arwyneb ENW GWR
la surface

arwynebol ANSODDAIR
superficiel (BEN **superficielle**)

asbaragws ENW GWR
l'asperge (b)

asen ENW BEN

la côte (y corff)

asgell ENW BEN
l'aile (b)
■ **asgell dde** l'aile droite

asgwrn ENW GWR
l'os (g)
■ **asgwrn cefn** la colonne vertébrale
l'arête (b) (asgwrn pysgodyn)

Asia ENW BEN
l'Asie (b)
■ **yn Asia** en Asie

Asiad ENW GWR/BEN
l' Asiatique (g)/(b) (brodor o Asia)

Asiaidd ANSODDAIR
asiatique (BEN **asiatique**)

asiantaeth ENW BEN
l'agence (b)
■ **asiantaeth hysbysebu** une agence publicitaire

asid ENW GWR
l'acide (g)
■ **glaw asid** la pluie acide

astroleg ENW BEN
l'astrologie (b)

astronomeg ENW BEN
l'astronomie (b)

astud ANSODDAIR
attentif (BEN **attentive**)
■ **yn astud** attentivement

astudiaeth ENW BEN
l'étude (b)
■ **astudiaethau'r amgylchfyd** l'écologie

astudio BERF
étudier
❑ Dwi'n astudio Ffrangeg ers pum mlynedd. J'étudie le français depuis cinq ans.

asthma ENW GWR
l'asthme (g)

asyn ENW GWR
l'âne (g)

at ARDDODIAD
vers (tuag at)
■ **rhedeg at** courir vers ❑ Dwi'n nesáu at y dref. Je m'approche de la ville.
■ **ysgrifennu at rywun** écrire à quelqu'un

atal BERF
empêcher
■ **atal rhywun rhag gwneud rhywbeth** empêcher quelqu'un de faire quelque chose
■ **atal cenhedlu** la contraception

atalfa ENW BEN
l'obstruction (b) (rhwystr)
■ **cael atalfa** être consigné

atalnod ENW GWR
le point *(atalnod llawn)*
ateb ENW GWR ▷ *gweler* **ateb** BERF
la réponse
la solution *(ateb i broblem)*
ateb BERF ▷ *gweler* **ateb** ENW
répondre
❑ Atebodd fy llythyr. Il a répondu à ma lettre.
atebol ANSODDAIR
responsable (BEN **responsable**)
atgas ANSODDAIR
dégoûtant (BEN **dégoûtante**) *(bwyd, gweithred)*
répugnant (BEN **répugnante**) *(person)*
atgasedd ENW GWR
la haine
atgof ENW GWR
le souvenir
atgoffa BERF
rappeler
■ **atgoffa rhywun i wneud rhywbeth**
rappeler à quelqu'un de faire quelque chose
atgyfnerthu BERF
renforcer
atgynhyrchiad ENW GWR
la reproduction
atgyrch ENW GWR
le réflexe
atgyweiriad ENW GWR
la réparation
atgyweirio BERF
réparer
atgyweiriwr ENW GWR
le réparateur
atig ENW GWR/BEN
le grenier
Atlantig (yr) ENW GWR
l'Atlantique (g)
atlas ENW GWR
l'atlas (g)
atmosffer ENW GWR
l'atmosphère (b)
atodi BERF
joindre
atodiad ENW GWR
la pièce jointe *(mewn e-bost)*
atodyn ENW GWR
l'accessoire (g)
atomig ANSODDAIR
atomique (BEN **atomique**)
atomfa ENW BEN
la centrale nucléaire

atsain ENW BEN
l'écho (g)
atyniadol ANSODDAIR
attrayant (BEN **attrayante**)
Athen ENW BEN
Athènes
athletau ENW GWR LLUOSOG
l'athlétisme (g)
athletwr ENW GWR
l'athlète (g)
athletwraig ENW BEN
l'athlète (b)
athrawes ENW BEN
l'enseignante (b) *(yn gyffredinol)*
la professeur *(mewn ysgol uwchradd)*
l'institutrice (b) *(mewn ysgol gynradd)*
l'éducatrice (b) *(i ddisgyblion ag anghenion dysgu ychwanegol)*
athro ENW GWR
l'enseignant (g) *(yn gyffredinol)*
le professeur *(mewn ysgol uwchradd)*
l'instituteur (g) *(mewn ysgol gynradd)*
l'éducateur (g) *(i ddisgyblion ag anghenion dysgu ychwanegol)*
athroniaeth ENW BEN
la philosophie
aur ENW GWR ▷ *gweler* **aur** ANSODDAIR
l'or (g)
■ **mewn aur** en or
aur ANSODDAIR
doré (BEN **dorée**) *(o liw aur)*
■ **pysgodyn aur** le poisson rouge
awdur ENW GWR
l'auteur (g)/(b)
awdurdod ENW GWR
l'autorité (b)
awdures ENW BEN
une femme auteur, un auteur
❑ Mae hi'n awdures enwog. C'est un auteur connu.
awel ENW BEN
la brise
awgrym ENW GWR
la suggestion
awgrymu BERF
suggérer
awr ENW BEN
l'heure (b)
❑ Mae'r daith yn para dwy awr. Le trajet dure deux heures.
Awst ENW GWR
août (g)

Awstralaidd – awyrlu

■ **ym mis Awst** en août

Awstralaidd ANSODDAIR
australien (BEN **australienne**)

Awstralia ENW BEN
l'Australie (b)
■ **yn Awstralia** en Australie

Awstraliad ENW GWR/BEN
l'Australien (*dyn*)
l'Australienne (*dynes*)

Awstria ENW BEN
l'Autriche (b)
■ **yn Awstria** en Autriche

Awstriad ENW GWR/BEN
l'Autrichien (*dyn*)
l'Autrichienne (*dynes*)

Awstriaidd ANSODDAIR
autrichien (BEN **autrichienne**)

awtomatig ANSODDAIR
automatique (BEN **automatique**)
■ **yn agor yn awtomatig** ouverture automatique

awydd ENW GWR
le désir
■ **awydd bwyd** la faim

awyddus ANSODDAIR
désireux (BEN **désireuse**)
■ **bod yn awyddus i** avoir envie de ❑ Wyt ti'n awyddus i ddod? Tu as envie de venir?

awyr ENW BEN
le ciel *(wybren)*
■ **awyr iach** l'air frais
■ **maes awyr** l'aéroport

awyren ENW BEN
l'avion (g)
■ **mewn awyren** en avion *(person)*
■ **mewn awyren** par avion *(nwyddau, llythyr)*

awyrgylch ENW GWR
l'ambiance (b)

awyrlu ENW GWR
l'Armée de l'Air (b)

B|b

baban ENW GWR
le bébé

babi ENW GWR
le bébé

babïaidd ANSODDAIR
enfantin (BEN **enfantine**)
❑ Mae'r bechgyn yn ymddwyn yn fabïaidd.
Les garçons agissent d'une façon enfantine.

bacio BERF
faire marche arrière *(cerbyd)*

baco ENW GWR
le tabac

bacwn ENW GWR
le lard *(heb ei sleisio)*
❑ Ces i wy a bacwn i frecwast. J'ai pris des
œufs au bacon pour le petit déjeuner.
le bacon *(fel yng Nghymru)*

bach ANSODDAIR
petit (BEN **petite**)

bach iawn ANSODDAIR
minuscule (BEN **minuscule**)
❑ Mae'r pentref yn fach iawn. Le village est
minuscule.

bachan ENW GWR
le type
❑ Mae e'n fachan ffein. C'est un brave type.

bachgen ENW GWR
le garçon

bachgen amddifad ENW GWR
l'orphelin (g)

bachgen newyddanedig ENW GWR
le nouveau-né

bachgen ysgol ENW GWR
l'écolier (g)

bachigyn ENW GWR
le diminutif *(gramadeg)*

bachu BERF
accrocher *(cyffredinol)*
prendre *(pysgodyn)*
❑ Mae e wedi bachu pysgodyn. Il a pris un
poisson.

bachyn ENW GWR
le crochet

bad ENW GWR
le bateau *(cwch)*

bad achub ENW GWR
le bateau de sauvetage

badminton ENW GWR
le badminton
■ **chwarae badminton** jouer au badminton

baddon ENW GWR
la baignoire *(y twb)*

bae ENW GWR
la baie

baedd gwyllt ENW GWR
le sanglier

baeddu BERF
salir
❑ Mae gwyn yn baeddu'n gyflym. Le blanc
salit vite.

bag ENW GWR
le sac
■ **bag llaw** le sac à main
■ **bag plastig** le saclet en plastique
■ **bag teithio** la valise
■ **bag ysgol** le cartable

baglor ENW GWR
le licencié
■ **baglor yn y celfyddydau** licencié ès lettres

baglores ENW BEN
la licenciée

baglu BERF
trébucher

bai ENW BEN
la faute
❑ Dim fy mai i yw e. Ce n'est pas ma faute.
le défaut *(nam)*

balaclafa ENW GWR
le passe-montagne

balconi ENW GWR
le balcon

balŵn ENW GWR/BEN
le ballon

balch ANSODDAIR

fier (BEN **fière**)
❑ Mae ei ffrindiau yn falch ohoni. Ses amis
sont fiers d'elle.

balchder ENW GWR
la fierté

bale ENW GWR
le ballet

banana ENW BEN
la banane
■ **coeden bananas** le bananier

banc ENW GWR
la banque

banciwr ENW GWR
le banquier

band ENW GWR
le groupe *(roc)*
la fanfare *(pres)*

bandais ENW GWR
le bandage
■ **rhoi bandais** bander

bandit ENW GWR
le bandit

baner ENW BEN
le drapeau

bant ADFERF
loin *(ymhell)*
■ **Bant â ni!** Allons!

bar ENW GWR
le bar *(tafarn)*
■ **bar o siocled** la tablette de chocolat
■ **bar o sebon** la savonnette
le comptoir *(cownter)*
la barre *(haearn)*

bara ENW GWR
le pain
■ **bara cyflawn** le pain complet

barbaraidd ANSODDAIR
barbare (BEN **barbare**)

barbeciw ENW GWR
le barbecue

barbwr ENW GWR
le coiffeur pour hommes

barcud ENW GWR
le cerf-volant *(tegan)*
le milan *(aderyn)*

bardd ENW GWR
le poète

barddoniaeth ENW BEN
la poésie

barf ENW BEN
la barbe

barfog ANSODDAIR

barbu (BEN **barbue**)
■ **dyn barfog** un barbu

bargen ENW BEN
l'affaire (b)
❑ Mae'r cyfrifiadur yn fargen. L'ordinateur,
c'est une affaire.

bargyfreithiwr ENW GWR
l'avocat (g)

barics ENW LLUOSOG
la caserne

barn ENW BEN
l'avis (g)
❑ yn fy marn i à mon avis

barnu BERF
juger

barnwr ENW GWR
le juge

baromedr ENW GWR
le baromètre

barrug ENW GWR
la gelée blanche

bas ANSODDAIR
peu profond *(dim yn ddwfn)* (BEN **peu
profonde**)
■ **Mae dŵr y pwll yn fas.** L'eau de la piscine
est peu profonde.

bas dwbl ENW GWR
la contrebasse

Basgaidd ANSODDAIR
basque *(o Wlad y Basg)*
❑ Mae traddodiadau Basgaidd yn unigryw.
Les traditions basques sont uniques.

basged ENW BEN
le panier
■ **Rhoddodd hi'r siopa yn y fasged.** Elle a
mis les achats dans le panier.

Basgeg ENW GWR/BEN
le basque *(yr iaith)*

Basges ENW BEN
la Basque *(dynes o Wlad y Basg)*

Basgiad ENW GWR
le Basque *(dyn o Wlad y Basg)*
❑ Mae'r Basgiaid yn falch o'u hiaith. Les
Basques sont fiers de leur langue.

basil ENW GWR
le basilic

basn ENW GWR
le lavabo *(ymolchi)*
❑ Mae basn yn yr ystafell ymolchi. Il y a un
lavabo dans la salle de bain.
le bol *(dal bwyd)*

bat ENW GWR
la batte *(criced)*

la raquette *(tennis)*
batri ENW GWR
la pile *(tortsh)*
■ **batri car** la batterie d'une voiture
batwn ENW GWR
le bâton
bath ENW GWR
le bain *(ymolchi)*
■ **cael bath** prendre un bain
la baignoire *(twb)*
bathodyn ENW GWR
le badge
baw ENW GWR
la saleté *(budreddi)*
la boue *(llaid)*
bawd ENW GWR/BEN
le pouce
■ **bys a bawd** le doigt et le pouce
becso BERF
s'inquiéter
■ **Paid â becso!** Ne t'inquiète pas!
bechingalw ENW GWR
le truc
❏ Pasiwch y bechingalw i fi. Passez-moi le truc.
bedlam ENW GWR
la confusion
bedydd ENW GWR
le baptême
bedd ENW GWR
la tombe
begera BERF
mendier
begian BERF
mendier
Beibl ENW GWR
La Bible
beic ENW GWR
le vélo
■ **ar gefn beic** en vélo
beic modur ENW GWR
la moto
■ **ar feic modur** en moto
beicio BERF
faire du vélo
❏ Roeddwn yn arfer beicio'n aml. Je faisais souvent du vélo.
beiciwr ENW GWR
le cycliste
beicwraig ENW BEN
la cycliste
beichio crio BERF

sangloter
beichiog ANSODDAIR
enceinte
■ **Mae fy athrawes Gymraeg yn feichiog.** Ma prof de gallois est enceinte.
beichiogrwydd ENW GWR
la grossesse
■ **prawf beichiogrwydd** le test de grossesse
beio BERF
accuser
■ **beio rhywun** reprocher à quelqu'un
■ **Pwy sydd i'w feio?** C'est à qui la faute?
beirniad ENW GWR
le juge
❏ Roedd hi'n feirniad yn y gystadleuaeth. Elle était juge dans la compétition.
beirniadaeth ENW BEN
la critique
beirniadol ANSODDAIR
critique (BEN **critique**)
beirniadu BERF
critiquer
beiro ENW GWR/BEN
le bic
Beirut ENW BEN
Beyrouth
Belarus ENW BEN
la Biélorussie
Belgaidd ANSODDAIR
belge (BEN **belge**)
■ **siocled Belgaidd** le chocolat belge
Belgiad ENW GWR/BEN
le Belge
la Belge
❏ Mae llawer o Felgiaid yn siarad Ffrangeg fel iaith gyntaf. Beaucoup de Belges parlent français comme langue maternelle.
belt ENW GWR/BEN
la ceinture
■ **belt lledr** une ceinture en cuir
bellach ADFERF
déjà *(eisoes)*
❏ Mae'r awyren bellach wedi mynd. L'avion est déjà parti.
actuellement *(nawr)*
maintenant *(nawr)*
bendigedig ANSODDAIR
merveilleux (BEN **merveilleuse**, GWR LLUOSOG **merveilleux**)
❏ Mae'r tirlun yn yr Alpau yn fendigedig. Le paysage dans les Alpes est merveilleux.
bendith ENW BEN
la bénédiction

❑ Bendith arnoch! À vos souhaits! *(wrth disian)*

bendithio BERF
bénir

benthyca BERF
emprunter *(cael benthyg)*
❑ Mae e wedi benthyca fy meiro. Il a emprunté mon bic.

benthyca BERF
prêter *(rhoi benthyg)*
■ Benthycodd ei phensil i fi. Elle m'a prêté son crayon

benthyciad ENW GWR
le prêt

benthyg ▷ *gweler* **benthyca**

benyw ENW, ANSODDAIR
femme *(person)*
femelle (BEN **femelle**)
❑ anifail benyw un animal femelle
▷ *gweler hefyd* **benywaidd**

benywaidd ANSODDAIR
féminin (BEN **féminine**)
■ gair benywaidd un mot féminin

berdysyn ENW GWR
la crevette grise

berf ENW BEN
le verbe

berfa ENW BEN
la brouette

berfenw ENW GWR
l'infinitif (g)

berwedig ANSODDAIR
bouillant (BEN **bouillante**)
■ dŵr berwedig l'eau bouillante ❑ Mae'r tywydd yn ferwedig. Il fait un temps torride.

berwi BERF
faire bouillir
❑ berwi dŵr faire bouillir l'eau
bouillir
❑ Mae'r dŵr yn berwi. L'eau bout. ❑ wedi'i ferwi à l'eau ❑ tatws wedi'u berwi des pommes de terre à l'eau

berwr dŵr ENW GWR
le cresson

bet ENW BEN
le pari
■ rhoi bet ar faire un pari sur

betingalw ENW GWR
le truc

betio BERF
parier

betysen ENW BEN
la betterave

beth RHAGENW
Qu'est-ce que…?
❑ Beth wyt ti eisiau? Qu'est-ce que tu veux?
■ Beth arall? Quoi d'autre?
Qu'est-ce que…?
❑ Beth ddigwyddodd? Qu'est-ce qui s'est passé?

beth bynnag CYSYLLTAIR
de toute façon
❑ Roeddwn i'n bwriadu gwneud hynny beth bynnag. J'avais l'intention de le faire de toute façon.
■ Beth bynnag a ddaw … Quoi qu'il arrive …

bil ENW GWR
l'addition (b) *(mewn ty bwyta)*

biliards ENW LLUOSOG
le billard
■ chwarae biliards jouer au billard

biliwn ENW BEN
le billion *(miliwn o filiynau)*
le milliard *(mil o filiynau)*

bin ENW GWR
la poubelle
■ taflu rhywbeth i'r bin jeter quelque chose à la poubelle

bingo ENW GWR
le jeu de loto
■ chwarae bingo jouer au loto

binociwlars ENW GWR LLUOSOG
les jumelles (b. ll)

bioleg ENW BEN
la biologie

biolegol ANSODDAIR
biologique (BEN **biologique**)

bisged ENW BEN
le biscuit *(melys)*
la biscotte *(sych)*

bisged galed ENW BEN
le biscuit

bistro ENW GWR
le bistro

blacmel ENW GWR
le chantage

blaen ENW GWR
le front
■ blaen y tŷ la façade de la maison
l'avant (g) *(rhan arweiniol cerbyd)*
■ yn y blaen à l'avant
■ ac yn y blaen et cetera, etc
■ o flaen devant
■ o'r blaen auparavant
■ y diwrnod o'r blaen l'autre jour

blaendal ENW GWR

la caution *(rhag difrod)*
les arrhes (b.ll) *(rhandaliad)*

blaenoriaeth ENW BEN
la priorité

blaguryn ENW GWR
le bourgeon

blaidd ENW GWR
le loup

blanced ENW GWR/BEN
la couverture

blas ENW GWR
le goût
❑ Does dim blas ar y cawl. Le potage n'a pas de goût.
■ **Pa flas hufen iâ wyt ti'n hoffi?** Quel parfum de glace est-ce que tu aimes?

blasu BERF
goûter
❑ Ydyn nhw wedi blasu bwyd Ffrengig? Ont-ils goûté la nourriture française ?

blasus ANSODDAIR
délicieux (BEN **délicieuse**)
❑ Mae crempog Llydewig yn flasus. Les crêpes bretonnes sont délicieuses.

blawd ENW GWR
la farine

ble? ADFERF, CYSYLLTAIR ▷ *gweler hefyd* **lle**
où?
❑ Ble est ti neithiwr? Où es-tu allé hier soir ?
où *(lle)*
❑ Hon yw'r dref ble es i i'r ysgol. C'est la ville où je suis allée à l'école.

bleind ENW GWR
le store *(ar ffenestr)*

blendiwr ENW GWR
le mixer

blêr ANSODDAIR
en désordre *(ystafell)*
❑ Mae'r lolfa bob amser yn flêr. Le salon est toujours en désordre.
désordonné (BEN **désordonnée**) *(cymeriad)*
❑ Mae e bob amser yn flêr. Il est toujours désordonné.

blerwch ENW GWR
le désordre

blew ENW GWR LLUOSOG
le poil *(ar gorff)*

blewog ANSODDAIR
poilu (BEN **poilue**)

blewyn ENW GWR
le cheveu *(o wallt y pen)* (LLUOSOG **les cheveux**)
le poil *(ar gorff)*

blin ANSODDAIR
de mauvaise humeur
❑ Mae'r athro'n flin heddiw. Le prof est de mauvaise humeur aujourd'hui.
■ **Mae'n flin gen i.** Je suis désolé.

blinder ENW GWR
la fatigue

blinderus ANSODDAIR
pénible (BEN **pénible**)

blinedig ANSODDAIR
fatigué (BEN **fatiguée**)

blino BERF
fatiguer
❑ Mae teithio yn ein blino. Voyager nous fatigue. ❑ Dw i wedi blino. Je suis fatigué(e).
■ **blino ar rywbeth** en avoir assez de quelque chose

bloc o fflatiau ENW GWR
l'immeuble (g)

blocio BERF
bloquer

blodeuo BERF
fleurir

blodeuog ANSODDAIR
fleuri (BEN **fleurie**)

blodfresychen ENW BEN
le chou-fleur (LLUOSOG **les choux-fleurs**)

blodyn ENW GWR
la fleur
■ **tusw o flodau** un bouquet de fleurs

blodyn yr haul ENW GWR
le tournesol

bloedd ENW BEN
le hurlement

bloeddio BERF
hurler

blog ENW GWR
le blog

blotiwr ENW GWR
le buvard

blows ENW BEN/GWR
le chemisier

blwch ENW GWR
la boîte

blwch llythyrau ENW GWR
la boîte aux lettres

blwch postio ENW GWR
la boîte postale

blwch llwch ENW GWR
le cendrier

blwyddyn ENW BEN
l'an (g)

l'année (b)
- **blwyddyn diwethaf** l'an dernier
- **blwyddyn nesaf** l'an prochain
- **blwyddyn naid** l'année bissextile

Blwyddyn newydd dda! ENW BEN
Bonne Année!

blynyddol ANSODDAIR
annuel (BEN **annuelle**)
❑ cyfarfod blynyddol une réunion annuelle

bocs ENW GWR
la boîte
- **bocs o siocledi** la boîte de chocolats

bocsio ENW GWR
la boxe
❑ Mae e'n hoffi bocsio. Il aime faire de la boxe.

bocsiwr ENW GWR
le boxeur

boch ENW BEN
la joue

bochdew ENW GWR
le hamster

bod CYSYLLTAIR ▷ gweler **bod** BERF
que
❑ Dywedir bod Llydaweg yn debyg i'r Gymraeg. On dit que le breton est similaire au gallois.

bod BERF ▷ gweler hefyd **bod** CYSYLLTAIR
être
❑ Dw i'n Gymro/Gymraes. Je suis gallois / galloise. (*ansoddair*) ❑ Rydyn ni'n hapus. Nous sommes contents. ❑ Maen nhw yno. Ils y sont. ❑ Wyt ti wedi bod i'r Swisdir? Es-tu déjà allé(e) en Suisse ?

bodio BERF
faire de l'auto-stop

bodiwr ENW GWR
l'auto-stoppeur (g)

bodlon ANSODDAIR
content (BEN **contente**)
❑ Mae e'n fodlon gyda'i ganlyniadau. Il est content de ses résultats.

bodloni BERF
satisfaire
- **bodloni gwneud rhywbeth** accepter de faire quelque chose
- **bodloni ar rywbeth** se contenter de

bodwraig ENW BEN
l'auto-stoppeuse (b)

bodd ENW GWR
le plaisir
❑ Rwyf wrth fy modd yn coginio. J'adore faire la cuisine.

boddhaol ANSODDAIR
satisfaisant (BEN **satisfaisante**)
- **Mae fy Almaeneg o safon boddhaol.** J'ai un niveau satisfaisant en allemend.

boddi BERF
se noyer

boi ENW GWR
le mec (*anffurfiol*)

bol ENW GWR
le ventre
❑ Mae gen i boen yn y bol. J'ai mal au ventre.

bolgi ENW GWR
le gourmand

bollt ENW BEN
le verrou (*i gau drws, ffenest*)
le boulon (*nytiau a bolltiau*)

bom ENW GWR/BEN
la bombe

bomio BERF
bombarder

bôn ENW GWR
la souche (*coeden*)
- **yn y bôn** au fond

bonclust ENW GWR
la gifle
- **rhoi bonclust i rywun** donner une gifle à quelqu'un

boncyff ENW GWR
la bûche

bonedd ENW GWR
la noblesse

boneddigaidd ANSODDAIR
poli (BEN **polie**)

boneddiges ENW BEN
la dame

boneddigion ENW LLUOSOG
Messieurs (g.ll)
- **Bonheddigion a boneddigesau** Mesdames et Messieurs

bonet ENW GWR/BEN
le capot (*car*)

bonheddig ANSODDAIR
noble (BEN **noble**)

bonws ENW GWR
la prime

bore ENW GWR
le matin
- **bob bore** tous les matins
- **drwy'r bore** toute la matinée

boreol ANSODDAIR
matinal (BEN **matinale**)
- **niwlen foreol** la brume matinale

Cymraeg -Ffrangeg

b

bos ENW GWR
le patron
bostio, brolio BERF
se vanter (de)
❏ Mae e'n brolio am ei farciau bob amser. Il se vante toujours de ses notes.
botwm ENW GWR
le bouton
❏ Gwasgwch y botwm! Appuyez sur le bouton!
botwm bol ENW GWR
le nombril
bowls ENW LLUOSOG
les boules (b. ll)
bra ENW GWR
le soutien-gorge
brad ENW GWR
la trahison
bradychu BERF
trahir
braf ANSODDAIR
beau (BEN **belle**)
❏ Cawsom ddiwrnod braf ddoe. Nous avons passé une belle journée hier.
■ **Mae hi'n braf.** Il fait beau.
braich ENW BEN
le bras
❏ Mae e wedi torri ei fraich. Il s'est cassé le bras.
braidd ADFERF
assez
plutôt
■ **Mae e braidd yn fach.** Il est plutôt petit.
❏ Rwyf braidd yn sychedig. J'ai assez soif.
braint ENW BEN
le privilège
brân ENW BEN
la corneille noire
brand ENW GWR
la marque
❏ Mae'r brand hwn o ddillad yn boblogaidd. Cette marque de vêtements est populaire.
brandi ENW GWR
le cognac
bras ANSODDAIR
approximatif (BEN **approximative**)
■ **mewn print bras** en gros caractères
❏ Dyma'r ffigyrau bras. Voici les chiffres approximatifs.
Brasil ENW BEN
le Brésil
■ **yn Brasil** au Brésil
braslun ENW GWR

l'esquisse (b) *(syniad)*
le croquis   *(mewn arlunio)*
braster ENW GWR
la graisse *(saim)*
■ **bwyd isel mewn braster** la nourriture basse en matière grasse
le gras *(ar gig)*
brasterog ANSODDAIR
gras (BEN **grasse**, GWR LLUOSOG **gras**)
bratiog ANSODDAIR
mauvais (BEN **mauvaise**) *(gwallus)*
brathu BERF
mordre
❏ Brathodd y ci y ferch. Le chien a mordu la fille.
brathiad ENW GWR
la morsure *(anifail)*
la piqûre *(pryfyn)*
bratiaith ENW BEN
le charabia
brau ANSODDAIR
fragile (BEN **fragile**)
braw ENW GWR ▷ *gweler* **ofn**
la peur
❏ Cafodd hi fraw o weld y drychineb. Elle a eu peur de voir le désastre.
brawd ENW GWR
le frère
■ **y brawd ieuengaf/hynaf** le frère cadet/aîné
brawd yng nghyfraith ENW GWR
le beau-frère (LLUOSOG **les beaux-frères**)
brawddeg ENW BEN
la phrase
brawychu BERF
effrayer
brawychus ANSODDAIR
effroyable (BEN **effroyable**)
brêc ENW GWR
le frein
■ **brêc llaw** le frein à main
brecio BERF
freiner
brecwast ENW GWR
le petit déjeuner
❏ Beth wyt ti'n ei gael i frecwast fel arfer? Qu'est-ce que tu prends normalement pour le le petit déjeuner ?
brech goch ENW BEN
la rougeole
■ **brech goch yr Almaen** la rubéole
brechdan ENW BEN
le sandwich

■ **brechdan ham** le sandwich au jambon
brechiad ENW GWR
la vaccination
la piqûre *(anffurfiol))*
❏ Rwyf wedi cael y brechiad yn erbyn y ffliw.
J'ai eu la piqûre contre la grippe.
bregus ANSODDAIR
fragile (BEN **fragile**)
breichled ENW BEN
le bracelet
■ **breichled aur** un bracelet en or
brenhines ENW BEN
la reine
brenhiniaeth ENW BEN
la monarchie
brenhinol ANSODDAIR
royal (BEN **royale** , LLUOSOG GWR **royaux**)
brenin ENW GWR
le roi
bres ENW GWR
l'appareil dentaire (g) *(ar ddannedd)*
brest ENW BEN
la poitrine *(y corff)*
le blanc *(cig cyw iâr)*
bresychen ENW BEN
le chou (LLUOSOG **les choux**)
bresys ENW LLUOSOG
les bretelles (b.ll) *(ar drowsus)*
brethyn ENW GWR
le tissu
breuder ENW GWR
la fragilité
breuddwyd ENW BEN
le rêve
breuddwydio BERF
rêver
❏ Dw i'n breuddwydio am ennill y loteri. Je
rêve de gagner le loto.
bri ENW GWR
la renommée
■ **mewn bri** en vogue
briallen ENW BEN
la primevère
bricsen ENW BEN
la brique
■ **adeilad brics coch** un bâtiment en brique
rouge
bricyllen ENW BEN
l'abricot (g)
brid anifail ENW GWR
la race
bridio ENW

faire l'élevage (de)
■ **Mae fy nghymydog yn bridio cŵn** Mon
voisin fait l'élevage de chiens.
bridiwr ENW GWR
l'éleveur (g)
brifo BERF
faire mal à *(mewn poen)*
❏ Mae ei law yn brifo. Il a mal à la jambe.
❏ Mae'n brifo'n fan hyn. Ça fait mal ici
se blesser *(anafu)*
❏ Dwi wedi brifo fy nhroed. Je me suis blessé
au pied. ❏ Mae e wedi brifo ei goes. Il s'est
blessé à la jambe.
brig ENW GWR
le haut *(tudalen, ysgol ddringo)*
❏ ar frig (top) y dudalen en haute de la page
■ **bod ar y brig** être en haut
brigâd ENW BEN
la brigade
■ **y frigâd dân** les sapeurs-pompiers
brigyn ENW GWR
la brindille
brith ANSODDAIR
bariolé (BEN **bariolée**) *(amryliw)*
❏ Mae ganddo wallt brith. Il a les cheveux
gris.
brith ANSODDAIR
vague *(aneglur)*
■ **brith gof** souvenir vague
brithyll ENW GWR
la truite
briw ENW GWR
la blessure
briwgig ENW GWR
le hachis de viande
briwsionyn ENW GWR
la miette
bro ENW GWR
la région *(ardal)*
brocoli ENW GWR
les brocolis (g.ll)
brodio BERF
broder
brodor ENW GWR
le natif
■ **Dwi'n frodor o'r Bala.** Je suis natif de Bala.
brodores ENW BEN
la native
■ **Mae hi'n frodores o Quimper.** Elle est
native de Quimper.
brodwaith ENW GWR
la broderie
■ **gwneud brodwaith** faire de la broderie

broga ENW GWR
la grenouille
■ **coesau broga** les cuisses de grenouille

bron ADFERF
presque
❏ Mae hi bron yn ddau o'r gloch. Il est presque deux heures.

bron ENW BEN
le sein *(un o ddwy fron merch)*

broncitis ENW GWR
la bronchite

brown ANSODDAIR
brun (BEN **brune**)
marron (BEN **marron**, LLUOSOG GWR A BEN **marron**)
■ **Ti'n frown ar ôl dy wyliau.** Tu es bronzé après tes vacances. ■ **gwallt brown** les cheveux châtain

brwd ANSODDAIR
enthousiaste (BEN **enthousiaste**)

brwdfrydedd ENW GWR
l'enthousiasme (g)

brwnt ANSODDAIR
cruel (BEN **cruelle**) *(creulon)*
■ **Chwaraeodd dric brwnt arno.** Il lui a joué un tour cruel.
sale (BEN **sale**) *(budr)*

Brwsel ENW BEN
Bruxelles

brws ENW GWR
la brosse
■ **brwsh paent** le pinceau
■ **brwsh dannedd** la brosse à dents
■ **brwsh llawr** le balai
■ **brwsh eillio** le blaireau

brwsio BERF
brosser
■ **brwsio dannedd** se brosser les dents
■ **brwshio'r llawr** balayer le plancher

brwydr ENW BEN
la bataille

brwydro BERF
se battre
■ **brwydro dros rywbeth** se battre pour quelque chose
■ **brwydro yn erbyn rhywbeth** lutter contre
❏ Ceisiodd y meddygon frwydro yn erbyn yr afiechyd. Les médecins ont essayé de lutter contre la maladie.

brwynen ENW BEN
le jonc

brychni haul ENW GWR
les taches de rousseur

bryn ENW GWR
la colline
la côte *(gallt, rhiw)*

bryntni ENW GWR
la cruauté *(creulondeb)*
la saleté *(budreddi)*

brys ENW GWR
la hâte
❏ Rwy'n edrych ymlaen i dy weld eto. J'ai hâte de te revoir.

brysio BERF
se dépêcher
❏ Brysia! Brysiwch! Dépêche-toi! Dépêchez-vous!
se presser
❏ Paid â brysio! ne te presse pas!

buarth ENW GWR
la cour

budr ANSODDAIR
sale (BEN **sale**)
■ **Mae'r llawr yn fudr.** Le sol est sale.

budd ENW GWR
le bien
■ **er budd Ffrainc** pour le bien de la France
l'intérêt (g) *(lles)*
❏ er ei fudd e dans son intérêt

budd-dal ENW GWR
les allocations (b.ll.)
■ **budd-dal diweithdra** l es allocations de chômage

buddiol ANSODDAIR
utile (BEN **utile**) *(defnyddiol)*
pratique (BEN **pratique**) *(ymarferol)*
rentable (BEN **rentable**) *(yn dod ag elw)*

buddsoddi BERF
investir

buddsoddiad ENW GWR
l'investissement (g)

buddugol ANSODDAIR
gagnant (BEN **gagnante**)

buddugoliaeth ENW BEN
la victoire

bugail ENW GWR
le berger

bugeiles ENW BEN
la bergère

burum ENW GWR
la levure

busnes ENW GWR
l'entreprise (b) *(cwmni)*
les affaires (b.ll.)
❏ cyfarfod busnes une réunion d'affaires
le commerce *(masnach)*

busnesa BERF
se mêler de
■ **Paid â busnesa!** Mêle-toi de ce qui te regarde!

busneslyd ANSODDAIR
indiscret (BEN **indiscrète**)

bustach ENW GWR
le bœuf (creaduriaid)

buwch ENW BEN
la vache
■ **buchod** le bétail

buwch goch gota ENW BEN
la coccinelle

bwa ENW GWR
l'arc (g)
■ **bwa a saeth** un arc et des flèches

bwced ENW GWR/BEN
le seau
■ **bwced a rhaw** un seau et une pelle

bwcio BERF
réserver
■ **bwcio ystafell (mewn gwesty)** réserver une chambre

bwch dihangol ENW GWR
le bouc émissaire

bwch gafr ENW GWR
le bouc

Bwda ENW GWR
le Bouddha

Bwdhaeth ENW BEN
le bouddhisme

Bwdhaidd ANSODDAIR
bouddhiste (BEN **bouddhiste**)

Bwdhydd ENW GWR
le bouddhiste
la bouddhiste

bwffe ENW GWR
le buffet

bwgan ENW GWR
le fantôme (ysbryd)

bwji ENW GWR
la perruche

bwlb ENW GWR
l'ampoule (b)

bwlch ENW GWR
le trou (twll)
le blanc (mewn print)
❏ gadael bwlch ar gyfer enw laisser un blanc pour mettre le nom

bwled ENW BEN
la balle

bwletin ENW GWR

le bulletin
■ **bwletin newyddion ar y teledu** le journal télévisé

Bwlgaria ENW BEN
la Bulgarie

bwli ENW GWR
la brute
■ **bod yn fwli** être une brute

bwlian BERF
tyranniser

bwmp ENW GWR
la bosse
■ **Ces i bwmp yn y car.** J'ai eu un accrochage.

bwrdeistref ENW BEN
la municipalité

bwrdd ENW GWR
la table
■ **gosod y bwrdd** mettre la table
■ **tennis bwrdd** le tennis de table

bwrdd du ENW GWR
le tableau noir

bwrdd gwyn rhyngweithiol ENW GWR
le tableau blanc interactif (TBI)

bwrdd hwylio ENW GWR
la planche à voile

bwrdd plymio ENW GWR
le plongeoir

bwrgler ENW GWR
le cambrioleur
la cambrioleuse

bwrglera BERF
cambrioler

bwrgleriaeth ENW BEN
le cambriolage

bwriad ENW GWR
l'intention (b)
❏ Fy mwriad yw mynd yno. Mon intention est d'y aller.

bwriadol ANSODDAIR
intentionel (BEN **intentionnelle**)
■ **Wnaeth e mo hynny'n fwriadol.** Il n'a pas fait exprès.

bwriadu BERF
avoir l'intention de
❏ Rwy'n bwriadu mynd i Ffrainc yfory. J'ai l'intention d'aller en France demain.

Bwrma ENW BEN
la Birmanie

bwrw BERF
frapper (taro)
❏ Bwrodd Geraint ef. Geraint l'a frappé.
battre (curo)
renverser (bwrw rhywbeth drosodd)

❏ Cafodd ei fwrw gan gar. Il a été renversé par une voiture.
■ **Mae hi'n bwrw glaw.** Il pleut.
■ **Mae hi'n bwrw eira.** Il neige.
■ **Mae hi'n bwrw cesair/cenllysg.** Il grêle.
❏ Mae hi'n pistyllio bwrw (glaw). Il pleut à verse.

bws ENW GWR
le bus
■ **dal bws** prendre le bus
■ **ar y bws** en bus
■ **tocyn bws** un ticket de bus
l'autobus (g)
❏ gyrrwr y bws le conducteur d'autobus
❏ arhosfan bws un arrêt d'autobus
le car
■ **y bws ysgol** le car scolaire

bwtler ENW GWR
le majordome

bwthyn ENW GWR
la chaumière
le gîte *(bwthyn gwledig i'w rentu am wyliau)*

bwyd ENW GWR
la nourriture
■ **bwyd ci** nourriture pour chien
■ **bwyd Indiaidd** la cuisine indienne
■ **bwyd tun** la nourriture en conserve

bwyd y môr ENW GWR
les fruits de mer (g.ll.)

bwydlen ENW BEN
le menu

bwydo BERF
donner à manger à
❏ Paid anghofio bwydo'r gath! N'oublie pas de donner à manger au chat.

bwyell ENW BEN
la hache

bwystfil ENW GWR
la bête

bwyta BERF
manger
❏ Beth fwytoch chi i frecwast? Qu'est-ce que vous avez mangé pour le petit déjeuner ?

bwytadwy ANSODDAIR
mangeable (BEN **mangeable**)
comestible (BEN **comestible**) *(diogel i'w fwyta)*

bwyty ENW GWR
le restaurant
■ **bwyty hunanwasanaeth** le self (service)
■ **bwyty crempogau** la crêperie

byd ENW GWR
le monde
❏ Mae'r byd yn fach. Le monde est petit.

byd-eang ANSODDAIR
mondial (BEN **mondiale** , GWR LLUOSOG **mondiaux**)
■ **Mae'r argyfwng yn fyd-eang.** La crise est mondiale.

bydysawd ENW GWR
l'univers (g)

byddar ANSODDAIR
sourd (BEN **sourde**)

byddin ENW BEN
l'armée (b)

bygwth BERF
menacer
■ **bygwth gwneud rhywbeth** menacer de faire quelque chose

bygythiad ENW GWR
la menace

bymper ENW GWR
le pare-chocs *(car)*

bync ENW GWR
la couchette *(ar drên, cwch)*

byngalo ENW GWR
le bungalow

byr ANSODDAIR
court (BEN **courte**)
■ **rhy fyr** trop court
■ **trowsus byr** des shorts
■ **bod â gwallt byr** avoir les cheveux courts
petit (BEN **petite**)
❏ Mae hi'n fyr. Elle est petite.

byrbryd ENW GWR
le casse-croûte (LLUOSOG **les casse-croûte**)

byrbwyll ANSODDAIR
impulsif (BEN **impulsive**)

byrddio BERF
s'embarquer *(mynd ar fwrdd llong)*
■ **cerdyn byrddio** la carte d'embarquement

byrgyr ENW GWR
le hamburger

byrstio BERF
éclater
■ **Byrstiodd y teiar.** Le pneu a éclaté.
■ **byrstio allan i lefain** fondre en larmes

bys ENW GWR
le doigt
■ **bys troed** le petit orteil
■ **bysedd traed** les orteils
■ **bys bawd** le pouce
■ **bys bawd troed** le gros orteil

byth ADFERF
ne … jamais
❏ Dydw i byth yn mynd i'r sinema. Je ne vais jamais au cinéma.

■ **am byth** pour toujours
bythgofiadwy ANSODDAIR
inoubliable (BEN **inoubliable**)
byw BERF
habiter *(mewn lle)*
❏ Maen nhw'n byw yn Lyon. Ils habitent à Lyon.
❏ Mae hi'n byw yn y Swisdir. Elle habite en Suisse.
vivre *(bywyd)*

❏ Dwi'n byw gyda fy mam. Je vis avec ma mère.
byw ANSODDAIR
vivant (BEN **vivante**)
bywgraffiad ENW GWR
la biographie
bywiog ANSODDAIR
animé (BEN **animée**) *(tref)*
❏ Mae personoliaeth fywiog ganddi. Elle est pleine de vitalité.

C c

caban ENW GWR
la cabane
la cabine *(llong)*

cabinet ENW GWR
le meuble de rangement (g) *(cwpwrdd)*
le classeur *(cwpwrdd ffeilio)*

cacen ENW BEN
le gâteau (ENW GWR LLUOSOG **les gâteaux**)

cactws ENW GWR
le cactus

cacynen ENW BEN
la guêpe

cachgi ENW GWR
le lâche *(anffurfiol)*

cadach ENW GWR
le torchon

cadair ENW BEN
la chaise
le fauteuil *(cadair freichiau)*

cadarn ANSODDAIR
solide *(adeilad)* (BEN **solide**)
ferme *(cyfeillgarwch, ffydd)* (BEN **ferme**)

cadarnhad ENW GWR
la confirmation

cadarnhau BERF
affirmer
confirmer *(cadw seddi)*

cadeirydd ENW GWR
le président
la présidente

cadét ENW GWR
■ **cadét gyda'r heddlu** un élève policier
■ **swyddog cadét** un élève officier

cadfridog ENW GWR
le général

cadno ENW GWR
le renard

cadw BERF
garder *(rhoi o'r neilltu)*
❏ Rhoddais y llestri i'w cadw. J'ai gardé la vaisselle.
tenir

❏ Cadwch eich ci ar dennyn. Tenez votre chien en laisse.
conserver
❏ Rydw i wedi cadw ei lythyrau i gyd. J'ai conservé toutes ses lettres.
■ **cadw'n heini** garder la forme ❏ Rydw i'n cadw'n heini. Je garde bien ma forme.

cadw-mi-gei ENW GWR
la tirelire

cadwen ENW BEN
le pendentif *(rownd y gwddw)*

cadwyn ENW BEN
la chaîne

cae ENW GWR
le champ
■ **yn y caeau** dans les champs
■ **cae pêl-droed** le terrain de foot

caead ENW GWR
le couvercle
■ **Mae'n rhaid rhoi'r caead ar y sosban.**
Il faut mettre le couvercle sur la casserole.
le volet *(ffesnestr)*
❏ Mae angen cau'r caead yn erbyn yr haul.
Il faut fermer le volet contre le soleil.

cael BERF
recevoir *(derbyn)*
❏ Cafodd hi anrheg. Elle a reçu un cadeau.
avoir
❏ Cefais ddamwain. J'ai eu un accident.
passer *(treulio)*
❏ Cawsom wyliau gwych. Nous avons passé des vacances magnifiques.
prendre
■ **cael brecwast** prendre le petit déjeuner
■ **cael cawod** prendre une douche
pouvoir *(cael caniatâd)*
❏ Ga i ddod? Je peux venir?
■ **cael ofn** avoir peur
■ **cael breuddwyd** faire un rêve
■ **ei chael hi'n anodd i wneud rhywbeth** le trouver difficile de faire quelque chose
■ **cael eich lladd** être tué
■ **cael peintio'r tŷ** faire peindre la maison

■ **bod ar gael** être disponible

caer ENW BEN
le fort

caffi ENW GWR
le café
■ **Gallwn ni gyfarfod yn y caffi.** On peut se rencontrer au café.

cangen ENW BEN
la branche
❏ **Mae cangen wedi torri ar y goeden.** Une branche s'est cassée sur l'arbre.
l'agence (b) *(banc)*

cain ANSODDAIR
élégant (BEN **élégante**)
■ **celfyddyd gain** les beaux-arts

cainc ENW BEN
la branche *(coeden)*

cais ENW GWR
la demande
❏ **cais am swydd** une demande d'emploi
■ **ar gais rhywun** sur la demande de quelqu'un
l'essai (g) *(mewn gêm rygbi)*

Calan ENW GWR
le premier jour
■ **dydd Calan** le jour de l'an
■ **nos Calan** la Saint-Sylvestre

caled ANSODDAIR
dur (BEN **dure**)
■ **dyn caled** un homme robuste
❏ **Mae hi'n gweithio'n galed iawn.** Elle travaille très dur.
■ **llain galed** l'accotement

calendr ENW GWR
le calendrier

calon ENW BEN
le cœur
■ **bod â chalon garedig** avoir bon cœur
❏ **Mae fy nghalon yn curo'n gyflym.** J'ai le cœur qui bat très fort.

calonogol ANSODDAIR
encourageant (BEN **encourageante**)

calori ENW GWR
la calorie

call ANSODDAIR
sage (BEN **sage**)
■ **Bydd yn gall. Sois sage.**
■ **bod yn hanner call** être fou/folle

cam ENW GWR
le pas
❏ **cymeryd cam ymlaen/yn ôl** faire un pas en avant/en arrière
tort

■ **gwneud cam â rhywun** faire tort à quelqu'un ❏ **Cafodd ei gyhuddo ar gam.** Il a été accusé injustement.

camarweiniol ANSODDAIR
trompeur (BEN **trompeuse**)

cam-drin BERF
maltraiter
❏ **Mae e'n cam-drin y ci.** Il maltraite le chien.

camddealltwriaeth ENW GWR
le malentendu

camel ENW GWR
le chameau

camera ENW GWR
l'appareil-photo (g) *(i dynnu lluniau)*
la caméra *(i ffilmio)*
■ **dyn camera** le caméraman

camgymeriad ENW GWR
l'erreur (b)
■ **gwneud camgymeriad** faire une erreur
❏ **Fe wnaeth gamgymeriad yn ei waith cartref.** Il a fait une erreur dans ses devoirs.

camlas ENW BEN
le canal

camp ENW BEN
l'exploit (g)
■ **y Gamp Lawn** le grand chlem ❏ **Dyna gamp! Quel exploit!**

campfa ENW BEN
le gymnase
■ **yn y gampfa** au gymnase

campus ANSODDAIR
excellent (BEN **excellente**)

can ENW GWR
le bidon *(cynhwysydd)*
❏ **can o betrol** un bidon d'essence
la canette *(can)*
❏ **can o gwrw** une canette de bière

cân ENW BEN
la chanson

Canada ENW BEN
le Canada
■ **i Ganada** au Canada
■ **yng Nghanada** au Canada ❏ **Mae Canada yn gorwedd i'r gogledd i'r Unol Daleithiau (America).** Le Canada se trouve au nord des États-Unis (d'Amérique).

Canadaidd ANSODDAIR
canadien (BEN **canadienne**)

Canadiad ENW GWR/BEN
le Canadien
la Canadienne

caneri ENW GWR
le canari

canfed ENW GWR, ANSODDAIR
le centième
❏ Rwy'n cywiro hyn yn aml. Dyma'r canfed tro. Je corrige souvent ceci. C'est la centième fois.

canfod BERF
remarquer *(sylwi)*
❏ Cafodd ei ganfod yn y dyrfa. On l'a remarqué dans la foule.

cangarŵ ENW GWR
le kangourou

caniad ENW GWR
le coup de téléphone
■ **rhoi caniad ffôn** donner un coup de téléphone

caniatâd ENW GWR
la permission
❏ Ar ôl cael caniatâd, fe aethom adref. Après avoir eu la permission, nous sommes rentrés.

caniatáu BERF
permettre
■ **caniatáu rhywun i wneud rhywbeth** permettre à quelqu'un de faire quelque chose

canlyn BERF
suivre *(dilyn)*
■ **canlyn rhywun** *(mynd allan gyda chariad)* sortir avec quelqu'un

canlyniad ENW GWR
le résultat
■ **o ganlyniad** par conséquent

canlynol ANSODDAIR
suivant (BEN **suivante**)
■ **y diwrnod canlynol/trannoeth** le lendemain

canmol BERF
louer
❏ Cafodd ei ganmol am ei waith da. On l'a loué pour son travail superbe.

cannwyll ENW BEN
la bougie
■ **yng ngolau cannwyll** à la leur d'une bougie

canol ENW GWR
le centre
■ **canol dydd** midi
■ **canol nos** minuit
■ **bod ar ganol gwneud rhywbeth** être au milieu de faire quelque chose
■ **canol y dref** le centre-ville

canolbarth ENW GWR
le centre
■ **canolbarth Cymru** la région centrale du pays de Galles

canolfan ENW GWR/BEN
le centre
■ **canolfan ddydd** le centre d'accueil
■ **canolfan chwaraeon** le centre sportif
■ **canolfan ieuenctid** la maison des jeunes
■ **canolfan siopa** le centre commercial
■ **canolfan hamdden** le centre de loisirs
■ **canolfan ymwelwyr** l'office de tourisme

canolig ANSODDAIR
moyen (BEN **moyenne**)
■ **o faint canolig** de taille moyenne
❏ Canolig oedd safon ei waith. Son travail était assez médiocre.

canolog ANSODDAIR
central (BEN **centrale**)

canradd ANSODDAIR
centigrade (BEN **centigrade**)
■ **20 gradd canradd** vingt degrés centigrade

canrif ENW BEN
le siècle
■ **yr unfed ganrif ar hugain** le vingt et unième siècle

canser ENW GWR
le cancer
❏ Mae canser arno. Il a le cancer.

cant RHIF
cent (g)
■ **can ewro** cent euros
■ **cannoedd o bobl** des centaines de personnes

cantîn ENW GWR
la cantine

cantores ENW BEN
la chanteuse

canu BERF
chanter
❏ Mae'r côr yn canu bob nos. La chorale chante chaque soir.
jouer de *(offeryn)*
❏ Dwi'n canu'r piano. Je joue du piano.

canŵ ENW GWR
le canoë

canŵio BERF
faire du canoë

canwr ENW GWR
le chanteur

cap ENW GWR
la casquette
■ **cael cap dros eich gwlad** être sélectionné(e) pour l'équipe nationale

capel ENW GWR
le temple

la chapelle *(rhan o eglwys)*

car ENW GWR
la voiture
■ **mynd mewn car** aller en voiture

carafán ENW BEN
la caravane
❏ maes carafanau le camping pour caravanes

caráff ENW GWR
la carafe
❏ jwg o ddŵr une carafe d'eau

caramel ENW GWR
le caramel

carchar ENW GWR
la prison
■ **cael carchar am fis** être condamné à un mois de prison

carcharor ENW GWR
le prisonnier

carcharores ENW BEN
la prisonnière

carcharu BERF
emprisonnes, mettre en prison

cardbord ENW GWR
le carton
■ **bocs cardbord** une boîte en carton

cardigan ENW GWR
le cardigan
❏ Mae hi'n oer – mae angen cardigan. Il fait froid – il faut un cardigan.

caredig ANSODDAIR
gentil (BEN **gentille**)
■ **bod yn garedig wrth rywun** être gentil avec quelqu'un

caredigrwydd ENW GWR
la gentillesse

cariad ENW GWR
l'amour (g)
■ **cariad tuag at iaith** l'amour pour la langue
■ **bod mewn cariad** être amoureux/ amoureuse
■ **Diolch, cariad!** Merci, mon chéri/ma chérie!

Caribî ENW GWR
les (îles) Caraïbes (g.ll) *(Ynysoedd y Caribî)*
❏ Rydyn ni'n mynd i'r Caribî. Nous allons aux Caraïbes.

Caribïaidd ANSODDAIR
antillais (BEN **antillaise**)
❏ bwyd Caribïaidd la cuisine antillaise

cario BERF
porter
❏ Mae'n cario llwyth trwm. Il porte un fardeau lourd. ■ **y Cariwr Dŵr** le Verseau

(arwydd astrolegol)

carlamu BERF
galoper
❏ Mae'r ceffyl yn carlamu ar draws y cae. Le cheval galope à travers le champ.

carn ENW GWR
le sabot *(ceffyl)*

carnifal ENW GWR
le carnaval
❏ Mae carnifal Nice yn enwog iawn. Le carnaval de Nice est très célèbre.

carol ENW GWR/BEN
le chant de Noël

carped ENW GWR
le tapis
la moquette *(wedi'i ffitio)*

carrai ENW LLUOSOG
les lacets (g.ll)

carreg ENW BEN
la pierre

cart ENW GWR
la charrette
❏ Bant â'r cart! Allons-y !

carton ENW GWR
le pot *(iogwrt)*
la brique *(llaeth)*

cartref ENW GWR
la maison
■ **gartref** à la maison ❏ Mae fy chwaer gartref o 6 o'r gloch ymlaen. Ma sœur est chez elle à partir de 6 heures.

cartŵn ENW GWR
le dessin animé *(ffilm)*
le dessin humoristique *(mewn papur newydd)*
■ **cartŵn stribed** une bande dessinée

caru BERF
adorer
❏ Mae hi'n caru ei brawd. Elle adore son frère.

carw ENW GWR
le cerf

cas ANSODDAIR
désagréable (BEN **désagréable**) *(sefyllfa)*
méchant (BEN **méchante**) *(person)*

cas pensiliau ENW GWR
la trousse d'écolier

casáu BERF
détester
❏ Mae e'n casáu gwneud gwaith cartref. Il déteste faire les devoirs.

caserol ENW GWR
la cocotte

casét ENW GWR

la cassette
■ **chwaraewr casetiau** un lecteur de cassettes
■ **casét fideo** une vidéo cassette

casgliad ENW GWR
la collection
❏ Mae ganddo gasgliad ardderchog o stampiau. Il a une collection superbe de timbres.
la collecte
■ **casgliad ar gyfer elusen** une collecte pour une association caritative
la levée *(y post)*
❏ casgliad nesaf: 6 o'r gloch (y nos) prochaine levée: 18 heures

casglu BERF
rassembler *(ynghyd)*
❏ Casglodd yr athro y llyfrau gwaith. Le professeur a ramassé les cahiers.
cueillir *(casglu blodau, ffrwythau)*
collectionner *(stampiau, hen bethau)*
■ **casglu'r plant o'r ysgol** aller chercher les enfants de l'école

casglwr ENW GWR
le collectionneur *(stampiau, cardiau post)*

casglwraig ENW BEN
la collectionneuse

casino ENW GWR
le casino

castell ENW GWR
le château (LLUOSOG **les châteaux**)

catalog ENW GWR
le catalogue

catalydd ENW GWR
le catalysateur *(car)*

catâr ENW GWR
le catarrhe

cath ENW BEN
le chat *(cwrcyn)*
la chatte *(cwrcath)*
■ **cath fach** le châton

cau BERF
fermer
■ **ar gau** fermé
■ **Cau dy geg!** Tais-toi!

cawell ENW GWR
la cage *(ar gyfer anifeiliaid)*

cawl ENW GWR
la soupe

cawod ENW BEN
l'averse (b)
❏ Fe gawsom gawod o law. Nous avons eu une averse de pluie.

la douche *(i ymolchi)*

caws ENW GWR
le fromage
❏ Rwy'n hoff iawn o gaws Caerffili. J'aime bien le fromage de Caerphili.

cefn ENW GWR
le dos
❏ Fe gwympodd, a nawr mae ganddo gefn tost. Il est tombé, et maintenant il a mal au dos.
l'arrière (g) *(tŷ, car)*
■ **yn y cefn** à l'arrière
le verso *(tudalen)*
■ **ar y cefn** au verso
le fond *(ystafell)*
■ **yn y cefn** au fond

cefn ANSODDAIR
arrière (BEN **arrière**)
❏ y sedd gefn le siège arrière ■ **y drws cefn** la porte de derrière

cefnder ENW GWR
le cousin

cefnfor ENW GWR
l'océan (g)

cefnogaeth ENW BEN
le soutien
❏ Mae ef bob amser yn cael cefnogaeth y teulu. Il reçoit toujours le soutien de sa famille.

cefnogi BERF
soutenir
❏ Mae fy mam bob amser yn fy nghefnogi. Ma mère m'a toujours soutenu.
supporter *(tîm)*
sympathiser avec *(plaid wleidyddol)*

cefnogwr ENW GWR
le supporter *(tîm pêl-droed)*
le sympathisant *(plaid wleidyddol)*
la sympathisante *(plaid wleidyddol)*

ceffyl ENW GWR
le cheval (LLUOSOG **les chevaux**)
❏ mynd ar gefn ceffyl monter à cheval

ceg ENW BEN
la bouche
❏ agor ceg bâiller

cegald ENW BEN
la bouchée

cegin ENW BEN
la cuisine

cei ENW GWR
le quai

ceidwad ENW GWR
l'attendant (g) *(mewn amgueddfa)*

l'attendante (b) *(mewn amgueddfa)*
ceiliog ENW GWR
le coq
ceirchen ENW BEN
l'avoine (b)
■ **bara ceirch** une galette d'avoine
ceiriosen ENW BEN
la cerise
ceisio BERF
essayer de *(ymdrechu)*
■ **ceisio gwneud rhywbeth** essayer de
faire quelque chose □ Dwi'n ceisio datrys y
broblem. J'essaie de résoudre le problème.
ceisiwr lloches ENW GWR
le réfugié
la réfugiée
celf ENW BEN
l'art (g)
□ Mae ei waith celf yn ardderchog. Son art
est excellent.
celfyddyd ENW BEN
l'art (g)
■ **y celfyddydau cain** les beaux-arts
celfyddydol ANSODDAIR
artistique (BEN **artistique**)
celwydd ENW GWR
le mensonge
□ Celwydd llwyr oedd ei atebion. Ses
réponses ont été de pures mensonges.
celwyddgi ENW GWR
le menteur
celwyddog ANSODDAIR
menteur (BEN **menteuse**)
cellwair BERF
plaisanter
cemeg ENW BEN
la chimie
cemegol ANSODDAIR
chimique (BEN **chimique**)
cemegydd ENW GWR
le chimiste
la chimiste
cemegyn ENW GWR
le produit chimique
les pellicules (b.ll) *(mewn gwallt)*
cenedl ENW BEN
la nation
■ **y Cenhedloedd Unedig** les Nations Unies
la nationalité
□ O ba genedl wyt ti? Quelle est ta
nationalité?
cenedlaethol ANSODDAIR

national (BEN **nationale**, GWR LLUOSOG
nationaux, BEN LLUOSOG **nationales**)
□ parc cenedlaethol un parc national
□ yr anthem genedlaethol l'hymne national
□ y loteri cenedlaethol la loterie nationale
cenedlaetholdeb ENW GWR
le nationalisme
□ cenedlaetholdeb y Cymry le nationalisme
gallois
cenedlaetholwr ENW GWR
le nationaliste
cenedlaetholwraig ENW BEN
la nationaliste
cenel ENW GWR
le chenil, la niche *(llety ci)*
cenfigen ENW BEN
la jalousie *(eiddigedd)*
l'envie (b)
cenfigennu BERF
être jaloux/jalouse
cenfigennus ANSODDAIR
jaloux (BEN **jalouse**)
■ **bod yn genfigennus o rywun** être jaloux
de quelqu'un
cenhinen ENW BEN
le poireau (LLUOSOG **les poireaux**)
■ **cawl cennin** la soupe aux poireaux
■ **Cenhinen Pedr** la jonquille
cenllysg, cesair ENW LLUOSOG
la grêle
■ **Mae'n bwrw cenllysg/cesair.** Il grêle.
centimetr ENW GWR
le centimètre
cerbyd ENW GWR
le véhicule
cerdyn ENW GWR
la carte
■ **cerdyn adnabod** la carte d'identité
■ **cerdyn credyd** la carte de crédit
■ **cerdyn penblwydd** la carte d'anniversaire
■ **cerdyn post** la carte postale
cerdd ENW BEN
le poème
la poésie *(barddoniaeth)*
la chanson *(cân)*
cerdded BERF
marcher
□ Rydym yn hoffi cerdded yn y mynyddoedd.
Nous aimons marcher dans les montagnes.
aller à pied
□ Wyt ti'n mynd i gerdded yno neu ddal y
bws? Tu vas y aller à pied ou en bus?
cerddor ENW GWR

le musicien
la musicienne

cerddorfa ENW BEN
l'orchestre (g)
■ **cerddorfa ffilharmonig** l'orchestre philharmonique

cerddoriaeth ENW BEN
la musique

cerddorol ANSODDAIR
musical (BEN **musicale**, GWR LLUOSOG **musicaux**, BEN LLUOSOG **musicales**)

cerddwr ENW GWR
le piéton
❑ croesfan i gerddwyr le passage pour piétons
■ **parth cerddwyr** la zone piétonne
■ **ffordd i gerddwyr yn unig** une rue piétonne

cerddwraig ENW BEN
la piétonne

cerflun ENW GWR
la statue

Cernyw ENW BEN
la Cornouailles
■ **i Gernyw** en Cornouailles
■ **yng Nghernyw** en Cornouailles

Cernyweg ENW GWR/BEN
le cornique *(yr iaith)*

Cernywiad ENW GWR/BEN
le Cornouaillais *(dyn o Gernyw)*
la Cornouaillaise *(dynes o Gernyw)*

Cernywig ANSODDAIR
cornouaillais (BEN **cornouaillaise**) *(perthyn o Gernyw)*
❑ bwyd Cernywig la cuisine cornouaillaise

cerosin ENW GWR
le pétrole

cerrynt ENW GWR
le courant

cerydd ENW GWR
le reproche
❑ Cafodd gerydd am dorri'r ffenest. On lui a reproché d'avoir cassé la fenêtre.

ceryddu BERF
reprocher
❑ Cafodd ei geryddu oherwydd ei ddiogi. On lui a reproché sa paresse.

cês ENW GWR
la valise *(bag teithio)*

cesair ▷ *gweler* cenllysg

cetrisen ENW BEN
la cartouche

ceunant ENW GWR
la gorge

ci ENW GWR
le chien *(ci)*
la chienne *(gast)*
■ **ci bach** le chiot

cic ENW BEN
le coup de pied

cicio BERF
donner un coup de pied
■ **cicio rhywun** donner un coup de pied à quelqu'un ❑ Mae e wedi fy nghicio i. Il m'a donné un coup de pied.

cig ENW GWR
la viande
❑ Dydw i ddim yn bwyta cig. Je ne mange pas de viande.
■ **cig coch** la viande rouge
■ **cig dafad** le mouton
■ **cig eidion** le bœuf
■ **cig llo** le veau
■ **cig moch** le porc; *(bacwn)* le bacon, le lard
■ **cig oen** l'agneau
■ **cig oer** la chacuterie

cigydd ENW GWR
le boucher
le charcutier *(cigoedd oer)*
■ **siop y cigydd** la boucherie; *(cigoedd oer)* la charcuterie

cigyddes ENW BEN
la bouchère
la charcutière *(cigoedd oer)*

cilo ENW GWR
le kilo

cilometr ENW GWR
le kilomètre
■ **5 cilometr o …** à cinq kilomètres de …

cimwch ENW GWR
le homard

ciniawa BERF
dîner *(gyda'r hwyr)*

cinio ENW GWR/BEN
le déjeuner *(ganol dydd)*
le dîner *(gyda'r hwyr)*
■ **cael cinio** déjeuner; *(swpera)* dîner

ciosg ENW GWR
la cabine téléphonique *(i ffonio)*
le kiosque à journaux *(papurau newydd)*

cipio BERF
saisir *(rhywbeth)*
❑ Mae e wedi cipio'r arian. Il a saisi l'argent.

cipolwg ENW GWR
le coup d'œil *(rapide)*

❑ Taflodd gipolwg sydyn ar y papur newydd.
Il y a jeté un coup d'œil rapide sur le journal.

cist ENW BEN
le coffre *(car)*
la malle *(cês mawr)*

ciw ENW GWR
la queue

ciwb ENW GWR
le cube
■ **ciwb rhew** le glaçon

ciwbig ANSODDAIR
cubique (BEN **cubique**) *(ffurf)*
❑ metr ciwbig un mètre cube

ciwcymber ENW GWR
le concombre

ciwio BERF
faire la queue

claddu BERF
enterrer
❑ Mae Napoléon wedi'i gladdu yn y Pantheon.
On a enterré Napoléon au le Panthéon.

claear ANSODDAIR
tiède (BEN **tiède**)

claf ENW GWR
le patient
la patiente

clapio BERF
applaudir
❑ Clapiodd y dorf ar ôl clywed y gân. Les
spectateurs ont applaudi après avoir entendu
la chanson.

clarinét ENW GWR
la clarinette
■ **canu'r clarinét** jouer de la clarinette

clasur ENW GWR
le classique *(llyfr, ffilm)*

clasurol ANSODDAIR
classique (BEN **classique**)

clawr ENW GWR
la couverture *(llyfr)*
le couvercle *(caead)*

clecian BERF
claquer

clefyd ENW GWR
la maladie
■ **clefyd y gwair** le rhume des foins

clinig ENW GWR
le centre médical

clip ENW GWR
la barrette *(gwallt)*
le court extrait *(ffilm)*
le trombone *(papur)*

clir ANSODDAIR
clair (BEN **claire**)
❑ Roedd yr awyr yn glir yn gynnar y bore 'ma.
Le ciel était clair de bonne heure ce matin.

clirio BERF
ranger *(tacluso)*
débarrasser *(bwrdd)*

cliw ENW GWR
l'indice (g) *(mewn archwiliad)*
l'idée (b) *(syniad)*
❑ Does gen i ddim cliw! Je n'ai pas la
moindre idée!

clo ENW GWR
la serrure

cloc ENW GWR
l'horloge (b) *(mawr ar y wal)*
❑ Mae'r cloc wedi taro deuddeg. L'horloge a
sonné midi.
la pendule *(bach)*

cloch ENW BEN
la cloche *(eglwys)*
lasonette *(drws)*
■ **canu'r gloch** *(drws)* sonner

cloddio BERF
creuser

cloer ENW GWR
le casier

clof ENW GWR
le clou de girofle
■ **clof o arlleg** une gousse d'ail

cloff ANSODDAIR
boiteux (BEN **boiteuse**)
■ **cerdded yn gloff** marcher en boitant

cloi BERF
fermer à clé
❑ Paid ag anghofio cloi'r drws. N'oublie pas
de fermer la porte à clé.
■ **i gloi** *(mewn araith, traethawd)* en
conclusion

clorian ENW BEN
la balance *(i bwyso cynhwysion)*
le pèse-personne *(i bwyso person)*

clown ENW GWR
le clown

cludiant ENW GWR
le transport
❑ cludiant cyhoeddus les transports en
commun

cludo BERF
transporter *(pethau)*
emmener *(pobl)*
❑ Mae'r trên yn cludo'r bobl adref. Le train
transporte les gens chez eux.

clun ENW BEN
la hanche

clust ENW BEN
l'oreille (b)

clustdlws ENW GWR
la boucle d'oreille

clusten, clustan ENW BEN
la gifle
❑ rhoi clusten i rywun donnner une gifle à quelqu'un

clustffon ENW GWR/BEN
les écouteurs (g.ll)

clustog ENW BEN
le coussin (ar gadair)
l'oreiller (g) (ar wely/gobennydd)

clwb ENW GWR
le club
❑ clwb golff un club de golf
■ clybiau (mewn pac o gardiau) le trèfle
■ as y clybiau l'as de trèfle
■ clwb nos la boîte de nuit

clwt, clwtyn ENW GWR
le torchon (ar gyfer glanhau)
la couche (clwt/cewyn babi)

clwyd ENW BEN
le portail (gardd)
la barrière (mewn cae)

clwyf ENW GWR
la blessure

clwyfedig ANSODDAIR
blessé (BEN blessée)

clyfar ANSODDAIR
intelligent (BEN intelligente)
❑ Mae ef mor glyfar ag Einstein! Il est aussi intelligent qu' Einstein!
astucieux (BEN astucieuse) (dyfeisgar)
■ Dyna syniad clyfar! Quelle bonne idée!

clymu BERF
attacher
❑ Clymodd y ceffyl i'r goeden. Il a attaché le cheval à l'arbre.
nouer (rhuban; carrai esgidiau)

clywed BERF
entendre
❑ Fe glywodd sŵn y car o bell. Il a entendu le bruit de la volture de loin.

cnaf ENW GWR
le voyou

cneuen ENW BEN
la noix (LLUOSOG les noix) (cneuen Ffrengig)
l'amande (b) (cneuen almon)
la pistache (cneuen pistacho)
la noisette (cneuen gyll)

cnoi BERF
mordre
❑ Cafodd ei gnoi gan y ci. Il a été mordu par le chien.
mâcher (bwyd)
■ gwm cnoi le chewing-gum

cnwd ENW GWR
la récolte
❑ cnwd da o afalau une bonne récolte de pommes

coban ENW BEN
la chemise de nuit (gwn nos)

côc ENW GWR
le coca, le coca-cola
■ can o gôc une boîte de coca

cocên ENW GWR
la cocaïne

coch ANSODDAIR
rouge (BEN rouge) (cyffredinol)
roux (BEN rousse) (gwallt)
■ Y Groes Goch la Croix-Rouge

cod ENW GWR
le code
■ cod ffon l'indicatif (g)
■ cod post le code postal

codi BERF
lever (codi yn uwch)
soulever (codi rhywbeth sy'n drwm)
ramasser (codi rhywbeth oddi ar y llawr)
se lever (codi o'r gwely)
❑ Coda! Lève-toi !
■ codi ar eich traed se mettre debout

codwm ENW GWR
la chute (cwymp)
■ cael codwm tomber

coed ENW GWR
le bois (coedwig)
■ o bren en bois

coeden ENW BEN
l'arbre (g)
■ coeden afalau un pommier
■ coeden Nadolig un sapin de Noël
■ coed le bois
■ o goed de bois, en bois

coedwig ENW BEN
la forêt

coes ENW BEN
la jambe

cof ENW GWR
la mémoire (hefyd ar gyfrifiadur)
■ cofion cynnes (ar ddiwedd llythyr) amitiés, affectueusement

cofgolofn ENW BEN

le monument

cofio BERF
se souvenir de
❑ Dwi ddim yn cofio ei henw. Je ne me
souviens plus de son nom.

cofleidio BERF
s'embrasser *(eich gilydd)*

cofrestr ENW BEN
le registre
❑ Nid yw ei enw ar gofrestr y dosbarth. Son
nom n'est pas sur le registre de la classe.

cofrestredig ANSODDAIR
inscrit (BEN **inscrite**) *(person)*
recommandé (BEN **recommandée**)
(llythyr, parsel)
■ **llythyr wedi ei gofrestru** une lettre
recommandée

cofrestru BERF
enregister *(cofrestru rhywun)*
s'inscrire *(rhoi eich enw eich hun ar restr)*
faire l'appel *(cofrestru dosbarth)*

cofrodd ENW BEN
le souvenir
❑ cofrodd o Baris un souvenir de Paris

coffi ENW GWR
le café
■ **coffi â hufen** le café-crème
■ **coffi gwyn** le café au lait
■ **coffi du** le café noir
■ **peiriant coffi** le cafetière

coginio BERF
faire la cuisine
❑ Dwi'n mwynhau coginio. J'aime faire la
cuisine.
wire
❑ Mae'r bwyd wrthi'n coginio. Le repas est en
train de wire.
faire cuire
❑ Coginiwch y pasta am 10 munud. Faites
cuire les pâtes pendant dix minutes.
préparer *(paratoi)*
❑ Mae e'n coginio swper. Il prépare le dîner.

cogydd ENW GWR
le cuisinier

cogyddes ENW BEN
la cuisinière

coleg ENW GWR
le collège universitaire *(prifysgol)*
■ **mynd i'r coleg/addysg uwch** faire des
études supérieures

coler ENW GWR/BEN
le col
■ **coler ci** le collier

colofn ENW GWR
la colonne
la rubrique *(papur newydd)*

colomen ENW BEN
la colombe; le pigeon

colon ENW GWR
deux points (g.ll)
■ **hanner colon** le point-virgule

colur ENW GWR
le maquillage

coluro BERF
se maquiller

coll ANSODDAIR
perdu (BEN **perdue**)
■ **ci ar goll** un chien perdu

colli BERF
perdre
❑ Collodd ei arian ddoe. Il a perdu son argent
hier.

comedi ENW BEN
la comédie

comic ENW GWR
l'illustré (g) *(cylchgrawn)*
■ **stribed comig** la bande dessinée

comig ANSODDAIR
comique (BEN **comique**) *(doniol)*

comisiwn ENW GWR
la commission
■ **gweithio ar gomisiwn** travailler à la
commission

comiwnydd ENW GWR
le communiste
la communiste

comiwnyddiaeth ENW BEN
le communisme

comiwnyddol ANSODDAIR
communiste (BEN **communiste**)
❑ Y Blaid Gomiwnyddol le Parti communiste

côn ENW GWR
le cornet *(hufen iâ)*

concro BERF
conquérir

condemnio BERF
condamner ▷ *gweler hefyd* **dedfrydu**

condom ENW GWR
le préservatif

confensiynol ANSODDAIR
conventionnel (BEN **conventionnelle**)
■ **yn gonfensiynol** de façon conventionelle

conffeti ENW GWR LLUOSOG
les confettis (g.ll)

consuriwr ENW GWR

le prestidigitateur

copa ENW GWR
le sommet *(mynydd)*

copi ENW GWR
la copie *(dogfen)*
l'exemplaire (g) *(llyfr)*

copïo BERF
copier
■ **copïo a gludo** copier-coller

copr ENW GWR
le cuivre
■ **o gopr** en cuivre

côr ENW GWR
la chorale

corach ENW GWR
le nain

coraches ENW BEN
la naine

corc ENW GWR
le liège *(defnydd)*
■ **o gorc** en liège

corcyn ENW GWR
le bouchon *(ar botel)*
■ **tynnu corcyn potel** déboucher une
bouteille

corff ENW GWR
le corps

corfforol ANSODDAIR
physique (BEN **physique**)
❑ **addysg gorfforol** l'éducation physique

coridor ENW GWR
le couloir
❑ **Peidiwch â rhedeg yng nghorridorau'r
ysgol.** Défense de courir dans les couloirs de
l'école.

corn ENW GWR
le klaxon *(car)*
le cor *(offeryn cerdd)*
■ **canu'r corn** jouer du cor
■ **corn Ffrengig** un cor d'harmonie

cornel ENW GWR/BEN
le coin
■ **y siop ar y gornel** la boutique au coin de
la rue

cornet ENW GWR
le cornet (à pistons) *(offeryn cerdd)*
■ **canu'r cornet** jouer du cornet
le cornet *(hufen iâ)*

coron ENW BEN
la couronne

corryn ENW GWR
l'araignée (b)

cortyn ENW GWR
la corde *(rhaff)*
le cordon *(trydan)*

cosb ENW BEN
la punition

cosbi BERF
punir
■ **cosbi rhywun am rywbeth** punir
quelqu'un de quelque chose
■ **cosbi rhywun am wneud rhywbeth** punir
quelqu'un d'avoir fait quelque chose

cosfa ENW BEN
la démangeaison *(cosi)*
la raclée *(cweir)*

cosi BERF
démanger
■ **Mae hynna'n fy nghosi.** Ça me démange.

cosmetig ANSODDAIR
cosmétique (BEN **cosmétique**)

cost ENW BEN
le coût
❑ **costau byw** le coût de la vie
le prix *(pris)*
■ **costau teithio** les frais de voyage

costio BERF
coûter
❑ **Faint mae'n ei gostio? Combien est-ce que
ça coûte?** ❑ **Mae'n costio gormod.** Ça coûte
trop cher.
■ **costio'r ddaear** coûter les yeux de la tête

costus ANSODDAIR
cher (BEN **chère**)
❑ **Mae Nadolig yn gostus bob amser.** Le Noël
est toujours très cher.

côt ENW BEN
le manteau (LLUOSOG **les manteaux**)
❑ **Mae angen côt gynnes yn y gaeaf.** En hiver
il faut un manteau chaud. ■ **côt o baent** une
couche de peinture

cotwm ENW GWR
le coton
■ **o gotwm** en coton
■ **gwlân cotwm** le coton hydrophile

cowboi ENW GWR
le cowboy

cownter ENW GWR
le comptoir *(mewn siop)*
le guichet *(mewn banc, swyddfa'r post)*
le jeton *(mewn gêm)*

crac ENW GWR
la fissure *(mewn wal)*
la fêlure *(mewn asgwrn, plât)*
le crack *(cyffur)*

cracer ENW GWR
le biscuit salé *(bisged)*
le diablotin *(Nadolig)*

cracio BERF
craquer *(cyffredinol)*
se lézarder *(craciau'n ffurfio mewn wal)*
casser *(wy)*

crach, crachach ENW LLUOSOG
les snobs *(g/b. ll)*

craen ENW GWR
la grue

crafanc ENW BEN
la griffe *(cath, llew)*
la pince *(cranc)*

crafu BERF
gratter *(cosi)*
◻ Mae e'n crafu y fan lle'r oedd y chwannen.
Il gratte l'endroit où se trouvait la puce.
se gratter *(crafu'ch hun)*
◻ Paid a chrafu dy hun! Arrête de te gratter!
griffer *(cath)*

craff ANSODDAIR
astucieux *(BEN* **astucieuse***)*
■ **yn graff** astucieusement

cragen ENW BEN
le coquillage *(ar draeth)*
la coquille *(wy, cneuen, malwoden)*
■ **cragen las** la moule

craig ENW BEN
la roche *(y sylwedd)*
le rocher *(carreg)*
◻ Eisteddais ar graig. Je me suis assis sur un rocher.

craith ENW BEN
la cicatrice

cranc ENW GWR
le crabe
■ **arwydd y Cranc** le Cancer

cras ANSODDAIR
rauque *(BEN* **rauque***) (llais)*
sec *(BEN* **sèche***) (dillad)*

crasboeth ANSODDAIR
caniculaire *(BEN* **caniculaire***) (tywydd)*

creadigaeth ENW BEN
la création

creadigol ANSODDAIR
créatif *(BEN* **créative***)*

creadur ENW GWR
la créature *(anifail)*
■ **Y creadur bach!** Le pauvre!

creadures ENW BEN
la créature *(anifail)*
■ **Y greadures fach!** La pauvre!

credu BERF
croire
◻ Dwi ddim yn dy gredu di. Je ne te crois pas.
■ **credu yn Nuw** croire en Dieu

crefydd ENW BEN
la religion
◻ Beth yw dy grefydd di? Quelle est ta religion?

crefyddol ANSODDAIR
religieux *(BEN* **religieuse***)*

crefft ENW BEN
le métier *(gwaith, swydd)*
l'artisanat *(g) (y gwaith a wneir)*
■ **canolfan grefftau** un centre artisanal

crefftwr ENW GWR
l'artisan *(g)*

crefftwraig ENW BEN
l'artisane *(b)*

creision ENW GWR LLUOSOG
les chips *(b.ll)*

crempog ENW BEN
la crêpe
◻ Mae crempog gyda mêl yn flasus iawn.
Les crêpes au miel sont délicieuses.
■ **Dydd Mawrth crempog** mardi gras

crensian BERF
croquer *(afal)*
crisser *(dan draed mewn eira)*

creu BERF
créer
■ **creu helynt** faire des histoires

creulon ANSODDAIR
cruel *(BEN* **cruelle***)*
■ **yn greulon** cruellement

cri ENW GWR
le cri *(bloedd)*

crib ENW GWR/BEN
le peigne

cribo BERF
se peigner
◻ Mae hi'n cribo ei gwallt. Elle est en train de se peigner les cheveux. ◻ Ti ddim wedi cribo dy wallt? Tu ne t'es pas peigné?

criced ENW GWR
le cricket
◻ Rydw i'n chwarae criced. Je joue au cricket.
■ **bat criced** la batte de cricket

crio BERF
pleurer
◻ Mae'r bachgen yn crio ar ôl syrthio. Le garçon pleure après qu'il est tombé.

cripio BERF
griffer

crisial ENW GWR
le cristal

Crist ENW GWR
le Christ
■ **Iesu Grist** Jésus-Christ

Cristion ENW GWR
le chrétien

Cristnoges ENW BEN
la chrétienne

Cristnogol ANSODDAIR
chrétien (BEN **chrétienne**)

criw ENW GWR
l'équipage (g) *(ar long neu awyren)*
l'équipe (b) *(ffilmio)*
❏ criw ffilmio une équipe de tournage

Croatia ENW BEN
la Croatie
■ **i Groatia** en Croatie
■ **yng Nghroatia** en Croatie

crocodeil ENW GWR
le crocodile

crochenwaith ENW GWR
la poterie

croen ENW GWR
la peau
■ **canser y croen** le cancer de la peau

croendenau ANSODDAIR
irascible (BEN **irascible**)

croes ENW BEN
la croix
le crucifix *(Cristnogol)*

croesair ENW GWR
les mots-croisés (g.ll)

croesawgar ANSODDAIR
accueillant (BEN **accueillante**)

croesawu BERF
accueillir
■ **croesawu rhywun** accueillir quelqu'n
❏ Diolch! – Croeso! Merci! – De rien!

croes-ddweud BERF
contredire *(rhywun arall)*
se contredire *(croes-ddweud eich hun)*

croesfan ENW GWR/BEN
le passage clouté *(ar gyfer cerddwyr)*
le passage à niveau *(croesfan rheilffordd)*

croesffordd ENW BEN
le carrefour

croesi BERF
traverser
❏ Mae'r plant yn croesi'r heol heb edrych.
Les enfants traversent la rue sans regarder.

croeslinol ANSODDAIR

diagonal (BEN **diagonale**, GWR LLUOSOG
diagonaux)

croeso ENW GWR
l'accueil (g)
❏ Fe gawsom groeso cynnes yn y gwesty.
Nous avons eu un accueil chaleureux à l'hôtel.
■ **Croeso!** Bienvenue!

crogi BERF
pendre
❏ Ni ddylid crogi unrhyw fod dynol. On ne
doit pas pendre un être humain.

cromfach ENW BEN
la parenthèse
■ **mewn cromfachau** entre parenthèses

cronfa ddata ENW GWR
la base de données *(ar gyfrifiadur)*

cropian BERF
ramper
aller à quatre pattes *(babi)*

crud ENW GWR
le berceau

crwban ENW GWR
la tortue

crwn ANSODDAIR
rond (BEN **ronde**)
❏ tŷ crwn une maison ronde

crwst ENW GWR
la croûte *(bara)*
l'abaisse (b) *(teisen)*

crwydro BERF
errer
❏ Roedd e'n hoff o grwydro'r mynyddoedd.
Il aimait errer sur les montagnes.
flâner *(crwydro o gwmpas i dreulio amser)*

crwydryn ENW GWR
le clochard
la clocharde *(cardotyn)*

crybwyll BERF
mentionner

crychlyd ANSODDAIR
ridé (BEN **ridée**) *(wyneb)*

crydcymalau ENW GWR
le rhumatisme

cryf ANSODDAIR
fort (BEN **forte**)
résistant (BEN **résistante**) *(dilledyn)*
■ **yn gryf** fortement ❏ Rydym yn argymell
yn gryf fod ... Nous recommendons fortement
que ... ❏ Roedd e'n arogli'n gryf o dybaco.
Il sentait fort le tabac. ❏ Dydw i ddim yn
teimlo'n gryf am y peth. Ça m'est égal.

cryfder ENW GWR
la force

cryn ANSODDAIR
considérable (BEN considérable)
■ **cryn effaith** un effet considérable

cryndod ENW GWR
le frisson *(oherwydd oerfel)*
le tremblement *(llais)*

crynhoi BERF
rassembler *(casglu)*
résumer *(stori)*
❏ Yn ystod ei fywyd roedd wedi crynhoi llawer o lyfrau. Pendant sa vie il avait rassemblé beaucoup de livres.

crynu BERF
trembler
❏ Yr oedd yn crynu o ofn. Il tremblait de peur.
frissonner *(o oerfel)*

crys ENW GWR
la chemise *(ar gyfer dyn)*
le chemisier *(ar gyfer menyw)*
■ **crys T** le tee-shirt
■ **crys nos** la chemise de nuit

crystyn ENW GWR
la croûte *(torth)*

cudyn ENW GWR
la mèche *(gwallt)*

cudd ANSODDAIR
caché (BEN cachée) *(wedi ei guddio)*
secret (BEN secrète) *(cyfrinachol)*

cuddfan ENW BEN
la cachette

cuddio BERF
cacher
❏ Roedd yr arian wedi ei guddio mewn twll. On avait caché l'argent dans un trou.
se cacher *(cuddio'ch hun)*
■ **chwarae cuddio** jouer à cache-cache

cul ANSODDAIR
étroit (BEN étroite)
■ Yr oedd y stryd yn gul iawn. La rue était très étroite.

cur ENW GWR
la douleur *(poen)*
■ **cur pen** mal à la tête

curiad ENW GWR
le battement
■ **curiad y galon** le battement du cœur

curo BERF
battre
❏ Fe guron ni nhw o 5 i 1. On les a battues cinq à un.

cusan ENW BEN
le baiser, la bise

cusanu BERF
embrasser *(rhywun)*
s'embrasser *(cusanu eich gilydd)*
■ **cusanu rhywun** donner un baiser à quelqu'un

cwarantin ENW GWR
la quarantaine
■ **mewn cwarantin** en quarantaine

cwarel ENW GWR
la vitre *(ffenest)*

cwbl ENW GWR
le tout *(y cyfan)*
■ **wedi'r cwbl** après tout
■ **dim o gwbl** pas du tout
tout à fait *(yn adferfol)*
■ **cwbl onest** tout à fait honnête

cwch ENW GWR
le bateau (LLUOSOG **les bateaux**)

cwdyn ENW GWR
le sac *(bag dros ysgwydd)*
le sachet *(bag bach)*
■ **bag plastig** le sac en plastique

cweryl ENW GWR
la dispute

cweryla BERF
se disputer

cwestiwn ENW GWR
la question

cwestiynu BERF
questionner
interroger *(holi gan yr heddlu)*

cwfaint ENW GWR
le couvent

cwffio BERF
se battre *(ymladd yn erbyn eich gilydd)*

cwis
le quiz
le jeu-concours *(sioe deledu)*

cwlwm ENW GWR
le nœud

cwm ENW GWR
la vallée

cwmni ENW GWR
la société *(busnes)*
la compagnie
■ **cwmni yswiriant** une compagnie d'assurance
■ **cadw cwmni i rywun** tenir campagnie à quelqu'un

cwpan ENW GWR/BEN
la tasse
❏ cwpan porslen une tasse en porcelaine
la coupe *(gwobr mewn cystadleuaeth)*
■ **Cwpan y Byd** la Coupe du monde

cwpanaid ENW GWR/BEN
■ **cwpanaid o de** une tasse de thé

cwpwrdd ENW GWR
l'armoire (b) *(mawr)*
le placard *(bach)*

cwrw ENW GWR
la bière

cwympo BERF
tomber
❑ Cwympodd o'r clogwyn. Il est tombé de la falaise. ❑ Cwympodd a baglu. Il a trébuché et il est tombé.

cydbwysedd ENW GWR
l'équilibre (g)
❑ Collodd ei gydbwysedd. Il a perdu l'équilibre.

cyfaint ENW GWR
le volume *(mesur)*

cyfarfod ENW GWR
la réunion
❑ Roedd cyfarfod athrawon ddoe. Il y a eu une réunion des profs hier.

cyfeiriad ENW GWR
l'adresse (b)
la direction *(ffordd)*
❑ mynd i gyfeiriad aller dans la direction de
la référence *(crybwyll)*

cyflawn ANSODDAIR
complet (BEN **complète**)

cyflawni BERF
accomplir

cyfle ENW GWR
l'occasion (b)
■ **dal ar y cyfle i wneud rhywbeth** sauter sur l'occasion pour faire quelque chose

cyfleu BERF
communiquer *(cyfleu ar lafar)*
montrer *(cyfleu trwy ddangos)*
transmettre *(cyfleu ar ran rhywun arall)*

cyfleus ANSODDAIR
commode (BEN **commode**)
bien situé (BEN **bien située**) *(lle)*
❑ lle cyfleus un endroit bien situé ❑ Mae'r gwesty'n gyfleus i'r maes awyr. L'hôtel est bien situé par rapport à l'aéroport.
■ **Dydy e ddim yn amser cyfleus i mi.** C'est une heure qui ne m'arrange pas.
■ **A fyddai dydd Mawrth yn gyfleus i chi?** Est-ce que mardi vous conviendrait?

cyflog ENW GWR
le salaire

cyflogaeth ENW BEN
l'emploi (g)

cyflogi BERF
employer
❑ Mae'r ffatri'n cyflogi 500 o bobl. L'usine emploie cinq cents personnes.

cyflogwr ENW GWR
l'employeur (g)
l'employeuse (b)

cyflwr ENW GWR
l'état (g)
■ **mewn cyflwr da** en bon état
■ **mewn cyflwr gwael** en mauvais état

cyflwyno BERF
présenter
❑ Alla i gyflwyno fy ngwraig i chi? Puis-je vous présenter ma femme ?
■ **cyflwyno rhywbeth i rywun** remettre quelque chose à quelqu'un

cyflwynydd ENW GWR
le présentateur
la présentatrice

cyflym ANSODDAIR
rapide (BEN **rapide**)
❑ cinio cyflym un déjeuner rapide
■ **yn gyflym** vite, rapidement

cyflymder ENW GWR
la vitesse
■ **mor gyflym ag sy'n bosibl** aussi vite que possible

cyflymu BERF
accélérer

cyflymydd ENW GWR
l'accélérateur (g) *(car)*

cyfnewid BERF
échanger
❑ Fe wnes i gyfnewid y llyfr am fideo. J'ai échangé le livre contre une vidéo.

cyfnewidiol ANSODDAIR
variable (BEN **variable**)

cyfnither ENW BEN
la cousine

cyfnod ENW GWR
la période
❑ am gyfnod cyfyngedig pour une période limitée
l'époque (b) *(mewn hanes)*
❑ y cyfnod Fictorianaidd l'époque victorienne
le cours *(gwers)*
❑ Mae pob cyfnod yn para 50 munud. Chaque cours dure cinquante minutes.

cyfoes ANSODDAIR
contemporain (BEN **contemporaine**)
■ **materion cyfoes** les actualités

cyfoethog ANSODDAIR
riche (BEN **riche**)

cyfradd ENW GWR
le taux *(lefel)*
■ **cyfradd diweithdra** le taux de chômage
■ **cyfradd cyfnewid arian** le taux de change

cyfraith ENW BEN
la loi *(cyfraith gwlad)*
❏ Mae'r cyfreithiau'n llym iawn. Les lois sont très strictes.
■ **yn erbyn y gyfraith** contre la loi
le droit *(cyfraith fel pwnc prifysgol)*
❏ Mae fy mrawd yn astudio'r gyfraith. Mon frère fait des études de droit.

cyfran ENW BEN
la part *(rhan)*
la portion *(o fwyd)*
■ **cyfran dda o sglodion** une grosse portion de frites

cyfraniad ENW GWR
la contribution *(cyffredinol)*
la cotisation *(at bensiwn, yswiriant gwladol))*

cyfrannu BERF
contribuer *(at lwyddiant)*
❏ Bydd y cytundeb yn cyfrannu at heddwch yn y byd. Le traité va contribuer à la paix dans le monde.
participer *(cymryd rhan mewn)*
❏ Ni chyfrannodd hi ddim at y drafodaeth. Elle n'a pas participé à la discussion.
donner *(rhoi)*
❏ Fe gyfrannodd ef £10. Il a contribué £10.

cyfredol ANSODDAIR
contemporain (BEN **contemporaine**) *(yr un cyfnod â ni)*
courant (BEN **courante**) *(banc)*
❏ cyfrif cyfredol le compte courant
■ **rhifyn cyfredol** *(o gylchgrawn)* le dernier numéro

cyfreithiol ANSODDAIR
légal (BEN **légale**)

cyfreithiwr ENW GWR
l'avocat (g)
l'avocate (b) *(mewn llys)*
le notaire
la notaire *(yn gwneud ewyllysiau, eiddo)*

cyfres ENW BEN
la série
■ **cyfres teledu** une série télévisée
■ **cyfres o rifau** la suite

cyfrif BERF
compter

cyfrif ENW GWR

le compte
❏ cyfrif banc un compte en banque
■ **cyfrifon** le compte
la comptabilité
■ **gwneud y cyfrifon** tenir la comptabilité
■ **ar bob cyfrif** certainement, sûrement, je vous en prie! *(à chroeso!)*
■ **ddim ar unrhyw gyfrif** en aucun cas
■ **Dydy hynny ddim yn cyfrif.** Cela n'a aucune importance.

cyfrifeg ENW BEN
la comptabilité *(astudiaeth)*

cyfrifiadur ENW GWR
l'ordinateur (g)
■ **gêm gyfrifiadur** le jeu vidéo, le jeu électronique
■ **ystafell cyfrifiaduron** la salle d'informatique
■ **gweithio ar y cyfrifiadur** travailler à l'ordinateur
■ **chwilio ar y cyfrifiadur** chercher sur l'ordinateur

cyfrifiadureg ENW GWR
l'informatique (b)

cyfrifiadurol ANSODDAIR
informatique (BEN **informatique**)
❏ rhaglen gyfrifiadurol le programme informatique

cyfrifiannell ENW BEN
la calculatrice
la calculette *(poced)*

cyfrifo BERF
calculer

cyfrifol ANSODDAIR
responsable (BEN **responsable**)
■ **bod yn gyfrifol am rywbeth** être responsable de quelque chose

cyfrifoldeb ENW GWR
la responsabilité

cyfrifydd ENW GWR
le comptable
la comptable
❏ Cyfrifydd yw e. Il est comptable.

cyfrifyddiaeth ENW BEN
la comptabilité

cyfrinach ENW BEN
le secret

cyfrinachol ANSODDAIR
secret (BEN **sécrete**)
confidentiel (BEN **confidentielle**) *(gwybodaeth)*

cyfrinair ENW GWR
le mot de passe

cyfrol ENW BEN
le volume _(llyfr)_

cyfrwng ENW GWR
le moyen
- **y cyfryngau**
les médias (g.ll)
- addysg trwy gyfrwng y Gymraeg
l'enseignement en gallois

cyfrwy ENW GWR
la selle

cyfrwys ANSODDAIR
rusé (BEN **rusée**)

cyfrwystra ENW GWR
l'astuce (b)

cyfun ANSODDAIR
complet (BEN **complète**)
- **ysgol gyfun** l'école publique secondaire

cyfundrefn ENW BEN
le système

cyfuniad ENW GWR
la combinaison

cyfuno BERF
unir, joindre
concilier _(ceisio gwneud dau beth gwahanol yr un pryd)_
- Mae'n anodd cyfuno gyrfa â theulu. Il est difficile de concilier carrière et vie de famille.

cyfunol ANSODDAIR
uni (BEN **unie**)
- **cyfuno busnes â phleser** joindre l'utile à l'agréable

cyfunrhywiol ANSODDAIR
homosexuel (BEN **homosexuelle**)

cyfweld BERF
interviewer _(ar y teledu, radio)_
avoir un entretien avec _(cyfweld rhywun ar gyfer swydd)_
- Cefais fy nghyfweld ar y radio. J'ai été interviewé à la radio.

cyfweliad ENW GWR
l'interview (b) _(ar y teledu, radio)_
l'entretien (g) _(ar gyfer swydd)_

cyfwelydd ENW GWR
l'interviewer (g)
l'intervieweuse (b)

cyfwerth ANSODDAIR
équivalent (BEN **équivalente**)
- **cyfwerth â** l'équivalent de

cyfyng ANSODDAIR
étroit (BEN **étroite**)
- **yn gyfyng** étroitement

cyfyngu BERF
limiter

cyffes ENW BEN
la confession

cyffesu BERF
se confesser _(mewn eglwys)_
avouer _(cyfaddef)_

cyffiniau ENW GWR LLUOSOG
les environs (g.ll)
- **yng nghyffiniau Nice** dans les environs de Nice

cyffordd ENW BEN
le carrefour

cyfforddus ANSODDAIR
confortable (BEN **confortable**) _(cadair, gwely)_
- **cadair gyfforddus** une chaise confortable à l'aise _(person)_
- Rydw i'n gyfforddus iawn, diolch. Je suis parfaitement à l'aise, merci.

cyffredin ANSODDAIR
courant (BEN **courante**)
- Mae 'Jones' yn gyfenw cyffredin iawn. 'Jones' est un nom de famille très courant.
- **yn gyffredin** en commun - Mae gennym ni lawer o bethau yn gyffredin. Nous avons beaucoup de choses en commun.
- **Tŷ'r Cyffredin** La Chambre des communes
- **synnwyr cyffredin** le bon sens
- **gwin cyffredin** le vin ordinaire

cyffredinol ANSODDAIR
général (BEN **générale**, GWR LLUOSOG **généraux**)
- gwybodaeth gyffredinol les connaissances générales
- **yn gyffredinol** généralement
- **etholiad cyffredinol** les élections législatives

cyffro ENW GWR
l'excitation (b)

cyffroi BERF
exciter
- **wedi cyffroi** excité

cyffrous ANSODDAIR
passionnant (BEN **passionnante**)
- Mae rygbi yn gamp cyffrous. Le rugby est un sport passionnant.

cyffur ENW GWR
le médicament _(meddygol)_
la drogue _(anghyfreithlon)_
- **cyffuriau caled** les drogues dures
- **cyffuriau meddal** les drogues douces
- **cymryd cyffuriau** prendre des drogues
- **gwerthwr cyffuriau** le dealer
- **smyglwr cyffuriau** le trafiquant de drogue
- **y farchnad cyffuriau** le trafic de drogues

■ **person sy'n gaeth i gyffuriau** le drogué/
la droguée

cyffwrdd BERF
toucher
❑ Paid â chyffwrdd â hwnna! N'y touche pas!

cyngerdd ENW GWR/BEN
le concert

cynghori BERF
conseiller
❑ Fe'm cynghorodd i aros. Il m'a conseillé
d'attendre.

cynghorydd ENW GWR
le conseiller
la conseillère
■ **cynghorydd lleol** le conseiller municipal

cynghrair ENW GWR/BEN
l'alliance (b)

cyngor ENW GWR
le conseil
■ **y cyngor lleol** le conseil municipal
■ **stad tai cyngor** la cité HLM (habitation à
loyer modéré)
■ **tŷ cyngor** un appartement à loyer modéré,
un HML
■ **fflat cyngor** un appartement à loyer
modéré
■ **rhoi cyngor i rywun** donner des conseils
à quelqu'un

cyhoedd ENW GWR
le public
■ **agored i'r cyhoedd** ouvert au public

cyhoeddi BERF
annoncer (datgan)
publier (llyfrau)

cyhoeddiad ENW GWR
l'annonce (b)

cyhoeddus ANSODDAIR
public (BEN **publique**)
■ **gwyliau cyhoeddus** les jours fériés
■ **trafnidiaeth gyhoeddus** les transports en
commun

cyhoeddusrwydd ENW GWR
la publicité

cyhoeddwr ENW GWR
l'éditeur (g) (llyfrau)

cyhuddiad ENW GWR
l'accusation (b)

cyhuddo BERF
accuser
■ **cyhuddo rhywun o wneud rhywbeth**
accuser quelqu'un de faire quelque chose
❑ Mae'r heddlu yn ei gyhuddo o lofruddiaeth.
La police l'accuse de meurtre.

cyhyd ANSODDAIR
de la même longueur (maint)
aussi longtemps que (amser)
❑ Arhosa i gyhyd ag yr wyt ti eisiau. Je rest-
erai aussi longtemps que tu veux.

cyhydedd ENW GWR
l'équateur (g)

cyhyr ENW GWR
le muscle

cyhyrog ANSODDAIR
musclé (BEN **musclée**)

cylch ENW GWR
le cercle
■ **sefyll mewn cylch** se mettre en cercle
■ **cylch dieflig** le cercle vicieux

cylchfan ENW GWR/BEN
le rond-point (LLUOSOG **les ronds-points**)

cylchffordd ENW BEN
le boulevard périphérique

cylchgrawn ENW GWR
le magazine

cylchrediad ENW GWR
la circulation (gwaed)
le tirage (papur newydd)
■ **cylchrediad y papur** le tirage du journal

cyllell ENW BEN
le couteau (LLUOSOG **les couteaux**)
■ **cyllell boced** un canif

cyllideb ENW BEN
le budget

cymaint ANSODDAIR
aussi grand que (BEN **aussi grande que**)
■ **bod mor fawr â rhywun/rhywbeth** être
aussi grand que quelqu'un/quelque chose
(gradd gyfartal)

cymaint ADFERF
tant, autant
■ **cymaint mwy** d'autant plus ❑ Roeddwn
i'n ei garu gymaint. Je l'aimais tant.

cymal ENW GWR
l'articulation (b) (yn y corff)

cymdeithas ENW BEN
la société
■ **Cymdeithas yr Iaith Gymraeg** La Société
de la langue galloise ❑ Mae cymdeithas
ddiwylliannol yn yr ardal. Il y a une société
culturelle dans la région.

cymdeithasol ANSODDAIR
social (BEN **sociale**, GWR LLUOSOG **sociaux**)
■ **bywyd cymdeithasol** la vie sociale

cymdogaeth ENW BEN
le quartier

cymdoges ENW BEN
la voisine

cymedrol ANSODDAIR
modéré (BEN **modérée**)
■ **yn gymedrol** modérément

cymeriad ENW GWR
le caractère *(personoliaeth)*
le personnage *(mewn llyfr, ffilm)*

cymhariaeth ENW BEN
la comparaison

cymharol ANSODDAIR
relatif (BEN **relative**)
❑ Mae Ffrangeg yn gymharol hawdd. Le français est relativement facile.

cymharu BERF
comparer

cymhleth ANSODDAIR
compliqué (BEN **compliquée**)

cymhwyso BERF
appliquer

cymhwyster ENW GWR
le diplôme *(tystysgrif)*

cymorth ENW GWR
l'aide (b)
❑ Cefais lawer o gymorth ariannol gan fy nheulu. Ma famille m'a donné beaucoup d'aide financière.

Cymraeg ENW GWR/BEN
le gallois *(yr iaith)*

Cymraes ENW BEN
la Galloise
■ **Cymraes ydy hi.** C'est une Galloise.

Cymreig ANSODDAIR
gallois (BEN **galloise**)
■ **dodrefn Cymreig** les meubles gallois

Cymro ENW GWR
le Gallois
■ **Cymro ydy e.** C'est un Gallois.

Cymru ENW BEN
le pays de Galles
■ **i Gymru** au pays de Galles
■ **yng Nghymru** au pays de Galles

cymryd BERF
prendre
❑ Wyt ti'n cymryd siwgr? Tu prends du sucre?
❑ Cymrwch y stryd gyntaf ar y dde. Prenez la première route à droite.
■ **cymryd rhywbeth oddi ar rywun** prendre quelque chose à quelqu'un
■ **cymryd y ffordd anghywir** se tromper de route
supposer *(tybio)*
❑ Rwy'n cymryd ei fod yn siarad Ffrangeg. Je

suppose qu'il parle français.
mettre
❑ Cymerais hanner awr i ddod yma. J'ai mis une demi-heure pour venir ici.
■ **cymryd diddordeb mewn rhywbeth** s'intéresser à quelque chose
■ **Cymerwch ofal!** Faites bien attention!

cymudo BERF
faire la navette
❑ Rwy'n cymudo rhwng Aberystwyth a Bangor. Je fais la navette entre Aberystwyth et Bangor.

cymun ENW GWR
la communion

cymuned ENW BEN
la communauté

cymwynas ENW BEN
le service
■ **gwneud cymwynas i rywun** rendre service à quelqu'un ❑ Allech chi wneud cymwynas i mi? Pourriez-vous me rendre service?

cymwys ANSODDAIR
qualifié (BEN **qualifiée**) *(gyda hyfforddiant)*
■ **nyrs wedi cymhwyso** une infirmière diplômée
■ **yn gymwys** exactement, précisément
diplôme (BEN **diplômée**) *(tystysgrif arholiad)*

cymydog ENW GWR
le voisin

cymylog ANSODDAIR
nuageux (BEN **nuageuse**)
❑ Mae hi'n gymylog heddiw. Il est nuageux aujourd'hui.

cymysg ANSODDAIR
mixte (BEN **mixte**)

cymysgedd ENW GWR
le mélange

cymysgu BERF
mélanger
❑ Rhaid cymysgu'r cynhwysion. Il faut mélanger les ingrédients.

cyn ARDDODIAD, CYSYLLTAIR
avant
■ **cyn y penwythnos** avant le weekend
avant de
❑ cyn bwyta avant de manger
■ **Dywedodd ffarwél cyn gadael.** Il a dit « au revoir » avant de partir.

cynamserol ANSODDAIR
prématuré (BEN **prématurée**)

cyndad ENW GWR
l'ancêtre (g)

cynderfynol – cynnydd

cynderfynol ANSODDAIR
- gêm gynderfynol la demi-finale

cynddaredd ENW BEN
la rage

cynddeiriog ANSODDAIR
furieux (BEN **furieuse**)

cynefino BERF
s'habituer
- Mae rhywun yn cynefino'n gyflym mewn ysgol newydd. On s'habitue vite à une nouvelle école.

cynfas ENW GWR/BEN
le drap (ar wely)
la toile (arlunio)

cynffon ENW BEN
la queue

cynhaeaf ENW GWR
la moisson

cynhesrwydd ENW GWR
la chaleur

cynhesu, twymo BERF
chauffer
- Rhaid twymo'r ystafell. Il faut chauffer la pièce.

cynhwysyn ENW GWR
l'ingrédient (g)
- cynhwysion les ingrédients

cynhyrchiad ENW GWR
la production
la mise en scène (drama, ffilm)

cynhyrchu BERF
produire
- Mae Ffrainc yn cynhyrchu llawer o win. La France produit beaucoup de vin.

cynhyrchydd ENW GWR
le metteur en scène (BEN **la metteuse en scène**)

cynhyrfu BERF
exciter
s'exciter (eich hunan)
s'énerver (gwylltio)

cynifer ANSODDAIR
tant de
- cynifer o broblemau tant de problèmes

cynildeb ENW GWR
la frugalité

cynilion ENW LLUOSOG
les économies (b.ll)
- Mae e wedi gwario ei gynilion. Il a dépensé ses économies.

cynilo BERF
économiser

cynllun ENW GWR
le projet
- Beth yw dy gynlluniau ar gyfer y gwyliau? Quels sont tes projets pour les vacances?
- gwneud cynlluniau faire des projets
le plan (ar fap)
- cynllun o'r dref le plan de la ville - cynllun fy nhraethawd le plan de ma dissertation

cynllunio BERF
planifier

cynllwyn ENW GWR
le complot

cynnal BERF
soutenir
entretenir (adeilad)
réaliser (arbrawf)
- cynnal cyfarfod tenir une réunion

cynnar ADFERF
tôt
- Dwi'n hoffi mynd i'r gwely'n gynnar. J'aime me coucher tôt.

cynnau BERF
allumer
- cynnau cannwyll allumer une bougie

cynnes ANSODDAIR
chaud (BEN **chaude**)
- bod yn gynnes avoir chaud - Dwi'n gynnes. J'ai chaud.
- Mae hi'n gynnes heddiw. Il fait chaud aujourd'hui.

cynnig BERF
proposer
- Cynigiais i fynd gyda hwy. Je leur ai proposé de les accompagner. - Cynigiodd fy helpu. Elle m'a proposé de m'aider.

cynnig ENW GWR
la proposition
- cynnig da une proposition intéressante
- ar gynnig arbennig en promotion
la tentative (cais)
- cynnig am swydd poser sa candidature pour un emploi

cynnwys ENW GWR
le contenu

cynnwys BERF
comprendre
- 'Treth a gwasanaeth yn gynwyiedig' 'Taxes et service compris'

cynnydd ENW GWR
le progrès (b) (symud ymlaen)
l'augmentation (b) (twf)
- Bu cynnydd mawr mewn diweithdra yn Ffrainc. Il y a eu une grande augmentation

dans le chômage en France.

cynnyrch ENW GWR
le produit
■ **cynnyrch llaeth** les produits laitiers

cynorthwyo BERF
aider

cynorthwy-ydd ENW GWR
l'assistant (g)
l'assistante (b)

cynradd ANSODDAIR
primaire (BEN **primaire**)
■ **y sector cynradd** le secteur primaire

cynrychioli BERF
représenter

cynrychiolydd ENW GWR
le représentant
la représentante

cynt ADFERF
déjà (eisoes)
❏ Roedd e yno cynt. Il était déjà là.
plus vite (mwy cyflym)
❏ Mae'n rhaid mynd yn gynt. Il faut aller plus vite.

cyntaf ANSODDAIR
premier (BEN **première**)
❏ Ei frawd oedd y rhedwr cyntaf. Son frère était le premier coureur. ❏ Hi oedd y ferch gyntaf yn y ras. Elle était la première fille dans la course.
■ **y tro cyntaf** la première fois
■ **y cyntaf o Awst** le premier août
■ **dod yn gyntaf** arriver premier/première
■ **yn gyntaf** d'abord ❏ Rydw i eisiau cael swydd, ond yn gyntaf rhaid i mi orffen astudio. Je veux trouver du travail, mais d'abord je dois finir mes études.
■ **cymorth cyntaf** les premiers secours
■ **tocyn dosbarth cyntaf** un billet de première classe
■ **teithio dosbarth cyntaf** voyager en première
■ **yn gyntaf** premièrement ❏ Yn gyntaf, gadewch i mi weld am beth mae'r llyfr yn sôn. Premièrement, voyons de quoi parle ce livre.

cyntedd ENW GWR
l'entrée (b) (mewn adeilad)

cyntefig ANSODDAIR
primitif (BEN **primitive**)

cynulleidfa ENW BEN
les spectateurs (g.ll) (mewn theatr)
l'assemblée (b) (mewn capel neu eglwys)

cynulliad ENW GWR
l'assemblée (b)

■ **y Cynulliad Cenedlaethol** l'Assemblée nationale

cynyddol ADFERF
de plus en plus
❏ Mae hi'n gynyddol anodd i ddod o hyd i waith. Il est de plus en plus difficile de partir trouver un emploi.

cynyddu BERF
augmenter

Cyprus ENW GWR
la Chypre (b)
■ **i Gyprus** à Chypre
■ **yng Nghyprus** à Chypre

cyrensen ENW BEN
le raisin de Corinthe (ffrwyth sych)

cyrhaeddiad ENW GWR
l'arrivée (b)
l'réusitte (llwyddiant)

cyrliog ANSODDAIR
frisé (BEN **frisée**)
■ **bod â gwallt cyrliog** avoir les cheveux frisés ❏ Mae ganddi wallt cyrliog. Elle a les cheveux frisés.

cyrraedd BERF
arriver
❏ Cyrhaeddon ni Ffrainc yn hwyr. Nous sommes arrivés tard en France.

cyrri ENW GWR
le curry

cysegredig ANSODDAIR
sacré (BEN **sacrée**)

cysglyd ANSODDAIR
somnolent (BEN **somnolente**)

cysgod ENW GWR
l'ombre (b)

cysgodi BERF
abriter

cysgu BERF
dormir
■ **cysgu gyda rhywun** coucher avec quelqu'un ❏ Chysgais i ddim yn dda neithiwr. J'ai mal dormi la nuit dernière.
■ **mynd i gysgu** s'endormir
■ **sach gysgu** le sac de couchage

cyson ANSODDAIR
fréquent (BEN **fréquente**)

cystadleuaeth ENW BEN
le concours

cystadleuol ANSODDAIR
compétitif (BEN **compétitive**)

cystadleuydd ENW GWR
le compétiteur
la compétitrice

cystadlu BERF
  participer *(cymryd rhan)*
  ❏ Rydw i'n cystadlu yn y marathon. Je participe au marathon.
  se disputer *(cystadlu am rywbeth)*
  ❏ Mae 20 o fyfyrwyr yn cystadlu am 10 lle. Ils sont 20 étudiants à se disputer 10 places.

cysylltiad ENW GWR
  le rapport
  ❏ Does dim cysylltiad rhwng y ddau ddigwyddiad. Il n'y a aucun rapport entre les deux événements.
  la correspondence *(trenau neu awyrennau)*
  le lien *(cyfrifiadureg)*

cysylltu BERF
  lier

cytbwys ANSODDAIR
  équilibré (BEN **équilibrée**)

cytgan ENW BEN
  le refrain

cytled ENW GWR/BEN
  la côtelette
  ■ cytled porc la côtelette de porc

cytleri ENW GWR
  les couverts (g.ll)

cytsain ENW BEN
  la consonante *(gramadeg)*

cytûn ANSODDAIR
  d'accord (BEN **d'accord**)
  ❏ Maent yn gytûn. Ils sont d'accord.

cytundeb ENW GWR
  l'accord (g)

cytuno BERF
  être d'accord
  ❏ Dwi'n cytuno â thi. Je suis d'accord avec toi.

cythruddo BERF
  agacer

cyw ENW GWR
  le poulet *(iâr)*

cywilydd ENW GWR
  la honte
  ■ bod â chywilydd avoir honte ❏ Mae gen i gywilydd. J'ai honte.

cywilyddus ANSODDAIR
  honteux (BEN **honteuse**)
  ❏ Mae'r sefyllfa'n gywilyddus. La situation est honteuse.

cywir ANSODDAIR
  correct (BEN **correcte**)
  exact (BEN **exacte**) *(yn union gywir)*
  ❏ Mae hynna'n gywir. C'est exact.
  bon (BEN **bonne**)
  ■ yr dewis cywir le bon choix
  ■ yr ateb cywir la bonne réponse ❏ Dydy e ddim y maint cywir. Ce n'est pas la bonne taille.
  ■ yn gywir correctement ❏ Ydw i'n ynganu e'n gywir? Est-ce que je le prononce correctement?
  ■ bod yn gywir avoir raison ❏ Ydw i'n gywir? J'ai raison?

cywiriad ENW GWR
  la correction

cywiro BERF
  corriger

CH|ch

chi, chithau RHAGENW

vous

❏ Ydych chi'n hoffi rygbi? Est-ce que vous aimez le rugby? ❏ Alla i'ch helpu chi? Est-ce que je peux vous aider? ❏ Ydw i'n eich adnabod chi? Est-ce que je vous connais? ❏ eich brawd a chithau votre frère et vous

chwa ENW BEN

la brise

chwaer ENW BEN

la sœur

❏ fy chwaer fach ma petite sœur ❏ fy chwaer ieuengaf ma sœur cadette ❏ fy chwaer hynaf ma sœur aînée

chwaer yng nghyfraith ENW BEN

la belle-sœur (LLUOSOG les belles-sœurs)

chwaeth ENW BEN

le goût

❏ Mae ganddi chwaeth dda mewn dillad. Elle a bon goût en matière de vêtements.

chwaith ADFERF

non plus

❏ Dydw i ddim yn ei hoffi hi. – Na finnau chwaith! Je ne l'aime pas. – Moi non plus!

chwalu BERF

démolir (adeilad)

briser

■ chwalu yn rhacs briser en mille morceaux

chwannen ENW BEN

la puce

chwant ENW GWR

la faim (bwyd)

❏ Mae chwant bwyd arnaf. J'ai faim.

❏ Does gen i ddim chwant bwyd. Je n'ai pas d'appétit.

le désir (chwant am rywbeth)

chwantu BERF

désirer

chwarae BERF

jouer

❏ Rwy'n chwarae pêl-droed. Je joue au football.

❏ Mae hi'n chwarae gyda'i ffrindiau. Elle joue avec ses amies. ❏ Pa fath o gerddoriaeth maen nhw'n ei chwarae? Quel genre de musique jouent-ils?

■ chwarae yn erbyn rhywun jouer contre quelqu'un

■ chwarae hoci jouer au hockey

■ chwarae pŵl jouer au billard américain

■ chwarae (canu) offeryn jouer de

❏ chwarae'r piano jouer du piano

■ chwarae cuddio jouer à cache-cache

chwaraeon ENW LLUOSOG

les sports (g.ll)

❏ chwaraeon dŵr les sports nautiques

❏ bod yn hoff o chwaraeon être sportif/sportive

chwaraewr ENW GWR

le joueur

chwaraewraig ENW BEN

la joueuse

chwaraeydd cryno ddisgiau ENW GWR

le lecteur de CD

■ chwaraeydd DVD le lecteur de DVD

■ chwaraeydd MP3 le lecteur de MP3

chwarter ENW GWR

le quart

■ tri chwarter trois quarts

■ tri chwarter awr trois quarts d'heure

■ chwarter awr un quart d'heure

■ chwarter wedi chwech six heures et quart

■ chwarter i ddeg dix heures moins le quart

chwech RHIF

six

❏ Mae e'n chwech oed. Il a six ans.

■ un deg chwech seize

■ chwech deg soixante

chweched ANSODDAIR

sixième (BEN sixième)

❏ ar y chweched llawr au sixième étage

■ y chweched o Ionawr le six janvier

■ bod yn y chweched (yn yr ysgol) être en première (bl.12); être en classes de terminale (bl.13)

chwedl ENW BEN
la fable
la légende *(stori)*
■ **yn ôl y chwedl** d'après l'histoire ❑ Mae chwedlau La Fontaine yn enwog. Les fables de La Fonatine sont bien connues.

chwedlonol ANSODDAIR
légendaire (BEN **légendaire**)

Chwefror ENW GWR
février (g)
■ **ym mis Chwefror** en février

chwerthin BERF
rire
■ **chwerthin am ben rhywun** se moquer de quelqu'un ❑ Chwarddon nhw am ei ben e. Ils se sont moqués de lui.

chwerthiniad ENW GWR
le rire

chwerthinllyd ANSODDAIR
risible (BEN **risible**)
ridicule (BEN **ridicule**) *(awgrym)*

chwerw ANSODDAIR
amer (BEN **amère**)

chwiban ENW GWR/BEN
le sifflet

chwibanu BERF
siffler

chwifio BERF
agiter
■ **chwifio ar rywun** faire un signe de la main à quelqu'un
■ **chwifio i ddweud ffarwel** faire au revoir de la main

chwilair ENW GWR
les mots mêlés (g.ll)

chwilboeth ANSODDAIR
brûlant (BEN **brûlante**)
■ **tywydd chwilboeth** la canicule

chwilen ENW BEN
la scarabée
■ **chwilen ddu** le cafard

chwilfrydedd ENW GWR
la curiosité

chwilfrydig ANSODDAIR
curieux (BEN **curieuse**, GWR LLUOSOG **curieux**)
❑ Mae e'n chwilfrydig iawn. Il est très curieux.

chwilio BERF
chercher
❑ Chwiliwch am y ferch! Cherchez la fille!
❑ Chwiliodd am dystiolaeth. Il a cherché des preuves.

chwilota BERF
fouiller

❑ Buont yn chwilota trwy'r papurau. Ils ont fouillé les papiers.

chwip ENW BEN
le fouet

chwipio BERF
fouetter *(person, anifail)*
battre *(hufen, wyau)*

chwisgi ENW GWR
le whisky

chwistrell ENW BEN
le pulvérisateur *(persawr)*
la bombe d'aérosol *(aerosol)*

chwistrelliad ENW GWR
l'injection (b) *(meddygol)*

chwistrellu BERF
injecter

chwith ENW GWR
la gauche (BEN **gauche**)
■ **i'r chwith** à gauche

chwith ANSODDAIR
gauche
❑ fy llaw chwith ma main gauche
■ **bod yn llaw chwith** être gaucher/gauchère
■ **tu chwith allan** *(dilledyn)* à l'envers

chwithig ANSODDAIR
gêné (BEN **gênée**)
maladroit (BEN **maladroite**) *(lletchwith)*
❑ Rydw i'n teimlo'n chwithig. Je me sens gêné.

chwydu BERF
vomir

chwydd ENW GWR
l'enflure (b) *(ar friw)*

chwyddedig ANSODDAIR
enflé (BEN **enflée**)

chwyddo BERF
s'enfler *(rhan o'r corff)*
❑ Mae fy mawd wedi chwyddo. Mon pouce s'est enflé.
gonfler *(teiar, balŵn)*

chwyddwydr ENW BEN
la loupe

chwyldro ENW GWR
la révolution
❑ y Chwyldro Ffrengig la Révolution française

chwyldroadol ANSODDAIR
révolutionnaire (BEN **révolutionnaire**)

chwyldroi BERF
révolutionner
❑ Mae'r rhyngrwyd wedi chwyldroi'r byd masnachol. L'internet a révolutionné le

commerce.

chwynnyn ENW GWR
la mauvaise herbe
❏ Mae'r ardd yn llawn chwyn. Le jardin est
plein de mauvaises herbes.

chwyrnu BERF
ronfler
❏ Mae fy ngwraig yn dweud fy mod i'n
chwyrnu; dydw i ddim yn ei chredu hi! Ma
femme me dit que je ronfle; je ne la crois pas!

chwys ENW GWR
la sueur, la transpiration
❏ Rydw i'n chwys diferol. Je suis tout en
sueur.

chwyslyd ANSODDAIR
moite (BEN **moite**) *(dwylo)*
en sueur *(person, wyneb)*

chwysu BERF
transpirer

chwythu BERF
souffler
siffler *(chwiban)*
faire sauter *(ffrwydro)*
❏ Ffrwydrodd y terfysgwyr yr adeilad. Les
terroistes ont fait sauter le bâtiment.
■ **chwythu'ch trwyn** se moucher

D d

da ANSODDAIR
bon (BEN **bonne**)
❑ Mae hi'n ffilm dda. C'est un bon film.
■ **cael amser da** s'amuser bien
■ **nifer dda o ...** un bon nombre de ...
■ **Bore da/Prynhawn da!** Bonjour!
■ **Noswaith dda!** Bonsoir!
■ **Nos da!** Bonne nuit!
bien (ADFERF) **yn dda**
■ **ymddwyn yn dda** se comporter bien
■ **gwneud yn dda yn yr ysgol** bien réussir
à l'école
■ **Da iawn!** Très bien!
■ **bod yn dda yn rhywbeth** être bon en
quelque chose

da ENW GWR
le bétail (gwartheg)

dacw ADFERF
voilà
❑ Dacw fy chwaer! Voilà ma sœur!

Dad ENW GWR
papa ▷ gweler hefyd **tad**

da-da ENW GWR LLUOSOG
le bonbon

dadansoddi BERF
analyser

dadansoddiad ENW GWR
l'analyse (b)

dadbacio BERF
déballer
❑ Dydw i ddim wedi dadbacio fy nillad eto.
Je n'ai pas encore déballé mes vêtements
■ **dadbacio fy mhethau** déballer mes affaires
défaire
❑ Dadbaciais fy nhês teithio.
J'ai défait ma valise.

dadflino BERF
se reposer (gorffwys)
se détendre (ymlacio)

dadflocio BERF
déboucher
■ **Galwch y plymiwr i ddaflocio'r sinc!**

Appelez le plombier pour déboucher l'évier!

dadfotymu BERF
déboutonner

dadgysylltu BERF
déconnecter

dadhydredig ANSODDAIR
déshydraté (BEN **désydratée**)

dadl ENW BEN
l'argument (g) (rhesymau a roddir)
le débat (trafodaeth)
la dispute (anghydfod)

dadlaith, dadmer BERF
dégeler (rhew, eira)

dadlapio BERF
déballer

dadlau BERF
se disputer (ffraeo)
❑ Maent yn dadlau yn aml. Ils se disputent
souvent.

dadleuol ANSODDAIR
controversé (BEN **controversée**)
contestable (BEN **contestable**)

dadlwytho BERF
décharger

dadorchuddio BERF
dévoiler (cerflun, cyfrinach)

dadrewi BERF
décongeler (bwyd)

dadrolio BERF
dérouler

dadwisgo BERF
se déshabiller (eich hun)
❑ Dwi'n dadwisgo yn fy ystafell wely.
Je me déshabille dans ma chambre.
déshabiller (rhywun arall)
❑ dadwisgo plentyn déshabiller un enfant

dad-wneud BERF
défaire
❑ Cafodd y gwaith da ei ddad-wneud. Ce bon
travail a été défait.
se défaire (datod)

daear ENW BEN
la terre
■ **ar y ddaear** sur terre
■ **y Ddaear** la Terre
le sol *(y pridd)*
❑ Mae'r ddaear yn wlyb. Le sol est mouillé.

daeargell ENW BEN
le cachot *(carchar)*

daeargryn ENW GWR
le tremblement de terre

daearyddiaeth ENW BEN
la géographie

dafad ENW BEN
le mouton

dafaden ENW BEN
la verrue *(ar groen)*

dafn ENW GWR
la goutte *(diferyn)*

dagrau ENW LLUOSOG
les larmes (g.ll) ▷ *gweler* **deigryn**

dail ENW LLUOSOG
les feuilles (b.ll) ▷ *gweler* **deilen**

daioni ENW GWR
la bonté

dal BERF
attraper
■ **dal rhywbeth** attraper quelque chose
❑ Daliodd e bysgodyn. Il a attrapé un poisson.
tenir *(gafael yn)*
❑ Alli di ddal y llyfrau hyn i mi? Tu peux me tenir ces livres?
❑ Mae e'n dal y drws. Il tient la porte.
prendre
■ **dal y bws** prendre le bus
■ **cael eich dal mewn tagfa traffig** être coincé dans un embouteillage
saisir *(clywed)*
❑ Ddaliais i ddim mo'ch enw chi. Je n'ai pas saisi votre nom.

dal i BERF
continuer à *(parhau i)*
■ **dal i wneud rhywbeth** continuer à faire quelque chose ❑ Mae hi'n dal i fwrw glaw. Il continue à pleuvoir.

dal i fyny BERF
rattraper

dalen ENW BEN
la feuille *(o bapur)*

dalgylch ENW GWR
la secteur *(ysgol)*

dal yn ôl
se retenir

dall ANSODDAIR
aveugle (BEN **aveugle**)

damcaniaeth ENW BEN
la théorie

damwain ENW BEN
l'accident (g)
■ **cael damwain** avoir un accident
■ **damwain ffordd** un accident de la route
■ **trwy ddamwain** accidentellement *(mewn camgymeriad)*
■ **trwy ddamwain** par hasard *(trwy hap a siawns)*

damweiniol ANSODDAIR
accidentel (BEN **accidentelle**)

dan ARDDODIAD
sous *(o dan)*
■ **o dan y bwrdd** sous la table ❑ Mae e'n cuddio o dan y goeden. Il se cache sous l'arbre.

dan bwysau CYMAL ARDDODIAD
sous pression

dan hyfforddiant CYMAL ARDDODIAD
en cours de formation

dan straen CYMAL ARDDODIAD
sous pression

Danaidd ANSODDAIR
danois (BEN **danoise**)
❑ y diwylliant Danaidd la culture danoise

Daneg ENW GWR/BEN
le danois *(yr iaith)*

dangos BERF
montrer
❑ Ydw i wedi dangos fy ffôn newydd i ti? Je t'ai montré mon nouveau portable?
■ **dangos rhywbeth i rywun** faire voir quelque chose à quelqu'un ❑ Dangos ef i mi! Fais voir!
faire preuve de *(dangos tystiolaeth o rywbeth)*
❑ Dangosodd lawer o ddewrder. Il a fait preuve de beaucoup de courage.
frimer *(dangos eich hun)*
passer *(ffilm, rhaglen)*

dangosiad ENW GWR
la projection *(ffilm)*

Daniad ENW GWR/BEN
le Danois
la Danoise
■ Mae'r Daniaid yn byw yn Nenmarc. Les Danois habitent au Danemark.

dannedd gosod ENW GWR LLUOSOG
les fausses dents (b.ll)

dannoedd ENW BEN
le mal de dents

d

■ **bod â'r ddannoedd** avoir mal aux dents

dant ENW GWR
la dent
■ **brwsio dannedd** se brosser les dents
■ **dant gofid** la dent de sagesse

darbwyllo BERF
persuader
❏ Fe'n darbwyllodd ni i fynd yno. Elle nous a persuadés d'y aller.

darganfod BERF
découvrir

darganfyddiad ENW GWR
la découverte

dargyfeiriad awyren ENW GWR
le détournement d'avion

darlith ENW BEN
la conférence (mawr, ffurfiol)
le cours magistral (mewn prifysgol)

darlun ENW GWR
l'image (b)

darluniadol ANSODDAIR
illustré (BEN **illustrée**)

darlunio BERF
illustrer

darllediad ENW GWR
la transmission
■ **darllediad byw** la transmission en direct
l'émission (b) (teledu)

darlledu BERF
transmettre
diffuser (cyfweliad, rhaglen ddogfen)

darllenadwy ANSODDAIR
lisible (BEN **lisible**)

darllenydd ENW GWR
le lecteur
la lectrice

darn ENW GWR
le morceau
■ **darn o gaws** un morceau de fromage
■ **darn o gig eidion rhost** un rôti de bœuf

darn arian ENW GWR
la pièce
■ **darn arian 1 ewro** une pièce d'un euro

Daro! EBYCHIAD
Zut!

darpariaeth ENW BEN
la préparation

darparu BERF
fournir (arlwyo)

dartiau ENW LLUOSOG
les fléchettes (b.ll)
■ **chwarae dartiau** jouer aux fléchettes

data ENW LLUOSOG
les données (b.ll)
■ **cronfa ddata** la base de données

datblygiedig ANSODDAIR
développé (BEN **développée**)

datblygu BERF
développer
❏ Rhaid datblygu'r economi wledig. Il faut développer l'économie rurale.
se développer (yn gorfforol)
■ **datblygu ffilm** faire développer un film

datgan BERF
déclarer

datganiad ENW GWR
la déclaration

datgelu BERF
révéler

datod BERF
défaire (rhywbeth)
se défaire (dod yn rhydd)
❏ Mae carrai fy esgidiau wedi datod. Mes lacets se sont défaits.

datrys BERF
résoudre
■ **datrys problem** résoudre un problème

datrysiad ENW GWR
la résolution

datysen ENW BEN
la datte

dathliad ENW GWR
la célébration
■ **dathliadau** les fêtes ❏ dathliadau Nadolig les fêtes de Noël
la cérémonie (digwyddiad cyhoeddus)

dathlu BERF
fêter
■ **dathlu'ch pen-blwydd** fêter son anniversaire

dau/dwy RHIF
deux
❏ Mae hi'n ddwy oed. Elle a deux ans.
❏ un deg dau/dwy douze ❏ dau/dwy ar bymtheg dix-sept ❏ dau/dwy ar hugain vingt-deux

dawns ENW BEN
la danse
le bal (digwyddiad cyhoeddus)

dawnsio BERF
danser
■ **mynd i ddawnsio** aller danser
■ **cymryd rhan mewn dawnsio** faire de la danse

dawnsiwr ENW GWR

le danseur

dawnswraig ENW BEN

la danseuse
- **dawnswraig bale** la danseuse classique

dawnus ANSODDAIR

talentueux (BEN **talentueuse**)

de ENW GWR

le sud
- **yn y de** au sud
- **de Ffrainc** le sud de la France, le Midi
- **tua'r de** vers le sud
- **i'r de o** au sud de

De Affrica ENW GWR

l'Afrique du Sud (b)
- **yn Ne Affrica** en Afrique du Sud
- **i Dde Affrica** en Afrique du Sud

De America ENW GWR

l'Amérique du Sud (b)
- **yn Ne America** en Amérique du Sud
- **i Dde America** en Amérique du Sud

de-ddwyrain ENW GWR

le sud-est
- **de ddwyrain Cymru** le sud-est du pays de Galles

de-orllewin

le sud-ouest
- **de-orllewin Cymru** le sud-ouest du pays de Galles

deall BERF

comprendre
- **Wyt ti'n deall Llydaweg?** Est-ce que tu comprends le breton?

dealltwriaeth ENW BEN

la compréhension

deallus ANSODDAIR

intelligent (BEN **intelligente**)
- Maen nhw'n ddeallus. Ils sont intelligents.

dechrau BERF

commencer
- Am faint o'r gloch mae dy wersi di'n dechrau bore yfory? À quelle heure commencent tes cours demain matin?
- **i ddechrau** d'abord

dechrau ENW GWR

le début
- **dechrau'r flwyddyn ysgol** la rentrée (scolaire) - **ar y dechrau** au début

dechreuad ENW GWR

le commencement

dechreufwyd ENW GWR

l'entrée (b)

defnydd ENW GWR

la substance (yr hyn y gwneir pethau ohono)

le tissu (brethyn)

l'usage (g) (o rywbeth, fel trydan)

le matériel (ar gyfer gweithgaredd arbennig)
- **bod o ddefnydd** être utile

defnyddio BERF

utiliser
- **Allwn ni ddefnyddio geiriadur i'r arholiad?** Est-ce qu'on peut utiliser un dictionnaire à l'examen?
- **defnyddio'r tŷ bach** aller aux W.C.

se servir de
- Defnyddiais gyllell i'w agor. Je me suis servi d'un couteau pour l'ouvrir.

defnyddiol ANSODDAIR

utile (BEN **utile**)

defnyddioldeb ENW GWR

l'utilité (b)

defnyddiwr ENW GWR

l'utilisateur (g)
- **defnyddiwr y rhyngrwyd** l'internaute

defnyddwraig ENW BEN

l'utilisatrice (b)

deffro, dihuno BERF

se réveiller
- Deffrodd am 6 y bore. Il s'est réveillé à 6 heures du matin.
- **deffro rhywun** réveiller quelqu'un

deg RHIF

dix
- Roedd tua deg yno. Il y avait une dizaine.
- **deg ar hugain** trente

degfed ANSODDAIR

dixième (BEN **dixième**)
- y degfed bennod le dixième chapitre
- **y degfed o Ionawr** le dix janvier

dehongli BERF

interpréter

faire l'interprète (bod yn gyfieithydd)
- Fe wnaeth Pierre ddehongli i'r Saesneg ar gyfer ei ffrind. Pierre a fait l'interprète en anglais pour son ami.

deialog ENW GWR/BEN

le dialogue

deialu BERF

composer (rhif)

deiet ENW GWR

le régime
- **mynd ar ddeiet** suivre un régime

deigryn ENW GWR

la larme
- **mewn dagrau** en larmes
- ▷ gweler hefyd **dagrau**

deilen ENW BEN

la feuille ▷ *gweler hefyd* **dail**

deintgig ENW GWR
la gencive

deintydd ENW GWR
le dentiste
la dentiste
■ **mynd at y deintydd** aller chez le dentiste
❑ Mae Cadi yn ddeintydd. **Cadi est dentiste.**

deintyddol ANSODDAIR
dentaire (BEN **dentaire**)
❑ problemau deintyddol des problèmes
dentaires

del ANSODDAIR
joli (BEN **jolie**)
■ **merch ddel** une jolie fille

delfryd ENW BEN
l'idéal (g)

delfrydol ANSODDAIR
idéal (BEN **idéale**)

deliwr cyffuriau ENW GWR
le dealer

delw ENW BEN
la statue *(cerflun)*

democrataidd ANSODDAIR
démocratique (BEN **démocratique**)

democratiaeth ENW BEN
la démocratie

deniadol ANSODDAIR
attirant (BEN **attirante**)
■ **Mae Llydaw yn ddeniadol i ni'r Cymry.**
La Bretagne est attirante pour nous les
Gallois.

Denmarc ENW BEN
le Danemark
■ **i Ddenmarc** au Danemark
■ **yn Nenmarc** au Danemark

denu BERF
attirer
❑ Mae Ffrainc yn denu llawer o dwristiaid.
La France attire beaucoup de touristes.

derbyn BERF
recevoir
■ **Derbyniais lythyr o Lille.** J'ai reçu une
lettre de Lille.

derbynfa ENW BEN
la réception

derbyniol ANSODDAIR
acceptable (BEN **acceptable**)

derbynneb ENW BEN
le reçu

derbynnydd ENW GWR
le réceptionniste
la réceptionniste *(mewn swyddfa)*

le caissier
la caissière *(arian)*
le combiné *(ffôn)*

dermatolegydd ENW GWR
le dermatologue
la dermatologue

derw ANSODDAIR
en bois de chêne
■ **bwrdd derw** une table en chêne

derwen ENW BEN
le chêne

desg ENW BEN
le bureau *(mewn swyddfa)*
le pupitre *(mewn ysgol)*
la réception *(mewn gwesty)*
le comptoir *(mewn siop/maes awyr)*

desg talu ENW BEN
la caisse

desg ymholiadau ENW BEN
le comptoir des renseignements

dethol BERF
sélectionner

deuddegfed ANSODDAIR
douzième
■ **y deuddegfed llawr** le douzième étage
■ **y deuddegfed o Fai** le douze mai

deugain RHIF
quarante
■ **tua deugain** une quarantaine

deunaw RHIF
dix-huit

dewin ENW GWR
le sorcier

dewines ENW BEN
la sorcière

dewis ENW GWR
le choix
❑ Mae dewis da o fwyd. Il y a un grand choix
de nourriture.

dewis BERF
choisir
❑ Bydda i'n dewis y pynciau dwi'n eu hoffi.
Je choisirai les matières que j'aime.

dewislen cymorth cyfrifiadur ENW BEN
le menu de support informatique

dewisol ANSODDAIR
facultatif (BEN **facultative**)
■ **opsiwn dewisol** une option facultative
■ **pwnc dewisol** le matière à option *(mewn
ysgol)*

dewr ANSODDAIR
courageux (BEN **courageuse**)

dewrder ENW GWR
le courage

diabetig ENW GWR
le diabétique
la diabétique
❑ Rydw i'n ddiabetig. Je suis diabétique.

diabetig ANSODDAIR
diabétique (BEN **diabétique**)

diafol ENW GWR
le diable

diagram ENW GWR
le diagramme

dial BERF
venger
■ **dial ar** se venger de ❑ Maent am ddial
arno. Ils veulent se venger de lui.

di-alcohol ANSODDAIR
non-alcoolisé (BEN **non-alcoolisée**)
■ **diodydd di-alcohol** des boissons non-
alcoolisées

diamau ANSODDAIR, ADFERF
certain (BEN **certaine**)
■ **yn ddiamau** sans aucun doute

diamedr ENW GWR
le diamètre

diamynedd ANSODDAIR
impatient (BEN **impatiente**)
❑ Mae'r plant yn dechrau mynd yn
ddiamynedd. Les enfants commencent à
s'impatienter.

dianc BERF
s'échapper
❑ Mae teigr wedi dianc o'r sw. Un tigre s'est
échappé du zoo.
■ **dianc rhag** s'évader ❑ Fe wnaeth y
carcharor ddianc rhag yr heddlu. Le
prisonnier s'est évadé de la police.

diarwybod ANSODDAIR, ADFERF
inconscient (BEN **inconsciente**)
❑ yn ddiarwybod i mi à mon insu

di-baid ANSODDAIR, ADFERF
incessant (BEN **incessante**)
■ **yn ddi-baid** sans cesse ❑ Glawiodd hi'n
ddi-baid. Il a plu sans cesse.

dibriod ANSODDAIR
célibataire (BEN **célibataire**)
■ **mam ddibriod** une mère célibataire
■ **pâr dibriod** un couple non marié

dibwys ANSODDAIR
insignifiant (BEN **insignifiante**)

dibyn ENW GWR
le précipice

dibynnu BERF
dépendre de
■ **yn dibynnu ar y tywydd** selon le temps
❑ Mae'n dibynnu. Ça dépend.

dicter ENW GWR
la colère

di-dor ANSODDAIR, ADFERF
ininterrompu (BEN **ininterrompue**)
■ **yn ddi-dor** sans arrêt ❑ Teithiodd y dyn yn
ddi-dor am bump awr. L'homme a voyagé
cinq heures sans arrêt.

di-dreth ANSODDAIR
hors taxes
■ **nwyddau di-dreth** des produits hors taxes

didrugaredd ANSODDAIR, ADFERF
sans pitié
■ **yn ddidrugaredd** sans pitié

diduedd ANSODDAIR
impartial (BEN **impartiale**, GWR LLUOSOG
impartiaux)
❑ Mae'r Heddlu'n ddiduedd. La Police est
impartiale.

diddanu BERF
amuser
❑ Mae teledu yn ein diddanu. La télévision
nous amuse. ■ **diddanu eich hun** s'amuser

diddiwedd ANSODDAIR, ADFERF
sans fin (BEN **sans fin**)
interminable (BEN **interminable**)
❑ Roedd y daith yn ymddangos yn
ddiddiwedd. Le voyage a paru interminable.
■ **yn ddiddiwedd** interminablement

diddordeb ENW GWR
l'intérêt (g)
❑ Beth yw eich diddordebau? Quels sont vos
centres d'intérêt?
■ **bod â diddordeb mewn rhywbeth**
s'intéresser à quelque chose ❑ Mae gen i
ddiddordeb mawr mewn cerddoriaeth. Je
m'intéresse beaucoup à la musique.
■ **dangos diddordeb mewn rhywbeth**
manifester de l'intérêt pour quelque chose

diddorol ANSODDAIR
intéressant (BEN **intéressante**)
■ **diddorol iawn** passionnant

diddymu BERF
annuler

dieithryn ENW GWR
l'étranger (g)
l'étrangère (b)

diemwnt ENW GWR
le diamant

dienyddio BERF

d

exécuter
■ **Cafodd ei ddienyddio.** Il a été exécuté.
dietifeddu BERF
déshériter
dieuog ANSODDAIR
innocent (BEN **innocente**)
■ **Cafodd ei dyfarnu'n ddieuog.** Elle a été
jugée innocente.
difaterwch ENW GWR
l'indifférence (b)
difeddwl ANSODDAIR
irréfléchi (BEN **irréfléchie**)
diferyn ENW GWR
la goutte
■ **diferyn o ddŵr** une goutte d'eau
difetha BERF
gâcher *(achlysur)*
abîmer *(gwrthddrych)*
gâter *(plentyn)*
diflaniad ENW GWR
la disparition
diflannu BERF
disparaître
■ **Gyda help, bydd y broblem yn diflannu.**
Avec de l'aide, le problème disparaîtra.
diflas ANSODDAIR
ennuyeux (BEN **ennuyeuse**) *(anniddorol)*
■ **Mae teledu yn ddiflas yn ystod yr haf.**
La télévision est ennuyeuse pendant l'été.
di-flas ANSODDAIR
fade (BEN **fade**) *(bwyd)*
diflastod ENW GWR
l'ennui (g)
diflasu BERF
s'ennuyer *(ar rywbeth)*
■ **Mae plant yn diflasu ar ormod o wersi.**
Les enfants s'ennuient pendant trop de cours.
difreintiedig ANSODDAIR
défavorisé (BEN **défavorisée**)
❑ Mae rhannau o Gymru yn ddifreintiedig.
Des parties du pays de Galles sont
défavorisées.
difrif ANSODDAIR
■ **o ddifrif** sérieusement ❑ Wyt ti o ddifrif?
Tu es sérieux?
difrifol ANSODDAIR
sérieux (BEN **sérieuse**)
❑ Ti'n edrych yn ddifrifol iawn! Tu as l'air très
sérieux!
grave (BEN **grave**) *(afiechyd, gwall)*
■ **yn ddifrifol** gravement
difrod ENW GWR
les dégâts (g.ll)

❑ Gwnaeth y llifogydd lawer o ddifrod. Les
inondations ont fait beaucoup de dégâts.
la destruction *(distryw)*
difrodi BERF
endommager
difyrrwch ENW GWR
l'amusement (g)
diffeithwch ENW GWR
le désert
diffinio BERF
définir
diffodd BERF
éteindre *(trydan, golau)*
❑ Diffoddais y cyfrifiadur. J'ai éteint
l'ordinateur.
arrêter *(peiriant, injan car)*
diffoddwr tân ENW GWR
le pompier (BEN **la pompière**) *(person)*
l'extincteur (g) *(teclyn)*
diffuant ANSODDAIR
sincère (BEN **sincère**)
■ **yn ddifuant** sincèrement
diffuantrwydd ENW GWR
la sincérité
diffyg ENW GWR
le manque *(prinder)*
❑ Mae diffyg athrawon ieithoedd. Il y a un
manque de professeurs de langues. ❑ ei
diffyg profiad son manque d'expérience
diffygiol ANSODDAIR
défectueux (BEN **défectueuse**)
dig ANSODDAIR
en colère
■ **bod yn ddig** être en colère ❑ Mae'r athro
yn edrych yn ddig! Le prof a l'air en colère!
di-gaffein ANSODDAIR
décaféiné (BEN **décaféinée**)
digalon ANSODDAIR
triste (BEN **triste**)
■ **Mae hi'n teimlo'n ddigalon.** Elle se sent
triste.
digalonni BERF
attrister *(gwneud yn drist)*
décourager *(colli hyder)*
digidol ANSODDAIR
numérique (BEN **numérique**)
■ **radio digidol** la radio numérique
digio BERF
vexer
■ **cael eich digio gan** se froisser (de)
❑ Fe'i digiwyd hi gan fy sylw. Mon
observation l'a froissée.
■ **digio wrth rywun** se fâcher contre

quelqu'un

digon RHAGENW, ADFERF

assez de

❑ Mae digon o le yma. Il y a assez de place ici.
❑ Dyna ddigon! Ça suffit! ❑ Oes gen ti ddigon? Tu en as assez? ❑ Roedd e'n ddigon bach i fynd drwy'r twll. Il était suffisamment petit pour entrer par le trou.

■ **digon o amser** assez de temps
■ **yn ddigon mawr** suffisamment grand
■ **yn ddigon cynnes** suffisamment chaud

digonol ANSODDAIR

suffisant (BEN **suffisante**)

digri ANSODDAIR

amusant (BEN **amusante**)

❑ Mae gwersi Cymraeg yn ddigri'. Les cours de gallois sont amusants.

digrifwr ENW GWR

le comédien

digrifwraig ENW BEN

la comédienne

digwydd BERF

se passer

❑ Beth sy'n digwydd? Qu'est-ce qui se passe?

arriver *(à quelqu'un)*

❑ Oes rhywbeth wedi digwydd iddi? Il lui est arrivé quelque chose? ❑ Digwyddais eu gweld yn y dref. Il m'est arrivé de les voir en ville.

■ **fel mae'n digwydd** justement

digwyddiad ENW GWR

l'événement (g)

digywilydd ANSODDAIR

effronté (BEN **effrontée**)

dihangfa ENW BEN

l'évasion (b)

■ **dihangfa dân** une sortie de secours
■ **Cefais ddihangfa ffodus.** Je l'ai échappé belle.

dihareb ENW BEN

le proverbe

diheintio BERF

désinfecter

diheintydd ENW GWR

le désinfectant

di-hid ANSODDAIR

étourdi (BEN **étourdie**) *(difeddwl)*
insouciant (BEN **insouciante**) *(heb boeni)*

di-hun ANSODDAIR

réveillé (BEN **réveillée**)

■ **bod ar ddi-hun** être réveillé

dileu BERF

effacer

di-liw ANSODDAIR

incolore (BEN **incolore**)

dilyn BERF

suivre

❑ Dilynodd hi gwrs galwedigaethol. Elle a suivi un stage de formation professionel.

dilynol ANSODDAIR

consécutif (BEN **consécutive**)

dilys ANSODDAIR

valable (BEN **valable**)

❑ Mae'r tocyn hwn yn ddilys am chew mis. Ce billet est valable pour six mois.

dillad ENW LLUOSOG

les vêtements (g.ll)

■ **dillad gwely** les draps et les couvertures
■ **dillad isaf** les sous-vêtements

dilledyn ENW GWR

le vêtement

■ **dillad newydd** les vêtements neufs

dim ENW GWR

zéro *(rhif sero)*
rien *(dim byd)*
(ne) ... pas

❑ Dydw i ddim yn sicr. Je ne suis pas sûr.

■ **ddim eto** pas encore
■ **dim un** aucun(e) ❑ Does dim un afal ar ôl. Il ne reste aucune pomme.
■ **am ddim** gratuit(e)
■ **dim llawer** pas beaucoup ❑ Dim *(gwaharddiad)*. Défense de. ❑ Dim ysmygu! Défense de fumer!
■ **dim o gwbl** pas du tout ❑ Dyw e ddim yn hoffi moron o gwbl. Il n'aime pas du tout les carottes.
■ **i'r dim** parfaitement
■ **dim cymaint â hynny** pas tellement
■ **dim unman** nulle part
■ **dim yn ddrwg** pas mal
■ **Dim ots!** Ce n'est pas grave!
■ **ddim yn gweithio** hors service *(peiriant, lifft)*

dinas ENW BEN

la ville

■ **canol y ddinas** le centre-ville

la grande ville

❑ Tref yw Aberystwyth, a dinas yw Caerdydd. Aberystwyth, c'est une ville, et Cardiff, c'est une grande ville.

dinasyddiaeth ENW BEN

la citoyenneté

dinesig ANSODDAIR

municipal (BEN **municipale**)

dinesydd ENW GWR

le citoyen
la citoyenne
dingi ENW GWR
- **dingi rwber** le canot pneumatique
- **dingi hwylio** le dériveur
dinistr ENW GWR
la déstruction
dinistrio BERF
détruire
❑ Rydym yn dinistrio'r amgylchedd. Nous détruisons l'environnement.
diniwed ANSODDAIR
innocent (BEN **innocente**)
- **yn ddiniwed** innocemment
diobaith ANSODDAIR
désespéré (BEN **désespérée**)
diod ENW BEN
la boisson
- **y ddiod gadarn** l'alcool
- **diod meddal** une boisson non-alcoolisée
- **diod oer** une boisson fraîche
- **diod i dreulio bwyd** le digestif
- **mynd allan am ddiod** aller prendre un verre ❑ Maen nhw wedi mynd allan am ddiod. Ils sont allés prendre un verre.
dioddef BERF
souffrir
❑ Maen hi'n dioddef o asthma. Elle souffre de l'asthme.
- **dioddef o afiechyd** avoir une maladie supporter
❑ Alla i mo'i ddioddef ef! Je ne peux pas le supporter!
dioddefaint ENW GWR
la souffrance
diofal ANSODDAIR
négligent (BEN **négligente**)
peu soigné (BEN **peu soignée**) (gwaith)
peu soigneux (BEN **peu soigneuse**) (person)
diofalwch ENW GWR
la négligence
diog ANSODDAIR
paresseux (BEN **paresseuse**)
- **Nid yw person diog yn llwyddo fel arfer.** Une personne paresseuse ne réussit pas normalement.
diogel ANSODDAIR
sain et sauf (BEN **saine et sauve**)
sans danger (heb berygl)
❑ Paid â phoeni, mae'n berffaith ddiogel! Ne t'inquiète pas, c'est absolument sans danger!
sûr (BEN **sûre**) (peiriant, car)
❑ Dyw'r car hwn ddim yn ddiogel. Cette

voiture n'est pas sûre.
hors de danger (allan o berygl)
❑ Rwyt ti'n ddiogel nawr. Tu es hors de danger maintenant.
- **teimlo'n ddiogel** se sentir en sécurité
- **rhyw diogel** le sexe sans risques
diogelu BERF
mettre quelque chose en sécurité
diogelwch ENW GWR
la sécurité
- **diogelwch ar y ffordd** la sécurité routière
diogi BERF
paresser
diolch ENW GWR
le merci
- **Diolch yn fawr.** Merci beaucoup.
- **diolch i rywun** remercier quelqu'un ❑ Hoffai e ddiolch i chi. Il voudrait vous remercier.
- **Diolch i Dduw.** Grace à Dieu.
diolchgar ANSODDAIR
reconnaissant (BEN **reconnaissante**)
diosg BERF
enlever
❑ Diosg dy gôt! Enlève ton manteau!
dipio BERF
tremper (trochi)
❑ Mae e'n dipio bisged yn ei ddiod. Il trempe son biscuit dans sa boisson.
diploma ENW GWR/BEN
le diplôme
diplomat ENW GWR
le diplomate
diplomatig ANSODDAIR
diplomatique (BEN **diplomatique**)
diplomyddiaeth ENW BEN
la diplomatie
di-raen ANSODDAIR
miteux (BEN **miteuse**)
❑ Mae e'n gwisgo dillad di-raen. Il porte des vêtements miteux.
dirdynnol ANSODDAIR
atroce (BEN **atroce**)
❑ Mae'r sefyllfa yn ddirdynnol. La situation est atroce.
direidi ENW GWR
la bêtise
direidus
coquin (BEN **coquine**)
❑ Mae hi'n ddireidus. Elle est coquine.
dirgel ANSODDAIR
secret (BEN **secrète**)
dirgelwch ENW GWR

d

le mystère

dirmyg ENW GWR
le mépris
❑ Mae e'n siarad gyda dirmyg. Il parle avec mépris.

dirmygu BERF
mépriser

dirmygus ANSODDAIR
avec mépris

dirprwy ENW BEN
adjoint (BEN **adjointe**)
❑ Mae e'n ddirprwy faer. Il est maire adjoint.

dirwy ENW GWR
l'amende (b)
❑ Cefais ddirwy o £30. J'ai eu une amende de trente livres.
la contravention (am drosedd ar y ffordd)
❑ Cefais ddirwy am yrru'n rhy gyflym. J'ai eu une contravention pour excès de vitesse.

dirwyn BERF
serpenter
■ **dirwyn i ben** terminer ❑ Fe wnaeth hi ddirwyn y cyfarfod i ben. Elle a terminé la réunion.

dirybydd ANSODDAIR
inattendu (BEN **inattendue**)

di-ryw ANSODDAIR
neutre (BEN **neutre**)

dis ENW GWR
le dé

disg ENW GWR/BEN
le disque
■ **disg caled** un disque dur
■ **disg hyblyg** une disquette
■ **troellwr disgiau** un disc-jockey
■ **disg treth car** une vignette

disgleirio BERF
briller

disgo ENW GWR
la soirée disco
la discothèque
■ **mynd i'r disco** aller à la discothèque
■ **dawnsio disgo** le disco

disgrifiad ENW GWR
la description
❑ Rho ddisgrifiad o dy chwaer. Donne une description de ta sœur.

disgrifio BERF
décrire

disgwyl BERF
attendre
■ **disgwyl rhywbeth/rhywun** attendre quelque chose/quelqu'un ❑ Roedden ni'n

disgwyl y bws. Nous attendions le bus.
■ **disgwyl am** s'attendre à ❑ Roeddwn i'n disgwyl am y gwaethaf. Je m'attendais au pire.

disgybl ENW GWR
l'élève (g)/(b)
■ **disgybl blwyddyn 13** un(e) élève de terminale

disgybliaeth ENW BEN
la discipline

disgybl dyddiol ENW GWR
l'externe (g)/(b)

disgybl mewn ysgol uwchradd ENW GWR
le collégien (Bl. 7-10)
la collégienne (Bl. 7-10)
le lycéen (Bl. 11-13)
la lycéenne (Bl. 11-13)

disgybl preswyl ENW GWR
l'interne (g)/(b)

disgyn BERF
tomber (cwympo)
❑ Disgynnodd yr afal o'r goeden. La pomme est tombée de l'arbre.
■ **disgyn eto** retomber

dîsl ENW GWR
le gazole (tanwydd)
■ **car dîsl** une voiture diesel

distaw
silencieux (BEN **silencieuse**)
■ **bod yn ddistaw** se taire ❑ Byddwch ddistaw! Taisez-vous!
■ **yn ddistaw** doucement

distawrwydd ENW GWR
le silence

distryw ENW GWR
la destruction

distyllfa ENW BEN
la distillerie (gwirodydd)
❑ distyllfa whisgi une distillerie de whisky

diswyddiad ENW GWR
le licenciement

diswyddo BERF
licencier
❑ Diswyddodd y cwmni ddeg o bobl. La compagnie a licencié dix personnes.

ditectif ENW GWR
l'inspecteur de police
■ **ditectif preifat** le détective privé
■ **stori dditectif** le roman policier

di-waith ANSODDAIR
au chômage
■ **dyn di-waith** le chômeur
■ **menyw di-waith** la chômeuse

❏ Mae e'n ddi-waith. Il est au chômage.

diwedd ENW GWR
la fin *(ffilm, ras)*
le bout *(y stryd)*
■ **yn y diwedd** en fin de compte ❏ Ewch i ddiwedd y stryd. Allez au bout de la rue.

diweddar ANSODDAIR
récent (BEN **récente**)
■ **yn ddiweddar** récemment ❏ Agorodd y siop yn ddiweddar. Le magasin s'est ouvert récemment.

diweddarach ANSODDAIR, ADFERF
plus tard
❏ Byddant yn dod yn ddiweddarach. Ils viendront plus tard.

diweddaraf ANSODDAIR
dernier (BEN **dernière**)
■ **Dwi wedi gweld ei ffilm ddiweddaraf.** J'ai vu son dernier film.

diweithdra ENW GWR
le chômage
❏ Mae diweithdra yn broblem ymysg pobl ifanc. Le chômage est un problème parmi les jeunes.

diwerth ANSODDAIR
sans valeur
❏ Mae ei addewid yn ddiwerth. Sa promesse est sans valeur.

diwethaf ANSODDAIR
le dernier (BEN **la dernière**)
■ **y tro diwethaf** la dernière fois ❏ Bydd hi'n mynd yno am y tro diwethaf yfory. Elle ira là pour la dernière fois demain.
■ **dydd Llun diwethaf** lundi dernier
■ **yr wythnos ddiwethaf** la semaine dernière
en dernier *(yn ddiwethaf)*
❏ Fe gyrhaeddodd hi ddiwethaf. Elle est arrivée en dernier.

diwreiddio BERF
déraciner

diwrnod ENW GWR
le jour
■ **pob diwrnod** tous les jours
la journée *(y diwrnod ar ei hyd)*
■ **yn ystod y diwrnod** pendant la journée
❏ Mwynhewch y diwrnod! Bonne journée !
■ **y diwrnod cynt** la veille
■ **y diwrnod canlynol (trannoeth)** le lendemain
■ **y diwrnod ar ôl yfory (trennydd)** après-demain

diwydiannol ANSODDAIR
industriel (BEN **industrielle**)
■ **y chwyldro diwydiannol** la révolution

industrielle ❏ Mae Lille yn dref ddiwydiannol. Lille est une ville industrielle.

diwydiannwr ENW GWR
l'industriel (g)

diwydiant ENW GWR
l'industrie (b)
■ **y diwydiant glo** l'industrie du charbon

diwylliant ENW GWR
la culture
■ **diwylliant Llydewig** la culture bretonne

diwylliedig
cultivé (BEN **cultivée**)
■ **gwlad ddiwylliedig** un pays cultivé

diymadferth ANSODDAIR
faible (BEN **faible**)
■ **yn ddiymadferth** sans énergie

diymhongar ANSODDAIR
modeste (BEN **modeste**)
■ **yn ddiymhongar** modestement

do ADFERF
oui
si *(ar ôl cwestiwn neu osodiad negyddol)*
❏ Aeth hi i'r dref ddoe? – Do. Est elle allée en ville hier ? – Oui. ❏ Nid yw hi wedi cyrraedd eto? – Do, mae hi'n aros amdanat ti yn y lolfa. Elle n'est pas encore arrivée?- Si, elle t'attend dans le salon.

doc ENW GWR
le dock *(ar gyfer llongau)*

doctor ENW GWR
le médecin
❏ Hoffwn fod yn ddoctor. Je voudrais être médecin.

dod BERF
apporter
❏ Dewch â siwmper! Apportez un pull!
amener *(dod â rhywun)*
❏ Allai ddod â'm ffrindiau? Je peux amener mes amis?
■ **dod â rhywbeth yn ôl** ramener
■ **dod â rhywun yn nes** rapprocher quelqu'un
■ **dod allan** sortir ❏ Mae hi'n dod â'r car allan. Elle sort la voiture.
■ **dod at eich gilydd** se rassembler
■ **dod i gytundeb** se mettre d'accord ❏ Daethant i gytundeb ar y y pris. Ils se sont mis d'accord sur le prix.
■ **dod i lawr eto** redescendre
■ **dod i mewn** entrer dans ❏ Daethant i mewn i'r tŷ. Ils sont entrés dans la maison.
■ **dod o hyd i** trouver ❏ Rhaid dod o hyd i ddatrysiad. Il faut trouver une solution.

■ **dod ymlaen â** s'entendre bien avec
❑ Dwi'n dod ymlaen yn dda gyda'm chwaer.
Je m'entends bien avec ma sœur.
■ **dod yn** devenir ❑ Daeth yn gyfoethog
drwy ei fusnes. Il est devenu riche par son
commerce.
■ **dod yn nes at** s'approcher de ❑ Daethant
yn nes at y canol. Ils se sont approchés du
centre.
■ **Dewch!** Allez!
■ **Dere!** Viens!

dodi BERF
mettre
■ **dannedd dodi** les fausses dents

dodrefn ENW LLUOSOG
le meuble

dodrefnu BERF
meubler
■ **wedi ei ddodrefnu** meublé ❑ Mae'r
ystafell wely wedi ei dodrefnu. La chambre
est meublée.

dodwy BERF
pondre

doeth ANSODDAIR
sage (BEN **sage**)

doethineb ENW GWR
la sagesse

dof ANSODDAIR
docile (BEN **docile**)
■ **cath ddof** un chat docile

dofi BERF
domestiquer *(anifail gwyllt)*

dogfen ENW BEN
le document

dogfennaeth ENW BEN
la documentation

dogfennau swyddogol ENW LLUOSOG
les documents officiels *(g.ll)*

dol ENW BEN
la poupée

doldir ENW GWR
la prairie

doler ENW GWR
le dollar

dolffin ENW GWR
le dauphin

dolur ENW GWR
la douleur *(poen)*
la blessure *(anaf)*
■ **bod â dolur gwddf** avoir mal à la gorge

dolur rhydd ENW GWR
la diarrhée
■ **bod â dolur rhydd** avoir la diarrhée

dominos ENW LLUOSOG
les dominos *(g.ll)*
■ **chwarae dominos** jouer aux dominos

dominyddu BERF
dominer

doniol ANSODDAIR
amusant (BEN **amusante**)

dos ENW GWR/BEN
la dose *(meddyginiaeth)*

dosbarth ENW GWR
la classe
■ **ystafell ddosbarth** la salle de classe
■ **dosbarth cyntaf** première classe
la catégorie *(categori)*

dosbarth canol ENW GWR
la classe moyenne

dosbarthu BERF
distribuer *(rhannu)*

dosbarthwr ENW GWR
le distributeur

dot ENW GWR
le point *(ar y llythyren i)*

dotio BERF
se passionner *(ar rywbeth neu rywun)*
❑ Dwi wedi dotio ar nofio. Je me passionne
pour la natation.

draen ENW GWR
l'égout *(g)* *(mewn tref)*
❑ Mae'r draeniau wedi blocio. Les égouts
sont bouchés.

draenen ENW BEN
l'épine *(b)*

draenio BERF
égoutter *(llysiau, reis, pasta)*

draenog ENW GWR
le hérisson *(g)*

drafft ENW GWR
le brouillon *(copi)*
le courant d'air *(gwynt, awel)*
■ **dogfen ddrafft** un document-brouillon

drafftiau ENW LLUOSOG
les échecs *(g.ll)*
■ **chwarae drafftiau** jouer aux échecs

draig ENW BEN
le dragon

drama ENW BEN
la pièce de théâtre *(mewn theatr)*
le drame *(cyffro)*
l'art dramatique *(g)* *(pwnc ysgol, cyfrwng)*

dramatig ANSODDAIR
dramatique (BEN **dramatique**)

dramor ENW GWR

d

d

l'étranger (g)
❏ Dwi'n hoffi mynd dramor. J'aime aller à l'étranger.
drastig ANSODDAIR
radical (BEN **radicale**, GWR LLUOSOG **radicaux**)
Dratia! EBYCHIAD
Zut alors!
draw ADFERF
❏ Mae'r tŷ bach draw yn y fan yna. Le WC est par là-bas.
dreif ENW GWR
l'allée (b) *(ffordd breifat o flaen tŷ)*
dresel ENW BEN
le vaisselier
drewdod ENW GWR
la puanteur
drewi BERF
puer
dringo BERF
escalader *(mynydd)*
❏ Rydyn ni'n mynd i ddringo'r Wyddfa. Nous allons escalader le Snowdon.
monter *(grisiau)*
dringwr ENW GWR
le grimpeur
la grimpeuse
dril ENW GWR
la perceuse *(peiriant)*
drilio BERF
percer
drôr ENW GWR
le tiroir
dros ▷ *gweler* **tros/trosodd**
dros dro ANSODDAIR
temporaire (BEN **temporaire**)
drud ANSODDAIR
cher (BEN **chère**)
❏ Mae'r pensiliau yn rhy ddrud. Les crayons sont trop chers.
drudfawr ANSODDAIR
coûteux (BEN **coûteuse**)
drwg ENW GWR
le mal *(y drwg)*
▷ *gweler hefyd* **drwg** ANSODDAIR
drwg ANSODDAIR
mauvais (BEN **mauvaise**)
■ **tywydd drwg** le mauvais temps
méchant (BEN **méchante**) *(cas)*
❏ Mae plant y cymdogion yn ddrwg. Les enfants des voisins sont méchants.
drwgdybiaeth ENW BEN
le soupçon

drwgdybio BERF
soupçonner
drwgdybus ANSODDAIR
soupçonneux (BEN **soupçonneuse**)
drwgweithredwr ENW GWR
le malfaiteur
drwgweithredwraig ENW BEN
la malfaitrice
drwm ENW BEN
le tambour
la batterie *(drymiau)*
■ **chwarae'r drymiau** jouer de la batterie
le bidon *(olew)*
drws ENW GWR
la porte *(cyffredinol)*
la portière *(cerbyd)*
■ **drws cefn** la porte de derrière
■ **drws ffrynt** la porte de devant
drych ENW GWR
le miroir
■ **drych ôl car** le rétroviseur
drychiolaeth ENW BEN
le fantôme
drygioni ENW GWR
les bêtises (b.ll) *(castiau plentyn)*
drygionus ANSODDAIR
coquin (BEN **coquine**) *(plentyn)*
dryll ENW GWR
le revolver *(gwn llaw)*
le fusil *(reiffl)*
drymiwr ENW GWR
le batteur
la batteuse *(mewn band roc/pop)*
dryslyd ANSODDAIR
désorienté (BEN **désorientée**)
drysu BERF
confondre
dryswch ENW GWR
la confusion
du ANSODDAIR
noir (BEN **noire**)
■ **y farchnad ddu** le marché noir
❏ **crys du** la chemise noire
dug ENW GWR
le duc
duges ENW BEN
la duchesse
dull ENW GWR
la manière
la méthode *(o wneud rhywbeth)*
■ **yn null y Ffrancwyr** à la française
dur ENW GWR

l'acier (g) *(metel)*
■ **dur gwrthstaen** l'inox
Duw ENW GWR
Dieu
■ **Diolch i Dduw!** Dieu merci!
duwies ENW BEN
la déesse
dwbl ANSODDAIR
double (BEN **double**)
■ **gwely dwbl** un grand lit
■ **ystafell ddwbl** la chambre pour deux
personnes
dwblu BERF
doubler
dweud BERF
dire
■ **dweud rhywbeth wrth rywun**
dire quelque chose à quelqu'un ❑ A allech chi
ddweud hwnna eto? **Pourriez-vous répéter?**
❑ Roedd e'n dweud y gwir. Il disait la vérité.
raconter *(hanes)*
■ **dweud stori** raconter une histoire
dweud celwydd BERF
mentir
❑ Dywedodd e gelwydd wrtha i. Il m'a menti.
dweud y drefn BERF
gronder
dwfn ANSODDAIR
profond (BEN **profonde**)
dwl ANSODDAIR
bête (BEN **bête**)
dwlu BERF
adorer *(ar rywun neu rywbeth)*
dwnsiwn ENW GWR
le dongeon *(castell)*
dŵr ENW GWR
l'eau (b)
■ **dŵr pefriog** l'eau gazeuse
■ **dŵr mwynol** l'eau minérale
dwrdio BERF
réprimander
dwrglos ANSODDAIR
imperméable (BEN **imperméable**)
❑ Ydy'r got hon yn ddwrglos? Ce manteau
est-il imperméable?
dwrn ENW GWR
le poing
dwsin, deuddeg ENW GWR
la douzaine
■ **dwsin o wyau** une douzaine d'œufs
dwster ENW GWR
le chiffon
dwstio BERF

épousseter *(dodrefn)*
dwy ▷ *gweler* **dau**
dwyieithog ANSODDAIR
bilingue (BEN **bilingue**)
ysgol ddwyieithog ❑ une école bilingue
dwylo ENW LLUOSOG
les mains (b. ll)
dwyn BERF
voler *(lladrata)*
apporter *(cludo)*
dwyrain ENW GWR
l'est (g)
■ **y de-ddwyrain** le sud-est
■ **i'r dwyrain** à l'est
Dwyrain Canol ENW GWR
Le Moyen-Orient
■ **yn y Dwyrain Canol** au Moyen-Orient
Dwyrain Pell ENW GWR
l'Extrême-Orient
■ **yn y dwyrain pell** au Extrême-Orient
dwyreiniol ANSODDAIR
oriental (BEN **orientale**)
dwys ANSODDAIR
intensif (BEN **intensive**)
■ **cwrs dwys Ffrangeg** un cours intensif de
français
dwywaith ADFERF
deux fois
dwywaith yn fwy ANSODDAIR
le double
❑ Mae arwynebedd Ffrainc bron ddwywaith
yn fwy na un Prydain. La superficie de la
France est presque le double de celle de la
Grande-Bretagne.
dy RHAGENW PERSONOL
ton (g)
ta (b)
tes (ll)
■ **dy frawd, dy chwaer, dy rieni** ton frère, ta
sœur, tes parents
dy un di RHAGENW PERSONOL DANGOSIADOL
le tien (g)
la tienne (b)
les tiens (g.ll), les tiennes (b.ll)
■ **Yr allwedd? Dyma dy un di!** La clé? Voici
la tienne!
dyblu BERF
doubler
dychmygol ANSODDAIR
imaginaire (BEN **imaginaire**)
dychmygu BERF
s'imaginer
dychryn BERF

d

effrayer *(codi ofn ar rywun)*
prendre peur *(cael ofn)*
avoir peur *(bod ag ofn)*

dychrynllyd ANSODDAIR
affreux (BEN **affreuse**)
■ **yn ddychrynllyd** terriblement
épouvantable (BEN **épouvantable**) *(ofnadwy)*

dychweliad ENW GWR
le retour

dychwelyd BERF
revenir
❏ Dychwelon ni o Ffrainc. Nous sommes revenus de la France.
rendre *(rhywbeth i rywun)*
❏ Bydda i'n dychwelyd y llyfr iddi yfory. *(rhoi rhywbeth yn ôl)* Je lui rendrai le livre demain.

dychymyg ENW GWR
l'imagination (b)

dydd ENW GWR
le jour
la journée *(y dydd ar ei hyd)*
■ **dydd Llun** le lundi
■ **dydd Mawrth** le mardi
■ **dydd Mercher** le mercredi
■ **dydd Iau** le jeudi
■ **dydd Gwener** le vendredi
■ **dydd Sadwrn** le samedi
■ **ar ddydd Sadwrn** le samedi
■ **dydd Sul** le dimanche
■ **ar ddydd Sul** le dimanche

Dydd Calan ENW GWR
le Nouvel An

Dydd Mawrth Ynyd ENW GWR
Mardi Gras (g)

dydd Nadolig ENW GWR
le jour de Noël

dyddiad ENW GWR
la date
❏ Beth ydy'r dyddiad heddiw? Quelle est la date aujourd'hui?

dyddiad geni ENW GWR
la date de naissance

dyddiad olaf ENW GWR
la date limite

dyddiadur ENW GWR
l'agenda (g)

dyddio BERF
dater de *(o gyfnod)*
❏ Mae'r adfeilion yn dyddio o'r Canol Oesoedd. Les ruines datent du Moyen Âge.

dyddiol ANSODDAIR
journalier (BEN **journalière**)
■ **patrwm dyddiol** la routine quotidienne

■ **papur newydd dyddiol** le quotidien
■ **yn ddyddiol** quotidiennement

dyfais ENW BEN
l'engin (g)

dyfal ANSODDAIR
assidu (BEN **assidue**)

dyfalbarhad ENW GWR
la persévérence

dyfalu BERF
deviner

dyfarniad ENW GWR
le jugement

dyfarnwr ENW GWR
l'arbitre (g)

dyfeisgar ANSODDAIR
ingénieux (BEN **ingénieuse**)

dyfeisio BERF
inventer

dyfeisiwr ENW GWR
l'inventeur (g)

dyfeiswraig ENW BEN
l'inventeuse (b)

dyfnder ENW GWR
la profondeur

dyfodol ENW GWR
l'avenir (g)
■ **yr amser dyfodol** le futur ❏ Beth wyt ti eisiau gwneud yn y dyfodol? Qu'est-ce que tu veux faire dans l'avenir?

dyfrgi ENW GWR
la loutre

dyfrio BERF
arroser
■ **dyfrio'r blodau** arroser les fleurs

dyfyniad ENW GWR
la citation

dyfynnod ENW GWR
les guillemets (g.ll)
■ **mewn dyfynodau** entre guillemets

dyfynnu BERF
citer

dylanwad ENW GWR
l'influence (b)
❏ Mae hi'n ddylanwad da arno fe. Elle est une bonne influence sur lui.

dylanwadu BERF
influencer

dyled ENW BEN
la dette
❏ Mae gan fyfyrwyr ddyledion. Les étudiants ont des dettes.

dyletswydd ENW BEN

le devoir *(gorfodaeth)*
la responsabilité *(cyfrifoldeb)*
■ **bod ar ddyletswydd** être de service
dylunio ENW GWR
la conception
■ **dylunio a thechnoleg** la technologie de conception
dylunio BERF
dessiner *(dillad, dodrefn)*
dylunydd ENW GWR
le dessinateur
la dessinatrice
le styliste
la styliste *(dillad)*
dylyfu gên BERF
bâiller
dyma ARDDODIAD
voici
■ **Dyma nhw.** Les voici.
■ **Dyma'r bechgyn.** Voici les garçons.
dymi ENW GWR
la tétine *(babi)*
dymuniad ENW GWR
le souhait
■ **dymuniadau gorau** meilleurs vœux
dymuno BERF
souhaiter
❏ Dymunaf hapusrwydd i chi. Je vous souhaite le bonheur.
dymunol ANSODDAIR
agréable (BEN **agréable**)
dyn ENW GWR
l'homme (g)
■ **dyn dan 18 oed** le mineur
■ **dyn gwyn** le Blanc
■ **dyn celwyddog** le menteur
■ **dyn du** le Noir
dyn di-waith ENW GWR
le chômeur
dyn eira ENW GWR
le bonhomme de neige
dyn hiliol ENW GWR
le raciste
dyn sy'n gaeth i gyffuriau ENW GWR
le toxicomane
dyna
voilà
■ **Dyna ni!** Nous voilà!
■ **Dyna'r merched.** Voilà les filles. ❏ Dyna braf! Que c'est agréable !
dynes ENW BEN
la femme

dynes ddi-waith ENW BEN
la chômeuse
dynes hiliol ENW BEN
la raciste
dynes sy'n gaeth i gyffuriau ENW BEN
la toxicomane
dynamig ANSODDAIR
dynamique (BEN **dynamique**)
dyngarîs ENW BEN
la salopette
dyngarol ANSODDAIR
humanitaire (BEN **humanitaire**)
dynodi BERF
indiquer
dynol ANSODDAIR
humain (BEN **humaine**)
■ **bod dynol** un être humain ❏ bioleg dynol la biologie humaine
dynwared BERF
imiter
dynwarediad ENW GWR
l'imitation (b)
dyrannu BERF
répartir
dyrchafiad ENW GWR
la promotion
dyrnaid ENW GWR
la poignée
dyrnu BERF
battre *(curo)*
frapper *(bwrw, taro)*
dysgl ENW BEN
le bol
■ **dysgl lloeren** l'antenne (b) parabolique
■ **dysgl siwgr** le sucrier
dysgu BERF
apprendre *(fel disgybl)*
enseigner *(fel athro/athrawes, addysgu)*
❏ Dwi'n dysgu Sbaeneg ers dwy flynedd.
J'apprends l'espagnol depuis deux ans.
❏ Mae e'n dysgu (addysgu) ers deng mlynedd.
Il enseigne depuis dix ans.
dysgwr ENW GWR
le débutant
dysgwraig ENW BEN
la débutante
dyslecsia ENW GWR
la dyslexie
dyslecsig ANSODDAIR
dyslexique (BEN **dyslexique**)
dywediad ENW GWR
le dicton

dyweddi ENW GWR/BEN
le fiancé
la fiancée
dyweddïad ENWGWR
les fiançailles (b.ll)

❑ Cyhoeddasant eu dyweddïad yn y papur.
Ils ont annoncé leurs fiançailles dans le
journal.
dyweddïo BERF
se fiancer

d

E e

eang ANSODDAIR
vaste (BEN **vaste**)

ebol ENW GWR
le poulain

e-bost ENW GWR
le courier électronique, le mail
■ **cyfeiriad e-bost** l'adresse e-mail
□ Fy nghyfeiriad e-bost yw… . Mon adresse e-mail, c'est… .

e-bostio BERF
envoyer un e-mail à quelqu'un

Ebrill ENW GWR
avril (g)
■ **ym mis Ebrill** en avril
■ **ffŵl Ebrill** Poisson d'avril

ebychnod ENW GWR
le point d'exclamation

éclair ENW GWR
l' éclair (g) *(cacen)*

ecoleg ENW BEN
l'écologie (b)
□ Mae ecoleg yn dod yn fwy pwysig y dyddiau hyn. L'écologie devient de plus en plus importante de nos jours.

ecolegol ANSODDAIR
écologique (BEN **écologique**)

economaidd ANSODDAIR
économique (BEN **économique**)

economeg ENW BEN
la science économique

economi ENW GWR/BEN
l'économie (b)

ecsema ENW GWR
l'eczéma (g)

ecsotig ANSODDAIR
exotique (BEN **exotique**)

echdoe ADFERF
avant-hier (g)
□ Fe gyrhaeddodd e echdoe. Il est arrivé avant-hier.

echnos ADFERF
l'avant-hier soir (g)

■ Roedd gen i lawer o waith cartref echnos. J'ai eu beaucoup de devoirs l'avant-hier soir.

edau ENW BEN
le fil

edifar BERF
regretter
□ Rwyf yn edifar fy mod wedi rhoi f'arian iddo. Je regrette lui avoir donné mon argent.

edifeirwch ENW GWR
le regret

edliw BERF
reprocher (quelque chose à quelqu'un)
□ Rwyf yn edliw i John am ei ddiffyg cwrteisi. Je reproche son impolitesse à Jean.

edmygedd ENW GWR
l'admiration (b)

edmygu BERF
admirer

edrych BERF
regarder
■ **edrych ar rywbeth** regarder quelque chose
□ Mi edrychais ar y môr. J'ai regardé la mer.
feuilleter *(edrych trwy lyfr, cylchgrawn)*
□ Mi edrychais drwy dudalennau'r llyfr. J'ai feuilleté le livre.
ressembler
■ **edrych yn debyg i rywun** ressembler à quelqu'un □ Mae'n edrych yn debyg i'w dad. Il ressemble à son père.
avoir l'air *(ymddangos)*
□ Mae'n edrych yn drist iawn. Il a l'air très triste.

edrychiad ENW GWR
le regard

ef RHAGENW GWR
Il *(goddrych)*
□ Mae e'n cyrraedd y dref. Il arrive en ville.
le *(gwrthrych)*
□ Rwyf yn ei weld ef. Je le vois.
lui *(ar ôl arddodiad)*
□ Rwyf yn mynd gydag ef. Je vais avec lui.

efallai ADFERF
peut -être

efengyl ENW GWR
l'évangile (g)

efelychu BERF
imiter

efo ▷ *gweler* **gyda**

efydd ENW GWR
le bronze
❑ Enillodd y fedal efydd yn y Gemau Olympaidd. Il a gagné la médaille de bronze aux Jeux Olympiques.

effaith ENW GWR/BEN
l'effet (g)

effeithiol ANSODDIAR
efficace (BEN **efficace**)

effro ANSODDAIR
éveillé (BEN **éveillée**)
❑ meddwl effro l'esprit éveillé

eglur ANSODDAIR
clair (BEN **claire**)

eglurhad ENW GWR
l'explication (b)

eglurhaol ANSODDAIR
explicatif (BEN **explicative**)

egluro BERFENW
expliquer

eglwys ENW BEN
l'église (b)
■ **eglwys gadeiriol** la cathédrale ❑ Mae Notre Dame ym Mharis yn eglwys gadeiriol dlos iawn. Notre Dame de Paris est une très belle cathédrale.

egni ENW GWR
l'énergie (b)

egnïol ANSODDAIR
énergique (BEN **énergique**)

egoistiaeth ENW GWR
l'égoïsme (g)

egsentrig ANSODDAIR
excentrique (BEN **excentrique**)

egsotig ANSODDAIR
exotique (BEN **exotique**)

egwyddor ENW BEN
le principe

egwyl ENW BEN
la pause *(amser paned/cinio)*
l'entracte (g) *(mewn drama)*
■ **yn ystod yr egwyl** pendant l'entracte

enghraifft ENW BEN
l'exemple (g)
■ **er enghraifft** par exemple

ehediad ENW GWR
le vol
■ **ehediad rhif 720 i Baris** le vol numéro 720 à destination de Paris ❑ ehediad rhif 720 o Baris le vol numéro 720 en provenance de Paris

ei ANSODDAIR
son *(gwr)*
❑ ei dad ef/ei thad hi son père
sa *(ben)*
❑ ei fam ef/ei mam hi sa mère
ses *(lluosog)*
❑ ei rieni ef/ei rhieni hi ses parents ❑ Beth yw ei enw? Comment s'appelle-t-il? ❑ Beth yw ei henw? Comment s'appelle-t-elle? ❑ Beth yw ei gyfeiriad ef/ei chyfeiriad hi? Quelle est son adresse?
■ **ei un ef** le sien, la sienne
■ **ei un hi** le sien, la sienne
■ **ei rai ef/ei rhai hi** les siens, les siennes

eicon ENW GWR
l'icône (b)

eich RHAGENW
votre (BEN **votre**, LLUOSOG **vos**)
❑ eich tad votre père ❑ eich mam votre mère ❑ eich plant vos enfants ❑ Beth yw eich cyfeiriad? Quelle est votre addresse?
■ **eich un chi** le vôtre/la vôtre
■ **eich rhai chi** les vôtres
■ **Rwy'n eich gweld.** Je vous vois.
■ **Beth yw eich enw?** Comment vous appelez-vous?

Eidal, yr ENW BEN
l'Italie (b)
■ **yn yr Eidal** en Italie
■ **i'r Eidal** en Italie

Eidalaidd ANSODDAIR
italien (BEN **italienne**)

Eidaleg ENW GWR/BEN
l'Italien (g) *(yr iaith)*
■ **Rwy'n siarad Eidaleg yn rhugl.** Je parle couramment l'Italien.

Eidales ENW BEN
l'Italienne (b)

Eidalwr ENW GWR
l'Italien (g)

eidion ENW GWR
le bœuf

eiddew ENW GWR
le lierre

eiddigedd ENW GWR
l'envie (b)

eiddigeddus ANSODDAIR

envieux (BEN **envieuse**)

eiddil ANSODDAIR
frêle (BEN **frêle**)

eiddo ENW GWR
les biens (g.ll)
■ **eich eiddo personol** vos objets personnels

Eifftaidd ANSODDAIR
égyptien (BEN **égyptienne**)

Eifftes ENW BEN
l'Égyptienne (b)

Eifftiad ENW GWR
l'Égyptien (g)

eildro ENW GWR
la seconde fois

eiliad ENW BEN
la seconde
■ **Arhoswch eiliad!** Attendez une seconde!

eilradd ANSODDAIR
secondaire (BEN **secondaire**)

eilwaith ADFERF
de nouveau

eillio BERF
se raser
❏ Rwy'n eillio bob bore. Je me rase tous les matins.

ein ANSODDAIR
notre (LLUOSOG **nos**)
❏ Mae ein car ni'n eithaf mawr. Notre voiture est plutôt grande. ❏ Mae ein cymdogion ni'n dawel. Nos voisins sont silencieux.
■ **ein un ni** le nôtre, la nôtre
■ **ein rhai ni** les nôtres

eira ENW BEN
la neige
■ **dan eira** sous la neige
■ **bwrw eira** neiger

eirinen ENW BEN
la prune

eirinen wlanog ENW BEN
la pêche

eirlithriad ENW GWR
l'avalanche (b)

eironi ENW GWR
l'ironie (b)

eironig ANSODDAIR
ironique (BEN **ironique**)

eisiau BERF
vouloir
❏ Wyt ti eisiau dod? Tu veux venir?
■ **eisiau gwneud rhywbeth** vouloir faire quelque chose

eisoes ADFERF

déjà
■ **Mae e eisioes wedi gorffen.** Il a déjà fini.

eistedd BERF
s'asseoir (y weithred o eistedd i lawr)
❏ Eisteddodd hi wrth fy ochr. Elle s'est assise à côté de moi.
être assis (bod yn eistedd)
❏ Roeddwn yn eistedd wrth ei ymyl. J'étais assis à côté de lui.

eisteddfod ENW BEN
l'eisteddfod (g)

eitem ENW BEN
l'article (g)

eithaf ADFERF
assez (o flaen ansoddair)
❏ Mae e'n eithaf mawr. Il est assez grand.
plutôt (go, tra)
❏ Arholiad eithaf anodd Un examen plutôt difficile ▷ gweler hefyd **go**

eithaf ENW GWR
l'extrémité (b)
■ **eithaf y ddaear** l'extrémité de la terre

eithafol ANSODDAIR
extrême (BEN **extrême**)

eithafwr ENW GWR
l'extrémiste (g)/(b)

eithriad ENW GWR
l'exception (b)
■ **ac eithrio** à l'exception de ❏ ac eithrio ei fam à l'exception de sa mère

eithriadol ANSODDAIR
exceptionnel (BEN **exceptionnelle**)

elastig ANSODDAIR
élastique (BEN **élastique**)

electronig ANSODDAIR
électronique (BEN **électronique**)

eleni ENW BEN
cette année (b)

elfen ENW BEN
l'élément (g)

elfennol ANSODDAIR
élémentaire (BEN **élémentaire**)

eli ENW GWR
la pommade (i'w roi ar glwyf)
■ **eli haul** la crème solaire

eliffant ENW GWR
l'éléphant (g)

elusen ENW BEN
la charité

elusennol ANSODDAIR
charitable (BEN **charitable**)
❏ Mae gweithredoedd elusennol yn bwysig iawn. Les œuvres charitables sont très

importantes.

elw ENW GWR
le bénéfice

elwa BERF
profiter
❏ Mae'n elwa o'i allu i siarad Ffrangeg. Il profite de sa capacité de parler français.

embaras ENW GWR
la gêne

emosiwn ENW GWR
l'émotion (b)

emosiynol ANSODDAIR
émotif (BEN émotive)

emyn ENW GWR
le cantique

enaid ENW GWR
l'âme (b)

enfawr ANSODDAIR
énorme (BEN énorme)

enfys ENW BEN
l'arc-en-ciel (g)

enillydd ENW GWR
le gagnant *(dyn)*
la gagnante *(dynes)*

enllib ENW GWR
la calomnie

enllibio BERF
calomnier

enllibus ANSODDAIR
calomnieux (BEN calomnieuse)

ennill BERF
gagner

ennyd ENW GWR/BEN
l'instant (g)
■ ar ôl ennyd un bout de quelque temps

enw ENW GWR
le nom
■ enw cyntaf le prénom
■ enw teuluol le nom de famille ❏ Fy enw teuluol yw Jones. Mon nom de famille est Jones.
■ Beth yw eich enw? Comment vous appelez-vous?

enw cyntaf
le prénom
❏ Fy enw cyntaf i yw Iwan. Mon prénom est Iwan.

enw da/drwg ENW GWR
la réputation

enwedig ADFERF
surtout
❏ Rwy'n hoff iawn o Baris, yn enwedig yn y

gwanwyn. J'aime beaucoup Paris, surtout au printemps.
en particulier
❏ Rwy'n hoff iawn o ffilmiau, yn enwedig James Bond. J'adore les films, James Bond en particulier.

enwi BERF
nommer
❏ Fe'i enwyd yn Arlywydd Ffrainc. On l'a nommé Président de la France.

enwog ANSODDAIR
célèbre (BEN célèbre)

eofn ANSODDAIR
audacieux (BEN audacieuse)

eog ENW GWR
le saumon

er CYSYLLTAIR
■ er bod bien que ❏ Er ei bod yn ddel, mae ganddi lais ofnadwy. Bien que jolie, elle a une voix affreuse. ❏ Er fy mod i wedi blino ... Bien que je suis fatigué ...
■ er enghraifft par exemple

er gwaethaf ARDDODIAD
en dépit de
❏ En dépit de sa maladie, il est venu à la réunion. Er gwaethaf ei salwch, daeth i'r cyfarfod.

er hynny ADFERF
en dépit de cela

er mwyn CYSYLLTAIR
pour
❏ Rwy'n mynd yno er mwyn helpu. J'y vais pour donner un coup de main.

erbyn ARDDODIAD
avant
❏ Roedd rhaid i fi orffen y gwaith erbyn pump o'r gloch. Il m'a fallu finir le travail avant cinq heures.
■ yn erbyn contre
■ erbyn hyn maintenant

erchyll ANSODDAIR
atroce (BEN atroce)

erfyn BERF
supplier *(ymbil)*
❏ Dwi'n erfyn arnat ti! Je t'en supplie!
■ erfyn ar rywun i wneud rhywbeth supplier quelqu'un de faire quelque chose

ergyd ENW
le coup
■ ergyd troed un coup de pied
■ ergyd gwn un coup de fusil

erial ENW GWR/BEN
l'antenne (b)

erioed NEGYDD
ne … jamais
❏ Fues i erioed ym Mharis. Je ne suis jamais allé à Paris.

ernes ENW BEN
les arrhès (b.ll)

ers ADFERF
depuis
❏ Rwyf yn byw yn Rouen ers deng mlynedd. J'habite Rouen depuis dix ans.

ers talwm
■ Ers talwm roedd … Il était une fois …

erthygl ENW BEN
l'article (g)

erthyliad ENW GWR
l' avortement (g)

eryr ENW GWR
l'aigle (g)

esblygiad ENW GWR
l'évolution (b)

esboniad ENW GWR
l'explication (b)

esbonio BERF
expliquer

esgeulus ANSODDAIR
négligeant (BEN **négligeante**) (o berson)
peu soigné (BEN **peu soignée**) (gwaith)

esgeuluso BERF
négliger

esgeulustod ENW GWR
la négligence

esgid ENW BEN
la chaussure
■ esgid uchel la botte
■ esgid law la botte de caoutchouc
■ pâr o esgidiau ymarfer une paire de baskets

Esgimo ENW GWR/BEN
l'Esquimeau (g) (dyn)
l'Esquimaude (b) (dynes)
les Esquimeaux (g.ll)

esgob ENW GWR
l'evêque (g)

esgus ENW GWR
l'excuse (b)

esgusodi BERF
excuser
❏ esgusodwch fi excusez-moi

esgyn BERF
monter

esgyniad ENW GWR
le décollage (awyren)

esiampl ENW BEN
l'exemple (g)

esmwyth ANSODDAIR
lisse (BEN **lisse**)
■ cadair esmwyth le fauteuil
■ teimlo'n esmwyth (mewn cwmni) être à l'aise ❏ nid yw'n esmwyth yn ein cwmni il est mal à l'aise dans notre compagnie

Estonia ENW BEN
l'Estonie (b)
❏ yn Estonia en Estonie ❏ i Estonia en Estonie

estron ANSODDAIR
étranger (BEN **étrangère**)

estrys ENW GWR/BEN
l'autruche (b)

estyn BERF
étendre
❏ Estynnodd law i'r dyn. Il a étendu la main à l'homme.

estynedig ANSODDAIR
étendu (BEN **étendue**)

estyniad ENW GWR
la prolongation (parhad)

etifedd ENW GWR
l'héritier (g)

etifeddes ENW BEN
l'héritière (b)

etifeddu BERF
hériter

eto ADFERF
encore

ethol BERF
élire

etholiad ENW GWR
l'élection (b)

etholwr ENW GWR
l'électeur (g)

etholrwraig ENW BEN
l'électrice (b)

eu RHAGENW
leur (LLUOSOG **leurs**)
❏ eu cath leur chat ❏ eu cathod leurs chats

euogrwydd ENW GWR
la culpabilité

ewig ENW BEN
la biche

ewin ENW GWR/BEN
l'ongle (g) (ar fysedd)

ewro ENW GWR
l'euro (g) (arian)

Ewrop ENW BEN
l'Europe (b)

❏ yn Ewrop en Europe ❏ i Ewrop en Europe

Ewropeaidd ANSODDAIR

européen (BEN **européenne**)

■ **y Gymuned Ewropeaidd** la Communauté européenne

ewyllys ENW GWR/BEN

le testament *(dogfen gyfreithiol)*

Rwyf wedi paratoi f'ewyllys. J'ai fait mon testament.

la volonté *(grym penderfyniad)*

Mae ei hewyllys hi'n ddigon cryf i orchfygu ei hofn. Sa volonté est assez forte pour vaincre sa peur.

ewyn ENW GWR

l'écume (b) *(ar donnau'r môr)*

ewythr ENW GWR

l'oncle (g)

F f

faint ADFERF

combien
- **faint o** combien de ❏ Faint o arian sydd gennyt? Combien d'argent as-tu?
- **Faint o'r gloch yw hi?** Quelle heure est-il?

fan ENW BEN

la camionnette *(cerbyd)*

fan acw ADFERF ▷ *gweler* **man**

fandal ENW GWR/BEN

le vandale
la vandale

fandaliaeth ENW BEN

le vandalisme

fanila ENW GWR

la vanille
- **hufen iâ fanila** une glace à la vanille

fâs ENW BEN

le vase

fe RHAGENW GWR ▷ *gweler* **ef**

feiolinydd ENW GWR

le violoniste
la violoniste

fel CYSYLLTAIR

comme
❏ Fel roedd yn gadael y tŷ, gwelodd y lleidr. Comme il quittait la maison, il a vu le voleur.
- **fel arfer** comme d'habitude
- **fel arall** autrement

felly ADFERF

donc
❏ Felly, ti sydd yn gyfrifol. Donc, c'est toi qui est responsable.
- **Felly'n wir?** C'est vrai? ❏ Felly'n wir, ti sydd wedi gwneud y gwaith. Alors, c'est toi qui a fait le travail.

fertigol ANSODDAIR

vertical (BEN **verticale**, GWR LLUOSOG **verticaux**)

fest ENW BEN

le maillot de corps *(dillad isaf)*

fesul ARDDODIAD
- **fesul un** un par un

- **fesul tipyn** petit à petit

fi RHAGENW

je
❏ Fi oedd y gorau. J'étais le meilleur.
me
❏ A wnei di fenthyg dy lyfr i fi? Est-ce que tu peux me prêter ton livre? ❏ A wnei di fy helpu i? Est-ce que tu peux m'aider?
moi *(mewn ebychiadau)*
❏ Dim fi yw e! Ce n'est pas moi! ❏ A fi! Moi aussi!
- **fi fy hun** moi-même

ficer ENW GWR

le pasteur *(Protestannaidd)*
le vicaire *(Pabyddol)*

fideo ENW GWR

la vidéo *(ffilm, cyfrwng)*
le magnétoscope *(recordydd)*
la cassette vidéo *(casét fideo)*
- **camera fideo** une caméra vidéo
- **gêm fideo** un jeu vidéo
- **ffôn fideo** un téléphone mobile vidéo

Fiet-nam ENW BEN

le Viêt-nam
- **yn Fiet-nam** au Viêt-nam
- **i Fiet-nam** au Viêt-nam

Fietnamaidd ANSODDAIR

vietnamien (BEN **vietnamienne**)

Fietnamiad ENW GWR/BEN

le Vietnamien
la Vietnamienne

finegr ENW GWR

le vinaigre

finegrét ENW GWR/BEN

la vinaigrette

finnau RHAGENW ▷ *gweler* **minnau**

fiola ENW BEN

l'alto (g)
- **canu'r fiola** jouer de l'alto

fioled ANSODDAIR

violet (BEN **violette**)

fiolin ENW BEN

le violon
- canu'r fiolin jouer du violon
▷ *gweler hefyd* **ffidl**

firws ENW GWR
le virus

fitamin ENW GWR
la vitamine

fo RHAGENW GWR ▷ *gweler* **ef**

folt ENW GWR
le volt

foltedd ENW GWR
le voltage

fy RHAGENW
mon
❑ fy nhad mon père
ma
❑ fy mam ma mère
mes
❑ fy rhieni mes parents

fy un i RHAGENW
le mien (g)
❑ Dy drwsus di yw hwn? – Na, un du yw fy un i. C'est ton pantalon? – Non, le mien est noir.
la mienne (b)
❑ Dy siaced di yw hon?- Na, un gwyrdd yw fy un i. C'est ta veste? – Non, la mienne est verte.
les miens (g.ll)
❑ ei rhieni hi a'm rhieni i ses parents et les miens
les miennes (b.ll)
❑ Mae dy ddwylo di'n fudr, mae fy rhai i'n lân. Tes mains sont sales, les miennes sont propres.

fyny ADFERF ▷ *gweler* **i fyny**

FF|ff

ffa ENW LLUOSOG ▷ *gweler* **ffeuen**

ffacs ENW GWR
le fax
■ **anfon ffacs at rywun** envoyer un fax à quelqu'un

ffaelu BERF ▷ *gweler* **methu**

ffafr ENW BEN
la faveur
■ **gwneud ffafr â rhywun** rendre service à quelqu'un

ffafrio BERF
favoriser

ffair ENW BEN
la foire
❑ **Byddwn ni'n mynd i'r ffair.** Nous irons à la foire.
■ **ffair fasnach** une foire commerciale
■ **ffair bleser** une fête foraine

ffaith ENW BEN
le fait
❑ **Mae'n ffaith fod Aberystwyth yn lle ardderchog.** C'est un fait qu' Aberystwyth est un lieu superbe.
■ **mewn ffaith** en fait

ffals ANSODDAIR ▷ *gweler* **ffug**

ffan ENW GWR/BEN
l'éventail (g) *(gwyntyll)*
le ventilateur *(trydanol)*
le/la supporter *(cefnogwr tîm)*

ffanatig ENW GWR/BEN
le fanatique
la fanatique

ffansi ANSODDAIR
de fantaisie
■ **gwisg ffansi** le déguisement
■ **dawns gwisg ffansi** le bal costumé

ffansïo BERF
avoir envie de *(dymuno rhywbeth)*
❑ **Mae e'n ffansïo cawl i ginio.** Il a envie d'un potage pour le dîner.
■ **Mae e'n ei ffansïo hi.** Elle lui plaît.

ffantasi ENW GWR/BEN
la fantaisie

ffantastig ANSODDAIR
fantastique (BEN **fantastique**)

ffarwél ENW GWR/BEN
l'adieu (g) (LLUOSOG **adieux**)

ffarwelio BERF
dire au revoir
dire adieu

ffasgiaeth ENW BEN
le fascisme

ffasiwn ENW GWR/BEN
la mode

ffasiynol ANSODDAIR
à la mode
❑ **Mae dillad Hollister yn ffasiynol iawn.** Les vêtements Hollister sont très à la mode.

ffatri ENW BEN
l'usine (b)

ffedog ENW BEN
le tablier

ffeil ENW BEN
le dossier *(dogfen)*
le classeur *(ffeil i gadw dogfennau)*
la chemise *(ffolder)*
le fichier *(ar gyfrifiadur)*
la lime *(i ffeilio ewinedd)*

ffeilio BERF
classer *(dogfennau)*
limer *(ewinedd)*
■ **ffeilio'ch ewinedd** se limer les ongles

ffelt ENW GWR
le feutre
■ **pin blaen ffelt** un stylo-feutre

ffeminist ENW GWR/BEN
le féministe
la féministe

ffeministaidd ANSODDAIR
féministe (BEN **féministe**)

ffenestr ENW BEN
la fenêtre
❑ **Fe daflodd garreg drwy'r ffenestr.** Il a jeté une pierre par la fenêtre.

ff

la vitre *(mewn car, trên)*
- **edrych drwy'r ffenestr** regarder par la vitre
- **ffenestr siop** la vitrine
- **paen ffenestr** le carreau
- **ffenestr flaen car** le pare-brise

ffenigl ENW GWR
le fenouil

ffenomen ENW BEN
le phénomène

ffens ENW BEN
la clôture

ffêr ENW BEN
la cheville
▷ *gweler hefyd* **pigwrn**

fferi ENW BEN
le bac *(bach)*
le ferry *(mawr)*

fferm ENW BEN
la ferme
▫ Mae sawl fferm ddefaid ar y mynydd.
Il y a beaucoup de fermes de moutons sur la montagne.
- **tŷ fferm** une maison de ferme

ffermwr ENW GWR
l'agriculteur (g)
le fermier

ffermwraig ENW BEN
l'agricultrice (b)
la fermière

fferyllfa ENW BEN
la pharmacie

fferyllydd ENW GWR
le pharmacien
la pharmacienne

ffesant ENW GWR/BEN
le faisan *(ceiliog)*
la faisanne *(iâr)*

ffeuen ENW BEN
le haricot
- **ffa Ffrengig gwyrdd** les haricots verts
- **ffa llydan** les fèves
- **ffa pob** les haricots blancs à la sauce tomate

ffiaidd ANSODDAIR
dégoûtant (BEN **dégoûtante**)

ffidl ENW BEN
le violin
▷ *gweler hefyd* **fiolin**

ffieidd-dra (ENW GWR)
le dégoût

ffieiddio BERF
avoir horreur de

ffigwr ENW GWR
le chiffre *(rhif)*
la silhouette *(siâp y corff)*
le personnage *(rhywun pwysig)*

ffilm ENW BEN
le film *(sinema)*
la pellicule *(camera)*
- **ffilm cowboi** un western
- **ffilm arswyd** un film d'épouvante
- **ffilm ditectif** un film policier
- **seren ffilm** une vedette de cinéma

ffilmio BERF
tourner *(un film)*
▫ Mae Hollywood yn ffilmio llawer yn ardal Eryri. Hollywood tourne beaucoup dans la région de Snowdon.

ffin ENW BEN
la frontière
▫ Clawdd Offa yw'r ffin rhwng Cymru a Lloegr. La digue d'Offa est la frontière entre le pays de Galles et l'Angleterre.

Ffindir ENW BEN
la Finlande
- **yn y Ffindir** en Finlande
- **i'r Ffindir** en Finlande

Ffiniad ENW GWR/BEN
le Finlandais
la Finlandaise

ffinio (â) BERF
toucher à
▫ Mae'r ddwy wlad yn ffinio â'i gilydd. Les deux pays se touchent.

Ffinneg ENW BEN
le finnois *(yr iaith)*

ffiseg ENW BEN
la physique

ffisegol ANSODDAIR
physique (BEN **physique**)

ffisig ENW GWR
le médicament ▷ *gweler hefyd* **moddion**

ffisiotherapi ENW GWR
la kinésithérapie

ffisiotherapydd ENW GWR
le kinésithérapeute
la kinésithérapeute

ffit ENW BEN
la crise
- **ffit epileptig** la crise d'épilepsie
- **ffit o besychu** la quinte de toux

ffit ANSODDAIR
en forme
- **cadw'n ffit** se maintenir en forme

ffitio BERF

être la bonne taille *(bod y maint cywir)*
❏ Ydy hi'n ffitio'n iawn? Est-ce que c'est la
bonne taille?

ffiws ENW GWR/BEN
le fusible *(mewn plwg)*

fflach ENW BEN
le flash *(mewn camera)*

fflachio BERF
clignoter
❏ Mae'r golau yn fflachio. La lumière
clignote.

fflachlamp ENW BEN
la lampe de poche

fflam ENW BEN
la flamme

fflamingo ENW GWR
le flamant rose

fflan ENW BEN
la tarte *(melys)*
la quiche *(sawrus)*
■ **fflan caws a nionod** une quiche au
fromage et aux oignons

fflasg ENW GWR/BEN
le thermos

fflat ENW BEN
l'appartement (g)
❏ Mae ef yn byw mewn fflat ar y trydydd llawr.
Il habite un appartement au troisième.
■ **fflat y cyngor** un H.L.M. (habitation à loyer
modéré)

fflat ANSODDAIR
plat (BEN **plate**)
❏ esgidiau fflat des chaussures plates
crevé (BEN **crevée**) *(teiar)*

Fflemeg ANSODDAIR
flamand (BEN **flamande**)

ffliperi ENW GWR LLUOSOG
les palmes (b.ll) *(i nofio)*

ffliw ENW GWR
la grippe
❏ Mae'r ffliw arna i. J'ai la grippe.

ffliwt ENW BEN
la flûte
■ **canu'r ffliwt** jouer de la flûte

fflop ENW GWR/BEN
le fiasco *(methiant)*
❏ Roedd y ffilm yn fflop. Le film a été un
fiasco.

ffo ENW GWR
la fuite
■ **mynd ar ffo** prendre la fuite

ffoadur ENW GWR
le fugitif

ffoadures ENW BEN
la fugitive

ffobia ENW GWR
la phobie

ffocws ENW GWR
le point *(ffotograffiaeth)*
■ **ddim mewn ffocws** être flou

ffocysu BERF
mettre au point *(camera)*
se concentrer *(sur quelque chose)*
(canolbwyntio ar)
❏ Gadewch i ni ffocysu ar y canlyniadau.
Concentrons-nous sur les résultats.

ffodus ANSODDAIR
chanceux (BEN **chanceuse**)
■ **yn ffodus** heureusement
■ **bod yn ffodus** avoir de la chance
❏ Bu'n ffodus i oroesi. Il a eu de la chance de
survivre.

ffoi BERF
s'enfuir

ffôl ANSODDAIR
bête (BEN **bête**)
stupide (BEN **stupide**)

Ffolant ENW GWR
■ **dydd Sain Ffolant** la Saint-Valentin
■ **cerdyn Sain Ffolant** la carte de la Saint-
Valentin

ffolineb ENW GWR
la bêtise
❏ Ffolineb yw ceisio gyrru am amser rhy hir.
C'est une bêtise d'essayer de conduire trop
longtemps.

ffon ENW BEN
le bâton
■ **ffon hoci** la crosse
■ **ffon fesur** la règle

ffôn ENW GWR
le téléphone
■ **ffôn symudol** le portable ❏ Mae hi ar y
ffôn ar y funud. Elle est au téléphone en ce
moment.
■ **bil ffôn** une facture de téléphone
■ **llyfr ffôn** un annuaire
■ **rhif ffôn** un numéro de téléphone
■ **galwad ffôn** un appel *(téléphonique)*

ffonio BERF
téléphoner
appeler
❏ Fe wna i eich ffonio chi heno. Je vous
appellerai ce soir.

fforc ENW BEN
la fourchette

ffordd ENW BEN
  la route
  ❑ Mae llawer o geir ar y ffordd. Il y a beaucoup de circulation sur les routes.
  la rue *(mewn tref)*
  le chemin *(siwrnai)*
  ❑ Dydw i ddim yn gwybod y ffordd. Je ne connais pas le chemin.
  ■ holi'r ffordd demander le chemin
  le sens *(cyfeiriad)*
  ❑ Rydych chi'n mynd y ffordd anghywir. Vous allez dans le mauvais sens. ❑ Ydych chi'n gwybod y ffordd i'r maes awyr? Vous savez comment aller à l'aéroport? ❑ Mae hi ar ei ffordd. Elle arrive.
  la façon *(dull, modd)*
  ■ y ffordd iawn/anghywir o wneud rhywbeth la bonne/mauvaise façon de faire quelque chose

fforddio BERF
  avoir les moyens d'acheter (quelque chose)
  ❑ Alla i ddim fforddio mynd ar wyliau. Je n'ai pas les moyens de partir en vacances.

fforest ENW BEN
  la forêt

fformadu BERF
  formater *(ar gyfrifiadur)*

fformat ENW GWR
  le format

ffortiwn ENW BEN
  la fortune
  ■ dweud ffortiwn rhywun dire la bonne aventure à quelqu'un

ffos ENW BEN
  le fossé

ffotograff ENW GWR
  la photo

ffotograffiaeth ENW BEN
  la photographie

ffotograffydd ENW GWR
  le/la photographe

ffrae ENW BEN
  la dispute

Ffrangeg ENW BEN
  le français
  ■ athro/athrawes Ffrangeg le professeur de français

Ffrainc ENW BEN
  la France
  ■ yn Ffrainc en France
  ■ i Ffrainc en France ❑ Byddwn yn mynd i Ffrainc am y gwyliau. Nous irons en France pour les vacances.

■ Un o Ffrainc yw e. C'est un Français.

ffrâm ENW BEN
  le cadre *(i ddal llun)*

ffranc ENW GWR
  le franc
  ❑ Y ffranc oedd arian Ffrainc cyn yr ewro. Le franc était la devise française avant l'euro.

Ffrances ENW BEN
  la Française

Ffrancwr ENW GWR
  le Français

Ffrengig ANSODDAIR
  français *(BEN française)*
  ❑ Mae bwyd Ffrengig yn enwog. La nourriture française est célèbre.
  ■ bara Ffrengig la baguette
  ■ ffeuen Ffrengig le haricot vert
  ■ cneuen Ffrengig la noix

ffres ANSODDAIR
  frais *(BEN fraîche)*
  ❑ Mae'n bwysig bwyta bwyd ffres. Manger la nourriture fraîche, c'est important.

ffreutur ENW BEN
  le réfectoire

ffrind ENW GWR/BEN
  l'ami (g)
  l'amie (b)
  ■ ffrind llythyru le correspondant/la correspondante
  ■ ffrind ysgol le copain/la copine ❑ Mae gen i ffrindiau da yn yr ysgol. J'ai de bons copains/de bonnes copines à l'école.

ffrio BERF
  faire frire
  ❑ Ffriwch y nionod am 3 munud. Faites frire les oignons pendant trois minutes.
  ■ bwyd wedi'i ffrio la friture

ffroenuchel ANSODDAIR
  arrogant *(BEN arrogante)*

ffrog ENW BEN
  la robe
  ■ ffrog briodas la robe de mariée

ffrwd ENW BEN
  le ruisseau *(nant)*
  le courant *(cerrynt)*

ffrwgwd ENW GWR
  la bagarre

ffrwydriad ENW GWR
  l'explosion (b)

ffrwydro BERF
  faire exploser

ffrwydryn ENW GWR
  l'explosif (g)

ffrwyth ENW GWR
le fruit
■ **siop ffrwythau** la fruiterie
■ **sudd ffrwythau** le jus de fruits
■ **salad ffrwythau** la salade de fruits

ffug ANSODDAIR
faux (BEN **fausse**)

ffuglen ENW BEN
la fiction
les romans (*nofelau*)

ffured ENW BEN
le furet

ffurf ENW BEN
la forme

ffurfio BERF
former

ffurflen ENW BEN
le formulaire
■ **ffurflen gais** formulaire de demande
■ **llenwi ffurflen** remplir un formulaire

ffwdan ENW BEN
les histoires (b.ll)
❏ Mae ef bob amser yn creu ffwdan. Il crée toujours des histoires.

ffwdanllyd ANSODDAIR
tatillon (BEN **tatillonne**)

ffŵl ENW GWR
l'imbécile (g)/(b)

■ **ffŵl Ebrill** poisson d'avril ❏ Mae e'n ffŵl gwirion bob amser. Il est toujours un idiot.

ffwr ENW GWR
le poil (*ar anifail*)
la fourrure (*ar ddilledyn*)
■ **côt ffwr** un manteau de fourrure

ffwrn ENW BEN
le four (*popty*)

ffydd ENW BEN
la foi (*crefydd*)
la confiance (*ymddiriedaeth*)

ffyddlon ANSODDAIR
fidèle (BEN **fidèle**)
❏ Mae cŵn defaid bob amser yn ffyddlon. Les chiens berger sont toujours fidèles.

ffynhonnell ENW BEN
la source (*tarddle afon*)
l'origine (b) (*ffigurol*)
❏ O ba ffynonhell y daw'r wybodaeth hon? Quelle est l'origine de cette information?

ffynnon ENW BEN
la fontaine (*dŵr*)

ffyrnig ANSODDAIR
féroce (BEN **féroce**)

ffŷs ENW GWR ▷ **ffwdan**

ffyslyd ANSODDAIR ▷ *gweler* **ffwdanllyd**

Cymraeg -Ffrangeg

ff

G | g

gadael BERF

laisser *(yn fwriadol)*
❑ Dwi'n gadael fy mag yn y car. Je laisse mon sac dans la voiture.

oublier *(anghofio)*
❑ Gadewais fy sbectolau ar y trên. J'ai oublié mes lunettes dans le train.

partir *(mynd)*
❑ Faint o'r gloch mae'r awyren yn gadael? À quelle heure part l'avion?

quitter *(cefnu)*
❑ Mae'n rhaid i fi eich gadael. Il faut que je vous quitte.

■ **gadael llonydd i rywun** laisser quelqu'un tranquille ❑ Gadewch lonydd i mi! Laissez-moi tranquille!

■ **gadael rhywun heibio** laisser passer quelqu'un ❑ Gadawodd e i fi fynd heibio. Il m'a laissé passer.

gaeaf ENW GWR

l'hiver (g)
■ **yn y gaeaf** en hiver
■ **yn ystod y gaeaf** pendant l'hiver

gafael BERF

tenir *(dal)*
❑ Roedd hi'n gafael yn ei law. Elle lui tenait la main.

saisir *(cydio)*
❑ Gafaelodd yn ei fraich. Elle l'a saisi par le bras.

gafr ENW BEN

la chèvre
■ **caws gafr** le fromage de chèvre

gang ENW BEN

le gang

gangster ENW GWR

le gangster

gair ENW GWR

le mot
■ gair anodd un mot difficile
■ **Beth ydy'r gair 'awyren' yn Ffrangeg?** Comment dit-on 'awyren' en français?
■ **mewn geiriau eraill** en d'autres termes

■ **geiriau mewn cân** les paroles
■ **prosesu geiriau** le traitement de texte
■ **prosesydd geiriau** la machine de traitement de texte

Galaidd ANSODDAIR

gaulois (BEN **gauloise**, GWR LLUOSOG **gaulois**)

Galiad ENW GWR

le Gaulois
la Gauloise

galw BERF

appeler
❑ Fe ddyweda i wrthi eich bod wedi galw. Je lui dirai que vous avez appelé.

galw 'ti' ar rywun BERF

tutoyer
❑ Galwa fi'n 'ti'. Tu peux me tutoyer.

galw am BERF

passer prendre
❑ Wyt ti'n gallu galw amdana i yn y tŷ bore yfory? Tu peux passer me prendre à la maison demain matin?

galw i gof BERF

faire penser à
❑ Mae garlleg yn galw i gof fy ngwyliau yn Ffrainc. L'ail me fait penser à mes vacances en France.

galw ynghyd BERF

rassembler
❑ Mae hi eisiau galw'r disgyblion i gyd ynghyd. Elle veut rassembler tous les élèves.

galw yn ôl BERF

rappeler *(ar y ffôn)*
❑ Fe alwaf hi'n ôl. Je la rappellerai.

galwad ENW BEN

l'appel (g)
■ **gwneud galwad ffôn** faire un appel téléphonique

gallt ENW BEN

la colline *(bryn)*
le bois *(coedwig fechan)*

gallu BERF

savoir *(gallu gwneud rhywbeth)*

❑ Rydw i'n gallu nofio. Je sais nager.
pouvoir
❑ A allwch chi fy helpu? Pouvez-vous
m'aider?
❑ Alla i ddim agor y drws. Je ne peux pas
ouvrir la porte.
gallu ENW GWR
le pouvoir
❑ Mae gan y llywodraeth y gallu i helpu'r
digartref. Le gouvernement a le pouvoir
d'aider les sans-abri.
gan ARDDODIAD
avoir *(bod â/bod gennych)*
❑ Mae gen i lun ohonoch chi. J'ai une photo
de vous.
de *(oddi wrth)*
❑ llythyr gan fy mam une lettre de ma mère
par *(i ddangos pwy neu beth sy'n gyfrifol)*
❑ Fe'i rhybuddiwyd gan ei feddyg. Il a été
prévenu par son médecin.
■ **gan amlaf** en général
gan mai CYSYLLTAIR
puisque
❑ Gan mai ti sy'n gofyn, fe wnaf i e. Puisque
c'est toi qui demande, je le ferai.
gardd ENW BEN
le jardin
❑ gardd lysiau le jardin potager
❑ gardd gyhoeddus le jardin public
garddio ENW GWR
le jardinage
▷ *gweler hefyd* **garddio** BERF
garddio BERF
faire du jardinage
▷ *gweler hefyd* **garddio** ENW
garddwr ENW GWR
le jardinier
garddwraig ENW BEN
la jardinière
garddwrn ENW GWR
le poing
garej ENW BEN
le garage
■ **garej petrol** une station-service
garlleg ENW LLUOSOG
l'ail (g)
❑ cawl garlleg la soupe à l'ail
gartref ADFERF
à la maison
❑ Dwi gartref. Je suis chez moi.
garw ANSODDAIR
rugueux (BEN **rugueuse**, GWR LLUOSOG
rugueux) *(ddim yn llyfn)*

■ **tywydd garw** le gros temps
gast ENW BEN
la chienne *(ci benyw)*
gefeilldref ENW BEN
la ville jumellée
❑ Mae Aberystwyth yn efeilldref i St Brieuc.
Aberystwyth est jumelée avec St Brieuc.
gefeilles ENW BEN
la jumelle
gefeillio ENW GWR
le jumelage
■ **pwyllgor gefeillio** le comité de jumelage
gefeillion ENW LLUOSOG
les jumeaux, les jumelles
gefel ENW BEN
les pinces (b.ll)
gefell ENW GWR
le jumeau (LLUOSOG **les jumeaux**) *(un o ddau
blentyn wedi'u geni yr un pryd)*
■ **arwydd yr Efeilliaid** les Gémeaux
geirfa ENW BEN
le vocabulaire
geiriadur ENW GWR
le dictionnaire
gelyn ENW GWR
l'ennemi (g)
gelyniaethus ANSODDAIR
hostile (BEN **hostile**)
gellygen ENW BEN
la poire
❑ tarten gellyg la tarte aux poires
gem ENW GWR
le bijou
gêm ENW BEN
le match *(gornest)*
■ **gêm rygbi** un match de rugby
■ **gêm gyfartal** le match nul
le jeu
■ **y Gemau Olympaidd** les Jeux Olympiques
■ **gêm derfynol** la finale
la partie *(tennis, gwyddbwyll)*
■ **cael gêm o gardiau** faire une partie de
cartes
gemydd ENW GWR
le bijoutier
la bijoutière
gên ENW BEN
le menton
genedigol ANSODDAIR
originaire (BEN **originaire**)
❑ Mae hi'n enedigol o ogledd Cymru. Elle est
originaire du nord du pays de Galles.
Genefa ENW BEN

g

Genève
- **yng Ngenefa** à Genève
- **i Genefa** à Genève

geneteg ENW BEN
la génétique

geneth ENW BEN ▷ gweler **merch**

geometreg ENW BEN
la géométrie

ger ARDDODIAD
à côté de
- y tŷ ger yr ysgol la maison à côté de l'école
- **ger y môr** au bord de la mer

gêr ENW GWR/BEN
la vitesse (car)
- **newid gêr** passer la vitesse

gerbil ENW GWR
la gerbille

germ ENW GWR
le microbe

giât ENW BEN
la barrière (cae)
le portail (gardd)
la porte (maes awyr)

gilydd RHAGENW
ensemble
- Pawb gyda'i gilydd! Tout le monde ensemble!

gitâr ENW GWR/BEN
la guitare
- **canu'r gitâr** jouer de la guitare

glan ENW BEN
le bord
- **ar lan y môr** au bord de la mer

glân ANSODDAIR
propre (BEN **propre**)
- dillad glân les vêtements propres
- **yr Ysbryd Glân** le Saint-Esprit

glanfa ENW BEN
le débarcadère (llong)
la piste d'atterrisage (awyren)

glanhau BERF
nettoyer

glanhau ENW GWR
le nettoyage
- **sych-lanhau** le nettoyage à sec

glaniad ENW GWR
le débarquement (cwch/llong)
l'atterrissage (g) (awyren)

glanio BERF
atterrir
- Mae'r awyren wedi glanio. L'avion a atterri.
débarquer (teithwyr ar long)
accoster (llong)

glanweithdra ENW GWR
l'hygiène (b)

glas ANSODDAIR
bleu (BEN **bleue**)
- Mae'r awyr yn las. Le ciel est bleu.

glaswellt ENW GWR
l'herbe (b) (porfa)

glaswelltyn ENW GWR
le brin d'herbe

glaw ENW GWR
la pluie
- **bwrw glaw** pleuvoir - Mae hi'n bwrw glaw. Il pleut.

glawio BERF
pleuvoir
- Mae hi'n glawio'n drwm. Il pleut à verse.

glawog ANSODDAIR
pluvieux (BEN **pluvieuse**, GWR LLUOSOG **pluvieux**)
- **diwrnod glawog** une journée pluvieuse

gleidio BERF
planer

gleidiwr ENW GWR
le planeur

glendid ENW GWR
la propreté

glin ENW GWR/BEN
le genou (LLUOSOG **les genoux**)
- **ar eich gliniau** à genoux

gliniadur ENW GWR
le portable

glo ENW GWR
le charbon
- **pwll glo** une mine de charbon

glôb ENW GWR
le globe

glöyn byw ENW GWR
le papillon

gloyw ANSODDAIR
brillant (BEN **brillante**)

gloywi BERF
faire briller
- **gloywi'ch Ffrangeg** se perfectionner en français

glud ENW GWR
la colle

gludiog ANSODDAIR
collant (BEN **collante**)

glynu BERF
coller

go ADFERF

plutôt *(tra)*
❑ arholiad go anodd un examen plutôt difficile
■ **go brin** à peine
■ **Go dda!** Très bien!
■ **go lew** pas mal ❑ Sut wyt ti ? – Go lew. Commenr ça va ? – Pas mal.
▷ *gweler hefyd* **eithaf**

gobaith ENW GWR
l'espoir (g)

gobeithio BERF
espérer
❑ Rwy'n gobeithio bod popeth yn iawn. J'espère que tout va bien.

gobeithiol ANSODDAIR
optimiste (BEN **optimiste**)

gobennydd ENW GWR
l'oreiller (g)

godro BERF
traire

goddef BERF
supporter
❑ Dw i ddim yn gallu goddef gormod o wres. Je ne peux pas supporter trop de chaleur.

goddefadwy ANSODDAIR
tolérable (BEN **tolérable**)

goddefgar ANSODDAIR
tolérant (BEN **tolérante**)

goddefol ANSODDAIR
passif (BEN **passive**) *(gramadeg)*

goddrych ENW GWR
le sujet *(gramadeg)*

goddrychol
subjectif (BEN **subjective**)

gof ENW GWR
le forgeron

gofal ENW GWR
le soin
❑ Angen mwy o ofal! *(gwaith ysgol)*. Il faut faire plus d'attention!

gofalu BERF
■ **gofalu am** s'occuper de ❑ Rwy'n gofalu am fy modryb. Je m'occupe de ma tante.

gofalus ANSODDAIR
prudent (BEN **prudente**)
❑ Byddwch yn ofalus! Faites attention!
■ **yn ofalus** avec soin

gofalwr ENW GWR
le concierge

gofalwraig ENW BEN
la concierge

gofid ENW GWR
le souci

❑ Does ganddi ddim gofid. Elle n'a pas de souci.

gofidio BERF
■ **gofidio am** se soucier de ❑ Maent yn gofidio am y di-gartref. Ils se soucient des SDF.

gofidus ANSODDAIR
soucieux (BEN **soucieuse** , GWR LLUOSOG **soucieux**)

gofod ENW GWR
l'espace (g)

gofodwr ENW GWR
l'astronaute (g)

gofodwraig ENW BEN
l'astronaute (b)

gofyn BERF
demander
■ **gofyn rhywbeth i rywun** demander quelque chose à quelqu'un ❑ Gofynnais iddo roi'r llyfr i fi. Je lui ai demandé de me donner le livre. ❑ Cer i ofyn am amserau'r trenau! Va demander les heures des trains!
■ **gofyn cyngor** demander un conseil
■ **gofyn cwestiwn i rywun** poser une question à quelqu'un ❑ Fe ofynnaf i gwestiwn iddo am y drychineb. Je lui poserai une question sur la catastrophe.
■ **gofyn am wybodaeth am rywbeth** se renseigner (sur quelque chose)

gofyn eto BERF
redemander

goglais BERF
chatouiller
❑ Oes gen ti oglais? Tu es chatouilleux/chatouilleuse?

gogledd ENW GWR
le nord
■ **yn y/i'r gogledd** au nord ❑ yn y gogledd-ddwyrain au nord-est ❑ yn y gogledd-orllewin au nord-ouest

Gogledd Iwerddon ENW GWR
l'Irlande (b) du Nord
■ **yng Ngogledd Iwerddon** en Irlande du Nord
■ **i Ogledd Iwerddon** en Irlande du Nord

gogleddol ANSODDAIR
du nord
■ **acen ogleddol** un accent du nord

gogleisiog ANSODDAIR
chatouilleux (BEN **chatouilleuse**)

gogoniant ENW GWR
la gloire

gogwyddo BERF

incliner

gohebiaeth ENW BEN
le reportage *(cyfryngau)*

gohebydd ENW GWR
le correspondant
la correspondante *(teledu)*
le/la journaliste *(papur newydd)*

gohirio BERF
remettre à plus tard
❑ Gohirwyd y cyfarfod. La réunion a été remise à plus tard.

gôl ENW BEN
le but
■ **sgorio gôl** marquer un but

golau ENW GWR
la lumière
■ **golau'r lleuad** le clair de lune ❑ Yng ngolau'r lleuad. Au clair de lune.
■ **goleuadau car** les phares

golau ANSODDAIR
clair (BEN **claire**)
■ **glas golau** bleu clair ❑ Mae ganddi wallt golau. Elle a les cheveux blonds.

golch ENW GWR
la lessive
■ **gwneud y golch** faire la lessive

golchdy ENW GWR
la laverie

golchiad ENW GWR
le lavage

goleuadau traffig ENW LLUOSOG
les feux de signalisation *(g.ll)*

goleudy ENW GWR
le phare

goleuo BERF
allumer

golff ENW GWR
le golf
■ **chwarae golff** jouer au golf

gôl-geidwad ENW GWR
le gardien de but

golwg ENW GWR
la vue *(y gallu i weld)*
❑ Mae ei olwg yn wan. Il voit mal.

golwyth ENW GWR
la côtelette
■ **golwyth porc** la côtelette de porc

golygfa ENW BEN
la vue
❑ Am olygfa bert! Quelle jolie vue!

golygu BERF
vouloir dire *(ystyr)*
❑ Beth mae'r gair hwn yn ei olygu? Qu'est-ce

que ça veut dire ce mot?
rédiger *(papur newydd, llyfr)*

golygus ANSODDAIR
beau (BEN **belle**, LLUOSOG **beaux**)

gollwng BERF
laisser
■ **gollwng pwnc** laisser tomber un sujet
❑ Bydda i'n gollwng arlunio y flwyddyn nesaf. Je laisserai tomber le dessin l'année prochaine.

gonest ANSODDAIR
honnête (BEN **honnête**)

gonestrwydd ENW GWR
l'honnêteté (b)

gorau ANSODDAIR
meilleur (BEN **meilleure**)
■ **Hwn ydy tîm gorau'r ardal.** C'est la meilleure équipe de la région.
■ **y gorau** le mieux ❑ Hi sy'n chwarae orau. C'est elle qui joue le mieux.

gorau oll CYSYLLTAIR
tant mieux

gorberffaith ANSODDAIR
le plus-que-parfait *(gramadeg)*

gorboblog ANSODDAIR
surpeuplé (BEN **surpeuplée**)

gorchest ENW BEN
l'exploit (g)

gorchfygiad ENW GWR
la conquête

gorchfygu BERF
conquérir

gorchudd ENW GWR
la couverture *(defnydd, brethyn)*
le couvercle *(caead)*

gorchuddio BERF
couvrir

gorchwyl ENW GWR/BEN
la tâche

gorchymyn ENW GWR
l'ordre (g)
■ **rhoi gorchmynion** donner des ordres
▷ *gweler hefyd* **gorchymyn** BERF

gorchymyn BERF
ordonner
▷ *gweler hefyd* **gorchymyn** ENW

gordew ANSODDAIR
obèse (BEN **obèse**)

goresgyn BERF
vaincre

gorfod BERF
devoir

g

❑ Rwy'n gorfod mynd. Je dois partir.

gorfodi BERF
obliger
❑ Mae hi'n fy ngorfodi i fynd. Elle m'oblige à y aller.

gorfodol ANSODDAIR
obligatoire (BEN **obligatoire**)

gorffen BERF
finir
❑ Dwi wedi gorffen! J'ai fini!
terminer
❑ Mae'r ffilm wedi gorffen. Le film est terminé.

Gorffennaf ENW GWR
juillet (g)
■ **ym mis Gorffennaf** en juillet

gorffennol ENW GWR
le passé
■ **yn y gorffennol** dans le passé

gorffwys BERF
se reposer
❑ Paid gwneud dim – gorffwysa! Ne fais rien – repose-toi!

gorffwys ENW GWR
le repos

gorffwysfan ENW BEN
l'aire de repos (b) *(ar draffordd)*

gorila ENW GWR
le gorille

gorlawn ANSODDAIR
bondé (BEN **bondée**) *(lle, ystafell)*

gorlifo BERF
déborder *(afon)*

gorllewin ENW GWR
l'ouest (g)
■ **i'r gorllewin** à l'ouest
■ **gorllewin Ffrainc** l'ouest de la France

gorllewinol ANSODDAIR
occidental (BEN **occidentale**, GWR LLUOSOG **occidentaux**)

gormod ADFERF
trop
■ **gormod o waith** trop de travail

gormodol ANSODDAIR
excessif (BEN **excessive**)

gornest ENW BEN
la bataille *(brwydr)*

goroesi BERF
survivre

goroesiad ENW GWR
la survie

goroeswr ENW GWR

le survivant

goroeswraig ENW BEN
la survivante

gorsaf ENW BEN
la gare *(trên)*

gorsaf heddlu ENW BEN
le commissariat de police

gorsaf gwasanaethau ENW BEN
la station-service *(gwerthu petrol)*

gorsaf trenau tanddaearol ENW BEN
la station de métro

gorsaf bysiau ENW BEN
la gare routière

gorsaf niwcliar ENW BEN
la centrale nucléaire

goruchwylio BERF
surveiller

goruchwyliwr ENW GWR
le surveillant

goruchwylwraig ENW BEN
la surveillante

goruwchnaturiol ANSODDAIR
surnaturel (BEN **surnaturelle**)

gorwedd BERF
être allongé
❑ Roedd y ci'n gorwedd ar y carped. Le chien était allongé sur le tapis.
■ **gorwedd lawr** s'allonger ❑ Rwy'n mynd i orwedd i lawr ar y soffa. Je vais m'allonger sur le canapé.

gorwel ENW GWR
l'horizon (g)
■ **ar y gorwel** à l'horizon

gorymdaith ENW BEN
la procession

gorymdeithio BERF
aller en procession

gorynys ENW BEN
le presqu'île

gosgeiddig ANSODDAIR
gracieux (BEN **gracieuse**, GWR LLUOSOG **gracieux**)

gosgordd ENW BEN
l'escorte (b)

gosod BERF
mettre *(bwrdd)*
louer *(rhoi ar rent)*
installer *(ffitio rhywbeth)*

gostwng BERF
baisser
❑ Nid yw prisiau bron byth yn gostwng. Les prix ne baissent presque jamais.

gostyngiad ENW GWR
la réduction
■ **gostyngiad i fyfyrwyr** une réduction pour étudiants
la baisse *(pris, cyflog)*

gostyngol ANSODDAIR
réduit (BEN **réduite**)
■ **am bris gostyngol** à prix réduit

gradd ENW BEN
la note *(marc)*
la licence *(prifysgol)*
■ **gradd meistr** la Maîtrise

graddfa ENW BEN
l'échelle (b) *(cyffredinol, ac ar fap)*

graddol ANSODDAIR
graduel (BEN **graduelle**)
■ **yn raddol** graduellement

graffiti ENW GWR
les graffiti (g.ll)

gram ENW GWR
le gramme

gramadeg ENW GWR/BEN
la grammaire

grant ENW GWR
la bourse *(i fyfyrwyr)*

gratio BERF
râper
■ **caws wedi'i gratio** le fromage râpé

grawnfwyd ENW GWR
les céréales (b.ll)

grawnwinen ENW BEN
le raisin
■ **grawnwin** les raisins

Grawys ENW GWR
le Carême
■ **yn ystod y Grawys** en Carême

greddf ENW BEN
l'instinct (g)

grefi ENW GWR
la sauce de la viande

grenâd ENW GWR
la grenade

griddfan BERF
gémir
❑ **Griddfanodd mewn poen.** Elle a gémi sous la douleur.

grilio BERF
faire griller
❑ **Mae e'n grilio pysgod.** Il fait griller les poissons.

gris ENW GWR
la marche

■ **grisiau** l'escalier

Groeg ENW BEN ▷ *gweler* **Gwlad Groeg**

Groeg ENW GWR/BEN
le grec *(yr iaith)*

Groegaidd ANSODDAIR
grec (BEN **grecque**)
■ **coginio Groegaidd** la cuisine grecque

Groeges ENW BEN
la Grecque

Groegwr ENW GWR
le Grec

gronyn ENW GWR
la particule

gros ANSODDAIR
brut (BEN **brute**)
■ **cyflog gros** le salaire brut

groser ENW GWR
l'épicier (g)
l'épicière (b)

grug ENW GWR
la bruyère

grwgnach BERF
grogner

grwnan, canu grwndi BERF
ronronner *(cath)*

grŵp ENW GWR
le groupe

grwpio BERF
grouper

grym ENW GWR
le pouvoir
❑ **Mae'r llywodraeth yn dal y grym.** Le gouvernement tient le pouvoir.

gwadu BERF
nier

gwaed ENW GWR
le sang
❑ **Rhowch waed.** Donnez du sang.

gwaedlif ENW GWR
l'hémorragie (b)

gwaedlyd ANSODDAIR
sanglant (BEN **sanglante**)
■ **stecen waedlyd** un steak saignant

gwaedu BERF
saigner

gwaedd ENW BEN
le cri

gwael ANSODDAIR
mauvais (BEN **mauvaise**)
❑ **Mae gen i gof gwael.** J'ai une mauvaise mémoire.

gwaelod ENW GWR

le fond
- **gwaelod y bag** le fond du sac ❑ Ewch i waelod y stryd. Allez au fond de la rue.

gwaeth ANSODDAIR
pire (BEN **pire**)
❑ Mae'n waeth na thi! Il est pire que toi!

gwaethygu BERF
aggraver

gwag ANSODDAIR
vide (BEN **vide**)
❑ Mae fy ngwydr yn wag. Mon verre est vide.

gwagio BERF
vider

gwahaniaethu BERF
- **gwahaniaethu rhwng** faire la distinction entre

gwahanol ANSODDAIR
différent (BEN **différente**)
- **yn wahanol** différemment

gwahanu BERF
séparer
❑ Mae ei rieni wedi gwahanu. Ses parents sont séparés.

gwahardd BERF
interdire
❑ Mae'r llywodraeth wedi gwahardd yfed alcohol ar y stryd. Le gouvernement a interdit la consommation d'alcool dans la rue.

gwaharddedig ANSODDAIR
interdit (BEN **interdite**)
❑ Mae ysmygu wedi'i wahardd. Il est interdit de fumer.

gwahoddiad ENW GWR
l'invitation (b)

gwain ENW BEN
le vagin

gwair ENW GWR
le foin *(mewn cae)*
- **clefyd y gwair** le rhume des foins

gwaith ENW GWR
le travail
- **gwaith cartref** le devoir
- **gwaith ffordd** les travaux (routiers)
- **gwaith llaw** le travail à la main
- **gwaith tŷ** le ménage ❑ Rwy'n chwilio am waith ar hyn o bryd. Je cherche un emploi en ce moment.

gwall ENW GWR
l'erreur (b)

gwallgof ANSODDAIR
fou (BEN **folle**)
❑ Mae'r sefyllfa hon yn wallgof! Cette situation est folle!

gwallt ENW GWR
les cheveux (g.ll)
❑ Mae ganddo wallt melyn syth a byr. Il a les cheveux blonds, raids et courts.

gwallus ANSODDAIR
erroné (BEN **erronée**)

gwan ANSODDAIR
faible (BEN **faible**)

gwanwyn ENW GWR
le printemps
- **yn y gwanwyn** au printemps

gwar ENW GWR/BEN
la nuque

gwarant ENW GWR
la garantie

gwarchod BERF
garder
- **gwarchod plant** garder des enfants

gwarchodlu ENW GWR
la garnison

gwarchodwr ENW GWR
le gardien

gwaredu BERF
débarrasser
- **cael gwared ar rywbeth** se débarrasser de quelque chose

gwareiddiad ENW GWR
la civilisation

gwario BERF
dépenser

gwarthus ANSODDAIR
honteux (BEN **honteuse**, GWR LLUOSOG **honteux**)

gwas ENW GWR
le domestique

gwasanaeth ENW GWR
le service *(cyffredinol)*
le SAMU *(gwasanaeth ambiwlans)*
les pompiers *(gwasanaeth tân)*

gwasanaeth iechyd ENW GWR
les services de la santé

gwasanaeth milwrol ENW GWR
le service militaire

gwasanaeth ymholiadau ENW GWR
le service des renseignements

gwasanaethau brys ENW LLUOSOG
le services d'urgence

gwasanaethau cudd ENW LLUOSOG
les services secrets

gwasanaethau cymdeithasol ENW LLUOSOG
les services sociaux

gwasg ENW BEN
la presse
■ **y wasg ysgrifenedig** la presse écrite

gwasgaredig ANSODDAIR
dispersé (BEN **dispersée**)

gwasgaru BERF
disperser

gwasgod ENW BEN
le gilet

gwasgu BERF
presser *(clwtyn, cadach, ffrwythau, blodau)*
serrer *(esgid)*

gwastad ANSODDAIR
plat (BEN **plate**)

gwastatir ENW GWR
la plaine
■ **ar y gwastatir** dans la plaine

gwastraffu BERF
gaspiller
❑ Ni ddylid gwastraffu egni o gwbl. On ne devrait pas gaspiller de l'énergie du tout.

gwatwarus ANSODDAIR
moqueur (BEN **moqueuse**)

gwaun ENW BEN
le pré *(math o dir)*

gwawdio BERF
se moquer de
❑ Mae pobl yn gwawdio gwleidyddion. Les gens se moquent des hommes politiques.

gwawdlyd ANSODDAIR
moqueur (BEN **moqueuse**)

gwawr ENW BEN
l'aube (b)
■ **gyda'r wawr** à l'aube

gwayw ENW GWR
la douleur

gwaywffon ENW BEN
la lance

gwdihŵ ENW GWR
le hibou (LLUOSOG **les hiboux**)
▷ *gweler hefyd* **tylluan**

gwddf ENW GWR
la gorge
■ **gwddf tost** mal à la gorge
■ **bod â gwddf tost** avoir mal à la gorge

gwe ENW BEN
la toile
■ **gwe pry copyn** la toile d'araignée
le Web *(rhyngrwyd)*

gwedd ENW BEN
l'apparence (b)

gweddi ENW BEN
la prière

gweddill ENW GWR
le reste
■ **gweddill y boblogaeth** le reste de la population

gweddïo BERF
prier

gweddus ANSODDAIR
convenable (BEN **convenable**)

gwefan ENW GWR
le site-web

gwefeistr ENW GWR
le webmaster

gwefus ENW BEN
la lèvre

gwegian BERF
vaciller

gwegil ENW GWR
la nuque

gwehyddu BERF
tisser

gwehyddu ENW GWR
le tissage

gweiddi BERF
crier

gweini BERF
servir
■ **i'w weini'n oer** à servir frais

gweinidog ENW GWR
le pasteur *(crefyddol)*
le ministre
la ministre *(gwleidyddol)*

gweinydd ENW GWR
le serveur
la serveuse

gweinyddiaeth ENW BEN
l'administration (b)

gweinyddwr ENW GWR
l'administrateur (g)

gweinyddwraig ENW BEN
l'administratrice (b)

gweithdrefn ENW BEN
la procédure

gweithdy ENW GWR
l'atelier (g)
■ **gweithdy drama** un atelier de théâtre

gweithgar ANSODDAIR
industrieux (BEN **industrieuse**, GWR LLUOSOG **industrieux**)

gweithgaredd ENW GWR
l'activité (b)
■ **gweithgareddau hamdden** les activités

g

de loisirs

gweithio BERF
travailler
❏ Rwy'n gweithio yn Aberystwyth. Je travaille
à Aberystwyth.
marcher *(peiriant)*
❏ Nid yw'r radio yn gweithio. La radio ne
marche pas.

gweithiwr ENW GWR
l'ouvrier (g)

gweithiwr cyflogedig ENW GWR
le salarié

gweithiwr cymdeithasol ENW GWR
l'assistant social (g)

gweithiwr sifil ENW GWR
le fonctionnaire

gweithredu BERF
agir

gweithwraig ENW BEN
l'ouvrière (b)

gweithwraig gymdeithasol ENW BEN
l'assistante sociale (b)

gweithwraig gyflogedig ENW BEN
la salariée

gweithwraig sifil ENW BEN
la fonctionnaire

gweld BERF
voir
■ **gweld eisiau** manquer ❏ Dwi'n gweld
eisiau bwyd Ffrengig. La cuisine française me
manque.

gwelwi BERF
pâlir

gwely ENW GWR
le lit *(arferol)*
la couchette *(ar drên)*
■ **gwely dwbl** un grand lit
■ **gwely plygu** un lit pliable
■ **gwely sengl** un lit à une personne
■ **gwelyau bync** les lits superposés

gwely, brecwast ac un pryd ENW GWR
la demi-pension

gwell ADFERF
■ **yn well** mieux ❏ Wyt ti'n well? Ça va
mieux? ❏ Mae hi'n canu'n well na thi Elle
chante mieux que toi!

gwell ANSODDAIR
meilleur (BEN **meilleure**)
■ **dyddiau gwell** des jours meilleurs ❏ Mae'r
siop yma yn well na honna. Ce magasin-ci est
meilleur que celui-là.

gwella BERF
améliorer

❏ Mae'r sefyllfa wedi gwella. La situation s'est
améliorée.
■ **gwella o salwch** se remettre d'une maladie
❏ Mae'r clwyf yn gwella. Le blessure guérit.

gwellhad ENW GWR
le rétablissement
■ **Gwellhad buan!** Bon rétablissement!

gwelliant ENW GWR
l'amélioration (b)

gwellt ENW GWR
la paille

gwên ENW BEN
le sourire

gwendid ENW GWR
la faiblesse

Gwener ENW BEN
vendredi (g)
■ **dydd Gwener** le vendredi
■ **pob dydd Gwener** tous les vendredis
■ **Gwener y Groglith** le Vendredi Saint

gwenith ENW LLUOSOG
le blé

gwennol ENW BEN
l'hirondelle (b)
■ **gwennol ofod** la navette spatiale

gwenu BERF
sourire

gwenwyn ENW GWR
le poison

gwenwyno BERF
empoisonner

gweog ANSODDAIR
tissé (BEN **tissée**) *(defnydd)*
palmé (BEN **palmée**) *(troed)*

gweriniaeth ENW BEN
la république

Gweriniaeth Iwerddon ENW BEN
la République d'Irlande

gweriniaethol ANSODDAIR
républicain (BEN **républicaine**)

gwerinol ANSODDAIR
ordinaire (BEN **ordinaire**) *(cyffredin)*
paysan (BEN **paysanne**) *(gwladaidd)*

gwerinwr ENW GWR
le paysan

gwerinwraig ENW BEN
la paysanne

gwers ENW BEN
la leçon
❏ gwers Ffrangeg une leçon de français
le cours *(dosbarth)*
❏ Mae pob gwers yn para 40 munud. Chaque

g

Cymraeg -Ffrangeg

cours dure quarante minutes.

gwerslyfr ENW GWR
le manuel

gwersyll ENW GWR
le camp
■ **gwersyll gwyliau** le camp de vacances
■ **gwersyll haf** le camp d'été

gwersylla BERF
camper

gwersylla ENW GWR
le camping
■ **mynd i wersylla** faire du camping

gwersyllwr ENW GWR
le campeur

gwersyllwraig ENW BEN
la campeuse

gwerthfawr ANSODDAIR
de grande valeur
■ **pethau gwerthfawr** les objets de grande valeur

gwerthfawrogi BERF
apprécier

gwerthwr ENW GWR
le vendeur
■ **gwerthwr hen bethau** l'antiquitaire
■ **gwerthwr pysgod** le poissonnier
■ **gwerthwr blodau** le fleuriste

gwerthwraig ENW GWR
la vendeuse
■ **gwerthwraig pysgod** la poissonnière
■ **gwerthwraig blodau** la fleuriste

gwestai ENW GWR/BEN
l'invité (g)
l'invitée (b)

gwesteiwr ENW GWR
l'hôte (g)

gwesteiwraig ENW BEN
l'hôtesse (b)

gwesty ENW GWR
l'hôtel (g)
■ **gwesty pedair seren** un hôtel quatre étoiles

gwgu BERF
froncer les sourcils

gwialen bysgota ENW BEN
la canne à pêche

gwibio BERF
sprinter (chwaraeon)

gwichian BERF
grincer

gwifren ENW BEN
le fil

gwin ENW GWR
le vin
■ **gwin coch** le vin rouge
■ **gwin gwyn** le vin blanc
■ **gwin rosé/rhosliw** le vin rosé

gwir ANSODDAIR
vrai (BEN **vraie**)
❏ Mae'r hanes yn wir. L'histoire est vraie.

gwireddu BERF
réaliser
se rèaliser (cael ei wireddu)
❏ Gobeithio bydd dy freuddwyd yn cael ei gwireddu. J'espère que ton rêve se réalisera.

gwirfoddol ANSODDAIR
volontaire (BEN **volontaire**)
❏ Mae e'n gweithio'n wirfoddol. Il travaille à titre volontaire.

gwirio BERF
vérifier

gwirion ANSODDAIR
bête (BEN **bête**)
❏ Mae e braidd yn wirion. Il est un peu bête.

gwirionedd ENW GWR
la vérité

gwirioneddol ADFERF
vraiment (o flaen ansoddair)
❏ Mae Llydaw yn wirioneddol bert. La Bretagne est vraiment belle.

gwirioni BERF
■ **gwirioni ar** se raffoler de

gwisg ENW BEN
le costume
■ **gwisg Lydewig** le costume breton

gwisg nofio ENW BEN
le maillot de bain

gwisg ysgol ENW BEN
l'uniforme (b) (scolaire)

gwisgo BERF
porter
❏ Beth wyt ti'n mynd i wisgo heno? Qu'est-ce que tu ras porter ce soir?
s'habiller (y weithred o roi dillad amdanoch)
❏ Rhaid gwisgo'n gyflym yn y bore. Il faut s'habiller vite le matin.

gwiwer ENW BEN
l'écureuil (g)

Gwlad Belg ENW BEN
la Belgique
■ **i Wlad Belg** en Belgique
■ **yng Ngwlad Belg** en Belgique

Gwlad Groeg ENW BEN
la Grèce
■ **i Wlad Groeg** en Grèce

g

■ **yng Ngwlad Groeg** en Grèce

Gwlad Pŵyl ENW BEN

la Pologne

■ **i Wlad Pŵyl** en Pologne

■ **yng Ngwlad Pŵyl** en Pologne

gwladol ANSODDAIR

d'État *(yn perthyn i'r wladwriaeth)*

■ **ysgol wladol** l'école publique

gwladwriaeth ENW BEN

l'État (g)

■ **y wladwriaeth Ffrengig** l'État français

gwlân ENW GWR

la laine

■ **siwmper wlân** un pull en laine

gwlanen ENW BEN

le gant de toilette *(i ymolchi)*

gwledd ENW BEN

le banquet

gwlff ENW GWR

le golfe

gwlyb ANSODDAIR

mouillé (BEN **mouillée**)

❑ Mae fy nhrowsus yn wlyb. Mon pantalon est mouillé.

gwlychu BERF

se mouiller

❑ Dwi wedi gwlychu'r llawr. J'ai mouillé le plancher.

gwm cnoi ENW GWR

le chewing-gum

gwn ENW GWR

le fusil

gŵn nos ENW GWR

la chemise de nuit

gwneud BERF

faire *(cyffredinol)*

❑ Heddiw rydyn ni'n mynd i wneud cacen. Aujourd'hui nous allons faire un gâteau.

❑ Mae 3 ac 1 yn gwneud 4. 3 et 1 font 4.

fabriquer *(cynhyrchu)*

❑ Mae'r ffatri yn gwneud dillad. L'usine fabrique des vêtements.

■ **gwneud eich orau** faire de son mieux

❑ Maent yn gwneud y gorau o'r sefyllfa. Ils profitent au maximum de la situation.

▷ *gweler hefyd* **cynhyrchu**

gwneud heb BERF

se passer de

❑ Mae hi'n gwneud heb lawer o bethau er mwyn ei phlant. Elle se passe de beaucoup de choses pour ses enfants.

gwneud mân dasgau BERF

bricoler

gwneud synnwyr BERF

avoir du sens

❑ Dyw hyn ddim yn gwneud synnwyr! Cela n'a pas de sens!

gwneud twll BERF

percer

gwneuthurwr ENW GWR

le fabricant

■ **y gwneuthurwyr** les fabricants

gwneuthurwraig ENW BEN

le fabricante

gwnïo BERF

coudre

gwnïo ENW GWR

la couture

❑ Mae hi'n hoffi gwnïo. Elle adore faire de la couture.

gwobr ENW BEN

le prix

■ **y wobr fawr** le grand prix

gŵr ENW GWR

l'homme *(dyn)*

le mari *(priod)*

■ **gŵr gwadd** l'invité

■ **gŵr o Lundain** un Londonien

■ **gŵr wedi ysgaru** le divorcé

gwrach ENW BEN

la sorcière

gwraig ENW BEN

la femme *(dynes, priod)*

■ **gwraig fonheddig** la dame

■ **gwraig fferm** la fermière

■ **gwraig tŷ** la femme au foyer

gwrando BERF

écouter

■ **gwrando ar y radio** écouter la radio

gwregys achub ENW GWR

la bouée de sauvetage

gwregys diogelwch ENW GWR

la ceinture de sécurité

❑ Rhowch eich gwregysau arno! Attachez vos cenitures!

gwreiddiol ANSODDAIR

originaire (BEN **originaire**)

❑ Mae hi'n dod yn wreiddiol o dde Ffrainc. Elle est originaire du Midi.

gwreiddyn ENW GWR

la racine

gwres ENW GWR

la chaleur

■ **gwres llethol** la canicule, le chauffage *(mewn tŷ)* ❑ Rhowch y gwres arno! Allumez le chauffage!

g

gwresog ANSODDAIR
chaleureux (BEN **chaleureuse**, GWR LLUOSOG chaleureux)

gwresogydd ENW GWR
le radiateur

gwrthdystiad ENW GWR
la protestatiion

gwrth-ddweud BERF
contredire

gwrthgyferbyniad ENW GWR
le contraste

gwrthod BERF
refuser

gwrthrych ENW GWR
l'objet (g) *(peth)*

gwrthwynebiad ENW GWR
l'opposition (b)

gwrthwynebu BERF
s'opposer à
❑ Dwi'n gwrthwynebu trais. Je m'oppose à la violence.

gwrych ENW GWR
la haie

gwryw ENW GWR
le mâle

gwrywaidd ANSODDAIR
masculin (BEN **masculine**)

gwsberen ENW BEN
la groseille à maquereau *(eirin Mair)*

gwthio BERF
pousser
❑ Peidiwch â gwthio! Arrêtez de pousser!

gwybedyn ENW GWR
la mouche
la moucheron *(gwybodyn mân)*

gwybod BERF
savoir
❑ Dwi ddim yn gwybod. Je ne sais pas.

gwybodaeth ENW BEN
l'information (b) *(ffeithiau)*

gwych ANSODDAIR
génial (BEN **géniale**)

gwydn ANSODDAIR
solide (BEN **solide**)

gwyddbwyll ENW BEN
les échecs (g.ll)
■ **chwarae gwyddbwyll** jouer aux échecs

Gwyddel ENW GWR
l'Irlandais (g) *(dyn o Iwerddon)*

Gwyddeleg ENW GWR/BEN
l'irlandais (g) *(yr iaith)*

Gwyddeles ENW BEN
l'Irlandaise (b) *(dynes o Iwerddon)*

Gwyddelig ANSODDAIR
irlandais (BEN **irlandaise**)
■ **cerddoriaeth Wyddelig** la musique irlandaise

gwyddoniadur ENW GWR
l'encyclopédie (b)

gwyddoniaeth ENW BEN
les sciences (b.ll)

gwyddonol ANSODDAIR
scientifique (BEN **scientifique**)

gwyddonydd ENW GWR
le scientifique
la scientifique

gŵyl ENW BEN
le festival

gŵyl y banc ENW BEN
le jour férié

Gŵyl yr Holl Saint ENW BEN
la Toussaint

gwylaidd ANSODDAIR
modeste (BEN **modeste**)

gwylan ENW BEN
la mouette

gwyleidd-dra ENW GWR
la modestie

gwyliadwriaeth ENW BEN
la vigilance

gwyliau ENW BEN LLUOSOG
les vacances (b.ll)
■ **gwyliau'r haf** les grandes vacances

gwylio BERF
regarder
■ **gwylio'r teledu** regarder la télé

gwyliwr ENW GWR
le téléspectateur *(teledu)*

gwylwraig ENW BEN
la téléspectatrice *(teledu)*

gwyllt ANSODDAIR
sauvage (BEN **sauvage**)

gwylltio BERF
se mettre en colère
■ **gwylltio rhywun** fâcher quelqu'un
❑ Gwylltiodd o weld y difrod. Il s'est mis en colère en voyant le dommage.

gwyn ANSODDAIR
blanc (BEN **blanche**)
■ **Eira Wen** Blanche-Neige
■ **gwallt gwyn** les cheveux blancs

gwynt ENW GWR
le vent *(tywydd)*
le souffle *(anadl)*

gwyntog ANSODDAIR
venteux (BEN **venteuse**)
❑ Mae hi'n wyntog. Il y a du vent.

gwyntyll ENW BEN
l'éventail (g)

gwynwy ENW GWR
le blanc d'œuf

gwyro BERF
se pencher

gwyrth ENW BEN
le miracle

gwystl ENW GWR
l'otage (g)

gyd ENW GWR ▷ *gweler* **i gyd**

gyda ARDDODIAD
avec
■ **gyda gofal** avec soin ❑ gyda llaw à propos, au fait

gyferbyn â ARDDODIAD
en face de
■ **en face de la gare** gyferbyn â'r orsaf

gymnasteg ENW BEN
la gymnastique

gyrfa ENW BEN
la carrière

gyrru BERF
conduire
❑ Wyt ti'n gallu gyrru car? Est-ce que tu sais conduire une voiture?

gyrrwr ENW GWR
le conducteur

gyrrwr beic modur ENW GWR
le motocycliste

gyrwraig ENW BEN
la conductrice

gyrwraig beic modur ENW BEN
la motocycliste

g

H|h

haciwr ENW GWR
le/la pirate informatique

had ENW LLUOSOG ▷ *gweler* **hedyn**

haearn ENW GWR
le fer
■ **haearn smwddio** le fer à repasser

haeddu BERF
mériter

hael ANSODDAIR
généreux (BEN **généreuse**)
❑ Mae dy fam yn hael, mae hi bob amser yn rhoi arian i ni. Ta mère est généreuse, elle nous donne toujours de l'argent.

haelioni ENW GWR
la générosité

haen ENW BEN
la couche
■ **haen oson** la couche d'ozone

haerllug ANSODDAIR
insolent (BEN **insolente**)

haerllugrwydd ENW GWR
l'insolence (b)

haf ENW GWR
l'été (g)
■ **yn yr haf** en été

hafal ANSODDAIR
égal (BEN **égale**, GWR LLUOSOG **égaux**)
■ **bod yn hafal i** être égal à

hafaliad ENW GWR
l'équation (b) *(mathemateg)*

hanger ENW GWR
le cintre *(dillad)*

haint ENW BEN
l'infection (b)

halen ENW GWR
le sel

hallt ANSODDAIR
salé (BEN **salée**)

halltu BERF
saler

ham ENW GWR
le jambon
■ **brechdan ham** un sandwich au jambon

hambwrdd ENW GWR
le plateau

hamdden ENW BEN
le loisir
❑ Mae gen i hamdden i wylio'r teledu. J'ai le loisir de regarder la télévision. ❑ Beth wyt ti'n ei wneud yn dy amser hamdden? Qu'est-ce que tu fais pendant ton temps libre?
■ **diddordeb amser hamdden** le passe-temps
■ **canolfan hamdden** le centre de loisirs

hamddenol ANSODDAIR
lent (BEN **lente**)
■ **yn hamddenol** lentement

hances ENW BEN
le mouchoir

handlen ENW BEN
la manivelle *(car, peiriant)*
l'anse (b) *(basged, bwced)*
la poignée *(drws, cês)*

hanes ENW GWR
l'histoire (b)

hanesyddol ANSODDAIR
historique (BEN **historique**)

hanfodol ANSODDAIR
essentiel (BEN **essentielle**)
■ Mae'n hanfodol dod â welingtons. Il est essentiel d'apporter des bottes en caoutchouc.

hanner ENW GWR
la moitié
■ **gadael gwaith ar ei hanner** laisser un travail à moitié fait ❑ **am hanner pris** à moitié prix

hanner awr ENW GWR
la demi-heure

hanner colon ENW GWR
le point virgule *(atalnod)*

hanner brawd ENW GWR
le demi-frère (LLUOSOG **les demi-frères**)

hanner cylch ENW GWR
le demi-cercle

hanner cyntaf ENW GWR
la mi-temps *(gêm)*

hanner chwaer ENW BEN
la demi-sœur (LLUOSOG **les demi-sœurs**)

hanner diwrnod ENW GWR
la demi-journée

hanner dydd ENW GWR
le midi
■ **am hanner dydd** à midi

hanner ffordd ENW GWR
le mi-chemin
❑ Rydyn ni hanner ffordd. Nous sommes à mi-chemin.

hanner nos ENW GWR
le minuit
■ **am hanner nos** à minuit

hanner tymor ENW GWR
les petites vacances (b.ll)

hanu BERF
être originaire (de) *(dod yn wreiddiol o)*
❑ Dwi'n hanu o Fachynlleth. Je suis originaire de Machynlleth.

hapus ANSODDAIR
heureux (BEN **heureuse**)
❑ Mae hi'n hapus. Elle est heureuse.
■ **cân hapus** une chanson gaie
■ **Pen-blwydd hapus!** Bon anniversaire!

hapusrwydd ENW GWR
le bonheur

harbwr ENW GWR
le port

hardd ANSODDAIR
beau (BEN **belle**, GWR LLUOSOG **beaux**)

harddwch ENW GWR
la beauté

hast ENW BEN
la hate
■ **ar hast** à la hâte

haul ENW GWR
le soleil
❑ Mae'r haul yn disgleirio. Le soleil brille.
■ **yn yr haul** au soleil

hawdd ANSODDAIR
facile (BEN **facile**)
■ **yn hawdd** facilement

hawl ENW BEN
le droit
■ **bod â'r hawl i wneud rhywbeth** avoir le droit de faire quelque chose

heb ARDDODIAD
sans
■ **heb amheuaeth** sans doute ❑ Mae e wedi mynd allan heb gôt. Il est sorti sans manteau.

heblaw ARDDODIAD
sauf
❑ pawb heblaw amdanaf i tout le monde sauf moi
■ **heblaw am rywbeth** à l'exception de quelque chose

hebrwng BERF
escorter *(rhywun i rywle)*

hecsagon ENW GWR
l'hexagone (g)
■ **Ffrainc** l'Hexagone ❑ Mae'r papurau yn aml yn siarad am yr Hecsagon yn hytrach na Ffrainc. Les journaux parlent souvent de l'Hexagone plutôt que de La France.

hedfan BERF
voler
❑ Hedfanodd yr awyren drwy'r nos. L'avion a volé toute la nuit.
aller en avion
❑ Hedfanodd fy ewythr o Lundain i Malaga. Mon oncle est allé en avion de Londres à Malaga.
■ **Mae'r amser yn hedfan.** Le temps passe vite.

hedfan i ffwrdd BERF
s'envoler
❑ Bob hydref mae'r gwenoliaid yn hedfan i ffwrdd. Chaque automne les hirondelles s'envolent.

hedyn ENW GWR
la graine
▷ *gweler hefyd* **had**

heddiw ADFERF
aujourd'hui
❑ Pa ddiwrnod yw hi heddiw? Quel jour est-on aujourd'hui?

heddlu ENW GWR
la police
■ **galw'r heddlu** appeler la police

heddwas ENW GWR
le policier

heddwch ENW GWR
la paix

heddychlon ANSODDAIR
pacifique (BEN **pacifique**)
■ **protest heddychlon** une manifestation pacifique

heddychwr ENW GWR
le pacifiste

h

heddychwraig ENW BEN
  la pacifiste

hefyd ADFERF
  aussi
  ❑ Fe ddaeth ei frawd i'r ysgol hefyd. Son frère est venu à l'école aussi.

heibio ADFERF
  ■ **mynd heibio** passer ❑ Ewch heibio'r eglwys. Passez devant l'église.
  ■ **rhoi rhywbeth heibio (i'w gadw)** mettre quelque chose de côté

heini ANSODDAIR
  agile (BEN **agile**)
  ■ **cadw'n heini** se maintenir en forme

heintiad ENW GWR
  l'infection (b)

heintio BERF
  infecter

heintus ANSODDAIR
  contagieux (BEN **contagieuse**)
  ❑ Mae e'n heintus. C'est contagieux.

hela BERF
  chasser

helaeth ANSODDAIR
  vaste (BEN **vaste**)
  ❑ Fe gafodd swm helaeth ar ôl ei dad. Il a hérité d'une vaste somme d'argent de son père.

helfa ENW BEN
  la chasse
  ■ **helfa drysor** la chasse au trésor

heliwr ENW GWR
  le chasseur

Helô! EBYCHIAD
  Bonjour! (yn y dydd)
  Bonsoir! (yn y nos)
  Allô! (ar y ffôn)

help ENW GWR
  l'aide (b)
  ❑ Diolch am eich help. Merci de votre aide.
  ■ **Help!** Au secours!

helpu BERF
  aider
  ❑ Gadewch i mi eich helpu. Laissez-moi vous aider.

helynt ENW GWR/BEN
  l'ennui (g)

hem ENW BEN
  l'ourlet (g)

hen ANSODDAIR
  vieux (BEN **vieille**, GWR LLUOSOG **vieux**)
  ❑ hen gath un vieux chat ❑ hen gitâr une vieille guitare

vieil (cyn llafariad a'r rhan fwyaf o eiriau yn dechrau â 'h')
  ❑ hen ddyn un vieil homme
  âgé/âgée (BEN **âgée**)
  ❑ hen bobl les personnes âgées

hen ANSODDAIR
  ancien (BEN **ancienne**) (cyn)
  ❑ fy hen athro Ffrangeg mon ancien professeur de français

hen bethau ENW LLUOSOG
  les antiquités (b.ll)

hen dad-cu/hen daid ENW GWR
  l'arrière grand-père (g)
  ❑ Mae fy hen daid wedi ei gladdu yma. Mon arrière grand-père est enterré ici.

hen ffasiwn ANSODDAIR
  démodé (BEN **démodée**)
  ❑ Mae hi'n gwisgo dillad hen ffasiwn. Elle porte des vêtements démodés.
  vieux jeu (o ran natur, yn eich ffordd) (BEN **vieux jeu**) ❑ Mae fy rhieni braidd yn hen ffasiwn. Mes parents sont plutôt vieux jeu.

hen fam-gu/ hen nain ENW BEN
  l'arrière grand-mère (b)

henaint ENW GWR
  la vieillesse

henoed ENW GWR
  les vieux (g.ll)
  ■ **cartref yr henoed** le foyer des personnes âgées

heol ENW BEN
  le chemin (fach)
  la route (mewn tref)

her ENW BEN
  le défi
  ❑ Yr oedd y swydd newydd yn dipyn o her iddo. Le noveau poste constituait un défi pour lui.

herian BERF
  taquiner
  ❑ Dim ond herian oeddwn i. Je ne faisais que taquiner.

heroin ENW GWR
  l'héroïne (b)
  ❑ Mae heroin yn gyffur peryglus iawn. L'héroïne est une drogue très dangereuse.

herwgipiad ENW GWR
  le détournement

herwgipio BERF
  détourner (car, awyren)
  kidnapper (person)

het ENW BEN
  le chapeau (LLUOSOG **les chapeaux**)

heulog ANSODDAIR
ensoleillé (BEN **ensoleillée**)
❏ diwrnod heulog une journée ensoleillée
hi RHAGENW
elle
❏ Mae hi'n fach. Elle est petite.
la
■ **Rwy'n ei gweld hi.** Je la vois.
hil ENW BEN
la race
■ **yr hil ddynol** la race humaine
hiliaeth ENW BEN
le racisme
hiliol ANSODDAIR
raciste (BEN **raciste**)
Hindŵ ANSODDAIR
hindou (BEN **hindoue**)
Hindŵ ENW GWR/BEN
l'Hindou (g)
l'Hindoue (b)
hinsawdd ENW BEN
le climat
hipopotamws ENW GWR
l'hippopotame (g)
hir ANSODDAIR
long (BEN **longue**)
❏ Mae ganddi wallt hir. Elle a les cheveux longs.
longtemps (amser)
■ **Cymerodd hi amser hir i gyrraedd.** Elle a mis longtemps pour arriver.
hiraethu BERF
avoir la nostalgie (de)
■ **hiraethu am gartref** avoir la nostalgie de chez soi
hiraethus ANSODDAIR
nostalgique (BEN **nostalgique**)
■ **yn hiraethus** nostalgiquement
hirgrwn ANSODDAIR
ovale (BEN **ovale**)
hirnod ENW GWR
l'accent circonflexe (g) (gramadeg, to bach)
hirsgwar ANSODDAIR
oblong (BEN **oblongue**)
hithau RHAGENW
elle aussi
❏ Dydy hithau ddim yn ei glywed chwaith. Elle ne l'entend pas non plus.
HIV ENW GWR
VIH (g) (virus de l'immuno-déficience humaine)
hiwmor ENW GWR
l'humour (g)

hobi ENW GWR
le passe-temps
❏ Fy hoff hobi ydy chwarae pêl-droed. Mon passe-temps favori est le foot.
hoci ENW GWR
le hockey
■ **Rwy'n chwarae hoci.** Je joue au hockey.
hoelen ENW BEN
le clou
hofrenfad ENW GWR
l'aéroglisseur (g) (hovercraft)
hofrennydd ENW GWR
l'hélicoptère (g)
hoff ANSODDAIR
préféré (BEN **préférée**)
■ **Fy hoff ffrwyth ydy afal.** La pomme c'est mon fruit préféré.
hoffi BERF
aimer
❏ Yn yr haf rwy'n hoffi nofio yn y môr. En été j'aime bien nager dans la mer.
hoffus ANSODDAIR
aimable (BEN **aimable**)
■ **Mae'r gath yn hoffus iawn.** La chatte est très aimable.
hongian BERF
accrocher (llenni, darlun)
pendre (dillad)
■ **hongian rhywbeth ar** suspendre quelque chose à
Holand ENW BEN
la Hollande
■ **i Holand** en Hollande
■ **yn Holand** en Hollande
holi BERF
demander à (gofyn i)
interroger (holi yn fanwl)
holiadur ENW GWR
le questionnaire
■ **llenwi holiadur** remplir un questionnaire
holl ANSODDAIR
entier (BEN **entière**)
■ **yr holl fyd** le monde entier
▷ gweler hefyd **i gyd**
yn hollol
■ **Yn hollol!** Entièrement!
❏ Mae e'n hollol iawn. Il a entièrement raison.
❏ Yn hollol! (cytuno â rhywun) Exactement!
hollt ENW BEN
la fente
hollti BERF
fendre
hon ANSODDAIR

ce *(o flaen enw gwrywaidd)*
❑ y ffeil hon ce classeur
cet *(o flaen enw sy'n dechrau â llafariad neu'r llythyren h)*
❑ y storm hon cet orage
cette *(o flaen enw benywaidd)*
❑ yr wythnos hon cette semaine
▷ *gweler hefyd* **hon** RHAGENW DANGOSOL

hon RHAGENW DANGOSOL
celui-ci (BEN **celle-ci**) *(hon fan hyn)*
❑ Mae'n well gen i hon na honna. Je préfère celui-ci/celle-ci à celui-là/celle-là.
▷ *gweler hefyd* **hon** ANSODDAIR

honedig ANSODDAIR
réputé (BEN **réputée**)

honna RHAGENW
celui-là (BEN **celle-là**, GWR LLUOSOG **ceux-là**, BEN LLUOSOG **celles-là**)
❑ Mae'n well gen i hon na honna. Je préfère celui-ci/celle-ci à celui-là/celle-là.

honni BERF
affirmer
■ **honni bod** affirmer que

honno ANSODDAIR
■ y ffeil honno ce classeur-là
■ y storm honno cet orage-là
■ yr wythnos honno cette semaine-là

hosan ENW BEN
la chaussette

hostel ieuenctid ENW GWR
l'auberge (b) de jeunesse

hoyw ANSODDAIR
homosexuel (BEN **homosexuelle**)

hud ENW GWR
la magie

hudo BERF
charmer

hudol ANSODDAIR
charmant (BEN **charmante**)

hudolus ANSODDAIR
attrayant (BEN **attrayante**)

hufen ENW GWR
la crème
■ hufen chwip la crème fouettée

hufen iâ ENW GWR
la glace

hufennog ANSODDAIR
crémeux (BEN **crémeuse**)

hun RHAGENW
■ **fi fy hun** moi-même
■ **ti dy hun** toi-même
■ **ef ei hun** lui-même
■ **hi ei hun** elle-même

■ **ni ein hunain** nous-mêmes
■ **chi eich hun (un person)** vous-même
■ **chi eich hunain** vous-mêmes
■ **nhw eu hunain** eux-mêmes
■ **nhw eu hunain** ells-mêmes
▷ *gweler hefyd* **fi**

hunanbwysig ANSODDAIR
vaniteux (BEN **vaniteuse**)

hunanhyder ENW GWR
la confiance
❑ Mae gen i hunanhyder. J'ai de la confiance.

hunaniaeth ENW BEN
l'identité (b)

hunanol ANSODDAIR
égoïste (BEN **égoïste**)

hunanwasanaeth ENW GWR, ANSODDAIR
le self-service
❑ bwyty hunan-wasanaeth un restaurant self-service

hunllef ENW BEN
le cauchemar
■ **cael hunllef** faire un cauchemar

hurt ANSODDAIR
bête (BEN **bête**)
■ **Paid â bod yn hurt!** Ne sois pas stupide!

hurtrwydd ENW GWR
la stupidité

hwfer ENW GWR
l'aspirateur (g)

hwfro BERF
passer l'aspirateur
❑ hwfro'r lolfa passer l'aspirateur dans le salon

hwiangerdd ENW BEN
la berceuse

hwligan ENW GWR
le voyou (LLUOSOG **les voyous**)

hwn ANSODDAIR
ce *(o flaen enw gwrywaidd)*
❑ y ci hwn ce chien
cet *(o flaen enw sy'n dechrau â llafariad neu'r llythyren h)*
❑ y dyn hwn cet homme
cette *(o flaen enw benywaidd)*
❑ y tŷ hwn cette maison

hwn RHAGENW DANGOSOL
celui-ci (BEN **celle-ci**) *(hwn fan hyn)*
❑ Mae'n well gen i hwn na hwnna. Je préfère celui-ci/celle-ci à celui-là/celle-là.

Hwngaraidd ANSODDAIR
hongrois (BEN **hongroise**)
■ **Mae'r ddawns werin Hwngaraidd yn lliwgar.** La danse folklorique hongroise est

pleine de couleur.

Hwngareg ENW BEN
le hongrois *(yr iaith)*

Hwngariad ENW GWR
le Hongrois
la Hongroise

hwnna RHAGENW
ça
❏ Beth yw hwnna? Qu'est-ce que c'est que ça?
celui-là (BEN **celle-là**, GWR LLUOSOG **ceux-là**, BEN LLUOSOG **celles-là**)
❏ Faint mae hwnna'n costio? Combien coûte celui-là?

hwnnw/hynny ANSODDAIR
ce *(o flaen enw gwrywaidd)*
❏ y llyfr hwnnw ce livre-là
cette *(o flaen enw ben)*
❏ y tŷ hwnnw cette maison-là
ces *(o flaen enw lluosog)*
■ y llyfrau hynny ces livres-là

hwrdd ENW GWR
le bélier
■ arwydd yr Hwrdd le Bélier

Hwrê! EBYCHIAD
Hourra!
❏ Hwrê i'r tîm rygbi! Hourra pour l'équipe de rugby!

hwy ▷ *gweler* nhw

hwyaden ENW BEN
le canard

hwyl ENW BEN
■ cael hwyl s'amuser ❏ Mae'n hwyl! C'est chouette!
■ bod mewn hwyliau da/drwg être de bonne/mauvaise humeur

Hwyl fawr! EBYCHIAD
Au revoir
❏ Hwyl fawr am y tro. À bientôt.

hwylio BERF
faire de la voile
❏ Mae Cei Newydd yn lle ardderchog i hwylio. New Quay est un endroit superbe pour faire de la voile.

hwylus ANSODDAIR
commode (BEN **commode**) *(cyfleus)*
❏ Mae'r tŷ hwn yn hwylus i ni. Cette maison est commode pour nous.

hwyr ANSODDAIR, ADFERF
en retard
■ Mae'r trên yn hwyr. Le train est en retard.
tard
❏ Es i i'r gwely yn hwyr. Je me suis couché

tard.
■ yr hwyr le soir ❏ am 6 o'r gloch yr hwyr à six heures du soir

hy ANSODDAIR
effronté (BEN **effrontée**) *(digywilydd)*

hyblyg ANSODDAIR
flexible (BEN **flexible**)

hyd ENW GWR, ARDDODIAD
la longeur
■ chwech metr o hyd une longeur de six mètres
le long de
❏ Cerddais ar hyd y traeth. J'ai marché le long de la plage.
la durée
❏ Hyd y ffilm yw dwy awr. La durée du film est de deux heures.

hyder ENW GWR
la confiance

hyderus ANSODDAIR
confiant (BEN **confiante**)

hydoddi BERF
dissoudre *(sylwedd, cemeg)*

hydradu BERF
hydrater

Hydref ENW GWR
octobre (g)
■ ym mis Hydref en octobre
l'automne (g) *(y tymor)*
■ yn yr hydref en automne

hyfryd ANSODDAIR
agréable (BEN **agréable**) *(tywydd)*
charmant (BEN **charmante**) *(person, lle)*

hyfforddi BERF
s'entraîner *(ymarfer ar gyfer chwaraeon)*
dresser *(anifail)*
■ hyfforddi i fod yn athro/athrawes suivre une formation d'enseignant/d'enseignante

hyfforddiant ENW GWR
l'entraînement (g) *(ar gyfer gêm)*

hyfforddwr ENW GWR
l'entraîneur (g)

hyfforddwraig ENW BEN
l'entraîneuse (b)

hylif ENW GWR
le liquide

hyll ANSODDAIR
laid (BEN **laide**)

hyn RHAGENW, ANSODDAIR
ces
■ y plant hyn ces enfants
ceci *(gydag être)*
❏ Beth yw hyn? Qu'est-ce que c'est que ceci?

▷ *gweler hefyd* **hon** a **hwn**

hŷn ANSODDAIR

plus vieux (BEN **plus vieille**, GWR LLUOSOG **plus vieux**)

plus âgé (BEN **plus âgée**)

❑ Pe bawn i'n hŷn Si j'étais plus âgé ❑ fy mrawd hŷn mon frère aîné ❑ fy chwaer hŷn ma sœur aînée

hynaws ANSODDAIR

gentil (BEN **gentille**)

hynod ANSODDAIR

remarquable (BEN **remarquable**)

❑ Mae e'n gwneud gwaith hynod. Il fait un travail remarquable.

■ **yn hynod** remarquablement

hynny ▷ *gweler* **hwnnw**

hysbys ANSODDAIR

connu (BEN **connue**)

hysbyseb ENW BEN

la publicité *(ar y teledu)*

l'annonce (b) *(mewn papur newydd)*

hysbysebu BERF

faire de la publicité *(gwerthu)*

❑ Maen nhw'n hysbysebu am gar. Ils font de la publicité pour une voiture. ❑ Mae swyddi yn cael eu hysbysebu yn y papur newydd. Le journal public des annonces d'emplois.

hysbysfwrdd ENW GWR

le panneau d'affichage (LLUOSOG **les panneaux d'affichage**)

hysbysu BERF

informer

■ **hysbysu rhywun o rywbeth** informer quelqu'un de quelque chose ❑ Cawsom ein hysbysu o'i ymadawiad ddoe. On nous a informé de son départ hier.

I i

i ARDDODIAD
à *(i dref)*
❑ Rwy'n mynd i Fangor yfory. Je vais à Bangor demain.
en *(i wlad ag enw benywaidd)*
❑ Rwy'n mynd i Ffrainc yfory. Je vais en France demain.
au *(i wlad ag enw gwrywaidd)*
❑ Rwy'n mynd i Gymru yfory. Je vais au pays de Galles demain.
à *(i rywun)*
■ **rhoi rhywbeth i rywun** donner quelque chose à quelqu'un ❑ Rhoddais arian i Pierre. J'ai donné de l'argent à Pierre.
pour *(er mwyn)*
❑ Fe aeth adref i gysgu. Il est rentré chez lui pour dormir.

i fi, i ti, iddo (ef), iddi (hi), i ni, i chi, iddynt (hwy) ARDDODIAD
me, te, lui, lui, nous, vous, leur
■ **Rhoddodd y llyfr i fi.** Il m'a donné le livre.
❑ Rhoddodd y llyfr iddo/iddi. Il lui a donné le livre.

i fyny ADFERF
en haut
❑ Mae'r ystafell wely i fyny. La chambre est en haut.

i gyd ANSODDAIR
tout (BEN **toute**, GWR LLUOSOG **tous**)
■ **Mae'r wlad i gyd o blaid.** Tout le pays est pour. ❑ Mae'r dosbarth i gyd yn sâl. Toute la classe est malade.

i lawr ADFERF
en bas *(ar lefel is)*
■ **i lawr yn y fan yma** ici en bas
■ **i lawr yn y fan yna** là-bas
à terre *(i'r llawr)*
❑ Taflodd ei raced i lawr. Il a jeté sa raquette à terre.

i'r dde / i'r chwith ADFERF
à droite/à gauche
❑ Cymerwch yr heol gyntaf i'r dde, wedyn yr ail i'r chwith. Prenez la première rue à droite, et puis la deuxième à gauche.

iâ ENW GWR
la glace

iach ANSODDAIR
en bonne santé
❑ Roedd hi'n hollol iach ar ôl y gwyliau. Elle était en bonne santé après les vacances.

iacháu BERF
guérir

iachus ANSODDAIR
sain (BEN **saine**)
■ **deiet iachus** une alimentation saine

iaith ENW BEN
la langue
■ **iaith lenyddol** le langage littéraire
■ **defnyddio iaith fudr** dire des grossièretés

iâr ENW BEN
la poule

iâr fach yr haf ENW BEN
le papillon

iard ENW BEN
la cour

iasoer ANSODDAIR
glacial (BEN **glaciale**)
■ **dŵr iasoer** de l'eau glaciale

iau ANSODDAIR
plus jeune (BEN **plus jeune**) *(ifancach)*
❑ Mae ef yn iau na'i chwaer. Il est plus jeune que sa sœur.

Iau ENW GWR
jeudi (g)
■ **dydd Iau** le jeudi
■ **ar ddydd Iau** le jeudi
■ **pob dydd Iau** tous les jeudis

iawn ANSODDAIR
bien *(yn foesol gywir)*
❑ Nid yw hi'n iawn i ddweud celwydd. Ce n'est pas bien de mentir.

Iawn! EBYCHIAD
D'accord!
❑ 'Aros i ni gyrraedd.' - 'Iawn!' 'Attends notre arrivée.' - 'D'accord!'

iawn ADFERF
très *(ar ôl ansoddair)*
■ **gwirion iawn** très ridicule ❑ Rwy'n hapus iawn. Je suis très heureux.

Iddew ENW GWR
le Juif

Iddewes ENW BEN
la Juive

ie ADFERF
oui
(ar ôl cwestiwn neu osodiad cadarnhaol)
■ **'Ai'ch chwaer yw hi?'--- 'Ie.'** 'Elle est votre sœur?'--- 'Oui.'
si *(ar ôl cwestiwn neu osodiad negyddol)*
❑ 'Nid eich brawd yw ef?' 'Ie, wir!' 'Ce n'est pas votre frère?''Si!'

iechyd ENW GWR
la santé
■ **Iechyd da!** A votre santé! ❑ Ar ôl y gwyliau, mae ei iechyd yn dda. Après les vacances il est en bonne santé.

Iesu ENW GWR
Jésus *(g)*
■ **Iesu Grist** Jésus-Christ

ieuenctid ENW GWR
la jeunesse
❑ Yn fy ieuenctid roeddwn i'n chwarae rygbi. Dans ma jeunesse je jouais au rugby.
les jeunes *(g/b.ll)* *(pobl ifainc)*

ieuengaf ANSODDAIR
le plus jeune (BEN **la plus jeune**)
■ **Jean yw'r ieuengaf o'r teulu.** Jean est le plus jeune de la famille. ❑ Marie yw'r chwaer ieuengaf. Marie est la sœur la plus jeune.

ifanc ANSODDAIR
jeune (BEN **jeune**)
■ **pobl ifanc** les jeunes

igian BERF
avoir le hoquet
❑ 'Rwy'n aml yn igian ar ôl bwyta. J'ai souvent le hoquet après avoir mangé.

ildio BERF
céder

inc ENW GWR
l'encre (b)

incwm ENW GWR
le revenu
■ **incwm blynyddol** le revenu annuel

India ENW BEN
l'Inde (b)
■ **i India** en Inde
■ **yn India** en Inde

Indiad ENW GWR/BEN
l'Indien (g)
l'Indienne (b)

Indiad coch ENW GWR/BEN
le Peau Rouge (BEN **la Peau Rouge**, LLUOSOG **les Peaux Rouges**)

Indiaidd ANSODDAIR
indien (BEN **indienne**)
■ **Mae crefftau Indiaidd yn hardd.** Les objects artisanaux indiens sont beaux.

injan ENW BEN
le moteur *(modur car)*
la machine *(peiriant)*
■ **injan dân** la voiture de pompiers

inswlin ENW GWR
l'insuline (b)

intercom ENW GWR
l'interphone (g)

io-io ENW GWR
le yo-yo

ioga ENW GWR/BEN
le yoga

iogwrt ENW GWR
le yaourt

Ionawr ENW GWR
janvier *(g)*
■ **ym mis Ionawr** en janvier
■ **y pumed o Ionawr** le cinq janvier

iorwg ENW GWR
le lierre

iPod ® ENW GWR
l'iPod ® *(g)*

Irac ENW BEN
l'Iraq *(g)*
■ **i Irac** en Irac
■ **yn Irac** en Irac

Iran ENW BEN
l'Iran *(g)*
■ **i Iran** en Iran
■ **yn Iran** en Iran

is ADFERF
■ **yn is** plus bas
■ **troi'r radio yn is** baisser la radio
■ **siarad yn is** baisser la voix

isaf ANSODDAIR
le plus bas (BEN **la plus basse**, GWR LLUOSOG **les plus bas**)

isafbwynt ENW GWR
le point le plus bas
❑ Mae'r prisiau wedi cyrraedd isafbwynt. Les prix sont arrivés au point le plus bas.

isafswm ENW GWR
le minimum

is-deitl ENW GWR
le sous-titre
■ **ffilm ag iddi is-deitlau** un film sous-titré
❑ Rwy'n hoff o edrych ar ffilmiau Eidaleg heb is-deitliau. J'aime regarder des films italiens sans sous-titres.

is-deitlo BERF
sous-titrer

is-dyfiant ENW GWR
le sous bois

isel ANSODDAIR
bas (BEN **basse**, LLUOSOG **bas**)
■ **Mae'r haul yn isel yn y gaeaf.** Le soleil est bas en hiver. ❑ Mae'r afon yn isel iawn. La rivière est très basse.

iselder ysbryd ENW GWR
la déprime
■ **Mae iselder ysbryd arna i.** Je suis déprimé.

Iseldiroedd ENW LLUOSOG
les Pays-Bas (g.ll)
■ **yn yr Iseldiroedd** aux Pays-Bas

Iseldirwr ENW GWR
le Néerlandais

Iseldirwraig ENW BEN
la Néerlandaise

Islam ENW GWR/BEN
l'Islam (g)

Islamaidd ANSODDAIR
islamique (BEN **islamique**)

islaw ARDDODIAD
au-dessous (de)
■ **Maen nhw'n byw islaw.** Ils habitant en dessous.

■ **islaw'r castell** au-dessous du château

islawr ENW GWR
le sous-sol *(selar, stafell ar waelod adeilad)*

isod ADFERF
en bas
❑ Mae'r gegin ar y llawr isod. La cuisine est à l'étage en bas.

israddol ANSODDAIR
inférieur (BEN **inférieure**)
■ **Mae hi'n teimlo yn israddol i'w brawd.** Elle se sent inférieure à son frère.

Israel ENW BEN
l'Israël (g)
■ **yn Israel** en Israël
■ **i Israel** en Israël

Israelaidd ANSODDAIR
israélien (BEN **israélienne**)

Israeliad ENW GWR
l'Israélien (g)
l'Israélienne (b)

Iwerddon ENW BEN
l'Irlande (b)
■ **i Iwerddon** en Irlande
■ **yn Iwerddon** en Irlande
■ **Gogledd Iwerddon** l'Irlande du Nord

Iwerydd ENW GWR
l'Atlantique (b)
■ **Môr Iwerydd** l'océan Atlantique

Iwgoslafia ENW BEN
la Yugoslavie
■ **i Iwgoslafia** en Yugoslavie
■ **yn Iwgoslafia** en Yugoslavie

i

J j

jac ENW GWR
le cric *(i'r car)*

jacpot ENW GWR
le gros lot

jam ENW GWR
la confiture

Jamaica ENW BEN
la Jamaïque
- ■ **yn Jamaica** à la Jamaïque
- ■ **i Jamaica** à la Jamaïque

Jamaicad ENW GWR
le Jamaïquain
la Jamaïquaine

Jamaicaidd ANSODDAIR
jamaïquain (BEN **jamaïquaine**)

Japan ENW BEN
le Japon
- ■ **yn Japan** au Japon
- ■ **i Japan** au Japon

Japanaeg ENW GWR/BEN
le japonais *(yr iaith)*
- ❏ Rwy'n siarad Japanaeg. Je parle japonais.

Japanead ENW GWR/BEN
le Japonais
la Japonaise

Japaneaidd ANSODDAIR
japonais (BEN **japonaise**)

jar ENW BEN
le pot

jazz ENW GWR
le jazz

jeli ENW GWR
la gelée

Jersey ENW GWR
- ■ **Ynys Jersey** l'île (b) de Jersey
- ■ **yn Jersey** à Jersey
- ■ **i Jersey** à Jersey

jet ENW BEN
le jet *(awyren)*

jig-so ENW GWR
le puzzle

jîns ENW LLUOSOG
le jean *(denim)*
- ■ **par o jîns** un jean

jiráff ENW GWR
la girafe

jiwdo ENW GWR
le judo
- ■ **gwneud jiwdo** faire du judo

job ENW GWR
le boulot *(anffurfiol)*
- ❏ Mae gen i job. J'ai un boulot.

jôc ENW BEN
la plaisanterie
- ■ **dweud jôc** raconter une plaisanterie

jocan, jocio BERF
plaisanter
- ❏ Dim ond jocio oeddwn i! Ce n'était qu'une plaisanterie!

jociwr ENW GWR
le blagueur

jocwraig ENW BEN
la blagueuse

jogio BERF
le jogging
- ■ **mynd i jogio** faire du jogging

jwg ENW GWR/BEN
le pot

jyngl ENW BEN
la jungle

Ll

lab ENW GWR/BEN
le labo *(labordy)*

label ENW GWR/BEN
l'étiquette (b)

labordy ENW GWR
le laboratoire
■ **labordy iaith** le laboratoire de langues

lafant ENW GWR
la lavande

lager ENW GWR
la bière blonde *(math o ddiod)*

lagŵn ENW GWR/BEN
la lagune

lamp ENW BEN
la lampe
■ **lamp erchwyn gwely** la lampe de chevet
■ **lamp stryd** le réverbère

landin ENW GWR/BEN
le palier *(pen grisiau)*

landlord ENW GWR
le propriétaire
la propriétaire

lansiad ENW GWR
le lancement

lansio BERF
lancer

lap ENW GWR
le tour (de piste) *(chwaraeon)*
■ **rhedeg lap** faire un tour de piste

lapio BERF
emballer *(parsel)*
envelopper *(rhywbeth neu rywun mewn rhywbeth)*

larwm ENW GWR/BEN
l'alarme (b)
■ **larwm tân** l'avertisseur d'incendie
■ **cloc larwm** le réveil

laser ENW GWR
le laser

Latfia ENW BEN
la Lettonie
■ **yn Latfia** en Lettonie

■ **i Latfia** en Lettonie

lawnt ENW BEN
la pelouse
■ **torri'r lawnt** tondre la pelouse

lawr ADFERF
en bas
■ **lawr yn y fan yna** là-bas
■ **mynd i lawr y grisiau** descendre l'escalier
■ **rhedeg i lawr y grisiau** descendre l'escalier en courant
■ **cerdded i lawr y stryd** descendre la rue (à pied)

lawrlwytho BERF
télécharger
❏ Lawrlwythais y gân o'r we. J'ai téléchargé la chanson de l'internet.

lefel ENW BEN
le niveau (LLUOSOG **les niveaux**)
■ **bod ar yr un lefel â rhywun** être au même niveau que quelqu'un
▷ *gweler hefyd* **lefel** ANSODDAIR

lefel ANSODDAIR
plan (BEN **plane**)
❏ Rhaid i'r llawr fod yn lefel i adeiladu arno. Le sol doit être plan pour construire dessus.
▷ *gweler hefyd* **lefel** ENW

lefel sain ENW BEN
le volume

legins ENW LLUOSOG
le caleçon

leim ENW BEN/GWR
le citron vert

lein ENW BEN
la ligne *(ffôn, rheilffordd)*

leinin ENW GWR
la doublure

lelog ENW GWR
le lilas
▷ *gweler hefyd* **lelog** ANSODDAIR

lelog ANSODDAIR
lilas (BEN **lilas**) *(lliw)*
❏ ffrog lelog une robe lilas

▷ *gweler hefyd* **lelog** ENW

lemon, lemwn ENW GWR
le citron
■ **te lemwn** le thé au citron

lemonêd ENW GWR
la limonade

lens ENW BEN
la lentille *(lens cyffwrdd)*
le verre *(sbectol)*
l'objectif (g) *(camera)*

lês ENW BEN
la dentelle *(defnydd)*

lesbiad ENW BEN
la lesbienne

letysen ENW BEN
la salade

Libia ENW BEN/GWR
la Libye
■ **yn Libia** en Libye
■ **i Libia** en Libye

licris ENW GWR
la réglisse

lifer ENW GWR/BEN
le levier

lifft ENW GWR/BEN
l'ascenseur (g) *(mewn adeilad)*
■ **lifft sgio** le remonte-pente
■ **rhoi lifft i rywun** *(yn y car)* emmener quelqu'un (en voiture)
■ **Alla i roi lifft i ti?** Je peux te déposer quelque part?

lili ENW BEN
le lis
■ **lili'r maes** le muguet
■ **lili'r dŵr** le nénuphar

lindysen ENW BEN
la chenille

lisb ENW GWR/BEN
le zézaiement
■ **siarad â lisb** zézayer

litr ENW GWR
le litre

Lithwania ENW BEN
la Lituanie
■ **yn Lithwania** en Lituanie
■ **i Lithwania** en Lituanie

lobsgows ENW GWR
la ragoût

loced ENW BEN
le médaillon

locer ENW GWR
le casier

locomotif ENW GWR/BEN
la locomotive

locsyn ENW GWR
la barbe

loetran BERF
traîner

lol ENW BEN
les absurdités (b.ll)
■ **siarad lol** dire des absurdités

lolfa ENW BEN
le salon *(ystafell fyw)*

lolipop ENW GWR
la sucette

lôn ENW BEN
la route *(cyffredinol)*
la voie *(ar draffordd)*

loncian BERF
faire du jogging

lonciwr ENW GWR
le joggeur

loncwraig ENW BEN
la joggeuse

lori ENW BEN
le camion

losinen ENW BEN
le bonbon

loteri ENW BEN
la loterie
■ **ennilll y loteri** gagner à la loterie

le **Luxembourg** ENW GWR
■ **i Luxembourg** *(y wlad)* au Luxembourg
■ **yn Luxembourg** *(y ddinas)* à Luxembourg
■ **o Luxembourg** du Luxenbourg

lwc ENW BEN
la chance
■ **Pob Lwc!** Bonne chance!

lwcus ANSODDAIR
■ **bod yn lwcus** avoir de la chance *(person)*
❑ Rwyt ti'n lwcus! Tu as de la chance!
❑ Chafodd o mo'i frifo/niweidio – Bu e'n lwcus! Il n'a pas été blessé – C'est une chance!
■ **dod â lwc** porter bonheur ❑ Mae cathod du yn lwcus les chats noir portent bonheur

lwmp ENW GWR
le morceau *(siwgr, bara)*
la bosse *(chwydd)*

Ll | ll

llabwst ENW GWR
le voyou

llac ANSODDAIR
desserré (BEN **desserrée**) *(cwlwm)*
lâche (BEN **lâche**) *(rhaff)*

llacio BERF
desserrer

llachar ANSODDAIR
brillant (BEN **brillante**)
éblouissant (BEN **éblouissante**) *(yn dallu)*

Lladin ENW GWR/BEN
le latin *(yr iaith)*
▷ gweler hefyd **Lladin** ANSODDAIR

Lladin ANSODDAIR
latin (BEN **latine**)
■ **America Ladin** l'Amérique (b) latine
▷ gweler hefyd **Lladin** ENW

lladrad ENW GWR
le vol

lladrata BERF
voler *(dwyn)*
❑ Il voulait voler la Joconde. Roedd yn
dymuno lladrata'r Mona Lisa.

lladrones ENW BEN
la voleuse

lladd BERF
tuer
assassiner *(llofruddio)*
■ **lladd eich hun** se suicider ❑ Lladdodd ei
hun. Il s'est suicidé.

llaeth ENW GWR
le lait
■ **te â llaeth** du thé au lait
■ **llaeth powdr** le lait en poudre
■ **llaeth cyflawn** le lait entier
■ **llaeth sgim** le lait écrémé
■ **llaeth hanner-sgim** le lait demi-écrémé

llaethdy ENW GWR
la laiterie

llafar ANSODDAIR
oral (BEN **orale**, GWR LLUOSOG **oraux**)

■ **arholiad llafar** un examen oral
■ **iaith lafar** une langue familière

llafariad ENW BEN
la voyelle

llafn ENW GWR
la lame *(cyllell, cleddyf)*

llafur ENW GWR
le travail *(gwaith)*
■ **maes llafur (ysgol)** le programme
(scolaire)

llafurus ANSODDAIR
laborieux (BEN **laborieuse**)

llai ANSODDAIR
plus petit (BEN **plus petite**)
❑ Mae hi'n llai na'i chwaer. Elle est plus petite
que sa sœur.

llai ENW
moins (g)/(b)
❑ Mae llai o arian gen i. J'ai moins d'argent.
■ **llai fyth** encore moins
■ **llai a llai** de moins en moins ❑ llai o fara
moins de pain

llaid ENW GWR
la boue

llais ENW GWR
la voix

llaith ANSODDAIR
humide (BEN **humide**) *(damp)*

llall RHAGENW
l'autre (g)/(b)
❑ y naill a'r llall l'un(e) et l'autre
■ **y llall** l'autre ❑ Hwn? – Na, y llall. Celui-ci?
– Non, l'autre.
■ **y lleill** les autres

llamu BERF
sauter

llan ENW BEN
l'église (b)

llanast ENW GWR
le désordre

llanc ENW GWR

ll

425

le jeune homme
■ **hen lanc** le célibataire

llances ENW BEN
la jeune fille

llannerch ENW BEN
la clairière *(llecyn agored mewn coedwig)*

llanw ENW GWR
la marée

llaw ENW BEN
la main
■ **dal rhywbeth yn eich llaw** tenir quelque chose à la main
■ **law yn llaw** main à main ❏ gwnaed â llaw fait à la main
■ **help llaw** un coup de main
■ **gyda llaw** à propos
■ **ysgwyd llaw rhywun** serrer la main à quelqu'un

llawchwith ANSODDAIR
gaucher (BEN **gauchère**)
■ **dyn llawchwith** un gaucher
■ **merch lawchwith** une gauchère

llawdriniaeth ENW BEN
la chirurgie

llawen ANSODDAIR
heureux (BEN **heureuse**)

llawenydd ENW GWR
la joie

llawer ENW GWR
beaucoup (de)
❏ llawer o bobl beaucoup de gens
■ **llawer o** plusieurs
■ **llawer ohonyn nhw** un grand nombre d'entre eux
■ **Llawer o ddiolch!** Merci beaucoup!

llawer ADFERF
beaucoup
■ **llawer o** beaucoup de ❏ llawer o bapurau beaucoup de papiers ❏ daeth llawer plusieurs sont venus
■ **llawer o bobl** beaucoup de gens

llawes ENW BEN
la manche
■ **â llewys byr/hir** à manches courtes/longues

llawfeddyg ENW GWR
le chirurgien

llawfeddygaeth ENW BEN
la chirurgie

llawfeddygol ANSODDAIR
chirurgical (BEN **chirurgicale**)

llawlyfr ENW GWR
le guide

llawn ANSODDAIR
plein (BEN **pleine**)
■ **llawn o** plein de ❏ pocedi yn llawn o arian des poches pleines d'argent
■ **Mae'r gwesty yn llawn.** L'hôtel est complet.

llawn amser ANSODDAIR
à plein temps
❏ Mae ganddi swydd lawn amser. Elle a un travail à plein temps.

llawr ENW GWR
le sol *(daear)*
■ **ar y llawr** sur le sol ❏ rho fe ar y llawr pose-le par terre
l'étage (g) *(mewn adeilad aml-lawr)*
❏ ar y llawr cyntaf au premier étage
le plancher *(llawr pren)*

llawr gwaelod ENW GWR
le rez-de-chaussée

llawryf ENW GWR
le laurier
❏ deilen llawryf une feuille de laurier

llawysgrifen ENW BEN
l'écriture (b)

lle ENW GWR
l'endroit (g) *(man cyffredinol)*
❏ Dyma'r lle mwyaf tlws yn y byd. Voici l'endroit le plus joli du monde.
la place *(man penodol)*
❏ rhoi llyfr yn ôl yn ei le remettre un livre à sa place
la position *(safle mewn ras)*
❏ yn y lle cyntaf en première position

(yn) lle ARDDODIAD
au lieu de, à la place de
❏ Aeth i'w wely yn lle gwylio'r ffilm. Il s'est couché au lieu de regarder le film.

lle tân ENW GWR
la cheminée

llechen ENW BEN
l'ardoise (b)

lled ENW GWR
la largeur
❏ 10 metr o led 10 mètres de large
■ **ar agor led y pen** grand ouvert (grand ouverte)
▷ *gweler hefyd* **lled** ADFERF

lled ADFERF
assez *(o flaen ansoddair)*
❏ Mae hynny'n lled wir. C'est assez vrai.
▷ *gweler hefyd* **lled** ENW

lledr ENW GWR
le cuir

▷ *gweler hefyd* **lledr** ANSODDAIR

lledr ANSODDAIR
en cuir
❏ esgidiau lledr des chaussures en cuir
▷ *gweler hefyd* **lledr** ENW

lleddfu BERF
calmer *(pryderon)*
soulager *(poen)*

llefain BERF
pleurer
❏ Mae'r ferch yn llefain. La fille pleure.

lleiaf ANSODDAIR, ENW
le plus petit/la plus petite *(yn gorfforol)*
❏ y bachgen lleiaf le plus petit garçon
le/la moindre
❏ y manylion lleiaf les moindres détails
le moins (BEN **la moins**, LLUOSOG **les moins**)
❏ y teuluoedd lleiaf cyfoethog les familles les moins riches
le moins *(ar ôl berf)*
❏ Dyna'r un rydw i'n ei hoffi leiaf. C'est celui-là que j'aime le moins.
mineur (BEN **mineure**) *(cerddoriaeth)*
■ **yn A leiaf** en la mineur

lleiafrif ENW GWR
la minorité

lleiafrifol ANSODDAIR
minoritaire (BEN **minoritaire**)

lleiafswm ENW GWR
le minimum

lleian ENW BEN
la religieuse

lleidiog ANSODDAIR
boueux (BEN **boueuse**)

lleidr ENW GWR
le voleur

lleihad ENW GWR
la diminution

lleihau BERF
diminuer

lleill ▷ *gweler* llall

llen ENW BEN
le rideau
■ **cau'r llenni** tirer les rideaux

llencyndod ENW GWR
l'adolescence (b)

llenwi BERF
remplir *(ffurflen)*
boucher *(twll)*
❏ llenwi'r tanc â phetrol faire le plein

llenyddiaeth ENW BEN
la littérature

llenyddol ANSODDAIR
littéraire (BEN **littéraire**)

lleol ANSODDAIR
local (BEN **locale**, GWR LLUOSOG **locaux**)

lleoli BERF
situer
❏ Mae'r ffilm wedi'i lleoli yng Ngymru. Le film est situé au pays de Galles.

lleoliad ENW GWR
le cadre (g)
■ **Mae'r tŷ mewn lleoliad braf.** La maison est bien située.

lles ENW GWR
le bien *(daioni)*
■ **Mae hynna'n gwneud lles i mi.** Cela me fait du bien.

llestr ENW GWR
le récipient *(cynhwysydd)*
la vaisselle *(llestri)*
■ **golchi'r llestri** faire la vaisselle

lletchwith ANSODDAIR
maladroit (BEN **maladroite**)

lletchwithdod ENW GWR
la gaucherie

llety ENW GWR
le logement

lletya BERF
loger

lletygarwch ENW GWR
l'hospitalité (b)

lletywr ENW GWR
le locataire *(yn cael llety)*
l'hôte (g) *(yn rhoi llety)*

lletywraig ENW BEN
la locataire *(yn cael llety)*
l'hôtesse (b) *(yn rhoi llety)*

llethol ANSODDAIR
accablant (BEN **accablante**)

llethr ENW BEN
la pente

lleuad ENW BEN
la lune
❏ yng ngolau'r lleuad au clair de la lune

lleuen ENW BEN
le pou (LLUOSOG **les poux**)
■ **lleuen wely** une punaise

llew ENW GWR
le lion
■ **arwydd y Llew** le Lion

llewes ENW BEN
la lionne

llewpart ENW GWR

le léopard

llewygu BERF
s'évanouir

llewyrchus ANSODDAIR
prospère (BEN **prospère**)

lleyg ANSODDAIR
laïque (BEN **laïque**)

lliain ENW GWR/BEN
la nappe *(bwrdd)*
la serviette (de bain) *(i sychu ar ôl bath, cawod)*
le torchon *(i sychu llestri)*

llid ENW GWR
la colère *(dicter)*
l'inflammation (b) *(salwch)*
■ **llid y pendics** l'appendicite
■ **llid yr ymennydd** la méningite
■ **llid yr ysgyfaint** la pneumonie

llif ENW BEN
la scie *(i dorri coed)*

llif ENW GWR
l'inondation (b) *(llifeiriant dŵr)*

llifio BERF
scier *(coed)*

llifo BERF
couler *(dŵr, afon)*
circuler *(gwaed)*
■ **llifo o** s'écouler de ❑ Roedd dŵr yn llifo o'r bibell. De l'eau s'écoulait du tuyau.

llinell ENW BEN
la ligne
❑ llinell syth la ligne droite
le trait *(i wahanu, canslo)*
❑ Tynnwch llinell o dan bob ateb. Tirez un trait sous chaque réponse.

llinyn ENW GWR
la ficelle

llinyn mesur ENW GWR
le mètre à ruban

llipa ANSODDAIR
mou (BEN **molle**, GWR LLUOSOG **mous**)

llithren ENW BEN
le toboggan

llithrig ANSODDAIR
glissant (BEN **glissante**)

llithro BERF
glisser
déraper *(car)*

lliw ENW GWR
la couleur
❑ Pa liw yw e? C'est de quelle couleur?
le colorant *(mewn bwydydd)*
■ **lliw croen** le teint

lliwgar ANSODDAIR
coloré (BEN **colorée**)

lliwio BERF
colorer
colorier *(â phensiliau lliw)*

llo ENW GWR
le veau
■ **cig llo** le veau

lloches ENW BEN
l'abri (g)

llochesu BERF
se réfugier *(chwilio am le diogel)*
s'abriter *(cyffredinol)*

Lloegr ENW BEN
l'Angleterre (b)
■ **yn Lloeger** en Angleterre
■ **i Loegr** en Angleterre

lloeren ENW BEN
le satellite
❑ teledu lloeren la télévision par satellite
❑ dysgl lloeren l'antennae (b) parabolique

llofnod ENW GWR
la signature

llofnodi BERF
signer

llofrudd ENW GWR
l'assassin (g)

llofruddiaeth ENW BEN
le meurtre

llofruddio BERF
assassiner

llofft ENW BEN
la chambre *(ystafell wely)*
le grenier *(atig)*
■ **lan llofft** en haut
■ **mynd lan llofft** monter l'escalier

llog ENW GWR
l'intérêt (g)

llogi BERF
louer

llong ENW BEN
le bateau
le navire *(llong fawr, llong rhyfel)*
■ **llong danfor** le sous-marin

llongddrylliad ENW GWR
le naufrage

llongwr ENW GWR
le marin

llond ENW GWR
le plein
la pleine
■ **llond o** plein de ❑ Roedd llond bag o losin

ar y bwrdd. Il y avait un sac plein de bonbons sur la table. ❑ llond llwy la cuillerée ❑ llond plât l'assiette pleine ❑ llond ceg la bouchée
■ **bwyta llond eich bol** manger à satiété
■ **cael llond bol ar** en avoir marre de
❑ Dwi wedi cael llond bol! J'en ai marre!

llond llaw ENW GWR, ANSODDAIR
la poignée *(yn llythrennol)*
difficile
❑ Mae ei fab yn llond llaw. Son fils est très difficile.

llongyfarch BERF
féliciter

llongyfarchiadau ENW GWR LLUOSOG
les félicitations (b.ll)
❑ Llongyfarchiadau ar eich llwyddiant! Félicitations sur votre succès!

llonydd ANSODDAIR
immobile (BEN **immobile**)
■ **Arhoswch yn llonydd!** Ne bougez pas!

llonyddu BERF
calmer

llonyddwch ENW GWR
le calme

llorio BERF
battre *(rhywun)*

llorweddol ANSODDAIR
horizontal (BEN **horizontale**)

llosg ENW GWR
la brûlure
■ **llosg eira** l'engelure
▷ *gweler hefyd* **llosg** ANSODDAIR

llosg ANSODDAIR
en flammes *(ar dân)*
■ **pwnc llosg** une question brûlante
▷ *gweler hefyd* **llosg** ENW

llosgfynydd ENW GWR
le volcan

llosgi BERF
brûler
■ **llosgi'ch hun** se brûler
■ **llosgi'ch bys** se brûler le doigt

llowcio BERF
engloutir *(bwyd)*

llu ENW GWR
l'armée (b) *(byddin)*
❑ llu awyr l'armée de l'air

lluchio BERF
jeter *(taflu)*

lludw ENW GWR
les cendres (b.ll) *(wedi llosgi)*
les ordures (b.ll) *(ysbwriel)*

llugoer ANSODDAIR
tiède (BEN **tiède**)

llun ENW GWR
l'image (b) *(darlun)*
la photo *(ffotograff)*
le tableau *(paentiad)*
le dessin *(lluniad)*
le portrait *(portread)*

Llun ENW GWR
lundi (g)
■ **dydd Llun** le lundi
■ **pob dydd Llun** tous les lundis
■ **ar ddydd Llun** le lundi ❑ Ar ddydd Llun dwi'n mynd i'r gwaith. Le lundi je vais au travail.

Llundain ENW BEN
Londres (b)
■ **yn Llundain** à Londres ❑ Mae e'n byw yn Llundain. Il habite (à) Londres

llungopi ENW GWR
la photocopie

llungopïo BERF
photocopier

llungopïwr ENW GWR
la photocopieuse *(peiriant llungopïo)*

llunio BERF
former
❑ Mae e wedi llunio rhestr. Il a formé une liste.

lluosi BERF
multiplier
❑ Lluoswch 2 â 4. Multipliez 2 par 4.

lluosog ENW GWR
le pluriel *(gramadeg)*

llusern ENW BEN
la lampe

llusgo BERF
traîner *(traed)*
s'éterniser *(parhau am amser maith)*

llusgo BERF
tirer *(tynnu)*
❑ Llusgodd y sled ar ei ôl. Il a tiré la luge derrière lui.

lluwch ENW GWR
la congère *(eira)*

lluwchio BERF
s'amonceler *(eira)*

llwch ENW GWR
la poussière

llwfr ANSODDAIR
lâche (BEN **lâche**)

llwfrda ENW GWR
la lâcheté

llwfrgi ENW GWR
le lâche

llwglyd ANSODDAIR
affamé (BEN **affamée**)
❑ bod yn llwglyd être affamé

llwgr ANSODDAIR
corrompu (BEN **corrompue**)

llwgrwobrwyo BERF
soudoyer

llwgu BERF
avoir faim

llwncdestun ENW GWR
le toast

llwy ENW BEN
la cuillère

llwyaid ENW BEN
la cuillerée

llwybr ENW GWR
le chemin (llwybr cerdded)
l'allée (mewn gardd, parc)
❑ llwybr beiciau la piste cyclable

llwyd ANSODDAIR
gris (BEN **grise**)

llwydni ENW GWR
la grisaille (awyr, tywydd)
la moisissure (o achos lleithder)

llwydo BERF
grisonner (britho)

llwydrew ENW GWR
le givre (barrug)

llwydwyn ANSODDAIR
grisâtre (BEN **grisâtre**)

llwyddiannus ANSODDAIR
■ bod yn llwyddiannus avoir du succès
■ busnes llwyddiannus une affaire prospère
■ bod yn llwyddiannus mewn arholiad
réussir à un examen

llwyddiant ENW GWR
le succès
❑ Roedd y sioe yn llwyddant mawr. Le
spectacle a eu beaucoup de succès.

llwyddo BERF
réussir
■ llwyddo i wneud rhywbeth réussir à faire
quelque chose

llwyfan ENW GWR/BEN
la scène
❑ ar y llwyfan sur scène

llwyfandir ENW GWR
le plateau

llwyn ENW GWR
le buisson

❑ llwyn rhosod le rosier

llwynog ENW GWR
le renard

llwynoges ENW BEN
la renarde

llwyr ADFERF
complètement

llwyth ENW GWR
la charge (i'w gario)
le fardeau (bach)
la tribu (pobl)

llwytho BERF
charger

llwythog ANSODDAIR
chargé (BEN **chargée**)

llychlyd ANSODDAIR
poussiéreux (BEN **poussiéreuse**)

Llychlyn ENW BEN
la Scandinavie
■ yn Llychlyn en Scandinavie
■ i Lychlyn en Scandinavie

Llychlynnaidd ANSODDAIR
scandinave (BEN **scandinave**)

Llychlynnwr
le Scandinave
la Scandinave
■ y Llychlynwyr les Scandinaves

llydan ANSODDAIR
large (BEN **large**)

Llydaw ENW GWR
la Bretagne
■ yn Llydaw en Bretagne
■ i Lydaw en Bretagne

Llydaweg ENW GWR/BEN
le breton (yr iaith)

Llydawes ENW BEN
la Bretonne

Llydawr ENW GWR
le Breton

Llydewig ANSODDAIR
breton (BEN **bretonne**) (o Lydaw)

llyfn ANSODDAIR
lisse (BEN **lisse**)

llyfr ENW GWR
le livre
❑ llyfr clawr papur le livre de poche ❑ llyfr
nodiadau le carnet ❑ llyfr ffôn l'annuaire
❑ llyfr siec le chéquier

llyfrgell ENW BEN
la bibliothèque

llyfrgellydd ENW GWR
le bibliothécaire

la bibliothécaire
llyfryn ENW GWR
le livret
llyfu BERF
lécher
❏ Llyfodd ei wefusau. Il s'est léché les lèvres.
llyffant ENW GWR
la crapaud
llygad ENW GWR
l'œil (g)
les yeux (g.ll)
■ **cadw llygad ar rywbeth** surveiller quelque
chose ❏ Mae gen i lygaid gwyrdd. J'ai les
yeux verts.
llygad-dyst ENW GWR
le témoin oculaire
llygad y dydd ENW GWR
la pâquerette *(blodyn)*
llygadu ENW GWR
regarder *(cyffredinol)*
lorgner *(yn flysiog)*
llygoden ENW BEN
la souris
llygoden fawr ENW BEN
le rat
llygredig ANSODDAIR
pollué (BEN **polluée**) *(dŵr)*
corrompu (BEN **corrompue**) *(person)*
llygredd ENW GWR
la pollution
■ **llygredd awyr** la pollution de l'air
llygru BERF
polluer
llynges ENW BEN
la marine
llym ANSODDAIR
sévère (BEN **sévère**)
llymder ENW GWR
la sévérité
llyn ENW GWR
le lac
■ **Llyn Geneva** le lac Léman
■ **Ardal y Llynnoedd** la région des lacs
llyncu BERF
avaler
llys ENW GWR
la cour
■ **llys barn** la cour de justice
llysblentyn ENW GWR
le beau-fils (LLUOSOG **les beaux-enfants**)
llyschwaer ENW BEN
la belle-sœur

llysdad ENW GWR
le beau-père
llysfab ENW GWR
le beau-fils
llysfam ENW BEN
la belle-mère
llysferch ENW BEN
la belle-fille
llysfrawd ENW GWR
le beau-frère
llysgenhadaeth ENW BEN
l'ambassade (b)
llysieueg ENW BEN
la botanique
llysieuol ANSODDAIR
végétal (BEN **végétale**, GWR LLUOSOG,
végétaux, BEN LLUOSOG **végétales**)
llysieuwr ENW GWR
le végétarien
llysieuwraig ENW BEN
la végétarienne
llysieyun ENW GWR
le légume
❏ cawl llysiau soupe aux légumes
llysywen ENW BEN
l'anguille (b)
llythyr ENW GWR
la lettre
llythyren ENW BEN
la lettre
❏ llythyren fach la letter minuscule
❏ llythyren fawr la majuscule
llythyru BERF
correspondre
llythyrwr ENW GWR
le correspondant
llythyrwraig ENW BEN
la correspondante
llyw ENW GWR
le volant *(cerbyd)*
la barre *(llong)*
llywaeth ANSODDAIR
nourri à la main (BEN **nourrie à la main**)
(anifail wedi colli mam, swci)
llywodraeth ENW BEN
le gouvernement
llywodraethu BERF
gouverner
llywodraethwr ENW GWR
le gouverneur
llywydd ENW GWR
le président

llywyddu

llywyddu BERF
   présider

M m

mab ENW GWR
le fils
❏ Yr oedd mab yr athro yn ddiog. Le fils du professeur était paresseux. ❏ fy mab mon fils

mab bedydd ENW GWR
le filleul

mab yng nghyfraith
le gendre

mabolgampau ENW BEN LLUOSOG
le sport

mabolgampwr ENW GWR
l'athlète (g)
❏ Mae e'n fabolgampwr da. C'est un sportif.

mabolgampwraig ENW BEN
l'athlète (b)
❏ Mae hi'n fabolgampwraig dda. C'est une sportive.

mabwysiadu BERF
adopter

mabwysiedig ANSODDAIR
adoptif (g) (BEN **adoptive**)

Macedonia ENW BEN
la Macédoine

macrell ENW GWR
le maquereau

machlud ENW GWR
le coucher du soleil

Madagascar ENW BEN
Le Madagascar
■ **ym Madagascar** à Madagascar
■ **i Fadagascar** au Madagascar

madam ENW BEN
madame (b) (yn briod neu'n hŷn)
mademoiselle (b) (yn ddi-briod neu'n iau)

madarchen ENW BEN
le champignon

madfall ENW BEN
le lézard

maddau BERF
pardonner

maddeuant ENW GWR
le pardon

maen ENW GWR
la pierre

maen prawf ENW GWR
le critère

maer ENW GWR
le maire

maeres ENW BEN
le maire
la femme du maire (gwraig y maer)

maes ENW GWR
le domaine (gwaith, astudiaeth)
❏ Mae e'n astudio yn y maes hwn. Il étudie dans ce domaine.
le champ (cae)
❏ maes pebyll a charafanau le terrain de camping

maes parcio ENW GWR
le parking

maestref ENW BEN
la banlieue
❏ Un o faestrefi Caerdydd yw Rhadyr. Rhadyr est une banlieue de Caerdydd.

mafonen ENW BEN
la framboise (ffrwyth)

magl ENW BEN
le piège

magnet ENW GWR
l'aimant (g)

magnetig ANSODDAIR
magnétique (BEN **magnétique**)

magu BERF
élever (plentyn)
bercer dans ses bras (siglo yn eich breichiau)
faire l'élevage de (bridio gwartheg, ceffylau)
■ **magu hyder** acquérir de l'assurance
■ **magu pwysau** prendre du poids

magwraeth ENW BEN
l'éducation (b)
■ **cael magwraeth dda** être bien élevé

maharen ENW GWR

le bélier

Mai ENW GWR

mai (g)

■ **ym mis Mai** en mai/au mois de mai
❑ **y cyntaf o Fai** le premier mai ❑ **y degfed o Fai** le dix mai

mai CYSYLLTAIR

que *(taw)*
❑ Mae'n wir mai gartref oeddwn i. Il est vrai que j'étais chez moi. ❑ Er mai plentyn yw e. Bien qu'il soit un enfant.

main ANSODDAIR

mince (BEN **mince**) *(tenau)*
❑ **corff main** un corps mince

mainc ENW BEN

le banc

maint ENW GWR

la taille *(gwrthrych, dilledyn)*
■ **o faint canolig** de taille moyenne
la pointure *(maint esgidiau)*
■ **esgidiau maint wyth** des chaussures de taille 40

Majorca ENW BEN

Majorque (b)
■ **yn Majorca** à Majorque
■ **i Majorca** à Majorque

malais ENW GWR

la malice

malaria ENW GWR

la malaria

maldod ENW GWR

l'indulgence (b)

maldodi BERF

gâter

maldodus ANSODDAIR

indulgent (BEN **indulgente**)

maleisus ANSODDAIR

malveillant (BEN **malveillante**)
❑ **si faleisus** une rumeur malveillante

malio BERF

■ **malio am** se soucier de

Malta ENW GWR

la Malte
■ **yn Malta** à Malte
■ **i Malta** à Malte

malu BERF

moudre *(blawd, coffi)*
casser *(torri)*
■ **Mae wedi malu'r ffenestr.** Il a cassé la fenêtre.

malwen ENW BEN

la limace *(heb gragen)*
l'escargot (g) *(â chragen)*

mam ENW BEN

la mère *(cyffredinol)*
maman *(wrth gyfarch)*
■ **fy mam** ma mère

mam fedydd ENW BEN

la marraine

mam yng nghyfraith ENW BEN

la belle-mère (LLUOSOG **les belles-mères**)

mam-gu ENW BEN

la grand-mère *(cyffredinol)*
grand-maman *(wrth gyfarch)*

mamiaith ENW BEN

la langue maternelle

mamol ANSODDAIR

maternel (BEN **maternelle**)

mamolaeth ENW BEN

la maternité

mamolyn ENW GWR

le mammifère

mamoth ENW GWR

le mammouth

mamwlad ENW BEN

la patrie

man ENW GWR/BEN

l'endroit (g)
le lieu *(lleoliad)*
❑ **man anghysbell** un endroit sauvage
■ **fan yna** là
■ **fan draw/fan acw** là-bas
■ **yn y man** *(amser)* bientôt

mân ANSODDAIR

petit (BEN **petite**)
■ **tan oriau mân y bore** jusqu'au petit matin
fin (BEN **fine**)
■ **glaw mân** la pluie fine

maneg ENW BEN

le gant (LLUOSOG **les gants**)

mango ENW GWR

la mangue

mantais ENW BEN

l'avantage (g)

manteisio BERF

profiter
■ **manteisio ar rywbeth** profiter de quelque chose ❑ Manteisiodd ar y tywydd braf i fynd am dro. Il a profité du beau temps pour faire une promenade.
■ **cymryd mantais o rywun** exploiter quelqu'un

manteisiol ANSODDAIR

avantageux (BEN **avantageuse**)

manwl ANSODDAIR

exact (BEN **exacte**)
■ **yn fanwl** en détail

manylder ENW GWR
la minutie

manylu BERF
exposer quelque chose en détail

manylyn ENW GWR
le détail
■ **manylion** les détails
■ **manylion (i gael gwybodaeth)** les renseignements ❑ am ragor o fanylion … pour plus amples renseignements …

map ENW GWR
la carte *(o wlad, ardal)*
le plan *(tref)*

marc ENW GWR
la note *(ysgol)*
❑ Cefais farc da yn Ffrangeg. J'ai reçu une bonne note en français.
la tache *(staen)*

marcio BERF
corriger
❑ Mae'n rhaid marcio gwaith cartref yn fanwl. Il faut corriger les devoirs en détail.

march ENW GWR
le cheval (LLUOSOG **les chevaux**)

marchnad ENW BEN
le marché
■ **sgwâr y farchnad** la place du marché

marchnata ENW GWR
le marketing

marchog ENW GWR
le cavalier

marchogaeth BERF
faire de l'équitation
❑ Dwi wrth fy modd yn marchogaeth. J'adore faire de l'équitation.

margarîn ENW GWR
la margarine

marina ENW GWR
la marina

mariwana ENW GWR
la marijuana

marmalêd ENW GWR
la confiture d'oranges

marmor ENW GWR
le marbre

marw BERF
mourir
décéder *(mwy parchus)*
❑ Bu farw y llynedd. Il est mort l'année dernière.

marŵn ANSODDAIR
bordeaux (BEN **bordeaux**) *(lliw)*

marwol ANSODDAIR
mortel (BEN **mortelle**)

marwolaeth ENW BEN
la mort
le décès *(mwy ffurfiol)*

mas ▷ *gweler* **allan**

masgara ENW GWR
le mascara

masnach ENW BEN
le commerce

masnachol ANSODDAIR
commercial (BEN **commerciale**)

masnachwr ENW GWR
le commerçant

masnachwraig ENW BEN
la commerçante

mast ENW GWR
le mât

maswr ENW GWR
l'ailier (g) *(rygbi/pêl-droed)*

mat ENW GWR
le tapis
❑ Mae'r gath ar y mat. Le chat est sur le tapis.

mater ENW GWR
l'affaire (b)
■ **y mater dan sylw** l'affaire en question
❑ Beth ydy'r mater? Qu'est-ce qu'il y a?

matras ENW GWR/BEN
le matelas

matsien ENW BEN
l'allumette (b)

math ENW GWR/BEN
le genre
la sorte
❑ y math hwn o dŷ ce genre de maison
■ **math o gar** *(gwneuthuriad)* la marque de voiture
■ **math o gi** la race de chien
■ **yr un fath** la même chose

mathemateg ENW BEN
les mathématiques (b.ll)
les maths *(anffurfiol)*
❑ Fy hoff bwnc yw mathemateg. Ma matière préférée, c'est les mathématiques.

mawr ANSODDAIR
grand (BEN **grande**)
❑ ysgol fawr une grande école
gros (BEN **grosse**) *(person, car, anifail, llyfr, parsel)*
❑ car mawr une grosse voiture

m

- **fy mrawd mawr** mon frère aîné
- **fy chwaer fawr** ma sœur aînée

mawredd ENW GWR
la grandeur

mawrhydi ENW GWR
la majesté
- **Eich Mawrhydi** Votre Majesté

Mawrth ENW GWR
mardi (g)
- **dydd Mawrth** le mardi
- **ar ddydd Mawrth** le mardi
- **pob dydd Mawrth** tous les mardis
- **Dydd Mawrth Ynyd** le mardi gras
mars (g)
- **mis Mawrth** mars
- **ym mis Mawrth** en mars
Mars (g) (*y blaned*)

mecanwaith ENW GWR
le mécanisme

mecanydd ENW GWR
le mécanicien
la mécanicienne

mecanyddol ANSODDAIR
mécanique (BEN **mécanique**)

medal ENW BEN
la médaille

Medi ENW GWR
septembre (g)
- **ym mis Medi** en septembre septembre ❏ Y
cyntaf o Fedi. Le premier septembre.

medru BERF
savoir (*gwybod sut i wneud rhywbeth*)
❏ Rwy'n medru nofio. Je sais nager.
pouvoir (*mewn sefyllfa i wneud rhywbeth*)
❏ Fedri di ddod yfory? Peux-tu venir demain?

medrus ANSODDAIR
habile (BEN **habile**) (*crefftus*)
- **Mae e'n fedrus â'i ddwylo.** Il est très habile
avec ses mains.
doué (BEN **douée**) (*galluog*)
❏ disgybl medrus un élève doué

meddal ANSODDAIR
doux (BEN **douce**) (*defnydd, gwead*)
mou (BEN **molle**) (*gobennydd, gwely*)
- **diod feddal** une boisson non alcoolisée

meddalwedd ENW GWR/BEN
le logiciel

meddiannol ANSODDAIR
possessif (BEN **possessive**)
- **rhagenw meddiannol** le pronom possessif

meddiannu BERF
acquérir
occuper (*trwy rym*)

❏ Fe feddiannon nhw'r adeilad. Ils ont occupé
le bâtiment.

meddiant ENW GWR
la possession

meddu BERF
- **meddu ar** posséder

meddw ANSODDAIR
ivre (BEN **ivre**)
❏ Roedd hi'n feddw. Elle était ivre.

meddwdod ENW GWR
l'ivresse (b)

meddwi BERF
s'enivrer

meddwl BERF
penser
croire (*credu*)
❏ Rwy'n meddwl eich bod yn anghywir.
Je pense que vous avez tort.
réfléchir (*treulio amser yn meddwl*)
❏ Meddyliwch yn ofalus cyn ateb.
Réfléchissez bien avant de répondre.
▷ *gweler hefyd* **meddwl** ENW

meddwl ENW GWR
l'esprit (g)
- **bod yn dawel eich meddwl** avoir l'esprit
tranquille
- **Beth sydd ar dy feddwl di?** Qu'est-ce qui
te préoccupe?
▷ *gweler hefyd* **meddwl** BERF

meddwyn ENW GWR
l'ivrogne (g)/(b)

meddyg ENW GWR
le médecin
❏ Meddyg yw hi. Elle est médecin.

meddygaeth ENW BEN
la médecine (*astudiaeth*)
- **astudio meddygaeth** faire la médecine

meddygfa ENW BEN
le cabinet médical

meddyginiaeth ENW BEN
le médicament (*moddion*)

meddygol ANSODDAIR
médical (BEN **médicale**, LLUOSOG **médicaux**)
- **triniaeth feddygol** les soins médicaux

meddylfryd ENW GWR
la mentalité

meddylgar ANSODDAIR
pensif (BEN **pensive**) (*yn meddwl yn ddwys*)
prévenant (BEN **prévenante**) (*ystyriol*)
❏ Roedd hynna'n feddylgar iawn ohonoch!
C'était très gentil de votre part!

meddyliol ANSODDAIR
intellectuel (BEN **intellectuelle**)

mefusen ENW BEN
la fraise

megis CYSYLLTAIR
comme *(fel)*
❏ Mae Ffrancwyr yn hoff iawn o gemau â chardiau, megis 'belote'. Les Français aiment beaucoup les jeux de cartes, comme la belote.

Mehefin ENW GWR
juin (g)
■ ym mis Mehefin en juin
■ y cyntaf o Fehefin le premier juin

meic ENW GWR
le micro
■ siarad wrth y meic parler au micro
▷ *gweler hefyd* **microffon**

meiddio BERF
oser
❏ Dwi ddim yn meiddio mynd i mewn i'r pwll nofio yn y gaeaf. Je n'ose pas entrer dans la piscine en hiver.

meipen ENW BEN
le navet

meirioli BERF
dégeler

meistr ENW GWR
le maître

meistres ENW BEN
la maîtresse

meithrin BERF
élever *(magu)*
éduquer *(addysgu)*
■ ysgol feithrin une école maternelle

meithrinfa ENW BEN
la crèche *(yn gofalu am blant)*

mêl ENW GWR
le miel

melfed ENW GWR
le velours

melin ENW BEN
le moulin
■ melin wynt le moulin à vent

melodi ENW BEN
la mélodie

melodrama ENW BEN
le mélodrame

melyn ANSODDAIR
jaune (BEN **jaune**)

melynu BERF
jaunir

melynwy ENW GWR
le jaune d'œuf

melys ANSODDAIR
sucré (BEN **sucrée**)

melysion ENW LLUOSOG
les bonbons (g.ll)

mellten ENW BEN
l'éclair (g)
❏ Welsoch chi'r fellten? Avez-vous vu l'éclair?
le foudre *(bollten)* (g)
❏ Cafodd ei daro gan fellten. Il a été frappé par la foudre.

melltith ENW BEN
la malédiction

melltithio BERF
maudire

menter ENW BEN
l'entreprise (b)

mentro BERF
risquer

mentrus ANSODDAIR
risqué (BEN **risqué**) *(gweithred)*
aventureux (BEN **aventureuse**) *(person)*

menyn ENW GWR
le beurre

menyw ENW BEN
la femme

merch ENW BEN
la fille
■ merch ifanc o Ffrainc une jeune fille française
■ fy merch ma fille
■ merch ysgol l'écolière

merch fedydd ENW BEN
la filleule

Mercher ENW GWR
mercredi (g)
■ dydd Mercher le mercredi
■ ar ddydd Mercher le mercredi
■ pob dydd Mercher tous les mercredis
■ dydd mercher diwethaf mercredi dernier

merlyn ENW GWR
le poney

mesur BERF
mesurer
■ mesur uchder rhywbeth mesurer la hauteur de quelque chose
faire
❏ Mae'r ystafell yn mesur 3 metr wrth 4 metr. La pièce fait trois mètres sur quatre.
▷ *gweler hefyd* **mesur** ENW

mesur ENW GWR
la mesure
■ pren mesur la règle

m

▷ *gweler hefyd* **mesur** BERF

mesuriadau ENW LLUOSOG
les dimensions *(b.ll)*

metel ENW GWR
le métal

metr ENW GWR
le mètre

metrig ANSODDAIR
métrique (BEN **métrique**)

methedig ANSODDAIR
infirme (BEN **infirme**)

methiant ENW GWR
l'échec (g)
■ **teimlad o fethiant** un sentiment d'échec
le raté/la ratée *(mewn arholiad, bywyd)*

method ENW GWR/BEN
la méthode *(dull)*

Methodist ENW GWR
le méthodiste
la méthodiste

methu BERF
rater *(arholiad, anffurfiol)*
❑ Methais yr arholiad hanes. J'ai raté
l'examen d'histoire.
lâcher *(diffygio)*
❑ Methodd y brêcs. Les freins ont lâché.
■ **methu â gwneud rhywbeth** ne pas réussir
à faire quelque chose

mewn ARDDODIAD
dans *(lle)*
❑ mewn bocs dans une boîte
en *(cyfnod o amser)*
❑ Cerddodd i ganol y dref mewn deg munud.
Il a marché au centre-ville en dix minutes.
de *(dull, cyfrwng)*
❑ mewn llais mwyn d'une voix douce
■ **i mewn** dedans
■ **bod i mewn** être là
■ **dod i mewn** entrer

mewnblyg ANSODDAIR
introverti (BEN **introvertie**)

mewnforio BERF
importer

mewnfudo BERF
immigrer

mewnfudwr ENW GWR
l'immigrant(g)

mewnfudwraig ENW BEN
l'immigrante (b)

mewnol ANSODDAIR
interne (BEN **interne**)

mewnwr ENW GWR

le demi de mêlée *(rygbi)*
l'inter (g) *(pêl-droed)*
■ **y mewnwr chwith** l'inter gauche

México ENW BEN
le Mexique *(y wlad)*
■ **i México** au Mexique
■ **yn México** au Mexique
■ **o Méxixo** au Mexique

México ENW BEN
le Mexique *(y ddinas)*
■ **i México** à Mexique
■ **o México** de Mexique

mi RHAGENW
■ **i mi** pour moi ❑ Rwyt ti'n fwy na mi.
Tu es plus grand que moi.

microb ENW GWR
le microbe

microdon ▷ *gweler* **popty microdon**

microffon ENW GWR
le microphone
▷ *gweler hefyd* **meic**

microgyfrifiadur ENW GWR
le micro-ordinateur

microsgop ENW GWR
le microscope
■ **yn ficrosgopig** au microscope

migwrn ENW GWR
la cheville

mil ENW BEN
mille (g)
❑ chwe mil six mille
■ **mil o ewros** mille euros
■ **miloedd o bobl** des milliers de personnes

milain ANSODDAIR
vilain (BEN **vilaine**)

mileniwm ENW GWR
le millénaire

milfed ENW, ANSODDAIR
le millième (BEN **la millième**)

milfeddyg ENW GWR
le vétérinaire
la vétérinaire

milgi ENW GWR
le lévrier

miliwn ENW BEN
le million

miliwnydd ENW GWR
le millionnaire

milwr ENW GWR
le soldat
le militaire
❑ Milwr yw e. Il est soldat.

m

milwrol ANSODDAIR
milit aire (BEN **militaire**)

milltir ENW BEN
le mille
❏ Mae e bum milltir oddi yma. C'est à cinq milles/huit kilomètres d'ici.

miniwr ENW GWR
le taille-crayon (pensiliau)

minlliw ENW GWR
le rouge à lèvres

minnau RHAGENW
moi aussi (hefyd)
❏ Rwyf innau'n mynd ar y trên. Moi aussi, je prends le train.
■ o'm blaen innau devant moi aussi

Minorca ENW BEN
la Minorque
■ yn Minorca à Minorque
■ i Minorca à Minorque

mintys ENW GWR
la menthe (planhigyn)
un bonbon à la menthe (losin, fferins blas mintys)

minws ENW GWR + ARDDODIAD
moins (g)
❏ Ces i B minws. J'ai un B moins. ❏ 9-3 ydy 6. Neuf moins trois égale six.

mis ENW GWR
le mois

misglwyf ENW GWR
les règles (b.ll)
■ Mae'r misglwyf arni. Elle a ses règles.

misol ANSODDAIR
mensuel (BEN **mensuelle**)

misolyn ENW GWR
la revue mensuelle

mochyn ENW GWR
le cochon
■ cig moch (porc) le porc
■ cig moch (bacwn) le bacon

model ENW GWR
le modèle (esiampl)
le maquette (o dref, castell, llong)

model ENW BEN
le mannequin (ffasiwn)
❏ Mae hi yn fodel enwog. C'est un mannequin célèbre.

modem ENW GWR
le modem

modfedd ENW BEN
le pouce (2, 54 cm)
■ 6 modfedd quinze centimètres

modiwl ENW GWR
le module

modrwy ENW BEN
l'anneau (g) (cyffredinol)
■ modrwy aur un anneau en or
la bague (â charreg, ar fys)
■ modrwy briodas une alliance
■ modrwy dyweddïo la bague de fiançailles

modryb ENW BEN
la tante
■ fy modryb ma tante

modd ENW GWR
la manière
la façon
le mode (ffordd, dull)
■ yn yr un modd de la même manière
■ Gwaetha'r modd! Hélas!
❏ A oes modd i ti fy helpu i? Pourrais-tu m'aider?

moddion ENW LLUOSOG
le médicament

moel ANSODDAIR
chauve (BEN **chauve**)

moesol ANSODDAIR
moral

moesoldeb ENW GWR
la moralité

moethus ANSODDAIR
luxueux (BEN **luxueuse**)
■ gwesty moethus un hôtel de luxe

moethusrwydd ENW GWR
le luxe

moment ENW BEN
le moment
l'instant (g) (eiliad)

Monaco ENW BEN
■ yn Monaco à Monaco
■ i Monaco à Monaco

monsŵn ENW GWR
la mousson

mop ENW GWR
le balai laveur (llawr)
la tignasse (mop o wallt)

moped ENW GWR
le vélomoteur

mor ADFERF
aussi … que (wrth gymharu)
❏ Rwyf mor dal â thi. Je suis aussi grand que toi.
si/tellement (i'r fath raddau)
■ mor gyflym si vite
■ mor anodd tellement difficile

môr ENW GWR
la mer
- **ar y môr** en mer
- **glan y môr** le bord de la mer
- **ar lan y môr** au bord de la mer
- **Môr Iwerddon** la mer d'Irlande
- **Môr Iwerydd** l'Atlantique
- **Môr y Canoldir** la Méditerranée
- **salwch môr** le mal de mer

mordaith ENW BEN
la croisière

morfil ENW GWR
la baleine

morgrugyn ENW GWR
la fourmi

morio BERF
voyager par mer
naviguer

môr-leidr ENW GWR
le pirate

morlo ENW GWR
le phoque

Morocaidd ANSODDAIR
marocain (BEN **marocaine**)

Morociad ENW GWR/BEN
le Marocain
la Marocaine

Moroco ENW GWR
le Maroc
- **yn Moroco** au Maroc
- **i Moroco** au Maroc

morthwyl ENW GWR
le marteau

morwr ENW GWR
le marin

morwyn ENW BEN
la bonne *(cyflogedig)*
la vierge *(gwyryf)*
- **Y Forwyn Fair** la Vierge Marie
- **arwydd y Forwyn** la Vierge

mosg ENW GWR
la mosquée

mosgito ENW GWR
la moustique
- **pigiad mosgito** une piqûre de moustique

mud ANSODDAIR
muet (BEN **muette**)
□ Mae hi'n fud. Elle est muette.

mudferwi BERF
cuire à feu doux

mudiad ENW GWR
le mouvement

mudo BERF
déménager

mul ENW GWR
le mulet

mules ENW BEN
la mule

munud ENW GWR/BEN
la minute
- **Arhosa funud!** Attends une minute!
□ Mae hi'n bum munud wedi tri. Il est trois heures cinq.

mur ENW GWR
le mur
la muraille *(o gwmpas castell)*

mwd ENW GWR
la boue

mwdlyd ANSODDAIR
boueux (BEN **boueuse**)

mwg ENW GWR
la fumée

mẁg ENW GWR
la grande tasse *(cwpan)*

mwnci ENW GWR
le singe

Mwslim ENW GWR
le Musulman
la Musulmane

Mwslimaidd ANSODDAIR
musulman (BEN **musulmane**)

mwstard ENW GWR
la moutarde

mwstash ENW GWR
la moustache

mwy ANSODDAIR
plus grand (BEN **plus grande**)
□ Mae Pierre yn fwy na Jean. Pierre est plus grand que Jean.
- **mynd yn fwy** grandir
- **dim byd mwy** rien de plus
▷ *gweler hefyd* **mwy** ADFERF, ENW

mwy ADFERF
plus
□ Mae e'n fwy cyfeillgar na fi. Il est plus sympathique que moi.
davantage
□ Rhaid i ti orffwys mwy. Tu dois te reposer davantage.
▷ *gweler hefyd* **mwy** ANSODDAIR, ENW

mwy ENW GWR
plus
□ mwy na hanner y dosbarth plus que la moitié de la classe
- **mwy o** plus de

▷ *gweler hefyd* **mwy** ADFERF, ANSODDAIR

mwyach ADFERF
ne ... plus
❏ Nid yw hi'n gweithio yma mwyach. Elle ne travaille plus ici.

mwyaf ANSODDAIR
le plus grand (BEN **la plus grande**)
❏ Mae'r rhan fwyaf o'r dref yn hen. La plus grande partie de la ville est ancienne. ❏ Hi a siaradodd fwyaf. C'est elle qui a parlé le plus.

mwyafrif ENW GWR
la majorité
la plupart
❏ Mae'r mwyafrif yn cytuno. La plupart sont d'accord.

mwyafswm ENW GWR
le maximum

mwyn ANSODDAIR
doux (BEN **douce**)
■ Mae hi'n fwyn heddiw. Il fait doux aujourd'hui.

mwynder ENW GWR
la douceur

mwynhad ENW GWR
le plaisir

mwynhau BERF
s'amuser *(cael amser da)*
❏ Fe wnes i fwynhau yn Abertawe. Je me suis amusé à Swansea.

mwythau ENW LLUOSOG
la caresse

mwytho BERF
caresser

myfyrdod ENW GWR
la réflexion

myfyrio BERF
réfléchir

myfyriwr ENW GWR
l'étudiant (g)

myfyrwraig ENW BEN
l'étudiante (b)

mynd BERF
aller
■ **mynd i** aller à
■ **mynd o** aller de
rouler *(car, trên)*
❏ Mae'r car yn mynd yn gyflym. La voiture roule vite.
■ **mynd yn y car** rouler en voiture ❏ Mae e'n mynd yn y car bob dydd. Il va en voiture chaque jour.

mynd adref BERF
rentrer
❏ Fe aethom adref yn gynnar. Nous sommes rentrés de bonne heure.

mynd allan BERF
sortir

mynd am dro BERF
se promener
❏ Rwy'n hoffi mynd am dro ar y traeth. J'aime me promener sur la plage.

mynd ar draws BERF
traverser
❏ Peidiwch â mynd ar draws y cledrau. Défense de traverser la ligne.

mynd ar goll BERF
se perdre

mynd ar nerfau BERF
énerver
❏ Mae ei gwestiynau dwl yn mynd ar fy nerfau. Ses questions bizzares m'énervent.

mynd ati BERF
se mettre à
❏ Aeth ati i ysgrifennu. Il s'est mis à écrire.

mynd dros BERF
passer *(yn llythrennol)*
traverser *(croesi pont)*
examiner *(manylion)*
survoler *(mewn awyren)*
dépasser *(mynd yn fwy na)*
❏ Mae'r cyfanswm wedi mynd dros hanner cant. La totale a dépassé la cinquantaine.

mynd drwy BERF
passer à travers

mynd i gysgu BERF
s'endormir
❏ Mae e'n mynd i gysgu bob prynhawn. Il s'endort chaque après-midi.

mynd i lawr BERF
descendre

mynd i mewn BERF
entrer
■ **mynd i mewn i ystafell** entrer dans une pièce

mynd i nofio BERF
aller nager
❏ Rwy'n hoffi mynd i nofio yn y môr. J'aime aller nager dans la mer.

mynd i'r gwely BERF
se coucher
❏ Mae'r plant yn mynd i'r gwely yn gynnar. Les enfants se couchent tôt.

mynd o amgylch BERF
se promener *(cerdded o gwmpas)*
courir *(si, stori)*

m

■ **Mae si yn mynd o gwmpas bod …**
Le bruit court que …

mynd yn dew BERF
grossir
❑ Fe aeth yn dew o achos y byrgyrs cig. Il a grossi à cause des hamburgers.

mynedfa ENW BEN
l'entrée (b)
❑ Mae'r fynedfa i'r stadiwm yn Heol Westgate. L'entrée du stade se trouve dans la Rue Westgate.

mynegai ENW GWR
l'index (g)

mynegi BERF
exprimer
s'exprimer *(mynegi eich hunan)*

❑ Mae'n anodd mynegi eich hunan yn Ffrangeg. C'est dur de s'exprimer en français

mynegiant ENW GWR
l'expression (b)

mynnu BERF
insister
❑ Mae e'n mynnu talu. Il insiste pour payer.

mynwent ENW BEN
le cimetière

mynychu BERF
assister à
■ **mynychu cyfarfod** assister à une reunion
fréquenter *(mynd i)*

mynydd ENW GWR
la montagne

N | n

na, nad CYSYLLTAIR
non
❑ Ydych chi'n dod?- Na. Est-ce que vous venez?- Non.
ne ... ni ... ni
❑ Does ganddo na brawd na chwaer. Il n'a ni frère ni sœur.
que ... ne ... pas
❑ Gobeithio nad wyt ti wedi bod yn aros yn hir. J'espère que tu n'attends pas depuis longtemps.
que
❑ Mae hi'n dalach na'i mam. Elle est plus grande que sa mère.

Nadolig ENW GWR
le Noël
■ **cerdyn Nadolig** la carte de Noël
■ **Dydd Nadolig** le jour de Noël
■ **Noswyl Nadolig** la veille de Noël
■ **coeden Nadolig** le sapin de Noël
❑ Nadolig Llawen! Joyeux Noël!

naddo, nage ADFERF
non
❑ Naddo, ddaeth hi ddim. Non, elle n'est pas venue.

nai ENW GWR
le neveu

naid ENW BEN
le saut
■ **naid hir** le saut en longueur
■ **naid uchel** le saut en hauteur
■ **naid bynji** le saut à l'élastique

naill ai ... neu ... CYSYLLTAIR
soit... soit...
■ **Cymer naill ai sudd oren neu sudd afal.** Prends soit du jus d'orange soit du jus de pomme.
■ **y naill a'r llall** l'un(e) et l'autre

nain ENW BEN
la grand-mère
la mémé *(anffurfiol)*

nam ENW GWR
le défaut

nant ENW BEN
le ruisseau

natur ENW BEN
la nature

naturiol ANSODDAIR
naturel (BEN **naturelle**)
■ **yn naturiol** naturellement

naw RHIF
neuf
■ **un deg naw** dix-neuf
■ **naw deg** quatre-vingt-dix
■ **naw deg un** quatre-vingt-onze

nawddoglyd ANSODDAIR
condescendant (BEN **condescendante**)

nawfed ANSODDAIR
neuvième (BEN **neuvième**)
❑ y nawfed llawr le neuvième étage
❑ y nawfed o Awst le neuf août

nawr ADFERF
maintenant

neb ENW GWR
personne
❑ Pwy sy'n hoffi gwin? - Neb! Qui aime le vin? - Personne!
ne ... personne
❑ Welais i neb. Je n'ai vu personne.

nectarîn ENW BEN
la nectarine

nefoedd ENW LLUOSOG
le paradis
■ **Nefoedd!** Ciel!

neges ENW BEN
le message *(cyffredinol)*
la course *(siopa)*
❑ Mae gen i neges i'w gwneud yn y dref. J'ai une course à faire en ville.
le texto *(neges testun)*
❑ Anfonais neges testun atot ti. Je t'ai envoyé un texto.

negyddol ANSODDAIR
négatif (BEN **négative**)
❑ Mae ganddo agwedd negyddol iawn. Il a

n

une attitude très négative.

neidio BERF

sauter
- **neidio polyn** le saut à la perche

neidr ENW BEN

le serpent

neilon ENW GWR

le nylon

neilltuo BERF

réserver
- **neilltuo ystafell wely** réserver une chambre

neilltuol ANSODDAIR

exceptionnel (BEN **exceptionnelle**)

neis ANSODDAIR

gentil (BEN **gentille**) *(caredig)*
- **bod yn neis i rywun** être gentil avec quelqu'un □ Mae hi'n neis i ni. Elle est gentille avec nous.
agréable (BEN **agréable**) *(dymunol)*
bon (BEN **bonne**) *(blasus)*
sympathique (BEN **sympathique**) *(person dymunol)*

neithiwr ADFERF

hier soir

nenfwd ENW GWR

le plafond

nerf ENW BEN

le nerf
- **Mae hi'n mynd ar fy nerfau weithiau.** Quelquefois, elle me tape sur les nerfs.

nerfus ANSODDAIR

nerveux (BEN **nerveuse**)

nerfusrwydd ENW GWR

la nervosité

nerth ENW GWR

la force
- **nerth y gwynt** la force du vent
□ Gwaeddodd nerth ei ben. Il a crié à tue-tête.

nerthol ANSODDAIR

fort (BEN **forte**)

nes ANSODDAIR, CYSYLLTAIR

plus proche (BEN **plus proche**)
- **yn nes ac yn nes** de plus en plus proche
- **nes ymlaen** plus tard
- **mynd yn nes at rywun** s'approcher de quelqu'un
jusqu'à ce que *(tan)*
□ Arhoswch nes i fi ddod. Attendez jusqu'à ce que je vienne.

nesaf ANSODDAIR

prochain (BEN **prochaine**)

□ Pryd mae'r trên nesaf yn gadael? À quelle heure part le prochain train?
- **nesaf at** à côté de
□ Mae'r gwesty nesaf at yr orsaf. L'hôtel est à côté de la gare.

nesáu BERF

- **nesáu at** s'approcher de □ Rydyn ni'n nesáu at Lyon. Nous nous approchons de Lyon.

neu, fel arall CYSYLLTAIR

sinon
□ Gwisga dy got, neu fel arall byddi di'n wlyb diferol. Mets ton imperméable, sinon tu seras mouillé jusqu'aux os.

neuadd ENW BEN

la salle (polyvalente) *(ar gyfer nifer o wahanol weithgareddau)*
- **neuadd gyngerdd** la salle de concert
- **neuadd y dref** la mairie
- **neuadd y pentref** la salle des fêtes
- **neuadd yr ysgol** la grande salle

newid ENW GWR

le changement *(cyffredinol)*
□ Dw i wedi gweld newidiadau mawr yn y pentref. J'ai vu de grands changements dans le village.
la monnaie *(arian)*
□ Oes newid 20 ewro gennych chi? Avez-vous la monnaie pour un billet de 20 euros?
▷ *gweler hefyd* **newid** BERF

newid BERF

changer
□ Mae'n rhaid newid trên. Il faut changer de train.
se changer *(dillad)*
□ Mae hi wedi mynd i fyny grisiau i newid. Elle est montée se changer
▷ *gweler hefyd* **newid** ENW

newydd ANSODDAIR

nouveau (BEN **nouvelle**, GWR LLUOSOG **nouveaux**, cyn GWR UNIGOL a LLAFARIAD **nouvel**)
- **y flwyddyn newydd** le nouvel an
□ Mae ganddo gariad newydd. Il a une nouvelle copine. □ Blwyddyn Newydd Dda! Bonne Année!

newydd-deb ENW GWR

la nouveauté

newydd (wneud rhywbeth) BERF

venir de …
□ Maen nhw newydd gyrraedd. Ils viennent d'arriver. □ Roeddent newydd adael. Ils venaient de partir.

newyddiaduraeth ENW BEN

le journalisme

newyddiadurwr ENW GWR
le journaliste

newyddiadurwraig ENW BEN
la journaliste

newyddion ENW LLUOSOG
les nouvelles *(cyffredinol)* (b.ll)
❑ Mae gen i newyddion da a newyddion drwg. J'ai de bonnes nouvelles et de mauvaises nouvelles.
le journal télévisé *(ar y teledu)*
les informations *(ar y radio)*
les infos *(anffurfiol)*

newyn ENW GWR
la famine

nhw RHAGENW
les
❑ Welais i ddim mohonyn nhw. Je ne les ai pas vus.
leur *(iddyn nhw)*
❑ Rhoddais daflenni iddyn nhw. Je leur ai donné des brochures.
eux (BEN **elles**)
■ **gyda nhw** avec eux ❑ Daeth Lisa a Mair. Roedd Dylan gyda nhw. Lisa et Mair sont venues. Dylan était avec elles.
Ils (BEN **elles**)
❑ Maen nhw'n siarad Llydaweg. Ils parlent breton.

ni RHAGENW
nous
❑ Mae hi'n ein casáu ni. Elle nous déteste.
❑ Gwelodd e ni. Il nous a vus. ❑ Rhoeson nhw fap i ni. Ils nous ont donné une carte.
❑ Rydyn ni'n hoffi bwyd môr. Nous aimons les fruits de mer.

ni, nid NEGYDDOL
ne .... pas
❑ Nid oes gen i arian. Je n'ai pas d'argent.

nicer ENW GWR
la culotte
■ **pâr o nicers** une culotte

nicotîn ENW GWR
la nicotine

nid ▷ *gweler* **ni**

nid ... byth NEGYDDOL
ne ... jamais
❑ Nid yw byth yn darllen. Il ne lit jamais.

nid ... erioed NEGYDDOL
ne ... jamais
❑ Nid yw erioed wedi bod i Ffrainc. Il n'a jamais été en France.

nid ... mwy NEGYDDOL

ne ... plus
❑ Nid oes mwy o fara. Il n'y a plus de pain.

nid yn unig CYSYLLTAIR
non seulement
❑ Nid yn unig mae e'n siarad Ffrangeg, ond mae'n siarad Llydaweg hefyd. **Non seulement** il parle français, mais il parle aussi le breton.

nifer ENW GWR/BEN
le nombre
❑ Roedd nifer fawr o Gymry yno. Il y avait un grand nombre de Gallois là.

niferus ANSODDAIR
nombreux (BEN **nombreuse**)
❑ Mae'r problemau yn niferus. Les problèmes sont nombreux.

Nigeria ENW BEN
le Nigeria
■ **yn Nigeria** au Nigeria
■ **i Nigeria** au Nigeria

Nigeriad ENW GWR/BEN
le Nigérian
la Nigériane *(brodor o Nigeria)*

Nigeraidd ANSODDAIR
nigérian (BEN **nigériane**)

Nil ENW BEN
le Nil

ninnau RHAGENW
nous aussi
❑ Rydyn ninnau'n mynd ar yr awyren. Nous aussi, nous prenons l'avion.
■ **na ninnau chwaith** ni nous non plus

nionyn ENW GWR
l'oignon (g)
■ **cawl nionyn** la soupe à l'oignon

nith ENW BEN
la nièce

niwclear ANSODDAIR
nucléaire (BEN **nucléaire**)
■ **ynni niwclear** l'énergie nucléaire
■ **gorsaf niwclear** une centrale nucléaire

niwed ENW GWR
le mal
❑ Gest ti niwed? Tu as eu mal?

niweidio BERF
faire du mal à

niweidiol ANSODDAIR
nuisible (BEN **nuisible**)
■ **nwyon niweidiol** les gaz nuisibles

niwl ENW GWR
le brouillard

niwlog ANSODDAIR
brumeux (BEN **brumeuse**)
■ **Mae hi'n niwlog.** Il y a du brouillard.

n

niwmonia ENW GWR
la pneumonie

niwtral ANSODDAIR
neutre (BEN **neutre**)
■ **gwlad niwtral** un pays neutre

nod ENW GWR/BEN
le but
❑ Beth ydy nod yr ymweliad? Quel est le but
de la visite?

nòd ENW GWR
le signe de la tête (awgrymu)
❑ Rhoddodd nòd i mi. Il m'a fait un signe de
la tête.

nodedig ANSODDAIR
notable (BEN **notable**) (enwog)
connu (BEN **connue**)
❑ pentref nodedig am ei harddwch un
village connu pour sa beauté

nodi BERF
noter

nodiad ENW GWR
la note
■ **gwneud nodiadau** prendre des notes
■ **llyfr nodiadau** un cahier
■ **pad nodiadau** un bloc-notes

nodio BERF
dire 'oui' de la tête (wrth gytuno)

nodwedd ENW BEN
la caractéristique

nodweddiadol ANSODDAIR
caractéristique (BEN **caractéristique**)

nodwydd ENW BEN
l'aiguille (b)

nodyn ENW GWR
la note
❑ canu nodyn anghywir faire une fausse note
❑ Alla i adael nodyn iddyn nhw? Est-ce que
je peux leur laisser un message ?

noddi BERF
parrainer

noeth ANSODDAIR
nu (BEN **nue**)
■ **yn droednoeth** pieds-nus
■ **yn hollol noeth** tout nu

noethlymunwr ENW GWR
le nudiste

noethlymunwraig ENW BEN
la nudiste

nofel ENW BEN
le roman
■ **nofel dditectif** le roman policier

nofelydd ENW GWR
le romancier

la romancière

nofio ENW GWR
la natation
■ **mynd i nofio** faire de la natation

nofio BERF
nager
❑ Nofiodd ar draws y llyn. Il a traversé le lac
à la nage.

nofiwr ENW GWR
le nageur

nofwraig ENW BEN
la nageuse

normal ANSODDAIR
normal (BEN **normale**)

Normandi ENW BEN
la Normandie
■ **yn Normandi** en Normandie
■ **i Normandi** en Normandie

Norwy ENW BEN
la Norvège
■ **yn Norwy** en Norvège
■ **i Norwy** en Norvège

Norwyad ENW GWR
le Norvégien
la Norvégienne

Norwyaidd ANSODDAIR
norvégien (BEN **norvégienne**)
❑ Mae eglwys Norwyaidd yng Nghaerdydd.
Il y a une église norvégienne à Cardiff.

Norwyeg ENW GWR/BEN
le norvégien (yr iaith)

nos ENW BEN
la nuit
■ **treulio'r nos** passer la nuit
■ **yn ystod y nos** pendant la nuit
■ **gyda'r nos** le soir
■ **wyth o'r gloch y nos** huit heures du soir

Nos Calan ENW BEN
la Saint-Sylvestre

Nos da! ENW BEN
Bonne nuit!

nosi BERF
faire nuit

noson ENW BEN
la nuit (cyffredinol)
❑ Am sawl noson ydych chi'n aros? Pour
combien de nuits est-ce que vous restez?
le soir (gyda'r nos)
■ **y noson cynt** hier soir
■ **y noson cyn neithiwr (echnos)** avant-hier
soir

Noswaith dda! ENW BEN
Bonsoir!

Noswyl Nadolig ENW BEN
la veille de Noël
nwdls ENW LLUOSOG
les nouilles (b.ll)
nwy ENW GWR
le gaz
■ **nwy Calor** le butane
nwyddau ENW LLUOSOG
les marchandises (b.ll)
nyrs ENW GWR/BEN
l'infirmier (g) (*dyn*)
l'infirmière (g) (*dynes*)

nyrsio BERF
être infirmier/infirmière (b)
nyten ENW BEN
l'écrou (g)
nyth ENW GWR/BEN
le nid
nytmeg ENW GWR
la noix de muscade

n

O|o

o ARDDODIAD
de
❏ Rydw i o Aberystwyth. Je suis d'Aberystwyth. ❏ Un o ble ydych chi? D'où êtes-vous? ❏ Rydw i'n dod o Gymru. Je viens du pays de Galles.
■ **o India'r Gorllewin** des Antilles
■ **o Bortiwgal** du Portugal
■ **o orllewin Canada** de l'ouest du Canada
❏ mynd o Baris i Lyon aller de Paris à Lyon
❏ cwpanaid o de une tasse de thé ❏ nifer ohonynt plusieurs d'entre eux/elles
■ **chwech o blant** six enfants
■ **Mae gen i un ohonynt.** J'en ai un(e).
à partir de
❏ o'r 13eg o Ionawr à partir du treize janvier
en *(wedi'i wneud o)*
❏ modrwy o aur une bague or ❏ tŷ o frics coch une maison en briques rouges
■ **o dŷ i dŷ** de maison en maison

O! EBYCHIAD
Ô!

o dan ARDDODIAD
sous
❏ Mae'r llyfr o dan y gadair. Le livre est sous la chaise.

o ddifrif ADFERF
sérieusement
■ **Wyt ti o ddifrif?** Sérieusement?

o fewn cyrraedd
à proximité
❏ Mae'r siopau o fewn cyrraedd. Les magasins sont à proximité.

o gwmpas ARDDODIAD
autour de
❏ Mae e wedi teithio o gwmpas Ffrainc i gyd. Il a voyagé autour de la France entière.

o hyd ADFERF
toujours *(yn parhau i wneud rhywbeth)*
❏ Mae hi yma o hyd. Elle est toujours ici.
de long *(mesur)*
❏ Mae'r ystafell yn 3 metr o hyd. La salle fait 3 mètres de long.

o hyn ymlaen ADFERF
désormais
❏ O hyn ymlaen bydda i'n siarad Ffrangeg. Désormais, je parlerai français.

obo ENW GWR
le hautbois
❏ Rydw i'n canu'r obo. Je joue du hautbois.

obsesiwn ENW GWR
l'obsession (b)

ocsigen ENW GWR
l'oxygène (g)

ocsiwn ENW BEN
la vente aux enchères

octopws ENW GWR
le poulpe

ochenaid ENW BEN
le soupir
❏ ochenaid o ryddhad un soupir de soulagement

ochneidio BERF
soupirer

ochr ENW BEN
le côté *(cyffredinol)*
le bord *(pwll, llyn)*
le banc *(bryn)*
■ **ochr yn ochr** côte à côte

o ochr fy nhad ANSODDAIR
paternel (BEN **paternelle**)
■ **taid o ochr fy nhad** mon grand-père paternel

ochr gwely ENW GWR
le chevet
■ **lamp ochr gwely** la lampe de chevet

ochr isaf ENW GWR
le côté le plus bas

od ANSODDAIR
bizarre (BEN **bizarre**)

odrif ENW GWR
le chiffre impair

oddi allan ARDDODIAD
à l'extérieur

oddi ar ARDDODIAD

de
❏ Neidiodd oddi ar y bwrdd. Il a sauté de la table.

oddi mewn ARDDODIAD
à l'intérieur

oddi tan ARDDODIAD
au dessous (de)

oddi wrth ARDDODIAD
de
■ llythyr oddi wrth ffrind une letter d'un ami/d'une amie

oddi yma ARDDODIAD
d'ici

oddi yna ARDDODIAD
de là

oed, oedran ENW GWR
l'âge (g)
❏ Beth ydy dy oed di? Quel âge as-tu?

Oed Crist TALFYRIAD
ap.J.-C. (après Jésus-Christ)

oedi BERF
tarder (aros cyn gwneud rhywbeth)
hésiter (petruso cyn gwneud rhywbeth)

oedi ENW GWR
le retard
❏ Mae awr o oedi ar y draffordd. Il y a une heure de retard sur l'autoroute.

oedolyn ENW GWR
l'adulte (g)/(b)

oedrannus ANSODDAIR
vieux (BEN vieille)
vieil (o flaen llafariad, gwrywaidd unigol)
❏ hen ddyn un vieil homme

oen ENW GWR
l'agneau (g) (LLUOSOG les agneaux)

oer ANSODDAIR
froid (BEN froide)
❏ Mae'r dŵr yn oer. L'eau est froide.
■ bod yn oer avoir froid ❏ Dwi'n oer. J'ai froid.
■ Mae hi'n oer. Il fait froid.

oerfel, oerni ENW GWR
le froid
❏ Dwi'n casáu'r oerfel. Je déteste le froid.

oergell ENW BEN
le frigo

oeri BERF
refroidir
❏ Dwi'n gadael i'r coffi oeri. Je laisse refroidir le café.

oes BERF
▷ gweler **bod**

oes ENW BEN
la vie (cyfnod bywyd)
l'âge (g) (cyfnod hanesyddol)
■ yr Oes Haearn l'âge de fer
■ Oes yr Iâ l'âge de glace
l'éternité (cyfnod hir iawn)
■ am oes pour une éternité

ofer ANSODDAIR
inutile (BEN inutile)
■ yn ofer en vain

ofergoeledd ENW GWR
la superstition

ofergoelus ANSODDAIR
superstitieux (BEN superstitieuse)

oferôls ENW LLUOSOG
les bleus de travail (g.ll)

ofn ENW GWR
la peur
■ codi ofn ar rywun faire peur à quelqu'un
■ bod ag ofn avoir peur ❏ Mae arna i ei hofn hi. J'ai peur d'elle.
■ rhag ofn au cas où ❏ rhag ofn iddi fwrw glaw au cas où il pleuvrait

ofnadwy ANSODDAIR
terrible (BEN terrible)
❏ Gwelais ddamwain ofnadwy. J'ai vu un accident terrible.
■ yn ofnadwy terriblement
épouvantable (BEN épouvantable) (sy'n codi ofn)
atroce (BEN atroce) (tywydd)
affreux (BEN affreuse) (erchyll)

ofni BERF
craindre
❏ Does dim i'w ofni. Il n'y a rien à craindre.

ofnus ANSODDAIR
peureux (BEN peureuse)

offeiriad ENW GWR
le curé (plwyf)
le prêtre (gweinidog eglwys)

offer ENW LLUOSOG
l'équipement (g) (cyfarpar)
■ offer pysgota l'équipement de pêche les outils (g.ll) (twls)
■ offer y cartref les appareils ménagers

offeren ENW BEN
la messe

offeryn ENW GWR
l'instrument (g)
❏ Pa offeryn wyt ti'n ei ganu? De quel instrument est-ce que tu joues?
■ offeryn taro la percussion ❏ chwarae offerynnau taro jouer des percussions

ogof ENW BEN
la caverne

ogofa ENW BEN
la spéléologie
■ **mynd i ogofa** faire de la spéléologie

ogofeg ENW BEN
la spéléologie

ogystal ANSODDAIR, CYSYLLTAIR
■ **yn ogystal â** en plus de
■ **canu yn ogystal ag adrodd** chanter en plus de réciter

ongl ENW BEN
l'angle (g)

oherwydd CYSYLLTAIR
parce que
❑ Mae hi'n canu oherwydd ei bod yn hapus. Elle chante parce qu'elle est contente.
▷ *gweler hefyd* **oherwydd** ARDDODIAD

oherwydd ARDDODIAD
à cause de
■ **oherwydd y glaw** à cause de la pluie
▷ *gweler hefyd* **oherwydd** CYSYLLTAIR

ôl ENW GWR
la trace
❑ olion traed les traces de pas
■ **olion bysedd** les empreintes digitales

ôl ANSODDAIR
arrière (BEN **arrière**)
❑ sedd ôl (car) un siège arrière
■ **ar ôl** après ❑ ar ôl gofyn après avoir demandé ❑ ar ôl gadael après être partie(e) ❑ ar ôl i mi ymolchi après metre lavère
■ **yn ôl (yn nhyb rhywun)** selon ❑ yn ôl y meddyg selon le médecin
■ **dwy flynedd yn ôl** il y a deux ans

olaf ANSODDAIR
dernier (BEN **dernière**)
■ **y tro olaf** la dernière fois
■ **yn olaf** en dernier

olaf ond un ANSODDAIR
avant-dernier (BEN **avant-dernière**)
■ **y drws olaf ond un** l'avant-dernière porte

olew ENW GWR
l'huile (b) *(coginio)*
le pétrole *(olew crai)*
■ **olew tanwydd car** le carburant

olewydd ENW GWR
l'olive (b)
■ **olew olewydd** l'huile d'olive

olewydden ENW BEN
l'olivier (g) *(coeden)*

olrhain BERF
retracer

■ **olrhain camau** retracer ses pas ❑ Hoffech i fi olrhain yr hanes? Voulez-vous que je retrace l'histoire?

olwyn ENW BEN
la roue
■ **olwyn sbâr** la roue de sécours

Olympaidd ANSODDAIR
olympique (BEN **olympique**)
■ **y Gemau Olympaidd** les jeux Olympiques

olynydd ENW GWR
le successeur

oll ANSODDAIR
tout (le) (BEN **toute (la)**, GWR LLUOSOG **tous (les)**, BEN LLUOSOG **toutes (les)**)
❑ y dynion oll tous les hommes ❑ y dosbarth oll toute la classe
■ **gorau oll** tant mieux
■ **yn gyntaf oll** tout d'abord

omled ENW GWR/BEN
l'omelette (b)
■ **omled caws** une omelette au fromage

ond CYSYLLTAIR
mais
❑ Buaswn i'n hoffi dod, ond rwy'n brysur. J'aimerais venir, mais je suis occupé.
■ **dim ond** seulement ❑ Faint mae'n ei gostio? - Dim ond 10 ewro. Combien est-ce que ça coûte? – Seulement dix euros.
ne … que
❑ Does gen i ond deg punt. Je n'ai que dix livres.

oni bai ARDDODIAD
■ **heb os nac oni bai** sans aucun doute
❑ Oni bai am hynny, byddwn ni'n mynd i'r cyngerdd. Autrement, nous irions au concert.

onid, on'd do, on'd de
n'est-ce pas?
❑ Philip wyt ti, on'd e? Tu es Philippe n'est-ce pas? ❑ Aethon nhw yno neithiwr, on'd do? Ils y sont allés hier soir, nest-ce pas?

opera ENW BEN
l'opéra (g)
■ **opera sebon** un feuilleton (a l'eau de rose)

opsiwn ENW GWR
l'option (b)

opsiynol ANSODDAIR
facultatif (BEN **facultative**)
■ **pwnc opsiynol** la matière facultative

optegydd ENW GWR
l'opticien (g)
l'opticienne (b)

optimistaidd ANSODDAIR
optimiste (BEN **optimiste**)

optimist ENW GWR
l'optimiste (g)/(b)
oren ENW GWR
l'orange (b)
▷ *gweler hefyd* **oren** ANSODDAIR
oren ANSODDAIR
orange (BEN **orange**)
❏ siwmper oren un pullover orange
▷ *gweler hefyd* **oren** ENW
organ ENW BEN
l'orgue (g)
■ **canu'r organ** jouer de l'orgue
organ geg ENW GWR
l'harmonica (b)
❏ Mae e'n canu'r organ geg. Il joue de l'harmonica.
organig ANSODDAIR
organique (BEN **organique**) *(llysiau, ffrwythau)*
oriau brig ENW LLUOSOG
les heures d'affluence (b.ll)
oriau cau ENW BEN LLUOSOG
les heures de fermeture (b.ll)
oriawr ENW BEN
la montre
oriel ENW BEN
la galerie *(gwaith celf)*
le balcon *(theatr, sinema)*
■ **oriel gelf** la galerie d'art

oriog ANSODDAIR
capricieux (BEN **capricieuse**)
os CYSYLLTAIR
si
■ **os gweli di'n dda** s'il te plaît
■ **os gwelwch chi'n dda** s'il vous plaît
❏ Os wyt ti'n mynd, bydda i'n mynd hefyd. Si tu y vas, j'irai aussi.
osgoi BERF
éviter
❏ Rhaid osgoi problemau. Il faut éviter les problèmes.
■ **ffordd osgoi** la rocade
oson ENW GWR
l'ozone (g)
■ **haen oson** la couche d'ozone
ots ENW GWR
■ **Beth yw'r ots?** Qu'importe?
■ **Does dim ots am hynny.** Cela ne fait rien.
■ **Does dim ots gen i.** Ça m'est complètement égal.
owns ENW BEN
l'once (b)
■ **8 owns o gaws** 250 grammes de fromage

P p

pa ANSODDAIR
quel (BEN **quelle**, GWR LLUOSOG **quels**, BEN
LLUOSOG **quelles**)
❑ Pa liw wyt ti'n ei hoffi orau? Quelle couleur
préfères-tu? ❑ Pa lyfrau brynodd hi? Quels
livres a-t-elle achetés?
■ **Pa fath?** Quelle sorte?
■ **Pa ots!** Bon, et alors!

pa un, pa rai ANSODDAIR
lequel (BEN **laquelle**, GWR LLUOSOG **lesquels**,
BEN LLUOSOG **lesquelles**)
❑ Peugeot neu Renault, pa un sydd orau
gen ti? La Peugeot ou la Renault, laquelle
préfères-tu? ❑ Dyma ddwy gacen. Pa un wyt
ti eisiau? Pa rai o'r rhain yw eich rhai chi? Voici
deux gâteaux. Lequel tu veux? Lesquels sont
à vous?

pab ENW GWR
le pape

pabell ENW BEN
la tente
■ **cysgu mewn pabell** dormir sous une tente

pabi ENW GWR
le pavot

Pabydd ENW GWR
le catholique

Pabyddes ENW BEN
la catholique

Pabyddol ANSODDAIR
catholique (BEN **catholique**)
■ **yr Eglwys Babyddol** l'Église catholique

pac ENW GWR
le bagage
■ **pac o gardiau** un jeu de cartes

paced ENW GWR
le paquet
■ **paced o fisgedi** un paquet de biscuits

pacio BERF
■ **pacio'ch cês** faire sa valise
■ **pacio rhywbeth mewn papur** emballer
quelque chose dans du papier

pad ENW GWR

le bloc-notes (*o bapur ysgrifennu*)

padell ENW BEN
la bassine (*basn*)
■ **padell ffrïo** la poêle à frire

paen ENW GWR
la vitre (*gwydr*)

paent ENW GWR
la peinture

paentio BERF
peindre

paentiwr ENW GWR
le peintre

pafiliwn ENW GWR
le pavillon

paffio BERF
faire de la boxe (*bocsio*)

paffiwr ENW GWR
le boxeur (*bocsiwr*)

pais ENW BEN
le jupon (*o dan sgert, ffrog*)

Pakistan ENW BEN
le Pakistan
■ **yn Pakistan** au Pakistan
■ **i Pakistan** au Pakistan

Pakistanaidd ANSODDAIR
pakistanais (BEN **pakistanaise**)

Pakistaniad ENW GWR/BEN
le Pakistanais
la Pakistanaise (*brodor o Pakistan*)

palas ENW GWR
le palais

Palesteina ENW BEN
la Palestine
■ **ym Mhalesteina** en Palestine
■ **i Balesteina** en Palestine

Palesteinaidd ANSODDAIR
palestinien (BEN **palestinienne**)

Palestiniad ENW GWR
le Palestinien
la Palestinienne

palmant ENW GWR

le trottoir
palmwydden ENW BEN
le palmier
palu BERF
bêcher *(tir)*
■ **palu'r ardd** creuser le jardin
pallu BERF
cesser *(stopio)*
❏ Mae'r glaw wedi pallu. La pluie a cessé.
refuser *(gwrthod)*
■ **Pallodd wneud ei waith.** Il a refusé de faire son travail.
pam CYSYLLTAIR
pourquoi
■ **pam lai** pourquoi pas
■ **y rheswm pam** la raison pour laquelle
pamffled ENW GWR
la brochure
pan CYSYLLTAIR
quand
■ **Pan oeddwn i'n yr ysgol gynradd…** Quand j'étais à l'école primaire ...
panasen ENW BEN
le panais *(llysieuyn)*
'paned ENW BEN
la tasse
❏ paned o de une tasse de thé
panig ENW GWR
la panique
panorama ENW GWR
le panorama
pant ENW GWR
le creux
pantri ENW GWR
le garde-manger
panther ENW GWR
la panthère
papur ENW GWR
le papier *(ysgrifennu)*
l'examen (g) *(arholiad)*
■ **papur lapio** le papier cadeau
■ **papur pleidleisio** un bulletin de vote
■ **papur tŷ bach** le papier hygiénique
■ **papur wal** le papier peint
papur newydd ENW GWR
le journal *(dyddiol)*
pâr ENW GWR
la paire
■ **pâr o fenyg** une paire de gants
■ **pâr o drowsus** un pantalon
■ **pâr o siorts** un short
le couple *(gŵr a gwraig, cariadon)*
para BERF

durer
❏ Mae'r ffilm yn para am ddwy awr. Le film dure deux heures.
■ **para'n hir** durer longtemps
paradwys ENW BEN
le paradis
parafeddyg ENW GWR
l'auxiliaire (g) médical
l'auxiliaire (b) médicale
paraffin ENW GWR
le pétrole
■ **lamp paraffin** une lampe à pétrole
paragraff ENW GWR
le paragraphe
paralel ANSODDAIR
parallèle (BEN **parallèle**)
parasiwt ENW GWR
le parachute
parasiwtydd ENW GWR
le parachutiste
la parachutiste
paratoad ENW GWR
la préparation
paratoi BERF
préparer
■ **paratoi ar gyfer rhywbeth** se préparer pour quelque chose
parc ENW GWR
le parc
■ **parc cenedlaethol** le parc national
■ **parc thema** le parc à thème
■ **parc hamdden** le parc de loisirs
parcio BERF
se garer
■ **'Dim parcio'** 'Stationnement interdit'
parch ENW GWR
le respect
parchu BERF
respecter
parchus ANSODDAIR
respectueux (BEN **respectueuse**)
pardwn ENW GWR
le pardon
■ **Pardwn?** Pardon?
pardduo BERF
noircir *(cymeriad)*
pared ENW GWR
la paroi *(wal)*
parhad ENW GWR
la continuation
parhaol ANSODDAIR
permanent (BEN **permanente**)

parhau BERF
continuer
■ **parhau i wneud rhywbeth** continuer à faire quelque chose
parhaus ANSODDAIR
continuel (BEN **continuelle**)
■ **yn barhaus** continuellement
Paris ENW
Paris (b)
■ **ym Mharis** à Paris
■ **i Baris** à Paris ❑ Mae hi'n dod o Baris. Elle est Parisienne
Parisaidd ANSODDAIR
Parisien (BEN **Parisienne**)
Parisiad ENW GWR
le Parisien
la Parisienne
parlysu BERF
paralyser
■ **wedi ei barlysu/ei pharlysu** être paralysé(e)
parod ANSODDAIR
prêt (BEN **prête**)
■ **dillad parod** les vêtements prêts à porter
❑ Wyt ti'n barod i adael? Es-tu prêt à partir?
■ **yn barod** déjà ❑ Mae hi wedi mynd yn barod. Elle est déjà partie.
parot ENW GWR
le perroquet
parsel ENW GWR
le colis
parti ENW GWR
la fête
■ **parti blwyddyn newydd** une fête du Nouvel An
■ **parti Nadolig** la fête de Noël
■ **parti pen-blwydd** la fête d'anniversaire
partner ENW GWR
le partenaire
la partenaire
parth ENW GWR
la zone
■ **parth cerddwyr** une zone piétonne
■ **parth diwydiannol** la zone industrielle
pasbort ENW GWR
le passeport
Pasg ENW GWR
Pâques (b.ll)
■ **yn ystod y Pasg** à Pâques
■ **wy Pasg** un œuf de Pâques
■ **Pasg Hapus i chi!** Joyeuses Pâques!
pasio BERF
passer devant *(mynd heibio)*

❑ Rhaid i chi basio'r sinema. Vous devez passer devant le cinéma.
passer *(estyn rhywbeth i rhywun)*
❑ Alli di basio'r halen, os gweli di'n dda? Tu peux me passer le sel, s'il te plait?
réussir à *(llwyddo)*
❑ Dw i wedi pasio fy arholiad Ffrangeg. J'ai réussi à mon examen de français/J'ai été recu(e) à mon examen de fraçais.
past ENW GWR
la pâte
past dannedd ENW GWR
le dentifrice
pasta ENW GWR
les pâtes (b.ll)
pastil ENW GWR
la pastille
pate ENW GWR
le pâté
■ **pate afu gŵydd** le pâté de foie gras
patrôl ENW GWR
la patrouille
patrwm ENW GWR
le motif
■ **patrwm gwnïo** le patron
pawb RHAGENW
tout le monde
■ **pawb arall** tous les autres
pawen ENW BEN
la patte
pe CYSYLLTAIR
si
■ **Pe bawn i'n ti ...** À ta place ... ❑ Pe baen ni'n gyfoethog, bydden ni'n prynu tŷ yn Ffrainc. Si nous étions riches, nous achèterions une maison en France.
pecyn ENW GWR
le paquet
pechod ENW GWR
le péché
pedal ENW GWR
la pédale
pedalo ENW GWR
le pédalo
pedigri ENW GWR
la race
■ **ci o bedigri** un chien de pure race
pedwar, pedair RHIF
quatre
■ **pedwar deg** quarante
■ **pedwar/pedair ar ddeg** quatorze
pedwerydd, pedwaredd ANSODDAIR
quatrième (BEN **quatrième**)

■ **ar y pedwerydd llawr** au quatrième étage

pefriol ANSODDAIR
gazeux (BEN **gazeuse**)
■ **dŵr pefriol** une eau gazeuse

peg ENW GWR
la pince à linge *(dillad)*

Pegwn y De ENW GWR
le pôle Sud
■ **o'r naill begwn i'r llall** d'un pôle à l'autre

Pegwn y Gogledd ENW GWR
le pôle Nord

peidio BERF
ne … pas *(i negyddu)*
❑ Peidiwch â chau'r drws. Ne fermez pas la porte.
■ **Peidiwch!** Arrêtez!
s'arrêter *(stopio)*
❑ Alla i ddim peidio â bwyta siocledi. Je ne peux pas m'arrêter de manger les chocolats.

peilot ENW GWR
le pilote

peint ENW GWR
la pinte
■ **peint o laeth** un demi-litre de lait

peiriannydd ENW GWR
l'ingénieur (g)

peiriant ENW GWR
la machine *(cyffredinol)*
le moteur *(injan)*

peiriant ateb ENW GWR
le répondeur (automatique)

peiriant ceiniogau ENW GWR
la machine à sous

peiriant golchi dillad ENW GWR
la machine à laver

peiriant golchi llestri ENW GWR
le lave-vaisselle

peiriant gwerthu ENW GWR
le distributeur automatique

peiriant gwnïo ENW GWR
la machine à coudre

peiriant pin-bêl ENW GWR
le flipper
■ **chwarae pin-bêl** jouer au flipper

peiriant recordio ENW GWR
le magnétophone

peiriant recordio fideo ENW GWR
le magnétoscope

peiriant sychu dillad ENW GWR
le séchoir à linge
■ **peiriant sychu gwallt** un sèche-cheveux

peiriant torri glaswellt ENW GWR
la tondeuse (de gazon)

peirianwaith ENW GWR
la machinerie *(peiriannau yn gyffredinol)*
le mécanisme *(rhannau peiriant)*

pêl ENW BEN
la balle *(fechan - tennis, criced, golff)*
le ballon *(fawr - rygbi, pêl-droed)*

pêl-droed ENW GWR
le football
■ **chwarae pêl-droed** jouer au foot

pêl-droed pen bwrdd ENW GWR
le babyfoot
■ **chwarae pêl-droed pen bwrdd** jouer au babyfoot

pêl-droediwr ENW GWR
le footballeur

pêl-droedwraig ENW BEN
la footballeuse

pelen ENW BEN
la boule
■ **pelen eira** une boule de neige

pêl-fas ENW BEN
le base-ball
■ **chwarae pêl-fas** jouer au base-ball

pêl-fasged ENW BEN
le basket
■ **chwarae pêl-fasged** jouer au basket

pêl foli ENW BEN
le volley-ball
■ **chwarae pêl foli** jouer au volley-ball

pêl law ENW BEN
le hand-ball
■ **chwarae pêl law** jouer au hand-ball

pêl-rwyd ENW BEN
le netball
■ **chwarae pêl-rwyd** jouer au netball

pelydr X ENW GWR
le rayon X

pell ANSODDAIR, ADFERF
loin
❑ Ydy e'n bell? Est-ce que c'est loin?
■ **pell o** loin de ❑ Nid yw'n bell o Gaerdydd. Ce n'est pas loin de Cardiff.

pellen ENW BEN
la pelote *(o wlân, llinyn)*

pellter ENW GWR
la distance

pen ENW GWR
la tête
❑ Mae gen i ben tost. J'ai mal à la tête.
■ **ysgwyd pen** faire non de la tête
■ **pen neu gynffon** pile ou face
le stylo *(ysgrifennu)*

P

penbleth ENW BEN
la confusion *(dryswch)*

pen-blwydd ENW GWR
l'anniversaire (g)
■ **Pen-blwydd Hapus!** Bon Anniversaire!
■ **pen-blwydd priodas** l'anniversaire de mariage

penbwl ENW GWR
le têtard

pencadlys ENW GWR
le siège central
■ **pencadlys yr heddlu** le commissariat de police

pencampwr ENW GWR
le champion

pencampwraig ENW BEN
la championne

pencampwriaeth ENW BEN
le championnat

pendant ANSODDAIR
sûr (BEN **sûre**)
■ **yn bendant** sans aucun doute
■ **ateb pendant** une réponse catégorique

penderfyniad ENW GWR
la décision
■ **gwneud penderfyniad** prendre une décision

penderfynol ANSODDAIR
obstiné (BEN **obstinée**)

penderfynu BERF
décider
■ **penderfynu gwneud rhywbeth** décider de faire quelque chose ❑ Penderfynodd fynd i'r traeth. Il a décidé d'aller à la plage.

pendics ENW GWR
l'appendicite (b) *(llid y pendics)*

pendramwnwgl ANSODDAIR
pêle-mêle
Roedd popeth yn bendramwnagl. Tout était pêle-mêle.

pendro ENW BEN
le vertige
■ **cael y bendro** être pris(e) de vertige

pendroni BERF
se demander
Roedd hi'n pendroni beth i'w wneud. Elle se demandait que faire.

penddelw ENW BEN
le buste

penelin ENW GWR/BEN
le coude
Mae fy mhenelin yn dost. J'ai mal au coude.

penfelyn ANSODDAIR

aux cheveux blonds
Mae hi'n benfelyn. Elle a les cheveux blonds.

penfras ENW GWR
le cabillaud *(pysgodyn wedi'i goginio)*
la morue *(pysgodyn byw)*

pen-glin ENW BEN
le genou
Mae fy mhen-glin yn brifo. J'ai mal au genou.

penglog ENW GWR
le crâne

pengoch ANSODDAIR
aux cheveux roux
■ **Mae hi'n bengoch.** Elle a les cheveux roux.

pengwin ENW GWR
le pingouin

penis ENW GWR
le pénis *(anatomeg)*

penisilin ENW GWR
la pénicilline

penllanw ENW GWR
la marée haute

pennaeth ENW GWR
le chef *(cyffredinol)*
le directeur
la directrice *(mewn ysgol)*
■ **pennaeth ysgol gynradd** le directeur d'école primaire
le patron *(ar gwmni)*

pennaf ANSODDAIR
principal (BEN **principale**)
■ **yn bennaf** surtout

pennawd ENW GWR
le titre

pennill ENW GWR
la strophe

pennod ENW BEN
le chapitre

pennu BERF
préciser *(cadarnhau dyddiad, amser, lleoliad)*

penodi BERF
nommer
■ **Mae e wedi cael ei benodi'n bennaeth.** Il a été nommé directeur.

penodiad ENW GWR
la nomination

penodol ANSODDAIR
précis (BEN **précise**)

pen-ôl ENW GWR
le derrière

penrhyn ENW GWR
le cap

pensaer ENW GWR
l'architecte (g)/(b)
pensaernïaeth ENW BEN
l'architecture (b)
pensil ENW GWR/BEN
le crayon
■ **pensiliau lliw** les crayons de couleurs
■ **ysgrifennu rhywbeth mewn pensil** écrire
quelque chose au crayon
■ **cas pensiliau** la trousse
pensiwn ENW GWR
la retraite
pensiynwr ENW GWR
le retraité
pensiynwraig ENW BEN
la retraitée
pentan ENW GWR
le coin du feu
Pentecost ENW GWR
la Pentecôte *(gŵyl Gristnogol)*
pentref ENW GWR
le village
pentrefwr ENW GWR
le villageois
■ **y pentrefwyr** les gens du village
pentrefwraig ENW BEN
le villageoise
pentwr ENW GWR
le tas
■ **pentwr o lyfrau** un tas de livres
pentyrru BERF
entasser
penwythnos ENW GWR
le weekend
■ **Mwynha/Mwynhewch y penwythnos!**
Bon weekend!
■ **penwythnos diwethaf** le weekend dernier
perarogl ENW GWR
le parfum
perchennog ENW GWR
le propriétaire
la propriétaire
perchenogaeth ENW BEN
la possession
■ **perchenogaeth breifat** la propriété privée
peren ENW BEN ▷ *gweler* **gellygen**
perfedd ENW GWR
l'intestin (g)
perffaith ANSODDAIR
parfait (BEN **parfaite**)
■ **yn berffaith** parfaitement
▷ *gweler hefyd* **perffaith** ENW

perffaith ENW GWR
le passé composé *(amser gorffennol)*
▷ *gweler hefyd* **perffaith** ANSODDAIR
perffeithio BERF
perfectionner
perffeithrwydd ENW GWR
la perfection
perfformiad ENW GWR
le spectacle *(sioe)*
❑ Dechreuodd y perfformiad am 7 o'r gloch.
Le spectacle a commencé à sept heures.
l'interprétation (b) *(dehongliad)*
❑ Roedd ei berfformiad yn y ddrama yn wych.
Son interprétation de la pièce était excellente.
la performance *(canlyniadau)*
❑ perfformiad gwael y cwmni la médiocre
performance de la compagnie
perfformio BERF
jouer *(actio, drama)*
perfformiwr ENW GWR
l'artiste (g)
perfformwraig ENW BEN
l'artiste (b)
peri BERF
causer
■ **peri pryder i** inquiéter ❑ Mae ei agwedd
yn peri pryder i fi. Son attitude m'inquiète.
Periw ENW BEN
le Pérou
■ **ym Mheriw** au Pérou
■ **i Beriw** au Pérou
Periwaidd ANSODDAIR
péruvien (BEN **péruvienne**)
Periwiad ENW GWR/BEN
le Péruvien
la Péruvienne
perl ENW GWR
la perle
perlysiau ENW GWR
les fines herbes (b.ll)
■ **Dwi'n defnyddio llawer o berslysiau wrth**
goginio. J'utilise beaucoup de fines herbes
quand je fais la cuisine.
perllan ENW BEN
le verger
■ **perllan afalau** un verger de pommiers
persawr ENW GWR
le parfum
persawrus ANSODDAIR
parfumé (BEN **parfumée**)
persli ENW GWR
le persil
person ENW GWR

la personne *(cyffredinol)*
- **person â gofal** le/la responsable
- **person di-gartref** le/la SDF (sans domicile fixe)
- **person sy'n gaeth i gyffuriau** le/la toxicomane

personél ENW GWR
le personnel *(staff)*

personol ANSODDAIR
personnel (BEN **personnelle**)
- **yn bersonol** personnellement

personoliaeth ENW BEN
la personnalité

perswâd ENW GWR
la persuasion

perswadio BERF
persuader

perth ENW BEN
le buisson *(llwyn)*

perthnasau ▷ *gweler* **perthynas**

perthnasol ANSODDAIR
pertinent (BEN **pertinente**) *(ffaith)*
approprié (BEN **appropriée**) *(rheol)*
utile (BEN **utile**) *(gwybodaeth, cwrs)*

perthyn BERF GYFLAWN
être apparenté (BEN **être apparentée**) *(bod o'r un teulu)*
- **perthyn i'w gilydd** ils sont apparentés

perthynas ENW BEN
le parent *(person)*
la parente
- **perthnasau agos** les parents proches
- **perthnasau pell** les parents éloignés
les rapports *(cyswllt)*
- Mae ganddyn nhw berthynas glòs. Ils ont des rapports intimes.
- **mewn perthynas â rhywun** par rapport à quelqu'un

perygl ENW GWR
le danger
- **bod mewn perygl** être en danger

peryglu BERF
mettre en danger

peryglus ANSODDAIR
dangereux (BEN **dangereuse**)

pesimist ENW GWR
le pessimiste
la pessimiste

pesimistaidd ANSODDAIR
pessimiste (BEN **pessimiste**)

pesimistiaeth ENW BEN
le pessimisme

peswch ENW GWR

la toux

pesychu BERF
tousser

petal ENW GWR
le pétale

petrol ENW GWR
l'essence (b)
- **petrol di-blwm** l'essence sans plomb
- **gorsaf petrol** une station-service
- **tanc petrol** un réservoir d'essence

petruso BERF
hésiter

petruster ENW GWR
l'hésitation (b)

petryal ANSODDAIR, ENW
rectangulaire (BEN **rectangulaire**)
le rectangle

peth ENW GWR
la chose
le truc *(anffurfiol)*
- **fy mhethau i** mes affaires

pethau melys ENW LLUOSOG
les friandises (b.ll)

piano ENW GWR
le piano
- **canu piano** jouer du piano

pianydd ENW GWR
le pianiste
la pianiste

piau BERF
posséder
- Fi piau'r car yna. C'est moi qui possède cette voiture-là.
- **Pwy piau'r llyfr hwn?** À qui est ce livre?

pib ENW BEN
la pipe *(ysmygu)*
le pipeau *(offeryn cerdd)*

pibell ENW BEN
le tuyau

picnic ENW GWR
le pique-nique
- **mynd am bicnic** pique-niquer

pier ENW GWR
la jetée

pig ENW GWR/BEN
le bec

pigiad ENW GWR
la piqûre *(meddygol, pryfed)*

pigo BERF
gratter *(crafu)*
cueillir *(blodau, ffrwythau)*
manger du bout des dents *(bwyd)*
- **pigo pocedi rhywun** faire les poches de

quelqu'un

pigog ANSODDAIR
épineux (BEN **épineuse**) *(planhigyn)*
irascible (BEN **irascible**) *(person sy'n cynhyrfu)*

pigoglys ENW GWR
les épinards (g.ll)

ping-pong ENW GWR
le ping-pong
■ **chwarae ping-pong** jouer au ping-pong

pil ENW GWR
l'épluchure (b) *(croen afal, oren)*

piler ENW GWR
le pilier

pilio BERF
éplucher *(afal, tatws)*
peler *(eich croen)*
❑ Mae fy nhrwyn yn pilio. Mon nez pèle.

pilipala ENW GWR
le papillon

pilsen ENW BEN
la pilule
■ **cymryd y bilsen** prendre la pilule

pin ENW GWR
l'épingle (b)
■ **pin bawd** une punaise

pîn ENW GWR
le pin *(pren)*
❑ bwrdd pîn une table en pin
■ **afal pîn** l'ananas

PIN ENW GWR
le code confidentiel *(rhif cerdyn personol)*

pin blaen ffelt ENW GWR
le stylo-feutre

pin ysgrifennu ENW GWR
le stylo

pinafal ENW GWR
l'ananas (g)

pinc ANSODDAIR
rose (BEN **rose**)
■ **y lliw pinc** le rose
■ **gwin pinc** le vin rosé

pinsiad ENW GWR
la pincée *(o halen)*

pinsio BERF
pincer

pinwydden ENW BEN
le pin *(coeden)*

pioden ENW BEN
la pie

piser ENW GWR
le broc *(jwg mawr)*

pistol ENW GWR

le pistolet

piws ANSODDAIR ▷ *gweler* **porffor**

pizza ENW GWR
la pizza
■ **tŷ pizza** la pizzeria

plaen ANSODDAIR
modeste (BEN **modeste**) *(dillad, bwyd)*
uni (BEN **unie**) *(un lliw, dim patrwm)*
❑ llenni plaen les rideaux unis
❑ crys plaen une chemise simple
❑ papur plaen le papier uni
■ **siarad yn blaen** appeler les choses par leur nom

plaid ENW BEN
le parti *(gwleidyddol)*
❑ y Blaid Geidwadol le Parti conservateur
❑ y Blaid Lafur le Parti travailliste

planed ENW BEN
la planète

planhigyn ENW GWR
la plante

plahigyn ŵy ENW GWR
l'aubergine (b)

plannu BERF
planter

plas ENW GWR
le manoir

plastig ENW GWR
le plastique
■ **bag plastig** un sac en plastique

plastr ENW GWR
le plâtre
■ **plastr dros friw** le sparadrap

plât ENW GWR
l'assiette (b)
■ **plât cawl** une assiette à soupe
■ **plât pwdin** une assiette à dessert
■ **plât rhif cofrestru car** une plaque d'immatriculation

platfform ENW GWR
le quai *(mewn gorsaf trenau)*
■ **O ba blatfform mae'r trên i Baris yn gadael?** De quel quai part le train pour Paris?
l'estrade (b) *(ar gyfer perfformwyr)*

pleidlais ENW BEN
le vote

pleidleisio BERF
voter

plentyn ENW GWR
l'enfant (g)/(b)
■ **unig blentyn** un enfant unique

plentyndod ENW GWR
l'enfance (b)

P

plentynnaidd – poenydio

plentynnaidd ANSODDAIR
  enfantin (BEN **enfantine**)

pleser ENW GWR
  le plaisir
  ■ **â phleser** avec plaisir

pleserus ANSODDAIR
  agréable (BEN **agréable**)

plesio BERF
  plaire
  ■ **plesio rhywun** plaire à quelqu'un
  ❑ Plesiodd y gyngerdd fi'n fawr. Le concert
  m'a bien plu.

plicio BERF
  peler *(croen)*
  éplucher *(ffrwythau, llysiau)*

plisgyn ENW GWR
  la coquille *(wy, cnau)*

plismon ENW GWR
  le policier

plismones ENW BEN
  la policière

ploryn ENW GWR
  le bouton *(smotyn ar y croen)*

pluen ENW BEN
  la plume

plwg ENW GWR
  la prise de courant

plwm ENW GWR
  le plomb
  ■ **petrol di-blwm** l'essence sans plomb

plwyf ENW GWR
  la paroisse

plygio BERF
  brancher
  ■ **Alli di blygio'r gliniadur i mewn?** Est-ce
  que tu peux brancher l'ordinateur portable?

plygu BERF
  plier

plymio BERF
  plonger *(deifio)*
  faire de la plongée *(chwaraeon)*

po (fwyaf...) GEIRYN
  ❑ Po fwyaf rydyn ni'n gweithio, y mwyaf
  rydyn ni'n ei ddysgu. Plus on travaille, plus
  on apprend.

pob ANSODDAIR
  chaque (BEN **chaque**) *(yr holl)*
  ❑ **pob tro** chaque fois ❑ Mae pob tref yn
  wahanol. Chaque ville est différente.
  tous les *(gwrywaidd lluosog)*
  ❑ **pob chwarter awr** tous les quarts d'heure
  toutes les *(benywaidd lluosog)*
  ❑ **pob merch** toutes les filles

■ **pob dydd** tous les jours
■ **pob hyn a hyn** de temps en temps
■ **Pob lwc!** Bonne chance!

pob un ANSODDAIR
  chacun (BEN **chacune**)
  ■ **Derbyniodd pob un a wobr.** Chacun a reçu
  un prix.

pob ANSODDAIR
  cuit (BEN **cuite**) *(wedi'i goginio)*

pobl ENW BEN
  les gens (g.ll)
  ■ **llawer o bobl** beaucoup de gens
  ■ **pobl ifanc** les jeunes gens

poblogaeth ENW BEN
  la population

poblogaidd ANSODDAIR
  populaire (BEN **populaire**)

poblogrwydd ENW GWR
  la popularité

pobman ADFERF
  partout
  ■ **Dwi wedi chwilio am fy sbectol ym
  mhobman.** J'ai cherché mes lunettes
  partout.

pobydd ENW GWR
  le boulanger

pobyddes ENW BEN
  la boulangère

poced ENW BEN
  la poche
  ■ **arian poced** l'argent de poche

pocer ENW GWR
  le tisonnier *(tân)*
  le poker *(cardiau)*
  ■ **chwarae pocer** jouer au poker

podlediad ENW GWR
  le podcast

podledu BERF
  podcaster

poen ENW GWR/BEN
  la douleur
  ■ **bod â phoen yn..** avoir mal à…
  ❑ Mae gen i boen yn fy stumog. J'ai mal au
  ventre. ❑ Mae gen i boen yn fy llaw. J'ai mal
  à la main.

poeni BERF
  s'inquiéter de
  ❑ Dwi'n poeni am fy nyfodol. Je m'inquiète
  de mon avenir. ❑ Paid â phoeni! Ne t'inquiète
  pas!

poenus ANSODDAIR
  douloureux (BEN **douloureuse**)

poenydio BERF ▷ *gweler* **arteithio**

P

poeri BERF
cracher

poeth (twym) ANSODDAIR
chaud (BEN **chaude**)
■ **bod yn boeth** avoir chaud
❏ Dwi'n boeth. J'ai chaud ❏ Mae'r dŵr yn boeth. L'eau est chaude. ❏ Mae hi'n dwym. Il fait chaud.

pôl piniwn ENW GWR ▷ *gweler* **arolwg barn**

polo ENW GWR
le polo
■ **polo dŵr** le water-polo

polyn ENW GWR
le poteau
■ **polyn ffôn** le poteau télégraphique

Polynesia ENW BEN
la Polynésie
■ **ym Mholynesia** en Polynésie
■ **i Bolynesia** en Polynésie

pont ENW BEN
le pont
■ **pompren** la passerelle

pop ENW GWR
le soda *(diod)*

pop ANSODDAIR
pop (BEN **pop**)
❏ cerddoriaeth bop la musique pop
❏ cân bop une chanson pop

popeth ENW GWR
tout (g)
❏ Mae popeth yma. Tout est là.
■ **Rwyt ti wedi meddwl am bopeth!** Tu as pensé à tout!

popty ENW GWR
le four *(ffwrn)*
la boulangerie *(siop pobi a gwerthu bara)*

popty microdon ENW GWR
le four à micro-ondes

porc ENW GWR
le porc
■ **golwyth porc** une côtelette de porc

porfa ENW BEN
l'herbe (b)

porffor ANSODDAIR
violet (BEN **violette**)

pori BERF
paître *(gwartheg)*
parcourir *(y we)*

pornograffiaeth ENW BEN
la pornographie

pornograffig ANSODDAIR
pornographique (BEN **pornographique**)
■ **ffilm bornograffig** un film porno

porslen ENW GWR
la porcelaine

port ENW GWR
le porto *(gwirod)*

Portiwgal ENW BEN
le Portugal
■ **ym Mhortiwgal** au Portugal
■ **i Bortiwgal** au Portugal

Portiwgalaidd ANSODDAIR
portugais (BEN **portugaise**)

Portiwgaleg ENW GWR/BEN
le portugais *(yr iaith)*

Portiwgead ENW GWR
le Portugais
la Portugaise

portread ENW GWR
le portrait

porth ENW GWR
la porte

porthladd ENW GWR
le port (g)

porthor ENW GWR
le concierge
la concierge *(person sy'n gofalu am adeilad/ safle)*

porwr ENW GWR
le navigateur *(y we)*

pos ENW GWR
le puzzle

posibilrwydd ENW GWR
la possibilité

posibl ANSODDAIR
possible (BEN **possible**)
■ **Mae popeth yn bosibl.** Tout est possible.

positif ANSODDAIR
positif (BEN **positive**)

post ENW GWR
le courrier *(llythyrau, parseli)*
■ **Swyddfa'r Post** le Bureau de Poste
■ **post electronig** le courrier électronique
■ **post awyr** par avion
■ **post cofrestredig** le courrier recommandé

poster ENW GWR
le poster

postio BERF
poster

postmon ENW GWR
le facteur

postyn ENW GWR
le poteau

potel ENW BEN
la bouteille

■ **potel babi** le biberon ❑ potel dŵr poeth la bouillotte

potelaid ENW BEN

■ **potelaid (o)** une bouteille (de)

■ **potelaid o gwrw** une bouteille de bière

potyn ENW GWR

le pot

powdr ENW GWR

la poudre

■ **powdr siocled** le chocolat en poudre

powdr golchi ENW GWR

la lessive

powlen ENW BEN

le bol

pram ENW GWR

le landeau

la poussette *(sy'n plygu)*

prawf ENW GWR

l'épreuve (b)

■ **prawf ysgrifenedig** l'épreuve écrite

■ **prawf gwaed** la prise de sang

■ **cael prawf meddygol** passer une visite médicale

preifat ANSODDAIR

privé (BEN **privée**)

■ **ysgol breifat** une école privée

■ **maes parcio preifat** un parking privé

■ **gwersi preifat** les cours privés

pren ENW GWR

le bois

■ **cwpwrdd pren** un placard en bois

pren mesur ENW GWR

la règle

prentis ENW GWR

l'apprenti (g)

l'apprentie (b)

prentisiaeth ENW BEN

l'apprentissage (g)

■ **gwneud prentisiaeth** faire un apprentissage

pres ENW GWR

l'argent (g) *(arian)*

le cuivre *(y metel)*

■ **offerynnau pres** les cuivres

presennol ANSODDAIR

présent (BEN présente)

presennol ENW GWR

le présent *(amser, gramadeg)*

presenoldeb ENW GWR

la présence

presgripsiwn ENW GWR

l'ordonnance (b)

preswylydd ENW GWR

le résident

la résidente

pridd ENW GWR

la terre

prif ANSODDAIR

principal (BEN **principale**)

■ **y brif broblem** le problème principal

■ **y Prif Weinidog** le Premier ministre

prif gwrs ENW GWR

le plat principal

prif oleuadau ENW LLUOSOG

les phares (g.ll) *(cerbyd)*

prifathrawes ENW BEN

la directrice

■ **prifathrawes ysgol gynradd** une directrice d'école primaire

prifathro ENW GWR

le directeur

■ **prifathro ysgol uwchradd y wladwriaeth** le proviseur

prifddinas ENW BEN

la capitale

■ **Paris ydy prifddinas Ffrainc** Paris est la capitale de la France

priflythyren ENW BEN

la majuscule

prifysgol ENW BEN

l'université (b)

priffordd ENW BEN

la route nationale

prin ANSODDAIR

rare (BEN **rare**)

■ **anifail prin** un animal rare

prinder ENW GWR

le manque

■ **prinder dŵr** le manque d'eau

print ENW GWR

le tirage *(llun, ffotograff)*

les caractères (g.ll) *(llythrennau)*

la gravure *(darlun)*

■ **print wedi'i fframio** une gravure encadrée

printiedig ANSODDAIR

imprimé (BEN **imprimée**)

priod ANSODDAIR

marié (BEN **mariée**)

■ **pâr priod** un couple marié ❑ Maent yn briod ers blwyddyn. Ils sont mariés depuis un an.

priodas ENW BEN

le mariage *(y berthynas)*

les noces (b.ll) *(yr achlysur)*

■ **gwledd briodas** le repas de noce

priodfab ENW GWR

le futur marié

priodferch ENW BEN
la future mariée

priodi BERF
se marier
■ **priodi rhywun** se marier avec quelqu'un
❑ Maent yn priodi yn yr haf. Ils se marient en été.

priodol ANSODDAIR
approprié (BEN **appropriée**)

pris ENW GWR
le prix
■ **Beth ydy pris y tocyn?** Quel est le prix du billet?
■ **pris gosod** le prix fixe

problem ENW BEN
le problème
■ **problem ddyrys** un problème sérieux

profedigaeth ENW BEN
le deuil
■ **bod mewn profedigaeth** être en deuil

profi BERF
prouver (bod rhywbeth yn wir)
❑ Profodd ei fod yn ddi-euog. Il a prouvé qu'il était innocent.
expérimenter (cael profiad o)
goûter (blasu)
❑ Wyt ti am brofi'r caws? Tu veux goûter le fromage?

profiad ENW GWR
l'expérience (b)

profiad gwaith ENW GWR
le stage
■ **gwneud profiad gwaith** faire un stage
❑ Gwnaeth ei brofiad gwaith mewn siop. Il a fait son stage dans un magasin.

profiadol ANSODDAIR
expérimenté (BEN **expérimentée**)

proffesiwn ENW GWR
la profession

proffesiynol ANSODDAIR
professionnel (BEN **professionnelle**)

proffidiol ANSODDAIR
rentable (BEN **rentable**)

proffil ENW GWR
le profil

project ENW GWR
le projet

promenâd ENW GWR
la promenade

prosbectws ENW GWR
le prospectus

prosesu geiriau BERF

le traitement de texte

prosesydd geiriau ENW GWR
la machine de traitement de texte

protein ENW GWR
la protéine

protest ENW BEN
la protestation (gwrthwynebiad)
la manifestation (rali)

Protestannaidd ANSODDAIR
protestant (BEN **protestante**)
❑ egwlys Brotestannaidd une église protestante

Protestant ENW GWR
le protestant
la protestante

protestio BERF
protester

protestiwr ENW GWR
le manifestant

protestwraig ENW BEN
la manifestante

pryd ENW GWR
le repas (bwyd)
■ **pryd parod** un plat préparé
▷ gweler hefyd **pryd** CYSYLLTAIR

pryd CYSYLLTAIR
quand
❑ Pryd gest ti dy eni? Quand est-ce que tu es né?
■ **mewn pryd** à temps
▷ gweler hefyd **pryd** ENW

Prydain (Fawr) ENW BEN
la Grande-Bretagne
■ **Ym Mhrydain** en Grande-Bretagne
■ **i Brydain** en Grande-Bretagne
■ **Ynysoedd Prydain** les îles Britanniques

Prydeinig ANSODDAIR
britannique (BEN **britannique**)

Prydeiniwr ENW GWR
le Britannique

Prydeinwraig ENW BEN
la Britannique

pryder ENW GWR
le souci

pryderu BERF
s'inquiéter
■ **pryderu am** s'inquiéter de ❑ Maen nhw'n pryderu am ddiweithdra. Ils s'inquiètent du chômage.

pryderus ANSODDAIR
inquiet (BEN **inquiète**) (sy'n pryderu)
inquiétant (BEN **inquiétante**) (sy'n peri pryder)

P

prydferth ANSODDAIR
beau (BEN **belle**, GWR LLOUSOG **beaux**)
■ **Mae hi'n brydferth.** Elle est belle.

prydferthwch ENW GWR
la beauté

prydlon ANSODDAIR
ponctuel (BEN **ponctuelle**)
■ **yn brydlon** ponctuellement

pryf ENW GWR
la mouche *(cleren)*

pryf cop ENW GWR
l'araignée (b) *(corryn)*

pryfocio BERF
provoquer
taqurner *(herian, tynnu coes)*

prynhawn ENW GWR
l'après-midi (g)
■ **Prynhawn da!** Bonjour!
■ **am bedwar o'r gloch y prynhawn** a
quatre heures de l'après-midi
■ **ar brynhawn Sadwrn** le samedi après-midi

prynu BERF
acheter
❑ Prynais hufen iâ iddo. Je lui ai acheté une
glace.
■ **prynu rhywbeth i rywun** acheter quelque
chose à quelqu'un
■ **prynu rhagor/un arall** racheter ❑ Prynais
got arall. J'ai racheté un manteau.
■ **prynu rhagor o laeth** racheter du lait

prynwr ENW GWR
l'acheteur (g)
l'acheteuse (b)

prysur ANSODDAIR
occupé (BEN **occupée**)
■ **Mae hi'n brysur ar y funud.** Elle est
occupée en ce moment.

pumed ANSODDAIR
cinquième (BEN **cinquième**)
■ **ar y pumed llawr** au cinquième étage
■ **y pumed o Awst** le cinq août

pump RHIF
cinq

pump deg RHIF
cinquante
❑ Mae e'n bump deg oed. Il a cinquante ans.
❑ Mae e yn ei bumdegau. Il a la cinquataine.

punt ENW BEN
la livre
■ **punt Brydeinig** la livre sterling

pupur ENW GWR
le poivre *(sesnin)*
■ **halen a phupur** le sel et le poivre

pupur melys ENW GWR
le poivron *(llysieuyn)*

pur ANSODDAIR
pur (BEN **pure**)

putain ENW BEN
la prostituée

pwdin ENW GWR
le dessert
■ **Beth wyt ti eisiau i bwdin?** Qu'est-ce que
tu veux comme dessert?

pwdin gwaed ENW GWR
le boudin

pŵdl ENW GWR
le caniche

pwdr ANSODDAIR
pourri (BEN **pourrie**) *(wedi pydru)*
paresseux (BEN **paresseuse**) *(diog)*

pwdu BERF
bouder *(llyncu mul)*

pŵer ENW GWR
le pouvoir *(awdurdod)*
❑ Mae ganddo'r pŵer. Il a le pouvoir.
le courant *(trydan)*
■ **gorsaf bŵer** la centrale électrique

pwerus ANSODDAIR
puissant (BEN **puissante**)
❑ Mae Ffrainc yn wlad bwerus. La France est
un pays puissant.

pŵl ENW GWR
le billard américain *(gêm)*
■ **chwarae pŵl** jouer au billard américain

pwll ENW GWR
l'étang

pwll nofio ENW GWR
la piscine
■ **pwll nofio awyr agored** une piscine
découverte

pwll glo ENW GWR
la mine de charbon

pwmp ENW GWR
la pompe

pwmp anadlu ENW GWR
l'inhalateur (g) *(asthma)*

pwmpen ENW BEN
la citrouille

pwmpio BERF
pomper *(cyffredinol)*
gonfler *(teiar)*

pwnc ENW GWR
le sujet
la matière *(pwnc ysgol)*
❑ Fy hoff bwnc ysgol yw … Ma matière

préférée, c'est …
■ **pwnc y sgwrs** le sujet de conversation
pwrpas ENW GWR
le but
pwrs ENW GWR
le porte-monnaie *(dal arian)*
pwy RHAGENW
qui
❏ Pwy yw e? Qui est-il ? ❏ Llyfr pwy ydy hwn?
C'est à qui ce livre?
Pwylaidd ANSODDAIR
polonais (BEN **polonaise**)
Pwyleg ENW BEN
le polonais *(yr iaith)*
Pwyles ENW BEN
la Polonaise
Pwyliad ENW GWR
le Polonais
pwyll ENW GWR
la prudence
Gan bwyll! Attention!
pwyllgor ENW GWR
le comité
■ **pwyllgor gefeillio** le comité de jumelage
pwyllog ANSODDAIR
prudent (BEN **prudente**)
pwynt ENW GWR
le point *(smotyn, sgôr)*
❏ Sgoriodd Cymru dri phwynt. Le pays de
Galles a marqué trois points.
la remarque *(barn)*
❏ Mae'r pwynt rydych chi'n ei wneud yn
ddiddorol. La remarque que vous faites est
intéressante.
■ **Beth ydy'r pwynt?** À quoi bon?
pwys ENW GWR
la livre *(453.6 grammes)*
pwysau ENW GWR
le poids *(corff)*
❏ Dwi am golli pwysau. Je veux perdre du
poids.
la pression *(straen)*
❏ Rydym dan bwysau yn yr ysgol. Nous
sommes sous pression à l'école.
pwysig ANSODDAIR
important (BEN **importante**)
pwysigrwydd ENW GWR
l'importance (b)
pwyso BERF
peser

❏ Dwi'n pwyso dros gan cilo. Je pèse plus de
cent kilos.
■ **pwyso a mesur** peser le pour et le contre
pwyso yn erbyn BERF
s'appuyer contre
Pwysodd yn erbyn y car. Il s'est appuyé
contre la voiture.
pwyth ENW GWR
le point *(gwnïo)*
■ **pwyth ar anaf** le point de suture sur une
blessure
pydredd ENW GWR
la pourriture
■ **pydredd dannedd** la carie
pydru BERF
pourrir
pyjamas ENW GWR
le pyjama
pylu BERF
baisser *(golau)*
pymtheg RHIF
quinze
pyped ENW GWR
la marionnette
pyramid ENW GWR
la pyramide
pyrm ENW GWR
la permanente *(gwallt)*
pys ENW LLUOSOG
les petits pois *(g.ll)*
pysgodyn ENW GWR
le poisson
■ **pysgodyn aur** le poisson rouge
■ **pysgodyn mewn briwsion bara** le poisson
panné
■ **pysgod cregyn** les fruits de mer
■ **arwydd y Pysgod** les Poissons ❏ Cefais fy
ngeni dan arwydd y Pysgod. Je suis Poissons.
pysgota BERF
pêcher
■ **mynd i bysgota** aller à la pêche
pysgotwr ENW GWR
le pêcheur
pysgotwraig ENW BEN
la pêcheuse
pythefnos ENW GWR/BEN
la quinzaine
quinze jours *(g.ll)*
■ **pob pythefnos** tous les quinze jours

P

R|r

rac ENW BEN
le porte-bagages *(i ddal bagiau)*
la galerie *(ar gar)*

raced ENW BEN
la raquette *(chwaraeon)*

radar ENW GWR
le radar

radio ENW GWR/BEN
la radio
□ Rwy'n gwrando'n aml ar y radio. J'écoute souvent la radio.
■ **ar y radio** à la radio
■ **rhoi'r radio ymlaen** allumer la radio
■ **diffodd y radio** éteindre la radio
■ **gorsaf radio** une station de radio
■ **radio mewn car** un autoradio

radio digidol ENW GWR/BEN
la radio numérique

radiograffeg ENW BEN
la radiographie *(yn defnyddio pelydrau X)*

radiotherapi ENW GWR
la radiothérapie

radis ENW GWR
le radis

radiws ENW GWR
le rayon *(mathemateg)*

raffl ENW BEN
la tombola
■ **tocyn raffl** un billet de tombola

rafft ENW BEN
le radeau

rafftio BERF
faire du rafting

rali ENW GWR
la manifestation*(o bobl)*
le rallye *(ceir)*
l'échange (g) *(tennis)*

Ramadan ENW BEN
le ramadan

ramp ENW GWR
la rampe *(i gadair olwyn)*

rap ENW GWR

le rap *(cerddoriaeth)*

ras ENW BEN
la course
■ **ras gyfnewid** un relais

rasel ENW BEN
le rasoir

rasio BERF
faire la course
□ beic rasio le vélo de course □ car rasio la voiture de course □ gyrrwr car rasio le pilote de course □ trac rasio la piste *(rhedeg)* □ trac rasio le champ de course *(i geffylau)*

ratl ENW GWR
le hochet *(ar gyfer babi)*

real ANSODDAIR
vrai (BEN **vraie**)
véritable (BEN **véritable**) *(gwirioneddol)*
■ **mewn bywyd real** dans la vraie vie

realiti ENW GWR
la réalité
■ **teledu realaeth** la téléréalité
■ **rhaglen teledu realaeth** une émission de téléréalité

realistig ANSODDAIR
réaliste (BEN **réaliste**)

record ENW BEN
le disque *(cerddoriaeth)*
le record *(chwaraeon)*

recorder ENW GWR
la flûte à bec
□ Mae hi'n canu'r recorder. Elle joue de la flûte à bec.

recordiad ENW GWR
l'enregistrement (g)

recordio BERF
enregistrer
□ Mae e wedi recordio ei ganfed albwm. Il a enregistré son centième album.

reiat ENW BEN
l'émeute (b)

reiffl ENW BEN

le fusil
- **reiffl hela** le fusil de chasse

reis ENW GWR
le riz
- **pwdin reis** le riz au lait

reslo BERF
faire du catch

reslwr ENW GWR
le catcheur

reslwraig ENW BEN
la catcheuse

ril ENW BEN
la bobine *(gwnïo)*

rinc ENW GWR
la patinoire *(sglefrio ar iâ)*
la piste *(sglefrolio)*

risg ENW BEN
le risque

riwbob ENW GWR
la rhubarbe

robin goch ENW GWR
le rouge-gorge

robot ENW GWR
le robot

roc ENW GWR
le rock *(cerddoriaeth)*
- **cyngerdd roc** un concert de rock ❏ Mae o'n seren roc. C'est une rock-star

roced ENW BEN
la fusée

rôl ENW BEN
le rôle
- **chwarae rôl** jouer un rôle

Romanaidd ANSODDAIR
roumain (BEN **roumaine**)

Romania ENW BEN
la Roumanie
- **yn Romania** en Roumanie
- **i Romania** en Roumanie

Romaniad ENW GWR
le Roumain
la Roumaine

rownd ENW BEN
le ronde *(bocsio)*
la tournée *(diodydd)*
la partie *(golff)*
la manche *(twrnamaint, pêl-droed)*

rownd gynderfynol ENW BEN
la demi-finale

rŵan ADFERF
maintenant *(nawr)*
❏ Mae hi'n byw ym Mharis rŵan. Elle habite à Paris maintenant.

rwbel ENW GWR
le débris

rwbela ENW GWR
la rubéole *(meddygol)*

rwber ENW GWR
la gomme *(i ddileu ysgrifen)*
le caoutchouc *(y sylwedd)*

rwden ENW BEN
le rutabaga

Rwsaidd ANSODDAIR
russe (BEN **russe**)

Rwseg ENW GWR/BEN
le russe *(yr iaith)*

Rwsia ENW BEN
la Russie
- **yn Rwsia** en Russie
- **i Rwsia** en Russie

Rwsiad ENW GWR
le Russe
la Russe

rygbi ENW GWR
le rugby
- **chwarae rygbi** jouer au rugby

rysáit ENW BEN
la recette *(coginio)*

Rh|rh

rhaca ENW GWR
le râteau *(cribin)*
rhad ANSODDAIR
bon marché (BEN **bon marché**)
rhaeadr ENW BEN
la cascade
rhaff ENW BEN
la corde
rhag ofn CYSYLLTAIR, ARDDODIAD
au cas où
■ **Rwy'n mynd ag ymbarél rhag ofn iddi
lawio.** Je vais prendre un parapluie au cas où
il pleuvrait.
rhagair ENW GWR
la préface *(llyfr)*
rhagarweiniad ENW GWR
l'introduction (b)
rhagdybiaeth ENW BEN
la présomption
rhagdybio BERF
supposer
■ **Rwyf yn rhagdybio fod yr arholiad yn
annodd.** Je suppose que l'examen est
difficile.
rhagenw ENW GWR
le pronom
rhagfarn ENW BEN
le préjugé
rhagfarnllyd ANSODDAIR
plein de préjugés (BEN **pleine de préjugés**)
rhagfarnu BERF
préjuger
Rhagfyr ENW GWR
décembre (g)
■ **ym mis Rhagfyr** en décembre
■ **y cyntaf o fis Rhagfyr** le premier
décembre
rhaglen ENW BEN
l'émission (b) *(teledu, radio)*
■ **rhaglen ddogfen** le documentaire
■ **rhaglen newyddion** un bulletin
d'informations

le programme *(cyfres o weithgareddau wedi ei
chynllunio)*
rhaglennu BERF
programmer
rhaglennydd ENW GWR
le programmeur
la programmeuse *(cyfrifiadurol)*
rhagolwg ENW GWR
la prévision
❑ rhagolygon y tywydd les prévisions
météorologiques
la météo *(darlledu rhagolygon y tywydd ar y
radio, teledu)*
rhagor ENW GWR
plus *(mwy)*
❑ Does ganddi hi ddim rhagor. Elle n'en a
plus.
■ **rhagor o** plus de ❑ rhagor o arian plus
d'argent
d'autres *(rhai eraill)*
❑ Oes gen ti ragor fel'na? Tu en as d'autres
comme ceux-là/celles-là?
rhagorol ANSODDAIR
excellent (BEN **excellente**)
rhagrithiol ANSODDAIR
hypocrite (BEN **hypocrite**)
rhagrithiwr ENW GWR
l'hypocrite (g)
rhagrithwraig ENW BEN
l'hypocrite (b)
rhagweld BERF
prévoir
❑ Roedd e wedi rhagweld y broblem. Il avait
prévu le problème.
rhai ANSODDAIR LLUOSOG
quelques *(nifer fach)*
❑ Mae rhai Ffrancwyr yn hoffi rygbi.
Quelques Français aiment le rugby.
▷ *gweler hefyd* **rhai** RHAGENW
rhai,y RHAGENW
certains (BEN **certaines**) *(o'u cymharu)*
■ **Mae rhai yn byw yn y dref.** Certains

habitent en ville.

quelques-uns (BEN **quelques-unes**) *(rhai ohonyn nhw)*
■ **fy rhai i** les miens/les miennes
■ **dy rai di** les tiens/les tiennes
■ **ei rai ef/ei rhai hi** les siens/les siennes
■ **ein rhai ni** les nôtres
■ **eu rhai chi** les vôtres
■ **eu rhai nhw** les leurs
■ **rhai fy chwaer** ceux/celles de ma sœur
▷ *gweler hefyd* **rhai** ANSODDAIR

rhaid BERF
il faut *(amhersonol)*
■ **Mae'n rhaid i ni fynd i'r dref.** Il faut que nous aillions en ville.
■ **bod yn rhaid** devoir ❑ Mae'n rhaid i fi adael. Je dois partir.

rhain, y RHAGENW
ceux-ci (BEN **celles-ci**)
❑ Rydw i'n chwilio am sandalau, a rydw i'n hoffi y rhain. Je cherche des sandales, et j'aime bien celles-ci.

rhamant ENW BEN
le roman
■ **nofel ramant** un roman d'amour
■ **rhamant Paris** le charme de Paris
■ **rhamant ar wyliau** un idylle de vacances

rhamantus ANSODDAIR
romantique (BEN **romantique**)

rhan ENW BEN
la partie
❑ Roedd rhan gyntaf y ffilm yn ddiflas. La première partie du film était ennuyeuse.
le rôle *(mewn drama)*
la part *(cyfran, siâr)*
■ **o ran y plant** de la part des enfants
■ **o'm rhan i** de ma part

rhan amser ANSODDAIR, ADFERF
à temps partiel
❑ Mae hi'n gweithio'n rhan amser. Elle travaille à temps partiel.

rhanbarth ENW GWR
la région *(ardal fawr)*
la zone *(ardal fach)*
le quarter *(mewn dinas)*

rhanbarthol ANSODDAIR
régional (BEN **régionale**)

rhangymeriad ENW GWR
le participe *(gramadeg)*

rhaniad ENW GWR
la division

rhannol ADFERF
■ **yn rhannol** en partie

rhannu BERF
partager *(ystafell)*
❑ Rydw i'n rhannu fy ystafell wely gyda'm brawd. Je partage ma chambre avec mon frère.
distribuer *(dosbarthu)*
❑ Fe rannon nhw'r losin ymysg y plant. Ils ont distribué les bonbons aux enfants.

rhaw ENW BEN
la pelle

rhaw ENW GWR
le pique *(mewn pecyn cardiau)*

rhech ENW BEN
le pet

rhechain, rhechu BERF
péter

rhedeg BERF
courir
❑ Rhedais bump cilometr. J'ai couru cinq kilomètres.
diriger *(rheoli)*
❑ Mae hi'n rhedeg cwmni mawr. Elle dirige une grosse société.
couler *(dŵr)*

rhedfa ENW BEN
la piste *(trac)*
la course *(ras)*

rhediad ENW GWR
la conjugaison *(rhediad berf mewn gramadeg)*

rhedwr ENW GWR
le coureur

rhedwraig ENW BEN
la coureuse

rhedynen ENW BEN
la fougère

rheg ENW BEN
le gros mot

rhegi BERF
jurer

rheng ENW BEN
le rang

rheidrwydd ENW GWR
la nécessité
■ **o reidrwydd** par nécessité

rheilen ENW BEN
la voie ferrée *(trac rheilffordd)*

rheilffordd ENW BEN
le chemin de fer *(cyffredinol)*
le métro *(o dan ddaear ym Mharis)*
■ **rhwydwaith rheilffyrdd Ffrainc** la SNCF
■ **llinell rheilffordd** une ligne de chemin de fer

rh

Rhein ENW BEN
le Rhin *(afon)*

rheiny, y RHAGENW
ceux-là (BEN **celles-là**)

rheithgor ENW GWR
le jury *(cyfreithiol)*

rhent ENW GWR
le loyer

rhentu BERF
louer

rheol ENW BEN
la règle
■ **Mae'n rhaid dilyn rheol disgyblu yn yr ysgol.** Il faut suivre la règle de discipline à l'école.

rheolaeth ENW BEN
la gestion *(busnes)*
■ **colli rheolaeth** perdre le contrôle (de)

rheolaidd ANSODDAIR
régulier (BEN **régulière**)
■ **yn rheolaidd** régulièrement

rheoli BERF
gérer *(busnes)*
■ **rheoli eich hun** se maîtriser ❏ Mae rheoli busnes yn anodd. Gérer une enterprise est difficile.

rheoliad ENW GWR
■ **rheoliadau** les règles

rheolwaith ENW GWR
la routine

rheolwr ENW GWR
le gérant *(siop)*
le directeur *(busnes)*

rheolwraig ENW BEN
la gérante *(siop)*
la directrice *(busnes)*

rhes ENW BEN
la rangée *(o bobl)*

rhestr ENW BEN
la liste
■ **rhestr siopa** une liste de courses

rhestru BERF
faire une liste de

rheswm ENW GWR
la raison
■ **heb reswm** sans raison

rhesymeg ENW BEN
la logique

rhesymegol ANSODDAIR
logique (BEN **logique**)

rhesymol ANSODDAIR
raisonnable (BEN **raisonnable**)

rhesymu BERF
raisonner

rhew ENW GWR
la glace

rhewgell ENW BEN
le congélateur

rhewi BERF
geler
❏ Mae hi'n rhewi. Il gèle.

rhewlif ENW GWR
le glacier

rhewllyd ANSODDAIR
glacial (BEN **glaciale**)

rhiant ENW GWR
le parent
la parente
■ **y rhieni** les parents

rhidyll ENW GWR
la passoire *(gogor)*

rhif ENW GWR
le numéro *(mewn cyfres)*
■ **rhif ffôn** un numéro de telephone
❏ Beth yw eich rhif ffôn? Quel est votre numéro de téléphone?
la chiffre *(ysgrifenedig)*

rhifo BERF
compter

rhifolyn ENW GWR
le nombre

rhifyddeg ENW BEN
l'arithmétique (b)

rhifyn ENW GWR
le numéro *(cylchgrawn)*

rhiniog ENW GWR
le seuil *(trothwy)*
■ **rhiniog y drws** le seuil de la porte

rhinoseros ENW GWR
le rhinocéros

rhith ENW GWR
l'apparition (b) *(ysbryd)*

rhiw ENW BEN
la côte *(allt)*

rhiwbob ENW GWR
la rhubarbe

rhochian BERF
grogner *(anifail)*

rhodfa ENW BEN
l'allée (b) *(mewn gardd)*
le chemin *(yn y wlad)*

rhodd ENW BEN
le cadeau *(anrheg)*

rhoi BERF

donner
- **rhoi rhywbeth heibio/i gadw (o'r neilltu)** mettre quelque chose de côté
- **rhoi rhywbeth i lawr** déposer quelque chose
- **rhoi rhywbeth yn ôl i rywun** rendre quelque chose à quelqu'un
- **rhoi rhywbeth i rywun** donner quelque chose à quelqu'un
- **rhoi aer mewn rhywbeth** gonfler quelque chose
- **rhoi at ei gilydd** construire
- **rhoi cymorthdal** subventionner
- **rhoi dillad amdanoch** s'habiller
- **rhoi'r gorau i** abandonner quelque chose
- **rhoi slap (i rywun)** gifler quelqu'un
- **rhoi ffôn i lawr** raccrocher le téléphone

rhôl ENW BEN
le petit pain *(bara)*

rholbren ENW BEN
le rouleau à pâtisserie

rholio BERF
rouler

rholyn ENW GWR
le rouleau *(i bapuro wal)*

Rhôn ENW BEN
le Rhône

rhos ENW BEN
la lande *(tir)*

rhostio BERF
rôtir
- **cig eidion wedi'i rostio** un rôti de bœuf

rhosyn ENW GWR
la rose
- **coeden rhosod** un rosier

rhuban ENW GWR
le ruban

Rhufain ENW BEN
Rome
- **yn Rhufain** à Roma

Rhufeinig ANSODDAIR
romain (BEN **romaine**)

Rhufeinwr ENW GWR
le Romain

Rhufeinwraig ENW BEN
la Romaine

rhugl ADFERF
- **yn rhugl** couramment ❑ Rwy'n siarad Cymraeg yn rhugl. Je parle couramment le gallois.

rhuo BERF
rugir *(llew, arth)*

rhuthr ENW GWR

la ruée
- **rhuthr am aur** la ruée vers l'or

rhuthro BERF
- **rhuthro i wneud rhywbeth** se presser de faire quelque chose

rhwbio BERF
frotter *(staen)*
- **rhwbio'ch llygaid** se frotter les yeux

rhwbiwr ENW GWR
la gomme
- **Mae rhwbiwr yn bwysig pan yn ysgrifennu.** La gomme est utile quand on écrit.

rhwd ENW GWR
la rouille

rhwng ARDDODIAD
entre
- **rhwng popeth** tout compte fait

rhwyd ENW BEN
le filet

rhwydwaith ENW GWR
le réseau
l'opérateur (g) *(ffôn symudol)*
- **Ar ba rwydwaith wyt ti?** Tu es avec quel opérateur?

rhwydd ANSODDAIR
facile (BEN **facile**)

rhwyf ENW BEN
la rame *(i rwyfo)*

rhwyfo BERF
ramer

rhwyg ENW GWR
la déchirure

rhwygo BERF
déchirer *(dilledyn, papur)*
- **rhwygo rhywbeth allan o rywbeth** arracher quelque chose de quelque chose

rhwym ANSODDAIR
constipé (BEN **constipée**) *(meddygol)*

rhwymo BERF
attacher

rhwymyn ENW GWR
la bandage

rhwystr ENW GWR
l'obstacle (g)

rhwystro BERF
empêcher

rhy ADFERF
trop *(o flaen ansoddair)*
❑ Mae hi'n rhy falch. Elle est trop fière.

rhybudd ENW GWR
l'avertissement (g)

rhybuddio BERF
avertir

rhydlyd ANSODDAIR
rouillé (BEN **rouillée**)

rhydu BERF
rouiller

rhydd ANSODDAIR
libre (BEN **libre**)

rhyddhad ENW GWR
la libération *(cyffredinol)*
le soulagement *(rhag poen/gofid)*
■ **rhyddhad aruthrol** un grand soulagement

rhyddhau BERF
libérer
■ **rhyddhau eich hun** se libérer

rhyddid ENW GWR
la liberté

rhyfedd ANSODDAIR
bizarre (BEN **bizarre**)
❑ Mae hynna'n rhyfedd! Ça, c'est bizarre!

rhyfeddod ENW GWR
la merveille

rhyfeddol ANSODDAIR
merveilleux (BEN **merveilleuse**)

rhyfeddu BERF
■ **rhyfeddu at** s'étonner de

rhyfel ENW GWR
la guerre
■ **rhyfel cartref** une guerre civile

rhyg ENW GWR
le seigle

rhygnu BERF
■ **rhygnu'r un peth drosodd a throsodd**
répéter toujours la même chose
■ **rhygnu ymlaen mewn bywyd** répéter faire
comme on peut dans la vie
toujours la

rhyngrwyd ENW BEN
l'Internet (g)
■ **ar y rhyngrwyd** sur Internet

rhynllyd ANSODDAIR
frileux (BEN **frileuse**)

rhynnu BERF
frissonner *(oherwydd oerfel)*

rhythm ENW GWR
le rythme

rhyw ENW BEN
le sexe

rhyw ANSODDAIR, ADFERF
quelconque
❑ Roedd hi'n gofyn am ryw lyfr neu'i gilydd.
Elle demandait un livre quelconque.
quelques *(ychydig)*
❑ rhyw air neu ddau quelques mots

rhywbeth ENW GWR
quelque chose (g)
■ **rhywbeth da** quelque chose de bon

rhywbryd ADFERF
un de ces jours *(yn y dyfodol)*
à un certain moment *(rhyw dro ar ryw adeg yn
y gorffennol)*

rhywiol ANSODDAIR
sexuel (BEN **sexuelle**)

rhywle ADFERF
quelque part

rhywrai ENW GWR LLUOSOG
quelques-uns (g.ll)
quelques-unes (b.ll)

rhywsut ADFERF
d'une façon ou d'une autre

rhywun ENW GWR
quelqu'un

S s

Sabath ENW GWR
le sabbat *(Iddewiaeth)*
le dimanche *(Cristnogaeth)*

sacsoffon ENW GWR
le saxophone
■ **canu'r sacsoffon** jouer du saxophone

sach ENW BEN
le sac
□ Rhowch nhw yn y sach. Mettez-les dans le sac.

Sadwrn ENW GWR
samedi (g)
■ **dydd Sadwrn** le samedi
■ **ar ddydd Sadwrn** le samedi
■ **pob dydd Sadwrn** tous les samedis

saer coed ENW GWR
le menuisier
le charpentier *(adeiladydd)*

Saes ENW GWR
l'Anglais (g)

Saesneg ENW GWR/BEN
l'anglais (g) *(yr iaith)*
■ **Rwy'n siarad Saesneg.** Je parle anglais.

Saesnes ENW BEN
l'Anglaise (b)
■ **Saesnes yw hi.** C'est une Anglaise.

saeth ENW BEN
la flèche

saethu BERF
tirer
□ Peidiwch â saethu! Ne tirez pas!
abattre *(saethu'n farw gan saethwr cudd)*
■ **Saethodd ei hun â rifolfer.** Il s'est suicidé d'un coup de revolver.
■ **Cafodd ei saethu yn ei goes.** Il a reçu une balle dans la jambe.
■ **saethu ffilm** tourner un film
▷ *gweler hefyd* **saethu** ENW

saethu ENW GWR
les coups de feu (g.ll)

saethyddiaeth ENW BEN
le tir à l'arc

safle ENW GWR
le site
la position *(lleoliad)*
■ **mewn safle anghyfforddus** dans une position inconfortable
■ **safle adeiladu** un chantier
■ **safle archeolegol** un site archéologique
■ **safle tacsis** une station de taxis

safon ENW BEN
le niveau *(ansawdd)*
□ Mae'r safon yn uchel iawn. Le niveau est très haut.
■ **safon byw** le niveau de vie
■ **Mae ganddo safonau uchel.** Il est très exigeant.

safonol ANSODDAIR
correct (BEN **correcte**)
■ **Ffrangeg safonol** le français courant

saff ANSODDAIR
▷ *gweler* **diogel**

Sahara ENW GWR
le Sahara
■ **yn y Sahara** au Sahara □ yn anialwch y Sahara au désert du Sahara

saib ENW BEN
le repos *(gorffwys)*
la pause *(egwyl fer)*

saig ENW BEN
le plat
■ **saig y dydd** le plat du jour

saim ENW GWR
la graisse
le gras *(saim ar gig)*

sain ENW BEN
le son

Sais ENW GWR
l'Anglais (g)
□ Sais yw e. C'est un Anglais.

saith RHIF
sept
■ **saith deg** soixante-dix
■ **saith deg un** soixante et onze

■ **saith deg saith** soixante-dix-sept
sâl ANSODDAIR
malade (BEN **malade**)
❑ Mae hi'n sâl ers sawl mis. Elle est malade depuis des mois.
■ **mynd yn sâl** tomber malade
salad ENW GWR
la salade
■ **salad ffrwythau** une salade de fruits
salami ENW GWR
le saucisson sec
salon ENW GWR/BEN
le salon
■ **salon harddwch** un salon de beauté
salon gwallt ENW GWR
le salon de coiffure
❑ Mae fy ngwraig yn mynd i'r salon gwallt i gael torri ei gwallt. Ma femme va au salon de coiffure se faire couper les cheveux.
salw ANSODDAIR
laid (BEN **laide**)
salwch ENW GWR
la maladie
salwch môr ENW GWR
le mal de mer
❑ Mae e'n dioddef o salwch môr. Il souffre du mal de mer.
sampl ENW BEN
l'échantillon (g)
samwn ENW GWR ▷ *gweler* **eog**
sanau ENW BEN LLUOSOG
les chaussettes (b.ll)
sanctaidd ANSODDAIR
sacré (BEN **sacrée**)
sandal ENW BEN
la sandale
sant ENW GWR
le saint
santes ENW BEN
la sainte
sarcastig ANSODDAIR
sarcastique (BEN **sarcastique**)
sardîn ENW GWR
la sardine
Sardinia ENW BEN
la Sardaigne
■ **i Sardinia** en Sardaigne
■ **yn Sardinia** en Sardaigne
sarhad ENW GWR
l'insulte (b)
sarhau BERF
insulter

sarhaus ANSODDAIR
insultant (BEN **insultante**)
sarrug ANSODDAIR
maussade (BEN **maussade**)
sathru BERF
piétiner
■ **sathru ar** écraser
Saudi Arabia ENW BEN
l'Arabie Saoudite (b)
■ **yn Saudi Arabia** en Arabie Saoudite
■ **i Saudi Arabia** en Arabie Saoudite
Sawdïad ENW GWR
le Saoudien
la Saoudienne
sawdl ENW GWR/BEN
le talon
sawl RHAGENW, ANSODDAIR
plusieurs *(nifer o)*
■ **sawl gwaith/tro** plusieurs fois
❑ J'ai plusieurs amis. Mae gen i sawl ffrind.
combien (de) *(faint o …?)*
❑ Sawl brawd a chwaer sydd gennych chi? Combien de frères et de sœurs avez- vous?
plusieurs
sawrus ANSODDAIR
savoureux (BEN **savoureuse**)
saws ENW GWR
la sauce
Sbaen ENW BEN
l'Espagne (b)
■ **yn Sbaen** en Espagne
■ **i Sbaen** en Espagne
Sbaenaidd ANSODDAIR
espagnol (BEN **espagnole**)
Sbaeneg ENW GWR/BEN
l'espagnol (g) *(yr iaith)*
Sbaenes ENW BEN
l'Espagnole (b)
Sbaenwr ENW GWR
l'Espagnol (g)
sbaner ENW GWR
la clé anglaise
sbaniel ENW GWR
l'épagneul (g)
sbâr ANSODDAIR
de rechange
■ **batris sbâr** des piles de rechange
■ **amser sbâr** le temps libre
■ **olwyn sbâr** une roue de secours ❑ Beth wyt ti'n wneud yn dy amser sbâr? Qu'est-ce que tu fais pendant ton temps libre? ❑ Rydw i wedi colli fy allwedd. Oes gynnych chi un sbâr? J'ai perdu ma clé. Est-ce que vous en

avez une autre?

sbectol ENW BEN
les lunettes (b.ll)
❑ Rwy'n gwisgo sbectol ers yn blentyn. Je
porte des lunettes depuis l'enfance.

sbeis ENW GWR
l'épice (b)

sbeislyd ANSODDAIR
épicé (BEN **épicée**)

sbeitlyd ANSODDAIR
méchant (BEN **méchante**) (gweithred)
rancunier (BEN **rancunière**) (person)

sbio BERF ▷ gweler **edrych**

sblasio BERF
éclabousser

sblinter ENW GWR
l'écharde (b)

sbon ANSODDAIR
tout neuf (BEN **toute neuve**) (newydd sbon)

sbonc ENW BEN
le bond

sboncen ENW BEN
le squash
■ **cwrt sboncen** le terrain de squash
■ **chwarae sboncen** jouer au squash

sboncio BERF
bondir
rebondir (pêl)

sboncyn y gwair ENW GWR
la sauterelle

sbort ENW GWR/BEN
l'amusement (g) (difyrrwch)
le sport (chwaraeon)
■ **cael sbort** bien s'amuser

sbot ENW GWR ▷ gweler **smotyn**

sbri ENW GWR
la fête
■ **cael sbri** faire la fête ❑ cael hwyl a sbri
bien s'amuser

sbring ENW GWR/BEN
le ressort

sbrint ENW BEN ▷ gweler **gwibiad**

sbrintio BERF ▷ gweler **gwibio**

sbrintiwr ENW GWR ▷ gweler **gwibiwr**

sbrintwraig ENW BEN ▷ gweler **gwibwraig**

sbwng ENW GWR
l'éponge (b)

sbwriel ENW GWR
les ordures (b.ll)

sebon ENW GWR
le savon

sebra ENW GWR
le zèbre

sector ENW GWR
le secteur
■ **sector cyhoeddus** le secteur public
■ **sector preifat** le secteur privé

sedila ENW BEN
la cédille (gramadeg)

sedd ENW BEN
le siège (cadair)
la place (mewn theatr, sinema)
la banquette (trên, bws)
la selle (beic)
■ **sedd blygu** le strapontin
■ **sedd gefn** le siège arrière

sef CYSYLLTAIR
c'est-à-dire
■ **Yng Nghaerdydd, sef prifddinas Cymru.**
À Cardiff, c'est-à-dire la capitale du pays de
Galles.

sefydliad ENW GWR
l'établissement (g)

sefydlog ANSODDAIR
stable (BEN **stable**)

sefydlu BERF
établir

sefyll BERF
se lever (codi)
se mettre debout (codi ar eich traed)
être debout (yn aros ar eich traed)
■ **sefyll arholiad** passer un examen ❑ Mae
wedi sefyll y bac ac mae wedi llwyddo.
Il a passé son bac et il l'a réussi.

sefyll yn syth BERF
se tenir debout

sefyllfa ENW BEN
la situation

sêff ENW BEN
le coffre-fort (arian)

segur ANSODDAIR
oisif (BEN **oisive**) (diog)

sengl ANSODDAIR
célibataire (BEN **célibataire**)
❑ Rwy'n sengl. Je suis célibataire.
■ **gwely sengl** un lit d'une personne
■ **ystafell sengl** une chambre pour une
personne

seibiant ENW GWR
le repos (gorffwys, hoe)
la pause (egwyl)
■ **cael seibiant** faire une pause

seiciatrydd ENW GWR

le psychiatre
la psychiatre

seicoleg ENW BEN
la psychologie

seicolegol ANSODDAIR
psychologique (BEN **psychologique**)

seicolegydd ENW GWR
le psychologue
la psychologue

seidr ENW GWR
le cidre

seilio BERF
fonder

seiloffon ENW GWR
le xylophone

seimllyd ANSODDAIR
gras (BEN **grasse**) *(bwyd)*

seindorf ENW BEN
la fanfare

seiren ENW BEN
la sirène

Seisnig ANSODDAIR
anglais (BEN **anglaise**)

Seisnigaidd ANSODDAIR
anglicisé (BEN **anglicisée**)

Seisnigeiddio BERF
angliciser

seithfed ANSODDAIR
septième (BEN **septième**)

sêl ENW BEN
les soldes (g.ll) *(nwyddau ar bris gostyngol)*
■ Sêl! Soldes!

sêl bendith ENW BEN
l'approbation (b)

Seland Newydd ENW BEN
la Nouvelle-Zélande
■ **yn Seland newydd** en Nouvelle-Zélande
■ **i Seland Newydd** en Nouvelle-Zélande

Selandiad (Newydd) ENW GWR
le Néo-Zélandais
la Néo-Zélandaise

seler ENW BEN
la cave *(ar gyfer gwin)*

seleri ENW GWR
le céleri

selog ANSODDAIR
régulier (BEN **régulière**) *(cyson)*
fidèle (BEN **fidèle**) *(ffyddlon)*

selotêp ENW GWR
le scotch

selsigen ENW BEN
la saucisse (fach, i'w ffrïo/grilio)

■ **selsigen fawr** *(oer wedi'i choginio'n barod)*
le saucisson

seminar ENW GWR/BEN
le séminaire

semolina ENW GWR
la semoule

senario ENW GWR
le scénario

senedd ENW BEN
le sénat *(yn Ffrainc)*
le parlement *(cyffredinol)*

seneddol ANSODDAIR
parlementaire (BEN **parlementaire**)
■ **Aelod Seneddol** un député

Senegal ENW BEN
le Sénégal
■ **yn Senegal** au Sénégal
■ **i Senegal** au Sénégal

Senegalaidd ANSODDAIR
sénégalais (BEN **sénégalaise**)

Senegaliad ENW GWR/BEN
le Sénégalais
la Sénégalaise

senoffob ENW GWR
le xénophobe, la xénophobe

senoffobia ENW BEN
la xénophobie

senoffobig ANSODDAIR
xénophobe (BEN **xénophobe**)

sensitif ANSODDAIR
sensible (BEN **sensible**) *(person)*
délicat (BEN **délicate**) *(sefyllfa)*

sent ENW BEN
le cent *(doler)*
le centime *(ewro)*

sentiment ENW GWR
le sentiment

sentimental ANSODDAIR
sentimental (BEN **sentimentale**)

serch ENW GWR
l'amour (g) *(cariad)*
■ **nofel serch** le roman d'amour

serch hynny CYSYLLTAIR
malgré cela

serchog ANSODDAIR
sympathique (BEN **sympathique**) *(siriol)*

serchus ANSODDAIR
affectueux (BEN **affectueuse**)

sêr-ddewiniaeth ENW BEN
l'astrologie (b)

seremoni ENW BEN
la cérémonie

s

seren ENW BEN
l'étoile (b)
la vedette *(ffilm, teledu)*

serennog ANSODDAIR
étoilé (BEN **étoilée**)

sero ENW GWR
le zéro *(rhif)*

serth ANSODDAIR
raide (BEN **raide**)

seryddiaeth ENW BEN
l'astronomie (b)

seryddwr ENW GWR
l'astronome (g)

seryddwraig ENW BEN
l'astronome (b)

sesiwn ENW BEN
la séance
❏ Daeth y sesiwn i ben am bump o'r gloch.
La séance a pris fin à cinq heures.

sesnin ENW GWR
l'assaisonnement (g) *(i roi blas ar fwyd)*

set ENW BEN
le jeu *(allweddi)*
la série *(cadeiriau)*
la collection *(llyfrau)*
le set *(tennis)*
le plateau *(ffilm)*
la scène *(theatr)*
■ **set deledu** un poste de télévision
■ **set radio** un poste de radio

setlo BERF
s'adapter *(i mewn yn rhywle)*
❏ Setlodd i mewn yn dda yn ei ysgol newydd.
Il s'est bien adapté à sa nouvelle école.

sgaldio BERF
■ **sgaldio'ch hun** se faire ébouillanter *(llosgi)*

sgampi ENW LLUOSOG
les scampis (g.ll)

sgan ENW GWR
l'échographie (b) *(meddygol)*
le scan *(dogfen)*

sgandal ENW GWR
le scandale

Sgandinafaidd ANSODDAIR
scandinave (BEN **scandinave**)

Sgandinafia ENW BEN
la Scandinavie
■ **yn Sgandinafia** en Scandinavie
■ **i Sgandinafia** en Scandinavie

Sgandinafiad ENW GWR
le Scandinave
la Scandinave

sganio BERF
examiner au scanner *(meddygol)*
scanner *(dogfen)*

sganiwr ENW GWR
le scanner

sgarff ENW BEN
le foulard *(cyffredinol)*
l'écharpe (b) *(wlân, hir)*

sgarmes ENW BEN
la bagarre

sgerbwd ENW GWR
le squelette

sgert ENW BEN
la jupe
❏ Roedd hi'n gwisgo sgert goch. Elle portait
une jupe rouge.
■ **sgert mini** la mini-jupe

sgi ENW BEN
le ski

sgil ENW GWR
■ **yn sgil** à la suite de

sgìl ENW BEN
la compétence *(medr)*

sgil-effaith ENW BEN
l'effet (g) secondaire

sgio BERF
skier
faire du ski
■ **sgio ar ddŵr** le ski nautique
■ **sgio traws gwlad** le ski de fond

sgip ENW BEN
la corde à sauter *(rhaff)*

sgipio BERF
sauter à la corde

sgiwer ENW GWR
la brochette *(cebabs)*

sgïwr ENW GWR
le skieur

sgïwraig ENW BEN
la skieuse

sglefrio BERF
patiner
■ **esgid sglefrio** le patin
■ **rinc sglefrio** la patinoire

sglefriwr ENW GWR
le patineur

sglefrwraig ENW BEN
la patineuse

sgleiniog ANSODDAIR
brillant (BEN **brillante**)

sglodion ENW LLUOSOG
les frites (b.ll)

■ **siop sglodion** une friterie

sglodyn silicon ENW GWR
la puce électronique

sgôr ENW GWR/BEN
la partition *(cerddoriaeth)*
le score *(gêm)*

sgorio BERF
marquer un but

sgoriwr ENW GWR
le marqueur de but

sgorpion ENW GWR
le scorpion
■ **arwydd y Sgorpion** Scorpion ❑ **bod wedi eich geni gan arwydd y Sgorpion** être du signe du Scorpion/être scorpion

sgowt ENW GWR
le scout

sgrech ENW BEN
le hurlement, le cri

sgrechian BERF
crier
hurler *(gweiddi)*

sgrin ENW BEN
l'écran (g)
■ **ar y sgrin** à l'écran

sgript ENW GWR/BEN
le script

sgriw ENW BEN
la vis

sgriwdreifer ENW GWR
le tournevis

sgriwio BERF
visser

sgrym ENW BEN
la mêlée

sgrymio BERF
faire une mêlée

sgwad ENW BEN
la brigade *(heddlu)*
l'escouade (b) *(y fyddin)*
la sélection *(chwaraeon)*

sgwâr ANSODDAIR
carré (BEN **carrée**)
❑ **blwch sgwâr** une boîte carrée
▷ *gweler hefyd* **sgwâr** ENW

sgwâr ENW GWR/BEN
la place *(mewn tref, pentref)*
le carré *(siap)*
❑ **Mae'r Sgwâr Mawr hefyd yn cael ei alw'n sgwâr y Cadfridog de Gaulle.** La Grande Place s'appelle aussi la place Général de Gaulle.
▷ *gweler hefyd* **sgwâr** ANSODDAIR

sgwarog ANSODDAIR
à carreaux *(patrwm ar ddefnydd)*

sgwrs ENW BEN
la conversation *(trafodaeth)*
le chat *(ar y rhyngrhwyd)*
■ **ystafell sgwrsio** le chat

sgwrsio BERF
causer *(gyda rhywun)*
chatter *(ar y rhyngrwyd)*

sgwter ENW GWR
le scooter

Shwmae? CYFARCHIAD
Ça va?

si ENW GWR
la rumeur

siaced ENW BEN
la veste *(cyffredinol)*
■ **siaced ledr** un blouson en cuir
■ **siaced achub** un gilet de sauvetage
■ **siaced ysgafn** un veston

siafio BERF
se raser

sialc ENW GWR
la craie

sialens ENW BEN
▷ *gweler* **her**

sialotsyn ENW GWR
l'échalotte (b)

siampên ENW GWR
le champagne

siampŵ ENW GWR
le shampooing

siandi ENW GWR
le panaché

sianel ENW BEN
la chaîne *(teledu)*
■ **Y Sianel** la Manche

siani flewog ENW BEN
la chenille *(lindys)*

siâp ENW GWR
la forme *(ffurf)*
la ligne *(corff)*
❑ **ar siâp llong** en forme de bateau

siapus ANSODDAIR
bien fait (BEN **bien faite**)

siarad BERF
parler
❑ **Rwy'n siarad Ffrangeg.** Je parle français.
❑ **Mae'n gallu siarad pum iaith.** Il parle cinq langues.
■ **siarad ag atal dweud** bégayer
■ **siarad â thafod tew** zézayer

■ **siarad ar y ffôn** parler au téléphone

siaradus ANSODDAIR
bavard (BEN **bavarde**)
❑ Mae hi'n siaradus iawn. Elle est très bavarde.

siarc ENW GWR
le requin

siawns ENW BEN
la chance (gobaith)
le hazard (hap a damwain)
■ **trwy siawns** par hasard

sibrwd BERF
chuchoter

sibwnsyn ENW GWR
la ciboule

sicori ENW GWR
la chicorée (mewn coffi)
l'endive (b) (mewn salad)

sicr ANSODDAIR
certain (BEN **certaine**)
❑ Dwi'n sicr mai ef yw ef. Je suis certain que c'est lui.

sicr ADFERF
■ **yn sicr** certainement

sicrhau BERF
assurer

sicrwydd ENW GWR
la certitude

sidan ENW GWR
la soie

siec ANSODDAIR
à carreaux (patrwm o sgwariau)
❑ crys siec une chemise à carreaux

siec ENW BEN
le chèque (gorchymyn i dalu arian)
■ **siec deithio** un chèque de voyage

sièd ENW BEN
la remise (mewn gardd)

sieri ENW GWR
le xérès

sifil ANSODDAIR
poli (BEN **polie**) (cwrtais)
civil (BEN **civile**) (priodas)
■ **gwas sifil** un fonctionnaire

sigâr ENW BEN
le cigare

sigarét ENW BEN
la cigarette
■ **taniwr sigaréts** un briquet

siglen ENW BEN
la balançoire

siglo BERF

se balancer

sil ENW GWR/BEN
le rebord (ffenestr)

silff ENW BEN
l'étagère (b)

sill, sillaf ENW BEN
la syllabe

sillafu BERF
épeler
❑ Fedrwch chi sillafu eich enw, os gwelwch yn dda? Est-ce que vous pouvez épeler votre nom s'il vous plaît?
■ **Sut mae sillafu hwnna?** Comment est-ce que ça s'écrit?

simdde ENW BEN
la cheminée

simsan ANSODDAIR
instable (BEN **instable**)

sinamon ENW GWR
la cannelle

sinc ENW BEN
l'évier (g) (mewn cegin)

sinema ENW BEN
le cinéma
❑ Rwyf yn mynd i'r sinema ddwywaith yr wythnos. Je vais au cinéma deux fois par semaine.

sinistr ANSODDAIR
sinistre (BEN **sinistre**)

sinsir ENW GWR
le gingembre

sioc ENW BEN
le choc
■ **sioc drydanol** une décharge électrique

siocled ENW GWR
le chocolat

sioe ENW BEN
l'exposition (b) (arddangos)
le spectacle (theatr)
la comédie musicale (sioe gerdd)

siôl ENW BEN
le châle

siom ENW BEN
la déception

siomedig ANSODDAIR
déçu (BEN **déçue**) (wedi cael ei siomi)
❑ Roedd e'n siomedig pan na chafodd y swydd yr oedd ei heisiau. Il a été déçu quand il n'a pas eu le poste qu'il voulait.
décevant (BEN **décevante**) (sydd yn siomi)

siomi BERF
décevoir

s

Siôn Corn ENW GWR
le père Noël

sionc ANSODDAIR
rapide (BEN **rapide**) *(cyflym)*
vivace (BEN **vivace**) *(bywiog)*
■ **person sionc** une personne vivace

sioncyn y gwair ENW GWR
la sauterelle

siop ENW BEN
le magasin *(cyffredinol)*
la boutique *(siop fach)*

siop bersawr ENW BEN
la parfumerie

siop bysgod ENW BEN
la poissonnerie

siop cigoedd oer ENW BEN
la charcuterie

siop deisennau/gacennau ENW BEN
la pâtisserie

siop deunyddiau ysgrifennu ENW BEN
la papeterie

siop ddodrefn ENW BEN
le magasin d'ameublement

siop fwyd ENW BEN
le magasin de l'alimentation (b)

siop fferins/losin ENW BEN
la confiserie

siop grempogau ENW BEN
la crêperie

siop lyfrau ENW BEN
la librairie

siop nwyddau lledr ENW BEN
la maroquinerie

siop nwyddau haearn ENW BEN
la quincaillerie

siop papur newydd a thybaco ENW BEN
le (bureau de) tabac

siop y cigydd ENW BEN
la boucherie

siop y crydd ENW BEN
la cordonnerie

siopa BERF
faire des courses
■ **canolfan siopa** un centre commercial

siopwr ENW GWR
le marchand *(perchennog)*
le client *(cwsmer)*

siopwraig ENW BEN
la marchande *(perchennog)*
la cliente *(cwsmwr)*

siorts ENW LLUOSOG
le short

■ **siorts glas** un short bleu

sip ENW GWR
la fermeture éclair *(ar ddillad)*

sipsi ENW GWR/BEN
le gitan
la gitane

sir ENW BEN
le comté *(Prydain)*
le département *(Ffrainc)*

siriol ANSODDAIR
souriant (BEN **souriante**)

sirioldeb ENW GWR
la gaieté

sirioli BERF
s'égayer

sisial BERF
chuchoter *(sibrwd)*

si-so ENW GWR/BEN
la balançoire

siswrn ENW GWR
les ciseaux (g.ll)

siwgr ENW GWR
le sucre
■ **siwgr barlys** le sucre d'orge
■ **siwgr eisin** le sucre glace
■ **siwgr mân** le sucre en poudre
■ **siwgr almon** la dragée

siwmper ENW BEN
le pull-over

siŵr ANSODDAIR
certain (BEN **certaine**)

siwrnai ENW BEN
le voyage
❏ Parhaodd y siwrnai i Baris bump awr. Le voyage à Paris a duré cinq heures.
■ **Siwrnai dda i chi!** Bon voyage!

siwt ENW BEN
le complet *(siwt dyn)*
■ **Mae e'n gwisgo siwt lwyd.** Il porte un complet gris.
le tailleur *(siwt dynes)*
■ **siwt ginio** le smoking

siwtio BERF
convenir à *(amser cyfleus)*
❏ Pa amser sy'n dy siwtio? Quelle heure te conviendrait?
aller à *(dilledyn)*
❏ Mae'r ffrog yma'n dy siwtio i'r dim Cette robe te convient à merveille.
▷ *gweler hefyd* **cyfleus**

sled ENW BEN
la luge *(i blentyn)*

sledio BERF
faire de la luge
slefren fôr ENW BEN
la méduse
slei ANSODDAIR
rusé (BEN **rusée**)
sleid ENW GWR/BEN ▷ *gweler* **llithren**
sleid gwallt ENW GWR/BEN
la barrette
sleifio BERF
■ **sleifio i ffwrdd** s'esquiver
sleisen ENW BEN
la tranche *(o gacen)*
sleisio BERF
couper en tranches
slic olew ENW GWR
la marée noire
slip cyflog ENW GWR
le bulletin de salaire
sliper ENW BEN
la pantoufle
Slofacia ENW BEN
la Slovaquie
■ **yn Slofacia** en Slovaquie
■ **i Slofacia** en Slovaquie
Slofenia ENW BEN
la Slovénie
■ **yn Slofenia** en Slovénie
■ **i Slofenia** en Slovénie
slogan ENW GWR/BEN
le slogan
smalio BERF
feindre *(esgus, cogio)*
smart ANSODDAIR
élégant (BEN **élégante**) *(dillad, person)*
■ **dillad smart** des vêtements élégants
sment ENW GWR
le ciment
smotiog ANSODDAIR
boutonneux (BEN **boutonneuse**)*(croen)*
à pois *(patrwm)*
smotyn ENW GWR
la tache *(ar ddilledyn)*
smwddio BERF
repasser
■ **haearn smwddio** le fer à repasser
▷ *gweler hefyd* **smeddio** ENW
smwddio ENW GWR
le repassage
■ **gwneud y smwddio** faire le repassage
▷ *gweler hefyd* **smeddio** BERF
smyglo BERF

passer en fraude
■ **y smyglo** la contrebande
smyglwr ENW GWR
le contrebandier
smyglwraig ENW BEN
la contrebandière
snap ENW GWR
la bataille *(cardiau)*
■ **chwarae snap** jouer à la bataille
sniffian BERF
renifler *(annwyd)*
flairer *(anifail)*
snobyddlyd ANSODDAIR
snob (BEN **snob**)
snorcel ENW GWR
le tuba
snwcer ENW GWR
le snooker
soced ENW GWR
la prise de courant *(trydanol)*
soddgrwth ENW GWR
le violoncelle
■ **canu'r soddgrwth** jouer du violoncelle
soffa ENW BEN
le canapé
■ **Eisteddodd ar y soffa.** Elle s'est assise sur le canapé.
soffistigedig ANSODDAIR
sophistiqué (BEN **sophistiquée**)
soia ENW GWR
le soja
solar ANSODDAIR
solaire (BEN **solaire**)
solet ANSODDAIR
solide (BEN **solide**) *(cadarn)*
Somalia ENW BEN
la Somalie
■ **yn Somalia** en Somalie
■ **i Somalia** en Somalie
Somaliad ENW GWR
le Somalien
la Somalienne
sôn (am) BERF
mentionner
sosban ENW BEN
la casserole
sosej ENW BEN
la saucisse
soser ENW BEN
la soucoupe
■ **soser sy'n hedfan** une soucoupe volante
sothach ENW GWR

la camelote *(nwyddau rhad)*

springfwrdd ENW GWR
le tremplin

stabl ENW BEN
l'écurie (b)

stad tai ENW BEN
la cité

stadiwm ENW BEN
le stade
❑ Mae Stadiwm y Mileniwm yng Nghaerdydd.
Le Stade du Millénaire se trouve à Cardiff.

staen ENW GWR
la tache

staenio BERF
tacher

staer ENW BEN ▷ *gweler* **gris**

staff ENW GWR
le personnel

stamp ENW GWR
le timbre

stampio BERF
tamponner *(dogfen)*

stand ENW GWR/BEN
les tribunes (b.ll) *(chwaraeon)*

statws ENW GWR
la position

statws priodasol ENW GWR
l'état (g) civil

stêc ENW BEN
le bifteck *(stecen)*

steil ENW GWR
le style
■ **steil gwallt** la coiffure

stêm ENW GWR
▷ *gweler* **ager**

stereo ENW BEN
la stéréo

stereoffonig ANSODDAIR
stéréophonique (BEN **stéréophonique**)

sticer ENW GWR
l'autocollant (g)

stiw ENW GWR
le ragoût
■ **stiw cig eidion** le ragoût de bœuf
■ **stiw ffrwythau** la compote de fruits

stiwdio ENW BEN
le studio

stoc ENW GWR
l'approvisionnement (g) *(bwyd)*
le stock *(siop)*

stof ENW BEN
la cuisinière

stôl ENW BEN
le tabouret

stondin ENW BEN
l'étalage (g) *(mewn marchnad)*
le kiosque à journaux *(yn gwerthu papurau newydd)*

stondinwr ENW GWR
le marchand

stondinwraig ENW BEN
la marchande

stop ENW GWR
le stop *(arwydd ffordd)*
l'arrêt (g) *(bws, trên)*
la halte *(arhosiad)*
l'escale (b) *(awyren)*

stopio BERF
s'arrêter
❑ Stopiodd o flaen ffenestr shop. Elle s'est arrêtée devant une vitrine. ❑ Wnawn ni stopio fan hyn? On s'arrête ici?
arrêter *(stopio rhywbeth)*
■ **stopio gwneud rhywbeth** arrêter de faire quelque chose ❑ Rydw i wedi stopio ysmygu. J'ai arrêté de fumer.
■ **stopio'n stond** s'arrêter net

storfa ENW BEN
la réserve

storfa bagiau wedi eu gadael ENW BEN
la consigne

stori ENW BEN
l'histoire (b)
❑ Dwi'n hoff iawn o straeon rhamantus. J'aime bien les histoires romantiques.
■ **stori fer** la nouvelle
le conte de fées
■ **Am stori tylwyth teg!** Quele conte de fées!

storm ENW BEN
l'orage (g) *(cyffredinol)*
❑ Mae hi'n stormus. Il y a de l'orage.
la tempête *(eira, ar y môr)*
❑ storm eira la tempête de neige

stormus ANSODDAIR
orageux (BEN **orageuse**)

strap ENW GWR/BEN
le bracelet de montre *(oriawr)*

strategaeth ENW BEN
la stratégie

strategol ANSODDAIR
stratégique (BEN **stratégique**)

streic ENW BEN
la grève

streicio BERF
se mettre en grève

streiciwr ENW GWR
le gréviste
streicwraig ENW BEN
la gréviste
streipen ENW BEN
la rayure
streipiog ANSODDAIR
rayé (BEN **rayée**)
■ **crys streipiog** une chemise à rayures
stretsier ENW GWR
le brancard *(i gario claf)*
stribed comic ENW GWR
la bande dessinée *(cartŵn)*
strwythur ENW GWR
la structure
stryd ENW BEN
la rue
■ **y stryd fawr** la rue principale
la ruelle *(fach)*
■ **stryd unffordd** la rue à sens unique
❑ Dim mynediad! Stryd unffordd! Interdit!
Sens unique!
stumog ENW BEN
l'estomac (g)
■ **poen yn y stumog** le mal à l'estomac
stwffin ENW GWR
la farce *(coginio)*
stwffio BERF
farcir
stwffwl ENW GWR
l'agrafe (b) *(stapl)*
stwmp ENW GWR
le mégot *(sigarét)*
stwnsh tatws ENW GWR
la purée de pommes de terre
stydi ENW BEN
le bureau
styfnig ANSODDAIR
têtu (BEN **têtue**)
styffylu BERF
agrafer *(staplo)*
styffylwr ENW GWR
l'agrafeuse (b) *(staplwr)*
styllen ENW BEN
la planche
stŷnt ENW BEN
la cascade *(sinema)*
styntiwr ENW GWR
le cascadeur
styntwraig ENW BEN
la cascadeuse
sudd ENW GWR

le jus
■ **sudd afal** le jus de pomme
■ **sudd oren ffres** l'orange pressée
suddo BERF
couler
sugno BERF
sucer
sugnwr llwch ENW GWR
l'aspirateur (g)
Sul ENW GWR
dimanche (g)
■ **dydd Sul** le dimanche
■ **ar ddydd Sul** le dimanche
■ **pob dydd Sul** tous les dimanches
Sulgwyn ENW GWR
la Pentecôte *(gŵyl Gristnogol)*
Sut? ADFERF
Comment?
❑ Sut mae mynd yno? Comment est-ce qu'on
y va ?
sut bynnag ADFERF
néanmoins
sw ENW GWR
le zoo
swch eira ENW BEN
le chasse-neige
Swdan ENW BEN
le Soudan
■ **yn Swdan** au Soudan
■ **i Swdan** au Soudan
Swdaniad ENW GWR
le Soudanais
la Soudanaise *(brodor o Swdan)*
Swedaidd ANSODDAIR
suédois (BEN **suédoise**)
Swedeg ENW GWR/BEN
le suédois *(yr iaith)*
Sweden ENW BEN
la Suède
■ **yn Sweden** en Suède
■ **i Sweden** en Suède
Swediad ENW GWR
le Suédois
la Suédoise
swigen ENW BEN
l'ampoule (b) *(ar y croen)*
swil ANSODDAIR
timide (BEN **timide**)
■ **yn swil** timidement
Swisaidd ANSODDAIR
suisse (BEN **suisse**)
■ **siocled Swisaidd** le chocolat suisse

Swisiad ENW GWR
  le Suisse
  la Suisse
Swistir ENW GWR
  la Suisse
  ■ **yn y Swistir** en Suisse
  ■ **i'r Swistir** en Suisse
swits ENW GWR
  l'interrupteur (g) *(golau ar y wal)*
  le bouton *(radio, teledu)*
swm ENW GWR
  la somme
swmpus ANSODDAIR
  volumineux (BEN **volumineuse**)
sŵn ENW GWR
  le son
  le bruit *(sŵn uchel)*
swnian BERF
  pleurnicher *(cwyno)*
swnllyd ANSODDAIR
  bruyant (BEN **bruyante**)
swoleg ENW BEN
  la zoologie
swolegol ANSODDAIR
  zoologique (BEN **zoologique**)
swper ENW GWR
  le dîner *(prif bryd)*
  le souper *(hwyrach)*
sws ENW GWR/BEN
  la bise
  ■ **rhoi sws i rywun** faire une bise à quelqu'un
swta ANSODDAIR
  brusque (BEN **brusque**)
swydd ENW BEN
  l'emploi (g)
  le poste
swyddfa ENW BEN
  le bureau
  ■ **swyddfa eiddo coll** un bureau des objets trouvés
  ■ **swyddfa gwerthu tai** une agence immobilière
  ■ **swyddfa'r heddlu** le commissariat (de police)
  ■ **swyddfa'r llywodraeth** l'office gouvernmental
  ■ **Swyddfa'r Post** le bureau de poste
  ■ **swyddfa'r ysgrifennydd** le secrétariat
swyddog ENW GWR
  l'officier (g)
swyddogaeth ENW BEN
  la fonction

swyddogol ANSODDAIR
  officiel (BEN **officielle**)
swyn ENW GWR
  l'enchantement (g)
swyno BERF
  enchanter *(mewn ffordd ddymunol)*
  ensorceler *(mewn ffordd annymunol)*
swynol ANSODDAIR
  charmant (BEN **charmante**)
sych ANSODDAIR
  sec (BEN **sèche**)
  ■ **gwin gwyn sych** le vin blanc sec
sychder ENW GWR
  la sécheresse
syched ENW GWR
  la soif
  ■ **Mae syched arna i.** J'ai soif.
sychedig ANSODDAIR
  assoiffé (BEN **assoiffée**)
sychlanhäwr ENW GWR
  le teinturier
  ❑ Dwi'n mynd i fynd â'r gôt hon i'r sychlanhawr. Je vais porter ce manteaux chez le teinturier.
sychu BERF
  sécher
  ■ **sychu dillad** faire sécher le linge
  ■ **sychu'r bwrdd** essuyer la table
sychwr ENW GWR
  le séchoir
  ■ **sychwr gwallt** le sèche-cheveux
  ■ **sychwr ffenestr** l'essuie-glace
sydyn ANSODDAIR
  soudain (ANSODDAIR **soudain**)
  ■ **yn sydyn** soudain
sydd BERF
  ❑ Pwy sydd yna? Qui est là ? ❑ Beth sydd wedi digwydd? Qu'est-ce qui s'est passé ❑ Faint o arian sydd yn y pwrs ? Combien d'argent y a-t-il dans le porte monnaie? ❑ Mae ganddi ferch sydd yn aml yn sâl. Elle a une fille qui est souvent malade.
syfrdanol ANSODDAIR
  étonnant (BEN **étonnante**)
  ❑ Mae hynna'n gwbl syfrdanol! Cela est très étonnant!
syfrdanu BERF
  étonner
sylfaenol ANSODDAIR
  fondamental (BEN **fondamentale**)
sylw ENW GWR
  l'attention (b)

■ **cymryd sylw** faire attention
la remarque
■ **gwneud sylw** remarquer

sylwebaeth ENW BEN
le commentaire

sylwedd ENW GWR
la substance

sylweddol ANSODDAIR
substantiel (BEN **substantielle**)

sylweddoli BERF
réaliser
se rendre compte (que)
❏ Sylweddolais ein bod ni'n hwyr. Je ne suis rendu compte que nous étions en retard.

sylwi BERF
remarquer
❏ Sylwais y gwahaniaeth. J'ai remarqué la différence.

syllu BERF
■ **syllu ar** fixer

sym ENW BEN
le calcul
❏ Mae hi'n dda gyda symiau. Elle est bonne en calcul.

symbol ENW GWR
le symbole

symbolaidd ANSODDAIR
symbolique (BEN **symbolique**)

symboleiddio BERF
symboliser

syml ANSODDAIR
simple (BEN **simple**)
❏ Mae'n syml iawn! C'est très simple!

symptom ENW GWR
le symptôme

symud BERF
déplacer (dodrefn)
bouger (ddim yn aros yn llonydd)
■ **symud i mewn** emménager
■ **symud i'r ochr** écarter
■ **symud ymlaen** avancer

symud tŷ BERF
déménager

symudiad ENW GWR
le mouvement

symudol ANSODDAIR
mobile (BEN **mobile**)
■ **ffôn symudol** un portable
■ **grisiau symudol** un escalier roulant

syn ANSODDAIR
étonné (BEN **étonnée**)

synagog ENW BEN
la synagogue

syndod
la surprise
❏ Dyna syndod! Quelle surprise!

synhwyro BERF
sentir

synhwyrol ANSODDAIR
raisonnable (BEN **raisonnable**)

syniad ENW GWR
l'idée (b)
■ **Am syniad da!** Quelle bonne idée!

synnu BERF
s'étonner

synnwyr ENW GWR
le sens
■ **synnwyr digrifwch** le sens de l'humour

synthetig ANSODDAIR
synthétique (BEN **synthétique**)

syr ENW GWR
monsieur (g)
■ **Syr!** Monsieur!

syrcas ENW BEN
le cirque

syrffedu BERF
en avoir assez
■ **Dwi wedi syrffedu!** J'en ai assez!

syrffio BERF
surfer

Syraidd ANSODDAIR
syriem (BEN **syrienne**)

Syria ENW BEN
la Syrie
■ **yn Syria** en Syrie
■ **i Syria** en Syrie

Syriad ENW GWR/BEN
le Syrien
la Syrienne (brodor o Syria)

syrpreis ENW GWR
la surprise
■ **Am syrpreis!** Quelle surprise!

syrthio BERF
tomber
❏ Mae wedi syrthio i'r llawr. Il est tombé par terre.

system ENW BEN
le système
■ **system dymheru** la climatisation
■ **system radar** le système de radar
■ **system sain** le système de son
■ **system talu tollau (ar y draffordd)** le péage

systematig ANSODDAIR
systématique (BEN **systématique**)

syth ANSODDAIR
   droit (BEN **droite**)
   ■ **sefyll yn syth** se tenir tout droit
   raide (BEN **raide**) *(gwallt)*

syth ymlaen ADFERF
   tout droit
   ❑ Ewch syth yn eich blaen! Allez tout droit!

s

T|t

ta waeth CYSYLLTAIR
de toute façon *(beth bynnag)*
tabl ENW GWR
la table *(mathemateg)*
❏ tabl tri la table de trois
tabled ENW BEN
le cachet
❏ Fe lyncodd dabled o aspirin ar gyfer ei ben tost. Il a pris un cachet d'aspirine pour le mal de tête.
la tablette *(cyfrifiadur)*
tacl ENW GWR
le tacle *(pêl-droed)*
le plaquage *(rygbi)*
taclo BERF
tacler *(pêl-droed)*
plaquer *(rygbi)*
taclus ANSODDAIR
bien rangé (BEN **bien rangée**)
❏ Mae dy ystafell wely yn daclus iawn. Ta chambre est bien rangée.
■ **yn daclus** avec soin
ordonné (BEN **ordonnée**) *(person)*
❏ Mae hi'n daclus iawn. Elle est très ordonnée.
tacluso BERF
ranger
❏ Mae'n rhaid tacluso ystafell plentyn yn aml. On doit ranger souvent la chambre d'un enfant.
taclwr ENW GWR
le tacleur *(pêl-droed)*
le plaqueur *(rygbi)*
tacsi ENW GWR
le taxi
❏ gyrrwr tacsi le chauffeur de taxi ❏ gorsaf tacsis la station de taxis
tacteg ENW BEN
la tactique
tactegol ANSODDAIR
tactique (BEN **tactique**)
Tachwedd ENW GWR

novembre (g)
■ **ym mis Tachwedd** en novembre
❏ Mae Tachwedd yn fis oer a gwlyb o'r flwyddyn. Novembre est un mois froid et humide de l'année.
■ **y cyntaf o Dachwedd** le premier novembre
tad ENW GWR
le père
tad yng nghyfraith ENW GWR
le beau-père
tad-cu, taid ENW GWR
le grand-père
le pépé *(anffurfiol)*
tadol ANSODDAIR
paternel (BEN **paternelle**)
taenu BERF
étaler
❏ Mae'n rhaid taenu'r menyn yn dda ar y bara. Il faut bien étaler le beurre sur le pain.
❏ Gwaith Pierre oedd taenu lliain ar y bwrdd. C'était le travail de Pierre d'étaler la nappe sur la table.
tafarn ENW GWR/BEN
le pub
la taverne *(mewn pentref)*
tafarnwr ENW GWR
le patron de pub
tafarnwraig ENW BEN
la patronne de pub
tafell ENW BEN
la tranche
la tartine *(o fara, menyn a jam)*
taflen ENW BEN
le dépliant *(gwybodaeth)*
■ **taflen waith** une fiche de travail
taflu BERF
jeter
taflunydd ENW GWR
le projecteur
tafod ENW GWR
la langue
❏ Paid â thynnu tafod ar dy frawd! Ne tire pas

la langue à ton frère!

tafodiaith ENW BEN
le dialecte

Tafwys ENW BEN
- **afon Tafwys** la Tamise

tagfa traffig ENW BEN
l'embouteillage (g)

tagu BERF
étouffer
- **tagu ar rywbeth** s' étouffer sur quelque chose

tail ENW GWR
le fumier

taith ENW BEN
le voyage
❑ Mae hi'n daith pedair awr o Gaerfyrddin l Lundain. C'est un voyage de quatre heures de Carmarthen à Londres.

tal ANSODDAIR
grand (BEN **grande**) *(person, coeden)*
haut (BEN **haute**) *(adeilad)*

tâl ENW GWR
le paiement *(cyffredinol)*
le salaire *(cyflog)*
- **codi tâl ar rywun am rywbeth** faire payer quelque chose à quelqu'un

talaith ENW BEN
la province

talcen ENW GWR
le front

taldra ENW GWR
la taille *(person)*
▷ *gweler hefyd* **uchder**

talent ENW BEN
le talent

talentog ANSODDAIR
doué (BEN **douée**)
- **Mae hi'n fwy talentog na'i brawd.** Elle est plus douée que son frère.

talfyriad ENW GWR
l'abréviation (b)

taliad ENW GWR
le paiement
le règlement *(bil)*

talu BERF
payer
❑ Faint a daloch chi amdano? Vous avez payé combien pour ça?
régler *(bil, dyled)*
- **talu sylw** faire attention à ❑ Does neb yn talu sylw i fi. Personne ne fait attention à moi.

tamaid ENW GWR
le morceau (LLUOSOG **les morceaux**)

❑ Fe gefais damaid o gaws gan Mam. Maman m' a donné un morceau de fromage.

tampon ENW GWR
le tampon

tan CYSYLLTAIR *(hyd)*
- **tan nawr** jusqu'à maintenant
- **o fore tan nos** du matin au soir

tan ARDDODIAD ▷ *gweler* **o dan**

tan ARDDODIAD *(iau na)*
- **dan bymtheg oed** âgé de moins de quinze ans

tân ENW GWR
le feu (LLUOSOG **les feux**)
l'incendie (b) *(damweiniol)*
- **rhoi rhywbeth ar dân** mettre le feu à quelque chose ❑ Mae'n gysurus i eistedd o flaen y tân yn y gaeaf. Il est confortable de s'asseoir au coin du feu en hiver.
- **Tân!** Au feu!
- **ar dân** en feu
- **tân gwyllt** le feu d'artifice

tanc ENW GWR
le réservoir *(dŵr, petrol)*
le char d'assaut *(milwrol)*
l'aquarium (g) *(pysgod)*

tancer ENW GWR
le pétrolier *(llong)*
le camion-citerne *(lorri)*

tanddaearol ANSODDAIR
souterrain (BEN **souterraine**)

tanddwr ANSODDAIR
sous-marin (BEN **sous-marine**)

tanio BERF
mettre le feu à quelque chose *(rhoi rhywbeth ar dân)*
- **tanio'r injan** mettre le contact décharger *(gwn)*

tanlinellu BERF
souligner

tap ENW GWR
le robinet

tâp ENW GWR
le ruban
- **tâp mesur** un mètre à ruban

tapddawnsio BERF
faire des claquettes

tapio BERF
taper *(taro)*
- **tapio troed** taper du pied
tapoter *(taro'n ysgafn)*

tar ENW GWR
le goudron *(mewn sigarét)*

taran ENW BEN

le tonnerre
- **mellt a tharannau** du tonnerre et des éclairs

taranu BERF
- **Mae hi'n taranu.** Il y a du tonnerre.

tarddiad ENW GWR
la source *(afon, ffynnon)*
l'origine (b) *(cyffredinol)*

targed ENW GWR
la cible

tarian ENW BEN
le bouclier

tarmac ENW GWR
le macadam *(ar wyneb ffordd)*

taro BERF
frapper *(bwrw)*
❏ Tarodd Dafydd e. Dafydd l'a frappé.
sonner *(cloc)*
❏ Tarodd y cloc wyth o'r gloch. L'horloge a sonné huit heures.
renverser *(cael eich taro gan gar)*
❏ Cafodd ei daro gan gar. Il a été renversé par une voiture.

tarten ENW BEN
la tarte
- **tarten afal** une tarte aux pommes

tarth ENW GWR
la brume

tarw ENW GWR
le taureau
- **ymladd teirw** les courses de taureaux
- **arwydd y Tarw** le Taureau
- **wedi eich geni dan arwydd y Tarw** être du signe du Taureau

tasg ENW BEN
la tâche

tasgu BERF
éclabousser *(dŵr, mwd)*

taten ENW BEN
la pomme de terre
- **taten drwy'i chroen** une pomme de terre en robe des champs
- **taten rost** une pomme de terre rôtie

tatŵ ENW GWR
le tatouage

T.A.W. (Treth ar Werth) TALFYRIAD
la T.V.A. (la taxe sur la valeur ajoutée)

taw ENW GWR
- **rhoi taw ar rywun** faire taire quelqu'un

tawel ANSODDAIR
tranquille (BEN **tranquille**) *(heddychlon)*
❏ penwythnos tawel un week-end tranquille
silencieux (BEN **silencieuse**) *(ddim yn siaradus*

na swnllyd)
❏ Rwyt ti'n dawel heddiw. Tu es bien silencieux aujourd'hui.

tawelu BERF
calmer

tawelwch ENW GWR
le calme *(llonyddwch)*
le silence *(distawrwydd)*

tawelydd ENW GWR
le tranquillisant *(meddygol)*

te ENW GWR
le thé
- **cael te** prendre le gaîter

tebot ENW GWR
la théière

tebyg ANSODDAIR
semblable (BEN **semblable**)
- **bod yn debyg i** ressembler à ❏ Mae e'n debyg i'w dad. Il ressemble à son père.
- **bod yn debyg i'w gilydd** se ressembler

tebygol ANSODDAIR
probable (BEN **probable**)
❏ Mae hi'n debygol o adael. Il est probable qu'elle parte.
- **yn debygol** probablement

tebygolrwydd ENW GWR
la probabilité *(siawns o rywbeth)*

tebygrwydd ENW GWR
la ressemblance *(ymddangosiad)*

teclyn ENW GWR
l'outil (g)
- **teclyn rheoli'r teledu o bell** une télécommande

techneg ENW BEN
la technique

technegol ANSODDAIR
technique (BEN **technique**)
- **coleg technegol** un lycée technique

technegydd ENW GWR
le technicien
la technicienne

technoleg gwybodaeth (T.G.) ENW BEN
la technologie informatique

tedi ENW GWR
le nounours

teg ANSODDAIR
juste (BEN **juste**)
❏ Nid yw hyn yn deg. Ce n'est pas juste.
- **Chwarae teg!** Soyons justes!

tegan ENW GWR
le jouet (LLUOSOG **les jouets**)

tegell ENW GWR
la bouilloire

t

tegwch ENW GWR
la justice

tei ENW GWR/BEN
la cravate

teiar ENW GWR
le pneu
■ **teiar sbâr** un pneu de rechange.

teigr ENW GWR
le tigre

teigres ENW BEN
la tigresse

teiliwr ENW GWR
le tailleur

teilsen ENW BEN
la tuile *(ar y to)*
le carreau *(ar lawr, ar wal)*

teilso BERF
carreler *(llawr)*
■ **wedi'i deilsio** en tuiles (to)

teilwng ANSODDAIR
digne (BEN **digne**)
■ **Roedd hi'n deilwng o'r wobr.** Elle était digne du prix.

teilwres ENW BEN
la couturière

teilyngdod ENW GWR
le mérite

teilyngu BERF
mériter

teim ENW GWR
le thym

teimlad ENW GWR
la sensation *(corfforol)*
le sentiment *(emosiynol)*

teimladwy ANSODDAIR
émotif (BEN **émotive**)

teimlo BERF
sentir
❑ Wnes i ddim teimlo llawer o boen. Je n'ai presque rien senti.
toucher
❑ Teimlodd y meddyg ei dalcen. Le médecin lui a touché le front.
se sentir
❑ Dwi ddim yn teimlo'n dda. Je ne me sens pas bien.
■ **teimlo trueni dros rywun** avoir pitié de quelqu'un
■ **teimlo'n oer/llwglyd** avoir froid/faim

teip ENW GWR
le type *(person)*
la sorte *(math)*

teipiadur ENW GWR
la machine à écrire

teipio BERF
taper (à la machine)
■ **teipio mewn llythrennau bras/italig** taper en caractères gras/italiques
■ **gwall teipio** une faute de frappe

teisen ENW BEN
le gâteau (LLUOSOG **les gâteaux**)
■ **siop deisennau** une pâtisserie

teitl ENW GWR
le titre

teits ENW LLUOSOG
le collant

teithio BERF
voyager
parcourir *(pellter)*
■ **teithio o amgylch y byd** faire le tour du monde

teithiwr ENW GWR
le voyageur *(ar fws, trên, awyren)*
le nomade *(sipsi)*

teithwraig ENW BEN
la voyageuse *(ar fws, trên, awyren)*
la nomade *(sipsi)*

teledu ENW GWR
la télévision
la télé *(anffurfiol)*
■ **ar y teledu** à la télévision
■ **teledu lloeren** la télévision par satellite
■ **set deledu** le poste de télévision

teleffon ENW GWR ▷ *gweler* **ffôn**

telegraff ENW GWR
le télégraphe
■ **polyn telegraff** le poteau télégraphique
❑ **gwifren telegraff** le fil télégraphique

telegram ENW GWR
le télégramme

telerau ENW LLUOSOG
les conditions (b.ll)

telesgop ENW GWR
le téléscope

telyn ENW BEN
la harpe
■ **canu'r delyn** jouer de la harpe

telynor ENW GWR
le harpiste

telynores ENW BEN
la harpiste

teml ENW BEN
le temple

temtasiwn ENW GWR/BEN
la tentation

temtio BERF
　tenter
　❏ Cafodd ei demtio i neidio i'r dŵr. Il été tenté
　de plonger à l'eau. ❏ Rwy'n cael fy nhemtio
　â'r gagen 'ma. Je suis tenté par ce gâteau.

tenant ENW GWR
　le locataire
　la locataire

tenau ANSODDAIR
　mince (BEN **mince**) *(person, tafell)*
　maigre (BEN **maigre**) *(tenau iawn, esgyrnog)*

teneuo BERF
　maigrir *(person)*

tennis ENW GWR
　le tennis
　■ **chwarae tennis** jouer au tennis
　■ **pêl tennis** une balle de tennis
　■ **cwrt tennis** un court de tennis
　■ **tennis bwrdd** le ping-pong
　■ **chwarae tennis bwrdd** jouer au ping-pong

teras ENW GWR
　la terrasse *(tu allan i adeilad)*
　■ **tŷ teras** une maison mitoyenne

terfyn ENW GWR
　le bout

terfynol ANSODDAIR
　terminal (BEN **terminale**)
　final (BEN **finale**) *(olaf)*

terfysgaeth ENW BEN
　le terrorisme

terfysgwr ENW GWR
　le terroriste

terfysgwraig ENW BEN
　la terroriste

term ENW GWR
　le terme *(gair)*

testun ENW GWR
　le texte *(cynnwys geiriol)*
　le sujet *(pwnc)*

teulu ENW GWR
　la famille

teuluol ANSODDAIR
　familial (BEN **familiale**)

tew ANSODDAIR
　gros (BEN **grosse**)

teyrnas ENW BEN
　le royaume
　■ **Y Deyrnas Unedig** le Royaume-Uni

teyrnasu BERF
　régner *(rheoli)*

ti RHAGENW
　tu

❏ Wyt ti'n gweithio? Tu travailles?
toi
❏ Ti sy'n iawn. C'est toi qui as raison.
■ **gyda thi** avec toi
　te
❏ Wela i di heno! Je te verrai ce soir!

tic ENW GWR
　la coche *(marc)*
　❏ rhoi tic gyferbyn â rhywbeth cocher
　quelque chose
　le tic-tac *(cloc)*

ticio BERF
　cocher

til ENW GWR
　la caisse
　❏ Rhaid talu wrth y til. On doit payer à la
　caisse.

tila ANSODDAIR
　chétif (BEN **chétive**) *(bregus)*
　pauvre (BEN **pauvre**) *(gwan o ran ymdrech)*
　❏ Yr oedd golwg dila arno. Il avait l'air pauvre.

tîm ENW GWR
　l'équipe (b)
　❏ Mae tîm pêl-droed Abertawe yn dîm eithaf
　cryf. L'équipe de foot de Swansea est une
　équipe assez forte.

tip ENW GWR
　le pourboire *(arian)*
　le conseil *(cyngor)*
　le tuyau *(betio)*

tipyn ENW GWR
　un peu *(ychydig)*
　❏ tipyn o laeth un peu de lait
　■ **tipyn bach** un petit peu
　pas mal de *(llawer, nifer)*
　❏ Mae tipyn i'w wneud eto. Il reste pas mal
　de choses à faire encore.

tir ENW GWR
　la terre

tiriogaeth ENW BEN
　le territoire

tirlun ENW GWR
　le paysage
　❏ Mae tirlun Cymru yn hardd. Le paysage
　gallois est beau.

tisian BERF
　éternuer

tithau RHAGENW
　toi
　❏ o'th flaen dithau devant toi ❏ Rwyt
　tithau'n mynd ar y trên? Toi aussi tu prends
　le train?
　te

t

❏ Mi welais i dithau yn y sinema. Toi aussi je t'ai vu au cinéma.

tiwba ENW GWR
le tuba
■ **canu'r tiwba** jouer du tuba

tiwlip ENW GWR
la tulipe

tiwna ENW GWR
le thon

tiwtor ENW GWR
le professeur particulier

tlawd ANSODDAIR
pauvre (BEN **pauvre**)

tlodi ENW GWR
la pauvreté
■ **y tlodion** les gens pauvres

tlws ANSODDAIR
joli (BEN **jolie**)
■ **merch dlos** une jolie fille
▷ *gweler hefyd* **tlws** ENW

tlws ENW GWR
le trophée *(fel gwobr)*
▷ *gweler hefyd* **tlws** ANSODDAIR

to ENW GWR
le toit
■ **to bach** *(ar air)* un accent circonflexe
■ **y to ifanc** la jeunesse
■ **o dan do** à l'intérieur
■ **rhoi'r ffidil yn y to** renoncer

toc ADFERF
bientôt *(cyn bo hir)*
❏ Fe fyddwn yna toc. Nous y serons bientôt.

tocio BERF
tailler

tocyn ENW GWR
le billet
❏ Mae'n rhaid cael tocyn i deithio ar y trên. Il faut un billet pour voyager par le train.

toddi BERF
fondre

toesen ENW BEN
le beignet

toiled ENW GWR
les toilettes (b.ll)

toll ENW BEN
le péage *(ar draffordd)*

tomato ENW GWR
la tomate

tomen ENW BEN
le tas
❏ tomen sbwriel un tas de débris

ton ENW BEN

la vague *(môr)*

tôn ENW BEN
l'air (g) *(cerddoriaeth)*
le ton *(goslef llais)*

tonsil ENW GWR
l'amygdale (b)

tonsilitis ENW GWR
l'angine (b)

torcalonnus ANSODDAIR
navrant (BEN **navrante**)

torf ENW BEN
la foule

torfol ANSODDAIR
■ **y cyfryngau torfol** les médias

torheulo BERF
se bronzer

torri BERF
casser
couper *(bara, papur)*
■ **torri braich** se casser le bras
■ **torri ffos** creuser un fossé
■ **torri'r gyfraith** violer une loi
■ **torri calon** briser le cœur
■ **torri'ch gair** manquer à sa promesse

torth ENW BEN
le pain
■ **torth Ffrengig** la baguette

tost ENW GWR
le pain grillé

tostio BERF
faire griller

tostiwr ENW GWR
le grille-pain

tra CYSYLLTAIR
tant que
❏ Wnaiff e ddim siarad tra fy mod i yma. Il ne parlera pas tant que je suis ici.
pendant que
❏ Roeddwn i'n yr ardd tra roedd e'n chwarae. J'étais dans le jardin pendant qu'il jouait.
alors que
❏ Mae ei wallt e'n ddu, tra bod ei frawd yn foel. Il a les cheveux noirs, alors que son frère est chauve.

tractor ENW GWR
le tracteur

tracwisg ENW GWR
le jogging *(siwt loncian)*

trachwant ENW GWR
le désir

traddodiad ENW GWR
la tradition

traddodiadol ANSODDAIR

traditionnel (BEN **traditionnelle**)

traean ENW GWR
le tiers *(un rhan o dair)*

traeth ENW GWR
la plage

traethawd ENW GWR
la dissertation

trafnidiaeth ENW BEN
le transport

trafod BERF
discuter

trafodaeth ENW BEN
la discussion

trafferth ENW BEN/GWR
la difficulté
❑ Cefais drafferth gyrru yn yr eira. J'ai eu des difficultés à conduire dans la neige.
■ **mynd i drafferth i wneud rhywbeth** prendre de la peine de faire quelque chose

trafferthus ANSODDAIR
ennuyeux (BEN **ennuyeuse**)

traffig ENW GWR
la circulation
■ **tagfa traffig** un embouteillage

traffordd ENW BEN
l'autouroute (b)

trais ENW GWR
la violence
le viol *(rhywiol)*

tramor ANSODDAIR, ADFERF
étranger (BEN **étrangère**)
■ **dramor** à l'étranger
■ **mynd dramor** partir à l'étranger

trampolîn ENW GWR
le trampoline

tramorwr ENW GWR
l'étranger (g)

tramorwraig ENW BEN
l'étrangère (b)

trannoeth ADFERF
le lendemain *(y diwrnod canlynol)*

trap ENW GWR
le piège *(i ddal anifail)*

trasiedi ENW BEN
la tragédie

trasig ANSODDAIR
tragique (BEN **tragique**)

trawiad ENW GWR
le battement
■ **trawiad ar y galon** la crise cardiaque

trawiadol ANSODDAIR
frappant (BEN **frappante**)

trawmatig ANSODDAIR
traumatisant (BEN **traumatisante**)

traws CYSYLLTAIR
■ **ar draws** à travers
■ **cerdded ar draws y ffordd** traverser la rue à pied
■ **torri ar draws** interrompre
■ **ffordd ar draws y ddinas** une route qui traverse la ville

trawsblannu BERF
transplanter

trawsnewid BERF
transformer

trawsnewidiad ENW GWR
la transformation

treblu BERF
tripler

tref ENW BEN
la ville
❑ Rydyn ni'n mynd i'r dref yn aml. Nous allons souvent en ville.
■ **canol y dref** le centre-ville
■ **neuadd y dref** la mairie

trefn ENW BEN
l'ordre (g)
■ **mewn trefn** en ordre
■ **yn nhrefn yr wyddor** par ordre alphabétique
la procédure *(ym myd y gyfraith)*
le programme
❑ Beth yw'r drefn yfory? Quelle est le programme pour demain?

trefniant ENW GWR
l'arrangement (g) *(cynllun)*
■ **gwneud trefniadau i fynd allan nos Wener** organiser une sortie pour vendredi soir

trefnolyn ENW GWR
l'ordinal (g)
■ **trefnolion** les ordinaux

trefnu BERF
organiser
arranger

trefnus ANSODDAIR
en ordre (BEN **en ordre**) *(ystafell)*
méthodique (BEN **méthodique**) *(person)*

trefol ANSODDAIR
urbain (BEN **urbaine**)

treiddio BERF
■ **treiddio i rywbeth** pénétrer dans quelque chose

treisio BERF
violer

trelar ENW GWR
la remorque *(y tu ôl i gar)*

trên ENW GWR/BEN
le train
- **mynd ar drên** voyager en train
- **trên tanddaearol** le métro

trennydd ADFERF
le surlendemain *(diwrnod ar ôl yfory, ymhen dau ddiwrnod)*

treth ENW BEN
la taxe
les impôts (g.ll) *(ar incwm)*

treulio BERF
passer *(amser)*
□ Rwy'n treulio llawer o amser yn gwylio'r teledu. Je passe beaucoup de temps à regarder la télé.
digérer *(bwyd)*
- **Mae'n anodd treulio nionod** Digérer les oignons, c'est difficile.
s'user *(dillad, esgidiau)*

tri, tair RHIF
trois
- **tri ar ddeg** treize
- **tri deg** trente
- **tri chwarter** trois quarts
- **tair gwaith** trois fois
- **tair oed** trois ans □ Mae e'n dair oed. Il a trois ans.

triathlon ENW GWR
le triathlon

tribiwnlys ENW GWR
le tribunal

tric ENW GWR
le tour
- **chwarae tric ar rywun** jouer un tour à quelqu'un

trigolion ENW LLUOSOG
les habitants (g.ll)

trin BERF
traiter
□ Mae'n trin y plant yn wael. Il traite durement les enfants.

triniwr gwallt ENW GWR
le coiffeur
la coiffeuse

tripled ENW GWR/BEN
le triplé *(bachgen)*
la triplée *(merch)*

triphlyg ANSODDAIR
triple (BEN **triple**)
- **naid driphlyg** le triple saut

trist ANSODDAIR

triste (BEN **triste**)

tristwch ENW GWR
la tristesse

tro ENW GWR
le virage *(troad mewn ffordd)*
- **mynd rownd tro** prendre un virage
le tour *(taith, gwibdaith)*
- **mynd am dro** faire un tour
la fois *(amser, adeg)*
- **y tro cyntaf** la première fois
- **pob tro** chaque fois
- **o dro i dro** de temps en temps □ pawb yn ei dro chacun à son tour
- **Fy nhro i yw i dalu.** C'est mon tour de payer.

troed ENW GWR/BEN
le pied
- **dan draed** sous les pieds

troedfedd ENW BEN
le pied *(30 cm)*

troednoeth ANSODDAIR
pieds- nus (BEN **pieds-nus**)
- **yn droednoeth** aux pieds nus

troeth ENW GWR
l'urine (b) *(wrin)*

trofannol ANSODDAIR
tropical (BEN **tropicale**)

troi BERF
tourner
□ Trowch i'r dde/chwith. Tournez à droite/à gauche
- **troi'n goch** rougir
- **troi i mewn i rywbeth** se transformer en quelque chose
- **troi'n ôl** faire demi-tour
- **troi rhywbeth drosodd** retourner quelque chose
- **troi rownd** se retourner
- **troi at rywun** se tourner vers quelqu'un
- **troi'r saws** remuer la sauce
- **troi'r radio i lawr** baisser la radio

troli ENW GWR
- **troli archfarchnad** le chariot de supermarché

trombôn ENW GWR
le trombone
- **canu'r trombôn** jouer du trombone

tros, dros ARDDODIAD
à travers
□ Gwelais ef dros y stryd. Je l'ai vu à travers la rue.
par-dessus
□ Gwisgodd gardigan dros ei ffrog. Elle a

porté un gilet par-dessus sa robe. ❏ Aeth y bêl dros y wal. Le ballon est passé par-dessus le mur.
pour
❏ Gweddïwn dros heddwch. Prions pour la paix.
plus de *(mwy na)*
❏ Mae e'n pwyso dros ddeg cilo. Ça pèse plus de dix kilos.
■ **dros y blynyddoedd** au cours des années

trosedd ENW GWR/BEN
le crime

troseddu BERF
commettre un crime

troseddwr ENW GWR
le criminel

troseddwraig ENW BEN
la criminelle

trosglwyddo BERF
transférer

trosleisio BERF
doubler
■ film wedi ei throsleisio yn Saesneg un film doublé en anglais

trosodd ADFERF
terminé (BEN **terminée**)
■ **trosodd a throsodd** à plusieurs reprises

trowsus ENW GWR
le pantalon

truan ANSODDAIR
pauvre (BEN **pauvre**)

trueni ENW GWR
la pitié
■ **teimlo trueni dros rywun** avoir pitié de quelqu'un

truenus ANSODDAIR
misérable (BEN **misérable**)

trwch ENW GWR
l'épaisseur (b)
❏ Mae'r eira yn 10 cm o drwch. La neige a 10 cm d'épaisseur.
■ **o drwch blewyn** tout juste

trwchus ANSODDAIR
épais (BEN **épaisse**)
■ Mae'r iâ yn drwchus ar y llyn. La glace est épaisse sur le lac. ❏ Torrodd y bara yn dafelli trwchus. Il a coupé le pain en tranches épaisses.

trwm ANSODDAIR
lourd (BEN **lourde**)

trwmped ENW GWR
la trompette
■ **canu'r trwmped** jouer de la trompette

trwnc ENW GWR
la trompe *(eliffant)*

trwsgl ANSODDAIR
gauche (BEN **gauche**)

trwsiadus ANSODDAIR
bien habillé (BEN **bien habillée**) *(dillad)*

trwy, drwy ARDDODIAD
par
❏ edrych drwy'r ffenest regarder par la fenêtre
❏ drwy'r post par la poste
à travers
❏ Mae'r nant yn mynd trwy'r ardd. Le ruisseau coule à travers le jardin.
pendant *(amser)*
❏ Gweithiais drwy'r dydd. J'ai travaillé pendant toute la journée.

trwydded ENW BEN
le permis
❏ Mae gennyf drwydded pysgota a gyrru. J'ai un permis de pêche et de conduire.

trwyn ENW GWR
le nez (LLUOSOG **les nez**)
■ **sychu'ch trwyn** se moucher le nez
■ **talu trwy'ch trwyn am rywbeth** payer le prix fort pour quelque chose

trwynol ANSODDAIR
nasal (BEN **nasale**)

trychineb ENW GWR/BEN
le désastre

trychinebus ANSODDAIR
catastrophique (BEN **catastrophique**)

trydan ENW GWR
l'électricité (b)
▷ *gweler hefyd* **trydan** ANSODDAIR

trydan ANSODDAIR
électrique (BEN **électrique**)
❏ tân trydan un radiateur électrique ❏ gitâr drydan une guitare électrique
■ **blanced drydan** une couverture chauffante
▷ *gweler hefyd* **trydan** ENW

trydanol ANSODDAIR
électrique (BEN **électrique**)

trydanwr ENW GWR
l'électricien (g)
l'électricienne (b)

trydydd, trydedd ANSODDAIR, ENW
troisième (BEN **troisième**)
❏ y drydedd flwyddyn la troisième année
le trois
❏ Mae fy mrawd ym mlwyddyn 10. Mon frère est en troisième.

t

■ **y trydydd o Awst** le trois août
■ **y trydydd byd** le tiers monde
■ **y trydydd ar ddeg** le/la treizième

trydyddol ANSODDAIR
tertiaire (BEN **tertiaire**)
■ **addysg drydyddol** l'enseignement postscolaire

tryncs ENW LLUOSOG
le maillot de bain *(nofio)*

trysor ENW GWR
le trésor

Tsieina ENW BEN
la Chine
■ **yn Tsieina** en Chine
■ **i Tsieina** en Chine

tu ENW GWR
■ **tu allan (1)** l'extérieur
■ **ar y tu allan** à l'extérieur
■ **tu allan (2)** dehors ❑ Mae hi'n oer y tu allan. Il fait froid dehors.
■ **tu blaen** la façade *(adeilad)*
■ **tu cefn** l'arrière
■ **tu chwith** l'envers
■ **tu draw** l'autre côté
■ **y tu mewn i** à l'intérieur de

tua, tuag ARDDODIAD
environ *(o gwmpas, yn fras)*
❑ Mae'r ysgol tua phum milltir o adref. L'école est à environ huit kilomètres de chez moi.
envers *(teimlad, emosiwn)*
❑ Mae e'n gyfeillgar tuag aton ni. Il est bien gentil envers nous.

tudalen ENW GWR/BEN
la page
■ **ar dudalen deg** à la page dix
■ **ar dudalen flaen papur newydd** à la une

tuedd ENW GWR/BEN
la tendance
■ **bod yn dueddol i** avoir tendance à ❑ Mae ganddo duedd i fod yn ddiog. Il a tendance à être paresseux.

tueddu BERF
■ **tueddu i** être enclin à

tun ENW GWR
l'étain (g) *(y metel)*
la boîte *(cynhwysydd)*
❑ Nid wyf yn hoffi bwyd tun. Je n'aime pas les conserves en boîte.

turio, twrio BERF
creuser

tusw ENW GWR
le bouquet
■ **tusw o flodau** un bouquet de fleurs

twbercwlosis ENW GWR
la tuberculose

twf ENW GWR
la croissance

twll ENW GWR
le trou
■ **twll anifail** le terrier

twnnel ENW GWR
le tunnel
■**Twnnel y Sianel** le tunnel sous la Manche

twp ANSODDAIR
stupide (BEN **stupide**)

twpsen ENW BEN
l'idiote (b)

twpsyn ENW GWR
l'idiot (g)

twr ENW GWR
le tas
■ **twr o bobl** une foule de gens

tŵr ENW GWR
la tour
■ **tŵr eglwys** un clocher ❑ Tŵr Eiffel la Tour Eiffel

Twrc ENW GWR
le Turc
la Turque

Twrcaidd ANSODDAIR
turc (BEN **turque**)

Twrceg ENW GWR
le turc *(yr iaith)*

twrci ENW GWR
le dindon *(aderyn byw)*
la dinde *(cig)*

Twrci ENW BEN
la Turquie
■ **i Dwrci** en Turquie
■ **yn Nhwrci** en Turquie

twristaidd ANSODDAIR
touristique (BEN **touristique**)

twristiaeth ENW BEN
le tourisme

twrw ENW GWR
le chahut
■ **codi twrw** chahuter

twt ANSODDAIR ▷ *gweler* **taclus**

twt EBYCHIAD
■ **Twt lol!** Ne dites pas d'idioties!

twyll ENW GWR
la duplicité
■ **trwy dwyll** en fraude

twyllo BERF
tromper

t

twym ANSODDAIR
chaud (BEN **chaude**)
- **Mae hi'n dwym.** Il fait chaud.
- **Rwy'n dwym.** J'ai chaud.

twymo BERF
chauffer *(mynd yn gynnes)*
❑ Rwy'n twymo fy nwylo ger y tân. Je chauffe mes mains près du feu.
faire réchauffer *(cynhesu rhywbeth)*
- **Mae mam yn twymo'r bwyd.** Maman fait réchauffer la nourriture.

tŷ ENW GWR
la maison
- **tŷ bach** les W.C.
- **tŷ gwydr** la serre
- **tŷ cyngor** l'H.L.M. (habitation à loyer modéré)
- **tŷ pâr** une maison jumelée
- **tŷ teras** une maison mitoyenne

tybio BERF
supposer
❑ Rwy'n tybio na fydd ef yma. Je suppose qu'il ne sera pas ici.
- **Pam, tybed?** Je me demande pourquoi?

tybaco ENW GWR
le tabac

tyfiant ENW GWR
la croissance *(twf)*
la pousse *(planhigion)*

tyfu BERF
grandir *(pobl, o ran maint)*
- **Mae'r plant wedi tyfu tipyn ers y llynedd.** Les enfants ont beaucoup grandi depuis l'an dernier.
cultiver *(garddio)*
❑ Dwi'n tyfu tatws. Je cultive les pommes de terre.
pousser *(tyfiant)*
❑ Mae'r gwair yn tyfu'n gyflym. L'herbe pousse vite.

tylwyth ENW GWR
la famille
- **tylwyth teg** les fées

tyllu BERF
creuser

tylluan ENW BEN
le hibou (LLUOSOG **les hiboux**)
- **tylluan wen** la chouette

tymer ENW BEN
l'humeur (b)
- **bod mewn tymer dda/ddrwg** être de bonne/mauvaise humeur

tymheredd ENW GWR

la température

tymor ENW GWR
le trimestre *(ysgol)*
❑ Mae tri thymor yn y flwyddyn ysgol. L'année scolaire a trois trimestres.
la saison *(gwanwyn, haf, hydref, gaeaf)*
❑ Dylid bwyta ffrwythau yn eu tymor. On doit manger les fruits de saison.
le terme *(cyfnod o amser)*
- **yn y tymor byr** à court terme
- **yn y tymor hir** à la longue

tyner ANSODDAIR
sensible (BEN **sensible**)*(corff)*
❑ Mae fy nhraed yn dyner iawn. J'ai les pieds très sensibles.

tynn ANSODDAIR
serré (BEN **serrée**)
❑ Mae fy nillad yn dynn. Mes vêtements sont serrés.

tynnu BERF
traîner
❑ Tynnais y gadair at y bwrdd. J'ai traîné la chaise jusqu'à la table.
tirer
❑ Brysia i dynnu'r llenni. Dépêche-toi de tirer les rideaux.
- **tynnu coes rhwyun** faire marcher quelqu'un
- **tynnu llun** prendre une photo
- **tynnu sylw** attirer l'attention

tyrfa ENW BEN
la foule

tyrd GORCHYMYN ▷ *gweler* **dod**

tyst ENW GWR
le témoin

tystio BERF
témoigner

tystiolaeth ENW BEN
le témoignage

tystysgrif ENW BEN
le certificat

tywel ENW GWR
la serviette
❑ Does dim tywel yn yr ystafell ymolchi. Il n'y a pas de serviette dans la salle de bains.

tywod ENW GWR
le sable
- **pwll tywod** un tas de sable

tywydd ENW GWR
le temps
- **Sut dywydd yw hi?** Quel temps fait-il?
- **rhagolygon y tywydd** les prévisions météorologiques

tywyll ANSODDAIR
> obscur (BEN **obscure**) *(cyffredinol)*
> ■ **Mae hi'n dywyll y tu allan.** Il fait noir dehors.
> foncé (BEN **foncée**) *(croen)*
> ■ **Mae ei wallt yn dywyll.** Il a les chuveux foncés.

tywyllwch ENW GWR
> l'obscurité (b)
> ■ **bod yn y tywyllwch am rywbeth** être dans le noir à propos de quelque chose

tywynnu BERF
> briller
> ❑ Mae'r haul yn tywynnu. Le soleil brille.

tywysog ENW GWR
> le prince

tywysoges ENW BEN
> la princesse

Th | th

theatr ENW BEN
  le théâtre
  ■ **mynd i'r theatr** aller au théâtre
  ■ **cwmni theatr** une troupe de théâtre

thema ENW BEN
  le thème

theori ENW BEN
  la théorie

therapi ENW GWR
  la thérapie

thermomedr ENW GWR
  le thermomètre

Thermos ® ENW GWR/BEN
  le thermos ®

U | u

uchaf ANSODDAIR
le plus haut (BEN **la plus haute**)
❑ Mont Blanc ydy mynydd uchaf Ewrop. Le Mont Blanc est la montagne la plus haute d'Europe.

uchafswm ENW GWR
le maximum

uchder ENW GWR
la hauteur

uchel ANSODDAIR
haut (BEN **haute**) *(adeilad, gwrthrych)*
fort (BEN **forte**) *(sŵn)*
■ **pris uchel** un prix élevé
■ **llais uchel** une voix aigüe ❑ Pa mor uchel ydy Twr Eiffel? Quelle est la hauteur de la Tour Eiffel?

uchelgais ENW GWR/BEN
l'ambition (b)

uchelgeisiol ANSODDAIR
ambitieux (BEN **ambitieuse**)

uchelseinydd ENW GWR
le haut-parleur

uchod ADFERF
au-dessus
■ **gweler uchod** voir ci-dessus

udo BERF
hurler

UFO (gwrthddrych hededog anhysbys) ENW GWR
un OVNI (un objet volant non-identifié)

ufudd ANSODDAIR
obéissant (BEN **obéissante**)

ufuddhau BERF
■ **ufuddhau i** obéir à

uffern ENW BEN
l'enfer (g)

uffernol ANSODDAIR
infernal (BEN **infernale**)

ugain RHIF
vingt
■ **Mae e'n ugain oed.** Il a vingt ans.
■ **tua ugain** une vingtaine

ugeinfed ENW GWR
le vingtième
la vingtième
■ **yr ugeinfed o Fai** le vingt mai
▷ *gweler hefyd* **ugeinfed** ANSODDAIR

ugeinfed ANSODDAIR
vingtième (BEN **vingtième**)
■ **yn yr ugeinfed ganrif** au vingtième siècle
▷ *gweler hefyd* **ugeinfed** ENW

un RHIF
un
■ **un bachgen, un ferch** un garçon, une fille
■ **rhif un** le numéro un
■ **yr un peth** la même chose
■ **yr un yma** celui-ci/celle-ci
■ **fy un i** le mien/la mienne
■ **dy un di** le tien/la tienne
■ **Pa un ?** Lequel?/Laquelle ?

un ar ddeg RHIF
onze
❑ Mae hi'n un ar ddeg oed. Elle a onze ans.

unben ENW GWR
le dictateur

unbennaeth ENW BEN
la dictature

undeb ENW GWR
l'union (b)
■ **undeb llafur** Le Syndicat

Undeb Ewropeaidd ENW GWR
l'Union européenne (b)
❑ Mae Ffrainc yn rhan o'r Undeb Ewropeaidd. La France fait partie de l'Union européenne.

un deg naw RHIF
dix-neuf

un deg saith RHIF
dix-sept

un deg tri RHIF
treize

undod ENW GWR
l'unité (b)

undonedd ENW GWR
la monotonie

undonog ANSODDAIR
monotone (BEN **monotone**) *(anniddorol)*

uned ENW BEN
l'unité (b)

unfrydol ANSODDAIR
unanime (BEN **unanime**)
❏ Mae pawb yn unfrydol. Tout le monde est unanime.
  ▪ **yn unfrydol** à l'unanimité

unig ANSODDAIR
seul (BEN **seule**)
  ▪ **yr unig broblem ydy** le seul problème est …
solitaire (BEN **solitaire**) *(heb gwmni)*
  ▪ **unig blentyn** un enfant unique

unigol ANSODDAIR
individuel (BEN **individuelle**)

unigolyn ENW GWR
l'individu (g)

unigrwydd ENW GWR
la solitude

unigryw ANSODDAIR
unique (BEN **unique**)

union ANSODDAIR
exact (BEN **exacte**) *(cywir)*
  ▪ **yn union** exactement

uniongyrchol ANSODDAIR
direct (BEN **directe**)
  ▪ **siarad yn uniongyrchol** parler directement ❏ Mae ehediad uniongyrchol o Gaerdydd i Baris. Il y a un vol direct de Cardiff à Paris.

uno BERF
unir

Unol Daleithiau America ENW LLUOSOG
les États-Unis (g.ll)
  ▪ **yn Unol Daleithiau America** aux États-Unis
  ▪ **i Unol Daleithiau America** aux États-Unis

unrhyw ANSODDAIR
aucun (BEN **aucune**)
❏ Oes gennych chi unrhyw syniad? N'avez-vous aucune idée?
  ▪ **heb unrhyw amheuaeth** sans aucun doute

unrhyw adeg/bryd ADFERF
n'importe quand
❏ Dere i'm gweld i unrhyw bryd. Viens me voir n'importe quand.

unrhyw beth ANSODDAIR
n'importe quoi
❏ Ar y funud maen nhw'n dweud unrhyw beth. En ce moment ils disent n'importe quoi.

unrhyw le ADFERF
n'importe où
❏ Os wyt ti'n gyfoethog, rwyt ti'n gallu byw unrhyw le. Si tu es riche, tu peux vivre n'importe où.

unrhyw un ANSODDAIR
n'importe qui *(person)*
❏ Gall unrhyw un helpu. N'importe qui peut aider.
n'importe quel/quelle *(dim ots pa un)*
❏ Cymerwch unrhyw lyfr. Prenez n'importe quel livre.

unwaith ADFERF
une fois
  ▪ **ar unwaith** tout de suite ❏ Unwaith roedd y cyngerdd drosodd, diflannodd pawb. Une fois le concert fini, tout le monde a disparu.

urddas ENW GWR
la dignité

urddasol ANSODDAIR
digne (BEN **digne**)

ust! EBYCHIAD
chut!

utgorn ENW GWR ▷ *gweler* **trwmped**

uwch ANSODDAIR, ADFERF
plus haut (BEN **plus haute**)
❏ Dringwch yn uwch! Grimpez plus haut!
plus fort (BEN **plus forte**) *(sŵn)*
❏ Tro'r radio yn uwch. Mets la radio plus fort!

uwchben ADFERF
au-dessus

uwchradd ANSODDAIR
secondaire (BEN **secondaire**) *(addysg)*
  ▪ **ysgol uwchradd** l'école secondaire

uwd ENW GWR
le porridge

W | w

wadin ENW GWR
le coton hydrophile (b) *(gwlân cotwm)*

waffer ENW BEN
la gaufrette

waffl ENW GWR/BEN
la gauffre

wal ENW BEN
le mur
❑ Dwi'n hoffi posteri ar wal fy ystafell wely. J'aime des posters au mur de ma chambre

waled ENW BEN
le portefeuille

Walwnaidd ANSODDAIR
wallon (BEN **wallonne**) *(o'r rhan o Wlad Belg lle y siaredir Ffrangeg)*
■ Gwlad Belg Walwnaidd la Belgique wallonne

Walwnia ENW BEN
la Wallonie *(y rhan o Wlad Belg lle y siaredir Ffrangeg)*
■ i Walwnia en Wallonie
■ yn Walwnia en Wallonie

Walwniad ENW GWR
le Wallon
le Wallonne *(brodor o Walwnia)*

ward ENW BEN
la salle *(mewn ysbyty)*

warden ENW GWR
le contractuel *(traffig)*
le directeur
la directrice *(neuadd myfyrwyr)*

wardrob ENW BEN
l'armoire (b) *(cwpwrdd dillad)*

wedi ARDDODIAD
après *(ar ôl)*
❑ ar ôl swper après le souper ❑ wedi i mi fwyta après avoir mangé ❑ wedi i mi gyrraedd après être arrivé ❑ wedi i mi orffwys après m'être reposé
■ Mae'r ffenestri wedi eu cael eu golchi. Les fenêtres ont été nettoyées.

wedyn ADFERF
plus tard *(ar ôl)*
❑ Fe af i yno wedyn. J'y irai plus tard.
puis
❑ Aeth i Fangor ac wedyn i Gaernarfon. Il est allé d'abord à Bangor et puis à Caernarfon.
■ yn syth wedyn tout de suite après

weipar ENW GWR
l'essuie-glace (g) *(ffenest car)*

weiren ENW BEN
le fil de fer
■ weiren dannedd un appareil dentaire
■ weiren drydan le fil électrique

weithiau ADFERF
quelquefois
parfois
❑ Mae pawb yn drist weithiau. Il arrive à tout le monde d'être triste parfois.

Wel! EBYCHIAD
Alors!
■ Wel, o'r diwedd! Ah, enfin!

welingtons ENW LLUOSOG
les bottes en caoutchouc (b.ll)

whilber ENW BEN
la brouette
▷ *gweler hefyd* **berfa**

wiced ENW BEN
le guichet *(criced)*

winc ENW BEN
le clin d'œil

wincio BERF
■ wincio ar rywun faire un clin d'œil à quelqu'un

winwnsyn ENW GWR
l'oignon (g)
▷ *gweler hefyd* **nionyn**

wisgi ENW GWR
le whisky

wlser ENW GWR
l'ulcère (g)

wrin ENW GWR ▷ *gweler* **troeth**

wrth ARDDODIAD
près de
- ■ **wrth y goeden** près de l'arbre
- ■ **eistedd wrth y bwrdd** être assis(e) à table
- ■ **wrth fynd i'r dref** en allant en ville
- ■ **bod yn garedig wrth rywun** être gentil(le) envers quelqu'un
- ■ **bod wrth eich bodd** être ravi(e) ❏ Roedd e wrth ei fodd i'n gweld. Il était ravi de nous voir.
- ■ **wrth lwc** heureusement

wrth gwrs CYSYLLTAIR
bien sûr

wrth ymyl ARDDODIAD
au bord de
- ■ **wrth ymyl yr afon** au bord de la rivière

wy ENW GWR
l'œuf (g)
- ■ **wy Pasg** un œuf de Pâques
- ■ **wyau wedi eu sgramblo** les œufs brouillés
- ■ **wy wedi ei ferwi** un œuf à la coque

wylo BERF
pleurer

wyneb ENW GWR
le visage (person)
le façade (adeilad)
- ■ **wyneb yn wyneb** face à face
- ■ **wyneb i waered** sens dessus-dessous
- ■ **ar yr wyneb** à la surface
- ■ **bod â'r wyneb i wneud rhywbeth** avoir le culot de faire quelque chose

wynebu BERF
faire face à
- ❏ Rhaid i bobl ifanc wynebu lawer o broblemau. Les jeunes doivent faire face à beaucoup de problèmes.

ŵyr ENW GWR
le petit-fils

wyres ENW BEN
la petite-fille

wystrysen ENW BEN
l'huître (b)

wyth RHIF
huit

wyth deg RHIF
quatre-vingts

wythfed ANSODDAIR
huitième (BEN **huitième**)
- ❏ yr wythfed llawr le huitième étage
- ■ **yr wythfed o Awst** le huit août

wythnos ENW BEN
la semaine
- ■ **ymhen wythnos** en huit jours
- ■ **wythnos diwethaf** la semaine dernière
- ■ **wythnos nesaf** la semaine prochaine

wythnosol ANSODDAIR
hebdomadaire (BEN **hebdomadaire**)
- ■ **cylchgrawn wythnosol** l'hebdomadaire
- ■ **yn wythnosol** chaque semaine

Y y

y, yr Y FANNOD
le
❏ y bachgen le garçon
la
❏ y ferch la fille
l'
❏ y plentyn l'enfant
les
❏ y plant les enfants
■ hanes y byd l'histoire du monde
■ sŵn y môr le bruit de la mer
■ 80 cilometr yr awr 80 km à l'heure
■ pump punt y pen 5 livres la pièce
■ 50 ceiniog yr un 50 pence la pièce

ych ENW GWR
le bœuf *(tarw wedi'i ddisbaddu)*

ych! EBYCHIAD
■ Ych a fi! Beurk!

ychwaneg ENW GWR ▷ *gweler* **rhagor**

ychwanegiad ENW GWR
l'addition (b)

ychwanegol ANSODDAIR
supplémentaire (BEN **supplémentaire**)
■ yn ychwanegol en plus

ychwanegu BERF
ajouter

ychydig ENW GWR
peu (g)
❏ Ychydig o ffrindiau sydd ganddo. Il a peu
d'amis.
▷ *gweler hefyd* **ychydig** ANSODDAIR, ADFERF

ychydig ANSODDAIR
un peu de …
❏ ychydig win un peu de vin
▷ *gweler hefyd* **ychydig** ENW, ADFERF

ychydig ADFERF
un peu
❏ Dwi'n ei charu – ychydig. Je l'aime – un
peu.
▷ *gweler hefyd* **ychydig** ANSODDAIR, ENW

ŷd ENW GWR
le blé

■ creision ŷd les flocons de maïs

ydw, ydwyt, ydy, ydych, ydym, ydynt
▷ *gweler* **bod**

yfadwy ANSODDAIR
potable (BEN **potable**)
■ dŵr yfadwy l'eau potable

yfed BERF
boire
❏ Rwy'n yfed dŵr yn aml. Je bois souvent de
l'eau.

yfory ADFERF
demain
❏ Fe a' i yno yfory. J'y irai demain.
■ bore/prynhawn/nos yfory demain matin/
après-midi/soir

ynganiad ENW GWR
la prononciation

ynganu BERF
prononcer

ynglŷn â ARDDODIAD
au sujet de
❏ Hoffwn siarad â chi ynglŷn â'ch merch.
Je voudrais vous parler au sujet de votre fille.

yma ADFERF
ici
❏ Mae'n byw yma. Il habite ici.
■ hyd yma jusqu'ici
■ y bachgen yma ce garçon-ci
■ y ferch yma cette fille-ci
■ y plentyn yma cet enfant-ci
■ y bobl yma ces gens-ci

yma ac acw ADFERF
ici et là

ymadael BERF
partir
▷ *gweler hefyd* **gadael**

ymadawiad ENW GWR
le départ

ymadrodd ENW GWR
l'expression (b)

ymaelodi BERF
■ ymaelodi â s'inscrire à

ymaflyd codwm ENW ▷ *gweler* **reslo**
ymarfer BERF
  s'entraîner *(chwaraeon)*
  s'exercer *(cerddoriaeth)*
  ▷ *gweler hefyd* **ymarfer** ENW
ymarfer ENW GWR
  l'exercice (g) *(mewn llawlyfr, ar bapur)*
  l'entraînement (g) *(chwaraeon)*
  la répétition *(drama, côr)*
  ■ **ymarfer corff** l'éducation physique
  ▷ *gweler hefyd* **ymarfer** BERF
ymarferol ANSODDAIR
  pratique (BEN **pratique**)
  ■ **yn ymarferol** en pratique
ymateb BERF
  réagir *(adweithio)*
  ▷ *gweler hefyd* **ymateb** ENW
ymateb ENW GWR
  la réaction *(adwaith)*
  ▷ *gweler hefyd* **ymateb** BERF
ymbarél ENW GWR/BEN
  le parapluie
ymbelydredd ENW GWR
  la radiation
ymbelydrol ANSODDAIR
  radioactif (BEN **radioactive**)
ymbellhau BERF
  s'éloigner
ymbil BERF
  ■ **ymbilio ar rywun i wneud rhywbeth** supplier quelqu'un de faire quelque chose ❏ Ymbiliodd arnaf i stopio. Il m'a supplié d'arrêter.
ymchwil ENW GWR/BEN
  les recherches (b.ll)
ymchwiliad ENW GWR
  l'enquête (g) *(i drosedd)*
ymchwilio BERF
  faire des recherches *(i drosedd)*
ymchwilydd ENW GWR
  le chercheur
  la chercheuse
ymdeimlad ENW GWR
  le sentiment
ymdopi BERF
  ■ **ymdopi â** se débrouiller
ymdrech ENW GWR/BEN
  l'effort (g)
  ■ **gwneud ymdrech** faire un effort
ymdrechu BERF
  faire un effort
ymdrin BERF

  ■ **ymdrin â** s'occuper de
ymddangos BERF
  paraître *(yn edrych yn)* ❏ Mae hi'n ymddangos yn flinedig. Elle paraît fatiguée.
  ■ **Mae'n ymddangos bod …** Il paraît que …
  apparaître *(dod i'r golwg)* ❏ Ymddangosodd y bws rownd y gornel. Le bus est apparu au coin de la rue.
  ■ **ymddangos ar y teledu** passer à la télé
ymddangosiad ENW GWR
  l'apparence (b) *(pryd a gwedd person)*
ymddeol BERF
  prendre la retraite
  ■ **bod wedi ymddeol** être à la retraite
ymddeoliad ENW GWR
  la retraite
ymddiheuriad ENW GWR
  les excuses (b.ll)
ymddiheuro BERF
  s'excuser
  ■ **ymddiheuro wrth rywun** s'excuser auprès de quelqu'un
  ■ **Rwy'n ymddiheuro.** Je m'excuse.
ymddiried BERF
  ■ **ymddiried yn rhywun** se fier à quelqu'un ❏ Rwy'n ymddiried yn ei frawd. Je me fie à son frère.
ymddiriedaeth ENW BEN
  la confiance
ymddiswyddiad ENW GWR
  la démission
ymddiswyddo BERF
  se démissionner
ymddwyn BERF
  se comporter
ymddygiad ENW GWR
  la conduite
ymennydd ENW GWR
  le cerveau *(deallusrwydd)*
  la cervelle *(anatomi)*
ymerawdwr ENW GWR
  l'empereur (g)
ymerodraeth ENW BEN
  l'empire (g)
ymerodres ENW BEN
  l'impératrice (b)
ymestyn BERF
  s'étendre
ymfudo BERF
  émigrer

ymfudwr ENW GWR
l'immigré (g)

ymfudwraig ENW BEN
l'immigrée (b)

ymgais ENW BEN
l'effort (g)
la tentative (i lofruddio/lladrata)

ymgartrefu BERF
s'installer

ymgasglu BERF
se rassembler

ymgeisio BERF
poser sa candidature (am swydd)

ymgeisydd ENW GWR
le candidat
la candidate

ymgymerwr ENW GWR
l'entrepreneur (g)

ymgynghori BERF
■ ymgynghori â rhywun consulter
quelqu'un

ymgynghorydd ENW GWR
le consultant
la consultante

ymgynnull BERF
se rassembler

ymgyrch ENW BEN
la campagne

ymhell ADFERF
loin
❑ Mae hi'n byw ymhell i ffwrdd o'r fan yma.
Elle habite loin d'ici.

ymhen ARDDODIAD
dans
❑ ymhen tri diwrnod dans trois jours

ymhlith ARDDODIAD
entre

ymlacio BERF
se détendre
■ wedi ymlacio détendu(e)

ymladd BERF
se battre

ymlaen ADFERF
en avant (symudiad)
■ yn syth ymlaen tout droit
■ symud ymlaen avancer
▷ gweler hefyd **ymlaen** ANSODDAIR

ymlaen ANSODDAIR
allumé (BEN **allumée**) (golau, trydan, nwy)
❑ Mae'r nwy yn dal ymlaen. Le gaz est
toujours allumé.
▷ gweler hefyd **ymlaen** ADFERF

ymledu BERF
s'étendre

ymlwybro BERF
marcher vers
❑ Ymlwybrodd i'n cyfeiriad. Il a marché vers
nous.

ymolchi BERF
se laver

ymosod (ar) BERF
attaquer

ymosodiad ENW GWR
l'attaque (b)

ymosodol ANSODDAIR
agressif (BEN **agressive**)

ymroddedig ANSODDAIR
dévoué (ANS BEN **dévouée**)

ymrwymiad ENW GWR
l'engagement (g)

ymrwymo BERF
s'engager

ymsefydlu BERF
s'établir

ymuno BERF
s'inscrire (ymaelodi â)
■ ymuno â'r fyddin s'engager à l'armée
se joindre à
❑ Ga i ymuno â chi? Puis-je me joindre à
vous?

ymweld BERF
■ ymweld â rhywun rendre visite à
quelqu'un
■ ymweld â lle visiter

ymwelydd ENW GWR
le visiteur
la visiteuse
■ ymwelwyr ar wyliau les touristes

ymwelydd haf ENW GWR
l'estivant (g)
l'estivante (b)

ymwneud BERFENW
■ ymwneud â traiter de ❑ Mae'r llyfr hwn yn
ymwneud â cherddoriaeth. Ce livre traite de
la musique.

ymwybodol ANSODDAIR
conscient (BEN **consciente**)

ymwybyddiaeth ENW BEN
la conscience
la connaissance (meddygol)

ymyl ENW GWR/BEN
le bord (pwll, llyn, afon)
■ yn ymyl rhywbeth tout près de quelque
chose

ymyrraeth ENW BEN
l'intrusion (b)

ymyrryd BERF
■ ymyrryd â rhywbeth se mêler à quelque chose ❑ Paid ag ymyrryd! Ne t'en mêle pas!

ymysg ARDDODIAD
entre
❑ ymysg y bobl entre les gens

yn ARDDODIAD
dans (lle, cyffredinol)
❑ yn fy mag dans mon sac ❑ yn y chwedegau dans les années soixante
à
❑ yn y wlad à la campagne ❑ yn yr ysgol à l'école ❑ yng Nghaerdydd à Cardiff ❑ yn yr haul au soleil ❑ yn y cysgod à l'ombre
en
❑ yn Frangeg en français ❑ yn y dref en ville ❑ yn 1998 en dix-neuf cent quatre-vingt-huit
de
❑ y disgybl gorau yn y dosbarth le meilleur élève de la classe ❑ y tîm gorau yn y byd la meilleure équipe du monde ❑ am saith o'r gloch y bore à sept heures du matin

yn enwedig ADFERF
surtout

yn gyfan gwbl ADFERF
entièrement

yn hollol ADFERF
tout à fait

yn hytrach ADFERF
plutôt

yn lle ARDDODIAD
au lieu de

yn llwyr ADFERF
entièrement

yn ogystal ADFERF
en plus

yn ôl ARDDODIAD
selon
❑ yn ôl y llyfr selon le livre

yn ôl pob golwg ADFERF
apparemment

yn sicr ADFERF
assurément

yn siwr ADFERF
sûrement

yn syth ADFERF
tout de suite

yn unig ADFERF
seulement
❑ Naw ewro yn unig oedd ganddi. Elle avait seulement neuf euros.

yn union ADFERF
parfaitement (wrth gytuno)

yn unol â ARDDODIAD
conformément à

yn y pen draw ADFERF
finalement
❑ Cytunodd yn y pen draw. Il s'est finalement mis d'accord.

yn ystod ARDDODIAD
pendant
❑ yn ystod yr ymweliad pendant la visite

yna ADFERF
puis
❑ Yna diflannodd. Puis il a disparu. ❑ Aeth i Lundain yn gyntaf ac yna i Baris. Il est allé d'abord à Londres et puis à Paris.
alors (canlyniad)
❑ Rydw i wedi blino. – Yna, cer id y wely! Je suis fatigué. – Alors, va te coucher!
là (dangosol)
❑ y llyfr yna ce livre-là ❑ y dyn yna cet home-là ❑ y ddynes yna cette femme-là

ynni ENW GWR ▷ gweler **egni**

yno ADFERF
là
❑ Rhowch e yno, ar y bwrdd. Mettez-le là, sur la table.
y
❑ Aeth yno ddydd Gwener. Il y est allé vendredi.

ynys ENW BEN
l'île (b)
■ Ynys Manaw l'île de Man
■ Ynysoedd y Sianel les îles Anglo-Normandes

ynysig ANSODDAIR
insulaire (BEN insulaire)

ysbaid ENW GWR/BEN
quelque temps (g)
■ am ysbaid pendant quelque temps
■ cael ysbaid faire une pause

ysbail ENW BEN
le butin

ysbeilio BERF
piller

ysbigoglys ENW GWR
l'épinard (g)

ysbïo BERF
faire de l'espionnage

ysbïwr ENW GWR
l'espion (g)

ysbïwraig ENW BEN
l'espionne (b)

ysbryd ENW GWR
l'esprit (g) *(enaid)*
le fantôme *(drychiolaeth, bwgan)*
■ **credu mewn ysbrydion** croire aux fantômes

ysbrydol ANSODDAIR
spirituel (BEN **spirituelle**)

ysbrydoli BERF
inspirer

ysbyty ENW GWR
l'hôpital (g)
■ **yn yr ysbyty** à l'hôpital

ysgafn ANSODDAIR
léger (BEN **légère**)
■ **yn ysgafn** légèrement

ysgallen ENW BEN
le chardon *(planhigyn)*

ysgariad ENW GWR
le divorce
■ **wedi cael ysgariad** divorcé(e)

ysgarmes ENW BEN
l'accrochage (g)

ysgaru BERF
divorcer
❑ **Mae e wedi ysgaru.** Il est divorcé.

ysgerbwd ENW GWR
le squelette

ysglyfaeth ENW BEN
la proie

ysglyfaethus ANSODDAIR
rapace (BEN **rapace**)
■ **aderyn ysglyfaethus** un oiseau de proie

ysgogi BERF
motiver
■ **wedi'i ysgogi** motivé

ysgogiad ENW GWR
la motivation

ysgogol ANSODDAIR
stimulant (BEN **stimulante**)

ysgol ENW BEN
l'école (b) *(ddyddiol)*
■ **ysgol breswyl** un internat
■ **ysgol feithrin** une école maternelle
■ **ysgol gerdd** un conservatoire
■ **ysgol gynradd** une école primaire
■ **ysgol uwchradd** *(i ddisgyblion 11-14 oed)* un collège
■ **ysgol uwchradd** *(i ddisgyblion 15-18 oed)* un lycée
■ **ysgol yrru** une école de conduite
■ **mynd i'r ysgol** aller à l'école

ysgol ENW BEN
l'échelle (b) *(i ddringo)*

▷ gweler hefyd **ysgol** ENW BEN

ysgoloriaeth ENW BEN
la bourse

ysgrifen ENW BEN
l'écriture (b)

ysgrifenedig ANSODDAIR
écrit (BEN **écrite**)

ysgrifennu BERF
écrire

ysgrifennydd ENW GWR
le secrétaire *(ar bwyllgor)*

ysgrifenyddes ENW BEN
la secrétaire

ysgub ENW BEN
la gerbe

ysgubo BERF
balayer

ysgubor ENW BEN
la grange

ysgwyd BERF
secouer *(potel)*
■ **ysgwyd llaw â rhywun** serrer la main à quelqu'un
■ **ysgwyd pen (i ddweud 'na')** dire non de la tête

ysgwydd ENW BEN
l'épaule (b)

ysgyfaint ENW LLUOSOG
les poumons (g.ll)
■ **canser yr ysgyfaint** le cancer des poumons

ysgyfarnog ENW BEN
le lièvre

ysigiad ENW GWR
l'entorse (b) *(anaf)*

ysmygu BERF
fumer
■ **'Dim ysmygu'.** 'Défense de fumer'

ysmygwr ENW GWR
le fumeur

ysmygwraig ENW BEN
la fumeuse

ystad ENW BEN
la propriété *(tir)*

ystadegyn ENW GWR
la statistique
■ **yn ôl yr ystadegau** selon les statistiques

ystafell ENW BEN
la salle
■ **ystafell aros** la salle d'attente
■ **ystafell athrawon** la salle des professeurs
■ **ystafell ddosbarth** la salle de classe

■ **ystafell fyw** le salon
■ **ystafell gawod** le cabinet de toilette avec douche
■ **ystafell wely** la chambre
■ **ystafell wisgo** la loge *(mewn theatr)*
■ **ystafell ymolchi** la salle de bains
■ **ystafell fwyta** la salle à manger
■ **ystafell wely sbâr** la chambre d'amis
■ **ystafell newid** le vestiaire *(chwaraeon)*
■ **ystafell newid** le salon d'essayage *(mewn siop)*
ystlum ENW GWR
la chauve-souris
ystod ARDDODIAD
■ **yn ystod** pendant ❑ yn ystod y gwyliau pendant les vacances
ystum ENW GWR/BEN
la grimace *(yr wyneb)*
■ **gwneud ystumiau** faire des grimaces
ystwyth ANSODDAIR

flexible (BEN **flexible**) *(defnydd)*
agile (BEN **agile**) *(corff, person)*
■ **yn ystwyth** avec souplesse
ystyfnig ANSODDAIR
têtu (BEN têtue)
ystyr ENW GWR
la signification
■ **Beth yw ystyr hwn?** Qu'est-ce que ça signifie?
ystyried BERF
considérer
ystyriol ANSODDAIR
prévenant (BEN **prévenante**)
yswiriant ENW GWR
l'assurance (b)
■ **yswiriant car** l'assurance automobile
yswirio BERF
assurer